不破不立，新派有其是而未尽是
无因无创，旧派有其非而未尽非

- 华中科技大学文科学术著作出版基金资助成果
- 华中科技大学马克思主义学院学术著作出版基金资助成果
- 温州理工学院马克思主义学院学术著作出版基金资助成果
- 2012年"教育部博士研究生学术新人奖"资助项目"民国保守主义副文本的异托邦建构研究"（项目编号：5052012111001）成果
- 2015年湖北省社科基金一般项目"民国保守主义的新文化异托邦研究"（项目批准号：2015073）成果

马/克/思/主/义/理/论/与/实/践/论/丛

想象之外

民国保守主义的另类现代性研究

徐 旭 著

华中科技大学出版社
http://press.hust.edu.cn
中国·武汉

图书在版编目(CIP)数据

想象之外：民国保守主义的另类现代性研究/徐旭著. -- 武汉：华中科技大学出版社，2025.2. -- (马克思主义理论与实践论丛). -- ISBN 978-7-5680-6781-2

Ⅰ.D092.6

中国国家版本馆CIP数据核字第2025VE2650号

想象之外——民国保守主义的另类现代性研究　　　　　　　　　　　　　　　徐旭　著
Xiangxiang Zhiwai
——Minguo Baoshou Zhuyi de Linglei Xiandaixing Yanjiu

责任编辑：吴柯静
封面设计：原色设计
责任校对：张汇娟
责任监印：周治超

出版发行：华中科技大学出版社(中国·武汉)　　　　电话：(027)81321913
　　　　　武汉市东湖新技术开发区华工科技园　　　　邮编：430223
录　　排：华中科技大学惠友文印中心
印　　刷：武汉科源印刷设计有限公司
开　　本：710mm×1000mm　1/16
印　　张：41.25　插页：2
字　　数：760千字
版　　次：2025年2月第1版第1次印刷
定　　价：299.00元

本书若有印装质量问题，请向出版社营销中心调换
全国免费服务热线：400-6679-118　　竭诚为您服务
版权所有　侵权必究

前　言

本书借助法国著名哲学家米歇尔·福柯(Michel Foucault,1926—1984)的异托邦空间哲学理论,从阐释民国保守主义者在宏观上构建文化异托邦并在微观上分别构建危机异托邦、监督异托邦、调剂异托邦以及补偿异托邦的角度切入,仔细分析民国保守主义者对其主张的别样现代文化创造方案的阐发,进而努力探求民国保守主义者对其另类现代性的建构,最终则揭举民国保守主义者在保守的外衣下所潜藏着的强烈的危机意识和爱国思想。

民国保守主义者其实并不保守,而这种不保守一方面表现为民国保守主义者倡导发扬的传统文化是改良后的因时制宜、因地制宜的传统文化,并非一成不变的传统文化;另一方面又表现为民国保守主义者虽极力反对西化甚或全盘西化的主张,却并不排斥有所选择、有所节制地吸收确实具有借鉴意义的西方文化。可以说,民国保守主义者极为敏锐地意识到西方文化对传统文化的腐蚀和侵害,同时又极具前瞻性地预见到创造具有中华民族本己特色的民族文化的必要性和迫切性。因之,民国保守主义者对其试图创造的奠基于另类现代性的别样现代文化的阐发,有助于唤起国人的民族意识、国家意识,以及隐藏于二者之后的国际竞争意识。

目 录

绪论 /1
　　第一节　保守主义概念的诞生与变迁 /5
　　第二节　民国保守主义的发生与发展 /26
第一章　另类现代性建构的原始动因 /63
　　第一节　异国入侵危机 /66
　　第二节　国力屡弱危机 /85
　　第三节　西化选择危机 /103
　　本章小结 /119
第二章　另类现代性建构的西方影响 /122
　　第一节　批判西方文化独尊 /126
　　第二节　重释西方文化内涵 /143
　　第三节　充实西方文化内容 /159
　　本章小结 /191
第三章　另类现代性建构的传统渊源 /195
　　第一节　忧愤传统文化沦落 /198
　　第二节　发掘传统文化精华 /219
　　第三节　倡导传统文化发扬 /279
　　本章小结 /302
第四章　另类现代性建构的基本范式 /306
　　第一节　中西和合的理论分野 /310
　　第二节　取西补中的模范制造 /331
　　第三节　以古鉴今的戏仿文学 /373
　　本章小结 /388

结语 /392

参考文献 /403

附录一　民国保守主义阵营 /493

附录二　民国保守主义报刊 /519

附录三　其他相关近代报刊 /622

后记 /649

跋 /653

绪　　论

　　1911年10月,肇始于武昌起义①的辛亥革命②以摧枯拉朽之势迅速瓦解了中国最后一个封建帝制王朝——清朝③,从而为中国历史上第一个民主共和国——中华民国④的诞生奠定了基础。1912年1月1日,孙中山正式就任中华民国临时大总统,颁订国号为"中华民国",并以黄帝纪元四千六百零九年(即公元1912年)为中华民国元年。自此以后,"中华民国"一词既成为中国的法定国号,又成为纪年的通用形式⑤。但是,中华民国终究未能真正使

---

①　武昌起义,又称辛亥首义、武汉首义,爆发于1911年10月10日。

②　辛亥革命(Revolution of 1911),其起止时间为1911年10月10日至1912年2月12日。关于辛亥革命的起始时间,存有多种说法。依据广义的辛亥革命概念,辛亥革命的时间上限可前溯至兴中会成立的1894年11月24日。在没有特别说明的情况下,本书使用的"辛亥革命"一词指狭义的辛亥革命,其时间上限为武昌起义爆发的1911年10月10日。

③　清朝(Qing Dynasty),其起止时间为1636年5月15日至1912年2月12日。鸦片战争(即第一次鸦片战争 The First Opium War,英国称第一次英中战争 The First Anglo-Chinese War 或通商战争 Trade War,其起止时间为1840年6月28日至1842年8月29日)爆发后的1840年至清朝皇帝逊位前的1912年为晚清时期。

④　中华民国(Republic of China),简称"民国",其起止时间为1912年1月1日至1949年9月30日。

⑤　民国时期的时间表述形式(表述年、月、日的形式),主要为民国纪年辅以公历(一种阳历)纪月、纪日,即"中华民国某年某月某日"(有时会省略其中的"中华"二字甚或"中华民国"四字)。如"中华民国二年三月四日",即1913年3月4日。民国之前的清代的时间表述形式,主要为年号纪年辅以农历(一种阴阳合历)纪月、纪日,即"年号某年某月某日"(有时会省略其中的年号)。如"光绪二年三月初四日",即1876年3月29日。不过,民国以及清代都偶尔会采用干支纪年(如"甲子年",民国的第一个甲子年即1924年)或黄帝纪年(如"黄帝纪元四千六百零九年",即1912年)、孔子卒年纪年(如"孔子卒后二千三百七十三年",即1895年4月12日至1896年4月11日,参见《强学报》光绪二十一年十一月二十八日——1896年1月12日第1号封面标注的纪年形式以及正文第3页登载的康有为所撰《孔子纪年说》)等辅以农历纪月、纪日的形式,以表述时间。本书在时间上主要涉及晚清和民国两个时期,因而会遇到多种不同的时间表述形式。为统一起见,本书一律都采用国际通行的公元纪年辅以公历纪月、纪日的形式以表述时间。民国纪年易于转换为公元纪年:民国纪年加上1911即公元纪年。所以,本书在遇到民国纪年辅以公历纪月、纪日的时间表述形式时,会直接将之转换为相应的公元纪年辅以公历纪月、纪日的时间表述形式,且不再附加说明。但是,其他纪年辅以其他纪月、纪日的时间表述形式不易于转换为相应的公元纪年辅以公历纪月、纪日的形式。所以,本书在遇到这些时间表述形式时,虽也直接将之转换为相应的公元纪年辅以公历纪月、纪日的形式,但对其中部分需要强调的时间,会附注原有的时间表述形式。

国家繁荣富强、人民安居乐业。于是,力图改善国计民生的中国共产党开始登上历史舞台,并发起了一场轰轰烈烈的新民主主义革命。1949年10月1日,中国共产党领导的新民主主义革命取得最终的胜利,并缔造了中华人民共和国①。于是,"中华民国"一词也就随之丧失其作为中国之法定国号和法定年号的当下意义而成为一种历史叙述。

短暂的民国一直都处于动荡不安之中,但民国与中国历史上的其他动乱时期又有所不同,因为民国时期的中国不但内部纷争不断,还被卷入世界洪流之中,从而承受着异国、异族的军事侵略和文化冲击。也许正是因为积极回应异国、异族的军事侵略和文化冲击这双重严峻的危机考验,民国又成为一个文化大繁荣期——名家辈出且各家思想异彩纷呈。从宏观上来说,当下学术界对民国思想史乃至于中国近代②思想史的研究,既有极为笼统的"两分法"架构,也有相对具体的"三分法"架构。其中,"两分法"架构最为简单,

---

① 中华人民共和国(People's Republic of China),简称"新中国",其起止时间为1949年10月1日至当下。

② 在没有特别说明的情况下,本书使用的"近代"一词,指中国史学界定义的特殊的时间概念或断代概念。不过,关于"近代"的起止时间,中国史学界曾有不同的界定。本书采用中国史学界目前较主流的观点,即"近代"一词被用于中国历史时,指涉的时间范围为鸦片战争爆发后的1840年至新中国成立前的1949年;被用于世界历史时,指涉的时间范围为英国资产阶级革命(Bourgeois Revolution,其起止时间为1640年4月至1689年1月)爆发后的1640年至俄国十月革命(October Revolution,又称布尔什维克革命Bolshevik Revolution或红十月、十月起义、彼得格勒武装起义,其起止时间为1917年11月7日至1917年11月8日——当时为俄历10月)爆发前的1917年。诚然,中国自古就有"近代""近世"的说法(其含义都比较含混,且没有明确的起止时间),但当下中国史学界界定的"近代"一词与日本史学界、西方史学界密切相关。这是因为,中国史学界界定的"近代"一词在很大程度上参照了日本史学界界定的"近代"(日语汉字)一词,而后者又源自日本史学界以"近代史"(日语汉字)一词翻译西方史学界界定的"Modern History"(直译为汉语是"现代史")一词。在中国史学界,"近代"是"现代"的前一阶段,"近代"之结束即"现代"之开始;而在日本史学界,"近代"(日语汉字)一词的含义等同于"modern"(直译为汉语是"现代")一词的含义。至于西方史学界界定的"modern"一词,也即汉语"现代"一词,其指涉的时间范围,比中国史学界界定的"近代""现代"两词相加所指涉的时间范围还要大。在西方史学界,尽管"现代"的起始时间还是众说纷纭,但一般认为"现代"的开端不早于拜占庭帝国首都君士坦丁堡被奥斯曼土耳其帝国攻陷而标志着中世纪(Medieval Ages、Middle Ages、Middle Times,又称黑暗时代Dark Ages,其起止时间为476年至1453年)之结束的1453年。而且,"1500年说"最受认可。这是因为,1500年前后蕴含着文艺复兴(Renaissance,其起止时间为14世纪至16世纪)、地理大发现(Geographical Discovery,其起止时间为15世纪至17世纪)、宗教改革(Protestant Reformation,其起止时间为1517年至1648年)等一系列导致资本主义发生、发展的重大事件。总而言之,西方史学界比较接受"现代"始于15世纪中后期的观点。至于"现代"的结束时间,西方史学界一般认为时至今日都尚未结束。诚然,西方也有"当代"(contemporary)一词,但这个词一般不具有严格的史学时间意义或史学断代意义,也并不相对于"现代"而言。至于"后现代"(post-modern)一词,在西方史学界一般只是指"现代"之后期,而不是指"现代"之后的历史时期。关于"后现代"的起始时间,西方史学界也存有分歧,但一般认为"后现代"始于19世纪末,如英国著名历史学家阿诺德·约瑟夫·汤因比(Arnold Joseph Toynbee,1889—1975)在其著名的《历史研究》一书中认为"后现代"始于1875年。在没有特别说明的情况下,本书使用的"现代"一词(包括"现代化""现代性"等词包含的"现代"一词),指西方史学界界定的"现代"一词,也即"modern"一词。

即认为当时的社会思潮主要表现为保守主义与激进主义分庭抗礼。相对于"两分法"架构,"三分法"架构显得复杂许多。一种有代表性的观点认为,当时的社会思潮主要表现为保守主义与自由主义、激进主义鼎足而立,如俞祖华、赵慧峰指出"在清末与民国思想史上,激进主义、保守主义与自由主义三大思潮鼎足而立"①,而何晓明则认为自近代开端以来的"一百多年中,种种思索、方案纷繁歧异,但若依它们处理中西古今关系的基本态度而论,大致存在着保守主义、自由主义、激进主义三大分野"②。另一种有代表性的观点认为,当时的社会思潮主要表现为保守主义与自由主义、马克思主义鼎足而立,如冯兆基指出"保守主义、自由主义(或西化主义)和马克思主义为民国时期的三大文化思潮,对中国的文化、政治思想发展影响深远"③,而王锟则认为"在五四新文化运动后期,激进主义大致分化为自由主义和马克思主义思想阵营,并与文化保守主义(相对于帝制晚期的极端保守派而言)共同组成20世纪中国思想史上的三大潮流"④。不难看出,"三分法"架构其实以"两分法"架构为基础,并对"两分法"架构加以进一步的细化甚或深化。或许正因如此,"三分法"架构远较"两分法"架构更为应用广泛。但毫无疑问,无论是"三分法"架构还是"两分法"架构,都意味着保守主义是学术界在研究民国思想史乃至于中国近代思想史上的社会思潮时,根本无法规避的研究对象。

一提到"保守主义"这个词,人们常常会有烂若披掌之感,并往往会不假思索地将之与"守旧""顽固"等语词的负面意义联系起来,诸如此类对"保守主义"的理解,从表面上看似乎略微有所不同,但在根本上其实遵循着如出一辙的思维逻辑:首先是下意识地将"保守主义"等同于"保守的主义"(即保守的思想行为),接着又无视具体语境而先入为主地判定"保守主义"的消极意义。人们下意识地将"保守主义"等同于"保守的主义",显然是将"保守主义"一词硬生生地拆分为"保守"和"主义"两词。与此同时,人们往往又有意无意地忽略"主义"、强调"保守"而不遗余力地找寻"保守"的同义词或近义词,以至于试图仅仅借"保守"来定义"保守主义"。人们无视具体语境而先入为主地判定"保守主义"的消极意义,就会习惯性地以"进步"与否或"开

---

① 俞祖华,赵慧峰.社会主义:现代中国三大思潮的共同取向[M]//郑大华,邹小站,主编.中国近代史上的社会主义.北京:社会科学文献出版社,2011:40.
② 何晓明.知识分子与中国现代化[M].2版.上海:东方出版中心,2007:59.
③ [澳]冯兆基.中国民族主义、保守主义与现代性[M]//郑大华,邹小站,主编.中国近代史上的民族主义.北京:社会科学文献出版社,2007:47.
④ 王锟.孔子与二十世纪中国思想[M].济南:齐鲁书社,2006:26.

新"与否的视角去审视"保守主义",并自然而然地将"保守主义"置于"落后"或"复古"的一端。不难推想,在这种带有先见甚或偏见的思维逻辑的演绎之下,消极意义上的"守旧""顽固"甚或"反革命""反社会"一类的语词,势所必然会成为"保守主义"一词的代名词。

一个不可否认的事实是,古今中外的人们多多少少都有那种依循先例的惯性思维,以至于许多人都表现出对旧有事物的依恋甚或对新生事物的抗拒,亦即表现出一种保守倾向。在西方,古典希腊①时期哲学家柏拉图(Plato,约前427—前347)的《理想国》(*The Republic*)②、中世纪时期神学家托马斯·阿奎纳(Thomas Aquinas,约1225—1274)的《神学大全》(*Summa Theologiae*)③、文艺复兴时期政治家尼可罗·马基雅维利(Niccolo Machiavelli,1469—1527)的《君主论》(*The prince*)④等论著,都主张君主的集权和专制⑤,从而透露出或多或少的保守倾向——这是从"落后"与"进步"的角度理解"保守"一词。在中国,春秋时期孔子对周礼的推崇、西汉时期刘邦对诸王的分封、北宋时期司马光对王安石变法的反抗等行为,都主张古制的尊崇和复兴,从而表现出相对明显的保守倾向——这是从"复古"与"开新"的角度理解"保守"一词。然而,诸如此类表现出某种保守倾向的事例,或可佐证休·塞西尔(Hugh Cecil,1864—1958)所说的"自然保守主义"或马克斯·韦伯(Max Weber,1864—1920)所谓的"传统主义"⑥,却并不属于真正的保守主义的范畴。

那么,真正的保守主义到底是什么?保守主义是否就等同于"保守的主义"?保守主义是否必然就具有消极或否定的意义?显然,要明白无误地回答这些问题,就必须对保守主义的概念作出明确的界定。宋代政治家、文学家欧阳修说"吾耳熟焉,故能详也"⑦,但耳熟能详并不是放诸四海而皆准的定律。至少,"保守主义"恰恰就是一个"耳熟难详"的词汇。因此,也只有抛

---

① 古典希腊(Classical Greece),其起止时间为公元前510年至公元前323年。
② [古希腊]柏拉图[Plato].理想国[M].郭斌和,张竹明,译.北京:商务印书馆,1986.
③ [意]阿奎那[Thomas Aquinas].神学大全[M].周克勤,高旭东,陈家华,等,翻译.周克勤,李震,刘俊余,等,审阅.台南:碧岳学社;高雄:中华道明会,2008.
按:"阿奎那"即"托马斯·阿奎纳"。
④ [意]马基雅维里[Niccolo Machiavelli].君主论[M].潘汉典,译.北京:商务印书馆,1985.
按:"马基雅维里"即"尼可罗·马基雅维利"。
⑤ 托马斯·阿奎纳虽然主张君权神授且神权高于君权,但在现世中他其实倾向于君权高度集中且极端强大的君主专制政体。
⑥ [德]曼海姆[Karl Mannheim].保守主义[M].李朝晖,牟建君,译.南京:译林出版社,2002:56.
⑦ 佚名[欧阳修].泷冈阡表[M]//佚名[欧阳修].欧阳永叔文.黄公渚,选注.上海:商务印书馆,1933:55.

却先见,尤其是偏见,挣脱他者指称的桎梏,切实回归到保守主义诞生的年代,并在历史的发展脉络中仔细找寻、品味,才有可能更为准确地理解、界定"保守主义"的概念。

第一节 保守主义概念的诞生与变迁

作为一个特定的术语,"保守主义"(conservatism)并非中国学术界的本土产物,而是源自西方学术界的舶来品。西方学术界创造这一术语的直接目的在于概括地描述一种不同以往的特殊现象,而这种特殊现象还恰恰就出现在西方场域并被西方学术界所关注。因此,无论是作为一个特定的术语,还是作为一种特殊的现象,"保守主义"的诞生地都是西方而不是中国。从弗尔迪南·德·索绪尔(Ferdinand de Saussure,1857—1913)的语言学的角度看去,作为一个特定术语的"保守主义",偏于能指层面,而作为一种特殊现象的"保守主义",则偏于所指层面。自从"保守主义"一词在西方学术界诞生后,其能指外衣下潜藏着的所指,即使是在创造"保守主义"一词的西方学术界,也一直处于被界定和丰富的过程中。也就是说,"保守主义"一词的概念在西方学术界便时有变迁。专为西方场域而设的"保守主义"一词在被引介进中国场域以后,其概念发生变迁便在所难免了。事实上,"保守主义"一词在中国场域的概念变迁更甚于其在西方场域的概念变迁。进而言之,中国学术界使用的"保守主义"一词,虽与西方学术界言说的"保守主义"一词关联密切,却在能指和所指层面都与之有所不同。

一、保守主义概念在西方的诞生

据西方学者考证,最先使用并定义"保守主义"一词的是法国作家、政治家弗朗索瓦-勒内·德·夏多布里昂(Francois-Rene de Chateaubriand,1768—1848)——"他把自己旨在宣传僧侣与政治复辟观念的期刊取名为《保守主义》(*Le Conservateur*)"[1]。从时间上说,夏多布里昂可能确实是最早使用"保守主义"一词之人,但他时常提及的"保守主义"一词,其实更接近于自然保守主义或传统主义的概念,从而与后世西方学术界谈论、研究的"保守主义"大相径庭。然而,时至今日,保守主义即使在其诞生地西方社会,也没有一个明确而公认的定义。不过,西方学术界普遍认为,保守主义成为一种系统

---

[1] [德]曼海姆[Karl Mannheim].保守主义[M].李朝晖,牟建君,译.南京:译林出版社,2002:61.

性的现代意识形态,始于英国政治家埃德蒙·柏克(Edmund Burke,1729—1797)在1790年出版的《反思法国大革命》(Reflections on the Revolution in France)一书。因此,真正意义上的保守主义其实出自柏克出版的专著《反思法国大革命》,而并不关涉夏多布里昂创办的期刊《保守主义》。

(一) 保守主义的起源

1789年7月14日,法国爆发了震惊全欧洲、影响全世界的资产阶级革命,即法国大革命①。不久之后的1790年11月1日,深受震撼的英国政治家柏克不失时机地出版了著名的《反思法国大革命》一书。该书主要是围绕个人权利、私有制、平等观念、宗教、历史有机体及社会结构秩序的延续性等内容展开论述,进而反思法国大革命。虽说是反思,但在很大程度上其实是柏克以爆发于1688年的英国光荣革命②为标准来谴责甚至反对法国大革命。在柏克看来,光荣革命后的英国虽对封建贵族阶层的权利和财产有所限制,却积极保护包括封建贵族阶层在内的所有人应得的权利和应有的财产,所以他无法容忍法国大革命以斩杀封建贵族并强行没收其财产的极端形式,完全剥夺这部分人的应得权利和应有财产。值得一提的是,柏克严厉谴责了法国革命者将其国王路易十六(Louis XVI,1754—1793)推上断头台的"暴行",而这主要是因为他始终坚信君主、贵族天生就高人一等,并根本反对"人人生而平等"的观念。也正因如此,他为英国保留世袭的君主、贵族而自豪不已。柏克不仅崇敬王室、贵族,还尊崇宗教。他强调宗教的重要性,认为宗教凝结了先人的智慧,蕴含着指导世人行为处事的崇高原则。因之,他反对法国大革命对宗教的颠覆而高歌英国保留了宗教并奉基督教为国教。柏克对个人权利、私有制、平等观念、宗教等方面的看法,其实都统一于他那独特的"历史有机体观"之中。他曾指出,人类的历史是一个整全、统一的有机体,而不是可以任意拆分的机械体,所以任何形式的社会结构秩序的变革,都应该在延续人类历史和人类传统的意义上实现,而不能以暴力革命一类的粗暴形式,断然与原先的人类历史和人类传统相决裂。因此,彻底推倒旧有一切的法国大革命,在柏克看来几乎没有任何值得肯定的地方,而保留大量传统且以"不流血"形式平稳实现社会结构秩序重新确立的英国光荣革命,才是柏克认为最值得肯定的社会变革方式甚或社会变革范式。

---

① 法国大革命(French Revolution),其起止时间为1789年7月14日至1794年7月27日。
② 光荣革命(Glorious Revolution),其起止时间为1688年11月至1689年1月。

一般认为,《反思法国大革命》奠定了保守主义的理论基础,更有学者认为"在令人惊奇的程度上,两百多年以来,保守主义的种种中心主题只是柏克专门针对法国大革命而阐明的种种主题的扩展而已"[①]。也正因如此,保守主义在绝大多数时候都被视为对法国大革命的反动。至于柏克,则以其"对法国大革命的批评及作为现代世界的第一个保守政治哲学的提出者而著名于世"[②],并顺理成章地被奉为保守主义之鼻祖——虽然柏克终其一生都未曾使用过"保守主义"一词。

(二) 保守主义的本质

显而易见,相对于那种暴力、血腥又彻底的法国大革命,英国这种"非暴力""不流血"又不彻底的光荣革命就显得保守许多。也正因如此,柏克以光荣革命为准绳来反思法国大革命所得出的结论,难免沾染保守的色彩,而他的一系列思想主张自然也就属于保守主义的范畴。然而,柏克对法国大革命的反思甚或批判,其实并不停留在表面上的法国大革命本身,而是已扩展到深层次的启蒙运动[③]时期人们所宣扬的"理性至上""理性万能"一类的思想主张。进而言之,柏克其实是在反思现代化,并对之有所批判。因此,与其说保守主义是对法国大革命的反动,倒不如说它是对启蒙运动时期"理性至上""理性万能"一类的思想主张的反拨,从而表现其反思现代化的潜在本质,并彰显其现代性。

当下,中外学术界对"现代化"(或"现代化运动")这一概念的界定还是莫衷一是。不过,无论怎么界定"现代化",它起初都是一个用来描述西方社会(尤其是欧洲社会)自"科学革命[④]以来人类事务发生迅速变革的过程的一般概念"[⑤],即"现代化"起源于西方,意味着从传统到现代的转变,尤其意味着与传统的某些决裂。在西方,这种决裂又源自启蒙运动时期西方人对"理

[①] [美]尼斯贝[Robert Nisbet].保守主义[M].邱辛晔,译.顾骏,校阅.台北:桂冠图书股份有限公司,1992:7.

[②] [美]艾恺[Guy Salvatore Alitto].世界范围内的反现代化思潮——论文化守成主义[M].贵阳:贵州人民出版社,1991:47-48.

[③] 启蒙运动(Enlightenment,Enlightenment Movement),其起止时间为17世纪至18世纪。启蒙运动在英国产生,后在法国达到高潮,并波及欧洲其他诸国。启蒙运动时期被称为启蒙时代(Age of Enlightenment)或理性时代(Age of Reason)。

[④] 大多数西方学者都认为,科学革命始于波兰天文学家尼古拉·哥白尼(Nicolaus Copernicus,1473—1543)出版《天体运行论》、比利时医生安德烈·维萨里(A. Vesalius,1514—1564)出版《人体构造》的1543年。

[⑤] [美]布莱克[C. E. Black].现代化的动力[M].段小光,译.刘东,校.成都:四川人民出版社,1988:8-9.

性至上""理性万能"一类的思想主张的奉行。启蒙运动时期又被称为理性时代,因为强调和追求理性是这一时期的指导思想。启蒙运动时期的人们基于"理性至上""理性万能"之类的假设,认为一切有违理性的事物都是阻碍社会进步的绊脚石,因而都应被破除。这其中,首当其冲的自然是具有神秘色彩而明显违背理性的宗教和教会,其次便是依附于宗教和教会的封建政治制度。启蒙运动是西方现代化的开端,蕴含着鲜明的现代性。不过,"现代性"其实也是一个莫衷一是的概念。德国哲学家伊曼努尔·康德(Immanuel Kant,1724—1804)曾说:"从迷信解放出来唤做启蒙。"①康德将"启蒙"与"迷信"相对立的观点,在很大程度上影响了后来的西方学术界对现代性的界说,因为现代性最初往往就仅限于关涉启蒙的启蒙现代性,即焕发人类的理性,并以人类之理性破除人类之迷信,进而赋予具有理性的人类以不受神祇禁锢或限制的主体性和独立性。启蒙运动蕴含的现代性就是这样一种启蒙现代性,而正是这种启蒙现代性使然,"理性至上""理性万能"一类的思想主张在西方现代化的初期,尤其是在启蒙运动时期盛极一时。在"理性至上""理性万能"一类的思想主张的指导下,启蒙运动时期的人们往往认为"每一个个人都具有控制环境的现实的(不仅是潜在的)理性力量"②,过于乐观地无限放大了理性改变社会甚至自然的能力,而这种乐观又在反抗天主教会之精神桎梏和封建君主之专制统治的法国大革命中,以惨烈而直观的方式被演绎到了极致。与此不同,早在法国大革命前,柏克一类的早期保守主义者就对"理性至上""理性万能"一类的思想主张表示怀疑。在他们看来,"社会的制度、结构和传统思想经历了漫长的岁月并且继续发展,这里所凝聚的智慧和理性绝非是软弱的个人所能发明的"③,所以人们应该尊重传统、尊重现有的社会秩序,而不应在"理性至上""理性万能"一类的思想主张的怂恿下,高估自己的能力以至于对传统和现有的社会秩序强加改变——这样不但达不到预期的美好设想,甚至还可能引发意想不到的混乱。但不幸的是,被"理性至上""理性万能"一类的思想主张所左右的启蒙运动,在一开始便埋下了"道德真空"的隐患,更为"日后'价值失落'、'没有目的'

---

① [德]康德[Immanuel Kant].判断力批判:上卷(审美判断力的批判)[M].宗白华,译.北京:商务印书馆,1964:138.
② [美]史华慈[Benjamin I. Schwartz].论"五四"前后的文化保守主义[M]//史华慈.史华慈论中国.许纪霖,宋宏,编.北京:新星出版社,2006:75.
③ [美]史华慈[Benjamin I. Schwartz].论"五四"前后的文化保守主义[M]//史华慈.史华慈论中国.许纪霖,宋宏,编.北京:新星出版社,2006:76.

与'无意义的世界'播下了种子"①。对此,柏克可谓洞若观火,因为他在《反思法国大革命》中曾不吝笔墨地强调宗教的重要性,尤其强调宗教在树立人类道德标准并约束人类行为规范方面体现出的重大意义。

应该说,柏克一类的早期保守主义者都曾极富深刻性且极具前瞻性地意识到极端夸大理性、完全抛弃传统的现代化可能带来的一些负面后果。然而,一个不容否认的事实是,正是在"理性至上""理性万能"一类的思想主张的指导和推动下,西方社会的经济与技术开始腾飞,第一次工业革命②蓬勃发展,而整个西方社会也处于不断向前发展的上升趋势之中。对于这些正面而积极的社会变化,柏克一类的早期保守主义者显然也不能熟视无睹。事实上,他们也并不完全否定理性的积极意义,只是不认同以理性为衡量一切之标准的思维,尤其是反对"理性至上""理性万能"一类的思想主张所暗含着的与传统完全决裂并对社会秩序强加变革的内容。从中也可以看出,他们倾向于在循序渐进地延续传统的前提下改良社会秩序,而非盲目地推倒旧有一切。这其实又意味着他们对传统也有所扬弃,只不过并不主张完全抛弃传统。但总体而言,他们还是有所保守,尤其是对传统有所保守。

具体到柏克,他所保守的便是基于英国自由政治制度传统的社会秩序,尤其是保守英国自光荣革命以来的奠基于自由政治制度传统而具有自由主义意义的社会秩序。事实上,他对自己的身份认同也一直都是自由派,即后来所谓的自由主义者。他在政治上倾向于辉格党,当时英国的辉格党又属于自由派而与维护君主专制的顽固派——托利党针锋相对。他一生都追求并弘扬自由,比如支持北美殖民地独立、反对极端王权统治、倡导自由主义经济等。应该说,始终以"老辉格党人"自诩的柏克是一位标准的自由主义者,但他对自由的追求始终以不牺牲现有的稳固秩序为前提。然而,在"理性至上""理性万能"一类的思想主张的指导下,启蒙运动时期流行的自由主义,尤其是法国式的自由主义——包括让-雅克·卢梭(Jean-Jacques Rousseau,1712—1778)的激进平等学说,与当时的英国式自由主义相比,表现出了热衷激烈革命又无视传统道德的激进趋势。为此,柏克焦虑不已。其实,正是对英国式自由主义的肯定和对法国式自由主义的不认同,才充分显现出了柏克的保守主义倾向。不过,"'保守主义'肯定是不反对自由的",

---

① [美]艾恺[Guy Salvatore Alitto].世界范围内的反现代化思潮——论文化守成主义[M].贵阳:贵州人民出版社,1991:10.
② 第一次工业革命(The First Industrial Revolution),其起止时间为18世纪60年代至19世纪40年代。第一次工业革命时期被称为蒸汽时代(Age of Steam)或机器时代(Age of Machines)。

"如果一个政党不同时维护自由的原则,它就不能保卫传统的政体"①。所以,柏克的保守主义倾向之"保守主义",其实是一种立足于自由主义的"保守的自由主义"。

保守主义或"保守的自由主义"的思想主张,即是对启蒙运动时期的"理性至上""理性万能"一类的思想主张的反拨,进一步说则是对现代化的反思和批判。其实,柏克一类的早期保守主义者的保守主义思想主张也蕴含着现代性,只不过这种现代性是不同于启蒙现代性的审美现代性。审美现代性既对启蒙现代性有所肯定,又对启蒙现代性有所否定。前者主要表现为审美现代性同样以具有理性的人类的主体性、独立性的焕发和实现为前提,因为这是审美对象及审美主体都得以解放和发展的必要条件。后者则主要表现为审美现代性反对启蒙现代性赋予理性的绝对权威的地位,因为理性的绝对权威化必会压抑人类的感性,进而变相地驱除人类的主体性、独立性而使人类异化——趋于工具化或数字化等,并势必危及人类的审美活动。正是因为审美现代性对启蒙现代性有所否定,所以审美现代性对启蒙现代性又有所反思和批判,而富有审美现代性的保守主义思想主张便对富含启蒙现代性的现代化也有所反思和批判。从这个角度而言,审美现代性可以说是一种反现代性(指反思和反拨启蒙现代性)的现代性。但是,审美现代性又具有肯定启蒙现代性的另一面。所以保守主义思想主张在反思和批判现代化的过程中,既不完全排斥理性,又不完全沿袭传统。审美现代性与启蒙现代性的对立统一关系,恰恰也是保守主义在西方社会并不反对自由和自由主义而在事实上成为"保守的自由主义"的根本原因之所在。

自从保守主义的概念面世以后,西方的保守主义理论被不断地发展和深化。一个显著的表现是,本来诞生于政治领域且纠缠于政治领域的保守主义不再局限于政治一隅,从而衍生出诸如文化保守主义、经济保守主义、宗教保守主义等新概念②。但是,保守主义自其诞生以来便一直都与自由主义相纠缠,即各种层面上的保守主义都与相应层面上的自由主义相纠缠,如文化保守主义之于文化自由主义、经济保守主义之于经济自由主义、宗教保守

---

① [英]塞西尔[Hugh Cecil].保守主义[M].杜汝楫,译.马清槐,校.北京:商务印书馆,1986:155.
② 随着"保守主义"一词的空间适用范围的扩大,人们往往也扩大了"保守主义"一词的时间适用范围。应该说,这种做法值得商榷。"保守主义"诞生于现代社会的起始阶段——启蒙运动时期,这说明它只适用于启蒙运动以来的现代社会。所以,当人们将"保守主义"一词(包括具有更为具体而明确的时间指向性的"古典保守主义""古代保守主义"等词)运用于阐释启蒙运动时期以前的社会时,"保守主义"一词应被打上引号以彰显其在特殊语境下的特殊含义。

主义之于宗教自由主义等。可见,在西方社会,保守主义自其诞生以后便一直都以自由主义为参照物。事实上,在西方社会,保守主义与自由主义以及激进主义是一个三位一体的不可分割的有机整体。其中,自由主义,尤指"标准的自由主义",是保守主义和激进主义时刻围绕的中心点。从这一中心点出发,主张延续传统并进行稳妥且小幅改良的思想行为,便是最富审美现代性的保守主义,亦即"保守的自由主义";而主张抛弃传统并进行激烈且大幅改良甚或革命的思想行为,则是最富启蒙现代性的激进主义,亦即"激进的自由主义"。总而言之,保守主义与激进主义其实都属于自由主义的范畴,并且都极富现代性而致力于裨补自由主义以促进现代化恰当、健康地发展。所以,保守主义原本既不以"进步"与否为衡量标准,也不以"开新"与否为评判准绳,而是以自由主义为参照标准并与激进主义相对立。需要强调的是,萌发于启蒙运动又与政治,尤其是自由主义政治制度相纠缠,只是保守主义在西方社会的显性表征,而其潜在本质仍在于反思现代化以促进现代化和彰显审美现代性以反拨启蒙现代性。

二、保守主义概念在中国的变迁

依据德国社会学家卡尔·曼海姆(Karl Mannheim,1893—1947)等人的研究,"保守主义作为一种'主义',只是在18世纪末19世纪初的西方才出现,并且只是在19世纪初,某些人才被称为或自称为保守主义者"[①]。事实上,"保守主义"这个词"直到19世纪30年代才被德国采用,直到1835年才在英国获得正式的认可"[②]。然而,作为外语原词的"保守主义"(如法语"conservatisme"、德语"Konservatismus"、英语"conservatism"等),被翻译为汉语"保守主义"后,其在能指上产生变化的同时,也在所指上发生变迁。当然,保守主义概念在中国的变迁不仅意味着国人对保守主义(无论是西方的保守主义还是中国的保守主义)的认识有所变化,也意味着中国学术界对保守主义,尤其是中国的保守主义的研究有所发展。

(一)消极意义的衍生

诚然,以汉语的能指出现的"保守主义",直到近代才在中国诞生。但"保守主义"中的"保守"一词在中国其实很早便已出现,比如西汉刘向编订的

[①] [美]史华慈[Benjamin I. Schwartz].论"五四"前后的文化保守主义[M]//史华慈.史华慈论中国.许纪霖,宋宏,编.北京:新星出版社,2006:74.

[②] [德]曼海姆[Karl Mannheim].保守主义[M].李朝晖,牟建君,译.南京:译林出版社,2002:61.

《战国策》一书的"齐策"就有言道:"燕将惧诛,遂保守聊城,不敢归。"①也正因如此,国人往往以"保守"的词义忖度"保守主义"的概念。随着历史的发展,"保守"的词义也历经演变,不过大体上都沿袭了"保"与"守"的原始意义,始终侧重于表达思想或行动上的"保卫""保护""维护""守卫""守护"等传统意义。进而言之,近代以前的"保守"一词,从来没有"落后""守旧"之意而与"进步""变革"相对立。但到了近代,"保守"一词产生了与以往迥然不同的非传统意义。《时务报》1897年1月13日("光绪二十二年十二月十日"②)第17册("第十七册")登载的《政党论》道:"德国下院,尝有九党,或曰保守,或曰帝政,或曰国民,或曰进步,或名某某,皆以政府为中枢。"③显然,这里提及的"保守"一词,其实是"保守党"一词的略称。但同样显然的是,这里的"保守"一词在很大程度上与其后提及的"进步"一词相对立而含有"欠进步"甚或"反进步""反变革"的非传统意义。及至1899年,《清议报》

---

① 佚名.卷第十三:齐六[M]//佚名.战国策附重刻札记:二.高诱,注.上海:商务印书馆,1937:8.

按:《战国策附重刻札记》使用旧式句读符号,而引文中的新式标点符号为笔者酌情修改。民国以前出版的书籍、报刊使用旧式句读符号(主要表现为句号、顿号、点号)甚或连旧式句读符号都没有,而部分民国时期出版的书籍、报刊也存在这种情况。现为符合当下的出版规范和阅读习惯,均添加或改为新式标点符号。以下除添加新式标点符号的情况还将另行注释外,将旧式句读符号改为新式标点符号的情况不再另作说明。

② 在没有特别说明的情况下,引号中的时间都直接引用自原报刊或原著作标注的出版时间,而引号中的期号则都直接引用自原报刊标注的出版期号。近代报刊往往在报纸的刊头、目录栏(或要目栏)、版面的天头(或侧口、版心)、版权栏,以及期刊的封面(或刊头)、目录页(或目录栏、要目页、要目栏)、内页(尤指登载正文的正文页)的天头(或侧口、版心)、版权页(或版权栏)等一处或多处,标注出版时间、出版期号。但是,在同一份报纸或同一册期刊号中,各处标注的出版时间、出版期号也可能有所不同(或在形式上不一致,或在数值上相抵牾,甚或二者兼而有之)。因此,在没有特别说明的情况下,本书一律以报纸刊头、期刊封面(或刊头)标注的出版时间、出版期号为准。若报纸刊头、期刊封面(或刊头)不标注出版时间、出版期号,或标注的出版时间、出版期号不具体(尤指出版时间省略出版当日、出版期号省略出版卷数),则依次以报纸目录栏(或要目栏)、期刊目录页(或目录栏、要目页、要目栏)、报纸版面、期刊内页的天头(或侧口、版心)、报纸版权栏、期刊版权页(或版权栏)等处标注的出版时间、出版期号为准。此外,可能出于省减费用、节约纸张、补白等原因的考虑,近代报刊往往没有专辟一个或数个连续的页面,仅登载篇章名目或仅集中登载多方面版权信息。因此,在没有特别说明的情况下,本书使用的关涉近代报刊的"目录页"(或"要目页")一词,指位于期刊的封面后、正文前,登载篇章名目(有时被置于方框内)的一个或数个连续的页面(无论这些页面是否同时还登载启事、广告等非篇章名目的内容),而"目录栏"(或"要目栏")一词,则指可能位于报纸的任何页面或期刊除目录页外的任何页面,且与正文、启事、广告等内容共用一个页面的登载篇章名目(往往被置于方框内)之处;"版权页"一词,指位于期刊的封面后、正文前,或正文后、封底前,集中登载多方面版权信息(往往被置于方框内或横线上)的页面(无论这些页面是否同时还登载启事、广告等非版权信息的内容),而"版权栏"一词,则指可能位于报纸的任何页面或期刊除版权页外的任何页面,且与正文、启事、广告等内容共用一个页面的集中登载多方面版权信息(往往被置于方框内或横线上)之处。

③ 佚名.政党论[J].[日]古城贞吉,译.时务报,1897(清光绪二十二年)(17):23.

按:该文的文题之下附注"译大日本杂志西十一月二十"。

连载的《论清国实情》已出现"保守主义"一词:"初改革党之起也,康实为其首领。西六月十六日,谒见清帝,大谈政事,盖二点钟有余。帝屏侍臣问之,康说曰:'清国微弱不振,其实在欠进步耳。其欠进步,诸大臣专固执保守主义故也。故陛下欲振兴国势,不必黜保守诸大臣,只宜擢用少壮才智执进步主义之士,以行其事。'"① 这几句话的具体语境是,康有为正为戊戌变法②的顺利开展而努力向清朝光绪皇帝进言。结合这一具体语境便可以发现:这几句话依次提到的"欠进步""保守主义""进步主义"三个词,已然昭示其中的"保守主义"一词与"进步主义"一词相对立并富含"欠进步"甚或"反进步""反变革"之意。也就是说,这里的"保守主义"的意义其实就等同于"保守"一词的那种非传统意义。在《近现代辞源》一书中,编著者就是分别以《政党论》和《论清国实情》中的这两条引文作为现代意义上的"保守"和"保守主义"的最早书证③。但诚如该编著者所言,"无论如何不能说,这些书证都是最早的"④。也许,现代意义上的"保守"和"保守主义"的出现时间还可以往前追溯。不过,这两个书证至少可以证明,作为汉译语词的"保守主义",早在19世纪末就已然形成"欠进步"甚或"反进步""反变革"的特殊意义。

1896年8月9日("光绪二十二年七月初一日")创刊的旬刊《时务报》和1898年12月23日("孔子二千四百四十九年/光绪二十四年岁次戊戌/十一月十一日")创刊的旬刊《清议报》,都由梁启超主笔或主编,而梁启超以及作为"维新"派机关报的《时务报》和作为"保皇"派机关报(也是"立宪"派先锋报)的《清议报》,都在当时的中国具有广泛且巨大的影响力。不幸的是,较早向国人引介源自西方的保守主义概念的梁启超,恰恰为汉译语词"保守主义"确定了"欠进步"甚或"反进步""反变革"之意,并使这种意义广而播之、广而受之。此后,对"保守主义"的外语原词本无深刻理解的国人,便无视这一外语原词而仅专注于作为汉译语词的"保守主义",并不由自主地望文生

---

① 佚名.论清国实情[J].清议报,1899(清光绪二十五年)(20):11.
按:该文的全文连载于《清议报》1899年7月8日("孔子二千四百五十年/光绪二十五年岁次己亥/六月初一日")第20册("第二十册")第10-13页(文题之下附注"译东邦协会报第五十八号")、18日("孔子二千四百五十年/光绪二十五年岁次己亥/六月十一日")第21册("第二十一册")第4-5页,后来又被收录到日本的横滨新民社于1902年辑印的《清议报全编》之《第伍集外论汇译》的"卷十七:外论汇译一论中国上"第63-71页(文题之下附注"东邦协会报")。
② 戊戌变法(Reform Movement of 1898),又称百日维新(Hundred Days Reform)、维新变法,其起止时间为1898年6月11日至1898年9月21日。
③ 黄河清,编著.近现代辞源[M].姚德怀,审订.上海:上海辞书出版社,2010:28.
④ 黄河清.自序[M]//黄河清,编著.近现代辞源.姚德怀,审订.上海:上海辞书出版社,2010:1.

义,从而对之产生严重的错误理解。于是,长期以来,大凡国人所谓的"保守主义",其实都是在"欠进步"甚或"反进步""反变革"的层面上表述其意义。有论者曾言简意赅又不无武断地说保守主义是"不求进步的"①,更有论者还立足于哲学层面而深入批判保守主义的"反进步""反变革"——"保守主义是封建思想的残余,主要是看不见客观形势的发展,看不见历史的变化;而当客观形势改革之后,不是要求主观世界的改造,而是要求客观世界符合于自己的主观愿望"②。在这种颇为粗暴的批判语境中,似乎保守主义总是不惜一切代价地阻止所有的变革,尤其是进步意义上的变革,并且不遗余力地维护所有的旧状,尤其是落后意义上的旧状。显然,"保守主义"一词在中国已成为一个极富消极意义的贬义语词。

在很长的一段时期内,保守主义在中国不但成为"反进步""反变革"的代名词而极富消极意义,还甚至被等同于"反革命""反社会"而沾染否定意义。具体而言,国人往往都习惯于站在"革命""激进"的立场上看待保守主义,进而对历史上一些具有保守倾向的思想和行为大加斥责。在五四运动③前后,后来成为中国共产党早期领导人的瞿秋白不仅发表专文《东方文化与世界革命》④《自由世界与必然世界》⑤《现代文明的问题与社会主义》⑥等,批判当时以"东方文化"派⑦的思想主张为代表的中国的保守主义——中国近代保守主义,还创作杂文《无用的人与东方文化》⑧、

---

① 佚名.在学校里确立并巩固无产阶级思想领导——庆祝五一劳动节[J].人民教育,1952(5):5.
② 张仃.关于国画创作继承优良传统问题[J].美术,1955(5):18.
③ 五四运动(May Fourth Movement、May 4th Procession of 1919),其起止时间为1919年5月4日至1919年6月28日。
④ 屈维它[瞿秋白].东方文化与世界革命[J].新青年[广州1923],1923(1)[又称"共产国际号"]:67-76.
⑤ 瞿秋白.自由世界与必然世界[J].新青年[广州1923],1923(2):36-47.
按:该文的文后附注"一九二三年,十一月,二十四日"。
⑥ 瞿秋白.现代文明的问题与社会主义[J].东方杂志,1924,21(1)[又称"二十周年纪念号上"]:F1-F11.
按:该文的文后附注"一九二三年十一月八日"。
⑦ "东方文化"派一词可能最早见于瞿秋白的《东方文化与世界革命》,但该文并没有明确界定"东方文化"派的成员构成。从该文总体的思想内容推断,瞿秋白所谓的"东方文化"派,狭义上主要指五四运动前后具有保守主义倾向的人,如杜亚泉、钱智修、陈嘉异、章士钊、梁漱溟以及"学衡"派等;广义上则可能还指涉包括辜鸿铭以及"孔教"派、"国粹"派、"洋务"派等在内的一切具有维护传统文化倾向甚或具有维护封建制度倾向的个人或团体。后来,学术界还往往将旅欧归来的梁启超、引发"科玄论战"的张君劢以及其他一些"现代新儒家"派成员,也归为"东方文化"派。总之,"东方文化"派是个模糊而宽泛的概念,学术界对其成员构成的认定存在分歧。
⑧ 巨缘[瞿秋白].无用的人与东方文化[J].前锋[广州1923],1923(1):64-65.
按:该文位于该刊"寸铁"栏目之"二"。

小说《猪八戒小说》①等,深入而形象地批判中国近代保守主义。另一位中国共产党早期领导人陈独秀也颇为反对中国近代保守主义而曾在不同报刊上撰写、发表过为数不少的批判中国近代保守主义的文章,其中尤以《精神生活东方文化》②批判最为有力。此外,其他早期中国共产党党员也多对中国近代保守主义群起而攻之,如邓中夏的《中国现在的思想界》③、萧楚女的《国民党与最近国内思想界》④等文。可以说,早期的一些中共党员以及左翼学者对中国近代保守主义的批判,奠定了新中国学者在建国初期审视中国近代保守主义时的批判基调,因为建国初期的绝大多数研究文章都围绕瞿秋白、陈独秀等人的批判观点而展开。显然,在这段时期内,汉译语词"保守主义"与其外语原词在所指上迥然不同。这种所指的变迁,折射出当时的国人沉浸于自我想象的诠释之中而并没有真正理解源自西方的保守主义的确切含义。直到20世纪80年代以后,一些国内学术界的学者才开始逐渐放弃此前赋予保守主义的消极意义和否定性偏见,进而在重新审视西方保守主义的基础上,重新研究中国近代保守主义。不过,即便如此,汉译语词"保守主义"与其外语原词在所指上也仍然有所不同。

(二) 中性意义的转向

自从19世纪末源自西方的保守主义的外语原词被引介到中国以后,作为汉译语词的"保守主义"一词曾被广泛地使用。然而,长期以来,真正对保守主义以及中国近代保守主义有所研究之人却少之又少。一个颇可玩味的事实是,最早对中国近代保守主义真正加以研究的不是中国学者而是美国学者。在20世纪70年代,美国历史学家、汉学家夏洛特·傅乐诗(Charlotte Furth)主编、出版了名为《变革的限制:关于民国时期保守主义备选方案的文

---

① 瞿秋白.猪八戒小说[J].中国青年[上海1923],1923(5):8-10.
  按:该文的文后附注"一九二三年十一月十五日",且该附注之后有按语:"这篇小说里凡是'′记号里的话都是抄袭吴稚辉先生之《一个新信仰的宇宙观及人生观》的,见太平洋杂志第四卷第三号;——'不敢掠美,特此声明。'作者志"。该文的文题、署名在目录中分别为《猪八戒(小说)》、"秋白",而其在正文前则分别为《猪八戒小说》、"瞿秋白"。近代不少报刊,尤其是期刊,其目录所示文题、署名往往与其正文前所示文题、署名略有出入。在没有特别说明的情况下,本书一律以正文前的文题、署名为准。
② 独秀[陈独秀].精神生活东方文化[J].前锋[广州1923],1924(3):78-80.
  按:该文位于该刊"寸铁"栏目之"二十七"。
③ 中夏[邓中夏].中国现在的思想界[J].中国青年[上海1923],1923(6):2-6.
④ 萧楚女:国民党与最近国内思想界[M]//萧楚女.萧楚女文存.中央党史研究室《萧楚女文存》编辑组,广东革命历史博物馆,编.北京:中共党史出版社,1998:212-227.
  按:该文的文题之下附注"一九二四年八月二十日",且文后附注"载《新建设》第2卷第2期 署名:初遇"。

章》(*The Limits of Change: Essays on Conservative Alternatives in Republican China*)①一书。这部研究中国近代保守主义的专著既收录了本杰明·史华慈(Benjamin I. Schwartz)、盖伊·塞尔瓦托·艾恺(Guy Salvatore Alitto)、马丁·贝尔纳(Martin Bernal)、厄内斯特·P·杨(Ernest P. Young)、戴维·E·波拉德(David E. Pollard)以及傅乐诗本人等美英本土学者和林毓生(Yusheng Lin)、张灏(Hao Zhang)、杜维明(Weiming TU)等美籍华人学者研究中国近代保守主义的学术论文,也辑录了梁济、刘师培、章太炎、梁漱溟、熊十力等人创作的具有保守主义色彩的论著。这部书成为最早研究中国近代保守主义的学术专著,并对中国学术界在此方面的研究产生了深远的影响。在这部书中,史华慈等人已表露出将西方学术界研究西方现代思想史时所惯用的"三分法"架构(即保守主义、自由主义、激进主义三足鼎立)应用于中国近代思想史之研究的趋向。后来,"三分法"的架构就成为20世纪80年代后中国学术界研究中国近代思想史的常用套话,而"保守主义"一词也恰恰被置于这种"三分法"架构之中以自证其义。但是,中国近代史上从未真正存在过以自由主义为指导的政治制度。即便是作为一种思潮的自由主义,也从未发达到被绝大部分国人普遍接受的程度。所以,主张对自由主义加以温和改良的西方式保守主义,在近代中国便丧失了它赖以界定本己的参照标准。不惟如此,中国近代史也从未出现过拥有广泛社会认同的稳定的社会政治秩序,因为当时的国人一直都处于反对封建帝制、反对军阀体制、反对独裁政治之中。可以说,在中国近代史上,根本没有一个值得肯定的社会现状,改革甚至革命一直都是时代的主旋律。正因如此,史华慈才论断道:近代"中国几乎没有柏克式的保守主义,全盘肯定现行的社会秩序"②。可见,最初以"三分法"架构诠释中国近代思想史并以西方保守主义比照中国近代保守主义的史华慈等美国学者,都已察觉到这种方式其实并不完全契合中国近代思想史的特殊场域。

中国近代保守主义的特殊现实不容更改,强行套用西方保守主义显然也行不通。于是,史华慈以及艾恺等美国学者转而调整保守主义在中国的所指:趋于强调中国近代保守主义的文化保守之含义,甚至还创造出诸如"文化保守主义""文化守成主义"一类的新概念以取而代之。例如:史华慈就认为中国近代保守主义"主要是一种文化的保守主义,基本上不牵涉主要的社

---

① 该书尚无完整的中译本,但台北的时报文化出版事业有限公司于1980年6月20日出版的周阳山、杨肃献主编的《近代中国思想人物论——保守主义》选录该书的重要文章10篇。
② [美]史华慈[Benjamin I. Schwartz].论保守主义.林镇国,译[M]//[美]傅乐诗[Charlotte Furth],等.近代中国思想人物论——保守主义.周阳山,杨肃献,编.台北:时报文化出版事业有限公司,1980:36.

会政治现状"①;艾恺更明确地说"Conservative 习惯上中译为'保守主义',通常都有很重的政治含义与价值指向",与他"希望指出的文化现象有出入",所以他倾向于使用"文化守成主义"一词②。需要强调的是,史华慈、艾恺等人所谓的"文化保守主义""文化守成主义"一类新概念中的"文化"其实都剥离了政治含义。剥离政治含义后的"文化保守主义""文化守成主义"一类的新概念使许多问题易于处理,比如无需考虑保守主义与自由主义政治制度的纠葛,而视保守主义为政治上的"反革命""反社会"的论调也就成为不值一驳的伪命题,最为重要的是极具争议的章太炎个案也可以获得很好的解释③。于是,将保守主义置换为"文化保守主义""文化守成主义"一类的新概念就成为中外学术界研究中国近代保守主义的一大共识,而学者们在中国语境中所明确使用的"保守主义"一词,便往往潜藏着剥离政治含义的狭义限定。对中国近代保守主义进行"文化"与"政治"的区分,固然解决了很多问题,但又制造了不少新的问题。一方面,中国近代保守主义在事实上难以完全与政治撇清关系,因为所谓的文化保守主义者或文化守成主义者都或多或少地论及救亡图存方略,尤其是论及政治制度建设方面的内容。显然,绝大多数学者在研究"文化保守主义"或"文化守成主义"的过程中,对这些或多或少关涉政治的内容都难以规避而必会触及。另一方面,对狭义层面的"文化"的强调又容易遮蔽中国近代保守主义在科学、经济等领域内的思想主张。事实上,一些中国近代保守主义者在科学和经济等方面都有着卓越的贡献和独到的造诣,如杜亚泉、钱智修等人对普及自然科学的努力以及章士钊、梁漱溟等人对"以农立国"思想的深入阐释和躬身实践等。最大的一个问题还在于,"文化"是一个含义非常广泛又没有公认之明确定义的概念,难以界定"文化"也就难以界定"文化保守主义""文化守成主义"一类的

---

① [美]史华慈[Benjamin I. Schwartz].论"五四"前后的文化保守主义[M]//史华慈.史华慈论中国.许纪霖,宋宏,编.北京:新星出版社,2006:80.

② [美]艾恺[Guy Salvatore Alitto].前言[M]//[美]艾恺.世界范围内的反现代化思潮——论文化守成主义.贵阳:贵州人民出版社,1991:4.

③ 章太炎既是积极宣扬中国传统文化之精华的"国粹"派精神领袖,又是大力宣传革命并躬身实践革命的革命党人,所以章太炎是否属于保守主义者历来有所论争。但引入"文化保守主义"一类的新概念后,这一问题就迎刃而解了,因为章太炎可以说既是文化保守主义者又是政治激进主义者,二者毫无抵牾。

按:"甲寅"派的章士钊早年也曾从事过革命运动,尤其是在主编《苏报》后,他一改《苏报》登载市井琐事的风格而转向宣传革命思想,并因此同章太炎、张继、邹容结为异姓兄弟。《苏报》后来因登载邹容的《革命军》和章太炎的《驳康有为论革命书》等文被清政府查封,而章士钊等人也被通缉甚至逮捕,这一事件史称"苏报案"。但是,与章太炎的经历颇为类似的章士钊几乎毫无争议地被视为保守主义者而非仅限于文化保守主义者,这其中的矛盾不言而喻。

新概念。从这角度而言,即使不在"保守主义"一词前面冠以"文化"这一前缀,中国近代保守主义也不可能脱离文化层面的意义,而在"保守主义"一词前面冠以"文化"这一前缀,不但起不到限定的作用,反而可能使中国近代保守主义无限泛化。因此,如果纯粹为了实现保守主义剥离政治含义的目的,与其使用"文化保守主义""文化守成主义"等词,倒不如干脆使用"非政治保守主义"一类的概念。当然,使用"非政治保守主义"一类的概念也会带来一些新的问题——至少这一概念对中国近代保守主义的适用范围明显地有所窄化。

创造并使用"文化保守主义""文化守成主义"一类的新概念来研究中国近代保守主义的做法固然值得商榷,但也不能忽视中外学者借用西方保守主义研究理论并使之更加契合中国的具体语境时所作出的努力——至少他们在很大程度上消解了"保守主义"一词在中国的消极意义和否定性偏见而使之趋于中性。最为重要的是,他们都敏锐而准确地意识到,中国近代保守主义所保守的具体内容恰恰是传统文化①。"保守主义比怀有普遍主义渴望的自由主义或社会主义更具有国别的特殊性"②,而中国近代保守主义的特殊性就主要表现为它既对传统文化有所维护,又同时对西方文化③有所抗拒。当今中外学术界对中国近代保守主义的研究,其实都是基于这一方面的内容。不过,即使是在这个层面上讨论中国近代保守主义,中外学术界对中国近代保守主义的起源时间也仍然莫衷一是而未有定论。

就国内学术界的相关研究而论,主要表现为两种颇具代表性的观点。一种观点认为,19世纪末以康有为为首的"今文经学"派因致力于"以传统对抗西方近世文明"而成为中国近代"保守主义初版的雏形"④;另一种观点则是将中国近代保守主义与中体西用论相关联,或认为中国近代保守主义始于

---

① 在没有特别说明的情况下,本书使用的"传统文化"一词,指近代以前的中国所旧有的文化。"传统文化"中的"文化"一词就其广义而言,所以"传统文化"一词指涉一切具有近代以前的中国之传统特色的风俗、习惯、思想、理论、学说等各种内容。
② [美]马勒[J. Z. Muller].前言[M]//[美]马勒,编著.保守主义:从休谟到当前的社会政治思想文集.刘曙辉,张容南,译.南京:译林出版社,2010:28.
③ 在没有特别说明的情况下,本书使用的"西方文化"中的"文化"一词就其广义而言,所以"西方文化"一词指涉一切具有西方特色的风俗、习惯、思想、理论、学说等各种内容。
④ 欧阳哲生.中国现代文化保守主义思潮述评[J].求索,1990(1):122.
按:该文认为,"今文经学"派一方面从汉儒今文经学中汲取微言大义而为维新改制制造理论借口,另一方面又试图将传统儒家学说改造成宗教教义,并奉孔教为国教。所以,该文所谓的"今文经学"派包含民国初年以康有为为首的"孔教"派。

甲午战争^①之后而主张以"张之洞等后期'洋务派'"为代表^②，或认为中国近代保守主义起于洋务运动^③早期而强调"19世纪60年代冯桂芬的《校邠庐抗议》就已经定下日后文化保守主义的基调"^④。不难发现，这几种观点都将中国近代保守主义的起源时间定位于19世纪中后期，只不过更为具体的时间节点有所差别。同时，这几种观点又都认为凡是维护传统文化并在一定程度上抗拒西方文化的思想主张就是中国近代保守主义的思想主张。然而，一个令人疑惑的问题是：早在洋务运动尚处于讨论之中而并未付诸实践之际，以倭仁为代表的"顽固"派，一方面自傲中国的传统文化源远流长、博大精深而固守之，另一方面又鄙视西方的一切事物为"奇技淫巧"^⑤而拒斥之，但是比任何后来者都更加维护传统文化且又比任何后来者都更加排斥西方文化的倭仁一类的"顽固"派，为什么不可以被视为中国近代保守主义的肇始之源呢？洋务运动，无论是在其早期还是在其晚期，自始至终都伴随着"洋务"派和"顽固"派之间的激烈斗争。如果"洋务"派被划入保守主义阵营，那么与"洋务"派针锋相对的"顽固"派又将何去何从？显然，激进主义和保守主义都不适合被用来描述"顽固"派的思想主张，更遑论自由主义。也许正是为了解决这其中所潜藏着的冲突和矛盾，有学者提出将中国的保守主义划分为"封建的文化保守主义"和"近代式的文化保守主义"^⑥两种类型，由之"洋务"派和"顽固"派都属于"封建的文化保守主义"，而"中国最早具有近代意义的文化保守主义思潮应以辛亥革命时期的国粹主义为代表"^⑦。但如果依照这种说法，"封建的文化保守主义"至少可以追溯到《论语·八佾》

---

① 甲午战争，日本称日清战争，国际上称第一次中日战争(TheFirst Sino-Japanese War)，其起止时间为1894年7月25日至1895年4月17日。
② 郑大华.文化保守主义与"五四"新文化运动[J].北京师范大学学报,1989(3):31.
③ 洋务运动(Westernization Movement)，又称晚清自救运动、晚清自强运动(Self-Strengthening Movement)，其起止时间为1861年1月11日至1895年2月17日。
④ 何晓明.返本与开新——近代中国文化保守主义新论[M].北京:商务印书馆,2006:322.
⑤ 冯桂芬.采西学议[M]//冯桂芬.校邠庐抗议.潘霨,校刊.清刻本.[出版地不详]:敏德堂,1892(清光绪十八年):69.
按:《校邠庐抗议》的扉页之后，《校邠庐抗议自序》(文后题署"咸丰十一年冬十月吴县冯桂芬自序"，其中的时间即1861年11月3日至12月1日之间)之前的一页仅印"光绪壬辰夏日敏德堂潘校刻"(其中的时间即1892年夏)十二个大字。
⑥ 胡逢祥.社会变革与文化传统:中国近代文化保守主义思潮研究[M].上海:上海人民出版社,2000:3-4.
⑦ 胡逢祥.社会变革与文化传统:中国近代文化保守主义思潮研究[M].上海:上海人民出版社,2000:11.

所谓的"郁郁乎文哉,吾从周"①之说。于是,中国的保守主义似乎早在几千年前就产生了。至于主要由典型的晚清学者组成的"国粹"派,其是否已完全脱离封建文化的影响而表现出现代性,也是一个有待商榷的问题。

当下,尽管国内学术界对中国近代保守主义的起源也尚无一致的看法,但绝大多数学者都在不否认中国近代保守主义对西方文化有所借鉴和吸收的前提下,将维护和弘扬传统文化视为中国近代保守主义的基本特征,并多名之为"文化保守主义",如有学者指出,"对传统文化的维护和弘扬,这是中国近代文化保守主义者最基本的文化取向,也是他们之所以被称为文化保守主义者的根本原因"②。于是,"洋务"派(以曾国藩、李鸿章、张之洞等人为代表)、"国粹"派(以章太炎、邓实、刘师培、黄节、黄侃、马叙伦等人为代表)、"孔教"派(以康有为、梁启超等人为代表)、"东方杂志"派(以杜亚泉、钱智修、陈嘉异等人为代表)③、"学衡"派(以梅光迪、吴宓、胡先骕、刘伯明、柳诒徵等人为代表)、"甲寅"派(以章士钊为核心)、"本位文化"派(主要指王新命、何炳松、武堉干、孙寒冰、黄文山、陶希圣、章益、陈高佣、樊仲云、萨孟武这十位教授)以及"现代新儒家"派(以梁漱溟、张君劢、熊十力、冯友兰、贺麟等人为代表)等流派便构成了最宽泛意义上的"文化保守主义"阵营。自20世纪80年代中后期开始,国内学术界基于对中国近代史上的激进主义(包括

---

① 阮元,审定.论语注疏解经卷第三:八佾第三[M].卢宣旬,校.何晏,等,集解.邢昺,疏//阮元,审定.重刊宋本十三经注疏附校勘记:重刊宋本论语注疏附校勘记.清刻本.南昌:南昌学堂,1816(清嘉庆二十一年):8.
按:《重刊宋本十三经注疏附校勘记》没有使用旧式句读符号或新式标点符号,而引文中的新式标点符号为笔者酌情添加。该书的扉页印有"重刊宋本十三经注疏附校勘记"这十三个大字,而大字之后又附注"用文选楼藏本校定"这八个小字。扉页之后为《重刻宋板注疏总目录》,其末附录阮元所撰之文(无题,文后题署"太子少保光禄大夫江西巡抚兼提督扬州阮元谨记")。阮元文记述道:"嘉庆二十年,元至江西。武宁卢宣旬读余校勘记而有慕于宋本。南昌给事中黄氏中杰亦苦毛板之朽。因以元所藏十一经至南昌学堂重刻之,且借校苏州黄氏丕烈所藏单疏二经重刻之。近盐巡道胡氏稷亦从吴中购得十一经,其中有可补元藏本中所残缺者。于是宋本注疏可以复行于世……二十一年秋刻版初成。"(其中的时间依次为1815年、1816年秋)。阮元文之后的《重刊宋本十三经注疏后记》(文后题署"江西盐法道分巡瑞袁临等处地方庐江胡稷谨记")则记述道:"嘉庆二十年一年秋八月,南昌学堂重刊宋本十三经注疏,成卷四百十六并附录校勘记,为书万一千八百一十叶。距始事于二十年仲春,历时十有九月。"(其中的时间依次为1816年秋9月21日至10月20日之间、1815年3月11日至4月9日之间)。该书依十三经之数分为十三部,每一部书的扉页都在本书题名之左附注"嘉庆二十年江西南昌府学开雕"(其中的时间即1815年),而其扉页背面则都题署"太子少保江西巡抚兼提督扬州阮元审定武宁县贡生卢宣旬校"。
② 郑大华.民国思想史论[M].北京:社会科学文献出版社,2006:84.
③ 国内学术界往往将杜亚泉、钱智修、陈嘉异等人归为"东方文化"派成员,但"东方文化"派是个模糊而宽泛的概念。《中国青年》(上海1923)1926年11月22日第6卷第17号(总第142期)第429-435页登载的昌群所撰《什么是文化工作》(文后附注"一九二六、十一、十四")的第432页就指出:"东方文化派这个名词,似嫌笼统而且包含的类别很复杂。"因此,本书选择使用相对明确的"东方杂志"派一词以专门指代杜亚泉、钱智修、陈嘉异等围绕《东方杂志》撰文并与"新文化"派展开论战的保守主义者。

激进的自由主义和激进的马克思主义)和现代化的反思,掀起了一股文化研究热潮,而他们对中国近代保守主义的研究在很大程度上也都着眼于狭义文化的层面,即研究"文化保守主义",并多秉持着辩证而肯定的态度①,由之产出了为数众多且丰富多彩的学术成果。综观这些学术成果,大体上可分为两大类,即宏观研究类和微观研究类。

宏观研究类从宏观层面上对整个"文化保守主义"加以把握和研究,侧重于探讨"文化保守主义"的历史内涵和代表流派,从而梳理"文化保守主义"从起源到发展的历史脉络。其中,具有开创性的代表论文有欧阳哲生的《中国近代化变革之反思》②、《中国现代文化保守主义思潮述评》③、《中国近代文化流派之比较》④,俞祖华的《五四时期复古与西化的文化偏向——对文化回归现象的再认识》⑤、《"西方物质——中国精神"比较模式辨析》⑥、《论文化保守主义思潮的两次转向》⑦,郑大华的《文化保守主义与"五四"新文化运动》⑧、《中国近现代文化保守主义思潮论析》⑨、《现代中国文化保守主义思潮的历史考察》⑩,何晓明的《近代中国文化保守主义述论》⑪、《文化保守主义的历史必然性平议》⑫、《近代中国文化民族主义与文化保守主义的关系》⑬以及胡逢祥的《试论中国近代史上的文化保守主义》⑭、《20世纪中国文化保守主

---

① 此期也存在着一些对"文化保守主义"持批评、否定态度的学术论文,如杨春时和宋剑华的《关于当前"文化保守主义"倾向的对话》(《海南师院学报》1995年第1期第41-46转86页)、周德丰的《保守主义文化观的典型范式——评陈立夫三四十年代的文化哲学》(《天津师大学报·社会科学版》1995年第3期第9-16页)、马庆钰的《对于文化保守主义的检省》(《中国人民大学学报》1997年第3期第32-37转126页)、李立功的《革命退潮期的文化保守主义》(《攀枝花大学学报》1997年第14卷第4期第16-20页)、段建海的《评近代中国的文化保守主义》(《陕西师范大学学报·哲学社会科学版》1998年第27卷第S2期第68-71页)等。
② 欧阳哲生.中国近代化变革之反思[J].广州研究,1987(4):46-51.
③ 欧阳哲生.中国现代文化保守主义思潮述评[J].求索,1990(1):122-126,11.
④ 欧阳哲生.中国近代文化流派之比较[J].中州学刊,1991(6):65-71.
⑤ 俞祖华.五四时期复古与西化的文化偏向——对文化回归现象的再认识[J].中州学刊,1988(1):116-120.
⑥ 俞祖华."西方物质——中国精神"比较模式辨析[J].烟台师范学院学报·哲学社会科学版,1989(1):63-69,80.
⑦ 俞祖华.论文化保守主义思潮的两次转向[J].东岳论丛,2004,25(4):170-175.
⑧ 郑大华.文化保守主义与"五四"新文化运动[J].北京师范大学学报,1989(3):31-40.
⑨ 郑大华.中国近现代文化保守主义思潮论析[J].天津社会科学,1989(6):41-46.
⑩ 郑大华.现代中国文化保守主义思潮的历史考察[J].社会科学战线,1992(2):52-58.
⑪ 何晓明.近代中国文化保守主义述论[J].近代史研究,1996(5):40-66.
⑫ 何晓明.文化保守主义的历史必然性平议[J].天津社会科学,2001(6):101-106.
⑬ 何晓明.近代中国文化民族主义与文化保守主义的关系[J].新视野,2007(4):63-65.
⑭ 胡逢祥.试论中国近代史上的文化保守主义[J].华东师范大学学报·哲学社会科学版,2000(1):78-86.

义的理论特征与实践》①等。

　　学者们的研究和探索,最终凝结成了诸多厚实的学术专著。不过,严格意义上的宏观而整体的研究专著仅有胡逢祥的《社会变革与文化传统:中国近代文化保守主义思潮研究》②和何晓明的《返本与开新——近代中国文化保守主义新论》③两部;宏观而部分的研究专著也只有李毅的《中国马克思主义与当代文化保守主义思潮研究》④,曹跃明的《五四以来的保守主义思潮》⑤、喻大华的《晚清文化保守思潮研究》⑥、刘黎红的《五四文化保守主义思潮研究》⑦、武吉庆的《五四前后的新文化派与文化保守派:价值观比较》⑧等少数几部。相对而言,从宏观角度涉及"文化保守主义"甚至开辟专章论及"文化保守主义"的著作则较多,如郑师渠、史革新的《近代中西文化论争的反思》⑨,高瑞泉的《中国近代社会思潮》⑩,吴雁南、冯祖贻、苏中立、郭汉民的《中国近代社会思潮(1840—1949)》⑪,高力克的《求索现代性》⑫,郑大华的《民国思想史论》⑬和《民国思想史论(续集)》⑭,王锟的《孔子与二十世纪中国思想》⑮,陈来的《传统与现代:人文主义的视界》⑯,韩星的《孔学述论》⑰等。这其中,侧重于研究五四运动前后的"文化保守主义"的学术论文和学术专著相对较多。

　　微观研究类从微观层面对"文化保守主义"的代表人物或代表流派加以细致地研究和探讨,进而反推宏观上的"文化保守主义"。较之于宏观研究类,微观研究类的学术论文和学术专著数量众多,难以枚举。在这些汗牛充栋的研究论著中,关涉"学衡"派、"现代新儒家"派的研究论著尤其多。学术

---

①　胡逢祥.20世纪中国文化保守主义的理论特征与实践[J].华东师范大学学报·哲学社会科学版,2013,45(6)[总(230)]:18-24,148.
②　胡逢祥.社会变革与文化传统:中国近代文化保守主义思潮研究[M].上海:上海人民出版社,2000.
③　何晓明.返本与开新——近代中国文化保守主义新论[M].北京:商务印书馆,2006.
④　李毅.中国马克思主义与当代文化保守主义思潮研究[M].天津:天津社会科学院出版社,1998.
⑤　曹跃明.五四以来的保守主义思潮[M].西安:西北大学出版社,2000.
⑥　喻大华.晚清文化保守思潮研究[M].北京:人民出版社,2001.
⑦　刘黎红.五四文化保守主义思潮研究[M].北京:中国社会科学出版社,2006.
⑧　武吉庆.五四前后的新文化派与文化保守派:价值观比较[M].北京:中华书局,2011.
⑨　郑师渠,史革新.近代中西文化论争的反思[M].北京:高等教育出版社,1991.
⑩　高瑞泉,主编.中国近代社会思潮[M].上海:华东师范大学出版社,1996.
⑪　吴雁南,冯祖贻,苏中立,等,主编.中国近代社会思潮(1840—1949):全四卷[M].长沙:湖南教育出版社,1998.
⑫　高力克.求索现代性[M].杭州:浙江大学出版社,1999.
⑬　郑大华.民国思想史论[M].北京:社会科学文献出版社,2006.
⑭　郑大华.民国思想史论(续集)[M].北京:社会科学文献出版社,2010.
⑮　王锟.孔子与二十世纪中国思想[M].济南:齐鲁书社,2006.
⑯　陈来.传统与现代:人文主义的视界[M].北京:北京大学出版社,2006.
⑰　韩星.孔学述论[M].西安:陕西师范大学出版社,2008.

界似乎特别关注这两大流派,因为研究这两大流派的论著的数量虽然彼此是不相伯仲,但二者较之于研究其他流派的论著的数量分别都具有压倒性的优势。如黄兴涛的《论现代中国的文化保守主义者梅光迪》[①]、乐黛云的《"昌明国粹,融化新知"——汤用彤与〈学衡〉杂志》[②]、张文建的《学衡派的文化保守主义及其影响》[③]、李毅的《中国现代文化保守主义的理想回应——〈学衡〉派文化观辑释》[④]、龙文懋的《一个现代堂吉诃德的命运——吴宓及其文化保守主义》[⑤]以及沈卫威的《回眸"学衡派":文化保守主义的现代命运》[⑥]、郑师渠的《在欧化与国粹之间:学衡派文化思想研究》[⑦]、高恒文的《东南大学与"学衡"派》[⑧]、张源的《从"人文主义"到"保守主义":〈学衡〉中的白璧德》[⑨]、周佩瑶的《"学衡派"的身份想象》[⑩]等论著之于"学衡"派的研究。再如郑大华的《梁漱溟与五四时期的文化保守主义》[⑪]、陈少明的《文化保守主义的宣言——评现代新儒家的一个思想纲领》[⑫]、何晓明的《现代新儒家早期代表论略》[⑬]、田文军的《冯友兰与文化保守主义》[⑭]、李毅的《对文化保守主义和现代新儒家的再认识》[⑮]以及王泽应的《现代新儒家伦理思想研究》[⑯]、郑大华的《张君劢学术思想评传》[⑰]、熊吕茂的《梁漱溟的文化思想与中国现代化》[⑱]、张祥浩的《复兴民族文化的探索——现代新儒家与传统文化》[⑲]、柴文

---

① 黄兴涛.论现代中国的文化保守主义者梅光迪[J].北京师范大学学报,1991(4):97-104,9.
② 乐黛云."昌明国粹,融化新知"——汤用彤与《学衡》杂志[J].社会科学,1993(5):58-62.
③ 张文建.学衡派的文化保守主义及其影响[J].史学理论研究,1995(4):89-102.
④ 李毅.中国现代文化保守主义的理想回应——《学衡》派文化观辑释[J].哲学动态,1997(7):27-29.
⑤ 龙文懋.一个现代堂吉诃德的命运——吴宓及其文化保守主义[J].北方论丛,1998(4)[总(150)]:7-13.
⑥ 沈卫威.回眸"学衡派":文化保守主义的现代命运[M].北京:人民文学出版社,1999.
⑦ 郑师渠.在欧化与国粹之间:学衡派文化思想研究[M].北京:北京师范大学出版社,2001.
⑧ 高恒文.东南大学与"学衡"派[M].桂林:广西师范大学出版社,2002.
⑨ 张源.从"人文主义"到"保守主义":《学衡》中的白璧德[M].北京:生活·读书·新知三联书店,2009.
⑩ 周佩瑶."学衡派"的身份想象[M].福州:福建教育出版社,2013.
⑪ 郑大华.梁漱溟与五四时期的文化保守主义[J].求索,1987(4):111-118.
⑫ 陈少明.文化保守主义的宣言——评现代新儒家的一个思想纲领[J].广东社会科学,1990(2):115-121.
⑬ 何晓明.现代新儒家早期代表论略[J].天津社会科学,1990(5):21-25.
⑭ 田文军.冯友兰与文化保守主义[J].中国哲学史,1996(3):100-107.
⑮ 李毅.对文化保守主义和现代新儒家的再认识[J].教学与研究,1998(10):52-56.
⑯ 王泽应.现代新儒家伦理思想研究[M].长沙:湖南师范大学出版社,1997.
⑰ 郑大华.张君劢学术思想评传[M].戴逸,主编.北京:北京图书馆出版社,1999.
⑱ 熊吕茂.梁漱溟的文化思想与中国现代化[M].长沙:湖南教育出版社,2000.
⑲ 张祥浩.复兴民族文化的探索——现代新儒家与传统文化[M].江德兴,朱明亮,主编.南京:江苏人民出版社,2003.

华的《现代新儒家文化观研究》①等论著之于"现代新儒家"派的研究。

国内学术界从"文化保守主义"的角度研究中国近代保守主义所取得的研究成果不容否认,但或许正是因为学者们过于强调"文化保守主义"概念中极为狭义的"文化"一词,颇具政治上的国家主义色彩或民族主义色彩的"醒狮"派(又称"国家主义"派,以曾琦、李璜、左舜生、陈启天、余家菊、常乃惪等人为代表)以及"战国策"派(以林同济、雷海宗、陈铨、何永佶、贺麟、沈从文等人为主)便往往被"文化保守主义"研究拒之门外。

"醒狮"派曾在民国时期掀起不小的波澜,并遭到一部分中共党员和左翼学者的猛烈抨击,如李求实曾发表《我们的功罪——斥醒狮派诸领袖!》②、《国家主义派的"实际行动"》③等文直斥"醒狮"派。然而,"醒狮"派历来为学术界所忽视,以至于现今能查到的相关研究论著寥寥可数。在为数不多的几篇研究"醒狮"派的学术论文中,张圻福的《论醒狮派》④、洪廷彦的《"醒狮派"的国家主义》⑤两文视"醒狮"派为抵抗马克思主义的反动流派,而孙承希的《醒狮派之集体意识与道德社会的追求》⑥、朱其永的《醒狮派国家主义再评析》⑦、忻平和陆华东的《"制造国民":1920年代醒狮派的公民教育思想》⑧等文则以辩证的态度评判"醒狮"派,并认为"醒狮"派的思想主张在当时的历史语境下仍具有一定的积极意义。此外,郑大华和曾科的《论20年代醒狮派的文化保守主义》⑨及《醒狮派"国家至上"思想的西学来源——兼论国家主义中国化的基本特征》⑩两文不但进一步为"醒狮"派正名,还首次提出将"醒狮"派纳入"文化保守主义"研究之中。

相较于"醒狮"派研究,"战国策"派研究则显得相对丰富些。"战国策"派

---

① 柴文华.现代新儒家文化观研究[M].北京:生活·读书·新知三联书店,2004.
② 求实[李求实].我们的功罪——斥醒狮派诸领袖![J].中国青年[上海1923],1926(119):503-511.
按:该文的文后附注"一九二六·五·六"(1926年5月6日)。
③ 求实[李求实].国家主义派的"实际行动"[J].中国青年[上海1923],1926(125):692-696.
④ 张圻福.论醒狮派[J].苏州大学学报·哲学社会科学版,1982(S1):123-129,131.
⑤ 洪廷彦."醒狮派"的国家主义[J].史林,1986(3):104-109.
⑥ [韩]孙承希.醒狮派之集体意识与道德社会的追求[J].史林,2003(2):98-105,124.
⑦ 朱其永.醒狮派国家主义再评析[J].青海师范大学学报·哲学社会科学版,2009(5)[总(136)]:66-71.
⑧ 忻平,陆华东."制造国民":1920年代醒狮派的公民教育思想[J].史学月刊,2012(11)[总(385)]:57-67.
⑨ 郑大华,曾科.论20年代醒狮派的文化保守主义[J].聊城大学学报·社会科学版,2012(4)[总(150)]:41-49.
⑩ 郑大华,曾科.醒狮派"国家至上"思想的西学来源——兼论国家主义中国化的基本特征[J].浙江学刊,2013(1)[总(198)]:102-108.

的思想主张远比"醒狮"派的思想主张更具特色也更受争议,因而"战国策"派在诞生后不久,便遭到了一部分中共党员和左翼学者的猛烈抨击,后来更被视为法西斯主义流派而遭受连绵不断的挞伐之声。其中,时为左翼学者领袖的茅盾曾多次在主持抗日根据地、解放区的文艺会议时,点名或不点名地着力批判并大力号召批判"战国策"派。不过,当时对"战国策"派"批驳最力的是《群众》、《解放日报》、《新华日报》等报刊,如李心清的《'战国'不应作法西斯的宣传》、汉夫的《'战国'派的法西斯实质》、欧阳凡海的《什么是'战国'派的文艺》、洪钟的《'战国'派文艺的改装》等等"[1]。及至新中国建立后,"战国策"派也长期遭受批判和否定,如袁英光的《"战国策派"反动史学观点批判——法西斯史学思想批判》[2]、熊朝隽的《抗日战争时期昆明的文艺运动》[3]、马功成的《"战国策派"的反动实质》[4]、秦川的《评〈重评陈铨抗战时期的文学创作〉——兼论〈野玫瑰〉是宣扬法西斯主义美化汉奸的特务文学》[5]、黄健的《"抗战前期文艺论争"的再认识》[6]等文,从政治上将"战国策"派定性为猖狂反对马克思主义、反对无产阶级革命和革命群众的反动流派。从20世纪80年代后期开始,一部分学者才转而重评"战国策"派,并赋予其不同以往但相对辩证的历史地位。阎润鱼的《战国策派政治文化观初探》[7]、鲍劲翔的《试论战国策派的文化救亡》[8]、史金豪的《对战国策派批判的批判》[9]、田亮的《"战国策派"再认识》[10]、苏春生的《文化救亡与民族文学重构——"战国策派"民族主义文学思想论》[11]以及江沛的《战国策派思潮研究》[12]、徐志福的《抗日救亡运动中的陈铨》[13]等论著指出"战国策"派的民族主义思想主张对于抗日救亡具有重大

---

[1] 熊朝隽.抗日战争时期昆明的文艺运动[J].昆明师院学报,1981(1):13.
[2] 袁英光."战国策派"反动史学观点批判——法西斯史学思想批判[J].历史研究,1959(1):1-16.
[3] 熊朝隽.抗日战争时期昆明的文艺运动[J].昆明师院学报,1981(1):8-14.
[4] 马功成."战国策派"的反动实质[J].四川师院学报·社会科学版,1984(2):49-54.
[5] 秦川.评《重评陈铨抗战时期的文学创作》——兼论《野玫瑰》是宣扬法西斯主义美化汉奸的特务文学[J].中国现代文学研究丛刊,1988(2):303.
[6] 黄健."抗战前期文艺论争"的再认识[J].徐州师范学院学报·哲学社会科学版,1990(4):47-51.
[7] 阎润鱼.战国策派政治文化观初探[J].北京社会科学,1988(4):114-121.
[8] 鲍劲翔.试论战国策派的文化救亡[J].安徽大学学报·哲学社会科学版,1996(2):86-92.
[9] 史金豪.对战国策派批判的批判[J].广西右江民族专学报,2000,13(2):58-61.
[10] 田亮."战国策派"再认识[J].同济大学学报·社会科学版,2003,14(1):37-43,50.
[11] 苏春生.文化救亡与民族文学重构——"战国策派"民族主义文学思想论[J].文学评论,2009(6):120-127.
[12] 江沛.战国策派思潮研究[M].天津:天津人民出版社,2001.
[13] 徐志福.抗日救亡运动中的陈铨[M].成都:巴蜀书社,2009.

历史意义,并强调"战国策"派的爱国主义思想和行为①。

"醒狮"派和"战国策"派的思想主张虽然颇具政治色彩,但这两派也有维护和弘扬传统文化并对西方文化加以改造性吸收的另一面。所以,这两派应该也属于中国近代保守主义的范畴。只可惜,这两个文化流派往往被过分强调狭义文化研究的"文化保守主义"研究者所遮蔽甚或抛弃。

其实,维护传统文化并在一定程度上抗拒西方文化的思想和行为只是中国近代保守主义的一种具体表现而非其潜在本质,所以并不能完全地借之以探究中国近代保守主义的起源。再者,虽然说"保守主义"一词"不是由严格的语言哲学家所限定的教条式的"语词,但"也不是那些可以视为毫无意义而随意弃之不用的词汇"②。作为一种能指符号,"保守主义"一词在中国已经使用了一个多世纪,具备了一些约定俗成的能指,并不能被随心所欲地使用甚或撇弃不用。事实上,也并非只有剥离政治与保守主义的关系,并创造"文化保守主义""文化守成主义"一类的新概念,从而逃脱保守主义在西方往往与自由主义政治制度相纠葛的羁绊,才能借用源自西方的保守主义研究理论来命名并研究中国近代保守主义。

第二节 民国保守主义的发生与发展

在保守主义的诞生地西方社会,保守主义的潜在本质并不在于保守主义与自由主义政治制度的纠葛,而在于反思现代化以促进现代化和彰显审美现代性以反拨启蒙现代性。仅比照保守主义的这一潜在本质,也可以确证近代中国存在保守主义。其实,在中国近代史上,那种徘徊于传统和现代之中、游移于复古和开新之间的思想主张就包含着保守主义。只不过,中国近代史上徘徊于传统和现代之中、游移于复古和开新之间的思想主张并不一定就都属于保守主义的范畴。这其中的根本区别,就在于那些徘徊于传统

---

① 另请参见拙作《论"战国策"派关于危机处理的信仰》(《安徽大学学报·哲学社会科学版》2012年第36卷第5期第90-96页)、《"战国策"派与儒家思想的三重对话》(《武陵学刊》2012年第37卷第6期第6-11页)、《现象学视野下"战国时代重演论"的爱国主义思想研究》(《海南师范大学学报·社会科学版》2012年第25卷第10期第24-29页)、《"战国策"派想象中的西方应对危机模范》(《中国现代文学研究丛刊》2013年第2期第78-84页)、《"战国策"派戏仿希腊神话的西方想象》(《华北电力大学学报·社会科学版》2014年第2期第106-112页)、《"战国策"派内部对"英雄崇拜"的论争》(《武陵学刊》2014年第39卷第3期第97-101页)等文,以及《"战国策"派主办报刊中的生存危机叙述》(广州:世界图书出版广东有限公司,2015)一书。

② [美]史华慈[Benjamin I. Schwartz].论"五四"前后的文化保守主义[M]//史华慈.史华慈论中国.许纪霖,宋宏,编.北京:新星出版社,2006:73.

和现代之中、游移于复古和开新之间的思想主张是否具有反思现代化以促进现代化和彰显审美现代性以反拨启蒙现代性的潜在本质。在中国近代史上,尽管早在晚清时期开始后不久,徘徊于传统和现代之中、游移于复古和开新之间的思想主张甚或实际行为就已出现,但因其恰恰不具备保守主义的潜在本质而并不属于保守主义的范畴。直至民国时期,徘徊于传统和现代之中、游移于复古和开新之间的思想主张甚或实际行为不但依旧存在,还有所深化。这其中,最为重要的深化就在于他们具备了保守主义的潜在本质并因此属于保守主义的范畴。所以,中国近代史上的保守主义,其实并不发端于晚清时期,而是发生于民国初年。事实还不止于此,因为中国近代史上的保守主义不仅在民国初年发生,还在民国后来的三十余年间不断发展。从中国近代史上的保守主义之发生、发展的具体历史时期的角度而言,称之为"民国保守主义"比称之为"中国近代保守主义"更为妥帖。

举凡保守主义,都具有反思现代化以促进现代化和彰显审美现代性以反拨启蒙现代性的潜在本质。作为保守主义中的一种,民国保守主义自然也不会例外。但是,民国保守主义的反思现代化以促进现代化和彰显审美现代性以反拨启蒙现代性都另有其与众不同的特殊内涵。

一、民国保守主义在民国的发生

在中国近代史上,现代化早在晚清时期便已开始。但综观整个晚清时期,囿于自然保守主义或传统主义而产生的纯粹的反现代化的思想主张甚或实际行为倒不乏其例,至于真正意义上的反思现代化以促进现代化的思想主张则属凤毛麟角,更遑论反思现代化以促进现代化的实际行为。因此,当时也不太可能出现彰显审美现代性以反拨启蒙现代性的思想主张甚或实际行为。个中原因,从客观的角度而言,在于当时中国的现代化正处于起步阶段,其发展并不充分,而其前景也并不明朗;从主观的角度而言,在于当时国人对现代化的认识有所不足甚或相当陌生。基于这些原因,晚清时期客观存在的各种徘徊于传统和现代之中、游移于复古和开新之间的思想主张,实际上都不具备保守主义的潜在本质而并不属于保守主义的范畴。进而言之,中国近代史上的保守主义其实并不发生于晚清时期。

随着中国现代化的不断前行,国人对现代化的认识也渐趋全面和深入。于是,真正意义上的反思现代化甚或促进现代化的思想主张乃至于实际行为,便具有了发生的可能性。事实上,这种可能性恰恰就在紧接晚清时期之后的民国时期转变成现实。造成这种转变的原因,可从历史性和现实性的角度概而论之。就历史性的角度而论,即使截止到民国甫立的1912年,近代中国的现代化也已历经半个世纪左右的时间,于是民国时期的国人较之于晚清时期的国人,对现代化的认识便趋于全面和深入。在这种情况下,反思当时中国的现代化之利弊、促进当时中国的现代化之发展的思想主张,便逐渐产生。就现实性的角度而论,民国初年国外"一战"[①]的爆发、国内"东西文化论战"[②]的开展等现实,又进一步促使国人思考现代化并谋求当时中国的现代化的恰当转变和健康发展。由此,就在民国时期,一系列反思现代化以促进现代化和彰显审美现代性以反拨启蒙现代性的思想主张,便纷至沓来。这一系列思想主张,其实就属于保守主义的范畴。基于这些原因,中国近代史上的保守主义其实就是民国时期的保守主义,并因此可相对具体地被命名为"民国保守主义"。

(一) 发生的历史性

民国保守主义的发生颇为复杂,因其不仅关涉世界史意义上的现代化、中国近代史意义上的现代化,还关涉当时的国人对现代化、对当时中国的现代化的认识以及由之而衍生出的对当时中西文化的评判。

从世界史意义上的现代化发生的角度而言,现代化可以被归结为两种类型,即"自我本土的发展或内发性的(indigenous)现代化"和"外力促逼而生或外发性(exogenous)的现代化"[③]。内发性的现代化是本土自然发展的成果,以英国、法国等国家的现代化为经典。英、法等国都经由自身的长期发展自然而然地逐渐走上现代化之路,其现代化都是本土发明、创造的产物。外发性的现代化是外力促逼而生的结果,以中国、印度等国家的现代化为代表。中、印等国都在毫无先期准备的情况下被外力强行推到了现代化之路上,其现代化都是借鉴、习来的产物。现代化既被用于描述英、法等最先崛起的资本主义国家在科技、经济、政治等方面不断取得突破的发展过程,又被用于描述中、印等国家努力学习其他国家并试图迎头赶上的前进过程。在英、法等国的现代化进程中,人们一方面热衷于现代科技创新和现代工业发展,正向地推进现代化的发展,另一方面又及时地反思现代化,逆向地推动现代化的发展。其中,保守主义思潮及保守主义者的所作所为在客观上便是逆向推动现代化发展的典型

[①] "一战"即第一次世界大战(World War Ⅰ、TheFirst World War、Great War),其起止时间为1914年7月28日至1918年11月11日。

[②] "东西文化论战"指的是五四运动前后国内思想界围绕东方文化和西方文化展开的思想文化论战。这其中的东方文化在广义上泛指以中国的传统文化和印度的传统文化为代表的亚洲地区的传统文化,而在狭义上则特指中国的传统文化。"东西文化论战"中的"东方文化"多就其狭义而言,因此"东西文化论战"主要表现为"中西文化论争"。

[③] 金耀基.现代化与中国现代历史——提供一个理解中国百年来现代史的概念架构[M]//金耀基.金耀基自选集.上海:上海教育出版社,2006:40.

代表。与这些国家的现代化不同,中、印等国的现代化一开始往往以西方化(或称欧洲化)为主。具体来说,在中、印等国的现代化进程中,人们起初往往惑于西方国家的坚船利炮以及五花八门的各种科技成果,只知一味效仿而根本不知其所以然,既无现代化之准确认识,也无现代化之自觉意识,更遑论质疑西方化以及进而反思现代化,直到历经挫折后才逐渐明白现代化并不完全等同于西方化,于是开始挣脱西方化的怪圈,反思现代化的利弊,摸索契合自身的现代化道路。在这个过程中,保守主义者的思想主张和实际行为功不可没,因为最先质疑西方化并进而反思现代化之人往往就是保守主义者。

中国在现代化过程中既得益于英、法等国的现代化经验而迅速走上现代化之路,又受困于英、法等国的现代化经验而经历长时期的西方化挫折。爆发于1840年的鸦片战争被视为中国近代史的开端,因其改变了中国的社会性质。不过,鸦片战争同时也迫使中国卷入全世界范围内的现代化大潮之中。事实上,从1843年魏源在《海国图志》一书的"叙"中提出"以夷攻夷""以夷款夷"而"师夷长技以制夷"①的主张,到19世纪60年代"洋务"派在洋务运动中将这一主张付诸实践,中国的现代化进程便已悄然开始并迅速展开。从洋务运动到戊戌变法,再到辛亥革命,中国在现代化的道路上已行进有年,但当时国人对西方化的质疑、对现代化的反思始终没有跟上当时中国现代化发展的脚步。

在中国近代史上,西方化的一个主要内容就是大量引进西方文化并积极学习西方文化。在晚清时期,除了洋务运动期间本能地视一切西方事物为"奇技淫巧"的"顽固"派之外,绝大多数有识之士都将强国、富国的宏愿寄托于对西方文化的借鉴和学习之上。当时,虽然不同的人基于不同的具体目的而往往只截取西方文化的不同侧面,但他们都无一例外地将他们所选择的西方文化的不同侧面——甚至于想象中的所谓西方文化(如"洋务"派之于西方科技、工业,"维新"派、"革命"派之于西方政制、法律等)视为先进和优秀的典范,并从未对之产生过真正的质疑。可以说,当时的国人对西方文化的歆慕,在很大程度上"不过如儿童之欢迎玩物,但求纵其欲望,他无所知"②。因此,晚清时期的一部分国人虽倾心于借鉴和学习西方文化,却从未

---

① 魏源.海国图志叙[M]//魏源.海国图志.清刻本.扬州:[出版者不详],1847(清道光二十七年):1.

按:《海国图志》的初刻版有1843年1月(清道光二十二年十二月)刊于扬州的50卷本、1847年(清道光二十七年)刊于扬州的60卷本以及1852年(清咸丰三年)刊于高邮的100卷本三种。《海国图志叙》的文后原本仅题署"道光二十有二载岁在壬寅嘉平月内阁中书邵阳魏源叙于扬州"(其中的时间即1843年1月),而在60卷本中该署之左增加附注"原刻仅五十卷今增补为六十卷道光二十七载刻于扬州"(其中的时间即1847年)。

② 高劳[杜亚泉].现代文明之弱点[J].东方杂志,1913,9(11):2.

真正怀疑过西方文化也可能存在弊端。没有质疑西方文化也就意味着没有质疑西方化,更意味着没有反思现代化。所以,晚清时期其实并不存在对西方化进行质疑的思想主张或实际行为,更遑论那种以反思现代化为基础的促进现代化的思想主张或实际行为。

如果非要说当时存在着一种质疑,那么这种质疑也仅仅表现为"洋务"派、"国粹"派以及后来的"孔教"派等团体,虽然肯定并强调西方文化在"器用"方面有其优势,但在骨子里依然认为传统文化蕴含无限智慧,并且是"治国平天下"①良方。也正因如此,"以中国之伦常名教为原本,辅以诸国富强之术"②一类的"中学为体、西学为用"③的观点成为一种集体无意识,贯穿于鸦片战争以后的整个晚清时期,以至于"洋务"派、"国粹"派、"孔教"派等团体后来都不约而同地致力于"在中国寻找他在外国看到的相似物、同类物,或中国的对应物"④,即致力于从传统文化尤其是传统儒学中找寻可与西方文化的一些片章断面相比附的内容。"洋务"派、"国粹"派、"孔教"派等团体的所作所为,尤其是竭力维护传统文化之举,流露出一种鲜明的保守倾向,而且这种保守倾向还在民国初年发展到极致,并具体地表现为"以尊孔为旗帜,以反对共和制度为中心","或与袁世凯的集权专制相配合,或为帝制复辟摇旗呐喊"⑤。然而,这种保守倾向不是基于本能的无意识反应便是以维护传统文化作为翼护某种政治诉求的保护伞,因此可以说,这种力主"道为本,器为

---

① 阮元,审定.附释音礼记注疏卷第六十·大学第四十二[M].卢宣旬,校.郑玄,注.孔颖达,等,正义.陆德明,音义//阮元,审定.重刊宋本十三经注疏附校勘记:重刊宋本礼记注疏附校勘记.清刻本.南昌:南昌学堂,1816(清嘉庆二十一年):1.
按:原文为"国治而后天下平"。
② 冯桂芬.采西学议[M]//冯桂芬.校邠庐抗议.潘霱,校刊.清刻本.[出版地不详]:敏德堂,1892(清光绪十八年):69.
按:《校邠庐抗议》没有使用旧式句读符号或新式标点符号,而引文中的新式标点符号为笔者酌情添加。
③ 南溪赘叟[沈寿康].救时策[J].万国公报,1895(清光绪二十一年)(75):8.
按:该文登载于《万国公报》1895年4月("光绪二十一年三月")第75期("第七十五卷")第8-9页,其文后有按语:"南溪赘叟年近九秩,凡中西未通商以前之光景,固已烂熟于胸中。及至立约通商,赘叟乐与我辈西人相游。处此五十年来之光景,又早历历在目。西诗有之曰:'一叟高登万仞山,苍茫俯视此尘寰。心光炯炯空前后,霜雪盈颠日色殷。'愿为赘叟诵之。林乐知识"。后来,该文又登载于《中西教会报》1895年6月("光绪二十一年五月")第6期("第六次")第6-8页,内容有所扩充,且文后有按语:"读南溪赘叟《救时策》,识见高卓,夐不犹人所论三大端,实为当世之至要。诚知先生年近九秩,阅历已深,非如世人识见卑浅,未能远达此策,足补前时之所缺,足征后时之所行也,不胜钦佩。愿登教报以供众览。乙未三月中旬林乐知谨识"(其中的时间即1895年4月5日至4月14日之间)。
④ [美]费正清[John King Fairbank],编.剑桥中华民国史(1912—1949):上卷[M].杨品泉,张言,孙开远,等,译.谢亮生,校.北京:中国社会科学出版社,1994:9.
⑤ 吴雁南,冯祖贻,苏中立,等,主编.中国近代社会思潮(1840—1949):第二卷[M].长沙:湖南教育出版社,1998:29.

末,器可变,道不可变"①的保守倾向不过是深受"数千年旧化的潜势力"影响的"一种反射运动罢了"②,或可名之为自然保守主义或传统主义,却并非奠基于反思现代化以促进现代化、彰显审美现代性以反拨启蒙现代性的保守主义。

中国走上现代化之路本就非其自由、自主的选择结果,而在深情向往西方文化、着力美化(甚或神化)西方文化的时代,国人根本不可能辩证而批判地对待西方文化,当然也就无所谓对西方化的质疑以及对现代化的反思。出现这种情况的原因在于当时的国人不能摆脱历史局限性,误以西方化为现代化。反而言之,只有当西方文化引领的西方社会表露缺陷或西方化引导的中国社会产生弊病时,国人才可能质疑西方文化并进而解构被美化(甚或神化)的西方文化,同时也才可能质疑西方化并进而反思现代化以裨补当时中国的现代化。这就需要历史的推进,因为只有历史的推进才可能使西方文化引领的西方社会表露缺陷和西方化引导的中国社会产生弊病相继都变成现实,进而才可能使国人摆脱自己身处前一历史阶段时的历史局限性。当历史推进到民国初年时,西方化引导的中国社会尚未产生重大的弊病,但其蓝本——西方文化引领的西方社会,已表露出重大缺陷。由此,国人势所必然地怀疑当时引领西方社会的西方文化,并质疑当时中国的西方化。随着历史的继续推进,这种怀疑和质疑就逐渐发展、汇聚成反思现代化以促进现代化和彰显审美现代性以反拨启蒙现代性的保守主义思想主张,亦即民国保守主义的思想主张。

(二) 发生的现实性

民国保守主义发生于民国初年,而更为确切地说是发生于"一战"爆发之

---

① 郑观应.盛世危言增订新编凡例[M]//郑观应.盛世危言增订新编.李盛铎,署检.清刻本.上海:偖鹤斋,1900(清光绪二十六年):3.

按:《盛世危言增订新编》没有使用旧式句读符号或新式标点符号,而引文中的新式标点符号为笔者酌情添加。该书版本众多,但郑观应手订的三个版本最受注重,即1894年(清光绪二十年)的5卷本《盛世危言》(共77篇文章,含正文50篇、附录和后记20篇)、1895年(清光绪二十一年)增订新编的14卷本《盛世危言增订新编》(含正文、附录和后记共200篇文章)以及1900年(清光绪二十六年)增订新编的8卷本《盛世危言增订新编》(总数仍为200篇文章,但篇名及排序有变化)。引文出自笔者所见最早版本的8卷本《盛世危言增订新编》:其奏稿(无题,即"头品顶戴江苏布政使司布政使臣邓华熙跪奏"的奏稿,其文后附注"光绪二十一年三月二十六日专差呈进四月二十日赍回原折奉"——其中的时间即1895年4月20日、5月14日)之前的一页仅印"光绪庚子偖鹤斋重印"(其中的时间即1900年)九个大字。

② 梁漱溟.东西文化及其哲学·导言[M]//梁漱溟.唯识述义.北京:财政部印刷局,1920:4.

按:《唯识述义》原为梁漱溟在北京大学作讲演时的讲义,后于1920年1月由北京的财政部印刷局出版。据该书《初版序言》(文后题署"九年一月廿三日漱溟志",其中的时间即1920年1月23日)所示,梁漱溟"久想作《孔家哲学》《唯识述义》两书而以《东西文化及其哲学》作个引子",但还只"急急忙忙把《东西文化及其哲学》作了两章","开学增'唯识哲学'一科目又不得不编《唯识述义》"。直到《唯识述义》出版,《东西文化及其哲学》还尚未完稿。不过,此前已写就的《东西文化及其哲学·导言》(文后题署"漱冥附记")被收录到《唯识述义》的《初版序言》之后、正文之前。

后。这是因为，国人对西方文化的怀疑和解构就始于"一战"爆发后，而一部分先知先觉的有识之士也恰恰就是在那个时候开始质疑西方化并呼吁国人重新审视西方文化，进而反思现代化并号召国人客观对待传统文化，以期裨补当时中国的现代化。也正因如此，"一战"的爆发其实构成民国保守主义发生的现实基础。

在"一战"爆发之前，国人对西方文化，尤其是西方的物质文化充满着美好的幻想，但在"一战"爆发之后，这种美好幻想便开始破灭，而西方文化绝对积极、绝对先进的意义也随之烟消云散。当时，国内的许多报刊都对"一战"进行了跟踪报道和实时评论。这其中，在中国近代史上拥有巨大而长期影响力的综合性期刊《东方杂志》，就在奥匈帝国向塞尔维亚宣战后的第四天（1914年8月1日），便及时地刊出主编杜亚泉撰写的《欧洲大战争开始》①，详细介绍"一战"爆发的始末。此后，该刊又陆续登载杜亚泉主笔的题为《大战争续记》②的系列文章，持续报道、评论"一战"。事实上，"一战"爆发后出版的该刊，几乎每一期都会登载众多作者评述"一战"的文章。通过《东方杂志》等报刊的介绍和分析，国人逐渐了解到：在看似先进而美好的西方文化的主导下，西方世界竟然如此混乱不堪，而战争导致的血流成河、哀鸿遍野则更是随处可见。此时此刻，国人虽然可能并没有深刻地认识到，西方文化在"理性至上""理性万能"一类的思想主张的指导下表现出的对功利和效率的执着追求，必然会导致道德沦丧和战争掠夺，但也都直观地感受到，西方文化非但不如他们想象中的那般美好，反而还会导致诸如"一战"一类的可怕后果。当时，杜亚泉有感于"一战"之爆发而创作的《大战争之所感》，

---

① 高劳［杜亚泉］.欧洲大战争开始［J］.东方杂志，1914，11(2)：5-12.
按：该文的文前有按语："本篇所记载时事以七月三十一日以前发见者为限　记者附志"。
② 高劳［杜亚泉］.大战争续记［J］.东方杂志，1914，11(3)：11-25；高劳［杜亚泉］.大战争续记二［J］.东方杂志，1914，11(4)：10-16；高劳［杜亚泉］.大战争续记三［J］.东方杂志，1914，11(5)：9-16；高劳［杜亚泉］.大战争续记四［J］.东方杂志，1915，12(1)：11-18；高劳［杜亚泉］.大战争续记五［J］.东方杂志，1915，12(3)：14-22；高劳［杜亚泉］.大战争续记七［J］.东方杂志，1915，12(5)：16-22；高劳［杜亚泉］.大战争续记八［J］.东方杂志，1915，12(10)：9-16；高劳［杜亚泉］.大战争续记九［J］.东方杂志，1915，12(12)：8-12；高劳［杜亚泉］.大战争续记十［J］.东方杂志，1916，13(3)：10-18；高劳［杜亚泉］.大战争续记十一［J］.东方杂志，1916，13(12)：7-22；高劳［杜亚泉］.大战争续记十二［J］.东方杂志，1917，14(7)：13-24.
按：《大战争续记》的文前有按语："本篇所记，多采自上海中西文各日报及日本东京各报，以八月三十一日以前发见者为限。所记战地译名，可就商务印书馆出版之《世界新舆图》或近刊之《战争地图》查照。记者附志"。《大战争续记二》的文前有按语："八月三十一日以前关于欧洲大战争之记事，已略见本志前号，兹复赓续记之如左。本篇所载，以九月三十日以前发见者为限。记者附志"。《大战争续记五》的文后附注"二月上旬稿"。未见《大战争续记六》。《大战争续记七》的文后附注"四月中旬稿"。《大战争续记八》的文后附注"九月中旬稿"。《大战争续记九》的文后附注"十一月三十日稿"。《大战争续记十》的文后附注"二月下旬稿"。

集中体现了国人对西方社会和西方文化的质疑:"彼欧洲文明国家之人民,所享自由丰富之幸福,固常使吾侪惊叹羡慕而不能自已者也。然大战争一起,欧洲人民之死于炮火兵刃之下者,乃至数十百万人。吾侪之死于刑戮、劫杀、疾病、灾难者,其数虽亦不下于此,其势固不若是之骤焉。两相比较,则彼等平日之幸福,虽胜于吾侪,而不幸之事,乃积聚于一时期之内,吾侪之不幸,则蔓延散布于数十百年之间。同一死也,惟紧缩与弛缓之殊耳。世人愿学神仙,神仙亦须遭劫。吾侪虽不幸,亦可聊以自慰矣。腐败欤?文明欤?人类之幸福,固将于何处求之欤?"①杜亚泉将欧洲在"一战"爆发后两个月内由战争因素而导致的死亡人数,与中国在非战争时期的"数十百年"内由自然灾害和其他人为因素而导致的死亡人数相比较,在突出"一战"之血腥和残酷的同时,直观而形象地呈现了西方文化产生的负面效应,警告了汲汲渴望学习西方之"神仙"的国人,勿忘"神仙"必将经历的劫难,并发人深省地反问道:"人类之幸福,固将于何处求之欤?"毫无疑问,在杜亚泉看来,人类寻求幸福不能单单依靠西方文化,因为国人想象的西方文化之乌托邦已被无情的事实证伪。西方文化乌托邦的幻灭固然令国人一度陷入无所适从的迷茫之中,但这同时也迫使国人开始重新审视西方社会和西方文化,也即逐渐开始质疑西方化。对西方化的质疑必然会转向对现代化的反思,而这一对现代化的反思就是民国保守主义萌发的开始。

不过,当时虽有一部分像杜亚泉一样的有识之士对西方文化有所质疑甚至批判,却尚未转向复兴传统文化以寻觅救赎之道。应该说,真正促成这种转向的是始于1915年底的"东西文化论战",而民国保守主义也就是从那个时候开始逐渐成为繁荣于民国时期的一大社会思潮。1915年9月15日,陈独秀在上海创刊《青年杂志》(上海1915)。自1916年9月1日出版的第2卷第1号起,《青年杂志》(上海1915)更名为《新青年》(上海1915)。正是以《新青年》(上海1915)为理论阵地,陈独秀最先发起了一场影响深远的新文化运动②。应该说,新文化运动最初的直接目的在于抵抗当时袁世凯的帝制

---

① 伧父[杜亚泉].大战争之所感[J].东方杂志,1914,11(4):5.
按:该文登载于《东方杂志》1914年10月1日第11卷第4号第5-6页;此后又连载于《大公报》(天津版)1914年12月11日(第4425号)第3版(第1张之"六")、12日(第4426号)第3版(第1张之"五""六"),其署名改为"东方"。

② 新文化运动(New Culture Movement),其起始时间一般认为是陈独秀出版《青年杂志》(上海1915)第1卷第1号时的1915年9月15日,而其终止时间则未有定论。若以陈独秀主编或负总责的自我定位为月刊的《新青年》(上海1915)的停刊为标志,则新文化运动的终止时间应为《新青年》(上海1915)第9卷第6号出版时的1922年7月1日。但是,直至民国终结,新文化运动致力的"新文化"之创造仍未取得广受认可的最终结果。所以,新文化运动的终止时间应该不早于民国终结之时。

复辟活动和尊孔复古运动,而其终极目的则在于创造一种不同于旧有之传统文化又应时对景的全新的现代文化[①],从而促进中国摆脱积弱不振、危在旦夕的生存困局,走上独立自主、繁荣富强的发展坦途。在中国历经各种政治变革(包括政治改良、改革、革命)而终究没有得到根本改观的无情事实面前,民国时期的绝大多数有识之士继而都将其思虑的重点转向了思想文化领域,因此新文化运动暗含着的直接目的和最终目的几乎都被当时的绝大多数有识之士所认同。但是,在创造现代文化的具体方案层面,不同的人又有不同的看法,并因此逐渐分裂为以陈独秀领导的"新文化"派为代表的民国激进主义[②]阵营和以杜亚泉领导的"东方杂志"派为典型的民国保守主义阵营。

发起新文化运动的陈独秀等民国激进主义者,在力倡"民主""科学"思想的同时又力讨"孔家店",从而在事实上流露出试图用西方文化,尤其是西方文艺复兴以来的近世西方文化取代传统文化而创造现代文化的激进主张。也正因如此,民国激进主义者主张创造的现代文化,亦即新文化运动之"新文化",势必极具西方化色彩而沦为西化的现代文化。进而言之,民国激进主义者主张创造西化现代文化,而其创造现代文化的具体方案就是抛弃传统、趋附西方的西化现代文化创造方案。然而,就在新文化运动蓬勃发展之际,杜亚泉等民国保守主义者对民国激进主义者倡导的"新文化"提出了质疑。他们反对抛弃传统文化的偏激之举和偏取西方文化的偏执之为,并进而力主适当和合[③]传统文化、西方文化以创造顺应时势的现代文化。民国保守主义者主张创造的现代文化固然不乏西方文化的内容,但同样不乏传统文化的内容,所以这是一种迥异于西化现代文化的别样的现代文化。进而言之,民国保守主义者主张创造别样现代文化,而其创造现代文化的具体方案就是发扬传统、借鉴西方的别样现代文化创造方案。一方主张现代文化须抛弃传统、趋附西方,而另一方则表示反对。由此,双方便展开了一场旷日持久且规模宏大的"东西文化论战",并最初主要在《新青年》(上海1915)和《东方杂志》两大期刊上争锋。"东西文化论战"一方面固然令"民主""科学"等现代思想更加深入人心,并极大地放开了借鉴西方文化的尺

---

① 在没有特别说明的情况下,本书使用的"现代文化"一词,指从新文化运动爆发后直至新中国成立前的中国的新兴文化。"现代文化"与"传统文化"相对而言,其中的"文化"一词都就其广义而言。

② 本书使用的"民国激进主义"一词与"民国保守主义"一词相对而言,主要指涉民国时期的激进主义。民国激进主义起初主要表现为民国时期的自由主义——民国自由主义(包括但不限于民国时期的西化主义——民国西化主义),后期又分化出民国时期的马克思主义——民国马克思主义。

③ "和合"一词中的"和"有"和睦""和顺""和谐"等意,而其中的"合"则包含"汇合""联合""融合"等义。相较于"融合""调和""整合"等词,本书更倾向于使用"和合"一词形容民国保守主义者对中西文化甚或东西文化之水乳交融、和谐共生的追求。

度,另一方面却也促使杜亚泉等民国保守主义者在反思、批判西方文化之固有弊端的同时,又不遗余力地发掘传统文化中极具应时对景之价值意义的内容。于是,杜亚泉等民国保守主义者那种和合中西文化甚或和合东西文化以创造别样现代文化的民国保守主义思想主张,便逐渐在"东西文化论战"中登上历史舞台,此后更发展成繁荣一时的社会思潮而贯穿民国始终。

二、民国保守主义在民国的发展

民国保守主义的发生始于民国保守主义者对当时中国的西方化的质疑以及由此牵引出的对当时中国的现代化的反思,而民国保守主义者反思当时中国的现代化的直接目的则在于他们试图促进当时中国的现代化。作为一种保守主义,反思现代化以促进现代化本是民国保守主义的题中应有之义,但民国保守主义的反思现代化以促进现代化另有其与众不同的特殊内涵。一方面,民国保守主义指涉的现代化的主体是近代中国,而不是其他历史时期的中国,更不是别的国家或地区。进而言之,民国保守主义是民国保守主义者反思当时中国之现代化的批判性言说。另一方面,民国保守主义指涉的促进现代化的具体方式在于创造应时对景的现代文化,而其直接目的则在于裨益迫在眉睫的救亡图存。进而言之,民国保守主义者在反思当时中国之现代化的基础上,试图通过创造一种符合中国所需的现代文化这一具体而特殊的方式,促进中国之现代化的恰当转变和健康发展,并殷切期望中国借此摆脱积弱不振和危在旦夕的困境。正是基于这些原因,民国保守主义便成其为民国保守主义而不与中国其他历史时期的保守主义相混淆,更不与其他国家或地区的保守主义相混同。同样是基于这些原因,民国保守主义的发展势必与民国保守主义者对其别样现代文化创造方案的不停阐发密不可分。

除了反思现代化以促进现代化,彰显审美现代性以反拨启蒙现代性也是民国保守主义的题中应有之义。同样的,民国保守主义的彰显审美现代性以反拨启蒙现代性也另有其与众不同的特殊内涵。其实,民国保守主义反思现代化以促进现代化的另有与众不同的特殊内涵,便已注定其彰显审美现代性以反拨启蒙现代性也另有与众不同的特殊内涵。一方面,民国保守主义的现代性关涉当时中国的现代文化之创造,而不是关涉其他历史时期的中国甚或别的国家、地区的其他内容。进而言之,民国保守主义的现代性主要就蕴含在民国保守主义者对其主张创造的符合当时之中国所需的现代文化——别样现代文化的求索之中。从这个角度而言,民国保守主义的现代性主要就是指别样现代文化创造方案的现代性。另一方面,民国保守主义的彰显审美现代性以反拨启蒙现代性关涉现代文化的创造标准,而不是关涉现代文化的其他内容。进而言之，民国保守主义的彰显审美现代性表现为民国保守主义者强调现代文化在道德层面的意义，并且不介意兼取中西文化甚或东西文化；而民国保守主义的反拨启蒙现代性则表现为反对饱含西化甚或全盘西化主张的极端启蒙现代性，亦即表现为民国保守主义者反对只注重现代文化在经世致用层面的价值，并因此抛弃传统文化、偏取西方文化。正是基于这些原因，民国保守主义的彰显审美现代性以反拨启蒙现代性就颇为另类而可名之为另类现代性，并主要是指别样现代文化创造方案的另类现代性。同样是基于这些原因，民国保守主义的发展又势必与民国保守主义者对另类现代性的不断建构密不可分。

在不同的历史阶段，民国保守主义的发展有其不同的具体内容和表现特征，从而呈现出民国保守主义发展的阶段性。但不管在哪个历史阶段，民国保守主义的发展都是另类现代性的不断充实和奠基于另类现代性的别样现代文化创造方案的不停丰富。或者说，民国保守主义的发展都是民国保守主义者对另类现代性的不断建构以及对奠基于另类现代性的别样现代文化创造方案的不停阐发。因此可以说，民国保守主义的发展不仅具有阶段性，还具备连续性。

（一）发展的阶段性

梁启超曾有言道："凡'思'非皆能成'潮'，能成'潮'者，则其'思'必有相当之价值；而又适合于其'时代'之要求者也。"①民国保守主义后来之所以能够发展成一种社会思潮，恰恰就在于它既具有"相当之价值"又符合"'时代'之要求"。尽管民国激进主义者不遗余力地宣扬其西化现代文化创造方案，但集中并充分暴露西方文化之固有弊端的"一战"，令当时的许多国人都不得不忧虑：即使中国完全打倒"孔家店"，并真正实践西方的"民主""科学"等思想，甚至于全盘西化，最终也会重蹈西方国家之旧辙，堕入"炮火相寻，杀人以逞"②的无间地狱。于是，国人便不免于"夹在这有意识地否认旧辙，无

---

① 梁启超. 前清一代中国思想界之蜕变[J]. 改造[上海1919]，1920，3(3)：1.
按：该文的全文连载于《改造》(上海1919)1920年11月15日第3卷第3号第1-19页、12月15日第3卷第4号第1-22页(文后有按语："前号第十三页第十五行以下应为第七节依次顺推故与本号第十节仍是衔接特此订正")、1921年1月15日第3卷第5号第1-30页。不久后，该文又被梁启超略加增删并改文题为《清代学术概论》，由上海的商务印书馆于1921年2月出版单行本。后来，该单行本被收录到上海的中华书局于1936年4月出版的梁启超所著《饮冰室合集》之《专集第九册》的"饮冰室专集之三十四"第1-80页(在目录中，书名之下附注"原题前清一代思想界之蜕变")。
② 高劳[杜亚泉]. 吾人今后之自觉[J]. 东方杂志，1915，12(10)：3.
按：该文登载于《东方杂志》1915年10月10日第12卷第10号第1-5页；此后又连载于《大公报》(天津版)1915年12月15日(第4780号)第2-3版("第一张"之"二""三")至17日(第4782号)第2-3版("第一张"之"二""三")，其署名改为"东方"。

意识地不接受新轨的当间",而"有意识的一面代表西来的时代精神;无意识一面仍表民族固有精神"①。与此同时,国人势必会呼唤一种不同于西方文化却又能够引领自己规避战祸、奔向幸福的全新文化。这既是当时的国人的共同心声,也是时代的迫切要求。诚然,民国保守主义者提出的和合中西文化甚或和合东西文化而创造的别样现代文化,其真正效用到底如何,在当时也无人知晓且难以预料,但毕竟为茫然不知所措的国人谋求出路开启了一个新的视野,提供了一种新的追求。所以,从应不应该接受西方文化这一外来文化的角度而言,民国保守主义因为蕴含一种不同于西化现代文化创造方案的别样现代文化创造方案而体现其契合大众心理、富含社会意义。此外,"因为一个地方的文化思想往往有一种保守或顽固性质,虽受外力压迫而不退让,所以文化移植的时候不免发生冲突"②。也就是说,当时大多数国人出于自然保守主义或传统主义的保守倾向,在心理上就难以完全抛弃传统文化,更不愿被西方文化所同化,于是西方文化进入中国后难免与传统文化发生冲突。此时,民国保守主义者倡导的发扬传统文化和借鉴西方文化的主张,尤其是其中发扬传统文化的主张,因为暗合国人的自然保守主义情结或传统主义情结而易于被国人接受。事实上,这一主张还伸张了传统文化的话语权力,同时又抗拒了西方文化的话语霸权。显然,从需不需要抛弃传统文化这一本土文化的角度而论,民国保守主义因为强调传统文化的延续性发展和主体性地位而彰显其契合大众心理、富含社会意义。总之,民国保守主义确实既具有"相当之价值"又符合"'时代'之要求",所以才能够发展成为一种社会思潮,并在民国时期独树一帜而与其他各种社会思潮相抗衡。

在民国的第一个十年(1912年至1921年),民国保守主义已发展成为一种不容小觑的社会思潮,但基本上还处于防守阶段。在这一时期,以"新文化"派陈独秀等人为主的早期民国激进主义者不断地抛出崇尚西方文化、蔑弃传统文化的论断,而以"东方杂志"派杜亚泉等人为主的早期民国保守主义者则只能见招拆招,疲于应付,甚至在有意或无意间被民国激进主义者所牵引而将西方文化作为评判东方文化,尤其是传统文化之优劣的标准,从而在客观上遮蔽了东方文化及传统文化的主体性地位。到1920年的时候,早

---

① 梁漱溟.主编本刊之自白[J].村治,1930,1(1):8.
按:该文登载于《村治》1930年6月1日第1卷第1期第1—26页;此后又改文题为《主编村治月刊之自白》,连载于《大公报》(天津版)1930年6月18日(第9666号)第11版、25日(第9673号)第11版、7月2日(第9681号)第11版、9日(第9687号)第11版、23日(第9701号)第11版、30日(第9708号)第11版、8月13日(第9722号)第11版、8月20日(第9729号)第11版.
② 汤用彤.文化思想之冲突与调和[J].学术季刊·文哲号,1943,1(2):2.

期民国保守主义者的领军人物杜亚泉又迫于各种压力而退出"东西文化论战"。然而,就在民国激进主义看似胜利在望之际,"现代新儒家"派的梁漱溟却自觉或不自觉地从杜亚泉手中接过民国保守主义的衣钵,并发扬光大。

其实,早在新文化运动勃兴(以1917年1月陈独秀出任北京大学文科学长为标志)之后不久、"东西文化论战"全面爆发之前,梁漱溟就已不显山、不露水地加入民国保守主义阵营。他后来曾明确地说:"我自民国六年十月初到大学那一天就抱的个誓为孔子释迦打抱不平而来。(当时晤蔡先生陈先生就是这个话)"①本来,随着杜亚泉的逐渐淡出,"东西文化论战"已渐趋沉寂,但梁漱溟于1921年秋出版的成名作《东西文化及其哲学》②一书又再掀波澜。在该书中,梁漱溟将中国文化(主要指中国传统文化)与西方文化、印度文化③置于平等并列的框架中加以横向比较和综合研究,并提出了著名的"三种文化路向说"。这一学说虽然明言人类最终的出路将是重走印度文化所走过的路,但同时又意谓当时的全人类都应尊重并遵循中国文化(包括以中国文化取代西方文化)而重走中国文化所走过的老路。可以说,《东西文化及其哲学》的出版,极大地增强了国人,尤其是民国保守主义者复兴传统文化的信心,这从该书在短短三年间竟重印十余次中便可窥一斑。值得注意的是,恰恰是在该书出版后不久,民国保守主义阵营异军突起,逐渐转守为攻,而民国的第二个十年(1922年至1931年)更成为民国保守主义大放异彩的时代。当然,渐趋沉寂的"东西文化论战"随之卷土重来,甚至还愈演愈烈。

也许就是受到《东西文化及其哲学》的感召,梅光迪、吴宓以及胡先骕等人又于1922年1月在南京创办期刊《学衡》,并由此结成"学衡"派,参与"东西文化论战"。《学衡》创刊号登载的《学衡杂志简章》在起首处明列该刊的宗旨:"(一)宗旨论究学术,阐求真理,昌明国粹,融化新知。以中正之眼光,

---

① 梁漱溟.初版序言[M]//梁漱溟.唯识述义.北京:财政部印刷局,1920:1.
按:该文的文后署题"九年一月廿三日漱溟志"(其中的时间即1920年1月23日)。引文中的"民国六年十月"即1917年10月,"大学"即北京大学,"蔡先生陈先生"即北京大学校长蔡元培和北京大学文科学长陈独秀,而"孔子释迦"其实暗指传统文化。1917年1月,蔡元培延请梁漱溟担任北京大学讲师,主讲印度哲学课程。当年下半年,梁漱溟正式开始在北京大学授课。
② 梁漱溟.东西文化及其哲学[M].北京:财政部印刷局,1921.
按:梁漱溟曾分别于1920年及1921年8月在北京大学和山东济南,作题为"东西文化及其哲学"的讲演。在济南作讲演时,他还陆续印发过讲演记录稿。后来,他根据这一讲演记录稿,并参酌其于1920年在北京大学的讲演记录,编纂成《东西文化及其哲学》一书。之后,梁漱溟几乎同时委托北京的财政部印刷局以及上海的商务印书馆印刷、出版。前者于1921年10月率先出版,而后者则于1922年1月出版。不过,该书后来专门由商务印书馆出版以及再版。
③ 在没有特别说明的情况下,本书使用的"印度文化"一词,都指莫卧儿帝国(1526—1857)终结以前的印度所旧有的文化。"印度文化"中的"文化"一词就其广义而言,所以"印度文化"一词指涉一切具有莫卧儿帝国终结以前的印度之传统特色的风俗、习惯、思想、理论、学说等各种内容。

行批评之职事，无偏无党，不激不随。"①这其中的"昌明国粹"四字，明白无误地昭示"学衡"派复兴传统文化的执着诉求。值得注意的是，自民国初年以来，尤其是在以康有为为首的"孔教"派活跃期间，"国粹"一词已成为众矢之的。然而，"学衡"派不但重提"国粹"，还更试图"昌明"之，这颇有冒天下之大不韪的危险。不过，"学衡"派所谓的"昌明国粹"以"阐求真理"为前提，并始终伴随着"融化新知"——借鉴西方文化，从而与晚清民初之士对国粹或国学、国故的颂扬迥然有别。该文还指出："本杂志行文则力求明畅雅洁，既不敢堆积饾饤，古字连篇，甘为学究，尤不敢故尚奇诡，妄矜创造。总期以吾国文字，表西来之思想，既达且雅，以见文字之效用，实系于作者之才力。苟能运用得宜，则吾国文字，自可适时达意，固无须更张其一定之文法，摧残其优美之形质也。"②"学衡"派坚持文言体、抗拒白话体的主张，由此可窥一斑。事实上，《学衡》就只登载文言体作品，并且只使用旧式句读符号。然而，该刊创刊之际，正是新文化运动之新文学革命行进有年而白话体已蔚然成风之时。显然，"学衡"派坚持文言体、抗拒白话体的言行也是甘冒天下之大不韪。但不管怎么说，较之于杜亚泉等早期民国保守主义者，以自己创办的期刊《学衡》为依托的"学衡"派，既因为由一批志同道合且相对固定的学术同仁组成而表现其流派组织性，又因为以较流行于西方世界的美国著名学者欧文·白璧德(Irving Babbitt,1865—1933)的新人文主义为理论武器而展现其论辩先进性。此外，"学衡"派首次明确地将西方文化区分为古代西方文化和近世西方文化两种类型，并进一步指出古代西方文化才是西方文化的正宗，也恰恰是其精华之所在，同时又强调古代西方文化与中国先秦时期的孔儒学说若合符节，进而主张在会通中西文化并和合中西文化的基础上铸就别样现代文化。

恰值"学衡"派方兴未艾之际，章士钊于1925年7月在北京复刊《甲寅》③，即《甲寅》(北京1925)。于是，以该刊为阵地并以章士钊为核心的"甲寅"派宣告诞生，随后就深度参与"东西文化论战"。虽然《甲寅》(北京1925)带有官方主办的政治色彩，但是依托该刊的"甲寅"派在评价、取舍中西文化甚或东西文化方面表现出与"学衡"派出奇一致的思想和行为。他们和"学

---

① 佚名[吴宓].学衡杂志简章[J].学衡,1922(1):无页码[扉页].
② 佚名[吴宓].学衡杂志简章[J].学衡,1922(1):无页码[扉页].
③ 章士钊创办并主编的《甲寅》多达三种，分别即1914年5月10日在日本东京创刊的自我定位为月刊的《甲寅》(东京1914)、1917年1月28日在北京创刊的自我定位为日刊的《甲寅》(北京1917)、1925年7月18日在北京创刊的自我定位为周刊的《甲寅》(北京1925)。在思想主张取向方面，《甲寅》(北京1925)相对于《甲寅》(东京1914)、《甲寅》(北京1917)而言，显得保守。因之，"甲寅"派可分为《甲寅》(东京1914)、《甲寅》(北京1917)时期的前期"甲寅"派和《甲寅》(北京1925)时期的后期"甲寅"派两种。在没有特别说明的情况下，本书使用的"'甲寅'派"一词，都是指《甲寅》(北京1925)时期的后期"甲寅"派。

衡"派一样,激烈反对"新文化"派等民国激进主义者倡导的"新文化",并坚决拒绝在自己主办的期刊上登载白话体作品,以至于《甲寅》(北京 1925)也和《学衡》一样,只登载文言体作品且只使用旧式句读符号。事实上,在坚持文言体、抗拒白话体并借之以反对新文学革命方面,"甲寅"派较之于"学衡"派既表达得更加明确又表现得更为激烈。早在1919年,章士钊就公开发表讲演而言辞尖锐地批评道:"今人讲新文学,颇采极端之见,挥斥一切旧者。欲从文学上划出一纪元,号之曰新。愚谓所见太狭。"①及至《甲寅》(北京1925)出版后,以章士钊为核心的"甲寅"派不仅在首号该刊的扉页上就明确声明"文字须求雅驯,白话恕不刊布"②,还在其后续登载于该刊的一系列文章中猛烈抨击白话体。由此,北京的"甲寅"派与南京的"学衡"派形成一北一南的呼应之势。

在"南《学衡》、北《甲寅》"南北应和时期,"东西文化论战"高潮迭起。1922年,旅欧归来的"现代新儒家"派张君劢甫一回国,便应邀在"中华教育改造社"发表讲演,不无骇人地指出:欧洲陷于种种危机之中,不但文化愈趋没落,而且人心日益思变,各界甚至掀起了一股与科学主义背道而驰的"反主智主义"③思潮。翌年2月14日,张君劢又在清华大学作题为《人生观》的

---

① 章行严[章士钊].章行严君之演说[N].申报,1919-9-29(10)["第三张"之"十"].
按:原文没有使用旧式句读符号或新式标点符号,而引文中的新式标点符号为笔者酌情添加。该文的全文连载于《申报》1919年9月29日(第16744号)第10版("第三张"之"十",无署名)、30日(第16745号)第10版("第三张"之"十"),此后又连载于《神州日报》1919年9月30日(第4832号)第11版(第三张之"五",文题改为《章行严之演说》,无署名)至10月2日(第4834号)第11版(第三张之"五"),《时事新报》(上海版)1919年9月30日(第4221号)第9版("第三张"之"第一版",文题改为《章行严之演说》,无署名)至10月2日(第4223号)第9版("第三张"之"第一版"),《新闻报》1919年9月30日(第9518号)第9版("第三张"之"第一版",文题改为《章行严论新时代之青年》,且文题之左附注"新旧调和""社会自决",无署名)、10月1日(第9519号)第9版("第三张"之"第一版",还登载于《学生》1919年11月5日第6卷第11期第1-8页(无署名),《东方杂志》1919年11月15日第16卷第11号第159-164页(文题改为《新时代之青年》,且文题之左附注"章行严君在寰球中国学生会之演说",无署名),《甲寅》(北京1925)1925年9月5日第1卷第8号第6-13页(文题改为《新旧》,署名为"孤桐")。《申报》《神州日报》所载之文有相同的文前按语:"寰球中国学生会前晚请北京大学教授章行严君演说《新时代之青年》。是日,天虽大雨而场中已无容足之地。到者有高阳硕士等数百人。新钟八时开会,首由主席朱少屏君介绍,后即请章君登坛演说略谓。《时事新报》(上海版)、《新闻报》《学生》所载之文的文前也类似内容的按语。《甲寅》(北京1925)所载之文的文前有按语,其末几句提及坊间流传的《新时代之青年》"讹字颇多,未免迷误读者",又"以其说在今日犹有可存,且足辅一时笔舌之所不及",于是作者便对原文"略加增删,标以今题",使"此论重出"。

② 佚名[章士钊].本刊启事二[J].甲寅[北京1925],1925,1(1):无页码[扉页].

③ 张君劢.欧洲文化之危机及中国新文化之趋向[J].东方杂志,1922,19(3):118.
按:该文登载于《东方杂志》1922年2月10日第19卷第3号第117-123页(文题之左附注"在中华教育改造社讲演"),此后又改文题为《欧洲文化之危机及中国新文化之趋向兼评梁漱冥先生新著〈东西文化及其哲学〉》,登载于《学灯》1922年2月12日第1-3版(文题之左附注"中华教育改造社讲演")。

讲演,言之凿凿地论道:"人生观之特点所在,曰主观的,曰直觉的,曰综合的。曰自由意志的,曰单一性的。惟其有此五点,故科学无论如何发达,而人生观问题之解决,决非科学所能为力,惟赖诸人类之自身而已。"①随即,一场关于科学和玄学的论争——"科玄论战"②便告爆发。在"科玄论战"激荡近两年之际,"醒狮"派又横空出世。"醒狮"派于1924年10月在上海创办报纸《醒狮》(上海1924),并因其以该刊为主要论辩阵地而得名。"醒狮"派惯用中国古代史上的战国时期比拟他们自己生活的时代,并名之为"新战国时代",从而衍生出极富特色的"新战国时代说"。实际上,"醒狮"派以力倡国家主义为重要特征,主张团体、国家、民族的利益至上并限制个人自由和个人意识。及至九一八事变③后,"醒狮"派更以新法家主义和"生物史观"为指导而愈加强调国家意识和集体意识。"学衡"派与"甲寅"派的南北唱和、大范围的"科玄论战"以及"醒狮"派的国家主义思想主张,都极大地推动了民国保守主义的发展。

在新文化运动蓬勃发展之际,尤其是在五四运动爆发之后,民国保守主义者的所作所为似有拂逆历史潮流之嫌,但事实并非如此。不失客观地说,民国保守主义的勃兴有其坚固的现实基础,而当时有意无意地响应民国保守主义的论著也不乏其例。这其中,首当其冲的是"科学破产"的言论从无到有以至甚嚣尘上。1920年,刚结束欧洲之行而归国的梁启超在报刊上连载其一年多来考察欧洲之观感的长文《欧游心影录》。就在该文第一篇上半

---

① 张君劢.人生观[J].清华周刊,1923(272):9.
按:该文登载于《清华周刊》1923年3月9日第272期第3-10页,此后又登载于《晨报副刊》1923年5月2日(第112号)第3-4版,还被收录到上海的亚东图书馆于1923年12月编辑、出版的《科学与人生观》第一册第1-14页(文后有作者附注"十二,二,十四"——1923年2月14日,以及编者附注"转录北京《清华周刊》二七二期"),以及上海的泰东图书局于1923年12月出版的郭梦良编辑的《人生观之论战》第一册第1-12页。《晨报副刊》所载之文的文前有按语:"此篇是张君在清华学校的讲演原稿,由清华周刊二七二期转录而来。还有丁文江君对于本文的驳论,及张君对于丁君的答辩,登在四十八,四十九,五十,五十一各期的努力周报上,本刊亦将陆续转载。诸君读完了这几篇文章,本刊上还要登载一篇梁任公君的《辩论的国际公法》。(记者)"。

② "科玄论战"又称"人生观论战",指的是国内思想界围绕科学和玄学(人生观)展开的思想文化论战。"科玄论战"集中于1923年至1924年间(此后也有延展),并衍生出以丁文江和胡适为代表的"科学"派、以张君劢和梁启超为代表的"玄学"派、以陈独秀和邓中夏为代表的"唯物史观"派。1923年12月,两部汇集"科玄论战"各方重要言论的论文集几乎同时问世。一部是上海的亚东图书馆编辑、出版的《科学与人生观》,共收录论文29篇,且前有陈独秀、胡适所作之序,主要代表"科学"派的立场;而另一部则是郭梦良编辑、上海的泰东图书局出版的《人生观之论战》,共收录论文32篇,且前有张君劢所作之序,主要代表"玄学"派的立场。

③ 九一八事变(September 18th Incident),又称奉天事变、柳条湖事件,爆发于1931年9月18日。当日,日本关东军授意其铁道守备队炸毁沈阳柳条湖附近日本修筑的南满铁路的一小段路轨,并嫁祸中国东北军而炮轰东北军的沈阳北大营。

篇的《科学万能之梦》的最末处,梁启超写道:"欧洲人做了一场科学万能的大梦,到如今却叫起科学破产来。这便是最近思潮变迁一个大关键了。"①可能是因为意识到这几句话颇为耸人听闻或易于遭受误解,所以梁启超还在其后附加"自注"道:"读者切勿误会,以为我菲薄科学。我绝不承认科学破产,不过也不承认科学万能罢了。从此抛弃科学的误用,便可为科学立一个再生的纪元。"②尽管梁启超当时就声明其"绝不承认科学破产",但诚如"新文化"派的健将胡适所言:"自从中国讲变法维新以来,没有一个自命为新人物的人敢公然毁谤'科学'的。直到民国八九年间梁任公先生发表他的《欧游心影录》,科学方才在中国文字里正式受了'破产'的宣告。"③虽然"科学破产"的言论早在《欧游心影录》发表之前,"一战"爆发后不久就已逐渐流传开来,但确如胡适所言,正是该文的发表才正式宣告了科学的破产,并致使"科学破产"的言论在国内像野火一样无限蔓延开来。不失客观地说,该文详细

---

① 梁启超.欧游心影录[N].时事新报[上海版],1920-3-9(2-3)["第一张"之"第一版""第二版"].
按:该文的全文连载于《时事新报》(上海版),始于 1920 年 3 月 2 日(第 4367 号)第 2 版("第一张"之"第一版"),终于 7 月 18 日(第 4504 号)第 2 版("第一张"之"第一版")。全文共分八个部分,即《第一篇 一般观察及一般感想》《第二篇 首途》《第三篇 伦敦初旅》《第四篇 和会鸟瞰》《第五篇 西欧战场形式及战局概观》《第六篇 战地及亚洛二州纪行》《第十篇 和会问题综析研究(上)》《第十一篇 和会问题综析研究(上之续)》。3 月 2 日所载之文的文题之左有按语,其中有言道:"任公先生赴欧之初,与本报相约,以游记见让","兹先列目录如下"。该文即由记者按语及《欧游心影录》之《第一篇 一般观察及一般感想》的目录组成,没有正文。《欧游心影录》正文始于 3 月 3 日所载之文,依"(一)"至"(九十五)"编序。其中"(四七)"被误标注为"(四六)",但不影响总编序;4 月 18 日所载之文应标"(三九)"却被标为"(三八)",6 月 3 日所载之文应标"(七十四)"却被标为"(七十三)",6 月 25 日所载之文应标"(八十九)"却被标为"(八十)",以致总编序共减少 11 号(即《欧游心影录》正文实际上总共分为 106 篇而非 95 篇连载)。6 月 10 日、11 日所载之文的文题之右有同样的按语:"本书第七第八第九为巴黎闻见上中下三篇。因著者将原稿抽回改订。今先将第十登出。该三篇随后补登。记者附识"。据此,《欧游心影录》本来存有《第七篇》《第八篇》及《第九篇》,但《时事新报》(上海版)后续没有再登载这三篇。后来,《欧游心影录》又连载于《晨报》(始于 1920 年 3 月 6 日第 7 版,终于 8 月 17 日第 7 版,依"一"至"一〇六"编序且其中"九"和"一〇一"均出现两次,故实际上总共分为 108 篇而非 106 篇连载)、《教育公报》(始于 1920 年 4 月 20 日第 7 年第 4 期 35-51 页,终于 11 月 20 日第 7 年第 11 期 41-47 页,总共分为 8 篇连载)、《汉口中西报》(笔者仅见 1920 年 7 月 11 日第 3 版和 8 月 26 日第 3 版所载之文)、《川报》(笔者仅见 1920 年 7 月 12 日第 6 版至 15 日第 6 版,17 日第 6 版至 22 日第 6 版以及 24 日第 6 版所载之文),还改文题为《欧游心影录节录》,被收录到《饮冰室合集》之"专集第五册"的"饮冰室专集之二十三"第 1-162 页(此前上海的中华书局还曾于 1936 年 3 月出版该文的单行本《欧游心影录节录》),但都没有《第七篇》《第八篇》及《第九篇》这三篇。
② 梁启超.欧游心影录[N].时事新报[上海版],1920-3-9(2-3)["第一张"之"第一版""第二版"].
③ 胡适.科学与人生观序[M]//亚东图书馆,编辑.科学与人生观:第一册.上海:亚东图书馆,1923:3.
按:该文的文后依次附录胡适的《附注:答陈独秀先生》(无署名,文后附注"十二,十一,廿九,在上海"——其中的时间即 1923 年 11 月 29 日)、陈独秀的《答适之》(署名为"独秀",文后附注"十二,十二,九。"——1923 年 12 月 9 日)。

记录且深刻论述了欧洲在经历"一战"后所呈现出的破败、悲惨的景象,同时也极大地扭转了国人对西方文化的观感。其实,德国著名学者奥斯瓦尔德·斯宾格勒(Oswald Spengler,1880—1936)分别于1918年和1922年出版的两卷本《西方的没落》[①]一作,也为"科学破产"的言论添薪加火。这部专著不仅煞有介事地揭示了西方走向没落的必然结局,还不无企羡地流露出向东方寻求救世之法的思想倾向,从而使长久以来都饱受压抑和冷落的东方文化引起全世界人民的关注,并引导了一股席卷全球的"东方文化热"。可以说,恰恰是这些不容否认又人所共知的客观事实,极大地支持了民国保守主义理论的伸张和流行。

在20世纪20年代,众多有代表性的人物或流派加入到民国保守主义阵营之中。他们著书立说、游学讲演,不但积极回应"新文化"派(包括此期逐渐从"新文化"派中分离出来的民国马克思主义者)等民国激进主义者的诘难,甚至还在有意无意间主动挑起论战,从而在客观上壮大了民国保守主义的舆论声势。也正因如此,民国的第二个十年可谓民国保守主义的勃兴期。至于民国保守主义的成熟期,则出现在民国的最后十八年(1932年至1949年)。

在九一八事变后的20世纪30年代,民国保守主义获得了一个深入发展的契机:中国国民党及中国共产党一同表露出的对传统文化,尤其是对传统文化之传统道德的认同和倡导,从政治层面上极大地推动了传统文化的复兴。1935年1月10日,王新命、何炳松、武堉干、孙寒冰、黄文山、陶希圣、章益、陈高佣、樊仲云、萨孟武这十位涉及文学、历史学、心理学、教育学、政治学、经济学、国际贸易学的知名教授,在陶希圣和樊仲云创办、裴复恒和攀仲云主编的期刊《文化建设》(上海1934)上,联名发表了著名的《中国本位的文

[①] 奥斯瓦尔德·斯宾格勒所著《西方的没落》共分两卷,即1918年出版的题为《西方的没落:形式与实际》的第一卷和1922年出版的题为《西方的没落:世界历史的透视》的第二卷。早在1920年以前,民国学者(包括但不仅限于民国保守主义者,下同)的论著就已有引述《西方的没落》的主要观点或片言只语。笔者未见民国时期的中译本《西方的没落》,而所见最早的中译本《西方的没落》为北京的商务印书馆于1963年12月出版的作为内部读物的《西方的没落:世界历史的透视》(第一卷未译出),其译者为齐世荣、田农、林传鼎、戚国淦、傅任敢、赫德元,所见最早的全译本《西方的没落》为台北的桂冠图书有限公司于1975年10月10日出版的《西方的没落》(署名为"史宾格勒"),其译者为陈晓林。

化建设宣言》①一文（又称"十教授宣言"或"三五宣言""一十宣言"）。这篇由

---

① 王新命,何炳松,武堉干,等.中国本位的文化建设宣言[J].文化建设[上海1934],1935,1(4):1-5[总1-5].
按：该文共分三个部分，即《一 没有了中国》《二 一个总清算》《三 我们怎么办》。该文登载于《文化建设》（上海1934）1935年1月10日第1卷第4期1-5页（总1-5页），其文之后无署名，但文后依次署名"王新命 何炳松 武堉干 孙寒冰 黄文山 陶希圣 章益 陈高佣 樊仲云 萨孟武"，并附注"民国二十四年一月十日"（1935年1月10日）。后来，该文又连载于《申报》1935年1月10日（第22171号）第13版（"第四张"之"十三"，文题改为《王新民何炳松等发表中国本位的文化建设宣言》，文前增加一句，即"王新命、何炳松、武堉干、孙寒冰、黄文山、陶希圣、章益、陈高佣、樊仲云、萨孟武等发出中国本位的文化建设宣言云"）、11日（第22172号）第13版（"第四张"之"十三"，文后无署名、无附注）,《民报》1935年1月11日（第956号）第6版（"第二张"之"第二版"，文题改为《国内十教授发表中国本位的文化建设宣言》）、12日（第957号）第6版（"第二张"之"第二版"）,《新闻报》1935年1月11日（第14958号）第15版（"第肆张"之"拾伍"，文题改为《王新命樊仲云等发表中国本位的文化建设宣言》）至13日（第14960号）第16版（"第肆张"之"拾陆"，文后无附注），还登载于《中国文化建设协会会报》1935年1月15日第1卷第6期第1-4页（署名为十教授姓名——在目录中王新命作"王新民"，且文后无署名、无附注）,《新闻通讯》1935年1月15日第25期第3-6页（附于白J所撰《介绍〈中国本位的文化建设宣言〉》的文后）,《新人》（上海1934）1935年1月21日第1卷第19期第391-392页（署名为十教授姓名，且文后无署名、无附注）,《政治周刊》1935年1月23日第2卷第3期第15-17页（文题之左附注"转载华北日报"，且在目录中署名为"华北日报"）,《大美晚报》1935年2月4日（第736号）第4版（"对开页"之"第四页"，署名为十教授姓名，且文后无署名、无附注）,《教育杂志》1935年2月10日第25卷第2号第141-142页，《新中华》1935年2月10日第3卷第3期第87-88页，《福建文化半月刊》1935年2月15日第1卷第1期（"创刊号"）第29-31页（在目录中署名为"何炳松等"）,《自新》1935年2月15日第3卷第2期第45页（作为补白附于郭巨才所撰《往憾之二》的文后，仅节录原文具有总结性质的最后三段并改文题为《摘录十教授中国本位文化建设宣言》，且文后无署名、无附注）,《东方杂志》1935年2月16日第32卷第4号第81-83页（署名为"王新命等"，且文后无署名、无附注）,《中医新生命》1935年2月28日第6号第1-4页（仅节录原文三个部分的重要内容，其文题之下附注"节录"，且文后有署名、无附注）,《新社会科学》1935年3月15日第1卷第4期第333-336页,《中国文化建设协会山西分会月刊》1935年3月16日第1卷第3期第61-64页,《华东教育》1935年3月20日第42期第3页和第25页（文题之下附注"转载一月十日申报"，其余同《申报》所载之文）,《保定新青年》1935年4月3日第2卷第10/11期合刊第15-19页（署名为十教授姓名，且文后无署名、无附注）,《教育短波》1935年5月21日第27期第13-15页（署名为十教授姓名，且文后无署名、无附注）等。《新社会科学》所载之文的文前有按语："国内十教授何炳松孙寒冰陶希圣等于本年一月十日发表《中国本位的文化建设宣言》后，京沪舆论界，群起响应，视为中国思想界进步之象征。吾人读此宣言，窃欲希望者二事：（一）全国知识份子，皆应对于此宣言之重要性，作深切之体会与认识；（二）全国文化界，对于今后中国文化建设运动之推行，应以此宣言为指向，力图在最短期内，转变旧日之意识形态，造成一新型之文化结构。如此，则此宣言，不仅是中华民国二十四年文化史上遗留的痕迹，抑亦本年划时代的文化建设运动之伟大的文献。兹将该宣言附载于此，以备参考。（编者）"。《中医新生命》所载之文的文前有按语："如其是对于中国的文化，蕴蓄着热烈的希望，那么这一篇十位教授的宣言，似乎有一读的必要。宣言的旨趣，句句都打入我们的心坎。从已往到现在，渊雷夫子以及我们的同志，一致以忠实的态度，从事于中医之改进。我们改进的方针，可以说与宣言相同。我们甄别古医书的优劣，汰去玄虚的陈言，揭发精当的学理。这就是宣言所说的——'不守旧，是淘汰文化，去其渣滓，存其精英，努力开拓出新的道路。'我们不排斥科学，而吸收科学的智识。这就是宣言所说的——'不盲从，是取长舍短，择善而从。在从善如流之中，仍不昧其自我的认识。'我们很诚恳的，请读者仔细的读这一篇宣言。编者"。

中国国民党当局授意而创作的文章指出:"中国是既要有自我的认识,也要有世界的眼光,既要有不闭关自守的度量,也要有不盲目模仿的决心"①;"循着这认识前进,那我们的文化建设就应是:不守旧;不盲从;根据中国本位,采取批评态度,应用科学方法来检讨过去,把握现在,创造将来"②。时值民国建立已二十余年、九一八事变爆发也已三年有余,"中国文化的建设,目前以③成为迫切之需要,这是谁都感觉得到的事","然而中国的文化建设究竟应该走什么路线,却是仍在研究和讨论中"④。于是,该文甫一发表就引起广泛的关注和热烈的讨论,以至于转载该文的报刊竟不知凡几。与此同时,关涉该文观点——"中国本位的文化建设"和该文主题——中国现代文化建设(现代文化之创造)的讨论迅速铺展开来,甚至逐渐演变成实际上承接"东西文化论战"之余续的"中国本位文化论争"。在这场论争开展四个月后的5月10日,王新命等十位教授又联名发表《我们的总答复》⑤一文(又称"五十宣言")解释道:"我们所主张的中国本位,不是抱残守缺的因袭,不是生吞活剥的模仿,不是中体西用的凑合,而是以此时此地整个民族的需要和准备为条件的创造"⑥;"总括起来,中国此时此地的需要就是:充实人民的生活,发展国民的生计,争取民族的生存"⑦。该文集中回应了"中国本位文化论争"涉及的六个重要命题,但结果并不能令所有人满意,因为此后"中国本位文化论争"不但没有终结,反而愈演愈烈。于是,十位教授中的陶希圣又撰文申

---

① 佚名[王新命,何炳松,武堉干,等].中国本位的文化建设宣言[J].文化建设[上海 1934],1935,1(4):4[总 4].
② 佚名[王新命,何炳松,武堉干,等].中国本位的文化建设宣言[J].文化建设[上海 1934],1935,1(4):5[总 5].
③ 原文如此,"以"疑为"已"之误。
④ 白 J.介绍《中国本位的文化建设宣言》[J].新闻通讯,1935(25):3.
⑤ 佚名[王新命,何炳松,武堉干,等].我们的总答复[J].文化建设[上海 1934],1935,1(8):1-4[总 1-4].
按:该文共分六个部分,但各个部分均无标题。该文登载于《文化建设》(上海 1934)1935 年 5 月 10 日第 1 卷第 8 期第 1-4 页(总第 1-4 页,文题之下附注"专载"),其文题之后无署名,但文后依次署名"王新命 何炳松 武堉干 孙寒冰 黄文山 陶希圣 章益 陈高佣 樊仲云 萨孟武",并附注"民国二十四年五月十日"(1935 年 1 月 10 日)。后来,该文又登载于《大公报》(天津版)1935 年 5 月 14 日(第 11459 号)第 4 版(署名为"王新命等"),还连载于《西京日报》1935 年 5 月 16 日(第 750 号)第 3 版(文前增加一句,即"自十教授发表中国本位的文化建设宣言以来,三数月间,影响及于全国,惟其间颇多误解与怀疑者,十教授爰于最近发表《我们的总答复》一文如左"),17 日(第 751 号)第 3 版。
⑥ 佚名[王新命,何炳松,武堉干,等].我们的总答复[J].文化建设[上海 1934],1935,1(8):1[总 1].
⑦ 佚名[王新命,何炳松,武堉干,等].我们的总答复[J].文化建设[上海 1934],1935,1(8):4[总 4].

说道:"'一十宣言'的主要意思,在要求大家,为了现在的中国,重新估定一切。"①所谓的"重新估定一切",显然也包括重新估定此前被新文化运动所贬抑的传统文化。事实上,王新命等十位教授"对文化建设的意见,那就是说中国的文化建设应是以中国为本位的","同时是现代的"②,即以传统文化为主来创造中国本位的现代文化。正因如此,王新命等十位教授及其拥趸者就被称为"本位文化"派。"本位文化"派有志于"发扬中国固有文化,宣传现代中国的建设事业"③,尤其是"推进新中国文化建设运动"④。其实,"本位文化"派的思想主张与"东方杂志"派、"甲寅"派、"学衡"派等其他民国保守主义流派的思想主张在根本上如出一辙,并无二致,即都试图和合中西文化甚或和合东西文化以创造别样现代文化。不过,"本位文化"派强调"中国本位的文化建设是一种民族自信力的表现,一种积极的创造"⑤,"不昧其自我的认识"⑥,从而极度强化了作为中国现代文化建设方案之一的别样现代文化创造方案的本己意识和主体意识,以至于"本位文化"一词也成为流行一时的保守主义术语。不失客观地说,作为民国保守主义的一支,"本位文化"派的历史意义不容忽视。

随着七七事变⑦的爆发和全民族抗战⑧的兴起,民国保守主义又获得了另一个深入发展的契机:空前一致的民族意识和空前高涨的民族热情致使一切发扬民族精神、复兴传统文化的民族主义思想主张,既为国、共两党主动肯定和广泛宣扬,又被绝大多数国人公开拥护或默然认可。从20世纪30年代到40年代,为民国保守主义添砖加瓦并在理论上有着突出建树的是"现

---

① 陶希圣.对于《中国本位文化建设宣言》的补充说明[J].教育短波,1935(27):4.
② 白J.介绍《中国本位的文化建设宣言》[J].新闻通讯,1935(25):3.
③ 佚名[裴复恒,樊仲云].本刊启事(二)[J].文化建设[上海 1934],1934,1(1):无页码[目录前第2页].
④ 方钟征.创刊词[J].福建文化半月刊,1935,1(1)["创刊号"]:1.
⑤ 佚名[王新命,何炳松,武堉干,等].我们的总答复[J].文化建设[上海 1934],1935,1(8):4[总4].
⑥ 佚名[王新命,何炳松,武堉干,等].中国本位的文化建设宣言[J].文化建设[上海 1934],1935,1(4):5[总5].
⑦ 七七事变(July 7th Incident),又称卢沟桥事变,爆发于1937年7月7日。当日,日军在北平西南卢沟桥附近演习,后借口其一名士兵失踪,要求进入宛平县城搜查,但遭中国守军国民革命军第二十九军拒绝。随即,日军向第二十九军开枪射击,并炮轰宛平城,而第二十九军则奋勇反抗。
⑧ 抗战即抗日战争(War of Resistance Against Japan),国际上称第二次中日战争(TheSecond Sino-Japanese War)或日本侵华战争(Japanese War of aggression against China),其起止时间为九一八事变爆发的1931年9月8日至日本天皇裕仁通过广播发表《终战诏书》而宣布日本向同盟国无条件投降的1945年8月15日。此外,以七七事变为界,抗战分为七七事变爆发前的局部抗战时期和七七事变爆发后的全民族抗战时期。

代新儒家"派。一般认为,创作《东西文化及其哲学》并标举现代新儒学的梁漱溟是"现代新儒家"派的第一人,而承接梁漱溟思想余绪的熊十力、马一浮、张君劢、冯友兰、贺麟等人则与梁漱溟一起构成了"现代新儒家"派的第一代代表人物。"现代新儒家"派成员兼具儒学家和哲学家的双重身份,他们一方面尊奉宋明理学而维护传统儒家学说,另一方面又探索西学入儒而借鉴西方哲学思想(如梁漱溟和熊十力之于柏格森生命哲学、冯友兰之于新实在主义、贺麟之于新黑格尔主义等)来重释传统儒家学说。其中,贺麟还更进一步地明确提出"儒化西洋文化,华化西洋文化"①的观点,从而发展和深化了民国保守主义者和合中西文化甚或和合东西文化以创造别样现代文化的方案。当时的"现代新儒家"派出版了一系列融会中西、贯通华梵的哲学与文化论著,既建构了比较完整的现代新儒家哲学体系,又将民国保守主义推到了哲学反思的高度,从而促进了民国保守主义的成熟。

"现代新儒家"派较之于此前的民国保守主义者,已经开始流露出一些相对明显的民族主义倾向。于1940年4月创办期刊《战国策》(昆明1940)②而宣告诞生的"战国策"派,则将民国保守主义的民族主义思想主张发挥到了极致。"战国策"派从斯宾格勒在《西方的没落》中提出的"文化形态史观"(或称"文化形态学")出发,推导出当时的世界正处于一个强国吞并弱国、大国侵略小国的极度混乱时代,一如中国古代史上的战国时期在当时的再度演绎,进而生发出别具一格的"战国时代重演论"。基于"战国时代重演论","战国策"派指出:中国欲救亡图存则必须创造一种能够适应抗战所需的强有力的别样现代文化。为创造这种别样现代文化,"战国策"派提出"必须要倒走二千年,再建起战国时代的立场,一方面来重新策定我们内在外在的各种方针,一方面来重新估量我们二千多年来的祖传文化"③。可见,"战国策"派一方面拒和主战,主张限制自由和民主以图迅速、有效地调集全国一切力量共拒外敌;另一方面又察往观来,指出中国先秦文化不但非常优秀,还相

---

① 贺麟.儒家思想的新开展[J].思想与时代,1941(1):15.
② "战国策"派创办的期刊《战国策》共有两种,分别即1940年4月1日在云南昆明创刊的自我定位为半月刊的《战国策》(昆明1940)、1941年1月15日在上海创刊的自我定位为月刊的《战国策》(上海1941)。
③ 林同济.战国时代的重演[J].战国策[昆明1940],1940(1):8.
按:该文登载于《战国策》(昆明1940)1940年4月1日第1期第1-8页,此后又登载于《战国策》(上海1941)1941年1月15日1号("一月号")第2-9页,还连载于《大公报》(重庆版)1941年1月28日(第13346号)第3版、30日(第13348号)第3版。《大公报》(重庆版)所载之文的文前有按语:"林同济氏前创办战国策半月刊,提出战国时代重演之主张,已成当今论坛上之一争点。本文曾载战国策半月刊,经林氏修正,愿代为介绍于次。(编者)"。

当符合抗战所需，应积极予以发掘、发扬。"战国策"派同样力主批判地吸收西方文化、承继传统文化以创造别样现代文化，只不过他们主张创造的别样现代文化具有更为强烈的民族性，弥漫着更为浓烈的民族主义气息。

事实上，从保守主义在西方诞生开始，民族主义就成为保守主义的题中之义。相较于激进主义，保守主义往往会最先对新生事物（包括由旧有事物转变、发展而来的新生事物）产生质疑和反思，而这种质疑和反思的结果又往往会导致其对传统的维护。传统本身就具有鲜明的民族性，因为不同的民族都各有其维系本己之特色及发展的不同传统。因此，维护传统的保守主义也就相应地具有民族性。在此基础上，保守主义对民族传统的极力维护和不断强调，又会致使其将民族性转化为民族主义的思想主张。无怪乎被奉为保守主义之鼻祖的柏克大声疾呼"把英国政制的榜样推荐给我们的邻国，而不要采取他们的模式来改变我们自己的政制"①，而在启蒙运动的衍生区德国，约翰·哥特弗雷德·赫得（Johann Gottfried von Herder，1744—1803）、尤斯图斯·穆涉（Justus Möser，1720—1794）等人则竭力维护日耳曼民族的"民族精神"或"民族风格"②。柏克维护的是英国的自由政治制度传统，赫得、穆涉等人维护的则是德国民族的传统文化。显然，他们的保守主义思想主张都具有鲜明的民族主义色彩。不过，保守主义者是因为质疑和反思新生事物，才意识到民族传统的可贵并对之加以维护，而不是因为先意识到民族传统的可贵并纯粹为维护可贵的民族传统，才质疑和反思新生事物甚至排斥新生事物。正因如此，虽然中国的民族主义思想主张自鸦片战争之后就为许多有识之士所伸张，但民国保守主义者的民族主义思想主张应该始自梁漱溟的《东西文化及其哲学》，中经"醒狮"派，并最终为"现代新儒家"派和"战国策"派所发扬光大。

综上所述，民国保守主义的发展大致经历了萌发、勃兴以及成熟三个阶段。民国的第一个十年是民国保守主义的萌发期，以杜亚泉、钱智修、陈嘉异等"东方杂志"派成员为代表。民国的第二个十年则是民国保守主义的勃兴时期，当时既有以梅光迪、吴宓、胡先骕、刘伯明、柳诒徵等人为代表的"学衡"派和以章士钊为核心的"甲寅"派，又有以曾琦、李璜、左舜生、陈启天、余家菊、常乃惪等人为代表的"醒狮"派和以梁漱溟、张君劢为代表的"现代新儒家"派。民国的最后十八年是民国保守主义的成熟期，20世纪30年代出现了以王新命、何炳松、武堉干等十位教授为主体的"本位文化"派，但当时

---

① ［英］塞西尔［Hugh Cecil］.保守主义［M］.杜汝楫，译.马清槐，校.北京：商务印书馆，1986：38.
② ［美］艾恺［Guy Salvatore Alitto］.世界范围内的反现代化思潮——论文化守成主义［M］.贵阳：贵州人民出版社，1991：23-28.

引领民国保守主义主潮的是"现代新儒家"派。从20世纪30年代至20世纪40年代,伴随着"现代新儒家"派的不断发展,民国保守主义走向成熟,并呈现出愈趋浓烈的民族主义色彩,而将民国保守主义的民族主义思想主张推至巅峰的则是诞生于20世纪40年代并以林同济、雷海宗、陈铨等人为代表的"战国策"派。

(二)发展的连续性

民国保守主义发展所经历的三个阶段,其实也就是别样现代文化创造方案不停被丰富以及潜藏其后的另类现代性不断被充实的三个阶段。也就是说,民国保守主义的发展虽然历经三个不同的阶段,但始终贯穿着民国保守主义者对别样现代文化创造方案的不停阐发以及对潜藏别样现代文化创造方案之后的另类现代性的不断建构。正因如此,民国保守主义的发展不仅呈现出阶段性,还展现出连续性。由于另类现代性潜藏于别样现代文化创造方案之后,或者说由于别样现代文化创造方案奠基于另类现代性,所以民国保守主义发展的连续性其实有具体与抽象之分、表象与本质之别。概而言之,民国保守主义者对别样现代文化创造方案的不停阐发即是民国保守主义发展之连续性在具体层面、表象层面的表现,而他们对另类现代性的不断建构则是民国保守主义发展之连续性在抽象层面、本质层面的表达。所以,民国保守主义发展之连续性的根本其实在于民国保守主义者对另类现代性的不断建构。

现代性往往被限定在形下的范畴之内,并"被相当广泛地用于描述那些在技术、政治、经济、社会发展方面最先进国家的共同特征"[①],但现代性也可以被理解为一种把握时代本质或时代精神的形上的哲学反思意识。法国著名哲学家米歇尔·福柯(Michel Foucault,1926—1984)将现代性理解为一种"态度":"所谓'态度',我指的是与当代现实相联系的模式;一种由特定人民所做的志愿的选择;最后,一种思想和感觉的方式,也是一种行为和举止的方式,在一个和相同的时刻,这种方式标志着一种归属的关系并把它表述为一种任务。无疑,它有点像希腊人所称的社会的精神气质(ethos)。"[②]事实上,民国保守主义从萌发到勃兴再到成熟所始终蕴含的另类现代性,一如福柯所谓的契合时代要求的"态度"。民国保守主义者的立论基于救亡图存的

---

① [美]布莱克[C. E. Black].现代化的动力[M].段小光,译.刘东,校.成都:四川人民出版社,1988:9.
② [法]米歇尔·福科[Michel Foucault].什么是启蒙?[M]//汪晖,陈燕谷,主编.文化与公共性.汪晖,译.北京:生活·读书·新知三联书店,1998:430.

当务之急,而其和合中西文化甚或和合东西文化以创造别样现代文化的主张,则是在反思西方社会的前车之鉴和西方文化的固有之弊后,得出的以应时需的应对之策。民国保守主义者不但立论阐发,还躬身实践,并一直以推动中国的复兴——近代中国的现代化进程为己任。福柯的现代性概念比较抽象,但可以在形上层面比较概括地阐释民国保守主义的特殊内涵。较之于福柯抽象的现代性概念,他的异托邦空间哲学理论则显得相对具体,且能够在形下层面相对妥帖地诠释民国保守主义者对另类现代性的不断建构。

"异托邦"是一个颇能令人感到陌生和疑惑的词汇,但又很容易令人联想到由来已久且耳熟能详的"乌托邦"一词。事实上,福柯所谓的异托邦恰恰就与人们熟知的乌托邦存在着千丝万缕的关系。福柯认为,人们一般"不是生活在流光溢彩的真空内部",而是"生活在一个关系集合的内部",而且"这些关系确定了一些相互间不能缩减并且绝对不可迭合的位置"①。同时福柯又认为,有一些位置"具有与所有其它位置有关的奇怪的特性,但以中断、抵消或颠倒关系的集合为方式,以致这些位置是被确定的、被反映出来的或经过思考的",而"这些与所有其它空间相联系的,但和所有其它位置相反的空间出自两种类型",即乌托邦和异托邦②。可见,异托邦与乌托邦关联密切,而其最大的共同点则在于二者都是有别于普通空间的异质的他者空间。

"乌托邦"一词及其概念,最早见于英国政治家、欧洲早期空想社会主义学说创始人托马斯·莫尔(St. Thomas More,1478—1535)在出使欧洲的1915年至1916年期间创作的著名游记《乌托邦》(全称《关于最完美的国家制度和乌托邦新岛的既有益又有趣的金书》)③。题名中的"乌托邦"以英语"utopia"的能指出现,但它并不是英语本身固有的传统单词,而是莫尔依据希腊文创造的全新词汇——由前缀"u"和后缀"topia"这两个词组成。据西方学者考证,"utopia"中的前缀"u"一词很可能源自希腊文中带有"没有、否定"之意的"ou"一词,但也可以与希腊文中表示"美好、完美"的"eu"一词相联系,而其后缀"topia"一词则显然是源自希腊文中代指"地方、地域"的"topus"一词。于是,莫尔创造的"utopia"一词既可指不存在的场所,又可指完美的场所。发展到后来,"utopia"——"乌托邦"一词就代指人们为批判现实的不足、追求理想的生活而建构的一个极为美好却并不存在的想象空间。从中可以看出,乌托邦在内容方面尽善尽美,具有显明的均质性和单一性,在外联方面则独

---

① [法]M. 福柯[Michel Foucault]. 另类空间[J]. 王喆,译. 世界哲学,2006(6):53-54.
② [法]M. 福柯[Michel Foucault]. 另类空间[J]. 王喆,译. 世界哲学,2006(6):54.
③ [英]托马斯·莫尔[St. Thomas More]. 乌托邦[M]. 戴镏龄,译. 北京:生活·读书·新知三联书店,1956.

善自守,呈现出完全的封闭性和排他性,而乌托邦之内容完美、外联断绝又会致使乌托邦沉醉于本己而意味着其发展的停滞甚或终结。但是,乌托邦毕竟只是一个人们憧憬美好世界的想象空间,其存在样式虚无缥缈,不切实际。19世纪末,严复在翻译托马斯·亨利·赫胥黎(Thomas Henry Huxley,1825—1895)的《天演论》①时,最先将"utopia"译为"乌托邦"。这其中,"乌"为"乌有、无有"之意,"托"即"寄托、寄寓",而"邦"则指"国度、场所"。"寄托、寄寓"往往意味着对美好、完美事物的向往,所以"乌"和"托"恰好对应着"utopia"之"u"含有的"没有、否定"以及"美好、完美"两意,至于"邦"则显然对应着"utopia"之"topia"。就此而言,"乌托邦"一词不但准确地译出了"utopia"在存在样式方面的虚无特征,还深刻地译出了"utopia"在内容、外联、发展等其他层面的特征。

福柯所谓的"异托邦"——法语"hétérotopie"一词,在能指层面很明显地参考了"乌托邦"——英语"utopia"一词。法语原本就有的"hétéro"一词本身就包含"差异、异位"之意,而在福柯参照英语"utopia"的构词方法而创造出的法语"hétérotopie"一词中,作为前缀的"hétéro"一词依然意为"差异、异位"。至于作为后缀的"topie"一词,归根结底其实还是源自希腊语中的"topus"一词而依然意为"地方、地域"。于是,法语"hétérotopie"一词便带有"差异场所、异位空间"的意思②。也正因如此,国内学者便参照严复以"乌托邦"一词翻译英语"utopia"一词的方法,普遍以"异托邦"一词翻译法语"hétérotopie"一词。

其实,福柯所谓的"异托邦",在所指层面也与"乌托邦"密切相关。依据法国学者阿兰·布洛萨(Alain Brossat)的考证,"福柯只有两个半的文本(总共几十页)谈到异托邦"③。这其中的"半个文本",指的是福柯在1966年出版的《词与物:人文科学考古学》④(Les Mots et les Choses: une Archéologie des Sciences Humaines)一书的《前言》中写下的"20多行文字"⑤。然而,就是在这"20多行文字"中,福柯最早使用了异托邦一词,并强调了一个观点,即乌

---

① [英]赫胥黎[Thomas Henry Huxley].天演论[M].严复,译述.上海:商务印书馆,1930.
② 英语中的"heterotopia"一词与法语中的"hétérotopie"相对应而代指异托邦,但英语单词"heterotopia"本为医学用语,指的是内脏器官的异位或移位。
③ [法]布洛萨[Alain Brossat].福柯的异托邦哲学及其问题[J].汤明洁,译.清华大学学报·哲学社会科学版,2016,31(5)[总(147)]:155.
④ [法]福柯[Michel Foucault].词与物:人文科学考古学[M].莫伟民,译.上海:上海三联书店,2001.
⑤ [法]布洛萨[Alain Brossat].福柯的异托邦哲学及其问题[J].汤明洁,译.清华大学学报·哲学社会科学版,2016,31(5)[总(147)]:155.

托邦提供安慰而异托邦则导致纠扰①。诚然,这一观点以及这"20多行文字"因立足于该书的主旨而在很大程度上限于语词范畴,但也在一定程度上关涉社会空间而触及哲学范畴。就在该书出版的当年年底,福柯又再次公开谈及异托邦。当时,福柯应"法国文化"电台之邀作了一个题为《乌托邦身体》(Le Corps Utopique②)的讲演。这次讲演一如其讲演题所示,主要是在谈论乌托邦,而其中涉及的异托邦则只不过是个陪衬,因为福柯其实只是为了深入阐释乌托邦而从对比的角度谈论异托邦。但较之于原先那"20多行文字",福柯此次论及的异托邦不仅已较为明确地表现出"差异场所、异位空间"之意,还较为明显地呈现出向空间哲学理论延伸的趋势。这次的讲演,其实就是布洛萨所说的"两个半的文本"中的一个文本。至于另一个文本,指的是福柯于1967年3月14日在巴黎"建筑研究会"上所作的题为《异托邦》(Les Hétérotopies③)的讲演。1984年春,福柯在去世前夕又对这一讲演稿进行增补修订,并改文题为《另类空间》(Des EspacesAutres④)。该文后来被收录到四卷本《言与写》(Dits et Écrits⑤)一书的最后一卷中,并于1994年出版。因为原初的讲演稿《异托邦》现已无法寻觅,所以论文《另类空间》就成为仅存的福柯全面而深入地论述异托邦的主要文本。在该文中,福柯也谈论不少关涉乌托邦的内容,但此时的乌托邦实际上已被降为陪衬,因为福柯其实只是为了深入阐释异托邦而从对比的角度谈论乌托邦。至于该文主要谈论的关涉异托邦的大篇幅内容,不仅明确赋予异托邦以"差异场所、异位空间"之意,还深入阐发异托邦并使之升华为一种空间哲学理论。

尽管福柯明确论及异托邦的文本,确实就像布洛萨所说的那样,"只有两个半的文本",但同样如布洛萨所言,"异托邦(复数)(hétérotopies)这个主题在福柯著作之中,是以小分量博取大立意为特征的"⑥。事实上,即使仅凭《另类空间》一文,也已然能够一窥福柯言说的异托邦的究竟。在该文中,福柯主要是从比较、辨析异托邦与乌托邦之关联的角度界定、阐释其异托邦概

---

① [法]福柯[Michel Foucault].前言[M]//[法]福柯.词与物:人文科学考古学.莫伟民,译.上海:上海三联书店2001:5.
② Michel Foucault. Le Corps Utopique,Les Hétérotopies[M]. Paris:Nouvelle Editions Lignes,2009.
③ Michel Foucault. Le Corps Utopique,Les Hétérotopies[M]. Paris:Nouvelle Editions Lignes,2009.
④ Michel Foucault. DesEspacesAutres[M]//Michel Foucault. Dits et Écrits:Ⅳ,1980—1988,Paris:Éditions Gallimard,1994:752-762.
按:本书征引的王喆翻译的《另类空间》,即依据 Des EspacesAutres 的法文文本翻译而来。
⑤ Mchel Foucault. Dits et Écrits[M]. Paris:Éditions Gallimard,1994.
⑥ [法]布洛萨[Alain Brossat].福柯的异托邦哲学及其问题[J].汤明洁,译.清华大学学报·哲学社会科学版,2016,31(5)[总(147)]:155.

念。大体而言,福柯言说的异托邦既可能为批判现实而建构,也可能为美化现实而建构,但必然是为完善现实而建构。在内容方面,异托邦代表的空间非但不完美,甚至还可能比较糟糕,所以它的内容充满矛盾和张力,即具有异质性和多元性。既然异托邦并非完美无缺,那么它就需要与外界互联互动以完善本己。正因如此,异托邦可以与本己之外的他者空间多元共存,互通有无,从而表现其开放性。不过,异托邦在与外界展开联系时,往往附带着一些限制条件,而这些限制条件的设立或存在又保证了异托邦能够保持本己的特色以与外界的现实空间或其他空间相区别。但这不能说异托邦在外联方面具有封闭性,而只能说异托邦在外联方面具有一定的选择性。同样的,异托邦在内容、外联这两方面表现出的特点又牵引出它在发展和存在方面所具有的特点。异托邦的不完美注定它将一直处于不断的变化或发展之中,从而使本己臻于理想、完美之佳境。异托邦的存在样式介于想象和现实之间,在很多时候异托邦可以被实现和感知,但对异托邦的理解仍需借助想象。

民国保守主义者对另类现代性的不断建构表象化、具体化为他们对别样现代文化创造方案的不停阐发,而民国保守主义者阐发其别样现代文化创造方案的理论空间其实就是一个异托邦。进而言之,民国保守主义者对别样现代文化创造方案的阐发既奠基于他们对另类现代性的建构,又立足于他们对异托邦的构建。这个异托邦关涉具有另类现代性的别样现代文化,并因此可被称为文化异托邦。依据福柯详论异托邦的《另类空间》,以及福柯撰写的其他虽没有直接阐释异托邦却又或多或少关涉异托邦的《词与物:人文科学考古学》《疯癫与文明:理性时代的疯癫史》[①]《知识考古学》[②]等论著,可以抽象出关涉异托邦的多种多样的特点,并可划分出分别富于危境性、监视性、调整性以及补益性的危机异托邦、监督异托邦、调剂异托邦以及补偿异托邦等类型。危境性、监视性、调整性以及补益性恰恰是民国保守主义者构建的文化异托邦在不同的具体层面所表现出的显著特点,所以宏观上的文化异托邦又分别表现为微观上的危机异托邦、监督异托邦、调剂异托邦以及补偿异托邦。本书便是借助福柯的异托邦空间哲学理论,从阐释民国保守主义者在宏观上构建文化异托邦并在微观上分别构建危机异托邦、监督异托邦、调剂异托邦以及补偿异托邦的角度切入,仔细分析民国保守主

---

① [法]福柯[Michel Foucault].疯癫与文明:理性时代的疯癫史[M].刘北成,杨远婴,译.北京:生活·读书·新知三联书店,1999.
② [法]福柯[Michel Foucault].知识考古学[M].谢强,马月,译.北京:生活·读书·新知三联书店,1998.

义者对别样现代文化创造方案的阐发,进而努力探求他们对另类现代性的建构。因之,本书的主体部分便由相应的四章内容组成。

民国保守主义者主张创造别样现代文化固然始于他们对当时中国的现代化的反思,但他们阐发其别样现代文化创造方案则始于绘制一幅充满忧患甚或危机的中国社会图景。在"一战"已然充分暴露西方文化之固有弊端而传统文化之应有价值又持续遭受贬抑的情况下,他们为崇尚西化之风和蔑弃传统之潮而忧心忡忡。最为重要的是,崇尚西化之风与蔑弃传统之潮双双加剧道德沦丧,进而妨害救亡图存的民族大业。也正因如此,他们著书立说、游学讲演,在宏观上构建了一个广阔的文化异托邦,并借之以不停地阐发其别样现代文化创造方案,从而不断地建构其另类现代性。本书的第一章题为"另类现代性建构的原始动因",主要结合异托邦天然具有危机意识或灾难色彩的特点展开,揭举民国保守主义者在阐发其别样现代文化创造方案的过程中表现出的忧国忧民。在民国保守主义者的言说下,当时中国面临的最大危机不是表面上的由异国先后入侵所造成的时局危机,而是深层次的因国人思想错误所导致的文化危机。客观而言,这些言说颇有"过虑"甚或"夸大"之嫌,像现实又不完全真实。实际上,这些言说意味着民国保守主义者在微观上构建了一个富于危境性的危机异托邦。危机异托邦是民国保守主义者生发议论的基点,而消解危机异托邦中的文化危机以裨益中华民族的救亡图存又是他们主张创造别样现代文化的直接目的之所在。因此,他们对危机异托邦的构建就折射其另类现代性建构的原始动因,即消解紧迫的文化危机。

民国保守主义者在阐发其别样现代文化创造方案的过程中,表现出实事求是地反思西方文化、反省传统文化的评判态度和以应时需地借鉴西方文化、发扬传统文化的取舍原则,从而彰显其另类现代性建构的西方影响和传统渊源。本书的第二章就题为"另类现代性建构的西方影响",结合异托邦有限地对外开放的特点展开,侧重于论述民国保守主义者对西方文化的评判和取舍。民国保守主义者既着力批判西化的思想行为存在的误区,又重新阐释西方文化的真正价值之所在,进一步拓展国人认知的西方文化的外延,并积极选取急需的内容——借鉴部分西方文化,同时刻意舍弃或遮蔽不需要的内容——抗拒部分西方文化。因之,他们对西方文化既不完全排斥也非来者不拒,从而监视着西方文化进入中国。进而言之,民国保守主义者其实在微观上构建了一个富于监视性的监督异托邦。监督异托邦是他们专为西方文化进入中国而设置的异质空间,而经由监督异托邦筛选通过的西方文化——优秀且适用的西方文化,恰恰是他们主张创造的别样现代文化的一大来源。因此,他们对监视异托邦的构建就显现其另类现代性建构的西方影响,即借鉴优秀且适用的西方文化。本书的第三章题为"另类现代性建构的传统渊源",结合异托邦注重保持本己特有属性又顺应时势的特点展开,侧重于论述民国保守主义者对传统文化的评判和取舍。民国保守主义者既尽力纠正时人刻意误读并刻意贬低传统文化的思想和行为,又努力发掘以传统儒家思想为代表的传统文化之精华,进而大力倡导发扬传统文化,尤其是传统文化之传统道德。他们阐发的传统文化源自传统文化又不完全等同于原初的传统文化,并且能够顺应时移势易又保持固有属性。因之,他们对传统文化既不照单全收也非一仍其旧。进而言之,民国保守主义者其实在微观上构建了一个富于调整性的调剂异托邦。调剂异托邦是他们专为传统文化传承后世而设置的异质空间,而经由调剂异托邦遴选通过的传统文化——优秀且适用的传统文化,正是他们主张创造的别样现代文化的主要来源。因此,他们对调剂异托邦的构建就显现其另类现代性建构的传统渊源,即发扬优秀且适用的传统文化。

其实,监督异托邦对西方文化的择选以及调剂异托邦对传统文化的抉择,是民国保守主义者构建的文化异托邦的一体之两面,其最终的走向便是和合西方文化、传统文化,创造有助于中国摆脱救亡图存之困境的别样现代文化。这种别样现代文化既比照着纯粹意义上的西方文化,又比照着纯粹意义上的传统文化,从而在这些对比之中呈现本己的优势或裨补本己的缺陷。不过,民国保守主义者主张创造别样现代文化的主要目的不在于展现传统文化的优势,而在于借鉴西方文化,进而改造传统文化,促进中华民族的生存与发展。进而言之,民国保守主义者主张创造的别样现代文化其实以传统文化为本位、以西方文化为辅助。所以,本书的第四章题为"另类现代性建构的基本范式",结合异托邦往往比照着现实空间的混乱无序(或错漏百出)又力求以他者之所长裨补本己之所短的特点展开,揭举民国保守主义者在微观上构建了一个富于补益性的补偿异托邦以阐发其美好愿望——和合中西文化以创造别样现代文化。补偿异托邦是民国保守主义者生发议论的重点,而和合中西文化以创造别样现代文化又是他们践行创造别样现代文化的具体方式之所在。因此,他们对补偿异托邦的构建就折射其另类现代性建构的基本范式,即和合优秀且适用的中西文化。

在福柯的异托邦空间哲学理论中,异托邦既可指偏离社会主流规范之人的生存空间,又可指被社会主流规范所压迫、排挤之人的生活场所。民国保守主义者建构的另类现代性,亦即他们构建的文化异托邦,恰恰就偏离社会主流规范,而他们主张的别样现代文化创造方案则又恰恰被社会主流规范所压迫和排挤。当民国保守主义者试图将其主张创造的别样现代文化放诸世界以拯救世界而表现出一种世界主义理想时,他们往往就会被一部分国人——主要是悲观主义者讥讽为狂妄和无知;当民国保守主义者立足于救亡图存而强调本国、本族的利益并生发民族主义思想主张时,他们又往往会被另一部分国人——主要是世界主义者(或大同主义者)贬斥为狭隘和自私,甚至被等同于法西斯主义者。民国保守主义者的世界主义理想和民族主义思想因为并不被绝大多数人认同而偏离社会主流规范、社会主流思潮,至于他们在字里行间流露出的精英主义意识,尤其是对特别优秀且先知先觉的知识分子、英雄、领袖等人物的讴歌和企盼,则更是冒天下之大不韪。因此,民国保守主义者主张的别样现代文化创造方案以及潜藏其后的另类现代性,自诞生伊始便注定会受到社会主流规范的压迫和排挤。但从另一个角度而言,极力反对西化现代文化创造方案的民国保守主义者恰恰就是为了反抗社会主流规范而建构其另类现代性、构建其文化异托邦以阐发其别样现代文化创造方案。正是因为他们建构的另类现代性偏离主流现代性——极端启蒙现代性,且其主张的奠基于另类现代性的别样现代文化创造方案又偏离主流现代文化创造方案——西化现代文化创造方案,所以他们建构另类现代性就是在构建一个偏离社会主流规范的他者的、非我的文化空间,亦即文化异托邦。大体而言,他们构建的文化异托邦与本己的文化心理、他者的文化现实以及本己与他者的联系密切相关。异托邦主要表现为一种空间,但也可以表示一种视域。因之,他们构建的文化异托邦,既可以说是一个另类的他者空间,又可以说是一种观照本己及他者的另类视域。

异托邦研究是近年来新兴的研究热点之一,绝大多数的异托邦研究成果也都产生于21世纪初的十余年间。异托邦属于空间哲学理论,因此绝大多数研究异托邦的学者都具有哲学专业的背景。他们的研究主要是译介福柯的异托邦空间哲学理论,并将之与亨利·列斐伏尔(Henri Lefebvre,1901—1991)、弗雷德里克·詹姆逊(Fredric Jameson,1934—)等人的空间哲学理论相比较,如尚杰的《空间的哲学:福柯的"异托邦"概念》[1]、汪行福的《空间哲学与空间政治——福柯异托邦理论的阐释与批判》[2]、王凯元的《试论福柯的空间观》[3]以及尚杰的《法国当代哲学论纲》[4]、吴冶平的《空间理论与文学的

---

[1] 尚杰.空间的哲学:福柯的"异托邦"概念[J].同济大学学报·社会科学版,2005,16(3):18-24.
[2] 汪行福.空间哲学与空间政治——福柯异托邦理论的阐释与批判[J].天津社会科学,2009(3)[总(166)]:11-16.
[3] 王凯元.试论福柯的空间观[J].长春工业大学学报·社会科学版,2010,22(1)[总(76)]:19-22.
[4] 尚杰.法国当代哲学论纲[M].上海:同济大学出版社,2008.

再现》①、侯斌英的《空间问题与文化批评:当代西方马克思主义空间理论》②等论著。但是,作为一种极富特色的理论,异托邦还受到文学专业学者的青睐。其中,比较文学与世界文学专业的学者往往运用异托邦空间哲学理论阐释异国想象,如何晓丹的《异托邦:巴拉德构筑中国形象的思维模式》③、吕超的《海上异托邦:西方文化视野中的上海形象》④、毛卫强的《异托邦与文化他者——解读朗费罗〈新港犹太墓地〉》⑤。当然,也有许多其他文学专业的学者着眼于文学作品中的空间特点而运用异托邦空间哲学理论进行文本分析,如杨尚鸿的《试论当代重庆"电影城市"的"异托邦"呈现》⑥、王素的《异质空间与文化想象——福柯"异托邦"视域下的天津都市空间阐释》⑦、鄢冬的《寻找诗歌中的"异托邦"——诗歌空间的美学映像》⑧等。此外,还有其他专业的学者运用异托邦空间哲学理论在各自的专业领域内展开相关研究,如新闻传播专业的孙祥飞的《从"洞穴隐喻"到"异托邦"——论异域形象的空间化想象》⑨一文研究传播技术对空间和形象的重构,而社会学专业的石艳的《我们的"异托邦"——学校空间社会学研究》⑩一书则主要运用异托邦空间哲学理论阐释学校空间的分割。

大体而言,各专业学者对异托邦空间哲学理论的运用,或者侧重于阐发异托邦的空间意义,或者专注于发挥异托邦之"异"字的意义而将异托邦完全地等同于异国、异域。在这些研究成果中,有的研究成果其实已经偏离了福柯提出的异托邦空间哲学理论的理论内核而空留下"异托邦"一词的语词外壳。当然,迄今为止尚未出现运用异托邦空间哲学理论研究民国保守主义的研究成果,更遑论研究民国保守主义别样现代文化创造方案之另类现代性的研究成果。

---

① 吴治平.空间理论与文学的再现[M].兰州:甘肃人民出版社,2008.
② 侯斌英.空间问题与文化批评:当代西方马克思主义空间理论[M].成都:四川文艺出版社,2010.
③ 何晓丹.异托邦:巴拉德构筑中国形象的思维模式[J].临沂师范学院学报,2007,29(2):112-115.
④ 吕超.海上异托邦:西方文化视野中的上海形象[M].哈尔滨:黑龙江大学出版社,2010.
⑤ 毛卫强.异托邦与文化他者——解读朗费罗《新港犹太墓地》的叙事空间[J].名作欣赏,2011(10中旬)[总(373)]:29-31.
⑥ 杨尚鸿.试论当代重庆"电影城市"的"异托邦"呈现[J].当代电影,2013(1)[总(202)]:191-194.
⑦ 王素.异质空间与文化想象——福柯"异托邦"视域下的天津都市空间阐释[J].南阳师范学院学报,2013,12(2)[总(128)]:50-53.
⑧ 鄢冬.寻找诗歌中的"异托邦"——诗歌空间的美学映像[J].兰州学刊,2013(4)[总(235)]:98-102.
⑨ 孙祥飞.从"洞穴隐喻"到"异托邦"——论异域形象的空间化想象[J].常州大学学报·社会科学版,2013,14(3)[总(53)]:1-5.
⑩ 石艳.我们的"异托邦"——学校空间社会学研究[M].吴康宁,主编.南京:南京师范大学出版社,2009.

其实，在反思现代化的基础上试图通过创造别样现代文化以促进中国现代化之恰当转变和健康发展的民国保守主义，是一种彰显审美现代性以反拨启蒙现代性却不乏启蒙现代性而富于另类现代性的现代社会思潮。只不过，在审美现代性和启蒙现代性之间，民国保守主义更为突出地表现其审美现代性而在很大程度上遮蔽其启蒙现代性。民国保守主义的审美现代性之所以较其启蒙现代性更为突出，主要是因为民国保守主义者在阐发其别样现代文化创造方案的过程中，表现出文化返本多于文化开新、文化立德重于文化致用的倾向。尽管文化返本、文化立德主张蕴含着对中国现代化的合理反思，而一如文化开新、文化致用主张那般，同样富有进取意义，但在注重启蒙现代性，并主张西化现代文化创造方案的民国激进主义者制定社会主流规范的时代，民国保守主义者主张创造的文化返本多于文化开新、文化立德重于文化致用的别样现代文化，以及潜藏于别样现代文化创造方案之后的另类现代性，必然会受到社会主流规范的排挤。由之，他们建构的另类现代性就是一个偏离主流的异质空间而成为异托邦。另类现代性密切关联现代文化创造方案，并更为具体地指向别样现代文化创造方案。所以，从宏观上看去，他们构建的另类现代性就是一个文化异托邦。进一步地，从微观上看去，这一文化异托邦的四个层面分别展现出的对现代文化之危机的反思、对西方文化之精髓的借鉴、对传统文化之精华的发扬以及对中西文化之优长的和合，又分别与异托邦的危境性、监视性、调整性及补益性的特点若合符契。也正因如此，本书才得以运用异托邦空间哲学理论观照民国保守主义别样现代文化创造方案的另类现代性，从而敞开长期被遮蔽的民国保守主义的历史真实。可以说，借用异托邦空间哲学理论研究民国保守主义别样现代文化创造方案的另类现代性是一种全新的尝试。然而，民国保守主义别样现代文化创造方案的另类现代性关涉的内容纷繁复杂，所以仅凭一种哲学理论对之加以阐释难免会力有不逮。事实上，福柯的异托邦空间哲学理论对于本书的主要意义在于为本书从宏观上或总体上切入研究提供一种理论支撑，同时也使本书得以结构全文。在具体的行文论述过程中，本书还借助历史学、政治学、社会学、伦理学、心理学、逻辑学、传播学等诸多其他学科的不同理论知识，对民国保守主义别样现代文化创造方案的另类现代性展开跨学科的比较研究。

此外，在研究文本方面，本书注重副文本研究。所谓副文本，指标题（含副标题）、序、跋、扉页或题下题辞（含献辞、自题语、引语等）、图像（含封面画、插图、照片等）、注释、附录、广告、版权页、发刊词、编者按、补白等。除了篇幅较长的文章式的序、跋等副文本，其他环绕、穿插、点缀在正文本周边的文字、图像等副文本,虽处于看似无足轻重的边缘位置,却也对正文本的整合、控制甚至遮蔽具有不可小觑的影响作用。因此,副文本研究可以见微知著,进而深化正文本研究。副文本研究同样是近年来新兴的研究热点之一,绝大多数的副文本研究成果同样也都产生于21世纪初的十余年间。大体而言,研究副文本的学者集中于两个专业领域,并呈现出不同的研究旨趣。一是具有外语专业背景的学者往往侧重于研究译本副文本,如华南农业大学外国语学院黄海翔的《〈孙子兵法〉复译中的文化误读与译者身份之辨——基于副文本描述的Minford译本个案研究》①、绵阳师范学院汉英对比与翻译研究中心骆海辉的《〈三国演义〉罗慕士译本副文本解读》②、杭州电子科技大学外国语学院郑玮的《副文本研究——翻译研究中不可忽视的一环》③、湖南科技大学外国语学院胡莉莉的《鲁迅文学译作的副文本探析》④、广东外语外贸大学国际商务英语学院肖丽的《副文本之于翻译研究的意义》⑤等。二是具有文学专业背景的学者往往侧重于研究中文原文本(非翻译版)的序、跋副文本,如西南交通大学艺传学院朱晓莉的《由副文本看沈从文的创作观与读者观》⑥、复旦大学中文系陈昕炜的《序跋之文本定位、内容配置与功能类型分析——以〈葵园四种〉为例》⑦以及海南师范大学文学院梁伟、张菁、周泉根合撰的《序跋:透析京派的一个副文本视角》⑧等。这其中,对副文本的研究范围有所拓展的是具有文学专业背景的学者,如苏州大学文学院陶春军的《〈小说月报〉(1910—1920)中妇女与婚姻问题——以封面与插图之副文本为中心》⑨、江苏师范大学泉山校区文学院张玉勤的《鲁迅作品封面的图像表

---

① 黄海翔.《孙子兵法》复译中的文化误读与译者身份之辨——基于副文本描述的Minford译本个案研究[J].中州大学学报,2009,26(2)[总(85)]:67-71.
② 骆海辉.《三国演义》罗慕士译本副文本解读[J].绵阳师范学院学报,2010,29(12)[总(142)]:65-71.
③ 郑玮.副文本研究——翻译研究中不可忽视的一环[J].杭州电子科技大学学报·社会科学版,2011,7(2)[总(29)]:50-53.
④ 胡莉莉.鲁迅文学译作的副文本探析[J].北京科技大学学报·社会科学版,2011,27(3)[总(89)]:64-69.
⑤ 肖丽.副文本之于翻译研究的意义[J].上海翻译,2011(4)[总(109)]:17-21.
⑥ 朱晓莉.由副文本看沈从文的创作观与读者观[J].文学界·理论版,2011(5)[总(107)]:6-7.
⑦ 陈昕炜.序跋之文本定位、内容配置与功能类型分析——以《葵园四种》为例[J].毕节学院学报,2012,30(10)[总(147)]:13-18.
⑧ 梁伟,张菁,周泉根.序跋:透析京派的一个副文本视角[J].海南大学学报·人文社会科学版,2012,30(4)[总(127)]:42-46.
⑨ 陶春军.《小说月报》(1910—1920)中妇女与婚姻问题——以封面与插图之副文本为中心[J].宝鸡文理学院学报·社会科学版,2011,31(4)[总(142)]:61-63,73.

达与叙事功能》①等文研究的副文本为图像副文本。此外,一些学者对源自法国学者热拉尔·热奈特(Gerard Genette,1930—2018)的副文本理论还有所发挥和申说,如武汉大学文学院金宏宇的《中国现代文学的副文本》②、井冈山大学人文学院龚奎林和刘晓鑫的《"十七年"小说的副文本研究》③等文就对热奈特的副文本理论进行引介和阐发。副文本种类繁多,但当下国内学术界的学者们研究的副文本主要集中于序、跋、注释以及图像等区区几种。事实上,当下国内学术界的副文本研究尚处于起步阶段,而相关的研究成果也是寥寥可数。正因如此,当下学术界即使是仅仅关涉民国保守主义之副文本的研究成果,也尚未出现。

  本书以副文本研究为基础展开对民国保守主义别样现代文化创造方案之另类现代性的探求,而这对于研究民国保守主义显然也是一种全新的尝试。不过,相较于主文本,副文本数量少、篇幅短且往往言简意赅(图像副文本的意义则更为抽象),所以纯粹从副文本研究的层面阐发整个民国保守主义别样现代文化创造方案的另类现代性就难免会产生只见一斑而以偏概全之弊。有鉴于此,本书虽立足于副文本研究,却也注重主文本研究,即注重研究民国保守主义者主办报刊(如"东方杂志"派的《东方杂志》、"现代新儒家"派的《村治》、"甲寅"派的《甲寅》、"学衡"派的《学衡》、"醒狮"派的《醒狮》、"本位文化"派的《文化建设》、"战国策"派的《战国策》等)中的代表性文章以及民国保守主义者的代表性专著(如"东方杂志"派杜亚泉的《人生哲学》④、"现代新儒家"派梁漱溟的《东西文化及其哲学》、"甲寅"派章士钊的《逻辑指要》⑤、"学衡"派吴宓的《吴宓日记》⑥、"醒狮"派曾琦的《国体与青年》⑦、"本位文化"派陶希圣的《中国社会与中国革命》⑧、"战国策"派林同济

---

  ① 张玉勤.鲁迅作品封面的图像表达与叙事功能[J].中国现代文学研究丛刊,2012(8)[总(157)]:142-149.
  ② 金宏宇.中国现代文学的副文本[J].中国社会科学,2012(6)[总(198)]:170-183.
  ③ 龚奎林,刘晓鑫."十七年"小说的副文本研究[J].井冈山大学学报·社会科学版,2011,32(2)[总(137)]:76-83.
  ④ 杜亚泉,编纂.人生哲学[M].上海:商务印书馆,1929.
  ⑤ 章士钊.逻辑指要[M].重庆:时代精神社,1943.
  ⑥ 吴宓.吴宓日记:第一册 1910—1915;第二册 1917—1924;第三册 1925—1927;第四册 1928—1929;第五册 1930—1933;第六册 1936—1938;第七册 1939—1940;第八册 1941—1942[M].吴学昭,整理.北京:生活·读书·新知三联书店,1998.
  吴宓.吴宓日记:第九册 1943—1945;第十册 1946—1948[M].吴学昭,整理.北京:生活·读书·新知三联书店,1999.
  ⑦ 曾琦.国体与青年[M].北京:少年中国学会,1919.
  ⑧ 陶希圣.中国社会与中国革命[M].上海:新生命书局,1929.

的《日本对东三省之铁路侵略》①等),并对二者进行互文性研究,即探讨民国保守主义者论著中的副文本与副文本、副文本与正文本、正文本与正文本之间的互文意义。

　　由上所述,本书的特色和创新之处即可归结为三个方面。其一,本书从反思现代化以促进现代化和彰显审美现代性以反拨启蒙现代性的保守主义潜在本质出发,首次提出民国保守主义的概念以重新厘定中国近代保守主义的发生和发展,从而为中国近代保守主义的研究提供了一种新的研究观点。其二,本书首次在宏观上、整体上综合运用不同学科的理论知识,尤其侧重于运用福柯的异托邦空间哲学理论对民国保守主义别样现代文化创造方案的另类现代性进行跨学科研究,从而为中国近代保守主义的研究开启了一种新的研究视域。其三,本书首次注重研究被绝大多数研究者忽略的副文本以探究民国保守主义别样现代文化创造方案的另类现代性,从而为中国近代保守主义的研究提供了一种新的研究内容。

　　总而言之,本书旨在通过对民国保守主义别样现代文化创造方案之另类现代性的考察,揭示民国保守主义者在保守的外衣下所潜藏着的强烈的危机意识和爱国思想。民国保守主义者其实并不保守,而这种不保守一方面表现为他们倡导发扬的传统文化,是改良后的因时制宜、因地制宜的传统文化,并非一成不变的不加取舍的传统文化;另一方面又表现为他们虽极力反对西化甚或全盘西化的思想主张,却并不排斥有所选择、有所节制地吸收确实具有借鉴意义的西方文化。从另一个角度而言,恰恰是他们,最为敏锐地意识到西方文化对传统文化的腐蚀和侵害,同时也最具前瞻性地预见到创造具有中华民族本己特色的别样现代文化的必要性和迫切性。因此,对民国保守主义别样现代文化创造方案之另类现代性的研究有助于唤起或重申国人的民族意识、国家意识,以及隐藏其后的国际竞争意识。在市场经济的社会化大潮中,人们面对的社会纷繁复杂,而在多元文化激烈碰撞的过程中,人们往往又会产生一些思想混乱。由此,人们不但可能谴责社会、抱怨社会而充满失望情绪,还可能转而企慕并不熟知的西方社会,甚至不惜作"厚彼薄此"之论。这种思想,从根本上忘记了人是身为社会一员的人,是身为民族一员的人,是身为国家一员的人。没有国家和民族的富强,无论这个国家和民族的人走到哪里,都将被蔑视和慢待。因此,国家和民族需要富强,而每个人又都应该具有强烈的民族意识、国家意识,秉持强烈的爱国心,为国家的富强和民族的发展而奋斗! 在这民族意识和国家意识的背后,潜

---

① 林同济.日本对东三省之铁路侵略[M].上海:华通书局,1930.

藏着作为生物的人之生存本能。没有国家和民族，个人如何生存？对于社会性的人而言，生存本能又转换为国际竞争意识。只有强烈的国际竞争意识才可能促进国家富强、民族发展，进而促进国家和民族立于不败之地。于是，每一个人的生存，尤其是自由自主又快乐美好的生存，才成为可能。反观民国保守主义者，他们都生活于国家贫弱和民族见辱的危难时期，但他们自始至终都没有放弃国家，也没有放弃民族。他们所有的思想主张都是希望国家和民族能够得以延续，进而得以发展，最终屹立于世界强国之林。即使在异国、异族大规模入侵而本国、本族面临生死存亡之抉择的危急时刻，他们的爱国热情也是一如既往。只是，作为知识分子的他们，更多地将精力贯注于理论探讨之中，即在学术上不断地反思西方文化以图改造传统文化而创造现代文化（尽管这是一种不同于主流现代文化的别样现代文化），并借之以摆脱亡国灭种的迫切危机，进而推动中国的现代化进程，最终实现祖国的繁荣富强和民族的繁盛延绵。

第一章
另类现代性建构的原始动因

当今之世,内忧外患,相继交逼,大乱之来,盖有甚于胡曾左之世者。欲救我国家,保我种族,自须有中心思想焉,然必求其适乎当前之国情;又须有中心势力焉,然必求其互相维系;更须有多数中心人物焉,然必求其克己进贤。非然者,则治丝益棼,徒见其去成功之路愈远而已。世之有志救国保种者,曷先以是而反求诸己焉。

——陈启天①

在中国近代史上,中华民族屡受侵略战争之苦、频遭割地赔款之辱,以至于曾经灿烂夺目的中华文明不仅辉煌不再,反而危如累卵,濒于沦丧灭亡。不言而喻,异国的频频入侵和国土的渐渐沦丧严重威胁着中国之国家和民族的生存与发展。正因如此,当时大凡忧心国事、卓富远见之人,无不深深忧虑亡国灭种之危。于是,"救亡"便自然而然地成为那个存亡绝续之转折年代的一大重要思想主题和行动目标,而救亡运动则更是此起彼伏,从不间断。当然,深受传统儒家"治国平天下"思想熏染的民国保守主义者同样心系社稷安危、国民福祉,所以他们也大力倡导并积极参与救亡运动。他们显然也和其他绝大多数国人一样,既直接地经历了异国入侵所带来的深痛苦难,同时又间接地意识到"寇患方亟"②、国势危殆的严峻时局。但是,"人不仅仅简单地意识到一个对象,人总是以某种特殊的方式意识到一个对象,也就是说,意向性地指向某物,就是将某物作为(intend…as)某物意向。人将某

---

① 陈翊林[陈启天].叙言[M]//陈翊林[陈启天],编述.胡曾左平乱要旨.上海:大陆书局,1932:2-3.
按:该文的文后题署"中华民国二十一年八月十五日编者叙于上海"(其中的时间即1932年8月15日)。书名中的"胡曾左"指晚清名臣中的胡林翼(1812—1861)、曾国藩(1811—1872)、左宗棠(1812—1885)三人。

② 马一浮.《儒林典要》序[M]//马一浮.马一浮集:第二册.丁敬涵,校点.杭州:浙江古籍出版社;浙江教育出版社,1996:31.
按:该文的文后题署"中华民国二十九年六月,马浮序"(其中的时间即1940年6月)。

物作为某物意向(知觉、判断、想象),也就是说,人总是在特定的概念和描述下,或者从某个特定的角度来意向。"①比如"中华""华夏""神州"以及"大唐""赵宋""清国"等语词,虽然在根本意义上都毫无争议地指向同一个对象——中国,但其中任何一个语词的出现都意味着中国这一具体对象被置于特定的情境之下而被加以特定的描绘和界说,亦即被置于特定的意向之中。同样的,民国保守主义者固然意识到了当时的中国面临的命悬一线的严峻危机,但他们对这一严峻危机的认识也有其独特性。进而言之,民国保守主义者其实也是从其特定的角度来描绘、界说这一严峻危机,并产生关于这场生死存亡之危机的特殊意向。从宏观上看去,他们的危机意向主要指涉当时的中国面临的危急形势,即"醒狮"派的陈启天言说的"内忧外患,相继交逼"之境。这其中,"外患"最为激烈地表现为异国的武装入侵,而"内忧"则最为集中地根源于国人的思想错误。从微观上看去,他们的危机意向可细分为三种类型,即关于异国入侵危机的意向、关于国力孱弱危机的意向以及关于西化选择危机的意向。这其中,关于异国入侵危机的意向主要就"外患"而言,关于西化选择危机的意向主要就"内忧"而论,至于关于国力孱弱危机的意向则兼就"外患"与"内忧"而说。其实,他们的危机意向就始于"外患"而深入"内忧",并最终聚焦于"内忧"。进而言之,在他们看来,中国之所以面临"内忧外患,相继交逼"的危急形势,主要是因为"内忧"而非"外患",亦即主要是因为深层次的文化危机而非表面上的时局危机。所以,摆脱"内忧外患,相继交逼"之危急形势的关键,不在于化解表面上的时局危机,而在于消解深层次的文化危机。事实上,探求消解文化危机之道恰恰是他们建构另类现代性的原始动因之所在。他们关于危机存在的三种意向都弥漫着强烈的忧患意识,而从福柯的空间哲学理论看去,这其实意味着构建宏观上的文化异托邦而建构另类现代性的他们在中国面临的国内、国际形势——"内忧外患,相继交逼"这一具体层面构建起微观上的富于危境性的危机异托邦。

在福柯的空间哲学理论中,危机异托邦本来是指那些提供给身体赢弱且身处危机状态的个体(如青春期男女、经期妇女、老年人等)或群体所生活的空间场所②。因此,危机异托邦在本质上其实就是指被社会主流秩序(即异托邦之外的场所中所存在着的流行秩序)所压迫、排挤的人群所生活的一种特殊场所。这些人群,天然地具有试图摆脱困境或威胁以求自卫自存的强

---

① [丹]扎哈维[D. Zahavi].胡塞尔现象学[M].李忠伟,译.上海:上海译文出版社,2007:19.
② [法]M. 福柯[Michel Foucault].另类空间[J].王喆,译.世界哲学,2006(6):54-55.

烈危机意识。相应地,他们所生活的危机异托邦也就具有浓厚的忧患色彩甚或灾难色彩。与美好的乌托邦相比,异托邦显然并不那么美好,而这种不美好还是如此之真实,因为异托邦具有一定的真实性而并不像乌托邦那样虚无缥缈。需要指出的是,异托邦的真实性并不是完全意义上的真实性。实际上,异托邦一直都游离于真实和虚幻之间:既是其所是而依托其本质属性表现出本己多种多样的外在属性(大多数情况下是指其存在样式),又非其所是而无法被完全地把握其各种外在属性,甚至也难以被完全地把握其本质属性。因此,对异托邦的理解在绝大多数情况下需要依靠抽象化思维的演绎,并最终依靠想象而使之具象化。

民国保守主义者的三种危机意向都充满试图摆脱困境以求自卫自存的危机意识,而这些危机意向虽有符合事实的一面,又有不完全符合事实的另一面。在民国保守主义者看来,中国及中华民族之所以陷于危亡之中,直接原因固然在于异国入侵,但根本原因其实在于国人自身。"醒狮"派的常乃惪就曾说:"我向来对于中国民族运命毫不悲观,但现在却感觉到也并无乐观的可能了。即使徼幸打倒英日强盗收回旅大香九①,于我们民族未来的运命可有什么增加,也不远在奄然就灭的长途中作一回光反照而已。"②常乃惪以及其他民国保守主义者对危机存在的三种意向,在很大程度上都基于一种"行有不得者,皆反求诸己"③的内省逻辑思维。一方面,他们既认为国人的思想错误诱发了当时的异国入侵并陷本己于危亡之中,又暗示即使当时没有异国入侵,国人的思想错误也迟早会危及中华民族的生存和发展。宋代文学家苏轼曾说:"物必先腐也,而后虫生之;人必先疑也,而后谗入之。"④反观民国保守主义者,其观点无疑颇具"人必先自侮也,而后人侮之"的意味,既锐意强调了内因的根本性意义,又刻意遮蔽了外因的制约性作用。另一方面,他们还认为国人的思想错误在异国入侵之际又加剧了亡国灭种的危险性,而国人若要御侮图存则首先要革除这种思想错误。这又颇有"军事之胜负,决于精神"⑤的唯心意味,或者说他们不约而同地认同了"东方杂志"

---

① "旅大香九"指当时被日本控制的旅顺、大连以及被英国控制的香港、九龙。
② 燕生[常乃惪].论思想[J].莽原,1925(15):5[总133].
③ 阮元,审定.孟子注疏解经第七上:离娄章句上[M].卢宣旬,校.赵岐,注.孙奭,疏//阮元,审定.重刊宋本十三经注疏附校勘记:重刊宋本孟子注疏附校勘记.清刻本.南昌:南昌学堂,1816(清嘉庆二十一年):8.
④ 苏轼.卷下宋文//范增论[M]//佚名.金圣叹批才子古文读本:下册.金圣叹,批评.叶慧晓,校阅.上海:广益书局,1936:131.
⑤ 钱智修,编纂.克林威尔[M].3版.上海:商务印书馆,1920:30.
   按:引文出自钱智修在该书《第七章 革命》的文后加注的按语("批评")。该书初版于1918年8月。

派的杜亚泉早在1913年就已提出的"精神救国论"①。可见,他们关于各种危机之存在的意向既在一定程度上合于事实,又不完全等同于现实。也正因如此,对他们的三种危机意向及其构建的危机异托邦的理解,就需要借助抽象化思维的演绎以及具象化思维的想象。他们对危机存在的三种意向基于"行有不得者,皆反求诸己"的内省逻辑思维,而陈启天提出的"反求诸己"且"克己进贤"的态度和作为,其实就是他们那奠基于另类现代性的别样现代文化创造方案对消解紧迫文化危机的基本要求。也就是说,他们建构另类现代性的原始动因就是期望国人同样能够基于"行有不得者,皆反求诸己"的内省逻辑思维以"反求诸己"且"克己进贤",从而消解紧迫的文化危机以裨益中华民族的救亡图存。

第一节　异国入侵危机

在民国时期,对积弱不振的中国虎视眈眈、垂涎三尺者不乏其国,但在中国矢志不渝地苦心经营,又屡屡干涉中国内政并数度挑起政治纷争者,尤以日本为最。不断排挤西方列强并逐渐攫取在华利益的日本可谓后来者居上,但日本一直以"不得志于政争"为憾,于是旋即撕破脸皮而"诉之于武力"②。仅从皇姑屯事件③爆发的1928年以迄战败投降的1945年而论,日本对中国的侵略就长达17年之久。日本在中国犯下的罪行更可谓罄竹难书,以至于一些素来不问政治而埋首象牙塔的儒林士子都难抑心中的愤恨之情。"学衡"派的缪凤林就在其《日本论丛》(第一册)一书的《弁言》中愤然

---

① 伧父[杜亚泉].精神救国论[J].东方杂志,1913,10(1):1-6;1913,10(2):1-8;1913,10(3):1-6.
按:《东方杂志》1913年7月1日第10卷第1号所载之文的文后有按语:"此论文篇幅颇长。以上仅言物质主义之贻害社会,系精神救国论之反证,尚未入本论范围。容俟次号,陆续揭载。记者附志"。1913年8月1日第10卷第2号所载之文的文后有按语:"本介绍达氏、斯氏以后诸家之进化论,可与本志九卷第八号之《唯心论》,及前号《现今两大哲学家学说概略》参看,以见欧美进化论之发达,由唯物论转变为心物二元论及唯心论之次第。而进化之原理,于生存竞争以外,尚有种种学说,亦可概见。惟所介绍诸说,多从日本译书中采缉,辗转迻译,不免谬误,且摘要单示,于诸氏学说,亦不免有得粗遗精之处。我国关于此等学说之译著甚少,或者借此一脔,得引起我国人之兴味,而提倡之而研究之,则精致完全之著作,当不难出现。以后当就诸家学说,以记者之见地,妄为取舍,以明精神救国论之本旨。记者附志"。
② 钱智修,编纂.林肯[M].上海:商务印书馆,1918:38.
按:引文出自钱智修在该书《第十三章　南北战争》的文后加注的按语("批评")。
③ 皇姑屯事件(Huanggutun Incident),爆发于1928年6月4日。当日,奉系军阀首领张作霖乘坐的由北京开往沈阳的专列,在途经距沈阳仅一公里半的皇姑屯火车站附近的三洞桥时,被日本关东军预埋于桥洞下的炸药炸毁。张作霖当场被炸成重伤,不久即被送到沈阳抢救,但终因伤重不治而在当日去世。

道:"倭寇侵陵,国势隳坠,如鱼烂而土坼。士子血沸心凶,奔走呼号。"[1]因此,民国保守主义者忧虑的主要"外患",也即异国入侵危机,在具体的对象指向上往往多就日本对中国的侵略而言。

虽然说一些显著的征兆甚至于一些直观的事实都足以证明异国入侵危机,尤其是日本入侵危机的存在,但民国保守主义者关于异国入侵危机的意向仍然具有主观意识性。危机往往意味着在通常情况下一直都处于稳定、有序状态的稳健状态遭到破坏,亦即稳健状态失态。稳健状态的失态奠基于两重意义:其一是人以外的社会现实的失态,其二是人在感知社会现实失态后所引起的本己之心理状态的失态。危机固然因为源自现实而具有客观存在性,但当人们产生危机意向的时候,即当人们将感知到的外界危机内化为心理认识的时候,所谓的危机就会因为沾染主观意识的调节影响而并不一定且并不完全等同于现实。所以,民国保守主义者对异国入侵危机的议论,其实是他们的意向经验的呈现(即意向活动的结果),而他们得出的结论也可能会与现实有所出入。作为一种意识活动,意向经验难以被直观地加以分析,但与意向经验关系密切的意向内容则显得相对具体而易于被研究。在德国现象学哲学家埃德蒙德·胡塞尔(Edmund Gustav Albrecht Husserl,1859—1938)看来,"意识的意向性不是由外在的影响导致的,而是由于经验本身的内在环节"[2]。也就是说,每个意向经验都必然拥有一个意向内容,而给予意识以意向性并给予意向经验以指向性的恰恰是意向内容。在民国保守主义者关于异国入侵危机的意向中,意向内容从表面上看去似乎就是异国入侵,尤其是日本侵略中国,实际上却是一种世局观,即民国保守主义者当时对于世界局势的一种独特看法。对民国保守主义者的世局观的判定可从两方面入手,即溯源历史和考察当时。

一、世局观的演变

民国保守主义者之所以会产生关于异国入侵危机的意向,首先可归因于

---

[1] 缪凤林.弁言[M]//缪凤林,编著.日本论丛:第一册,南京:钟山书局,1933:1.
按:该文的文后题署"民国二十二年六月缪凤林于南京莲花桥寓庐"(其中的时间即1933年6月)。该文有言道:"先就已作论文及日人论著如干篇,编为日本论丛第一集。后有撰述,当以次刊为二集、三集。期以十年,可得论文数十篇。然后删繁就简,悉心编纂,则日本通史或有杀青之望乎?"但是,笔者仅见《日本论丛》的第1册。
[2] [丹]扎哈维[D. Zahavi].胡塞尔现象学[M].李忠伟,译.上海:上海译文出版社,2007:17.

历史遗留问题。民国以前的鸦片战争、第二次鸦片战争①、八国联军侵华战争②以及甲午战争等一系列异国侵略中国的战争曾带给国人以无尽的伤痛和巨大的耻辱。毫无疑问,倚仗着坚船利炮而蛮横地发动鸦片战争以轰开中国闭锁的大门并致使中国走上屈辱而艰难的救亡图存之路的罪魁祸首是西方列强,尤其是当时的英国。但是,长久以来中国同日本在地理、历史、文化等诸多方面凝结着特殊而紧密的关系,所以国人对挑起甲午战争的日本尤为愤恨。其愤固然在于中国战败以致疆土见削、主权见丧,而其恨则在于长期威名远播的天朝上国居然不敌曾经频频来朝的岛夷小国。须知,一向仿习中国的日本被西方列强轰开国门晚于中国十多年,但它竟在短短的四十余年间迅速得以崛起,甚至还引军西犯,掳掠中国,并迫使中国签下丧权辱国的《马关条约》③。也正因如此,梁启超说"甲午丧师,举国震动"④。影响更为深远的是,甲午战争的惨败还成为一种永远都难以抹灭的历史创伤,并且内化为遗留性侵略危机意向而深植于包括民国保守主义者在内的绝大多数有识之士的脑海中,以至于这些有识之士时常忧惧日本以及西方列强再次发动侵华战争。

除了历史遗留问题,民国保守主义者关于异国入侵危机的意向又是由当时的世局变幻所致。如果说两次鸦片战争都未能使国人透过现象而发现资本主义国家以战争手段掠夺他国的帝国主义本质的话,那么甲午战争以后的世界局势则颇能令一部分有识之士恍然大悟。就在甲午战争结束后不久的 1895 年夏季,晚清名士俞樾感叹"今天下一大战国也"⑤。虽然俞樾此语并未在当时的社会上掀起轩然大波,但不少有识之士显然都已深受启发而深刻地认识到当时的世界正处于无法避免战争又充斥着战争的混乱时代——如同中国古代史上的战国时期。于是,他们不自觉地将"战国"二字铭记于心,并在无意识中左右其世局观,甚至衍生出可名之为"战国说"的世局观。例如,在 1904 年出版的《外交报》上发表《论今日与战国时之异同》的作

---

① 第二次鸦片战争(TheSecond Opium War),英国称亚罗号战争(The Arrow War)、第二次英中战争(The Second Anglo-Chinese War)或英法联军之役(Anglo-French expedition to China),其起止时间为 1856 年 10 月 22 日至 1860 年 11 月 14 日。
② 八国联军侵华战争(Siege of the International Legations),其起止时间为 1900 年 5 月 28 日至 1901 年 9 月 7 日。
③ 《马关条约》(The Treaty of Shimonoseki),其签订时间为 1895 年 4 月 17 日。《马关条约》的签订标志着甲午战争的结束,同时也导致中国的民族危机空前严重。
④ 梁启超.前清一代中国思想界之蜕变[J].改造[上海 1919],1921,3(5):21.
⑤ 俞樾.俞序[M]//孙诒让.墨子闲诂.上海:商务印书馆,1935:2.
按:该文的文后题署"光绪二十一年夏。德清俞樾。"(其中的时间即 1895 年夏)。

者便以战国时期的时局比拟 20 世纪初的世界局势:"若以今日之大势,较我古人,则当在战国之初(因尚多被保护国,与羁縻部落也)。"①当历史的脚步行进到 1912 年 1 月 1 日的时候,中华民国终于宣告成立,而国人也备受鼓舞。虽然当时一部分天真的国人怀抱着美好的憧憬而一厢情愿地认为民国的成立意味着中国从此将告别被西方列强和强邻日本所侵略、控制的历史,但彼时的中国在事实上并未真正地获得主权独立(如租界依旧未被收回、关税依旧需要协定、外国在华领事依旧有权裁判涉及本国公民的纠纷等),而其在根本上也不具备独立自主的实力和条件。就在民国成立后不久,"东方杂志"派的杜亚泉撰写了《国家自卫论》,清醒地指出了一个虽然残酷却不容否认的客观事实:"我国自甲午以后,二十年来,国家绝无自己保存之力。仅赖列强之互相牵掣,不欲使一国独据吾土以为己有,遂得于领土保存之名义下,苟延残喘。"②当时,西方列强虽忙于"一战"却并不灭其觊觎中国之心,而强邻日本则更是步步为营地图谋中国。应该说,当时的绝大多数有识之士都已深切地认识到,中国若不得崛起则必遭列强共管或瓜分的毁灭性结局,而中国人若不甘为亡国奴则必将与侵略者殊死一战。杜亚泉在甲午战争二十周年祭的特殊时刻,未雨绸缪地写作《国家自卫论》、大声疾呼保家卫国,一方面意味着他也认同"战国说",另一方面又昭示他已预见到将来很可能会爆发的异国侵华之战。事实上,从晚清俞樾到民初杜亚泉,"战国说"已渐趋流行,而原先那种遗留性侵略危机意向则开始转化为预见性侵略危机意向。

及至"二十一条"③的出笼,日本试图独吞中国的野心暴露无遗,而其侵略中国之战则一触即发。"甲寅"派的章士钊在当时就极为忧虑地指出:"日

---

① 佚名.论今日与战国时之异同[J].外交报,1904(清光绪三十年)(9)["甲辰年第九号"]:4.
按:该文登载于《外交报》1904 年 5 月 29 日("光绪三十年四月十五日")第 9 号("甲辰年第九号")第 2-4 页,此后又登载于《东方杂志》1904 年 6 月 8 日("光绪三十年四月二十五日")第 4 期("第肆期")第 69-72 页(文题之下附注"录甲辰第九号外交报")、《广益丛报》1904 年 8 月 1 日("大清光绪三十年六月二十日")第 44 期("第四十四期")第 1-3 页(文题之下附注"录外交报")。

② 伧父[杜亚泉].国家自卫论[J].东方杂志,1915,12(4):2.
按:该文登载于《东方杂志》1915 年 4 月 1 日第 12 卷第 4 号第 1-4 页,此后又登载于《兵事杂志》1915 年 6 月第 15 期第 7-15 页(无署名,文题之下附注"录东方杂志")。

③ "二十一条"是日本向中国提出的妄图灭亡中国的秘密条约,总计五号,分列二十一条。1915 年 1 月 18 日,日本驻华公使日置益向中国的袁世凯政府提交"二十一条",并强调这是密约,不得泄露。然而,袁世凯政府随即通过间接渠道公之于众,并采取各种手段进行外交斡旋、拖延签约以及修改条约等。5 月 7 日,日本向中国发出签订"二十一条"修正案的最后通牒。在日本的胁迫下,袁世凯政府于 5 月 9 日同日本签订"二十一条"修正案,即"民四条约"(中华民国四年签订之中日条约)。在袁世凯政府授意下,全国教育联合会将 5 月 9 日定为"国耻纪念日"(五九国耻日),并写入教科书,以待后来者奋发图强。此外,也有不少人将 5 月 7 日称为"国耻日"(五七国耻日)。

本所提条件,在在与家国存亡有关。北京之画诺稍迟,江户之角声已动。威临势逼,莫敢谁何。"①其实,对于日本的独霸野心,西方列强也有所察觉,并惟恐日本在中国的势力坐大而影响他们的在华利益。于是"太平洋之风云日亟,日美间之暗斗方殷",但令中国人感到讽刺而悲哀的是,"一旦远东战祸爆发,终不免以我国为战场"②。日俄战争③式的帝国主义争夺丑剧很可能将要在中国的大地上重演,而比邻中国的日本则很可能再次成为最终的胜利者和最大的得益者。至此,包括民国保守主义者在内的绝大多数有识之士已普遍意识到中国正被笼罩于战争乌云之中,而预见性侵略危机意向也由之变得越来越倾向于日本可能甚或即将发动侵华战争。到了 1920 年代,"学衡"派的刘永济呐喊"现今之国势,已极陵夷"④,而后来成为"战国策"派创始人之一的林同济更是明确地将预见性侵略危机意向锚定日本侵华。林同济曾远赴美国加利福尼亚大学伯克利分校研究院深造,期间他仍不忘忧国忧民,并且尤为关注日本的一举一动。身在国外的林同济历经艰难困苦才搜集到一些有关日本在中国东三省修筑铁路的历史资料,并对之加以梳理和研究。最终,他结合自己对日本之内政、外交策略的探究,发现日本企图吞并整个东三省的邪恶计划。1930 年,林同济同时以汉语和英语的形式出版其研究专著《日本对东三省之铁路侵略》。在该书《序言》中,他直截了当地指出:"日本二十余年来在东三省之铁路经营"实际上"仅为'开发满蒙'之一面",而"日本所巧号为'开发满蒙'即是明治'灭亡满蒙'之别名、更是昭和'灭亡满蒙'之最新毒手段"⑤。就在该书出版翌年,日本制造九一八事变,不久就占领了东三省。显然,客观事实印证了林同济那近乎预言的论断。而林同济之所以能够作出如此富于洞察力的结论,在根本上是因为他也秉持着"战国说"的世局观。一方面,关于异国入侵危机的意向一如死结般时刻缠绕在他的心头,使他深虑异国入侵以致国将不国。另一方面,日本侵略

---

① 秋桐[章士钊].时局痛言[J].甲寅[东京 1914],1915,1(5):1.
② 佚名[曾琦].本报出版宣言[N].醒狮[上海 1924],1924-10-10(1-2).
③ 日俄战争(Russo-Japanese War),其起止时间为 1904 年 2 月 8 日至 1905 年 9 月 5 日。日俄战争是日本、沙俄两国为争夺辽东半岛和朝鲜半岛的实际控制权而在中国东北展开的战争,其中日本为发起者和战胜者。
④ 刘永济.中国文学通论[J].学衡,1922(9):48.
⑤ 林同济.序言[M]//林同济.日本对东三省之铁路侵略.上海:华通书局,1930:2-3.
按:该文的文后题署"民国十九年三月三日、林同济自序于美国里佛尼亚大学"(其中的时间即 1930 年 3 月 3 日)。

者导演的五卅惨案和三一八惨案①带给他以极大的心灵震撼,使他时刻不忘密切关注在华钻营的日本。

九一八事变尽管在很大程度上意味着预见性侵略危机意向转换为经历性侵略危机意向,但并不意味着预见性侵略危机意向的完全消弭。这是因为,自"二十一条"出笼以来,预见性侵略危机意向虽然偏重日本侵华却并不仅限于日本侵华。事实上,直到九一八事变后,预见性侵略危机意向也仍然存在。在九一八事变后的 20 世纪 30 年代,国际形势波谲云诡、山雨欲来。包括民国保守主义者在内的不少有识之士都忧虑再次爆发世界大战,尤其是忧惧中国很可能会被拖入世界大战的泥淖,以至于当时积贫积弱的中国不得不在抗击日本侵略的同时,还要抗击其他异国的入侵。然而,再一次的世界大战又很可能爆发。"本位文化"派的樊仲云就曾指出:德、法两国的冲突是世界冲突的中心,而世界各国围绕这一主要冲突又选边站队,以至于出现了类似"一战"以前的那种"三国同盟与三国协约并峙的局面",所以"第二次世界的危机,是日益迫近,随时有爆发的可能"②。因此,担忧除日本外的其他异国侵略中国的另一种预见性侵略危机意向,直到九一八事变后也存在着。至于这一预见性侵略危机意向的产生,也与"战国说"观密不可分。樊仲云的《新战国时代》就昭示他秉持着"战国说":"我们知道在二千数百年前的周季,曾经有过一个强侵弱众暴寡的时代。周初八百诸侯,至此夷灭殆尽,齐楚燕赵韩魏秦七国,互争雄长,合纵连衡……今日的世界,也正如这样的一个战国时代。英美法苏德意日七强,纵横捭阖,互争雄长。"③可惜的是,这篇文章除文题外,通篇再没有出现"新战国时代"或"新战国"之类的新语词,更遑论深化"战国说"。不过,"醒狮"派的陈启天早就聚焦"战国说"并将之深化。他曾指出:"我国自海通以还,已由闭关之国,转入国际竞争之局。在此局中之列强,莫不内求统一,外求独立,有若我国古代之'战国'然者,命之曰'新战国',亦无不可。"④后来,他又明确说:"现在整个世界,是一个大的

---

① 1925 年 5 月 30 日发生的五卅惨案(May 30th Massacre)和 1926 年 3 月 18 日发生的三一八惨案(March 18th Massacre)并非日本制造,但前者的导火索是日本纱厂资本家开枪打死中国工人,而后者的导火索则是日本联合西方列强威逼中国政府撤除天津大沽口的国防设施。
② 樊仲云.译者序言[M]//[法]薛格弗利特[André Siegfried].欧洲的危机.樊仲云,译述.上海:商务印书馆,1936:1.
按:该文的文后题署"樊仲云(二十五年七月)"(其中的时间即 1936 年 7 月)。
③ 樊仲云.新战国时代[J].中央导报[南京 1940],1940,1(1):19.
④ 陈启天.自序[M]//陈启天,编.韩非子校释.上海:中华书局,1940:2.
按:该文的文后题署"中华民国二十六年十二月黄陂陈启天自序于武昌寄庐"(其中的时间即 1937 年 12 月)。

新战国时代。"①一如晚清俞樾,陈启天也把自己生活的时代与中国古代史上的战国时期相比附,但他还进一步地将这一时代明确地命名为"新战国时代",并将这一时代中的国家,尤其是当世强国称为"新战国"。更为重要的是,他以及"醒狮"派同仁还在他们先后主办的《醒狮》(上海 1924)、《国论》(上海 1935、成都 1938、重庆 1938、成都 1940)、《国光》(长沙 1938)等报刊以及各自专著中一再撰文持续阐发"新战国时代"和"新战国",不断深化"战国说",最终凝结成极具国家主义色彩的世局观——"新战国时代说"。"新战国时代说"提点国人认清国内、国外的紧张而残酷的局势,并呼吁国人团结一致、共御外侮。也正因如此,"新战国时代说"被许多忧国忧民的有识之士所共拥。就连一向躲在象牙塔中论究学术的"学衡"派精神领袖吴宓,也认同这种"新战国时代说",因为他在自己实际主编的期刊《学衡》中曾明确言说:"欲杜绝帝国主义之侵略,而免瓜分共管灭亡,只有提倡国家主义,改良百度,御侮图强。"②

1937 年,七七事变爆发。由此,日本开始全面侵华,而中国则掀起全民族抗战。两年后,再一次的世界大战——"二战"③爆发。至此,所有的预见性侵略危机意向都告消弭而仅剩经历性侵略危机意向。从九一八事变到七七事变,日本对中国可谓步步紧逼、肆意侵略。"日寇入侵,烽燧遍地"④,而中华民族则被"置身于生死存亡之歧路中"⑤。1940 年 4 月 1 日,就在全民族抗战进入异常艰苦的相持阶段已达一年半之际,同时也是在汪精卫投敌叛国成立汪伪国民政府而大大打击全国抗日士气的第二天,林同济与雷海宗、

---

① 陈启天.国际问题的基本性[M]//陈启天.新社会哲学论.增订 1 版.上海:商务印书馆,1946:169.
按:《新社会哲学论》由重庆的商务印书馆于 1944 年 2 月出版,此后又由上海的商务印书馆于 1944 年 1 月出版增订第 1 版。上海版的《增订版自序》第 1 页有言道:"本书于三十三年在重庆初版时,只收入了论文十篇,即第一篇至第十篇。这十篇论文,均是民国二十八年至三十一年间在重庆做的。现在上海再版,重行加以增订,除改正前十篇的错字外,又增加了八篇,即第十一、十二两篇及附录七篇,这九篇论文,除国际问题的看法问题一文系三十二年所作外,均是卢沟桥事变以后至武汉撤守以前,即民国二十六七年间,在武昌做的。"(其中的时间依次为 1944 年、1939 年至 1942 年、1943 年、1937 年至 1938 年)。《国际问题的基本性》为上海版"附录七篇"中的第五篇。
② [美]白璧德[Irving Babbitt].白璧德论欧亚两洲文化[J].吴宓,译.学衡,1925(38):5.
按:引文出自吴宓在该文的文内加注的按语。该文的文前、文内都有吴宓加注的按语,其中的文前按语即"译者识"。
③ "二战"即第二次世界大战(World War II、The Second World War),其起止时间为 1939 年 9 月 1 日至 1945 年 9 月 2 日。
④ 胡先骕.忉堂诗录序[M]//柳曾符,柳佳,编.忉堂学记.上海:上海书店出版社,2002:316.
按:该文的文后题署"1965 年乙巳仲夏新建胡先骕序于北京寓斋"。
⑤ 张君劢.自序[M]//张君劢.明日之中国文化.上海:商务印书馆,1936:1.
按:该文的文后附注"二十四年十二月云南起义日"(其中的时间即 1935 年 12 月 25 日)。

陈铨等人创办的鼓舞国人坚持抗战的期刊《战国策》(昆明 1940)发行创刊号。由此,"战国策"派正式宣告诞生,并开始阐发其别具一格的"战国时代重演论"。"战国时代重演论"中的"战国时代重演"意谓中国古代史上的战国时期在"战国策"派生活的时代再度演绎,其与"醒狮"派阐发的"新战国时代说"中的"新战国时代"名殊质同。事实上,"战国时代重演论"就与"新战国时代说"多有共通之处,尤其是都倡导国家主义、限制个人自由以调动一切力量团结对外(尤指抵御日本的侵略)。不过,"战国时代重演论"较之于"新战国时代说"显得含义更为明确、内容更为丰富,并俨然已升华为一种颇具系统性的理论。从民初以迄民末,"东方杂志"派、"学衡"派、"甲寅"派、"本位文化"派以及"现代新儒家"派等其他各流派民国保守主义者,都在有意无意间依托"战国时代重演论"阐发其世局观。所以,"战国时代重演论"其实是所有民国保守主义者共拥的理念,而非仅限于"战国策"派、"醒狮"派等个别的几个民国保守主义流派。

二、世局观的特征

民国保守主义者关于异国入侵危机的意向,在逻辑发展层面上可细分为遗留性侵略危机意向、预见性侵略危机意向以及经历性侵略危机意向三种,但如线串珠般地牵引着这些不同阶段之不同危机意向的是根源于"战国时代重演论"的世局观。换言之,正是"战国时代重演论"在暗地里发挥其影响作用,民国保守主义者才会产生关于异国入侵危机(尤其是日本入侵危机)的意向,并具体地表现出三种不同的阶段性危机意向。因之,民国保守主义者的意向内容其实是比异国入侵危机更加抽象化和意识化的"战国时代重演论"。"意向内容具有两个不同、但是不可分离的环节"[①],即"意向性质料"和"意向性特质"。"每个意向经验,无论是对一头鹿、一只猫或者一个数学事态的经验",即无论是关于猫、狗之类的具体之物的经验抑或关于数字、情态之类的抽象之物的经验,"都指向某物,并且关于某物",而"胡塞尔将这些确定经验是关于某物的这个成分称为经验的意向性质料"[②]。与此同时,"每个意向经验都是具体类型的经验,无论它是希望、欲望、回忆、肯定、怀疑、害怕还是其他类似的经验",而"胡塞尔将经验的这个方面称为经验的意向性特质"[③]。"意向性特质"具有显明的主观性、意识性,而"意向性质料"其实也

---

① [丹]扎哈维[D. Zahavi]. 胡塞尔现象学[M]. 李忠伟,译. 上海:上海译文出版社,2007:18.
② [丹]扎哈维[D. Zahavi]. 胡塞尔现象学[M]. 李忠伟,译. 上海:上海译文出版社,2007:18.
③ [丹]扎哈维[D. Zahavi]. 胡塞尔现象学[M]. 李忠伟,译. 上海:上海译文出版社,2007:18.

具有一定程度上的主观性和意识性。客观存在的实在对象——无论是具体之物还是抽象之物,一旦成为意向对象之后就会被主观化、意识化,所以"意向性质料"其实并不完全等同于客观存在的实在对象本身。至于给予意识以意向性并给予意向经验以指向性的意向内容,根本就是"意向性质料"和"意向性特质"的联合体。所以,不能抛却"意向性质料"和"意向性特质"中的一个或两个来谈论意向内容。具体到民国保守主义者关于异国入侵危机的意向所依托的意向内容——"战国时代重演论",其中的"意向性质料"显然就是"战国时代重演",但与之相匹配的"意向性特质"则颇为复杂而难以遽断。

早在晚清时期,就有人以中国古代史上的战国时期比拟当时纷争迭起的世界局势,衍生出"战国说"。但在20世纪30年代以前,中国毕竟尚未真正而完全地卷入大规模的世界战争洪流之中。所以,"战国说"虽经"醒狮"派的阐发而成为更加具体的"新战国时代说",却仍然被视为一种耸人听闻的危言而不被国人普遍接受。不惟如此,就在日本全面侵华而陷中国于亡国灭种之严重危机的时刻,也还有人"义正词严"地指责"战国策"派在当时阐发的"战国时代重演论"是一种法西斯主义论调。显然,如果凭借先入为主的方式仅仅赋予"战国时代重演"这一"意向性质料"以"肯定"的"意向性特质",那么"战国时代重演论"的始作俑者"战国策"派,乃至于所有民国保守主义者,就很容易被当作好战的法西斯主义者。但是,如果抛却先见,尝试性地赋予与之相关的"意向性特质"以"害怕""担忧"一类的语词,那么得出的结论必将有所不同。依据胡塞尔的意向性理论,对意向经验的分析可以从一些具体的维度出发,如"关注心智过程,并分析活动的内在(immanent)(实在)内容","分析经验的意义,并借此来研究它的意向内容",以及"关注被意向之物,也就是关注(意识)活动所意识到的意向对象"[①]等。于是,据此可以深入分析"战国时代重演论"的意向性特征,进而更为准确地把握民国保守主义者关于异国入侵危机的意向。

在1940年4月1日出版的《战国策》(昆明1940)创刊号上,刊首第一篇文章是林同济撰写的《战国时代的重演》,而在翌年12月3日出版的《大公报》(重庆版)副刊《战国》创刊号上,刊首第一篇文章又是林同济撰写的《从战国重演到形态历史观》。这两篇出自同一作者林同济的文章都着重阐发"战国时代重演论",并都在极具特殊意义的创刊之际登载于赫然醒目的刊首位置。这在无形中使"战国时代重演论"成为"战国策"派开山立派的理论

---

① [丹]扎哈维[D. Zahavi]. 胡塞尔现象学[M]. 李忠伟,译. 上海:上海译文出版社,2007:17.

宣言，同时又昭示林同济就是"战国策"派的灵魂人物。事实也确实如此，因为最先由林同济明确提出的"战国时代重演论"被整个"战国策"派共拥，而"战国策"派最富特色又最为著名的言论观点也恰恰是这"战国时代重演论"。《战国时代的重演》开宗明义，在文章起首部分便直截了当地指出当时的世界局势特征"干脆又干脆，曰在'战'的一个字"①。紧接着又写道："细察二百多年来的世界政治，尤其是过去半世纪的天下大势，不得不凛然承认你和我这些渺小的体魄，你和我所兢兢集凑而成的中华民族，是已经置身到人类历史上空前的怒潮狂浪当中了！我们的时辰八字，不是平凡，乃恰恰当着世界史上战国时期第一次露骨表演的日子。"②在林同济看来，当时的世界局势特征，简而言之就是"又一度'战国时代'的来临"③，因为当时全世界的国家和民族，尤其是那些试图侵略或正在侵略他国、他族的国家和民族，都已被战争冲昏了头脑，而其一切的所筹所划、所作所为都被裹挟到战争的狂澜怒涛之中。其实，在林同济正式提出"战国时代重演论"之前，亦即在全民族抗战和"二战"相继爆发之前，"醒狮"派的诸多成员也都曾明确表达过与林同济相一致的世局观。左舜生就曾于1936年初指出，那些试图侵略他国、他族的国家和民族时刻"忧惶着一个'非常时'的将至，而从种种方面准备着这个'非常时'的到来"："他们在计划如何统制他们的经济，如何调度他们的财政；如何使他们全国大大小小的工厂，一旦到了战时，便可以适于大量军需品的产生；如何运用他们国内和殖民地的资源，使其不虞匮竭而适于长期的战斗"，犹如一列列已上水添煤、满载客货而整装待发的火车，"只等待钟点一到，笛声一鸣"便迫不及待地迅速"鼓轮前进"④。就是在这些试图侵略甚或已然侵略他国、他族的国家和民族的操纵之下，全世界都被笼罩于战争乌云之中而呈现出一派"新战国时代"⑤之势。当然，随着日本对中国发动全面侵华战争，中国也不免"渐入于'新战国时代'"⑥。中国面临的这个"新战国时代"，一如中国古代史上那个列国混战的"旧战国时代"——战国时期，而

---

① 林同济.战国时代的重演[J].战国策[昆明1940],1940(1):1.
② 林同济.战国时代的重演[J].战国策[昆明1940],1940(1):1.
③ 林同济.战国时代的重演[J].战国策[昆明1940],1940(1):1.
④ 左舜生.非常时之青年自处与青年指导[J].国论[上海1935],1936,1(7):4.
按：该文的文后附注"二五，一，五，上海。"（其中的时间即1936年1月5日）。
⑤ "醒狮"派惯用"新战国时代"一词，而后来的"战国策"派则惯用"战国时代"一词。为统一全书用词，也为区分中国古代史上的战国时期，以下除引文（包括原论著的题名）外，均使用"新战国时代"一词代指民国保守主义者生活的时代，并尤指抗战时期。
⑥ 陈启天.自序[M]//陈启天,编.韩非子参考书辑要.上海：中华书局,1945:1.
按：该文的文后题署"中华民国二十九年一月黄陂陈启天自叙于巴县寄园"（其中的时间即1940年1月）。

当时爆发的各种战争相交于"旧战国时代"之战,在广泛和惨烈的程度上有过之而无不及。

显而易见,任何一场战争都势必会造成社会动荡、人民困苦,但纵观古今中外之史实可知,人们似乎永远都无法彻底地消弭战争。不可否认,人们只要协商不成,便终会诉诸武力而引发战争。所以,战争——无论是国内之战还是国际之战,本来就是客观存在于人类历史的常见现象,而并非"新战国时代"的特殊现象。不言而喻,国际之战较之于国内之战更加宏大和惨烈,而"新战国时代"又恰恰以频繁、纷乱的国际之战为战争的主要表现形式和世局的主要表现特征。"醒狮"派的陈启天曾指出,国际之战之所以终究无法避免,还在于"国家的本质,是具有战争性的":"一切国家的最初建立,大多由于战争的胜利。国家既经建立以后,能否继续生存发展,又大多决于战争的结果。能战争的国家,始能生存发展;否则便只有削弱,甚至灭亡。"① 但是,"新战国时代"的国际之战又与其他时代的国际之战有所不同。林同济在阐发其"战国时代重演论"时,曾提出"战国时代之战,所以大异于其他时代之战者,有三个大趋向在",即"战为中心""战成全体"以及"战在歼灭"②。林同济首先指出"新战国时代"的国际之战是"战为中心",因为"战不但要成为那时代最显著,最重要的事实,而且要积极地成为一切主要的社会行动的动力与标准"③。可见,战争在"新战国时代"中成为国家和民族之一切行动的前提条件和决定条件。接着,林同济又指出"新战国时代"的国际之战又"战成全体",也即全民参战,而能否做到全民参战则在很大程度上影响着战争的胜败结果。最后,林同济还揭举并强调了"新战国时代"的国际之战最重要的特征是"战在歼灭",因为交战国的目的不是赔款割地,而是完全歼灭对方、据有对方——这意味着战争之胜败关乎国家之存废、民族之兴亡。显然,林同济是从"新战国时代"的国际之战更具疯狂性、全民性以及毁灭性的角度阐释其特征。在林同济之前,最先生发"新战国时代说"的陈启天也曾表达过类似的观点。当时全民族抗战已进行两年有余,而陈启天仍旧在阐释和深化其早先提出的"新战国时代说",并总结出"新战国"的六大特质,即"组织的国家化""政治的宪政化""军事的国防化""经济与交通的机械化""教育的革命化"以及"学术的科学化"④。虽然陈启天并没有正面而直接地探讨"新战国时代"的国际之战的特征,但他其实和林同济一样,已深刻地认

---

① 陈启天.新战国时代的世界[J].国论[成都 1940],1940(13)["复刊第十三期"]:2.
② 林同济.战国时代的重演[J].战国策[昆明 1940],1940(1):2-3.
③ 林同济.战国时代的重演[J].战国策[昆明 1940],1940(1):2.
④ 陈启天.新战国时代的世界[J].国论[成都 1940],1940(13)["复刊第十三期"]:5-8.

识到"一个国家对一个国家的战,则今日战的概念与古代便完全不一样"①。具体来说,他揭举的"新战国"的六大特质,奠基于"新战国时代"的国际之战的毁灭性——"战在歼灭",并针对着"新战国时代"的国际之战的疯狂性——"战为中心"和全民性——"战成全体",尤其是其中的"军事的国防化"和"组织的国家化"这两大特质,更是鲜明地指向"战为中心"和"战成全体"这两大趋向。进而言之,"新战国时代说"同样对"新战国时代"的国际之战的特殊性有着深刻而独到的阐发,并且极为类似于林同济后来生发的"战国时代重演论"——尽管不似"战国时代重演论"那般明确化和概括化。从这个角度看去,"战国时代重演论"其实是"新战国时代说"的丰富和升华。不失客观地说,"战国时代重演论"不仅极为准确而深入地揭示了当时的世界局势之特征,也极为明确而简洁地传达出民国保守主义者,尤其是活跃于抗战时期的"战国策"派、"醒狮"派(其实在很大程度上也包括"本位文化"派和"现代新儒家"派)的世局观之特征。就当时的客观事实而言,德国对西欧诸国的蹂躏以及日本对东亚各国的侵略都意味着"旧战国时代"的重演以及"新战国时代"的国际之战的肆虐。"战国时代的意义,是战的一个字",而战的意义则在于"加紧地,无情地,发泄其权威,扩大其作用"②。这其实就是"战国时代重演论"的核心之所在,同时也是民国保守主义者产生关于异国入侵危机之意向的肇始之源。但若据此判定但凡认同"战国时代重演论"的民国保守主义者都是好战、好斗之徒,甚至将之等同于法西斯主义之流,就会显得相当地不假思索而不完全符合事实。

人们如果能够悬置一切先见——包括当时的内政、外交,俯身考察"战国时代重演论"本身,则必将收获另一种截然不同又相对准确的观点。人的意识总有其演展的渐进过程,而"战国策"派的林同济在提出"战国时代重演论"之前,其实也经历过一个为期不短的思考过程。他曾坦言:"我写《战国时代的重演》一文时,脑后本来隐藏着两个根本的问题:(一)学术方法论,(二)文化历史观。战国重演论不过是我的整个历史观的一部分,而我的整个历史观又是根据某一种方法论产生出来的。这里相互间乃有了甚密切的联系。"③可见,"战国时代重演论"其实是一种学术意义上的历史观而并不掺杂任何真正意义上的政治或军事内容。作为一种富于理论性的历史观,"战国时代重演论"固然是由林同济首先提出,但"战国时代重演"作为有识之士忧虑异国入侵危机时的一种"意向性质料"则早在四十余前就已存在——至

---

① 左舜生.非常时之青年自处与青年指导[J].国论[上海1935],1936,1(7):3.
② 林同济.战国时代的重演[J].战国策[昆明1940],1940(1):2.
③ 林同济.从战国重演到形态历史观[N].大公报[重庆版],1941-12-3(4)[副刊《战国》第1期].

少也可以追溯到晚清的"战国说"。

"意向性质料"虽然给意向经验"提供了朝向对象的指向性,但质料只是规定了这个指向,而没有建立它"①。也就是说,"意向性质料"虽然明确了意向内容到底是关于何物,却不能脱离"意向性特质"而完全决定整个意向内容。因此,只有明确"意向性特质"并结合此前已明确的"意向性质料",才能进一步明确整个意向内容,最终则明确整个意向经验。在民国保守主义者忧虑异国入侵的意向经验中,作为意向内容二元之一的"意向性特质"实际上也具有二元性:其一是"肯定",其二则是"担忧"。"肯定"的"意向性特质"以在场的方式被直观地给予,因为民国保守主义者显然都不会怀疑自己秉持的"战国时代重演论"。换言之,他们对自己创建或发现的理论必然抱持着肯定的态度。事实上,在他们看来,当时中国面临的时局确确实实就是一个重演的"旧战国时代"之境,而除他们以外的诸多有识之士也都深刻感受到"当今世界新战国时代之日急"②。但是,林同济等人并不仅仅是为了告诉世人这是一个不折不扣的"新战国时代"而毫无顾忌地提出颇受非议的"战国时代重演论"。显然,纯粹的"肯定"的"意向性特质"并不足以完全表达这个具体的意向内容,所以势必还存在其他的"意向性特质"。此时,不能用自然态度想当然地判定这种"意向性特质"便是"担忧"或其他,而应该用现象学的态度从探讨意向经验之意义的角度来寻觅意向内容中潜藏着的其他"意向性特质"。

仅在《战国时代的重演》一文中,林同济就几度强调当时的中华民族面临的日本入侵之危机的严峻性。比如他说日本"本着它的'准武士道'的原始残忍性而推广其毒化政策"③,以"歼灭战"而妄图灭亡中国。又如他揭露日本侵略中国还极具疯狂性:"这次日本对我们的侵占,是他们图穷匕首见的一着。它与一般的'强侵弱'的战事,有一点不同的性质,就是:不但被侵略的国家——中国——的生死在此一举,即是侵略者——日本——的命运,也孤注在这一掷中!"④继《战国时代的重演》后,林同济又先后在《战国策》(昆明1940)和《大公报》(重庆版)副刊《战国》等报刊上发表了诸多类似的文章,并一再重申这种忧虑。除林同济外,"战国策"派的其他成员也都无一例外

---

① [丹]扎哈维[D. Zahavi].胡塞尔现象学[M].李忠伟,译.上海:上海译文出版社,2007:18.
② 陈启天.自序[M]//陈启天.孙子兵法校释.左舜生,校阅.成都:国魂书店,1941:3.
按:该文的文后题署"中华民国三十年四月,黄陂陈启天自序于巴县人和乡寄园,中国文化研究所"(其中的时间即1941年4月)。《孙子兵法校释》由成都的国魂书店于1941年12月出版,此后又由重庆的中华书局于1944年1月出版。
③ 林同济.战国时代的重演[J].战国策[昆明1940],1940(1):5.
④ 林同济.战国时代的重演[J].战国策[昆明1940],1940(1):6-7.

地意识到了这场严峻危机的存在,并为当时的中国和国人的生死存亡而忧心如焚。何永佶曾以金鱼比拟中国,生动形象又颇富代表性地传达出了极度焦虑不安的忧患感:"那条金鱼在这安乐窝的金鱼缸里住了几千年,忽然被抛入大海,那里有的是海虎,海豹,海狮,海貔,海豺,海狼,海蛇,海蝎,个个垂涎它的金色的美,'象以齿而焚身',这条金鱼也许就因自己的美丽而遭不测。"①正是这种"象以齿而焚身"的荒谬而悲惨的命运昭示中国"处此弱肉强食之世界,虽欲独善其国,自乐小康,亦为人所不许,而难免于灭亡侵扰。"②当然,同样活跃于抗战时期的"醒狮"派也深虑日本之强悍而备感抗战之艰辛,如常乃惪就曾说:"中国这次所遇到的敌人,是五千年来未有的敌人,所碰到的国难,是五千年空前未曾碰到过的国难。"③应该说,对于当时"人为刀俎、我为鱼肉"④的中国而言,"旧战国时代"的重演、"新战国时代"的降临无疑直接地威胁着中国的生死存亡。所以,信守"战国时代重演论"的民国保守主义者,他们试图表达的其实是对当时的中国和国人面临的生死存亡之危机的深切忧虑。他们既忧惧异国、异族的强大攻势将会对本国、本族造成致命的威胁,又担心本国、本族无力以抗异国、异族的入侵而导致亡国灭种。不难看出,所有那些看似危言耸听之论述的出发点和立足点,其实都是在谋求本国、本族的生存与发展。在这个意向内容中,"担忧"的"意向性特质"已然呼之欲出。

毋庸讳言,在"今中国适当存亡绝续之交,忧患危疑之际"⑤,仅仅富于忧国忧民之心却不付诸实际行动显然也是于事无补。不过,实事求是地说,众多民国保守主义者在"肯定"并且"担忧"着"战国时代重演"的同时,还纷纷不由自主地以中国古代史上的战国时期的策士自诩,努力为国家和民族出谋划策,以寻求一条最可能实现的自救之路。在抗战时期,"东方杂志"派、"学衡"派、"甲寅"派等早期民国保守主义流派已告别其影响社会思潮的时

---

① 何永佶.论大政治[J].战国策[昆明1940],1940(2):2.
② [法]福禄特尔[Voltaire].坦白少年Candideoul'Optimisme[J].陈钧,译.学衡,1924(25):9.
按:引文出自《学衡》编者(吴宓)在该文的文内加注的按语。该文的全文连载于《学衡》1923年10月第22期第1-45、1924年1月第25期第1-18页、4月第28期第1-46页,其各篇的文题之上都附注"哲理小说",且文前、文内或文后有《学衡》编者(吴宓)加注的按语(文前、文后按语之后都署"编者识"或"编者再识")。
③ 常燕生[常乃惪].血泪献与后方人[J].国论[成都1938],1938(1)["创刊号"]:7.
④ 司马迁.卷七:项羽本纪第七[M]//司马迁.史记:第一册.裴骃,集解.司马贞,索引.张守节,正义.北京:中华书局,1959:314.
按:原文为"人方为刀俎,我为鱼肉"。
⑤ 吴宓.论新文化运动[J].学衡,1922(4):1.
按:该的文题之下附注"节录留美学生季报"。

代而淡出历史舞台①,但他们那别具特色又涵盖多种层面的救国主张依然被"本位文化"派、"现代新儒家"派以及"醒狮"派、"战国策"派等后来的民国保守主义流派所承继和发展。诞生于 20 世纪 20 年代初的"醒狮"派,自九一八事变后,便愈发积极地寻求富国强兵以抵御日本侵侮之策,及至七七事变后,他们更是立足于国家主义思想主张而强调国防建设②、论究后方工作③、注重宪政发展④等,迫切地搜寻一切有助于抗战的救国良方。至于诞生于全民族抗战时期,或者说根本就是为鼓舞国人坚持抗战而生的"战国策"派,则更可谓是民国保守主义之抗日救亡主张的集大成者和综合呈现者。"战国策"派往往从宏观或形上的层面阐发其抗日救亡主张,但他们创办并主编的《战国策》(昆明 1940)及《大公报》(重庆版)副刊《战国》这两种报刊,也曾刊发不少其他学者从微观或形下的层面探讨抗日救亡之策的专文,如沈来秋提出建设"国防经济"以求民族的自卫自存⑤,王赣愚提出创立"战时行政"以应时局⑥,谷春帆专注于"力"的阐发⑦,此外还有洪绂介绍地略学⑧,童寯研究建筑特质⑨,诸如此类,不一而足。应该说,民国保守主义者一直都在极富目的性地寻求救亡图存之道,甚至于迫不及待地试图穷尽一切他们认为可能行之有效的以应时需之策。然而,多个中心宛如毫无中心。民国保守主义者那琳琅满目的对策不但令人眼花缭乱、目不暇接,更令人不知所措、无所适从。尽管如此,这么多对策的提出无疑又证明了他们对"战国时代重演"的担忧。可叹的是,"担忧"的"意向性特质"以不在场的形式给出,而即使其在场,也会被显而易见的"肯定"的"意向性特质"所遮蔽。因之,"战国时代

---

① "东方杂志"派、"学衡"派、"甲寅"派等早期民国保守主义流派中的杜亚泉、吴宓、章士钊等个别几人在抗战时期还有所活动,但其影响已大不如前。
② 陈启天.战争与国防[J].国论[重庆 1938],1938(5):66-72.
③ 李璜.后方的两件基本工作[J].国光[长沙 1938],1938(7):7-9[总 123-125];李璜.后方的团结工作[J].国论[成都 1938],1938(25):2-3.
按:《后方的两件基本工作》登载于《国光》(长沙 1938)1938 年 5 月 29 日第 7 期第 7-9 页(总第 123-125 页),此后又登载于《国论》(成都 1938)1938 年 6 月 11 日第 17 期第 2-4 页。
④ 左舜生.努力与思索(代发刊词)[J].民宪[重庆 1944],1944,1(1):1-9.
按:该文的文后附注"二八。三。三三。渝"(其中的时间即 1944 年 3 月 28 日)。
⑤ 沈来秋.国防经济的新潮[J].战国策[昆明 1940],1940(11):5-9.
按:该文的文后附注"二九,八,廿二)"(1940 年 8 月 22 日)。
⑥ 王赣愚.关于我们的战时行政[N].大公报[重庆版],1942-3-11(4)[副刊《战国》第 15 期].
按:该文此后又登载于《前线日报》1942 年 3 月 23 日(第 1258 号)第 6 版。
⑦ 谷春帆.广"战国"义[N].大公报[重庆版],1942-4-1(4)[副刊《战国》第 18 期].
⑧ 洪思齐[洪绂].地略与国家:义大利[J].战国策[昆明 1940],1940(4):11-14.
⑨ 童寯.中国建筑的特点[J].战国策[昆明 1940],1940(8):11-14.
按:该文登载于《战国策》(昆明 1940)1940 年 7 月 25 日第 8 期第 11-14 页,此后又登载于《战国策》(上海 1941)1941 年 3 月 15 日第 1 卷第 3 期第 158-161 页。

重演论"以及其他那一系列应对世局之策在普通人看来显然都充斥着战争的戾气。

三、世局观的意义

从形式逻辑的角度看去,"战国时代重演论"大可表述为:民国保守主义者—"肯定"并且"担忧"—"战国时代"—"重演"。其中,民国保守主义者是意向主体,而"肯定"和"担忧"则是"意向性特质"。"战国时代"是意向对象,"重演"是其属性,二者构成"意向性质料"。确定了"意向性质料",又寻获了"意向性特质",似乎民国保守主义者关于异国入侵危机的意向已确凿无疑。但在这个过程中,"战国时代"这一意向对象的存在样式只是被假定存在还尚未被明证是否确然存在。胡塞尔基于对纯粹意经验的分析而认为:"所有意向活动作为非实项的-意向的成分自身都带有意向相关项,即被意指的对象性意义。"① 在任何一个的意向相关项中,"以某种方式被意指的'内容'本身必然是关于某物的'谓语判断'",而这个"某物"又恰恰就是"所有意向相关项意义核心的载体,是杂多意义内涵的中心点"②。从中可知,意向对象至关重要。反观"意向性质料"和"意向性特质",他们尽管"决定了哪个对象被意向,并且也决定了它(带有哪些属性)被如何意向,以及以哪种方式被意向(作为被判断的、疑问的、怀疑的,等等)"③,却并没有反映出意向对象被意向时的呈现方式。于是,"要阐明对象的被给予性,即对象呈现的不同方式","就必须超出特质—质料这对范畴"④。其实,在一个意向经验中,对象可分别以在场和不在场的不同方式被呈现。从表面上看去,关于在场的实在对象的意向和关于不在场的该对象的意向,因为都关涉同一个实在对象而显得并没有什么分别。然而,实在对象以在场或不在场的不同方式被呈现,恰恰决定了它在这两种意向中,会成为截然不同的两种意向对象。关于在场的实在对象的意向是一种颇为直观的意向,因为这一对象被置于眼前且被直观地给予;而关于不在场的实在对象的意向则只是一种意指性的意向,因为此时实在对象"以最低的和最空洞的方式显现"⑤,且可能并不存在或者并不完全存在。由此可知,意向只"意味着自我对一个对象的朝向"⑥,

---

① 倪梁康.胡塞尔现象学概念通释[M].北京:生活·读书·新知三联书店,1999:311.
② 倪梁康.胡塞尔现象学概念通释[M].北京:生活·读书·新知三联书店,1999:311.
③ [丹]扎哈维[D. Zahavi].胡塞尔现象学[M].李忠伟,译.上海:上海译文出版社,2007:23-24.
④ [丹]扎哈维[D. Zahavi].胡塞尔现象学[M].李忠伟,译.上海:上海译文出版社,2007:24.
⑤ [丹]扎哈维[D. Zahavi].胡塞尔现象学[M].李忠伟,译.上海:上海译文出版社,2007:25.
⑥ 倪梁康.胡塞尔现象学概念通释[M].北京:生活·读书·新知三联书店,1999:248.

即意向性并不以实在对象的在场与否为先决条件。也就是说,即使因为实在对象不在场而致使意向对象并不存在或者并不完全存在,意向性也仍然可以存在。"战国时代重演论"中的"战国时代"本是一个实在对象,指涉一种世界局势。因为民国保守主义者不可能超脱于世界之外又将整个世界置于眼前,所以"战国时代"这一实在对象只会以不在场或部分不在场的方式呈现,而其存在与否或完全存在与否也是一大疑问。当民国保守主义者依托"战国时代重演论"而产生关于异国入侵危机的意向时,本为实在对象的"战国时代"又被转换成意向对象。于是,"战国时代"作为实在对象时的不在场或部分不在场,又致使其作为意向对象时的存在样式表现出不确定性。可见,民国保守主义者关于异国入侵危机的意向就是一种意指性意向。"在胡塞尔那里,'意向性'作为现象学的'不可或缺的起点概念和基本概念'标志着所有意识的本己特性,即:所有意识都是'关于某物的意识'并且作为这样一种意识而可以得到直接的指明和描述"①。意向性"首先表示的是心灵的或认知的意向,而不是实践的意图"②,其本质在于"意识对被意指对象的自身给予或自身拥有(明见性)的目的指向性"③,而"充实性也是意向性的很重要的部分"④。由此可知,在意指性意向经验中,当且仅当意向对象确然存在的时候,与之相关的意向才能够被真正地加以充实,进而被完全地加以确认,断言才被完全地明证为真。因之,在尚未明证作为意向对象的"战国时代"确然存在之前,这一意向对象就只是意指对象,而民国保守主义者关于异国入侵危机的意向也就会因为具有意指性意味而显得虚无。显然,只有明证作为意向对象的"战国时代"的确然存在,才能全面而准确地认识"战国时代重演论"以及民国保守主义者关于异国入侵危机的意向。

"醒狮"派的陈启天曾说:"当前整个世界,不过是一个'新战国时代'的世界,强国努力争霸,弱国努力争存,与我国历史上的战国时代有些相似。"⑤显然,"新战国时代"一语的提出,意味着民国保守主义者以中国古代史上那个战乱纷飞的战国时期比拟他们自己生活的这个同样弥漫战争的混乱时代,而其中的"国"则是指当时的世界各国。因此,"战国时代重演论"最为直接的意义,就在于意谓当时的世界各国都已不可避免地卷入世界战争的洪

---

① 倪梁康.胡塞尔现象学概念通释[M].北京:生活·读书·新知三联书店,1999:249.
② [美]索科拉夫斯基[Robert Sokolowski].现象学导论[M].高秉江,张建华,译.武汉:武汉大学出版社,2009:8.
③ 倪梁康.胡塞尔现象学概念通释[M].北京:生活·读书·新知三联书店,1999:250.
④ [丹]扎哈维[D. Zahavi].胡塞尔现象学[M].李忠伟,译.上海:上海译文出版社,2007:28.
⑤ 陈启天.国际问题的看法问题[J].东方杂志,1943,39(9):1.

流之中。民国初年,"一战"爆发。战后召开的以和平会议自诩的巴黎和会①并没有令纷乱的世界局势得以完全改观,而国与国之间的彼此争夺甚至于彼此混战也是屡禁不止。及至"二战"期间,法西斯诸国又妄图瓜分并统治世界而向其他各国发动"歼灭战"。当时,弱小之国面临国破家亡的危险,而中国遭受的最为直接的战争灾难,则源自法西斯日本发动的侵华战争。法西斯诸国确实存在着极其狂妄的野心,日本对中国的侵略更是付诸实际行动而给中国造成切肤之痛。这些既在"战国策"派、"醒狮"派以及"本位文化"派、"现代新儒家"派等民国保守主义者的论著中有所论述,也被历史记载而流传至今。所以,客观现实及历史真实直接而直观地给予了"战国时代"这一实在对象,并判定了它作为意向对象时的确然存在,进而充实了民国保守主义者关于异国入侵危机的意向。

当时乃至于后来的一系列客观而残酷的事实,无疑都佐证了民国保守主义者的忧虑不无道理,但"战国时代重演论"的含义又并不仅限于此。早在民国以前,就曾有人探讨当时的"新战国时代"发展到极致后,哪个国家将如中国古代史上终结战国时期而一统天下的秦国:"天下咸以俄为秦,自日俄开战以来,而俄之万不能为秦,已晓然为天下所共见",故"离秦吞天下时尚远,其何国为秦,亦尚未知"②。到了民国时期,这种探讨也是数见不鲜。事实上,不少民国时期的学者都认为将来的世界很可能会走向大一统,即世界各国混同为一国。于是,肇始于晚清"战国说"的"战国时代重演论"便承继且发扬了这一理论内涵。"东方杂志"派的杜亚泉就曾以中国古代史上的春秋列国逐渐演变为战国七雄为例,预言"将来之国家必渐次联合而成为大团体",最终"世界必成一统之局"③。相较于杜亚泉基于"一战"战后的世界形势以预测将来,"战国策"派的林同济和雷海宗则多就"二战"战时的世界形势而推演将来。林同济认为:"今战国的魄力,如果能尽量发挥,其所形成的大帝国,规模无疑地必定广大。详细的过程,无由预测。也许开始是一种大

---

① 巴黎和会(Paris Peace Conference,1919),其起止时间为1919年1月18日至6月28日。巴黎和会指的是取得"一战"胜利的协约国(除苏俄外)代表在法国巴黎近郊的凡尔赛宫召开的战后协约会议,其主要议题是讨论对德和约以及战后安排。6月28日,协约国与战败的德国签订《协约及参战各国对德和约》,即《凡尔赛条约》(Treaty of Versailles,后于1920年1月10日生效)。巴黎和会实际上是帝国主义国家安排"一战"后世界秩序的分赃会议,而作为巴黎和会之决议的《凡尔赛条约》则是帝国主义国家重新瓜分世界的真实记录。《凡尔赛条约》严重损害中国的正当利益,并引发中国国内的五四运动,所以中国代表最终拒绝签署《凡尔赛条约》。此外,《凡尔赛条约》不能满足美国夺取世界领导权的野心,所以美国代表也拒绝签署《凡尔赛条约》。巴黎和会后,协约国又相继分别与其他战败国(即同盟国)签订一系列和约。这些和约与《凡尔赛条约》一起构成协约国对战败国领土及其殖民地再分割的体系,即凡尔赛体系。
② 佚名.论今日与战国时之异同[J].外交报,1904(光绪三十年)(9)["甲辰年第九号"]:4.
③ 伧父[杜亚泉].未来之世局[J].东方杂志,1917,14(7):5.

洲式的若干集团,最后乃再并而为全世界的'大一统'。"①后来他又再度重申:"全体战歼灭战的最后结果,是一强吞诸国,而制出一个大一统帝国,多少都要包括那文化体系的整个区域。"②雷海宗对"新战国时代"之形势的判断起初还显得比较审慎和保守,只是指出:"战场以大量的屠杀为最高的目的,以便消灭对方的实力,最后占据对方的领土,灭掉对方的国家。前一时代的斯文战争,至此已不再见。列国的数目,尤其是强国的数目,日渐减少,最后只剩三两个大战,各自率领附属的小国,互作死拼的决战。"③但最终他还是作了和林同济的观点相一致的论断:"欧美在人类史上若非例外,最后的归宿也必为一个大一统的帝国。"④诸如此类近乎武断的论断,即使时至今日也未能得到明证,所以最易为时人及后人所诟病。但是,人们"从来都不会知觉到完整的对象,而总是从具体的角度去知觉的(不仅对三维的对象如此,对二维的平面也如此)",因此人们对时空性对象的意向性指向往往具有"超越被给予的东西而把握对象本身"这一特点⑤。"强国灭亡弱国,世界走向一统"可能永远都不会实现,但从现象学的角度而言,这仅仅只是民国保守主义者超越其意向对象而意向到的额外内容,丝毫也不会妨害他们对异国入侵危机作出准确的判断,更何况意向对象的其他内容又确实被客观事实所明证。实际上,明证有确然的(不可怀疑的)明证、充分的(完全的)明证以及不充分的(部分的)明证之分,而"设立一个判定什么时候对象才被明证地、即最佳地和本源地被给予了的绝对标准,是不可能的"⑥。因此,充其量只能说民国保守主义者的意向对象并未获得确然的或充分的明证,却不能因此而否认那些被明证了的内容,更不能因此而遮蔽"战国时代重演论"折射出的民国保守主义者那种强烈的忧患意识和爱国情感。

"战国时代重演论"既体现出民国保守主义者的世局观,也体现出他们的

---

① 林同济.战国时代的重演[J].战国策[昆明1940],1940(1):5.
② 林同济.从战国重演到形态历史观[N].大公报[重庆版],1941-12-3(4)[副刊《战国》第1期].
③ 雷海宗.历史的形态——文化历程的讨论[N].大公报[重庆版],1942-2-4(4)[副刊《战国》第10期].
按:该文的文前有按语:"历史形态学在学术上与民族实际文化改革上的重要性,本刊曾经提及。雷先生此文可与第一期林同济先生《从战国重演到形态历史观》参照。本文系国立云南大学政治经济系主办之'现代思潮十讲'中之一。先为刊载于此。——编者".
④ 雷海宗.三个文化体系的形态——埃及•希腊罗马•欧西[N].大公报[重庆版],1942-2-25(4)[副刊《战国》第13期].
按:该文的文前有按语:"形态历史观,由林同济与雷海宗两先生在第一期与第十期分别作过大同小异的发凡。本篇是雷先生一篇'例证'之作。本刊不久尚要发表雷先生《独具两周的中国文化》一文,警醒之外,或更可予我们民族以鼓舞。——编者".
⑤ [丹]扎哈维[D. Zahavi].胡塞尔现象学[M].李忠伟,译.上海:上海译文出版社,2007:30.
⑥ [丹]扎哈维[D. Zahavi].胡塞尔现象学[M].李忠伟,译.上海:上海译文出版社,2007:31.

历史观,而类似这一论断的观点,其实早在晚清时期就曾有人申说过。然而,当"战国策"派在1940年4月首次公开提出更为明确而深刻的"战国时代重演论",并全面而深入地阐发其"战国时代重演论"时,批驳之声纷至沓来。如《荡寇志》编者于当年10月就批评道:"有些所谓'教授们'把中日战争看作'战国'重演的一个镜头",这根本就是"不能摆脱'历史僵化观'而看不透"[①];而胡绳则于翌年元旦讥讽道:这完全就是"躲在大后方、教书吃饭办刊物的教授们的口里"的"梦话"[②],已然丧失了理性。直至新中国成立以后,"战国时代重演论"也时遭批判。平心而论,人们若能抛弃先入为主之念,暂时地中止判断,再回到民国保守主义者生活的特殊场域中,就可以发现"战国时代重演论"其实颇具历史意义。"战国时代重演论"蕴含着一个比喻,而这一比喻的成功与否或恰当与否并不在于本体与喻体之性质的相似程度,而在于其对提点国人树立正确的世局观和战斗观方面所起到的积极作用。尤其是"战国策"派阐发的"战国时代重演论"中关于"歼灭战"的论述,犹如一颗重磅炸弹,极为直接而猛烈地击碎了一部分国人那不切实际的和平幻想(包括以和谈的方式解决日本侵华战争等)。不容否认,"战国时代重演论"这一理论的诞生在客观上也多多少少地激发了国人的战争意识,尤其是抗战意识,而"战国策"派等民国保守主义者阐发并强调"战国时代重演论"的初衷也恰恰在此。当然,从当代的角度反观"战国时代重演论",也确实可以发现其中存在着一些局限甚或错误,例如"强国灭亡弱国,世界走向一统"之说就过于主观臆断和不切实际,并且时至今日也尚未实现。但"战国时代重演论"毕竟是民国保守主义者之强烈爱国情感的自然迸发,其在当下语境中也颇富启迪意义:至少提醒着身处和平年代的当代国人仍要时刻保持战争意识,铭记"居安思危"的至理名言。

第二节　国力孱弱危机

当鸦片战争的炮火骤然轰开古老中国长期闭锁的大门之后,被迫睁眼看世界的国人既最为直接地为西方列强的坚船利炮所猛烈震慑,又相对间接地为充斥战争的纷乱世界所强烈震撼。就世界局势而言,当时的世界已俨

---

① 佚名[《荡寇志》编者].荡寇战论[J].荡寇志,1940(2):30.
按:该文的文后附注"二十九年十月五日"(1940年10月5日)。
② 胡绳.论反理性主义的逆流[J].读书月报,1941,2(10):468.

然就是"既大且新之又一'战国'时代"①,因为强国吞并弱国、大国侵略小国的战争剧时时刻刻都在上演着。就中国局势而言,当时"欧美挟其'新战国'之新势力,接踵东来,益以日本崛起于海上"②,而这些"欧洲和其他各洲的新战国,用新式武装侵入中国,要通商、要传教、要割地、要赔款、要驻兵、要派遣使领、要特划租界、要领事裁决权、要协定关税、要建筑铁道、要开掘矿产、要开设工厂、要自由航行内河、要划定势力范围"③。鸦片战争开启了中国的近代史,而中国的近代史又全然是一部充满屈辱的反侵略斗争史。事实上,近代以来的中国陷于长期而艰难的反侵略斗争(尤指反侵略战争)之中而不能自拔。相应地,救亡运动虽屡遭挫折却从未间断。虽然中国近代史上的第一批救亡志士——"洋务"派那种治标不治本式的"自强""求富"之举,终究未能实现"以夷攻夷""以夷款夷"而"师夷长技以制夷"的美好愿望,但洋务运动的失败促使后来的救亡之士及时地转向政治变革(包括政治改良、改革、革命)。从戊戌变法到辛亥革命,政治变革逐步被推至巅峰,可惜的是中国依旧没有摆脱国疲民贫、异国入侵的困境,乃至于民国时期都一直有人呼号"积弱迄今,国几不国"。但是,大凡有识之士都早已清醒地认识到,战争从来都是力量的角逐,而两国之战更是交战双方各自综合国力的血拼,所以"国家的盛衰强弱,是由国力酿造而成"④。进而言之,中国欲求外御强敌,则必需内植国力。正因如此,面对异国入侵,晚清以来前赴后继的救亡之士都矢志不渝地朝着内植国力的明确方向努力前行,并表现出正确的以力御侮的力量观。只不过,在不同的历史阶段,救亡之士对国力的理解有所不同,而晚清以来的救亡运动也就相应地经历了从学习西方科技到兴办民族工业再到改革政治制度的渐次深化。

一、力量观的转向

正如"醒狮"派的余家菊所言:"一国国民应当相信本国国力终有振作强盛之一日,失掉这种信仰,便是失掉了国民的自信心,那个国家的前途,便危

---

① 陈启天.序[M]//陈启天.中国法家概论.上海:中华书局,1936:1.
按:该文的文后题署"中华民国二十五年五月七日陈启天自叙于上海寄庐"(其中的时间即 1936 年 5 月 7 日)。
② 陈启天.序[M]//陈启天.中国法家概论.上海:中华书局,1936:1.
③ 陈启天.自叙[M]//陈启天.新社会哲学论.重庆:商务印书馆,1944:1.
按:该文的文后题署"中华民国三十二年八月黄陂陈启天自叙于巴县人和乡寄园中国文化研究所"(其中的时间即 1943 年 8 月)。
④ 余家菊.国力之渊源[J].国论[上海 1935],1935,1(2):1.

险了。"①民国保守主义者从来都极富民族自信和民族自尊,所以他们自始至终都坚信中国之国力终有振兴、强盛的一天。正因如此,他们即使在抗战最艰难的时期,也仍然"相信长期抗战的结果,最后胜利一定在我"②。不过,一国之综合国力的增强既需要以健全且适宜的政治体制为依托,同时又需要以繁荣并发达的经济状况为基础。所以,他们基于前人的求索经验,同时鉴于清朝的覆亡结局和民国的立足未稳,曾对政治和经济都展开过更为丰富和深入的研究。就政治层面的研究而言,评议政治制度的"甲寅"派、具有政党背景的"醒狮"派、力主"大政治(High Politics)"之说③的"战国策"派自不必赘言,就连一向埋首象牙塔而几乎不过问政治的"学衡"派,也不免在其创办的《学衡》、《大公报》(天津版)副刊《文学》、《国风半月刊》和《国风》(南京1932)、《思想与时代》等报刊中,或多或少地透露出对政治的关注和思考,并力主文学创作应该"以国家政治及国民生活为创造之材料、为研究之对象、为批判之标准"且图"裨益政治"④,至于"现代新儒家"派的张君劢,对政治更是极为关注且深入研究。事实上,深受传统儒家"治国平天下"思想影响的民国保守主义者,其言行终究超脱不了政治的羁绊,更何况救亡图存在很大程度上恰恰就是一个政治命题。不过,一般的民国保守主义者所明言的政治往往仅限于贪污受贿、卖官鬻爵、阿谀逢迎等浅层的政治腐败一隅。但是,"甲寅"派的章士钊、"现代新儒家"派的张君劢、"醒狮"派的陈启天、"本位文化"派的萨孟武、"战国策"派的何永佶等人,都堪称政治家或政治活动家。他们一方面大多都有从事政治活动的经历,另一方面又精研政治理论,对民主、独裁的不同政治体制的优劣辨析有着丰富而深刻的见解。作为上层建筑的政治奠基于经济基础,所以"现代新儒家"派的梁漱溟说"谁对于中国经济问题拿不出办法来,谁不必谈中国政治问题"⑤。其实"治国平天下"中也蕴藏着改善生活、建设经济的意味,而民国保守主义者对经济也是论述

---

① 余家菊.再论国力之渊源[J].国论[上海 1935],1935,1(4):2.
② 国论社同人.我们对于抗战的认识和信念[J].国论[成都1938],1938(1)["创刊号"]:5.
③ 佚名[林同济、雷海宗、陈铨].本刊启事(代发刊词)[J].战国策[昆明 1940],1940(2):1.
何永佶.论大政治[J].战国策[昆明 1940],1940(2):2-7.
洪思齐[洪绂].释大政治[J].战国策[昆明 1940],1940(10):1-5.
按:《释大政治》登载于《战国策》(昆明 1940)1940 年 8 月 15 日第 10 期第 1-5 页,此后又登载于《战国策》(上海 1941)1941 年 3 月 15 日第 1 卷第 3 期第 185-189 页.
④ 佚名[吴宓].本副刊之宗旨及体例[N].大公报[天津版],1928-1-2(5)[副刊《文学》第 1 期].
⑤ 梁漱溟.冯著《从合作主义以创造中国新经济制度》题序[M]//梁漱溟.中国民族自救运动之最后觉悟.北平:京城印书局,1932:255.
按:该文为《丹麦教育与我们的教育》文后的补白,其文后题署"十九年六月廿四日漱溟识"(其中的时间即 1930 年 6 月 24 日)。

颇丰。这其中,"本位文化"派的武堉干、"战国策"派的谷春帆等人侧重于宏观经济研究,而"甲寅"派的章士钊、"现代新儒家"派的梁漱溟等人则侧重于微观经济研究,并尤重农业建设。值得一提的是,章士钊的"以农立国论"极具特色和影响,而梁漱溟则更曾躬身实践乡村建设。健全、适宜的政治体制以及繁荣、发达的经济状况能够极大地提升一国的综合国力,而民国保守主义者探寻救亡之道其实并不仅限于政治和经济,还兼及教育、科技、卫生等多种层面。

客观而言,晚清救亡之士对政治、经济以及教育、科技、卫生等内容都有所研究其或践行,只不过他们没有像民国保守主义者那样对之展开全面、深入的研究以及细致、持久的实践。但从另一个角度而言,这又说明民国保守主义者还是沿袭了晚清以来的内植国力的方式,也即在根本上秉持着与晚清救亡之士一样的力量观——聚焦于政治、经济、教育、科技、卫生等外在事物。然而,一切的努力似乎也只换来反复的政治体制、颓萎的经济现状、贫苦的社会生活。于是,民国保守主义者不得不另觅他途。在"相信中国的前途只有一条路,就是中国国民自强自救自新自奋的路"①这一根本信念的基础上,他们试图从改造国民思想角度焕发国力,即试图以启蒙思想的形式裨益救亡图存的目的。这其实意味着,他们的力量观的落脚点,已开始从人以外的外在事物转向人自身的内在思想。由此,他们认为内植国力的成功与否,在根本上取决于国人的举措是否得当,而国人的举措又受其思想指导。若国人的思想不合时宜或根本错误,其举措也必将失当,并最终危及本己在严酷的世界局势中的生存和发展。这其实又意味着,他们在探索救亡图存之道时,遵循"行有不得者,皆反求诸己"的内省逻辑思维。这一内省逻辑思维奠基于两个层面而具有双重的反归本己的内省意义:一方面是就国家与国家的角度而言,从国外之"外患"转向国内之"内忧";另一方面是就国人的心理与行为的角度而言,从外在行为转向内在心理。依据现象学理论,只有反归本己的内省逻辑思维才是实现本质直观的唯一方式,而依据唯物哲学理论,这种反归本己的内省逻辑思维又显得太过唯心。但是,无论其能否寻获现象本质,也无论其是否唯心,包括民国保守主义者在内的绝大多数民国救亡之士(除典型的政界、军界、科学界等人士外),最终都选择了改造国民思想一途以求国家和民族的生存与发展。

可是,当民国保守主义者将内植国力的希望寄托于国人的本己奋斗之

---

① 常燕生[常乃惪].除三害[J].国论[上海1935],1935,1(6):1.
按:该文的文后附注"二十四年,十一月,廿九,太原"(其中的时间即1935年11月29日)。

时,他们又蓦然发现许多国人在无意识中都贯彻着以德感人和以德服人的"德感主义"思想,即天真而乐观地认为抽象又崇高的道德可以防范甚或制止野蛮异国的入侵,"新战国时代"的严峻危机根本不存在,割地赔款以求和解的晚清故事还可以再续,最终则完全否定了内植国力的存在意义,彻底抛弃了本己奋斗的现实努力。显然,国人这种自我陶醉又妄自尊大的"德感主义"思想和行为,不但不合时宜,还根本错误。民国保守主义者深切地认识到,国人在这种以德感代替力抗的错误观念或错误认识的主导下,势所必然地会消解力的意义、鄙斥力的存在,于是以身饲虎而死无葬身之地的可怜又可悲之结局将不可避免。由之,他们产生关于"德感主义"盛行以致国力孱弱危机出现的意向,即关于国力孱弱危机的意向。在这个意指性意向经验中,意向内容是"德感主义盛行论",而作为意向内容两大构件之一的"意向性质料"显然是"德感主义盛行"。鉴于日本大举侵略中国且妄图灭亡中国的残酷现实,民国保守主义者对"德感主义"及其盛行表现出强烈的反对态度,几欲除之而后快。所以,在关于国力孱弱危机的意向中,"意向性特质"显然就是完全的"否定"。至于作为意向对象的"德感主义",也确实存在,并根植于源远流长的传统文化之中。

"战国策"派的林同济曾撰文指出:"德感观念,中国最初的文献里,本来已略见端倪。把它充分地发扬传播而成为一种民族信念的,那是儒家之功。"[①]在林同济看来,德感观念的诞生固然早于传统儒家思想的面世,但传统儒家思想承继了前人的德感观念并将之广泛传播。在此基础上,林同济还更进一步地指出,极力宣扬德感观念并使之产生极大影响的儒家之士,恰恰是被尊奉为"亚圣"的孟子:"他看不惯韩非子所称'当今争于力'那样战国作风,于是乎对了齐宣王高谈一套王道霸道的不同,硬把以[②]'以力服人'与'以德服人'对衬,极力恭维'以德'手段的高明。"[③]应该说,传统儒家主张崇仁尚德是毫无疑义之事,可传统儒家崇仁尚德未必就意味着传统儒家标举"德感主义"。具体到孟子,他虽然主张"以力服人者,非心服也,力不赡也;以德服人者,中心悦而诚服也"[④],也确实有"恭维'以德'手段的高明"的

---

① 林同济.力![J].战国策[昆明1940],1940(3):4-5.
按:该文登载于《战国策》(昆明1940)1940年5月1日第3期第1-7页,此后又改文题为《力》,登载于《战国策》(上海1941)1941年2月15日第1卷第2期第67-74页。
② 原文如此,此处疑衍一"以"字。
③ 林同济.力![J].战国策[昆明1940],1940(3):4.
④ 阮元,审定.孟子注疏解经卷第三下:公孙丑章句上[M].卢宣旬,校.赵岐,注.孙奭,疏//阮元,审定.重刊宋本十三经注疏附校勘记:重刊宋本孟子注疏附校勘记.清刻本.南昌:南昌学堂,1816(清嘉庆二十一年):1.

意味,但这并不足以代表孟子在任何时候都无视具体的客观现实而一味地主张以德服人、排斥以力服人。不过,一个不容否认的客观事实是,传统儒家的崇仁尚德思想(包括以德感人、以德服人之说)在很多时候往往都被国人(主要指"德感主义"者,也包括一些传统儒家学者)曲解,进而被异化为"德感主义"。在民国保守主义者看来,作为"几千年来支配了我们中国人的道德生活的最有力量的传统观念之一"①的"五伦"观念,是"德感主义"的一大理论源泉。"现代新儒家"派的贺麟曾指出"五伦"观念蕴含着普爱思想:"此种普爱,一方面可以扶助善人,鼓舞善人,一方面可以感化恶人于无形。普爱观念之最极端的表现,见于耶稣'无敌恶''爱仇敌'的爱训。盖如果你既然抱感化恶人的襟怀,你又何必处于与恶相敌对的地位呢?你既与恶人佔在②你死我活的敌对地位,你如何能感化恶人呢?必定要超然处于小己的利害,世俗善恶计较之外,方可以感化恶人。能感化恶人方能转化恶人。"③客观而言,"五伦"观念中的普爱思想在维持人际关系之和谐、稳定的层面具有一定的积极意义,但这种普爱思想又很容易被极端化为爱敌思想。虽然说,"爱仇敌之教,完全是不从政治军事或狭义的道德立场说法",反而"大都是站在宗教的精神修养的观点来说",但若"从军事政治道德的立场言,须忠爱国家,须报国难家仇,须与敌人作殊死战"④。然而,在面临现实的异国入侵之际,部分国人忘却了"忠爱国家""报国难家仇""与敌人作殊死战"等"军事政治道德",甚且表现出一种虽然崇高,却根本毫无意义的宗教情怀——将普爱思想极端化为爱敌思想,并不由自主地认为"最伟大的征服是精神的征服,而真正的最后胜利(易经上叫做贞胜)必是精神的胜利,惟有具有爱仇敌的襟怀的人,方能取得精神的征服或贞胜"⑤。于是,对极端化的普爱思想的实现以及对不现实的精神胜利的追求,就构成了"德感主义"的主要内容。陈启天、余家菊和李璜等"醒狮"派成员曾从政治和教育的角度阐释"德感主义"的历史渊源,从而表达了与贺麟、林同济等人相一致的观点。陈启天指

---

① 贺麟.五伦观念的新检讨[J].战国策[昆明1940],1940(3):27.
按:该文登载于《战国策》(昆明1940)1940年5月1日第3期第27-37页,此后又登载于《战国策》(上海1941)1941年2月15日第1卷第2期第88-100页。该文的文前有按语:"重新估量我们的文化传统,是抗战路程上日加迫切的必须工作。贺先生本文主张由所谓'本质'上,来检讨五伦观念,甚有特见。其所论列各点,足以引起商谈兴趣之处甚多。我们希望关心国家文化思想前途的人们,参加讨论。——编者"。
② 原文如此,"佔在"疑为"站在"之误。
③ 贺麟.五伦观念的新检讨[J].战国策[昆明1940],1940(3):32.
④ 贺麟.五伦观念的新检讨[J].战国策[昆明1940],1940(3):32.
⑤ 贺麟.五伦观念的新检讨[J].战国策[昆明1940],1940(3):32.

出,中华民族历来都深受传统儒家的崇仁尚德思想的影响,以致其在政治上采取的"对外斗争的方法"也往往都是"儒家所说'礼让'和'怀柔'的方法"①。不难看出,这种"礼让"和"怀柔"的方法即"德感主义"的方法,而陈启天的论断则无疑意谓"德感主义"源出于传统儒家。余家菊的观点与陈启天的认识如出一辙,如余家菊曾说"中国立国,素重怀柔远人,抚绥万方"②。与陈启天、余家菊的见解有所同又有所不同的是,李璜对"德感主义"之历史渊源的探讨,虽也基于传统儒家讲究"礼让"的崇仁尚德思想,却不仅限于它的政治意义而偏重其教育意义。他曾指出,中国的政治一向讲究相安无事,而相安无事的关键又在于"不争"和"礼让",于是"中国旧教育一向的方针是教人礼让":一方面,"对于在上而有权利③的治者,教以保民,教以养民,教以利民,总括一句,教之勿滥用其权力,而事事忍着铁腕一点";另一方面,"对在下的被治者,则教之以恭顺,教之以服从,教之以忍,总括一句,教之以强权不可抗,事事宜忍痛退避,而勿撄其锋"④。李璜所说的中国之"旧政治"和"旧教育"都深富传统儒家色彩,而他所谓的"不争"和"礼让"又是"德感主义"的具体表现之一。所以,在李璜看来,"德感主义"也是源出于传统儒家思想。从这些角度而言,"德感主义"确实与传统儒家或传统儒家思想存在着千丝万缕的关系,而其盛行也是如此。

需要特别强调的是,民国保守主义者虽极力反对"德感主义",却并不完全反对传统儒家的崇仁尚德思想(包括以德感人、以德服人之说)。"东方杂志"派的杜亚泉、"学衡"派的吴宓、"甲寅"派的章士钊等早期民国保守主义者是如此,而始终致力于复兴传统儒学的"现代新儒家"派成员则更是如此。这主要是因为,"德感主义"虽很可能确实源出于传统儒家的崇仁尚德思想,却并不完全与之等同。传统儒家的崇仁尚德思想既应用于维系人际关系或处理人际关系,也应用于维系国际关系或处理国际关系。但是,"德感主义"将传统儒家的崇仁尚德思想在维系国际关系或处理国际关系方面的作用无限放大,一厢情愿地以和为贵,从而导致不切实际的和平主义及无所顾忌的投降主义。换言之,"德感主义"其实是传统儒家的崇仁尚德思想被无限泛

---

① 陈启天.国防中心论[J].国论[上海1935],1936,1(9):10.
② 余家菊.论中国文化[J].国论[重庆1938],1939(14):232.
按:该文的全文连载于《国论》(重庆1938)1939年1月30日第14号229-233页、3月3日第15号第235-238页(文后附注"二八,一,二十九",即1939年1月29日)。
③ 原文如此,"权利"疑为"权力"之误。
④ 李璜.中国民族失败的原因及其责任[J].国论[上海1935],1935,1(3):7.
按:该文的文后附注"民国二十四年九月五日在由沪赴汉的民权轮船中"(其中的时间即1935年9月5日)。

化后的极端表现形式。所以,民国保守主义者极力反对的"德感主义",充其量只是泛化甚或异化了的传统儒家的崇仁尚德思想,而并非完全意义上的传统儒家的崇仁尚德思想。

二、力量观的反思

民国保守主义者,尤其是"战国策"派和"醒狮"派等活跃于抗战时期的民国保守主义者,终究在很大程度上将当时盛行的"德感主义"归咎于传统儒家或传统儒家思想的滥觞,并竭力反对和批判"德感主义"。从现象学的角度而言,民国保守主义者对"德感主义"的反对和批判意味着他们对"德感主义"有所反思(德语"Reflexion",英语"reflection")。"被反思到的经验并非当我开始关注它的时候才开始,它不仅仅是作为仍然存在的被给予,并且也是,而且主要地是作为已经存在的被给予",而"当反思开始的时候,它开始把握到某种刚刚消逝的东西,即被反思到的行为的驱动性阶段",至于"这个阶段之所以能够被随后的反思主题化,是因为它并不消失,而被保留在滞留里"①。反思所得的经验(亦即反思所得的内容)并不是反思者主观臆造的产物,而是一种客观的实在存在。这些经验即使曾一度被人忽略或遮蔽,也仍然悬停于时间之中而无法被否认其存在。民国保守主义者反思的"德感主义"是否确实根植于传统儒家思想可姑且悬置不论,但当时一部分国人的脑中确实存在着他们描述的那种"德感主义"思想。诚然,也不能说"德感主义"一无是处,完全是一种消极、错误的思想观念或思想认识,但他们意欲反思的恰恰是"德感主义"的危害性。"德感主义"的危害性一如"德感主义"本身一样,曾一度被有意无意地忽视、遮蔽,但他们又是确然存在的客观事实——任凭时间的流逝也永远无法否认其存在。此外,"反思并不是一种独特的(sui generis)行为,它不是从无中出现,它像所有的意向性活动那样,预设了动机(motivation)"②,而民国保守主义者在反思"德感主义"的时候,恰恰也预设了一种反思动机,即通过阐释"德感主义"的消极性和错误性来揭示"德感主义"的危害性,最终则试图提醒国人纠正补偏。

显然,一部分国人对"德感主义"的支持和贯彻,意味着他们在面对冲突,甚至于在面对战争这种巨大冲突的时候,必将时刻秉持着息事宁人的态度而一味奢望化干戈为玉帛、化戾气为祥和。正是在这种"德感主义"的熏

---

① [丹]扎哈维[D. Zahavi].胡塞尔现象学[M].李忠伟,译.上海:上海译文出版社,2007:93.
② [丹]扎哈维[D. Zahavi].胡塞尔现象学[M].李忠伟,译.上海:上海译文出版社,2007:92.

陶之下,"我国民自古迄今,皆倾向平和主义"①。乍看起来,"德感主义"表现出的尚德、尚和的思想观念和行事作风似乎并无不当之处,反而因为有助于消弭冲突甚或战争而应受到褒扬。但是,"德感主义"并不仅仅主张人们"'应当'以德感人,乃是进一步的肯定,相信德'必定'感人",从而"把'应当有'的(What ought to be)武断地认为'必定有'(What is)"②。应该说,主张以德感人并无不可,然而坚信德必感人(包括感化入侵之敌),则不但有自欺欺人之弊,还会危及本己的生存和发展。在民国保守主义者看来,当冲突扩大为战争,更深化为那种惨绝人寰的"新战国时代"的国际之战时,依然以宗教情怀坚守"德感主义"的中华民族将无异于自取灭亡。为了进一步阐发"德感主义"的危害性,他们还从主观意识和客观现实之间存在着的辩证互动关系的角度加以申说。"战国策"派的林同济指出:"道德头脑的倾向都是要拿我们主观所定的'应当有'与'不应当有'来观察,评量,解释宇宙间的'有'与'不有'。结果所及,乃发生两种逻辑上的错误,其为害实多方而无穷的。(一)把主观的价值,引伸到纯客观的事实里。——一个纯客观的现象,本无所谓善,无所谓恶,而我们却必定拿着道德的眼光来评定个'应当有'与不'应当有'。(二)把主观的价值,即当做客观的存在。——不管客观上是果'有'与否,但若主观的理性或情感认为'应当有'或'不应当有',我们便相信事实上是'必有'或'必无'。前者的结果是错解真象,后者的结果是失丢现实。道德头脑,太注重了主观的价值,势是要向'反现实'的路径上走的。"③从辩证唯物主义的角度而言,事物的发展各有其特定的规律而并不以人的主观意识为转移。因此,仅凭人的主观意识来臆断客观事物之发展方向的行为就是"反现实"之举,并且势所必然地会遭到客观现实的无情反击。在民国保守主义者看来,"德感主义"者往往就深陷于这种"反现实"的泥潭之中而懵然不自知,并相应地产生两种对人对事的错觉:"(一)总喜欢误把主观的期望当为客观的事实;(二)不合期望的事实,便硬认它为不存在。"④对于当时的国人而言,前者最主要地表现为天真地以为德能够服人,并不切实际地奢求他国的对华援助;后者则最为集中地表现为想当然地贬斥力的意义,否认"新战国时代"已赫然降临的世界局势。

早在民国初年就有相当一部分国人颇为想当然地认为:中国的地大物博,注定世界各国与中国之间存在着一种共生共存的紧密关系,只要中国在

---

① 伧父[杜亚泉].国家自卫论[J].东方杂志,1915,12(4):1.
② 林同济.力![J].战国策[昆明1940],1940(3):5.
③ 林同济.力![J].战国策[昆明1940],1940(3):6-7.
④ 望沧[林同济].演化与进化[N].大公报[重庆版],1942-4-29(4)[副刊《战国》第22期].

处理国际关系时一直符合道德,就绝不至于同其他国家发生冲突,更遑论战争。他们甚至不无乐观地假设:"其有怀抱野心,以侵掠吾领土,攘夺吾政权者,不过自冒当世之不韪,以损其国家之名誉,堕其商业之利益而已。即使吾国一时受其屈辱,而如此侵略主义之国家,势必为世界之公敌。亚历山大帝也,拿破仑第一也,其武力足以镇伏一时,然不旋踵而败。盖好战之国民,终遭破灭。"①这种认识颇能混淆视听、迷乱人心,实际上却存在着本末倒置的根本性错误。诚如"醒狮"派的曾琦所言:"道学虽盛,何补南宋之亡?玄理纵高无救东晋之乱!向黄巾而讲孝经,对虎豹以谈仁义,适个形其迂拘,曾何裨于国是?"②道德在约束国家行为方面固然具有一定的积极意义,但若比之于国家利益,则显得微不足道。至于以本国之德行感化他国以消弭冲突甚或战争之说,则更无异于天方夜谭。"东方杂志"派的杜亚泉曾鉴于"一战"前后的世界局势,言简意赅地论道:"国际无正义,固不能执伦理以定其是非。顾伦理可以不言,而利害则不可不计。"③无独有偶,"醒狮"派的陈启天在历经"二战"之爆发及抗战之灾难后,也有如出一辙的论说:"近代世界决不是梦想家所幻想的大同世界,也不是外交家所称颂的国际和平世界,更不是野心家所用为掩饰侵略的世界主义或国际主义世界。近代世界只是许多分立的国家,竞用战争的方法,以图自己的生存发展而已。"④地大物博的中国与其说是他国的保护对象,倒不如说是他国的掠夺对象,因为与其同中国共生共存,倒不如完全灭亡中国、完全据有中国。可想而知,一旦有某国侵略中国,其余各国不会作任何道德方面的考虑,只会基于本国的国家利益

---

① 伧父[杜亚泉].国家自卫论[J].东方杂志,1915,12(4):4.
② 佚名[曾琦].中国青年党发起宣言[J].国论[成都1938],1938(19):7.
按:该文附于柳下所撰《十五年来的中国青年党》的《三 中国青年党的建立》之后,登载于《国论》(成都1938)1938年6月25日第19期第7-8页,此后又登载于《国光》(长沙1938)1938年7月9日第11期第18-19页(总第214-215页)。《十五年来的中国青年党》连载于《国论》(成都1938)1938年6月4日第16期第6-8至7月9日第21期第7-8页,此后又连载于《国光》(长沙1938)1938年6月19日第9期第17-20页(总第173-176页)至7月29日第12期第19-20页(总第235-236)。《国论》(成都1938)和《国光》(长沙1938)各期所载之文的文题之左都有内容相同但文字略有差异的按语,其中《国论》(成都1938)第16期所载之文的按语为:"中国青年党过去因政治关系,十五年来所有的活动多系秘密性质,除平素留心政治的人以外,普通国民仅知有国家主义派,而不知其详细历史及主张,自与蒋汪往来书信发表之后,中青已取得合法公开地位,本刊特约柳下,同志,将中青过去十五年来奋斗的经过,择要撰长文发表,自本期起连续揭请读者注意。"后来,《中国青年党发起宣言》还附于柳下所撰《中国青年党的建立》的文后,被收录到成都的国魂书店于1941年12月出版的柳下编所著《十八年来之中国青年党》第17-20页;又改文题为《中国青年党建党宣言》,被收录到台北的文海出版社有限公司(疑于1971年)出版的沈云龙所辑《曾慕韩(琦)先生遗著(附曾母宋太夫人诗稿)》第7-8页(总第51-52页),且文后附注"中华民国十二年十二月二日于巴黎"(其中的时间即1923年12月2日)。
③ 高劳[杜亚泉].金权与兵权[J].东方杂志,1918,15(5):3.
④ 陈启天.新战国时代的世界[J].国论[成都1940],1940(13)["复刊第十三期"]:2.

决定其是否对中国施以援手，而即使其最终参战也并不必然地就会偏向符合道德的中国一方。但是，"德感主义"者无限放大了"德"以及"德感"在调节国际关系方面所能起到的积极作用，并为之所蒙蔽。正因如此，在"一战"结束后，"德感主义"者普遍认为"华府会议①成立九国公约，保障我国领土完整，主权独立；在日内瓦则成立国际联盟会②，以后又有'非战公约'"来维持国际秩序，此外还有"一般缺乏政治实力的英美学者高唱国际和平，反对战争，反对传统的唯实外交 Realpolitik"，于是"我国新起的知识阶级——士大夫的承继者——听了这些外国书生的议论，又读了九国公约，国联盟约，非战公约的条文，如同得到护身神符就觉得中国很安全了"，甚至"觉得富国强兵的政策是很'落后'的，反动的，只要内行民主，外有国际公法和国联保护，中国就可立国于世界了"③。殊不知，"国际政治最严重的问题，是怎么样以力来平衡力"④，而一切的外交其实都以"黑铁"和"赤血"⑤为支撑。显然，对于弱国而言，根本不存在什么真正有意义的外交。也正因如此，"醒狮"派的常乃惪说："日本人对我们讲王道大同，俄国人对我们讲无产阶级联合，英国人法国人对我们讲国际和平，信赖国联，他们的目的都是一样，都是希望中国人

---

① "华府会议"即华盛顿会议（Washington Naval Conference），其起止时间为1921年11月12日至1922年2月6日。华盛顿会议指的是巴黎和会后美、英、法、日、意、荷、比、葡和中国等九个国家的代表在美国首都华盛顿哥伦比亚特区召开的国际会议，其主要议题有二：一是限制海军军备问题（解决美、英、日等国之间激烈的海军军备竞赛），二是东亚和太平洋地区问题（协调帝国主义国家在东亚和太平洋地区特别是在中国的利益冲突）。1921年12月13日，美、英、日、法四国签订《关于太平洋区域岛屿属地和领地的条约》，即《四国公约》（Four-Power Treaty）。1922年2月6日，美、英、法、意、日五国签订《美英法意日五国关于限制海军军备条约》，即《五国公约》（Five-Power Treaty）。同日，与会九国签订针对中国问题的《九国关于中国事件应适用各原则及政策之条约》，即《九国公约》（Nine-Power Treaty）。华盛顿会议实际上是帝国主义国家安排"一战"后东亚和太平洋地区之秩序的分赃会议，而作为华盛顿会议之决议的《四国公约》《五国公约》《九国公约》则是帝国主义国家重新瓜分东亚和太平洋地区的真实记录。这些条约重新调整和确立了"一战"后战胜国在东亚和太平洋地区的关系，形成华盛顿体系。华盛顿会议是巴黎和会的继续，而在这两个会议的基础上，"一战"后的国际秩序最终确立，即凡尔赛—华盛顿体系。此后，英、法主宰世界而美、日争夺霸权的格局逐渐形成，同时欧洲作为世界中心的地位逐渐动摇。

② "国际联盟会"即国际联盟（League of Nations），简称"国联"，其起止时间为1920年1月10日至1946年4月18日。根据作为《凡尔赛条约》第一部分的《国际联盟盟约》，"国联"随着1920年1月10日《凡尔赛条约》的生效而宣告成立。"国联"是"一战"后建立的国际组织，先后有63个国家加入。没有签署《凡尔赛条约》的中国于1920年6月29日加入，而同样没有签署《凡尔赛条约》的美国则一直没有加入"国联"。"国联"自成立之初就被少数大国控制，并在实际上成英、法两国维护凡尔赛体系的工具。

③ 洪思齐［洪绂］. 释大政治［J］. 战国策［昆明1940］,1940(10):2.

④ 唐密［陈铨］. 法与力［N］. 大公报［重庆版］,1942-5-27(4)［副刊《战国》第26期］.
按：该文此后又登载于《雍言》1942年7月第2卷第7期第48-53页.

⑤ 钱智修,编纂. 克林威尔［M］. 3版. 上海：商务印书馆,1920:51.
按：引文出自钱智修在该书《第十二章　外交》的文后加注的按语（"批评"）.

赶快消灭了国家民族独立自主的意识,去变做他们的奴隶。"①正如陈启天所言:"国际和平须建立在国防实力之上。没有国防实力做后盾的对外和平,不是屈辱,便是灭亡。两国实力相当,可以谈和平;不然的话,则弱国便时时有被强国侵略的危险。现在世界虽有些国际和平的结构,例如国联等,然毕竟为效甚小,不足真正保障国际和平。最后的结局,还是牺牲弱国,敷衍强国,以维持强国间自己的和平。"②然而,及至"二战"爆发后,当侵华日军的屠刀已经架在中国人的脖子上时,"德感主义"者还是不愿承认"新战国时代"的到来,当然也想象不到"歼灭战"的恐怖。当欧美各国为应付德、意法西斯的侵略战争而应接不暇时,"德感主义"者还是一厢情愿地认为,《九国公约》的签署"应当"能够保障中国的领土完整,"国联"的成立"应当"可以维护中国的主权独立,英、美、法等国"应当"不会坐视日本侵华而必将对华施以援手。诚如"东方杂志"派的钱智修所言,"吾侪生于积弱之中国","国家不能自立,而欲借国际之均势以生存,或强邻之卵翼以为重,皆诬道也"③。在民国保守主义者看来,本来传统儒家"讲仁义,讲道德,讲尧舜,讲谐和,讲大同,充满了'雍雍和和'的气象,无半点'战争意识'"④,而"德感主义"的盛行则更进一步地导致国人战争意识的丧失。显然,在被"德感主义"蒙蔽的国人看来,正义必将战胜邪恶仅仅只是因为"得道者多助,失道者寡助"⑤,直至具体到此次抗战,还天真地以为即使中国无力应战,也会有他国对华施加援手——为正义的中国助战。

"战国策"派的陈铨曾极富辩证性地指出:"政治理想要崇高,但是理想政治却要切实。"⑥在陈铨看来,偏重于未来的政治理想虽然崇高却往往因超越现实而难以实现,反观着眼于当下的理想政治,虽然平实却因切合现实而易于施行。令人痛心的是,"中国的思想界每一个人都充满了政治理想,然而很少的人注意到理想政治",当中国被逼得走投无路时,"乃竟产生了一批冬烘思想家殷勤检出破纸残书,乞灵于尧舜禹汤文武成康孔孟"⑦。可见,

---

① 常燕生[常乃惪].除三害[J].国论[上海1935],1935,1(6):1.
② 陈启天.我国民族性与国际竞争[J].国论[重庆1938],1939(16):249.
③ 钱智修,编译.拿坡仑[M].3版.上海:商务印书馆,1920:21.
按:引文出自钱智修在该书《第四章　征意大利》的文后加注的按语("批评")。该书初版于1919年4月。
④ 何永佶.政治观:外向与内向[J].战国策[昆明1940],1940(1):37.
⑤ 阮元,审定.孟子注疏解经卷第四上:公孙丑章句下[M].卢宣旬,校.赵岐,注.孙奭,疏//阮元,审定.重刊宋本十三经注疏附校勘记:重刊宋本孟子注疏附校勘记.清刻本.南昌:南昌学堂,1816(清嘉庆二十一年):1.
⑥ 陈铨.政治理想与理想政治[N].大公报[重庆版],1942-1-28(4)[副刊《战国》第9期].
⑦ 陈铨.政治理想与理想政治[N].大公报[重庆版],1942-1-28(4)[副刊《战国》第9期].

"德感主义"的盛行致使国人在政治上分不清理想与现实的区别,甚至在生存竞争达到极端尖锐程度的"新战国时代",还依然执迷于以德感人或以德服人。其实,早在民国初立之时,杜亚泉就提醒国人道:"吾人须知国家之存立,为事实的而非理想的。其存立之基础,在武力而不在文治。"①而在全民族抗战爆发前夕,"醒狮"派的左舜生则警醒国人道:"假如我们不具备可以应战的实力,不具备不恤一战的决心,则一切皆成梦呓!"②后来,他又进一步指出,"为实现理想莫忘了现实","假如理想与现实完全脱了节,则理想亦将流为空谈"③。显然,面对日本的步步紧逼,国人不但要分清理想与现实的区别,更应内植国力,尤其是内植武装力量以抗击外侮。但可悲的是,深受"德感主义"影响的部分国人不会去思索富国强兵以自存,因为"德感主义"者在推崇德感的同时也排斥力抗,并视"力"为"不应当有"。林同济曾论道:"一提到'力'字,我们中国人最能够登时义愤填胸,指斥为'万恶之源'——力就是'不道德',就是'残暴'!"④这一论断不无刻薄,却也并不夸张。造成这种全民斥力的畸异的社会意识形态的根本原因,一方面在于"德感主义"者"错解真象"地赋予"力"以恶的属性,另一方面则在于"德感主义"者还"失丢现实"地认为"力""不应当有"。进一步而言,"德感主义"者常常着眼于"德"之所以为善而推导出"力"之所以为恶,同时又往往着眼于"德"之"应当有"而推导出"力"之所以"不应当有",最终推崇德感、排斥力抗。

"德感主义"的盛行不可能是一朝一夕之功,尚德斥力的流传也不可能一蹴而就。其实,这一切都有赖于文字的传播。在文盲遍地的旧社会,文字往往被位居少数的文人(尤指传统儒家文人)所把持。然而,部分文人满口仁义道德,极度"鄙夷武事",只"于笔研间求生活",以至于"班仲升投笔封侯、终子云请缨诣阙"一类的良好社会风气"销歇久矣"⑤。由之,民国保守主义者自然而然地从文人的角度切入研究,生发议论,探寻推崇德感、排斥力抗之风的演展过程。林同济就曾详论道:"文人的策略,是把文与德合,而成为'文德'一名词。把武与力合,而成为'武力'一名词。说起文,则声声是

---

① 伧父[杜亚泉].国家自卫论[J].东方杂志,1915,12(4):3.
② 左舜生.非常时之青年自处与青年指导[J].国论[上海1935],1936,1(7):3.
③ 左舜生.努力与思索(代发刊词)[J].民宪[重庆1944],1944,1(1):1.
④ 林同济.柯伯尼宇宙观——欧洲人的精神[N].大公报[重庆版],1942-1-14(4)[副刊《战国》第7期].
按:该文此前曾登载于《民族思潮》1941年3月12日第1卷第2期第2-5页。两刊所载之文的字句存在多处差异。
⑤ 钱智修,编纂.苏格拉底[M].5版.上海:商务印书馆,1924:14.
按:引文出自钱智修在该书《第四章 从军》的文后加注的按语("批评")。该书初版于1918年9月。

'德'。说起武则摈为暴力。凡德必'仁',所以文人代表'仁'。凡力必'暴',于是武即代表'暴'。仁者爱人,所以文是爱人之道。暴者害人,所以武是杀人之方。文是王道。武乃霸道。本来文人惯于名目联缀的把戏。这一套连珠式的类推法,直滚下去,而武乃成为千古的戒物,力乃成为万事的阻碍。"①民国保守主义者认为,正是在这种"连珠式的类推法"的文字游戏作用下,"力"成为恶的象征,而"反力"则成为合情合理之事。事实上,从逻辑学的角度而言,"文"不必然表现为仁德,而"武"也不一定就会诉诸暴力。但是,文人基于对"文"的维护以及对"德"的崇尚便有意识地将二者合并为"文德",进而将之设定为评判是非的标准,于是"武力"就成为"低下""残酷"的代名词而被文人乃至于整个社会群体所排斥。民国保守主义者其实也是文人群体中的一员,但他们对一部分文人颇为反感,甚至颇为痛恨。"醒狮"派的余家菊曾指斥文人的四大劣习,即"浮夸""脆弱""卑陋"以及"褊狭"②,并认为"此等劣习皆偏重文字训练之必然结果":文人偏重文字训练便会致使文人"习于纸上谈兵,不知世事之艰难,故敢于浮夸;不经实事之琢磨,故流于空疏",亦即"缺少实际的锤炼,故气不充,胆不壮"③。文人既偏重文字训练,自然就会一展其所长而惯于玩弄文字游戏。应该说,民国保守主义者反感、痛恨的并不是文人的知识或见识,而恰恰是文人玩弄文字游戏的行为,因为许多文字游戏往往带给社会乃至历史以严重的消极影响。

民国保守主义者不但揭举玩弄文字游戏的文人在美化"文德"、丑化"武力"的过程中遵循的思维逻辑,还进一步揭示其中潜藏的"德感主义"思想。"力之一事,自他们看去,不但在道德上是'坏'是'恶'。并且在实际上是'无效'是'无用'的。德不但是'好'是'善',并且事实上,实用上是无坚不破无往不服的。认德是最上的力,认力为取败之道。"④"德"是阳春白雪,"力"是下里巴人,而"远人不服,则修文德以来之"⑤,所以文人甚至认为"力""不应当有"。于是,国人往往不由自主而渐成习惯地"把德认作一种百验护符,认

---

① 林同济.论文人[N].大公报[重庆版],1942-6-3(4)[副刊《战国》第27期].
按:该文的全文连载于《大公报》(重庆版)1942年6月3日(第13837号)第4版(副刊《战国》第27期)、10日(第13844号)第4版(副刊《战国》第28期),此前曾登载于《新动向》(昆明1938)1938年7月1日第1卷第2期第42-49页(文后附注"二七、六、二十",即1938年6月20日)。两刊所载之文的字句存在多处差异。
② 余家菊.论国民风度之改革[J].国论[上海1935],1936,1(8):2-4.
③ 余家菊.论国民风度之改革[J].国论[上海1935],1936,1(8):4.
④ 林同济.论文人[N].大公报[重庆版],1942-6-3(4)[副刊《战国》第27期].
⑤ 阮元,审定.论语注疏解经卷第十六:季氏第十六[M].卢宣旬,校.何晏,等,集解.邢昺,疏//阮元,审定.重刊宋本十三经注疏附校勘记:重刊宋本论语注疏附校勘记.清刻本.南昌:南昌学堂,1816(清嘉庆二十一年):2.

作一种脱力量,超力量而存在的力量,而力的本身还成为'无力'"①。显而易见,这种违背事实又颠倒是非的错误认识存在着巨大的隐患,而它导致的最为直接的严重后果,便是造成国人的文弱。正如"战国策"派的林同济所言:"文的'反力'的涵义,逻辑上只有一个结果。文之究也必弱。"②在林同济看来,"德感主义"实际上只是一种"弱者的自慰语,无力者的自催眠"③。国人的文弱一方面会致使国人自我催眠,分不清理想与现实的区别,沉醉于自己营造的迷梦之中而不可自拔;另一方面又会致使国人颓萎不振,既认为现实的一切无需改变,又认为现实的一切无法改变,因而毫无奋斗甚或反抗的自觉意识。"人生最大的可能罪恶是什么?是'颓萎'——衰,弱,腐,僵!万恶有诊法,惟颓萎不可救药。"④在这种强敌环伺、日本犯境的严酷环境中,国人的文弱和颓萎无疑意味着中华民族的灭亡。正因如此,民国保守主义者才一再地大声疾呼:"我们今日不需要和平礼让,我们需要的是斗争,需要一个永远斗争到底的人生观。"⑤可见,民国保守主义者对"德感主义"的盛行忧心如焚,急欲激发国人的奋斗意识和反抗意识。

三、力量观的本质

通过一系列的反思,民国保守主义者揭示了"德感主义"的存在及其危害,但我们仍需考究"德感主义"的本质所在。倘若"德感主义"具有一定的积极意义,那么无论"德感主义"的本质是否取决于"德感主义"的消极危害,民国保守主义者对"德感主义"及其盛行的批判都会显得有失公允,而其"否定"的"意向性特质"也将失之客观。

胡塞尔曾断言人们"能够经验到观念的或者范畴性的对象",甚至还进一步认为人们"能够获得本质(essential or eidetic)洞见"⑥。在胡塞尔现象学中,"对本质的洞见被称为本质直观,因为它是对于埃多斯(eidos)或者说是对于形式的把握",而这便意味着人们"不仅能够直观到(或者说,使之向我们呈现)个体及其特征,而且还直观到事物拥有的本质"⑦。具体到民国保守主义者,他们不但意向到了"德感主义"确实存在,还在论证"德感主义"确实存在

---

① 林同济.论文人[N].大公报[重庆版],1942-6-3(4)[副刊《战国》第27期].
② 林同济.论文人[N].大公报[重庆版],1942-6-10(4)[副刊《战国》第28期].
③ 林同济.论文人[N].大公报[重庆版],1942-6-3(4)[副刊《战国》第27期].
④ 岱西[林同济].偶见[N].大公报[重庆版],1942-5-27(4)[副刊《战国》第26期].
⑤ 常燕生[常乃悳].从奴隶到主人[J].国论[上海1935],1936,1(8):6.
⑥ [丹]扎哈维[D. Zahavi].胡塞尔现象学[M].李忠伟,译.上海:上海译文出版社,2007:34.
⑦ [美]索科拉夫斯基[Robert Sokolowski].现象学导论[M].高秉江,张建华,译.武汉:武汉大学出版社,2009:175.

的基础上,发掘出"德感主义"在认知上无法规避的"错解真象"和"失丢现实"的逻辑错误,即"德感主义"的本质在于"反现实"。可见,他们对"德感主义"的本质有所洞见,即对"德感主义"获得了本质直观。"本质直观是一种特殊类型的意向性,具有它自己的结构"①,而对本质属性的判定则需要通过变更本质或还原本质的方式才能实现。依据胡塞尔现象学理论,如果人们通过本质变更"能够成功地建立一个视域,使对象在其中改变但又不失掉其类型的同一性",那么人们就"获得了一个本质洞见,即本质直观",同时"成功地揭示了组成其本质的不变的结构"②。也就是说,"如果能够把这个对象的一些特征抛弃之后仍然保留该对象,那么由此我们就知道这些特征不属于该事物的埃多斯";"然而,如果碰到某些特征是必须破坏了这个事物之后才能够消除掉的,于是我们就意识到这些特征对它来说就是本质上必要的特征"③。"德感主义"固然具有诸多特征,但其中心是德感,惟德感至上,宣扬以德感人、以德服人,甚至宣扬德必感人、德必服人,在认为以德感人、以德服人"应当有"的同时,又自然而然地视以力相抗为"不应当有"。粉碎或消除这些特征后,"德感主义"显然就不成其为"德感主义"。所以,这些特征就是"德感主义"的"埃多斯",密切关联着"德感主义"的本质。无论德必感人、德必服人"应当有",抑或以力相抗"不应当有",这些都是"错解真象"和"失丢现实"之举。所以,"德感主义"的本质确实就是"反现实"。显然,"反现实"的本质决定了"德感主义"必不能被人有效地运用于应对客观世界的客观事件之中。尤其是在日本全面侵华而中华民族面临生死存亡之抉择的危急时刻,"德感主义"更是遗害无穷:既使国人浮想联翩,又令国人斗志尽失。正因如此,民国保守主义者视"德感主义"为戕害国人的洪水猛兽,并强调只有"把'侵略'这件事当作一客观科学的事实看,而不当作一道德事件看,然后我们才比较善于应付侵略的无情事实"④。在民国保守主义者的申说下,"德感主义"几乎没有任何积极意义可言。由此,民国保守主义者赋予"德感主义盛行"的"意向性质料"以"否定"的"意向性特质"也就显得合情合理了。

在民国保守主义者看来,以"德感主义"的思想和文弱、颓萎的作风应对

---

① [美]索科拉夫斯基[Robert Sokolowski].现象学导论[M].高秉江,张建华,译.武汉:武汉大学出版社,2009:175.
② [丹]扎哈维[D. Zahavi].胡塞尔现象学[M].李忠伟,译.上海:上海译文出版社,2007:35-36.
③ [美]索科拉夫斯基[Robert Sokolowski].现象学导论[M].高秉江,张建华,译.武汉:武汉大学出版社,2009:177.
④ 星客[林同济].鬼谷纵横谈[J].战国策[昆明1940],1940(10):30.
按:该文的文后附注"八月十八日"。

"新战国时代"的世界局势,就是当时部分国人的一种力量观。基于对"德感主义"本质的分析,可以发现这种力量观其实具有两个特征:一是无力,因为力被德所取代;二是斥力,因为力被视为暴虐。所以,无力与斥力的"德感主义"既可以说是一种力量观,又不是真正的力量观。事实上,这不过是一种错误的力量观。应该说,真正又正确的力量观是抛却关于力的道德论争,客观地看待力的实际意义,从容地接受力的正确概念,热烈地追求力的有效增强。"战国策"派的林同济曾指出,当日本悍然发动侵华战争而占据东四省①时,国人"瞠目不解其理,不解为什么在此光天化日之下,在此国联盟约、九国公约、非战公约的森严世界里,竟会有人来犯天下之不韪以破我行政土地的完整",而在惊愕之余又迷梦未醒,"仍在那里梦想欲借公论以克暴力,喊正义以动邻国"②。此时此刻,林同济不无激愤地批判道:"诸凡种种都可说是德化主义的一方面的流毒,都可说是反力轻力的文人看法的收获。"③同时,林同济又不无忧虑地感叹道:"这种有意识或无意识的'德的迷信',究竟如何而可与现代'力的世界''力的文明'挣扎而生存?这确是中国国运攸关的根本问题。"④可见,民国保守主义者力斥"德感主义"的根本原因在于"德感主义"确实流毒甚深、危害极大。也正因如此,他们不禁为"文质彬彬"的中华民族何以应对"力的世界"和"力的文明"而忧心忡忡。

前苏联著名文艺理论家米哈伊尔·米哈伊洛维奇·巴赫金(Mikhail Mikhailovich Bakhtin,1895—1975)指出,对话的产生"在于自我与他人处于不同的时空结构之中,是以自我与他人的差异为前提的"⑤。所以,"时间和空间的具体的整体感决定了个人、时代和艺术作品的主要特征"⑥。虽然民国保守主义者也曾深入到传统儒家思想尚德斥力观念盛行的时代而客观公正地指出,秦汉以后大一统时期的中国社会确实需要尚德的传统儒家而非尚力的传统法家,但他们更多地回归到自己生活的时空,立足于当时的时代特征而强调古今社会迥然相异——"现在不同了:中国已不是'大一统'的'世界',而是在紧张严肃的世界角逐中的一员"⑦。正因如此,他们指出当时的中国社会迫切需要力的支撑,进而呼唤尚力的法家,同时对尚德的传统儒家颇有微词。然而也应该看到,他们斥责的"德感主义"只是他们所谓的"德

---

① 民国时期的"东四省"指奉天(今辽宁)、热河(今分属辽宁、河北、内蒙古)、吉林、黑龙江四省。
② 林同济.论文人[N].大公报[重庆版],1942-6-3(4)[副刊《战国》第27期].
③ 林同济.论文人[N].大公报[重庆版],1942-6-3(4)[副刊《战国》第27期].
④ 林同济.论文人[N].大公报[重庆版],1942-6-3(4)[副刊《战国》第27期].
⑤ 吴承笃.巴赫金诗学理论概观——从社会诗学到文化诗学[M].济南:齐鲁书社,2009:122.
⑥ 吴承笃.巴赫金诗学理论概观——从社会诗学到文化诗学[M].济南:齐鲁书社,2009:123.
⑦ 何永佶.政治观:外向与内向[J].战国策[昆明1940],1940(1):38.

感主义",而并非事实上的传统儒家之崇仁尚德思想的体现。他们所谓的"德感主义"以"反现实"为本质,而传统儒家的崇仁尚德思想是否确实存在着某种意义上的德感主义本就有待商榷,更遑论这种德感主义还以"反现实"为本质。退而言之,即使传统儒家思想确实存在着某种意义上的德感主义,也不一定意味着这种德感主义就具有"反现实"的特性。在真正的传统儒家看来,主体对客体以德报怨是其一贯的作风,而客体对主体以怨报德也可以容忍。传统儒家之德主要强调主体对客体施以仁德,但并不一定希图客体反过来能够同样地对主体施以仁德,即以德报德。更何况,"六艺并肄射御,五材不废兵戎,执干戈以卫社稷"①也是儒者分内之事。事实上,正如"东方杂志"派的钱智修所说的那样:"武力亦儒者卫道之具。清初大儒,如黄梨洲之锥阉党,顾亭林之沉悍仆,皆凛然有武士道风,而颜习斋著书提倡,尤不遗余力。"②应该说,传统儒家的崇仁尚德思想并不意味着德必定感人甚或德必定服人,更不意味着一定就完全贬斥和排斥力以及力的意义。孔子所说的"远人不服,则修文德以来之"也是如此,只是强调主体先修德,再言他。《国语·周语》中的祭公谋父谏周穆王征犬戎之言则表达得更为明确和详细:即使犬戎不归服,周穆王也须先"修意""修言""修文""修名""修德","序成而有不至则修刑"③。也就是说,当客体不归服时,主体先要竭尽所能地检讨、完善本己的品行,然后才可以对依旧不归服的客体诉诸强力。不难看出,在传统儒家的崇仁尚德思想中,德与感之间以及尚德与斥力之间的逻辑关系只是或然的,不是必然的。所以,这种崇仁尚德思想,既不会"错解真象",也不会"失丢现实",自然也就不会误入"反现实"的迷途。但是,面对日益严峻的抗战局势,当时确有不少国人,包括政府官员以及平民大众,怀抱着"反现实"的幻想,执着于抗战的正义与非正义之论,并翘首以盼西方列强的援助或国际组织的调解。客观地说,这种"反现实"之行为的出现与盛行,不能说与传统儒家的崇仁尚德思想完全无涉。也正因如此,不免激动的民国保守主义者又不无武断地认为,传统儒家的崇仁尚德思想意味着斥力,意味着德必定感人甚或德必定服人,以至于以德服人代替了以力服人,而力的地位和意义则荡然无存。在如此这般的言说下,德与感之间以及尚德与斥力之间的逻辑关系是必然的,而且以德感人质变为以德服人,德完全取代了

---

① 钱智修,编纂.苏格拉底[M].5版.上海:商务印书馆,1924:14.
按:引文出自钱智修在该书《第四章 从军》的文后加注的按语("批评")。
② 钱智修,编纂.林肯[M].上海:商务印书馆,1918:17.
按:引文出自钱智修在该《第六章 奕伦诺州之生活》的文后加注的按语("批评")。
③ 佚名.卷第一:周语上[M]//佚名.国语附校刊札记:一.韦昭,注.上海:商务印书馆,1937:2.

力。显然,这种论断不是"文欲如其事"①,而是"事欲如其文"。客观而言,这是因为"时空体在时间和空间的结合展示出世界的整体图式,这里的世界不是客观的物质的集合,而是处于特定时代的人对于进入生命结构的一切事物的理性认知和感性体认"②。主观而言,这是因为民国保守主义者从鼓舞国人抗日救亡之斗志的初衷出发,试图借此不无故意的偏激之论以清除部分国人的畏缩、妥协思想,劝喻这部分国人尚力、尚战。具体而言,民国保守主义是为了批判当时的一些国人"反现实"的行事作风而将矛头指向"德感主义",进而指向传统儒家的崇仁尚德思想。这就如新文化运动时期部分民国激进主义者为了反封建而高举打倒"孔家店"的旗帜,全盘否定传统儒家文化一样,此时传统儒家的崇仁尚德思想在民国保守主义者的笔下,只不过又一次地充当了牺牲品,同时也充当了民国保守主义者警醒国人而使用的一种工具。不过,正如"东方杂志"派的杜亚泉指出的那样:"吾国人欲其国之存立于世界,除以国民之武力,为之保证外,固无他道也。是说也,以急于卫国之故。至忽视治国之必要,虽非立国之正论,而亦救时之良药也。"③

民国保守主义者对"德感主义"乃至于对传统儒家崇仁尚德思想的批判以及对武力的标榜和呼唤,在当时的历史条件下,确有其一定的积极意义。然而,一旦跨越那个特殊的历史时期,这些言论的偏颇之处也就暴露无遗了。

第三节　西化选择危机

从力证"战国时代重演"之危以外抗强敌,到力斥"德感主义盛行"之弊以内植国力,民国保守主义者的救亡之道看似是内外兼攻、双管齐下,实际上是由外而内、由表及里,并且越发趋向于变革国内现状,尤其是注重改造国民思想以焕发国力。民国保守主义者对"德感主义"的批判,侧重于改造国民思想中那种不切实际的以德感人的德感观念,同时促使国人树立正确的以力御敌的力抗观念。这种尚力主张其实是"新战国时代"的必然要求,

---

① 章学诚.卷第五内篇五:古文十弊[M]//章学诚.文史通义.[出版地不详]:东陆书局,1924:9.
按:《文史通义》的扉页之后、章华绂识(无文题,文后题署"道光壬辰十月男华绂谨识"——其中的时间即 1832 年 11 月 22 日至 12 月 21 日之间)之前的一页仅印"民国甲子东陆书局出版江左书林顺记发行"十八个大字。
② 吴承笃.巴赫金诗学理论概观——从社会诗学到文化诗学[M].济南:齐鲁社,2009:124.
③ 伧父[杜亚泉].国家自卫论[J].东方杂志,1915,12(4):3.

同时也是包括民国保守主义者在内的所有民国救亡之士的共同呼声。不过，正如民国保守主义者指出的那样，"新战国时代"这一大争之世不但"争于力"①，更"争以全体"②，而所谓的"争以全体"则是指"动员全民族的人力，财力，智力，文化力"③。"争以全体"必然要求国力的高度整合，而国力的高度整合又深受国人的价值观所影响，因为价值观是人们待人处事的衡量标准和抉择依据。显然，以个体利益为中心的个人主义和以团体利益为中心的集体主义是两种截然相反的价值观，而其对国力整合的影响也截然相反。由此可知，"争于力"和"争以全体"是内植国力的一体之两面，二者分别关联着国人的力量观和价值观。所以，民国保守主义者试图改造国民思想以焕发国力的主张，不仅会聚焦国人的力量观，还会关注国人的价值观。

每一种价值观的形成都颇为复杂，但不可否认，在任何时期、任何场所，生活于社会群体之中的人们，其价值观的形成都会不可避免地受到周遭事物的影响，尤其是深受来源于流行文化的时风世俗的熏陶浸染。一般说来，每一种流行文化的出现都势必致使社会主流文化发生嬗变，并最终导致社会群体的价值观也随之产生变化。具体到民国保守主义者生活的那个特殊年代，自晚清时期中国国门大开以后，整个中国社会就掀起了一股歆慕西方文化、仿习西方文化的狂潮，以致"衣食居住之模仿欧风，日用品物之流行洋货，其势若抉江河，沛然莫御"④。虽然说当时大凡思想开放且有志于救国救民的有识之士也都积极地参与到西化的潮流之中，但绝大多数国人（包括那些有识之士）对西方文化的认识仅仅停留于表面仿习。例如，当时有不少国人视西方文化为人类文明的唯一代表，并认为服色是文明的起点、语言是文明的极轨，于是以为自己只要西装革履，头戴西帽，鼻夹眼镜，手挂手杖，开口洋话，出外坐车（指黄包车、皮蓬车之类的非畜牲车）便可成为深得西方文化之精髓的"文明人"。当然，也有一部分国人确实对西方文化有所了解，但他们又往往在"于新学尚无所得"而仅"掇拾一二牙后慧"之际，便表现出一种盛气凌人的态势，以至于"'三传'束阁，《论语》烧薪，若祖国之旧学，无足

---

① 林同济.从战国重演到形态历史观[N].大公报[重庆版],1941-12-3(4)[副刊《战国》第1期].
② 林同济,讲.民族主义与二十世纪——一个历史形态的看法[N].程国勋,记.大公报[重庆版],1942-6-24(4)[副刊《战国》第30期].
按：该文的全文连载于《大公报》[重庆版]1942年6月17日（第13851号）第4版[副刊《战国》第29期）、24日（第13858号）第4版[副刊《战国》第30期）。
③ 林同济,讲.民族主义与二十世纪——一个历史形态的看法[N].程国勋,记.大公报[重庆版],1942-6-24(4)[副刊《战国》第30期].
④ 伧父[杜亚泉].论社会变动之趋势与吾人处世之方针[J].东方杂志,1913,9(10):2.

当其顾盼者"①。不失客观地说,当时确有一部分国人将西方人的一举一动颂为文明,将西方人的一言一语奉为圭臬。由之,某些别有用心者恶意抨击的中国人的排外之举终于转变为他们汲汲渴望的媚外之极,这不能不说颇具讽刺意味。事实还不止于此,因为这部分国人在狂热崇拜西方文化、盲目仿习西方文化的同时,还对传统文化"盲肆攻击,专图毁弃"②。在那些"心醉欧风,目荧美化"且喜欢"为苛刻之言"的国人看来,"中国旧有之礼法政治,蔑然若无一当意者",只有"一一取而更张之"才"可以振极敝之人心,挽沦胥之世道"③。平心而论,历经数千年的积淀、发展并曾几度引领中国成为全世界最强大、最富庶之国家的传统文化,即使有其糟粕,也不无精华。所以,完全毁弃传统文化的思想和行为不免过于武断或偏激。对于那种天真而固执的崇洋媚外之举、舍中取西之论,时人就有所批判,但这种批判在歆慕西方文化、仿习西方文化的狂波怒澜中,只能成为一股暗流而不为国人关注,更遑论被国人深思。直到"一战"的爆发充分暴露了西方文化的弊端和危害后,部分国人狂热崇拜西方文化的媚态才有所收敛,而以民国保守主义者为代表的有识之士则大声疾呼辩证地分析西方文化的利弊、客观地看待西方文化的优劣。如果崇西抑中的西化选择,即狂热崇拜西方文化、肆意毁弃传统文化,能够拒敌于国外、立国于世界的话,那么民国保守主义者就无异于忧天之杞人。但问题是,西方人在自己创造并标榜的西方文化的指引下尚且于"一战"中堕入战火纷飞、尸横遍野的无间地狱,一味仿习西方文化的国人又怎能摆脱类似的灾难性结局? 所以,崇西抑中的西化选择无疑是威胁中华民族之生存、发展的一大危机。这种危机,最为具体地表现为当时沉溺于西方文化的国人受惑于西方的"自由""平等"学说,有意识地强调个人的自由、平等,同时又因其对传统文化的蔑视和毁弃而挣脱了传统儒家思想的道德约束,最终钻入过分追求片面的个人自由、个人平等的牛角尖而毫无国家、民族的团体观念。用"东方杂志"派钱智修的话来说,当时的客观现实就是:"自由之说大昌。承学之士,在青年时代,即已浮慕欧风,宗尚通脱。求一强毅有担当之人,遂不可得。"④战争年代比任何时期都需要国人的团结一致,惟有团结一致才能聚少成多、化分为合,众志成城地却敌制胜。所以,西

---

① 钱智修,编纂.达尔文[M].3版.上海:商务印书馆,1920:57-58.
按:引文出自钱智修在该《第十章 轶事》的文后加注的按语("批评")。该书初版于1918年11月。
② 佚名[吴宓].学衡杂志简章[J].学衡,1922(1):无页码[扉页].
③ 可权.改良风俗论上[J].东方杂志,1904(清光绪三十年)(7):133.
按:该文的文题之下附注"本社撰稿"。
④ 钱智修,编纂.克林威尔[M].3版.上海:商务印书馆,1920:9.
按:引文出自钱智修在该书《第二章 家世及幼时》的文后加注的按语("批评")。

化选择危机不仅表现为"浮慕欧风"以致崇西抑中甚或取西舍中,更主要地表现为"宗尚通脱"以致以追求片面的个人自由、个人平等为特征的个人主义价值观盛行一时。这一个人主义价值观外化为具体行动,便导致了民国保守主义者所说的"个性潮流"的泛滥。在他们看来,正是因为"个性潮流"的泛滥,当时的国人不是消极地避世自保便是积极地慕名逐利,以至于数万万同胞无异于一盘散沙。

应该说,民国保守主义者并不是出于自然保守主义或传统主义的思想倾向而盲目地批判甚或抵制来自异域的西方文化。事实上,西方文化本来就有其弊端,而更为重要的是,西方文化的侵入在客观上还造成了部分国人那种自私自利的个人主义思想的无限膨胀(尽管这种自私自利的个人主义思想其实并非西方文化真正的内涵之一),并最终致使"个性潮流"泛滥成灾。可见,在民国保守主义者关于西化选择危机的意向中,意向内容在根本上并非西化选择方面的崇西抑中甚或取西舍中之论,而是潜藏于西化选择危机之后的"个性潮流泛滥论"。在这个意指性意向经验中,其"意向性质料"显然就是"个性潮流泛滥",而其"意向性特质"则并不太明确,因为民国保守主义者对"个性潮流"的泛滥所表现出的评判态度,往往徘徊于"肯定"和"否定"之间,显得模棱两可。不过,进一步深入地探讨"个性潮流"这一意向对象的存在与缘起,便可以明确潜藏其中的"意向性特质"。

一、价值观的嬗变

"醒狮"派的常乃惪曾说:"家族主义是中国一向传统的中心思想,是支配中国二千年来的有力工具。"[①]确实,家族主义曾在中国历史上发挥着重要的作用。但在"旧战国时代"重演而"新战国时代"降临的当时,家族主义已显现其弊端而逐渐丧失其存在意义,并为有识之士所谴责甚至摒弃。家族主义的没落曾使国人一度陷入迷茫之中,于是伴随着西方的"自由""平等"学说而来的个人主义便不失时机又恰到好处地填补了国人那无所适从的心理。至于个人主义盛行并泛滥而成"个性潮流",民国保守主义者认为这在很大程度上与新文化运动,尤其是五四运动密不可分:恰恰是五四运动表现出的对个性的热烈张扬,致使个人主义在五四运动以后"摧毁了家族主义的传统壁垒,无论是在都市,在农村,家族主义的思想和组织都已经有形地动摇崩溃起来"[②]。"战国策"派的陈铨也认为,自五四运动以后,中国思想界经

[①] 常燕生[常乃惪].除三害[J].国论[上海1935],1935,1(6):2.
[②] 常燕生[常乃惪].除三害[J].国论[上海1935],1935,1(6):5.

历了迥然有别的三个阶段,并分别以个人主义、社会主义和民族主义为代表。而在第一个阶段,即以个人主义为代表的阶段,中国思想界的领袖们致力于解放个人、释放个性:"对于传统的道德,风俗,社会,政治一切的标准,都激烈反抗,因为它们压迫个人的自由。个人要有怀疑的精神,反抗的勇气,他不愿意受任何的束缚,崇拜任何偶像,他要绝对自由。"①陈铨的论断无疑表明,五四运动在促进国人之思想解放和个性解放的同时,也致使国人伸张个性的欲望膨胀。同为"战国策"派成员的林同济,曾运用奥地利心理学家、精神病医师西格蒙德·弗洛伊德(Sigmund Freud,1856—1939)的精神分析学对五四运动及五四运动之后包括新文化运动在内的各种解放运动作出过更进一步的论断:"五四以来的种种解放运动,根本意义就在要灭杀数千年来超我的权威。反而观之,也就是给阿物以空前的宣泄机会。"②在林同济看来,"五四运动以来的种种解放运动"极大地释放了"阿物",而"阿物"又是指"人们性心中的一种迈进力,一切本能冲动后面的原动力",其"行动原则是享乐,快意"③。不难看出,林同济所说的"阿物",其实就是弗洛伊德精神分析学中的"潜意识"或"本我"。依据弗洛伊德的精神分析学理论,当"超我"被限制住的时候,"本我"就立刻会得到释放。具体到林同济对五四运动以来的各种解放运动的评判,这种失去限制而得以宣泄的"本我",就是一种切切实实的自私自利的个人主义思想和行为。

不可否认,五四运动及新文化运动都有其积极的历史意义,而民国保守主义者仅从家族主义必然没落而个人主义必然崛起的角度,也揭示了五四运动及新文化运动的一些积极历史意义:"中国的社会无论从内在的发展力或从四围的环境看来,都有非赶快打破家族主义的组织而建设近代国家有机的社会组织不可的必要",因此五四运动及新文化运动"对家族主义进攻,乃是应乎社会本身的需要,乃是对中国国家有功的"——"也可以说,正因为家族主义本身已经走到末路,所以个人主义才发达出来"④。但也应该指出,

---

① 陈铨.民族文学运动[N].大公报[重庆版],1942-5-13(4)[副刊《战国》第24期].
按:该文后来与《大公报》(重庆版)1942年5月20日第4版(副刊《战国》第25期)登载的陈铨所撰《民族文学运动的意义》连缀成一篇文题仍为《民族文学运动》、署名改为"编者"(陈铨)的新文章,登载于《民族文学》1943年7月7日第1卷第1期第1-9页。这篇新文章的第一至第三部分(标题分别为《(一)文学的性质》《(二)民族与文学的关系》《(三)五四以来中国文学的三阶段》)即原来的《民族文学运动》,而第四部分(标题为《民族文学运动的意义》)即原来的《民族文学运动的意义》。
② 望沧[林同济].阿物,超我,与中国文化[N].大公报[重庆版],1942-1-28(4)[副刊《战国》第9期].
③ 望沧[林同济].阿物,超我,与中国文化[N].大公报[重庆版],1942-1-28(4)[副刊《战国》第9期].
④ 常燕生[常乃惪].除三害[J].国论[上海1935],1935,1(6):9.

五四运动及新文化运动又确实都有其流弊,并且不可视而不见。在20世纪30年代中期,"醒狮"派的陈启天就曾对五四运动及新文化运动在客观上产生的流弊作出过简洁而深刻的总结:"五四运动的原来目的本在对外,不意一变而为新文化运动,纯成对内问题",而"新文化运动的着眼点,本在彻底改造文化,解放思想,然其结果不是流于世界大同的空想,即是陷于个人主义的病毒"①。应该说,五四运动及新文化运动在客观上导致的世界大同之空想的流行恰恰是"德感主义"盛行的重要原因之一。不过,民国保守主义者对五四运动及新文化运动之流弊的批判,主要还是着眼于五四运动及新文化运动在客观上导致的"个性潮流"的泛滥,亦即个人主义的盛行。在他们看来,五四运动及新文化运动对个性和自由的张扬,导致"个人主义者不知道集团精神和集团组织对于一个社会存在的必要",并在"拼命摧毁了家族主义之后",不但"不能领导中国向一个新集团理想中去",反而"仍旧沾恋于个人主义的残垒","扩大散布了个人主义的精神",并最终导致了当时"学校风纪的败坏,社会现象的日趋于浪漫颓废,一般人的醉生梦死处于国破家亡的状态下而不知觉悟"②。陈铨指出,"五四运动所提倡的第一是德谟克西,第二是科学精神,这两种思想潮流,在西洋自然有历史的背景,有清楚的界限,在中国却成了个人自由无限伸张的工具",于是国人,尤其是知识分子"从前还用圣哲的教言,虚伪穿凿,偷偷摸摸地来达到自私自利的目标,现在更可以明目张胆,用这些新名词,来作反叛嫉妒自私颓废的工具"③。可见,陈铨认为在五四运动以前,或者说在西方的个人主义思想主张传入中国以前,国人即使有逐慕私利之举,也会迫于传统道德,尤其是传统儒家道德的约束而不敢明目张胆;但在五四运动以后,国人既崇拜西方文化而追求所谓的"新道德",又蔑弃传统文化而贬斥所谓的"旧道德",以至于传统道德的约束力大为减弱,而自私自利的个人主义思想和行为便披着"新道德"或"新思想"的外衣大行其道又鲜有人对之加以真正的指摘。事实上,民国保守主义者从来不否认五四运动及新文化运动的积极意义但也毫不留情地诘责其消极影响,如林同济曾评判道:"五四新文化运动的毛病并不在其谈个性解放,乃在其不能把这个解放放在一个适当的比例来谈,放在民族生存的前提下

---

① 陈启天.中国的大变局与"非常时"[J].国论[上海1935],1935,1(6):13.
② 常燕生[常乃悳].除三害[J].国论[上海1935],1935,1(6):9-10.
③ 陈铨.论英雄崇拜[J].战国策[昆明1940],1940(4):9.
按:该文登载于《战国策》(昆明1940)1940年5月15日第4期第1-10页,此后又登载于《战国策》(上海1941)1941年3月15日第1卷第3期127-136页。

而鼓励提倡。(最少,其实际的流弊是如此。)"①总而言之,民国保守主义者认为五四运动虽有其积极的历史意义,却在客观上造成了个人主义的变态发达,从而为"个性潮流"的泛滥提供了理论和现实的双重依据。

客观而言,诚如"现代新儒家"派的贺麟所言,"无形中支配我们生活的重大力量有二,一为过去的传统的观念,一为现在的流行的或时髦的观念"②。"个性潮流"的存在并不能仅仅归咎于源自西方并且为五四运动、新文化运动所倡导的作为流行观念或时髦观念的个人主义,因为作为传统观念的传统道家学说其实也有其不可推卸的责任。在民国保守主义者看来,每一个民族都有其"特殊的血统,特殊的精神,特殊的环境,特殊的传统风俗"③,中华民族自然也不例外。具体而言,中华民族的特殊血统与精神、特殊环境与风俗同源远流长的传统道家学说密不可分,因为传统道家学说恰恰隐含着追求个人自由的价值观和行事作风。

正如常乃悳所言:"个人主义是近代西洋文化中一个有力的要素,在中国似乎不甚发达,因为中国社会是家族主义的社会,家族主义的人生理想统制了国民的生活至二千多年之久,所以个人主义没有大为发展的余地,然而也并不是绝对没有的。在战国时代,就有老庄一派的道家,站在绝对个人主义的立场上,来和儒墨等家斗争,到了魏晋六朝,又有何晏王弼刘伶王衍等一般清谈的玄学家出来,鼓吹个人主义的生活和理想。差不多在中国全部思想史上,到处都可以看到道家的个人主义和儒家的家族主义相互抗争的现象。"④因此,传统文化中的传统道家学说其实也具有个人主义色彩,而国人则遗传了这种个人主义基因。在《改造民族精神之管见》一文中,"学衡"派的吴宓曾提纲挈领地指出"中国二千年来,实系道家握权得势"⑤。不过,吴宓此文限于纲举目张,所涉极广而所论极简,远不及林同济撰写的两篇专文那样论述得直截了当和详实充分。在《中国人之所以为中国人》一文中,林同济认为"中国人之所以为中国人,如其说是由于儒学,不如说是由于道家",因为"儒的影响好像只在社会组织上,社会行为与仪节上,显出它的广

---

① 林同济.从五四到今天——中国思想动向的一转变[N].大公报[重庆版],1941-5-4(2).
按:该文此后又改文题为《廿年来中国思想的转变》,登载于《战国策》(昆明 1940)1941 年 7 月 20 日第 17 期第 45-50 页(文后附注"卅、五、四。"即 1941 年 5 月 4 日)。
② 贺麟.五伦观念的新检讨[J].战国策[昆明 1940],1940(3):27.
③ 陈铨.民族文学运动[N].大公报[重庆版],1942-5-13(4)[副刊《战国》第 24 期].
④ 常燕生[常乃悳].除三害[J].国论[上海 1935],1935,1(6):5-6.
⑤ 吴宓.改造民族精神之管见[N].大公报[重庆版],1941-12-10(4)[副刊《战国》第 2 期].
按:该文的文后有按语:"吴先生这篇大纲式的文章,内容却极丰富。其中可以发挥讨论之处甚多。我们希望读者执笔参加。——编者"。

泛的功能",而"论到个人的心灵,个人的情感的深处秘处,道家的学说,似乎无疑地镌刻上了不可磨灭的印气"①。在《隐逸风与山水画》一文中,林同济又重申道:"我的大意很简单。我以为一般人把儒教对中国人的性格风格的影响,都不免看得过分重要了。儒教的重要,不成问题。却是道家学说的势力更是潜移而深入。我的判语是:中国人外儒内道,尽管表面十分孔孟,心灵深处,始终是老庄派头。中国人之所以道地是个中国人,乃在其为'道'。"②不惟如此,林同济还进一步借用弗洛伊德的精神分析学理论来阐发其观点,从而对中国人的"外儒内道"作出了一番精妙的阐释:"据说人们都有两重人格。(一)独居时的人格乃和私衷自有的'真我',盖心所安,心所乐者。(二)群居时的人格,乃人前装饰的'假我',不是本来的面目,而是强学的状态。心理学家所谓现意识与潜意识之别。在现意识上,你我都认为应该'学孔学颜',而日常行为间,也力求做个论语式的圣贤;只是潜意识的隐藏之处,总岸然有个道家在:他是个锐眼老人,永远含笑地否认着'儒家的半我'!"③据此而论,传统道家学说既存在于国人根深蒂固的惯性思维之中,又指导国人切切实实的工作生活,从而意味着传统道家学说已深入到中国人的骨髓之中——这恰恰是"中国人之所以为中国人"的本质之所在。事实上,"个性潮流"的泛滥与传统道家学说的滥觞确实有其无可否认的联系存在。在吴宓看来,传统道家的精神"由二因素合成:(甲)黄老之道;(乙)阴阳家之五行说",而这两方面的因素"亦即自私自利主义之两方面也"④。林同济也曾作出类似的论断:"道家重个性,重自用","道家乃不顾一切的。它要撇开了人类,社会,制度,文物,而归到其所谓'自然境界'。在这境界里,最高的价值,是个人,是个性。如果儒学的核心在'义务'两字,道家的精神在'自由'一词。"⑤经过民国保守主义者的一番生发论述,传统道家学说确然存在着注重个人、注重个性又注重自由、注重解放的特点,而这不但与"个性潮流"的意义不谋而合,更成为民国时期"个性潮流"泛滥的一大主要历史渊源。

---

① 岱西[林同济].中国人之所以为中国人[J].战国策[昆明1940],1940(1):25.
按:该文登载于《战国策》(昆明1940)1940年4月1日第1期第25-31页,其文后附注"待续",但此后各期《战国策》(昆明1940)都未再登载续文。后来,该文又登载于《战国策》(上海1941)1941年1月15日1月号("一月号")第28-34页,其文后附注"完",但全文内容与《战国策》(昆明1940)第1期所载之文相同。

② 岱西[林同济].隐逸风与山水画[J].战国策[昆明1940],1940(4):15.
按:该文登载于《战国策》(昆明1940)1940年5月15日第4期第15-21页,此后又登载于《战国策》(上海1941)1941年2月15日第1卷第2期第114-121页。

③ 岱西[林同济].中国人之所以为中国人[J].战国策[昆明1940],1940(1):25.

④ 吴宓.改造民族精神之管见[N].大公报[重庆版],1941-12-10(4)[副刊《战国》第2期].

⑤ 岱西[林同济].中国人之所以为中国人[J].战国策[昆明1940],1940(1):26.

由此观之，作为意向对象的"个性潮流"确确实实地存在，而且还自有其演展的两大渊源。然而，也正是这两大渊源的存在，造成民国保守主义者对"个性潮流"泛滥的态度既复杂又模糊。对于五四运动、新文化运动，他们一方面言辞激烈而猛烈抨击五四运动和新文化运动致使国人伸张个性的欲望膨胀，另一方面却又时时不忘补上一句对五四运动、新文化运动之积极历史意义，尤其是解放个性层面之积极历史意义的由衷称赞。对于传统道家学说，吴宓虽然言简意赅，却明确地表现出他那强烈的反对态度，所以这其中的"意向性特质"显然就是"否定"。林同济虽然一再撰文、详加论述传统道家学说的消极意味，并将传统道家学说与传统儒家学说进行深入的对比阐释，但自始至终都对传统道家学说秉持着一种模棱两可的暧昧态度而从未明确地将之与"个性潮流"的泛滥相联系。说不尽五四运动、新文化运动的积极内涵，但也不可否认五四运动、新文化运动的某些思想精神确实无益于中华民族之个性的再造和进步。同样的，说不尽传统道家学说的消极意味，但也不可否认传统道家学说在某些方面仍然有益于中华民族之个性的塑造和发展。换言之，五四运动、新文化运动和传统道家学说本身就有其可供臧否之处，无怪乎民国保守主义者在此问题上表现出莫衷一是的观点。因之，民国保守主义者对"个性潮流泛滥"这一"意向性质料"的态度判定其实兼有"否定"和"肯定"的双重性。但是，大量与之相关的论著还是透露出他们强烈的"否定"之"意向性特质"。所以，这其中的"意向性特质"终究是以"否定"为主、"肯定"为辅。

二、价值观的误区

在民国保守主义者的言说下，五四运动、新文化运动的余荫和传统道家学说的滥觞极大地助长和加剧了"个性潮流"的泛滥，而这种"个性潮流"的本质非但不是五四运动、新文化运动提倡的那种自由平等、个性解放的积极精神，反而是一种极具危害性的消极思想。在那个普遍崇拜西方文化又蔑弃传统文化的特殊年代，他们对传统道家学说的批判并不会引起太多的非议，但对五四运动、新文化运动之消极影响的揭示，则显然是冒天下之大不韪而必将遭千夫所指——这其实也正是他们被视为顽固、保守的一大主要原因之所在。不过，对于他们评判的五四运动、新文化运动以及传统道家学说，应当实事求是地追寻他们的本意所在。

无论是对五四运动、新文化运动的辨证申说，还是对传统道家学说的旧事重提，其实都是民国保守主义者的一种反思行为。反思行为在双重意义上被奠基：一方面，反思行为并不呈现"一个自我封闭的主体性，而是一个指向对象的、自我超越的主体性,它因此预设了对象意向性的在先行为";另一方面,反思行为"作为清楚的自我意识,它也需要依靠一个在前的、隐含的自我意识"①。每一种行为的自我觉知都具有隐含性,但对于反思行为而言,这些行为又都具有开放性,并且还都能够被反思、被关注。"反思性的自我意识常被当作一种主题性的、被表述的和强化的自我意识,通常是为了要使原初的意向行为成为焦点而被发动",但"那要被揭示的和主题化的应是(非主题的)在场的,否则,就没有任何东西能够发动和引起反思行为"②。"个性潮流"的泛滥在当时既是显而易见的客观现实,又是在场的客观存在,这为民国保守主义者的反思行为提供了必要的条件。虽然民国保守主义者不无客观地一再强调"个人主义并不是绝对恶劣的思想,我们当然承认个人主义在文化上的功绩,我们也承认一个集团若要巩固强健,也必然须承认个人的自由精神,个人对于集团的自觉心",但他们同时又一再强调"反对个人主义越过了它本来的范围","反对个人本位的人生观",并进一步"要求把个人生活统制于国家生活之下,个人的利益应为国家的利益而牺牲"③。显然,民国保守主义者试图通过对五四运动、新文化运动以及传统道家学说的探讨、研究来反思"个性潮流"的利弊,并特意突显"个性潮流"的弊端而试图使之成为被世人关注的焦点。在这个反思过程中,他们尤其侧重于揭露五四运动、新文化运动以及传统道家学说隐含着的自私自利的个人主义,也即忽视团体利益的观念或作风,并使之主题化,进而猛烈抨击"个性潮流"泛滥的流弊。至于这其中的原因,一如常乃惪所言,主要在于"一个社会若没有一种统一的集团意志和力量,则整个社会必因凌乱冲突而瓦解"④。换言之,泛滥的"个性潮流"势必会妨害国人团结一致、共御外侮的救亡图存大业,当然也妨害国人将来的生存和发展。

"战国策"派的林同济指出,"一个人感觉自我的特立独在,握有独具的价值,不与人同,也不要与人同,——这是个人意识所产生所培植的观念"⑤。在个人意识觉醒后,对个人权利的伸张也随之而来。显然,片面强调个人权利、刻意遮蔽个人义务以及只有个人概念而没有团体观念的思想会导致极端的个人主义,而人人如此则终将致使整个社会形成一股泛滥的"个性潮

---

① [丹]扎哈维[D. Zahavi].胡塞尔现象学[M].李忠伟,译.上海:上海译文出版社,2007:91.
② [丹]扎哈维[D. Zahavi].胡塞尔现象学[M].李忠伟,译.上海:上海译文出版社,2007:92.
③ 常燕生[常乃惪].除三害[J].国论[上海 1935],1935,1(6):13.
④ 编者[常乃惪].万方多难中的言论态度——代复刊辞[J].国论[成都 1940],1940(1)["复刊第一期"]:5.
⑤ 林同济,讲.民族主义与二十世纪——一个历史形态的看法[N].程国勋,记.大公报[重庆版],1942-6-24(4)[副刊《战国》第 30 期].

流"。林同济曾说"个性潮流,根据着个人才性的尊严与活力而主张自由平等,是一种离心运动"①,而他所谓的"离心"就主要针对国家和民族这个大中心而言。个人意识的极端发展以及"个性潮流"的肆意泛滥,势必会导致国人淡化国家和民族的集体观念而丧失团体感,沦为一盘散沙。具体到民国保守主义者生活的特殊时代,国人如果一味强调个人利益而无视团体利益,则势必不能众志成城地应对强敌的入侵,进而势必导致国家和民族的灭亡。林同济往往依据其形态历史观察往来、审时度势而注重理论的阐发,这使得他对泛滥的"个性潮流"的批判虽然具有鸟瞰式的宏观性,同时也具有深邃的抽象性。相对来说,其他一些民国保守主义者的相关论述就显得更为具体和详尽。大体而言,他们主要从"个性潮流"的两大源流展开论述。

"自我要求伸张,团体的利益可以置之不顾。公益事业可以破坏,国家可以乱亡,自己的骄傲必须要满足。同辈中不能有任何人比我强,权力要由我独占,我不能崇拜任何人,我不能听从任何人,世界上一切的事物,是替我安排的,凡是不能发展我自己权欲的国家社会,我不能承认它,凡是有比我强胜的人,我必须要消灭他。这就是自由主义的极端,个人主义的极端。"②"战国策"派陈铨的这番论述,其实意谓极端的个人主义恰恰与五四运动、新文化运动存在着密不可分的联系。不过,民国保守主义者普遍认为,五四运动、新文化运动提倡自由、肯定个人原本并不否定自由和个人的社会属性,只不过部分国人在自觉或不自觉间对自由和个人的含义,产生不恰当的理解,以致其蜕变为脱离国家集体而片面强调个人个体之自由和利益的极端个人主义。正因如此,"醒狮"派的李璜说:"今人的精神,思想,生活习惯,以及治事为人的方式,都受过几千年来古人的孕育,陶冶,而一时无法除去。所以自提倡改革以来,西洋人的那一套拿到中国来,总是弄不好!"③陈铨更曾以极富诗意的语言,描写当时的部分国人对自由的误读甚或曲解:"他的自由观念是很空泛的,他只有要求自由的意志,他并没有明了自由的真义。他是一位纯洁天真的青年,他还没有实际人生的经验。他还不知道,人生是有限制的,真正的自由,不在外界,而在内心;漫无边际的追求,只能增加自身精神上的痛苦,不但对于国家社会没有补益,对于个人的前途更没有光明。"④类似这样的论断其实并不是在否认五四运动、新文化运动提倡自由、肯定个人的积极意义,而是意在揭举国人因错解西方文化导致的极端个人

---

① 林同济.从战国重演到形态历史观[N].大公报[重庆版],1941-12-3(4)[副刊《战国》第 1 期].
② 陈铨.再论英雄崇拜[N].大公报[重庆版],1942-4-21(4)[副刊《战国》第 21 期].
③ 李璜.中国民族失败的原因及其责任[J].国论[上海 1935],1935,1(3):10.
④ 陈铨.民族文学运动[N].大公报[重庆版],1942-5-13(4)[副刊《战国》第 24 期].

主义之客观流弊。但从另一个角度而言,这又未尝不是民国保守主义者刻意彰显极端个人主义的客观流弊,以期引起国人的关注和醒悟。

其实,民国保守主义者对传统道家学说的批判也是立足于这一点。"学衡"派的吴宓认为,传统道家学说也具有片面追求个人自由、人个利益的极端个人主义的色彩,于是"英雄——如岳飞熊延弼袁崇焕等将帅,及一切尚气任侠直言仗义之社会中人"也就只能成为个别的尊奉传统儒家道德的"殉道殉情"者[①]。吴宓从悲叹传统儒家道德之真义未能真正地得行于世的角度批判传统道家学说,而林同济则敏锐地意识到传统道家学说标榜的自由与西方的个人主义所谓的自由之间存在着显著的差异,进而批判传统道家学说致使部分国人倡导和奉行自私自利而毫无团体观念的狭隘的个人主义。[②]在抗战的特殊年代,团体观念最为集中地具体化为国家观念,因为国家虽由相对独立的诸多国人组成,却是一个不可分割的有机整体。显然,传统道家中极端个人主义色彩,极大地妨害了国人团结一致、万众一心地应对异国入侵。就如鲁迅当年悲愤地指斥礼教吃人一样,民国保守主义者也悲怆地大声疾呼道:"自由平等等观念何尝不吃人?"[③]

三、价值观的重构

客观地说,民国保守主义者激烈批评"个性潮流",乃至于不惜甘冒矢石地批判五四运动和新文化运动,其实有着良苦用心或不得已之苦衷:"新的社会新的国家,不能建筑在极端的个人主义之上。虽然说自由的国家社会应当是一群自由份子所结合,然而为着国家社会的自由,往往个人的自由就不得不加以限制,甚至于牺牲。在这种关头,真正的自由,应当求之于内心,尽责任就是得自由,自由在我自己,而不在他人。只有这样讲自由,才没有极端个人主义的流弊……中华民族是一个整个的集团,这一个集团,不但要求生存,而且要求光荣的生存。在这一个大前提之下,个人主义社会主义,都要听它支配。凡是对民族光荣生存有利益的,就应当保存;有损害的,就应当消灭。"[④]其实,这番诫勉之辞归结起来就是十二个字,即"团体重于个人,安全重于自由"[⑤]。在那个敌强我弱又弱肉强食的"新战国时代",民国保

---

① 吴宓.改造民族精神之管见[N].大公报[重庆版],1941-12-10(4)[副刊《战国》第 2 期].
② 岳西[林同济].中国人之所以为中国人[J].战国策[昆明 1940],1940(1):26-27.
③ 贺麟.五伦观念的新检讨[J].战国策[昆明 1940],1940(3):28.
④ 陈铨.民族文学运动[N].大公报[重庆版],1942-5-13(4)[副刊《战国》第 24 期].
⑤ 林良桐.民主政治与战国时代[J].战国策[昆明 1940],1941(15/16):42.
按:该文的文后附注"二九,一二,八,昆明"(其中的时间即 1940 年 12 月 8 日)。

守主义者历来都竭力主张团结一致,以期在最大限度上调动和发挥国家集体的力量来共御外侮。

在众多民国保守主义者之中,力倡国家主义的"醒狮"派尤为强调团体利益,甚至明确而公开地主张为实现团体之利益而牺牲个人之利益。陈启天指出,"近代战争,多为全体性战争",而"所谓全体性战争,是要将全国所有的人力和物力,都直接或间按①用之于战争"②,因之"国家的生存发展,全赖国民一面对外尽力竞争,一面对内尽量协作"③。陈启天基于其"新战国时代说"中的"全体性战争"的论断(极为类似于"战国时代重演论"中的"战成全体"的论断),主张团结协作、一致对外。余家菊则从人生哲学的角度展开申说,指出人之为人的一大特点"便是共存性,或者说高一点,便是人己合一性"④,进而主张国人"要做一个堂堂地人,要还他一个人之所以为人","便得服膺服务哲学,而献身于人群,社会,国家",因为"国危深矣,国家是否得救,全看国民肯否做人,能否服务"⑤。余家菊与陈启天的论断殊途同归,但余家菊更为明确地表达了舍小我、为大家之意。他认为,尽管自我表现是人生活力之源泉,不可抹煞,但个人"最大的表现,是集团的表现,而且亦是表现在集团之中",而当"社会凌乱,集团涣散"之时,个人的自我表现便无所寄托、无所凭借,所以"唯有忘掉我,才能得着我",亦即"求自我表现者,其表现万不可含有反社会性",反而应该以团体利益的实现为前提和依归⑥。余家菊与陈启天所期待的理想的国人,其实就是常乃惪一直在呼唤的富有血性的"蛮人":"他们并不固执着狭义的小我,他们有时也为他人作战,为他人能引起同情心,为他人肯牺牲了自己的一切,尤其是为一种公共的目标。他们有为他人的心,有为群的心,他们具有一种较有广大意思的我。"⑦可以说,民国保守主义者对泛滥的"个性潮流"的批判,主要是为了扭转国人那种以个体利益为中心的个人主义价值观,进而建立以团体利益为中心的集体主义价值观。集体主义价值观和以力抗敌力量观并行不悖,二者都是民国保守主

---

① 原文如此,"间按"疑为"间接"之误。
② 陈启天.国民精神总动员与道德建设问题[J].国论[重庆1938],1939(17):263.
按:该文的文后附注"三月八日"。
③ 陈启天.三种哲学体系的配合[J].国论[成都1940],1940(1)["复刊第一期"]:17.
④ 余景陶[余家菊].我们所需要的人生哲学[J].国论[上海1935],1935,1(1):8.
按:该文的文后附注"二十四年六月九日,写于故都之'凄风苦雨'中"(其中的时间即1935年6月9日)。
⑤ 余景陶[余家菊].我们所需要的人生哲学[J].国论[上海1935],1935,1(1):9.
⑥ 余家菊.怎样养成团结力[J].国论[上海1935],1936,1(10):6.
按:该文的文后附注"三、二九、午前十时武昌"(其中的时间即3月29日上午10点)。
⑦ 燕生[常乃惪].蛮人之出现[J].长风[上海1929],1929(3):3.

义者那试图通过改造国民思想以内植国力的特殊救亡方案的题中之义。

不可否认，只有每个国人都同时兼具集体主义的价值观和以力抗敌的力量观才能在最大程度上集中各个国人的个体力量。民国保守主义者指出，个体力量的集中又主要表现为每个国人都自塑"力人"的人格、"战士式的人生观"①。"说我们需要'力'，就是说我们需要'力人'，需要有力的人格，也就是主人型的人格，光明的人格。'力'原来就是一种人格型。"②"力人"一方面孔武有力、不甘奴役，另一方面又敢于担当、舍生忘死。他们还认为"中国坏，就坏在不是这样，坏在不光明磊落，坏在不敢担当"③，所以热切希望国人"趁着这个火烧焰铄的苦战硬战中，打出一套新的人生观，铸出一副新的民族人格型来"④。这种"新的人生观"和"新的民族人格型"实际上是一种战士式的人生观、战士式的民族人格型，并通过"勇"和"嫉"展现力的强大、展现敢于担当的责任感。在民国保守主义者看来，"勇是一种实现之力，有勇则一切可真实，无勇则一切尽空谈"，而"认得清勇乃贯彻一切美德的'必需之力'"⑤的古代"大夫士"⑥恰恰是以"勇"为中心之德而不惜舍生忘死地保家卫国。所以，"我们今后要恢复先民勇敢善战的精神，才可以在现今战国时代达到光荣生存的目的"⑦。在战士的战斗生活中，"最重大最可乐可歌的事情就是胜利，成功；最必须最可贵的本领就是勇敢"⑧，而"勇"又来自慨然赴死的决心，因为"死是一切的试金石"，并"可说是生力之志"——"能死便能勇"⑨。但是，这种慨然赴死的决心需以"嫉"的精神为前提和铺垫。"战国策"派的林同济指出："猛向恶势力，无情地作战——这是这次抗战对我们所深深启示的人生意义。第一步，要认定宇宙间大有恶势力的存在。第二步，

---

① 林同济.嫉恶如仇——战士式的人生观[N].大公报[重庆版]，1942-4-8(4)[副刊《战国》第19期].

按：该文此前曾登载于《益世报》(昆明版)1939年6月25日(第7845号)第2-3版。两刊所载之文的字句存在多处差异。

② 陶云逵.力人——一个人格型的讨论[J].战国策[昆明1940]，1940(13):23.

③ 陶云逵.力人——一个人格型的讨论[J].战国策[昆明1940]，1940(13):24.

④ 林同济.嫉恶如仇——战士式的人生观[N].大公报[重庆版]，1942-4-8(4)[副刊《战国》第19期].

⑤ 林同济.大夫士与士大夫——国史上的两种人格型[N].大公报[重庆版]，1942-3-25(4)[副刊《战国》第17期].

⑥ 林同济及其他大部分"战国策"派成员往往将秦汉以前的官僚、知识阶级称为"大夫士"。与之相对，秦汉以后的官僚、知识阶级则被称为"士大夫"。

⑦ 陈铨.民族文学运动的意义[N].大公报[重庆版]，1942-5-20(4)[副刊《战国》第25期].

⑧ 林同济.力![J].战国策[昆明1940]，1940(3):3.

⑨ 林同济.大夫士与士大夫——国史上的两种人格型[N].大公报[重庆版]，1942-3-25(4)[副刊《战国》第17期].

要用全副力量,向恶势力进攻。前者是一种现实的眼光,后者是一种坚决的意志,由眼光贯彻到意志的火线,便是那'嫉'的热烈情……把恶势力搜寻到手之后,无妥协,无让步,对它只猛力轰击,非等到你死我活不休。专门搜寻恶势,决个雌雄的战阵——这是战士的职务,也是真正战士的凤愿。这里头心灵上的动力,是由那里来的呢?曰,由'嫉'的一个字。嫉的精神,是战士人格的心理基础。这不是说战士必定无'爱',乃是说战士不可无'嫉'。战士无'嫉',便是精神上的非武装化!"①这种"嫉"的精神激励战士非与恶势力拼到你死我亡不可,亦即所谓的嫉恶如仇。"嫉"恰恰是"勇"的动力之源,同时也是萌生慨然赴死之决心的原始动因,所以说"嫉"就是战士人格必需具备的精神。反过来,"勇"和"嫉"也是强有力的"力人"式战士的独到精神之最佳体现,而"力人"式战士那种不惜与恶势力进行殊死搏斗的大无畏精神则彰显了他们敢于担当的责任心和义务心。不难看出,民国保守主义者就是殷切希望每一个当时的国人都能够成为"力人"式的战士,并"以分子共同之力量,发为团体之力量"②,最终赢得抗战的伟大胜利。所以,他们对肩负着中华民族之未来的青年人热烈地鼓舞道:"你们抗战,是你们第一次明了人生的真谛。你们抗战,是你们第一次取得了'为人'——为现代人——的资格。战即人生。我先且不问你们为何而战;能战便佳!"③

正如"醒狮"派李璜所言:"国家情势,到了眼前这样危迫的时候,不但已经不容许力量分散,相消相撞,即使整个的一致合作,拿出办法,也有点感觉到来不及的样子,所以在这个时候,来主张和从事全国团结,简直没有一个人说不应该的。"④在异国入侵的非常时期,民国保守主义者呼吁国人树立崇高的国家观念,抛弃狭隘的个人利益,从而团结一致地进行抗战,这应该说是无可厚非。当时中国各界的有识之士也都这么认为,即使时至今日乃至未来,这一观点也应该无可指摘。但是,民国保守主义者还是遭受到了时人乃至后人的猛烈攻击。标举集体主义价值观就必然会贬斥个人主义价值观,而在贬斥个人主义价值观的过程中,民国保守主义者又将矛头指向了五四运动、新文化运动以及传统道家学说。他们归罪于传统道家学说并不会引起时人的震怒,因为时人对包括传统道家学说在内的传统文化的批判更

---

① 林同济.嫉恶如仇——战士式的人生观[N].大公报[重庆版],1942-4-8(4)[副刊《战国》第19期].
② 佚名[章士钊].章行严君之演说[N].申报,1919-9-30(10)["第三张"之"十"].
③ 同济[林同济].萨拉图斯达如此说!——寄给中国青年[J].战国策[昆明1940],1940(5):44-45.
④ 李璜.全国团结之基本条件[J].国论[上海1935],1935,1(5):1.

早于且更甚于他们。但是,他们对五四运动、新文化运动展开批判就势必会引发轩然大波,尤其是遭到左翼学者和"新文化"派的猛烈抨击。尽管如此,依然不能否认他们提倡集体主义价值观的积极历史意义。在提出"战国时代重演论"的同时,他们宣告了战之必然。显然,战争带给强者和弱者的焦虑不可等量。对于当时的中日两国而言,中国明显地处于弱势,而日本则占据优势。在许多物质层面(比如军备、经济、科技等)都难以与日本匹敌的情况下,从精神方面挖掘中国的战斗力显得势在必行。除了通过展现异国入侵危机、揭示国力孱弱危机以唤醒国人的抗战意识之外,呼吁国人团结一致以御外侮也就成为他们以及其他当时的有识之士的不二选择,毕竟当时的中国在人数上大大地多于日本。不破不立,有所立就必然有所破,即欲标立一新生事物就必然要破除与之相对应的旧有事物。具体到他们,为了呼吁国人团结一致,便不惜翻腾古卷,指摘源远流长的传统文化,尤其是将矛头指向了传统道家学说,同时又甘冒天下之大不韪地贬斥五四运动和新文化运动。从中也可以看出,他们对五四运动和新文化运动的批判固然可视为他们保守的力证之一,但这种保守并不意味着无条件地盲目维护传统文化、无来由地执着复兴传统文化。须知,他们对传统文化从来都是有所取舍,而他们最不愿提起又最希望摒弃的传统文化内容之一便是传统道家学说中不利于国人之自立、自强和团结的思想内容。

不过,在肯定民国保守主义者提倡集体主义价值观之积极历史意义的同时,也不能不指出他们在行文论述的过程中确实存在一些偏激之处。五四运动、新文化运动提倡的新式思想固然在某些方面被一些国人无限放大而蜕变为一种脱离国家社会的自私自利的个人主义,但民国保守主义者以部分国人的所作所为代表全部国人的所思所想这种以偏概全的方式显然也失之恰当。当然,将这一切完全地归罪于五四运动和新文化运动本身,也值得商榷。同样的,他们对传统道家学说的批判其实也有失公允。诉诸其笔端的传统道家学说充斥着消极意味,尤其是极具消极的自由观念。诚然,传统道家学说有其消极的一面,但"皮之不存,毛将安傅"[①]以及"覆巢之下,焉有完卵"[②]一类的哲理名言,即使是传统道家之人,恐怕也会对之深表赞同而铭

---

① 阮元,审定.附释音春秋左传注疏卷第十三:[僖公十四年传][M].卢宣旬,校.左丘明,传.杜预,注.孔颖达,等,正义.陆德明,音义//阮元,审定.重刊宋本十三经注疏附校勘记:重刊宋本左传注疏附校勘记.清刻本.南昌:南昌学堂,1816(清嘉庆二十一年):23.

② 佚名[刘义庆].言语第二[M]//佚名[刘义庆].世说新语.崔朝庆,选注.上海:商务印书馆,1931:14.

按:原文为"覆巢之下复有完卵乎"。

记五内。很难想象,在中国就要被日本灭亡的时刻,传统道家之人还依然能够衣袂翩翩地飘然遁世。然而,局限性也总是与其现实意义并行不悖。在异国入侵之际,民国保守主义者提倡的集体主义价值观具有直接而切实的指导意义,而集体主义价值观实际上又具有超越时空的积极意义,因为时至今日乃至未来,集体主义价值观对于任何一个国家或民族的生存与发展都具有重大的影响。

本 章 小 结

自晚清以迄新中国成立,"救亡"一直是那个特殊时代的思想主题,同时也是前赴后继的有识之士的行动目标。民国初年,中华民国的宣告成立和民主共和的表面实现曾一度使国人倍感鼓舞,于是国人踌躇满志地转向对建国(建设并建成世界大国、强国)方略的探讨。但是,民国时期政治格局紊乱多变,国民经济贫弊如故。"一战"的爆发以及以日本为主的各个帝国主义国家对中国的持续欺凌甚至侵略,又无异于雪上加霜而大大加剧了包括民国保守主义者在内的有识之士对中国以及中华民族之生存和发展的深深忧虑。于是,"救亡"的思想主题和行动目标便一直被提及和关注。事实上,仅就民国时期而言,至少从20世纪20年代开始,关于"救亡"的呼声就从不曾在中国的大地上销歇过。1928年,"醒狮"派的李璜和"现代新儒家"派的张君劢合办期刊《新路》(上海1928),并论道:"国必一体焉,有中央政府,有行政分区,犹人之有脑神经与五官四肢,其立意动作,有为之主帅者,故单一国如日本如法国,联邦国如美如德,其国家之人格一而已。吾国四分五裂,政出多方,尚得为国家乎哉。国必有法纪焉,所以凭之以组织国家,以定权利义务之界,个人之生杀,财产之予夺,尤为国家所应郑重将事者。而法之立也,出于团体之必需,为守法者所应参与,今也少数人持威福之柄,擅生杀予夺之权,尚得为国家乎哉。国必能养民教民焉,工商百业,所以使民裕其谋生之途,学校教育,所以使民晓然于物理人情之故。今也有田而不耕,有宅而不胜转徙之苦,百工辍于肆,商旅阻于途,学士大夫虽欲安心求学而有所不可有所不许,尚得为国家乎哉。国必能外御其侮焉,今也外蒙隶俄版图,为联邦之一,日本于满洲大建铁路,以遂其侵略之谋,英兵据守上海,游行街市,鼓鼙喧阗尚得为国家乎哉。"①如此以排比之势连续呼号"尚得为国家乎哉",不断警告国将不国,显然也是竭力呐喊救亡图存刻不容缓。及至

---

① 佚名[李璜、张君劢].发刊辞[J].新路[上海1928],1928,1(1):1.

九一八事变爆发后,持续十四年的抗战更是将中华民族的救亡运动推至顶峰。

救亡呼声的此起彼伏和救亡运动的蓬勃发展,无疑意味着当时的中国在世界格局中深受威胁,甚至面临亡国灭种的危险。当时,民国保守主义者也曾主动回应此起彼伏的救亡呼声,并积极参与蓬勃发展的救亡运动。他们或结社或独行,但都不约而同地以著书立说或游学讲演的方式,从阐发"战国时代重演论""德感主义盛行论""个性潮流泛滥论"等几个方面,一再揭示中华民族面临的生存危机的严峻性。很难确切地指出当时中国的哪些地区存在被异国侵占的威胁,但感觉上整个中国都有被异国侵占的威胁。这种在感觉上似乎确然存在于当时的中国社会之中却又没有确切地理标志的空间,就是一种"没有地点的地点"①,亦即异托邦。这一异托邦以生存危机为具体表征,所以民国保守主义者的著书立说和游学讲演构建了一个充满生存威胁和忧患意识而富于危境性的危机异托邦。民国保守主义者构建危机异托邦的直接目的在于解除危机异托邦中的危机,而危机异托邦又是民国保守主义者在建构其另类现代性的过程中构建的宏观上的文化异托邦就中国面临的国内、国际形势——"内忧外患,相继交逼"这一具体层面在微观上的表现。所以,民国保守主义者对危机异托邦的构建既隐含着他们对另类现代性的建构,又流露出他们建构另类现代性的原始动因在于解除中华民族面临的"内忧外患,相继交逼"的严重危机。不过,在民国保守主义者看来,解除"内忧外患,相继交逼"之严重危机的关键不在于化解表面上的异国(尤指日本)武装侵华导致的时局危机,而在于消解深层次的国人思想错误引起的文化危机。所以,民国保守主义者建构另类现代性的原始动因其实在于消解这一深刻而紧迫的文化危机。至于消解之道,则要求国人"反求诸己"且"克己进贤"。

在民国保守主义者主动回应救亡呼声、积极参与救亡运动并构建危机异托邦以建构其另类现代性的过程中,民国保守主义者的主要身份其实是有识之士、爱国志士,而无关其保守与否。毋庸讳言,一般人往往以维护传统文化与否以及排斥西方文化与否作为保守与激进的分界线。这其实并不恰当,因为如果执意以此为标准来衡量民国保守主义者,那么在救亡运动中构建危机异托邦的他们与其说是保守主义者,倒不如说是"激进主义"者。这种"激进主义"既表现在他们对一部分传统文化的激烈否定,又表现为他们对一部分西方文化的强烈肯定。如民国保守主义者在批判"德感主义盛行"

---

① [法]M.福柯[Michel Foucault].另类空间[J].王喆,译.世界哲学,2006(6):55.

"个性潮流泛滥"的过程中,对传统文化,尤其是传统儒家文化和传统道家文化有所否定和扬弃,而他们在阐释"战国时代重演"以及批判"德感主义盛行""个性潮流泛滥"的过程中,又对西方文化,尤其是源自查尔斯·罗伯特·达尔文(Charles Robert Darwin,1809—1882)的达尔文进化论有所肯定和发挥。虽然说民国保守主义者对当时国内盛行的达尔文进化论并不完全赞同,但在构建危机异托邦的过程中,他们还是在很大程度上受到了达尔文进化论的影响,尤其是深受托马斯·亨利·赫胥黎(Thomas Henry Huxley,1825—1895)的物竞天择论和赫伯特·斯宾塞(Herbert Spencer,1820—1903)的社会有机体论的影响。民国保守主义者认为,社会环境或世界局势变幻万千,而当时更是世界历史上的一个大转变期,"如果我们还是一味地苟安自足,偷懒因袭,苦抱前期的神话供奉为最新的真理,天演律是无情的,终要把我们淘汰于人间"[①],所以国人只有积极、主动地放弃因循、过时的"旧思想",吸纳新兴、适时的"新思想",并且不断增强本己及本国的竞争力,才能适应新时代的要求,进而求得中国和中华民族的延续和发展。民国保守主义者还强调,"社会是一个有机体,个人不过是这个大有机体组织下的一个细胞"[②],不能脱离社会,尤其是国家这个大社会而存在,而国家这一社会有机体的竞争力又取决于作为组织细胞的每个国人的本己努力以及国人相互间的团结协作,所以国人应该舍私利、秉公义,进而团结一致、共御外侮。

---

① 林同济.学生运动的末路[J].战国策[昆明1940],1940(4):39.
② 常乃惪,编.社会科学通论[M].上海:中华书局,1935:20.

第二章
另类现代性建构的西方影响

> 于西学则主博极群书。深窥底奥。然后明白辨析。审慎取择。庶使吾国学子。潜心研究。兼收并览。不至道听涂说。呼号标榜。陷于一偏而昧于大体也。
>
> ——吴宓①

面对"内忧外患,相继交逼"的危急形势,民国保守主义者在主动回应救亡呼声、积极响应救亡运动而构建其危机异托邦的过程中,往往基于"行有不得者,皆反求诸己"的内省逻辑思维而主张"反求诸己"且"克己进贤",以消解紧迫的文化危机。这昭示着民国保守主义者倾向于从改造民族文化和国民思想的角度实现其救亡图存之志愿,从而使其救亡图存之主张表露出显明的文化启蒙或思想启蒙的色彩。其实,在中国近代史上,"启蒙"恰恰就是与"救亡"并行不悖、相辅相成的另一大思想主题和行为准则。

"救亡"着眼于主权自主和民族独立,而"启蒙"则偏重于文化重构和思想改造。"救亡"和"启蒙"都为中华民族之崛起而努力,但二者在内涵和意义方面又有所区别。"救亡"是一种直面现实危机且富于明确目的性的直接诉求,它虽为民国时期的爱国志士指明努力、奋斗的大方向,却并没有揭示努力、奋斗的具体方法。正因如此,救亡之道一直都处于摸索之中。晚清时期的"洋务"派是救亡运动的先行者,他们因为最先受到西方列强之坚船利炮的强烈刺激而直接地以仿习西方的先进工业和先进科技,尤其是军事层面的西方先进工业和先进科技为救亡之道。然而,"洋务"派发起的先后以"自强""求富"为口号的洋务运动,不但没有使中国走向富强,反而在水师尽丧、台澎遭割、赔款数亿的甲午战争中一战便彻底宣告失败。于是,作为后来者的"维新"派、"革命"派以失败的洋务运动为前车之鉴,不再偏重工业建设和科技发展,转而致力于政治变革(包括政治改良、改革、革命)。政治变

---

① 佚名[吴宓].学衡杂志简章[J].学衡,1922(1):无页码[扉页].

革是晚清救亡运动的高峰,但同样未能使中国崛起而摆脱"救亡"之困境。有鉴于此,肩负"救亡"之历史使命的民国爱国志士不得不另觅他途,并最终纷纷转向深入探讨民族文化和国民思想,试图从重构民族文化和改造国民思想的角度裨益救亡的现实目的。诚如"战国策"派的陈铨后来所言:"鸦片战争以后,中华民族,忽然遭逢一个最严重的局面。这一群欧西的国家,有进步的物质文明,进步的精神文化,中华民族,从来没有遇着这样的敌手。从洋事失败,觉悟政治失败,到后来不得不承认文化失败。中华民族要求生存,旧的一套文化有改弦更张的必要。"①由此,一场以新文化运动(包括五四运动)为代表的轰轰烈烈的启蒙运动便应运而生。"启蒙"其实是一种间接应对现实危机又富于手段性的具体途径,既响应了"救亡"的直接诉求,又在"救亡"大方针的指引下为爱国志士提供了努力、奋斗的具体方法。

民国时期的爱国志士普遍认为只有"启蒙"才能"救亡",甚至进一步推论只要"启蒙"就能"救亡",于是"启蒙"成为"救亡"既充分又必要的逻辑条件。但事实是,"救亡"先于"启蒙"并包含着"启蒙",而"启蒙"在从属于"救亡"的同时又深化着"救亡"。所以从逻辑学的角度而言,"启蒙"未必足以"救亡",而救亡图存之道也并非仅有启蒙思想一途。不过,基于前人对救亡图存之道艰难探索又皆告失败的历史教训,民国时期的爱国志士似乎不约而同地运用了排除法而选择了相对新颖、深刻的启蒙思想的方式,以实现其救亡图存的宏愿。应该说,民国时期的启蒙运动旨在创造一种不同于旧有之传统文化的全新的现代文化,以重构民族文化和改造国民思想,进而呼应救亡运动。启蒙运动肇始于新文化运动,而新文化运动的发起者"新文化"派以"民主"和"科学"为口号,极力宣扬西方文化,尤其是相对晚近的文艺复兴以来的近世西方文化。最为重要的是,新文化运动宣扬的"新文化"虽然在表面上确实是一种不同于旧有之传统文化的全新的现代文化,却在很大程度上无异于西方文化(至少也是以西方文化为主体),从而在实际上沦为西化的现代文化。由此,民国时期所谓的"启蒙",在很长一段时间内其实都意味着各方面的不断西化甚或全盘西化。但需要指出的是,在民国时期的启蒙运动中,力主西化甚或全盘西化的西化论者②包括但并不仅限于"新文化"派以及其他民国激进主义者,而在民国时期的启蒙运动之前则更是

---

① 陈铨.文学运动与民族运动[J].军事与政治,1941,2(2):54.
按:该文的文后附注"三十年八月二十六日宜昌"(其中的时间即 1941 年 8 月 26 日)。
② 国内学术界对"新文化"派、"西化"派以及二者之关系的界定存有分歧,因此本书选择使用更为宽泛的"西化论者"一词指近代以来那些既标榜西方文化又在不同程度上蔑弃传统文化以鼓吹其不同程度之西化论的人。

如此。

民国保守主义者其实也是那场启蒙运动的大力提倡者和积极参与者之一,因为他们认为"一种民族未来的命运是生存繁荣或是死亡衰灭,系于精神的环境者比系于实际环境者大"①,而中国及中华民族"亟需有新的文化,以适应此新环境"②。所以,民国保守主义者同样致力于创造区别旧有之传统文化的全新的现代文化。不失客观地说,民国保守主义者试图创造的全新的现代文化也蕴含着西方文化的内容,而这便意味着民国保守主义者不但不排斥西方文化,反而也乐于借鉴西方文化。但是,民国保守主义者并不赞同甚或极力反对西化论者那种以西方文化为主体的西化现代文化创造方案。正因如此,他们试图创造的全新的现代文化与西化现代文化也有所不同而成为别样的现代文化。民国保守主义者坚持创造别样现代文化、坚决反对西化现代文化的原因之一,就是在借鉴西方文化的具体层面上,他们的主张与西化论者的持见根本不同。民国保守主义者通过审视"一战"对西方文化的演绎,最为直接地感受到了西方文化利弊并存的两面性。在民国保守主义者看来,"一味抵抗外来文化固然是盲目无知,即极端欢迎外来文化也终属不得要领"③。所以,他们反对西化论者那种过度颂扬西方文化、极度崇拜西方文化的思想和行为,而主张以"明白辨析,审慎取择"的态度和作为来研究西方文化并进而取舍西方文化。其实,"明白辨析"而"审慎取择"的态度和作为就是民国保守主义者那奠基于另类现代性的别样现代文化创造方案对取舍西方文化,尤其是引介并借鉴西方文化的基本要求。不可否认,西方文化本来就利弊共生,被引介到中国的西方文化更是良莠不齐,而即使是那些可资借鉴的西方文化,在被引介到中国后,也可能会存在着或多或少的扭曲和误读。此外,西方文化也是源远流长、博大精深,而国人对西方文化多是窥得一斑而未见全豹,也即国人接触到的只是西方文化零星、散乱的片章断面而并非其全部。应该说,国人要真正达成学习西方文化,尤其是学习西方文化之精髓以救中国之乱亡的宏愿,就必须在仔细地甄别西方文化之精粗的基础上,谨慎地挑选西方文化,尤其应该避免"专取外国吐弃之余屑,以饷我国之人"④的情况。也正因如此,在那场以不同程度的西化为具体表征的启蒙运动中,民国保守主义者其实又一直致力于"补偏趋正"⑤和"昌

---

① 常乃悳.中国民族与中国新文化之创造[J].东方杂志,1927,24(24):11.
② 佚名[裴复恒、樊仲云].发刊辞[J].文化建设[上海 1934],1934,1(1):1[总 1].
③ 常燕生[常乃悳].民族精力与文化创造[J].长风[上海 1929],1929(2):7.
④ 吴宓.论新文化运动[J].学衡,1922(4):5.
⑤ 吴宓.论新文化运动[J].学衡,1922(4):23.

明欧化"①。大体而言,"补偏趋正"和"昌明欧化"之举主要表现为三个方面。其一,民国保守主义者着重批判了西化论者对西方文化,尤其是近世西方文化的独尊,从而揭举了西化论者以及新文化运动在客观上表现出的偏颇和局限。其二,民国保守主义者及时地重新界定了西方文化的概念,尤其侧重于重新阐释西方文化的内涵,并试图借之以扭转国人以近世西方文化为西方文化之全体的错误认识。在重释西方文化之内涵的过程中,民国保守主义者往往偏重于揭露近世西方文化之弊以及揭举古代西方文化之利,并借此呼吁国人在综合古今西方文化之优长的基础上借鉴西方文化。其三,民国保守主义者还不遗余力地从古今西方文化中发掘出诸多他人未曾引介但可资借鉴的内容,并对之加以深入研究和广泛传播,从而充实了西化论者引介的西方文化之内容,拓宽并深化了国人对整个西方文化的认识和借鉴。应该说,批判西方文化独尊和重释西方文化内涵着眼于"补偏趋正",而充实西方文化内容则奠基于"昌明欧化"。不过,无论是"补偏趋正",还是"昌明欧化",显然都反映出民国保守主义者在研究并进而取舍西方文化的过程中,始终坚持"明白辨析"而"审慎取择"的态度和作为。

"明白辨析"而"审慎取择"的态度和作为又透露出民国保守主义者不但没有被看似优越的西方文化所迷惑,反而还时刻警惕着西方文化进入中国,或者根本可以说民国保守主义者时刻监视着急速涌入中国的西方文化。所以,民国保守主义者在阐发其别样现代文化创造方案以重构民族文化、改造国民思想的过程中,其实对西方文化进入中国表现出典型的监视性。依据福柯的异托邦空间哲学理论,任何一种异托邦都包含着一个开合系统而具有既开放又封闭的特点,从而显露其监视性。那种富于监视性的异托邦——监督异托邦还显著地"表现出其作为人之领地的特性",因为"它对在场与缺场、入口与出口进行有意识的监视,对行为和界限作出划分,对什么是里、什么是外、谁可以分享内在的愉悦作了保护性的却又具有选择可能性的界说"②。应该说,民国保守主义者对西方文化进入中国就设定了一个准入条件。进而言之,民国保守主义者对他人引介的西方文化的审视和接纳,以及对自己引介的西方文化的挑选和吸收,都有其独特的标准,即裨益救亡图存这一当时中国最为迫切的现实需要。在应用这一取舍西方文化之标准的过程中,民国保守主义者往往会刻意遮蔽甚或舍弃西方文化中有违这一标准的内容——尽管这些内容在其他层面上仍然有其不可否认的积极意义。正

---

① 吴宓.论新文化运动[J].学衡,1922(4):6.
② 侯斌英.空间问题与文化批评:当代西方马克思主义空间理论[M].成都:四川文艺出版社,2010:64.

是因为民国保守主义者针对西方文化进入中国制定了一条取舍西方文化的标准并将之应用于实践之中,所以民国保守主义者从宏观上构建的文化异托邦在取舍西方文化,尤其是在引介进而借鉴西方文化这一具体层面,就表现为从微观上构建的富于监视性的监督异托邦。经由监督异托邦筛选通过的西方文化——优秀且适用的西方文化,又恰恰是民国保守主义者主张创造的别样现代文化的一大来源。所以,民国保守主义者对监视异托邦的构建就显现其另类现代性建构的西方影响,即借鉴优秀且适用的西方文化。

第一节 批判西方文化独尊

自从国门大开而"洋务"派在19世纪60年代将魏源提出的"以夷攻夷""以夷款夷"而"师夷长技以制夷"的主张首次付诸实践以来,主流社会奉行的救亡之道在很长一段时间内都基本等同于西化之路。只不过,"始则以欧西之越我,仅在工商制造也,继则慕其政治法制",而到了民国初期则"兼及其教育哲理文学美术"等诸多思想文化内容[①]。数十年来,西化的速度不可谓不惊人,但西化的功效却未能与其速度成正比。一些力主西化甚至全盘西化的西化论者始终认为,中国救亡之道的关键就在于不遗余力地向西方学习,亦即不断地西化,而一直以来救亡运动的失利则在于西化不够全面和深入。于是,他们进一步地探讨思想、文化等深层次的内容,试图以西方文化为基石来重构民族文化和改造国民思想,以至于以新文化运动为代表的启蒙运动从一开始就沾染了浓厚的西化色彩,并且愈演愈烈。但是,诚如"战国策"派的陈铨后来所言:"其实文化运动,本来的动机,是要创造一种新文化,使中华民族独立自由,发展它特殊的性格。新文化运动,实际上是一个民族运动。要发展民族特殊的性格,外来的文化,当然不能拒绝,然而奴隶式地仿效外人,不利用外人来丰富自己,只想抛弃自己,东施效颦,这和本来的目的,不是背道而驰吗……古人不要了,外国人神气了,打倒旧偶像,崇拜新偶像,名义上是中国新文化运动,实际上外国旧文化运动。"[②]以新文化运动为代表的启蒙运动应该是实实在在地在中国创造一种全新现代文化的创新运动、民族运动,而不应是一成不变地移置外国旧文化到中国的复刻运动、西化运动。所以,民国保守主义者尽管也积极倡导和深度参与启蒙运动,并因此而深入地探讨思想、文化等深层次内容,但并不完全认可新文化

[①] 梅光迪.评提倡新文化者[J].学衡,1922(1):1.
[②] 陈铨.文学运动与民族运动[J].军事与政治,1941,2(2):55.

运动,反而从一开始就坚决地反对一味地西化,更反对彻底的全盘西化。在民国保守主义者看来,晚清以来西化式救亡运动的失利,在根本上是由于西方文化并不完全适用于中国,而西化甚或全盘西化的主张和做法也并不适合中国的具体国情。正因如此,以杜亚泉为代表的"东方杂志"派与以陈独秀为主将的"新文化"派分别以各自主编的《东方杂志》和《新青年》(上海1915)为主要理论阵地,从1915年底开始便展开了一场旷日持久且规模宏大的"东西文化论战"。期间,众多其他民国保守主义者和西化论者(包括其他一些民国激进主义者)也都自觉或不自觉地相继参与其中。在这场文化论战中,民国保守主义者也曾公开表态西方文化的某些内容对中国的救亡和崛起确实不无裨益,因而他们也主张在一定程度上向西方学习。但就在不反对借鉴西方文化的前提下,民国保守主义者又发现西化论者在引介、倡导西方文化的过程中存在着诸多舛误,以致其信徒——以西化论者为精神导师而迷信西方文化的部分国人,在接受并运用这些西方文化的过程中,存在着诸多偏差。于是在这场文化论战中,民国保守主义者又着力批判西化论者对西方文化的独尊。

民国保守主义者针对西化论者独尊西方文化的批判,在宏观上大可以用杜亚泉在《人生哲学》一书的《人生哲学编辑大意》中提出的"盲从轻信,为其奴隶"这八个字来概括。杜亚泉曾结合自己在中等学校担任教职期间与青年学生频繁谈话的经历,得出一个重要的结论:青年学生的思想除了在日常生活中往往为其父兄师友等身边之人所熏染外,大都深受报刊的影响,然而当时的一些报刊登载的内容又"概为断片的常识,没有明确的系统和坚实的根据","所以青年学生,于社会上事物,往往不能为严切密致的批判;于自己的立身处世上,亦往往为时俗的见解所左右,不能自由的建设一理想,以为进取的目的;有时在西藉①中节取片词只语,不问其时代与地方的关系,亦不考求其赞成与反对各方面的批评,辄盲从轻信,为其奴隶;甚至政治党派上或国际策略上所宣传的标语口号,亦容易受其暗示而被其利用"②。杜亚泉的论断在揭示代表社会舆论的报刊对青年学生思想具有重大影响之余,更影射甚至于谴责了当时大肆鼓吹西化又盲目宣扬西方文化的西化论者,只不过是在西方书籍中截取片词只语便奉之为至理名言甚或救世良方。事实上,其他民国保守主义者也都认为,西化论者对西方文化既疏于正确、全面的认识,又耽于轻率、狂热的标榜。大体而言,民国保守主义者认为西化论

---

① 原文如此,"西藉"疑为"西籍"之误。
② 杜亚泉.人生哲学编辑大意[M]//杜亚泉,编纂.人生哲学.上海:商务印书馆,1929:3.
按:该文的文后题署"民国十八年一月编者记"(其中的时间即1929年1月)。

者因过于轻信西方文化而盲从西方文化，以致其被西方文化所奴役。对此，民国保守主义者曾分别作适用性批判、选择性批判、阐释性批判来批判西化论者独尊西方文化的三大错误。适用性批判侧重于批判西化论者于琳琅满目、异彩纷呈的世界各种文化中独取西方文化一种；选择性批判侧重于批判西化论者在源远流长的西方文化中偏取相对晚近的文艺复兴以来的近世西方文化一端，甚而偏师近世西方一家一派学说；阐释性批判则侧重于批判西化论者即便对文艺复兴以来的近世西方文化以及近世西方一家一派学说也失于准确、深刻的理解而耽于盲目、轻率的宣扬，并疏于耐心、细致的考察而浸于迫切、功利的宣扬。

一、适用性批判

民国时期的思想界曾经爆发过一系列各式各样的思想文化论战，如1910年代至1920年代关于东方文化和西方文化的论战、1920年代关于科学和玄学的论战、1920年代至1940年代关于"以农立国"和"以工立国"的论战、1930年代关于中国现代化的论战、1930年代至1940年代关于传统文化出路的新论战等。不言而喻，不同时期的不同论战都有其不同的论辩焦点，但不同时期的不同论战又都始终贯穿着一个共同的议题，即西方文化是否完全适用于中国或西化之路在中国是否可行。"醒狮"派的常乃惪曾说："关于文化问题虽有'全盘西化'和'中西调和'论之争，但至少不能不部分地采取西洋文化的优点，以补救中国旧文化的缺点。"①常乃惪之言意谓西方文化有其优势，并且也有其适用于中国之处。应该说，其他民国保守主义者也都作如是观。也正因如此，大凡民国保守主义者从不反对借鉴西方文化。不过，在历次的论战中，他们又都极力主张有所选择、有所节制地借鉴西方文化，同时又着力批判西化论者过于偏信西方文化及全面仿习西方文化的西化之路。在民国保守主义者看来，西化论者之所以折服于西方文化且执着于西化之路，主要是因为他们对西方文化和西方社会存在着美化甚至于神化的错误倾向，但事实上西方文化有其局限，而西化论者又对西方文化以及包括西方文化、传统文化在内的各种人类文化有所误读。

20世纪上半叶，西方"已经两次大战，引起西方多数人心之不安与少数

---

① 常燕生[常乃惪].什么是"现代化"[J].月报,1937,1(1):147.
按：该文登载于《月报》1937年1月15日第1卷第1期第147—149页，此后又登载于《国论》（上海1935）1937年3月15日第2卷第7期第983—986页（文后附注"转载太原日报"）、《中国文化》（上海1938）1938年10月20日第1期（"创刊号"）第1—4页（署名改为"燕生"）。

思想家之忧虑,其为之画一疑问符号者大有人在"①。客观事实虽迫使当时的国人不得不对西方文化产生疑虑,却又不能完全抑止他们对西方文化的向往。然而深入、系统的西化论或全盘西化论又恰恰形成和发展于这一时期。陈序经是西化论者当中最为彻底的全盘西化论者,而《中国文化的出路》一书则是其明确提出并具体阐释全盘西化论的代表作。在该书《第五章 全盘西化的理由》中,陈序经不但煞有介事地阐释了中国在理论上和事实上都已然趋于全盘西化的观点,还强调了全盘西化的两大重要理由,即"(1)欧洲近代文化的确比我们进步得多","(2)西洋的现代文化,无论我们喜欢不喜欢,它是现世的趋势"②。第一条理由意谓西方文化是人类创造的所有文化中最具优势性的一种,亦即西方文化比其他任何一种文化(当然也包括中国的传统文化)都要高级和优越。第二条理由意谓西方文化是世界性文化的唯一代表和唯一选择,因为西方文化普遍适用于世界各国社会和各族人民。陈序经为其全盘西化论张目的两大理由折射出他那别具一格的文化观,即文化起源多元论③和文化选择一元论。显然,陈序经并不否认世界上存在着起源于不同地域的多种文化,且每一种文化都遵循从低级文化向高级文化进化的发展模式。但陈序经同时又认为,不同的文化不仅有高低之别,更有优劣之异,而随着各种文化的不断接触和碰撞,各种低劣的文化将逐渐被相对优良的文化所取代,最终形成一个统一、共同的世界性文化,并被明智的民族所共同选择。很明显,在陈序经看来,这种世界性文化实际上就是西方文化的翻版,而任何未经西方文化涤荡的国家和民族,欲求其生存和发展,则必然惟有全面接受西方文化以全盘西化这一条路可走。对此,"本位文化"派的王新命曾在《全盘西化论的错误》中一针见血地指出:陈序经"主张以西洋的文化代替中国的文化,并希望全盘西化的父亲能生全盘西化的儿子",这是一种"从西化到西化"的"极端的全盘西化论"④。

依据客观史实而言,当时真正且完全地支持陈序经之全盘西化论的人,

---

① 张君劢.自序[M]//张君劢.儒家哲学之复兴.北京:中国人民大学出版社,2006:1.
按:该文曾改文题为《〈儒家哲学之复活〉自序》,被收录到北京的群言出版社于1993年12月出版的张君劢所著、黄克剑和吴小龙所编《张君劢集》第99-100页,且文后附注"一九五九年三月十三日于金山"。

② 陈序经.中国文化的出路[M].上海:商务印书馆,1934:98.

③ 当下,文化起源多元论显得理所当然,但在当时颇具时代意义,因为当时不少学者(不仅限于西化论者)认为包括中国传统文化在内的世界各种文化都起源于欧洲,并罗列出诸多所谓的证据。

④ 王新命.全盘西化论的错误[M]//文化建设月刊社,编辑.中国本位文化建设讨论集.上海:文化建设月刊社,1936:271.
按:该文的文后附注"四月三日晨报"。

其实非常之少。但"新文化"派健将胡适曾明确表态支持陈序经的全盘西化论,如他在《编辑后记》中先是在篇首便明言"我是主张全盘西化的",后又在文末再强调"我是完全赞成陈序经先生的全盘西化论的"①。事实上,胡适自始至终都并非彻底的全盘西化论者,充其量也只是折衷的全盘西化论者。早在 1919 年,胡适就曾说:"调和是社会的一种天然趋势。人类社会有一种守旧的惰性,少数人只管趋向极端的革新,大多数人至多只能跟你走半程路。这就是调和。调和是人类懒病的天然趋势,用不着我们来提倡。我们走了一百里路,大多数人也许勉强走三四十里。我们若先讲调和,只走五十里,他们就一步都不走了。所以革新家的责任只是认定'是'的一个方向走去,不要回头讲调和。社会上自然有无数懒人懦夫出来调和。"②时隔十余年后,胡适又言简意赅地说,他之所以主张在西化的过程中"不妨拼命走极端",主要是因为他认为"取法乎上,仅得其中;取法乎中,风斯下矣",而"文化的惰性自然会把我们拖向折衷调和上去的"③。胡适这种因预见客观的文化折衷结果而不得不故作偏激言行以求减小文化折衷程度的观点,同为"新文化"派健将的陈独秀也深表赞同。在《调和论与旧道德》中,陈独秀指出:"譬如货物买卖,讨价十元,还价三元,最后的结果是五元;讨价若是五元,最后的结果不过二元五角",与此相类似,"改新的主张十分,社会惰性当初只能够承认三分,最后自然的结果是五分",如果"自始就主张五分,最后自然的结果只有二分五"④。所以,陈独秀竭力反对融合中西文化之论而明显倾向于以西方文化取代传统文化的全盘西化论。不过,正如王新命所言,较之于陈序经那种极端的全盘西化论,胡适、陈独秀一类的西化论者其实是"主张自己向着西化的怀抱猛扑","让中国固有的文化自然而然地从西化怀里曳自己回到'中国本位'",所以他们的论断只是一种"从全盘西化到半盘西

---

① 适之[胡适].编辑后记[J].独立评论,1935(142):24.
② 胡适.新思潮的意义[J].新青年[上海 1915],1919,7(1):10.
按:该文的文题之左附注"研究问题/输入学理/整理国故/再造文明",且文后附注"中华民国八年十一月一日辰三时"(1919 年 11 月 1 日凌晨 3 点)。该文登载于《新青年》(上海 1915)1919 年 12 月 1 日第 7 卷第 1 号第 5-12 页,此后又登载于《新陇》1920 年 5 月 20 日第 1 卷第 1 期第 37-44 页(文题之下附注"转录新青年")、《文化杂志》(桂林 1941)1942 年 4 月 25 日第 2 卷第 2 号第 49-52 页(文题之下附注"重刊")、《训练与服务》1943 年 5 月 1 日第 1 卷第 2 期第 35-38 页(文题之下附注"重刊")。《文化杂志》(桂林 1941)和《训练与服务》所载之文的文题之左有按语:"本文载民国八年十二月一日出版之新青年杂志第七卷第一期,是五四运动中的重要文献之一,也是当时中国新文化运动中间一种代表的意见。为使现在读者具体了解当时的思潮,以及提供对五四思潮研究的参考资料,我们特重刊于此。编者".
③ 适之[胡适].编辑后记[J].独立评论,1935(142):24.
④ 独秀[陈独秀].调和论与旧道德[J].新青年[上海 1915],1919,7(1):117.

化"的"以折衷为目的的全盘西化"①,从而有别于陈序经那种极端的全盘西化论。

诚然,胡适以及陈独秀等其他西化论者,并不像陈序经那样在事实上主张彻底的全盘西化,但他们在文化选择层面上的观点其实与陈序经的看法别无二致,即都主张文化选择一元论,且以西方文化为其一元。实际上,民国保守主义者对西化论者偏信西方文化的批判,主要就着眼于这种文化选择一元论。王新命曾在《全盘西化论的错误》的文末总结出陈序经、胡适的西化主张存在六大错误,其大意谓:陈序经和胡适二人往往只看到西方文化的优点而忽视其缺点,所以他们在标举西方文化的同时又排斥包括传统文化在内的其他所有文化,而这使他们在阐发具体的中国西化的过程中,出现以西方文化之糟粕取代传统文化之精华的误举。王新命对陈序经、胡适二人主张西化时所犯之错误的指责,在根本上是对二人以西方文化为唯一一元的文化选择一元论的批判。其实,这种批判也适用于其他西化论者,因为绝大多数西化论者都基于这种文化选择一元论而对西方文化有所美化甚至神化。具体而言,西化论者既视西方文化为绝对优越的文化而彰扬其优良性,又将西方文化等同于世界性文化并视之为全人类之必然、共同的终极选择而宣扬其崇高性——这其中也隐含着排他性。"本位文化"派的另一代表人物——身为历史学家的何炳松,曾从史学研究的角度列举了一个不容否认的客观事实,即"寻常所谓外国史或世界史,多半是欧洲中心扩大起来的西洋史"②。这一客观事实既是西化论者秉持其文化选择一元论的具体表现,又是民国保守主义者对西化论者偏信西方文化的痛切批判。

陈序经在主张极端的全盘西化论时,曾提出两大理由,而民国保守主义者在批判极端的全盘西化论及独尊西方文化的文化选择一元论时,同样也基于两大理由,即独取西方文化不科学和西方文化本身并不足恃。常乃㥁曾言简意赅地说:"世界上的文化,大体说是一元的,细微说是多元的,而决无二元对立之理。"③应该说,相较于西化论者,民国保守主义者更为客观地

---

① 王新命.全盘西化论的错误[M]//文化建设月刊社,编辑.中国本位文化建设讨论集.上海:文化建设月刊社,1936:271.

② 何炳松.序言[M]//何炳松,编著.外国史[复兴高级中学教科书]:上册.上海:商务印书馆,1934:3.
按:该文的文后题署"何炳松。二二,五一节。"(其中的时间即1933年5月1日)。

③ 常燕生[常乃㥁].东西文明问题质胡适之先生——读《我们对于西洋近代文明的态度》[J].现代评论,1926,4(90):17[总237].
按:该文的全文连载于《现代评论》1926年8月28日第4卷第90期第16-18页(总第236-238页)、9月4日第4卷第91期第17-19页(总第257-259页)。

看到或者说从不刻意地遮蔽一个事实,即除却西方文化,世界上还存在着诸多异彩纷呈的文化,如印度文化、埃及文化以及中国的传统文化等。既然世界上的文化多种多样,那么民国保守主义者便不禁反问道:西化论者何以如此武断地独取西方文化一瓢而饮?对于这一诘难,西化论者往往以西方国家强大、社会繁荣的事实为证。但是,民国保守主义者旋即同样驳之以事实,即西方社会大战肆虐以致生灵涂炭。"甲寅"派的章士钊曾指出:"最近一战,死伤以千万计,而仍无几希弭兵之望。于是西方文化能否长存之一问题,亦为彼中学士大夫之所探讨,无能自持,如德之司宾格勒、英之潘悌皆是也。"① "学衡"派的吴宓和张荫麟也有类似的论断:"欧战而后,西人对于本土文化纷起怀疑。其最深刻而亦最悲观者,莫如德国历史哲学家斯宾格勒Oswald Spengler之论。"② 西方社会尚且堕入史无前例的战争灾难之中,而西方的一些有识之士也开始怀疑其文化,那么西方文化又如何能增益人类的生存和发展呢?对这种以彼之矛攻彼之盾的反诘,西化论者虽可强为辩解,甚至于强为粉饰,却也难堵天下悠悠之口。客观而言,西方文化有其不可否认的缺陷存在。所以,它即使在某一时期内表现出无与伦比的优势,也并不意味着它就是全人类最终的共同选择,更不意味着全人类谋求生存和发展之道惟在西化一途。更何况,其他文化虽在当时呈现衰弱甚至颓败之势,也并不意味着这些文化就无益于人类的生存和发展。所以,西化论者独取西方文化的文化选择一元论不无偏颇,同时也有违其素来标榜的科学精神。

当然,西方文化也确实有其不可否认的优势存在。但是,诚如"本位文化"派所言,"不同的时地,不会有完全相同的需要"③,所以"不能离时代而论文化,亦不能离文化而论时代,文化因人因地因时而异其形式与内容;以甲地甲时甲民族之文化,绳乙地乙时乙民族之行动,自有圆枘方凿之嫌"④。也

---

① 孤桐[章士钊].原化[J].甲寅[北京1925],1925,1(12):6.
② [美]葛达德[E. H. Goddard],吉朋斯[P. A. Gibbons].斯宾格勒之文化论[J].张荫麟,译.国闻周报,1927,4(48):1.
按:引文出自张荫麟在该文的文前加注的按语("译者识")。该文的全文连载于《国闻周报》,始于1927年12月11日第4卷第48期1-9页,终于9月2日第5卷第34期第1-9页;此后又连载于《学衡》1928年1月第61期第1-35页、11月第66期第1-109页。《学衡》所载之文的文内有按语,且第61期所载之文的文前有大篇幅的"编者识"(由张荫麟的"译者识"扩写而成),第66期所载之文的文后有数句"本志编者识"。
③ 佚名[王新命,何炳松,武堉干,等].我们的总答复[J].文化建设[上海1934],1935,1(8):1[总1].
④ 佚名[《中国文化建设协会山西分会旬刊》编者].发刊词[J].中国文化建设协会山西分会旬刊,1934,1(1)["创刊号"]:1.

就是说,但凡文化都含有其发生、发展之地、之时、之民族的特殊性在内,因此并不能被随意地移用于他地、他时、他民族。具体到西方文化,即使其具有优势,也并不意味着其绝对可以被成功地移用于西方之外的任何时期的其他各国、各民族。"学衡"派的梅光迪就曾针对西方文化在中国的适用性问题,言简意赅地说"适于彼者,未必适于此"①。后来,梅光迪又具体申说道:"历来西洋贤哲,只知西洋一隅,未尝知有东方。此亦种族之不同,地理文字之阻隔使然,无足怪者。故其言论思想,率根据于西洋特殊之历史民性风俗习尚,或为解决一时一地之问题而发,皆与东方无涉。在彼所称适用,行之吾国,或无当矣。"②梅光迪之言意谓西方文化固然是西方人数千年来的智慧结晶而极富优势,但因其着眼于西方社会而未必适用于中国。无独有偶,"醒狮"派的陈启天也曾作出过类似的论断:"任何西洋的社会哲学,都含有其本国的特殊性在内,决不能完全移用于中国。因为中国的环境与时代,与任何西洋国家多少有点差异。西洋各国从未预备着一种现成的社会哲学,恰恰适合现代中国的需要"③。不惟如此,陈启天还进一步警告道:"如果完全袭用西洋的任何社会哲学于中国,不但不能得利,反而要受害了。"④正是因为深刻地意识到西方文化的适用性和中国社会的特殊性,民国保守主义者普遍认为西方文化不足恃,而西化也未必是不二选择。

独取西方文化不科学以及西方文化本身不足恃的观点,昭示着民国保守主义者秉持文化选择多元论。这种文化选择多元论又具体地表现为,民国保守主义者的文化观不限于西方文化抑或传统文化一元,而是试图和合中西文化或东西文化,乃至于试图和合全世界的文化。"现代新儒家"派的梁漱溟撰写的《东西文化及其哲学》一书,就是民国保守主义者之文化选择多元论的典型代表,因为这部著作首次将传统文化、西方文化、印度文化这三种不同的文化,纳入人生哲学的同一框架中而对之加以比较、研究。可以说,民国保守主义者就是以其着眼于文化适用性的文化选择多元论,来抗击西化论者的文化选择一元论及全盘西化论,并批判西化论者对西方文化及西化的偏信。因此,相较于西化论者对西方文化的偏信和独尊,民国保守主义者在文化选择方面表现出更为开阔的视野和更为宽广的胸怀。

---

① 梅光迪.评提倡新文化者[J].学衡,1922(1):1.
② 梅光迪.现今西洋人文主义[J].学衡,1922(8):2-3.
③ 陈启天.自叙[M]//陈启天.新社会哲学论.重庆:商务印书馆,1944:2.
④ 陈启天.自叙[M]//陈启天.新社会哲学论.重庆:商务印书馆,1944:2.

二、选择性批判

在适用性批判中,民国保守主义者一方面着力批判了西化论者独取西方文化的文化选择一元论,另一方面又大力倡导了和合各种文化的文化选择多元论。显然,这种文化选择多元论中的"多元",也包括西方文化。由此可知,民国保守主义者不但不排斥西方文化,反而也乐于借鉴西方文化。实际上,民国保守主义者从来不否认西方文化具有的宝贵价值和积极意义,而他们提倡学习西方文化、借鉴西方社会的热情也丝毫不逊于西化论者。不过,文化选择多元论中的"多元"显然又不仅限于西方文化一种。所以,文化选择多元论的提出,又意味着民国保守主义者没有局限于西化论者狂热追捧的西方文化,而是放眼全世界的多种文化。因此,民国保守主义者反对一成不变地完全仿习西方文化而主张有所选择、有所节制地借鉴西方文化。但是,就在主张借鉴西方文化的前提下,民国保守主义者也还是对西化论者引介、倡导西方文化多有批判和反对。这乍看起来似乎颇为矛盾而颇为令人费解,但其实不然,因为民国保守主义抨击的是西化论者引介、倡导的西方文化的具体内容,而不是抨击引介、倡导西方文化这一行为本身。也就是说,民国保守主义者对西化论者引介、倡导西方文化的批判和反对,其实着眼于西化论者对哪些西方文化加以引进,即着眼于西化论者对西方文化之具体内容的选择。在民国保守主义者看来,西化论者多为"半瓶醋之西学家"①,他们往往局限于文艺复兴以来的近世西方文化,甚而偏师近世西方一家一派学说,从而不免有"陷于一偏而昧于大体"②的狭隘之嫌。于是,民国保守主义者深入批判了西化论者对西方文化偏取一端。

自晚清洋务运动以后,中国实际上就一直在西化的道路上前行,但中国的西化虽历经从科学技术到政治制度及至思想文化的不断深化,却在很长一段时间内都没有摆脱截取部分西方文化而以之为全部西方文化的认知误区或借鉴误区。民国初期的情况也是如此,而这又与西化论者对西方文化的选择不无关联。就宏观的角度而言,民国保守主义者认为西化论者在引介、倡导西方文化的过程中,往往偏于文艺复兴以来的西方文化一隅,甚至还更为狭隘地局限于维多利亚时代③的西方文化一端。身为"新文化"派健将的胡适,其实也是西化论者中的代表人物,而他恰恰就"独于欧洲文艺复

---

① 孤桐[章士钊].再答稚晖先生[J].甲寅[北京1925],1926,1(27):9.
② 佚名[吴宓].学衡杂志简章[J].学衡,1922(1):无页码[扉页].
③ 维多利亚时代(Victorian era),即英国女王维多利亚(Alexandrina Victoria,1819—1901)统治英国时期,其起止时间为1837年至1901年。

兴以后之历史,则心摹而力追之"①,并且尤为倾心于维多利亚时代的西方文化。在《建国问题引论》中,胡适曾坦言:20世纪初虽有君主立宪和民主共和之争,但"当时的智识领袖对于西洋文明②的认识本来还没有多大异议",因为"那时代的中国智识界的理想的西洋文明,只是所谓维多利亚时代的西欧文明:精神是爱自由的个人主义,生产方法是私人资本主义,政治组织是英国遗风的代议政治"③,然而"一战"的肆虐和苏联社会主义建设的成功引起国人对维多利亚时代之西方文化的普遍质疑,于是社会上再也不会出现"新民丛报时代那样无异议的歌颂维多利亚时代的西洋文明"的壮景了④。胡适的这番论说,既是喟叹维多利亚时代的西方文化光华不在,又是惋惜举国仿习维多利亚时代之西方文化的盛况一去不复返。但是,胡适的这番论说又反证出胡适以及当时的一些其他西化论者对维多利亚时代的西方文化的偏爱,而这又意味着包括胡适在内的西化论者往往都局限于西方某一时期尤其是"文艺复兴"以来的西方文化。

相较于源远流长的整个西方文化,并从西方文化历经长期演展的角度而言,文艺复兴以来的西方文化只是整个西方文化的一个断面,并可名之为近世西方文化。在西化论者偏取近世西方文化之风的影响下,时学浅隘,而不知西方实情的国人对于西方文化便仅取一偏而失其大体,甚至错误而偏执地认为英国剧作家威廉·莎士比亚(William Shakespeare,1564—1616)"已成绝响"而挪威剧作家亨利克·易卜生(Henrik Ibsen,1828—1906)则"为雅俗所共赏",古希腊哲学家"柏拉图已成陈言"而法国哲学家亨利·柏格森(Henri Bergson,1859—1941)则"代表西化之转机"⑤。不过,受"一战"和苏俄社会主义建设的影响,一部分西化论者已转而取法苏俄社会主义新式文化,如主编《新青年》(上海 1915)而力主"拥护那德英克拉西(Democracg⑥)和赛因斯(Science)两位先生"⑦的陈独秀;另一部分西化论者则转向讴歌以传统文化和印度文化为代表的东方文化,如创办《新民丛报》并力倡君主立宪

---

① 张君劢.张序[M]//章士钊.逻辑指要.重庆:时代精神社,1943:2.
　按:该文的文后题署"中华民国二十八年七月时客蜀中张君劢"(其中的时间即1939年7月)。
② 一般而言,"文明"与"文化"既有所联系又有所区别,而民国时期的一些学者也曾试图区分二者,如张东荪认为"文明"多指物质现象而"文化"则多指精神现象。不过,综观整个民国时期,"文明"与"文化"在很多时候都互相通用,尤其是"文明"一词在许多情况下都等同于"文化"一词。
③ 胡适.建国问题引论[J].独立评论,1933(77):3.
④ 胡适.建国问题引论[J].独立评论,1933(77):4.
⑤ 汤用彤.评近人之文化研究[J].学衡,1922(12):4.
　按:该文的文题之下附注"录中华新报"。
⑥ 原文如此,"Democracg"疑为"Democracy"之误。
⑦ 陈独秀.本志罪案之答辩书[J].新青年[上海 1915],1919,6(1):10.

制的梁启超。然而,胡适一类的西化论者,不是依然对维多利亚时代的西方文化情有独钟、执迷不悔,便是在一定程度上顺应时移势易而将其目光推及更为晚近的20世纪初的西方新式文化,于是社会上出现了"罗素抵沪,欢迎者拟之孔子,杜威莅晋,推尊者比之为慈氏"①的畸形现象。总而言之,即使在20世纪20年代以后,一些西化论者也仍然陷于偏取近世西方文化的局限。

在肯定借鉴西方文化的大前提下,如果偏取近世西方文化绝对有利于中国的救亡和启蒙,那么民国保守主义者也不会批判西化论者偏取近世西方文化。然而,事实显然并非如此。这其中一个不可否认的事实就是,西方社会在近世西方文化的引领下堕入了世界大战——"一战"的深渊。仅从这一点而论,即使西化论者已尽得近世西方文化之精髓,他们的偏取近世西方文化之举及他们的西化之路,也只会引导中国重蹈西方的灾难性覆辙。陈独秀、梁启超等人后来之所以放弃原先的西化之论而另觅他途,就是因为他们觉察到近世西方文化并不足以救中国。事实上,这也恰恰是民国保守主义者批判并反对西化论者偏取近世西方文化的关键之所在。世界大战——"一战"和"二战"的爆发在很大程度上是因为近世西方文化总体上过于宣扬"理性至上"和"理性万能",甚且"擅理智的功利性和效率"②,同时又蔑弃传统道德。民国保守主义者也看到了这一点,所以他们主张超脱近世西方文化的局限而放眼整个西方文化,包括世俗层面的古希腊文化和宗教层面的基督教文化等。在民国保守主义者看来,古希腊文化尤其是基督教文化,充满人文关怀尤其是道德情怀,二者都可弥补近世西方文化的功利主义之弊。但是,西化论者在引介、倡导近世西方文化的时候,显然忘记了苏格拉底(Socrates,前469—前399)、柏拉图、亚里士多德(Aristotle,前384—前322)这希腊三贤,也忘记了耶稣(Jesus Christ,前4—30或前5—29)这位宗教圣人,从而造成了本不该或缺的缺失。应该说,这也恰恰是民国保守主义者批判并反对西化论者偏取近世西方文化之举的一大原因之所在。

西化论者不仅在总体上局限一隅——偏取近世西方文化,还在细微处偏听一曲——偏师近世西方一家一派学说。应该说,在学术研究中,没有哪家哪派的学说完全足以解决一个具体的学术问题。所以,学者偏师一家一派学说来研究具体的学术问题往往很难得出令人信服的结论。不惟如此,学者在研究学术问题的过程中偏师一家一派学说,还容易在不经意间产生先

---

① 汤用彤.评近人之文化研究[J].学衡,1922(12):1.
② [美]艾恺[Guy Salvatore Alitto].世界范围内的反现代化思潮——论文化守成主义[M].贵阳:贵州人民出版社,1991:7.

入为主的观念,进而作出强行以此家此派学说切割具体学术问题的杀头便冠之误举,最终则只能获得似是而非的结论。显然,这偏离了学术研究的本义而丧失了学术研究的意义。"学衡"派的柳诒徵就曾指出,学者在研究学术问题的过程中"姝姝暖暖于一先生之言"势必会产生"扣槃扪籥,削足适履"之弊①,而"本位文化"派中同为历史学家的何炳松,则曾以更为形象、生动的事实佐证了柳诒徵的观点。何炳松曾就通史编纂而论道:"吾国近年来史学界颇受欧化潮流之激荡",然而"彼曾习统计学者,以为研究历史应用统计法焉;彼曾习生物学者,以为研究历史应用进化说焉;彼曾习自然科学者,以为研究历史应用因果律焉;彼曾习经济学者,以为研究历史应用经济史观焉;彼曾习论理学者,以为研究历史应用分类法焉",于是"一时学说纷纭,莫衷一是"②。何炳松列举的编纂通史的怪现象,显然是因为编纂者强行套用近世西方一家一派学说研究历史所致,而这又与西化论者的偏听一曲密不可分。

西化论者确实存在着民国保守主义者指出的"姝姝于一师一派之言"③的误举,不过同一时期的不同西化论者和不同时期的同一西化论者在总体上又引介了不尽相同且又为数不少的近世西方学说,从而开拓了国人的眼界,并为中国之救亡和启蒙提供了参考。但在民国保守主义者看来,这一系列近世西方学说的到来不但无益于中国的救亡和启蒙,反而流弊丛生。如"学衡"派的汤用彤曾言:"在言者固以一己主张而有去取。在听者依一面之辞而不免盲从。"④推而论之,各种近世西方学说的不断流入和先后盛行,势必会引起一些不明底细的国人的一再盲从,进而迷乱国人的心性而终致国人养成"趋于世所矜尚之一涂"又"遇事无从深入"的"追逐风气"之恶习⑤。"现代新儒家"派的熊十力就曾说,晚近西方哲学家经引介而进入国人视野

---

① 柳诒徵.弁言[M]//柳诒徵,编著.中国文化史:上册.南京:正中书局,1947:3.
    按:该文的文后题署"三十六年夏五月。柳诒徵。"(其中的时间即 1947 年 5 月)。笔者所见最早版本的《中国文化史》由南京的钟山书局于 1932 年 8 月出版,且其前无序或弁言。
② 何炳松.自序[M]//何炳松.通史新义.上海:商务印书馆,1930:13-14.
    按:该文的文后题署"民国十七年双十节著者谨志于上海闸北"(其中的时间即 1928 年 10 月 10 日)。
③ 一苇.再论宗教问题[J].学衡,1922(6):1.
    按:引文出自《学衡》编者(吴宓)在该文的文前加注的按语("编者识")。该文的文题之下附注"录中华新报"。
④ 汤用彤.评近人之文化研究[J].学衡,1922(12):4.
⑤ 熊十力.文化与哲学[N].大公报[天津版],1935-4-23(3).
    按:该文的全文连载于《大公报》(天津版)1935 年 4 月 23 日(第 11438 号)第 3 版、4 月 24 日(第 11439 号)第 3 版,此后又登载于《中国文化建设协会山西分会月刊》1935 年 6 月 16 日第 1 卷第 5/6 期合刊第 10-15 页。

者不为不多,"如斯宾塞、如穆勒、如赫胥黎、如达尔文、如叔本华、如尼采、如柏格森、如杜威、如罗素、如马克斯、如列宁、以及其他",但各家思想"在中国无丝毫影响,且发生许多似是而非,及模糊影响"①。这其中的原因,就在于国人目眩于各家哲学思想而无暇深入研究,于是对各家哲学思想无法抉择而惟有追逐风气。

正如近代著名高僧释太虚指出的那样,"现世界为一西洋文化弥纶之世界",而"今言西洋文化"其实又"专就现代西洋文化之盛行者言之"②。在民国保守主义者看来,偏取近世西方文化甚或偏师近世西方一家一派学说而遮蔽古代西方文化,即使不是买椟还珠而舍本逐末,也是暴殄天物而减师半德。正是基于这一认识,民国保守主义者力主借鉴西方文化不能局限于近世西方文化,而应徜徉于整个西方文化,做到"统计全局"③和"不囿于一曲"④,亦即力主借鉴没有缺失的西方文化。只不过,这种没有缺失的西方文化并不是指全部、完全的西方文化,而是指涵盖各个时期和各个层面的能够裨益中国或补益传统文化的西方文化。可见,民国保守主义者对西化论者偏取近世西方文化一端的批判,其实着眼于对西方文化的取舍,亦即着眼于文化选择性。

三、阐释性批判

在有限地借鉴西方文化的前提下,民国保守主义者一直都致力于研究和学习西方文化,而他们试图引介、倡导的没有缺失的西方文化则指向真正的西方文化,尤其是精华的西方文化。梁启超曾言:"启超平素主张,谓:须将世界学说为无制限的尽量输入,斯固然矣;然必所输入者确为该思想之本来面目,又必具其条理本末,始能供国人切实研究之资;此其事非多数人专门分担不能。"⑤事实上,即使有再多的人参与输入"世界学说"一事,也难以达成"所输入者确为该思想之本来面目,又必具其条理本末"的目标,而梁启超之言只不过代表一种引介外来文化的理想状态,并不具实现性。这是因为,外来文化被引介到中国的"经过路线往往是由一个媒介者沟通的个人或集团,原文的翻译或模仿"⑥,其中存在的文化过滤不可避免而只可控制其程

---

① 熊十力.文化与哲学[N].大公报[天津版],1935-4-23(3).
② 释太虚.东洋文化与西洋文化[J].学衡,1924(32):1.
③ 汤用彤.评近人之文化研究[J].学衡,1922(12):4.
④ 刘伯明.再论学者之精神[J].学衡,1922(2):3.
⑤ 梁启超.前清一代中国思想界之蜕变[J].改造[上海1919],1921,3(5):15.
⑥ [法]提格亨[P. van Tieghem].比较文学论[M].戴望舒,译述.上海:商务印书馆,1937:64-65.

度。也正因如此,西化论者对其引介的西方文化在客观上就难以真正地还其"本来面目"、具其"条理本末"。从意识性的角度而言,文化过滤可分为无意识文化过滤和有意识文化过滤两种。在民国保守主义者看来,西化论者对西方文化的引介兼具无意识文化过滤——无意误读西方文化、有意识文化过滤——刻意误读西方文化,并具体地表现为他们对西化论者"但自反复标榜其所诵习之三数名词"[①]的批判之中。

西化论者反复标榜、诵习的名词显然是源自西方的新式名词,而这些新式名词又大多依托西方先进又有益的新式学说——尽管这些新式学说往往源自近世西方学派,所以西化论者标榜新式名词也就意味着他们宣扬新式学说。从这个角度而言,西化论者标举、宣扬新式名词似乎无可厚非。但民国保守主义者指出,这些新式学说"大抵人云亦云,非从洋文书本上钞来,即从外国讲师口中讨取",而西化论者又对这些新式学说不但未能作出全面、深入的理解,反而有"生吞活剥"之嫌[②]。因此,西化论者对依附于西方新式学说的新式名词也就无法作出准确、明晰的界定。显然,这又必将导致那些可能原本有益的新式名词被国人(包括西化论者自己)误用、滥用,并最终致使国家社会未受其利,反蒙其害。梁启超曾不无激愤地反问道:"若自由也,平等也,平和也,人道也,爱国也,民意也,何一不为人持扯蹂躏以尽?"[③]这其中,尤以误用、滥用"自由"和"平等"两词最为严重。当时,国人往往"以放恣

---

① 一苇.再论宗教问题[J].学衡,1922(6):1.

按:引文出自《学衡》编者(吴宓)在该文的文前加注的按语("编者识")。

② 章行严[章士钊].新思潮与调和[N].新闻报,1919-12-28(18-19)["星期增刊"之"第二版""第三版"].

按:该文的文题之左附注"在广州高等师范学校讲演"。该文此后又连载于《神州日报》1920年1月12日(第4935号)第9-10版(第三张之"五""六",文题之左附注"在广州高等师范学校讲演")至14日(第4937号)第10版(第三张之"六"),还登载于《东方杂志》1920年1月25日第17卷第2号第110-117页(无署名),《尚贤堂纪事》1920年2月第11期第1/2合刊("第十一期第一/二合册")第28-34页(文题之下附注"辑新闻报星期增刊",且其左附注"在广州高等师范学校讲演")。《东方杂志》所载之文为本号"时论介绍"栏目的第二篇文章,其文前有导语:"章君行严在广州师范学校讲演,对于新思潮颇下针砭。劝告学生之言,亦颇合社会形势。惟主张先考试而后选举,殊为创闻。以今日政界及社会内容之肆无忌惮,设前清末废科举,至今仍用,其腐败情形,决不逊于今日选举之现状。章君固亦言考试专员之如何设置,不易解决,则已自知不能实行矣。至其主张调和之说,就所举四种方法,一彻底研究,二详查现状,三考究阻碍,四通盘筹度,皆为预备进行之手段,非仅仅以调和为止境。不知章君何以必欲揭橥调和两字也。"

③ 梁启超.饮冰室文集之三十三:天下几多罪恶假汝之名以行[M]//梁启超.饮冰室合集:文集第十二册.上海:中华书局,1936:57.

按:该文的原载信息不详,曾被收录到《饮冰室合集》之《文集第十二册》的"饮冰室文集之三十三"第56-58页。

为自由,以狂妄为平等"①,或"以逸游淫荡抉去礼防为自由,以傲慢恣睢凌轹尊长为平等"②。正因如此,一些出则品花问柳,入则嗜烟好赌的浮薄之人甚至美其放浪淫佚之举为追求自由,而一旦有人规劝,他们又往往理直气壮地以人人生而平等、他人无权干涉自己的所作所为相驳。至于"民主"和"科学"两词,"在西洋自然有历史的背景,有清楚的界限,在中国却成了个人自由无限伸张的工具"③,以致"自由主义,风行一时,人人想作领袖,无人肯服从他人"④,极大地妨害了民族团结。正如《论新民词⑤输入与民德堕落之关系》指出的那样,由于国人对新式名词"不明其界说,仅据其名词之外延,不复察其名词之内容"就臆断从事,所以新式名词在客观上不但无益于国家社会,反而成为部分国人的"护身之具,用以护过饰非"⑥,以至于"盗贼之事,禽兽之行,亦或援哲理以护其非,借学说以文其过"⑦,最终则加剧了社会混乱。伴随着新式名词的被误用、滥用,西化论者推行的西化也逐渐在事实上蜕变为伪西化,从而严重制约了中国的社会发展。吴稚晖曾说,民初仅有二十五分欧化(即西化),其中"不驴不马之欧化者五分","杜撰之欧化者二十分"⑧;张东荪则感叹道,"自欧风东被以来,不消说,论政治,只见纷乱不见安靖;论社会,只见摇动不见向荣"⑨。这种虚假、失败的西化现象之所以会出现,固然是因为国人误解蕴含西方文化、西化的新式学说,从而无法践行真正的西化而一味沉溺于徒然的形式模仿和口号呼喊。但是,国人误解新式学说又肇始于尚未准确、深刻理解新式学说的西化论者盲目、轻率地标榜依托新式学说却未加全面、准确界定的新式名词。

---

① 可轩.国耻篇[J].东方杂志,1904(清光绪三十年)(10):221.
按:该文的文题之下附注"本社撰稿"。
② 梁启超.饮冰室专集之三十二:国民浅训[M]//梁启超.饮冰室合集:专集第八册.上海:中华书局,1936:17.
按:《国民浅训》的原始出版信息不详,曾被收录到《饮冰室合集》之《专集第八册》的"饮冰室专集之三十二"第1-22页,且其《序》的文后题署"民国五年三月二十五日新会梁启超自序"(其中的时间即1916年3月25日)。
③ 陈铨.论英雄崇拜[J].战国策[昆明1940],1940(4):9.
④ 佚名[陈铨].编辑漫谈[J].民族文学,1943,1(4):122.
⑤ 原题如此,"民词"疑为"名词"之误。
⑥ 汉.论新民词输入与民德堕落之关系[N].申报,1906-12-13(清光绪三十二年十月二十八日)(2)["第二版"].
⑦ 伧父[杜亚泉].迷乱之现代人心[J].东方杂志,1918,15(4):3.
⑧ 吴敬恒[吴稚晖].欧化枝谭[J].国民,1919,1(1):3.
按:该文登载于《国民》1919年第1卷第1号第1-8页,此后又登载于《东方杂志》1919年第16卷第5号第168-172页(文后附注"国民杂志")。
⑨ 张东荪.西方文明与中国[J].东方杂志,1926,23(24):93.

诚然，中国的西化起于晚清洋务运动时期，而"民主""科学"以及"自由""平等"等新式名词在那个时候便已被引介到中国并被国人误用、滥用。所以，将国人误用、滥用新式名词的混乱现象和不良后果，完全归咎于西化论者也显得有些不符合历史事实。但是，"民主""科学"以及"自由""平等"等新式名词，又是新文化运动竭力宣扬的代表性口号，而国人在新文化运动的洗礼和激荡中接触了更多、更新且又同样未被真正界定的新式名词。事实上，"民主""科学""自由""平等"以及其他一些源自西方的新式名词，恰恰是因为在新文化运动中被西化论者广泛传播，才被国人加以不同程度的曲解和滥用。最为严重的是，国人对新式名词的曲解和滥用，还在后来的抗战中，成为制约国人积极抗日的一大主因之所在。应该说，相较于晚清时期，民国时期误用、滥用新式名词的现象不但有增无减，甚而愈演愈烈。从这些方面而言，在新文化运动中标举、宣扬未加界定而实际上又空洞无意的新式名词的西化论者，确实应对国人误用、滥用新式名词的言行及其流弊负责。

曾参与撰写《清史稿》①的近代历史学家张尔田有言道："得一奇说，不问其了解与否，即滥用滥传，久且兰变为茅，橘化为枳。名为欧美之学，而实非欧美之学之本然。此风近已弥漫于全国矣。"②民国保守主义者也都认为西化论者理解的新式学说已有失其本义而非真正的欧美之学，所产生的影响也不甚积极。"学衡"派则更进一步地认为西化论者轻率宣传的五花八门又未加界定的新式名词，无异于西晋之清谈、南唐之词曲，终不免亡国之祸③。不过，民国保守主义者揭举西化论者未能准确、深刻理解新式学说又盲目、轻率倡导新式名词以致流弊丛生，不是为了追责，更不是为了否定新式学说和新式名词，而是为了批判西化论者未能深入研究西方文化以借鉴真正的西方文化而实现其应有价值、收获其社会效益。

西方文化博大精深又良莠并存，而文化过滤也不可避免。这意味着研习西方文化者只有耐心了解西方文化和客观品评西方文化，才能缩小文化过滤程度以准确甄别西方文化之精粗并合理择取西方文化之精华。民国保守主义者指出，西化论者恰恰忽略了这一问题，从而在研习并传播西方文化的过程中有意无意地误读了西方文化。一方面，西化论者曾因唤醒国人刻不

---

① 赵尔巽，等.清史稿[M].北京：中华书局，1976；1977.
② 张尔田.与大公报文学副刊编者书[J].学衡，1929(71)：10.
  按：该文的全文连载于《学衡》1928年11月第66期第1-9页、1929年9月第71期第4-11、1931年3期第74期第1-3页。该文出七篇书信组成，其中第一篇的文前和文后、第四篇的文后都有自《学衡》编者（吴宓）撰写的大段按语（"编者识"），且全文七篇的文内也不乏吴宓加注的按语。"
③ 一苇.再论宗教问题[J].学衡，1922(6)：1.
  按：引文出自《学衡》编者（吴宓）在该文的文前加注的按语（"编者识"）。

容缓而不得不将一知半解的西方文化急忙忙地引介到中国,从而在仓促间出现无意识误读西方文化的无意识文化过滤现象。西化论者标榜的新式名词,绝大多数都是西化论者无意识误读西方文化的产物,因为西化论者往往急于宣扬其不甚精通的新式学说而未能全面、准确地界定新式名词。另一方面,西化论者又曾为阐发其西化甚至全盘西化的主张而不惜将有所歪曲的西方文化广泛宣扬,从而在筹谋间出现刻意误读西方文化的有意识文化过滤现象。虚假、失败的西化现象与西化论者刻意误读西方文化关系密切,因为西化论者极富主观性地阐释西化新式学说和新式名词,在很大程度上影响着西化在中国发生的变异甚或蜕变。正因如此,"学衡"派的梅光迪说西化论者对西方文化"无广博精粹之研究,故所知既浅,所取尤谬",而其"输进欧化,亦厚诬欧化矣"①。显然,梅光迪意谓西化论者对西方文化及西化都存在着浅陋的理解。不过,包括梅光迪在内的民国保守主义者,从来都不怀疑西化论者研究、借鉴西方文化的能力,但质疑西化论者对西方文化的阐释态度和阐释方式——一知半解或强为曲解。在民国保守主义者看来,西化论者对西方文化的两种误读都情有可原、不无作用,但也都暗藏弊病。这其中的最大弊病都在于,没有以长远的眼光看待借鉴西方文化一事,因而也没有深入研究西方文化,恰当择取西方文化精华,并合理阐释西方文化精华,以使之在最大限度上发挥裨益中国的积极作用。于是,着眼于文化阐释性,民国保守主义者对西化论者宣扬的经过误读的西方文化多有指摘和反对。

与其他民国保守主义者有所不同的是,梅光迪、吴宓以及刘伯明等"学衡"派成员认为,西化论者刻意误读西方文化还有逐慕名利之嫌。梅光迪指出,最初以西方学术思想号召于众的是留日学生和革命志士,二者都因唤醒国人刻不容缓而不得不将当时还一知半解的西学引介到国内——这尚属情有可原;而后来的留学欧美者虽普遍受过正规的大学教育,却往往因急于用世,"不惜忘其学者本来面目,以迎合程度幼稚之社会"②——这必须大加挞伐。显然,梅光迪所指的留学欧美者包括民国时期绝大部分受过欧美高等教育且力主西化的西化论者,如陈序经、胡适等人。梅光迪认为:这些人工于自饰,巧于语言,趋时投机,哗众取宠,所以他们"非思想家乃诡辩家""非创造家乃模仿家""非学问家乃功名之士""非教育家乃政客"③。总之,在梅光迪看来,这些人往往因为急功近利而对西方文化既流于肤浅的认识又耽于肆意的歪曲。吴宓曾指出,当时国人最大的弊病在于既"不读西史,不研

---

① 梅光迪.评提倡新文化者[J].学衡,1922(1):3-4.
② 梅光迪.论今日吾国学术界之需要[J].学衡,1922(4):2.
③ 梅光迪.评提倡新文化者[J].学衡,1922(1):1;3;4;6.

究西洋文学",即不研读西方历史、文学等方面的原典,也"不细察西人之思想性行,不深究彼中强弱盛衰之故",只一味地以"浮光掠影"的认知而"腾为口说"①,即以皮相之见作皮相之谈。而刘伯明在探讨学者之精神的时候还指出,当时的一些学者往往"趋向新奇",对源自西方的新式思想、新式理论不加甄别便贸然采信,更有甚者还"剽窃新知",并急忙忙地将其似懂非懂的新知公之于众以号召国人,而这一切的所作所为往往都是为了"冀获名利"②。虽然吴宓和刘伯明都未明言其批判的具体对象就是西化论者,但作为"学衡"派同仁,他们在事实上还是表达了与梅光迪一致的观点,从而表现其对西化论者之言行的批判。客观而言,说西化论者急求用世也许不无道理,但若说西化论者急图名利则未免有失偏颇。因此,"学衡"派对西化论者逐慕名利的指摘未免夹杂着意气之争或门户之见而不符其"平心而言,不事嫚骂以培俗"③的宗旨。

第二节　重释西方文化内涵

民国保守主义者从西方文化的适用性、选择性以及操作性的角度,批判了西化论者既盲从轻信于西方文化又被西方文化所奴役的错误思想和行为,而这三大批判都旨在破除当时部分国人对西方文化的迷信或神化。在民国保守主义者看来,当时部分国人对西方文化的迷信或神化肇始于西化论者对西方文化的独尊。至于西化论者独尊西方文化的原因,虽然迄今为止都众说纷纭而难以定论,但在逻辑上可归结为西化论者有意无意地错用归纳、演绎之法。大体而言,西化论者一方面在对比西方国家的强盛和其他国家的乱亡之中,归纳出西方文化优于世界其他各种文化的结论,另一方面又从他们接触到的西方社会的工业昌盛、科技发达、政制进步甚至于文化繁荣等内容中,归纳出西方文化只有优势而并无缺陷的结论。"由特殊事实以推见普遍原理,谓之归纳法 Induction(一作内籀)。"④普遍原理即归纳所得的结论,而归纳结论的真实与否又与作为归纳前提的特殊事实是否真实且足够多数密切相关。虽然说真实且多数的特殊事实只是推导出真实的归纳结

---

① [美]白璧德[Irving Babbitt].白璧德论欧亚两洲文化[J].吴宓,译.学衡,1925(38):5.
　按:引文出自吴宓在该文的文内加注的按语。
② 刘伯明.学者之精神[J].学衡,1922(1):1.
③ 佚名[吴宓].弁言[J].学衡,1922(1):1.
④ 钱智修,编纂.达尔文[M].3版.上海:商务印书馆,1920:46.
　按:引文出自钱智修在该书《第八章　杂著》的文后加注的按语("批评")。

论的必要条件,即真实的归纳前提再加上正确的归纳形式不必然能够推导出真实的归纳结论;但不真实且不多数的特殊事实则是推导出不真实的归纳结论的充分条件,即不真实的归纳前提即使加上正确的归纳形式也只能推导出不真实的归纳结论。西化论者对世界各种文化(包括西方文化)只限于一时的认知,而对其中的西方文化也仅限于片面的认识。也就是说,西化论者采用的作为归纳前提的特殊事实,既不一定真实,又不足够多数。所以,他们据此而武断作论所得出的归纳结论也就难免失当。然而,西化论者恰恰就是基于这种失当的归纳结论而于世界各种文化中独取西方文化一种,并深信西方文化的优越性。不惟如此,西化论者还在深信西方文化之优越性的基础上,进一步地推导出西方文化的方方面面都只有优点而并无缺陷的演绎结论。"由普遍原理,以断定特殊事实,则谓之演绎法 Deduction(一作外籀)。"①演绎结论的真实与否取决于作为演绎前提的普遍原理的真实与否,因为演绎前提是演绎结论的充分条件,即真实的演绎前提必然推导出真实的演绎结论,而不真实的演绎前提则必然推导出不真实的演绎结论。作为演绎前提的普遍原理一般是通过归纳所得的归纳结论,而西化论者的演绎前提也是其归纳结论。既然西化论者进行演绎时采用的前提条件并不真实,那么他们得出的演绎结论也难免失当。然而,恰恰是这种不真实的演绎结论使然,西化论者颇以为即使截取近世西方文化一端、仅奉一家一派之言,甚而草率标榜西式口号,也无不裨益于中国。正因如此,"学衡"派的梅光迪认为西化论者用归纳法便取不完备之证据,而用演绎法则取乖谬之前提,二者所得结论之失当无可避免,进而讥讽西化论者虽"盛言科学方法,然实未尝知科学方法为何物"②。

梅光迪所说的科学方法属于认识论和方法论的范畴,意谓一种本经验、重事实的实证态度或求真精神。虽然说,"科学"一词是新文化运动的两大旗帜之一,并为西化论者所标榜,而"现代新儒家"派的张君劢又曾就科学与玄学问题与"科学"派展开过针锋相对的论争;但是,包括张君劢在内的民国保守主义者在根本上从未反对过科学本身,更遑论反对科学精神。事实上,民国保守主义者曾在多种场合多次强调"讲学以明真"③"论学以真为归"④,

---

① 钱智修,编纂.达尔文[M].3版.上海:商务印书馆,1920:46.
  按:引文出自钱智修在该书《第八章 杂著》的文后加注的按语("批评")。
② 梅光迪.论今日吾国学术界之需要[J].学衡,1922(4):5.
③ 缪凤林.历史之意义与研究[J].学衡,1923(23):7.
  按:该文登载于《学衡》1923年11月第23期第1-7页,此后又登载于《史地学报》1923年11月1日第2卷第7期第1-5页(总第23-27页)。
④ 吴宓.论事之标准[J].学衡,1926(56):1.

积极倡导以科学方法和求真原则论究学术。就借鉴西方文化的角度而论，民国保守主义者固然对西方文化有所质疑而不似西化论者那般，往往仅凭先入为主之念便对西方文化偏信不疑，然而他们对西方文化的质疑不但不是基于民族歧见而以排斥西方文化为狭隘目的，反而是为了在质疑西方文化的过程中寻求西方文化之真义，以期更好地借鉴西方文化，从而重构民族文化以救中国之乱亡。具体到西化论者偏信西方文化又对西方文化存在狭隘且浅陋的认知、倡导之误，民国保守主义者便试图通过重释西方文化真正而全面之内涵的方式，裨补西化论者对西方文化"仅取一偏"而"失其大体"[①]之弊。"东方杂志"派的钱智修曾说："求学问自虚心始。苏格拉底之设问以启人疑，亦欲人去其虚矫之气，不为真理之蔽耳。至法儒特嘉尔 Descartes，其说更精，以为疑中求信，其信始真。故吾人之遇事物，必当运吾精神以取舍之，而后不至为他人所误。学者以两家为师资，新旧异同之见，盲从附和之习，其亦可以少减矣。"[②]事实上，在重释西方文化之内涵的过程中，民国保守主义者往往就本着"疑中求信，其信始真"的坚定信念和正确态度而贯彻科学精神，并以科学方法努力地重新厘定西方文化的概念。大体而言，民国保守主义者既深刻揭示了西化论者热衷的近世西方文化的弊端，又深入发掘了西化论者忘却的古代西方文化的精义，最终指出西方文化本是古代西方文化和近世西方文化的结合体，而国人应该借鉴的恰恰是没有缺失的包含古代西方文化和近世西方文化之优长的西方文化。

一、辨析近世西方文化

在揭举西化论者独尊西方文化之误的时候，民国保守主义者曾揭示西化论者在宏观上往往局限于欧洲文艺复兴以来的近世西方文化一隅。其实，晚清以来其他力主效法西方之人引介、倡导的西方文化也大多是近世西方文化。所以，近世西方文化就是民国保守主义者对所有力主效法西方之人引介、倡导的西方文化的简单概括。近世西方文化一说显然是就时间的角度而论，而其时间上限也相对明确，即文艺复兴萌发的 14 世纪中叶，但其时间下限则因人类历史的不断发展而显得难以遽断。就民国保守主义者与西化论者论辩西方文化之优劣的角度而言，近世西方文化的时间下限应该止于 20 世纪中叶。应该说，民国保守主义者本无意于从整个西方文化中刻意

---

① 汤用彤.评近人之文化研究[J].学衡，1922(12):4.
② 钱智修,编纂.苏格拉底[M].5 版.上海：商务印书馆,1924:23-24.
按：引文出自钱智修在该书《第六章 问答录》的文后加注的按语（"批评"）。

抽离出近世西方文化,并对之加以强调和申说,但"一战"的前车之鉴,以及国人的错误认识——惑于力主效法西方之人对近世西方文化之优的极力鼓吹以至于只知近世西方文化之利、不知近世西方文化之弊,迫使民国保守主义者不得不对近世西方文化特加关注和仔细辨析。可能是因为那些力主效法西方之人已充分阐发近世西方文化的优势,所以民国保守主义者在辨析近世西方文化的过程中,侧重于揭举近世西方文化之弊,进而试图引导国人客观看待近世西方文化及整个西方文化。

民国保守主义者对近世西方文化之弊的揭举,始于杜亚泉对"一战"的报道和评论。就在奥匈帝国向塞尔维亚宣战后的第四天(1914年8月1日),杜亚泉就及时地发表《欧洲大战争开始》一文,详细介绍"一战"爆发的始末。此后,他又陆续撰写题为《大战争续记》的系列文章,持续报道"一战"的进展。虽然这些文章类似于新闻报道而旨在反映"一战"的真实面貌,但在客观上对国人重新审视近世西方文化不无影响。杜亚泉在以"高劳"为笔名持续报道"一战"的同时,又往往以"伧父"为笔名不断评论"一战"。在直接评论"一战"的试笔之作《大战争之所感》中,杜亚泉将"一战"爆发后短短两个月内的死亡人数与中国非战争期间"数十百年"内因自然和人为等因素导致的死亡人数相比较而论,从而在突出了"一战"之血腥和残酷的同时,又揭示了近世西方文化带来的负面效应,最终则警告了汲汲渴望学习西方之"神仙"的国人勿忘"神仙"必将经历的劫难①。彼时彼刻的普通国人虽不一定明白西方社会何以会变成今日之人间炼狱,但显然也都直观地感受到西方文化并不如他们原先认识或想象的那般美好。

起初,杜亚泉对近世西方文化之弊的揭举还仅限于评论"一战",即仅以呈现、评论"一战"之残酷现实的方式,间接反映近世西方文化之弊。后来,随着"东西文化论战"的爆发,他不得不直面西方文化,尤其是近世西方文化。他曾指出,文艺复兴一度使极富理性色彩的"希腊思想大占势力于社会",但19世纪以后的西方社会"科学勃兴,物质主义大炽",而"达尔文之生存竞争说与叔本华(即罅本哈卫)之意志论"更被推演为"强权主义、奋斗主义、活动主义、精力主义"——甚至被进一步推演为"帝国主义、军国主义,其尤甚者,则有托拉邱克及般哈提之战争万能主义",于是"不但宗教本位之希伯来思想被其破坏殆尽,即理性本位之希腊思想,亦蔑弃无遗",最终导致"日杀六千人"的"今日之战"——"一战"②。显然,杜亚泉将近世西方文化一

---

① 伧父[杜亚泉].大战争之所感[J].东方杂志,1914,11(4):5.
② 伧父[杜亚泉].战后东西文明之调和[J].东方杂志,1917,14(4):4.

分为二地看待,其中 19 世纪以前的近世西方文化因以世俗层面的古希腊式理性思想为主、宗教层面的希伯来式神学思想(主要指基督教的神学思想)为辅而并无缺陷,但 19 世纪以后的近世西方文化在"科学勃兴"的时代背景下,丧失了理性思想和神学思想的双重规范而被"物质主义"所充斥,从而衍生出"达尔文之生存竞争说"和"叔本华(即罅本哈卫)之意志论",最终导致了"一战"的爆发。从中可以看出,杜亚泉实际上是将近世西方文化产生流弊的原因归结为"科学勃兴"和"物质主义大炽",即西方科学技术的发展以及伴随着科学技术的发展而来的功利主义的泛滥,而"科技勃兴"以及"物质主义大炽"的原因又都在于理性思想和神学思想的双重失范。客观地说,杜亚泉的论断不无道理。正如释太虚指出的那样,近世西方文化虽"发达科学知识",却以"争求满足人类之'动物欲'"①为目的,所以"科学之知识及方法也,工作之机器及技能也,生活物产之丰富华美也,社会言行之平行自由也,交通之广而速也,发见之新而奇也",在很大程度上不过是"扩充'人类之动物欲'"的"副产品"②。在近世西方文化的引领下,西方社会也确实出现了"物质主义大炽"的不良现象。但是,杜亚泉的论断还只限于揭举近世西方文化之弊的一些具体表现,而并没有着眼于揭示近世西方文化的本质弊病。也正因如此,杜亚泉未能真正发掘出"科学勃兴"和"物质主义大炽"的根本原因,从而也未能准确揭示近世西方文化产生弊端的根本缘由之所在。

  随着"一战"后全世界学者反思西方文化之热潮的兴起,尤其是随着中外学者学术交流的不断加深,民国保守主义者对近世西方文化的本质及其弊端的剖析也更为深入。"现代新儒家"派的张君劢曾于 1918 年随梁启超考察"一战"后的欧洲,并拜访过多位欧洲学者,后又再度留学德国,所以他对近世西方文化的理解更为独到和深入。在 20 世纪 30 年代,他曾指出,当时"凡论现代欧洲者",往往认为"近代欧洲文化之特点"在于"以文艺复兴与宗教革命为起点",同时兼及"科学进步与法国革命以降之民主政治"③。较之于杜亚泉的近世西方文化观,张君劢指出的 20 世纪 30 年代的近世西方文化观,因兼论关乎近世西方文化之发生、发展的三大思想解放运动——文艺复兴、宗教改革和启蒙运动而显得相对全面和深入,但这一近世西方文化观其实也没有揭示近世西方文化的本质所在。张君劢自言其观点与此"有同而不同",因为他认为"论欧洲现代之文化,当分两方面观察:"第一、政治社会方面"的"民族国家之成立""民主政治之发展"以及"第二、智识道德方面"的

---

① 释太虚.东洋文化与西洋文化[J].学衡,1924(32):1.
② 释太虚.东洋文化与西洋文化[J].学衡,1924(32):4.
③ 张君劢.明日之中国文化[M].上海:商务印书馆,1936:66.

"智识之爱好(The thirst for knowledge)""道德观念之变更"①,而除"民族国家之成立"外,其他三点都与理性思想的发展密不可分。张君劢进一步论道:在理性思想的指引下,文艺复兴以后的西方人"先之以宗教革命,以否认其千余年来所崇拜之教义",然后破除一切"旧日之风俗习惯",同时又"别求其根据于理性之中,而从新创造"②。就"民主政治之发展"而言,托马斯·霍布司(Thomas Hobbes,1588—1679)、让-雅克·卢梭等人提倡的社会契约论"根据理性以推想政治社会之起源,其大意谓人类于天生时本属自由平等,则又何为而自苦以成立政府以自陷于束缚"③;就"智识之爱好"而言,"宗教革命后,日耳曼民族之求智欲大盛,乃有科学之大发展","然其发动之机,则有哲学家数人予以促进之力"④,如宣扬"知识即是力量"的弗朗西斯·培根(Francis Bacon,1561—1626);就"道德观念之变更"而言,"理智之发展,用于惨酷之战争,工商之往还专以利害为依归",且"功利派学说乃登峰造极"⑤。可见,张君劢认为近代西方社会的方方面面都隐含着理性思想的因子,包括杜亚泉所说的"科学勃兴""物质主义大炽"及潜藏于这二者之后的功利主义。所以,在张君劢看来,近世西方文化的本质就在于理性思想,而其弊端也根源于理性思想——由张扬理性以致热衷功利。

不失客观地说,在众多民国保守主义者之中,张君劢对近世西方文化的看法最为全面和深刻。从某种程度上说,近世西方文化的发展过程就是理性思想发展的过程,而西方社会渐次兴起的文艺复兴、宗教改革以及启蒙运动则都以张扬人性、反抗宗教的形式逐步促成理性思想的觉醒和发展。启蒙运动时期更被称为理性时代,因为当时的人们极端强调理性、极度追求理性,以至于极为乐观地无限放大理性改变人类社会甚至自然世界的能力。启蒙运动以后的西方人也是如此,而张君劢在"中华教育改造社"发表讲演时,就曾指出:启蒙运动以后、"一战"以前,西方人往往因过于崇尚理性、相信理性而萌生一种不切实际的希望——"以为此宇宙之谜可以由人类智识解决之",而这一希望又"以达尔文物种由来出版以后为最盛"⑥。客观地说,正是得益于启蒙运动时期宣扬的"理性至上""理性万能"一类的乐观思想的推

---

① 张君劢.明日之中国文化[M].上海:商务印书馆,1936:66-67.
② 张君劢.明日之中国文化[M].上海:商务印书馆,1936:71.
③ 张君劢.明日之中国文化[M].上海:商务印书馆,1936:71.
④ 张君劢.明日之中国文化[M].上海:商务印书馆,1936:73.
⑤ 张君劢.明日之中国文化[M].上海:商务印书馆,1936:76.
⑥ 张君劢.欧洲文化之危机及中国新文化之趋向[J].东方杂志,1922,19(3):118.

动,西方近代的第一次工业革命、第二次工业革命[①]才得以如此蓬勃、迅猛地发展,从而促进近代西方在社会物质层面的不断进步。但是,近世西方文化之优在其理性思想,而其弊也恰恰在其理性思想,因为"理性乃极危险之物"——运用得宜可为"良师益友",否则便遗害巨大[②]。一个不可否认的事实是,同样是在"理性至上""理性万能"一类的思想主张的推动下,西方传统的道德被不断排斥,甚至在绝大多数时候被直接摒弃,而应运而生的杰里米·边沁(Jeremy Bentham,1748—1832)的功利主义则取而代之。边沁所谓的"最大幸福原则"——"最大多数人的最大快乐"成为西方人借第一次工业革命及第二次工业革命成果以实现其无限贪婪之欲望的遮羞布,于是19世纪以来的西方社会便出现了杜亚泉所说的"物质主义大炽"的畸形现象,以至于科学的发达非但"不能增益生人内心之真福,反成为桎梏刀剑"[③]。应该说,近代西方社会正是在极端发展理性思想的时代背景下,才热衷于追求功利以及效率,进而偏离了社会发展的正轨,最终酿成"一战"的人间惨剧。所以,近世西方文化之弊的根源也就在于过度张扬理性。

二、追溯古代西方文化

古代西方文化与近世西方文化相对而言,所以古代西方文化应该指文艺复兴以前的所有西方文化。在所有古代西方文化中,对西方文化及西方文明影响最大的是上古西方文化——古希腊文化(包括古罗马[④]文化)和中古

---

① 第二次工业革命(The Second Industrial Revolution),其起止时间为19世纪60年代末至20世纪初。第二次工业革命时期被称为电气时代(Age of Electricity)。

② [美]穆尔[Paul Elmer More].穆尔论自然主义与人文主义之文学[J].吴宓,译.学衡,1929(72):1.

按:引文出自吴宓在该文的文前加注的按语("译者识")。该文登载于《学衡》1929年10月第72期第1-6页;此后又登载于《大公报》(天津版)1929年12月16日(第9486号)第13版(副刊《文学》第101期),其文题之下仅附注"译"而无译者署名。该文的文内有吴宓加注的按语,且《学衡》所载之文的文前有大篇幅的"译者识",《大公报》(天津版)副刊《文学》所载之文的文前有数句"编者识":"按美国批评大家穆尔先生 Paul E. More 去年著《绝对之鬼》The Demon of the Absolute 一书(论文集)。本刊第六十二期已经介绍,读者可参阅。今节译该书之序中数段,以其论自然主义与人文主义之文学之区别,甚关重要也。编者识。"

③ [美]白璧德[Irving Babbitt].白璧德中西人文教育谈[J].胡先骕,译.学衡,1922(3):1.

按:引文出自吴宓在该文的文前加注的按语("吴宓附识")。该文的文前、文内都有吴宓加注的按语,其中的文前按语为大篇幅的"吴宓附识"。

④ 古罗马(Ancient Rome)先后历经罗马王政时代(前753—前509)、罗马共和国(前509—前27年)、罗马帝国(前27—476/1453)三个阶段,但其中的罗马帝国后来在395年分裂为西罗马帝国(亡于476年)和东罗马帝国(即拜占廷帝国,亡于1453年)。一般而言,"古罗马文化"以及"古罗马文明"等词中的"古罗马"都是指西罗马帝国灭亡前的古罗马。所以,古罗马的起止时间为公元前753年至476年。

西方文化(或称中世西方文化)——希伯来文化这两种古代西方文化,而这两种古代西方文化又往往被合称为"两希文化"。其中,希伯来文化多指基督教文化(而非犹太教文化),并与中世纪时期的教会文化密切相关。民国保守主义者所谓的古代西方文化并非"文艺复兴"以前的所有西方文化,而是相对狭隘地指向古希腊文化(一般都包括典型的古罗马文化)和基督教文化(一般都排除典型的教会文化)这两种古代西方文化。由之,民国保守主义者便往往通过阐发古希腊文化以及基督教文化的方式来发掘古代西方文化。至于民国保守主义者之所以选择古希腊文化和基督教文化来阐发古代西方文化,则是因为他们认为这两种文化既是古代西方文化之主体所在,又是古代西方文化之精华所在。

在众多民国保守主义者当中,最早揭举近世西方文化之弊的"东方杂志"派的杜亚泉,也是最早关注古代西方文化之人。他曾在《战后东西文明之调和》一文中,屡屡提及古希腊文化和主要指涉基督教文化的希伯来文化,并认为这二者在19世纪以前虽曾"几经冲突融会,各有几分之变质",但"仍成对峙之形势"[①]。杜亚泉的论断是否完全正确姑且不论,但至少可以证明杜亚泉早在那个时候就已有意识地从古希腊文化和基督教文化的角度探寻古代西方文化。而在此之前,杜亚泉又曾发表意在比较中西文化各自特点的《静的文明与动的文明》一文,更早地表现出他对古代西方文化的研究。在这篇文章中,杜亚泉指出西方社会发源于"地中海岸之河口及半岛间"且由"希腊、腊丁、日尔曼、斯拉夫、犹太、马其顿、匈奴、波斯、土耳其诸民族"混合而成,因之形成了独具特色的西方文化[②]。虽然这篇文章并没有直接而明确地提及古希腊文化和基督教文化,但它在宏观上论证整个西方文化之特点的时候,往往兼及古希腊文化和基督教文化的相关内容,从而体现出杜亚泉对古代西方文化的涉猎。杜亚泉在论及近世西方文化和整个西方文化的时候,都未能避免论及古希腊文化和基督教文化。这在客观上是因为西方文化同古希腊文化、基督教文化存在着剪不断、理还乱的关系,而在主观上则是因为杜亚泉认为古希腊文化、基督教文化对整个西方文化的形成和发展具有重要的影响作用。但作为早期的民国保守主义者,杜亚泉虽然在阐发整个西方文化的过程中,往往兼及古希腊文化和基督教文化,并指出这两种文化对整个西方文化影响巨大,却从未真正地梳理过西方文化的源起和发展问题——即使是从文化研究而非历史研究的角度。这使得杜亚泉对古希腊文化和基督教

---

① 伧父[杜亚泉].战后东西文明之调和[J].东方杂志,1917,14(4):4.
② 伧父[杜亚泉].静的文明与动的文明[J].东方杂志,1916,13(10):2.

文化的强调,通常给人以沙地造屋而无稳固基础之感,并往往成为反对者的论辩突破口,进而致使杜亚泉常常在"东西文化论战"中陷于被动。

相较于杜亚泉,后来的民国保守主义者都颇为注意梳理西方文化,尤其是古代西方文化的衍变、发展脉络,从而在阐发古代西方文化的同时,向国人颇为详细地介绍了相对完整的西方文化。就西方文化的起源问题而言,后来的民国保守主义者都明确提出西方文化的源头在于古希腊文化。"东方杂志"派的钱智修曾说"希腊为欧洲文化之源泉"①,而"学衡"派的吴宓也认为"古希腊之哲理文章艺术等,为西洋文化之中坚,源流所溯,菁华所在"②。钱智修和吴宓二人后来都没有具体阐释西方文化源出于古希腊文化的观点,但"现代新儒家"派的张君劢曾在明言"希腊文化乃欧洲文化之母"③的同时,还相对详细地介绍了古希腊文化的成就,并进一步认为古希腊文化在政治、学术、艺术等诸多方面都"实为欧洲现代文化导其先路"④。张君劢指出:在政治方面,古希腊政体有五十八种之多,其中雅典城邦的民主政治是当下西方民主政治的雏形,所以"欧洲今日之民主政治,不能不推源于希腊"⑤;在学术方面,柏拉图和亚里士多德的哲学研究"及其科学名著,如物理学动植物学之类,可谓为欧洲科学之始祖"⑥,而苏格拉底的论辩法、对话法所蕴含着的下定义、明概念、做归纳、行演绎等论学之法更是后世各学科之必用方法的源流所在,"故谓希腊之方法,即为今日欧美学者治学之方法无不可也"⑦;在艺术方面,"如诗歌、如窑器、如图画、如建筑、如塑像"⑧等,都对

---

① 钱智修,编纂.苏格拉底[M].5版.上海:商务印书馆,1924:3.
② [英]穆莱[Gilbert Murray].希腊之留传第一篇:希腊对于世界将来之价值 THE LEGACY OF GREECE(Ⅰ):The Value of Greece to the Future of the World[J].吴宓,译.学衡,1923(23):1.
按:引文出自《学衡》编者(吴宓)在该文的文前加注的按语("本志编者识")。《学衡》一共登载了5篇题为《希腊之留传》的系列翻译文章,即1923年11月第23期第1-24页登载的[英]穆莱(Gilbert Murray)原撰、吴宓翻译的《希腊之留传第一篇:希腊对于世界将来之价值 THE LEGACY OF GREECE(Ⅰ):The Value of Greece to the Future of the World》,1923年12月第24期第1-27页登载的[英]尹吉(W. R. Inge)原撰、汤用彤翻译的《希腊之留传第二篇:希腊之宗教》和第1-35页登载的[英]庞乃德(J. Burnet)原撰、胡稷咸翻译的《希腊之留传第三篇:希腊之哲学》,1924年3月第27期第1-25页登载的[英]童璧(Arnold Toynbee)原撰、郭斌龢翻译的《希腊之留传第九篇:希腊之历史》和第1-46页登载的[英]嘉德纳(Percy Gardner)原撰、朱复翻译的《希腊之留传第十一篇:希腊美术之特色》。每篇文章的文前、文内都有《学衡》编者(吴宓)加注的按语,其中《第一篇》的文前按语即"本志编者识",《第二篇》《第三篇》《第九篇》的文前按语均即"编者识",而《第十一篇》的文前按语即"编者识"和"编者再识"。
③ 张君劢.明日之中国文化[M].上海:商务印书馆,1936:51.
④ 张君劢.明日之中国文化[M].上海:商务印书馆,1936:56.
⑤ 张君劢.明日之中国文化[M].上海:商务印书馆,1936:52.
⑥ 张君劢.明日之中国文化[M].上海:商务印书馆,1936:53.
⑦ 张君劢.明日之中国文化[M].上海:商务印书馆,1936:55.
⑧ 张君劢.明日之中国文化[M].上海:商务印书馆,1936:55.

后世西方文化有着深远的影响。因之,张君劢不由得发出"苟无希腊,欧洲文①是否成为今日之形态,乃是疑问"②的感叹。无独有偶,"东方杂志"派的陈嘉异也曾有此感慨:近世西方文化"食文艺复兴之赐","而所谓文艺复兴时代,则以钻研希腊古典得名"③,所以"使无希腊哲学导其源,后起之科学饰其表,则所谓西方文化者,其内容亦可想矣"④。显然,在陈嘉异和张君劢等人看来,古希腊文化之于西方文化的意义,不仅限于开其源流,更在于始终深刻地影响着后世的西方文化(包括后世西方的科技、经济等)。

需要指出的是,民国保守主义者所谓的古希腊文化其实包含着古罗马文化。陈嘉异就曾指出,源出于古希腊文化的西方文化其实还夹杂着"罗马人之法律思想权利观念,与其后入寇罗马北方各蛮族(即建设今日欧洲各国之原始种族)之好战勇气"⑤,亦即夹杂着古罗马文化。吴宓也持相同的观点,不过他在介绍古罗马文化的特质及阐发古罗马文化之于西方文化的影响方面,显得更为详细和全面。他指出:古罗马人轻天道、重人事、绝玄想、计实功,凡事都以应用为归、适合为尚,不取空谈,不崇虚理,且又贞固朴诚,笃古祀祖,也就是说罗马人看重道德和伦常、注重现实和实用,而一旦有人违背这种"性行"就会受到严刑峻法的重罚和纠正,所以古罗马人的这种"性行"就决定了古罗马文化的特质在于"凡百设施,均本于法律之精神,而以军法部勒之",且古罗马文化对后世西方文化的最大贡献也恰恰在于"法律之典籍及政治之规模"⑥。在吴宓看来,古罗马的法律和政治是后世"欧美法政之基本,其治军治事之条理,亦为后人所取法,此外则拉丁文,为千余年来欧洲公用之语言文字,而尤要者,则罗马人之品格及其道德观念,流传裨益于近世各国者,至为深远"⑦,所以古罗马文化深深影响着后来的西方文化。一般认为,古罗马文化于法律、政治之外并无突出成就。吴宓也说古罗马文化在

---

① 原文如此,"欧洲文"疑为"欧洲文化"或"欧洲文明"之误。
② 张君劢.明日之中国文化[M].上海:商务印书馆,1936:51.
③ 陈嘉异.东方文化与吾人之大任[J].东方杂志,1921,18(1):22.
按:该文的全文连载于《东方杂志》1921年1月10日第18卷第1号第18-38页、1月25日第18卷第2号第9-25页。该文的文内有陈嘉异作出的大量注释。
④ 陈嘉异.东方文化与吾人之大任[J].东方杂志,1921,18(1):23.
⑤ 陈嘉异.东方文化与吾人之大任[J].东方杂志,1921,18(1):22-23.
⑥ [罗马]西塞罗[Marcus Tullius Cicero].西塞罗说老 Cicero"De Senectute"[J].钱堃新,译.学衡,1923(15):1.
按:引文出自《学衡》编者(吴宓)在该文的文前加注的按语("编者识")。该文的文前、文内都有《学衡》编者(吴宓)加注的按语,其中的文前按语为大篇幅的"编者识"。
⑦ [罗马]西塞罗[Marcus Tullius Cicero].西塞罗说老 Cicero"De Senectute"[J].钱堃新,译.学衡,1923(15):1-2.
按:引文出自《学衡》编者(吴宓)在该文的文前加注的按语("编者识")。

"哲理科学美术"等诸多方面"悉无可称,其文学亦远逊希腊",但他还是比较客观地指出古罗马文学"自有其特质"——"切于人生实用",如"历史、词令、信札、刺时诗诸类"文学作品尽皆蕴含着"罗马人之性行及其精神理想"[①],并对后世西方文化的发展也不无影响。除此之外,吴宓还进一步指出古罗马文化还有传承古希腊文化之功,因为"希腊文化皆未得直接传后,仅由罗马文化吸收之、融化之、而代为播达",以至于"人之知希腊思想精神者,多由罗马人之诗文著述中得之"[②]。从中可以看出,吴宓在介绍古罗马文化及其深刻影响后世西方文化的过程中,充分肯定了古罗马文化的价值和意义。其他民国保守主义者也都认为"欧洲今日之法治精神出于罗马"[③],而古罗马文化又承继了古希腊文化,所以大凡民国保守主义者都普遍认同"希腊罗马,同为西洋文化之源泉"[④]的说法。不过,可能是因为古罗马文化在很大程度上是古希腊文化的衍生和发展之故,民国保守主义者往往在更为宽泛的意义上使用"古希腊文化"一语而涵盖古罗马文化。

在明确古希腊文化(包括古罗马文化)为西方文化之源的基础上,民国保守主义者又进一步地指出中世纪时期的基督教文化其实也对整个西方文化的发展影响巨大。自西罗马帝国于公元476年灭亡以后,西方社会(主要是欧洲社会)便步入了近千年之久的中世纪时期。中世纪时期的一大显著特征是基督教教会的权力不断扩大,而在教会权力发展到巅峰之际,西方各国国王或皇帝的即位都必须经过基督教教皇的加冕和认可。随着教会权力不断扩张并逐渐渗透到社会各个领域之中,基督教的神学思想一度上升为社会意志。于是,根植于基督教神学思想的基督教文化便成为中世纪时期西方社会的主流文化。需要指出的是,在西方,"中世纪"往往是"黑暗时代"的代名词,而西方自文艺复兴以来一直都试图摆脱基督教的羁绊,于是批判基督教及基督教文化之声不绝如缕,而各种针对基督教的政治、经济、思想运动也是此起彼伏。但是,民国保守主义者对基督教及基督教文化多有肯定

---

① [罗马]西塞罗[Marcus Tullius Cicero].西塞罗说老 Cicero"De Senectute"[J].钱堃新,译.学衡,1923(15):2.
按:引文出自《学衡》编者(吴宓)在该文的文前加注的按语("编者识")。
② [罗马]西塞罗[Marcus Tullius Cicero].西塞罗说老 Cicero"De Senectute"[J].钱堃新,译.学衡,1923(15):3.
按:引文出自《学衡》编者(吴宓)在该文的文前加注的按语("编者识")。
③ 张君劢.明日之中国文化[M].上海:商务印书馆,1936:59.
④ [英]赖斯德[Hugh Last].罗马之留传第七篇:罗马之家族及社会生活[J].吴宓,译.学衡,1925(37):1.
按:引文出自《学衡》编者(吴宓)在该文的文前加注的按语("编者识")。该文的文前、文内都有《学衡》编者(吴宓)加注的按语,其中的文前按语即"编者识"。

和赞扬。在民国保守主义者看来,基督教既有搜罗、注释古希腊、古罗马典籍的传承文化之功,又具熏陶、教化欧洲北方各蛮族之劳,最为重要的是基督教文化具有永恒的价值意义(尤指道德层面而论)。正因如此,"学衡"派的刘伯明说"中世文化为西洋文化紧要原素之一"①,而"东方杂志"派的陈嘉异则更为明确地说"岂惟希腊文化,即希伯来宗教伦理,亦实为构成西方文化之柱石"②。严格来说,中世文化、希伯来文化都不仅限于基督教文化,但刘伯明、陈嘉异等人(也包括其他民国保守主义者)所说的中世文化、希伯来文化一般都是指基督教文化。应该说,民国保守主义者都普遍认为基督教文化是古代西方文化乃至于整个西方文化的主要内容之一,而缺失了基督教文化的西方文化则根本不足以被称为西方文化。基于这一认识,民国保守主义者又进一步地指出"欧族文化,实一种混合之文化"③,即西方文化其实是杂糅了古希腊文化(包括古罗马文化)和基督教文化的混合文化。"学衡"派的刘伯明就认为"西洋文化有二大支:曰希腊文化,曰希伯来文化(基督教文化)"④,而"醒狮"派的常乃悳则指出"西洋文化的来源本有两个,一个是希腊的文化,一个是希伯来的文化"⑤。至于其他的民国保守主义者,其实也都持此观点。值得一提的是,吴宓曾对西方文化的构成问题作出过一个似是而非的论断:"泰西文明之二大源泉:一曰希腊之学艺文章,一曰耶稣教。"⑥这一界说显然容易令人误解,尤其是容易令人误以为西方文化是古希腊之文艺与基督教之道德的结合,且古希腊文化没有显著的道德贡献而基督教文化则无突出的文艺成就。不过,作为"学衡"派的精神领袖,吴宓偏于文艺研究和道德研究,所以他这番论断的本意应该在于强调古希腊文化、基督教文化分别为西方文艺、西方道德的最重要源泉。其实,吴宓对西方文化之构成的认识在总体上还是相当准确和客观,如他曾言简意赅地说"欧洲

---

① 刘伯明.评梁漱溟著东西文化及其哲学[J].学衡,1922(3):3.
② 陈嘉异.东方文化与吾人之大任[J].东方杂志,1921,18(1):22.
③ 陈嘉异.东方文化与吾人之大任[J].东方杂志,1921,18(1):22.
④ 刘伯明.附论基督教精神与希腊精神不同之点[M]//刘伯明,演讲.西洋古代中世哲学史大纲.缪凤林,笔记.上海:中华书局,1922:143.
⑤ 常燕生[常乃悳].什么是"现代化"[J].月报,1937,1(1):147.
⑥ 吴宓.说明[J].学衡,1922(2):无页码["插画"栏目第4页,即第2幅插图《School of Athens》所在页的背页].

按:该文为《学衡》1922年2月第2期"插画"栏目中的第2幅插图《School of Athens》(意为《雅典学院》)的说明,其文后附注"吴宓附识"。

文明,系合古代希腊罗马之文化及耶教而成"①。以吴宓为代表,"学衡"一派都尤为强调且特加宣扬古希腊文化的文学艺术成就,尤其是古希腊文化的文学成就。不过,注重并宣扬古希腊文化的道德价值,可谓是所有民国保守主义者的不谋而合之主张和不约而同之举措。

晚清以来,大凡力主效法西方文化之人往往都不遗余力地鼓吹近世西方文化之优而有意无意地缺失了对古代西方文化的引介和研究,从而在客观上不但致使国人对近世西方文化只知其利而不识其弊,还致使国人误以为近世西方文化即为西方文化之全体。或许,那些力主效法西方之人坚信近世西方文化优于古代西方文化且更有助于中国的救亡图存,所以他们才如此这般地张扬近西方文化而遮蔽古代西方文化。但是,在民国保守主义者看来,被力主效法西方之人遮蔽又不为国人知悉的古代西方文化,不但是整个西方文化的主体之所在,更是整个西方文化的精华之所在,而忽视甚至无视古代西方文化则不但不能真正认识西方文化,更无法真正地从西方文化中汲取有益的营养成分。由此,民国保守主义者在辨析近世西方文化并揭举其弊端的同时,还尽其所能地引介古代西方文化,尤其是古希腊文化(包括古罗马文化)和基督教文化,以期还原西方文化之全貌而开拓国人借鉴西方文化的视野。

三、综合古今西方文化

从辨析近世西方文化到追溯古代西方文化,民国保守主义者大致上梳理了整个西方文化的发生过程和发展脉络。应该说,民国保守主义者是在目睹"一战"兵连祸结、毁城灭地、伏尸千里的残酷事实之基础上才真正开始质疑、思索西方文化,进而对西化论者鼓吹的近世西方文化展开辨析。在辨析近世西方文化的过程中,民国保守主义者虽然也相当肯定近世西方文化的积极意义,但又颇为客观地揭示近世西方文化自有其无可避免的缺陷。为弥补这种缺陷,他们不得不从其他文化中寻觅救赎之道,而这其他文化之一便是古代西方文化。所以,民国保守主义者对整个西方文化之发生、发展历史的梳理,其实预设了一种动机,即以古代西方文化之优而补近世西方文化之弊。在民国保守主义者的言说下,古代西方文化具有众多优点且对后世贡献巨大。显然,这在客观上开拓了国人借鉴西方文化的视野。但最为重要的是,民国保守主义者从中找到了补救近世西方文化之弊的良方——源自古希腊文

---

① [罗马]西塞罗[Marcus Tullius Cicero]. 西塞罗说老Cicero"De Senectute"[J]. 钱堃新,译. 学衡,1923(15):3.
按:引文出自《学衡》编者(吴宓)在该文的文前加注的按语("编者识")。

化的世俗层面的理性思想和源自基督教文化的宗教层面的神学思想。

在辨析近世西方文化的过程中,"东方杂志"派的杜亚泉和"现代新儒家"派的张君劢曾分别着眼于近世西方文化之弊的外在表现和本质属性而对近世西方文化展开批判。二者固然在深度上有所不同,但都不约而同地涉及道德层面,并直接或间接地揭示近世西方文化的最大弊端在于功利思想的盛行和道德观念的丧失。民国保守主义者指出,"一战"期间,英、美等国将涂炭生灵之罪完全归狱于德国而自诩为仁义之师,但实际上他们的穷兵黩武和好大喜功丝毫也不亚于德国。这是因为,他们和德国一样,都被功利主义驱使,而一旦其欲望不能通过常规手段获得满足,便会毫不犹豫地诉诸战争。所以,民国保守主义者认为"欲救世界之祸而免异日之战,惟有于人心道德上用工夫"①。所谓于人心道德上用工夫",在很大程度上就是以源自基督教文化的神学思想涤荡心灵、规范行为。张君劢指出,"耶教之根本精神"在其信奉的三大原则,即"一曰受苦为人生之必需部分(Suffering is an essential phase of human life)""二曰罪恶为人生之主要部分(Sin and guilt are essential phases of human life)""三曰此世界赖有为道殉难之人而后得以维持"②。显然,在张君劢看来,大凡受基督教神学思想浸染之人都富于安贫乐道的乐观精神,即一方面安于贫苦的现实生活并视之为理所当然,同时又热衷于传扬基督教思想而充满人生信仰。进一步而言,如果人人都安贫乐道,纷争乃至战争就不会出现。所以,张君劢对基督教的所谓"根本精神"的揭示,也就在于宣扬基督教文化的安贫乐道思想,从而试图在一定程度上扭转近世西方文化崇尚功利主义之偏。不过,张君劢的安贫乐道之说其实蕴含着传统儒家的克己思想,而杜亚泉则根本就是从传统儒家的克己思想出发来阐释基督教文化的道德思想。他指出:"希伯来思想,崇灵魂,敬上帝,务克己,持博爱主义。"③在杜亚泉看来,大凡受基督教思想浸染之人都往往因为信仰上帝并敬畏上帝而注重心灵宽慰,不被物质利益迷惑和驱使,所以他们总是自觉地克制自己的欲望并约束自己的行为,从而避免欲望扩张、行为失范以致与人争夺之弊。正因如此,杜亚泉认为基督教思想既与注重物欲满足的功利主义相对,又可补其弊端并助其回归正轨。其他民国保守主义者也都和张君劢、杜亚泉一样,强调基督教文化之克己思想的积极意义,并

---

① [法]马西尔[Louis J.-A. Mercier].白璧德之人文主义[J].吴宓,译.学衡,1923(19):5.
按:引文出自《学衡》编者(吴宓)在该文的文内加注的按语。该文的文前、文内都有《学衡》编者(吴宓)加注的按语,其中的文前按语即"编者识"。
② 张君劢.明日之中国文化[M].上海:商务印书馆,1936:62.
③ 伧父[杜亚泉].战后东西文明之调和[J].东方杂志,1917,14(4):5.

认为这种克己思想可以补救近世西方文化崇尚功利之弊。需要指出的是，民国保守主义者强调克己却并不主张复礼——恢复中世纪时期的基督教，因为他们认为只要基督教文化的道德思想"功用长在""精神犹存"即可，而基督教的"名义虽亡""形式虽破"并不关涉宏旨①。

除了源自基督教文化的宗教层面的神学思想，民国保守主义者还认为源自古希腊文化的世俗层面的理性思想也可补救近世西方文化之弊。但是，由于不同的民国保守主义者对近世西方文化产生弊端的原因有着不同的认识，所以他们对理性思想补救近世西方文化之弊的阐释也有所不同。以杜亚泉为代表的"东方杂志"派的早期民国保守主义者，往往都认为近世西方文化产生流弊的根本原因在于"理性本位之希腊思想"被蔑弃无遗、"宗教本位之希伯来思想"被破坏殆尽②，即源自古希腊文化之理性思想和源自基督教文化之神学思想的双重缺失。其实，理性思想和神学思想的双重缺失并非近世西方文化产生流弊的根本原因之所在。不过，早期民国保守主义者将理性思想和神学思想并列，且又以之为近世西方文化产生流弊的根本原因，意味着他们将理性思想和神学思想都纳入道德范畴之中而加以讨论。"东方杂志"派的钱智修认为古希腊的苏格拉底极为讲究"返求诸己而注重于道德"，往往"本哲学原理以说明积极之人生"，以至于他被有论者推崇为西方"道德哲学之开山"③。所以在钱智修看来，古希腊文化中的理性思想至少在苏格拉底时期便已具备了道德教化的色彩。杜亚泉也认为源自古希腊文化的理性思想具有道德意义，不过他的这一结论源自其对"理性"一词的剖析。杜亚泉认为理性有狭义和广义之分，其中狭义理性"与欲望同一性质"，因其"仅以得遂生活为限，属诸生理及简单心理之表示"，而广义理性则是狭义理性的扩大和深化，即"推私利为公利，由爱己以爱他"④。从中可知，狭义理性不但注重物欲满足而偏于"肉"的生活，更接近于动物的求生本能而颇具"兽性"，因而狭义理性并不符合道德规范；与此相反，广义理性虽也有追求欲望的一面，但这种欲望不限于私利或私爱一隅，所以广义理性更多地注重心灵宽慰而偏于"灵"的生活，极富"人性"又符合道德规范。杜亚泉认为古希腊文化中的理性主要就是一种广义理性，"重现实，喜自然，尚智术，持爱国主义"⑤，在道德方面

---

① [美]白璧德[Irving Babbitt]. 白璧德中西人文教育谈[J]. 胡先骕，译. 学衡，1922(3)：2.
按：引文出自吴宓在该文的文前加注的按语（"吴宓附识"）。
② 伧父[杜亚泉]. 战后东西文明之调和[J]. 东方杂志，1917，14(4)：4.
③ 钱智修，编纂. 苏格拉底[M]. 5版. 上海：商务印书馆，1924：3.
④ 高劳[杜亚泉]. 理性之势力[J]. 东方杂志，1913，10(6)：2.
⑤ 伧父[杜亚泉]. 战后东西文明之调和[J]. 东方杂志，1917，14(4)：5.

则"略与吾人之道德观念相近",都是"由内出而不由外入",讲究"发于本心之明,以求本心之安"①。由此可知,杜亚泉言说的源自古希腊文化的理性思想也具有教化人心的道德约束作用。正因如此,他认为近世西方文化产生流弊的一大原因就在于具有道德约束作用的理性思想的丧失,即广义理性渐趋湮灭。作为"东方杂志"派的同仁,陈嘉异不但完全赞同杜亚泉的观点,还进一步地发展了杜亚泉的"灵肉"之说。他指出:相较于基督教文化,古希腊文化固然偏重物质生活,却并不排斥精神生活,所以古希腊文化其实兼具"肉"与"灵"之两面;只不过,"启蒙时代以后迄于十九世纪末之欧洲,自然科学日兴,唯物论日盛,遂成为过重物质文明之时代,其弊害卒以酿成此次空前之世界大战"②。"过重物质文明"即过重"肉"的生活,所以陈嘉异认为当时的西方人对于古希腊文化"仅取其注重物的生活一面,而遗其灵肉合一之最高理想"③,即丧失了具有道德约束作用的理性思想。可见,杜亚泉、钱智修以及陈嘉异等早期民国保守主义者,普遍认为源自古希腊文化的理性思想与源自基督教文化的神学思想一样,都具有道德约束作用,所以重新焕发理性思想以教化人心也有助于补救近世西方文化之弊。

与"东方杂志"派的杜亚泉、钱智修以及陈嘉异等早期民国保守主义者不同,"学衡"派的吴宓、"现代新儒家"派的张君劢等后来的民国保守主义者,往往认为近世西方文化产生流弊的根本原因在于源自古希腊文化的理性思想的过度发展。正因如此,在他们看来,早期民国保守主义者言说的具有道德意义的理性思想和神学思想的双重缺失,在根本上其实也是由于理性思想的过度张扬所致。当然,后来的民国保守主义者所谓的理性思想,已偏于哲学范畴而不完全等同于早期民国保守主义者所谓的具有道德意义的理性思想。就哲学层面的理性思想而言,自古希腊以来,西方众多哲学家都曾对"理性"一词作出过众多不尽相同甚或迥然相异的界说而赋予理性思想以多种多样的内涵。不过,绝大多数西方哲学家所谓的理性都伴随着知性或知识性,而与之相应的理性思想就蕴含着主知或主智的意味。吴宓、张君劢等后来的民国保守主义者所说的理性思想即主知或主智的理性思想,同时他们又认为理性思想其实具有两面性。一方面,理性思想一旦被过度发展,尤其是理性被放大为衡量一切事物的尺度,就势必会走向极端而造成巨大的

---

① 伧父[杜亚泉].战后东西文明之调和[J].东方杂志,1917,14(4):4.
② 陈嘉异.东方文化与吾人之大任[J].东方杂志,1921,18(1):29.
③ 陈嘉异.东方文化与吾人之大任[J].东方杂志,1921,18(1):29.

灾难,如"一战"的爆发就在于理性思想过度发展以致"物性大张,人欲横流"①,亦即功利主义泛滥成灾。但另一方面,理性思想如果被运用得宜,就又会促进社会的发展,如西方近代以来的第一次工业革命和第二次工业革命的进展,无不得益于理性思想的指引。理性思想能否充分发挥其积极作用而避免其消极影响,关键在于人们能否摒弃启蒙运动以来以理性为衡量一切事物之标准的偏激观点和偏激做法,从而回归理性富含知性或知识性的真义。吴宓指出,理性"常易超出实际经验之范围,而以虚空之绝对为真理,妄欲以某种公式来解释复杂生活之各方面,于是使人迷惘"②。显然,在吴宓看来,理性并非万能而有其特定适用范围。比如说,理性就不适用于阐发关乎人性的世界观、价值观、人生观等内容,因为人性复杂多变,而仅仅依据理性阐释人性,最终就只会反受其累并误入歧途。张君劢在"科玄论战"中坚守的观点也基于此,而吴宓对理性万能的批判也是对科学万能的反驳。因此,从某种程度上说,吴宓的论断支持了张君劢在"科玄论战"中坚守的观点。不管怎么说,吴宓、张君劢等后来的民国保守主义者还是认为在有所节制地运用理性的前提下,源自古希腊文化的理性思想也可裨补近世西方文化之弊。

总而言之,民国保守主义者认为古代西方文化的一些内容可以补救近世西方文化的某些弊端,而近世西方文化又本已有其不可否认的优势存在。因此,民国保守主义者辨析近世西方文化和追溯古代西方文化之举的根本目的,其实都在于倡导国人在借鉴西方文化的过程中,综合古今西方文化,并尽量撷取古今西方文化之精华。

第三节 充实西方文化内容

在客观辨析近世西方文化并力陈其弊端的基础上,民国保守主义者较为全面地阐释了被西化论者有意或无意遮蔽的古代西方文化。在民国保守主义者看来,古代西方文化同西化论者崇拜的近世西方文化一样,具有不可否认的优势,而古代西方文化即使不比近世西方文化更为优秀,也不会完全逊

---

① [法]福禄特尔[Voltaire]. 福禄特尔记阮讷与柯兰事 Voltaire"Jeannot et Colin"[J]. 陈钧,译. 学衡,1923(18):1.
按:引文出自《学衡》编者(吴宓)在该文的文前加注的按语("编者识")。该文的文前、文内都有《学衡》编者(吴宓)加注的按语,其中的文前按语为大篇幅的"编者识"。
② [美]穆尔[Paul Elmer More]. 穆尔论自然主义与人文主义之文学[J]. 吴宓,译. 学衡,1929(72):1.
按:引文出自吴宓在该文的文前加注的按语("译者识")。

于近世西方文化。不惟如此，民国保守主义者其实还认为古代西方文化的许多内容都对近世西方文化具有补偏趋正之效。因此，民国保守主义者力主在引介、借鉴西方文化的过程中，注重对古今西方文化的综合引介而不偏废其一、偏取一端。不过，正如释太虚指出的那样："西洋文化，古为希腊，中为罗马，近为英法俄德美。上下几千年，纵横数万里，宁一言之可概齐？"①显然，西方文化既源远流长又浩如烟海，引介全部的西方文化在事实上根本不可能。客观地说，民国保守主义者批判西化论者引介西方文化偏废其一、偏取一端，也并不是苛求他们毫无遗漏地引介所有的西方文化，而是主张他们在引介西方文化的过程中，注重西方文化的完整性和系统性。这种完整性和系统性不仅是对偏废其一、偏取一端之举的简单反拨，更是进一步要求综合古今各类西方文化之精华部分而反对杂糅古今所有西方文化之精粗内容。然而，西化论者对西方文化往往是"未示其涯略，未取其精髓"②。正因如此，民国保守主义者才对之展开批判，以期对之有所补救。为此，"学衡"派的吴宓还曾提出过一个颇为客观而科学的引介西方文化的具体方案："西洋古今之学术德教文艺典章，亦当研究之，吸取之，译述之，了解而受用之。若谓材料广博，时力人才有限，则当分别本末轻重，小大精粗，择其尤者而先为之。"③从中可以看出，民国保守主义者不但不反对引介、借鉴西方文化，还积极寻求最为优化的引介、借鉴西方文化之方案。

一直以来，人们往往都视民国保守主义者为守旧分子，以至于认为大凡民国保守主义者都极力排斥西方文化。其实，面对西方社会的发达现实和中国社会的落后现状，民国保守主义者根本无法完全地排斥西方文化。正因如此，民国保守主义者也一直主张引介、借鉴西方文化而像西化论者一样致力于"绍介译述外国的著作，扩大读者的精神"④。《韩非子·六反》有言道："听其言必责其用，观其行必求其功。"⑤民国保守主义者之"言"显然具有实际用途，与之相对应的民国保守主义者之"行"又确实符合其"言"而同样具有实际功效。继批判西方文化的独尊和重释西方文化的内涵之后，民国

---

① 释太虚.东洋文化与西洋文化[J].学衡，1924，(32)：1.
② 吴宓.论新文化运动[J].学衡，1922(4)：7.
③ 吴宓.论新文化运动[J].学衡，1922(4)：14.
④ 周作人.人的文学[J].新青年[上海 1915]，1918，5(6)：583.
⑤ 佚名[韩非].卷第十八：六反第四十六[M]//佚名[韩非].韩非子.石印本.[上海]：隆文书局，1924：10.
按：《韩非子》没有使用旧式句读符号或新式标点符号，而引文中的新式标点符号为笔者酌情添加。该书的扉页之后、《韩非子序》(文后题署"是年月阳在己巳巳胐旧史氏吴瀌序")之前的一页仅印"甲子年春三月隆文书局石印"(其中的时间即 1924 年 4 月 4 日至 5 月 3 日之间)十二个大字。

保守主义者又致力于充实西化论者引介的西方文化之内容,从而拓宽并深化了国人对西方文化的认识和借鉴。大体而言,民国保守主义者对西方文化之内容的充实可分为三个方面,即拓展精神科学、传播自然科学和探究翻译技术。"精神科学"和"自然科学"两词源出于民国学者在从宏观上划分学科时的普遍提法,其中的"精神科学"主要指"神学,哲学,教育学,法律学,国家学、历史学,文字学"等社会科学方面的内容,而"自然科学"则"为理化,为动植矿,为机械,为建筑"等自然科学方面的内容[①]。不过,民国学者也有"社会科学"和"自然科学"对举的提法,如陈独秀曾说:"数学物理学化学等科学,和人生观有什么关系,这问题本不用着讨论。可是后来科学的观察分类说明等方法应用到活动的生物,更应用到最活动的人类社会,于是便有人把科学略分为自然科学与社会科学二类。社会科学中最主要的是经济学,社会学,历史学,心理学,哲学。(这里所指是实验主义的及唯物史观的人生哲学,不是指本体论宇宙论的玄学,即所谓形而上的哲学。)"[②]绝大多数民国保守主义者都是社会科学方面的学者,其中一些民国保守主义者在细分的社会科学方面更因有其独特的见解和卓越的建树而成为大方之家,如"现代新儒家"派的主要成员都是哲学大家。所以,绝大多数民国保守主义者往往在社会科学领域内引介、运用甚至深化源自西方的文化内容,即拓展源自西方的精神科学内容。相应地,这一方面的引介成果或研究成果也最为丰富。但是,民国保守主义者对源自西方的文化内容的引介和运用,并不局限于精神科学,反而还扩展到自然科学。在诸多民国保守主义者当中,只有"学衡"派的胡先骕才是真正的自然科学方面的学者。所以,真正能够做到引介并运用西方自然科学理论的人,其实只有胡先骕一人。不过,"东方杂志"派的杜亚泉和"现代新儒家"派的张君劢,虽不是纯正的自然科学方面的学者,却对西方自然科学颇有研究。因之,杜亚泉和张君劢二人也都曾引介过不少源自西方的自然科学方面的内容,甚至还对之有所运用。这其中,尤为值得注意的是杜亚泉,因为他在担任商务印书馆理化部主任的近三十年间(期间

---

① 张君劢.《五十年来德国学术》序[J].再生[北平 1932],1934,2(10):1.
按:该文登载于《再生》(北平 1932)1934 年 7 月 1 日第 2 卷第 10 期第 1-14 页,此后又登载于《宇宙》(香港 1934)1935 年 5 月 25 日第 2 卷第 2 期第 10-15 页,还被收录到北平的再生社于 1935 年 6 月出版的张君劢所著《民族复兴之学术基础》第 199-216 页。后来,该文改文题为《序》,被置于上海的商务印书馆于 1937 年 3 月出版的北平中德学会编译《五十年来的德国学术》第 1 册《弁言》前、《编者叙》后第 1-17 页.

② 陈独秀.科学与人生观序[M]//亚东图书馆,编辑.科学与人生观:第一册.上海:亚东图书馆,1923:2-3.
按:该文的文后附注"十二,十一,十三"(1923 年 11 月 29 日)。后来,该文又登载于《新青年》(广州 1923)1923 年 12 月 20 日第 2 期 31-36 页.

还主编《东方杂志》),编译或撰写了大量关涉西方自然科学的论著,从而在引介西方自然科学方面作出了卓越的贡献。相较于精神科学的成果,民国保守主义者在自然科学领域内引介甚或运用源自西方的文化内容的成果并不太多,但其成绩或影响同样显著。应该说,精神科学和自然科学两大类涵盖了整个西方文化的内容,但民国保守主义者充实西方文化内容之举并不仅限于拓展精神科学和传播自然科学,还包括探究翻译技术。显然,无论是西方精神科学方面的内容还是西方自然科学方面的内容,都需要借助翻译才能传入中国。不可否认,对翻译技术的探究不但极大地裨益于拓展精神科学和传播自然科学,还有助于直接而正确地研究、学习西方文化。所以,探究翻译技术也属于充实西方文化内容之列。

所谓"术业有专攻"①,而"东方杂志"派的钱智修也曾说:"各就所长,分科讲习,则应求既广,风气斯开。濂洛关闽之规模,何遽不能相及?"②民国保守主义者恰恰是在其各自擅长甚至精通的学科领域内各展所长,共同从引介、研究甚至运用西方文化的角度,充实了西化论者引介的源自西方的文化内容,从而拓宽了国人原本一知半解的西方文化的范畴,并深化了国人对宏观而整体的西方文化的认知和借鉴。

一、拓展精神科学

新文化运动是中国近代史上一场影响深远的文化革新运动,而新文化运动时期也是中国近代史上的文化大繁荣期。新文化运动之文化革新和新文化运动时期之文化繁荣的一大具体表征是西方文化大量涌入中国,而发起新文化运动的"新文化"派则在引介西方文化方面贡献卓著。不过,民国保守主义者在引介西方文化,尤其是在引介源自西方的精神科学方面作出的贡献,丝毫也不亚于"新文化"派取得的成就,反而还有更胜"新文化"派之处。

(一)拓展源自西方的政治内容

在外患频仍、内争不断的民国时期,政治一直都是绕不开的话题,而大凡忧国忧民之士无不为中国之政治前途出谋划策。民国保守主义者也一直致力于中国的政治制度建设,所以他们都非常注重引介西方政治理论、借鉴西方政治现实以裨益中国之政治。就在民国宣告成立的当年,"东方杂志"派

---

① 佚名[韩愈].师说[M]//佚名[韩愈].韩愈文.庄适,臧励龢,选注.上海:商务印书馆,1930:22.
② 钱智修,编纂.苏格拉底[M].5版.上海:商务印书馆,1924:7.
按:引文出自钱智修在该书《第二章 时势》的文后加注的按语("批评")。

心忧国家、热心政治的杜亚泉,接连发表了《中华民国之前途》①、《论共和折衷制》②、《论省制及省官制》③、《共和政体与国民心理》④以及《独立命令论》⑤等文。这些文章在援引西方政治理论并比较西方各国现行的不同政体之优劣的基础上,主张新生的民国实行共和制的政权组织形式和单一制的国家结构形式。杜亚泉不仅自己热衷于撰文谈政、议政,还积极在其主编的《东方杂志》上登载了一系列引介、评论西方政治现状及政治理论的文章,这其中既有"东方杂志"派的钱智修翻译的《罗斯福之政谈》⑥《法国社会党之势力》⑦《论美国进步党之现状》⑧等文,也有其他作者投稿的《美利坚与加那大之联邦制度比较观》⑨《法国新内阁》⑩《德国社会党之胜利》⑪《论各国社会党之势力》⑫《法兰西之宪法改革论》⑬等文。客观地说,早在晚清时期就有学者(如梁启超等人)对西方政治理论和政治现状加以引介和申说。但是,晚清学者多热衷于君主立宪政制,而民国保守主义者则在辛亥革命推翻帝制的鼓舞下,偏重于共和制政体。因此,民国保守主义者对西方政治理论和政治现状的引介、申说,在政治体制内容方面和政治现实内容方面其实都有别于以往。

"新文化"派向来都以反对专制的"民主"作为新文化运动的两面大旗之一,所以"新文化"派也关注政治并不遗余力地引介与民主政制相关的西方政治理论。但是,"新文化"派对政治的关注远不及民国保守主义者,而他们

---

① 伧父[杜亚泉].中华民国之前途[J].东方杂志,1912,8(10):1-6.
② 伧父[杜亚泉].论共和折衷制[J].东方杂志,1912,8(11):1-5.
③ 伧父[杜亚泉].论省制及省官制[J].东方杂志,1912,9(3):1-4.
④ 伧父[杜亚泉].共和政体与国民心理[J].东方杂志,1912,9(5):1-4.
⑤ 伧父[杜亚泉].独立命令论[J].东方杂志,1912,9(6):1-4.
⑥ [美]罗斯福[Franklin D. Roosevelt].罗斯福之政谈[J].钱智修,译.东方杂志,1912,9(1):10-12.
按:该文的文题之下附注"译外观报罗斯福原著"。
⑦ [美]奥尔斯[Samuel P. Orth].法国社会党之势力[J].钱智修,译.东方杂志,1912,9(2):1-12.
按:该文的文题之下附注"译美国世界杂志"。该文的文前有按语:"原文为美人奥尔斯Samuel P. Orth所著。奥氏近日,尝亲访法德英三国之社会党首领,而聆其绪论。是篇所纪,即法国社会党之近状也。"
⑧ 佚名.论美国进步党之现状[J].钱智修,译.东方杂志,1912,9(6):39-44.
按:该文的文题之下附注"译美国评论之评论"。
⑨ 佚名.美利坚与加那大之联邦制度比较观[J].甘永龙,译.东方杂志,1912,8(10):14-20.
按:该文的文题之下附注"译美国评论之评论报"。
⑩ 许家庆.法国新内阁[J].东方杂志,1912,8(10):49-51.
⑪ 佚名.德国社会党之胜利[J].章燮臣,译.东方杂志,1912,8(12):3-15.
按:该文的文题之下附注"译日本太阳杂志"。
⑫ [美]汤麦赛尔周.论各国社会党之势力[J].甘永龙,译.东方杂志,1912,8(12):15-21.
按:该文的文题之下附注"译美国评论之评论报美国汤麦赛尔周原著"。
⑬ 佚名.法兰西之宪法改革论[J].杨锦森,译.东方杂志,1912,8(11):21-22.
按:该文的文题之下附注"译美国评论之评论报"。

引介的西方政治理论,尤其是资产阶级民主政制理论,大多早在民国初年就已被杜亚泉、钱智修等人所引介甚或阐发。至于后来从"新文化"派中分离出来而转向引介无产阶级政制的陈独秀、李大钊等人,他们对马克思主义及俄国十月革命的引介和评议,在时间上也晚于杜亚泉、钱智修等人。早在1911年8月19日("宣统三年闰六月二十五日")出版的《东方杂志》上,钱智修就发表《社会主义与社会政策》而指出:"近世社会主义之开山,咸推德人楷尔麦克 Karl Max。其资本论 Das Kapital 所述,意在集土地资本于社会,以经营共和的生产事业,所谓社会民主主义 Social Democracy 是也。同时法人路易勃朗 Luis Blanc 反对之,以为共和的生产事业,非可亟图,但当以国家强制力,求分配之平均而已。故又有国家社会主义 State Socialism。二说既积盛于欧美,近且有骎骎及我国之势。"①钱智修所说的社会民主主义就是马克思主义,但他所谓的社会主义不仅限于无产阶级革命导师卡尔·海因里希·马克思(Karl Heinrich Marx,1818—1883)的科学社会主义,且至少包含法国历史学家让·查尔斯·约瑟夫·路易斯·勃朗(Jean Josehp Charles Louis Blanc,1811—1882)的空想社会主义。在钱智修看来,社会主义之"方法未尽善",但他又指出:"在欧美贫富阶级积重难返之时,劳动者受资本家之压抑而思反抗,政治家又悯劳动者之积困而计援拯,则社会主义犹足备救时之一说。"②显然,钱智修敏锐地看到了无产阶级政制较之于资产阶级政制,有其独特的优势。继钱智修之后,杜亚泉又翻译了日本社会主义者幸德秋水(KotokuShusui,1871—1911)创作的《社会主义神髓》一书,并将之连载于《东方杂志》。这是杜亚泉唯一一次在《东方杂志》上连载自己翻译的外国政治理论著作,从中不难推想杜亚泉对该书极为重视。事实上,杜亚泉还认为社会主义对中国的现实政治不无裨益:"吾人苟知社会主义之真髓,而知社会政策之不容缓,则其关系于中华民国之前途,岂浅鲜哉。"③在杜亚泉担

---

① 钱智修.社会主义与社会政策[J].东方杂志,1911(清宣统三年),8(6):1.
② 钱智修.社会主义与社会政策[J].东方杂志,1911(清宣统三年),8(6):3.
③ [日]幸德秋水.社会主义神髓[J].高劳[杜亚泉],译.东方杂志,1912,8(11):9.
按:引文出自高劳(杜亚泉)在该文的文前加注的按语("译者记")。该文的全文连载于《东方杂志》1912年5月1日第8卷第11号第8-13页至9月1日第9卷第3号第1-4页。各号所载之文的文题之上都附注"日本幸德秋水氏著",且第8卷第11号所载之文的文前有按语:"社会主义,发达于欧美,渐暨于东亚。崇拜之者,称为人类幸福之源泉。非难之者,目为世界危险之种子。幸福乎,危险乎? 吾人所不敢言,亦不能言。以吾人对于此主义,未尝加以研究故也。夫以为幸福耶,则此主义固有研究之价值。以为危险耶,则此主义更不可不为研究之准备。幸德秋水氏,固东亚社会主义之先导者。今译此著,非将以此造幸福于吾人,亦非欲以此贻危险于社会。第以此供世人之研究,知其幸福之如何,明其危险之安在而已。抑吾更有进者,自社会主义盛而社会政策兴。社会政策者,本源于社会主义,而趋其幸福避其危险之政策也。吾人苟知社会主义之真髓,而知社会政策之不容缓,则其关系于中华民国之前途,岂浅鲜哉。译者记"。

任主编的1911年至1919年间,每期《东方杂志》都有近三分之一到一半的文章评议中外时事政治和评介西方政治理论。正因为对西方政治极为关注,杜亚泉也是较早引介弗拉基米尔·伊里奇·列宁(Vladimir Ilich Lenin,1870—1924)、列昂·托洛茨基(Leon Trosky,1879—1940)等俄、苏无产阶级革命家和报道俄国十月革命者之一。在1917年12月15日出版的《东方杂志》上,杜亚泉就发表《革命后之俄国近情》而指出:俄国"二月革命"后组建的资产阶级临时政府矛盾重重,所以"俄国今后之前途,恐一时尚未许乐观也"①。在紧接着出版的后一号《东方杂志》上,杜亚泉又发表《续记俄国之近状》以详细报道俄国十月革命的起因、经过以及结果:"李宁氏掌握政权,任劳兵团中央会长脱洛脱斯基为外交总长,主张与德国媾和,以公文通告驻俄各国公使。"②在"新文化"派成员中,李大钊一般被认为是最早引介十月革命及马克思主义之人,但他撰写的有关十月革命及马克思主义的《法俄革命之比较观》③发表于1918年7月,而其《庶民的胜利》④《BOLSHEVISM的胜利》⑤两文则更晚出。应该说,杜亚泉即使不是最早引介十月革命之人,也早于李大钊对十月革命的引介,而钱智修则显然比李大钊更早地引介了马克思主义。

在杜亚泉之后,钱智修继任《东方杂志》主编。钱智修甫一担任主编,就发表声明说:《东方杂志》"向本以记述世界大事为一大宗,今后将益努力于此途。务期以最经济之方法,将世界新发生之事实,为有统系之叙述。故于'外国大事记'外,复增辟'世界新潮'一门"⑥。于是,此后的《东方杂志》依然保持着对政治的高度关注,而其引介西方政治理论之作也是多不胜数。在20世纪20年代以前,除"东方杂志"派外,"甲寅"派的章士钊、"现代新儒家"派的张君劢等其他流派的民国保守主义者,已活跃于民初的思想文化界,并对中外政治现实和西方政治理论有所关注和评议。而在20世纪20年代以后,更多的民国保守主义者相继登上历史舞台。且不说章士钊、张君劢以及

---

① 高劳[杜亚泉].革命后之俄国近情[J].东方杂志,1917,14(12):15.
② 高劳[杜亚泉].续记俄国之近状[J].东方杂志,1918,15(1):40.
③ 李大钊.法俄革命之比较观[M]//李大钊.李大钊文集:上.北京:人民出版社,1984:572-575.
按:该文的文题之下附注"一九一八年七月一日",且文后附注"1918年7月1日/《言治》季刊第3册/署名:李大钊"。
④ 李大钊.庶民的胜利[J].新青年[上海1915],1918,5(5):436-438.
按:该文登载于《新青年》(上海1915)1918年10月15日第5期第5号第436-438页,此后又登载于《北京大学日刊》1918年12月6日(第265期)第4-5版(文题之左附注"李大钊主任在中央公园之演说")。
⑤ 李大钊.BOLSHEVISM的胜利[J].新青年[上海1915],1918,5(5):442-448.
⑥ 坚瓠[钱智修].本志之希望[J].东方杂志,1920,17(1):2.

"醒狮"派的陈启天、"本位文化"派的萨孟武、"战国策"派的何永佶等政治家或政治活动家的个人专著、译著,单从《醒狮》(上海 1924)、《甲寅》(北京 1925)、《村治》、《国论》(上海 1935、成都 1938、重庆 1938、成都 1940)、《战国策》(昆明 1940)等民国保守主义者主办报刊登载的政论文章中就可以看出,民国保守主义者不但积极引介西方各种政治理论(包括马克思主义政治理论),还对之颇有研究和深化。值得一提的是,被称为"中华民国宪法之父"的张君劢,不但在北洋政府时期起草了民国第一部宪法《国是会议宪法草案》,还在国民政府时期激烈批评蒋介石钦定的"五五宪草"而主张以"五权宪法"之名行西方民主宪政之实的宪法方案,并极富偶然性地获得通过。此外,即使是一向以躲在象牙塔中论究学术著称的"学衡"派,也对西方政治现实和政治理论有所引介甚或评论。《学衡》登载的《马克斯学说及其批评》[1]《旧德意志独裁政治发展之基础》[2]《社会主义平议》[3]等文无不是评议政治或引介政制之作,从而表现出"学衡"派其实也关注并研究政治。至于与政治密切相关的外交、军事等内容,则一直是"醒狮"派和"战国策"派关注的中心议题,而他们对这些内容的研究和阐发更是远胜于"新文化"派的相关探讨和论述。

(二)拓展源自西方的哲学内容

从时间上说,民国保守主义者的政治研究和政治活动覆盖了整个民国时期,而从内容上说,民国保守主义者的政治研究和政治活动又涉及内政、外交以及军事等诸多方面。因此可以说,民国保守主义者在引介并运用西方政治理论方面作出的贡献,其实不但丝毫不逊于"新文化"派的成就,反而还较之更胜一筹。政治方面是如此,而哲学方面则更是如此。且不说其他民国保守主义者对西方哲学理论的引介和运用,单是"现代新儒家"派一派在这方面的贡献就已远非"新文化"派可比,因为"现代新儒家"派的西方哲学造诣时至今日也鲜有能望其项背者。

梁漱溟是现代新儒学的拓荒者,其代表作《东西方文化及其哲学》不仅充分运用了法国哲学家亨利·柏格森的生命哲学和直觉主义思想,还对之加以申说,如梁漱溟曾以佛教唯识宗的"阿赖耶识"概念阐释柏格森所谓的"生命冲动"概念等。五四运动时期,柏格森的哲学思想曾风靡一时,张君劢和

---

[1] 萧纯锦.马克斯学说及其批评[J].学衡,1922(2):1-16.
[2] 陈茹玄.旧德意志独裁政治发展之基础[J].学衡,1922(6):1-12.
[3] 邹卓立.社会主义平议[J].学衡,1922(12):1-11.
按:该文的署名之下附注"自广州来稿"。

熊十力也多对之有所引介甚或阐发。1921年,张君劢发表《法国哲学家柏格森谈话记》①,概括了柏格森哲学思想的主要特征,并记录了柏格森对"直觉"的解释。虽然张君劢直接引介柏格森哲学思想的著作并不多,但他曾师从德国著名的生命哲学家鲁道夫·克里斯托夫·倭铿(Rudolf Christoph Eucken,1846—1926),所以他对生命哲学的研究颇有心得,且在当时也鲜有可与之比肩者。此外,熊十力对柏格森的思想也有所生发并有所批判。熊十力的哲学研究颇受直觉主义的影响,但又不赞同柏格森所谓的"生命冲动"而对之有所改造。在各自的哲学研究过程中,梁漱溟、张君劢和熊十力等人的研究视野并不仅限于生命哲学一隅而对西方其他各种哲学思想都有所论述,但他们又都倾向于借西方哲学理论重构传统哲学乃至传统文化。所以,他们详细介绍西方哲学理论之作并不太多。不过,冯友兰和贺麟都曾介绍较多的西方哲学理论。

就读北京大学时,冯友兰就曾聆听过梁漱溟所作的题为"东西文化及其哲学"的讲演,并对之极为感兴趣。之后,他就带着这类哲学或文化问题去美国留学。一直以来,冯友兰都试图打破东方和西方的文化界限。正因如此,他在留学期间先是撰写并发表"题为《中国为何无科学——对于中国哲学之历史及其结果之一解释》Why China has no Science, An Interpretation of the History and the Concequences② of Chinese Philosophy"的论文,后"又从同一观点观察西洋哲学,亦颇有所发现;遂用英文写成《人生理想之比较研究》——一名《天人损益论》——一书"③。《人生理想之比较研究》其实就是冯友兰的博士论文,后来冯友兰又将之修改成中文哲学著作《人生哲学》④。由于《人生理想之比较研究》本就是结合东方哲学和西方哲学进行互相参照阐发之

---

① 君劢[张君劢].法国哲学家柏格森谈话记[J].改造[上海1919],1921,3(12):7-11.
按:该文登载于《改造》(上海1919)1921年8月15日第3卷第12号第7-11页,此后又登载于《民铎》1921年12月1日第3卷第1号第10-14页(文题之下附注"录《改造》",署名为"君劢")。
② 原文如此,"Concequences"疑为"Consequences"之误。
③ 冯友兰.自序[M]//冯友兰.人生哲学[M].上海:商务印书馆,1926:1.
按:该文的文后题署"冯友兰十五年,四月,于北京。"(其中的时间即1926年4月)。
④ 冯友兰.人生哲学[M].上海:商务印书馆,1926.
按:该书共分十三章,其《自序》有言道:"现在这本书,自第一章至第十一章,可以算是《人生理想之比较研究》之中文本;其中虽不少改动之处,而根本意思则一概仍旧。此书之第十二,第十三两章,大体与《一个人生观》相同,但内容扩大,而根本意思亦有更趋于新实在论之倾向。"另据《自序》所示,冯友兰曾于"民国十二年冬"(1923年冬)"往曹州山东省立第六中学讲演,以后整理讲演稿,作成《一个人生观》一文",且"此文由商务印书馆印入其所发行之《百科小丛书》内,于十三年十月出版"(其中的时间即1924年10月)。不过,《一个人生观》实即上海的商务印书馆1924年10月出版的作为"百科小丛书第七十二种"的《一种人生观》。

作,所以由之修改而成的《人生哲学》的一大主要内容便是详细介绍、论述从古希腊的柏拉图、亚里士多德到近世的培根、勒内·笛卡尔(Rene Descartes,1596—1650)、约翰·戈特利布·费希特(Johann Gottlieb Fichte,1762—1814)、格奥尔格·威廉·弗里德里希·黑格尔(Georg Wilhelm Friedrich Hegel,1770—1831)、亚瑟·叔本华(Arthur Schopenhauer,1788—1860)等一系列西方哲学名家的哲学理论。冯友兰本人的哲学思想便颇受西方哲学尤其是西方新实在主义的影响,如作为其早期的哲学代表专著的《人生哲学》就"趋于新实在论之倾向"①。此外,冯友兰钟爱源自西方现代哲学的逻辑分析方法,但又对之有所损益。在冯友兰看来,西方的逻辑方法是"正的方法"而有其不可避免的局限性,因之需要用中国传统哲学的"负的方法"对之加以补充和纠正。

贺麟是与冯友兰同一辈的哲学家,但较之于冯友兰,贺麟年纪略小,且成名稍晚——这主要是因为贺麟的哲学研究成果尽管数量众多、内容丰富且质量高绝,却多发表于20世纪30年代以后。在"现代新儒家"派成员翻译的西方哲学著作中,贺麟的译作数量最多、内容最丰。曾先后留学美国和德国的贺麟,具有很高的西方哲学造诣,因为他曾精研过巴鲁赫·德·斯宾诺莎(Baruch de Spinoza,1632—1677)、黑格尔、阿弗烈·诺夫·怀海德(Alfred North Whitehead,1861—1947)等西方著名哲学家及其哲学理论,且尤为精通黑格尔哲学。1936年,独具慧眼的商务印书馆先后出版了贺麟翻译的《黑格尔》②及《黑格尔学述》③两书。前者为英国著名哲学家爱德华·开尔德(Edward Caird,1835—1908)所著,主要介绍黑格尔的生平,并叙述黑格尔哲学理论之发生、发展的历史;而后者则为美国著名哲学家约西亚·鲁一士(Josiah Royce,1855—1916)所著,主要侧重于研究、阐发黑格尔的重要哲学思想。这两部书都是当时国外研究德国古典哲学尤其是黑格尔哲学的代表性力作,而贺麟对这两部书的翻译,不仅丰富了国内学术界对黑格尔哲学的认识,更为国内学术界带来了国外最新的西方哲学研究成果。在北京大学开设现代西方哲学课程的1947年至1948年间,贺麟相当系统地讲授了当时的西方哲学家及其哲学理论,后来又将之整理成《现代西方哲学讲演集》④于1984年出版。此外,他还翻译了关于黑格尔哲学的《黑格尔的

---

① 冯友兰.自序[M]//冯友兰.人生哲学[M].上海:商务印书馆,1926:2.
② [英]开尔德[Edward Caird].黑格尔[M].贺麟,译.上海:商务印书馆,[1936].
③ [美]鲁一士[Josiah Royce].黑格尔学述[M].贺麟,译述.上海:商务印书馆,1936.
④ 贺麟.现代西方哲学讲演集[M].上海:上海人民出版社,1984.

小逻辑》①《哲学史讲演录》②《精神现象学》③《黑格尔早期神学著作》④,关于斯宾诺莎哲学的《致知篇》⑤《伦理学》⑥,关于马克思哲学的《马克思博士论文》⑦《黑格尔辩证法和哲学一般的批判》⑧等外文原著。这些只是贺麟翻译的西方哲学专著,并不包括他在学术论文中翻译、引介的西方哲学理论在内。由此不难推想,贺麟在传播西方哲学理论方面作出的贡献是何其巨大。

其实,除"现代新儒家"派外,其他民国保守主义者也曾对西方哲学内容有所引介,如"东方杂志"派的杜亚泉翻译过叔本华的哲学著作《处世哲学》⑨,而"战国策"派的陈铨则撰写过《尼采的思想》⑩《尼采心目中的女性》⑪《尼采的政治思想》⑫《尼采的道德观念》⑬《尼采的无神论》⑭及《叔本华与红楼

---

① [德]黑格尔[Georg Wilhelm Friedrich Hegel].黑格尔的小逻辑[M].贺麟,译述.上海:商务印书馆,1950.
按:该书后经贺麟重译,并改书名为《小逻辑》,由北京的生活·读书·新知三联书店于1954年11月出版.
② [德]黑格尔[Georg Wilhelm Friedrich Hegel].哲学史讲演录:第一卷[M].北京大学哲学系外国哲学史教研室[贺麟,王太庆,王维诚,等],译.北京:生活·读书·新知三联书店,1956;[德]黑格尔[Georg Wilhelm Friedrich Hegel].哲学史讲演录:第二卷[M].北京大学哲学系外国哲学史教研室[贺麟,方书春,王太庆,等],译.北京:生活·读书·新知三联书店,1957;[德]黑格尔[Georg Wilhelm Friedrich Hegel].哲学史讲演录:第三卷[M].北京大学哲学系外国哲学史教研室[贺麟,方书春,王太庆],译.北京:商务印书馆,1959;[德]黑格尔[Georg Wilhelm Friedrich Hegel].哲学史讲演录:第四卷[M].贺麟,王太庆,译.北京:商务印书馆,1978.
③ [德]黑格尔[Georg Wilhelm Friedrich Hegel].精神现象学:上卷[M].贺麟,王玖兴,译.北京:商务印书馆,1962;[德]黑格尔[Georg Wilhelm Friedrich Hegel].精神现象学:下卷[M].贺麟,王玖兴,译.北京:商务印书馆,1979.
④ [德]黑格尔[Georg Wilhelm Friedrich Hegel].黑格尔早期神学著作[M].贺麟,译.北京:商务印书馆,1988.
⑤ [荷]DE SPINOZA B[Baruch de Spinoza].致知篇[M].贺麟,译述.重庆:商务印书馆,1943.
按:该书后经贺麟重译,并改书名为《知性改进论》,由北京的商务印书馆于1960年2月出版.
⑥ [荷]斯宾诺莎[Baruch de Spinoza].伦理学[M].贺麟,译.北京:商务印书馆,1958.
⑦ [德]马克思[Karl Heinrich Marx].马克思博士论文[M].北京:人民出版社,1961.
⑧ [德]马克思[Karl Heinrich Marx].黑格尔辩证法和哲学一般的批判[M].贺麟,译.北京:人民出版社,1955.
⑨ 东方杂志社,编纂.处世哲学[M].杜亚泉,陈朴,译述.上海:商务印书馆,1923.
按:该书由杜亚泉译述的《处世哲学》、陈朴译述的作为附录的《谦谟康德明我论》两文组成.
⑩ 陈铨.尼采的思想[J].战国策[昆明1940],1940(7):13-24.
⑪ 陈铨.尼采心目中的女性[J].战国策[昆明1940],1940(8):20-27.
⑫ 陈铨.尼采的政治思想[J].战国策[昆明1940],1940(9):21-31.
⑬ 陈铨.尼采的道德观念[J].战国策[昆明1940],1940(12):31-36.
⑭ 陈铨.尼采的无神论[J].战国策[昆明1940],1941(15/16):33-39.

梦》①《叔本华的贡献》②《从叔本华到尼采》③等介绍、研究弗里德里希·威廉·尼采(Friedrich Wilhelm Nietzsche,1844—1900)及叔本华之哲学的论文(后结集为《从叔本华到尼采》④一书)。尽管杜亚泉、陈铨等人并非纯正的哲学家,但他们又和"现代新儒家"派一样,不但对西方哲学内容有所引介,还对之有所研究,尤其是身为当时国内为数不多的精研尼采哲学之大家的陈铨,曾对尼采哲学多有精妙的阐发。总之,在拓展源自西方的哲学内容方面,民国保守主义者不但对西方哲学进行了大量的引介,还对之加以研究和深化,从而对中国的哲学之发展及中国现代文化之创造作出了重大的贡献。

(三)深化源自西方的文学内容

新文化运动提倡"新文学",而"新文学"的一大内涵或特征又在于借鉴西方文学,所以引介西方文学便成为新文化运动倡导的新文学革命的主要内容之一。虽然说"新文化"派在引介西方文学(包括西方文学作品、文学论著以及文学现象等)方面成绩斐然,但民国保守主义者在这方面其实也丝毫不逊色。《东方杂志》在杜亚泉担任主编期间就曾刊发过不少关涉西方文学的篇章,如《重臣倾国记》⑤《世界名剧谈》⑥《俄罗斯文学之过去及将来》⑦等。钱智修继任主编后,又对《东方杂志》实行了大刀阔斧的改革,从而使该刊越来越注重传播西方文学。钱智修认为,"能描写自然之美趣,感通社会之情志者,莫如文学",然而"国人之治西洋文学者尚鲜",所以他主张"迻译名家之代表著作,且叙述文学之派别,纂辑各家之批评,使国人知文学

---

① 陈铨.叔本华与红楼梦[J].今日评论,1940,4(2):26-28.
② 陈铨.叔本华的贡献[J].战国策[昆明1940],1940(3):8-16.
按:该文登载于《战国策》(昆明1940)1940年5月1日第3期8-16页,此后又登载于《战国策》(上海1941)1941年2月15日第1卷第2期75-84页。该文的文前有按语:"本期由陈先生讨论叔本华,因为叔本华是近代意志哲学的始祖。由他的悲观式的意志论,一转便生出尼采的肯定意志,发挥意志的雄谈。尼采那种'铁椎讲道'之风,陈先生还有文章要在本刊阐发——编者"。
③ 陈铨.从叔本华到尼采[J].清华学报,1936,11(2):461-516.
④ 陈铨.从叔本华到尼采[M].重庆:在创出版社,1944.
按:该书由重庆的在创出版社于1944年5月出版,此后又由上海的大东书局于1946年11月出版。
⑤ [英]威连勒格克司.重臣倾国记[J].赵尊岳,译.东方杂志,1918,15(6):143-146;1918,15(7):125-133;1918,15(8):137-144;1918,15(9):128-138;1918,15(10):128-140;1918,15(11):130-138;1918,15(12):128-138;1919,16(1):143-149;1919,16(2):141-149;1919,16(3):141-149;1919,16(4):144-153;1919,16(5):143-152;1919,16(6):144-151.
按:该文的文题之下附注"英威连勒格克司原著"。
⑥ 宋春舫.世界名剧谈[J].罗罗[胡愈之],译.东方杂志,1919,16(1):101-106.
按:该文的文题之下附注"译北京英文导报北京大学比较近世文学教授宋春舫原著"。
⑦ 佚名.俄罗斯文学之过去及将来[J].君实[章锡琛],译.东方杂志,1919,16(4):89-93.
按:该文的文题之下附注"译日本《新公论》杂志"。

之果为何物"①。自第 18 卷第 3 号开始,《东方杂志》又"另设新思想与新文艺一栏,当做介绍西洋文学的引子"②。由此,钱智修主编时期的《东方杂志》登载了大量与西方文学相关的内容。可以说,从古至今、从欧美到苏俄、从浪漫主义到现实主义、从文学本质论到文学形式论,从文学作品到文学论著乃至作家生平,西方文学方方面面的内容都为钱智修主编的《东方杂志》所涉及。值得一提的是,当时还是青年并且供职于商务印书馆编译所的茅盾(沈雁冰),在《东方杂志》上发表了大量的文学译作及文学评论,从而逐渐展露其文学才华。这其中,文学译作有《髑髅》③《圣诞节的客人》④《沙漏》⑤《为母的》⑥《和平会议》⑦以及《心声》⑧等,文学评论则有《近代文学的反流——爱尔兰的新文学》⑨《〈欧美新文学最近之趋势〉书后》⑩《意大利现代第一文家邓南遮》⑪等,另外还有一篇翻译的文学评论《安得列夫》⑫。

除"东方杂志"派外,民国保守主义阵营中的其他各流派也对西方文学多有关注和研究。这其中,"学衡"派一向以文学研究(包括中外文学研究)为重要特色,而其对文学内容(包括中外文学内容)的引介也最为得力。当然,"学衡"派对西方文学的翻译、介绍以及阐发也可谓不遗余力。正因如此,继

---

① 坚瓠[钱智修].本志之希望[J].东方杂志,1920,17(1):3.
② 坚瓠[钱智修].编辑室杂话[J].东方杂志,1921,18(2):8.
③ [印度]台莪尔[R. Tagore].髑髅[J].雁冰[沈雁冰],译.东方杂志,1920,17(2):93-100.
按:该文的文题之下附注"(The Skeleton)印度台莪尔原著"。该文的文前有雁冰(沈雁冰)加注的按语,即"雁冰记"。
④ [瑞典]罗格洛孚.圣诞节的客人[J].雁冰[沈雁冰],译.东方杂志,1920,17(3):99-107.
按:该文的文题之下附注"(A Christmas Guest)瑞典罗格洛孚女士原著"。该文的文前有雁冰(沈雁冰)加注的按语,即"雁冰识"。
⑤ [爱尔兰]夏脱.沙漏[J].雁冰[沈雁冰],译.东方杂志,1920,17(6):109-118.
按:该文的文题之下附注"'Hour Glass'爱尔兰夏脱著"。该文的文前有雁冰(沈雁冰)加注的按语,即"译者注"。
⑥ [法]巴比塞[Henri Barbusse].为母的[J].雁冰[沈雁冰],译.东方杂志,1920,17(12):108-113.
按:该文的文题之下附注"法国巴比塞原著"。该文的文前有雁冰(沈雁冰)加注的按语,即"雁冰记"。
⑦ [美]佩克[James M. Beck].和平会议[J].雁冰[沈雁冰],译.东方杂志,1920,17(14):107-118.
按:该文的文题之下附注"原名《这也许是如此》(It might have been)美国佩克(James M. Beck)原著"。
⑧ [美]亚伦坡[Allen Poe].心声[J].雁冰[沈雁冰],译.东方杂志,1920,17(18):99-105.
按:该文的文题之下附注"(The Tell-tale Heart)美国亚伦坡原著"。该文的文前有雁冰(沈雁冰)加注的按语,即"译者志"。
⑨ 雁冰[沈雁冰].近代文学的反流——爱尔兰的新文学[J].东方杂志,1920,17(6):72-80;1920,17(7):56-66.
⑩ 雁冰[沈雁冰].《欧美新文学最近之趋势》书后[J].东方杂志,1920,17(18):76-78.
⑪ 雁冰[沈雁冰].意大利现代第一文家邓南遮[J].东方杂志,1920,17(19):62-80.
⑫ [俄]OLGIN M J[Moissaye J. Olgin].安得列夫[J].雁冰[沈雁冰],译.东方杂志,1920,17(10):60-68.
按:该文的文题之下附注"Moissaye J. Olgin 原著"。该文的文内有雁冰(沈雁冰)作出的大量注释。

钱智修主编的《东方杂志》之后，吴宓主编的《学衡》和《大公报》（天津版）副刊《文学》便成为民国保守主义者宣传、研究西方文学的主要阵地，而其影响也极为深远。

诞生于新文化运动时期（尤指新文学革命时期）的期刊《学衡》本就汲汲针对新文化运动和新文学革命。所以，《学衡》自创刊开始，几乎每一期都会登载一定数量的被视为"新"的西方文学作品，如《钮康氏家传（The Newcomes）》①《梦中儿女 Dream-Children: A Reverie》②《坦白少年 Candide oul' Optimisme》③《查德熙传 Zadig ou la Destinée》④《吕伯兰（Ruy Blas）》⑤《古磁篇 Old China》⑥《仙河集》⑦《名利场（Vanity Fair）》⑧《古拉塞作事格言》⑨等，不一而足。除了翻译、介绍西方文学作品外，《学衡》还登载大量西方学者研究西方文

---

① ［英］沙克雷［W. M. Thackeray］. 钮康氏家传（TheNewcomes）[J]. 吴宓，译. [J]. 学衡，1922(1):1-18;1922(2):1-18;1922(3):1-15;1922(4):1-13;1922(7):1-25;1922(8):1-16.
按：该文的文题之上附注"名家小说"。1922年第1期所载之文的文前有吴宓所撰《译序》（其后题署"民国十年冬．吴宓谨识．"其中的时间即1921年冬），而其文后则有吴宓加注的按语，即"译者附识"。1922年第8期所载之文的文后有吴宓加注的按语，即"译者谨识"。各期所载之文的文内都有吴宓加注的按语。

② ［英］蓝姆［Charles Lamb］. 梦中儿女 Dream-Children: A Reverie[J]. 陈钧，译. 学衡，1922(9):1-6.
按：该文的文题之上附注"名家文"。该文的文前、文内都有《学衡》编者（吴宓）加注的按语，其中的文前按语即"编者附识"。

③ ［法］福禄特尔［Voltaire］. 坦白少年 Candideoul' Optimisme[J]. 陈钧，译. 学衡，1923,(22):1-45;1924(25):1-18;1924(28):1-46.

④ ［法］福禄特尔［Voltaire］. 查德熙传 Zadig ou la Destinée[J]. 陈钧，译. 学衡，1924(34):1-28;1926(60):1-48;1926(60):1-48.
按：该文的文题之上附注"哲理小说"。该文的文前、文内都有吴宓加注的按语，其中的文前按语即"编者识"。

⑤ ［法］嚣俄［Victor Hugo］. 吕伯兰（Ruy Blas）[J]. 曾朴，译. 学衡，1924(36):1-35;1925(37):1-41.
按：该文的文题之上附注"名家戏剧"。

⑥ ［英］蓝姆［Charles Lamb］. 古磁篇 Old China[J]. 陈钧，译. 学衡，1925(43):1-7.
按：该文的文题之上附注"名家文"。该文的文前、文内都有陈钧加注的按语，其中的文前按语即"译者附识"。

⑦ 佚名［法国众诗人］. 仙河集[J]. 李思纯，译. 学衡，1925(47):1-64.
按：该文的文前、文内都有《学衡》编者（吴宓）加注的按语，其中的文前按语即"编者识"。

⑧ ［英］沙克雷［W. M. Thackeray］. 名利场（Vanity Fair）[J]. 吴宓，译. 学衡，1926(55):1-13.
按：该文的文题之上附注"名家小说"。该文的文前、文内、文后都有吴宓加注的按语，其中的文前按语即"译者识"，文后按语即"译者附识"。

⑨ ［法］古拉塞［Bernard Grasset］. 古拉塞作事格言[J]. 吴宓，译. 学衡，1929(70):1-9.
按：该文登载于《学衡》1929年7月第70期1-9页；此前曾登载于《大公报》（天津版）1928年9月24日（第9042号）第10版（副刊《文学》第38期），其文题之左附注"'Des Remarques sur Paction'，par Bernard Grasset"，且文题之下仅附注"译"而无译者署名。该文的文前、文内都有吴宓加注的按语，其中的文前按语为大篇幅的"译者识"。

学的评论文章和文学史著作，如《圣伯甫释正宗 Sainte-Beuve"Qu'est-ce Qu'n' Classique?"》①《圣伯甫评卢梭忏悔录 Sainte-Beuve"Les Confessions de Jean-Jacques Rousseau"》②《但丁神曲通论》③《戏剧原理（The Theory of the Theatre）》④《薛尔曼现代文学论序》⑤《白璧德论今后诗之趋势》⑥《穆尔论自然主义与人文主义之文学》⑦《世界文学史 Richardson & Owen"Literatures of the World"》⑧等。身为《学衡》实际主编的吴宓曾指出，当时的青年学生"多喜言西洋文学"⑨，而自己又恰恰认为文学是改造国民思想的重要手段之一。于是，这两方面的原因便一同促成了《学衡》对翻译并登载西方文学相关内容的鼎力支持。

至于吴宓本人，除了积极、认真地参与翻译西方文学作品和文学评论并在各篇译文（无论是吴宓本人的译作还是其他译者的译作）中加注按语评论

---

① ［法］圣伯甫［Sainte-Beuve］.圣伯甫释正宗 Sainte-Beuve"Qu'est-ce Qu'n' Classique?"[J].徐震堮，译.学衡，1923(18):1-17.
按:该文的文前、文内都有《学衡》编者（吴宓）加注的按语，其中的文前按语为大篇幅的"编者识"。
② ［法］圣伯甫［Sainte-Beuve］.圣伯甫评卢梭忏悔录 Sainte-Beuve"Les Confessions de Jean-Jacques Rousseau"[J].徐震堮，译.学衡，1923(18):1-24.
按:该文的文前、文内都有《学衡》编者（吴宓）加注的按语，其中的文前按语为大篇幅的"编者识"。
③ ［美］葛兰坚［Charles Hall Grandgent］.但丁神曲通论[J].吴宓，译.学衡，1925(41):1-35.
按:该文的文前、文内、文后都有《学衡》编者（吴宓）加注的按语，其中的文前按语和文后按语均即"译者识"。
④ ［美］韩米顿［Calyton Hamilton］.戏剧原理（The Theory of the Theatre）[J].陆祖鼎，译.学衡，1925(44):1-37.
按:该文的文题之下附注"美国 Henry Holt & Co 书局发行 1910 年出版"。
⑤ ［美］薛尔曼［Stuart Pratt Sherman］.薛尔曼现代文学论序[J].浦江清，译.学衡，1926(57):1-16.
按:该文登载于《学衡》1926 年 9 月第 57 期第 1-16 页，此后又连载于《国闻周报》1926 年 10 月 31 日第 3 卷第 42 期第 1-4 页、11 月 7 日第 3 卷第 43 期第 1-4 页（译者署名改为"疆青"）。《学衡》所载之文有《学衡》编者（吴宓）加注的文内按语和大篇幅的文前按语（"编者识"）；而《国闻周报》第 3 卷第 42 期所载之文有浦江清加注的文前按语（"译者识"）。
⑥ ［美］白璧德［Irving Babbitt］.白璧德论今后诗之趋势[J].吴宓，译.学衡，1929(72):1-5.
按:该文登载于《学衡》1929 年 10 月第 72 期第 1-5 页，此后又登载于《大公报》(天津版)1929 年 11 月 18 日（第 9458 号）第 13 版（副刊《文学》第 97 期）。该文的文前、文内、文后都有吴宓加注的按语，其中的文后按语"译者按"，且《学衡》所载之文的文前按语即"译者识"。
⑦ ［美］穆尔［Paul Elmer More］.穆尔论自然主义与人文主义之文学[J].吴宓，译.学衡，1929,(72):1-6.
⑧ ［美］李查生［William L. Richardson］，渥温［Jesse M. Owen］.世界文学史[J].吴宓，译.学衡，1924(28):1-16;［美］李查生［William L. Richardson］，渥温［Jesse M. Owen］.世界文学史 Richardson & Owen "Literatures of the World"[J].吴宓，译补.学衡，1924(29):1-36;1924(30):1-31.
按:《学衡》1924 年 4 月第 28 期所载之文的文前、文内都有吴宓加注的按语，其中的文前按语即"译者识"。5 月第 29 期所载之文的文内、文后都有吴宓加注的按语。6 月第 30 期所载之文的文内、文后都有吴宓加注的按语，其中的文后按语为大篇幅的"译者识"。
⑨ 吴宓.西洋文学精要书目[J].学衡，1922(6):1.

西方文学、西方文化乃至中西文学、中西文化外,还曾专门撰写过与西方文学密切相关的文学评论文章(如《文学研究法》[①])和文学史著作(如《希腊文学史》[②])。此外,吴宓曾感慨道:喜好西方文学之人对西方文学作品"往往不知选择,出重价,费时力,而所读之书未为精要,多读者亦不免博而寡要,劳而少功之悔,少读者更必有管窥蠡测,挂一漏万之讥"[③]。于是,他结合自己早年留学美国时在哈佛大学图书馆对西方文学的涉猎而开出了一个学习西方文学的参考书书目,即分3期连载于《学衡》的《西洋文学精要书目》[④]。这一书目的第一部分关涉宏观上的整个西方文学,第二部分关涉古希腊文学,而第三部分则关涉古罗马文学。可以说,这一书目几乎涵盖了关涉西方文学方方面面的各种书籍,连《大英百科全书》等类书都被囊括其中。不过,吴宓也敏锐地意识到,这多达数百种的书籍其实只适合"各大学及公立图书馆之用,若私人恐无力及此",于是他又对这一书目"简之又简"而作出"今日流行语所谓最小限度之西洋文学书目"——《西洋文学入门必读书目》[⑤]。这一书目所列之书虽然在数量上被缩减为60部,但在内容上仍然是"各类均备而务取精华"[⑥]。从这几个书目中可以看出吴宓对西方文学研究得相当深入,并且偏爱古典西方文学。当然,吴宓所列书目都是外文本,而大凡有英译本之书,他又都只列英译本之名。这一方面是因为吴宓主张真正热爱西方文学之人应该去研究外文原著,另一方面则是因为吴宓鉴于熟练使用多国语言者并不多而主张尽量选择英译本去阅读。

不失客观地说,《学衡》在传播西方文学方面卓有成就。不过,《学衡》其实偏于综合的文化研究而并非纯粹的文学研究类甚或西方文学研究类的期刊。在《学衡》难以为继而《大公报》(天津版)又愿意给吴宓提供宣传其学术思想之平台的时候,吴宓毫不犹豫地选择了文学这一更为具体而特殊的学术领域,创办了名为《文学》的《大公报》(天津版)副刊。从中不难看出,吴宓极为重视文学及文学研究。但是,《文学》只是《学衡》的衍生刊物,它虽对西方文学的传播同样贡献巨大,却并无超越《学衡》之处。在内容方面唯一可说不同的一点是,《文学》登载了大量纪念西方文学作家或文学评论家之诞

---

① 吴宓.文学研究法[J].学衡,1922(2):1-9.
② 吴宓.希腊文学史[J].学衡,1923(13):1-48;1923(14):1-14.
③ 吴宓.西洋文学精要书目[J].学衡,1922(6):1.
④ 吴宓.西洋文学精要书目[J].学衡,1922(6):1-10;1922(7):1-13;1922(11):1-14.
⑤ 吴宓.西洋文学入门必读书目[J].学衡,1923(22):1.
⑥ 吴宓.西洋文学入门必读书目[J].学衡,1923(22):1.

生或逝世的文章,如《易卜生诞生百年纪念》①《福禄特尔逝世百五十年纪念》②《托尔斯泰诞生百年纪念(Count Leo Nicolaevich Tolstoy,1828—1910)》③《英国小说家兼诗人劳伦斯逝世 David Herbert Lawrence(1885—1930)》④《奥国戏剧家兼小说家显尼志劳逝世 Arthur Sohnitzler(1862—1931)》⑤《德国著名汉学家卫礼贤博士逝世 Richard Willem(1873—1930)》⑥《英国批评家兼文学史家圣次伯雷逝世 George Saintsbury(1845—1933)》⑦《法国宗教史家兼文学批评家博勒蒙逝世 Abbé Henri Bremond(1865—1933)》⑧《悼白璧德先生 Irving Babbitt(1865—1933)》⑨等。在这些纪念性文章中,作者不仅介绍了纪念对象的基本信息和大致生活经历,还着重引介和品评了这些纪念对象的文学作品、文学评论或其他相关文学成就。可想而知,这些文章实际上是借纪念、歌颂之名而行引介、评论之实。

在"学衡"派逐渐淡出国人视野的民国后期,曾受业于吴宓并曾在《学

---

① 佚名[吴宓].易卜生诞生百年纪念[N].大公报[天津版],1928-3-26(9)[副刊《文学》第 12 期].
按:该文此后又登载于《国闻周报》1928 年 4 月 1 日第 5 卷第 12 期第 1-2 页(文题之下附注"转载天津大公报文学副刊")。
② 佚名[吴宓].福禄特尔逝世百五十年纪念[N].大公报[天津版],1928-5-28(9)[副刊《文学》第 21 期].
按:该文此后又登载于《国闻周报》1928 年 6 月 17 日第 5 卷第 23 期第 1-5 页(文题之下附注"转载天津大公报文学副刊")。
③ 佚名[吴宓].托尔斯泰诞生百年纪念(Count Leo Nicolaevich Tolstoy,1828—1910)[N].大公报[天津版],1928-8-27(9)[副刊《文学》第 34 期];1928-9-3(10)[副刊《文学》第 35 期];1928-9-10(10)[副刊《文学》第 36 期].
按:该文此后又登载于《国闻周报》1928 年 9 月 30 日第 5 卷第 38 期第 1-10 页(文题之下附注"转载天津大公报文学副刊")。
④ 佚名[吴宓].英国小说家兼诗人劳伦斯逝世 David Herbert Lawrence(1885—1930)[N].大公报[天津版],1930-3-24(13)[副刊《文学》第 115 期].
⑤ 佚名[吴宓].奥国戏剧家兼小说家显尼志劳逝世 ArthurSohnitzler(1862—1931)[N].大公报[天津版],1932-6-13(8)[副刊《文学》第 232 期].
按:该文的文前有按语:"编者按此文于去年十一月十日即已撰成。以先登他稿;一再推让,迁延至今。其情形已于本刊第二百零九期中声明。读者谅之。又按一月二十四日北平晨报副刊,有显尼志劳评传一篇,附中文译本表,可参阅。"
⑥ 佚名[吴宓].德国著名汉学家卫礼贤博士逝世 Richard Willem(1873—1930)[N].大公报[天津版],1930-3-17(13)[副刊《文学》第 114 期].
按:该文此后又登载于《国闻周报》1930 年 4 月 28 日第 7 卷第 16 期第 1-24 页(文后附注"转载天津大公报文学副刊")。
⑦ 佚名[吴宓].英国批评家兼文学史家圣次伯雷逝世 George Saintsbury(1845—1933)[N].大公报[天津版],1933-5-8(11)[副刊《文学》第 279 期].
⑧ 施闵诰.法国宗教史家兼文学批评家博勒蒙逝世 Abbé Henri Bremond(1865—1933)[N].大公报[天津版],1933-12-18(11)[副刊《文学》第 311 期].
⑨ 佚名[吴宓].悼白璧德先生 Irving Babbitt(1865—1933)[N].大公报[天津版],1933-12-25(11)[副刊《文学》第 312 期].

衡》上发表过多首外文译诗、后来又成为"战国策"派代表人物的陈铨,自觉地从吴宓手中接过引介西方文学的大旗。陈铨不仅在他参与编辑的报刊《战国策》(昆明1940)和《大公报》(重庆版)副刊《战国》上发表自己创作的评议西方文学的文章,如《浮士德的精神》①《寂寞的易卜生》②《狂飙时代的德国文学》③《狂飙时代的席勒》④《欧洲文学的四个阶段》⑤《狂飙时代的歌德》⑥等,还于1943年7月7日创办专门的文学期刊《民族文学》以研究文学。就西方文学研究或中西文学比较研究方面而言,仅主编陈铨本人就在《民族文学》上发表了《五四运动与狂飙运动》⑦《戏剧深刻化》⑧《第三阶段的易卜生》⑨《哈孟雷特的解释》⑩等文学评论和《花瓶》⑪(对话体小说)、《自卫》⑫(独幕剧)等文学作品。这些文学评论和文学作品多与当时刚从西方舶来不久的新式文学类型话剧相关,可见陈铨颇为注重对西方话剧的研究。事实上,早在创办《民族文学》之前,陈铨就发表过《十九世纪德国文学批评家对于哈孟雷特的解释》⑬《歌德浮士德上部的表演问题》⑭《席勒麦森纳歌舞队与欧洲戏剧》⑮

---

① 陈铨.浮士德的精神[J].战国策[昆明1940],1940(1):9-16.
按:该文登载于《战国策》(昆明1940)1940年4月1日第1期第9-16页,此后又登载于《战国策》(上海1941)1941年1月15日1月号("一月号")第10-17页。
② 唐密[陈铨].寂寞的易卜生[J].战国策[昆明1940],1940(4):27-35.
按:该文登载于《战国策》(昆明1940)1940年4月1日第1期第27-35页,此后又登载于《战国策》(上海1941)1941年1月15日1月号("一月号")第18-27页。
③ 陈铨.狂飙时代的德国文学[J].战国策[昆明1940],1940(13):14-22.
④ 陈铨.狂飙时代的席勒[J].战国策[昆明1940],1940(14):36-48.
⑤ 陈铨.欧洲文学的四个阶段[N].大公报[重庆版],1942-1-7(4)[副刊《战国》第6期].
⑥ 陈铨.狂飙时代的歌德[N].大公报[重庆版],1942-7-1(4)[副刊《战国》第31期].
⑦ 编者[陈铨].五四运动与狂飙运动[J].民族文学,1943,1(3):1-6.
按:该文登载于《民族文学》1943年9月7日第1卷第3期第1-6页,此前曾登载于《当代评论》1943年4月18日第3卷18期第12-15页(文题为《狂飙运动与五四运动》,署名为"陈铨")。
⑧ 陈铨.戏剧深刻化[J].民族文学,1943,1(4):7-13.
按:该文登载于《民族文学》1943年12月第1卷第4期第7-13页,此前曾登载于《军事与政治》1942年11月30日第3卷第5期第71-75页(文题为《戏剧的深浅问题》)。
⑨ 唐密[陈铨].第三阶段的易卜生[J].民族文学,1943,1(4):36-39.
⑩ 唐密[陈铨].哈孟雷特的解释[J].民族文学,1944,1(5):45-64.
按:该文登载于《民族文学》1944年1月第1卷第5期第45-64页,此前曾登载于《清华学报》1944年10月第9卷第4期第913-940页(文题为《十九世纪德国文学批评家对于哈孟雷特的解释》,署名为"陈铨")。
⑪ 陈铨.花瓶[J].民族文学,1943,1(1):40-50.
⑫ 陈铨.自卫[J].民族文学,1943,1(2):43-53.
按:该文的文题之下附注"独幕剧"。
⑬ 陈铨.十九世纪德国文学批评家对于哈孟雷特的解释[J].清华学报,1934,9(4):913-940.
⑭ 陈铨.歌德浮士德上部的表演问题[J].清华学报,1936,11(4):1115—1172.
⑮ 陈铨.席勒麦森纳歌舞队与欧洲戏剧[J].清华学报,1937,12(2):337-402.

《戏剧的深浅问题》①《戏剧批评与戏剧创作》②等话剧研究文章,创作了《王铁生》③《长姊》④《黄鹤楼》⑤《野玫瑰》⑥《蓝蝴蝶》⑦等话剧作品,并出版了话剧研究专著《戏剧与人生》⑧以及话剧单行本《西洋独幕笑剧改编》⑨《野玫瑰》⑩《金指环》⑪《蓝蝴蝶》⑫《无情女》⑬等。其中,取材于抗战而描写英勇抗日、壮烈牺牲的《黄鹤楼》及《野玫瑰》两剧,曾连演数场而引起巨大轰动。尤其是《野玫瑰》一剧,更是震撼了整个文学界,并引起了广泛的讨论。从"学衡"派到"战国策"派,民国保守主义者在引介西方文学方面取得的成就,比之于"新文化"派,可谓有过之而无不及。

事实上,除了文学以及政治、哲学之外,民国保守主义者还对历史、教育、经济等其他西方精神科学内容多有引介和深化。有些精神科学方面的内容固然不是由民国保守主义者首次引入,但民国保守主义者对之展开的研究和宣传无疑拓展并深化了国人对这些精神科学内容的理解。此外,有些精神科学方面的内容还往往是由民国保守主义者最先引入国内,并最先对之展开生发论述,从而拓展了国人对西方精神科学的认识。可以说,民国保守主义者在引介西方精神科学方面作出的贡献,即使不胜于"新文化"派,也丝毫不逊于"新文化"派。至于有论者说民国保守主义者拒斥西方文化,这显然是基于先入为主的观念而从未真正对民国保守者加以研究所得出的武断之论。

---

① 陈铨.戏剧的深浅问题[J].军事与政治,1942,3(5):71-75.
② 陈铨.戏剧批评与戏剧创作[J].军事与政治,1942,3(6):103-105.
③ 陈铨.王铁生[J].新动向[昆明1938],1938,1(1):24-30.
按:该文的文题之下附注"独幕剧"。
④ 陈铨.长姊[J].新动向[昆明1938],1938,1(3):80-88.
按:该文的文题之下附注"独幕剧"。
⑤ 陈铨.黄鹤楼[M].长沙:商务印书馆,1940.
⑥ 陈铨.野玫瑰[J].文史杂志,1941,1(6):54-66;1941,1(7):46-70;1941,1(8):51-61.
按:该文的文题之下附注"四幕剧",且第1卷第8期所载之文的文后有按语:"附注:此剧非得作者同意不得上演或改编电影。一切接洽事宜,请迳函昆明国立西南联合大学陈铨。"
⑦ 陈铨.蓝蝴蝶[J].军事与政治,1943,4(2):88-103;1943,4(3):89-107.
⑧ 陈铨.戏剧与人生[M].重庆:在创出版社,1944.
⑨ 陈铨,编译.西洋独幕笑剧改编[M].长沙:商务印书馆,1940.
⑩ 陈铨.野玫瑰[M].重庆:商务印书馆,1942.
⑪ 陈铨.金指环[M].重庆:天地出版社,1943.
⑫ 陈铨.蓝蝴蝶[M].重庆:青年书店,1943.
⑬ 陈铨.无情女[M].重庆:青年书店,1943.

二、传播自然科学

"科学"是新文化运动的另一面大旗,但是"新文化"派对于西方自然科学理论和自然科学成果之现状的宣传,其实并不得力。这一方面是因为,"新文化"派的主要成员大多是精神科学方面的学者,他们对自然科学本就缺乏广泛的了解,更遑论深入的研究。另一方面则是因为,"新文化"派标举的"科学"在很大程度上只是一种科学精神或科学方法而并非真正意义上的自然科学之科学。因此,"新文化"派疏于引介西方自然科学也就不足为怪了。但是,民国保守主义者不仅切实贯彻科学精神并自觉运用科学方法展开学术研究(如他们对西方文化独尊的批判和对西方文化内涵的重释等),还曾大量引介西方自然科学,并对之颇有研究。

梁启超曾说:"甲午丧师,举国震动,年少气盛之士,疾首扼腕言'维新变法',而疆吏若李鸿章张之洞辈,亦稍稍和之。而其流行语,则有所谓'中学为体西学为用'者;张之洞最乐道之,而举国以为至言。盖当时之人,绝不承认欧美人除能制造能测量能驾驶能操练之外,更有其他学问;而在译出西书中求之,亦确无他种学问可见。"①梁启超之言,一方面说明早在甲午战争之前就已有诸多西方自然科学方面的内容被引介到中国,另一方面又说明自甲午战争以后国人开始转向引介西方精神科学方面的内容,尤其是引介西方政治方面的内容,酝酿着戊戌变法。及至戊戌变法失败后,政治改良或改革仍是一股不可忽视的潮流。当时,"东方杂志"派的杜亚泉也深知"甲午以后,国论一变,啧啧言政法者日众",但他并不趋从潮流,反而倡言"政治之发达,全根于理想,而理想之真际,非艺术不能发现"②。不难发现,杜亚泉推崇"艺术"(自然科学技术)、重视自然科学之情,溢于言表。到了思想文化之改造盛行的新文化运动时期,国人对西方精神科学的研究更甚于对西方自然科学的关注,但杜亚泉依然不废其对自然科学的注重。就在新文化运动风靡的1918年初,他为刚创刊的《工艺》作序道:"农之所产,赖工艺以增其值。商之所营,赖工艺以良其品。社会文化之兴,工艺实助成之。故印刷捷而书报得以广布,仪器精而科学得以发达(如显微镜之于微菌学)。国家武力之强,工艺实左右之。故飞机出而陆军之战术变,潜艇作而海军之势力殊。更推广言之,则国家社会,政治之推行,道德之向上,皆与经济有密切之关系。

---

① 梁启超.前清一代中国思想界之蜕变[J].改造[上海1919],1921,3(5):21.
② 杜亚泉.亚泉杂志序[J].亚泉杂志,1900(清光绪二十六年)(1):无页码[扉页].
按:该文的文后附注"光绪二十六年十月"(1900年11月22日至12月21日之间)。

而经济之充裕,必由于工艺之发达。"①从中不难看出,杜亚泉极为推崇"工艺"(自然科学技术)以及潜藏其后的自然科学。诚如梁启超所言,近代以来的国人经历了"从器物上感觉不足""从制度上感觉不足"以及"从文化根本上感觉不足"②的三个阶段,于是国内相继掀起了注重革新器物的洋务运动、锐意改良政治制度的戊戌变法以及矢志改造思想文化的新文化运动。但是,杜亚泉从不为潮流所惑而始终强调自然科学对于社会发展具有的重大意义。也正因如此,他一直都致力于引介西方自然科学及其成果。

1900年底,杜亚泉创建中国最早的私立科技大学亚泉学馆,同时以亚泉学馆的名义创办"揭载格致算化农商工艺诸科学"③的期刊《亚泉杂志》。有学者指出:"《亚泉杂志》是宣传自然科学知识、由中国人自办的最早中文期刊。"④应该说,在中国人自主创办而没有外国学者,尤其是西方传教士参与的宣传西方自然科学的报章杂志中,《亚泉杂志》即使不是最早者,也是较早者之一。可以说,杜亚泉的传播自然科学之举,主要就始于该刊的创办。该刊封面的中心处是用大字题写的"亞泉雜誌"四字,而在"亞"字正上方,则自右至左题有"氫""線"二字。其实,"亞泉雜誌"之"亞""泉"就分别是由"氫"和"線"两字去掉偏旁而来。至于个中原因,杜亚泉曾对蔡元培说过:"'亞泉'者'氫''線'之省写;'氫'为空气中最冷淡之原素,'線'则在几何学上为无面无体之形式;我以此自名,表示我为冷淡而不体面之人而已。"⑤杜亚泉之言饱含自谦甚或自嘲,但也昭示杜亚泉对自然科学颇有研究。原名炜孙的杜亚泉,正是在创办该刊之后才以"亚泉"为号,并且"杜亚泉"的称呼逐渐取代了"杜炜孙"的姓名而为时人所熟知。在该刊上,杜亚泉或编审或撰写,发表了大量的自然科学论文或著作,诸如化学、数学、物理学、地理学、生物学等学科都有所涉及。不过,在总计10册的该刊登载的40篇左右的文章(不包括"问答""答问"一类的内容)中,化学内容就占据20余篇。从中不难看出,杜亚泉对化学极为重视。也正因如此,该刊俨然化学期刊。不失客观地说,该刊对中国近代化学作出了重大

---

① 杜亚泉.工艺杂志序[J].工艺,1918,1(1):无页码[目录后第3页、本文第1页].
按:该文登载于《工艺》1918年2月第1卷第1号目录后第3-4页,此后又登载于《东方杂志》1918年4月15日第15卷第4号第8-9页(署名改为"伧父")。
② 梁启超.五十年中国进化概论[M]//梁启超.梁任公近著第一辑:下卷.上海:商务印书馆,1923:237-239.
按:该文的原载信息不详,曾被收录到上海的商务印书馆于1923年5月出版的梁启超所著《梁任公近著第一辑》下卷229-245页,此后又被收录到《饮冰室合集》之《文集第十四册》的"饮冰室专集之三十九"第39-48页。
③ 杜亚泉.亚泉杂志序[J].亚泉杂志,1900(清光绪二十六年)(1):无页码[扉页].
④ 谢振声.杜亚泉与《亚泉杂志》[J]科学,1988,40(2):150.
⑤ 蔡元培.书杜亚泉先生遗事[J].新社会,1934,6(2):42.

的贡献。比如说,该刊首创化学元素中译名。该刊 1900 年 11 月 29 日第 1 册(创刊号)登载的首篇文章,即杜亚泉撰写的化学方面的《化学原质新表》①。该文首次命名了当时西方化学家刚发现的十余种新元素,其中铍(Be)、氩(Ar)、镨(Pr)、钆(Gd)、铥(Tm)、铷(Rb)等六种元素的中文译名被学术界普遍接受而一直沿用至今。再比如说,该刊最先介绍元素周期律。该刊 1901 年 3 月 13 日第 6 册登载了虞和秋翻译、杜亚泉补述的《化学周期律》②,而该文就是中国最早介绍俄国化学家德米特里·伊万诺维奇·门捷列夫(Dmitri Ivanovich Mendeleev,1834—1907)发现的元素周期律的文章。又比如说,该刊注重科学实验且率先详细介绍化学分析方法。杜亚泉素来注重科学实验和分析方法,所以他撰写或翻译了《钙之制法及质性》③《考察金石表》④《食物标准及食物各质化分表》⑤《化学奇观》⑥《定性分析》⑦等有关实验内容和化学分析的文章。这其中,由杜亚泉翻译并连载 7 册的《定性分析》所介绍的化学分析方法,在当时具有极高的学术价值。此外,该刊往往能够及时地传播化学领域的新成就。由杜亚泉撰写的《化学理论》⑧《述銅鈤鉬三原质之性情》⑨("銅""鈤""鉬"分别为"钪""镓""锗")、《铍即鉊考》⑩《论氩》⑪《论歇僧谟》⑫("歇僧谟"

---

① 佚名[杜亚泉].化学原质新表[J].亚泉杂志,1900(清光绪二十六年)(1):1-6.

② 佚名.化学周期律[J].虞钦和,翻译.亚泉学馆[杜亚泉],补述.亚泉杂志,1901(清光绪二十七年)(6):1-4.

③ 佚名[杜亚泉].钙之制法及质性[J].亚泉杂志,1900(清光绪二十六年)(1):8-9.

④ 佚名[杜亚泉].考察金石表[J].亚泉杂志,1900(清光绪二十六年)(1):11-14;1900(清光绪二十六年)(3)8-11.

⑤ 佚名[杜亚泉].食物标准及食物各质化分表[J].亚泉杂志,1900(清光绪二十六年)(2):7-11.

⑥ 佚名[杜亚泉].化学奇观[J].亚泉杂志,1900(清光绪二十六年)(3):7-8.

⑦ [日]平野一贯,河村汪,编纂.定性分析[J].下山顺一郎,校阅.亚泉[杜亚泉],译.亚泉杂志,1901(清光绪二十六年)(4):3-10;1901(清光绪二十六年)(5):5-10;1901(清光绪二十七年)(6):4-10;1901(清光绪二十七年)(7):5-9;1901(清光绪二十七年)(8):10-12;1901(清光绪二十七年)(9):5-12;1901(清光绪二十七年)(10):4-7.

按:《亚泉杂志》1901 年 1 月 13 日("光绪二十六年十一月廿三日")第 4 册("第四册")所载之文的文前有按语:"此书系日本医科大学教授下山顺一郎校阅,平野一贯、河村汪编纂,为日本有名之学化书。编纂之时,取俄国某府大学教授排侬曾氏所著之 Anleitungzurquantitativen Analyse 为标准,旁采诸家之书,参互考订。其宗旨在指导生徒实习考质之法。书分十二章,上章选择盐类中常用之物,分别试验,以示各本质配质相感之性,名曰考质分试法。下章则示以考质相生之法,名曰考质相生法。今拟译录一通,揭入《亚泉杂志》,仍依原名,题曰《定性分析》。定性分析云者,盖亦考质之意也。光绪二十六年十一月十一日,即西历二十周之第一日。亚泉记。"

⑧ 佚名[杜亚泉].化学理论[J].亚泉杂志,1900(清光绪二十六年)(3):3-7;1901(清光绪二十六年)(4):12-13.

⑨ 佚名[杜亚泉].述銅鈤鉬三原质之性情[J].亚泉杂志,1901(清光绪二十七年)(7):1-3.

⑩ 佚名[杜亚泉].铍即鉊考[J].亚泉杂志,1901(清光绪二十七年)(7):3.

⑪ 佚名[杜亚泉].论氩[J].亚泉杂志,1901(清光绪二十七年)(8):3-4.

⑫ 佚名[杜亚泉].论歇僧谟[J].亚泉杂志,1901(清光绪二十七年)(8):4.

为"氦"的英语"Helium"的音译)等化学论文,不仅首次报道并详细介绍了氩、氦、铍、钪、镓、锗等新元素的发现和性质,还阐述了理想气体定律,从而及时地引介了西方化学界的最新研究成果。值得注意的是,该刊登载的文章基本都不署名,但实际上绝大多数都由杜亚泉撰写或编译。因此可以说,该刊对中国近代化学乃至中国近代自然科学作出的重大贡献,在很大程度上要归功于杜亚泉。

1901年10月,杜亚泉在《亚泉杂志》终刊后,又创办《普通学报》。该刊的内容广涉精神科学,但其在引介西方自然科学方面依然成就卓著。正如有学者评论的那样:"该刊有关自然科学宣传的内容相当广泛。它集中介绍了当时西方各国在自然科学方面的研究成果,较系统地介绍了数学、物理学、化学、地质学、动物学、植物学等专门学科知识。这些宣传介绍通俗易懂,既有实用价值,又能引起人们对科学的兴趣。"[①]此后,杜亚泉还编译并出版了《最新笔算教科书》[②]《最新格致教科书》[③]《理化示教》[④]《普通矿物学》[⑤]《普通植物学教科书》[⑥]等自然科学著作。其中,《最新笔算教科书》是我国最早的小学算学教科书,而《最新格致教科书》则是我国最早的小学自然科学教科书。

从1904年秋开始,杜亚泉应商务印书馆之聘而一直担任该馆的理化部主任。直至日军于1932年发动一·二八事变[⑦]而炸毁商务印书馆的图书馆和编译所后,杜亚泉才离沪返乡。在商务印书馆工作的28年间,杜亚泉主持、编译了大量的自然科学著作。早在晚清时期,杜亚泉主持的商务印书馆理化部就曾为初等小学、高等小学以及中学、师范学堂等各级学校编译了百余种自然科学教材,例如《初等矿物学教科书》[⑧]《高等小学最新笔算教科书

---

① 谢俊美.普通学报[M]//丁守和,主编.辛亥革命时期期刊介绍(第三集).北京:人民出版社,1983:4.
② 杜亚泉.最新笔算教科书[M].上海:商务印书馆,1902(清光绪二十八年).
③ 杜亚泉.最新格致教科书[M].上海:商务印书馆,1902(清光绪二十八年).
④ 普通学书室.理化示教[M].上海:普通学书室,1903(清光绪二十九年).
⑤ 亚泉学馆.普通矿物学[M].上海:普通学书室,1903(清光绪二十九年).
⑥ 亚泉学馆[杜亚泉],编译.普通植物学教科书[M].上海:普通学书室,1903(清光绪二十九年).
按:该书后经杜亚泉重编,并改书名为《新撰植物学教科书》,改编译者署名为"杜亚泉",由上海的商务印书馆于1907年4月至5月间("丁未年三月")出版.
⑦ 一·二八事变(January 28th Incident),爆发于1932年1月28日。当日,日军对上海闸北的中国守军国民革命军第十九路军所部发起攻击,而第十九路军所部则在军长蔡廷锴、总指挥将光鼐的率领下奋勇反抗。由此,持续至当年3月3日的一·二八淞沪抗战爆发。
⑧ [日]横山又次郎.初等矿物界教科书[M].杜亚泉,杜就田,译订.上海:商务印书馆,1907(清光绪三十三年).

教授法》①《中学物理学新教科书》②《中学化学新教科书》③《中学生理学教科书》④《盖氏对数表（附用法）》⑤《博物学教授指南》⑥等。客观地说，晚清时期其他学者也曾出版过不少自然科学教材，但这些教材无论是在质量、数量方面，还是在普及程度方面，都无法与杜亚泉编译的教材相媲美。进入民国以后，杜亚泉又编译或撰写了诸多重要的西方自然科学著作，并多由商务印书馆出版，如《动物学讲义》⑦《矿物学讲义》⑧《博物学初步讲义》⑨《化学工艺宝鉴》⑩《植物学大辞典》⑪《动物学大辞典》⑫《高等植物分类学》⑬《下等植物分类学》⑭等。正如有论者指出的那样："当民国初元之时，国内科学教育渐见发展，所借以为推进之工具者，杜亚泉先生所编各种理化博物教科书，其重要者也。"⑮这其中，《植物学大辞典》是我国第一部产生重大影响的自然科学类专科辞典，而且该书及稍后出版的《动物学大辞典》一书历来被誉为"科学界空前钜著"⑯，其影响持续至今。

在民国时期，杜亚泉除了因担任商务印书馆理化部主任而组织、编译并出版了一系列有关西方自然科学的著作之外，还借助担任同为商务印书馆出品的《东方杂志》之主编这一职务而积极刊文引介西方自然科学研究方面

---

① 王兆枏，寿孝天，杜亚泉，编纂.高等小学最新笔算教科书教授法[M].上海：商务印书馆，1905（清光绪三十一年）.
② [日]中村清二.中学物理学新教科书[M].杜亚泉，译.上海：商务印书馆，1907（清光绪三十三年）.
③ [日]吉田彦六郎.中学化学新教科书[M].杜亚泉，译.上海：商务印书馆，1905（清光绪三十一年）.
④ [日]坪井次郎.中学生理学教科书[M].杜亚泉，杜就田，编译.上海：商务印书馆，1907（清光绪三十三年）.
⑤ [德]Gauss F G.盖氏对数表（附用法）[M].[日]宫本藤吉，原译.杜亚泉，寿孝天，重译.上海：商务印书馆，1909（清宣统元年）.
⑥ [日]山内繁雄，野原茂六.博物学教授指南[M].严保诚，陈学郢，杜亚泉，译述.上海：商务印书馆，1908（清光绪三十四年）.
⑦ 杜亚泉，杜就田.动物学讲义[M].上海：商务印书馆，1912.
⑧ 杜亚泉，编纂.矿物学讲义[M].上海：商务印书馆，1912.
⑨ 杜亚泉，杜就田，编纂.博物学初步讲义[M].上海：商务印书馆，1912.
⑩ 杜亚泉，编纂.化学工艺宝鉴[M].上海：商务印书馆，1917.
⑪ 孔庆莱，吴德亮，李祥麟，等，编辑.植物学大辞典[M].上海：商务印书馆，1918.
⑫ 杜亚泉，杜就田，吴德亮，等，编辑.动物学大辞典[M].上海：商务印书馆，1922.
⑬ 杜亚泉，编纂.高等植物分类学[M].上海：商务印书馆，1933.
⑭ 杜亚泉，编纂.下等植物分类学[M].上海：商务印书馆，1933.
⑮ 张梓生.悼杜亚泉先生[J].新社会，1934，6(2)：43.
⑯ 佚名[李圣五].追悼杜亚泉先生[J].东方杂志，1934，31(1)[又称"三十周年纪念号"]：303.

的内容,如《空中飞行器之略说》①《鼠疫之豫防及看护法》②《单线电话之新发明》③《英国盐业之发达》④《新发明之单片活动影戏》⑤等。尤为值得一提的是,《东方杂志》自杜亚泉开始担任主编的 1911 年 3 月 25 日第 8 卷第 1 号起,增设了具有科普性质的"科学杂俎"栏目,专门传播与日常生活密切相关的科学常识。正如继杜亚泉之后担任该刊主编的钱智修评论的那样,"物质科学方面,因科学界的老宿杜亚泉先生,曾主编本志十年",所以该刊"对于世界的新发明和新发见,从来不曾忽视"⑥。该刊自 1920 年 1 月 10 日出版的第 17 卷第 1 号起,由钱智修担任主编。新官上任的钱智修曾大刀阔斧地改革过该刊,如取消"文苑"栏目、增设"新思想与新文艺"栏目等。但是,他自始至终都保留着杜亚泉创设的"科学杂俎"栏目,甚至还不断提高这一栏目的文章登载数量。这主要是因为,钱智修也像杜亚泉一样热衷于传播自然科学知识,如他曾明确表达过"很愿意多登些科学著作"⑦。也正因如此,承继杜亚泉积极宣传西方自然科学之志的钱智修,在其主编的该刊上同样组织、编译了大量的西方自然科学著作,登载了大量中外学者撰写的自然科学论文。

在《东方杂志》创刊二十周年之际,时任主编钱智修说:"科学界的新发见,我们也想随时报告——或是做系统的长篇纪述,或是把零碎的材料登在补白上面。这一类文字的弃取,也是以新的和明白的为条件;那些从教科书上抄下来的旧材料,或过于专门而非一般读者所能够了解的,我们都不敢用以凑数。"⑧钱智修的话一方面说明《东方杂志》历来都积极宣传西方自然科学内容,另一方面又说明该刊宣传的西方自然科学内容并不具有太强的专

---

① 杜就田,辑述.空中飞行器之略说[J].东方杂志,1911(清宣统三年),8(1):1-21;1911(清宣统三年),8(2):1-15;1911(清宣统三年),8(3):2-8.
按:该文的文后有按语:"空中飞行器,就今日观之,实为行军之利器。各国争相研究,我国人亦宜闻风兴起,不让欧人。此后凡有关于飞行器之理论或图画及杂说者,本志当续为辑译,聊备我国飞行家参考之用。辑者附告"。
② 佚名.鼠疫之豫防及看护法[J].杜亚泉,译.东方杂志,1911(清宣统三年),8(2):28-29.
按:该文的文题之下附注"译日本卫生新报第百十五号"。
③ 佚名.单线电话之新发明[J].甘永龙,译.东方杂志,1911(清宣统三年),8(3):14-15.
按:该文的文题之下附注"译三月分美国世界杂志"。
④ 佚名.英国盐业之发达[J].杨锦森,译.东方杂志,1911(清宣统三年),8(4):12-16.
按:该文的文题之下附注"译英国图画报"。
⑤ [美]慕尔登.新发明之单片活动影戏[J].杨锦森,译.东方杂志,1911(清宣统三年),8(5):29-31.
按:该文的文题之下附注"译本年六月分美国工艺世界慕尔登原著"。
⑥ 坚瓠[钱智修].本志的二十年纪念[J].东方杂志,1924,21(1)[又称"二十周年纪念号上"]:1.
⑦ 坚瓠[钱智修].编辑室杂话[J].东方杂志,1921,18(3):8.
⑧ 坚瓠[钱智修].本志的第二十年[J].东方杂志,1923,20(1):3-4.

业性。事实也正是如此,毕竟该刊是一个综合性的大众杂志而非自然科学方面的专业性学术期刊。与杜亚泉、钱智修等"东方杂志"派成员不同,"学衡"派的胡先骕本就是自然科学家——植物学家,所以他宣传的自然科学内容相对专业而往往令非自然科学专业的人颇觉艰深难懂。在民国时期,胡先骕就曾发表过数十篇学术论文和翻译论文,内容涉及生物学、植物分类学、经济植物学、系统学、树木学等诸多学科。至于胡先骕所著的诸多植物学专著及其所发现并命名的数百种植物新种、变种(其国际通用学名均缀有"Hu"字),则更令他成为世界著名的植物学家,并永载史册。不过,也正因为胡先骕的自然科学著作太过专业,所以他引介西方自然科学所产生的影响也就仅限于自然科学界,甚而更为狭隘地局限于植物学界。相对来说,杜亚泉、钱智修引介的西方自然科学内容,虽然绝大多数都是非专业知识,但影响更为广泛。在"科玄论战"中,论战双方宣传的大量的西方自然科学知识同样也不甚专业,却又同样通俗易懂而广为国人所接受。"科玄论战"由张君劢引发,而最为重要的是张君劢在论战中不断地引述西方的科学理论及科技成就来佐证自己的观点。就这个层面而言,"现代新儒家"派的张君劢在传播西方自然科学方面也颇有贡献。

概而言之,尽管在民国保守主义者之中,仅有胡先骕一人才是真正的自然科学家,但民国保守主义者引介、传播西方自然科学之功,恐怕也只有"科学"派及其他自然科学界的自然科学家可与之相媲美,而绝非"新文化"派能比肩。因此可以说,民国保守主义者在引介、传播西方自然科学方面作出的贡献同样极其巨大而不容忽视。当然,这又再度昭示民国保守主义者绝非盲目排斥西方文化之人。

三、探究翻译技术

无论是就精神科学内容而言,还是就自然科学内容而论,民国保守主义者在引介甚至借鉴西方文化方面都不输"新文化"派。精神科学和自然科学两大类便大致涵盖了整个西方文化的内容,而民国保守主义者拓展西方文化外延之举似乎也只能限于拓展西方精神科学和传播西方自然科学两个层面。但是,无论是拓展西方精神科学还是传播西方自然科学,都需要借助翻译才能实现。所以,试图更为精准、有效地引介、借鉴西方文化的民国保守主义者必然需要钻研翻译技术。由此,民国保守主义者便因为其不断完善翻译技术而在第三个层面上充实西方文化的内容。大体而言,民国保守主义者对翻译技术的钻研又表现为两个方面,即实践应用和理论研究。绝大多数民国保守主义者都立足于自己具体的文化研究领域而在《译序》《译者前言》《译例》等篇章中,探讨一些具体的翻译问题,即偏于翻译的实践应用而寡于翻译的理论研究。然而,也有一些民国保守主义者,如"现代新儒家"派的贺麟、"学衡"派的吴宓、"甲寅"派的章士钊等人,在注重翻译之实践应用的同时,还深入研究具有普遍适用性的翻译理论,并探讨具有广泛应用性的翻译技术,从而在客观上丰富了翻译理论并完善了翻译之学。

(一) 贺氏翻译研究

相较于章士钊和吴宓,贺麟属于后学晚辈,但在这三人中,惟有贺麟曾专门创作过研究翻译的著作《翻译西籍小史》①。在这部"研究翻译史之旨趣及我国翻译外籍之起原"②的著作中,贺麟将国人翻译西籍(不包括翻译印度的佛教经典)的历史划分为四个时期:"一,翻译西籍发轫时期——明末清初之翻译;二,翻译西籍复兴时期——江南制造厂及同文馆之翻译;三,林纾严复时期之翻译;四,新文化运动以来之翻译。"③在这四个时期内的各位译者及诸多译作之中,贺麟认为严复及其译作在翻译西籍史上具有特殊而重大的意义。首先,严复的译作对中国的思想文化界产生了重大的影响。客观地说,严复译作并不多,在数量上甚至远逊于同时期的林纾译作,但严复译作产生的影响又远非林纾译作可比。在贺麟看来,这主要归功于严复翻译西籍时的精心和审慎。一方面,严复选择的西籍往往都为社会所急需,从而表现出他那卓越的取材眼光;另一方面,严复往往对其翻译对象有着相对深刻的了解和研究,从而表现出他那独到的西学造诣④。其次,严复在翻译史上最先厘定了翻译标准。在《天演论》一书的《译例言》中,严复提出"译事三难信达雅"⑤。"信""达""雅"即严复厘定的翻译标准,其影响持续至今。所谓"信"侧重于译作内容,要求译作须忠实于原作的意义;所谓"雅"侧重于译作

---

① 贺麟.严复的翻译[J].东方杂志,1925,22(21):75.
按:该文的文前有按语:"此节乃拙著《翻译西籍小史》第四章中之一节。原书共分五章。除第一章绪论,论研究翻译史之旨趣及我国翻译外籍之起原外,其余四章分论翻译西籍史上的四个时期,一,翻译西籍发轫时期——明末清初之翻译;二,翻译西籍复兴时期——江南制造厂及同文馆之翻译;三,林纾严复时期之翻译;四,新文化运动以来之翻译。全书尚未脱稿,兹先发表此节于此。作者识"。笔者未见《翻译西籍小史》一书。
② 贺麟.严复的翻译[J].东方杂志,1925,22(21):75.
按:引文出自贺麟在该文的文前加注的按语("作者识")。
③ 贺麟.严复的翻译[J].东方杂志,1925,22(21):75.
按:引文出自贺麟在该文的文前加注的按语("作者识")。
④ 贺麟.严复的翻译[J].东方杂志,1925,22(21):77-78.
⑤ 严复.译例言[M]//[英]赫胥黎[Thomas Henry Huxley].天演论.严复,译述.上海:商务印书馆,1930:1.

形式,要求译作应选择恰当的文体或文风;而所谓"达"则兼及译作内容和译作形式二者,即以晓畅、雅致的语句准确地译出原作。但是,严复终究没有明确指出什么样的文体或文风才可称之为"雅"。

贺麟对严复乃至于整个翻译史的研究,主要是为了更好地翻译西籍,尤其是翻译西方哲学书籍。可能就是受到严复的启发,贺麟的译作在取材上也颇具匠心,因为他的译作往往是对西方经典文本或重要文本的首次翻译,如《黑格尔》《黑格尔学述》《黑格尔早期神学著作》《黑格尔辩证法和哲学一般的批判》《致知篇》以及《马克思博士论文》等。此外,贺麟在翻译西籍时,虽也相当讲究"信""达""雅",却又不为之所束缚,甚而还在此基础上生发出他那独特的"以能信能达且有艺术工力为归"[①]的翻译原则。贺麟的翻译原则其实也包含了三个翻译标准,即"信""达"以及"艺术工力"。尽管贺麟曾经坦言其"信达二标准盖本诸严复"[②],但他所谓的"信"和"达"其实与严复所说的"信"和"达"有所区别。严复所谓的"信",既要求直译而非意译的翻译方式又要求准确译出原作内容。但是,贺麟的译文"既算不得直译,亦算不得意译,只勉强可以说是有时直译以达意,有时意译以求直"[③]。最为明显的例子是,即使是同一本书中的同一个外文单词,贺麟也会根据不同的语境译作不同的中文语词。在《小逻辑》一书中,他就将德文"Verstand"一词分别译为"知性"或"理智"。贺麟解释道:"把 Verstand 我译作'知性'以表示它是与理性、感性并列的三个阶段的认识能力,有时译作'理智'以表示它是与情欲、直觉有区别的抽象的理智作用。"[④]可见,贺麟不拘泥于直译和意译的限制,但同样注重尽最大努力译出原作本意。贺麟之"信"不同于严复之"信",而同样关涉译作内容的"达"也是如此。至于贺麟所说的"艺术工力",则更与严复所谓的"雅"迥然有别。贺麟猜测"严氏大概是以声调铿锵,对仗工整,有抑扬顿挫的笔气,合桐城派的家法为雅",而他"所谓艺术工力乃是融会原作之意,体贴原作之神,使己之译文如出自己之口,如宣自己之意,而非

---

① 贺麟.鲁一士《黑格尔学述》译序[J].国风[南京 1932],1933,2(5):17.
按:该文的全文连载于《国风》(南京 1932)1933 年 3 月 1 日第 2 卷第 5 号第 17-19 页、16 日第 2 卷第 6 号第 15-27 页(文后题署"一九三一年一月二十七日,贺麟序于柏林"),此后又改文题为《译序》,并置于上海的商务印书馆于 1936 年 9 月出版的鲁一士[Josiah Royce]原著、贺麟译述《黑格尔学述》正文前第 1-33 页(文后附注"译者识")。
② 贺麟.鲁一士《黑格尔学述》译序[J].国风[南京 1932],1933,2(5):17.
③ 贺麟.鲁一士《黑格尔学述》译序[J].国风[南京 1932],1933,2(5):17.
④ 贺麟.译者引言[M]//[德]黑格尔[Georg Wilhelm Friedrich Hegel].小逻辑.贺麟,译.北京:生活·读书·新知三联书店,1954:9.
按:该文的文后题署"贺麟　一九五四年二月八日,北京大学识"。

呆板地奴隶式地徒作原作者之传话机而已"①。从中可知,贺麟所谓的"艺术工力",虽也强调译作形式的艺术性,却更强调译作内容的创造性。当然,贺麟也曾特别提出"这种标准是为译文哲书籍而设,非谓译科学方面的书籍亦必须采此法"②。在具体的翻译实践中,贺麟就是本着自己独特的翻译原则去翻译西籍。

(二) 吴氏翻译研究

客观地说,贺麟对中国近代以来的翻译史颇有研究,而其翻译水平也相当高超。正如有论者评价的那样:"贺先生的译文以深识原著本意、学问功力深厚、表达如从己出、行文自然典雅为特点,得到学术界一致赞许","而且,只要情况允许,他会在译著前加上有分量的导言,或在论文、著作中加以阐述,以便于中国读者的领会"③。值得一提的是,贺麟在译文前缀以"有分量的导言"或长篇序文的方式主要是受吴宓影响,而吴宓又恰恰是引领贺麟开启翻译西籍之门的导师。

吴宓对翻译技术的研究,在很大程度上是被其主编的《学衡》所"逼迫"。《学衡杂志简章》说:"本杂志于西学则主博极群书,深窥底奥,然后明白辨析,审慎取择。庶使吾国学子,潜心研究,兼收并览,不至道听涂说,呼号标榜,陷于一偏而昧于大体也。"④显然,为了在最大程度上帮助读者博涉西方文化,《学衡》需要登载大量自外文翻译而来的作品;而为了尽最大努力帮助读者辨析西方文化,作为主编的吴宓又必须对译作严密把关以减少甚或避免误译。正因如此,吴宓对于翻译也是"异常慎重"⑤。吴宓认为,恰当的翻译之法至少应该包含五个步骤,即"选材""校勘""加注""修词"和"择体"⑥。在"选材"方面,吴宓主张"所译者,或文或诗,或哲理,或小说,要必为泰西古今之名著,久已为世所推重者",做到"甄取从严,决不滥收无足轻重之作"。在"校勘"方面,吴宓主张"凡译者,必其于所译原作研究有素,精熟至极,毫无扞格含糊之处",做到"悉心覆校,与原文对照,务求句句精确,字字无讹",

---

① 贺麟.鲁一士《黑格尔学述》译序[J].国风[南京1932],1933,2(5):17.
② 贺麟.鲁一士《黑格尔学述》译序[J].国风[南京1932],1933,2(5):17.
③ 张祥龙.《贺麟全集》出版说明[M]//[德]黑格尔[Georg Wilhelm Friedrich Hegel].小逻辑[贺麟全集][M].贺麟,译.上海:上海人民出版社,2009:2.
④ 佚名[吴宓].学衡杂志简章[J].学衡,1922(1):无页码[扉页].
⑤ [英]蓝姆[Charles Lamb].梦中儿女 Dream-Children:A Reverie[J].陈钧,译.学衡,1922(9):1.
按:引文出自《学衡》编者(吴宓)在该文的文前加注的按语("编者附识")。
⑥ [英]蓝姆[Charles Lamb].梦中儿女 Dream-Children:A Reverie[J].陈钧,译.学衡,1922(9):1.
按:引文出自《学衡》编者(吴宓)在该文的文前加注的按语("编者附识")。

从而"不贻误读者"。在"加注"方面,吴宓主张"凡原文之义理词句,以及所引史事故实等,有难解之处,则由译者(或编者)加以精确简短之注解",从而有利于"读者完全了悟,不留疑义",又便于"欲研究原文者,可以此译本对照细读"。在"修词"方面,吴宓主张"译文首贵明显,再求典雅",做到"能达出原作之精神而使读者不觉其由翻译而来"。在"择体"方面,吴宓主张"文必译为文,诗必译为诗,小说戏曲等类推,必求吾国文中与原文相当之文体而用之",即主张译作文体与原作文体相当;同时还主张"译文或用文言,或用白话,或文理有浅深,词句有精,凡此均视原文之雅俗浅深如何而定",做到"译文必与相当而力摹之,并非任意自择",即主张译作的行文风格与原作的行文风格相当①。吴宓的这套翻译之法可谓极为全面,从翻译前的取材标准,到翻译时的"信""达""雅"标准,乃至翻译后的校勘标准,都有所涉及。显然,吴宓进一步完善了严复的翻译准则。在这套翻译之法中,最难做到的其实是"修词"和"择体",而吴宓也一直在探讨这两方面的内容。分3期连载于《学衡》的《英诗浅释》②,即吴宓以翻译外文诗歌为例来探讨实现其"修词"和"择体"之标准的代表作。此外,《学衡》曾在个别几期里专门开设"译诗"栏目③以登载译诗(翻译外文诗歌之作),而有些译诗还往往伴随着吴宓的点评式按语或短文。不难看出,这从本质上说也仍然是在探讨吴宓提出的"修词"和"择体"的翻译标准。客观地说,《学衡》登载的吴宓本人及其他译者的译作,尤其是译诗一类的译作,确实在很大程度上实现了吴宓主张的"修词"和"择体"的标准。值得一提的是,自1925年3月出版的《学衡》第39期开始,"译诗"栏目中的许多译诗为吴宓的得意门生"吴门三杰"——"现代新儒家"派的贺麟、"战国策"派的陈铨以及"学衡"派的张荫麟所作。在1925年时,吴宓曾为清华大学高年级学生开设外文翻译课,而"吴门三杰"在当时就选修了这一课程,并且极为认真地向吴宓学习。从这个角度而言,贺麟恰恰是在吴宓的指导下才开始翻译外文,并迅速提高其翻译水平。所以,贺麟的翻译理念看上去是受严复影响,但实际上是被吴宓所感染。

(三)章氏翻译研究

贺麟在很大程度上承继了吴宓的翻译理念,所以他和吴宓一样,对翻译

---

① [英]蓝姆[Charles Lamb].梦中儿女 Dream-Children: A Reverie[J].陈钧,译.学衡,1922(9):1.
按:引文出自《学衡》编者(吴宓)在该文的文前加注的按语("编者附识")。
② 吴宓.英诗浅释[J].学衡,1922(9):1-8;1922(12):1-9;1923(14):1-13.
③ 参见《学衡》第19期、第39期、第41期、第45期、第48期、第49期、第54期、第56期、第57期、第64期、第74期等。

技术的研究侧重于在宏观上摸索整套的翻译方法。与贺麟和吴宓不同，章士钊对翻译技术的研究则主要表现为在微观上探讨"翻译名义"①，即翻译外文名词之法。准确翻译西籍对于国人学习西方文化至关重要，而"翻译名义，译事之中坚也"②。张荫麟曾指出，"现今市上所售译述书之难读"，除了因为"译述者能力之缺乏（包括外国语、本国语、及对于所译述之学问之智识）"外，更在于"翻译名词之纷歧"以及"新名之不下定义"③。可见，恰如其分地翻译外文名词既极为重要，又相当困难。然而，章士钊恰恰在深知"翻译名义之事，至难言矣"④的情况下，毅然选择了研究外文名词的翻译之法，以期推动中国翻译事业的发展。

章士钊曾在《国风报》《帝国日报》《民立报》《独立周报》《甲寅》等多种报刊上发表论文、杂记、通信等各种形式的文章，同读者探讨翻译外文名词之法，其中发表在《国风报》上的《论翻译名义》一文集中体现了章士钊翻译外文名词的理念。大凡翻译外文，不外乎直译和意译两种方式，与此相对应的翻译外文名词，也不外乎音译和义译两种方式。《论翻译名义》的论述重点，其实就在于比较以词义翻译外文名词和以读音翻译外文名词的利弊得失。一方面，章士钊认为中文与西方各种外文都迥然有别，因而很难在中文里寻找出或制造出一个名词可以完全地对应外文的名词。比如外文中的"logic"（即"逻辑"）一词，就无法找到相应的中文译词。民国时期的学者，或将之译

---

① 民质［章士钊］.论翻译名义［J］.国风报，1910（清宣统二年），1(29)：1-10［总33-42］.
按：引文出自《国风报》编者在该文的文前加注的按语。该文的文前按语道："沧江曰，译事之难久矣。国于今日，非使其民具有世界之常识，诚不足以图存。而今世界之学术，什九非前代所有，其表示思想之术语，则并此思想，亦为前代人所未尝梦见者，比比然也。而相当之语，从何而来？而译者之学识，既鲜能沟通中外，又大率不忠于其所学，苟劝说以取宠而已。故满纸皆暧昧不分明之语，累幅皆诘鞠不成文之句，致使人以译本为可厌可疑，而以读之为大戒。夫其学既已为吾侪畴昔所未习，则虽衍以至工之文，犹未易使读者一展卷而相悦以解也，况以今之译本重人迷惑者哉。准此以谈，则举国不悦学，谁之罪也？翻译名义，译事之中坚也。吾治欧文浅，殊不足以语此。著者英年凤慧，于本国文学，所造至邃。今复游学英伦，覃精斯业。今远寄此篇，其所以光宠本报者至矣。辄识数言，以谂读者。"
② 民质［章士钊］.论翻译名义［J］.国风报，1910（清宣统二年），1(29)：1［总33］.
按：引文出自《国风报》编者在该文的文前加注的按语。
③ ［英］杜伯斯［Homer H. Dubs］.论中国语言之足用及中国无哲学系统之故［J］.素痴［张荫麟］，译.大公报［天津版］，1929-4-1(15)［副刊《文学》第64期］.
按：引文出自张荫麟在该文的文前加注的按语（"译者识"）。该文此后又登载于《辽宁教育月刊》1929年4月15日第1卷第4期第1-14页、《学衡》1929年5月第69期第1-13页（译者署名改为"张荫麟"）。该文的文前、文后都有按语，其中的文前按语为素痴（张荫麟）加注的"译者识"，文后按语为《大公报》（天津版）副刊《文学》编者（吴宓）加注的"编者识"。此外，《大公报》（天津版）副刊《文学》和《辽宁教育月刊》所载之文的"译者识"都称文章作者为"英人杜伯斯（Homer H. Dubs）"，而《学衡》所载之文的"译者识"则称文章作者为"美国德效骞 Homer H. Dubs"。
④ 民质［章士钊］.论翻译名义［J］.国风报，1910（清宣统二年），1(29)：2［总34］.

为"名学",或将之译为"论理学",二者虽都采取义译的方式翻译外文名词,却都未能准确翻译出该词的真正意义。其次,章士钊还认为以词义翻译外文名词,"无论选字何如精当,其所译者,非原名,乃原名之定义"①。"名学"和"论理学"这两个译词实际上都基于"logic"的定义而来,所以这两个译词充其量只是翻译了"logic"一词的定义,而并没有翻译出"logic"一词本身,从而违背了翻译外文名词本身的初衷。在论述这一点的时候,深研逻辑学的章士钊不自觉地借用了逻辑学上的"循环定义"的概念。例如:甲骨文就是一种象形文字,而象形文字就是那种类似于甲骨文的文字。这句话在总体上没有任何的表述错误,但旨在界定"甲骨文""象形文字"之概念的这句话,却始终没有直接而明确地表达"甲骨文"和"象形文字"的具体定义。循环定义就是指不同语词之间互相定义,而这些定义即使单独看起来都绝对不谬,也终究不能令人真正明白各个语词的具体词义之所在。"名学"和"论理学"二者从不同的角度为"logic"一词下定义,但是何为"名学",何为"论理学",乃至于何谓"logic",同样终究未能令人一目了然。也正是因为这种循环定义之故,章士钊指出以词义翻译外文名词还容易产生歧义。当人们看到"名学"和"论理学"两词时,往往会被"名"和"论理"这两个中文语词所吸引,并竭力思索与之相关的中文语词的意义所在,却根本不顾"logic"一词的本身意义何在,从而产生望文生义之弊。相较于以词义翻译外文名词,章士钊主张以读音翻译外文名词。他指出:"吾国字体,与西方迥殊,无法采用他国文字。以音译名,即所以补此短也。语其利也,则凡义译之弊,此皆无有,即为其利。至语其害,则人或觉其生硬不可读外,可谓无之。"②显然,在章士钊看来,音译外文名词不会产生义译外文名词的种种弊端,只不过音译之词可能令初次接触者觉得生硬而难以卒读,但久而久之便会适应而不会感觉难读。应该说,章士钊对义译外文名词及音译外文名词之利弊的分析颇为客观和深入。不可否认,音译外文名词较之于义译外文名词确实具有较大的优势。从弗尔迪南·德·索绪尔的语言学的角度而论,这或许是因为音译侧重于具有特殊性的能指,义译侧重于具有普遍性的所指,而翻译外文名词则必须翻译出"这一个"外文名词的特殊性。因此之故,近代以来,诸多义译名词都逐渐消亡,而那些音译名词反而成为约定俗成之译,如对应着英语"logic"的"名学""论理学"等义译名词,现已不再流行,取而代之的则是"逻辑"这一音译名词,而"逻辑"一词恰恰就是章士钊所译。至于早在隋唐时期便自梵语

---

① 民质[章士钊].论翻译名义[J].国风报,1910(清宣统二年),1(29):3-4[总35-36].
② 民质[章士钊].论翻译名义[J].国风报,1910(清宣统二年),1(29):10[总42].

翻译而来的"涅磐""般若"以及"阿赖耶"等词,无一不是音译名词,又无一不沿用至今。需要指出的是,章士钊虽然揭举了义译外文名词的诸多弊端或局限,但他"非绝对排斥义译者",只是主张"在义译极困难,而又认为不必要时,则宜诉之他法"①。当然,所谓的"他法",主要就是指依据读音翻译外文名词。

《论翻译名义》专门探讨翻译外文名词之法,而章士钊发表的其他文章还曾更为具体地论及翻译外国人名的问题。概而言之,章士钊同样主张以读音翻译外国人名,同时倡导外国人名的中国化,即翻译出来的外国人名的首字或前二字应为中国姓氏——单姓或复姓。诚如吴宓所言:"翻译之法,在不能两全之中,强求其折衷而无失"②。所以,当二者不可兼得之时,章士钊强调以准确翻译出外文读音为前提。章士钊所译的"戴雪"(Albert. V. Dicey, 1835—1922)一名,以及后来的"学衡"派所译的"白璧德""穆尔"(Paul Elmer More, 1864—1937)以及"葛兰坚"(Charles Hall Grandgent, 1863—1939)等外国人名,都兼顾了外文读音和中国姓氏。显然,以这种形式翻译出来的外国人名存在诸多优点,尤其是便于国人的记忆。不过,如此这般地翻译外国人名也有其局限性,即容易使初次接触这些人名的人望名遽断而误以之为中国人。

除了章士钊以及贺麟、吴宓等人以外,其他民国保守主义者也多对翻译之业有所研究,并且不乏独到见解。只不过,其他民国保守主义者对翻译之业的研究比较零散而未能形成相对系统的理论。应该说,民国保守主义者对翻译之业的研究,在主观上是为了更好地引介、借鉴他们所认可的西方学术理论或西方社会现实,而在客观上却为中国的翻译事业作出了重大的贡献,从而在中国的翻译史上留下了不可抹去的浓重一笔。

本 章 小 结

在民国时期,西化论者(包括一些"新文化"派人士)都力主以西化为启迪民智及救亡图存的具体途径。应该说,西化本无所谓对错之分、正误之别,但西化论者往往因过于崇拜西方文化而显现出一种强烈的西方文化本位的思想倾向,最终致使其"启蒙"以及"救亡"的主张都有所扭曲。与西化

---

① 民质[章士钊].论翻译名义[J].国风报,1910(清宣统二年),1(29):6[总38].
② [英]沙克雷[W. M. Thackeray].钮康氏家传(TheNewcomes)[J].吴宓,译.学衡,1922(8):16.
按:引文出自吴宓在该文的文后加注的按语("译者谨识")。

论者不同，民国保守主义者既清醒地预见到全盘西化可能产生的流弊，又准确地批判了全盘西化论已然产生的不良影响。不过，民国保守主义者从来都不反对引介或借鉴西方文化，反而还积极研究和传播西方文化。从近世西方文化到古代西方文化，从西方精神科学到西方自然科学，民国保守主义者对之都有所研究和传播。此外，为了更好地引介并借鉴西方文化，他们还深入研究翻译之术。可以说，在引介、借鉴西方文化方面，民国保守主义者作出的贡献丝毫也不亚于西化论者或"新文化"派取得的成就。借鉴西方文化以引介西方文化为前提，而"新文化"派健将胡适曾说新文化运动的一大特征恰恰就在于引介西方文化，尤其是引介西方学术理论。据此而言，民国保守主义者俨然是积极参与并大力推动新文化运动之士。"学衡"派的吴宓曾说："夫西洋之文化，譬犹宝山珠玉璀璨，恣我取拾，贵在审查之能精，与选择之得当而已。"①吴宓之言可以说集中代表了所有民国保守主义者的西方文化观，即西方文化固然有其不可否认的价值存在，但国人在借鉴西方文化时应取其精华、去其糟粕，而不应对其不加甄别、不加限制地全盘采纳。也就是说，国人对西方文化应该"明白辨析"而"审慎取择"。不能说西化论者在引介、借鉴西方文化时从不对之有所抉择，但他们引介、借鉴的西方文化在客观上又往往给受众以完美无缺之感。所以，民国保守主义者对西方文化之精粗的区分以及对西方文化之弊端的批判，在很大程度上扭转了国人对西方文化的观感，从而在一定程度上纠正了西化论者引介、借鉴西方文化时存在的偏颇，进而推动了新文化运动的健康发展。

在引介、借鉴西方文化方面，民国保守主义者一直讲求对西方文化"明白辨析"而"审慎取择"，亦即主张在准确甄别西方文化之精粗的基础上合理择取西方文化之精华。"明白辨析"而"审慎取择"以取舍西方文化的标准就是以应救亡图存之时需，而这在"现代新儒家"派的贺麟译介西方哲学的活动中表现得尤为明显。贺麟一生翻译了大量的黑格尔哲学著作及黑格尔哲学理论，而他也恰恰以精研黑格尔哲学著称。但是，他曾明言："我个人纯学术的兴趣，仍偏重于斯宾诺莎的研究"②。不难发现，贺麟的研究兴趣与其研究实践相分离。之所以如此，在贺麟本人看来是因为时势所迫，势所必然。对此，他曾详细解释道："我们所处的时代与黑格尔的时代——都是政治方面，正当强邻压境，国内四分五裂，人心涣散颓丧的时候，学术方面，正当开明运

---

① 吴宓.论新文化运动[J].学衡,1922(4):5.
② 贺麟.后序[M]//[美]鲁一士[Josiah Royce].黑格尔学述.贺麟,译述.上海:商务印书馆,1936:200-201.
按:该文的文后附注"译者识"。

动之后,文艺方面,正当浪漫文艺运动之后,——因此很有些相同,黑格尔的学说,于解答时代问题,实有足资我们借鉴的地方。"①贺麟的这一认识不无道理,同时也折射出贺麟引介、借鉴西方文化的准绳即以应救亡图存之时需。事实上,大凡民国保守主义者都比照着这种以应救亡图存之时需的标准对西方文化"明白辨析"而"审慎取择"。其实,这一标准极富主观性而失之笼统,因此依据这一标准取舍西方文化所产生的实际效用到底如何便是一个有待商榷的问题。不过,这一标准的设立便显现出民国保守主义者从宏观上构建的奠基于另类现代性的文化异托邦在取舍西方文化,尤其是在引介并借鉴西方文化这一具体层面,具有鲜明的监视性,并且表现为从微观上构建的富于监视性的监督异托邦。这一监督异托邦的监视性又更为具体地表现为两个方面,即监视原生态的西方文化和监视再造化的西方文化。这其中,监视原生态的西方文化指的是民国保守主义者对那些即将传入中国的是其所是的西方文化(这些西方文化大多由民国保守主义者所引介并借鉴)进行审视和甄别;而监视再造化的西方文化则是指民国保守主义者对那些经过传播者改造甚或歪曲的非其所是的西方文化(这些西方文化大多非民国保守主义者所引介并借鉴)进行谛视和鉴别。不能说这种监视性完全是有益无害,但体现出民国保守主义者对西方文化具有取舍之权。换言之,在监督异托邦的开合控制之中,隐含着权力的运作。而保证这种权力运作的根本,就是福柯所说的依靠控制空间、时间和他性而生产出来的某种"标准化"的"规训技术"②。具体到民国保守主义者引介并借鉴西方文化的活动,这种"规训技术"主要表现为民国保守主义者设立的取舍西方文化的标准,即以应救亡图存之时需。在这一标准的衡量之下,或者说在监督异托邦的监视性作用之下,民国保守主义者最终借鉴的必然是本身就优秀且适用于中国的西方文化。民国保守主义者主张创造的别样现代文化的一大来源就在于这种西方文化,而别样现代文化又奠基于另类现代性,是另类现代性的表象化和具体化呈现。所以,民国保守主义者借鉴优秀且适用的西方文化创造别样现代文化就意味着他们的另类现代性建构打上了鲜明的西方影响的印记。

诚如"本位文化"派所言:"外来文化果足为我们营养的资料,自当尽量吸收,但必须根据此时此地的需要,加以一番审慎的选择。倘竟不顾时地的

---

① 贺麟.后序[M]//[美]鲁一士[Josiah Royce].黑格尔学述.贺麟,译述.上海:商务印书馆,1936:200.
② 侯斌英.空间问题与文化批评:当代西方马克思主义空间理论[M].成都:四川文艺出版社,2010:64.

条件,贸然主张全盘西化,岂但反客为主,直是自甘毁灭!"①所以,民国保守主义者主张对西方文化"不盲从",即"取长舍短,择善而从,在从善如流之中,仍不昧其自我的认识"②。在西方文化如狂涛怒澜般席卷中国之际,尤其是在西化甚或全盘西化的论调甚嚣尘上之时,民国保守主义者主张取舍西方文化,并进一步主张依据其以应救亡图存之时需的准则辨析、取择西方文化,亦即有所选择、有所节制地借鉴西方文化,无疑对中国探索独立自主、独具特色的中国式现代化之路具有重大的启发意义。

---

① 佚名[王新命,何炳松,武堉干,等].我们的总答复[J].文化建设[上海1934],1935,1(8):2-3[总2-3].
② 佚名[王新命,何炳松,武堉干,等].中国本位的文化建设宣言[J].文化建设[上海1934],1935,1(4):5[总5].

第三章
另类现代性建构的传统渊源

> 吾人正不容以往史自囿。然立人之道,参天地。尽物性。必有其宗主。而后博厚高明可推暨于无疆。故吾往史之宗主。虽在此广宇长宙中。若仅仅占有东亚之一方。数千祺之短晷。要其磊磊轩天地者。固积若干圣哲贤智创垂赓续以迄今兹。吾人继往开来。所宜择精语详。以诏来学。以贡世界……迁史曰。述往事。思来者。吾岂甘为前哲之奴。正私挟其无穷之望。以企方来之宗主耳。
>
> ——柳诒徵[①]

在民国时期,思想界的先行者们不约而同地试图从重构民族文化以及改造国民思想的角度实现其救亡图存的现实目的,并由此掀起了一场以新文化运动(包括五四运动)为代表的轰轰烈烈的启蒙运动。但是,西化论者引领的新文化运动在一开始便定下了西化甚或全盘西化的基调,从另一个角度而言,一些西方的发达国家以及一些西方的传教士或政客、学者等人本身就试图借其西方文化同化中国,从而实现其不可告人的目的。由之,西方文化在当时便以一副极富攻击性的侵略姿态大肆涌入中国。这不但极大地压制了中国本身具有的传统文化,还俨然监禁了传统文化并大有置之于死地之势。

客观地说,民国保守主义者同样是那场启蒙运动的积极参与者之一,并在事实上曾不遗余力地大量引介西方文化以借鉴西方文化。比如"现代新儒家"派的冯友兰,他在五四运动时期还只是刚从北京大学毕业不久而任教于河南开封一所中等专科学校的年轻教师。尽管囊中羞涩,但当时的冯友兰还是克服万难创办了河南省唯一一份宣传新式思想文化的期刊《心声》,并亲自撰写发刊词道:"本杂志之宗旨,在输入外界思潮,发表良心上之主张,以期打破社会上、教育上之老套,惊醒其迷梦,指示以前途之大路,而促

---

① 柳诒徵.弁言[M]//柳诒徵,编著.中国文化史:上册.南京:正中书局,1947:3.

其进步。"① 不过,对于西方文化,民国保守主义者极力反对不加甄别、不加限制地引进和仿习,同时坚决主张有所选择、有所节制地引介并借鉴。也就是说,民国保守主义者在建构其另类现代性的过程中一直都主张以"明白辨析"而"审慎取择"的态度和作为来引介并借鉴西方文化,亦即取舍西方文化。由此,他们针对取舍西方文化构建起监督异托邦,从而反抗着西方文化对传统文化的监禁甚或统治。应该说,这是对新文化运动的一种补偏趋正——尽管这一补偏趋正偏向"破"而非"立"。不过,针对来势汹汹的西方文化对传统文化的监禁甚或统治,民国保守主义者对启蒙运动的补偏趋正也有注重"立"的一面,即在反省传统文化并发掘传统文化之重大价值或意义的基础上,力主承继并进而发扬传统文化,从而深入地反抗西方文化对传统文化的监禁甚或统治。

　　面对汹涌而来的西方文化,"醒狮"派的常乃惪曾就"中国民族和文化的生死存亡问题"连续发问道:"中国民族究竟还有出路吗?中国的旧文化还有存在的价值吗?新文化运动是成功了吗?我们还有更新的,更光明的路可走吗?"② 这一连串提问既反映出常乃惪等民国保守主义者对新文化运动之结果的怀疑,又反映出他们对"旧文化"——传统文化之存废的关心。其实,"一战"的演绎以及后来的"二战"的爆发无不昭示"欧化不必良,欧人不足法"③,而始终服膺西方文化的新文化运动也就显现其天然的局限,尤其是暴露其不足以完全地拯救中国及中华民族。有鉴于此,民国保守主义者便在主张有所选择、有所节制地引介并借鉴西方文化的同时,又将目光聚焦于东方文化,尤其是传统文化,以期从中寻获能够促进探寻"更新的,更光明的路"的有益成分,进而促进探寻中华民族的出路。显然,这既意味着民国保守主义者反对抛弃传统文化而主张承继并发扬传统文化,又意味着他们对待传统文化一如其对待西方文化,也不是来者不拒而是有所选择。进而言之,民国保守主义者对待承继并发扬传统文化一如其对待引介并借鉴西方文化,也主张有所选择、有所节制。关于传统文化,"学衡"派的柳诒徵力主"吾人继往开来,所宜择精语详"。其实,大凡民国保守主义者都主张以"择精语详"而"继往开来"的态度和作为来反省传统文化并进而拣选传统文化,也即主张在精心挑拣传统文化并详细论述传统文化的基础上,对传统文化

---

① 冯友兰.冯友兰文集:第一卷三松堂自序[M].邵汉明,编选.长春:长春出版社,2008:36.
② 常乃惪.自序[M]//常乃惪.蚕人之出现.上海:中华书局,1937:2.
　　按:该文的文后题署"中华民国二十五年八月　著者"(其中的时间即 1936 年 8 月)。
③ 梁漱溟.冯著《从合作主义以创造中国新经济制度》题序[M]//梁漱溟.中国民族自救运动之最后觉悟.北平:京城印书局,1932:255.

进行创造性阐发,以期承继过往之传统文化又开拓未来之传统文化,进而裨益中国之未来甚或世界之未来。其实,"择精语详"而"继往开来"的态度和作为就是民国保守主义者那奠基于另类现代性的别样现代文化创造方案对取舍传统文化,尤其是承继并发扬传统文化的基本要求。民国保守主义者对其"择精语详"而"继往开来"之态度和作为的阐发也是他们反制西方文化对传统文化之监禁甚或统治的举措之一,并同样潜藏着他们对另类现代性的建构。在取舍西方文化方面,民国保守主义者对其主张的挑选西方文化之态度和作为的阐发,立足于构建监督异托邦,而在取舍传统文化方面,他们对其主张的拣选传统文化之态度和作为的阐发,则立足于构建调剂异托邦。

身为异托邦空间哲学理论创始人的福柯,其实从未明确地提出过调剂异托邦的概念。不过,他对异托邦兼具历时性和共时性之特点的阐释,其实就是在界说一种富于调整性的调剂异托邦。福柯举出的例子是墓地:安息于墓地之中的逝者曾生活于不同的时期或时代,来自不同的村落或地域,甚而还可能操持着不同的生活语言,秉持着不同的宗教信仰。因之,福柯认为墓地也是人类创造的一种文化空间,并且属于文化空间中的异质空间——异托邦。在此基础上,福柯又指出墓地这种类型的异托邦具有历时性和共时性相结合的特点。这其中,历时性集中地表现为墓地的社会价值会随着人们的思想观念的变迁而产生相应的变化。在福柯看来,中世纪时期的西方人普遍相信上帝的存在以及人类的灵魂不灭和肉体复活,所以他们一方面不重视安葬遗体,另一方面又轻易不敢安置普通的世俗之人的遗体于神圣而不可亵渎的教堂之中。所以,墓地在当时可谓若有似无。而在启蒙运动时期及启蒙运动以后那个无神论生成的时代,西方人逐渐认识到灵魂之说有违理性和科学,而肉体不会复活,上帝也并不存在,于是他们开始重视安葬遗体,并在尽可能的情况下将遗体安葬在生活区附近以便于祭拜。由之,为向来被视为灵魂污浊的人类遗体提供安息之处的墓地,往往就被设置在位于生活区中心的原本神圣而不可亵渎的教堂之中。当历史推进到19世纪以后,理性意识更趋发达的西方人又因怀疑逝者可能会给生者带来疾病甚或灾祸而将墓地移至郊外。可见,墓地这一异托邦具有历时性的特点,并集中地表现在它的社会价值方面。至于墓地的共时性特点,主要就墓地的社会功用而言。墓地从来都是逝者的安息之处,所以安葬逝者这一社会功用只取决于墓地的存在前提,而不会受其他任何时间或空间条件的影响。福柯曾说:"在一个社会的历史中,这个社会能够以一种迥然不同的方式使存在的和不断存在的异托邦发挥作用;因为在社会的内部,每个异托邦都有明确的、一定的作用,根据异托邦所处在的这个文化的同时性,同一个异托邦具有一个或另一个作用。"①福柯之言高度概括了一种既能顺应时移势易又能保持固有属性的异托邦所具有的历时性和共时性相结合的特点,亦即调整性的特点。结合福柯举出的墓地的例子,这种异托邦大可名之为调剂异托邦。

在民国保守主义者的言说下,传统文化不但也具有历时性的特点而可以顺应时移势易,还同样具有共时性的特点而能够保持固有属性。一方面,民国保守主义者认为只要对源远流长且博大精深的传统文化加以适当的阐释和运用,就可使其在新时代的新环境中发挥既新且又积极的影响作用,即传统文化即使在新时代的新环境中也有其价值存在。另一方面,他们又认为任何社会或群体中的任何文化都具有一种永恒不变的社会功用,即规范性情、指导人生的教化作用。不过,他们还更进一步地认为传统文化中的一些精华内容,尤其是关涉道德的内容,本身就具有永恒的价值意义和功用意义。正因如此,民国保守主义者对其主张的取舍传统文化之态度和作为——"择精语详"而"继往开来"的阐发,立足于构建富于历时性和共时性相结合之调整性的调剂异托邦。在这个过程中,民国保守主义者首先便对西化论者及其信徒肆意诬蔑、毁弃传统文化的言行逐一展开批判,接着便着手发掘传统文化之精华,并揭示其当下价值和当下功用,最后又侧重于道德阐发而力主尽可能地承继并发扬传统文化,尤其是尽可能地承继并发扬传统道德。不难看出,民国保守主义者试图在驳斥西化论者蔑弃传统文化的基础上,精准发掘传统文化并详细论述传统文化以突显传统文化的当下价值和当下功用,进而确证承继并发扬传统文化的理论意义和现实意义。民国保守主义者从宏观上构建的文化异托邦在取舍传统文化,尤其是在承继进而发扬传统文化这一具体层面,就表现为从微观上构建的富于调整性的调剂异托邦。经由调剂异托邦遴选通过的传统文化——优秀且适用的传统文化,正是民国保守主义者主张创造的别样现代文化的主要来源。所以,民国保守主义者对调剂异托邦的构建就显现其另类现代性建构的传统渊源,即发扬优秀且适用的传统文化。

第一节 忧愤传统文化沦落

鸦片战争之败造成中国历史上千古未有之大变局,而这一大变局显然涉及当时的中国社会的方方面面。其中,中华民族一直都引以为傲的传统文化被汹涌而来且又颇为强势的西方文化所撼,而国人则在传统文化和西方

---

① [法]M. 福柯[Michel Foucault]. 另类空间[J]. 王喆,译. 世界哲学,2006(6):55.

文化相冲突之际面临文化选择之变。这种文化冲突和文化选择一直延续到民国时期,并被以新文化运动为代表的启蒙运动推至高潮。新文化运动以输入并学习西方文化为主要内容,所以不断地引介并借鉴西方文化就成为民国初期的启蒙运动的一大显征。民国保守主义者也是那场启蒙运动的大力倡导者和积极参与者之一,但他们对于启蒙运动的理解与西化论者的认识有所不同。从表面来看,同样倡导引介并借鉴西方文化的民国保守主义者似乎与西化论者并无区别;但就实际而言,他们是主张有所选择、有所节制地借鉴西方文化而极力反对全面仿习西方文化甚或全盘西化。此外,西化论者所谓的现代文化因为基本等同于西方文化而已然沦为西化现代文化,反观民国保守主义者试图创造的别样现代文化则至少兼含西方文化和传统文化这两种文化。也正因如此,西化论者一方面极力鼓吹西方文化之优,另一方面又极力抨击传统文化之劣;而民国保守主义者则在引介西方文化的同时,还竭力阐发传统文化的固有价值。由此,传统文化和西方文化之间的冲突,就更为具体地表现在民国保守主义者与西化论者之间的"东西文化论战"之中。可以说,当时国人对中西文化的选择,不是彷徨于论辩双方而莫知所从,便是倾心于其中一方而矢志追随。

客观地说,从鸦片战争爆发之后到新文化运动兴起之前,虽然国人曾普遍震惊于西方国家的坚船利炮之威而仰慕西方文化、怀疑传统文化,但社会上从未形成一股旨在以西方文化取代传统文化而大肆批判甚或肆意毁弃传统文化的社会思潮。然而在新文化运动兴起之后,社会思潮为之一变,因为国人逐渐开始"弃旧从新,专务学习西洋物质文明","而于本国之精神文明,则吐弃不屑,成且妄肆攻诋"①。当时,批判传统文化之论以及毁弃传统文化之论甚嚣尘上,而传统文化则由之渐趋沦落甚或"衰落达于极点"②,大有被西方文化所取代之势。对于传统文化的沦落,民国保守主义者既忧心忡忡又愤懑不平。在他们看来:"中国之精神文明,若听其破灭,不特非中国民族之福,而亦世界之大不幸也。"③这一方面是因为西方文化在"一战"中已然充分暴露其不可避免之弊端,另一方面则是因为民国保守主义者敏锐地看到了一部分传统文化具有的永恒的价值或意义。事实上,还有一个重要的原因,即传统文化蕴含着中华民族的民族特色和民族自信。当时,著名历史学

---

① [英]沃姆[G. N. Orme].沃姆中国教育谈[J].吴宓,述.学衡,1923(22):1.
按:引文出自吴宓在该文的文前加注的按语。该文的文前、文内都有吴宓加注的按语。
② 佚名[裴复恒、樊仲云].发刊辞[J].文化建设[上海1934],1934,1(1):1[总1].
③ [英]沃姆[G. N. Orme].沃姆中国教育谈[J].吴宓,述.学衡,1923(22):1.
按:引文出自吴宓在该文的文前加注的按语。

家李思纯曾说:"中国文化既已根本动摇,则决定前途之命运,惟在吾人自身。视吾人所以处置之者何如而卜其休咎。苟吾人态度正确,处置得宜,则吸收新化而益臻发达。否则态度有误,处置未妥,斯文化之末路遂至。后此纵中国尚有文化,而其文化已全部为外来文化,旧有质素不可再见。正如遨游印度,但见欧风触眼,回寺遍地,而梵天教理无由再寻。旅行希腊,但见斯拉夫文明霑被,而艺术生活亦等乌有。虽曰文明犹在,未堕泥犁,然何常为自身之物乎?"[1]也正因如此,民国保守主义者认为,关涉民族特色和民族自信的传统文化是民族信仰所在,而"民族信仰的恢复,在现今是当务之急"[2]。基于这种种原因,民国保守主义者在忧愤传统文化渐趋没落的同时,自觉地充当起传统文化的卫道士,而"一战"后西方人士对以传统文化和印度文化为代表的东方文化的欣羡,则更加坚定了他们卫护传统文化的信念。卫护传统文化乃至于发扬传统文化的成功与否,显然最终取决于作为传统文化最大受众的国人是否能够坚守传统文化。为此,民国保守主义者势必需要扭转国人崇西抑中的文化观,并且势必需要化解西化论者对传统文化的蔑弃。

当时,西化论者对传统文化的蔑弃可归结为三大论,即"低劣论""僵化论"和"陈旧论"。"低劣论"意谓西化论者认为传统文化本身就是一种劣等文化而无法与优秀的西方文化相抗衡,"僵化论"意谓西化论者认为传统文化固定不变而无法适应新时代的新环境,至于"陈旧论"则意谓西化论者认为传统文化过于老旧而必须被淘汰。不难看出,这三大论对传统文化的蔑弃有着不同的侧重点,其中"低劣论"着眼于文化之优劣,"僵化论"侧重于文化之死活,而"陈旧论"则专注于文化之新旧。民国保守主义者显然也看到了这一点,因为他们恰恰是从优劣性辨析、死活性辨析以及新旧性辨析的角度,逐一化解西化论者蔑弃传统文化的三大论。大体而言,民国保守主义者认为传统文化既不劣于其他任何一种文化(包括西方文化),又极富活力,至于以新旧之标准衡量传统文化之价值而决定其存废的思想和行为则存在着根本性的错误,因为包括传统文化在内的任何一种文化的价值都不在其新旧与否,而在其对社会以及人生的指导意义。

一、优劣性辨析

著名的社会学家和人类学家费孝通指出,每当一个新环境产生的时候,

---

[1] 李思纯.论文化[J].学衡,1923(22):8.
按:该文的文前有按语:"余自欧东归,来南京,今一月矣。南京夙为文化旧都,而今则残毁最剧者也。抚览之余,有所感会,遂草短篇述之。"
[2] 佚名[裴复恒、樊仲云].发刊辞[J].文化建设[上海1934],1934,1(1):2[总2].

生活于其中的人们最先遭遇的问题往往是"旧方法不能获得有效的结果,生活上发生了困难"①,于是人们就会要求改变旧方法。面对两次鸦片战争惨败后的新环境,"洋务"派掀起了一场轰轰烈烈的改变旧方法的洋务运动。作为洋务运动重要领导者之一的薛福成曾说:"西洋诸国,恃智力以相竞。我中国与之并峙。商政矿物宜筹也。不变则彼富而我贫。考工制器宜精也。不变则彼巧而我拙。火轮舟车电报宜兴也。不变则彼捷而我迟。约章之利病,使才之优绌,兵制阵法之变化宜讲也。不变则彼协而我孤,彼坚而我脆。"②但是,"洋务"派所有改变旧方法的主张在本质上不过是"取西人器数之学"以卫护传统的"尧舜禹汤文武周孔之道"③。可见,"洋务"派其实始终坚守中国旧有之"体"和"道"而有限地借鉴源自西方的新生之"用"和"器"。因之,洋务运动只求"变"而不求"革",即只主张改变旧方法而不赞同抛弃旧方法。依据费孝通的观点,这在客观上是因为"旧的生活方法有习惯的惰性",所以"人们不会在没有发觉旧方法不适用之前就把它放弃的"④。换言之,只有当旧方法已被确证为完全无法满足人们之需要时,它才会失去人们的信赖而最终被舍弃。显然,因为坚守一个没有任何效用的旧方法不但毫无意义,还可能会因之遭受损失。旧方法源出于旧文化,而旧方法具体到中国文化而言就可指传统文化。力主保持国本而倡言保国、保民和保种、保教的洋务运动以及后来的戊戌变法,最终都未能使中国跻身世界强国之林。在西化论者看来,这些残酷的事实证明传统文化无论如何改造都无法救中国之乱亡,所以他们力主抛弃看上去毫无存在价值的传统文化。

西化论者在抛弃传统文化的同时,势必需要寻获一种新式文化以取而代之。新式文化"必须有人发明,或是有人向别种文化去学习,输入"⑤,而西化论者恰恰选择了其中相对简单的"向别种文化去学习,输入"的方式。至于他们发起的旨在创造全新的现代文化的新文化运动,恰恰就以完全抛弃传统文化和全面仿习西方文化为主要表征。显然,新式文化需要经过检验才

---

① 费孝通.名实的分离[M]//费孝通.乡土中国.上海:观察社,1948:85.
② 薛福成.变法[M]//薛福成.筹洋刍议.清刻本.[出版地不详]:[出版者不详],1885(清光绪十一年):48.
按:《筹洋刍议》的扉页之后、自序(无题,文后题署"时十一年冬十月无锡薛福成自序于宁绍台道官廨"——其中的时间即1885年11月7日至12月5日之间)之前仅印"光绪甲申孟秋开雕"(其中的时间即1884年8月21日至9月18日之间)八个大字。据自序,该书其实撰成于1879年(清光绪五年)。
③ 薛福成.变法[M]//薛福成.筹洋刍议.清刻本.[出版地不详]:[出版者不详],1885(清光绪十一年):49.
④ 费孝通.名实的分离[M]//费孝通.乡土中国.上海:观察社,1948:85.
⑤ 费孝通.名实的分离[M]//费孝通.乡土中国.上海:观察社,1948:85.

能被国人普遍接受。然而,作为西化论者所谓的新式文化之主体的西方文化,在其发源地西方社会的表现就不尽如人意,尤其是"一战"导致的人间炼狱充分暴露了西方文化的固有弊端。这无疑昭示着以西方文化为主体的新式文化,不但同样不足以救中国之乱亡,甚至还可能引导中国堕入同样的无间地狱。新文化运动兴起之际,恰值"一战"激战正酣之时,而在"一战"之后,即使是西方人士也都热衷于从东方文化中寻求救赎之道。在这种情况下,西化论者却依旧不遗余力地鼓吹西方文化、诋毁传统文化,"甚至于主张中国全盘西化,采用世界语,罗马拼字"①。这不得不令人深思,更令民国保守主义者忧愤不已。在忧愤之余,民国保守主义者又敏锐地意识到,西化论者力主完全抛弃传统文化而全面仿习西方文化的一大原因就在于蔑视传统文化、崇拜西方文化,即视传统文化为远逊于西方文化的劣等文化。于是,民国保守主义者便力证传统文化绝不劣于其他任何一种文化。"现代新儒家"派的张君劢曾说:"自四千年之历史言之,吾族自黄河上游,渐次扩充,以成今日之疆域,其持续力不为不久,其吸收力不为不大,其政制,伦理与夫其美术等,自有其可观者在。"②张君劢之言基本上代表了民国保守主义者的传统文化观,即认为传统文化源远流长而博大精深,无论在发轫时间方面还是在发展内容方面,不但绝不逊于世界上的其他任何一种文化,反而还有其独到的优胜之处。

张君劢还指出:"大地之上,有非洲之黑族,有美洲之红族,有澳洲之生蕃,若此者,迄于今日,生聚而已,残杀而已,仅供人类学者原始人种研究之资料。其在人类文化史上有特殊贡献者,则属于欧亚两洲之埃及,巴比伦,波斯,印度,希腊,罗马与吾中华民族等等。"③其实,中华民族早在数千年以前便创造了独具特色的中华文化而形成传统文化之雏形,从而使中国成为举世公认的四大文明古国之一。因此,从时间的角度而言,传统文化源远流长,其发轫之早在世界范围内都屈指可数。民国保守主义者曾从文学之发生、发展的角度而论传统文化之源远流长,如"现代新儒家"派的马一浮谓"欧罗巴新造之国,英德诸邦,文学远出元明后"④,而"战国策"派的陈铨则说"在欧洲许多民族还在森林中居住的时候,我们已经有许多崇高优美的文学"⑤。马一

---

① 陈铨.文学运动与民族运动[J].军事与政治,1941,2(2):55.
② 张君劢.绪言[M]//张君劢.民族复兴之学术基础.北平:再生社,1935:1-2.
③ 张君劢.绪言[M]//张君劢.民族复兴之学术基础.北平:再生社,1935:1.
④ 马一浮.重印严氏《全上古三代秦汉三国六朝文》序[M]//马一浮.马一浮集:第二册.丁敬涵,校点.杭州:浙江古籍出版社:浙江教育出版社,1996:19.
按:该文的文后题署"戊申八月宛委山人"(其中的时间即1908年8月27日至9月24日之间)。
⑤ 佚名[陈铨].编辑漫谈[J].民族文学,1943,1(1):119.

浮之言婉转而含蓄，陈铨之言则直接而尖锐，但这些论断都极富深意。从表面来看，这些论断意在揭示英、德等当世西方强国之文学在发轫时间上晚于中国文学的事实；但就实际而言，这些论断是在暗示近世西方文化晚于中国传统文化，甚或隐喻近世西方文化不如中国传统文化。其实，英、德等当世西方强国之文学未必都"远出元明后"，不过中国确实"在欧洲许多民族还在森林中居住的时候"便产生了文学并诞生了诸多高妙之作。窥一斑可知全豹，而仅从中国文学的悠久历史之中，也可推断出传统文化源远流长。事实上，除文学以外，中国的哲学、绘画、工艺以及政制、刑律、历法等也都具有悠久且璀璨的历史，而中国传统文化早于英、德等当世西方强国的文化（甚至早于其他一些文明古国的文化）而发轫又是无可争议的事实。

当然，文化之优劣显然不在于文化发轫时间之早晚，而主要在于文化发展内容之精粗。在民国保守主义者看来，传统文化恰恰是因其内容博大精深而值得称颂和承继。马一浮认为，即使是当世西方强国，也都看到了中国的"宅宇绵邈，文物称最"①，而其对中国的称谓（英语"China"、法语"Chine"等）就含有称颂中国传统文化内容博大精深的意味，因为"彼土谓吾国曰'支那'②，实

---

① 马一浮.重印严氏《全上古三代秦汉三国六朝文》序[M]//马一浮.马一浮集：第二册.丁敬涵，校点.杭州：浙江古籍出版社；浙江教育出版社，1996：19.
② 古印度人曾称中国为"cina"（梵语读音，含有"统一""强大"之意，在梵语佛经中有"文明""睿智"之意），古罗马人曾称中国为"sinoa"（拉丁语读音，其含义与丝绸、瓷器等商品或工艺品有关），而"cina""sinoa"的读音则很可能来自于对中国朝代名——秦朝之"秦"或中国商品名——丝绸之"丝"的音译（后来，英语中的"China"以及法语中的"Chine"，据说均来自这两个音源，而现在英语中以"chino"或"sino"为词头的单词，其词义均与中国有关，如"chinoiserie"意为"中国风""中国风格"，"sinology"意为"中国学""汉学"等）。中国古代僧人在翻译梵语佛经原典的过程中，往往把音为"cina"而代指中国的梵语词音译为"支那"（另译"至那""脂那"等）。中国古代僧人翻译的佛经在传到日本以后，也把"支那"一词带入日本。据此而言，最早用汉语语词"支那"称呼中国的是中国人自己，而不是日本人。与中国联系密切的日本往往以中国具体的朝代名来称呼中国（或泛称"汉土""唐土"等），而与中国联系较少的西方国家则始终称中国为"China""Chine"等。在1868年日本明治维新以后、1912年中华民国成立以前，日本官方仍以朝代名来称呼中国，并称当时的中国为"清国"，但日本民间开始流行称呼中国为"支那"。当时，中国的革命志士也倾向于使用"支那"一词称呼中国，以示他们与清政府的决裂。例如，章太炎等人在日本东京发起"支那亡国二百四十二周年纪念会"（指明朝亡于清朝已有242年），而宋教仁则在日本东京创办期刊《二十世纪之支那》（中国同盟会机关刊物《民报》的前身）。"维新"派的梁启超更曾以"支那少年"为笔名，而康有为次女康同璧则在其诗中自称"我是支那第一人"。在中华民国成立之初，日本政府没有马上承认中华民国，但停用"清国"的称呼而使用民间流行的"支那"一词代指中国。1913年7月，日本政府明文规定：今后不论中国的国号如何变化，日本均以"支那"称呼中国。此期，日语中的"支那"一词并不具贬义。1913年10月，袁世凯就任中华民国大总统，日本表示正式承认中华民国。但日本官方只在中文文书中使用"中华民国"，而在日文文书中则使用"支那共和国"。此后，日语中的"支那"一词就具有贬义，并逐渐引起中国民间和官方的双重抗议。1932年，日本官方承诺在政府公文中不再使用"支那"而一律使用"中华民国"，但民间仍称中国为"支那"。直到"二战"结束后，战败投降的日本终于在1946年发出《关于回避使用支那称呼之事宜》的通告，由此日本官方和民间才正式停止使用"支那"一词称呼中国。

沿梵语。梵语于世号最古,'支那'云者,在梵语为文物国之义"①。其实,当时西方国家以"支那"一语称呼中国虽不含贬意,却也未必就含有称颂中国传统文化之意。不过,马一浮这一论断的本意主要在于说明同样作为四大文明古国之一的印度对于中国传统文化博大精深的极度认可。相较于马一浮之论,"醒狮"派曾琦的言说则显得更为具体而易于理解:"'印刷''火药''指南针'三大利器之发明,既已大有造于世界,为西方学者之所共认矣。溯我黄帝开疆辟土,奄有中夏,亘数千年,声名文物,光被亚洲。言法度,则有燦然具备之书;言哲学,则有渊然莫测之理;言文学,则有斐然成章之词;言美术,则有丽然可观之画;微特古代国家仅有埃及希腊差足与我抗衡,即近代国家若骤强之日本,与暴富之美国除其海陆军备与工商业非我所及外,言夫文化之根基,贻犹不逮我万一。此非吾人之夸言,实乃西儒之公论也。"②可以说,曾琦以其言简意赅又气势磅礴的语句,较为客观而全面地展现了传统文化的博大精深,从而淋漓尽致地表现出民国保守主义者对传统文化的极大肯定和热情赞扬。

曾琦以及张君劢、马一浮、陈铨等民国保守主义者,往往都以极力渲染传统文化之昔日辉煌的方式来称颂传统文化。虽然民国保守主义者对传统文化的阐发有刻意规避传统文化之当下显拙的嫌疑,但至少论证了传统文化并不劣于世界上的其他任何一种文化的结论,从而有效地回应了西化论者对传统文化的蔑视。"本位文化"派的樊仲云等人曾说:"所谓文化者,不是破空而来,而为我们实际的社会生活之表现。换言之,即营着社会生活的人类,在其一般的生活过程中所制造出来的事物。"③从中可以推知,任何一种文化都蕴含着创造该种文化之民族的民族特色,并深深地影响着该民族的民族自信。诚如"醒狮"派的余家菊所言,"过去历史的伟大和光荣,对于后代的国民,当然具有感兴的力量,暗示的功用"④。因此,民国保守主义者对传统文化之昔日辉煌的强调,在客观上还具有鼓舞国人保持民族特色和维持民族自信的积极意义。"东方杂志"派的陈嘉异曾说:"夫一民族之成立,所恃者非仅血统语言地理宗教等关系使然,为其枢纽者端在此形成浑然一

---

① 马一浮.重印严氏《全上古三代秦汉三国六朝文》序[M]//马一浮.马一浮集:第二册.丁敬涵,校点.杭州:浙江古籍出版社;浙江教育出版社,1996:19.
按:引文出自马一浮在该文的文内加注的按语。
② 佚名[曾琦].本报出版宣言[N].醒狮[上海1924],1924-10-10(1-2).
③ 佚名[裴复恒、樊仲云].发刊辞[J].文化建设[上海1934],1934,1(1):1[总1].
④ 余家菊.再论国力之渊源[J].国论[上海1935],1935,1(4):2.

体之民族精神。"①陈铨又曾更进一步地说:"民族精神是维系民族生存的骨干。"②陈嘉异和陈铨所说的"民族精神"关涉民族特色和民族自信,而陈嘉异和陈铨之言其实意谓民族特色和民族自信关乎民族之生死存亡。事实也确实如此,因为任何一个民族都惟有保持其民族特色、焕发其民族自信,才能在与异族相竞争的过程中不至于被同化甚或淘汰(反而还可能脱颖而出),否则这一民族即使继续存在,也必不成其为原来的"那一个"民族。在主观上,民国保守主义者其实也已意识到了这一点。这是因为,他们对西化论者蔑视传统文化之论的回应,不仅限于张扬传统文化之昔日辉煌,同时还注重阐发坚守传统文化在保持民族特色和维持民族自信方面所具有的重大而积极的影响意义。"学衡"派的汤用彤曾发人深省地写道:"试问今日之精械利兵足以救国乎? 则奥塞战争,六强国悉受其病;试问今日之学堂学校足以救国乎? 则行之数十年未收效果也。盖俗敝国衰之秋,非有鞭辟近里之学不足以有为,尤非存视国性不足以图存。"③应该说,国性是民族特色的集中呈现,而在汤用彤看来,中国的国性又蕴含于理学之中,因为"理学者,中国之良药也,中国之针砭也,中国四千年之真文化真精神也"④。理学是传统儒学(即传统儒家思想或传统儒家学说)的凝结和升华,而传统儒学又构成传统文化之主体。就此而论,汤用彤之言实际上是视以传统儒学为代表的传统文化为国性之根本、民族特色之所在,并关乎中华民族之生死存亡。其他民国保守主义者也大都如此认为,所以他们曾说:"我国民岂可数典忘祖偶挫而自诬耶?"⑤"蔑裂圣义,岂非至愚而可悯乎?"⑥传统文化之所以关乎民族之生死存亡,不仅因其集中呈现民族之特色,更因其深深影响民族之自信。曾琦看来,日本、德国、俄国等相对后发的国家之所以一跃而为世界强国,印度、埃及、爱尔兰、土耳其等一度被殖民的国家之所以最终都成功摆脱异国压迫,主要就是因为他们坚信本族之优秀而奋起直追或奋勇反抗。显然,他们这种强大的民族自信又源自其对本族的传统文化的强烈认同和坚决

---

① 陈嘉异.东方文化与吾人之大任[J].东方杂志,1921,18(2):9.
② 陈铨.民族文学运动试论[J].文化先锋,1942,1(9):5.
按:该文的文题之左附注"民国三十一年九月二十三日在文化会堂讲"(其中的时间即 1942 年 9 月 23 日),且文后附注"余湛邦速记"。
③ 汤用彤.理学谵言[M]//汤用彤.汤用彤全集:第五卷[M].汤一介,编.石家庄:河北人民出版社,2000:3.
按:该文的文后附注"原载《清华周刊》第 13 至 29 期,1914 年 9 月至 1915 年 1 月"。
④ 汤用彤.理学谵言[M]//汤用彤.汤用彤全集:第五卷.石家庄:河北人民出版社,2000:3.
⑤ 佚名[曾琦].本报出版宣言[N].醒狮[上海 1924],1924-10-10(1-2).
⑥ 马一浮.重印严氏《全上古三代秦汉三国六朝文》序[M]//马一浮.马一浮集:第二册.丁敬涵,校点.杭州:浙江古籍出版社;浙江教育出版社,1996:19.

维护。面对这些并不遥远的生动事例,曾琦总结道:"旷观世界各民族,从未有诅咒其固有之文化,鄙夷其祖先之历史,欣然自居于劣等而获与人竞胜者。"①其实,大凡民国保守主义者都认为,外患不足畏,内乱不足恤,可虑者惟有民族自信之丧失,而民族自信的存在与否、强烈与否又与传统文化的兴废密切相关。正因如此,坚守传统文化确实对保持民族特色和维持民族自信具有重大而积极的影响作用,甚至还可能决定中华民族之生死存亡。

在"一战"已充分暴露西方文化固有弊端之际,西化论者仍自信满满地以其"低劣论"批判传统文化是一种劣等文化而无法与优秀的西方文化相抗衡。西化论者的立论基点,其实在于当时的西国强盛而中国落后的现状。这一方面意味着西化论者通过对比中西双方国力强弱的方式而间接地评判中西文化之优劣,另一方面则意味着西化论者对中西文化之优劣的评判局限于当下的视域而缺乏历史的眼光。显然,这种比较中西文化之优劣的方式并不恰当,而由之得出的结论也必不正确。民国保守主义者敏锐地发现了"低劣论"存在的漏洞,所以他们跳出当下视域,放眼历史,以直接展示传统文化昔日之辉煌的方式驳斥"低劣论"。诚然,较之于西化论者比较中西文化之优劣时的重今不重昔,民国保守主义者阐发传统文化时的重昔不重今同样具有专论一时的局限。但从逻辑学上说,只有建立真命题才需要足够多的事实来佐证,而推翻命题则只需要一个反例。在优劣性辨析中,民国保守主义者的论辩目的恰恰在于反驳西化论者的"低劣论",而他们阐发的传统文化昔日之辉煌即驳斥"低劣论"的反例。所以,民国保守主义有力地反驳了西化论者的"低劣论",而他们得出的传统文化并不劣于西方文化的结论则客观而正确,从而极具说服力。至于民国保守主义者阐发的坚守传统文化在保持民族特色和维持民族自信方面所具有的重大而积极的影响意义,则是他们对回应"低劣论"的进一步深化,同时也是他们对强势而蛮横的西方文化监禁传统文化的一种有力反抗。

二、死活性辨析

在优劣性辨析中,民国保守主义者锐意强调传统文化之昔日辉煌,但这并不意味着传统文化在现代社会中就不能发挥其功用而不具当下之存在价值。反而言之,传统文化在现代社会中其实也有其价值或意义,而民国保守主义者恰恰就注重阐发传统文化的当下价值。民国保守主义者对传统文化

---

① 佚名[曾琦].本报出版宣言[N].醒狮[上海 1924],1924-10-10(1-2).

之当下价值的阐发,从表面上看去似乎是为了弥补他们在优劣性辨析中表现出的重昔不重今之偏,实际上却是为了回应西化论者批判传统文化时主张的"僵化论"。在西化论者看来,传统文化根本就是一种"死文化",既固定不变又缺乏活力,因之传统文化无法适应新环境而没有存在于当下的必要。但在民国保守主义者看来,传统文化从来都是充满活力的"活文化",并且可以适时调整而在新时代的新环境中焕发新价值。

曾积极参与"东西文化论战"的"醒狮"派的常乃惪,虽自言其论说"零碎见于报章"[①]而并未形成系统的理论,实际上却一直以其系统的"生物史观"比较中西文化,并形成了一系列颇具理论含量的论著。"生物史观又称'社会有机体论'或'社会达尔文主义',在西洋是发生于十九世纪中叶"[②],主张社会一如生物个体般进化,所以"生物史观"也非常注重对历史的考察。正因如此,常乃惪探究中西文化的论著都颇富历史的考证色彩。在这些论著中,常乃惪曾作出过传统文化是一种充满活力的"活文化"之论。《中国文化小史》[③]一书是常乃惪专论传统文化之作,而其特色则在于将传统文化划分为八个时期,并以之结构全书。这种传统文化八大分期说在客观上展现了传统文化渐次发展和不断进步的主要趋势,从而揭示了传统文化不但不僵化,反而充满活力。不过,这部"小史"因篇幅过小而限于提纲式的呈现,所涉内容固然繁多且广博,却有失详尽的论述。常乃惪后来出版的《历史哲学论丛》一书虽"系辑历年发表有关历史文化问题的十数篇文字而成"[④]的论文集,却集中而详细地论述了文化现象。尤其是其中的《历史文化之有机的发展》一文,还详致地阐发了传统文化的活力性。该文指出,传统文化繁荣于战国时期而成熟于西汉时期,此后"便入了隆冬衰老时期","但是后来中国民族和中国文化何以毕竟尚未全亡,犹能复兴,这就是民族混血,文化接枝

---

① 常乃惪.中国思想小史[M].上海:中华书局,1930:187.
② 常燕生[常乃惪].生物史观研究[J].山西民众教育,1936,3(3):16-17.
按:该文登载于《山西民众教育》1936 年 6 月 15 日第 3 卷第 3 期第 12-27 页(文后附注"在本馆学术讲座讲"),此后又登载于《国论》(上海 1935)1936 年 6 月 20 日第 1 卷第 12 期第 1-28 页(文题之左附注"在山西省立民众教育馆星期学术讲座讲辞")。
③ 常乃惪.中国文化小史[M].上海:中华书局,1928.
④ 常乃惪.自序[M]//常乃惪.历史哲学论丛.重庆:商务印书馆,1944:1.
按:该文的文后题署"三十二年,九月,十八日。作者序于成都。"(其中的时间即 1943 年 9 月 18 日)。

的结果"①。这种"文化接枝"的现象最先出现于东晋时期:当时的传统文化吸收了源自"五胡"(匈奴、鲜卑、羯、氐、羌)的少数民族文化。紧接着,传统文化又在南北朝时期分别吸收了源自印度的佛教文化和"从西域输入的希腊文化,波斯文化,以及较后起的阿剌伯文化"②,从而首次实现其复兴。此后,传统文化又一再经历从兴盛到衰落再到复兴的轮回。首次复兴后的传统文化在唐代发展至巅峰后便渐趋衰落,及至两宋时期吸收了契丹、女真、蒙古等民族的文化后又出现了二度复兴,并在元、明两朝臻于鼎盛,此后又渐趋没落。在常乃惪看来,历史上的传统文化之所以没有完全灭亡而仍能一再复兴,主要就在于传统文化能够吸收他者文化以裨益本己。无疑,常乃惪的论断意谓传统文化不但不是固定不变的"死文化",反而是活力无限的"活文化"。也正因如此,常乃惪既认为鸦片战争以后那个西方文化(尤指近世西方文化)汹涌而来的时期为新的"文化接枝"时代,又坚信传统文化势必能够把握这一历史契机而出现第三次复兴。常乃惪坚信传统文化的第三次复兴固然与其对传统文化两度复兴之事实的考察密不可分,但在根本上是因为他坚信"世界上只有活的动的文化,而决没有死的静的文化"③,以致坚信传统文化也是充满活力而能适时调整的"活文化"。

无独有偶,"战国策"派的雷海宗为传统文化而作的周期循环论与常乃惪的传统文化观颇为类似。雷海宗惯于用"文化形态史观"察往观来,他曾撰写《三个文化体系的形态——埃及·希腊罗马·欧西》一文,详细梳理古埃及文化、古希腊罗马文化以及中世纪以来西方文化的兴衰史,随后又发表《独具二周的中国文化——形态史学的看法》一文,给出了一个颇具特色的结论:"除欧美的历史尚未结束外,一切过去的伟大文化都曾经过一度的发展,兴盛,衰败,而最后灭亡。"④显然,雷海宗认为古埃及文化、古希腊罗马文化等曾经灿烂的古文化,自其发生以后都经历了发展、兴盛及至衰败、灭亡的过

---

① 常乃惪.历史文化之有机的发展[M]//常乃惪.历史哲学论丛.重庆:商务印书馆,1944:60.
按:该文的文后附注"三一、四、一五。"(1942 年 4 月 15 日)。该文此前曾连载于《华文月刊》1942 年 4 月 15 日第 1 卷第 3 期第 2-6 页、第 1 卷第 4 期第 9-25 页,其文题为《文化之有机的发展》,署名为"常燕生"(第 1 卷第 4 期所载之文的文题之后无署名,但其在目录中署名为"常燕生"),且文后无附注。《华文月刊》第 1 卷第 2 期至第 1 卷第 4 期的版权页标注的出版时间都是 1942 年 4 月 15 日(第 1 卷第 3 期的版权页标注的"四十五日"应是指"四月十五日"),而第 1 卷第 1 期(创刊号)、第 1 卷第 5 期的版权页标注的出版时间分别是 1942 年 3 月 15 日、1942 年 10 月 15 日,据此推断第 1 卷第 2 期至第 1 卷第 4 期的版权页标注的出版时间疑有误。
② 常乃惪.历史文化之有机的发展[M]//常乃惪.历史哲学论丛.重庆:商务印书馆,1944:61.
③ 常燕生[常乃惪].东西文明问题质胡适之先生[J].现代评论,1926,4(91):18[总 258].
④ 雷海宗.独具二周的中国文化——形态史学的看法[N].大公报[重庆版],1942-3-4(4)[副刊《战国》第 14 期].

程,而且这些古文化在其灭亡之后便不再复兴。在《独具二周的中国文化——形态史学的看法》以及《断代问题与中国历史的分期》等文中,雷海宗又论证了中国的传统文化是所有古文化中唯一一个没有灭亡的特例。他指出,"纯粹的华夏民族创造"①的传统文化在"五胡乱华"时期本已趋于灭亡,但它渐次吸收了源自"五胡"的少数民族文化以及后来源自印度的佛教文化等异族、异国文化而奇迹般地存活下来,并在以后的时期中得以复兴。基于论证传统文化在历史上确实出现过的从发展、兴盛到衰败又复兴的周期循环过程,雷海宗提出了传统文化"独具二周"之说,其中"由殷商西周至五胡乱华为第一周",而"由五胡乱华以至最近为第二周"②。雷海宗揭举的第一周传统文化得以复兴的历史事实,无疑也证明了传统文化充满活力且能适时调整。不过,它的意义还不仅限于此。事实上,雷海宗对传统文化独具二周的论说还预示着第二周传统文化的复兴,即第三周传统文化的发生。在《断代问题与中国历史的分期》的文末,雷海宗曾发问道:"我们能有他人所未曾有的第二周,已是'得天独厚'"而"可使我们自负",那么"我们是不是能创出尤其未闻的新纪录,去建设一个第三周的伟局?"③答案是肯定的,因为雷海宗一直就坚信他生活的"今日是中国文化第二周与第三周的中间时代"④。后来,在《独具二周的中国文化——形态史学的看法》的文末,雷海宗更是坚定而明确地作答道:"相信我们此代与今后几代的中华儿女必能建起第三周的中国文化!"⑤事实上,在雷海宗看来,既然第一周的传统文化在"胡汉混合梵华同化"⑥的基础上能够得以复兴,那么第二周的传统文化同样也可以在"中西混合""中西同化"的基础上再度复兴,从而创造出灿烂的第三周传统文化。雷海宗对第二周传统文化之复兴、第三周传统文化之发生的预言,昭示其坚信传统文化活力十足且能在时移势易之中得以延续和复兴。

---

① 雷海宗.断代问题与中国历史的分期[J].社会科学[北平 1935],1936,2(1):11.
按:该文登载于《社会科学》(北平 1935)1936 年 10 月第 2 卷第 1 期第 1-33 页;此后又被做成摘要,登载于《史地社会论文摘要月刊》1936 年 11 月 20 日第 3 卷第 2 期第 1-2 页。《史地社会论文摘要月刊》所载之文的文题之下附注"1912",且文题之左附注"雷海宗著。《社会科学》(国立清华大学)二卷一期(廿五,十月)——卅四页。原文约八千字。"后来,该文被雷海宗略加增删并改文题为《中国文化的两周》,收录到长沙的商务印书馆于 1940 年 2 月出版的雷海宗所著《中国文化与中国的兵》第 160-202 页。
② 雷海宗.独具二周的中国文化——形态史学的看法[N].大公报[重庆版],1942-3-4(4)[副刊《战国》第 14 期].
③ 雷海宗.断代问题与中国历史的分期[J].社会科学[北平 1935],1936,2(1):33.
④ 雷海宗.建国——在望的第三周文化[M]//雷海宗.中国文化与中国的兵.长沙:商务印书馆,1940:221.
⑤ 雷海宗.独具二周的中国文化——形态史学的看法[N].大公报[重庆版],1942-3-4(4)[副刊《战国》第 14 期].
⑥ 雷海宗.断代问题与中国历史的分期[J].社会科学[北平 1935],1936,2(1):11.

显然,这也是对西化论者主张的"僵化论"的一种反击。

　　常乃惪及雷海宗一类的民国保守主义者,往往从阐发传统文化之活力的角度有力地反击了西化论者的"僵化论",但他们在揭举传统文化充满活力之时,常常限于爬梳历史或预示将来,以致疏于论证传统文化能否在当下展现其活力。不过,其他民国保守主义者对传统文化之当下价值的阐发则弥补了这一缺憾。"文化是从学术思想到饮食起居全部的生活状态的抽象名词","涵有极复杂意义"①。包罗万象的文化虽然广泛地存在于社会生活的方方面面之中,却又极为抽象而难以被把握。不言而喻,传统文化也是如此。所以,民国保守主义者在阐发传统文化之当下价值的时候,势必需要选择一种相对具体的传统文化内容来加以申说。这一相对具体的传统文化内容显然以传统儒学最为合适,因为传统儒学深刻影响着中华民族的衣、食、住、行,举凡风俗习惯、道德修养、学术思想、文学艺术以及典章制度等各方面无不隐现着传统儒学的身影。可以说,传统儒学既是传统文化之主体又是传统文化的具体表现,并在很大程度上代表了整个传统文化。所以,民国保守主义者往往就从探讨相对具体的传统儒学的当下意义的角度去阐发相对抽象的传统文化的当下价值,而西化论者在批判传统文化的时候也往往针对传统儒学展开批判。

　　"现代新儒家"派的张君劢在以传统儒学为例而探讨传统文化时指出:"考儒家思想之范畴,曰万物之有,曰致知穷理,曰心之同然,曰形上形下相通。此数原则中,何一不可与西方哲学联系者乎?何一反于科学者乎?何一妨碍民主政治者乎?何一不可为世界大同导其先路者乎?"②"科学""民主"以及"西方哲学""世界大同"等都是当时初兴的新式名词,各自代表着一种源自西方的新式思想或新式理论。张君劢的这一系列反问,意在说明传统儒学本来就与新式思想、新式理论存在契合之处,因而可以在当下新时代的新环境中与新式思想、新式理论相结合,从而焕发其时代意义。显然,张君劢对传统儒学与新式思想、新式理论相通的揭举,又间接地证明了传统文化有其存在于当下的价值,从而暗谓传统文化不应被完全抛弃。关于传统儒学与源自西方的新式思想、新式理论相契合之论,其他"现代新儒家"派成员也多有申说。不过,这在蔑弃传统文化的西化论者看来都只不过是牵强附会之说。传统儒学之于传统文化的最大贡献或影响之一就在于建立了一个严密的礼教系统,而礼教又恰恰是西化论者批判传统文化的焦点之所在。正如张君劢所言,"'五

---

① 常乃惪.中国文化小史[M].上海:中华书局,1928:1.
② 张君劢.自序[M]//张君劢.儒家哲学之复兴.北京:中国人民大学出版社,2006:2.

四'以来主张'打倒孔家店'者"(不仅限于西化论者),无不痛陈"'三纲五常'与夫'礼教吃人'之为害"①。因之,民国保守主义者对以传统儒学为主体的传统文化之当下价值的阐发就回避不了礼教问题。事实上,民国保守主义者从来都不回避礼教问题,反而直面礼教之"吃人"。不过,他们虽不否认礼教存在着"吃人"的一面,却更肯定礼教仍有其存在于当下的意义。

"学衡"派的吴宓曾在其翻译的《论循规蹈矩之益与纵情任性之害》的文前加注大篇幅的按语,而这些按语的中心思想就在于阐发礼教的意义(包括历史意义和当下意义)。他指出:"吾中华号称礼教之国。优秀之先民,聪睿之圣哲,于人生之真理,窥察至深,是非利害之际,见之极明。故设为种种礼教规矩,以为人类福。"②吴宓并不否认礼教具有消极的一面,但又强调礼教的消极面只是礼教的"末流细节",而礼教之"本质及大体,实不容蔑弃"③。吴宓所谓的礼教之"本质及大体",是指一种"必附丽于外物实体,而后吾人能知之"的"绝对(又曰纯正)观念 Absolute or Pure Ideas"④。吴宓曾说:"观念为一,千古长存而不稍变。外物实例,则为多,到处转变而刻刻不同。前者为至理,后者为浮象。吾惟信此原则,故信世间有绝对之善恶是非美丑,故虽尽闻古今东西各派之说,而仍能信道德礼教为至可宝之物。"⑤不难看出,吴宓其实认为礼教蕴含着千古不变又绝然不舛的真理——"绝对观念"(即礼教之"本质及大体"),进而认为礼教必然有其存在于当下的意义。可见,吴宓在总体上对礼教推崇备至。在此基础上,吴宓还曾指出:"无论文明国家与野蛮人种,皆有其规矩。苟如今人所主张,欲破坏一切规矩,使凡人皆纵

---

① 张君劢.自序[M]//张君劢.儒家哲学之复兴.北京:中国人民大学出版社,2006:2.
② [美]吉罗德夫人[Mrs. Katherine Fullerton Gerould].论循规蹈矩之益与纵性任情之害[J].吴宓,译.学衡,1925(38):1.
按:引文出自《学衡》编者(吴宓)在该文的文前加注的按语("编者识")。该文的文前、文内都有《学衡》编者(吴宓)加注的按语,其中的文前按语为大篇幅的"编者识"。
③ [美]吉罗德夫人[Mrs. Katherine Fullerton Gerould].论循规蹈矩之益与纵性任情之害[J].吴宓,译.学衡,1925(38):1.
按:引文出自《学衡》编者(吴宓)在该文的文前加注的按语("编者识")。
④ 吴宓.我之人生观[J].学衡,1923(16):7.
按:该文登载于《学衡》1923年4月第16期第1-26页,此后又登载于《人物月刊》1936年6月15日第1卷第2期第161-174页(文题之下附注"原登学衡杂志第十六期/民国十二年四月出版",其中的时间即1923年4月)。《人物月刊》所载之文的文前有按语:"予生于一八九四年秋,此文则作于一九二三年二月,其时虽云行年三十,实则二十八岁有半。予于一九二一年秋由美回国,任南京国立东南大学教授,兼为学衡杂志总编辑。入世之始,经验缺乏。故此文譬如工师之图样,医士之药方,戎幕之战略。其价值如何,须待实施之结果以为定。积十余年之实际人生经验,以及读书思考所得,深感此篇有补充修正之必要,拟乘暇零星撰述,求正于世人。惟覆审此篇,自觉其中所言大体尚不误,而我十余年中之所行亦未尝有远于此,故并以投登《人物月刊》,借备附录云。民国二十五年五月,吴宓识。"(最末处的时间即1936年5月)。
⑤ 吴宓.我之人生观[J].学衡,1923(16):8.

情任性,行事无所忌惮,则社会乱,生涯苦,文明亡,而人道息矣。"①从中可知,吴宓之所以推崇礼教,主要是就礼教为国人订立明确的行为准则以指导人生而防止社会混乱乃至文明灭亡的角度来说。吴宓的一系列论断揭示了礼教的当下意义(甚至是一种永恒意义),从而反映了传统儒学的当下意义和传统文化的当下价值。"甲寅"派的章士钊其实也作出过类似的论断,如他曾详论道:"人性即兽性。其苦拘求而乐放纵,避艰贞而就平易,乃出于天赋之自然,不待教而知,不待劝而能者也。使充其性而无法以节之,则人欲不得其养,争端不知所届,祸乱并至,而人道且熄。古之圣人知其然也,乃创为礼与文之二事以约之。一之于言动视听,使不放其邪心。著之于名物象数,使不穷于外物。复游之以诗书六艺,使舒其筋力而沦其心灵。初行似局,浸润而安,久之百行醇而至乐出,彬彬君子,实为天下之司命。默持而善导之,天下从风,炳焉如一。夫是之谓礼教,夫是之谓文化。"②不难看出,章士钊的论断与吴宓的论断几乎可说是如出一辙。至于努力建构现代新儒学的张君劢以及梁漱溟、熊十力、冯友兰、贺麟等"现代新儒家"派成员,其在总体上由肯定礼教的当下意义而肯定传统儒学的当下意义、肯定传统文化的当下价值之论,则可谓数见不鲜。

或许是因为受到达尔文进化论的影响,民国之士颇为偏好以死活之论比较、评判西方文化和传统文化。对于传统文化,大凡攻击者(不仅限于西化论者而包括外籍人士)无不视之为僵化不变的"死文化"而都主张予以决绝地抛弃。民国保守主义者出于种种原因站在了卫护传统文化的立场上,但他们对传统文化的卫护,在客观上确实有其理据。就传统文化是否为"死文化"这一点而论,民国保守主义者从爬梳历史、预示未来乃至于关注当下的角度,全面而准确地阐发出传统文化的活力十足,有力地驳斥了传统文化为"死文化"之论,从而彰显了传统文化在当下的存在价值。

三、新旧性辨析

针对西化论者肆意攻击传统文化并力主抛弃传统文化的"低劣论"和"僵化论",民国保守主义者分别以其优劣性辨析、死活性辨析揭示出传统文化的优秀性、活力性,从而有力地反驳了西化论者蔑弃传统文化之论。应该说,民国保守主义者在优劣性辨析和死活性辨析中为传统文化所作的客观

---

① [美]吉罗德夫人[Mrs. Katherine Fullerton Gerould]. 论循规蹈矩之益与纵性任情之害[J]. 吴宓,译. 学衡,1925(38):1.
按:引文出自《学衡》编者(吴宓)在该文的文前加注的按语("编者识")。
② 孤桐[章士钊]. 评新文学运动[J]. 甲寅[北京 1925],1925,1(14):4.

而正确的辩护,已足以证明传统文化在当时仍有其存在价值而不应被抛弃。但是,西化论者对传统文化的抨击不仅限于"低劣论"和"僵化论",更以其基于新旧之说的"陈旧论"批判传统文化过于老旧而倡言打倒和摒弃。客观而言,新旧之说并非西化论者的发明,它早在鸦片战争之后的晚清时期便已然盛行。当时,举凡器物、学说、观念等,往往都被冠以"新"字,而"维新"派所"维"的也是"新"。可见,新旧之说由来已久。当然,晚清时期所谓的"新"往往都与西方文化有关,因为西方文化是新生事物,而传统文化则相应地成为旧有事物。也正因如此,时人在言说近代中国面临的一大困境甚或挑战时,都会提及所谓的新旧之冲突,并主要指涉西方文化与传统文化之冲突。不过,晚清之士所谓的新与旧,在很大程度上只是对西方文化和传统文化的一种简略代称而并不具有其他特殊含义。正如"东方杂志"派的杜亚泉所言:"在戊戌时代,吾国人之思想界,显然有二种派别。当时以新旧二字,为其标志。其意义本极单纯,即以主张仿效西洋文明者为新,而以主张固守中国习惯者为旧。"①显然,晚清之士在言说新旧之冲突时,并不认为传统文化劣于西方文化,更遑论主张以西方文化取代传统文化。其实,这从"洋务"派、"维新"派、"国粹"派等团体的思想主张及其实际行为中,都可窥一斑。然而,当历史推进到民国时期的新文化运动时,新旧之说在西化论者的言说下发生了质的变化,即新旧之说被西化论者赋予了新必胜旧且新必代旧的新内涵。正如许多学者评论的那样:新文化运动尤其是后来的五四运动,提倡新道德、反对旧道德,提倡新文学、反对旧文学。毋庸讳言,"新道德"和"新文学"闪现着西方文化的身影,而"旧道德"和"旧文学"则隐含着传统文化的因子。进而言之,新文化运动时期西化论者阐发的新旧之说,其实还包含西方文化远胜于传统文化且西方文化应取代传统文化的特殊内涵。这种特殊内涵,在西化论者攻击传统文化时主张的"陈旧论"中表露无遗。诚如"学衡"派的邵祖平所言:"夫新旧不过时期之代谢,方式之迁换。苟其质量之不变,自无地位之轩轾。非可谓旧者常胜于新者,亦不可谓新者常优于旧者也。"②也正因如此,时任上海澄衷学校校长的曹慕管说"执着于新"并"妄言非古"根本就是"愚无取焉"③。事实上,大凡民国保守主义者都作如是观。于是,面对西化论者以文化之新旧评判文化之价值而主张的蔑弃传统文化的"陈旧论",民国保守主义者便从辨析文化之新旧的角度作新旧性辨析以驳斥西化

---

① 伧父[杜亚泉].新旧思想之折衷[J].东方杂志,1919,16(9):1-2.
② 邵祖平.论新旧道德与文艺[J].学衡,1922(7):1.
③ 曹慕管.论文学无新旧之异[J].学衡,1924(32):15.
按:该文的文题之下附注"节录智识旬报"。

论者的"陈旧论"。

《东方杂志》1916年2月10日第13卷第2号登载的第一篇文章是身为民国初年三大著名记者之一的黄远庸撰写的《新旧思想之冲突》,而这篇文章几乎可以说是民国保守主义者论辩文化之新旧以驳斥西化论者之"陈旧论"的引子。该文的主要内容在于,批评晚清之士往往就"枪炮工艺以及政法制度"①等层面论新旧之冲突的局限,继而提出新旧异同之"本源所在,在其思想"②的观点,进而揭举并分析四个"新旧思想冲突之点"③。不过,黄远庸在这篇文章中还间接地批判了以新旧为标准来衡量文化价值的观点或做法,并指出信守传统文化之论的"出发之点,绝然不侔",从而暗示对待传统文化"不能丏其死亡"④。这篇文章刊发之际正是新文化运动初兴之时,而新文化运动又"惟以新相号召,相挟迫"⑤,并声称新必胜旧、新必代旧,进而力主以西方文化为主体的新式文化取代以传统文化为主体的旧式文化。所以,黄远庸在主观上是否意有所指姑且不论,但他这篇文章中的一些内容,至少在客观上表现出与西化论者的"陈旧论"针锋相对。从传播学的角度而言,《东方杂志》登载黄远庸的这篇文章至少具有两个层面的重要意义。首先,作为《东方杂志》主编的杜亚泉是信息传播的"第二把关人"("第一把关人"为信息制作者),具有推动或中止信息传播之权。显然,杜亚泉在自己主编的期刊上登载黄远庸的这篇文章,就意味着他对黄远庸之观点的认同,同时也意味着他对西化论者之"陈旧论"的反对。其次,黄远庸是著名记者,而著名人士往往是意见领袖并对信息的传播与接受具有重大的影响作用。显然,杜亚泉试图借助黄远庸那强大的舆论号召力而申发其反对"陈旧论"的观点。诚然,黄远庸并非民国保守主义者,但他的《新旧思想之冲突》后来在事实上成为所有民国保守主义者批判"陈旧论"的楔子,因为民国保守主义者在辨析新旧文化、批判"陈旧论"的过程中始终围绕着两大中心——"新旧文化转换论"和"新旧文化价值论"都曾在这篇文章中被提及。"新旧文化转换论"主要探讨新旧文化是否截然对立而毫无关联的问题,而"新旧文化价值论"则主要探讨文化之价值是否取决于其新旧的问题。关于这两个问题,民国保守主义者给出的答案都是否定的,而民国保守主义者也正是以否

---

① 远生[黄远庸].新旧思想之冲突[J].东方杂志,1916,13(2):1.
② 远生[黄远庸].新旧思想之冲突[J].东方杂志,1916,13(2):2.
③ 远生[黄远庸].新旧思想之冲突[J].东方杂志,1916,13(2):5.
④ 远生[黄远庸].新旧思想之冲突[J].东方杂志,1916,13(2):3.
⑤ [美]葛兰坚[Charles Hall Grandgent].葛兰坚论新[J].吴宓,陈训慈,合译.学衡,1922(6):2.
按:引文出自吴宓、陈训慈在该文的文前加注的按语("译者识")。该文的文前、文内都有吴宓、陈训慈加注的按语,其中的文前按语即"译者识"。

定这两个问题的方式来批驳西化论者的"陈旧论"。

应该说,登载《新旧思想之冲突》并最早参与"东西方文化论战"的杜亚泉,也是最早论辩文化之新旧的民国保守主义者,其标志就是《再论新旧思想之冲突》的发表。这篇文章恰恰就肇始于黄远庸的《新旧思想之冲突》,因为杜亚泉在文前按语中写道:"远生兹言,颇足诠释现时吾国之状况。因复就此论题,抒予之意见。"①在这篇文章的正文中,杜亚泉又指出:"吾国民之所谓新思想者"并不能完全"脱离其固有之东洋思想",而只是"吸收几分之西洋思想而已",至于"所谓旧思想者",也不可能"全然墨守其固有之东洋思想以排斥西洋思想"②。可见,杜亚泉认为"新思想"蕴含着"旧思想",而"旧思想"也夹杂着"新思想"。杜亚泉所谓的"新思想"代表着富含西方文化但又不限于西方文化的新式文化,而其所谓的"旧思想"则代表着饱含传统文化而同样不限于传统文化的旧式文化。因之,杜亚泉实际上是认为新式文化不可能完全脱离旧式文化的影响,而旧式文化也势必沾染新式文化的色彩,亦即新式文化和旧式文化不但不截然对立,反而互相关联。紧接着,杜亚泉又"就事实论之"而进一步指出新式文化和旧式文化之间的关联,还更为具体地表现为他们彼此间的相互转换:"今日之所谓新者,较之曩时讲求西艺、倡言新法者,固有进步。即所谓旧者,亦非曩时视欧美为夷狄、斥新学为异端者。"③由此,杜亚泉论证了"岁月非能使旧者变新,不过能使新者变旧"④的观点,得出了"非必新者固善而旧者固恶"⑤的结论,从而直接地批判了以文化之新旧评判文化之价值高低的观点或做法。可见,杜亚泉实际上是从"新旧文化转换论"和"新旧文化价值论"的角度,来驳斥西化论者的"陈旧论"。

《再论新旧思想之冲突》在很大程度上是对黄远庸之《新旧思想之冲突》的诠释,所以未能深刻地阐发"新旧文化转换论"和"新旧文化价值论",从而也未能深入地批判"陈旧论"。不过,杜亚泉后来陆续发表的一些文章,都在揭示"陈旧论"之本质的基础上,直接而深入地批判了"陈旧论"。综观这些

---

① 伧父[杜亚泉].再论新旧思想之冲突[J].东方杂志,1916,13(4):1.
按:引文出自伧父(杜亚泉)在该文的文前加注的按语("伧父志")。该文的文前按语道:"远生论文谓'新旧之冲突,莫甚于今日,犹两军相攻,渐逼本垒,最后胜负,旦夕昭布。识者方忧恐悲危,以为国之大厉,实乃吾群进化之效。'又谓'新旧异同,其要不在枪炮工艺以及政法制度等等。若是者,犹滴滴之水,青青之叶,非其本源。本源所在,在其思想。'予以远生兹言,颇足诠释现时吾国之状况。因复就此论题,抒予之意见。惜乃远生已死,不能以予之意见与之质证矣。二月十七日伧父志。"
② 伧父[杜亚泉].再论新旧思想之冲突[J].东方杂志,1916,13(4):2.
③ 伧父[杜亚泉].再论新旧思想之冲突[J].东方杂志,1916,13(4):4.
④ 伧父[杜亚泉].再论新旧思想之冲突[J].东方杂志,1916,13(4):5.
⑤ 伧父[杜亚泉].再论新旧思想之冲突[J].东方杂志,1916,13(4):4.

文章,大体上包含了两方面的内容。一方面,杜亚泉指出"新旧二字,本从时间之观念发生"①,其本身并不具有价值判断之意义,然而"现时学时髦的人"往往以新而排斥旧,以致其"对于旧习惯,不论是非善恶,都主张推翻"②。另一方面,杜亚泉又指出"主张推倒一切旧习惯"而"揭橥新思想者"③,又往往"先定了我喜欢些么、我要些么,然后想出道理来说明所以喜欢及要的缘故"④,因之新旧之说以及"改造思想改造生活"之谓,只不过是一种"门面语"⑤。由此,杜亚泉进一步地揭示"陈旧论"的两大弊病——既在价值判断方面表现为以先生后出的时间顺序为标准,又在是非判断方面表现为以先入为主的固定思维为准绳,从而深入地批判了"陈旧论"。自杜亚泉之后,其他民国保守主义者基本上也都是从"新旧文化转换论"和"新旧文化价值论"的角度驳斥"陈旧论"。值得一提的是,"甲寅"派章士钊的论述运用了逻辑学理论,而"学衡"派吴宓的评议则结合了达尔文进化论。不失客观地说,这二者都有其独到之处,同时也有其合理之处。

章士钊在很多时候都强调自己本来无意于辨析文化之新旧,因为他认为文化之"本体只一",而"新云旧云,皆是执著之名言"⑥。显然,章士钊认为文化本就不存在新或旧的问题。但他在事实上又不止一次地对关涉中西文化的新旧文化之说加以详细而深入地辨析,更曾着力批判新文化运动的倡导者(尤其是西化论者)"状文化曰新"即"大误谬"⑦。应该说,章士钊辨析新旧

---

① 伧父[杜亚泉].新旧思想之折衷[J].东方杂志,1919,16(9):1.
② 梦麟[蒋梦麟],伧父[杜亚泉].何谓新思想[J].东方杂志,1920,17(2):119.
按:引文出自该文中伧父(杜亚泉)答复梦麟(蒋梦麟)之文("伧父附志")。该文(无署名)为本号"时论介绍"栏目的第三篇文章,由三部分组成,即导语、梦麟答复伧父之文、伧父答复梦麟之文。导语为:"本志第十六卷第十一号伧父君有《何谓新思想》一文,今梦麟君又有答伧父先生一文,登载《时事新报》。今转载于此,并附伧父君意见于后。"梦麟答复伧父之文无文题或署名,但此前曾登载于《时事新报增刊》(上海版)1920年1月1日第10版("第三张"之"第二版"),且文题为《何谓新思想》(文题之左附注"答伧父先生")、署名为"蒋梦麟"。伧父答复梦麟之文也无文题或署名,但文后附注"伧父附志"。
③ 伧父[杜亚泉].何谓新思想[J].东方杂志,1919,16(11):2.
④ 梦麟[蒋梦麟],伧父[杜亚泉].何谓新思想[J].东方杂志,1920,17(2):119.
按:引文出自该文中伧父(杜亚泉)答复梦麟(蒋梦麟)之文("伧父附志")。
⑤ 伧父[杜亚泉].何谓新思想[J].东方杂志,1919,16(11):2.
⑥ 孤桐[章士钊].进化与调和[J].甲寅[北京1925],1925,1(15):6.
按:该文的文前有按语:"此民国七年,愚在北京大学所为演辞。顷与高君一涵有所辨论。此篇有可资证处。因并布焉。"该文原为章士钊于1918年12月28日(北京大学建校二十周年纪念日)在北京大学讲演时的讲演稿。
⑦ 行严[章士钊].评新文化运动[N].新闻报,1923-8-21(3)["第一张"之"第三版"].
按:该文的全文连载于《新闻报》1923年8月21日(第10907号)第3版("第一张"之"第三版")、22日(第10908号)第4版("第一张"之"第四版"),此后又登载于《甲寅》(北京1925)1925年9月12日第1卷第9号第4-11页(署名改为"秋桐",文前增加大段按语,且文章内容略有更改)。

文化主要都是针对新文化运动而发。他曾从逻辑学的角度为新与旧下过定义:"所谓旧者,将谢之象。新者,方来之象。"①基于这一定义,章士钊认为"当旧者将谢而未谢,新者方来而未来,其中不得不有共同之一域"②。也就是说,新者与旧者从来都是相互衔接,并呈现出犬牙交错的形态。正因如此,章士钊曾言简意赅地说:"翻手为旧,覆手为新,在逻辑上为不可能。"③显然,章士钊认为新与旧之间不但不截然对立,反而存在着融洽的交集和自然的过渡。章士钊对新与旧之间存在交集和过渡的论断,意味着他秉持"新旧文化转换论",即认为新式文化由旧式文化转换而来。不难看出,这恰恰也是在批判西化论者的"陈旧论"。依据逻辑学理论,章士钊在辨析文化之新旧相互关联的同时,又分析了西化论者的思维过程:"以为诸反乎旧,即所谓新。今既求新,势且一切舍旧。"④具体而言,章士钊认为西化论者的"陈旧论"在思维逻辑上表现为:但凡反对旧有事物(包括相对于西方文化而言显得老旧的传统文化)的思想行为都是新,而求新则势必要求抛弃一切的旧有事物(包括传统文化)。由之,章士钊又批判了西化论者那种以西方文化为主体并剔除传统文化的西化现代文化创造方案。此外,章士钊的新旧性辨析也涉及"新旧文化价值论"。不过章士钊认为,"旧之云者,又确非悉可屏弃之物"⑤,比如传统文化中的某些道德观念就有其永恒的价值或意义而不应被贸然抛弃。也正因如此,章士钊曾不无痛心地指出,"近人于吾国旧有之道德,殊少研究",而那些"昌言排斥""旧道德"的人往往又是"研究之功既少"并对"中国旧道德之为何物""实一无所知"⑥。章士钊对骛新之人的批判,基于旧者有其价值而不应被盲目抛弃的观点,而这显然也是对西化论者主张的"陈旧论"的一种有力驳斥。

吴宓曾指出:"今诚欲大兴新学,今诚欲输入欧美之真文化,则彼新文化运动之所主张,不可不审查,不可不辩证也。"⑦可见,吴宓和章士钊一样,其辨析新旧文化都旗帜鲜明地指向新文化运动时期西化论者的新旧之说以及基于新旧之说的"陈旧论"。不惟如此,吴宓还同样认为新与旧之间存在着过渡和转换:"百变之中,自有不变者存。变与不变,二者应兼识之,不可执一而昧其他",其实"举凡典章文物,理论学术,均就已有者,层层改变递嬗而

---

① 孤桐[章士钊].进化与调和[J].甲寅[北京1925],1925,1(15):6.
② 孤桐[章士钊].进化与调和[J].甲寅[北京1925],1925,1(15):6.
③ 佚名[章士钊].章行严君之演说[N].申报,1919-9-30(10)["第三张"之"十"].
④ 行严[章士钊].评新文化运动[N].新闻报,1923-8-21(3)["第一张"之"第三版"].
⑤ 佚名[章士钊].章行严君之演说[N].申报,1919-9-30(10)["第三张"之"十"].
⑥ 佚名[章士钊].章行严君之演说[N].申报,1919-9-30(10)["第三张"之"十"].
⑦ 吴宓.论新文化运动[J].学衡,1922(4):3.

为新,未有无因而至者"①。由此,吴宓得出结论:"所谓新者,多系旧者改头换面,重出再见",而"不知旧物,则决不能言新"②。具体到辨析新旧文化,吴宓显然秉持着"新旧文化转换论"。此外,他还从"新旧文化价值论"的角度出发,指出新与旧不能作为评判事物(包括文化)的标准:"凡论学,应辨是非精粗。论人应辨善恶短长,论事应辨利害得失。以此类推,而不应拘泥于新旧。"③显然,在吴宓看来新者未必是,而旧者也未必非。后来,吴宓更为明确地表达了事物之价值高低无关其新旧的观点:"事物之价值在其本身之良否,而无与于新旧。"④依此推论,吴宓必然也是认为传统文化之价值在其本身而不在其新或旧。进而言之,吴宓其实主张不能因传统文化是旧式文化而否定传统文化的价值,甚至扬言抛弃传统文化。可见在驳斥"陈旧论"的过程中,吴宓同样是围绕着"新旧文化转换论"和"新旧文化价值论"而展开。不过,吴宓还曾进一步地揭示新文化运动时期那种"论人论事,不问事非,但责新旧"的"趋新之风"⑤的盛行,主要是因为达尔文进化论的风靡。他指出:"进步之说,为今世最大之迷信。即谓后来者必居上,晚出者必胜前,万事万物均循一直线前行,历久不息,而益臻于美善。信此说者,不求本质之价值,而惟务新奇,不察实事,不用分析,而徒逞其妄执偏见。"⑥在吴宓看来,达尔文进化论在自然科学层面固然有其不可否认的价值和意义存在,但将之运用于社会科学层面,则是"就物质上之发明,及生物界之经历,以武断人事,强为之解"⑦,其结果无非是错漏百出。经过吴宓的论述,"趋新之风"的盛行在于达尔文进化论的风靡。这又意味着,西化论者以文化之新旧作为评判文化之价值高低的准绳的一大主要原因,恰恰就在于他们迷信达尔文进化论。因此,吴宓从达尔文进化论的角度批判西化论者的"陈旧论",其实仍属于"新旧文化价值论"的范畴。

从"新旧文化转换论"和"新旧文化价值论"的角度,民国保守主义者着

---

① 吴宓.论新文化运动[J].学衡,1922(4):3.
② 吴宓.论新文化运动[J].学衡,1922(4):3.
③ 吴宓.论新文化运动[J].学衡,1922(4):3.
④ [美]葛兰坚[Charles Hall Grandgent].葛兰坚论新[J].吴宓,陈训慈,合译.学衡,1922(6):2.
按:引文出自吴宓、陈训慈在该文的文前加注的按语("译者识")。
⑤ [美]葛兰坚[Charles Hall Grandgent].葛兰坚论新[J].吴宓,陈训慈,合译.学衡,1922(6):2.
按:引文出自吴宓、陈训慈在该文的文前加注的按语("译者识")。
⑥ [美]柯克斯[Kenyon Cox].柯克斯论进步之幻梦[J].徐震堮,译.学衡,1924(27):1.
按:引文出自《学衡》编者(吴宓)在该文的文前加注的按语("编者识")。该文的文前、文内都有《学衡》编者(吴宓)加注的按语,其中的文前按语即"编者识"。
⑦ [美]柯克斯[Kenyon Cox].柯克斯论进步之幻梦[J].徐震堮,译.学衡,1924(27):1.
按:引文出自《学衡》编者(吴宓)在该文的文前加注的按语("编者识")。

力批判了西化论者以新旧之眼光评判传统文化的"陈旧论",同时揭示出传统文化虽然相对老旧却仍然有其价值。其实,民国保守主义者围绕"新旧文化转换论"和"新旧文化价值论"而展开的新旧性辨析,在某种程度上还蕴含着传统文化历久弥新之意。不过,这并不意味着他们基于卫护传统文化的目的而不顾事实地一味颂扬传统文化。实际上,这只是他们秉持的传统文化充满活力之论的一种深化。

第二节 发掘传统文化精华

针对西化论者在蔑弃传统文化时主张的"低劣论""僵化论"和"陈旧论",民国保守主义者分别以优劣性辨析、死活性辨析和新旧性辨析对之逐一展开批判,从而有力地驳斥了西化论者对传统文化"妄肆攻诋"且"吐屑不弃"的偏颇言行。析而言之,西化论者蔑弃传统文化的每一种论断都有其具体的针对点,如"低劣论"之于传统文化的劣势、"僵化论"之于传统文化的固化、"陈旧论"之于传统文化的老旧,但如线串珠般地连接这些论断的是一种错误的先见。这种错误的先见,在思维方面其实就如他们盲从轻信于西方文化一样,都根源于归纳和演绎的失当。显然,西化论者是在对比当时西方国家之强盛、中国之落后的过程中,归纳出传统文化劣于西方文化的"低劣论"。且不说西化论者对西方文化本就缺乏全面而准确的理解,其实他们对传统文化也并无深刻的了解和深入的研究。归纳前提的未必真实,从根本上决定了归纳结论的必然错误。于是,西化论者的"低劣论"也就难免有失偏颇了。错误的归纳结论既成为一种先见而主导着西化论者的传统文化观,又成为西化论者展开演绎的前提。显然,以错误的归纳结论为前提的演绎,所得出的结论必然也不会正确。事实上,西化论者恰恰展开了错误的演绎:凡是与传统文化相关的事物都低劣而不合时宜,因而都必须被摒弃。错误的演绎最终致使西化论者在批判传统文化的过程中作出各种错误的论断,如"僵化论"和"陈旧论"等,甚至还产生了诸如"将线装书都抛到茅厕里去"[①]之类的偏激言行。显然,西化论者对传统文化的批判也缺乏科学精神和公正态度。

---

① 吴敬恒[吴稚晖].箴洋八股化之理学[N].晨报副刊,1923-7-23(2-3).
按:原文为"把他丢在毛厕里三十年"。该文此后又登载于《共进》1923年8月25日(第44号)第3-4版,还被收录到上海的亚东图书馆于1923年12月编辑、出版的《科学与人生观》第二册第1-12页(文后有编者附注"转录《晨报副刊》"),以及上海的泰东图书局于1923年12月出版的郭梦良编辑的《人生观之论战》第三册第1-10页。

西化论者"妄肆攻讦"传统文化、肆意毁弃传统文化之际,恰是"一战"激战正酣之时。诚如"东方杂志"派的钱智修所言:"彼西方文化,经欧战之试验,与社会革命之震撼,其破绽尤不难概见。"①此时此刻,西化论者那种蔑弃传统文化以及崇拜西方文化的言行,不但令极富远见卓识的民国保守主义者忧愤不已,也使大多数普通国人对西化论者倡导的新式文化充满疑虑。费孝通曾说:"在新旧交替之际,不免有一个遑惑、无所适从的时期,在这个时期,心理上充分着紧张,犹豫,和不安。"②当时的国人就普遍存在着一种焦虑的心理,但这种焦虑不仅仅限于新式文化与旧式文化之交替以及西方文化与传统文化之冲突,还表现为国人犹豫不决、无所适从。国人之所以会产生这种焦虑心理,主要是因为"旧的已既破坏,新的无可凭依"③,即一方面是因为西化论者鼓吹西方文化的言论与"一战"充分暴露出的西方文化之弊端存在着明显的矛盾,另一方面则是因为西化论者蔑弃传统文化的言论与西方人士向东方世界(包括中国)寻求救赎之道同样存在着明显的矛盾。为了缓和甚或消除国人犹豫不决、无所适从的焦虑心理,民国保守主义者适时地提出了另一种现代文化创造方案,即在发扬传统文化之精华的基础上,恰当借鉴、吸收西方文化的优长而创造现代文化。"学衡"派的梅光迪曾指出:"改造固有文化,与吸取他人文化,皆须先有彻底研究,加以至明确之评判,副以至精当之手续,合千百融贯中西之通儒大师,宣导国人,蔚为风气,则四五十年后,成效必有可睹也。"④梅光迪以简洁而凝练的语言概括出民国保守主义者和合中西文化之优长的别样现代文化创造方案,并颇为自信地预言其实现。这一方案最终能否实现姑且不论,但其能够被提出,就至少意味着民国保守主义者势必讲求精研中西文化、明辨中西文化,尤其是深入反省传统文化和正面阐发传统文化。面对西化论者对传统文化的种种指摘,单纯的"破论"还是稍显单薄,而深入反省传统文化并正面阐发传统文化则是以更为丰满的"立论"形式,反击西化论者的蔑弃传统文化之论。事实上,民国保守主义者也只有通过深入反省传统文化并正面阐发传统文化的方式,才能从根本上扭转国人的传统文化观而使自己的别样现代文化创造方案在最大程度上为国人所接受。大体而言,民国保守主义者主要从发掘传统文化之精华的角度去研究和阐发传统文化。

民国保守主义者对传统文化之精华的发掘和阐发,主要立足于他们对传

---

① 坚瓠[钱智修].文化发展之径路[J].东方杂志,1921,18(2):3.
② 费孝通.名实的分离[M]//费孝通.乡土中国.上海:观察社,1948:85.
③ 佚名[裴复恒、樊仲云].发刊辞[J].文化建设[上海1934],1934,1(1):1[总1].
④ 梅光迪.评提倡新文化者[J].学衡,1922(1):7.

统文化的还原。还原一般是指恢复事物的本来状态,而还原行为或还原现象的出现,又往往是因为事物现状悖离其原状,并且人们要求回复事物原貌。民国保守主义者对传统文化的还原则兼具这两方面的原因:一方面,他们认为西化论者批判的传统文化是被扭曲或曲解的传统文化,在很大程度上悖离了真正的传统文化;另一方面,他们又认为真正的传统文化,尤其是传统文化之精华,于国、于世界都不无价值,因而需要加以恢复和发扬。其实,民国保守主义者对传统文化的还原,其正名意义远大于其恢复意义。个中原因在于,这种还原不是为了完全、彻底地回复传统文化的本来面目,而是为了恢复传统文化应有的历史地位和价值意义,从而为民国保守主义者发掘并阐发传统文化之精华提供理论上和事实上的双重支撑。此外,民国保守主义者发掘并阐发的部分传统文化之精华,尤其是关涉道德的内容,未必是客观上的传统文化之精华,反而可能只是主观上的经他们的创造性阐发才产生的所谓的传统文化之精华。因此,与其说民国保守主义者发掘了这些所谓的传统文化之精华,倒不如说他们通过创造性阐发而发明了这些所谓的传统文化之精华。显然,在这个过程中,其实并不存在民国保守主义者对传统文化的还原,更无所谓恢复。不过,在这个过程中,正名的意义不但依旧存在,还更为显著,因为这些所谓的传统文化之精华之所以成为传统文化之精华,就在于民国保守主义者对其进行创造性阐发,亦即为之正名。也正因如此,不管是针对客观存在的传统文化之精华,还是针对主观创造的传统文化之精华,民国保守主义者的发掘、阐发之举其实都遵循着"学衡"派景昌极提出的"正名析辞,定义核理"[①]的学术研究原则。不可否认,传统文化包罗万象,其客观存在的精华内容也多不胜数。所以,发掘传统文化全部的精华内容显然不可能。然而,民国保守主义者确实曾在不同时期、不同场合发掘、阐发过诸多具体的传统文化之精华内容,而择其要者或取其重者来说,则莫过于肯定传统儒学、丰富传统诗学以及生发传统兵学这三种。

一、肯定传统儒学

西化论者既崇尚西方文化又蔑弃传统文化,同时还竭力主张以西方文化取代传统文化以创造西化现代文化。与此不同,民国保守主义者虽不完全排斥西方文化,却反对完全蔑弃传统文化,并力主以传统文化为主、西方文化为辅而创造别样现代文化。在这两种不同的现代文化创造方案中,无论

---

① 景昌极.自序[M]//景昌极.哲学论文集:上册.上海:中华书局,1930:2.
按:该文的文后附注"十七年冬识于梓里"(其中的时间即1928年冬)。

是西化论者蔑弃的传统文化,还是民国保守主义者卫护的传统文化,都是关涉各自的现代文化创造方案的重要内容之一,并且在很大程度上都是指传统儒家文化。"醒狮"派的陈启天曾说:"儒家思想,在宋明清三代特占优势,成了我国文化的主流。儒家学说,在政治上成为一种功令,在教育上成为一种标准,在生活上成为一种形态。因此谈我国文化的人,多以儒家文化为我国文化的重要标本。"①换言之,传统儒家文化既是传统文化的主要内容,又是传统文化的核心内容。正因如此,西化论者通过抨击传统儒家文化以蔑弃传统文化,而民国保守主义者则通过阐发传统儒家文化以卫护传统文化。大体而言,民国保守主义者对传统儒家文化的阐发主要表现为揭举传统儒学之真义,并肯定其当下价值。

民国保守主义者对传统儒学的肯定,可以追溯到新文化运动初兴时"东方杂志"派的杜亚泉在"东西文化论战"中对传统儒学的阐发。其实,杜亚泉早在新文化运动发轫之前的民国初年,就对传统儒学多有阐发。当时中华民国刚刚成立,心系国家、心忧天下的杜亚泉便积极撰文阐发其建国方略。综观这些忧国忧民的文章,篇篇都隐现着传统儒家的身影。在《国民今后之道德》中,杜亚泉指出,"物竞之祸,遍于寰区"②,惟有"道德为救国之良剂"③。杜亚泉所说的"道德",主要就是指传统儒家道德,因为他赞赏的"克己复礼亲亲仁民爱物诸古训"④无一不出自传统儒家。不过,在诸多传统儒家道德之中,杜亚泉尤其强调"仁"或"仁爱",如他曾说"吾国自古迄今,言道德者均以仁为大本,孔子尤丁宁反覆于是"⑤;国人若欲"挽此攻夺贪残之末俗,而蕲合乎世界之思潮",则"宜阐明旧有之仁爱,发挥而光大之,使人知利己必以利他为衡,独善要以兼善为断"⑥。无论是对"仁"或"仁爱"的强调,还是对其他传统儒家道德的言说,其实都是在阐发传统儒学,因为传统儒家道德是传统儒学的重要内容之一。杜亚泉肯定传统儒家道德并主张以传统儒家道德涤荡人心,显然意味着他肯定传统儒学并主张以传统儒学救国、建国。杜亚泉于1918年发表的《迷乱之现代人心》可说是一篇极富历史意义的文章,因为它是"东西文化论战"的导火索之一。在这篇文章中,杜亚泉不仅肯定了宽泛意义上的传统儒家道德,还更为具体地肯定了"三纲五常"等在当时频

---

① 陈启天.国家主义者的中国文化观[J].国论[重庆1938],1938(4):54.
② 高劳[杜亚泉].国民今后之道德[J].东方杂志,1913,10(5):6.
③ 高劳[杜亚泉].国民今后之道德[J].东方杂志,1913,10(5):2.
④ 高劳[杜亚泉].国民今后之道德[J].东方杂志,1913,10(5):5.
⑤ 高劳[杜亚泉].国民今后之道德[J].东方杂志,1913,10(5):5.
⑥ 高劳[杜亚泉].国民今后之道德[J].东方杂志,1913,10(5):6.

遭不同程度之非议的传统儒家道德。他指出：在西方文化进入中国之前，国人都认同"名教纲常诸大端"，并深明"君道若何，臣节若何"等①，但在西方文化进入中国之后，国人对"固有之是"尽皆摒弃，而对"输入之是，则又恍焉惚焉而无所守"，于是国人的"种种庞杂之思想，互相反拨，互相抵销，而无复有一物之存在，如斯现状可谓之精神界之破产"②。杜亚泉之言客观地揭举了国人徘徊于中西文化之间以致其思想混乱的现实，但同时也包含着惋叹"名教纲常"之沦丧并企望"名教纲常"之复兴的意味。"新文化"派的陈独秀极为反感"名教纲常"，以至于专门撰写《质问〈东方杂志〉记者——〈东方杂志〉与复辟问题》诘难道："共和政体之下，所谓君道臣节名教纲常，当作何解？谓之迷乱，谓之谋叛共和民国，不亦宜乎？"③对此，杜亚泉毫不示弱，特地撰写《答新青年杂志记者之质问》予以回击。他在文中还斩钉截铁地回答道："所谓'君道臣节及名教纲常诸大端'，记者确认为我国固有文明之基础。"④应该说，杜亚泉的回答并非负气之言，因为这一回答恰恰是他最为根本的传统文化观。正如陈独秀所言，《迷乱之现代人心》意谓"中国周孔以来，儒家统一"，"此我国之文明，即我国之国基"，"吾人今日迷途中之救济，决不希望陷于混乱矛盾之西洋文明，而当希望于己国固有之文明"⑤。进而言之，该文就是在肯定传统儒家道德的基础上，肯定传统儒学并主张从传统儒家道德和传统儒学中寻求救世良方。在"东西方文化论战"爆发后，杜亚泉之所以反对尽弃传统文化并被视为保守、顽固，主要就是因为他强调传统儒家道德及传统儒学既具有永恒的价值意义，又对疗救当时的社会不无作用。也正因如此，他在与西化论者论辩中西文化之优劣时，往往都侧重于阐发传统儒家道德及传统儒学的当下价值。

在"东西文化论战"中，杜亚泉肯定传统儒家道德、肯定传统儒学的主张曾博得不少人的同情和支持，如"甲寅"派的章士钊以及"现代新儒家"派的梁漱溟、张君劢等其他早期民国保守主义者，也都纷纷加入"东西文化论战"之中而为杜亚泉摇鼓助威。但在五四运动爆发之后，传统儒学以及孔教被西化论者和其他一些民国激进主义者批驳得体无完肤、声名狼藉。作为《东方杂志》主办方和出版方的商务印书馆，也迫于社会舆论压力而不得不规劝

---

① 伧父［杜亚泉］.迷乱之现代人心［J］.东方杂志，1918，15(4):1-2.
② 伧父［杜亚泉］.迷乱之现代人心［J］.东方杂志，1918，15(4):2.
③ 陈独秀.质问《东方杂志》记者——《东方杂志》与复辟问题［J］.新青年［上海 1915］，1918，5(3):209.
④ 伧父［杜亚泉］.答新青年杂志记者之质问［J］.东方杂志，1918，15(12):14.
⑤ 陈独秀.质问《东方杂志》记者——《东方杂志》与复辟问题［J］.新青年［上海 1915］，1918，5(3):208.

杜亚泉改变其拥儒尊孔的观点。最终，坚持己见的杜亚泉以卸任《东方杂志》主编的形式，默默地退出了"东西文化论战"。自杜亚泉黯然退场后，最先明确地打出拥儒甚至于尊孔之旗帜的是"学衡"派。

"学衡"派因创办期刊《学衡》，并以《学衡》为论辩阵地而得名。《学衡》主要由"插画""通论""述学""文苑""杂缀"以及"书评"这六大栏目组成。其中"插画"为首个栏目，置于目录之后，一般登载一两幅画作，偶尔也附有阐述画意或介绍画中人物生平事迹的说明性文字，如《学衡》第2期的"插画"栏目登载的两幅画作《蒙娜丽莎》和《最后的晚餐》的各自背页都有整页的题为《说明》的说明性文字。耐人寻味的是，《学衡》第1期的"插画"栏目登载的两幅人像除各自下面分别标注"孔子像"和"苏格拉底像"外，再没有任何其他阐述画意或介绍画中人物生平事迹的说明性文字。此外，这两幅人像的排布方式还是孔子像在前、苏格拉底像在后。综观79期《学衡》登载的数百篇文章，可以推知《学衡》第1期"插画"栏目的特殊处理方式至少具有两层特殊含义：其一是意谓孔子、苏格拉底分别为传统文化和西方文化的集大成者和代表者，且孔子更胜于苏格拉底；其二是意谓孔子、苏格拉底之成就及其分别对传统文化和西方文化作出的贡献都远非三言两语能够道清。可能是慑于五四运动批孔批儒风潮的盛行，《学衡》从未登载过直接称颂孔子或传统儒学的文章——尽管"学衡"派的尊孔拥儒之意早在他们于《学衡》第1期"插画"栏目中登载孔子像之时便已昭然若揭。不过，《学衡》终究还是通过"通论"栏目、"述学"栏目来具体地表达了"学衡"派尊孔拥儒之意。"通论"栏目除了登载"学衡"派论究学术的篇章外，另一大主要内容便是登载国外学者论究新人文主义的文章。美国著名文学批评家白璧德推出的新人文主义理论，极为肯定中国传统文化，并且尤为赞赏孔子及传统儒学阐发的传统儒家道德。其他国外的新人文主义者在论究新人文主义时，也多有肯定传统儒学及传统儒家道德之当下价值的论断。作为《学衡》实际主编的吴宓，又无一例外地在这些论究新人文主义的篇章中加注了篇幅不等的按语，进一步地阐发了传统儒学及传统儒家道德的当下价值。"学衡"派主要就是通过登载国外学者论究新人文主义的篇章及吴宓品评这些篇章的方式达其尊孔拥儒之意、行其阐发传统儒学及传统儒家道德之实。"学衡"派这种以西方学者为护盾、以西方理论为武器的做法，既可以在一定程度上缓解他们与西化论者、其他民国激进主义者之间的冲突，又可使他们尊孔拥儒的见解、主张看上去更具合理性和权威性。与"通论"栏目有所不同的是，"述学"栏目相对直接地表达了"学衡"派的尊孔拥儒之意。之所以说"相对直接"，是因为"述学"栏目同样也没有直接地论孔论儒之作，而主要通过论究传统学术的方式阐发传统儒学的学理。直到 20 世纪 20 年代中后期批孔批儒之风渐息,"学衡"派才真正地开始正面而直接地阐发传统儒学及传统儒家道德,并明确地打出了尊孔拥儒的旗帜。

大革命①伊始的 1924 年,孙中山在北京讲演其"三民主义"时指出:"中国固有的道德,中国人至今不能忘记的,首是忠孝,次是仁爱,其次是信义,其次是和平。这些旧道德,中国人至今还是常讲的。但是现在受外来民族的压迫,侵入了新文化。那些新文化的势力,此刻横行中国。一般醉心新文化的人,便排斥旧道德,以为有了新文化,便可以不要旧道德。"②孙中山还进一步指出,"忠孝""仁爱""信义""和平"等"旧道德"都是"好道德",而这些"特别的好道德,便是我们民族的精神,我们以后对于这种精神,不但是要保存,并且要发扬光大,然后我们民族的地位才可以恢复"③。显然,孙中山明确地肯定了传统儒家道德,同时也明确地批评了西化论者和其他民国激进主义者对传统儒家道德及孔子、传统儒学的全盘否定。1925 年,广州国民政府④甫一成立就大力推行传统儒家道德,并试图借之以建立官方意识形态。紧接着,中国国民党的理论家也开始从宣扬传统儒家道德的角度深化"三民主义",如戴季陶在讲演"孙文主义之哲学的基础"时指出:传统儒家道德不但是"孙文主义"的哲学基础,更应被上升为国家的道德⑤。

正是在孙中山、广州国民政府以及后来的中国国民党当局的鼓舞之下,"学衡"派才开始正面而直接地阐发传统儒学及传统儒家道德,毫无顾忌地重评孔子、尊奉孔子。可以说,吴宓于 1927 年在《大公报》(天津版)上发表的《孔子之价值及孔教之精义》是"学衡"派评孔、尊孔之先声。该文以极富感情色彩的笔调写道:"孔子者理想中最高之人物也,其道德智慧,卓绝千古,无人能及之,故称为圣人。圣人者模范人,乃古今人中之第一人也。"⑥在吴宓看来,"孔子为中国文化之中心,其前数千年之文化,赖孔子而传,其后数千年之文化,赖孔子而开,无孔子,则无中国文化",所以孔子更是"中国道

---

① 大革命(The Great Revolution),又称国民革命(The National Revolution)、第一次国内革命战争,其起止时间为 1924 年 1 月 20 日至 1927 年 7 月 14 日。大革命由中国共产党和中国国民党合作领导,旨在反对帝国主义、北洋军阀。
② 孙中山,讲演.民族主义[M].中国国民党中央执行委员会,编辑.上海:强华印书局,1924:85-86.
③ 孙中山,讲演.民族主义[M].中国国民党中央执行委员会,编辑.上海:强华印书局,1924:90.
④ 广州国民政府(Guangzhou National Government),其起止时间为 1925 年 7 月 1 日至 1926 年 12 月 5 日。广州国民政府是中国国民党于第一次国共合作的大革命时期在广州成立的政权机关。
⑤ 戴季陶.孙文主义之哲学的基础:附民生哲学系统表[M].上海:民智书局,1925:38-53.
⑥ 吴宓.孔子之价值及孔教之精义[N].大公报[天津版],1927-9-22(1,3).

德理想之所寓,人格标准之所托"①。在阐发孔子之卓越成就和巨大贡献的同时,吴宓又指出"孔教之精义"在于"确认人性为二元(善恶、理欲),揭橥执两用中为宇宙及人生之正道,以孝为诸种德行之本,而以(1)克己复礼(2)行忠恕(3)守中庸为实行道德之方法"②。显然,吴宓的评孔、尊孔之论最终揭举了传统儒家道德之于社会以及人生具有重大的规范意义和指导意义。

后来,其他"学衡"派成员又在其主办期刊《国风半月刊》和《国风》(南京1932)上继续评孔、尊孔,进一步地阐发传统儒家道德及传统儒学的当下价值。《国风半月刊》创刊于《学衡》终刊一年零两个月后的1932年9月1日,后更名为《国风》(南京1932)。不失客观地说,《国风半月刊》和《国风》(南京1932)根本就是《学衡》的延续,并且开启了"后学衡时代"。《国风半月刊》和《国风》(南京1932)的一大特色是不定期地出版专研某一具体问题或专论某一具体现象的特刊专号,而《国风半月刊》的第一个特刊专号就专论孔子及传统儒学。该号登载了梅光迪的《孔子之风度》③、柳诒徵的《孔学管见》④和《明伦》⑤、缪凤林的《谈谈礼教》⑥和《如何了解孔子》⑦、郭斌龢的《孔子与亚里士多德》⑧、范存忠的《孔子与西洋文化》⑨、景昌极的《孔子的真面目》⑩、唐君毅的《孔子与歌德》⑪等文章。仅从题名就可推知,这些文章都是为孔子及传统儒家道德、传统儒学正名之作。该号名为"圣诞特刊",于1932年9月28

---

① 吴宓.孔子之价值及孔教之精义[N].大公报[天津版],1927-9-22(1,3).
② 吴宓.孔子之价值及孔教之精义[N].大公报[天津版],1927-9-22(1,3).
③ 梅光迪.孔子之风度[J].国风半月刊,1932(3)[又称"圣诞特刊"]:1-9.
④ 柳诒徵.孔学管见[J].国风半月刊,1932(3)[又称"圣诞特刊"]:11-19.
按:该文登于《国风半月刊》1932年9月28日第3号(又称"圣诞特刊")第11-19页,此后又登载于《国光杂志》1935年9月16日第9期36-43页(文题之左附注"二十三年孔子圣诞节")。
⑤ 柳诒徵.明伦[J].国风半月刊,1932(3)[又称"圣诞特刊"]:93-97.
按:该文登载于《国风半月刊》1932年9月28日第3号(又称"圣诞特刊")第93-97页(文题之左附注"曾载学衡第二十六期"),此前曾登载于《学衡》1924年2月第26期第1-5页。
⑥ 缪凤林.谈谈礼教[J].国风半月刊,1932(3)[又称"圣诞特刊"]:21-32.
⑦ 缪凤林.如何了解孔子[J].国风半月刊,1932(3)[又称"圣诞特刊"]:81-92.
⑧ 郭斌龢.孔子与亚里士多德[J].国风半月刊,1932(3)[又称"圣诞特刊"]:33-43.
按:该文的文前有按语:"此文两年前以英文撰成。专为一般西洋人说法。曾登美国Bookman杂志一九三一年三月号。国风杂志编者以九月二十八日为孔子诞日。拟出特刊。驰书嘱将此文译成中文。以饷国人。作者前曾有新孔学运动之讲演。深信昌明孔学。为起衰救敝之惟一方法。一年来外患虽深。而民族精神。反日趋消沉。国人迷途忘返。语以东西圣哲立身立国之根本大道。莫不掩耳疾走。以为迂远不合时宜。今逢圣诞。执笔撰此旧作。惓怀往业。默念未来。不觉涕泗之横流也。"
⑨ 范存忠.孔子与西洋文化[J].国风半月刊,1932(3)[又称"圣诞特刊"]:44-56.
⑩ 景昌极.孔子的真面目[J].国风半月刊,1932(3)[又称"圣诞特刊"]:57-63.
⑪ 唐君毅.孔子与歌德[J].国风半月刊,1932(3)[又称"圣诞特刊"]:65-80.
按:该文的文后有缪凤林加注的大段按语,即"缪凤林附识"。

日刊出,而9月28日又一般被认为是孔子的诞生之日。可见,"圣诞特刊"之"圣诞",就是指孔子这位圣人的诞生之日。其实,早在1932年9月16日出版的《国风半月刊》第2号上,编者就已预告"每逢九月二十八日,增出圣诞特刊一册"①。除"圣诞特刊"以外,其他各号(期)《国风半月刊》和《国风》(南京1932)都或多或少地流露出明显的尊孔拥儒之意。综观各号(期)《国风半月刊》和《国风》(南京1932)登载的诸多阐发传统儒学的篇章,其中虽不乏阐发传统儒学学理者,却多是阐发传统儒家道德之作。《国风半月刊》和《国风》(南京1932)的这种偏向,其实与时代环境密不可分。就在《国风半月刊》创刊的20世纪30年代,中国国民党当局不仅命令各级党政机关及社会团体悬挂写有"忠孝仁爱信义和平"的匾额,还宣布以"忠孝仁爱信义和平"为公民训练标准。由此,新文化运动以来的批孔批儒之风一转而为尊孔拥儒之潮。《国风半月刊》和《国风》(南京1932)显然是顺应了这一潮流,所以无论《国风半月刊》和《国风》(南京1932)时期的"学衡"派阐发传统儒家道德的初衷是什么,其在客观上已有趋从政治之嫌。不过,"学衡"派以及"本位文化"派对传统儒学及传统儒家道德的阐发,终归还是肯定传统儒学之举,其对传统文化之承继和深化具有不可否认的贡献。

从早期参与"东西文化论战"的"东方杂志"派的杜亚泉、"甲寅"派的章士钊以及"现代新儒家"派的梁漱溟、张君劢等人,到后来推动"东西文化论战"深入发展的"学衡"派、"本位文化"派以及"醒狮"派、"战国策"派等流派,民国保守主义者对传统儒学的肯定,主要都侧重于道德阐发。这其中,固然有政治导向的原因存在,但最主要的原因还是在于民国保守主义者认为传统儒家道德不但可以疗救当时的混乱社会,更可进而拯救当时被物质所奴役的西方世界。传统儒家道德固然是传统儒学的重要内容之一,却并非传统儒学的全部内容,因为传统儒学至少还含有哲学方面的内容。吴宓认同"中国哲学之精华,为孔子礼治之教"②的论断,但他及"学衡"派,也包括众多其他民国保守主义者,终究没有真正地从哲学的角度肯定传统儒学、阐发传统儒学。应该说,真正从哲学角度肯定传统儒学、阐发传统儒学并使传统儒学焕发生机而走向复兴的是活跃于20世纪三四十年代的"现代新儒家"派成员。熊十力曾以其"体用不二论"和"翕辟成变论"重建传统儒家的本体论,从而创立"新唯识学"哲学体系。此后,冯友兰在鉴照程朱理学的基础上创

---

① 佚名[张其昀].圣诞特刊出版豫告[J].国风半月刊,1932(2):无页码[扉页].
② [德]雷赫完[A. Reichwein].孔子老子学说对于德国青年之影响[J].吴宓,译.学衡,1926(54):1.
按:引文出自吴宓在该文的文前加注的按语("编者识")。该文的文前、文内都有吴宓加注的按语,其中的文前按语即"编者识"。

建"新理学",贺麟在参证陆王心学的基础上建构"新心学",而马一浮则通过引佛入儒、以佛证儒的方式新构"义理名相论"。显然,熊十力以及冯友兰、贺麟、马一浮等人对传统儒学的哲学阐发既有肯定传统儒学、承继传统儒学的一面,又有深化传统儒学、发展传统儒学的另一面。在20世纪40年代的时候,贺麟更明确地提出了深化传统儒学、发展传统儒学的主张。他将传统儒学归纳为三个方面,即"格物穷理,寻求智慧"之"理学","磨炼意志,规范行为"之"礼教",以及"陶养性灵,美化生活"之"诗教"①,并认为"儒学是合诗教礼教理学三者为一体的学养,也即是艺术宗教哲学三者的谐合体",而"新儒家思想之开展,大约将循艺术化,宗教化,哲学化之途径迈进"②。基于对传统儒学的深入研究和无限肯定,贺麟认为"只要能对儒家思想加以善意同情的理解,得其真精神与真意义所在,许多现代生活上,政治上,文化上的重要问题,均不难得到合理合情合时的解答",而"许多中国问题,必达到契合儒家精神的解决,方算得达到至中至正最合理而无流弊的解决"③。由之,贺麟极力主张现代文化的创造应该"以儒家精神为体以西洋文化为用",亦即"以儒家思想或民族精神为主体去儒化或华化西洋文化",从而"收复文化上的失地,争取文化上的独立与自主"④。显然,贺麟看到了西方文化对传统文化的监禁,并忧心于这种文化监禁逐渐导致中华民族之民族特色和民族自信的衰退或丧失,进而危及中华民族当时面临的抗日救亡和将来面对的生存发展。事实上,其他民国保守主义者也都看到西方文化对传统文化的监禁,并同样为此忧心忡忡,比如同为"现代新儒家"派成员的张君劢早前就曾明确说"民族之自救,在以思想自主,文化自主为基础"⑤。

不失客观地说,民国保守主义者肯定传统儒学、阐发传统儒学之举,固然是因为他们发现并发掘了传统儒学的当下价值或当下意义,但促使并促成这一发现和发掘的动因,实际上是西方文化对传统文化的监禁。这种文化监禁悄无声息地日削月朘中华民族之民族特色和民族自信,势所必然地阻扰妨害中华民族之救亡图存和未来发展。从这个角度而言,民国保守主义者对传统儒学之当下价值的肯定及其对整个传统文化的卫护,其实都为其强烈的爱国之情所驱使着。

---

① 贺麟.儒家思想的新开展[J].思想与时代,1941(1):16.
② 贺麟.儒家思想的新开展[J].思想与时代,1941(1):17.
③ 贺麟.儒家思想的新开展[J].思想与时代,1941(1):22.
④ 贺麟.儒家思想的新开展[J].思想与时代,1941(1):15.
⑤ 张君劢.凡例[M]//张君劢.民族复兴之学术基础.北平:再生社,1935:1.
按:该文的文后题署"中华民国二十四年三月君劢识于广州"(其中的时间即1935年3月)。

二、丰富传统诗学

传统儒学是传统文化之主体,而肯定传统儒学在很大程度上就意味着肯定整个传统文化。但是,传统儒学毕竟不是传统文化的全部,而影响国人"三观"(世界观、人生观、价值观)者也并不仅限于传统儒学。事实上,文学也对人的"三观"具有重要的影响作用。"现代新儒家"派的张君劢曾说:"民族建国之大前提,曰民族情感民族思想民族意志之融化",而其"要在有全国人所推崇之文艺与学说"——惟其如此"则情感,思想,与意志自随之而集合而融化"①。张君劢所说的"文艺"主要是指文学作品,而其中的"学说"则主要是指文学理论,亦即诗学。诗学和文学作品是文学的一体两面,而张君劢此言无疑意味着他认为文学对社会具有重大的影响作用——尽管作为"现代新儒家"派代表人物之一的他其实主要致力于承继、复兴传统儒学。一如张君劢,其他的民国保守主义者也都有其专攻的术业,且都认为文学对社会具有重大的影响作用而给予文学以极大的关注。不可否认,文学主要是通过文学作品来影响社会,而文学作品又往往深受指导文学创作的诗学的影响。或许是有鉴于此,民国保守主义者对文学的关注,其实主要表现为他们对诗学的研究。不过,这一诗学研究偏重于丰富传统诗学,并且与新文学革命密切相关。

1917年,"新文化"派的胡适在当年1月1日出版的《新青年》(上海1915)第2卷第5号上发表了著名的《文学改良刍议》。在这篇"积思于数年而文成于半日"的"改良文学一论"②中,胡适提出"今日而言文学改良,须从八事入手",即:"一曰、须言之有物。二曰、不摹仿古人。三曰、须讲求文法。四曰、不作无病之呻吟。五曰、务去滥调套语。六曰、不用典。七曰、不讲对仗。八曰、不避俗字俗语。"③从文章题为"改良"之"刍议"中可知,胡适在主

---

① 张君劢.绪言[M]//张君劢.民族复兴之学术基础.北平:再生社,1935:7.
② 胡适.无题["通信"栏目中胡适写给独秀(陈独秀)的信件][J].新青年[上海1915],1917,3(4):7.
按:"通信"栏目中胡适写给独秀(陈独秀)的信件之后题署"胡适/五月十夜"。
③ 胡适.文学改良刍议[J].新青年[上海1915],1917,2(5):1.
按:该文登载于《新青年》(上海1915)1917年1月1日第2卷第5号第11-11页,此后又登载于《留美学生季报》1917年3月第4卷第1号第1-14页。《新青年》(上海1915)所载之文的文后有按语:"余恒谓中国近代文学史,施曹价值,远在归姚之上。闻者咸大惊疑。今得胡君之论,窃喜所见不孤。白话文学,将为中国文学之正宗。余亦笃信而渴望之。吾生倘亲见其成,则大幸也。元代文学美术,本蔚然可观。余所最服膺者,为东篱。词隽意远,又复雄富。余尝称为'中国之沙克士比亚'。质之胡君及读者诸君以为然否。独秀识。"

张文学变革时极为审慎和谦逊。但是,胡适所谓的"改良"已无异于革命,而他所谓的"刍议"又等同于定论。这是因为,从实际的社会反响来看,《文学改良刍议》在客观上打响了新文学革命的第一枪,其中的"八事"后来更被称为"八不主义"而成为新文学革命的八大标准。由此,新文化运动不再局限于论辩东西文化及中西文化之异同、优劣,而增添了另一个重要内容,即以"八不主义"为标杆的新文学革命。从诗学的角度看去,"八不主义"至少蕴含三个层面的六大论,即文学本质论层面的"情感论"和"思想论"、文学形式论层面的"白话论"和"新诗论",以及文学发展论层面的"进化论"和"自创论"。这六大论既是新文学革命者[1]开展新文学革命时的诗学基调,也是其进行文学创作时的努力方向。新文学革命者提出的六大论无一不针对传统诗学,又无一不反叛传统诗学。与此相反,民国保守主义者认为传统诗学在总体上值得肯定而不应被全盘舍弃。因此,民国保守主义者在肯定传统诗学之总体价值的基础上,致力于丰富传统诗学。于是,他们围绕"八不主义"涉及的诗学的三个层面,提出了与新文学革命者的诗学针锋相对的六大论,即文学本质论层面的"载道论"和"明道论"、文学形式论层面的"文言论"和"旧诗论",以及文学发展论层面的"变迁论"和"摹仿论"。

(一) 文学本质论之"载道论"和"明道论"

胡适在言说"八不主义"之第一"不"——"须言之有物"时曾指出,所谓的"物"主要包含两方面的内容,即"(一)情感""(二)思想"[2]。实际上,这两方面的内容就构成了胡适及其他新文学革命者在论究文学本质时主张的两大论,即"情感论"和"思想论"。

在阐发"情感论"时,胡适先是引用了《毛诗序》[3]中谈"情"的相关语句来界定其所谓的"情感"的概念:"诗序曰:'情动于中而形诸言[4]。言之不足,故嗟叹之。嗟叹之不足,故永歌之。永歌之不足不知手之舞之、足之蹈之也。'

---

[1] "新文学革命者"主要指西化论者中的"新文化"派,但也包括部分其他西化论者以及部分自由主义者、马克思主义者。
[2] 胡适.文学改良刍议[J].新青年[上海1915],1917,2(5):2.
[3] 阮元,审定.附释音毛诗注疏卷第一之一:[诗大序][M].卢宣旬,校.毛亨,传.郑玄,笺.孔颖达,等,正义.陆德明,音//阮元,审定.重刊宋本十三经注疏附校勘记:重刊宋本十三经注疏附校勘记:重刊宋本毛诗注疏附校勘记.清刻本.南昌:南昌学堂,1816(清嘉庆二十一年):4-20.
按:《毛诗》存有305篇小序(即所对应之诗的题解)和1篇大序。在没有特别说明的情况下,本书涉及的《毛诗序》都是指大序,又名《诗大序》,即《毛诗》首篇《周南·关雎》题解之后可作为整部《诗经》之总序的一段较长文字。
[4] 原文如此,"形诸言"疑为"形于言"之误。

此吾所谓情感也。"①《毛诗序》中的"情"往往与"志"相对应而主要指涉那种不具功利目的的个人情感,因之胡适所谓的"情感"也就是一种注重抒情而排斥功利(尤指政治功利)的个人情感。紧接着,胡适又强调了"情感"之于文学作品的重要性甚或决定性:"情感者,文学之灵魂。文学而无情感,如人之无魂,木偶而已,行尸走肉而已(今人所谓'美感'者,亦情感之一也)。"②从引用《毛诗序》中谈"情"的语句到强调"情感"之于文学作品的重要性甚或决定性,胡适大体上完成了对其"情感论"的申说。不可否认,《毛诗序》主张的文学本质论在传统诗学史上极具合理性和权威性,所以胡适借《毛诗序》的谈"情"语句引出并阐发其"情感论"的做法,很容易使"情感论"显得合情合理又易于为国人所接受。但是,胡适在引用《毛诗序》时,刻意剔除了"情动于中而形于言"一语的前几句,即"诗者,志之所之也,在心为志,发言为诗"③,从而刻意遮蔽了《毛诗序》中与谈"情"的"缘情说"相对相生的论"志"的"言志说"。实际上,从文学本质论的角度看去,《毛诗序》最主要的内容是提出并论证了"情志统一说",从而扩充了前人的"言志说",强调了早先的"缘情说"。"缘情说"和"言志说"本是《毛诗序》之文学本质论的一体两面,而这一文学本质论的合理性和权威性也恰恰就在于此。所以,胡适偏引《毛诗序》中的"缘情说"并不足以佐证其"情感论"的合理性。

在阐发"思想论"时,对逻辑学深富研究的胡适,也同样遵循着先定义其概念再强调其意义的思维顺序而展开论说:"吾所谓'思想'盖兼见地、识力、理想三者而言之。思想不必皆赖文学而传,而文学以有思想而益贵。"④大体而言,"见地""识力""理想"三词都可以包含两层意义,即关于社会或关于个人(尤指身为文学创作主体的个人)。应该说,在这两个层面上,"思想论"都表现出显明的言志色彩。从表面上看去,"思想论"似乎就是"情感论"的补充,从而体现出胡适在文学本质论层面实际上主张"情志统一说"。但是,事实并非如此。"见地""识力""理想"三词都关涉个人修养,因之胡适以这三词阐释"思想"之概念的做法,在很大程度上意味着他主张的"思想论"偏于个人独善。胡适曾着力批判近世"文学之衰微",并不无痛心地说:近世文人"既无高远之思想,又无真挚之情感"⑤。"思想"与富含纯粹抒情的"情感"并

---

① 胡适.文学改良刍议[J].新青年[上海 1915],1917,2(5):2.
② 胡适.文学改良刍议[J].新青年[上海 1915],1917,2(5):2.
③ 阮元,审定.附释音毛诗注疏卷第一之一:[诗大序][M].卢宣旬,校.毛亨,传.郑玄,笺.孔颖达,等,正义.陆德明,音义//阮元,审定.重刊宋本十三经注疏附校勘记:重刊宋本毛诗注疏附校勘记.清刻本.南昌:南昌学堂,1816(清嘉庆二十一年):5.
④ 胡适.文学改良刍议[J].新青年[上海 1915],1917,2(5):2.
⑤ 胡适.文学改良刍议[J].新青年[上海 1915],1917,2(5):2.

列,可见胡适所谓的"思想",一如其所谓的"情感",根本就偏重于个人表现而排斥社会影响。因之,"思想论"虽有一定的言志色彩却偏于表达独善其身之志。进而言之,偏于个体独善的"思想论"其实寡于社会教化。从这个角度而言,"思想论"或许可说是"情感论"的补充,但它充其量也只是补充了"情感论"缺乏的直接抒发或言说个人观感的部分。因此,即使说胡适秉持"情志统一说",其"情"、其"志"也都局限于个人,并且其在"情"与"志"之间又偏于"情"。显然,这与传统的关注社会、偏重言志的"情志统一说"迥然有别。

自《毛诗序》诞生之后,"情志统一说"逐渐成为中国最经典的传统文学本质论。"情志统一说"在历经发展的过程中又分出两大典型,即传统的"文以载道说"和"文以明道说"①。二者都兼及传统道家、传统释家等诸子百家思想,但终究都以阐发传统儒家之道以及由这种儒家之道指导的传统儒家道德为核心,并极富功利性。就二者的相异点而言,传统的"文以载道说"着重阐发传统的儒家之道、儒家道德之于社会的实用意义(尤指政治层面的实用意义),而传统的"文以明道说"则着重阐发传统的儒家之道、儒家道德之于社会的教化意义(尤指伦理层面的教化意义)。显然,胡适提出的富含纯粹抒情的"情感论"以及偏于个人独善的"思想论",分别是对传统上饱含政治实用的"文以载道说"和富于伦理教化的"文以明道说"的一种反叛。《新青年》(上海 1915)继登载《文学改良刍议》之后,旋即又于下一号刊发陈独秀的《文学革命论》。在这篇文章中,陈独秀旗帜鲜明又不无激愤地表达了他对传统的"文以载道说""文以明道说"的不满:"吾人今日所不满于昌黎者二事",而其中之一便是"误于'文以载道'之谬见",因为"文学本非为载道而设",至于"所谓载道之文,不过钞袭②孔孟以来极肤浅极空泛之门面语而已"③。较之于胡适,陈独秀更为果敢和刚毅,因为他不仅直接批判了传统的"文以载道说""文以明道说"而深化了胡适提出的"情感论""思想论",还明言"文学革命"而非"文学改良"。于是,民国保守主义者便从丰富传统的"文以载道说""文以明道说"而阐发其"载道论""明道论"的角度,来反抗新文学革命者主张的"情感论"和"思想论"。

在明显针对《文学改良刍议》及《文学革命论》等文的《再论吾人眼中之

---

① 关于"文以载道说",可参见宋代周敦颐的《通书·文辞第二十八》、程颢及程颐的《二程全书》、朱熹的《朱子语类·卷第一百三十九·论文上》等作。关于"文以明道说",可参见唐代韩愈的《争臣论》、柳宗元的《答韦中立论师道书》、白居易的《与元九书》等作。
② 原文如此,"钞袭"疑为"抄袭"之误。
③ 陈独秀.文学革命论[J].新青年[上海 1915],1917,2(6):2.

新旧文学观》中,"学衡"派的吴芳吉首先从"载道""明道"无害于文学作品之价值的角度,来驳斥"情感论"和"思想论"。他指出:"夫吾国文学,以受孔孟影响为最深厚。后世文人之所谓道,固亦孔孟之所为道。孔孟所为道者,曰忠恕之道,曰仁义之道,曰孝弟之道,曰中庸之道,曰富贵不以其道不处、贫贱不以其道不去之道,曰仁者不忧、知者不惑、勇者不惧之道,曰得志与民由之、不得志独行其道之道,曰人人亲其亲、长其长、而天下平之道,曰喜怒哀乐发而中节之道。凡此种种,皆文以载道之所为道也。概括言之,生人共由之路,皆谓之道。文以载道者,谓为文者必由此生人之路以行之也。"①由此,吴芳吉认为传统儒家之道以及由这种儒家之道指导的传统儒家道德,都极富指导现实和教化人生的积极意义,所以"载道""明道"不但不缺乏或拖累胡适、陈独秀等新文学革命者所谓的"情感""思想"而无害于文学作品之价值,反而可以增益文学作品之价值。紧接着,他又含蓄地指出,新文学革命者所谓的"情感"和"思想",对于"生人共由之路"既不能"达乎是者",又不能"辨乎是者"②,从而暗谓这种"情感"和"思想"才真正地有害于文学作品之价值。

吴芳吉一直认为道德对文学创作具有重大而积极的影响作用,所以他在筹备创办"踵学衡而起"③且与《学衡》"同声气"④的期刊《湘君》时,便定下了"主张以道德与文艺合一为宗旨"⑤的基调。《再论吾人眼中之新旧文学观》最初就发表在《湘君》上,而吴芳吉在这篇文章中曾进一步地从道德才是文学创作之根本的角度深入驳斥"情感论"和"思想论"。他指出:"文学作品,譬如园中之花。道德,譬如花下之土。彼游园者固意在赏花而非以赏土,然使无膏土,则不足以滋养名花。土虽不足供赏,而花所托根,在于土也。道德虽于文学不必昭示于外,而作品所寄,仍道德也。"⑥吴芳吉以花与土之间的紧密关系,比拟文学作品与道德之间的共生关系,这既揭示出道德对于文学作品之生成具有滋养之功和托寄之用,又强调了道德对于文学作品之价值的有无和高低具有重大的影响作用,从而进一步肯定了传统的"文以载道说""文以明道说"的积极意义。在吴芳吉看来:"情感思想,并非神圣不易之物。不以道

---

① 吴芳吉.再论吾人眼中之新旧文学观[J].学衡,1923(21):2.
按:该文的文题之下附注"录湘君季刊"。
② 吴芳吉.再论吾人眼中之新旧文学观[J].学衡,1923(21):2.
③ 周光午,选辑.吴芳吉先生遗著续篇[J].国风[南京 1932],1934,5(10/11):22.
按:引文出自该文的《二、与吴雨僧书札(凡二十札)》之《二》,即吴芳吉写给吴雨僧(吴宓)的第二个信件(文后附注"十一年三月三十一日",即 1922 年 3 月 31 日)。下同。
④ 佚名[吴芳吉].上期报告[J].湘君,[出版年不详](3):171.
⑤ 周光午,选辑.吴芳吉先生遗著续篇[J].国风[南京 1932],1934,5(10/11):22.
⑥ 吴芳吉.再论吾人眼中之新旧文学观[J].学衡,1923(21):3.

德维系其间,则其所表现于文学中者,皆无意识。"①由此,吴芳吉指斥"情感论"和"思想论"昭示的"文学自有独立之价值,不必以道德为本"的观念,根本就"似是而非"②,且这一观念又有害于文学作品之价值(尤指文学作品超越时间限制的恒久价值),从而进一步批判了"情感论"和"思想论"的偏颇。

从丰富传统诗学的角度而言,吴芳吉的论说主要是丰富了传统的"文以载道说""文以明道说"中的重"道"思想。从阐发文学本质论的角度而言,吴芳吉显然极为拥护传统的"文以载道说""文以明道说",并激烈反对新文学革命者主张的"情感论""思想论"。除了吴芳吉,其他民国保守主义者在论究文学本质时往往也都颇为认同传统的"文以载道说"和"文以明道说"。甚至于在时隔二十余年后,"战国策"派的林同济还借品评尼采之机若有所指地说道:"艺术之所以为艺术,不仅在其为象征,而还在那象征要澈透着一种抒情性",但"抒情在这里,不只作抒发感情解"——"昔人惯认艺术为情感的产品,这见解在今已成戏论"③;其实"抒情即是说理","是用抒情来说理"④。林同济此言是否针对着"情感论""思想论"姑且不论,但将"抒情"等同于"说理"的论断无疑透露出林同济对传统的"文以载道说""文以明道说"的肯定。事实上,民国保守主义者赖之以反抗"情感论""思想论"的文学本质论——"载道论""明道论",恰恰就与传统的"文以载道说""文以明道说"密不可分。一方面,"载道论"一如传统的"文以载道说",偏重于阐发文学之于社会的实用意义(尤指政治层面的实用意义),而"明道论"则一如传统的"文以明道说",偏重于阐发文学之于社会的教化意义(尤指伦理层面的教化意义)。另一方面,"载道论""明道论"中的"道"与传统的"文以载道说""文以明道说"中的"道",既紧密相连又不尽相同。其实,吴芳吉在《再论吾人眼中之新旧文学观》中论及的"道",虽本自传统儒家之道,却也关涉宽泛意义上的道德。然而,诚如"现代新儒家"派的贺麟所言,"道德不是死的,而是活的;不是沉滞着,而是进展着;不是因循偷惰,率由旧章;而是冲突挣扎,日新不息的",总之"道德是变动的"⑤。吴芳吉论及的"道"所关涉的宽泛意义上的道德,其实也是发生变动后的"新道德":不仅限于传统儒家之道引导的传统儒家道德,还包括现代理性道德等。由此,吴芳吉所谓的"道",与传统的"文以载道

---

① 吴芳吉.再论吾人眼中之新旧文学观[J].学衡,1923(21):3.
② 吴芳吉.再论吾人眼中之新旧文学观[J].学衡,1923(21):2-3.
③ 林同济.序言——我看尼采[M]//陈铨.从叔本华到尼采[M].重庆:在创出版社,1944:12.
按:该文的文后附注"三三·三·十五·嘉陵江畔"(其中的时间即1944年3月15日)。
④ 林同济.序言——我看尼采[M]//陈铨.从叔本华到尼采[M].重庆:在创出版社,1944:14.
⑤ 贺麟.新道德的动向[J].新动向[昆明1938],1938,1(1):7.

说""文以明道说"中多专指传统儒家之道或传统儒家道德的"道",显然有所不同。"学衡"派的精神领袖吴宓曾评点《再论吾人眼中之新旧文学观》道:"其尤长处,在不局局于新旧之派别畛域,而惟着眼于文学之本体与其真理。"①吴宓所谓的"文学之本体"即文学本质论,而他所谓的"真理"则是指文学作品必须着力阐发"道"。显然,吴宓非常认同吴芳吉对于"道"的不同寻常的阐释。事实上,绝大多数民国保守主义者在阐发其"载道论""明道论"的过程中,也往往都会对"道"有所重释甚或扩充。吴芳吉将"道"解释为宽泛意义上的道德,就已然拓宽了"道"的含义,而认同吴芳吉的文学本质论的吴宓,在谈及传统的"文以载道说""文以明道说"的时候,更曾有所发挥地说:传统的"文以载道说""文以明道说"中的"道",本来就"非仅儒家之道、孔孟之道"而"实即万事之本原、人生之真理",所以他认为"道者,至平常,至简单,至正确,而至普及之事理耳"②。经过民国保守主义者的重释和扩充,所谓的"道"其实包含传统儒家之道的积极成分又不仅限于传统儒家之道,包含各种具有永恒价值意义的道德而不仅限于传统儒家道德,从而成为一种极具抽象性又极富真理性的哲学概念。但是,传统的"文以载道说"和"文以明道说"中的"道",在事实上主要就是指传统的儒家之道、儒家道德。由此可知,民国保守主义者对传统的"文以载道说"和"文以明道说"的承继和阐发,其实具有一定的选择性和显明的创造性,即延续其重"道"思想又不以传统的儒家之道、儒家道德来限定"道"。应该说,民国保守主义者将传统的"文以载道说""文以明道说"中的"道",重释为一种更为抽象又蕴含真理的哲学概念,可使他们秉持的"载道论""明道论"更具合理性和现代性而更易于为现代人所认可和接受。毕竟,传统的"文以载道说""文以明道说"中的"道",包含了太多不为现代人所认可和接受的封建伦理或封建教条等方面的内容。

在论究文学本质层面,民国保守主义者之所以重"道"且以"道"为文学创作及文学批评之根基,主要是因为他们认为文学既源自社会又表现社会,而文学作品之价值则与社会功用密切相关。"醒狮"派的常乃惪指出,人类

---

① 吴芳吉.再论吾人眼中之新旧文学观[J].学衡,1923(21):1.
按:引文出自《学衡》编者(吴宓)在该文的文前加注的按语("编者识")。
② 宓[吴宓].余生随笔[J].清华周刊,1916(71):8.
按:该文的部分内容曾被收录到上海的中华书局于1935年5月出版的吴宓所著《吴宓诗集》的"卷末:附录"第16-42页。该书收录之文的文题为《附录三:余生随笔(节选)》,且文题之左有按语:"按《余生随笔》原登民国四年九月至民国五年四月《清华周刊》第四十八至七十二期。今摘录其论诗者若干条。余从略。"(其中的时间即1915年9月至1916年4月)。笔者所见《清华周刊》不全,但所见《清华周刊》1915年9月29日第48期第23-25页以及1916年2月29日("洪宪元年二月二十九日")第66期第7-10页、3月29日第70期第9-11页、4月5日第71期第7-12页均有连载该文,且署名均为"宓"。

进化到社会阶段以后,迫切需要某种工具以"团结情意、鼓舞集团精神"①,于是歌舞便产生了;而"所谓文学,便是从这种歌舞中发展出来的,借初民的歌舞流传下来,到后来写成文字,便是文学"②。常乃惪是依据其"生物史观"来探讨文学起源问题,所以他的论述因具有历史的考证性而显得详致和深入。相较于常乃惪,"学衡"派的刘永济虽未详致和深入地探讨文学起源问题,却也明确指出文学起源于先民抒发"感乐""慰苦"③之情志。显然,常乃惪和刘永济二人都认为文学源出于社会。在论证文学起源于社会的同时,二人又不约而同地揭举文学还是社会之表现。如常乃惪说"原始的文学都是集团的,集团地创作,集团地表演,集团地流传下来,内容所表现的也全是集团的情感,希望"④;而刘永济则谓"文学者,乃作者具先觉之才,慨然于人类之幸福有所供献,而以精妙之法表现之,使人类自入于温柔敦厚之域之事也"⑤。不过,关于文学表现社会的观点,吴宓论述得最多也最为详细。他曾论道:"文学以人生为材料,人生借文学而表现,二者之关系至为密切。每一作者,

---

① 常乃惪.论文学的起源[M]//常乃惪.常燕生先生遗集:第七册杂著一.黄欣周,编.沈云龙,校.台北:常燕生先生七旬诞辰纪念委员会,1967:380.

按:该文的原载信息不详,曾被收录到台北的常燕生先生七旬诞辰纪念委员会于1967年12月出版的黄欣周所编、沈云龙所校《常燕生先生遗集》之《第七册杂著一》的《蛮人之出现》第378-381页,且文后附注"民国三十四年六月二十四日"(1945年6月24日)。上海的中华书局曾于1937年12月出版常乃惪所著《蛮人之出现》,收录1篇《自序》(文后题署"中华民国二十五年八月著者",其中的时间即1936年8月)和17篇论文。较之于中华书局本,《常燕生先生遗集》中的《蛮人之出现》在《自序》的文后题署之后添加按语:"编者按:自第二十五篇《从烦闷的苦海里解放出来》以下各篇,都是后来增补进去的,其次序完全依照写作时间的先后而排列。其中第二六、二八、三一、三二等篇,原是为《青年的路》一书而写,因该书未及完稿,而抗战土起,故改编入本书。"实际上,该书增加了包括第五十四篇《论文学的起源》在内的45篇论文(第三、八、十七至二十一、二十五至六十二篇均为增加之文)。

② 常乃惪.论文学的起源[M]//常乃惪.常燕生先生遗集:第七册杂著一.黄欣周,编.沈云龙,校.台北:常燕生先生七旬诞辰纪念委员会,1967:381.

③ 刘永济,述论.文学论[M].长沙:湘鄂印刷公司,1922:3.

按:《文学论》版本众多,而笔者所见最早版本由长沙的湘鄂印刷公司于1922年4月出版(未标注是否为初版),其目录之前有《自序》,正文之后附录《古今论文名著选》(含例言、目录以及45篇诗文)。《自序》也见于上海的文光书局于1931年11月出版的署名为"文学研究社"的《文学论》,以及上海的商务印书馆于1934年6月出版的署名为"刘永济"的《文学论》。文光书局本与商务印书馆本从《自序》到目录再到正文,几乎完全一致。据此可推断,文光书局本的作者其实就是刘永济。文光书局本与商务印书馆本最主要的不同点有三:其一,前者在正文之后,还有"附录四种",即《古今论文名著选》《参考表》《引用人名汇考》(包括其后的《外国人名汇考》)以及《引用篇籍备检》四文,而后者则没有;其二,后者在正文之后有《历代修正文字表》,而前者则没有;其三,前者使用旧式句读符号,而后者则使用新式标点符号。《文学论》曾被抽取大部分内容(包括《自序》)而凝结为《中国文学通论》,登载于《学衡》1922年9月第9期第1-48页。

④ 常乃惪.论文学的起源[M]//常乃惪.常燕生先生遗集:第七册杂著一.黄欣周,编.沈云龙,校.台北:常燕生先生七旬诞辰纪念委员会,1967:381.

⑤ 刘永济,述论.文学论[M].长沙:湘鄂印刷公司,1922:22.

悉就己身在社会中之所感受,并其读书理解之所得,选取其中最重要之部分,即彼所视为人生经验之精华者,乃凭艺术之方法及原则,整理制作,借文字以表达之,即成为文学作品。"①社会是人之社会,而人的生存和生活即人生,所以社会其实又是人生之社会。进而言之,吴宓揭举文学是人生之表现,其实也就是在论证文学是社会之表现。后来,他又多次阐发并强调这一观点。在 20 世纪 30 年代,他不但为清华大学高年级学生开设名为"文学与人生"的文学课程,还在课堂上几度倡言"文学是人生的表现"②,一再强调文学表现社会的观点。

既然文学起源于社会又表现社会,那么文学作品之价值的有无、高低,自然也就取决于文学作品是否具有社会功用,即是否契合社会或裨益社会。事实上,大凡民国保守主义者都秉持这一观点。常乃惪就对此作过精妙的阐发:文学创作主体"用表达自己情感的方法去唤起他人的共鸣","如果他的情感是和成千百万的群众打成一片,有了民胞物与的精神,则他的作品必然可以唤起成百千万人的共鸣,那作品便可以成为伟大,如果他的情感不止和一代的群众打成一片,并且具有超时间的生命力,能够在任何时代中都唤起读者的共鸣,则这种作品不但是伟大,并且是不朽的了"③。显然,常乃惪是以文学作品能在多大程度上引起接受主体的共鸣,作为评判文学作品之价值的标准。至于他所谓的共鸣,又源于文学作品对社会的契合或裨益。所以,他实际上是以文学作品契合或裨益社会的程度来评判文学作品的价值。其实,常乃惪此前还曾更为明确地阐发过这一观点:一部文学作品"能在社会上传播与否(包涵空间的广播和时间的永续),则全视其作品含有社会共同意识之多少为判"④,而"一件伟大不朽的文学创作,应该必然是社会集团意识的表现,即创作者的个人天才能够与社会集团的灵感(假如我们以为创作需要灵感的话,换一个名词也可以)为一"⑤。进一步地,他还指出:"当一个文学者在创作的时候,自身混合接受了社会集团(无论是一个民族

---

① 佚名[吴宓].文学与人生[N].大公报[天津版],1928-1-9(9)[副刊《文学》第 2 期].
按:该文的全文连载于《大公报》(天津版),始于 1928 年 1 月 9 日(第 8790 号)第 9 版(副刊《文学》第 2 期),终于 1929 年 11 月 25 日(第 9465 号)第 13 版(副刊《文学》第 98 期)。

② 吴宓.文学与人生[M].王岷源,译.北京:清华大学出版社,1993:16.
按:该书由吴宓于 20 世纪 30 年代为清华大学高年级学生开设"文学与人生"课程时所作的讲稿整理而成,其原作内容多为英语。

③ 常燕生[常乃惪].怎样才能创作伟大的文学[J].时代文学,1948,1(1):1.
按:该文的文题之下附注"常燕生先生遗著",且文后附注"三五、六、八"(1946 年 6 月 8 日)。

④ 燕生[常乃惪].文学的社会理论[J].青年生活[上海 1935],1936,1(17/18):9.

⑤ 燕生[常乃惪].文学的社会理论[J].青年生活[上海 1935],1936,1(17/18):9-10.

或一个国族)无数代以来构成的集团意识,把这种意识(内中包括集团的使命,目的,苦痛,经验,等等)用个人的手腕再表现出来,能够唤起集团中各分子的共鸣,这就是最伟大的文学。其次虽不能代表整个集团的意识,而也可以代表集团中一部分人的意识,能够唤起一部分人的共鸣的,是第二流的文学。仅仅发挥个人的性灵,伸诉个人的志愿,而表现手腕尚好,能够唤起一部分同病相怜者的共鸣的,是第三流的文学。空费创作之力而不能唤起一点社会的反应或共鸣者,是死的文学,是文学上的僵骨。"①可见,常乃惪非常看重文学作品对社会所能产生的功用。其他民国保守主义者也都和常乃惪一样极为看重文学作品的社会功用,并锐意阐发社会功用在很大程度上影响甚或决定文学作品之价值的观点。

民国保守主义者对文学作品之社会功用的强调和阐发,既是其秉持的"载道论"和"明道论"的重要内容之一,又是其对传统的"文以载道说"和"文以明道说"的一种延续,因为传统的"文以载道说"和"文以明道说"同样强调文学作品的社会功用。大体而言,传统的"文以载道说"具有偏重政治实用的倾向,而传统的"文以明道说"则具有偏重伦理教化的意味。实际上,民国保守主义对文学作品之社会功用的强调和阐发,也主要围绕这两个方面展开。

就政治实用的层面而言,民国保守主义者认为文学与政治相辅相成而密不可分。一向主动疏离政治的"战国策"派的沈从文曾论道:"谈及文学运动分析它的得失时,有两件事值得我们注意",而其中之一便是"民国十八年后,这个运动又与国内政治不可分,成为在朝在野政策工具之一部"②。沈从文之言意在批判当时的文学运动沦为政治工具,但同时也揭示文学与政治存在着密切的关系。"学衡"派绝大多数成员也向来都主动疏离政治,而其精神领袖吴宓则更是如此。然而,一向寡于谈政、议政的吴宓也曾指出:"政

---

① 燕生[常乃惪].文学的社会理论[J].青年生活[上海1935],1936,1(17/18):10.
② 沈从文.新的文学运动与新的文学观[J].战国策[昆明1940],1940(9):1.
按:该文登载于《战国策》(昆明1940)1940年8月5日第9期第1-5页,此后又登载于《战国策》(上海1941)1941年3月15日第1卷第3期第167-172页。此外,该文还被扩写并改文题为《文学运动的重造》,登载于《文艺先锋》1942年10月25日第1卷第2期第3-6页。其文后附注"卅一年九月一日昆明"(其中的时间即1942年9月1日),且附注之后有按语:"在本刊第一期《敬致作家与读者》一文中,曾提到我们的愿望'开辟新中国文艺的新境界。'我们不能否认这几年来,新文艺对于抗建已经尽了、而且正尽着它最大的贡献;同时也得承认文学运动,乃至艺术运动都还在生长期中,事实上更需要多方面的尝试与探讨。沈先生本文所抉发的,虽然有些确是疮疤,也带着隐痛;虽然有些指摘私人,涉及作家做人的态度;虽然未免苛刻一点,本诸春秋责贤之义,当不失为一种严正的看法。这也就是我们刊载本文的理由。至于沈先生远把理想寄托于未来,但更重要的似乎还是现在。于此尤愿能由本文引起一番检讨,也能有补于当前。有人说道:'在文艺方面冷静严正的批评都是维持健康的良药,有作用的谩骂与标榜都是艺术良心薄弱的表现。'我想在这里是可以提供读者参考的。——编者"

治乃显著于外之事功,文学则蕴蓄于内之精神,互为表里,如影随形。政治之得失成败因革变迁,每以文学之趋势为先导为枢机。而若舍政治而言文学,则文学将无关于全体国民之生活,仅为文人学士炫才斗智消遣游戏之资。"①由此,他认为:"欲提高政治而促进国家之建设成功,应先于文学培其本、植其基、浚其源。而欲求文学之充实发挥光大,亦须以国家政治及国民生活为创造之材料、为研究之对象、为批判之标准。"②虽然吴宓深知文学与政治相辅相成,但他以及整个"学衡"派对现实政治都疏于深入研究而从未真正地在其文学作品(包括论文或杂文)中直接地谈政、议政。不过,除"学衡"一派而外,民国保守主义阵营中的其他各流派都不乏精研政治者,尤其是"甲寅"派、"醒狮"派、"战国策"派这三大流派,多在其论著中直接地谈政、议政。至于源出于"学衡"派而后又成为"战国策"派主将的陈铨,则更是通过创办期刊《民族文学》并力倡民族文学运动的形式,将民国保守主义者注重文学之政治实用的"载道论"演绎得淋漓尽致。

就伦理教化的层面而言,民国保守主义者认为文学与伦理相伴相生,一如文学与政治相辅相成般同样密不可分。在众多民国保守主义者当中,"甲寅"派的章士钊是极为重视文学之政治实用的人,但他在论及文学与伦理的关系时指出,"文者,孕育理道以传于后,而非徒文墨笔砚之为也",所以"非有伦理基本观念,万说无自而立"③。从中不难看出,章士钊也极为重视文学的伦理教化。事实上,章士钊对文学之政治实用的注重,并不废其对文学之伦理教化的重视。"学衡"派的吴宓则更有"心口不一"之嫌:虽在口头上言之凿凿地揭举文学与政治相辅相成,却在实际的文学创作和文学批评的过程中,更偏重文学的伦理教化作用。他力主以"转移风俗,端正人心"④为文学批评的标准,并且尤其偏爱那种"表现高超卓越之理想想象与情感"⑤且"必求有修养精神、增进人格之能力,而能为人类上进之助"的文学作品。《学衡》登载的文章,几乎篇篇都有他加注的按语(或文前或文中或文后),而这些按语往往都透露出他力主文学创作和文学批评以伦理教化为主要功用。在《白璧德中西人文教育谈》的文前,他更在自己加注的按语中明确表达其视文学创作和文学批评为"人文教育即教人以所以为人之道"⑥的一种。

---

① 佚名[吴宓].本副刊之宗旨及体例[N].大公报[天津版],1928-1-2(5)[副刊《文学》第1期].
② 佚名[吴宓].本副刊之宗旨及体例[N].大公报[天津版],1928-1-2(5)[副刊《文学》第1期].
③ 孤桐[章士钊].文俚平议[J].甲寅[北京1925],1925,1(13):7.
④ 吴宓.文学研究法[J].学衡,1922(2):5.
⑤ 胡先骕.文学之标准[J].学衡,1924(31):3.
⑥ [美]白璧德[Irving Babbitt].白璧德中西人文教育谈[J].胡先骕,译.学衡,1922(3):2.
按:引文出自吴宓在该文的文前加注的按语("吴宓附识")。

大凡民国保守主义者都注重文学的政治实用和伦理教化,但在二者之中更偏重伦理教化,因为他们往往更强调文学"有教育底功用,可以作为一种教育的工具"①。注重文学的伦理教化之用又不偏废其政治实用之功,恰恰是民国保守主义者秉持的"载道论""明道论"与传统的"文以载道说""文以明道说"的相通之处,而这与胡适、陈独秀等新文学革命者主张的"情感论"和"思想论"又针锋相对。因为,民国保守主义者秉持的"载道论""明道论"以及传统的"文以载道说""文以明道说"都注重表现社会的、普遍的人生,而新文学革命者主张的"情感论""思想论"却偏于表现个人的、特殊的人生。也正是因为这种区别的存在,颇受西方文学及西方诗学影响的新文学革命者,非常强调创作的激情,并试图达到亚里士多德所说的情感"宣泄"(catharsis)的效果,最终致使在传统文学中并不发达甚或根本不存在的西方文学意义上的浪漫主义文学盛极一时。与此相反,大部分民国保守主义者都主张情感的节制,反对情感的泛滥,因而他们对当时的浪漫主义文学多有微词。不失客观地说,在民国保守主义阵营中,最为反对浪漫主义文学的流派是"学衡"派。这一方面固然是因为他们认同传统的"文以载道说""文以明道说"而坚持其"载道论""明道论",另一方面则在很大程度上是因为他们深受美国文学批评家白璧德及其新人文主义理论的影响。"学衡"派的主要成员都是白璧德的门生或信徒,而白璧德的新人文主义理论恰恰就强调情感的克制与道德的救赎,主张以文化力量尤其是道德力量来拯救世界。因之,白璧德及其新人文主义理论对"学衡"派的反浪漫主义文学思想甚或反浪漫主义思想势必有所影响。从这个角度而言,"学衡"派认同传统的"文以载道说""文以明道说"并秉持其独特的"载道论""明道论",其实也有白璧德及其新人文主义理论的影响存在。

不过,民国保守主义者都是极富主体意识的现代知识分子,无论是西方新说还是传统旧论,都不足以完全左右甚或决定他们审视世界、评判世界的眼光。事实上,民国保守主义者从来都不反对浪漫主义文学本身,而只是反对那些片面强调个人情感之宣泄而充斥个人主义的末流的浪漫主义文学作品。常乃悳曾特意撰写专文批判代表"个人的思想和情感"的"个人主义的文学",同时提倡代表"整个社会的思想和情感"的"集团主义的文学"②。后来,他又撰写专文明确"集团主义的文学"应该"充分表现国族的共同意识,拥护国族的共同利益",并主张"以意志的文学代替感伤的文学,以革命的文

---

① 冯友兰.新理学[M].长沙:商务印书馆,1939:267.
② 常燕生[常乃悳].对于现代中国个人主义文学潮流的抗议[J].国论[上海 1935],1936,1(7):2.

学代替奴隶的文学"①。从中不难看出,常乃惪极为反对"个人主义的文学"以及那些充斥个人主义的末流的浪漫主义文学作品。但是,常乃惪并不反对浪漫主义文学本身。非但如此,他甚至还曾宣扬浪漫主义文学,并且不无夸张地说:"中国要复兴,整个的民族生活态度必须浪漫化,要民族浪漫化,先得从文学艺术上发扬出浪漫的精神。"②事实上,即使是最为反对浪漫主义文学的"学衡"派,也是如此。"学衡"派确实曾竭力反对并极力抨击的浪漫主义文学,往往都是那种"空虚的"③"放荡的"④又充斥个人主义的末流的浪漫主义文学作品——"惟尚感情,不计道理,只图我能尽情说出,而不顾说了之后所生罪恶"⑤。但是,"学衡"派自始至终都没有否认过浪漫主义文学本身的存在合理性。

总之,在民国保守主义者看来,个人的、特殊的情感宣泄根本不是文学作品的真正价值之所在,而那种表现社会的、普遍的人生且进而契合甚或裨益社会、人生的文学作品才具有真正的价值。当然,民国保守主义者最终还是认为文学作品实现其价值的关键在于依靠"道"的原则指导,因为文学作品一旦缺乏"道"的原则指导就会迷失方向而不知所谓。所以说,民国保守主义者之所以重"道"且以"道"为文学创作之根基,主要就是因为他们认为,文学既源自社会又表现社会,而文学作品的价值则取决于文学作品的社会功用,即取决于文学作品对社会的契合程度或裨益程度。

(二)文学形式论之"文言论"和"旧诗论"

"文学须兼具内资⑥与外形之义。内质指思想感情而言,外形指格律、声调、结构、词藻等而言。"⑦大凡人们在谈论文学时,都会涉及文学的内在本质意义——"指思想感情而言"和外在形式表现——"指格律、声调、结构、词藻等而言",亦即涉及文学本质论和文学形式论。事实上,无论是民国保守主义者秉持的"载道论""明道论",还是新文学革命者主张的"情感论""思想

---

① 平子[常乃惪].论集团主义的文学[N].青年中国[上海 1946],1947-2-15(3).
按:该文此后又登载于《大中国》1947年6月6日第1期("创刊号")第21-22页(署名改为"燕生")。
② 常燕生[常乃惪].新浪漫主义与中国文学[J].青年生活[上海 1946],1946(1):12.
③ 刘永济,述论.文学论[M].长沙:湘鄂印刷公司,1922:111.
④ 刘永济,述论.文学论[M].长沙:湘鄂印刷公司,1922:112.
⑤ 吴芳吉.吾人眼中之新旧文学观[J].东北大学周刊,1927(42):3.
按:该文登载于《东北大学周刊》1927年12月7日第42号第3-9页。据查,该文此前曾登载于《湘君》1922年6月第1期(页码不详)。
⑥ 原文如此,"内资"疑为"内质"之误。
⑦ 吴宓.文学入门[J].湘君,[出版年不详](3):41.

论",甚或传统的"文以载道说""文以明道说",虽都偏于文学本质论,却也都关涉文学形式论。在传统诗学中,探讨文学本质论和文学形式论之关系的理论被称为"文质论"。"文质论"之"质"即指文学作品的内在本质意义,关涉文学本质论;而"文质论"之"文"则指文学作品的外在形式表现,关涉文学形式论。一般认为,"质""文"作为关涉文学本质论和文学形式论的对举概念始于《论语·雍也》:"子曰:'质胜文则野,文胜质则史。文质彬彬,然后君子。'"①孔子这句原本意在揭示君子人格之内在品质与其外在仪表对立统一的名言,不但成为"质""文"这对诗学概念的源出之处,还被引申为诗学断语——"文质统一说"。"文质统一说"主张文学作品的内在本质意义与其外在形式表现和谐统一,亦即主张"质""文"并重。与"文质统一说"相对,传统诗学史上还有重"质"轻"文"的"质胜文之说"和重"文"轻"质"的"文胜质之说"。先秦时期,传统道家、传统墨家、传统法家便主张重"质"轻"文"的"质胜文之说",更有甚者如《庄子·缮性》谓"文灭质,博溺心"②。及至魏晋南北朝时期,重"文"轻"质"的"文胜质之说"又颇为流行,世人往往"竞一韵之奇,争一字之巧"③。不过,从总体上来说,传统儒家"质""文"并重的"文质统一说"是传统诗学史上影响最为广泛的"文质论"。

然而,主要以阐发传统的儒家之道、儒家道德为思想核心的传统的"文以载道说""文以明道说",往往会因为过于强调文学的伦理教化意义或政治实用意义而产生忽视甚或排斥文学的外在形式表现的倾向,亦即出现重"质"轻"文"的倾向。这种倾向曾在讲究道学(理学)的宋代发展到极致,如周敦颐说"文辞,艺也;道德,实也"④,而程颐则谓"作文害道"⑤。不可否认,历史上那些彻底贯彻传统的"文以载道说""文以明道说"的封建文人,往往就会

---

① 阮元,审定.论语注疏解经卷第六:雍也第六[M].卢宣旬,校.何晏,等,集解.邢昺,疏//阮元,审定.重刊宋本十三经注疏附校勘记:重刊宋本论语注疏附校勘记.清刻本.南昌:南昌学堂,1816(清嘉庆二十一年):7.

② 佚名[庄周].庄子卷第六:缮性第十六[M]//佚名[庄周].庄子.郭象,注.陆德明,音义.石印本.[出版地不详]:扫叶山房,1922:3.
按:《庄子》的扉页正中印有"庄子"两个大字,右上印有"民国十一年三月"(1922年3月)七个小字,而左下则印有"扫叶山房石印"六个小字。

③ 魏徵,等.卷六十六:列传第三十一·李谔[M]//魏徵,等.隋书:第五册.北京:中华书局,1973:1544.

④ 周敦颐.卷十:文辞第二十八[M]//周敦颐.周子全书:中.上海:商务印书馆,1937:180.

⑤ 佚名[程颐].河南程氏遗书第十八:伊川先生语四[M].刘元承,手编//佚名[程颢,程颐].二程全书.吴廷栋,校刻.清刻本.六安:求我斋,1871(清同治十年):66.
按:《周子全书》没有使用旧式句读符号或新式标点符号,而引文中的新式标点符号为笔者酌情添加。该书的封面题"二程全书",目录题"河南程氏遗书",而版心则题"程氏遗书"。该书的扉页仅印"同治十年六安求我斋刊板存金陵"(其中的时间即1871年)十四个大字。

产生重"质"轻"文"的倾向。于是,历史上的一些所谓文学作品便往往都是"代圣贤立言"①之作,既充斥说教意味,又毫无艺术美感,尤其是那些浩如瀚海的科举应试帖和练习帖,绝大多数都是这类作品的典型之作。新文学革命者之所以反对传统的"文以载道说""文以明道说",除了是因为他们认为新时代的文学并不必须以道德(尤指依托于传统儒家之道的传统儒家道德)为本外,更是因为他们认为传统的"文以载道说""文以明道说"存在着重"质"轻"文"之弊。所以,新文学革命者对传统的"文以载道说""文以明道说"的反对,其实不只着眼于文学本质论,还涉及文学形式论(这其实意味着新文学革命者在"文质论"层面秉持着"质""文"并重的"文质统一说")。吴芳吉之所以在《再论吾人眼中之新旧文学观》中首先便申说"载道""明道"无害于文学作品之价值,恰恰就是因为新文学革命者尖锐地指出了传统的"文以载道说""文以明道说"往往催生教条式的说教作品而非艺术性的文学作品这一客观存在的不良现象。实事求是地说,新文学革命者批判传统的"文以载道说""文以明道说"重"质"轻"文"不无道理。至于民国保守主义者阐发的"载道论""明道论",虽然在阐释"道"的方面不同于传统,但在强调"道"的方面又不逊于传统。这似乎意味着新文学革命者就"文质论"层面对传统的"文以载道说""文以明道说"作出的批判,同样适用于批判民国保守主义者秉持的"载道论""明道论"。但事实并非如此,因为民国保守主义者虽重"质",却也不轻"文",而其重"质"之论其实也包含着一些不轻"文"的内容。

民国保守主义者曾在重新诠释"道"并极度重视"道"的基础上,更进一步地将"道"升华为文学创作和文学批评的首要标准。具体而言,他们往往将"道"等同于"善"和"真",并将其凌驾于"美"之上。在"现代新儒家"派的冯友兰看来,大凡蕴含"道"——"人道,即道德底标准"②的"艺术作品",都"适宜于社会生活"且"能使人觉一种境而引起一种善底情"③。从中可以看出,冯友兰视"道"为"善"。不过,冯友兰所谓的"道"符合"人道,即道德底标准",所以他将"道"与"善"相等同也不无道理。从诗学的角度看去,冯友兰的论断显然是专就文学本质论而言,即专就"质"而言。与冯友兰有所不同的是,吴芳吉视"道"为"真",并在诗学的层面上兼及"质"与"文"两个方面。他曾说:"文学境界,固不必真。屈子庄生之为幻,固矣。《水浒》《红楼》,何

---

① 司空图;袁枚.诗品集解;续诗品注[M].郭绍虞,集解;郭绍虞,辑注.北京:人民文学出版社,1963:3.
按:引文出自《诗品集解》引用的杨振纲所撰《诗品解》之语。
② 冯友兰.新理学[M].长沙:商务印书馆,1939:267.
③ 冯友兰.新理学[M].长沙:商务印书馆,1939:266.

莫非幻？然终不嫌其为幻者,以世事本属至幻,惟有识者能见幻中之真。何以辨真？曰天理人情。合于天理人情者,虽幻不害其真。不合于天理人情者,虽真而实为幻。"①此处所谓的"天理人情"可以被纳入民国保守主义者所谓的极富真理性的"道"之中,而吴芳吉此言显然是将"道"等同于"真"。至于他所谓的"真",只是艺术真实而非客观真实。所以,他将"道"等同于"真",实际上是意谓文学文本虽必须符合情理,却并不必须拘泥于具体事件。正如德国著名美学家、文学批评家以及接受美学创始人沃尔夫冈·伊瑟尔(Wolfgang Iser,1926—2007)所言,"现实、虚构与想像之三元合一的关系是文学文本存在的基础",尽管"文本中弥散着大量的具有确定意义的词语,它们来源于社会,来源于一些非文本所能承载的现实",可是"这种现实本身,对文本并没有多大的意义,因为,文本并不为了追求现实性而表现现实的"②。从这个角度来看,吴芳吉的论断也不无道理。这一论断其实又兼顾了"质"与"文",因其既可以就文学作品的内在本质意义而论,又可以就文学作品的外在形式表现而言(尤其是就文学创作过程中的取材、用料的层面而言)。在将"道"等同于"善"和"真"的基础上,民国保守主义者又进一步地将"道"凌驾于"美"之上。"学衡"派的景昌极说:"善之于人,较美尤要……美者一人一时之善,善者多人多时之美。多人多时者,自较一人一时者为尤要耳。"③不难看出,景昌极已然将"善"之化身——"道",凌驾于"美"之上。从文学之美的角度而言,"美"实际上至少包含内在本质意义之美和外在形式表现之美两个方面,而景昌极显然专就内在本质意义之美而论,即专从"质"的角度而论。

　　冯友兰、吴芳吉和景昌极等人的论断,从不同的侧面展现了民国保守主义者阐发"道"与"真""善""美"之联系以及阐发"文质论"时秉持的观点。不过,在这两个方面最能代表民国保守主义者之观点的是刘永济的论断。刘永济曾指出:"人生莫不有思,所思合理,即为道德。能思合理,即为智慧。换言之,即所思者善,能思者真。再换言之,所思者真即善,能思者善即真。真善齐同,则美。文学者具能思真之才,所思者善,而供献其真善于人生以文学之美也。故真与善者,文学家之学识也。具此学识不欲正言质言以强聒于人,而以巧妙之法,用文字感化人。不欲空言抽象之理于人,而以具体的表现,使人自领悟。故文学家不可无道德与智慧,而纯正文学非质言道德

---

① 吴芳吉.再论吾人眼中之新旧文学观[J].学衡,1923(21):11.
② [德]伊瑟尔[Wolfgang Iser].虚构与想象:文学人类学疆界[M].陈定家,汪正龙,等,译.长春:吉林人民出版社,2003:15.
③ 景昌极.信与疑[真伪善恶美丑之关系][J].学衡,1925(47):17.

与智慧之事也。"①刘永济将"道"与"真""善""美"之联系,同"文质论"紧密地结合起来而展开论述。这在系统地揭示出"道"关乎"真""善""美"的同时,又全面地阐释了"道"及"真""善""美"既关乎文学之"质",又关乎文学之"文",从而得以推出文学必须以"道"为根基又不能无视文学之外在形式表现的结论。不难看出,刘永济虽重"质",却也不轻"文"。"学衡"派的胡先骕曾说:"为文者,既求其质之精良,亦须兼顾其形之美善。"②类似这种的"文质统一说"之论,其实是所有民国保守主义者在"文质论"层面比较统一的看法,同时又是所有民国保守主义者秉持的"载道论""明道论"的重要内涵之一。

"文质论"只是横亘于文学本质论和文学形式论之间的间性诗学。所以,民国保守主义者与新文学革命者就"文质论"而展开的论辩,既不完全属于文学本质论的范畴,也不完全属于文学形式论的领域。民国时期,完全意义上的关涉文学形式论的论争,以"白话论"与"文言论"之争、"新诗论"与"旧诗论"之辩为主要表现形式。当时,新文学革命者"以为从历史进化眼光去看,白话文学必然成为文学正宗"③,所以他们主张抛弃传统,改换源自口语的白话语言为书面用语,进而改行白话体和新诗体的创作。但是,一部分民国保守主义者认为白话语言有其天然的缺陷,所以他们主张延续传统,坚守相沿成习的文言语言为书面用语,从而坚持文言体和旧诗体的创作。由此,双方在文学形式论的层面上展开了"白话论"与"文言论"之争以及"新诗论"与"旧诗论"之辩。

实事求是地说,"白话论"和"新诗论"都并非胡适、陈独秀等新文学革命者的发明或创造。这是因为,早在晚清时期就已有人提出与之相类似的主张。1861年,时为太平天国④干王的洪仁玕就在《戒浮文巧言谕》一文中提出为文应"使人一目了然",主张"不须古典之言"⑤。1868年,时为晚清秀才的

---

① 刘永济.述论.文学论[M].长沙:湘鄂印刷公司,1922:99.
② 胡先骕.文学之标准[J].学衡,1924(31):3.
③ 沈从文.白话文问题——过去当前和未来检视[J].战国策[昆明 1940],1940(2):13-21.
按:该文登载于《战国策》(昆明 1940)1940 年 4 月 15 日第 2 期第 13-21 页;此后又改文题为《白话文问题》,登载于《战国策》(上海 1941)1941 年 2 月 15 日第 1 卷第 2 期第 104-113 页(文前附注"过去当前和未来检视")。
④ 太平天国(Taiping Heavenly Kingdom),后期曾先后改称上帝天国、天父天兄天王太平天国,其起止时间为 1851 年 1 月 11 日至 1864 年 7 月 19 日。
⑤ 洪仁玕.戒浮文巧言谕[M]//洪仁玕.洪仁玕选集.扬州师范学院中文系,编.北京:中华书局,1978:53.
按:该文原为洪仁玕于 1861 年根据太平天国领袖天王洪秀全的批示,向全国军民发出的改革文风的"谕"。

黄遵宪又在《杂感》一诗中倡言"我手写我口,古岂能拘牵"①,主张引白话语言入诗。戊戌变法前后,潜心西学且致力于维新改良的裘廷梁更曾组织"白话学会",编印《白话丛书》,创办《无锡白话报》,并发表著名的《论白话为维新之本》,明确地提出"崇白话而废文言"②的口号。也正因如此,裘廷梁成为白话文运动的先驱。应该说,"白话论"和"新诗论"本是晚清时期"诗界革命"③"文界革命"④"小说界革命"⑤的延续。不过,真正将白话体和新诗体之创作发展成为一种影响广泛的社会运动的却是新文化运动时期的新文学革命,而这又与胡适的"八不主义"密不可分。新文学革命者在主张"情感论"和"思想论"之时,就已预示着他们将会进一步地推出"白话论"和"新诗论"。这是因为,他们提出的富含纯粹抒情的"情感论"和偏于个人独善的"思想

---

① 黄遵宪.卷一:杂感[M]//黄遵宪.人境庐诗草.上海:商务印书馆,1937:7.
② 裘廷梁.论白话为维新之本[J].中国官音白话报,1898(清光绪二十四年)(19/20):2.
按:该文登载于《中国官音白话报》1898 年 8 月 27 日("光绪二十四年七月十一日")第 19/20 期("第十九二十期")合刊第 1-5 页,此后又登载于《北京新闻汇报》1901 年 9 月 26 日(无期号,但版心标注"光绪辛丑八月十四日",即 1901 年 9 月 26 日)第 1-6 页,还被收录到《清议报全编》之《附录:群报撷华》的"卷二十六:附录二群报撷华专论"第 60-65 页(无署名,文题之下附注"无锡白话报")。《中国官音白话报》所载之文的文后附录《附开办白话学会简明章程》,且该章程的文后题署"光绪戊戌七月无锡白话报启"(其中的时间即 1898 年 8 月 17 日至 9 月 15 日之间)。
③ 任公[梁启超].汗漫录[J].清议报,1900(清光绪二十六年)(35):5.
按:该文的全文连载于《清议报》1900 年 2 月 10 日("孔子二千四百五十一年/光绪二十六年岁次庚子/正月十一日")第 35 册("第三十五册")第 1-5 页(文题之下附注"一名半九十录")、20 日("孔子二千四百五十一年/光绪二十六年岁次庚子/正月廿一日")第 36 册("第三十六册")第 1-4 页、3 月 11 日("孔子二千四百五十一年/光绪二十六年岁次庚子/二月十一日")第 38 册("第三十八册")第 1-4 页(文题之下附注"一名半九十录"),此后又被收录到《清议报全编》之《第贰集:名家著述》的"卷七:名家著述第四至第九"第 1-20 页(文题之下附注"一名半九十录")。后来,《汗漫录》还改文题为《夏威夷游记》而被收录到《饮冰室合集》之《专集第五册》的"饮冰室专集之二十二"第 185-196 页,其文题之下附注"(旧题汗漫录又名半九十录)己亥",且文后有按语:"光绪二十五年冬,先生由日本到夏威夷岛居半年。庚子夏将入美,旋因义和团之变,知友促速返国,匆匆东归。后游南洋、澳洲各地,又到日本。至光绪二十九年,始游美。旧有《夏威夷游记》之作收入文集,兹附于《新大陆游记》后,以类相从,记其岁月先后如右。编者识。"(其中的时间依次为 1899 年冬、1903 年;原文没有使用旧式句读符号或新式标点符号,而引文中的新式标点符号为笔者酌情添加)。《汗漫录》(或称《夏威夷游记》)主要由各篇日记连缀而成(仅起首数行为类似序言的文字),其 1899 年 12 月 25 日日记写道:"要之支那非有诗界革命,则诗运殆将绝。"由此,梁启超倡言"诗界革命"。
④ 任公[梁启超].汗漫录[J].清议报,1900(清光绪二十六年)(36):4.
按:该文的 1899 年 12 月 28 日日记写道:"中国若有文界革命,当亦不可不起点于是也。"由此,梁启超倡言"文界革命"。
⑤ 佚名[梁启超].论小说与群治之关系[J].新小说,1902(清光绪二十八年),1(1):8[总 8].
按:该文登载于《新小说》1902 年 11 月 14 日("光绪二十八年十月十五日")第 1 年第 1 号("第一年第壹号")第 1-8 页(总第 1-8 页),此后又被收录到《饮冰室合集》之《文集第四册》的"饮冰室文集之十"第 6-10 页。该文的文末写道:"故今日欲改良群治,必自小说界革命始,欲新民,必自新小说始。"由此,梁启超倡言"小说界革命"。

论",包含着对传统的"文以载道说""文以明道说"重"质"轻"文"以致因重视"质"而钳制"文"之不当倾向的批判,从而隐含着形式解放甚或形式自由的因子。事实上,胡适的"八不主义",几乎条条都关涉文学形式论,而其中几条则更是纯粹地为"白话论"和"新诗论"张目,鲜明者如"务去滥调套语""不用典""不讲对仗""不避俗字俗语"等。客观地说,胡适的论断多有其合理之处,这也是"白话论"和"新诗论"被绝大数当时的国人接受的主要原因之一。但同样客观地说,"八不主义"关于文学形式论的阐释以及具体的"白话论"和"新诗论"都存在着或多或少的局限,而信奉"白话论""新诗论"的创作主体则在进行白话体和新诗体之创作的过程中,又充分暴露了这两大论的一些弊端甚或缺陷。冯友兰曾说:信奉"白话论""新诗论"的创作主体"不但专在西洋文学中找花样,而且专在西洋文学中找词句"①,以至于他们创作的白话体作品和新诗体作品"教人看着,似乎不是他们'作'底,而是他从别底言语里翻译过来底",甚至"不但似乎是翻译,而且是很坏底翻译",其中"新诗的成绩最不见佳"——新诗体作品"令人看着,似乎是一首翻译过来底诗"②。"战国策"派的陈铨则说:"鲁迅先生提倡直译,生硬不通的字句,曾经替中国语文",留下了"坏影响",造成了"坏风气"③。冯友兰和陈铨二人分别从不同的角度揭举了白话体和新诗体之创作的流弊,而这些流弊之所以会出现,主要就是因为新文学革命者肯定和倡导的白话语言,在很大程度上就是"一种'披着欧洲外衣',负荷了过多的西方新词汇,甚至深受西方语言的句法和韵律影响的语言"④。正是因为这些流弊的存在,一部分民国保守主义者才反对"白话论""新诗论"而批判白话体和新诗体之创作,并针锋相对地提出"文言论"和"旧诗论"而坚持文言体和旧诗体之创作。

"八不主义"中的"务去滥调套语""不用典""不讲对仗""不避俗字俗语"等几条虽然各有其特定的含义,但在根本上都是为"白话论"和"新诗论"张目。在《再论吾人眼中之新旧文学观》中,吴芳吉曾对"八不主义"逐条展开

---

① 冯友兰.评艺文(新事论之八)[J].新动向[昆明 1938],1939,2(2):454.
按:"新事论"共分 12 篇,依次为《别共殊》《辨城乡》《明层次》《说国家》《原忠孝》《谈儿女》《阐教化》《评艺文》《判性情》《释继开》《论抗建》《赞中华》。"新事论"12 篇连载于《新动向》(昆明 1938),始于 1938 年 9 月 15 日第 1 卷第 7 期第 211-217 页,终于 1939 年 5 月 10 日第 2 卷第 8 期 647-653 页。后来,《明层次》《说国家》《原忠孝》三篇又依次登载于《游干特刊》1939 年 8 月 20 日第 1 辑第 1-6 页、第 6-12 页、第 12-18 页.
② 冯友兰.评艺文(新事论之八)[J].新动向[昆明 1938],1939,2(2):455.
③ 佚名[陈铨].编辑漫谈[J].民族文学,1943,1(3):114.
④ [美]史华慈[Benjamin I. Schwartz].《"五四"运动的反省》导言[M]//史华慈.史华慈论中国.许纪霖,宋宏,编.北京:新星出版社,2006:90.

批驳，从而表露出他在文学形式论层面主张"文言论""旧诗论"而反对"白话论""新诗论"的思想倾向。

胡适在阐释"务去滥调套语"一条时指出："人人以其耳目所亲见亲闻所亲身阅历之事物，一一自己铸词以形容描写之。但求其不失真，但求能达其状物写意之目的，即是工夫。"① 显然，胡适专就用词而论，而其所谓的"滥调套语"则主要指传统的文言旧词。吴芳吉敏锐地看到了这一点，于是他首先便指出"滥调套语"的说法本身就意味着文言旧词"用之甚广、传之弥久"，因此文言旧词"必有其可取之处"而不应被尽数除去②。接着吴芳吉又退一步而论道：文言旧词固然存在被滥用、套用的现象，但白话新词其实也不免于此。当时创制的白话新词大体上可分为几类：如心灵类的"生命""灵魂""印象""观念""幻象"等，感观类的"心弦""泪泉""眼帘""耳鼓""气息"等，态度类的"牺牲""奋斗""抵抗""挣扎""打破"等，动作类的"凭肩""握手""微笑""抱腰""接吻"等，恋爱类的"恋爱""爱恋""失恋""标致""漂亮"等，科技类的"神经""血管""色素""音波""电流"等，政治类的"平民""贵族""阶级""奴隶""产业"等，拟化类的"救主""天使""爱神""秋姊""风姨"等，隐喻类的"光明""黑暗""淫嚣""沉闷""恐怖"等，儿字类的"蝶儿""花儿""鸟儿""月儿""雪儿"等，的字类的"金的""玉的""红的""绿的""白的"等，叠字类的"怯怯的""轻轻的""缓缓的""匆匆的""微微的"以及"懒洋洋的""羞答答的""赤条条的""闷沉沉的""活泼泼的"等，叠词类的"颤颤巍巍的""遮遮掩掩的""呢呢喃喃的""颠颠倒倒的""断断续续的"等，音译类的"安琪儿""密司脱""白兰地""梵阿玲""摩托卡"等。吴芳吉指出："凡此诸词皆新文学家之所惯用，欲为新文学家尤在熟记乎此。"③ 客观而言，当时创制的这些白话新词确实在不同程度上存在着被滥用、套用的现象，而新文学革命者还往往以这些白话新词相呼号、标榜，如他们"不曰勤而曰劳动，不曰俭而曰节制，不曰仁而曰良心，不曰义而曰服务，甚至不曰感兴而曰烟士披里纯，不曰游宴而曰辟克匿克，不曰科学而曰赛因斯，不曰民本而曰德谟克拉西"④ 等。由之，吴芳吉戏谑道："为新派解者，必又曰：'凡烂套，皆当去。'固无分乎新旧，此乃务去烂套之真意也。"⑤ 但是，吴芳吉实际上并不赞同"凡烂套皆当去"。在吴芳吉看来，用词之关键"全视运

---

① 胡适.文学改良刍议[J].新青年[上海1915],1917,2(5):5.
② 吴芳吉.再论吾人眼中之新旧文学观[J].学衡,1923(21):12.
③ 吴芳吉.再论吾人眼中之新旧文学观[J].学衡,1923(21):14.
④ 吴芳吉.再论吾人眼中之新旧文学观[J].学衡,1923(21):3.
按："烟士披里纯""辟克匿克""赛因斯""德谟克拉西"分别为英语"inspiration"（意为"灵感"）、"picnic"（意为"野餐"）、"science"（意为"科学"）、"democracy"（意为"民主"）的音译。
⑤ 吴芳吉.再论吾人眼中之新旧文学观[J].学衡,1923(21):14.

用者手段之高下",所以对于文言旧词和白话新词都"不必务求铲除,但养成吾高明之手段",同时也都"不必务求取用,但视察其自然之时机"①。换言之,吴芳吉主张词之是否烂套不能作为舍弃或保留该词的标准。应该说,吴芳吉对"务去滥调套语"一条的批驳既符合事实又入情入理。

  客观地说,胡适在提出"务去滥调套语"一条的时候原本有其美好的初衷。不过,"务去滥调套语"一条本身也确实有其客观局限。除了吴芳吉批驳的几点外,"务去滥调套语"一条的最大流弊在于,它倡言的"自己铸词"四字,导致当时的文学界甚或整个文化界刮起了一股狂热的造词之风。显然,胡适所谓的"自己铸词"其实就是指自铸白话新词。胡适提出"自己铸词"一事的初衷未必不对,但自铸白话新词的现实产生了"生吞活剥,削足适履"的弊端,因为那些不明就里又求新求异的人们往往以"务必处处合于西洋文字的意义"②为自铸白话新词的准绳。不惟如此,当时还有不少人甚至不惜以音译外文词作为自铸白话新词的主要方式之一,从而制造出了诸多令人颇感莫名其妙、啼笑皆非的所谓白话新词。一些由外文翻译而来的白话新词,如"密司脱"(即"Mr.",源出于英语,意为"先生")、"布尔什维克"(即"Bolshevik",源出于俄语,意为"多数派")、"奥伏赫变"(即"aufheben",源出于德语,意为"扬弃")等,往往令不少初次接触者觉得比文言旧词更加晦涩难懂。当然,在当时创制的诸多白话新词中,也不乏佳词妙语而沿用至今者,例如音译类译自英语的"迷思"(即"myth")、"幽默"(即"humour")、"时髦"(即"smart")、"沙发"(即"sofa")、"咖啡"(即"coffee")等。但从总体上来看,白话新词的泛滥成为白话体作品和新诗体作品令人难以卒读的一大主要原因,而这在事实上影响了白话体作品和新诗体作品的广泛传播。这一事与愿违之客观现实或客观流弊的出现,恐怕是大出胡适的意料之外。

  胡适的"不用典"一条,其实是"务去滥调套语"一条的注解或补充,因为典故显然也属于"滥调套语"之列。需要指出的是,胡适曾明确说"狭义之典,吾所主张不用者也"③,而他所谓的"不用典"主要就是指不使用"狭义之典",亦即不使用那些"比例泛而不切""刻削古典成语"以致"不合文法""失其原意""使人不解"④的所谓典故。不过,胡适又补充说明道:"狭义之典亦有工拙之别。其工者偶一用之,未为不可。其拙者则当痛绝之已。"⑤。可

---

① 吴芳吉.再论吾人眼中之新旧文学观[J].学衡,1923(21):14-15.
② 吴芳吉.吾人眼中之新旧文学观[J].东北大学周刊,1927(42):4.
③ 胡适.文学改良刍议[J].新青年[上海 1915],1917,2(5):7.
④ 胡适.文学改良刍议[J].新青年[上海 1915],1917,2(5):8.
⑤ 胡适.文学改良刍议[J].新青年[上海 1915],1917,2(5):7.

见,胡适其实只是反对使用拙劣的"狭义之典",但并不反对使用工整的"狭义之典"。至于"(甲)古人所设譬喻""(乙)成语""(丙)引史事""(丁)引古人作比""(戊)引古人之语"等"广义之典",胡适更不反对使用,而只是说"可用可不用"①。不难看出,胡适充其量只是主张尽量地不用典,而并不是主张完全地不用典。事实上,"不用典"一条的实质并不在于是否主张用典,而在于极力倡导以新式语词创作白话体作品和新诗体作品。当然,所谓新式语词仍然是指白话新词。也正因如此,吴芳吉从阐发"用典之要有五"②及论证"典无广义狭义之称,只有合法与不合法之用"③的角度批驳胡适的"不用典"一条,便显得并没有抓住问题的核心,反倒是他略微提及的"新派不知用典"④之说才稍稍触及了问题的核心。吴芳吉指出:"近自白话文学之言大倡。举国风从之者,咸秉其有什么话、说什么话,要怎样说、就怎样说之旨,以为凡有口舌能说话者,皆文学家矣。于是书足以记姓名之辈,皆从事于作品之发表。其不解修辞反对用典,自属情理。"⑤吴芳吉的论断揭示了白话体和新诗体之创作的又一大流弊,即一些信奉"白话论""新诗论"的创作主体往往因为对传统文化失于理解、研究而拙于用典甚或根本不会用典,从而制约了他们创作的白话体作品和新诗体作品的艺术性。应该说,胡适的"不用典"一条本有其合理之处,因为似是而非之典故的运用往往会令文学作品变得晦涩难懂。但"不用典"一条在客观上又导致了信奉"白话论""新诗论"的创作主体,刻意抵制用典或以"不用典"之说掩盖其对传统文化的无知,甚或粉饰其怠于学习、研究传统文化之举,最终则致使一些白话体作品和新诗体作品毫无艺术性可言。

胡适主张"务去滥调套语"及"不用典"都是为了引出"白话论"和"新诗论",而"不避俗字俗语"及"不讲对仗"两条则是直接地阐发"白话论"和"新诗论"。在不主张用旧词、不主张用旧典的基础上,胡适提出"不避俗字俗语"而引民间白话入文、入诗。在胡适看来,"施耐庵曹雪芹吴趼人为文学正宗",而"白话文学之为中国文学之正宗,又为将来文学必用之利器,可断言也",所以他"主张今日作文作诗,宜采用俗语俗字"⑥。对此,吴芳吉首先指出"白话之字,亦文言之字",即"文字本身且无白话文言之分别",所以无所

---

① 胡适.文学改良刍议[J].新青年[上海 1915],1917,2(5):6.
② 吴芳吉.再论吾人眼中之新旧文学观[J].学衡,1923(21):15.
③ 吴芳吉.再论吾人眼中之新旧文学观[J].学衡,1923(21):17.
④ 吴芳吉.再论吾人眼中之新旧文学观[J].学衡,1923(21):18.
⑤ 吴芳吉.再论吾人眼中之新旧文学观[J].学衡,1923(21):18.
⑥ 胡适.文学改良刍议[J].新青年[上海 1915],1917,2(5):10.

谓"俗语俗字之避不避"①。旋即，吴芳吉又指出："窥新派真意所辨，似不在此。新派固常谓口里能说出、笔下能写出者，便为文章。其不避俗语俗字之真意，殆可糊乱写去，不必顾忌者耳。"②吴芳吉的措词有些情绪化，但所论不无道理。胡适主张"不避俗字俗语"而引民间白话入文、入诗，确实有以口中所言作为笔下所书的倾向，亦即混同"言"与"文"③的倾向。与胡适不同，吴芳吉显然是主张"言"与"文"相区别。客观地说，胡适与吴芳吉的观点都各有其道理而难分对错，因为无论是白话语言还是文言语言，都只是一种文学之外在形式表现层面上的工具，无关文学作品之根本价值或意义。其实，"不避俗字俗语"一条的流弊，主要在于充斥俗字、俗语的作品往往给人以庸俗、低劣之感。因为与"雅"相悖，人们甚至不视此类作品为文学作品。当然，这是就当时的批评眼光而论。在今天看来，"俗"与"雅"也不能成为评判文学作品之价值或意义的标准之一。就"白话论"与"文言论"之争的角度而言，胡适提出的"不避俗字俗语"一条的最大意义在于，明确地阐发了使用白话语言为文作诗的理论主张，而吴芳吉的论断则显然没有从根本上驳倒"白话论"。"不避俗字俗语"一条是胡适阐发其"白话论"的核心之所在，而"不讲对仗"一条则是胡适阐发其"新诗论"的核心之所在。虽然说着重阐发"白话论"的"不避俗字俗语"一条以及"务去滥调套语""不用典"等几条也都隐含着"新诗论"——"新诗论"的一大特征就在于以白话新词作诗甚或引俗字、俗语入诗（这其实意味着"新诗论"是"白话论"的衍生论），但"八不主义"直接为"新诗论"张目的其实是"不讲对仗"一条。"不讲对仗"一条不无偏颇地认为"骈""律"是"文学末技"，进而主张"不当枉废有用之精力于微细纤巧之末"，应当"废骈废律"④。其中，"废律"主张的主要意义在于打破传统格律（字数、句数、平仄、押韵、对仗等方面的作诗规范）对诗歌创作的限制而解放诗歌的外在形式表现，从而为形式自由之新诗体的产生和崛起奠定理论基础。吴芳吉对"不讲对仗"一条的反驳，始终执着于"骈""律"为"文学末技""微细纤巧之末"等语。尽管吴芳吉深知"诗之真伪，仍无关于哲理韵律之有无者也"⑤，但还是颇为激愤地力陈平仄、押韵、对仗等之于诗文的重要性。更为有趣的

---

① 吴芳吉.再论吾人眼中之新旧文学观[J].学衡，1923(21):25.
② 吴芳吉.再论吾人眼中之新旧文学观[J].学衡，1923(21):25.
③ "言"又称"语"，即口头所说之话——日常口语，而"文"则是指笔下所撰之文——书面用语。为统一起见，本书一律采用"言"和"言文"而非"语"和"语文"的表述形式。
④ 胡适.文学改良刍议[J].新青年[上海1915]，1917，2(5):9.
⑤ 吴芳吉.四论吾人眼中之新旧文学观[J].学衡，1925(42):4.

是，他还引证了几首胡适创作的新诗体作品，如"头也不回，汗也不揩"①，"作客情怀，别离滋味"②，"头发偶有一茎白、年纪反觉十岁轻"③等，指出其中无不存在着对仗，从而达到了"以子之矛陷子之楯"④的强烈讽刺效果。不过，吴芳吉终究还是没有真正地在文学形式论的层面上探讨新诗体的利弊得失。

就文学形式论的角度而言，胡适在《文学改良刍议》中提出的"八不主义"，基本上就涵盖了新文学革命者在"白话论"和"新诗论"方面提出的主要观点，而吴芳吉在《再论吾人眼中之新旧文学观》中逐条批判"八不主义"的论断，也大致呈现了民国保守主义者在"文言论"和"旧诗论"方面坚持的主要观点。但是，由于《再论吾人眼中之新旧文学观》主要是针对"八不主义"展开逐字逐条式的批驳，所以吴芳吉未能深入地揭举"白话论"和"新诗论"的利弊得失，尤其是没有真正地涉及"新诗论"的利弊得失，同时也未能深入地阐发民国保守主义者秉持的"文言论"和"旧诗论"。需要强调的是，并非所有的民国保守主义者都一致赞同"文言论""旧诗论"而极力反对"白话论""新诗论"，但绝大多数民国保守主义者又都对"白话论""新诗论"有所指摘——尽管这些民国保守主义者并不完全反对"白话论""新诗论"。事实上，在民国保守主义阵营中，秉持"文言论""旧诗论"而反对"白话论""新诗论"的流派，主要是"学衡"派和"甲寅"派。在一众民国保守主义流派中，惟有"学衡"派以文学研究或文化研究为主。但诞生于新文学革命时期的"学衡"派，其文学观又往往与新文学革命者的文学观针锋相对。因此，"学衡"派也是最先并最为有力地从诗学层面抗击新文学革命而致力于丰富传统诗学的民国保守主义流派——吴芳吉即"学衡"派的重要成员之一。不过，就"白话论"与"文言论"之争以及"新诗论"与"旧诗论"之辩的角度而言，"学衡"派虽曾兼及这两个方面，却又以论诗为主。就在"学衡"派诞生后不久，以章士钊为核心的"甲寅"派又横空出世，并迅速地加入到反抗新文学革命之列。至此，吴宓

---

① 胡适.上山[J].新潮,1919,2(2):257.
按：该诗登载于《新潮》1919年12月1日第2卷第2号第257-258页，此后又登载于《南开周刊》1925年11月9日第1卷第9号第14页、《时兆月报》1929年7月1日第24卷第7期正文后第3页（原刊未标页码）。

② 胡适.新婚杂诗[J].新青年[上海1915],1918,4(4):312.

③ 胡适.白话诗八首[之二]:赠朱经农[J].新青年[上海1915],1917,2(6):1.
按：该文登载于《新青年》(上海1915)1917年2月1日第2卷第6号第1-2页，而《赠朱经农》一诗则为其中的第二首。后来，该文又被选取四首白话诗并改文题为《白话诗四首》，登载于《通俗周报》1917年4月24日第6期第31-32页，而《赠朱经农》一诗则为其中的第一首。

④ 佚名[韩非].卷第十五:难一第三十六[M]//佚名[韩非].韩非子.石印本.[上海]:隆文书局,1924:8.

主持的《学衡》与章士钊主编的《甲寅》(北京 1925)形成南北呼应之势,共同对抗陈独秀主编的《新青年》(上海 1915),亦即对抗新文学革命以及新文化运动。在这个过程中,"甲寅"派恰恰以批判"白话论"、阐发"文言论"为主。

"甲寅"派的章士钊在论及新文化运动的时候,往往会不由自主地评说、比较"白话论"和"文言论"之优劣得失。可以说,他批判"白话论"、阐发"文言论"的论述既比比皆是,又零乱分散。不过,这些批判之论大体上可归纳为三种观点,即"文美白陋"(文言美而白话陋)、"文简白繁"(文言简而白话繁)以及"文活白死"(文言活而白话死)。

在章士钊看来,文言体比白话体更具美感,而白话体则较文言体显得粗陋。他指出:"凡长言咏叹,手舞足蹈,令人百读而不厌者,始为美文。"[①]不难看出,章士钊所谓的美,主要就文学作品的外在形式表现而言。胡适曾多次称颂白话体极富美感,但他所谓的美,其实主要就文学作品的内在本质意义而论。也正因如此,章士钊说:"适之谓本身有美,此美其所美,非吾之所谓美。"[②]此外,他曾放言:"文章形式之事,非精神之事也。"[③]这句话虽不无偏激,却不折不扣地反映出章士钊极为重视文学的外在形式表现及文学的外在形式表现之美。在章士钊看来,文学的外在形式表现之美又具化为:"言之短长,声之高下,与意之疾徐轻重,适然相应。使人读之,爽然如己之所欲出,而未审其道何由。"[④]也就是说,文学的外在形式表现之美具体地表现为语句之长短错落有致、声调之高下搭配得宜,二者又与文意之轻重缓急严丝合缝。"言之短长""声之高下"及"意之疾徐轻重"都与声韵有关,而从接受主体的角度来说,则都与阅读时朗朗上口的程度密切相关。因之,章士钊可能更多的是针对胡适的"不讲对仗"一条蕴含的"废骈废律之说"[⑤],而主要强调声韵对于增进文学作品之美感具有重要的影响作用。也正因如此,他认为"从白话中求白话",即用源自日常口语的白话语言创作的白话体作品,简直是"雅不欲再,漠然无感",进而反诘白话体作品"美从何来"[⑥]。由之,他批判"白话论"、阐发"文言论"的"文美白陋"之论便油然而生。不过,他也曾强调过:"以白话文言,愚固非谓白话文必不可为也。特于白话中求白话,无有是处。"[⑦]客观地说,章士钊从文学形式论的角度论断"文美白陋"不无道理。

---

① 孤桐[章士钊].答适之[J].甲寅[北京 1925],1925,1(8):5.
② 孤桐[章士钊].答适之[J].甲寅[北京 1925],1925,1(8):5.
③ 章士钊.文论[J].甲寅[北京 1925],1927,1(39):9.
④ 章士钊.文论[J].甲寅[北京 1925],1927,1(39):9.
⑤ 胡适.文学改良刍议[J].新青年[上海 1915],1917,2(5):9.
⑥ 孤桐[章士钊].答适之[J].甲寅[北京 1925],1925,1(8):5.
⑦ 孤桐[章士钊].疏解轊义[J].甲寅[北京 1925],1925,1(11):7.

胡适主张废除的"骈""律",包含着对仗、平仄、押韵等为文作诗的规则,而这些规则确实能够为文学作品的外在形式表现之美增色不少。反观不受这些规则约束的白话体作品,其外在形式表现也确实难以称得上美。正因如此,章士钊说:"作白话而欲其美,其事之难,难如登天。"[①]但是,文学作品之美与否并不仅仅取决于形式一端,所以章士钊从文学形式论的层面论说文言体美、胡适从文学本质论的层面论说白话体美都各有其理——二者其实根本未曾真正交锋。至于章士钊说白话体"差足为记米盐之代耳"[②],则显然是夹杂意气之争的气愤之言和不公之论。

应该说,"文简白繁"之论实际上是"文美白陋"之论的内涵之一,因为章士钊所谓的"文言美",本身就蕴含着文言体用词用句简洁凝练的内容。不过,"文简白繁"之论更为主要的是针对胡适引俗字、俗语入文、入诗而言,从而与"文美白陋"之论有所区别。一方面,章士钊认为:"文事之精,在以少许胜人多许。文简而当,其品乃高。"[③]另一方面,他又认为:"文之为道,要在雅训。俚言之屏于雅,自无待论。"[④]不难看出,章士钊的这些论断隐现着清代"桐城"派的身影。事实上,章士钊在为文方面就主要师法"桐城"派,并积极奉行"桐城"派力求简洁、力避俚俗的行文用语之主张。毋庸讳言,胡适主张"白话论"本就有针对"桐城"派之意,而章士钊批判"白话论"、阐发"文言论"则又有遵复"桐城"派之意。然而,刨去"桐城"派这一层的纠葛,并且不论"雅训"的问题,章士钊从用词用句之简繁的角度批判白话体而作出的白话体不简洁的论断也有其合理性。白话体的一大特征是大量使用"的""啊""吗""了""呢"之类的助词或感叹词,而章士钊也敏锐地发现了这一点。于是,他往往从这类词的引入使文学作品变得冗长繁复的角度批判白话体的用词用句之弊。章士钊称"的""啊""吗""了""呢"之类的助词或感叹词为"骈枝字"[⑤],并将之归入"俚言"之列,而他对"骈枝字"或"俚言"之功用的理解又关涉他对中国"言""文"分离现象的阐释。章士钊指出,中国文字以象形和单音为特征,所以同音又异形、异义之字特别多。并且,这类字只宜于"目治"而不能"耳治",即目视一字可辨别该字(指字形和字义方面),而耳闻一字(指发音方面)却不能辨别该字(指字形和字义方面)[⑥]。正是因为"吾国

[①] 孤桐[章士钊].答适之[J].甲寅[北京1925],1925,1(8):5.
[②] 孤桐[章士钊].答适之[J].甲寅[北京1925],1925,1(8):5.
[③] 孤桐[章士钊].文俚平议[J].甲寅[北京1925],1925,1(13):6.
[④] 孤桐[章士钊].文俚平议[J].甲寅[北京1925],1925,1(13):5.
[⑤] 孤桐[章士钊].答适之[J].甲寅[北京1925],1925,1(8):5.
[⑥] 行严[章士钊].评新文化运动[N].新闻报,1923-8-22(4)["第一张"之"第四版"].

语文，自始即不一致，以字为单音，入耳难辨"，所以具有"便耳治"之用的"骈枝字"或"俚言"在"语言中为独多"①。但是，章士钊认为："语以耳辨，徒资口谈。文以目辨，更贵成诵。"②也就是说，在章士钊看来，"骈枝字"或"俚言"的作用或意义也就仅限于"言"而无关于"文"，至于强行以"言"入"文"则势必会有害于"文"，尤其是有害于文学的外在形式表现之美。正是基于这一认识，章士钊进而揭举了白话体的一大流弊："凡说理层累之文，恒见五六的字，贯于一句，亘二三十言不休。耳治既艰，口诵尤涩。运思至四五分钟，意犹莫明。请遣他词，源乃不具。谋易他句，法亦不习。臃肿堆垛，为势僵然。"③显然，章士钊指斥了白话体因大量使用"骈枝字"或"俚言"而变得拖泥带水、冗长繁复，却又"书不尽言，言不尽意"④的弊病。虽然并非所有的白话体作品都存在着章士钊揭举的这种弊病，但章士钊的论断恰恰揭举了白话体确实存在的一大弊端。一篇白话体长文往往可以用一篇文言体短文来表达，而一篇文言体短文则常常需要一篇白话体长文来承载。正因如此，即使是那些并不完全排斥白话体的民国保守主义者，也对白话体多有微词。如"学衡"派的吴芳吉就与章士钊所见略同而曾指斥"以啊呀呢吗等字累赘插入"的白话体颇为"拖沓"⑤，又如"醒狮"派的常乃惪曾直言"文言比白话要简短些"⑥。白话体的冗长繁复之弊显见于白话体初创时期的白话体作品，但其实也常见于当下白话体成熟时期的白话体作品。客观地说，白话体的冗长繁复之弊是白话体的天生局限而无法被克服。在各种条件都相当的情况下，文言体相对于白话体而言确实具有简洁凝练的优势。也正因如此，章士钊反对"以纷毂为尚"且"以驳冗为高"的白话体，并坚守"贵剪剟纷毂"又"宜整齐驳冗"的文言体⑦。应该说，章士钊从"文简白繁"的角度批判"白话论"、阐发"文言论"也确有其合理之处。

"文美白陋""文简白繁"两论都主要从空间层面上（并奠基于同一空间）论辩文言体和白话体之优劣得失，而"文活白死"一论则主要是从时间层面

---

① 孤桐［章士钊］.答适之［J］.甲寅［北京 1925］，1925，1(8)：5.
② 行严［章士钊］.评新文化运动［N］.新闻报，1923-8-22(4)［"第一张"之"第四版"］.
③ 孤桐［章士钊］.文俚平议［J］.甲寅［北京 1925］，1925，1(13)：5.
④ 阮元，审定.周易兼义卷第七：周易系辞上第七［M］.卢宣旬，校.王弼，韩康伯，注.孔颖达，等，正义//阮元，审定.重刊宋本十三经注疏附校勘记：重刊宋本周易注疏附校勘记.清刻本.南昌：南昌学堂，1816(清嘉庆二十一年)：30.
⑤ 吴芳吉.吾人眼中之新旧文学观［J］.东北大学周刊，1927(42)：6.
⑥ 燕生［常乃惪］.白话与文言的用法［J］.京报副刊，1925-3-15(4-5).
按：该文的文后附注"三月十三日。"
⑦ 孤桐［章士钊］.文俚平议［J］.甲寅［北京 1925］，1925，1(13)：6.

上论辩文言体和白话体之优劣得失。在阐发"不避俗字俗语"时,胡适曾说:"与其用三千年前之死字(如'于铄国会、遵晦时休'之类),不如用二十世纪之活字。与其作不能行远不能普及之秦汉六朝文字,不如作家喻户晓之《水浒》《西游》文字也。"①胡适此言,其实是视文言语言为"死字"、白话语言为"活字"。推而论之,文言体就是"死文体",而白话体则是"活文体"。对此,章士钊针锋相对地反驳道:"文言贯乎数千百年,意无二致,人无不晓。俚言则时与地限之,二者有所移易,诵习往往难通。黄鲁直之词,及元人之碑碣,其著例也。如曰死也,又在彼而不在此矣。"②从表面上看去,章士钊此言在申辩文言语言才是"活字"的同时,又以牙还牙地讥讽白话语言才是"死字"。实际上,章士钊此言也意谓文言体才是"活文体",而白话体则是"死文体"。不难看出,这颇具反唇相讥的意味。应该说,胡适的论说比较偏激,而章士钊的论说则比较准确。这并不是说章士钊反唇相讥的文言体为"活文体"、白话体为"死文体"一说符合客观事实,而是说章士钊对胡适在论述文言体与白话体之差异的过程中所表现出的言论逻辑和思想主张的批判合情合理。不可否认,文言体曾作为主流文体相沿数千年,这便足以证明文言体并不是只适合一时一地而不会发展的"死文体"。事实上,文言体在胡适、章士钊等人生活的时代仍被普遍使用——就连胡适、陈独秀等新文学革命者为新文学革命立论的《文学改良刍议》《文学革命论》等文,也是用文言语言写作的文言体作品,而这便足以证明文言体尚未死去。其实,即使时至今日,白话体完全取代了文言体而成为主流文体,文言体也不过是将死未死。"数千年以来,中国人使用一种文言,差不多等于欧洲的拉丁,中间也有一些小小的改动,但是大体上并没有什么变迁。二千多年以前孔孟老庄的书,二千多年以后的中国人,一样地诵读。"③文言体之所以时至今日也只是将死未死,主要就是因为文言体隐含着各地及古今都基本一致的作文规范和阅读规范而不太受时移势易的影响。至于胡适所谓的白话体之"活",又恰恰存在着章士钊讥讽的白话体之"死"的弊病,即白话体作品,尤其是那些奠基于小地方之方言俗语的白话体作品,既往往因受地域限制而不易为他地之人所辨识,又往往因时移势易而不为所有后人所知晓。例如诞生于晚清时期的中国第一部方言小说《海上花列传》,虽被胡适盛赞为"苏州土话的文学的第一

---

① 胡适.文学改良刍议[J].新青年[上海1915],1917,2(5):10.
② 孤桐[章士钊].评新文学运动[J].甲寅[北京1925],1925,1(14):4-5.
③ 陈铨.文学运动与民族运动[J].军事与政治,1941,2(2):54.

部杰作"①,却恰恰因为充斥"苏州土话"(吴语白话)而未能在当时及后来广泛流行。在从时间层面上论辩文言体与白话体之优劣得失的过程中,章士钊论文言体之"活"、白话体之"死",基于从古至今乃至未来的广大时间视域,而胡适论白话体之"活"、文言体之"死"却局限于一时的狭隘时间视域。所以,章士钊的论说相对客观,而胡适的论说则不免有所偏颇。

不可否认,作为"白话论"的主要倡导者和积极践行者,胡适诸多阐述白文体之优的论断都有其合情合理之处,而坚持"文言论"的章士钊对文言体之优的阐释也是言之凿凿、有理有据。因此,在"文言论"与"白话论"之争中,章士钊和胡适两人各执一词,互不服气。从唯物辩证法的角度而言,事物都有其利弊共存的两面性,而作为书面用语的文言语言和白话语言也是如此。章士钊与胡适各执一词、互不服气的根本原因就在于,他们都片面地努力阐发自己认可的书面用语之优势,同时又片面地使劲批判对方认可的书面用语之弊病。"文言论"与"白话论"之争固然属于文学形式论的范畴,但其根本在于"言""文"分离说和"言""文"合一说相冲突,并且密切关涉精英主义与平民主义之间的斗争。

长期以来,中国之"言"与中国之"文"相分离,而造成这种"言""文"分离现象的原因又很复杂。不过,汉字之字形、字音的特异之处,应该是造成这一现象最主要的客观原因,而一部分国人不断建立书面用语规范之举,则应该是造成这一现象最主要的主观原因。章士钊显然主张"言""文"分离,所以他维护已形成系统规范又可超越时空限制的文言体,同时反对尚未确立规范也不一定能超越时空限制的白话体。与章士钊相反,胡适主张"言""文"合一,明言"有什么话,说什么话;话怎么说,就怎么说"②,也就是意谓口中所言即为笔下所书。胡适这一主张的一大根据在于西方国家"言""文"相一致,但胡适只是片面地强调了当时的西方国家"言""文"一致,同时又刻意地遮蔽了历史上的西方国家也曾"言""文"相分离——不少西方国家在相当

---

① 胡适.海上花列传序[M]//花也怜侬[韩邦庆].海上花列传:第一册.汪原放,句读.上海:亚东图书馆,1926:24.

按:该文的文后附注"十五,六,三十,在北京"(其中的时间即 1926 年 6 月 30 日)。

② 胡适.建设的文学革命论[J].新青年[上海 1915],1918,4(4):290.

按:该文登载于《新青年》(上海 1915)1918 年 4 月 15 日第 4 期第 4 号第 289-306 页,此后又连载于《遂安教育公报》1920 年 8 月第 2 年第 6 期第 27-30 页(文题之下附注"录新青年四卷四号"),9 月第 2 年第 7 期第 21-28 页、11 月第 2 年第 9 期第 21-27 页。据该文和《文学改良刍议》这两文的文意推断,"有什么话,说什么话;话怎么说,就怎么说"还含有"有什么话,写什么话;话怎么说,就怎么写"之意。后来,胡适在其《胡适的尝试集坿去国集》(由上海的亚东图书馆于 1920 年 3 月出版)中的《尝试集》之《自序》第 39 页,又谓:"有什么话,说什么话;话怎么说,就怎么说。"

长的一段时期内都以源自异国的拉丁文写作而以本国语言交谈即是一例。事实上,胡适诸多为其"言""文"合一主张张目的论说都站不住脚。为推行其"言""文"合一主张及"白话论",胡适曾在陈独秀力主的"推倒雕琢的阿谀的贵族文学,建设平易的抒情的国民文学"①以及周作人所谓的"古文多是贵族的文学,白话多是平民的文学"②的基础上,生发出"文言属于贵族而白话属于平民"一类的说法。其实,胡适的这一说法既不客观也不准确,反而还颇有挑起政治纷争之嫌。显然,即使在封建社会,平民也可以学习并使用文言语言,而一些平民也恰恰是在学习并使用文言语言的基础上,才跻身上流社会(或官场)成为胡适所谓的贵族。至于贵族,在平日的交谈过程中显然也不会全然使用文言语言而完全不使用白话语言。不过,胡适的这一说法已趋近于精英主义与平民主义相斗争的现象。从古至今,文言语言是主要被仅占人口少数的上层人士有限使用的小众用"言"或用"文",而白话语言则是被构成人口总数的各阶层人士广泛使用的大众用"言"或用"文"。章士钊虽反对"文言属诸贵族,必白话始为平民"③的说法,但他主张"言""文"分离而秉持"文言论"就具有精英主义倾向,而且他的主张至少将会在书面用语方面加剧小众与大众的隔膜。胡适虽然在言说"文言属于贵族而白话属于平民"时并不客观、准确,但他主张"言""文"合一而秉持"白话论"就具有平民主义倾向,而且他的主张至少将会在书面用语方面缩小大众与小众的隔阂。所以说,"文言论"与"白话论"之争的根本在于"言""文"分离说和"言""文"合一说相冲突,并且密切关涉精英主义与平民主义之间的斗争。

平民是大众之中的大众,而当平民逐渐登上历史舞台时,作为大众用"言"或用"文"的白话语言势必也会焕发生机而取代作为小众用"言"或用"文"的文言语言。在这个时候,书面用语是否具有系统的规范不再重要,因为没有规范大可以慢慢地建立规范,而书面用语是否可以超越时空限制也不再重要,因为不同的时期、不同的地方都可以有不同的书面用语。历史的事实证明,易于平民学习又易于平民创作、阅读的白话体,最终在政治觉醒甚或掌握政治话语的平民的支持和推动之下完全取代了文言体。因此可以说,"文言论"与"白话论"都各有利弊,而"言""文"分离说和"言""文"合一说也各有千秋,至于哪一种论说可以取代另一种论说而独领风骚,关键就在于哪一种论说会被掌握政治话语的人群普遍接受。

在民国保守主义阵营中,"甲寅"派的章士钊对"白话论"的批驳最为有

---

① 陈独秀.文学革命论[J].新青年[上海 1915],1917,2(6):1.
② 仲密[周作人].平民文学[N].每周评论[北京 1918],1919-1-19(2-3).
③ 孤桐[章士钊].评新文学运动[J].甲寅[北京 1925],1925,1(14):5.

力和全面,但"学衡"派也曾不遗余力地批驳"白话论"。除吴芳吉以外,"学衡"派的吴宓、梅光迪、邵祖平等人都曾数度批驳过"白话论",并且多有鞭辟入里之见①。这其中,胡先骕的《中国文学改良论上》颇具代表性。该文主要是在宏观层面上探讨中国文学的出路,但它从文题到内容都显然有针对胡适的《文学改良刍议》的倾向。就"文言论"与"白话论"之争的角度而言,该文最大的特色在于从"言""文"分离的角度揭示了"文学自文学,文字自文字"②之理,并在阔谈古今中外之文学史实的基础上列举了诸多"白话不能全代文言之证"③,从而有力地反驳了胡适那种口中所言即为笔下所书之论。最为值得注意的是,胡先骕在该文中还从泛论文言语言、白话语言在为文方面表现出的长短差异,具体到论辩文言语言、白话语言在作诗方面表现出的优劣之别,从而开启了"学衡"派与新文学革命者之间的"旧诗论"与"新诗论"之辩。

在《中国文学改良论上》中,胡先骕明确地指出:"诗家必不能尽用白话,征诸中外皆然。"④中国旧诗体不用白话语言进行创作自是众人皆知而不必赘言,但难能可贵的是胡先骕列举了威廉·华兹华斯(William Wordsworth, 1770—1850)、罗伯特·布朗宁(Robert Browning,1812—1889)、乔治·戈登·拜伦(George Gordon Byron,1788—1824)、阿尔弗雷德·丁尼生(Alfred Lord Tennyson,1809—1892)、亨利·沃兹沃斯·朗费罗(Henry Wadsworth Longfellow,1807—1882)等近代西方著名诗人及其诗作,论证了西方近代诗歌也不尽用并且必不能尽用源自口语的白话语言进行创作。胡先骕指出:"Wordsworth,Browning,Byron,Tennyson,此英人近代最著名之诗家也。如 Wordsworth 之重至汀潭寺 Tintern Abbey 诗,理想极高洁而冲和,岂近日白话诗家所能作者?即其所用之字,如 Seclusion, Sportive, Vagrant, Tranquil, Tririol, Aspect, Sublime, Serene, Corporeal, Perplexity, Recompense, Grating, Interfused,Behold,Ecstasy 等,岂白话中常见之字乎?其他若 Byron 之 The Prisoner of Chillon,Tennyson 之 A Enone,Longfellow 之 Evangeline,皆雅词正音也。至 Browning 之 Rabbi Ben Ezra,则尤为理想高超之作。"⑤在揭举白话

---

① 参见吴宓的《论今日文学创造之正法》(《学衡》1923 年 3 月第 15 期第 1-27 页)、梅光迪的《论今日吾国学术界之需要》(《学衡》1922 年 4 月第 4 期第 1-7 页)、邵祖平的《论新旧道德与文艺》(《学衡》1922 年 7 月第 7 期第 1-11 页)等文。
② 胡先骕.中国文学改良论上[J].东方杂志,1919,16(3):169.
按:该文的文后附注"南京高等师范日刊"。
③ 胡先骕.中国文学改良论上[J].东方杂志,1919,16(3):171.
④ 胡先骕.中国文学改良论上[J].东方杂志,1919,16(3):170.
⑤ 胡先骕.中国文学改良论上[J].东方杂志,1919,16(3):170.

语言与诗歌创作并不存在必然之联系的同时,胡先骕又深入地阐发其反对新诗体、倡导旧诗体的根本原因。他指出:新文学革命者,尤其是中坚定地奉行"新诗论"的新诗体论者,大都"以为白话作诗,始能写实,能述意,初不知白话之适用与否为一事,诗之为诗与否又一事也"①。在胡先骕看来,"诗之为诗与否"的关键不在"写实"与"述意"之别,而在其是否为"美术之韵文";至于这"美术之韵文",则是指"以有声韵之辞句,传以清逸隽秀之词藻,以感人美术道德宗教之感想者"②。不难看出,胡先骕所谓的"美术之韵文",主要就是指符合传统格律的诗歌。显然,胡先骕认同传统格律对诗歌作出的规范,并认为传统格律一类的形式规范是诗歌之所以为诗歌而有别于其他文类的根本特征之所在。

胡先骕是最早阐发形式规范之于诗歌身份具有重要标识作用的民国保守主义者,而他的观点又为民国保守主义阵营中所有坚持"旧诗论"并钟爱旧诗体的旧诗体论者所共拥(实际上也为社会各界钟爱旧诗体之人所共拥)。在民国保守主义阵营中,"学衡"派多诗人或热爱诗歌之人,除胡先骕外,还有吴宓以及诗名远播的"白屋诗人"吴芳吉等。"学衡"派(尤其是"学衡"派中的诗人)对诗歌以及诗歌创作多有独到的见解,但他们都不约而同地主张诗歌形式的规范化。吴宓曾说:"诗与文之差别,仅诗用(一)切挚高妙之笔,(二)具有音律之文,而文则无之耳。(一)者属于内质,(二)者属于外形。"③不难看出,一如胡先骕,吴宓也以形式是否符合传统格律作为"诗之为诗与否"的关键。基于此,他提出了独具特色的"以新材料入旧格律"④的说法。吴宓认为:"今日旧诗所以为世诟病者,非由格律之束缚,实由材料之缺乏,即作者不能以今时今地之闻见事物思想感情,写入其诗,而但以久经前人道过之语意,陈陈相因,反覆堆塞,宜乎令人生厌。"⑤有鉴于此,他主张"仍存古近各体,而旧有之平仄音韵之律,以及他种艺术规矩,悉宜保守之,遵依之,不可更张废弃"⑥,并在此基础上"镕铸新材料以入旧格律"⑦。事实上,"学衡"派诗人及其他旧诗体论者在创作诗歌过程中就都遵循着这种"新材料——旧形式"⑧的既定模式,而"以新材料入旧格律"一说就是"旧诗论"

---

① 胡先骕.中国文学改良论上[J].东方杂志,1919,16(3):170.
② 胡先骕.中国文学改良论上[J].东方杂志,1919,16(3):170.
③ 吴宓.诗学总论[J].学衡,1922(9):3.
④ 吴宓.论今日文学创造之正法[J].学衡,1923(15):14.
⑤ 吴宓.论今日文学创造之正法[J].学衡,1923(15):14.
⑥ 吴宓.论今日文学创造之正法[J].学衡,1923(15):14.
⑦ 吴宓.论今日文学创造之正法[J].学衡,1923(15):15.
⑧ 吴宓.论诗之创作——答方玮德君[N].大公报[天津版],1932-1-18(8)[副刊《文学》第210期].

的根本主张之所在。就文学形式论的层面而言,"以新材料入旧格律"一说显然是主张以传统格律作为形式规范来规范诗歌创作。客观地说,"旧诗论"有其合理之处,但它与"新诗论"存在着不可调和的矛盾。"新诗论"其实并非中国本土自产的诗歌理论,因为"新诗论"之根远植于大洋彼岸的美国。20世纪初,美国诗界曾掀起一场声势浩大、影响广泛的"新诗运动",而这一运动的直接目的则在于破除美国诗坛模仿欧洲、附庸英国并讲究风雅的不良习气。"新诗运动"的发起者和拥护者认为,源自欧洲(主要是英国)的传统诗歌创作理论在诗歌形式方面存在固定、呆板之弊,不适合表现新的生活、思想和情感等,至于那种扬抑格的诗律格式则更是不适用于美国语言。于是,一种形式自由的自由诗体便在美国的"新诗运动"中应运而生,并逐渐成为被主流社会所接受的流行诗体。可见,美国的"新诗运动"具有反古典或反传统的意味,而美国的自由诗体则具有形式自由的特点。中国的新诗体论者恰恰是参考了美国的"新诗运动"以及美国的自由诗体而推出其"新诗论",所以中国的新诗体论者也反古典、反传统,并斥责传统格律一类的形式规范限定了诗歌形式、禁锢了诗歌创作主体的思想,进而主张突破规范限制、解放诗歌形式。正因如此,旧诗体论者与新诗体论者的最大分歧就在于诗歌的形式规范问题:前者主张诗歌需要形式规范并具体地以传统格律为诗歌形式之规范,后者因汲汲于破除传统格律以解放诗歌形式而以实际上并不具规范作用的自由形式为诗歌形式之规范。大凡新诗体论者,往往都贬斥旧诗体。不过,旧诗体论者并不完全都反对新诗体,如吴宓虽是坚定而执着的旧诗体论者,却曾明确说"予以为在今新诗(语体诗)可作"①。当然,但凡旧诗体论者都极为反对新诗体之诗在形式层面上表现出的自由性或无规范性。也正因如此,"旧诗论"与"新诗论"之辩在所难免。

主张以白话新词作诗的"新诗论"本是"白话论"的衍生论,但白话体之文后来取代了文言体之文成为主流之文,并在很大程度上消灭了文言体之文,而白话体之诗——新诗体之诗虽也取代了文言体之诗——旧诗体之诗,却并未在很大程度上消灭文言体之诗。这其中的原因不得不令人深思,但又一直未引起重视。应该说,新诗体之"成"与"利"在其破除传统格律、解放诗歌形式,而其"败"与"弊"则又在其尽弃传统格律、放纵诗歌形式。

传统格律从关涉字句之数量的字数、句数到关涉字句之音韵的平仄、押韵及至兼涉字句之数量与音韵的对仗等,都对诗歌创作作出了明确的规定甚或限制。显然,这在一定程度上确实不利于诗歌创作主体尽情地抒发情

---

① 吴宓.诗韵问题之我见[N].大公报[天津版],1932-1-18(8)[副刊《文学》第210期].

志。但是，如果说旧诗体在传统格律的规范下在一定程度上表现出一种重"文"轻"质"之倾向的话，那么新诗体则在破除格律限制、解放诗歌形式之主张的推动下，从一个极端走向了另一个极端，即由重"文"轻"质"之极端转向重"质"轻"文"之极端。诚然，诗歌之本质并不在于形式层面的规范，但形式层面的规范恰恰可使诗成为诗而不至蜕变或混同为其他文类。正是在传统格律的规范之下，古今每一首旧诗体作品都表现出鲜明的诗歌特征。反观那些实际上毫无规范可言的新诗体作品，篇幅极短者仅只一字（如北岛的《太阳城札记》组诗之《生活》①），篇幅较短者与警句无异（如顾城的《一代人》②），篇幅较长者则与小说相类（如刘复的《敲冰》③），而篇幅不长不短者又酷似散文（如周作人的《小河》④）。至于末流的新诗体作品，不仅不具诗歌之特征，其内容更是不知所谓。胡先骕曾说："诗之有声调格律音韵，古今中外，莫不皆然。诗之所以异于文者，亦以声调格律音韵故。"⑤可见，胡先骕认为诗歌最重要的形式规范在于音韵规范。音韵虽然同样不是诗歌之本质所在，却确实具有辨别诗歌之身份的功效。但是，早期的新诗体创作往往都不讲究音韵，而早期的新诗体创作主体甚至都刻意排斥押韵。也正因如此，当时许多人（包括但不仅限于民国保守主义者）都不承认新诗体之诗为诗，而民国保守主义者反对新诗体的一大理由也就是"新诗非诗"（意谓大凡新诗体作品都不是诗）。正是因为丧失规范，尤其是丧失音韵规范的新诗体之诗似诗非诗，胡适的好友朱经农身在美国却不辞万里致信提醒胡适道："'白话诗'应该立几条规则"，明确"'诗'与'文'之别"，"要想'白话诗'发达，规律是不可不有的"，"如果诗无规律，不如把废诗了⑥，专做'白话文'的为是"⑦。不过，没有规范也不需要讲究平仄、押韵的新诗体之诗却易于创作，也易于诗歌创作主体抒发情志。于是，新诗体创作风靡一时，而这即新诗体之"成"与

---

① 北岛.太阳城札记:生活[M]//杨克,陈亮,编选.朦胧诗选.北京:中国青年出版社,2009:27.
② 顾城.一代人[M]//杨克,陈亮,编选.朦胧诗选.北京:中国青年出版社,2009:144.
③ 刘复[刘半农].敲冰[J].新青年[上海 1915],1920,7(5):1-8.
④ 周作人.小河[J].新青年[上海 1915],1919,6(2):91-95.
按：该诗的诗后附注"八年一月二十四日"（1919 年 1 月 24 日）。
⑤ 胡先骕.评尝试集[J].学衡,1922(1):3.
按：该文的全文连载于《学衡》1922 年 1 月第 1 期第 1-23 页、2 月第 2 期第 1-19 页。
⑥ 原文如此，"把废诗了"疑为"把诗废了"之误。
⑦ 朱经[朱经农].无题["通信"栏目中朱经（朱经农）写给胡适的信件].新青年[上海 1915],1918,5(2):165.
按："通信"栏目中朱经（朱经农）写给胡适的信件之后题署"朱经白/六月五日。寄于美京。"朱经农在此信中还写道："文言有死有活，不宜全行抹杀"；"对于'文言''白话'，应该并采兼收而不偏废"；"有些地方用文言便当，就用文言;有些地方用白话痛快，就用白话"（第164页）；"主张专用文言而排斥白话，或主张专用白话而弃绝文言，都是一偏之见"（第164-165页）。

"利"。

应该说,早期新诗体创作活动的文学史意义远大于其文学意义,因为早期的新诗体创作活动虽有为新诗体的发展披荆斩棘而丰富诗歌形式的一面,却也制造了大量似诗非诗之作而鲜有真正的新诗体作品或精品新诗体作品。面对"新诗非诗"的质疑,新诗体创作主体也曾赋予新诗体以"纯诗化"的内涵而开始注重诗歌形式方面的格律规范。尤其是"新月"派诗人,他们明确地提出了新诗体的格律化主张,从而极大地推动了新诗体的形式从自由化或无规范化向规范化的转变。这一时期产生了诸多传诵至今的新诗体名篇,并尤以"新月"派代表诗人徐志摩的作品为多、为最。徐志摩的新诗体作品之所以流传广泛甚至传诵至今,一大原因就在于它具有音韵之美。新诗体从自由化转向规范化,尤其是开始注重音韵之美,这在某种意义上意味着新诗体败了,因为它表现出向注重格律的旧诗体复归的趋势。新诗体的这一发展趋势显然与旧诗体论者的主张若合符契,而吴宓也敏锐地看到了这一点。就在徐志摩逝世后不久,吴宓在自己主编的《大公报》(天津版)副刊《文学》上登载了大量悼念、品评徐志摩的文章,如《志摩的风趣》[①]《挽志摩君》[②]《大诗人—天才—徐志摩—和他的朋友们》[③]《我对于徐志摩的认识》[④]《志摩怎么了》[⑤]等。《文学》很少引介现代文学作家,更几乎不登载包括新诗体作品在内的白话体作品。但为了悼念徐志摩,吴宓一反常态,甚至还登载了老对手胡适为悼念徐志摩而创作的新诗体作品《狮子》[⑥]。吴宓之所以对徐志摩及徐志摩的诗歌作品青睐有加又眷顾备至,主要就是因为以徐

---

① 叶公超.志摩的风趣[N].大公报[天津版],1931-11-30(7)[副刊《文学》第 202 期].
② 吴宓.挽志摩君[N].大公报[天津版],1931-12-14(7)[副刊《文学》第 205 期].
按:该文由一首挽诗(旧诗体之七言律诗作品)及该挽诗后的诗叙(夹叙夹议式散文)组成。后来,该文又登载于《北晨学园哀悼志摩专号》1931 年 12 月 20 日(无期号)第 72 页,其诗叙与《大公报》(天津版)副刊《文学》第 205 期所载之文的诗叙不同,且该诗叙之后附注"十一月六日正午记"。
③ 杨丙辰.大诗人—天才—徐志摩—和他的朋友们[N].大公报[天津版],1932-1-11(8)[副刊《文学》第 209 期].
按:该文的署名之下附注"在百科学会讲"。
④ 唐诚.我对于徐志摩的认识[N].大公报[天津版],1932-2-1(8)[副刊《文学》第 212 期].
按:该文的文题之下附注"参阅本刊第二百零九期"。
⑤ 方玮德.志摩怎么了[N].大公报[天津版],1932-11-14(8)[副刊《文学》第 254 期].
按:该文的文题之左附注"诗人徐志摩君逝世周年纪念"。
⑥ 胡适.狮子[N].大公报[天津版],1931-12-14(7)[副刊《文学》第 205 期].
按:该诗登载于《大公报》(天津版)1931 年 12 月 14 日(第 10198 号)第 7 版(副刊《文学》第 205 期),此后又登载于《诗刊》1932 年 7 月 30 日第 4 期第 32 页。《大公报》(天津版)所载之诗的诗题之下附注"悼志摩",诗题之左附注"狮子是志摩住我家时最爱的猫",诗后附注"二十年,十二,二夜"(1931 年 12 月 2 日夜)。《诗刊》所载之诗的诗题之下附注"悼志摩",诗后附注"廿,十二,四"(1931 年 12 月 4 日)。

志摩为代表的"新月"派的新诗体格律化主张及其格律化新诗体作品,都被同样身为诗人又坚持认为"诗必具有音律 Metre"①的吴宓所认同,以至于吴宓对徐志摩产生"天下智谋之士,所见略同"②的惺惺相惜之感。徐志摩的溘然长逝使新诗体的格律化主张失去了一位最好的言传身教者,于是新诗体的格律化主张也随着徐志摩的离世而逐渐被抛弃。在 20 世纪 40 年代,陈铨曾对发展了近三十年的新诗体评述道:"中国白话诗运动,经过三个明显的阶段:第一是自由解放,第二的③谨严穿凿,第三是彷徨歧途,莫知所从。"④"谨严穿凿"的阶段大体上就是指"新月"派活跃、"纯诗化"盛行的 20 年代,而"彷徨歧途,莫知所从"的阶段则是指新诗体的格律化主张渐趋失势、新诗体的形式规范再度缺失的 30 年代及 40 年代。虽然陈铨"深信白话诗能够成立,旧诗词的形式,不能充分表达现代中国人的感情",而新诗体那种"简单的格调,单纯的感情,至少比较容易引起别人的同感",但他也不得不承认一个客观事实,即"时至今日,白话诗已不为人重视,报纸勉强登载,读者见着头疼"⑤。陈铨指出,新诗体之所以迅速走向衰弱,"主要原因,恐怕是现代诗人作品,成功者凤毛麟角,其余大都草率从事,不下工夫",以至于新诗体作品"不是粗俗不堪,就是读者不懂","尤其是没有音节,形同散文"⑥。可以说,新诗体后来主要就是因为完全抛弃格律化主张、完全丧失形式规范而回归到新诗体初创时期毫无规范可言的放纵状态,才呈现其最大的"败"及"弊"。

不失客观地说,新中国时期的朦胧诗是新诗体形式自由化或无规范化的登峰造极之作。应该说,挣脱形式规范又丧失文类特征的朦胧诗是否为诗其实还有待商榷。至于形式规范之于诗歌身份的重要标识作用,早在民国时期就有新诗体创作主体、民国保守主义者及其他各界人士对之加以深入地探讨,但在时下,似乎并没有多少人真正地去关注、研究这一问题。当下,许多似诗非诗之作往往都以所谓的朦胧诗自居,而当人们面对此类作品时,充其量只能从其意义的千变万化上姑且推断它可能就是传说中的朦胧诗。刨去这一层,此类作品与散文、短章其实并无多大的区别。意义的含混、规

---

① 吴宓.诗学总论[J].学衡,1922(9):11.
② 陈寿.卷三十七蜀书七:庞统法正传第七[M]//陈寿.三国志:第四册.裴松之,注.北京:中华书局,1959:954-955.
按:引文出自裴松之所作之注引用的虞溥所撰《江表传》之语。
③ 原文如此,"第二的"疑为"第二是"之误。
④ 佚名[陈铨].编辑漫谈[J].民族文学,1943,1(3):114.
⑤ 佚名[陈铨].编辑漫谈[J].民族文学,1943,1(3):114.
⑥ 佚名[陈铨].编辑漫谈[J].民族文学,1943,1(3):114.

范的丧失,尤其是音韵之美的撇弃,在很大程度上决定了朦胧诗一类的所谓新诗体作品,无法像徐志摩的新诗体作品那样广泛流传并被普遍接受。诚然,在当下的后朦胧诗时代,不少新诗体创作主体都致力于突破朦胧诗的局限、探寻新诗体的出路。但是,当下许多新诗体作品虽然在意义方面不再如早先的朦胧诗那般含混不清,却在根本上没有突破新诗体之诗似诗非诗的局限,而人们也恰恰是从似诗非诗的角度非议后朦胧诗时代的新诗体作品以及新诗体本身。

陈铨说新诗体作品在20世纪40年代时"已不为人重视,报纸勉强登载,读者见着头疼",而在当下这个时代,新诗体作品更是不为人所重视:除专门的诗刊外,一般的报刊都很少登载新诗体作品,而读者见着新诗体作品也是头疼。可以说,新诗体发展至今,实际上同文言体一样,陷于将死未死的困境。

(三)文学发展论之"变迁论"和"摹仿论"

不可否认,在新文学革命时期,曾是新文化运动发起者的新文学革命者,可以说都是积极的"造论"者。为实现其文学革命的目的,新文学革命者的"造论"之举既不限于在文学本质论的层面上创制"情感论"和"思想论",又不止于在文学形式论的层面上创建"白话论"和"新诗论",事实上还延伸至文学发展论的层面,并抛出了独具特色的"进化论"和"自创论"。"进化论"和"自创论"的产生同样可追溯至胡适的"八不主义",因为"八不主义"之"不摹仿古人"一条恰恰是"进化论"和"自创论"的源出之处。

在阐发"不摹仿古人"一条时,胡适开篇即言:"文学者,随时代,而变迁者也。一时代有一时代之文学。周秦有周秦之文学,汉魏有汉魏之文学。唐宋元明有唐宋元明之文学。"[①]客观地说,胡适这几句论述文学随时代变化而发生变迁的话语不无道理,但他后来的论述使这几句话的意义也发生了变迁。胡适指出,这一现象的存在"乃文明进化之公理"[②]使然。为了佐证自己的观点,胡适先后列举了无韵之文(主要指散文和小说)和有韵之文(主要指诗歌和戏剧)的例子。在具体的论述过程中,胡适侧重于展现不同文类或不同文体在不同时代的兴衰、替代现象,并视这种现象为自然或人为之选择、淘汰的结果,最终则将文学(包括无韵之文和有韵之文)之发展过程视为文学之进化过程。所以,胡适所谓的文学随时代而变迁其实就是"文学因时进

---

① 胡适.文学改良刍议[J].新青年[上海1915],1917,2(5):2.
② 胡适.文学改良刍议[J].新青年[上海1915],1917,2(5):2.

化,不能自止"①之意。显然,胡适以达尔文进化论的观点来阐释文学的发展历程,并认为文学一直都沿着笔直的道路不断前进。因此,胡适的文学史观就是一种直线发展的进化观。换言之,胡适在文学发展论层面秉持着"进化论"。"进化论"是"不摹仿古人"一条的立论基础,而胡适自己也曾明确地说:"既明文学进化之理,然后可言吾所谓'不摹仿古人'之说。"②既然文学一直都循直线前进,那么后人之文学必胜于前人之文学。正是基于这一推论,胡适提出"不必摹仿唐宋,亦不必摹仿周秦","洒脱此种奴性,不作古人的诗",进而主张"今日之中国,当造今日之文学"③。后来,胡适又以"今人当造今人之文学"④及"要说我自己的话,别说别人的话"⑤作为"不摹仿古人"一条的注解。可见,胡适的"不摹仿古人"一条之核心在于强调跨越传统甚或脱离传统而强调自主创造。从文学发展论的角度而言,这其实是一种极具跨越性的"自创论"。胡适阐发的"进化论"和"自创论"为绝大多数新文学革命者所认同,而"进化论"和"自创论"就是新文学革命者之文学发展论的具体表现。

　　新造之论总不免存在着一些片面之见和武断之言,而新文学革命者新造的"进化论"和"自创论"也是如此。客观地说,"进化论"揭示文学向前发展的前进性、"自创论"强调文学自主创造的重要性固然都有其合理的成分,但"进化论"与"自创论"也存在着诸多不合理之处,如"进化论"将文学发展历程与生物的进化过程相混同、"自创论"忽视客观世界对创作主体的影响作用等。新造之论往往因其新颖异常和存在局限而遭受各种质疑,而新文学革命者新造的"进化论"和"自创论"也是如此,并且引来了民国保守主义者尤其是"学衡"派的激烈反对。从表面上看去,与新文学革命者相抗的民国保守主义者只是驳论者,但事实上他们又以其极富针对性的立论而成为纠偏者。针对新文学革命者主张的"进化论",他们提出了相应的"变迁论"与之争锋;而针对新文学革命者主张的"自创论",他们则提出了相应的"摹仿论"与之相抗。

　　在民国保守主义阵营中,"学衡"派在很大程度上就是为反抗新文化运动及新文学革命而生,所以他们对新文化运动及新文学革命非议最多。在《学衡》创刊后不久,"学衡"派的精神领袖吴宓便在《学衡》上撰文指斥"进化论"

---

① 胡适.文学改良刍议[J].新青年[上海 1915],1917,2(5):3.
② 胡适.文学改良刍议[J].新青年[上海 1915],1917,2(5):3.
③ 胡适.文学改良刍议[J].新青年[上海 1915],1917,2(5):3.
④ 胡适.历史的文学观念论[J].新青年[上海 1915],1917,3(3):1.
⑤ 胡适.建设的文学革命论[J].新青年[上海 1915],1919,4(4):290.

的谬误:"物质科学,以积累而成,故其发达也,循直线以进,愈久愈详,愈晚出愈精妙。然人事之学,如历史政治文章美术等,则或系于社会之实境,或由于个人之天才,其发达也,无一定之轨辙,故后来者不必居上,晚出者不必胜前。因之若论人事之学,则尤当分别研究,不能以新夺理也。"①吴宓一针见血地点明,新文学革命者主张的"进化论"的最大弊病,就在于不恰当地以源出于生物学的达尔文进化论阐释"并无一定之轨辙"的"人事之学",从而得出后必胜前、新必胜旧的错误结论。虽然吴宓敏锐地捕捉到了新文学革命者主张的"进化论"与生物学上的达尔文进化论密切相关甚至基本一致,但并没有正面而深入地解释为什么生物学上的达尔文进化论不能被应用于阐发"人事之学"。后来,身为自然科学家的胡先骕,通过详细地比较事物发展的不同特点,明确了何者为进化、何者不为进化而为变迁的问题,最终充实了吴宓的论断。在《文学之标准》中,胡先骕指出:事物固然会历时而变,但"不能概谓有递嬗之迹者皆为进化",因为只有当事物的本质发生了变化时才可称之为进化,如"生物之自单细胞之原虫动物进而为人类","电子之构成,自原子量之轻如轻气之原子,至重如镭之原子","原子之构成,自含少量之原子如水之分子,至含数千原子如蛋白质之分子"等自然现象以及"社会组织,自酋长部落制,递嬗为封建,终为帝国"等社会现象,都"可谓为进化";但若事物的本质并未发生变化则只可称之为变迁而非进化,如"星球与太阳系之由星云凝结而成,地球凝结而成山海,风水剥蚀火成岩复变为水成岩"等自然现象以及"古昔峨冠博带,今日短衣窄袖,昔作灵蛇髻,今作堕马装"等社会现象,都"只得称为变迁,不得比之于进化"②。在明确何者为进化、何者不为进化而为变迁的基础上,胡先骕进一步指出"文学亦然",即文学从无到有的过程或可称之为进化,但文学自发生以后所经历的发展过程则只能称之为变迁而不能称之为进化③。由此,胡先骕既充实并深化了吴宓对新文学革命者主张的"进化论"的批判,又首次明确提出了与"进化论"针锋相对的"变迁论"。不过,反对"进化论"的胡先骕或许是因为太过急于反驳"进化论",以至于他在阐发"变迁论"的时候多有偏激之言和偏颇之论。为论证"变迁论",胡先骕不仅声称"自唐至清千余年而诗人未有胜于李白杜甫者,自十七世纪至于今日,英国诗人未有胜于莎士比亚、弥儿顿者"④,还明

---

① 吴宓.论新文化运动[J].学衡,1922(4):3-4.
② 胡先骕.文学之标准[J].学衡,1924(31):31.
③ 胡先骕.文学之标准[J].学衡,1924(31):31.
④ 胡先骕.文学之标准[J].学衡,1924(31):31.

言中国文学"不日进而日退"①。其中今不如昔、新不胜旧的意味昭然若揭,而这显然是走向了另一个极端。

虽然"变迁论"直到胡先骕发表《文学之标准》才得以明确化,但自胡适提出"进化论"以后,民国保守主义者实际上一直都以其"变迁论"与"进化论"相抗。不过,相较于胡先骕,作为后来者的吴芳吉、易峻等人,在阐发"变迁论"的时候表现得更为理智和合理。

几乎与胡先骕同时,吴芳吉也阐发了"变迁论",并以之对抗"进化论"。胡适在论证其"进化论"时曾犯下一个严重的错误,即视不同文类或不同文体在不同时代的兴衰、替代现象为文之进化,如视小说为散文的进化、视宋词为唐诗的进化、视元曲为宋词的进化等。尽管"采用的文体,以及表现方式,都对于情感和思想起着作用,对它们加以推动或加以妨碍,使它们倾向某一方面"②,但小说、散文、唐诗、宋词、元曲等其中任何一种文类或文体在特定时代的兴盛、发达,其实并不意味着这一种文类或文体在根本上就胜于其他文类或文体而绝对易于创作主体表达其丰富的情感和深邃的思想,更不意味着这一种文类或文体在其兴盛、发达的特定时代已然完全取代其他文类或文体。简而言之,小说、散文、唐诗、宋词、元曲等文类或文体相继在特定时代的兴盛、发达,并不足以佐证文学存在着进化的情况。吴芳吉就敏锐地意识到了这一点,并紧紧抓住这一点而展开辩驳。他同样分别列举了无韵之文及有韵之文的例子,但不像胡适那样特意强调后出的文类或文体的优势,而是客观地展现了各种文类或文体在任何历史时期都普遍存在着的利弊、长短之两面③。客观地说,各种文类或文体确实都各有其利弊共存、长短共生的两面性,所以很难说哪一种文类或文体较之于其他文类或文体就更为进步或落后。也正因如此,吴芳吉认为"文学固非进化,亦非退化",而是"有进有退,无进无退,旋进旋退,即进即退,进退相寻,终不可息"④,亦即一直处于不断地变迁之中。可见,吴芳吉在文学发展论层面秉持的就是与"进化论"相对立的"变迁论"。基于这种文学进退相生、曲线发展的观点,吴芳吉又进一步地指出:"父之生子,子实依父。然父不必贤于其子,子不必不肖于其父也。文学亦然,古人不必胜于今人,今人不必未及古人。"⑤也就

---

① 胡先骕.文学之标准[J].学衡,1924(31):2-3.
② [法]提格亨[P. van Tieghem].比较文学论[M].戴望舒,译述.上海:商务印书馆,1937:77-78.
③ 吴芳吉.三论吾人眼中之新旧文学观[J].学衡,1924(31):7-8.
按:该文登载于《学衡》1924年7月第31期第1-17页(文题之下附注"预录湘君季刊"),此后又登载于《湘君》第3期(出版时间不详)第1-25页。
④ 吴芳吉.三论吾人眼中之新旧文学观[J].学衡,1924(31):8.
⑤ 吴芳吉.三论吾人眼中之新旧文学观[J].学衡,1924(31):8.

是说,吴芳吉既认为今未必胜于昔、新未必胜于旧而反驳了"进化论"的今必胜昔、新必胜旧之断,又认为今未必不如昔、新未必不胜旧而纠正了胡先骕的今不如昔、新不胜旧之偏。

其实,经过吴芳吉的阐发,"变迁论"已然拥有了相当辩证的思想内涵。但是,胡适提出"进化论"的出发点在其关涉"一时代有一时代之文学"的论断,即谓不同的文类或文体往往兴盛于不同的时代,而"一时代有一时代之文学"这一现象的出现在胡适看来恰恰就是文学发生进化的具体表现。显然,若不能合理地解释这一现象,就不能从根本上推翻胡适提出的"进化论"。然而,吴芳吉、胡先骕以及其他"学衡"派成员甚或其他民国保守主义者,在阐发其"变迁论"的时候,都有意无意地回避了这一问题。事实上,只有易峻曾真正地直面这一问题并对之加以深入地探讨,从而在有力地驳斥"进化论"的同时,又进一步地丰富了"变迁论"的理论内涵而使"变迁论"更具论辩说服力。

易峻指出:"文学,一时代有一时代之风尚,一时代有一时代之特色,斯固有然"①,但"历代文学之流变,非文学的历史进化,乃文学的时代发展"②。显然,易峻之言是针对胡适将"一时代有一时代之文学"的现象视为文学进化之具体表现而论。至于为什么会出现"一时代有一时代之文学"的现象,易峻认为个中原因主要在于:"文学为情感与艺术之产物,其本质无历史进化之要求,而只有时代发展之可能。若生物之求适应环境以生存,斯有进化之要求,文学则惟随各时代文人之创造冲动与情感冲动,及承袭其先代之遗产,而有发展之弹性耳。"③也就是说,文学本身并无发展的主观意愿,而它在客观上表现出的发展过程,则是因为不同时代的文人对文学施加了不同的影响作用。当某一特定时代的文人认为某一特定的文类或文体更利于他们抒发"创造冲动与情感冲动"时,这一特定的文类或文体便在这一特定的时代特加发达,由此便出现了"一时代有一时代之文学"的现象,而几种不同文类或文体在不同时代的繁荣叠加起来,便构成了文学的历史在客观上表现出的发展之势。显然,文学的发展是一种被动发展,而文学的被动发展与生物为寻求生存而主动演变以至进化迥然相异。也正因如此,易峻说:"文学之历代流变,非文学之递嬗进化,乃文学之推衍发展。非文学之器物的替代革新,乃文学之领土的随时扩大。非文学为适应其时代环境,而新陈代谢、

---

① 易峻.评文学革命与文学专制[J].学衡,1933(79):7.
② 易峻.评文学革命与文学专制[J].学衡,1933(79):8.
③ 易峻.评文学革命与文学专制[J].学衡,1933(79):5.

变化上进,乃文学之因缘其历史环境,而推陈出新,积厚外伸也。"①易峻主要就是从变迁的被动性、曲线性与进化的主动性、直线性之间存在差别的角度辨析文学之变迁与生物之进化存在着本质的区别,进而丰富了"变迁论"的理论内涵,同时也进一步地驳斥了"进化论"。不可否认,易峻对"变迁论"的阐发及其对"进化论"的批驳都颇为合理。

应该说,在新文学革命者新造的诸论之中,"进化论"最为偏激、武断,因为"进化论"隐含的自相矛盾之处最多。"进化论"既谓新出之文学胜于旧有之文学,又谓今人之文学胜于前人之文学,同时又隐含着文学形式渐趋自由化、文学内容渐趋大众化之意。从"进化论"的角度看去,唐代之诗显然要胜于早先之诗(事实是否确实如此姑且不论),但诗歌自唐代之前的古诗发展到唐代的律诗时,诗歌形式在事实上并没有渐趋自由化,而诗歌内容也并没有渐趋大众化,这其中的矛盾不言而喻。作为有韵之文的诗歌是如此,而作为无韵之文的小说也同样是如此。从"进化论"的角度看去,后出的《红楼梦》显然也胜于早出的《水浒传》《西游记》(事实是否确实如此姑且不论),但章回小说从宋元时期发展到明清时期,也并没有明显地表现出章回小说形式之渐趋解放、内容之渐趋易懂的趋势,这其中的矛盾同样不言而喻。"进化论"偏激、武断而多有自相矛盾之处,以"进化论"为立论基础的"自创论"也是如此。

在民国保守主义阵营中,最先明确地针对"自创论"而阐发"摹仿论"之人是胡先骕。他曾说:"文学须有创造之能力,而非陈陈相因",但"前人之著作,即后人之遗产",不可尽弃,因为"尽弃遗产,以图赤手创业"极难实现②。胡先骕肯定文学需要创造性,但并不赞成"尽弃遗产"以"赤手创业"的做法。显然,胡先骕之言是针对"自创论"而发,因为"自创论"在主张自主创造的同时,又反对摹仿前人旧作。从文学发展论的角度而言,"自创论"蕴含着文学出于创造之意,并具有排斥传统文学及割裂文学传统的特点。对此,胡先骕认为一切所谓的创造都是"脱胎",即"去陈出新",如"史汉"(《史记》与《汉书》之文)、"俪文"(骈体文)、"韩柳"(韩愈与柳宗元的散文)虽都是创造,却都"脱胎于周秦之文","他若五言七言古诗五律七律乐府歌谣词曲",看似出于创造,实则都出于脱胎③。从词义的角度而言,"脱胎"一词一方面预设了孕胎之物的存在,并肯定了孕胎之物对于被孕之物的积极孕育作用,另一方面又意味着胎虽出于孕胎之物,却又不同于孕胎之物。同样的,胡先骕的

---

① 易峻.评文学革命与文学专制[J].学衡,1933(79):5.
② 胡先骕.中国文学改良论上[J].东方杂志,1919,16(3):172.
③ 胡先骕.中国文学改良论上[J].东方杂志,1919,16(3):172.

"脱胎说"也蕴含着两种意义：一方面正视前人旧作的存在，并肯定前人旧作对后人新作具有积极的影响作用，另一方面又谓后人新作虽起于摹仿前人旧作，却又不同于前人旧作。胡先骕的"脱胎说"即民国保守主义者在文学发展论层面秉持的另一大论调"摹仿论"的雏形，同时也是"摹仿论"的形象化说法。后来，民国保守主义者不断地深入阐发"摹仿论"，并借之以抗击新文学革命者主张的"自创论"。

在民国保守主义者看来，前人旧作对后来的创作主体的文学创作活动具有积极的借鉴意义，而后来的创作主体的文学创作活动恰恰始于对前人旧作的摹仿。胡先骕曾说："今试以一哺乳之小儿，使之生于一禽鸟俱无之荒岛上，虽彼生具孔墨之圣智，必不能发达有寻常市井儿之技能。"①胡先骕之言，意在表明："人之技能智力，自语言以至于哲学，凡为后天之所得，皆须经若干时之模仿。"②事实上，文学创作技能的获得也是如此。吴宓指出："文章成于摹仿 Imitation。古今之大作者，其幼时率皆力效前人，节节规抚，初仅形似，继则神似，其后逐渐变化，始能自出心裁，未有不由摹仿而出者也。"③吴宓揭举了文学创作过程存在的一个客观而普遍的现象，即任何一个创作主体都是在摹仿前人旧作的基础上，逐渐掌握文学创作技能，进而逐渐成长为一位优秀作家。显然，在吴宓看来前人旧作是后来的创作主体进行文学创作时的学习对象，而后来的创作主体在进行文学创作时表现出的摹仿前人旧作的行为则是一种学习行为。这一方面意味着吴宓肯定前人旧作对后来的创作主体的文学创作活动具有积极的影响作用，另一方面又意味着他肯定文学创作过程中的摹仿行为。其他民国保守主义者也都认同吴宓的观点，而肯定前人旧作及肯定摹仿行为即"摹仿论"的基本内涵之所在。客观地说，无论天资如何聪慧之人，都不可能跳过摹仿前人旧作这一步而直接进入文学创作的殿堂。从这个角度而言，"摹仿论"具有无可争辩的合理性。与此相反，"自创论"包含的"不摹仿古人"一条就显得不可思议。从新文学革命者的相关诗学看去，"自创论"极力反对摹仿行为，但从新文学革命者的文学创作实践看去，"自创论"似乎又并不反对摹仿行为。这是因为，白话体作品和新诗体作品都多有摹仿外国文学作品之作，且部分作品的摹仿痕迹非常明显。这不能说新文学革命者在文学创作过程中放弃了"自创论"，而只能说他们赋予"自创论"以新的内涵，即反对摹仿中国的前人旧作而并不反对摹仿外国的前人旧作。不过，这或许又不能说"自创论"被赋予了新的

---

① 胡先骕.评尝试集[J].学衡,1922(2):1.
② 胡先骕.评尝试集[J].学衡,1922(2):1.
③ 吴宓.论新文化运动[J].学衡,1922(4):4.

内涵,因为胡适强调的"不必摹仿唐宋,亦不必摹仿周秦"一类的说法,或许就单单指不摹仿中国的前人旧作而不排斥摹仿外国的前人旧作。正如梅光迪所言:"以模仿非笑国人,斥为古人奴隶,实则模仿西人与模仿古人,其所模仿者不同,其为奴隶则一也。"①"于本国文学不屑摹仿,于外国文学依然摹仿甚肖,且美其名曰欧化"②,这是"自创论"的一大矛盾之处,也是其最大偏颇之处。

新文学革命者主张的"自创论"除了关涉文学之摹仿外,其实主要关涉文学之创造,且尤为强调文学的原创性。民国保守主义者也深知,简单而纯粹的层层相因、代代相袭并不足以推动文学的发展,反而还会制约文学的发展,所以他们也注重文学的原创性。但与新文学革命者不同的是,民国保守主义者认为文学的原创性也需以摹仿为基础。胡先骕在阐发其"脱胎说"时便已流露出这一观点,而他后来在品评胡适的《尝试集》③时则更为明确地表达了这一观点:"思想模仿既久,渐有独立之能力,或因之而能创造"④,至于"不模仿而能创造者,亦目所稀见"⑤。然而,胡先骕始终只是揭示了一种文学创作现象,即创作主体从摹仿前人旧作起步而终至获得独立创作的能力,却并没有解释这一现象产生的根本原因之所在。不过,吴宓曾对此作出过生动的解释。他以自己早年学习写作的经历为例说,当时他刚刚学完题为《说山》的文章,先生便出题《说海》而命他仿照《说山》作文。于是他从中"学得'套文'之法,即袭用某一篇之层次、章法(结构),而装入我之意思、材料(内容)"⑥。由此,吴宓总结出摹仿是"创造的摹仿"⑦。正是因为摹仿是"创造的摹仿"而非刻板的复制,所以创作主体虽从摹仿前人旧作起步,却可以

---

① 梅光迪.评提倡新文化者[J].学衡,1922(1):4.
② 吴芳吉.再论吾人眼中之新旧文学观[J].学衡,1923(21):4.
③ 胡适.胡适的尝试集坿去国集[M].上海:亚东图书馆,1920.
按:笔者所见最早版本的胡适所著《尝试集》为上海的亚东图书馆于1920年3月出版的《胡适的尝试集坿去国集》(亚东图书馆曾出版十余版此书),该书分为前面的《尝试集》和后面的《去国集》两部分。其中,《尝试集》分为两编,共收录胡适在1916年7月至1919年12月其间创作的新诗体诗46首(将组诗拆分计算则为52首)。《尝试集》目录之后、正文之前依次为钱玄同的《尝试集序》(文后题署"一九一八年,一月,十日,钱玄同序。"其中的时间即1918年1月10日)、胡适的《自序》(文后题署"八年八月一日。胡适。"其中的时间即1919年8月1日)。后来,《自序》又改文题为《我为什么要做白话诗》,登载于《新青年》(上海1915)1919年5月第6卷第5号第488-499页(文题之左附注"《尝试集》自序"),还改文题为《我为什么要做白话诗?》,登载于《解放与改造》1919年9月1日第1卷第1/2号合刊第23-39页(文题之左附注"《尝试集》自序")。
④ 胡先骕.评尝试集[J].学衡,1922(2):1.
⑤ 胡先骕.评尝试集[J].学衡,1922(2):3.
⑥ 吴宓.吴宓自编年谱:1894—1925[M].吴学昭,整理.北京:生活·读书·新知三联书店,1995:63.
⑦ 吴宓.吴宓自编年谱:1894—1925[M].吴学昭,整理.北京:生活·读书·新知三联书店,1995:63.

逐渐获得独立创作的能力,而其创作的作品也不会完全等同于前人旧作。吴宓指出:"作文者所必历之三阶级:一曰摹仿、二曰融化、三曰创造。由一至二,由二至三,无能逾越者也。"①其他民国保守主义者也都认为摹仿是创造的前提,而不以摹仿为基础的创造则一如无源之水、无根之木般不合实际又不可实现。当然,如果摹仿流为刻板复制,那么由摹仿而产出的文学作品则必将丧失创造性(尤指原创性),而整个文学史也将无从发展。刘永济说:"摹仿与创造,以能取法实际而自为为极致,否则其摹仿为蹈袭,而创造为虚妄。"②吴芳吉则谓:"摹仿不可不有,又不可不去。不摹仿,则无以资练习。不去摹仿,则无以自表现。"③应该说,民国保守主义者既看到了摹仿的创造性,又看到了摹仿与创造之间对立统一的辩证关系。所以,他们主张的"摹仿论",较之于片面强调创造性的"自创论"更为合理。

民国保守主义者主张"创造的摹仿",其摹仿对象虽可能偏于中国的前人旧作,却并不排斥外国的前人旧作。反观新文学革命者,他们即使并不完全排斥摹仿,却限于摹仿外国的前人旧作,并极力反对摹仿中国的前人旧作。诚然,新文学革命者主张的"自创论"具有突破当时那个僵化、陈腐的传统文学格局的积极意义,但其弊也在于过分强调疏离传统文学。吴芳吉曾泛论"文学乃由古今相挚乳而成也"④,而胡先骕则更具针对性地说"欲创造新文学,必浸淫于古籍,尽得其精华,而遗其糟粕"⑤。至于其他民国保守主义者,也多有类似的论断。客观地说,注意发扬传统文学并延续文学传统的民国保守主义者,其阐发的"摹仿论"对新文学革命者秉持的"自创论",具有补偏趋正的作用,同时也有利于中国现代文学的健康发展。

三、生发传统兵学

民国保守主义者丰富传统诗学的直接原因,固然在于其文学观与新文学革命者的文学观有所不同,但他们对传统诗学的丰富,又折射出其文学观趋近于传统的文学观,尤其是趋近于传统儒家的文学观。从这个角度而言,民国保守主义者对传统诗学的丰富,其实也是其肯定传统儒学之举的延伸。事实上,作为传统文化之重要内容和核心内容的传统儒家文化,一如传统文

---

① 吴宓.论今日文学创造之正法[J].学衡,1923(15):8.
② 刘永济.论文学中相反相成之义[J].学衡,1923(15):13.
  按:该文的文题之下附注"预录湘君季刊"。
③ 吴芳吉.再论吾人眼中之新旧文学观[J].学衡,1923(21):6.
④ 吴芳吉.三论吾人眼中之新旧文学观[J].学衡,1924(31):8.
⑤ 胡先骕.中国文学改良论上[J].东方杂志,1919,16(3):172.

化本身般,博大精深又几乎无所不包。也正因如此,民国保守主义者诸多的发掘、阐发传统文化精华之举,往往可以被纳入肯定传统儒学之当下价值的范畴中。但是,他们对传统兵学的生发,在很大程度上超脱了传统儒学的范畴,因为传统兵学虽然也为几乎无所不包的传统儒学所涉及,却并不能完全地被传统儒学所统摄。

"兵"字从"斤"、从"廾",其中"斤"为短斧之类,而"廾"(今作"拱")则指两手捧物,所以"兵"字会意,意谓双手持斤。"兵"字后来被引申出指物的"兵器"、指人的"兵士"、指事的"战争"等义,而传统兵学就是指与兵器、兵士、战争等密切相关的军事之学。"醒狮"派的陈启天说:"军事为文化之一要素,而兵学又为学术之一分支,如不知军事,即无由识文化之全体。不知兵学,亦无由识学术之大用。"①陈启天所谓的"军事"是指军事之学,亦即兵学,且尤指传统兵学,而他所谓的"学术",既属于文化的范畴,又可代指文化,且尤指传统文化。因之,陈启天这几句话运用了互辞的传统修辞手法,其大意则谓传统兵学是传统文化的重要内容之一,且较其他传统文化更具实用价值。在强调传统兵学之重要性的基础上,陈启天又进一步揭举了传统兵学的历史悠久性:"中国固有之文化学术,莫盛于先秦。先秦诸子百家,各明一义,而法家兵家实亦当时之显学也。"②其实,先秦时期真正专研传统兵学的是传统兵家,不过当时在传统兵学研究方面仅次于传统兵家者又确非传统法家莫属。不可否认,内重法制刑名、外重富国强兵的传统法家对传统兵学也颇有研究。因此,传统兵学历史悠久并曾为一时之显学确实是不争的事实。不失客观地说,在那个战乱纷飞的先秦时期,除传统兵家、传统法家以外的其他各家也都免不了谈战、论战而兼及传统兵学。只不过,传统兵家、传统法家论刀枪剑戟多强调攻占杀伐而侧重于战略研究或战术研究,其他各家论斧钺钩叉则多强调折戟铩羽而侧重于道德阐发。一直以来,传统兵学其实就是在这两个维度上不断前行。大凡战争频繁的年代,战略、战术意义上的传统兵学便发展迅猛,如春秋有孙武、司马穰苴,战国有孙膑、吴起、尉缭、赵奢、白起,秦末有张良、韩信,汉末有曹操、诸葛亮,隋末有李世民、李靖等,而在战争息止的年代,战略、战术意义上的传统兵学就发展缓慢,甚或趋于停滞。

在战争息止的年代,传统兵学主要就是沿着道德阐发的方向不断发展。这一方面可能是因为独尊传统儒学且浸淫传统儒学的古代学者(主要指封

---

① 陈启天.自序[M]//陈启天.孙子兵法校释.左舜生,校阅.成都:国魂书店,1941:3.
② 陈启天.自序[M]//陈启天.孙子兵法校释.左舜生,校阅.成都:国魂书店,1941:3.

建士子）崇仁尚德而斥力反战，另一方面则可能是因为传统兵学之真义本就不在制造战争而在制止战争。不过，在战争息止的年代，即使从道德阐发的角度来研究传统兵学之人也是少之又少，而非议传统兵学之人却多之又多。自宋神宗将《孙子兵法》《吴子兵法》《司马法》《六韬》《尉缭子》《黄石公三略》《唐太宗李卫公问对》颁定为"武经七书"以后，战略、战术意义上的传统兵学之发展便逐渐呈现止步不前之势。也正因如此，陈启天说："汉后以儒家独尊之故，学者多阴习之而阳非之"，"偶有明目张胆而讲论者，辄遭腐儒之讥笑不已"，而"自宋以来言文化学术者"又多不知传统兵学的重要性，于是尽皆蔑弃传统兵学，以致"其所谓文化学术，类多偏而不全"①。在陈启天看来，传统兵学的衰弱"小之足以贻误于文化学术，大之且足以贻害于国家民族"②。客观地说，历史发展的事实也确如陈启天所言。孙中山曾说"和平"是中国固有的道德③，而"和平"之所以成为固有的传统道德，在很大程度上也是由崇仁尚德的传统儒学特加发达而尚力论战的传统兵学渐趋湮没所致。孙中山赞美"和平"道德并主张坚守"和平"道德本有其具体的历史语境和特殊的历史含义，即在一定程度上试图通过这一形式获得西方列强对中国国民党组织政府的支持。然而，当历史推进到20世纪30年代以后，局势剧变——日本开始大举侵略中国。值此外敌入侵、家国危亡之际，一部分国人竟仍然念念不忘孙中山的"和平"道德之说，甚至以此为借口而一味地怯战、避战。于是，为了鼓舞国人积极进行抗战、英勇投入抗战，民国保守主义者便从源远流长又博大精深的传统文化中发掘谈战、论战的传统兵学，并对之加以创造性阐发。

在民国保守主义者看来，国家、民族被侮而不知反抗的一大主要原因，就在于国人缺乏战争观。陈启天指出："战争观或战争哲学是战争指导的最高原则。战争观或战争哲学如不正确，便直接足以影响战争指导，间接足以影响战争结局。"④战争观是如此之重要，所以民国保守主义者对传统兵学的生发就侧重于揭举传统兵学中的战争观。在众多民国保守主义者当中，陈启天最汲汲于生发传统兵学，因为他不仅撰写了大量引介传统兵学的专文，还从承继传统兵学、发扬传统兵学的角度校释了《孙子兵法》《商君书》《韩非子》等作。在陈启天看来，先秦诸子百家的学说都蕴含传统兵学，而各家各

---

① 陈启天.自序[M]//陈启天.孙子兵法校释.左舜生，校阅.成都：国魂书店，1941：3.
② 陈启天.自序[M]//陈启天.孙子兵法校释.左舜生，校阅.成都：国魂书店，1941：3.
③ 孙中山，讲演.民族主义.中国国民党中央执行委员会，编辑.上海：强华印书局，1924：85.
④ 陈启天.附录——先秦诸子的战争观[M]//陈启天.孙子兵法校释.重庆：中华书局，1944：177.
按：成都的国魂书店出版的《孙子兵法校释》没有收录《附录——先秦诸子的战争观》。

派也都有其独具特色的战争观或战争哲学。其他各家姑且不论,崇仁尚德的传统儒家似乎天生与传统兵学绝缘,但陈启天还是从传统儒家思想中发掘出了战争观。他先是引《论语·述而》中的"子之所慎:斋、战、疾"[①]等语,指出"慎战两字,实足以道出孔子的战争观"[②],接着又连引数条"子曰",意谓孔子基于慎战的战争观虽"不轻于谈兵",却也主张"外交须以武力为后盾"[③]。最后,陈启天总结道:"孔子的慎战论,不好战,也不反战,但求必须以慎而战",同时"孔子以战争的目的,须限于正名分,攘夷狄与保国家"而"有义战论的意味"[④]。后来,陈启天又揭举孟子、荀子的战争观在本质上也都是"义战论"。只不过,孟子的战争观在承继孔子之"慎战论"的基础上,特加强调战争的正义性以至于表现出反战的倾向,而荀子的战争观则在承继孔子之"慎战论"的基础上,杂糅了传统兵家学说而具有一定的攻击性。应该说,陈启天对孔子、孟子、荀子三人之战争观的阐发都比较准确。孔曰成仁,孟曰取义,传统儒家主张舍生只为成仁或取义,不为仁义便不轻言生死,而为了成仁成义或行仁行义,传统儒家甚至可以不惜一战。当敌人的屠刀已然架在脖子上的时候,即使是最反战的孟子,也不会引颈就戮而只会奋起反抗。这是因为,孟子的"义战论"之"义战",其实涉及诸多类型的战争,如反抗谋逆是义战,反抗压迫是义战,反抗异族入侵更是义战等。但正如绝大多数民国保守主义者指出的那样,后世之人往往只看到了传统儒家的崇仁尚德而倾向于逆来顺受,却忽视了传统儒家也论征战、谈反抗。显然,陈启天对传统儒家的战争观的揭举,无疑有力地反驳了那些以传统儒家道德之论或孙中山的"和平"道德之说为护身符或遮羞布的避战求和者,甚或还嘲讽了那些人其实并不理解传统儒学之真义。

仅从传统兵学的角度而言,传统儒家的"义战论"已为抗战的掀起提供了充分的学理支持而足以鼓舞国人进行抗战,但陈启天更倾向于传统法家、传统兵家的战争观。他指出,传统法家的战争观是"肯定了国家,肯定了战争,并且肯定了国家为求生存须用实力去战争"[⑤]的"尚战论",而"兵家本与法家极其接近,甚至有以法家而兼兵家的,如商鞅,也有以兵家而兼法家的如吴

---

① 阮元,审定.论语注疏解经卷第七:述而第七[M].卢宣旬,校.何晏,等,集解.邢昺,疏//阮元,审定.重刊宋本十三经注疏附校勘记:重刊宋本论语注疏附校勘记.清刻本.南昌:南昌学堂,1816(清嘉庆二十一年):4.
② 陈启天.附录——先秦诸子的战争观[M]//陈启天.孙子兵法校释.重庆:中华书局,1944:178.
③ 陈启天.附录——先秦诸子的战争观[M]//陈启天.孙子兵法校释.重庆:中华书局,1944:179.
④ 陈启天.附录——先秦诸子的战争观[M]//陈启天.孙子兵法校释.重庆:中华书局,1944:182.
⑤ 陈启天.附录——先秦诸子的战争观[M]//陈启天.孙子兵法校释.重庆:中华书局,1944:188.

起"①,只不过孙子一类的典型传统兵家的战争观与"尚战论"有所不同而主要表现为"善战论",即"反用慎战的态度,以求善战的结果"②。陈启天之所以倾向于传统法家、传统兵家,主要是因为他认为强调战争之必然性及重要性的"法家兵家之学,较适于今后国家生存发展之用"③。作为最早生发"新战国时代说"之人,陈启天早在1940年就指出"无论人们如何梦想大同,呼吁和平,国家与国家间的战争,自有史以迄现在,是从不能完全避免的"④,从而一针见血地道出了战争之必然性及重要性。翌年,他又屡次倡言:"国家之初建,几无一不由战争。国家既由战争而建立矣,欲保障其生存,并促进其发展,亦多有赖于战争。"⑤所以,他认为"战争为有国家以来不可避免之一大事,而军事又为全盘政治之一重要部门"⑥。尽管陈启天曾一再强调战争之必然性及重要性,却始终没有对之作出进一步的阐释,而真正曾深入阐发战争之必然性及重要性的是其同仁常乃悳。

常乃悳论人论事都以其独特的"生物史观"为出发点,而他对战争之必然性及重要性的阐发也是如此。他曾指出:"战争为生物界主要现象之一,自有生物以来,即各有保存种族之本能,宇宙之舞台有限,生物之滋生无穷,欲求个体及其种族绵延生存至于万禩,势不能不出于争;争则有胜有败;败者,子孙灭绝,永为宇宙之僇民,惟胜者始能为世界之主人,此自然界森严之公例,非少数妄人所能以私意挽回",只不过"动物不知合群,故其争限于个体,人类已进化至有社会组织之阶段,其争也以每一部落,每一民族,每一国家为单位,大规模之军事由此出焉"⑦。从普通生物基于求生、繁衍的本能而不得不相互斗争的客观事实中,常乃悳揭示出斗争既是生物界的必然现象,又是生物界的普遍现象,而战争是这种必然而普遍的斗争现象的扩大化形式。所以,战争避无可避而具有必然性。其实,战争之必然性又蕴含着战争之重要性,因为战争关乎国家、民族的生死存亡。常乃悳还曾从人类胚胎的孕育过程中也饱含残酷而激烈之斗争的角度,批判了那些"以忍辱为妙方,以退让为美德,以秦皇汉武为罪人,以开边拓土为多事"⑧之人既愚昧无知又道貌

---

① 陈启天.附录——先秦诸子的战争观[M]//陈启天.孙子兵法校释.重庆:中华书局,1944:189.
② 陈启天.附录——先秦诸子的战争观[M]//陈启天.孙子兵法校释.重庆:中华书局,1944:190.
③ 陈启天.自序[M]//陈启天.孙子兵法校释.左舜生,校阅.成都:国魂书店,1941:3.
④ 陈启天.新战国时代的世界[J].国论(成都1940),1940(13)["复刊第十三期"]:2.
⑤ 陈启天.孙子兵法校释[M].左舜生,校阅.成都:国魂书店,1941:80.
⑥ 陈启天.自序[M]//陈启天.孙子兵法校释.左舜生,校阅.成都:国魂书店,1941:2.
⑦ 常乃悳.中国军事史序[M]//常乃悳.蛮人之出现.上海:中华书局,1937:109.
按:该文的文后题署"中华民国二十三年国庆节前八日,常乃悳序"(其中的时间即1934年10月2日)。
⑧ 常乃悳.中国军事史序[M]//常乃悳.蛮人之出现.上海:中华书局,1937:110.

岸然。他指出:"彼不知人类赋生之始,即由至酷极烈之生存竞争而来,今日自命心胸广大之旧儒新儒,当其父母媾精之初,均不过渺渺一精虫耳,其幸而能由精虫变化为道貌岸然之人类者,由其入母腹后,努力斗争,排除二万万兄弟辈之精虫,牺牲二万万条兄弟之生命,而独占卵珠,始得幸而化为人也。假使彼在精虫时代亦持和平大同之主义,雍容揖让,慈悲忍辱,学王道而不学霸道,则恐枕席未干身已沦为渣滓矣。"①客观而言,常乃悳对战争之必然性及重要性的论述都不无道理。尽管人类有时候确实可以用道德抑止战争,但道德毕竟只能在有限的程度上制约战争,却不能从根本上决定战争的爆发或停止。毕竟,战争在根本上不因道德层面的纠纷所致,反而因谋求生存甚或更好的生存才爆发。

民国保守主义者多是思想家、政治家或文学家,却终究无一为军事家,所以他们只能以校释传统兵学著作或介绍传统兵学理论等方式生发传统兵学。不可否认,民国保守主义者生发传统兵学的初衷在于鼓励国人进行并坚持抗战,所以他们偏于阐发战争之必然性及重要性。客观地说,常乃悳以及陈启天等人在论述战争之必然性及重要性的过程中,又具有完全抹杀道德制约战争之意义的倾向,而这恰恰成为他们频遭非议的主要原因。当他们不局限于抗战而放眼更为长远的将来时,他们又会主张时刻整军备武,以备不时之需。陈启天之所以倾向于具有攻击性的传统法家、传统兵家的战争观,而不青睐强调自卫性的传统儒家的战争观,其一大原因也就在于此。尽管陈启天一再申明传统"法家虽然尚战,却不轻战,也不黩武"②,至于传统兵家"也决无黩武的意味"③,而"战国策"派等其他民国保守主义者也一再强调他们之主张抗战、主张时刻整军备武,都不是嗜血好战、穷兵黩武,但时人乃至今人往往都从道德的角度批判他们,更有甚者视之为法西斯主义。道德固然可以在一定程度上制约战争,但过于夸大道德制约战争的作用,势必会导致人们走向不抵抗的错误极端。正是为了反拨这种错误极端,民国保守主义者才会在论证战争之必然性及重要性的过程中,竭力强调战争的无道德性,从而表现出另一种错误的极端倾向,即完全抹杀道德制约战争的作用。从这个角度而言,民国保守主义者对传统兵学的生发不但不是战略研究或战术研究,反而还是道德阐发——尽管他们阐发的是战争的无道德性。

---

① 常乃悳.中国军事史序[M]//常乃悳.蛮人之出现.上海:中华书局,1937:110-111.
② 陈启天.附录——先秦诸子的战争观[M]//陈启天.孙子兵法校释.重庆:中华书局,1944:189.
③ 陈启天.附录——先秦诸子的战争观[M]//陈启天.孙子兵法校释.重庆:中华书局,1944:190.

第三节　倡导传统文化发扬

在西化思潮盛行的时代,西化论者以及大部分国人不仅视传统文化为"鄙陋不足言",甚至还对之"掊击以速其死"①。客观地说,全盘否定传统文化之论及全面毁弃传统文化之举都有其不可否认的错误存在。也正因如此,民国保守主义者对之奋起反抗,即使被视为保守、被目为逆流也在所不惜。《学衡杂志简章》说:"本杂志于国学则主以切实之工夫,为精确之研究,然后整理而条析之,明其源流,著其旨要,以见吾国文化有可与日月争光之价值。而后来学者,得有研究之津梁,探索之正轨,不至望洋兴叹,劳而无功,或盲肆攻击,专图毁弃,而自以为得也。"②事实上,大凡民国保守主义者都认为传统文化"必有可发扬光大,久远不可磨灭者在"③,而他们对传统文化之精华的发掘和阐发又无疑印证了他们的观点。民国保守主义者的发掘、阐发传统文化精华之举,有力地驳斥了西化论者对传统文化的肆意污蔑,从而还传统文化以正面、积极的形象,最终则深深影响了国人的传统文化观。不过,民国保守主义者对传统文化的发掘和阐发有其不同的侧重点。在发掘传统文化之精华时,他们往往强调传统文化在当下仍有其不可忽视的价值;而在阐发传统文化之当下价值时,他们又往往偏重于从道德的角度展开申说。这种差异的存在其实并不难理解:传统文化不可毁弃而亟待发扬的根本原因就在于传统文化具有当下价值,而传统文化最大的当下价值又在于它为醉心欧化且逐慕私利的部分国人提供了一套补偏趋正的道德规范。其实,这种差异的存在还意味着民国保守主义者曾从不同的层面卫护传统文化并为西化论者的文化主张补偏趋正。

事实上,民国保守主义者之注重道德并不仅限于阐发传统文化的当下价值或发掘传统文化之精华,而是普遍地见之于他们对中西文化的比较之中。在民国保守主义者看来,西方文化最大的弊病在于讲求功利,包括逐慕私利,而传统文化最大的优点则在于讲究道德。普通国人逐慕私利"必纵欲贪

---

① [美]柯克斯[Kenyon Cox].柯克斯论古学之精神[J].徐震堮,译.学衡,1923(21):3.
按:引文出自吴宓在该文的文前加注的按语("编者识")。该文的文前、文内都有吴宓加注的按语,其中的文前按语为大篇幅的"编者识"。
② 佚名[吴宓].学衡杂志简章[J].学衡,1922(1):无页码[扉页].
③ 梅光迪.评提倡新文化者[J].学衡,1922(1):7.

财,损人利己,奔放恣睢,横行无忌"①;为政者逐慕私利"必专务植党营私,贪财黩货,而置国利民福于不顾"②。在民国保守主义者看来,抵抗甚或消除逐慕私利的不良习气及不当行为,关键在于"改善人性,培植道德"③,即以道德约束人的欲望、规范人的行为。也正因如此,在比较中西文化的过程中,民国保守主义者着力批判西方文化的功利主义而赞美传统文化的道德主义。不过,抵抗甚或消除源自西方的功利主义对国人之思想及行为的侵蚀,同时彰显传统文化具有优胜于西方文化之处,只是民国保守主义者注重道德阐发的原因之一。实际上,民国保守主义者之所以注重道德,主要是因为他们认为道德对于社会具有重大甚或决定性的影响。"东方杂志"派的钱智修指出,"国家之所与存立,群治之所与维系者,曰政治,曰道德"④,但政治是"为治之具"、道德是"为人之法则"⑤,而"道德不良之社会,必不能产生良政治"⑥,所以说"政治标也,道德本也"⑦。政治对于社会的重大影响自不待言,但大凡民国保守主义者都像钱智修一样,认为道德重于政治,如"学衡"派的吴宓就曾明确地说"政治之根本,在于道德"⑧。基于这种道德重于政治之论,吴宓还曾进一步地指出,国人欲"改良百度,御侮图强",则"其本尤在培植道德,树立品格",因为惟其如此才能"使国人皆精勤奋发,聪明强毅,不为利欲所驱,不为謷说狂潮所中"⑨。显然,在吴宓看来,道德及品格不仅有助于改良政治,还有助于抗击外敌。事实上,其他民国保守主义者也都作如是观,而深入挖掘并积极宣扬传统文化中的优秀道德和优良品格,即是在抗战中"不获执干戈以临前敌"的民国保守主义者实现其"书生报国"⑩之职志的主要方式。

---

① [美]白璧德[Irving Babbitt].白璧德论民治与领袖[J].吴宓,译.学衡,1924(32):1.
按:引文出自吴宓在该文的文前加注的按语("译者识")。该文的文前、文内都有吴宓加注的按语,其中的文前按语为大篇幅的"译者识"。
② [美]白璧德[Irving Babbitt].白璧德论民治与领袖[J].吴宓,译.学衡,1924(32):2.
按:引文出自吴宓在该文的文前加注的按语("译者识")。
③ [美]白璧德[Irving Babbitt].白璧德论民治与领袖[J].吴宓,译.学衡,1924(32):2.
按:引文出自吴宓在该文的文前加注的按语("译者识")。
④ 钱智修,编纂.苏格拉底[M].5版.上海:商务印书馆,1924:1.
⑤ 钱智修,编纂.苏格拉底[M].5版.上海:商务印书馆,1924:2.
⑥ 钱智修,编纂.苏格拉底[M].5版.上海:商务印书馆,1924:1.
⑦ 钱智修,编纂.苏格拉底[M].5版.上海:商务印书馆,1924:2.
⑧ [美]白璧德[Irving Babbitt].白璧德论民治与领袖[J].吴宓,译.学衡,1924(32):1.
按:引文出自吴宓在该文的文前加注的按语("译者识")。
⑨ [美]白璧德[Irving Babbitt].白璧德论欧亚两洲文化[J].吴宓,译.学衡,1925(38):5.
按:引文出自吴宓在该文的文内加注的按语。
⑩ 缪凤林.自序[M]//缪凤林.中国通史要略:第一册.重庆:商务印书馆,1943:1.
按:该文的文后附注"三十二年六月一日序于重庆沙坪坝中央大学"(其中的时间即1943年6月1日)。

全民族抗战爆发后,身为文人的民国保守主义者虽不能像军人那样直接地上阵杀敌,却也都汲汲于抗击日本、报效国家。事实上,他们也是战士,只不过他们的战场在笔墨纸砚之间。针对抗战这一严峻又残酷的客观现实,中国国民党当局曾标举三大抗战宣传口号,即"国家至上、民族至上""军事第一、胜利第一"以及"意志集中、力量集中"①。民国保守主义者主要就是立足于响应三大抗战宣传口号,从培植国人之道德、树立国人之品格的角度呼吁国人承继并发扬克己奉公而尽忠报国、自强不息而浴血奋战、同仇敌忾而共御外侮一类的优秀且应时的传统道德或传统品格。诚如"现代新儒家"派的贺麟所言,"一个民族的复兴即是那一民族学术文化的复兴",而"一个国家的建国本质上必是一个创进的学术文化的建国"②。拿笔杆的民国保守主义者虽"不能拿枪杆到前线去杀敌",却可以"绞脑报国,以稍尽国民的天职"③,而他们"在毛锥战场上所建的功绩也不见得一定比武人在毛瑟战场上所建的小"④。客观地说,民国保守主义者对传统文化中的优秀道德、优良品格的阐发,确实可以鼓舞抗战、促进抗战。

一、宣扬克己奉公、尽忠报国

七七事变后,日本开始全面侵华。严峻的局势关乎中华民族的生死存亡,而时代对国人最为迫切的要求便是抗日取胜。于是民国保守主义者以

---

① 佚名.国民精神总动员的共同目标[J].中央党务公报,1939,1(12):10.
按:关于民国保守主义者对这三大抗战宣传口号的论述和阐发,另可参见《国论》(成都1940)1940年1月5日第1期("复刊第一期")第12-21页登载的陈启天所撰《三种哲学体系的配合》、《国论》(成都1940)1940年10月5日第18期("复刊第十八期")第2-4页登载的常乃惪所撰《新战国时代的人生态度》、《战国策》(昆明1940)1940年12月1日第14期第1-15页登载的林同济所撰《第三期的中国学术思潮——新阶段的展望》、《大公报》(重庆版)1942年1月28日(第13711号)第4版(副刊《战国》第9期)登载的陈铨所撰《政治理想与理想政治》等文。

② 贺麟.抗战建国与学术建国[J].新动向[昆明1938],1938,1(3):91.
按:该文登载于《新动向》(昆明1938)1938年7月15日第1卷第3期第88-91页,其文后附注"云南日报二十七年五月二十二日星期论文"(其中的时间即1938年5月20日)。后来,该文又登载于《蜀风月刊》1938年11月1日第4卷第3期第2-6页。

③ 陈启天.叙[M]//陈启天.抗战与人生观改造问题.重庆:国论社,1938:1.
按:该文的文后题署"中华民国二十七年八月八日黄陂陈启天自叙于武昌。"(其中的时间即1938年8月8日)。

④ 常乃惪.序[M]//常乃惪.常燕生先生遗集:第七册杂著一.黄欣周,编.沈云龙,校.台北:常燕生先生七旬诞辰纪念委员会,1967:3.
按:该文的原载信息不详,曾被收录到《常燕生先生遗集》之《第七册杂著一》的《老生常谈》第1-5页。其文后原本仅附注"民二十六年八月卅日北平失陷后的一个月,小女绍汾殇后,首七,叙于国防前线的后方"(其中的时间即1937年8月30日),后来作者又补记一段文字,并在其后附注"三十三年秒又记"(其中的时间即1944年)。

笔代矛,积极撰文,一方面呼吁国人消除不利抗战的错误思想和行为,另一方面又大力宣扬传统文化中的优秀道德和优良品格,以期国人都能主动、积极地投身抗日救亡的民族大业之中。针对当时避战求和、尚德斥力、舍公谋私等错误思想和行为,民国保守主义者从阐发爱国主义思想的角度改造国人的思想和行为。在民国保守主义者看来,改造国人之思想和行为的关键在于承继并发扬优秀的传统道德和优良的传统品格,而优秀的传统道德和优良的传统品格又蕴含于历史悠久的传统儒家思想之中。吴宓指出,优秀的传统道德和优良的传统品格集中地体现在两类人身上:一类是以孔子和孟子为首的传统儒家圣贤,另一类则是以岳飞、熊廷弼、袁崇焕等将帅为代表的英雄①。不难看出,前者的落脚点在于传统儒家思想中的"仁"和"义",后者的落脚点则在于传统儒家思想中的"忠"和"勇",而"仁""义""忠""勇"等观念既属于传统儒家思想,也属于传统儒家道德和传统儒家品格。所以,吴宓标举这两类人实际上意谓:若欲改造国人之思想和行为、焕发国人之爱国热情,则必须承继并发扬"仁""义""忠""勇"等传统儒家道德和传统儒家品格。大凡民国保守主义者,尤其是"现代新儒家"派,都认同吴宓的观点,所以他们便从各自不同的角度出发,在不同程度上积极阐发"仁""义""忠""勇"等传统儒家道德和传统儒家品格。

关于"仁"和"义",民国保守主义者主要从劝喻国人奉公忘私、团结一致的角度对之加以阐发。在新文化运动的批孔批儒风潮中,但凡与孔子或传统儒家相关的内容都被批驳得体无完肤。这其中,也包括"五伦"观念。但是,"现代新儒家"派的贺麟声称自己"用披沙拣金的方法"考察出"构成五伦观念的基本质素",即"(一)注重人和人与人的关系②,(二)维系人与人间的正常永久的关系,(三)以等差之爱为本而善推之,(四)以常德为准而竭尽片面之爱或片面的义务",并认为"五伦"观念有其永恒的积极意义存在③。贺麟对其提出的"五伦"观念之四大质素的详尽论述,处处都充满着"仁者爱人"④的意味,因为贺麟以"爱人"体现"五伦"观念对人以及人际关系的重视。

---

① 吴宓.改造民族精神之管见[N].大公报[重庆版],1941-12-10(4)[副刊《战国》第 2 期].
② 原文如此,"注重人和人与人的关系"意为"注重人,且注重人与人的关系"。对此,原文第 28 页有阐释:"五伦是五个人伦或五种人与人间的关系的意思。这就是说,中国的五伦观念特别注重人,和人与人的关系。若用天人物三界来说,五伦特别注重人,而不注重天(神)与物(自然),特别注重人与人的关系,而不十分注重人与神及人与自然的关系"。
③ 贺麟.五伦观念的新检讨[J].战国策[昆明 1940],1940(3):37.
④ 阮元,审定.孟子注疏解经卷第八下:离娄章句下[M].卢宣旬,校.赵岐,注.孙奭,疏//阮元,审定.重刊宋本十三经注疏附校勘记:重刊宋本孟子注疏附校勘记.清刻本.南昌:南昌学堂,1816(清嘉庆二十一年):5.

在贺麟看来,即使是"五伦"观念包含的"三纲五常"之说,也具有"爱人"的意味。"爱人"之"爱"是一种积极意义上的等差之爱,"注重在一个'推'字,要推己及人",而"'老安少怀'的普爱态度"固然可取,"但是须依次推去,不可躐等,也不可舍己芸人"①。经过贺麟的阐发,蕴含着"仁者爱人"思想的"五伦"观念,在维系人际关系方面具有普遍而重大的积极意义。贺麟的目的显然不在于单纯地为"五伦"观念正名,而在于揭举"五伦"观念的当下价值。由此,经过贺麟的言说,"五伦"观念对于当时之社会现实的指导意义已呼之欲出,即国人应本着"仁者爱人"之心团结同胞,众志成城地共御外敌。"仁者爱人"之"爱",尤其是贺麟所说的推己及人之"爱",是仁者自发的、无条件的爱,完全与"利"无涉。所以,贺麟在极力强调这种爱的同时,也就完全消解了"利"的意味。本来,"利"与"义"一直都相伴相生又此消彼长,所以"利"的消解往往就意味着"义"的呈现,而"义"的实现又势必会强化、巩固人际关系。对于身处抗战之中的国人而言,"义"之实现的最大意义莫过于强化国人的团结意识、巩固国人的亲密关系。显然,贺麟从检讨"五伦"观念出发谈"仁"论"义",不仅使本来陈腐的"五伦"观念焕发新的生机,还使同样饱受非议的"仁"和"义"呈现全新的时代指导意义。这既是在劝喻国人团结一致,也是在劝喻国人奉公忘私。

有道是"天下智谋之士,所见略同",同样身为"现代新儒家"派成员的冯友兰又发表《义与利》,专门谈论"义""利"以及"仁"。其实,在根本观点层面,冯友兰与贺麟别无二致。只不过,冯友兰明确地提到了"利",并明确地辨析了"利"与"义""仁"之间的矛盾统一关系,从而在批评舍公谋私之思想和行为的同时,也劝喻了国人奉公忘私。古语云"人为财死,鸟为食亡"②,冯友兰也说注重"利"本来无可厚非,但他强调辨别求利者是在求谁之"利"。在他看来,"利己为我底行为,不必是不道德底行为,但不能是道德底行为",而利己为我的行为一旦"对于社会有害,则即是不道德底行为",至于"利他为人底行为"则必然是"道德底行为"③。显然,道德的利他行为有助于社会的发展,而不道德的利己行为则有害于社会的发展,所以冯友兰强调辨别求利者是在求谁之"利"。不过,冯友兰对辨别"利"之所归的强调,实际上是在主张区分公利、私利之别。他在论说"仁""义"的时候,也同样强调公私之别,如他说"仁者不但以公为心,而且对于别人的情感,有一种体贴",至于

---

① 贺麟.五伦观念的新检讨[J].战国策[昆明1940],1940(3):31.
② 佚名.增广贤文.郭俊峰,张菲洲,译评.长春:吉林文史出版社,1999:103.
③ 冯友兰.义与利[N].大公报[重庆版],1942-3-18(4)[副刊《战国》第 16 期].
按:该文的文后有按语:"(本文为云南大学政治经济系主办的现代思潮十讲之一)——编者"。

"义不义之辨,只是公私之分"①。此外,冯友兰还以孟子见梁惠王之事为例,进一步地申说"仁""义""利"三者都具有公私之别。一向重"仁""义"而轻"利"的孟子在与梁惠王交谈时,总是竭尽所能地引导梁惠王谈"仁"论"义"而不准其言"利",但矛盾的是,孟子自己又对"利"大谈特谈,诸如"五亩之宅,树之以桑"②之类,无一不涉及"利"。冯友兰认为,"孟子讲利,是讲如何使人民得利"③,即如何使人民丰衣足食、安居乐业,所以孟子所讲之"利"是利他之"利",更是公利之"利"。由此,他还进一步说孟子其实"不是讲利,而是行仁义"④。也正因如此,他说"仁兼义"而"为义者,不是不为利,不过其所为底利,是公利不是私利"⑤。从贺麟谈"仁者爱人"到冯友兰辨析"仁""义""利"的相互关系,民国保守主义者谈"仁"论义主要都是为了劝喻国人(尤其是为政者)要像孔子和孟子等传统儒家圣贤一样,以"仁"推人、以"义"推"利",如此才能重公利、轻私利,甚或取公利、舍私利,从而促进上下协同、万众一心。显然,这种奉公忘私、团结一致的精神品质恰恰是抗战取胜的必要条件之一。

关于"忠"和"勇",民国保守主义者主要从劝喻国人忠爱国家、舍生卫国的角度对之加以阐发。"战国策"派的林同济曾撰写《大夫士与士大夫——国史上的两种人格型》探讨、比较"大夫士"与士大夫的异同,但林同济在论述"大夫士"的人格特征时,又从阐发"义"的角度涉及对"忠"和"勇"的阐释。林同济认为"义即荣誉的意识",而官位源自世袭的"大夫士"天生便怀有强烈的荣誉意识,所以他们就是这种"义"的切实践行者。进一步地,林同济还指出"义"蕴含着"忠""敬""勇""死"四大则。其中,"忠"是"对上之诚","敬"是"持诚之道","勇"是"致诚之力","死"是"生力之志"⑥。"忠"是"大夫士"立身处事的基本原则,而"敬"则可以调节行忠者与受忠者的关系。"贯彻忠,要靠勇",而"能死便能勇"⑦。所谓"武死战,文死谏",勇于死便敢于战、敢于谏。因之,"勇"和"死"即"大夫士"表达其"忠"的主要方式。"敬"可巩

---

① 冯友兰.义与利[N].大公报[重庆版],1942-3-18(4)[副刊《战国》第16期].
② 阮元,审定.孟子注疏解经卷第一上:梁惠王章句上[M].卢宣旬,校.赵岐,注.孙奭,疏//阮元,审定.重刊宋本十三经注疏附校勘记:重刊宋本孟子注疏附校勘记.清刻本.南昌:南昌学堂,1816(清嘉庆二十一年):7.
③ 冯友兰.义与利[N].大公报[重庆版],1942-3-18(4)[副刊《战国》第16期].
④ 冯友兰.义与利[N].大公报[重庆版],1942-3-18(4)[副刊《战国》第16期].
⑤ 冯友兰.义与利[N].大公报[重庆版],1942-3-18(4)[副刊《战国》第16期].
⑥ 林同济.大夫士与士大夫——国史上的两种人格型[N].大公报[重庆版],1942-3-25(4)[副刊《战国》第17期].
⑦ 林同济.大夫士与士大夫——国史上的两种人格型[N].大公报[重庆版],1942-3-25(4)[副刊《战国》第17期].

固并提高"忠",而"死"则可激发并促进"勇",最终贯彻并实现"忠"。可见在这四者之中,"忠"最为重要,"勇"则次之。"忠"和"勇"其实又相互影响:"忠"触发"勇",而"勇"又体现"忠"。林同济极为欣羡"大夫士",盛赞其铸就了"刚道的人格型"①,而同为"战国策"派成员的陈铨也是如此。他认为"大夫士"在很大程度上就"代表民族中最有人格最有勇气的人物",因为他们时刻秉持着"忠""敬""勇""死"四位一体的人生观,"对君忠,对人诚,对己廉,作战勇"②,积极地保家卫国,极具上进精神。陈铨还进一步指出,后来出现的士大夫渐渐腐化堕落而迥异于古时的"大夫士":"作官发财,是他们惟一的目标,儒家美好的名词,成了他们种种罪恶的护身符。他们的人格,卑鄙下流,他们的行径,妾妇之道,他们对人没有诚恳,他们对领袖,不是反叛,就是谄佞。"③林同济以及陈铨对"大夫士"的褒扬,意味着他们极为肯定并急欲复兴传统儒家的"义"以及"忠""勇"等道德观念。至于他们对士大夫的批判,则是意谓传统儒家的"义"以及"忠""勇"等道德观念,后来渐趋弱化而没有被真正地付诸实践。其实,林同济所说的"义"已不是传统意义上或传统儒家意义上的"义"。所以,与其说林同济论"义",倒不如说他是论"忠"和"勇",而他论"忠"和"勇"的目的显然在于期望国人铸就"刚道的人格型",进而劝喻国人舍生卫国而勇敢抗日、忠爱国家而坚持抗日。

在当时乃至当下的文化语境下,谈到"忠"往往就会涉及"忠君"与"爱国"之瓜葛的问题。不可否认,封建社会所谓的"忠"在绝大多数时候都是指"忠君",而这种"忠君"又往往理所当然地等同于"爱国"。个中原因不外乎国为一家一姓之国的封建意识在作祟,而这也恰恰是新文化运动时期的民国激进主义者极力反对"忠"(也包括"孝")、竭力批判"忠"的根本原因之所在。对此,林同济虽未明言,却也有所暗示:"我们绝不要大夫士制度,但我们是不是要多方设法培养出大夫士的精神?"④显然,林同济倡导的"忠"与封建等级制度下的"忠君"无涉而偏重于"爱国"。冯友兰曾说"为社会办事而为社会计利计功,是忠,不为社会计利计功是不忠"⑤,而贺麟也曾说"尽忠于永恒的理念或常德,而不是奴役于无常的个人"⑥。显然,冯友兰和贺麟所谓

---

① 林同济.大夫士与士大夫——国史上的两种人格型[N].大公报[重庆版],1942-3-25(4)[副刊《战国》第17期].
② 陈铨.论英雄崇拜[J].战国策[昆明1940],1940(4):8.
③ 陈铨.论英雄崇拜[J].战国策[昆明1940],1940(4):9.
④ 林同济.大夫士与士大夫——国史上的两种人格型[N].大公报[重庆版],1942-3-25(4)[副刊《战国》第17期].
⑤ 冯友兰.义与利[N].大公报[重庆版],1942-3-18(4)[副刊《战国》第16期].
⑥ 贺麟.五伦观念的新检讨[J].战国策[昆明1940],1940(3):36.

的"忠"也不局限于"忠君"的意义，或者说根本反对狭隘的"忠君"。事实上，大凡民国保守主义者都认为"忠"本是一种良好的道德或品格，只不过"忠"的对象需由帝王君主或某一具体的个人移置为国家、民族或更为抽象的理念、常德。如此，"忠"便具有了永恒的价值意义。在移置"忠"之对象并赋予其以绝对积极之意义的基础上，民国保守主义者极力呼吁国人承继且发扬根植于传统道德或传统儒家道德的"忠"，并进而承继且发扬同样根植于传统道德或传统儒家道德的"勇"。

民国保守主义者谈"忠"论"勇"显然是为了号召国人以国家危亡、民族大业为重，忠于国家、忠于民族，勇于应战、勇于死战，而他们谈"仁"论"义"的最终目的其实也在于此。"醒狮"派的左舜生曾指出，"要做一个现代独立国家的国民，爱国是他必具的道德之一，其表现这种道德之极致，在平时即应视国家的痛痒如自身的痛痒，视国家的休戚如自身的休戚，视国家的荣辱如自身的荣辱"，"至在战时，即国家遭受着一种最大危难的时候，假如已经到了需要我把生命去贡献，我们即应该毫无犹豫的直任之不辞，中国圣贤说的所谓'战阵无勇非孝'，所谓'见危授命'，所谓'临大节而不可夺'，便完全是指的这种最高道德而言"[①]。左舜生指出的爱国之平时表现即为其他民国保守主义者论述的"仁""义"行为，而他指出的爱国之战时表现则为其他民国保守主义者论述的"忠""勇"行为。可见，民国保守主义者对"忠""勇"及"仁""义"的阐发都侧重于宣扬克己奉公、尽忠报国的优良传统道德或传统儒家道德。同为"醒狮"派成员的陈启天曾说，"道德起原于本性与社会的内外合一"，所以"道德的理想，在群己合一，尤其在身国合一"，并"须以忠于国家民族为至高无上的道德"，而道德之理想的实现则"在以自律求共律，又以共律求自律"，亦即"由共自合一的方法，实现群己合一的理想"[②]。陈启天之言明白无误地指出个人道德必须与集体利益（尤指作为最大之集体的国家或民族的利益）相融合和统一，因为这既是道德本质的意义所在，也是实现道德的根本途径。显然，在陈启天看来，一切个人道德都只有公德的意义而不具有私德的意义。换言之，公德才是道德，私德即为不道德。由之，陈启天既明言克己奉公、尽忠报国为个人道德之最崇高的实现，又暗喻克己奉公、尽忠报国是个人道德之实现的题中应有之义。陈启天屡屡强调"国家是社会的总体，是全民的目的，而道德的极致，又在群己合一，在身国合一"，所以他一直认为"对国家尽其至忠，对民族行其大孝，为救国的道德"[③]。作为

---

① 左舜生.抗战与国民道德的最高表现[J].国光[长沙1938],1938(7):1[总117].
② 陈启天.三种哲学体系的配合[J].国论[成都1940],1940(1)["复刊第一期"]:20.
③ 陈启天.三种哲学体系的配合[J].国论[成都1940],1940(1)["复刊第一期"]:20.

"醒狮"派的同仁,常乃惪也曾多次表达过类似的观点:"伦理道德不是为个人而设,也不是为家族,阶级,或者其他社会关系而设,伦理道德是为维持国家集团生存的一种工具,凡有利于国家集团者便是道德,否则便是不道德",所以"国家至上不仅是空泛的一句话,而是一个彻头彻尾的新道德标准"①。常乃惪和陈启天一样,都立足于"国家至上、民族至上"这一抗战宣传口号而阐释道德及更为具体的克己奉公、尽忠报国的传统道德或传统儒家道德,力主凡事以国家为上、民族为上(尤其是在战争时期)。事实上,其他民国保守主义者对"国家至上、民族至上"及克己奉公、尽忠报国也都作如是观。正因如此,不愿亡国灭种而渴求国家和民族之光荣生存的民国保守主义者,力倡国人应该时刻铭记岳飞后背上所刺之"尽忠报国"②四字,而当国家危亡,到了"非得牺牲我们可牺牲的一切来爱护这个国家不可"③的时候,国人更应视死如归地保国保民而切切实实地践行"尽忠报国"这一最崇高之道德。

不可否认,克己奉公、尽忠报国都源出于"仁""义""忠""勇"等传统的儒家道德或儒家品格,并与之密切关联。但民国保守主义者对克己奉公、尽忠报国之道德意义和现实意义的阐发,主要立足于"国家至上、民族至上"这一抗战宣传口号。因此可以说,民国保守主义者在阐释"国家至上、民族至上"及宣扬克己奉公、尽忠报国的过程中,对传统的儒家道德或儒家品格有所延伸和补充。从巴赫金之对话理论的角度看去,民国保守主义者其实与传统的儒家道德或儒家品格展开了一场应和式的充实性对话。两千多年来,传统儒家学者对传统的儒家道德或儒家品格不断地加以生发论述以使之符合时代的要求。从表面上看去,这只是传统儒家学者对传统的儒家道德或儒家品格的单方面阐释,但其实也可视之为传统儒家学者为回应传统的儒家道德或儒家品格对他们提出的时代性挑战而与之展开了一场旷日持久的对话。应该说,这场对话时至今日也尚未结束。在巴赫金看来,"只要人活着,他生活的意义就在于他还没有完成,还没有说出自己最终的见解。"④虽非生物却如生物般鲜活的传统的儒家道德或儒家品格也是如此,所以传统的儒家道德或儒家品格即使不是不可完成的,至少也是未完成的。此外,传统的儒家道德或儒家品格,本身就具有一定的模糊性或可塑性,而这种模糊性或可塑性便超越了工具的局限性,从而

---

① 常燕生[常乃惪].新战国时代的人生态度[J].国论[成都1940],1940(18)["复刊第十八期"]:3-4.
② 脱脱,等.卷三百六十五·列传第一百二十四岳飞[M]//脱脱,等.宋史:第三十三册.北京:中华书局,1977:11393.
③ 左舜生.极度苦闷中的一番反省[J].国论[上海1935],1935,1(1):8.
   按:该文的文后附注"一七,六,二四,上海"(其中的时间即1928年6月24日)。
④ 吴承笃.巴赫金诗学理论概观——从社会诗学到文化诗学[M].济南:齐鲁书社,2009:100.

给后人留下了对之加以申说的机会。诚如巴赫金所言:"旧日(过去)那实际的物的方面,是无法改变的,但旧日的内涵方面、表现的述说的方面却是可以改变的,因为这个方面是不可完成的,是不等同于自身的(它是自由的)。"①民国保守主义者阐发的"仁""义""忠""勇"都源自传统的儒家道德或儒家品格,但二者有所相同又有所不同。民国保守主义者"相信中国国民今日只需要一种正确的人生观,就是'国家高于一切'的人生观"②,所以他们阐发的"仁""义""忠""勇"又"以有利于国家的生存发展为标准"③。这显然超脱了传统儒家思想家族至上的历史局限,趋向于以应时需的国家至上的新发展,从而表现出与传统的儒家道德或儒家品格的最大不同。正因如此,民国保守主义者与传统的儒家道德或儒家品格的对话主要就是一种充实性对话,并且具有应和式的特点。这种应和式特点又主要表现为主持这场对话的民国保守主义者,在骨子里往往难以割舍相沿已久的民族的传统文化,并试图"从检讨这旧的传统观念里,去发现最新的近代精神"④,从而使之契合时代的发展要求。

二、鼓励自强不息、浴血奋战

民国保守主义者阐发"仁""义""忠""勇"等传统的儒家道德或儒家品格,主要侧重于宣扬克己奉公、尽忠报国这一传统道德或传统儒家道德以焕发国人的国家意识及爱国热情,亦即侧重于阐发"国家至上、民族至上"之抗战宣传口号。所以,他们对"忠""勇"的论述,虽涉及战争,却终究没有直论抗战。事实上,民国保守主义者对抗战的直接论述,主要表现为他们对抗战时期的另一大宣传口号"军事第一、胜利第一"的阐发。"战国策"派的陈铨曾说:"要明了为什么'军事第一,胜利第一',我们先要明了,中国现在处的是一个战国时代。这一个时代的特征,就是民族生存竞争已经到了尖锐化的时代;国与国之间谈

---

① [俄]巴赫金[Mikhail Mikhailovich Bakhtin].论人文科学的哲学基础.白春仁,译[M]//[俄]巴赫金.文本对话与人文.白春仁,晓河,周启超,等,译.石家庄:河北教育出版社,1998:3.
② 常燕生[常乃惪].除三害[J].国论[上海1935],1935,1(6):1.
③ 常乃惪."国家至上"的新道德观[M]//常乃惪.常燕生先生遗集:第二册专著二.黄欣周,编.沈云龙,校.台北:常燕生先生七旬诞辰纪念委员会,1967:986.
按:该文的原载信息不详,曾被收录到《常燕生先生遗集》之《第二册专著二》的《生物史观研究》第975-986页,且文后附注"民国二十九年十一月廿六日"(1940年11月26日)。上海的大光书局曾于1936年11月出版常燕生(常乃惪)等人所著《生物史观研究》,含10篇常乃惪所撰论文、2篇黄欣周所撰论文、1篇宋浤波所撰论文。较之于大光书局本,《常燕生先生遗集》中的《生物史观研究》删除了常乃惪所撰2篇论文(题为《文化与国家》《国人对于中国共产党运动应有的认识》)以及黄欣周、宋浤波所撰3篇论文,同时又增加了常乃惪撰写的包括第十一篇《"国家至上"的新道德观》在内的12篇论文(第五、八、十至十三、十五至十九篇以及《附录:赖朋的民族进化的心理定律》均为增加之文)。
④ 贺麟.五伦观念的新检讨[J].战国策[昆明1940],1940(3):27.

不到什么正义,什么和平,要的是军事力量的优越,胜利的获得;达到这个目的,就可以生存,否则,就只有消灭"①。其他民国保守主义者也都深刻地认识到中华民族正处于生死存亡之抉择的危难关头,所以他们对"军事第一、胜利第一"的抗战宣传口号展开了创造性的阐发。其中,"军事第一"强调战争意识,"胜利第一"强调战胜结果,二者又切切实实地统一于"战"之一字中。显然,民国保守主义者试图从焕发国人之战争意识及求胜意志的角度呼吁国人直面战争,正视战争,进而积极应战、战而求胜——即使"血战乾坤赤,氛迷日月黄"②也在所不惜。从这个意义上说,民国保守主义者对"军事第一、胜利第一"之抗战宣传口号的阐发,其实是在宣扬自强不息而浴血奋战的优良传统,以鼓舞国人积极抗战并抗战取胜。

早在全民族抗战爆发前夕,"醒狮"派的陈启天就指出:"现代列强,多以国防为立国之中心政策,故能富强,称雄于世",所以中国若欲"渐次造成一个'现代国家',足与列强从事国际斗争"则同样需要注重国防建设③。在此之前,陈启天更曾直接而明确地指出:"为应付当前国难,全盘国家政策必须以国防为中心",而军事又"在国防中居于重要地位"④。陈启天之所以如此强调国防建设,尤其是强调国家军事实力之增强,主要是因为他深知身处以力相竞之"新战国时代"的中国,只有依靠本己强大的军事力量才能真正得以存在和发展。应该说,其他民国保守主义者(其实也包括民国保守主义阵营以外的其他忧国忧民的有识之士),大都认同陈启天的观点。但是,民国保守主义者毕竟是文化界之文人而非军界之军人,所以他们对国防建设及军事实力之增强的谏议多偏重于改造国民思想的层面。事实上,他们对"军事第一"之抗战宣传口号的阐发也是如此。

作为抗战宣传口号,"军事第一"要求国人在做任何事之前都须以抗战为本、以抗战为先。但显然地,只有充斥战争意识的头脑,才会时时刻刻地将军事甚或更为具体的抗战作为第一要务加以考虑。反过来,也只有战争意识的觉醒,"军事第一"的思想主张才能被切实地付诸实践。正因如此,民国保守主义者阐发的"军事第一",就偏重于焕发国人的战争意识。在民国保守主义者看来,国人之战争意识能否觉醒,在很大程度上取决于国人是否能够实现"从

---

① 陈铨.政治理想与理想政治[N].大公报[重庆版],1942-1-28(4)[副刊《战国》第9期].
② 杜工部[杜甫].五律·送灵州李判官[M]//杜工部[杜甫].杜甫诗选.曾国藩,精选.高剑华,点注.上海:群学社,1930:36.
③ 佚名[陈启天].本刊特别征稿启事[J].国论[上海1935],1936,1(11):无页码[扉页].
④ 陈启天.国防中心论[J].国论[上海1935],1936,1(9):3.

浪漫到现实"①的转变。"战国策"派的林同济指出,五四运动时期的国人都不乏崇高的政治理想,但他们"喜作玄理上的绝对体之憧憬",以至于"所谓超空间超时间的理想国,乌托邦往往不由自主地会从中涌来"②。林同济之言意谓五四运动时期的国人太富浪漫主义特质,尤其是他们那崇高的政治理想,也往往因太过浪漫而有脱离现实、流为空想之弊。虽然说崇高的政治理想既"追随了历史演进的过程"又"满足了人类基本的意志"而可视为"政治生命的源泉"③,但理想与现实之间从来都存在着本质的区别。显然,脱离现实的浪漫主义式的政治理想,即使再崇高也不可能得以实现而裨益现实。更何况,"时代是有变化的,环境是有异同的,不明白时代环境的事实,虽然理想崇高,结果理想就会变成空想或幻想,或无法实行,或勉强实行而障碍横生,殃民误国"④,而"三五辈浪漫任情"之人对看似崇高的政治理想的固执追求,就曾"断送了数百万苍黎的生命"⑤。因此,民国保守主义者极力反对脱离现实的浪漫主义式的政治理想。不过,他们并不否认理想的积极意义,反而还曾赞扬符合现实的现实主义式的理想政治。"什么叫理想政治呢?明白一句话,就是要'兑现的政治'。一种政治能否'兑现',先要看主持政治的人是否抓住事实,换言之,就是他是否明白时代环境的特征。"⑥当时,最大的时代环境特征就是日本大举侵华而中华民族则面临亡国灭种之危险。"在这个苦战死战的大艰难中,国民对个人对政党所期期索求的,不是'你的主义是否更高明',乃是'你对抗敌是否有积极的办法与成就?'"⑦面对这种恶劣而严峻的时代环境,最迫切的需求或最显著的现实显然就是国人如何应战并取得反侵略战争的胜利。陈铨指出,"在目前紧迫情势之下,我们需要一个强有力的政府,能够对于军事政治经济教育,彻底计划;提倡民族意识,准备长久战争,鼓励全民族生存意志和权力意志,训练每一个青年配作一个战士,整个的国家配作一个强有力的战斗单位","实行能够应付时代环境,争取中华民族独立自由的理想政治"⑧。陈铨之言意谓国人必须抛却浪漫主义式的政治理想,注重现实主义式的理想政治,从而实现"从浪漫到现实"的转变,最终争取国家的独立和民族的自由。不难看出,民国保守主义者之谈政治理想、论理想政治并呼吁国人实现"从浪漫到现实"的

---

① 林同济.从五四到今天——中国思想动向的一转变[N].大公报[重庆版],1941-5-4(2).
② 林同济.从五四到今天——中国思想动向的一转变[N].大公报[重庆版],1941-5-4(2).
③ 陈铨.政治理想与理想政治[N].大公报[重庆版],1942-1-28(4)[副刊《战国》第9期].
④ 陈铨.政治理想与理想政治[N].大公报[重庆版],1942-1-28(4)[副刊《战国》第9期].
⑤ 林同济.从五四到今天——中国思想动向的一转变[N].大公报[重庆版],1941-5-4(2).
⑥ 陈铨.政治理想与理想政治[N].大公报[重庆版],1942-1-28(4)[副刊《战国》第9期].
⑦ 林同济.从五四到今天——中国思想动向的一转变[N].大公报[重庆版],1941-5-4(2).
⑧ 陈铨.政治理想与理想政治[N].大公报[重庆版],1942-1-28(4)[副刊《战国》第9期].

转变,在根本上其实是在言说其"军事第一"的思想主张,因为当时最大的现实或首要的任务就是如何应战的军事问题。换言之,抛弃政治理想、秉持理想政治,将一切思想和行为的重心都倾注于抗战之现实上的主张,即民国保守主义者阐发的"军事第一"思想的根本内涵之所在,而其意义则在于唤醒国人的战争意识,从而促使国人投身抗战并促进国人勇于抗战。

诚如常乃惪所言,"能战者存,不战者亡,休兵罢战和平忍辱都是亡国灭种的前提",所以国人若欲求生存于这一竞争激烈又战火纷飞的"新战国时代"就"必须彻底更换一种人生的态度,抛弃亡国灭种的儒道墨三家的思想态度和人生态度,另换一种生活"[①]。民国保守主义者竭力阐发的"军事第一"的思想主张固然可以在一定程度上唤醒国人的战争意识,从而使人明白应该正确地面对战争现实,并将军事作为行为处事的大前提,但这毕竟还只停留在论述国人之意识的层面而未具体到探讨国人之行动的层面。"军事第一"的思想主张偏于辨析理想和现实的差异,并且强调现实的重要性,尤其是强调抗战之现实的重要性。与"军事第一"不同的是,"胜利第一"强调战争结果的胜利,所以民国保守主义者对"胜利第一"的阐发基于焕发国人的求胜意志。实现战而得胜的目的必然要求国人付诸实际行动,所以民国保守主义者对"胜利第一"的论述偏重于探讨国人的行动。由之,民国保守主义者提出了从理论转向行动的问题。"从理论到行动"[②]的转变与"从浪漫到现实"的转变大为不同,因为后者是对空想的反拨,意谓某些国人不顾实际而作"浪漫主义"幻想,至于前者则是对空谈的反拨,意谓另一些国人虽正视现实却又一味地高谈阔论而不付诸实际行动。具体来说,当时也不乏一些国人清醒地看到抗战来临的严峻现实,甚至还提出了诸多应对战争的计划、方案,但他们最终只是乐此不疲地空喊口号、标语而从未真正去践行。常乃惪曾论道:"我们应该明白事实是不可以口舌争的,口号标语的运动是经不住事实的一试的。没有内容的空话,说了等于不说,甚至比不说还坏。"[③]这话显然直指那些空喊抗战口号却不付诸实践行动的国人,也即谴责空谈误国。林同济也曾发表过类似的看法:"把你的理想或玄思洋洋大观地发为理论,在本身也许难能可贵。只是大现实已压到头来,不容你我在那里嚣嚣指说。当年倾倒一世的口号,标语,以及娓娓动人的计划,方案,到今日已是过时之装,引不起大家的欣赏与敬慕。尽管官家王府依旧殷勤制造文章,一般国民攒头争看的,却是你实际的工作。"[④]显然,空谈一如空想

[①] 常燕生[常乃惪].新战国时代的人生态度[J].国论[成都1940],1940(18)["复刊第十八期"]:3.
[②] 林同济.从五四到今天——中国思想动向的一转变[N].大公报[重庆版],1941-5-4(2).
[③] 佚名[常乃惪].发刊辞[J].国论[上海1935],1935,1(1):2.
[④] 林同济.从五四到今天——中国思想动向的一转变[N].大公报[重庆版],1941-5-4(2).

般毫无意义,所以民国保守主义者一向都主张"反空言""反唯识"①,并殷切希望国人实现"从理论到行动"的转变,亦即不再纸上谈兵而付诸实际行动。在民国保守主义者看来,一些实际的行动即使并不显著地裨益于抗战大业,但"所得未必不胜于所失"②。

从理论过渡到行动是实践"胜利第一"的必要条件,而行动之开展的必要条件又在于实现"从公理到自力"③的转变。当时,中国面临的最大的现实问题就是如何应对日本的入侵,而这也正是行动的出发点。可悲的是,一些国人虽然意识到了行动的重要性,却又将行动的落脚点置于不切实际的公理之上,"多少都中了人家'公理战胜''精神克服'的宣传,遂贸贸然趾高气扬,认此后大同的世界只须由那三五个'合理'条约,'非战'宣言来包管维持"④。国际公约阻止不了法西斯国家的对外扩张,而国际公理也并不能吓阻日本对中国的侵略。显然,侈谈公理而缺乏实力支撑的行为必将遭到残酷事实的无情打击。常乃惪曾说:"自己本身还没有自主能力的国民,不配喊打倒帝国主义;领土不能保全的国家,不配讲世界和平。"⑤此言虽不无偏颇,却也揭示了一个不可否认的客观现实,即"有力才配说理","'公理'是不能脱'自力'而存在的"⑥。正如"本位文化"派的樊仲云等人所言,生于国弱民疲之中国的国人,"欲一举而走向国际主义,实未免有躐等之讥","且以自己国家的建设尚未完成,而侈谈国际主义,亦未免太不自量了"⑦。事实上,"一个国家民族要维持自身的光荣存在,要达到正义和平,在国际间还没有最高最大的力来平衡一切的力的时候,唯一的办法就是用全力培植自己的力,使得处于不可侵犯的地位"⑧。由此,民国保守主义者指出国人行动的落脚点应该是自力而不是公理。也正因如此,他们殷切希望国人舍公理、取自力,实现"从公理到自力"的转变。当然,自力的关键又在于"恢复先民勇敢善战的精神"⑨,从而无畏抗战又积极抗战。"从公理到自力"的转变深化了"从理论到行动"的转变,二者又都着眼于战胜的战争结果而共同阐释了"胜利第一"的思想主张。战而求胜可说是人之常情、"国之常情",但民国保守主义者强调"胜利第一"其实又有其隐衷:抗战不

---

① 林同济.从五四到今天——中国思想动向的一转变[N].大公报[重庆版],1941-5-4(2).
② 林同济.从五四到今天——中国思想动向的一转变[N].大公报[重庆版],1941-5-4(2).
③ 林同济.从五四到今天——中国思想动向的一转变[N].大公报[重庆版],1941-5-4(2).
④ 林同济.从五四到今天——中国思想动向的一转变[N].大公报[重庆版],1941-5-4(2).
⑤ 佚名[常乃惪].发刊辞[J].国论[上海1935],1935,1(1):2.
⑥ 林同济.从五四到今天——中国思想动向的一转变[N].大公报[重庆版],1941-5-4(2).
⑦ 佚名[裴复恒,樊仲云].发刊辞[J].文化建设[上海1934],1934,1(1):3[总3].
⑧ 唐密[陈铨].法与力[N].大公报[重庆版],1942-5-27(4)[副刊《战国》第26期].
⑨ 陈铨.民族文学运动的意义[N].大公报[重庆版],1942-5-20(4)[副刊《战国》第25期].

能败,败则亡国灭种。在全民族抗战爆发的前一年,陈启天就曾指出:"中日的前途,无论中国如何曲意求和,决无共存共荣的可能","除非中国甘愿整个亡国,最后也不得不出于一战",因之"与其和而亡,无宁战而亡","与其他日迫不得已,仓皇应战,无宁从速准备,决心一战"①。及至全民族抗战爆发后,日本对中国的侵略既不在于一城一地之得失,也不在于割地赔款之利益,而在于完全灭亡中国、彻底据有中国。对于当时的中国而言,和谈显然已经是不可能,而战败的后果则更为严重——亡国灭种。换言之,面对日本疯狂的侵略行径,中国不战即亡,战而不胜也是亡。在如此严峻的形势之下,中国若欲"立国于国际竞争最烈的现代世界,是绝对没有什么便宜可讨的,更绝对没有投到他国怀抱中可以幸存的",因而只能"用自力守护自己"②。民国保守主义者既然主战,当然也就不得不主张求胜之战。至于求胜之战的直接前提,则显然又在于国人之明确而强烈的战争意识的觉醒。正因如此,民国保守主义者首先高呼"军事第一"的口号,紧接着便高举"胜利第一"的大旗。

不可否认,"军事第一、胜利第一"的字眼极具战争色彩。也正因如此,当时大凡阐发"军事第一、胜利第一"者(包括但不仅限于民国保守主义者),往往都被那些世界主义者或大同主义者斥为好战,而竭力阐发"军事第一、胜利第一"一语并借之以定义"战国策"之"战"的"战国策"派,则更因此而被视为法西斯主义者。不得不强调的是,"军事第一、胜利第一"是一句当年铺满中国大街小巷的抗战宣传口号而并非民国保守主义者首创。所以,阐发"军事第一、胜利第一"者若都是好战之徒,那么或创造或宣传或践行这一抗战口号的当时的个人或团体乃至于当时的全中国之人便都是好战之徒。显而易见,这是无稽之谈。周恩来曾说:"中国人民热爱和平,但是为了保卫和平,从不也永不害怕反抗侵略战争。"③"醒狮"派的左舜生在全民族抗战爆发的前一年也曾倡言:"我们不反对和平,我们也不轻言战争,但我们只能承认从备战的空气与实力中可以有和平的取得,我们反对以屈辱的态度与弃权的方式去换取和平,我们要高呼'国民备战'!我们要高呼'知识界动员'!!!我们要高呼'全国总动员'!!!"④可以说,民国保守主义者虽都极力主战却并非猖狂好战,因为他们所主之战是反击日本入侵或其他异国、异族之入侵的自卫之战。具体到抗战,不是民国保守主义者一味主战,而是日本悍然侵华的残酷现实,胁迫着包括民国保守主义者在内的每一位国人都不得不拿起武器自卫反击。正如陈启天在抗

---

① 陈启天.国防中心论[J].国论[上海 1935],1936,1(9):4.
② 陈启天.夹攻中的奋斗[J].国论[上海 1935],1936,1(11):9.
③ 周恩来.为巩固和发展人民的胜利而奋斗[N].人民日报,1950-10-1(1-2).
④ 左舜生.非常时之青年自处与青年指导[J].国论[上海 1935],1936,1(7):11.

战胜利翌年总结的那样,此前他们的所思所论"既系成于抗战时期,自难免涉论到抗战问题,尤其难免涉论到争取抗战胜利的问题"①。当然,民国保守主义者在阐释"军事第一、胜利第一"的过程中,还流露出一种永恒的战争观,即战争永远都不可能杜绝,未来势必还将爆发战争,因此国人和政府应时刻保持着战争意识和战争头脑。不过,民国保守主义者的永恒战争观在根本上只是一种自卫型战争观,因其只求本国、本族的生存与发展。所以,这种战争观迥异于主张对外侵略扩张的攻击型战争观,同样与好战无涉。客观地说,"军事第一"之于战争意识的阐发以及"胜利第一"之于战胜结果的论述,即使时至今日,乃至于未来,也都具有重要的指导意义,因为一国乃至该国的全体民众时刻准备着应付未来可能爆发的战争也是无可厚非的自保、自卫之举。放眼当今世界,绝大多数国家都尽可能地对内整军备武、建设国防,对外又密切关注他国国防建设、军备发展,这其实也是永恒战争观的一种具体表现。当侵略者入侵时,民国保守主义者力主自卫反击而不惜血溅沙场、马革裹尸;当侵略者退却后,他们又力主自强奋斗而务求未雨绸缪、有备无患。"醒狮"派的余家菊曾说:"立国大地,必设国防;横暴之来,必加抵抗。"②应该说,类似这种的论断颇能概括民国保守主义者的国防主张或军事主张。在战起、战息的不同时期中,民国保守主义者的国防主张或军事主张同中有异、异中有同,而其最大的共同点则在于发扬传统文化中的那种自强不息而浴血奋战的优秀道德或优良品格。

三、号召同仇敌忾、共御外侮

从焕发国人的战争意识及求胜意志的角度,民国保守主义者阐发了"军事第一、胜利第一"的抗战宣传口号,并鼓励了国人发扬先民自强不息而浴血奋战的优秀道德或优秀品格以积极应战、战而求胜。不过,战争从来都不是个人之事。"醒狮"派的陈启天曾说:"从前的国际竞争,多属于两国朝廷间或军队间的竞争。近代的国际竞争,却已成为整个国家对整个国家的竞争。"③显然,属于"近代的国际竞争"范畴的抗战也是如此。具体而言,抗战是中、日两国综合国力的大比拼。所以,国人欲求抗战得胜就必须团结一致以在最大程度上发挥国家这一最大团体的作战力量,而民国保守主义者也一直极力呼吁国人化分为合、团结一致。《诗经》有云:"修我戈矛,与子同

---

① 陈启天.增订版自序[M]//陈启天.新社会哲学论.增订1版.上海:商务印书馆,1946:1.
按:该文的文后题署"中华民国三十五年七月黄陂陈启天自序于上海"(其中的时间即1946年7月)。
② 余家菊.论中国文化[J].国论[重庆1938],1939(14):231.
③ 陈启天.三种哲学体系的配合[J].国论[成都1940],1940(1)["复刊第一期"]:18.

仇","修我矛戟,与子偕作","修我甲兵,与子偕行"①。这几句诗往往被后人用来阐释协作精神,尤其是战争时期的协同作战精神,并由之逐渐升华为同仇敌忾而共御外敌的传统道德或传统品格。从这个角度而言,民国保守主义者对化分为合、团结一致的呼吁,也是对同仇敌忾而共御外敌之传统道德或传统品格的宣扬。进而言之,民国保守主义者呼吁国人化分为合、团结一致,即呼吁国人承继和发扬同仇敌忾而共御外敌的传统道德或传统品格。不可否认,在阐释"国家至上、民族至上"及"军事第一、胜利第一"之抗战宣传口号的过程中,民国保守主义者也曾在不同程度上呼吁国人化分为合而团结一致、同仇敌忾而共御外敌。他们对同仇敌忾而共御外敌之传统道德或传统品格的宣扬,又最主要地表现为他们对另一大抗战时期之宣传口号"意志集中、力量集中"的阐发。

"现代新儒家"派的张君劢曾说,"人事之所以进而不已,皆起于意志"②,"推至其极而言,则一人之意志与行为,可以影响于宇宙实在之变化"③。这几句话无疑意味着意志关联目的,是人类开展活动的一大内驱力。事实上,"意志"一词的本义就是指人类为达到某种目的而产生的心理状态。显然,这一本义又暗谓产生并拥有意志的主体仅限于人类。但是,民国保守主义者所谓的"意志"往往指向尼采意志哲学中的意志概念,其主体并不仅限于人类,而且还可以细分为两种,即基于生物之求生本能的生存意志和基于人类之人权诉求的权力意志。"战国策"派的陈铨说,"人类不但要求生存,他还要求权力"④,"人生不是求生存,乃是求权力,支配人生一切的,不是生存意志,乃是权力意志"⑤。事实上,民国保守主义者阐发的"意志"主要就是指权力意志。在民国保守主义者看来,人类对生存意志尤其是权力意志的追求,必然会促使其努"力"、用"力",所以"'意志集中',自然'力量集中'"⑥。正因如此,民国保守主义者认为"力量集中"的逻辑前提及实现关键都在于"意志集中"。民国保守主义者之中不乏哲学家,更不乏探讨"意志"和"意志

---

① 阮元,审定.附释音毛诗注疏卷第六之四:无衣[M].卢宣旬,校.毛亨,传.郑玄,笺.孔颖达,等,正义.陆德明,音义//阮元,审定.重刊宋本十三经注疏附校勘记:重刊宋本毛诗注疏附校勘记.清刻本.南昌:南昌学堂,1816(清嘉庆二十一年):8-10.

② 张君劢.人生观之论战序[M]//郭梦良,编辑.人生观之论战:第一册.上海:泰东图书局,1923:12.

 按:该文的文后附注"十二,十二,十八"(1923年12月18日)。

③ 张君劢.人生观之论战序[M]//郭梦良,编辑.人生观之论战:第一册.上海:泰东图书局,1923:16.

④ 陈铨.指环与正义[N].大公报[重庆版],1941-12-17(4)[副刊《战国》第3期].

⑤ 陈铨.尼采的道德观念[J].战国策[昆明1940],1940(12):32.

⑥ 陈铨.政治理想与理想政治[N].大公报[重庆版],1942-1-28(4)[副刊《战国》第9期].

集中"的哲学家,而即使是那些并非哲学家的民国保守主义者,也曾对"意志"和"意志集中"有所生发。不过,在这些研究和阐释中,最富特色的是关于英雄崇拜问题的探讨。一个团体——小到家庭、大到国家,往往有一位领导该团体、凝聚该团体的核心人物,而化分为合、团结一致则势必要求团体成员拥护核心人物并服从核心人物的统一调度。在国家这一最大的团体中,核心人物就是政治领袖或军事领袖。化分为合、团结一致本身就是"意志集中、力量集中"的注脚,而"意志集中、力量集中"又是同仇敌忾、共御外侮的注脚。所以,民国保守主义者对拥护并服从领袖之问题——英雄崇拜问题的探讨,即阐释"意志集中、力量集中",号召化分为合、团结一致,生发同仇敌忾、共御外侮。

在民国保守主义阵营中,爱好尼采意志哲学的陈铨是最早明确地提出"英雄崇拜论"之人。在《论英雄崇拜》中,他以尼采的意志哲学观照人类历史,认为"人类意志是历史演化的中心"[①],并在此基础上提出创造人类历史的不是身为多数的普通群众的意志,而是身为少数的英雄人物的意志。在陈铨看来,这一方面是因为英雄"可以代表群众的意志,发明,创造,克服一切困难,适合时代的要求",另一方面则是因为英雄"可以事先认定时代的要求,启发群众的意志,努力,奋斗,展开历史的新局面"[②]。正因如此,陈铨说:"英雄是群众意志的代表,也是唤醒群众意志的先知。群众要没有英雄,就像一群的绵羊,没有牧人,他们虽然有生存的意志,然而不一定能够得着最适当生存的机会;他们到的地方,不一定有良好的青草,他们的四周,说不定还有凶恶的虎狼,要侵害他们。"[③]在揭示英雄人物较之于普通群众对人类历史之发展所产生的意义更为远大的基础上,陈铨又顺理成章地推导出了"英雄是受人崇拜的,是应当受人崇拜的"[④]这一结论,最终则抛出了他的"英雄崇拜论"。应该说,人类历史是否确由身为少数的英雄人物创造还有待商榷,但陈铨主张英雄崇拜有其合理性,因为陈铨主张的英雄崇拜与奴隶服从、阿谀逢迎存在着本质的区别。陈铨指出,奴隶服从和阿谀逢迎之举往往因人们惧怕惩罚或贪图利益所致,而英雄崇拜则出于一种"诚恳的惊羡"态度且"没有利害的关系存乎其间"[⑤],至于崇拜英雄之人也不需凡事都顺从英

---

① 陈铨.论英雄崇拜[J].战国策[昆明1940],1940(4):4.
② 陈铨.论英雄崇拜[J].战国策[昆明1940],1940(4):4.
③ 陈铨.论英雄崇拜[J].战国策[昆明1940],1940(4):4.
④ 陈铨.论英雄崇拜[J].战国策[昆明1940],1940(4):5.
⑤ 陈铨.论英雄崇拜[J].战国策[昆明1940],1940(4):6.

雄人物,尤其"到了紧要关头,他尽可以充分发挥他自己的意见"①。不难看出,陈铨所谓的英雄崇拜,既谓普通群众应该服从英雄人物的正确领导,又谓普通群众不需盲从英雄人物的错误指示,而且无论普通群众服从英雄人物与否,这其中都不存在利益纠葛,尤其是不存在关涉个人私利的纠葛。应该说,如此这般的英雄崇拜有助于凝聚国人融为一体,从而在最大限度上发挥国家整体的力量。

经过陈铨逐层递推的论述,"英雄崇拜论"已可谓自圆其说。但是,陈铨在《论英雄崇拜》中还单列一节专论国人是否能够崇拜英雄,并批判了当时国人并不崇拜英雄的现状。陈铨指出,当时的上层人士(尤指当政者)在骨子里并不崇拜英雄:"他们的人格,卑鄙下流,他们的行径,妾妇之道,他们对人没有诚恳,他们对领袖,不是反叛,就是谄佞","作官发财,是他们惟一的目标",而仁、义等"儒家美好的名词"只不过是"他们种种罪恶的护身符"②。之所以如此,陈铨认为原因有二:一方面,当时中国的当政者都是腐化堕落的士大夫,"无人格,无信仰,虚伪矫诈,阿谀逢迎",既在骨子里反对英雄崇拜,又在表面上"以阿谀逢迎奴隶服从,来冒牌英雄崇拜"③;另一方面,五四运动倡导的"民主""科学"之类的新式思想逐渐蜕变为无限伸张个人之自由的工具而造成个人主义思想和行为的变态发达,以至于"人人想作领袖,无人肯服从他人"④。陈铨指出,在五四运动以前,国人即使欲行其自私自利之企图,也往往会有所顾忌而偷偷摸摸地去实现这种个人主义诉求,同时还会竭尽所能地穿凿附会圣贤教化而对之加以掩饰或粉饰,但在五四运动以后,国人不仅不耻于其自私自利的言行而明目张胆地追逐私利,还标举时兴的"民主""科学""自由"等新式名词而煞有介事地标榜自己为新兴人类。基于这两方面的原因,上层人士"对于任何的英雄,都不佩服",而"他们相信的,崇拜的只有自己"⑤。于是,在这些并不真正崇拜英雄却又恰恰掌握话语权的上层人士的影响之下,大部分国人都变得不再崇拜英雄而片面强调个人的自由和自主。"战国策"派的沈从文就曾指出:"孙先生死后,国民都觉得他的人格伟大而识见深远。不过这种敬仰仿佛是一回事。个人的愚而自私又是另一回事。换言之,就是敬仰他的却从不学习他,摹仿他。"⑥尽管如此,

---

① 陈铨.论英雄崇拜[J].战国策[昆明1940],1940(4):7.
② 陈铨.论英雄崇拜[J].战国策[昆明1940],1940(4):9.
③ 陈铨.论英雄崇拜[J].战国策[昆明1940],1940(4):9.
④ 佚名[陈铨].编辑漫谈[J].民族文学,1943,1(4):122.
⑤ 陈铨.论英雄崇拜[J].战国策[昆明1940],1940(4):9.
⑥ 沈从文.谈保守[J].新动向[昆明1938],1938,1(2):52-53.
按:该文的文后附注"六月十四昆明"。

陈铨还是坚持认为国人能够崇拜英雄,甚至曾说"中国人素来是崇拜英雄的"①。在陈铨看来,崇拜英雄是中华民族优秀的传统道德或优良的传统品格之一,"一部廿四史,里面的记载,大部分都是民族的英雄;诗歌小说戏剧的主人翁,也多半是济困扶危的剑侠,出口成章的天才;至于民间的传说,宗教的对象,往往把许多历史上的英雄,抬高到天神的地位"②,只不过这种优秀的传统道德或优良的传统品格后来逐渐被抛弃,尤其是被掌握话语权又反对英雄崇拜的上层人士所压制。但值得庆幸的是,底层人民、部队士兵等还是承继了这种优秀的传统道德或优良的传统品格,如"抗战以来,中国军队在前线拼命的精神,服从长官的勇气,震惊了全世界"③即这种优秀道德或优良品格的集中呈现。陈铨对国人能否崇拜英雄的论述及其对部分国人并不崇拜英雄之现状的揭举,昭示他抛出"英雄崇拜论"的目的和意义。显然,陈铨认为国人若不能崇拜英雄,便会人心涣散,集体意识和团结意识匮乏,而"这次抗敌,更没有人拼命了"④,进而严重地妨害抗日救亡之大业。可见,陈铨倡导"英雄崇拜论"的目的和意义,在于号召国人聚集在卓越领袖身边,并在其领导下团结一致、不顾一切地积极抗日,最终求得民族独立和民族自主。正因如此,陈铨在"英雄崇拜论"广受非议之际,仍然不惜再论英雄崇拜,并大声疾呼"我们需要'金''银'的分子,处在领导的地位,我们需要一种健全的向心力,使中国成为一个有组织有进步有光有热的国家"⑤。

"英雄崇拜论"虽然最早由陈铨明确提出,但在陈铨之前,其他民国保守主义者其实也都曾在不同程度上探讨过英雄崇拜的问题。力主国家主义又活跃于抗战时期的"醒狮"派,就曾公开而明确地表达过与陈铨几乎完全一致的观点。李璜指出,"向上而有能力的人切不可以认为除我以外,便无好人,除我以外,便无有能力的人,除我的办法,便都无是处",因为这种思想和行为"不但是不足以去领导群伦,鼓动全国,应付国难,而且适足以遮蔽了自家去了解国人的眼目,阻止了全国团结的道路"⑥。余家菊则指出,"原来中国的正统思想是不赞成着意于表现自己的——不,无宁说是反表现的",但国人后来因"不期然而欣然接受"源自西方的个人主义思想而注重自我表现,

---

① 陈铨.论英雄崇拜[J].战国策[昆明1940],1940(4):8.
② 陈铨.论英雄崇拜[J].战国策[昆明1940],1940(4):8.
③ 陈铨.论英雄崇拜[J].战国策[昆明1940],1940(4):8.
④ 陈铨.论英雄崇拜[J].战国策[昆明1940],1940(4):10.
⑤ 陈铨.再论英雄崇拜[N].大公报[重庆版],1942-4-21(4)[副刊《战国》第21期].
⑥ 李璜.全国团结之基本条件[J].国论[上海1935],1935,1(5):3.

以致"全国人真正成了一盘散沙"①。余家菊认为,"自我表现,最易助成骄慢凌傲之气,于人之善不愿认许,于己之短不肯承受,甚至疾人之善,喜人之短"②,所以他主张国人"当乐于看见别人的表现,当乐于助成别人的表现,当乐于鼓励别人的表现"③。从中不难看出,李璜和余家菊的论断几乎涵盖了陈铨之"英雄崇拜论"的所有内容,包括其对反英雄崇拜行为产生之缘由的分析及倡导国人化分为合、团结一致等。客观地说,陈铨以及李璜、余家菊等人围绕英雄崇拜问题展开的论说,在总体上都比较合理且颇富裨益现实的积极意义。但不可否认,他们(尤其是陈铨)在具体的论说过程中存在着一些偏颇之处或易于被人误解之处。或许正是因为这种局限的存在,"醒狮"派的国家主义思想主张时遭诟病,而陈铨的"英雄崇拜论"则更是一经提出便广受质疑。

在众多批判陈铨之"英雄崇拜论"的文章中,沈从文的《读英雄崇拜》④最具代表性也最具特殊意义。其代表性主要在于该文的主要观点大体上涵盖了当时社会上各种批判"英雄崇拜论"的论断,而其特殊意义则主要在于该文紧随《论英雄崇拜》而在后一期《战国策》(昆明1940)上刊出,并且其作者沈从文既是《战国策》(昆明1940)的积极撰稿人,又往往被视为"战国策"派的重要成员。沈从文主要从"英雄的定义与英雄崇拜的关系""英雄崇拜与实行民主的关系"这两个方面批判"英雄崇拜论"。沈从文认为陈铨所谓的英雄或因具有暴力倾向而不配为英雄,或因太过"超人"化而与神人无异,最为重要的是主张英雄崇拜往往会催生独裁政治,从而与民主政治背道而驰。实事求是地说,陈铨对英雄的定义确实因深受德国哲学家尼采的影响而既崇尚武力又具有"超人"色彩,但陈铨所谓的英雄不一定暴虐,也并非万事皆能的神人。至于英雄崇拜与独裁政治其实也并无必然的联系:"英雄崇拜论"的盛行虽然可能会导致权力集中,尤其是高度集权于陈铨所谓的英雄,但并不一定就会导致独裁政治的产生;反之,无人实践陈铨的"英雄崇拜论"也并不一定就能杜绝独裁政治的产生。其实,沈从文对陈铨的"英雄崇拜论"的批判主要着眼于两点,即"反对神化英雄或领袖"和"反对英雄或领袖独裁"。客观地说,陈铨的"英雄崇拜论"确实没有主张神化英雄或领袖,所

---

① 余家菊.怎样养成团结力[J].国论[上海1935],1936,1(10):3-4.
② 余家菊.怎样养成团结力[J].国论[上海1935],1936,1(10):5.
③ 余家菊.怎样养成团结力[J].国论[上海1935],1936,1(10):6.
④ 沈从文.读英雄崇拜[J].战国策[昆明1940],1940(5):16-25.
按:该文登载于《战国策》(昆明1940)1940年6月1日第5期第16-25页,此后又登载于《战国策》(上海1941)1941年3月15日第1卷第3期第137-147页。该文的文前有按语:"我们希望读者看了陈铨先生原文和沈从文先生这篇反辩之后,可以得到相当兴趣,参加讨论本题。——编者"。

以前一说不免有无的放矢之嫌。至于后一说，则需视具体情况而作具体分析。在急需集中全国之力共御外敌的特殊时期，反应灵敏而有效的集权政府显然比吵吵嚷嚷以致反应迟缓而拖沓的民主政府更合时宜。从这个角度而言，陈铨的"英雄崇拜论"即使确实包含着主张英雄或领袖独裁的内容，在那个抗战的特殊年代其实也有其合理性。

正如"现代新儒家"派的贺麟所言，举凡批判"英雄崇拜论"的人，"大都从某种政治的立场说话，误认英雄崇拜的提倡，即是为法西主义[①]张目"，"其实英雄崇拜，根本上是文化方面，道德方面，关于人格修养的问题，不是政治问题"，所以"站在政治的立场去提倡英雄崇拜固不对，站在政治立场去反对英雄崇拜亦是无的放矢"[②]。尽管陈铨倡导的"英雄崇拜论"确实具有为政治现实（包括军事现实）服务的功利性目的，但包括沈从文在内的批判者完全站在政治立场上批判陈铨"英雄崇拜论"的做法也并不恰当。其实，这昭示着批判者根本不了解尼采的哲学思想。贺麟和陈铨一样，都是当时国内为数不多的精研德国尼采哲学思想的大家之一。也正因如此，他才能正中要害地指出放弃政治立场去看待陈铨的"英雄崇拜论"，从而为陈铨及其"英雄崇拜论"作出了最为准确而有效的辩护。与此同时，他又不由自主地发表了自己对英雄和英雄崇拜的看法。他指出："英雄概括来说，就是伟大人格，确切点说，英雄就是永恒价值的代表者或实现者。永恒价值乃是指真美善的价值而言，能够代表或实现真美善的人就可叫做英雄。"[③]贺麟在定义英雄时使用了诸多抽象的哲学术语，而他所谓的英雄显然已不如陈铨及沈从文等人笔下的英雄那样易于理解。不得不承认，贺麟定义的英雄概念简直无懈可击。对于英雄崇拜，他同样有着独特的见解："崇拜英雄和服从领袖不同。服从领袖是实用行为。为着社会组织，法律纪纲，行政效率，我们不能不有领袖，我们不得不服从领袖。假如领袖是英雄，我们固然是服从。有时领袖

[①] 原文如此，"法西主义"即"法西斯主义"。上海的生活书店于1933年7月出版的董之学所著《法西主义》第3-4页登载的《释名》写道："'法西斯蒂'的意大利原名叫 Fascisti，这个名词语源出于拉丁字 fascis。这个拉丁字是代表罗马行政长官出巡时所用的一种装饰品，是一柄斧头，四周用棍棒围紮，下面有一较细的柄。这是罗马时代封建权威的象征。因为代表权威，所以墨索里尼在意国组织秘密团体时就用作称号。所以'法西斯蒂'这个名词和'斧头党''大刀会'有同样的意味。因为有了这'法西斯蒂'这组织，后来就用'法西主义'（Fascism）这个名词来代表此种组织的主张和理论。'法西斯蒂'这字在中国有许多不同的译法，有译为'棒喝团'的，乃是从语源子想，有译为'泛击党'的，则为音义双关的译法。更有译为'黑衫党'的，则因为墨索里尼的党以墨色内衣当作制服的缘故，但是德国的'法西斯蒂'却是以褐色内衣作制服的。同样地'法西主义'这名词，也有译作棒喝主义的，也有译作'泛击主义'或'法西斯主义'的。本书作者采取音译，故称'法西斯蒂'及'法西主义'。"

[②] 贺麟.英雄崇拜与人格教育[J].战国策[昆明 1940],1941(17):1.

[③] 贺麟.英雄崇拜与人格教育[J].战国策[昆明 1940],1941(17):2.

虽不是英雄,但为实际方便计,亦须服从之,因为不服从领袖,就没有坚固的团体组织。团体涣散,国必乱亡。一个人服从领袖,他就是一个国家良善的公民,一个团体忠实的份子。至于崇拜英雄,乃所以修养高尚的人格,体验伟大的精神生活。简言之,英雄崇拜不是属于政治范围的实用的行为,乃是增进学术文化和发展人格方面的事。"①就是在对比崇拜英雄和服从领袖的过程中,贺麟建构了他那极具形上色彩又强调疏离政治的英雄崇拜的概念,即英雄崇拜与政治无涉而只关涉道德、人格等方面。至于他所说的"崇拜英雄和服从领袖不同",其实是指崇拜英雄是服从领袖的深化。这从他后来的著作中可窥一斑:"英雄崇拜有四方面:一为生者崇拜死者,如孔子崇拜周公,孟子崇拜孔子,子孙崇拜祖先。一为在下者崇拜在上者,如下属崇拜上司,后生崇拜前辈,学生崇拜老师。一为平辈朋友互相崇拜,如鲍叔牙之崇拜管仲。一为上崇拜下,如刘备之崇拜诸葛亮,如左光斗之崇拜史可法。生者崇拜死者为尚友千古,抗志希古的'古道',下崇拜上为'忠道',平辈崇拜为'友道'。"②进而言之,贺麟理解的英雄崇拜其实还蕴含着"忠"与"敬"一类的传统的儒家道德或儒家品格。因此可以说,贺麟既赞成崇拜英雄,也主张服从领袖。当然,他所谓的英雄或领袖往往具有优秀的道德品质和良好的个人修养。

在抗战时期,"英雄崇拜论"是被广泛讨论的话题之一,而包括民国保守主义者在内的讨论者之所以关注"英雄崇拜论",实际上是为了探讨如何增强全国抗日力量的问题,亦即探讨如何"意志集中、力量集中"的问题。在这个讨论过程中,英雄往往被具体化为领袖(尤其是政治领袖或军事领袖)。由之,反对崇拜英雄者认为"英雄崇拜论"隐含的服从领袖之说具有鼓吹独裁之嫌。于是,人们对"英雄崇拜论"的讨论又往往纠结于政治层面的独裁和民主之辨析。其实,撇开政治而言,崇拜英雄是一种道德行为,而民国保守主义者对崇拜英雄及服从领袖的阐发主要也是在道德层面上展开。不失客观地说,这一阐发在当时确实有助于反拨那种以自我为中心的自以为是、自行其是的错误思想和鲁莽行为,同时又有助于增进国人间的彼此了解和互诚互信,最终则促进国人同仇敌忾、共御外侮。

---

① 贺麟.英雄崇拜与人格教育[J].战国策[昆明1940],1941(17):4.
② 贺麟.向青年学习[M]//贺麟.文化与人生.北京:商务印书馆,1988:333.
按:《文化与人生》由上海的商务印书馆于1947年11月出版,其主体为35篇论文(其中分上、下篇的《物质与思想》以2篇计),此后又由北京的商务印书馆于1988年8月出版,且增加了包括《向青年学习》在内的数篇论文。

本 章 小 结

"现代新儒家"派的张君劢曾说:"海禁大通以来,吾国始与西欧国家较量文化优劣。吾国朝野初期所感者,为西方船坚炮利,次期所觉者为科学技术之精良为政治制度中法治与民主之优越,终则觉其伦理关系与学术方法无一不超过吾人。至此而四千年文化全部武装缴械矣。"①事实也确如张君劢所言,因为自鸦片战争以后,传统文化经历了一个逐渐衰落的过程,尤其在新文化运动中,传统文化更大有被西化论者所谓的以西方文化为主体的新式文化所取代之危。客观地说,西化论者对传统文化的批判和指摘确有合理之处,但也不乏诬蔑之语或武断之论——这在很大程度上是因为西化论者急于以西方文化取代传统文化而不惜以不公正之先见强行批判、指摘传统文化。"甲寅"派的章士钊说:"海通以来,西方之工业化,续续东被,显焉隐焉,纡焉迳焉,使吾固有之文明,遭其抨击者,不可枚数。于是东方文化能否长存之一问题,乃起于学士大夫之心胸,而无能自禁。"②在主观上,民国保守主义者也都深虑传统文化的沦落,但真正促使他们走上卫护传统文化乃至于发扬传统文化之路的不是这种主观情感,而是客观现实。在20世纪30年代中期,"醒狮"派的常乃惪曾对卫护传统文化乃至于发扬传统文化之思想和行为的产生作出过一番精妙的阐发。他指出:"假如中国情形虽然剧变,而世界的情形还是稳定,则中国不妨依照西洋列强的已成路线去具体模仿,如日本在十九世纪末年所经过的路程一样,则问题尚可简单些。我们打倒了本国的偶像,还有外国的偶像可以膜拜。然而不幸这种外国的偶像本身也起了恐慌,西洋十九世纪公认的各种思想和制度,到今日已均发生动摇,世界究竟往那里去,我们还不敢预知,又何能拿来做中国改造的指南针。"③显然,常乃惪之言意谓"一战"宣告了西方文化的破产,以至于当时的中国根本没有完全意义上的外国偶像可以模仿,进而意谓全面仿习西方文化的全盘西化之路行不通。其实,早在常乃惪之前,许多民国保守主义者都基于不可否认的客观现实而作出过类似的论断。比如"现代新儒家"派的梁漱溟,其在主编为乡村建设运动代言的期刊《村治》时,就曾直言不讳地说:"我编本刊,此时最着重在转移国人盲目地往西走的方面,指点出'此路不

---

① 张君劢. 自序[M]//张君劢. 儒家哲学之复兴. 北京:中国人民大学出版社,2006:1.
② 孤桐[章士钊]. 原化[J]. 甲寅[北京1925],1925,1(12):6.
③ 常燕生[常乃惪]. 非常时代下的中国国民和国策[J]. 国论[上海1935],1935,1(3):4-5.

通',使他死心断念;所以尽有些文章,或并不直接谈乡村问题,而正是我们文章要紧的所在。"①正是在种种客观现实的逼迫下,以及在西方学者欣慕东方文化,尤其是欣慕中国传统文化之思想和行为的促进下,民国保守主义者一类的爱国志士纷纷将其救亡图存的宏愿寄托于传统文化之上,致力于发掘传统文化之精华,从而走上卫护传统文化乃至于发扬传统文化之路。具体到民国保守主义者,他们与西化论者展开了针锋相对的论辩,并围绕优劣性辨析、死活性辨析和新旧性辨析揭举传统文化并不像西化论者所说的那般不堪。由此,并不完全排斥西方文化的民国保守主义者在引介西方文化的同时,也卫护被西化论者蔑弃的传统文化,并具体地通过发掘传统文化之精华,尤其侧重于发掘以传统儒家道德为主的传统道德的方式,阐发传统文化的当下价值和当下意义,进而力主发扬传统文化。

民国保守主义者对传统文化的阐发,蕴含于他们与其他各派人士展开的一系列文化论争之中。这些论争,其实又都一无例外地关涉现代文化创造方案。在民国保守主义者看来,传统文化中诸多看似陈旧的思想,其实都无悖于当时被西化论者推崇又确为社会急需的"民主""科学"等现代的新式思想。更进一步地,他们甚至还认为仅从固有的传统文化中也可以发掘出"民主""科学"等现代的新式思想。事实上,民国保守主义者始终坚信作为传统文化之核心内容的传统儒家文化,具有无与伦比的重大当下价值和当下意义,因为在他们看来传统儒家文化中的一些人文主义思想在经过改造之后,远比趋重功利主义的西方文化更适合构筑现代国民的价值观念以及维系现代社会的人际关系。正因如此,民国保守主义者在与其他各派人士论争文化的过程中,极为注重探讨传统文化的现代命运,并在强烈肯定传统文化之当下价值和当下意义的基础上,转向卫护传统文化和进一步地发扬传统文化。

正如民国保守主义者所言,那种"觉西洋文化根本不合于中国"而"主张复兴国粹,保存国故,不惜使年光倒流,重至往昔的时代"之类的"复古的主张,不消说与盲目的崇拜欧西文化一样,都犯了不顾事实的毛病"②。尽管民国保守主义者既对西方文化有所抗拒,又对传统文化有所卫护,但他们对西方文化之抗拒及其对传统文化之卫护,并非出于简单、纯粹的复古反新式的自然保守主义情结或传统主义情结,而是基于西方文化有其弊病、传统文化有其优点的客观事实。相较于西化论者,民国保守主义者对西方文化及传

---

① 梁漱溟.主编本刊之自白[J].村治,1930,1(1):23.
② 佚名[裴复恒、樊仲云].发刊辞[J].文化建设[上海1934],1934,1(1):2[总2].

统文化的论说显得更为客观和准确。西方文化本身就不是完美无缺,所以西化论者主张的纯粹依托西方文化创造西化现代文化的方案显然并不足取。至于西化论者蔑弃的传统文化,则又有其不可否认的当下价值和当下意义,所以现代文化的创造方案不应排斥传统文化而理应兼取中西文化。不过,民国保守主义者并不是肯定并卫护所有传统文化,而只是对一部分传统文化(主要是传统文化之精华)大加赞赏和推崇,因为他们主张对传统文化"不守旧",即"去其渣滓,存其精英,努力开拓出新的道路"①。可以说,民国保守主义者"致力于科学化运动,以检讨中国过去之文化,然后汰劣留良,择其善者而发扬光大之","以创造中国将来之文化"②。其实,经过民国保守主义者的阐发后,即使是那些传统文化之精华,也已不同于他们原先的形态,因为民国保守主义者往往"以欧西文化之眼光,将吾国旧学重行估值"③,亦即对传统文化加以顺应时势的阐发。进而言之,民国保守主义者阐发的传统文化源自传统文化又不完全等同于原初的传统文化,并且能够顺应时移势易又保持固有属性。这就意味着,民国保守主义者对传统文化的阐发其实立足于对富于调整性的调剂异托邦的构建。在民国保守主义者基于调剂异托邦的创造性阐发下,诸多传统文化既是其所是又非其所是,但终归焕发新的时代价值和时代意义,从而在很大程度上表现得比西方文化更适合当时的中国社会。正因如此,民国保守主义者力主以"择精语详"而"继往开来"的态度和作为承继并发扬传统文化。由此,民国保守主义者从宏观上构建的奠基于另类现代性的文化异托邦在取舍传统文化,尤其是在承继并发扬传统文化这一具体层面,就表现为从微观上构建的富于调整性的调剂异托邦。正是基于调剂异托邦对传统文化的调整性作用,以及潜藏于调剂异托邦之后的另类现代性建构的传统渊源使然,民国保守主义者最终发扬的必然是本身就优秀且适用于当下的传统文化。不惟如此,在传统文化和西方文化二者之间,民国保守主义者更偏爱传统文化,以至于他们阐发的别样现代文化创造方案俨然具有以传统文化为主体的特点,从而在客观上给人以"药方只贩古时丹"④之感,凸显另类现代性建构的传统渊源。但不管怎么说,民国保守主义者的卫护传统文化之举,及时地反拨了西化论者那种极端

---

① 佚名[王新命,何炳松,武堉干,等].中国本位的文化建设宣言[J].文化建设[上海1934],1935,1(4):5[总5].
② 潘公展.发刊词[J].中国文化建设协会会报,1934,1(1):2.
③ 胡先骕.论批评家之责任[J].学衡,1922(3):4.
④ 龚自珍.定盦杂诗:己亥杂诗三百十五首[M]//龚自珍.评校足本龚定盦全集:第一册.王文儒,编校.上海:世界书局,1935:7.
按:引诗出自《己亥杂诗三百十五首》中的第44首。

崇拜西方文化甚或力主全盘西化的偏颇。这在客观上有效地阻击了西方文化对传统文化的监禁,从而极大地保护了民族的根性,增强了民族的自信,促进了民族的现代化。

第四章
另类现代性建构的基本范式

> 不必复古。而当求真正之新。不必谨守成说。恪遵前例。但当问吾说之是否合于经验及事实。不必强立宗教。以为统一归纳之术。但当使凡人皆知为人之正道。仍可行个人主义。但当纠正之。改良之。使其完美无疵。此所谓对症施药。因势利导之也。今将由何处而可得此为人之正道乎。曰。宜博采东西。并览今古。然后折衷而归一之。
>
> ——吴宓①

民国保守主义者指出,时学浅隘,世风日下,国人既普遍认为"凡属中国者都在所必去",又往往对于"西洋的事物,则亦步亦趋,竭力模仿,惟恐不肖"②,而这在很大程度上要归咎于西化论者对西方文化的竭力鼓吹及其对传统文化的肆意诬蔑。确实,西化论者既极端崇尚西方文化又极度蔑弃传统文化,所以他们的西化现代文化创造方案也就兼具"别矜新制"和"尽弃前规"的双重特点。就"别矜新制"的角度而言,西化论者视西方文化为新和优的典型,从而对西方文化但知有信而不知有疑,好异而不见常,以致"骛新一偏之祸,中于吾国人心者已深"③。就"尽弃前规"的角度而言,西化论者视传统文化为旧和劣的代表,从而对传统文化但知有破而不知有立,攻短而不见长,以致当时的国人"好诋前修"④"喜谤前辈"⑤。其实,西化论者从新旧、优劣的角度评判西方文化及传统文化之价值的方式存在着诸多自相矛盾之处。比如说,西化论者蔑弃的传统文化或可谓之为旧,但西化论者崇尚的西

---

① [美]白璧德[Irving Babbitt].白璧德中西人文教育谈[J].胡先骕,译.学衡,1922(3):1-2.
按:引文出自吴宓在该文的文前加注的按语("吴宓附识")。
② 佚名[裴复恒、樊仲云].发刊辞[J].文化建设[上海1934],1934,1(1):1[总1].
③ [美]柯克斯[Kenyon Cox].柯克斯论古学之精神[J].徐震堮,译.学衡,1923(21):3.
按:引文出自吴宓在该文的文前加注的按语("编者识")。
④ 刘永济.自序[M]//刘永济.文学论.长沙:湘鄂印刷公司,1922:1.
⑤ 钱智修,编纂.达尔文[M].3版.上海:商务印书馆,1920:19.
按:引文出自钱智修在该书《第四章 航海》的文后加注的按语("批评")。

方文化显然不尽是新；同样的，西化论者崇尚的西方文化固然有其优点，但西化论者蔑弃的传统文化又显然不尽是劣。正因如此，民国保守主义者一针见血地指出，西化论者往往"昏昏扰扰，既蔑弃古来文化，又不问世界思潮"①，而这在根本上就是赤裸裸地"蔑视本国，崇拜外人"②。不可否认，西化论者对西方文化的一些优点有着比较正确的认识，而其对传统文化的一些弊病也有着比较准确的批判，但他们以简单又模糊的新旧、优劣之类的标准评判中西文化又未免失之于武断甚或粗暴。最为重要的是，在西化论者看来，中国若欲救亡图存甚或实现现代化而走向繁荣富强，只有彻底抛弃传统文化、全面仿习西方文化一途。显然，西化论者宣扬的现代文化无异于西方文化的代名词。西化论者一厢情愿地认为来自异域的他者文化——西方文化完全适用于中国，但他们其实忽视了文化的延续性和民族性。任何一种文化在总体上都经历着从古至今不断演化的过程，而当下种种都与传统习惯密不可分。换言之，文化由古而延续至今，以致当下与历史存在着剪不断的联系。至于中国的传统文化，更是相沿数千年而从未间断过。传统文化对每一位国人产生的潜移默化的影响早已深入国人的骨髓，所以，西化论者那种完全抛弃传统文化并以西方文化取代传统文化的西化现代文化创造方案，在事实上必然行不通。再者，任何一个民族的文化都是该民族区别于其他民族的重要特征之一，而任何一个民族又都天然地具有卫护本族文化的自然保守主义情结或传统主义情结，所以西化论者的西化现代文化创造方案在感情上也难以被国人普遍接受。总而言之，西化论者的西化现代文化创造方案注定在中国行不通。

新事物往往能引起人们的好奇与崇拜，而作为新事物的西方文化也是如此。但是，人们在冷静之后便会重新审视、甄别新事物。就在西化论者及其信徒狂热崇拜西方文化之际，民国保守主义者冷静地看到了西方文化的一些局限，并对之展开批判和纠偏。同样的，就在西化论者及其信徒极度贬斥传统文化之际，民国保守主义者又冷静地看到了传统文化的一些优点，并对之加以阐发和卫护。显然，民国保守主义者明确地否定了西化论者的西化现代文化创造方案。但是，纯粹的传统文化显然也无法应对当时混乱多变的时局。即使是极度强调现代文化创造方案之本己意识和主体意识的"本位文化"派，也作如是观。比如"本位文化"派的陈高佣就曾明言"中国本位的文化建设，不是要恢复中国固有的旧文化，亦不是要把中国与世界隔绝起

---

① ［美］白璧德［Irving Babbitt］.白璧德论民治与领袖［J］.吴宓，译.学衡，1924(32)：4.
按：引文出自吴宓在该文的文前加注的按语（"译者识"）。
② 张君劢.引言［M］//张君劢.义理学十讲纲要.北京：中国人民大学出版社，2006：4.

来,成为一个孤立的国家",并进一步指出现代文化之创造这一"中国目前的问题不是取法古人可以解决的,亦不是模仿外国可以解决的"①。于是,民国保守主义者便汲汲于寻求一种超越传统文化、西方文化的别样现代文化。"醒狮"派的陈启天曾详论道:"中国要在新战国的环境和时代之下,求得生存发展,必须另有一种新社会哲学的看法和作法",但这种"新社会哲学""不是完全因袭古代人,也不是完全抄袭外人"②,即"既不能完全取之于古人,又不能完全取之于外人",而"应由中国人自己依据现代中国需要"去建立③。陈启天言说的"新社会哲学"其实就是民国保守主义者上下求索的别样现代文化之言简意赅的概括,而陈启天之言也代表了民国保守主义者反对全面仿习西方文化、彻底抛弃传统文化的西化现代文化创造方案。显然,较之于西化现代文化,别样现代文化势必不会彻底疏离相沿成习、难以尽弃的传统文化,但也无法完全摆脱颇具优势、咄咄逼人的西方文化。"学衡"派的吴宓在论究中西学术、思想乃至文化之取舍时,曾提及"宜博采东西,并览今古",而与"学衡"派关联密切的著名历史学家李思纯曾对此有相对明确、详细的论述:"文化之发生变异,固由新有所得,欲以改正旧物。然所挟以改正旧物之器具及方法,则不可不斟酌审量,期于美善无弊。质言之,即此改正旧物之器具及方法,当对于旧物为补益之药,使成为新生,而不当对于旧物为毒杀之药,使见杀于番达主义也。故国人之正确态度,当对于旧化不为极端保守,亦不为极端鄙弃。对于欧化不为极端迷信,亦不为极端排斥。所贵准于去取适中之义以衡量一切,则庶几其估定文化改正旧物之态度,成为新生主义之实现 Realization of renaissance,而不成为番达主义之实施 Performance of Vandalism。吾人于此,其留意焉。"④吴宓之言为其他民国保守主义者所共拥,而李思纯所论又被包括吴宓在内的民国保守主义者所洞见。也就是说,民国保守主义者主张别样现代文化的创造应该"博采东西"且"并览今古",即综合古今中外的文化——主要指综合古今中西的文化。事实上,"博采东西"且"并览今古"还包含"揽世界之菁英,挥固有之国粹"但又"不必持入主出奴之见"⑤的意义。换言之,民国保守主义者主张创造的别样现代文化是中西文化甚或中西文化之精华相和合的结晶,但又极富主体性和民族性。

---

① 陈高佣.怎样了解中国本位的文化建设[J].文化建设[上海1934],1935,1(8):4[总58].
② 陈启天.增订版自序[M]//陈启天.新社会哲学论.增订1版.上海:商务印书馆,1946:1.
③ 陈启天.自叙[M]//陈启天.新社会哲学论.重庆:商务印书馆,1944:2.
④ 李思纯.论文化[J].学衡,1923(22):8.
⑤ 钱智修,编纂.苏格拉底[M].5版.上海:商务印书馆,1924:8.
按:引文出自钱智修在该书《第二章 时势》的文后加注的按语("批评")。

显然,这一别样现代文化与西化论者主张创造的西化现代文化截然不同。所以,别样现代文化创造方案与西化论者的西化现代文化创造方案也迥然相异。"博采东西"且"并览今古"的态度和作为,就是民国保守主义者那奠基于另类现代性的别样现代文化创造方案对创造别样现代文化——和合中西文化的基本要求。简言之,"博采东西"且"并览今古"是创造别样现代文化的基本范式。至于民国保守主义者对"博采东西"且"并览今古"的阐发,实际上立足于构建一个富于补益性的补偿异托邦。

福柯在谈及异托邦之特征的时候曾指出异托邦普遍具有补益性,而异托邦的这种补益性又主要表现为异托邦与剩余的其他空间相比,具有比较并调节极好与极差这两种极端空间状况的作用。在福柯看来,这种比较、调节作用一方面可以使异托邦创造出一种虚幻的幻象空间或异质空间而显现所有的真实空间(人类生活于其中并被其隔开的所有地点)简直更加虚幻,另一方面则可以使异托邦创造出另一种真实、完美的别样空间而映照着所有真实空间的混乱与污浊。所以,福柯认为这种异托邦其实"不是幻象异托邦,而是补偿异托邦"[①]。民国保守主义者主张的创造别样现代文化也具有补益性,而他们从宏观上构建的奠基于另类现代性的文化异托邦在创造别样现代文化——和合中西文化的具体层面,就表现为从微观上构建的富于补益性的补偿异托邦。民国保守主义者主张创造的别样现代文化固然源出于传统文化和西方文化(尽管这两种文化在别样现代文化中占据的比重有所不同),但又胜于传统文化和西方文化,即别样现代文化具有传统文化和西方文化都不具备的优势。这一方面意味着别样现代文化具有现实性,因为别样现代文化的构成成分客观存在;另一方面又意味着别样现代文化具有理想性,因为这种"揽世界之菁英,挥固有之国粹"而超越传统文化和西方文化的别样现代文化终究可望而不可及。可见,别样现代文化既实又虚,同时又映照着现实中的传统文化和西方文化的不足。事实上,与其说民国保守主义者在主张创造和合中西文化甚或和合中西文化之精华的别样现代文化,倒不如说他们在主张裨补中西文化各自之不足。正因如此,民国保守主义者对创造别样现代文化之基本范式——"博采东西"且"并览今古"的阐发,其实就是在构建补偿异托邦。补偿异托邦具有的补益性往往意味着一事物补益另一事物,其中被补益的事物是重点或主体。显然,注重别样现代文化之主体性和民族性的民国保守主义者,在构建补偿异托邦以阐发其创造别样现代文化之基本范式的过程中,势所必然地会偏重于以西方文化补

[①] [法]M.福柯[Michel Foucault].另类空间[J].王喆,译.世界哲学,2006(6):57.

益传统文化而非以传统文化裨益西方文化。补偿异托邦是民国保守主义者在宏观上构建的奠基于另类现代性的文化异托邦就创造别样现代文化——和合中西文化的具体层面在微观上的表现,所以"博采东西"且"并览今古"不仅是补偿异托邦对于创造别样现代文化的基本范式,同时还是潜藏于补偿异托邦构建之后的另类现代性建构对于创造别样现代文化的基本范式,亦即另类现代性建构的基本范式。

第一节　中西和合的理论分野

肇始于民国初年的"东西文化论战"持续了数十年,而广义上的"东西文化论战"其实伴随着民国始终,并一直延续至今。"东西文化论战"的主要内容在于论辩中西文化之长短、优劣,亦即"中西文化论争"。"中西文化论争"在根本上其实紧紧围绕两个问题展开,即探讨中西文化是否相通及中西文化可否融合。关于这两个问题,不同的民国保守主义者以及不同的西化论者都有其不同的看法。他们或是同时肯定二者,或是同时否定二者,或是肯定前者而否定后者,或是否定前者而肯定后者,而这其实也是"中西文化论争"之所以论辩不休的一大主要原因之所在。

绝大多数的西化论者都认为,发生于不同历史时期和不同地理环境的中西文化在根本上绝无相通之处。陈独秀曾说:"古代文明,语其大要,不外宗教以止残杀,法禁以制黔首,文学以扬神武。此万国之所同,未可自矜其特异者也。近世文明,东西洋绝别为二。"[1]后来,陈独秀又笼统地说:"东西洋民族不同,而根本思想亦各成一系,若南北之不相并,水火之不相容也。"[2]陈独秀所谓的"东西洋",其实主要是就中西两地而论。显然,陈独秀从中西民族及中西民族之思想存在差异的角度,在根本上否定了中西文化是否相通的问题。可以说,大凡否定中西文化是否相通的西化论者,同时又都会否定中西文化可否融合。进一步地,他们甚至还都会非此即彼地认为现代文化若非自有的传统文化的本己进化,则必将是外来的西方文化的他者翻版。当然,西化论者,尤其是陈序经之类的全盘西化论者,普遍认为西方文化是人类文化中最为优秀的代表文化。所以,他们势所必然地主张依托西方文化创造西化现代文化,从而同样势所必然地走向全盘西化之途。不过,也有一部分西化论者认为中西文化存在相通之处。西化论者普

---

[1] 陈独秀.法兰西人与近世文明[J].青年杂志[上海 1915],1915,1(1):1.
[2] 陈独秀.东西民族根本思想之差异[J].青年杂志[上海 1915],1915,1(4):1.

遍崇尚西方文化,而承认中西文化存在相通之处的西化论者,多少也都会肯定那些与西方文化相通的传统文化内容。所以,这类西化论者并不完全而彻底地排斥传统文化。胡适便是这类西化论者的代表,因为胡适不仅承认中西文化有其共性,还曾以"研究问题/输入学理/整理国故/再造文明"①为口号而发起"整理国故运动",从而表现出他对传统文化有所肯定。但是,胡适等人终究还是西化论者,所以他们到底还是主张西化并主张依托西方文化创造西化现代文化,从而在根本上表现出否认中西文化可以融合的倾向。

关于中西文化是否相通以及中西文化可否融合的问题,西化论者莫衷一是,而民国保守主义者其实也是如此。绝大数民国保守主义者都基于中西文化存在差异的客观事实而普遍承认中西文化有所不同,只不过他们不但不像西化论者那样面对颇具优势的西方文化便自惭形秽,反而还极为注重从中西文化的不同点中发掘传统文化的优势。"东方杂志"派的杜亚泉、"甲寅"派的章士钊等人便是此类民国保守主义者的代表:虽然强调中西文化有所不同,却并不否认中西文化可以融合。杜亚泉一直主张在比较中西文化之差异的过程中取长补短以完善传统文化,而章士钊则旗帜鲜明地提出了融合甚或和合中西文化的调和中西之论。从这个角度而言,杜亚泉、章士钊一类的民国保守主义者即使是不明确承认中西文化相通,也不是完全否认中西文化相通。与杜亚泉、章士钊等民国保守主义者不同,以吴宓为代表的"学衡"一派的民国保守主义者,虽同样不否认中西文化存在差异,却更加偏重于阐发中西文化的相通性。不过,吴宓等人所谓的相通的中西文化之"西",多指古代西方文化而非整个西方文化,更遑论近世西方文化。在吴宓等人看来,传统文化精华多于糟粕,而传统文化之精华与古代西方文化之精华又多有共通之处。至于近世西方文化,吴宓等人认为其糟粕多于精华,但其精华又确为传统文化所无而值得借鉴。所以,吴宓等人主张承继、发扬传统文化,并汲取近世西方文化之所长以补传统文化之所无。从中可见,吴宓等人其实也不否认中西文化可以融合。总体而言,不同的民国保守主义者虽在中西文化是否相通的问题上持见不太一致,但在中西文化可否融合的问题上持见基本一致。

民国保守主义者对中西文化之融合的阐发,就是为了和合中西文化,而民国保守主义者又恰恰是在和合中西文化的基础上阐释其别样现代文化创造方案。不过,在如何和合中西文化的具体层面上,不同的民国保守主义者

---

① 胡适.新思潮的意义[J].新青年[上海1915],1919,7(1):5.

又有不同的看法,从而造成中西文化和合理论的分野。大体而言,民国保守主义者的中西文化和合理论可分为互参中西论、调和中西论以及会通中西论三种。

一、互参中西论

新文化运动时期,西化论者惯以达尔文进化论观照文化而秉持文化进化论。西化论者的文化进化论,奠基于西化论者以"古代文化—现代文化"的二分法简单地图解世界各种文化,而其具体表现则是西化论者认定世界各种文化都遵循着从古代文化向现代文化进化的固定规则。客观地说,西化论者的文化进化论有其积极的历史意义甚或革命意义,因为它强调了文化的前进性而突破了晚清以来颇富守旧色彩的中体西用论。但是,西化论者的文化进化论又有其不可否认的偏颇存在,因为它具有鲜明的西方中心主义色彩。西化论者所谓的古代文化以中国传统文化为代表,而其所谓的现代文化则以近世西方文化为典型。于是,西化论者的文化进化论所主张的铁律——古代文化向现代文化进化,便意谓中国传统文化必须向近世西方文化靠拢,甚或中国传统文化必须被近世西方文化所取代。在西化论者的文化进化论中,世界各种文化从时间上说只有从古代文化向现代文化演变一路,而从空间上说则只有从东方文化向西方文化(尤指近世西方文化)靠拢一途。在这种文化一元进化的简单图式中,没有东方文化的主体位置,更没有中国传统文化的主体位置。所以,西化论者的文化进化论在很大程度上便是西方中心主义的具体化呈现。这种文化进化论不仅因其主张文化的一元进化而抹杀了各种其他文化的民族特质,还因其贯彻着西方中心主义思想而往往以西方文化作为先进或优秀的标杆来审视、评判其他文化。在具体的比较中西文化的过程中,绝大多数西化论者都大力张扬西方文化的现代性而以居高临下的姿态睥睨传统文化,进而主张在彻底抛弃传统文化的基础上全面仿习西方文化。事实上,这与其说是比较中西文化,倒不如说是以西方文化批判甚或取代传统文化。虽然说,以"东方杂志"派的杜亚泉为代表的早期民国保守主义者,未必意识到西化论者是基于文化进化论来评判、取舍中西文化,并在很大程度上消解了传统文化的主体性;但是,他们显然都意识到西化论者有意抬高西方文化并刻意贬低传统文化,因为他们不但明言西化论者秉持西方文化尽优而传统文化尽劣之论,还明确地反对这一武断、偏激之论。作为最早的民国保守主义者,杜亚泉还提出了与之针锋相对的互参中西文化之论,即互参中西论。

较之于西化论者那种文化进化论的厚彼薄此,杜亚泉的互参中西论将中西两种文化放置在对等的位置上加以平等的比较。杜亚泉对中西文化的比较也像西化论者那样强调二者的差异性,但杜亚泉认为中西文化的差异不在于中西两种文化本己的先进与落后、优秀与低劣等"程度之差",而在于中西两种社会的不同所引起的"性质之异"[①]。至于"两社会差异之由来,则由于社会成立之历史不同"[②],并具体地表现为两个方面。一方面,西方社会由诸多迥异的民族混合而成,且"民族对抗纷争"从未真正地停止过;反观中国社会,虽也由诸多民族构成,但各民族的"发肤状貌大都相类",在根本上都属于中华民族而易于相互同化或融合,而且中国社会大一统时期较长,即使是分裂时期的各民族间的相互争斗也不同于西方社会的"民族之争"[③]。另一方面,西方社会发达于交通便利的地中海沿岸,"宜于商业,贸迁远服,操奇计赢,竞争自烈",而中国社会则发达于土地肥沃的黄河沿岸,"宜于农业,人各自给,安于里井,竞争较少"[④]。杜亚泉指出:"社会成立之历史不同,则其对于社会存在之观念,亦全然殊异。"[⑤]也就是说,中西两种社会的产生环境的不同,决定了生活于这两种社会中的人们在思想观念上也迥然相异。一言以蔽之,西方社会的民族纷争和商业角逐造就了西方人强烈的忧患意识和竞争意识,而中国社会的民族一统和土地肥沃则造就了中国人显著的和乐精神及自给精神。显然,杜亚泉极为重视客观环境对人类社会的影响作用,甚至视客观环境的影响作用为决定人类社会形态及人类社会意识的主要因素之一。不难看出,杜亚泉的这些论断与达尔文进化论强调的"自然选择"的思想主张颇为契合。这似乎意味着,这些论断根本就是立足于达尔文进化论。事实上,这些论断包含的基于"自然选择"思想的人种有所差别、阶级普遍存在、战争不可避免等观点,都属于典型的社会达尔文主义的范畴。社会达尔文主义密切关联达尔文进化论,但又不同于达尔文进化论。不惟如此,社会达尔文主义最主要的理论来源,实际上是被称为"社会达尔文主义之父"的斯宾塞创造的社会有机体论。一般认为,"社会达尔文主义"一词最早见于美国历史学家理查德·霍夫斯达德(Richard Hofstadter,1916—1970)于1944年出版的《美国思想中的社会达尔文主义》(*Social Darwinism in American Thought*)[⑥]。但是,社会达尔文主义的思想主张早在

[①] 伧父[杜亚泉].静的文明与动的文明[J].东方杂志,1916,13(10):1.
[②] 伧父[杜亚泉].静的文明与动的文明[J].东方杂志,1916,13(10):2.
[③] 伧父[杜亚泉].静的文明与动的文明[J].东方杂志,1916,13(10):2.
[④] 伧父[杜亚泉].静的文明与动的文明[J].东方杂志,1916,13(10):2.
[⑤] 伧父[杜亚泉].静的文明与动的文明[J].东方杂志,1916,13(10):2.
[⑥] [美]霍夫斯达德[Richard Hofstadter].美国思想中的社会达尔文主义[M].郭正昭,译.台北:联经出版事业公司,1981.

19世纪末就已盛行全世界。鉴于杜亚泉的博涉西学，其论断极有可能是深受社会达尔文主义的影响。

在论证中西环境差异导致中西之人在思想观念方面也有所差异的基础上，杜亚泉又进而指出中西文化的五大差异。第一，西方文化重人为、恶自然，"一切以人力营治之"；传统文化则轻人为、顺自然，"一切皆以体天意、遵天命、循天理为主"①。第二，西方文化向外扩张，以致西方"社会内之各个人皆向自己以外求生活，常对于他人，为不绝的活动"；传统文化则向内收敛，以致中国"社会内之各个人皆向自己求生活，常对于自己，求其勤俭克已，安心守分"②。第三，西方文化天然具有的竞争观念既使西方人重个体以致个人主义发达，又使西方人重团体以致国家主义发达；传统文化天然缺乏竞争观念又天然具有自给观念，以致"我国除自然的个人以外，别无假定的人格，故一切以个人为中心，而家族，而亲友，而乡党，而国家，而人类，而庶物，皆由近及远，由亲及疏，以为之差等"③。第四，西方文化因竞争观念发达而注重私产及私权，以致西方文化在道德方面"多注意于公德，而于个人之行为，则放任自由"，即重公德甚于私德；传统文化则因自给观念发达而讲究"与世无争，与物无竞"，以致传统文化在道德方面以"拘束身心，清心寡欲，戒谨于不睹不闻之地"为"道德"，即并重公德与私德④。第五，西方地狭人稠以致西方"社会之和平，用以构造战争"，即战争为西方社会的常态，所以西方文化具有好战倾向；中国地大物博以致中国"社会之战争，用以购求和平"，即和平为中国社会的常态，所以传统文化具有尚和倾向⑤。由此，立足于社会达尔文主义的杜亚泉认为，中西文化的差异在根本上是由"自然存在"和"竞争存在"这两种环境差异及观念差异所致。杜亚泉总结道："综而言之，则西洋社会，为动的社会；我国社会，为静的社会。由动的社会，发生动的文明；由静的社会，发生静的文明。"⑥这其中，"动的文明，具都市的景趣，带繁复的色彩。而静的文明，具田野的景趣，带恬淡的色彩。"⑦杜亚泉以中国古典哲学中的"动静说"总结中西文化的相异特征可谓颇为精当，而其在论证中西文化之第二大差异时提出的"外向内向说"，虽可说是"动静说"的扩展，但实际上是杜亚泉的首创，因为在杜亚泉之前从未有人以"外向内向说"比较中西

---

① 伧父[杜亚泉].静的文明与动的文明[J].东方杂志,1916,13(10):3.
② 伧父[杜亚泉].静的文明与动的文明[J].东方杂志,1916,13(10):3.
③ 伧父[杜亚泉].静的文明与动的文明[J].东方杂志,1916,13(10):3.
④ 伧父[杜亚泉].静的文明与动的文明[J].东方杂志,1916,13(10):4.
⑤ 伧父[杜亚泉].静的文明与动的文明[J].东方杂志,1916,13(10):4.
⑥ 伧父[杜亚泉].静的文明与动的文明[J].东方杂志,1916,13(10):4.
⑦ 伧父[杜亚泉].静的文明与动的文明[J].东方杂志,1916,13(10):4-5.

文化之差异。无论是"动静说"还是"外向内向说",杜亚泉终是论证了中西文化本无"程度之差"而仅有"性质之异"的观点,同时还揭示了中西文化间存在的诸多性质差异。

论证中西两种社会的环境差异导致中西两种文化的性质差异并揭示诸种性质差异是杜亚泉的互参中西论的前提,而这一前提便足以反驳西化论者的文化进化论在具体的比较中西文化方面存在的厚彼薄此之误。客观地说,较之于静的或内向文化,动的或外向的文化显然更具攻击性甚或侵略性。正因如此,近代以来西方文化以强势之态涌入中国甚或侵略中国而大有取代传统文化之势。但是,动的或外向的文化未必就较静的或内向的文化更为先进或优胜,而静的或内向的文化反而可能更适于人类社会的长远发展。进而言之,西方文化未必就先进于传统文化或优胜于传统文化,而传统文化则可能更适于人类社会的长远发展。事实上,包括杜亚泉在内的民国保守主义者大都有此看法,这也是他们反对西化论者之西化现代文化创造方案的一大主要原因之所在。

杜亚泉论证了中西文化的差异在于性质而非程度,这固然积极地回应了西化论者的"厚彼薄此"之论,但杜亚泉比较中西文化的目的并不在此,而在创造互参中西文化的现代文化,尤其是大凡民国保守主义者都主张创造的别样现代文化。杜亚泉指出,为动的或外向的文化所熏染之人,"富于冒险进取之性质,常向各方面吸收生产,故其生活日益丰裕",而为静的或内向的文化所熏染之人,"专注意于自己内部之节约,而不向外部发展,故其生活日益贫啬"①。但生活丰裕者身心劳碌,而生活贫啬者生活安闲。所以,杜亚泉说:"以个人幸福论,丰裕与安闲,孰优孰劣,殊未易定。惟二者不可得兼,而其中常具一平衡调剂之理。"②杜亚泉曾打比方道:如果说西方文化"醲郁如酒""腴美如肉"的话,那么传统文化便"淡泊如水""粗粝如蔬",但"中酒与肉之毒者,则当以水及蔬疗之也"③。可见,杜亚泉其实意谓中西两种文化无所谓落后与先进之分或低劣与优秀之别,而是各有长短、互有利弊。所以,在杜亚泉看来,创造现代文化的关键在于互参中西文化之长处及益处。在20世纪20年代末,已淡出"东西文化论战"的杜亚泉曾说:"至于我国,在最近的三四十年间受西洋思想的刺戟,社会间发生种种变动,至呈杌陧不安的现象。"④这种"杌陧不安的现象"的出现,在根本上是由中西文化之冲突所引

---

① 伧父[杜亚泉].静的文明与动的文明[J].东方杂志,1916,13(10):5.
② 伧父[杜亚泉].静的文明与动的文明[J].东方杂志,1916,13(10):5.
③ 伧父[杜亚泉].静的文明与动的文明[J].东方杂志,1916,13(10):1.
④ 杜亚泉.人生哲学编辑大意[M]//杜亚泉,编纂.人生哲学.上海:商务印书馆,1929:2.

起。诚如杜亚泉所言,当时一部分国人"羡慕西洋人之富强,乃谓彼之主义主张,取其一即足以救济吾人,于是拾其一二断片,以击破己国固有之文明"①,但大部分国人徘徊于西方文化和传统文化之间而莫知所从、焦虑不安。在杜亚泉看来,国人大可不必忧虑于中西文化之冲突,因为事物的矛盾总是蕴含着对立与统一两个方面,如他曾说"进化论谓世界进化,尝赖矛盾之两力,对抗进行,此实为矛盾协进最大之显例"②。杜亚泉更曾明确地指出,"地球之存在,由离心力与向心力对抗调和之故,社会之成立,由利己心与利他心对抗调和之故"③,所以"有冲突而后有调和,进步之机括,实在于此"④。正因如此,杜亚泉认为国人在面对中西文化之冲突的时候,最应值得注意的是具备"推测抉择之力""贯通融会之方"以互参中西文化之长处及益处,进而"调剂之以求其体合"⑤。不过,杜亚泉也曾一再强调,现代文化的创造"决不能希望于自外输入之西洋文明",因为"产生西洋文明之西洋人,方自陷于混乱矛盾之中,而岌岌有待于救济"⑥,若国人寄希望于外,则无异于问道于盲。在杜亚泉看来,创造现代文化最需注重"统整吾固有之文明",即"其本有系统者则明了之,其间有错出者则修整之"⑦。杜亚泉曾说:"自欧战发生以来,西洋诸国,日以其科学所发明之利器,戕杀其同类。悲惨剧烈之状态,不但为吾国历史之所无,亦且为世界从来所未有。"⑧当时的西方社会确如杜亚泉所言,正"陷于混乱矛盾之中,而岌岌有待于救济"。但不可否认,西方文化仍确实有其长处和益处,只不过西方文化的这些优点散布于整个西方文化之中。正因如此,杜亚泉说创造现代文化还需要"尽力输入西洋学说,使其融合于吾固有文明之中",而对于那些如满地散钱般的西方文化之精华,则必须"以吾固有文明为绳索,一以贯之"⑨。

不难看出,杜亚泉基于其互参中西论的现代文化创造方案,不但迥异于西化论者基于文化进化论的西化现代文化创造方案,还侧重于以西方文化

---

① 伧父[杜亚泉].迷乱之现代人心[J].东方杂志,1918,15(4):6.
② 高劳[杜亚泉].矛盾之调和[J].东方杂志,1918,15(2):5.
③ 伧父[杜亚泉].论思想战[J].东方杂志,1915,12(3):4-5.
按:该文登载于《东方杂志》1915年3月1日第12卷第3号第1-5页,此后又连载于《大公报》(天津版)1915年6月5日(第4589号)第2-3版(第1张之"四""五")至7日(第4591号)第2版(第1张之"四"),且署名改为"东方"。
④ 伧父[杜亚泉].再论新旧思想之冲突[J].东方杂志,1916,13(4):6.
⑤ 高劳[杜亚泉].现代文明之弱点[J].东方杂志,1913,9(11):2.
⑥ 伧父[杜亚泉].迷乱之现代人心[J].东方杂志,1918,15(4):6.
⑦ 伧父[杜亚泉].迷乱之现代人心[J].东方杂志,1918,15(4):6-7.
⑧ 伧父[杜亚泉].静的文明与动的文明[J].东方杂志,1916,13(10):1.
⑨ 伧父[杜亚泉].迷乱之现代人心[J].东方杂志,1918,15(4):7.

之长裨补传统文化之短。其实,这透露出杜亚泉的现代文化创造方案颇富主体意识和民族意识。事实上,杜亚泉在主观上就颇为强调现代文化须以传统文化为主体的主体性和须以民族特质为根本的民族性。他曾明确地说:"一国有一国之特性,则一国亦自有一国之文明。取他人所长,以补吾之所短,可也。乞他人所余,而弃吾之所有,不可也。"①在杜亚泉看来,西化论者试图创造的西化现代文化完全是从西方文化中"摹仿袭取而来",并且完全"无国性以系乎其后",所以西化论者一旦将这种西化现代文化"与世界相见",便"犹披假贷之冠服,以傲其所借之物主",而势必会被物主耻笑,更可能"被引而与之同化"②。正因如此,杜亚泉曾反复申说道:中西文化之冲突及现代文化之创造的问题,"非无文明之为患,乃不能适用文明之为患,亦非输入新文明之为患,乃不能调和旧文明之为患",而"适用之,调和之,去其畛畦,祛其扞格,以陶铸一自有之文明",则是"今日之要务"③。在杜亚泉看来,传统文化与西方文化"差异殊多,关于人类生活上之经验与理想,颇有足以证明西洋现代文明之错误,为世界未来文明之指导者"④。所以,杜亚泉大声疾呼:"吾人现今所宜致力者,当采世界文明之所同,而去其一二端之所独,复以吾国性之所独,融合乎世界之所同。"⑤可见,杜亚泉的互参中西论及其现代文化创造方案,都极富爱国主义色彩和民族主义色彩。

二、调和中西论

杜亚泉在阐发其互参中西论的过程中,屡屡提及调和中西文化的内容。事实上,杜亚泉就曾多次直接使用"调和"一词,并流露出主张调和中西文化之意。不过,杜亚泉的互参中西论偏重于阐发借取西方文化之长处或优势以裨补传统文化之所短或所无,所以杜亚泉虽曾使用"调和"一词并借之以阐释其中西文化观,却终究没有真正而深入地阐发中西文化之调和。实际上,在众多民国保守主义者当中,只有"甲寅"派的章士钊曾明确地提出过调和中西文化之论,并一而再、再而三地使用"调和"一词深入阐发其调和中西论。

相较于杜亚泉,章士钊参与"东西文化论战"稍晚,但他对中西文化之冲突、抉择的思虑丝毫也不晚于杜亚泉,而其调和中西论则更是早在民国之前便已颇具雏形。早年的章士钊曾是近乎狂热的革命者:"持极端之革命论,

---

① 高劳[杜亚泉].现代文明之弱点[J].东方杂志,1913,9(11):2.
② 高劳[杜亚泉].现代文明之弱点[J].东方杂志,1913,9(11):2-3.
③ 高劳[杜亚泉].现代文明之弱点[J].东方杂志,1913,9(11):5.
④ 伧父[杜亚泉].新旧思想之折衷[J].东方杂志,1919,16(9):2.
⑤ 高劳[杜亚泉].现代文明之弱点[J].东方杂志,1913,9(11):5.

并主废学以救国。"①但在历经"苏报案"及数次革命挫折之后,章士钊发生了巨大的思想转变。1905年至1906年期间,流亡且留学日本的章士钊逐渐由"废学救国"转向"苦学救国",并开始思虑中西文化之冲突与抉择,从而为调和中西论的萌发奠定了思想基础。1908年至1911年辛亥革命爆发之前,正在英国留学的章士钊不仅系统学习了英国的宪政理论、切身体会了英国的民主政制,还"始治逻辑于苏格兰大学"②。可以说,这一留学经历对章士钊提出并阐发其调和中西论具有重大的影响。值得一提的是,留学英国期间的章士钊还首度使用了"调和"一词以阐发其中西文化观,如发表在《帝国日报》上的《论畸形内阁》(1911年5月21日号、5月22日号)、《政党内阁果优于非政党内阁乎》(1911年8月18日号)等文。这些文章中的"调和"一词都具有协同差异或统一对立的意义,而这也恰恰是章士钊后来明确提出并竭力主张的调和中西论之"调和"的基本内涵之所在。可以说,留学英国时期恰恰是章士钊的调和中西论的形成期。需要指出的是,章士钊往往自称其调和中西论为"调和立国论"③或"新旧调和论"。由于章士钊曾留学英国并精研英国政制,所以他的中西文化调和论最初多仅就调和中西政治制度而言,并被具体地命名为"调和立国论"。后来,随着"东西文化论战"的爆发,关涉西方文化与传统文化的新旧之争愈演愈烈,而积极参与这场论战的章士钊又从其"调和立国论"中生发出"新旧调和论",并以之与西化论者的西化论相抗衡。"调和立国论"意谓调和具体意义上的中西政制,而"新旧调和论"则意谓调和宽泛意义上的中西文化,可见二者在本质上都可归结为调和中西论。

新文化运动时期,西化论者既对西方文化存在着偏信、狭隘、浅陋的不当理解,又对传统文化存在着低劣、僵化、陈旧的错误认识。诚如"东方杂志"派的杜亚泉所言:"醉心欧化者,对于西洋现代文明,无论为维持的、为破坏的,皆主张完全仿效,虽陷于冲突矛盾而不顾。惟对于中国固有文明,则以为绝无存在之价值。苟尚有纤芥之微,留于国人之脑底者,则仿效西洋文

---

① 佚名[章士钊].章行严君之演说[N].申报,1919-9-30(10)["第三张"之"十"].
② 章士钊.自序[M]//章士钊.逻辑指要.重庆:时代精神社,1943:15.
按:该文的文后题署"民国二十八年五月十二日章士钊序于行都"(其中的时间即1939年5月12日)。
③ 秋桐[章士钊].调和立国论上[J].甲寅[东京1914],1914,1(4):1-28.
按:该文登载于《甲寅》(东京1914)1914年11月10日第1卷第4号第1-28页;此后又被收录到上海的商务印书馆于1922年1月出版的章士钊编纂的《甲寅杂志存稿》(全二册)上卷第96-137页,其文后(上卷第137页)有按语:"愚拟著《调和立国论》,力排两说:一基于大权总揽主义,一基于共和建设主义。右为篇上,敷陈前者,后者将于篇下明之。后以人事,执笔未就,亦遂苟焉未续。昨检归箧,得残稿数幅。即付于此,以暴愚之顽惰,且策其方来也。读者谅之。"《调和立国论上》及其文后按语,再加上按语之后(上卷第137-141页)谈论"共和建设主义"的"残稿",便组成《甲寅杂志存稿》上卷第96-141页的《调和立国论》(文题之下附注"三年十一月",即1914年11月)。

明,决不能完全。"①与西化论者相反,杜亚泉及章士钊等早期的民国保守主义者普遍认为:"对于固有文明,乃主张科学的刷新,并不主张顽固的保守;对于西洋文明,亦主张相当的吸收,惟不主张完全的仿效。"②可见,早期民国保守主义者都主张恰当地和合中西文化而反对偏信、偏取西方文化。章士钊就是在这种特殊的历史背景下,以其调和思想观照中西文化,并具体地表现为他对调和中西论的阐发。

章士钊的调和中西论以调剂并和合中西文化为具体表现形式,而其最为直接的目的则在于创造现代文化,即民国保守主义者主张创造的别样现代文化,以求国家和民族的生存与发展。不可否认,"调和"一词的出现,既可能意味着被调和的几种事物彼此间存在着差异,又可能意味着被调和的几种事物彼此间存在着共相。不过,章士钊的调和中西论并非基于中西文化之共相,而是基于中西文化之差异,因为这种调和中西论讲究异中求和。正因如此,章士钊在阐发调和中西论的过程中,注重文化的承续性和渐变性,从而使调和中西论深富承续理念和渐变理念。

1918年12月,章士钊在北京大学作讲演时曾论究"进化"与"调和"之区别、联系,并论道:"每一新时代起,断非起于孤特,与前时代绝不相谋,而所有制度文物,皆属异军苍头,一一为之制事而立名也",事实上"时代相续",且"时代衔接,其形如犬牙,不如栉比,如连钱波";至于"社会之进程",也因此而"取连环式,其由第一环以达于今环,中经无数环,与接为构",尽管"所谓第一环者,见象容与今环全然不同,且相间之时,窎焉不属"③。在章士钊看来,"今日之社会,乃由前代之社会嬗蜕而来,前代之社会,乃由前代之前代社会嬗蜕而来",所以"由古及今,为一整然之活动,其中并无定畛,可以划分前后"④。在阐释时代及社会之发展历程的过程中,章士钊虽立足于新旧相异、古今有别的客观事实,却强调新旧相续、前后相接且新旧渐变、前后渐换的客观现象。其实,无论是时代也好,社会也罢,在章士钊看来事物的发展总不脱新质逐渐产生、壮大而旧质日趋衰弱、消亡一途。1919年9月,章士钊在上海"寰球中国学生会"发表讲演时,又以重叠之两圆逐渐分离来比拟事物的发展过程,形象地阐发了调和中西论蕴含的承续理念和渐变理念。当时,他论道:"宇宙之进步,如两圆合体,逐渐分离,乃移行的而非超越的。既曰移行,则今日占新面一分,蜕旧面亦只一分。蜕至若干年之久,从其后

---

① 伧父[杜亚泉].新旧思想之折衷[J].东方杂志,1919,16(9):2.
② 伧父[杜亚泉].新旧思想之折衷[J].东方杂志,1919,16(9):3.
③ 孤桐[章士钊].进化与调和[J].甲寅[北京1925],1925,1(15):5.
④ 孤桐[章士钊].进化与调和[J].甲寅[北京1925],1925,1(15):5.

而观之,则最后之新社会,与最初者相衡,或鳌然为二物。而当其乍占乍蜕之时,固仍是新旧杂糅也。此之谓调和。"①显然,在章士钊看来,事物的发展过程一如生物的新陈代谢,起初新质与旧质相杂糅,即新中有旧、旧中有新,后来新质随旧质的日益衰弱才逐渐增强,而旧质则随新质的不断壮大又日趋消亡。依据章士钊的观点,任何事物的发展过程都存在着新旧承续、新旧渐变的调和现象,而文化的发展过程自然也不能例外。据此推论,现代文化的创造固然需要融入作为新质的西方文化,却也不能脱离作为旧质的传统文化。事实上,章士钊的中西文化观及其现代文化观即如此。他曾说:"旧者根基也。不有旧,决不有新。不善于保旧,决不能迎新。不迎新之弊,止于不进化。不善保旧之弊,则几于自杀……新机不可滞,旧德亦不可忘。挹彼注此,逐渐改善。新旧相衔,斯成调和。"②"调和之要律,在以不欺其信为归。至己不自以为信时,即当舍己从人,共求大信。又在己有所信之时,不当鄙人之所信者为不足信。以人智有限,所知者大抵假定适然之理,不能号为无对也。"③对于现代文化的创造,章士钊既主张借鉴西方文化,又注重文化的承续性和渐变性而主张发扬传统文化,并讲究逐步有序地构建现代文化。换言之,章士钊反对断然全盘舍弃传统文化、遽然完全依托西方文化的西化现代文化创造方案,主张"斟酌中西,调和新旧"④,即主张调剂并和合中西文化之差异、长短以逐步创造别样现代文化。

章士钊既注重文化的承续性和渐变性,又基于中西文化的差异而主张调和中西文化以重构民族文化,即创造别样现代文化,这其中隐现着唯物辩证法上的对立统一规律的身影。对立统一规律既意谓矛盾双方相互排斥、相互斗争而呈对立之势,又意谓矛盾双方相互依存、相互渗透而呈统一之势,即矛盾双方既对立又统一。矛盾双方的对立表现出斗争性,而其统一则表现出同一性。显然,矛盾双方的斗争性具有相互排斥、相互否定的特点,而这不但会逐渐引起矛盾双方的属性变化,还会最终消解矛盾双方的本己存在。与此相反,矛盾双方的同一性则具有相互依存、相互肯定的特点,而这既可保持矛盾双方的各自属性又可使矛盾双方共存于一个对立统一体之中。斗争性意味着矛盾双方有你无我、有我无你,二者此消彼长又势不两立;同一性则意味着矛盾双方你中有我、我中有你,二者俱荣俱损又同生共死。但是,斗争性离不开同一性,因为在矛盾双方的斗争过程中存在着矛盾

---

① 佚名[章士钊].章行严君之演说[N].申报,1919-9-30(10)["第三张"之"十"].
② 佚名[章士钊].章行严君之演说[N].申报,1919-9-30(10)["第三张"之"十"].
③ 孤桐[章士钊].进化与调和[J].甲寅[北京1925],1925,1(15):7.
④ 孤桐[章士钊].答稚晖先生[J].甲寅[北京1925],1925,1(22):9.

双方相互依存、相互渗透的客观现象,而矛盾双方的斗争结果又在客观上促使矛盾双方相互转化、相互过渡;同样的,同一性也离不开斗争性,因为同一往往以差异和对立的存在为前提,而在矛盾双方的统一过程中又始终存在着矛盾双方相互排斥、相互斗争的客观现象。因此,矛盾双方之间并不存在绝对分明又恒定不变的对立或统一之界限。

应该说,中西文化之间也存在着既对立又统一的复杂关系。一方面,中西文化毕竟有所不同,二者相接触而产生冲突也在所难免。不过,正是这种冲突体现了中西文化之间的斗争性,昭示着中西文化之间存在着对立的关系。另一方面,中西文化虽源出于不同地域的不同人群,但毕竟都是人类创造的文化而蕴含着某些人类共性。所以,中西文化之间或多或少都会存在着一些相通之处,以至于中西文化可以在某种范围内进行长短互补的转化或过渡。这种转化或过渡就体现了中西文化之间的同一性,昭示着中西文化之间存在着统一的关系。综而言之,中西文化既对立又统一。当然,中西文化的对立与统一同样没有泾渭分明又一成不变的分界线。西化论者强调了矛盾双方的斗争性而忽略了矛盾双方的同一性,所以他们往往从中西文化存在差异的客观事实中得出中西文化不可调和的结论,进而认为现代文化的创造方案只能从中西文化中取其一端而舍其另一端。与西化论者不同,曾明言"竞争之后,必归调和"①的章士钊,在看到矛盾双方之斗争性的同时,还看到了矛盾双方之同一性,并且显然更为注重后者。"东方杂志"派的陈嘉异曾说:"调和之功用,本宇宙万有一切现象所不可须臾离者。否认调和,是无异否认宇宙之有差别相。"②其实,章士钊对不同事物间之差异及调和的认识也是如此。具体到中西文化,他认为中西文化之间的差异不仅不是隔离中西文化的鸿沟,反而是沟通中西文化的桥梁,即中西文化之间的差异恰恰是中西文化实现调和的前提条件,而否认中西文化可以实现调和其实也就否定了中西文化之间存在差异。他曾指出:中西文化如"新旧两心,开花互侵,中乃无界,不如两点相次,无间而不相撄"③。也就是说,中西文化在有所差异并相互排斥的同时,也有所相通并相互渗透。正因如此,可以说调和中西论及其蕴含的承续理念、渐变理念都隐现着辩证法上的对立统一规律的身影。

显然,辩证法上的对立统一规律可以比较充分而准确地解释调和中西论

---

① 孤桐[章士钊].进化与调和[J].甲寅[北京1925],1925,1(15):6.
② 陈嘉异.我之新旧思想调和观[J].东方杂志,1919,16(11):13.
按:该文的文题之左附注"为质张君东苏与章君行严辩论而作",且文后附注"十月二十七日稿"。
③ 孤桐[章士钊].进化与调和[J].甲寅[北京1925],1925,1(15):5.

及其蕴含的承续理念、渐变理念,以至于对立统一规律俨然就是章士钊所思所论的学理依据。不过,章士钊的学理依据可能更多地来源于逻辑学而非辩证法。从某种意义而言,辩证法上的对立统一规律可说是逻辑学上的矛盾律、同一律以及排中律的结合体,因为二者之间毕竟存在着诸多契合之处。只不过,在逻辑学上,矛盾律和同一律一般不可被同时应用于判定同一个命题,而适用于判定两个或两个以上的命题。此外,同出于逻辑学的排中律还规定了相互矛盾的命题不能同假或同真而必有一真或一假。具体到中西文化之间的关系,依据逻辑学上的矛盾律、同一律及排中律,无论如何都不可能推导出"中西文化既对立又统一"这种在逻辑学上完全自相矛盾而根本不为逻辑学所容的结论。但是,充分、综合且灵活地运用矛盾律、同一律以及排中律却可以达到运用对立统一规律的效果。比如,先将中西文化之间的差异和共相分割为两个独立的命题,再分别将这两个独立的命题各自拆分为几个更为具体而同样独立的子命题,并分别对这些子命题加以逻辑学上的分析,便可以分别得出"中西文化相对立"及"中西文化相统一"的结论,最终则无异于得出了"中西文化既对立又统一"的结论(这一最终结论只能说是前两个结论的组合,并且不能说是运用逻辑学而获得,因为这有违逻辑学的反矛盾精神)。章士钊本是精研逻辑学的大家,他完全有能力充分、综合且灵活地运用矛盾律、同一律以及排中律去分析中西文化之间的区别和联系,从而得出"中西文化既对立又统一"之论。所以,调和中西论及其蕴含的承续理念、渐变理念,很有可能就是立足于逻辑学。此外,以辩证法或逻辑学分析问题意味着采用辩证法或逻辑学之人在分析问题的过程中运用了不同的思维。由之,从分析问题者之思维特征的角度,也可以反推其到底采用了哪种分析问题的方法。辩证法是一种哲学方法论,其应用遵循着从使用方法论到指导实践的方向。如果说章士钊确实是以辩证法观照中西文化的话,那么他在思虑中西文化的过程中必然多用演绎思维,而其中西文化观也必将比较稳定。但事实上,章士钊的中西文化观在民国成立前后有巨大的转变,这意味着他对中西文化的思虑其实多用归纳思维,常随时移事易而产生相应变化。而且,矛盾律、同一律和排中律虽可说是方法论,但综合运用这三大逻辑定律也主要依靠归纳思维。所以,从这个角度而言,章士钊立论的学理依据也主要在于逻辑学。实际上,章士钊精研逻辑学理论的生平经历及其充斥逻辑学内容的生平著述,无疑更加有力地证明了这一点。

无论章士钊是运用逻辑学审视中西文化,还是采用辩证法比较中西文化,他终究是阐发了独具特色的调和中西论,并进而提出了他的别样现代文化创造方案。客观地说,章士钊的调和中西论及其别样现代文化创造方案都合情合理,而且有其逻辑学或辩证法上的学理依据。需要指出的是,不少批判者都认为章士钊的调和中西论具有新旧循环的色彩而在根本上反对开新、力主守旧,并在章士钊的著作中摘录相关语句以佐证自己的观点。《评新文化运动》是批判者常引之文,而其中的几句更为批判者所常引。比如:"意大利之文艺复兴,其思潮昭哉新也,而曰复兴,是新者旧也。英吉利之王政复古,其政潮的然新也,而曰复古,是新者旧也。"①其实,紧随着"是新者旧也"一语之后便是"即新即旧,不可端倪"八字。不难看出,偏引前几句与加上"即新即旧,不可端倪"八字相比,意义完全不同。应该说,章士钊写下或说出此类语句的本意其实在于详细阐释新旧之间并非"析疆分界鸿沟确立"②,也就是深入阐发新旧杂糅以致新旧难分,而不是顽固认为凡新皆旧以至于力主守旧、反对开新。此外,章士钊还有"本期开新,卒乃获旧"③等语,但这些论断也往往都是他在阐发新旧杂糅而难以分离这一观点的具体语境下产生。

章士钊曾经极度激进过,后来又悔不当初、痛定思痛。所以,当他由激进转向保守时,便在很大程度上比其他民国保守主义者显得更加保守。比如说,他反对新文化运动尤其是新文学革命的态度之激烈,不但甚于"学衡"派,更甚于某些顽固、守旧之人。虽然说其他民国保守主义者的现代文化创造方案多少都透露出以传统文化为主体的倾向,但惟有章士钊曾毫不讳言且明白无误地提出了这一主张。在发扬传统文化之传统道德方面,章士钊更曾明言:"物质上开新之局,或急于复旧,而道德上复旧之必要,必甚于开新。"④毋庸讳言,这也恰恰是一些批判者认为章士钊的调和中西论在根本上反对开新、力主守旧的一大原因之所在。然而,章士钊和杜亚泉以及其他民国保守主义者一样,虽然可能出于自然保守主义情结或传统主义情结,不希望看到传统文化被西方文化完全取代的惨淡局面而卫护传统文化,但主要还是因为传统文化,尤其是传统文化之传统道德,具有重大的当下价值而西方文化又有其局限,才力主在创造现代文化的过程中承续传统文化,从而在客观上呈现出一些显明的民族主义色彩。

三、会通中西论

虽然同为民国保守主义者并同样主张和合中西文化以创造别样现代文化,但"甲寅"派章士钊的调和中西论与"东方杂志"派杜亚泉的互参中西论

---

① 行严[章士钊].评新文化运动[N].新闻报,1923-8-21(3)["第一张"之"第三版"].
② 佚名[章士钊].章行严君之演说[N].申报,1919-9-30(10)["第三张"之"十"].
③ 行严[章士钊].评新文化运动[N].新闻报,1923-8-21(3)["第一张"之"第三版"].
④ 佚名[章士钊].章行严君之演说[N].申报,1919-9-30(10)["第三张"之"十"].

显然有所不同。不过,调和中西论以及互参中西论又都不约而同地缘起于中西文化之差异。这一方面固然是因为中西文化之间确实客观存在着显明的差异,而另一方面则可能是因为章士钊和杜亚泉有意与西化论者对垒。西化论者基于中西文化之差异而坚持认为中西文化根本不可能得以融合,但章士钊和杜亚泉恰恰从中西文化之殊相中寻觅中西文化之共相,进而得出中西文化可以融合甚或和合的相反之论,这其中的针锋相对之意不言自明。与杜亚泉、章士钊等早期民国保守主义者有所不同,作为后来者的以吴宓为代表的"学衡"一派虽同样不否认中西文化之间存在着显明的差异,却偏重于阐发中西文化之共相而秉持独具特色的会通中西文化之论——会通中西论。会通中西论的主要特征在于反对以"精神—物质"的二分法简单地区分中西文化之差异,并认为中西文化都兼具精神和物质的双重特质。在此基础上,会通中西论还着力强调中西文化之共性,并力主会通中西文化以创造和合中西文化的别样现代文化。

"精神—物质"二分法的诞生和盛行,与晚清时期力倡"中学为体、西学为用"的中体西用论的滥觞密不可分。"本位文化"派曾一针见血地指出:"中体西用论者以为西方的物质文明有其可贵的地方,中国的精神文明也有可贵的地方,如果用中国的精神文明支配西方的物质文明,那就是最理想的凑合。抱着这种见解的人,大抵是认物质和精神之间有一不可踰越的铁限,物质的进步和精神的进步全无关系,西方的物质文明,没有灵魂,中国的精神文明没有躯壳,所以应该把中国的精神文明和西方的物质文明,两相凑合,砌成一体。"①早期民国保守主义者,如杜亚泉、章士钊以及"现代新儒家"派的梁漱溟、张君劢等人,都曾在一定程度上沿袭中体西用论而在不同的场合以简单的"精神—物质"二分法区分中西文化,并认为传统文化是一种精神文化而西方文化则是一种物质文化。至于梁漱溟的《东西文化及其哲学》,虽然将文化划分出传统文化与西方文化、印度文化三种主要类型,但终究还是奠基于"精神—物质"二分法来判分东西文化(包括中西文化)之相差相异,进而比较东西文化之优劣得失。不过,以"精神—物质"二分法区分中西文化之人并不仅限于民国保守主义者。"醒狮"派的常乃惪就说过:"文化的分野拿什么做标准呢?便是:东方文明是精神的,西方文明是物质的。这不但赞成东方文化者如此讲,即反对东方文化者也如此讲。"②包括部分西化论者以及部分民国保守主义者在内,当时的许多学者都敏锐地看到了这一点,

---

① 佚名[王新命,何炳松,武堉干,等].我们的总答复[J].文化建设[上海1934],1935,1(8):3[总 3].
② 燕生[常乃惪].什么叫做东方文化?[J].莽原,1925(7):1[总 57].

并深知"精神—物质"二分法的弊病甚或错误而对之有所批判。西化论者中的胡适就曾愤愤不平地说:"今日最没有根据而又最有毒害的妖言是讥贬西洋文明为唯物的(materialistic),而尊崇东方文明为精神的(spiritual)。"①民国保守主义者中的常乃惪也曾毫不留情地说:"说东方文化是精神的自然是不对了,说西方文化是物质的也是胡说。"②在很多时候,胡适等人对梁漱溟的《东西文化及其哲学》和"三种文化路向说"的批判也就着眼于此"精神—物质"二分法的弊病甚或错误。客观地说,胡适等人对"精神—物质"二分法的批判,虽言辞激烈,却不无道理。"物质和精神是一个东西的两方面,根本不能分离"③,而任何一种文化都至少会包含精神与物质之两面。只不过,有的文化可能偏于精神而寡于物质,有的文化则偏于物质而寡于精神。或许恰如一些民国学者(包括部分西化论者及部分民国保守主义者)所言,传统文化偏重精神、鄙夷物质,而西方文化则注重物质、轻视精神,但这也绝不意味着传统文化纯粹就是精神文化而西方文化则纯粹就是物质文化。然而,在

---

① 胡适. 我们对于西洋近代文明的态度[J]. 现代评论,1926,4(83):4[总84].
按:该文登载于《现代评论》1926年7月10日第4卷第83期第3-11页(总第83-91页),其文后附注"一九二六,六,六",且文前有按语:"这篇文章是胡适之先生应日本改造月刊之请为该月刊的中国特号而写的。改造特号的出版,也在这几日。这里登载的是胡先生的中文原稿。比改造上登载的译文还多几段。胡先生寄给改造的稿子,因为太长,自己删减了几段,此处登载的是原稿的全文。记者"。后来,该文又连载于《觉悟》(《民国日报》副刊)1926年7月16日第1版至19日第1-2版(文后附注"一九二六。六。"),《盛京时报》1926年7月24日(第6011号)至8月4日(第6022号)第7版,《生活》(上海1925)1927年11月27日第3卷第4期第35-38页至12月11日第3卷第6期第59-62页;还登载于《东方杂志》1926年9月10日第23卷第17号第73-82页(文后附注"一九二六,六,六"),《兴华报》1926年8月4日第23卷第30册第5-16页(文后附注"一九二六,六,六"),《仪陇留省学会会刊》1928年5月2日第2第44-48页。《觉悟》(《民国日报》副刊)所载之文的文前有按语:"胡适之先生,是一位大家所晓得的学者,他也曾经'努力'过。他近来的思想,是否开倒车;他近来的行为,是否反革命,这是另外一个问题。就文论文,我们觉得此文实有供我们参考的价值,虽则其中亦有几处可以斟酌的地方。(记者)"。《生活》所载之文的文前有按语:"本刊读者时常发生关于精神文明与物质文明的讨论,近承葛敬业先生提议,把胡适之先生的名著《我们对于西洋近代文明的态度》介绍与本刊读者。本刊就写信给胡先生,把这个意思告诉他,现在得了胡先生的回信,已蒙他特许。这真是本刊的荣幸,敬此志谢,原文有特别重要的地方所有的密圈,是编者加的,这还要请求胡先生恕我的僭妄。编者"。《东方杂志》所载之文的文后有按语:"此篇系胡适之先生为日本改造月刊而作。其中文原稿,曾刊载于北京现代评论,因胡先生所嘱,特移录于右以广流传。记者"。《仪陇留省学会会刊》所载之文的文前有按语:"适之先生,是中国有名的学者,这篇文章,是他近来的名著,他著这篇文的动机,是:因为中国一般的人,都讥贬西洋文明为唯物的;而尊崇东方文明为精神的,他这篇文的要点。是:凡文明都是人的心思智力运用自然界的质与力的作品;没有一种文明是精神的,也没有一种文明单是物质的,并且说明西洋近代文明绝非唯物的,乃是理想主义的;乃是精神主义的,他这种见解是从造成文明的根本方面立论,与只能作文字上或表面上的争论者,直有天渊之别,所以把他介绍与本刊的读者,以见西洋文明之一般云。"
② 燕生[常乃惪]. 什么叫做东方文化?[J]. 莽原,1925(7):2[总58].
③ 佚名[王新命,何炳松,武堉干,等]. 我们的总答复[J]. 文化建设[上海1934],1935,1(8):3[总3].

"近年以来,欧美各国,咸感物质文明之流梏,而亟思救正"①之际,亦即在"一战"充分暴露物质之弊害、急切呼唤精神之救赎而部分西方学者又哀号西方文化已至穷途末路、欣羡东方文化仍具普世价值之际,区分中西文化之差异的"精神—物质"二分法大行其道也在情理之中。所以,部分民国学者以"精神—物质"二分法区分中西文化之差异,也有其合理之处而情有可原。早期民国保守主义者便恰恰是在蓦然回首间发现了传统文化蕴含着丰富的传统道德等精神内容,于是他们在比较中西文化的过程中刻意张扬传统文化的精神内容、锐意批判西方文化的物质内容,以至于他们以简单的"精神—物质"二分法判定中西文化之差异。需要指出的是,早期民国保守主义者所谓的精神文化固然多指传统文化,但其所谓的物质文化其实多指近世西方文化而非整个西方文化。从这个角度而言,早期民国保守主义者以"精神—物质"二分法区分中西文化(主要指传统文化和近世西方文化)之差异的做法也有一定的合理性。但是,当物质文化被无限扩大而直至指涉整个西方文化时,这种二分法的合理性则必将消退而被其偏颇性所取代。其实,西化论者批判二分法,就是预设了物质文化指涉整个西方文化这一前提条件。

与杜亚泉、章士钊以及梁漱溟、张君劢等早期民国保守主义者不同,以吴宓为代表的"学衡"派认为,"精神—物质"二分法根本就不适用于评判中西文化之间的差异,因为西方文化从来都不偏于物质、寡于精神而传统文化也从来都不偏于精神、寡于物质。刘伯明曾指出:"人情人道之思想西洋亦有之,非仅见于中国。所谓西洋略于人事,仅对中国而言。"②不难看出,刘伯明之言意谓西方文化在事实上也讲究精神,而即使非要说西方文化轻视精神,也只是相对于比较重精神、轻物质的传统文化而言。无独有偶,《学衡》登载的论及美国文化的《留美漫记》也表达了与刘伯明之观点相一致的看法。这篇文章写道:外国人往往认为"美国虽有偏于物质方面的'文明',但却缺少偏于精神方面的'文化'",实际上"那样的意思是不对的",因为美国"在物质方面,固然有惊人的进步,即在精神方面,又何尝不是一日千里的向上发展",所以说"法国 Reaction 杂志的主笔 J. de Fabrigues 氏所说'美洲是物力杀人的世界'L'Amérique estlemondeou la chose a tuél'homme 那句话,实在不过

---

① 钱智修,述.现代两大哲学家介绍:绪言[M]//钱智修,译述.柏格逊与欧根.上海:商务印书馆,1923:1.
② 刘伯明.评梁漱溟著东西文化及其哲学[J].学衡,1922(3):2.
按:引文出自刘伯明在该文的文内加注的按语。

是片面的观察罢了"①。吴宓在此段文字之后加注按语说:"此段乃极持平之论。且若白璧德穆尔诸先生所倡之新人文主义,今世最高之智慧,最伟大之贤哲,最新之学说,实在美国。但论精神之造诣,美国实已非欧洲所能及者矣。"②显然,吴宓认同《留美漫记》作者的观点,即美国文化不乏精神内容,并进一步认为美国文化之精神更胜于欧洲文化之精神。而这又意味着吴宓认同刘伯明的观点,即不仅限于美国文化的西方文化其实也富含精神内容。后来,吴宓在讲授"文学与人生"一课时,更明确地指出"苟武断拘执,强谓(i)东方主精神,西方重物质,或(ii)中国以道德,而西人只骛功利者,皆错误"③,从而明确地批判了简单化的"精神—物质"二分法。

且不说古代西方文化中的希腊三贤的哲思、基督耶稣的训言显然都难以用物质一词一以蔽之,即使是近世西方文化,虽弥漫重物质、轻精神的边沁式功利主义,却也不乏重精神、轻物质的卢梭式浪漫主义、列夫·尼古拉耶维奇·托尔斯泰(Leo Nikolayevich Tolstoy,1828—1910)式人道主义、白璧德式新人文主义等内容。其实,西方文化不偏于物质而寡于精神,传统文化也并不偏于精神而寡于物质。如果说传统文化果真一味地偏于精神而寡于物质的话,那么"四大发明"可能就不会诞生于中国,天文、历法、农业、水利、冶金上的各种发明、发现也将难以在中国产生,而古代中国的经济也必将不会那般繁荣。事实上,物质是精神的基础,而且物质必然先于精神而存在。所以,吴宓说"道德工夫非闲暇不可致"④。进一步来说,任何一种文化都不可能只讲究精神而不注重物质(反而可能只讲究物质而不注重精神)。只不

---

① 琴慧.留美漫记[J].学衡,1933(78):1-2.
按:该文的文前、文内都有吴宓加注的按语,其中的文前按语即"吴宓记"。该文登载于《学衡》1933年5月第78期第1-54页,共分八个部分,即《留美漫记自序》(文后附注"一九三一年五月尾,记于北平孤雁室")、《(一)旧金山的一夜》(文后附注"写于自旧金山东行的车上")、《(二)葡萄园》(文后附注"写于游罢葡萄园归来之夜")、《(三)小市场》(文后附注"写于 W 大学音乐院楼上")、《(四)月夜的琴音》(文后附注"写于夜深时茶会归后")、《(五)白宫之迷》(文后附注"写于吃哈多克鱼之后")、《(六)充军的木兰》(文后附注"写于雪夜炉边")、《(七)夕阳影里的冰山》(文后附注"写于溜冰归来之夜")。此前,该文曾连载于《盛京时报》,始于 1931 年 11 月 28 日(第 7856 号)第 3 版,终于 12 月 18 日(第 7876 号)第 3 版,依"(1)"至"(16)"编序。其中"(7)"与"(8)"不衔接,中间缺近千字;"(12)"被误标为"(18)";"(13)"与"(14)"不衔接,中间缺《(五)白宫之游》全篇以及《(六)充军的木兰》中琴信(作者琴慧写给其母亲的信)之前的内容;"(15)"连载琴信至终结,并接续《(五)白宫之游》的中后部分;"(16)"从《(五)白宫之游》的开篇开始连载,且其文末与"(15)"登载的《(五)白宫之游》的文头之间因缺七百字左右而不衔接。另外,"(16)"的文后附注"未完",但此后各日的《盛京时报》都未再登载续文。
② 琴慧.留美漫记[J].学衡,1933(78):2.
按:引文出自吴宓在该文的文内加注的按语。
③ 吴宓.文学与人生[M].王岷源,译.北京:清华大学出版社,1993:151.
④ [法]马西尔[Louis J.-A. Mercier].白璧德之人文主义[J].吴宓,译.学衡,1923(19):11.
按:引文出自《学衡》编者(吴宓)在该文的文内加注的按语。

过,随着人类社会的不断发展,尤其是物质生活水平的不断提高,精神在文化中的地位可能会被不断地提升。"学衡"派其实就是在综观世界各种文化(包括中西文化)的基础上,才得出"精神—物质"二分法不适用于区分中西文化的结论。事实上,这种简单而机械的二分法不但不符合事实,且有害于比较中西文化,进而妨害现代文化的创造。

应该说,仅从有效卫护传统文化或平等比较中西文化的角度而言,"学衡"派批判"精神—物质"二分法之举,其实比杜亚泉、章士钊以及梁漱溟、张君劢等早期民国保守主义者一味地渲染传统文化之精神特质的做法,在客观上更有利于争取传统文化的主体性地位。这主要是因为,"学衡"派的批判观点隐含着中西文化在根本上共相多于殊相而彼此难分优劣的意味。《学衡》登载的《白璧德中西人文教育谈》写道:"孔子以为凡人类所同具者,非如近日感情派人道主义者所主张之感情扩张,而为人能所以自制之礼。此则与西方自亚里士多德以下,人文主义之哲人,其所见均相契合者也。"①吴宓在该文的文前加注按语而附和道:"夫西方有柏拉图亚里士多德,东方有释迦及孔子,皆最精于为人之正道,而其说又在在不谋而合。"②吴宓与白璧德的论断虽仅就精神方面而言,却都强调了中西文化之共相,这既可能意味着二人的中西文化观不谋而合,又可能意味着吴宓深受其师白璧德之中西文化观的影响。在 1919 年 8 月 31 日的日记中,吴宓写道:"稍读历史,则知古今东西,所有盛衰兴亡之故,成败利钝之数,皆处处符合;同一因果、同一迹象,惟枝节琐屑,有殊异耳。盖天理 Spiritual Law 人情 Human Law,有一无二,有同无异。下至文章艺术,其中细微曲折之处,高下优劣、是非邪正之判,则吾国旧说与西儒之说,亦处处吻合而不相抵触。阳春白雪,巴人下里,口之于味,殆有同嗜。今国中之妄谈白话文学,或鼓吹女子参政者,彼非不知西国亦轻视此等事。持自欲得名利,而遂悍然无所顾耳。其例多不胜举。"③在 1919 年 9 月 8 日的日记中,吴宓又言简意赅地说:"东圣西圣,其理均同。"④可见,吴宓的中西文化大体相同之论早已有之。也正因如此,吴宓颇为推崇"深信古今东西各族各国之历史及文化,皆有公共之原理而具同一

---

① [美]白璧德[Irving Babbitt]. 白璧德中西人文教育谈[J]. 胡先骕,译. 学衡,1922(3):9.
② [美]白璧德[Irving Babbitt]. 白璧德中西人文教育谈[J]. 胡先骕,译. 学衡,1922(3):2. 按:引文出自吴宓在该文的文前加注的按语("吴宓附识")。
③ 吴宓. 吴宓日记:第二册 1917—1924[M]. 吴学昭,整理. 北京:生活·读书·新知三联书店,1998:58-59.
④ 吴宓. 吴宓日记:第二册 1917—1924[M]. 吴学昭,整理. 北京:生活·读书·新知三联书店,1998:66.

之因果律"①的斯宾格勒,并对引介斯宾格勒学说的张荫麟等后学晚辈厚爱有加。其他"学衡"派成员的中西文化观大抵也是如此,所以他们普遍认为西化者标榜的包括"新道德"在内的西方文化的不少方面,虽然"变其名词,易为西语",以示"非孔子之教",但在事实上"绝对与孔子所言所行相通",即与传统文化相通,而这就是"虽不用孔子之教"却"固用孔子之教"②。此外,这种中西文化大体相同的中西文化观或许还隐含着另一番潜台词,即西方文化所有,传统文化也有,所以现代文化的创造自不必弃本己之所有而乞他者之所余。

强调中西文化之共相突显会通中西论的又一大特征,而这也决定了秉持会通中西论的"学衡"派在阐发其别样现代文化创造方案的过程中,必然讲究立足于学贯中西之文化而会通中西之文化、和合中西之文化。吴宓曾指出,晚清以来,国人往往都习惯于从"纵的方向(时间古今)"比较中西文化,但今后应该改从"横的方向(空间东西)"比较中西文化③。吴宓之言其实意在号召国人放弃一直以来的立足于纵向时间的古今对比而侈谈传统文化落后于西方文化的惯性思维,同时建立立足于横向空间的中西对比而平等比较中西文化的新思维。这种新思维的建立,有赖于学贯中西文化之学识的支撑,亦即要求国人对中西两种文化都具有相对全面而深入的了解。为此,吴宓主张国人既应"爱护先圣先贤所创立之精神教化,有与共生死之决心"④,同时"对于西洋,亦应知古知今,而欲通知现今之西洋,则非仅恃翻阅供人消遣娱乐之杂志或搜集专门事项之统计报告章程等所可奏功,必当多读深思密察、见解精到、论究社会生活政治文化之根本精神之书"⑤,所以"多读精要之书籍,力求广博之知识,实为今日吾国人士之第一要务"⑥。可见,吴宓认为国人只有在全面而深入地了解中西文化的基础上,才能"了然于中西人性行及其社会习惯风俗之差异,知若者宜保我固有,若者宜师法外人,

---

① [美]葛达德[F. H. Goddard],吉朋斯[P. A. Gibbons].斯宾格勒之文化论[J].张荫麟,译.学衡,1928(61):3.
按:引文出自《学衡》编者(吴宓)在该文的文前加注的按语("编者识")。
② 柳诒徵.论中国近世之病源[J].学衡,1922(3):10.
③ 佚名[吴宓].欧洲战后思想变迁之大势与吾国人应有之觉悟[N].大公报[天津版],1928-1-16(9)[副刊《文学》第3期].
④ [美]白璧德[Irving Babbitt].白璧德论欧亚两洲文化[J].吴宓,译.学衡,1925(38):5.
按:引文出自吴宓在该文的文内加注的按语。
⑤ 吴宓,述.路易斯论治术[J].学衡,1931(74):1.
⑥ 吴宓,述.路易斯论治术[J].学衡,1931(74):2.

而不至含混笼统俙言迎拒也"①。当然,中西文化都是源远流长而博大精深,短时期内任何人都难以真正地学贯中西文化。对此,吴宓又指出:"中国之文化,以孔教为中枢,以佛教为辅翼。西洋之文化,以希腊罗马之文章哲理,与耶教融合孕育而成。今欲造成新文化,则当先通知旧有之文化……今既须通知旧有之文化矣,则当于以上所言之四者,孔教、佛教、希腊罗马之文章哲学,及耶教之真义,首当着重研究,方为正道。"②学贯中西文化才可会通中西文化,而学贯中西文化及会通中西文化之目的又在于和合中西文化。"学衡"派专注于中西文化的共相,所以他们主张的和合中西主要就是指和合中西文化之优长而讲究"以归纳之工夫,达综合之目的"③。至于归纳、综合的标准,用"学衡"派梅光迪的话说就是"当以适用于吾国为断"④。梅光迪还进一步解释道:"适用云者,或以其与吾国固有文化之精神,不相背驰,取之足收培养扩大之功,如雨露肥料之于植物然。或以其为吾国向所缺乏,可截长以补短也。或以其能救吾国之弊,而为革新改进之助也。"⑤可见,"学衡"派的会通中西论虽然强调归纳、综合中西文化之优长,却也兼含借鉴西方文化之优长以裨补传统文化之所无或所短之意。换言之,"学衡"派的会通中西论一如杜亚泉的互参中西论及章士钊的调和中西论,虽都致力于和合中西以创造别样现代文化,但其直接的落脚点都在于发扬传统文化。显然,这迥异于西化论者那种立足于西方文化的西化现代文化观。

就借鉴西方文化以裨补传统文化之所无或所短的角度而论,会通中西论虽然与互参中西论、调和中西论有所契合,却也与之有所不同。其中最明显且最重要的不同在于:互参中西论、调和中西论都相对明白无误地正视近世西方文化之优长,并明确主张吸取近世西方文化之精华,但会通中西论对借鉴近世西方文化含糊其辞,甚至颇有存而不论之嫌。这一方面是因为"学衡"派的会通中西论之"西"本就偏重于古代西方文化,另一方面则可能是因为"学衡"派有意渲染传统文化在道德层面具有的无与伦比的优越性。纵观"学衡"派的各种论著,但凡论及中西文化者,都不免大谈特谈孔孟、释迦牟

---

① 吴宓.评留美漫记[J].学衡,1933(78):56.
按:该文附于琴慧所撰《留美漫记》的文后,登载于《学衡》1933 年 5 月第 78 期第 55-56 页,其文题之下附注"录大公报文学副刊"。此前,该文曾登载于《大公报》(天津版)1931 年 10 月 5 日(第 10135 号)第 10 版(副刊《文学》第 195 期),其署名为"余生"。
② 吴宓.论新文化运动[J].学衡,1922(4):14.
③ 佚名.欧洲战后思想变迁之大势与吾国人应有之觉悟[N].大公报[天津版],1928-1-16(9)[副刊《文学》第 3 期].
④ 梅光迪.现今西洋人文主义[J].学衡,1922(8):2.
⑤ 梅光迪.现今西洋人文主义[J].学衡,1922(8):2.

尼（Shakya Muni，约前565—前486）以及希腊三贤、耶稣等中西古代哲人①。由之，"学衡"派主张的立足于会通中西论的别样现代文化创造方案，便主要地奠基于古代的中西文化之上。如吴宓就曾说："孔孟之人本主义，原系吾国道德学术之根本。今取以与柏拉图、亚力士多德以下之学说相比较，融会贯通，撷精取粹，再加以西洋历代名儒巨子之所论述，熔铸一炉，以为吾国新社会群治之基。如是则国粹不失，欧化亦成。所谓造成新文化融合东西两大文明之奇功，或可企致。"②客观地说，会通中西论具有相当明显的局限性，尤其是会通中西论所谓的会通中西文化因偏于会通古代中西文化而显得颇为名不符实。但是，会通中西论较之于互参中西论和调和中西论，更能彰显传统文化的主体性以及现代文化的民族性，因为会通中西论关涉的道德内容不但本为传统文化所具有，更为传统文化所精擅。从这个角度而言，会通中西论虽具有一定的局限性，却也不乏积极的意义而同样对现代文化（无论是民国保守主义者主张创造的别样现代文化还是西化论者主张创造的西化现代文化）的创造有所裨益。

第二节 取西补中的模范制造

民国保守主义者阐发的互参中西论、调和中西论以及会通中西论，都含有借鉴西方文化以裨补传统文化之意——尽管这三大论中的西方文化或泛指整个西方文化，或多指古代西方文化。值得注意的是，民国保守主义者在阐发这三大论并借鉴西方文化的过程中，往往呈现出一种显明的共同倾向，即都非常关注并颇为赞赏德国和德国文化。

在早期的民国保守主义者当中，以"东方杂志"派的杜亚泉和"现代新儒家"派的张君劢两人最为关注德国和德国文化。杜亚泉在论及西方社会、西方文化的时候，往往都会提及德国和德国文化，并对之加以评判和申说。在杜亚泉编译的为数不多的几部社会科学类著作（除教材外）中，绝大多数都

---

① 释迦牟尼及佛教虽都源出于古印度，却因二者早已被中国化甚或儒化而经常被"学衡"派（其实并不仅限于"学衡"派甚或其他民国保守主义者）纳入传统文化的范畴。与此相类，耶稣及基督教虽都源出于东方的古巴勒斯坦地区，却因二者早已被西方化或欧洲化而经常被"学衡"派（同样并不仅限于"学衡"派甚或其他民国保守主义者）纳入西方文化的范畴。

② 吴宓.论新文化运动[J].学衡，1922(4)：22.

与德国或德国文化息息相关。比如说,《战争哲学》①一书主要呈现德国将军般哈提的主战论,而《处世哲学》②一书则本为德国哲学家叔本华的哲学著作。至于杜亚泉撰写或翻译的关涉德国或德国文化的论文就更多了,仅是那些文题含有"德""德国""德意志"或"普鲁士"等字样的篇章就比比皆是,如《论俄德协约》③、《德国之经营胶州湾》④、《省制仿普鲁士州制之商榷》⑤、《德国般哈提将军主战论之概略》⑥、《德意志帝国主义之由来》⑦、《英德海上对抗之大势》⑧、《德意志屈服之原因》⑨等。从中不难看出,杜亚泉非常关注德国和德国文化,并对之颇有研究。杜亚泉在品评德国和德国文化的过程中,虽然极力秉持其作为记者所应具有的客观态度,但又往往在不自觉间或多或少地流露出对德国和德国文化的赞赏。相较于杜亚泉,没有记者身份约束的张君劢更是对德国和德国文化颂扬有加。在张君劢那部探究"民族之大彻大悟"⑩和"民族建国之大业"⑪的论文集《民族复兴之学术基础》⑫中,

---

① 东方杂志社,编纂.战争哲学[M].高劳[杜亚泉],孟宪承,愈之[胡愈之],等,译述.上海:商务印书馆,1923.

按:该书由高劳(杜亚泉)译述的《般哈提将军主战论概略》、孟宪承翻译的《评般哈提将军之战争哲学》、愈之(胡愈之)译述的《论道德之势力》以及罗罗翻译的《战争与道德》组成。

② 东方杂志社,编纂.处世哲学[M].杜亚泉,陈朴,译述.上海:商务印书馆,1923.

③ 伧父[杜亚泉].论俄德协约[J].东方杂志,1911["辛亥年"],8(9):19-20.

④ 伧父[杜亚泉].德国之经营胶州湾[J].东方杂志,1912,8(11):11-15.

⑤ 伧父[杜亚泉].省制仿普鲁士州制之商榷[J].东方杂志,1912,9(5):4-8.

⑥ 高劳[杜亚泉].德国般哈提将军主战论之概略[J].东方杂志,1915,12(4):7-13;1915,12(5):1-5.

按:《东方杂志》1915年4月1日第12卷第4号所载之文的文前有按语:"将军生于俄都,时为一八四九年,其父母方居俄也。普法战役,将军在骑兵联队中,以率骑兵先锋队首入巴黎知名。后入参谋部,专编战史。曾出为瑞士公使馆武官三年,复入参谋部为战史部长,兼陆军大学教授。一九〇〇年进少将,任旅长。四年进中将,任师长。八年任军长。九年辞职著书,以《德意志之将来》及《德意志与第二次之战争》二书,为最有名。数年前曾游青岛,痛论其防御之不完全,将受日本海陆两方面之攻击,料敌如神。本志十一卷三号之战争杂话中曾略记之(当时译音作裴仑哈崎将军)。欧战以前,各国对于将军之著作,已甚注意,批评非难之者甚多,于《德意志与第二次战争》一书尤甚。德遂禁其出版,然英法诸国已译之。战后其译本益流行,舟车之中,人手一编,皆此书也。日本早稻田大学译此书,改题《主战论》。今撮述其绪言及前二章于本志,盖全书之主义,已显著于前二章中也。惟为篇幅所限,所述者,仅得原书之一小部分。客中窥豹,自非真相,阅者谅之。记者志。"

⑦ [英]麦凯布.德意志帝国主义之由来[J].高劳[杜亚泉],译.东方杂志,1915,12(9):46-51.

按:该文的文题之下附注"英国麦凯布原著"。

⑧ 高劳[杜亚泉].英德海上对抗之大势[J].东方杂志,1916,13(1):55-63.

⑨ 佚名.德意志屈服之原因[J].高劳[杜亚泉],译.东方杂志,1919,16(4):21-24.

按:该文的文题之下附注"译日本《太阳》杂志"。

⑩ 张君劢.绪言[M]//张君劢.民族复兴之学术基础.北平:再生社,1935:4.

⑪ 张君劢.绪言[M]//张君劢.民族复兴之学术基础.北平:再生社,1935:5.

⑫ 张君劢.民族复兴之学术基础[M].北平:再生社,1935.

不但《绪言》多以德国人事为例,就连汇集的"有为讲演,有为序文,有为与人论学之书"①的各篇论文也多是研究德国文化之作,如《德国经济学之特点》②《黑格尔之哲学系统与国家观》③《黑格尔之哲学系统及其国家哲学历史哲学》④《关于黑格尔哲学答张真如先生》⑤《再与张真如先生论黑格尔哲学》⑥《十九世纪德意志民族之复兴》⑦《常燕生〈德意志民族自由斗争史〉序》⑧等。在九一八事变后,张君劢更"尝译菲希德《对德意志国民演讲》节本,欲借菲氏所以警告其国人者以为吾国人之鉴戒"⑨,进而鼓舞中国的"民族之志气,

---

① 张君劢.绪言[M]//张君劢.民族复兴之学术基础.北平:再生社,1935:10.
② 张君劢.卷上学术思潮:德国经济学之特点[M]//张君劢.民族复兴之学术基础.北平:再生社,1935:165-172.
　按:该文的文题之下附注"二十三年在北平大学女子文理学院经济系讲"(其中的时间即1934年)。该文此前曾登载于《再生》(北平1932)1934年8月1日第2卷第11/12期合刊第1-6页,其署名为"君劢",且文题之左附注"在北平大学女子文理学院经济系讲演锦柏记"。
③ 张君劢.卷上学术思潮:黑格尔之哲学系统与国家观[M]//张君劢.民族复兴之学术基础.北平:再生社,1935:217-231.
　按:该文的文后有按语:"以上文中,虽列举英人译名;然汉文译名仍以德文为底本,如客体精神之第三步,德文Sittllchkeit,故译为形外之德,不从英人译为社会伦理也,余类推。著者附识。"
④ 张君劢.卷上学术思潮:黑格尔之哲学系统及其国家哲学历史哲学[M]//张君劢.民族复兴之学术基础.北平:再生社,1935:233-274.
　按:该文的文后附注"廿一年一月十八日脱稿"(其中的时间即1932年1月18日)。该文此前曾登载于《哲学评论》1933年7月第5卷第1期第1-27页。
⑤ 张君劢.卷上学术思潮:关于黑格尔哲学答张真如先生[M]//张君劢.民族复兴之学术基础.北平:再生社,1935:275-283.
⑥ 张君劢.卷上学术思潮:再与张真如先生论黑格尔哲学[M]//张君劢.民族复兴之学术基础.北平:再生社,1935:285-316.
　按:该文此前曾登载于《再生》(北平1932)1932年5月20日第1卷第1期("创刊号")第1-26页(署名为"君劢")。
⑦ 张君劢.卷下民族复兴:十九世纪德意志民族之复兴[M]//张君劢.民族复兴之学术基础.北平:再生社,1935:115-122.
　按:该文的文题之下附注"廿三年在广州南海中学演讲"(其中的时间即1934年)。该文此前曾登载于《再生》(北平1932)1935年3月15日第3卷第1期第1-6页(署名为"君劢",且文题之左附注"在广州南海中学演讲　杨祖培记"),此后又登载于《宇宙》(香港1934)1935年7月15日第2卷第7期第5-7页(署名改为"张君劢讲/杨祖培记",且文后附注"按此篇系张先生去年在广州南海中学之演词"。
⑧ 张君劢.卷下民族复兴:常燕生《德意志民族自由斗争史》序[M]//张君劢.民族复兴之学术基础.北平:再生社,1935:123-130.
　按:该文此前曾以《常燕生德意志民族自由斗争史序》(在目录中文题为《常燕生〈德意志民族自由斗争〉序》)为题,登载于《再生》(北平1932)1934年8月1日第2卷第11/12期合刊第1-6页,其文题之后无署名(在目录中署名为"君劢")。
⑨ 君劢[张君劢].常燕生德意志民族自由斗争史序[J].再生[北平1932],1934,2(11/12):1.

民族之抱负"①以英勇抗击日本对中国的侵略。从中不难看出,张君劢极为赞赏德国和德国文化,并注重从德国文化中汲取养分以裨补传统文化。继张君劢之后,同为"现代新儒家"派成员的贺麟也是如此。且不说贺麟数量众多的精研德国哲学之作,单说《德国三大伟人处国难时之态度》②一文和

---

① 张君劢.译者四版序[M]//[德]菲希德[Johann Gottlieb Fichte].菲希德对德意志国民演讲.[德]倭伊铿[Rudolf Christoph Eucken],节编.张君劢,译.4版.上海:中国国民经济研究所,1937:10.

按:该文的文后题署"民国二十六年六月十六日第四版付印之日张君劢"(其中的时间即1937年6月16日)。《菲希德对德意志国民演讲》由北平的再生杂志社分别于1932年12月、1933年3月、1933年6月出版第1版、第2版、第3版,此后又由上海的中国国民经济研究所于1937年6月出版第4版。该书的主体由前面的概论菲希德(即费希特)及其学说的导言、后面的14讲正文组成。导言在第1版至第3版中无总题,但下分三小题,即《(一)菲氏一生》《(二)菲氏常说大概》《(三)菲氏〈对德意志国民演讲〉之政治的与哲学的前提》;在第4版中总题为《菲希德小传及其学说》,且下分同样的三小题。第1版至第3版无译者自序,但第4版有,即《译者四版序》;第1版无目录、无各讲标题,但第2版至第4版二者俱有。此前,导言和前10讲正文曾以《菲希德〈对德意志国民演讲〉摘要》为题,连载于《再生》(北平1932)1932年7月20日第1卷第3期第1-30页、1932年8月20日第1卷第4期第1-26页。

② 贺麟.德国三大伟人处国难时之态度[N].大公报[天津版],1931-10-26(10)[副刊《文学》第198期];1931-11-2(10)[副刊《文学》第199期];1931-11-9(10)[副刊《文学》第200期];1931-12-3(7)[副刊《文学》第203期];1931-12-7(7)[副刊《文学》第204期];1932-2-8(8)[副刊《文学》第213期];1932-5-9(8)[副刊《文学》第227期].

按:《大公报》(天津版)副刊《文学》第198期所载之文的文前有按语:"按此次日本攻占吉辽,节节进逼。当此国难横来,民族屈辱之际。凡我中国国民者,无分男女老少,应各惕然知所以自处。百年前之德国,尚未统一,蹂躏于拿破仑铁蹄之下。其时之文士哲人,莫不痛愤警策。惟以各人性情境遇不同,故其态度亦异。而【一】葛德(或译作歌德又译贵推)Johann Wolfgang von Goethe(1749—1832)【二】费希德(梁任公于日本提出二十一条时译其《人生天职论》译名作菲斯的)(Johann Gottlieb Fichte,1762—1814)【三】黑格尔(Georg Wilhelm Friedrich Hegel,1770—1831)之行事,壮烈诚挚,尤足发聋振聩,为吾侪之所取法。故特约请现任北京大学讲师贺麟君,撰述此篇。贺君夙在美国哈佛大学及德国柏林大学修哲学。本年夏,曾旅行德国中南部各地,亲访葛德等人讲学居处之遗迹。甫回国,即遭国难。贺君撰此篇,自觉其深切有味。读者亦必谓其深切有味也。编者识。"其文后也有按语:"编者按:读此篇者,应处处以中国此次情形及个人遭遇逐件比较,方觉亲切,亦可不失作者之意也。"第199期、第200期所载之文的文题之左附注"大哲学家黑格尔逝世百年纪念",且第199期所载之文的文前有按语:"按本年十一月十四日,为德国大哲学家黑格尔(旧译作黑智儿一作海格尔)Georg Wilhelm Friedrich Hegel(1770—1831)逝世百年纪念。黑格尔之学,精深博大。为近世正宗哲学之中坚。允宜表彰。今贺麟君此篇虽为叙述黑格尔处国难时之态度而作,其中已将黑格尔之性行,及其学说之大纲及精义,陈说略备。且作者为黑格尔之学。夙已研之深而信之笃。更取中国古圣及宋儒之思想,比较参证,融会贯通。期建立新说,以为中国今时之指针。故篇中凡描述黑格尔之处,亦即作者个人主张信仰及其成己化世之热诚笔意之表现也。"第213期所载之文的文后有按语:"编者按:此万愿我国人三读之三思之"。第227期所载之文的文后有按语:"按《德国三大伟人处国难时之态度》全文历登本刊第一九八,一九九,二〇〇,二〇三,二〇四,二一三,二二七各期。今已完结。读者合而观之可耳。编者识。"

《德国三大哲人处国难时之态度》①一书,就足以显现贺麟对德国和德国文化研究之精深、向往之热切。

不过,民国初期,最为大张借鉴德国文化之旗帜的是积极倡导国家主义的"醒狮"派,其中又尤以常乃惪最为积极。常乃惪论究德国文化之作不胜枚举,仅出版的厚实著作就有编著的《德国发达简史》②、编译的《十九世纪初年德意志的国难与复兴》③等。常乃惪及杜亚泉、张君劢、贺麟等人对德国文化的注重多偏于政治或哲学,而"学衡"一派则多从文学的角度关注德国文化。《学衡》、《大公报》(天津版)副刊《文学》、《国风半月刊》和《国风》(南京1932)等"学衡"派主办的报刊经常登载德国文学作品或德国文学研究之作,

---

① 贺麟.德国三大哲人处国难时之态度[M].北平:大学出版社,1934.
按:该书由北平的大学出版社于1934年7月出版,其主体为《大公报》(天津版)副刊《文学》连载的《德国三大伟人处国难时之态度》,且该文之后附录梁启超所撰《菲斯的人生天职论述评》。该书的《序》第1-2页有言道:"本篇作于民国二十年九一八事变以后,曾先后在大公报文学副刊第一九八,一九九,二〇〇,二〇三,二〇四,二一三,二二七各期登载"(其中的时间即1931年),"兹加以修订增补,印成单行本",而"计增补部份以关于黑格尔的科学造诣及艺术修养处为最多,取材系根据克诺肯纳(Glockner)新出之黑格尔哲学之渊源(Die Voraussetzungen der hegelschen Philosophie),至于别的地方,则只有字句间的修改和错字的改正"(第1页);"兹特将任公先生菲斯的(即费希德)人生天职论述评一文采作附录",因"先生此文作于日本提出二十一条要求时,亦系由于国难当前而发,愿读者合而观之";"此篇原题为德国三大伟人处国难时之态度,因友人张荫麟先生,那时他尚在美国,来书指出'伟人'二字,以易为'哲人'较妥当,故今特改正"。后来,该书又由重庆的独立出版社于1940年3月出版。较之于大学出版社本,独立出版社本的最大变化在于附录,即以贺麟所撰《抗战建国的精神基础》(共5篇,即《一 抗战建国与学术建国》《二 法治的类型》《三 新道德的动向》《四 经济与道德》《五 物质建设现代化与思想道德现代化》)替换梁启超所撰《菲斯的人生天职论述评》。该书的《著者后语》第115页有言道:"德国三大哲人处国难时之态度一文,作于九一八事变后,曾陆续在天津大公报文学副刊发表,后来又曾加以修订增补,由大学出版社印成单行本,销行尚不多,而此书在北平方面早已成为禁书!附录中的五篇短文,除经济与道德一篇外,都是卢沟桥事变后所作。"
② 常乃惪,编.德国发达简史[M].上海:中华书局,1934.
③ 常燕生[常乃惪],编译.十九世纪初年德意志的国难与复兴[M].重庆:国论社,1939.
按:该书由重庆的国论社于1939年5月出版,其主体为35篇系列论文。此前,这35篇系列论文曾以《十九世纪初年德意志的国难与复兴》为题,连载于《国论》(上海1935)1935年8月20日第1卷第2期第1-27页至12月20日第1卷第6期第1-17页、1936年2月20日第1卷第8期第1-18页至6月20日第1卷第12期第1-29页。第1卷第12期所载之文的文后有按语("编者按"),其中有言道:"本篇系根据美国历史家Poultney Bigelow之History of the German Struggle for Liberty一书编译而成。"该书的35篇系列论文之后有《编后感》,而该文此前曾以《〈十九世纪初年德意志的国难与复兴〉编后感》为题,登载于《国论》(上海1935)1937年6月15日第2卷第10期第1322-1332页。该书在常乃惪去世后不久,被收录为何鲁之主编的"国家主义丛书"之一,并被更名为《国家主义史例》,由上海的中国人文研究所于1948年2月出版。

这其中又以《文学》登载最多，如《浮士德》①《葛德抒情诗选译》②《评郭沫若译〈浮士德〉上部》③《诗人歌德全人生的意义》④《歌德之〈人生启示〉》⑤《歌德与中国小说》⑥《近顷逝世之德国戏剧家兼小说家苏德曼评传 Hermann Sudermann(1857—1928)》⑦《德国大批评家兼戏剧家雷兴诞生二百年纪念 Gotthold Ephraim Lessing(1729—1781)》⑧《德国浪漫派哲学家兼文学批评家弗列得力希雷格尔逝世百年纪念 Friedrich Schlegel(1772—1829)》⑨等。值得一提的是，《文学》曾以从未有过的连载七期的连篇累牍之势，全文刊发贺麟的《德国三大伟人处国难时之态度》，且其实际主编吴宓还为该文加注大量

---

① [德]歌德[Goethe].浮士德[N].张荫麟[素痴]，译.大公报[天津版]，1932-4-4(8)[副刊《文学》第222期]；1932-4-11(8)[副刊《文学》第223期]；1932-4-18(8)[副刊《文学》第224期]；1932-8-29(8)[副刊《文学》第243期]；1932-9-12(8)[副刊《文学》第245期]；1933-3-27(11)[副刊《文学》第273期]；1933-5-15(11)[副刊《文学》第280期]；1933-5-29(11)[副刊《文学》第282期].
按：《大公报》(天津版)副刊《文学》第245期、第273期所载之文的文后都有编者(吴宓)加注的按语("编者识")，且第273期所载之文的文前还有张荫麟加注的大段按语(题为【附录】上文正误)的"译者识")。第282期所载之文的文后标注"[第三出已完，全剧待续]"，但此后该刊未再登载续文。

② 陈铨.葛德抒情诗选译[N].大公报[天津版]，1931-12-14(7)[副刊《文学》第205期].
按：该文的文题之左附注"自柏林寄稿"。

③ 素痴[张荫麟].评郭沫若译《浮士德》上部[N].大公报[天津版]，1928-4-2(9)[副刊《文学》第13期].

④ 方玮德.诗人歌德全人生的意义[N].大公报[天津版]，1932-2-29(8)[副刊《文学》第217期].
按：该文的文前有按语("编者按")，其中有言道："本年三月二十二日为德国大诗人葛德(又译歌德)Goethe(1749—1832)逝世百年纪念。本刊拟于各期分载纪念文若干篇，因一期断不能容。"

⑤ 宗白华.歌德之〈人生启示〉[N].大公报[天津版]，1932-3-21(8)[副刊《文学》第220期]；1932-3-28(8)[副刊《文学》第221期]；1932-4-4(8)[副刊《文学》第222期].
按：《大公报》(天津版)副刊《文学》第220期所载之文的文前有按语："去年冬天写了一篇《歌德之人生启示》，纪念歌德今年三月二十二日的百年忌。不料原稿毁于商务印书馆日寇炮火之中。幸精神的产物不是物质的势力所能完全毁灭的。现将该文发表于此，在追念歌德不朽的精神中，庆幸我民族精神的复活。三月四日，南京。"(其中的时间即1932年3月4日)。

⑥ 陈铨.歌德与中国小说[N].大公报[天津版]，1932-8-22(8)[副刊《文学》第242期].

⑦ 谷永[浦江清].近顷逝世之德国戏剧家兼小说家苏德曼评传 Hermann Sudermann(1857—1928)[N].大公报[天津版]，1929-1-14(15)[副刊《文学》第53期].

⑧ 佚名[吴宓].德国大批评家兼戏剧家雷兴诞生二百年纪念 Gotthold Ephraim Lessing(1729—1781)[N].大公报[天津版]，1929-1-28(15)[副刊《文学》第55期]；1929-3-11(15)[副刊《文学》第61期].
按：该文此后又登载于《学衡》1929年3月第68期第1-18页(文题之下附注"录天津大公报文学副刊")。

⑨ 佚名[吴宓].德国浪漫派哲学家兼文学批评家弗列得力希雷格尔逝世百年纪念 Friedrich Schlegel(1772—1829)[N].大公报[天津版]，1929-4-8(15)[副刊《文学》第65期]；1929-4-15(15)[副刊《文学》第66期]；1929-4-22(15)[副刊《文学》第67期].
按：《大公报》(天津版)副刊《文学》第66期所载之文的文前有编者加注的按语("编者识")。该文此后又登载于《学衡》1929年1月(该刊标注的出版时间疑有误)第69期第1-31页(文题之下附注"录天津大公报文学副刊")。

按语以作注释和推介。也正因如此,贺麟说:"大公报文学副刊编者吴雨僧(宓)先生,于本文之作成,多方鼓励催促,实有接生之功,而以文学副刊富贵的篇幅来发表此种长篇文字,并时加按语恳切有力地介绍于文副读者之前,尤令我感激。特此深致谢意。"① 这其中,虽不排除吴宓对其得意门生贺麟照顾有加,但主要原因显然在于该文本身恰恰是论究德国文化之作。尤其是当时正值黑格尔逝世一百周年之际,而该文中关涉黑格尔的篇章恰可成为纪念之作。事实上,吴宓就在这些篇章的文题之左附注"大哲学家黑格尔逝世百年纪念"。此外,"学衡"派还曾从史学的角度关注德国文化,如吴宓、柳诒徵、缪凤林等人就极为推崇德国斯宾格勒的史学主张——这或许是因为斯宾格勒的《西方的没落》及其"西方没落"之说在一定程度上支持了"学衡"派的思想主张。

应该说,民国保守主义者对德国文化的关注和颂扬不仅因为德国在哲学、文学、史学等方面的学术成就确实相当突出和卓越,还更主要的因为民国保守主义者欣羡德国由分裂走向统一并一跃而为世界强国的抗争史或奋斗史。在统一之前,四分五裂的德国一如近代中国般屡遭异国侵略,甚至数次陷入生死存亡之危;在统一之后,强势崛起的德国又几度因战败而被其他国家所压制,甚至一再经历分崩离析之险。然而,德国总能绝境逢生并重新崛起。德国的一再复兴必然与其民族的独特性密不可分,而无论是德国的一再复兴,还是德国民族的独特性,对于近代以来尤其是抗战以来深陷反侵略战争的中国和中华民族来说,显然都极具研究价值和参考意义。不失客观地说,民国保守主义者也深知这一点。早在九一八事变前夕,常乃惪就于《德国发达简史》的《自序》中一针见血地指出:"近二百年来,德意志曾经经过三次绝大的压迫,七年战争、拿破仑战争和这次的欧战,每次都是败到山穷水尽,不久却又复兴起来,这种奇怪性的民族,不值得我们加以研究吗?这种坚苦卓绝的优良民族性,不值得我们加以崇敬而仿效吗?"② 及至七七事变前夕,常乃惪又于《〈十九世纪初年德意志的国难与复兴〉编后感》中直抒胸臆道:"中国今日的地位诚然危险万分,但并不足以使我们灰心丧气。世界上没有无办法的事,没有不可救药的国家,一百年前的德意志民族就是我们的榜样。从前的人说:'以古为镜,可以知兴废',像这部书所描写的事实,就是我们现代国难下的中国国民最好不过的一面镜子,我所以要介绍这一

---

① 贺麟.序[M]//贺麟.德国三大哲人处国难时之态度.北平:大学出版社,1934:2.
按:该文的文后题署"贺麟民国二十三年七月"(其中的时间即1934年7月)。
② 常乃惪.自序[M]//常乃惪,编.德国发达简史.上海:中华书局,1934:2.
按:该文的文后附注"中华民国二十年六月/著者志"(其中的时间即1931年6月)。

部分史实,就是希望我们大家都来照照这面镜子。"①也正因如此,常乃悳在九一八事变爆发而中国陷于局部抗战之境的危急时期,及时地出版《德国发达简史》一书、发表《十九世纪初年德意志的国难与复兴》一文,后来又在七七事变爆发而中国陷于全民族抗战的危亡时期,适时地出版《十九世纪初年德意志的国难与复兴》一书。无独有偶,贺麟在九一八事变后不久发表"由于国难当前有所激发而成"②的《德国三大伟人处国难时之态度》一文、出版《德国三大哲人处国难时之态度》一书,又在七七事变后不久出版新增"卢沟桥事变后所作"③文章的《德国三大哲人处国难时之态度》一书,也显然具有呼吁国人借镜德国、学习德国民族的意味,同时还"自然具有鼓舞国人爱国家、爱民族文化的精神,增加抗战最后胜利的信心的意思"④。确实,德国曲折的建国史、发展史以及德国民族不屈不挠的斗争精神,简直可以说为中国的抗战及建国提供了一个成功的先例或范本。由此,诞生于全民族抗战时期的"战国策"派,顺其自然地将民国保守主义者关注德国文化并力主学习德国文化的倾向推至了巅峰。

毋庸讳言,民国保守主义者在大声疾呼中华民族面临生死存亡之抉择的时候,也极度忧心中华民族的生存与发展,由之情不自禁地流露出对德国文化的无限歆慕,并殷切希望"德为中用",以增强中华民族之生存与发展的竞争力。也许单纯地介绍德国文化之优长显得过于抽象而不易于为国人所接受和借鉴,于是抗战时期以"战国策"派为代表的民国保守主义者⑤便标举出了一系列具有代表性的德国人物,并以之为国人模仿、学习的模范人物。在这些来自德国的模范人物中,民国保守主义者讨论最多又标举最多的是浮士德⑥、柯

---

① 常燕生[常乃悳].《十九世纪初年德意志的国难与复兴》编后感[J].国论[上海1935],1937,2(10):1323.
② 贺麟.序[M]//贺麟.德国三大哲人处国难时之态度.北平:大学出版社,1934:1.
③ 贺麟.著者后语[M]//贺麟.德国三大哲人处国难时之态度.重庆:独立出版社,1940:115.
按:该文的文后题署"民国二十八年六月贺麟识于小温泉。"(其中的时间即1939年6月)。
④ 贺麟.著者后语[M]//贺麟.德国三大哲人处国难时之态度.重庆:独立出版社,1940:115.
⑤ 在全民族抗战时期,民国保守主义阵营中的"东方杂志"派、"学衡"派、"甲寅"派以及"本位文化"派四派基本上已趋于沉寂而告别其影响社会思潮的时代,"醒狮"派和"现代新儒家"派则依旧比较活跃并在社会上颇具影响,但当时最为活跃且影响最为广泛的是诞生于这一时期的"战国策"派。因之,以下使用的"民国保守主义者"一词主要指"战国策"派,偶尔也兼及"醒狮"派、"现代新儒家"派等其他民国保守主义者。
⑥ 一般认为浮士德原本是德国民间传说中的人物,但也有学者认为德国历史上确有浮士德其人。不过,浮士德最终是因为歌德的同名诗剧《浮士德》而闻名世界。

伯尼①以及希特拉②。无论是作为民间传说人物的浮士德,还是身为天文学家的柯伯尼,抑或成为政治领袖的希特拉,他们对于身为注视者的民国保守主义者而言,显然都是存在于异国文化之中的异国他者。所以,诉诸民国保守主义者笔端的浮士德、柯伯尼以及希特拉等人都是异国形象,即都是"出自一个民族(社会、文化)的形象",并都是"作家特殊感受所创作出的形象"③。异国形象虽源出于异国现实却"并非现实的复制品(或相似物)",因为"它是按照注视者文化中的模式、程序而重组、重写的",且"这些模式和程式均先存于形象"④。因之,民国保守主义者塑造这些异国形象的过程,其实也是重构这些异国人物之形象特征的过程。重构异国形象的过程"不仅仅是客体打开、扩大通道,而且也是主体开放,扩展通道的过程",但在这种过程中,主体和客体虽可能无限趋近却终究又不可能完全重合,所以这其中"不可能有任何一种纯客观的反映",且"任何反映都意味着有限的主体图式'同化'客体部分信息,同时又意味着主体'图式'在其边缘上与客体信息有限地'顺应'"⑤。据此而言,民国保守主义者笔下作为异国形象的浮士德、柯伯尼和希特拉三人都不可能完全地等同于他们的原初形象而注定会发生或多或少的变异。导致这些变异的原因,一方面在于民国保守主义者在制造这些异国形象的过程中,不可避免地会对异国形象的原初形象加以想象和发挥,另一方面则在于民国保守主义者也是这些异国形象之原初形象的感知者,而感知行为本身就存在着不可避免的再造性。"感知"(德语"Wahrnehmung",英语"perception")其实就是"知觉"(德语"Perzeption",英语"perception"),二者在胡塞尔现象学中也是一对同义语。只不过,胡塞尔在进行现象学分析的实践操作过程中,更倾向于使用"感知"一词。胡塞尔指出,"每一个感知都在对其对象进行自身的或直接的把握"⑥,所以感知具有

---

① "柯伯尼"即尼古拉・哥白尼(Nicolaus Copernicus,1473—1543),天文学家,日心学说创造者。关于哥白尼到底属于波兰人还是德国人、斯拉夫人还是日耳曼人的问题,中外学界至今都存有争议。鉴于哥白尼成就卓著且举世闻名,波兰和德国都视其为己国之人。自德国统一以来,历届德国政府(尤其是纳粹政府)都大力宣扬哥白尼为德国人,且属于日耳曼民族,并列举了诸多史料证据。或许是因为德国较波兰国力更强,话语权更大,当时绝大多数波兰以外之人都视哥白尼为德国人——至少也都认为哥白尼是日耳曼人。
② "希特拉"即阿道夫・希特勒(Adolf Hitler,1889—1945),"二战"时期德国元首、纳粹党党魁。
③ [法]让-马克・莫哈[Jean-Marc Moura].试论文学形象学的研究史及方法论[M].孟华,译//孟华,主编.比较文学形象学.北京:北京大学出版社,2001:25.
④ [法]达尼埃尔-亨利・巴柔[Daniel-Henri Pageaux].形象[M].孟华,译//孟华,主编.比较文学形象学.北京:北京大学出版社,2001:157.
⑤ 孙绍振.论变异[M].广州:花城出版社,1987:9.
⑥ 倪梁康.胡塞尔现象学概念通释[M].北京:生活・读书・新知三联书店,1999:493-494.

很明显的原本性。进一步地,胡塞尔又指出:"在'感知'中真正具有原本性的实际上只是在感知中被体现出来的(präsentiert)那个部分,例如被看到的桌子的正面。而在感知中被共现的(appräsentiert)部分,例如未被看到的,但在感知中一同被给予的桌子的背面,它只是被一同当下化而已,因而并不是本真意义上的'原本性'。因此,'感知'本身实际上是由'原本的'和'非原本的'两个部分所组成的。"① 再者,感知主体在感知实在客体的过程中,往往会为了把握实在客体的全部内容而不由自主地对实在客体的缺席面产生意向。显然,在这种感知过程中,实在客体的在场面固然是其本真的原本性的体现,但感知主体意向的实在客体的缺席面就不一定仍是其本真的原本性的体现。所以,胡塞尔现象学意义上的感知对象就已不完全等同于实在客体,即感知对象和实在客体之间存在着变异。同样的,民国保守主义者笔下的浮士德、柯伯尼以及希特拉,其实是这三人的在场面和民国保守主义者意向的这三人的缺席面的综合呈现,并且与这三人的原初形象有所差异。

感知主体在主观上往往会不遗余力地试图把握实在客体的全部内容,即使是对于难以把握的实在客体的缺席面,感知主体也总是费尽心思而试图通过意向的方式去把握之,但这一美好的主观愿望实际上难以实现,因为感知有其天然的局限性。不过,民国保守主义者制造浮士德、柯伯尼以及希特拉这三大异国形象的终极目的,并不在于把握这三人实际的原初形象,而在于借之以阐发民国保守主义者自己的思想主张。异国形象既由注视者制造,便注定其"不可能是他者现实的客观再现,而往往是注视者欲望投射的产物"②。事实上,民国保守主义者笔下的浮士德、柯伯尼以及希特拉固然首先是作为感知对象而不同于他们的实际的原初形象,但在根本上是民国保守主义者欲望投射的产物。民国保守主义者的欲望即制造中西和合的模范,进而以之为国人的学习榜样。若欲制造中西和合且近乎完美的模范形象,那么想象便是绕不开的手段之一。事实也确实如此,因为民国保守主义者恰恰就是在想象的过程中,制造了作为他们的欲望投射产物的浮士德、柯伯尼以及希特拉这三大异国形象。一般而言,名词性的"想象"(德语"Phantasie",英语"phantasy")基本上等同于"幻象",表现出与现实的截然对立。但在胡塞尔现象学中,想象的对立面不是现实,而是感知,并且想象与感知"一同构成现象学意义上的'直观'"③。曾深受胡塞尔之徒、波兰现象学哲学家和美学家罗曼·英伽登(Roman Ingarden,1893—1970)影响的沃尔夫

---

① 倪梁康.胡塞尔现象学概念通释[M].北京:生活·读书·新知三联书店,1999:494.
② 赵小琪,主编.比较文学教程[M].北京:北京大学出版社,2010:76.
③ 倪梁康.胡塞尔现象学概念通释[M].北京:生活·读书·新知三联书店,1999:352.

冈·伊瑟尔指出:"尽管想像,肯定要以一种假定的真实面目,或凌驾现实世界的方式反映现实,但想像永远不可能等同于现实。"①因此,想象中的形象——想象形象也永远不可能等同于实在客体的原初形象。显然,意向中的形象——意向形象因其同样不完全等同于实在客体的原初形象而容易与想象形象相混淆。不过,二者其实有所区别。意向统一于感知之中而往往就实在客体的缺席面而言,而且意向形象往往试图与实在客体的缺席面本应呈现出来的样子保持一致。然而,想象是一种再造意识,即想象是"对一种感知的'想像②性变异'"③。所以,想象并不像意向那样统一于感知之中。想象主体在想象实在客体的过程中,往往将自己移置到想象的世界里,但想象主体"周围的现实世界仍然作为被相信的、缺省的语境",因为想象主体"在其中进行想象,并从那里位移开——而保持着"④。也就是说,想象形象并不局限于实在客体实际的原初形象,亦即想象形象并不试图与实在客体在在场面呈现出来的样子以及在缺席面本应呈现出来的样子保持一致。民国保守主义者描绘的浮士德、柯伯尼以及希特拉等异国形象,恰恰就是具有这些特征的想象形象。

胡塞尔往往以"当下化"(德语"Vergegenwärtigung",英语"representation")一词作为意向分析术语来"描述广义上的'想象'或'再现'、'再造'的行为"⑤,并以之为想象的本质,所以"'想象'在胡塞尔那里归根结底首先意味着当下化(或再造、再现、想象变异等等)"⑥。在胡塞尔现象学中,当下化被"划分为设定的当下化(回忆、期待、真实性想象)和不设定的当下化(单纯想象),以及,再造的当下化和有图像中介的当下化(图像意识)",而这两种划分又"彼此相互交错和叠加"⑦。就前一种划分形式而言,标准在于想象主体对客体(包括实在客体、意向对象和想象对象等)的存在样式(包括可疑性的存在、猜测性的存在、疑问性的存在、确然性的存在、不存在等多种样式)是否不持态度而保持中立。其中,不设定的当下化即想象主体在想

---

① [德]伊瑟尔[Wolfgang Iser].虚构与想象:文学人类学疆界[M].陈定家,汪正龙,等,译.长春:吉林人民出版社,2003:16.
② 一般而言,"想像"(德语"Imagination")基本上与"想象"同义,只不过"想像"一词更加强调和突出"像"的意义,因而也更能表达胡塞尔早期提出的"图像意识"(德语"Bildbewußtsein",英语"image-consciousness")的概念。
③ 倪梁康.胡塞尔现象学概念通释[M].北京:生活·读书·新知三联书店,1999:353.
④ [美]索科拉夫斯基[Robert Sokolowski].现象学导论[M].高秉江,张建华,译.武汉:武汉大学出版社,2009:71.
⑤ 倪梁康.胡塞尔现象学概念通释[M].北京:生活·读书·新知三联书店,1999:476.
⑥ 倪梁康.胡塞尔现象学概念通释[M].北京:生活·读书·新知三联书店,1999:354.
⑦ 倪梁康.胡塞尔现象学概念通释[M].北京:生活·读书·新知三联书店,1999:354-355.

象客体的过程中,不对客体作任何的设定,即不附带任何的态度性、目的性等,所以不设定的当下化就仅有单纯想象一种。设定的当下化与不设定的当下化相对而言,意味着想象主体在想象客体的过程中对客体有所设定,如附带态度性、目的性等。相应地,设定的当下化的表现形式便颇为复杂——至少包含回忆型想象、期待型想象和真实型想象三种。既然浮士德、柯伯尼、希特拉等异国形象都是民国保守主义者欲望投射的产物,那么民国保守主义者对这三个异国形象的想象显然就附带态度性,尤其是目的性,因而从属于设定的当下化。当然,这其中的态度和目的恰恰取决于民国保守主义者对这三个异国形象投射出的欲望。一般而言,"注视者用离心的、符合注视者对相异性向往的话语塑造的他者形象"[①]都是乌托邦化的异国形象,因为在制造此类异国形象的过程中,注视者往往"把理想的价值观、文化观投射到异国异族形象身上,并从中找到了自己认为能够弥补本民族文化的不足和缺陷的东西,找到了对本民族有价值的文化资源"[②]。也就是说,注视者往往将自己的理想或愿望投射到异国他者身上,从而塑造出理想又完美的异国形象。乌托邦化的异国形象当然也是注视者欲望投射的产物,因而也是注视者之设定的当下化的成果。民国保守主义者笔下的浮士德、柯伯尼以及希特拉恰恰就是这种乌托邦化的异国形象,因为民国保守主义者矢志于为当时的国人从德国文化中找寻应对生存危机的模范人物。从表面上看去,这似乎意味着民国保守主义者认为德国文化优于传统文化,但事实并非如此。异国形象是本国文化之精华与异国文化之优长相融合的产物,而民国保守主义者制造的这三个乌托邦化的异国形象其实都是中西文化相和合的产物。

一、上进模范

在抗战的特殊时期,推出一个积极向上的模范形象能够极大地鼓舞国人坚持抗战。"学衡"派的吴宓曾经说过,"西洋数千年之历史及文化"具有"特别优异之精神的贡献"[③],而"所谓近世欧洲或西洋之文化者,实即日耳曼族之文化"[④]。于是,相对比较推崇西方文化中的德国文化的民国保守主义者

---

① 赵小琪,主编.比较文学教程[M].北京:北京大学出版社,2010:76.
② 吴家荣,主编.比较文学新编[M].合肥:安徽教育出版社,2004:109.
③ 吴宓.改造民族精神之管见[N].大公报[重庆版],1941-12-10(4)[副刊《战国》第2期].
④ [美]葛达德[F. H. Goddard],吉朋斯[P. A. Gibbons]).斯宾格勒之文化论[J].张荫麟,译.学衡,1928(61):4.
按:引文出自《学衡》编者(吴宓)在该文的文前加注的按语("编者识")。

便推出了浮士德这一源出于文学作品的模范。

浮士德固然是德国人,但其往往以文学形象呈现在世人面前。这一文学形象的产生与发展,曾历经一个相当曲折而复杂的过程。所以,即使是德国人,他们对浮士德的理解也莫衷一是。"战国策"派的陈铨曾留学德国并精研德国文化(尤其是精研德国文学、哲学),而他更曾考证过浮士德的演变史:"浮士德大概生在十五世纪的末叶,他同时的人,已经有好些关于他的记载,以后继续又有许多传说。到一五八七年希匹士把这一些记载传说收集起来,写成一本书,佛兰克弗城出版。书出后风行一时,第二年已经再版,三年后就有英文的翻译。英国的戏剧家马罗,根据这一部书,一五九三年写成功一本戏剧在伦敦上演。后来英国的戏子到德国演戏,把马罗的剧本肤浅改变,大受德国民众的欢迎。一五九九年意德曼根据希匹士的原书,又增加一些故事,另外写一本更完备的书,在汉堡出版。一六七四年斐泽尔改编意德曼的原书,重新问世,引起大家对浮士德的兴趣。浮士德的傀儡戏也出来了。一七二八年还有一本简短的书,重述这一个故事,这一本小书,意德曼的传说,和傀儡戏,歌德都曾经过目。"①依据陈铨的考证,浮士德起初是作为一个客观存在的现实人物而存在于现实生活之中。后来,可能因为浮士德的生活经历颇富传奇色彩并为文学创作主体所探知,于是浮士德逐渐被塑造成一个若实若虚的文学形象而反复出现于德国文学作品之中。在德国,关涉浮士德的民间传说及文学论著多不胜数,许多文学作品甚至都直接以《浮士德》为题名。相应地,浮士德形象及浮士德精神也就各式各样,甚至还互有抵牾。后来,"狂飙突进"②中的约翰·沃尔夫冈·冯·歌德(Johann Wolfgang von Goethe,1749—1832)又创作了一部虽"和前人的认识,全不相同"③,却又同样题为《浮士德》的诗剧,从而为浮士德形象以及浮士德精神注入了崭新的内涵。

歌德的诗剧《浮士德》④是浮士德形象及浮士德精神的集大成之作,因其不仅塑造了丰满的浮士德形象,还给予浮士德精神以相对稳定和普遍的含义,"即渴求无尽之知识与无尽之经验",且"此中包含好奇心,力学不厌,对自然详切之研究(即科学精神及科学方法)等;此中亦包含西人之勇敢及冒

---

① 陈铨.浮士德的精神[J].战国策[昆明 1940],1940(1):9-10.
② "狂飙突进"(德语"Sturm und Drang",英语"Storm and Stress"),其起止时间为 18 世纪 70 年代至 18 世纪 80 年代。
③ 陈铨.浮士德的精神[J].战国策[昆明 1940],1940(1):11.
④ [德]歌德[Johann Wolfgang von Goethe].浮士德[M].董问樵,译.上海:复旦大学出版社,1983.

险性行"①。不过,歌德的诗剧《浮士德》毕竟是德国"狂飙突进"的产物,其浮士德形象和浮士德精神也因深深沾染德国那一特殊时代之特殊运动的特殊印迹而并不完全适用于中国。因此,民国保守主义者在揭示普遍意义上的浮士德精神之后,随即笔锋一转而另作引申:"歌德诗剧中之浮士德不但前进,且亦上进。"②"上进"一词可说是民国保守主义者制造的浮士德形象的主要特征之所在,也是他们赋予浮士德精神的新的时代内涵之所在。在民国保守主义者看来,战争年代比任何时候都更为迫切地要求国人具备奋发向上、积极进取的精神,因为惟其如此才能在冷酷严峻的战争环境中求得生存。民国保守主义者对这种国人急需的上进精神孜孜以求,于是他们便在制造浮士德形象和重释浮士德精神的过程中针砭时弊,以期唤醒沉睡中的中华民族。

在民国保守主义者的言说之下,浮士德是一个有着永恒追求而永远不满意于现世人生之人,因为他在与魔鬼订约之前提出的条件是:"假如我安静地懒卧于床上,/你立刻让我生命丧亡!/假如你能够诌媚阿谀,/使我看见自己满心欢喜,/假如你能够用享乐欺骗,/那一天就是我最后一天!"③事实上,求索不断的浮士德不仅是永远不满意于现世人生,而且是永远不知满足。也正因如此,尽管魔鬼使尽浑身解数对浮士德分别诱之以醇酒、美女、金钱、势力、遍游天下等,但浮士德终究不为所动。虽然说知足常乐是一种美德,但世上最无希望之人也恰恰是满足现世人生而自得其乐的人。因为满足现世人生而自得其乐往往就意味着奋斗进取之思想和行为的停止,从而昭示人之为人的活力的丧失。相反,永远不知满足也就意味着永不停息的奋斗思想和进取行为。所以在民国保守主义者看来,浮士德就是一个不断努力奋斗的人。浮士德既为自己那永无止境的追求而奋斗,也为改变那不甚美好的现世人生而奋斗,而即使他深知这些目标或许永远也不可能实现,他也依然执着地努力奋斗如故。民国保守主义者指出,"生活的意义,不在努力奋斗的结果,而在努力奋斗的过程"④。如果一个人总是顾虑重重而担心奋斗毫无结果甚或奋斗会带来恶果,那么自然就会丧失奋斗的积极性。显然,浮士德不是那种顾虑重重之人,因为他注重奋斗的过程而不计奋斗的结果。不可否认,努力奋斗也会有误入歧途之危,但正如民国保守主义者所言,"错

---

① 吴宓.改造民族精神之管见[N].大公报[重庆版],1941-12-10(4)[副刊《战国》第2期].
② 吴宓.改造民族精神之管见[N].大公报[重庆版],1941-12-10(4)[副刊《战国》第2期].
③ 陈铨.浮士德的精神[J].战国策[昆明1940],1940(1):12-13.
④ 陈铨.浮士德的精神[J].战国策[昆明1940],1940(1):13.

误是没有关系的,世界上最可怕的,就是灰心丧气,安生不动的人"①。反观浮士德,他不仅从不满足于现世人生并不断地奋斗进取,还从不畏惧奋斗进取过程中的艰难险阻。也正因如此,浮士德才能坚持不懈、锲而不舍地追逐着自己的梦想。

  在许多时候,艰难险阻往往都意味着危险重重,而浮士德的执着则表明他又是一个极富冒险精神之人。"浮士德要探讨宇宙人生的真理,他的野心是很大的,他的工作很困难,同时他冒的危险也是不可想像","因为旁人的冒险,顶多损坏他自己的身体,浮士德的冒险甚至于要毁灭他的灵魂",但浮士德认为"与其糊里糊涂地生,不如清清楚楚地死"②。正是基于这一认识,浮士德将死生祸福置之度外,一心一意地追求真理、追逐梦想,甚至不惜与魔鬼订约。不言而喻,浮士德的冒险行为及其冒险精神既难能可贵又可敬可佩。"醒狮"派的余家菊曾经说过:"凡是生物,都有一种性,可以姑名之曰:'前进性'。用哲学家的名辞说来,便是'意志',便是'权力意志',便是'生之冲动'。人因为有这种前进性,所以不能静止,所以不是死灰,所以要有种种表现,所以要有种种作为,所以世间有种种的事业,所以世界上有所谓文化。用句哲学的话说来,一切文化都是起于自我表现。"③精研尼采意志哲学又力主"权力意志论"的陈铨则说:"一个人要作事,就得不怕事。自己先要有决心,那怕天崩地裂,我也要勇往前进。孟子说:富贵不能淫,贫贱不能移,威武不能屈,这才是男子汉大丈夫的态度。畏首畏尾,瞻前顾后,这一种人,一生也作不出任何精采的事业。"④可见,在民国保守主义者的言说之下,浮士德的冒险行为并不是无知者无所畏惧式的鲁莽冲动之举,而是"明知山有虎,偏向虎山行"式的执着求索之为。由之,浮士德的冒险精神便代表着一种勇者无畏、知难而上的前进精神。在民国保守主义者看来,浮士德正是因为具有这种勇者无畏、知难而上的前进精神作支撑,才能在其追求真理、追逐梦想时不惧艰难险阻,一如既往地勇敢前行。显然,浮士德身上体现出的勇者无畏、知难而上的前进精神及其勇往无前、坚定执着的前进行为极大地裨益于深陷抗战之中的国人而为抗战所急需。其实,这恰恰是民国保守主义者极力标举浮士德这一上进的文学模范的主要缘由之一。

  在生发浮士德之冒险行为及其冒险精神而宣扬其前进行为和前进精神的同时,民国保守主义者又指出,歌德的诗剧《浮士德》本是德国"狂飙突进"

---

① 陈铨.浮士德的精神[J].战国策[昆明 1940],1940(1):13.
② 陈铨.浮士德的精神[J].战国策[昆明 1940],1940(1):13.
③ 余景陶[余家菊].我们所需要的人生哲学[J].国论[上海 1935],1935,1(1):3.
④ 陈铨.浮士德的精神[J].战国策[昆明 1940],1940(1):13.

的产物,而"'感情就是一切',这是歌德浮士德的主张,也就是狂飙时代最有力量的口号"①,"浮士德也并没有失掉德国狂飙时代的特点"②,所以"歌德的浮士德,是一个有激烈感情的人"③。由之,民国保守主义者又进一步地结合"狂飙突进"的时代特征来深入诠释浮士德形象及浮士德精神。在民国保守主义者看来,"狂飙运动和感情主义,实在是全部浮士德的胚胎",而"浮士德之所以为浮士德,也就全靠他内心有激烈感情的冲动"④。显然,民国保守主义者认为浮士德是一个感情激烈之人,而其精神也相应地具有情感激越的特征。陈铨说:"忠臣孝子义夫节妇,到了紧要关头,能够牺牲一切不顾一切,战胜死的恐怕,全靠心中沸腾的热情。就是科学的研究,也要先有求真的冲动,然后能够推动一切。理智应当是感情的工具,没有真正感情的人,他也许可以说得头头是道,然而并不能使他努力去实行,甚至于他还可以利用他的理智来掩护他的虚假,达到他的坏目的。"⑤"醒狮"派常乃惪也曾说:"一切大事业的发动,都靠的是情热而非理智。纯理智的人,算盘打得最精,结果便一事无成。"⑥可见在民国保守主义者看来,与"理智"相对而言的"感情"(或"情热")是人类一切行为的源动力,而浮士德的执着和冒险在很大程度上也同样是由于"感情"的推波助澜所致。不可否认,民国保守主义者所谓的"感情"颇像尼采意志哲学中的"意志",极具非理性的色彩。但是,"感情"并不一定就像"意志"那样与"理智"截然对立,而民国保守主义者的论断也无意于贬低"理智"的意义。应该说,民国保守主义者只是意在强调感情的激越是"狂飙突进"兴起的一大主因,激越的情感是"狂飙突进"的一大特征,进而推论作为"狂飙突进"之产物的浮士德,其言行也与感情密不可分。

其实,在民国保守主义者的言说下,浮士德那种发自内心的莫名的"感情"类似于信念,紧靠着理想。陈铨曾说,"浪漫主义运动,在西洋历史上,是一种新的人生观运动,浪漫主义者,实际上就是理想主义者",而且浪漫主义者"对人生的意义,有无限的追求,因为人生的意义是无穷的,永远追求,永远不能达到,这就是浪漫主义的精神"⑦。不满足于现世人生的浮士德就一直处于不断追求人生意义的过程之中,哪怕这种求索的过程充满艰难险阻,而求索的结果又可能一无所获。应该说,诉诸民国保守主义者笔端的浮士

---

① 陈铨.狂飙时代的歌德[N].大公报[重庆版],1942-7-1(4)[副刊《战国》第31期].
② 陈铨.文学运动与民族运动[J].军事与政治,1941,2(2):47.
③ 陈铨.浮士德的精神[J].战国策[昆明1940],1940(1):15.
④ 陈铨.浮士德的精神[J].战国策[昆明1940],1940(1):15.
⑤ 陈铨.浮士德的精神[J].战国策[昆明1940],1940(1):15.
⑥ 常燕生[常乃惪].新战国时代的人生态度[J].国论[成都1940],1940(18)["复刊第十八期"]:3.
⑦ 陈铨.浮士德的精神[J].战国策[昆明1940],1940(1):15.

德,其实就是陈铨所说的那种富于理想或理想主义的浪漫主义者。常乃惪说:"无论我们在学术文化方面的成绩比欧洲人怎样不弱,但缺少情热精神却是我们民族最大的缺点。因此我们以为在现今的中国需要一种新的浪漫主义的运动,把青年从'少年老成'的危险境地中振拔出来,把老人反老还童,使一切未老的人以老为耻,人人都不再自夸是'老大哥',而以'大婴孩'为无上光荣。"①不难看出,常乃惪是从焕发民族活力和国民斗志的角度肯定浪漫主义运动并倡导浪漫主义运动,而民族活力及国民斗志之焕发又显然可以鼓舞抗战的持续展开、促进抗战的战而得胜——这也是常乃惪肯定浪漫主义运动并倡导浪漫主义运动的主要原因之所在。值得一提的是,以吴宓为代表的"学衡"一派对浪漫主义文学以及整个浪漫主义思想都多有微词,但他们对浮士德的浪漫主义特质却赞赏有加。这或许也是因为,浮士德的浪漫主义精神可以为身处艰苦卓绝之抗战中的国人,提供乐观的情怀和奋斗的动力。应该说,包括"学衡"派在内,大凡民国保守主义者都普遍认为浮士德,尤其是歌德的浮士德,具有"无穷渴想,内心的悲哀,永远的追求,热烈的情感,不顾一切的勇气"②,并肯定浮士德的浪漫主义特质及其浪漫主义行为。显然,在民国保守主义者的申说之下,浮士德是一个可圈可点的正面人物或正面形象。

民国保守主义者描绘了浮士德诸多的形象特征,而这些形象特征其实又都紧紧围绕着"上进"一词展开。因此,"上进"确实是民国保守主义者给出的浮士德这一异国文学形象的总体特征,同时也是他们认为的浮士德精神的根本特质之所在。民国保守主义者以"上进"诠释浮士德及浮士德精神,一方面是因为包括歌德的诗剧《浮士德》在内的所有关涉浮士德的民间传说、文学作品、理论著作等,都表现浮士德求索不断的追求精神,另一方面则是因为歌德的诗剧《浮士德》在客观上表现出浮士德极富激烈的感情冲动或浪漫主义情怀。一直以来,浮士德精神最大或最普遍的特征就是永恒的求索精神,以及由此而衍生出的不畏艰险的冒险精神。至于激烈的感情冲动或浪漫主义情怀,其实是民国保守主义者从歌德的诗剧《浮士德》中的浮士德形象上提炼出来的浮士德精神的另一个新特征。换言之,这种具有激烈的感情冲动或浪漫主义情怀的浮士德精神本身就存在于歌德的诗剧《浮士德》之中,而民国保守主义者只是对之加以概括、提炼而并未对之作出创造性的阐发。应该说,表现激烈的感情冲动或浪漫主义情怀的浮士德精神,与

---

① 常燕生[常乃惪].新战国时代的人生态度[J].国论[成都1940],1940(18)["复刊第十八期"]:3.
② 陈铨.浮士德的精神[J].战国策[昆明1940],1940(1):15.

表现永恒求索的浮士德精神存在着密不可分的联系。缺乏激烈的感情冲动或浪漫主义情怀就难以产生永恒求索之念,而永恒求索的行为在很多时候都是激烈的感情冲动或浪漫主义情怀使然。不过,激烈的感情冲动或浪漫主义情怀又往往会催生非理智的行为,而毫无顾忌又坚持不懈的求索活动往往也意味着一种非理智的行为。从这个角度而言,激烈的感情冲动或浪漫主义情怀与永恒求索之念其实既统一又同一。因此,表现激烈的感情冲动或浪漫主义情怀的浮士德精神,大可以被纳入表现永恒求索这一普遍意义上的浮士德精神的范畴之中。进一步而言,民国保守主义者所谓的上进的浮士德精神,其实只是对普遍意义上的表现永恒求索的浮士德精神的另一种界说,而二者之间并无本质差别。相应地,民国保守主义者描绘的作为异国他者的浮士德形象,与浮士德的原初形象也同样没有本质差别。但是,"形象是描述,是对一个作家、一个集体思想中的在场成分的描述",被描述的"这些在场成分置换了一个缺席的原型(异国),替代了它,也置换了一种情感和思想的混合物",而"对这种混合物,必须了解其在感情和意识形态层面上的反映,了解其内在逻辑,也就是说想象所产生的偏离"①。民国保守主义者对浮士德这一异国文学形象的制造,必然也伴随着他们对浮士德形象和浮士德精神的想象,而这些想象所得的内容,又不同于或不完全等同于原初的浮士德形象及浮士德精神。作为异国他者的浮士德形象和浮士德精神,本是作为注视者的民国保守主义者之想象活动的产物。所以,民国保守主义者制造的异国形象浮士德与浮士德的原初形象必然有所不同。异国形象与原初形象既没有本质差别,又有所不同。这看似矛盾,实则蕴含统一,并且可以从胡塞尔现象学中的真实型想象的角度获得圆满的解释。

想象是一种当下化行为,这往往意味着想象主体的想象活动并不追求还原想象对象的原初形象,而多是为了制造全新的想象对象。真实型想象是当下化行为中的设定的当下化,并以在时间上立足于当下为特征,而民国保守主义者对浮士德形象及浮士德精神的想象也具有这一特点。虽然说歌德及其诗剧《浮士德》的存在,在时间上都早于民国保守主义者,但歌德的诗剧《浮士德》是一个超越时间概念的文学文本,而民国保守主义者在想象浮士德形象及浮士德精神的过程中,又基本上没有受到产生于歌德的诗剧《浮士德》之前的关涉浮士德形象和浮士德精神的相关内容之影响。所以,民国保守主义者在事实上就是立足于当下呈现于眼前的歌德的诗剧《浮士德》这一

---

① [法]达尼埃尔-亨利·巴柔[Daniel-Henri Pageaux].形象[M].孟华,译//孟华,主编.比较文学形象学.北京:北京大学出版社,2001:156.

文学文本，并对其表现的浮士德形象和浮士德精神进行想象。简而言之，民国保守主义者在很大程度上是基于极富当下意义的歌德的诗剧《浮士德》而想象浮士德形象和浮士德精神。也正因如此，他们对浮士德形象和浮士德精神的诠释或制造，基本上与歌德的诗剧《浮士德》表现出的浮士德形象和浮士德精神一致。从想象的角度而言，民国保守主义者对浮士德形象和浮士德精神的诠释或制造就是一种真实型想象行为。从表面上看去，真实型想象似乎意味着想象主体竭力追寻或把握想象对象的原初形象，实际上却并非如此。一方面，真实型想象作为一种设定的当下化必然伴随着对想象对象的再造；另一方面，真实型想象还夹杂着想象主体对其想象活动的目的性阐发。抗战时期的民国保守主义者汲汲于寻求救国救民之策，而他们在寻求救国救民之策的过程中，又多次论及浮士德形象及浮士精神并对之大加赞赏和大力宣扬——这其中的目的性不言而喻。事实上，诉诸民国保守主义者笔端且作为异国他者的浮士德形象及浮士德精神，必然体现着民国保守主义者的救亡图存之思想主张。进而言之，异国文学形象浮士德体现出来的上进的浮士德精神，虽然与普遍意义上的表现永恒求索的浮士德精神不无关联，却相对狭义化，因为这种上进的浮士德精神既被限定为向上、向前的求索精神，又被限定为为国、为民的无私精神。

民国保守主义者制造如此这般的异国文学形象并大张其上进精神，显然也是针对时事有感而发、有意而为。吴宓就曾说："浮士德恒与魔鬼麦菲斯多非里斯争持而卒战胜之。魔鬼盖象征消极与肉欲（错误之两极端）者。是故'浮士德之精神'兼包含对于（1）消极（2）肉欲二者之反抗，而此二者正今日多数萎靡卑鄙之中国人之大病也。"①"消极"显然与"上进"截然对立，而代表低级趣味或狭隘私利的"肉欲"也同样与"上进"相对立。在吴宓看来，当时的国人大多不思上进——不是消极避世便是追求肉欲，所以他说"消极"与"肉欲"是当时多数"萎靡卑鄙"之中国人的大病。"他者形象生成时，一定会伴生出一个自我形象，二者是孪生关系，相辅相成，相得益彰。他者形象犹如一面镜子，照见了别人，也照见了自己。"②应该说，民国保守主义者对上进的浮士德形象及上进的浮士德精神的称颂和推崇，其目的主要在于借此鉴照国人，从而相对委婉地批评部分国人的"萎靡卑鄙"，并警醒他们尽快祛除这一弊病。正因如此，民国保守主义者对消极避世、追求肉欲一类的思想和行为多方挞伐。

---

① 吴宓.改造民族精神之管见［N］.大公报［重庆版］，1941-12-10（4）［副刊《战国》第 2 期］.
② 陈惇，刘象愚.比较文学概论［M］.北京：北京师范大学出版社，2000：228.

民国保守主义者指出,消极避世与上进精神背道而驰,并最为直接地导致了当时部分国人的萎靡不振。大凡民国保守主义者都认为,传统文化虽然以传统儒家文化为主体,但传统道家文化也在其中占有重要的地位。部分民国保守主义者甚至认为中国人实际上是外儒内道,因为中国人在心灵深处终究还是倾向于传统道家学说。不可否认,讲究无为的传统道家文化蕴含着诸多被动、消极的思想,而彻底的传统道家甚至"全无希冀,全无信念"①。也许传统道家之人也曾和浮士德一样对现世人生存在着诸多不满,但传统道家之人不会将这些不满转化为他们主动追求理想的原动力,反而会因之被动地走上消极避世之路。正因为彻底的传统道家之人全无希冀和信念,所以他们毫无理想可言,不会主动地去奋斗求索,最终只可能消极地归隐遁世。"战国策"派的林同济讲过一则颇为耐人寻味的佚事:他的一位同学曾经在美国的中国留学生年会上满腔热情地当众演说,指天画地,议论时事,一派"书生意气,挥拆方遒"②的激昂情状。但当林同济数年后再见到他时,他"当年的热血全销,剩下来的只有五尺长袍,袖间两手",而"问他对抗战的去路与前程,有何观感,他乃漠然耸肩:'有什么观感呢?'只伸手欷着江西瓷的小壶子",请林同济进茶,"一面慢慢地抽着五华牌的烟卷","热腔洗尽,修养煞是到家"③。林同济的这位同学显然已深得传统道家三昧,因为他颇具传统道家的悠然无为之作风——不但对抗战全然没有信念和追求,反而还摆出一副事不关己的样子。客观地说,这类完全丧失抗日救亡之信心而"觉前途之无望,消极颓废"④以致不问世事、得过且过的消极避世之人,在当时不可谓不多。民国保守主义者极力反对这种消极避世的思想和行为,而这或许是因为他们深受传统儒家积极入世之思想的影响,进而坚持认为人之为人的一大特征或意义恰恰就在其"向上性"⑤。余家菊曾指出,孔子"其智足以知世事之必无可为,其仁不忍竟然绝无所图谋",而孔子之所以"知其不可而为之",主要是因为他深知"成不成,济不济,非我所能操持;为

---

① 岱西[林同济].隐逸风与山水画[J].战国策[昆明1940],1940(4):16.
② 毛泽东.沁园春·长沙[M]//上海辞书出版社文学鉴赏辞典编纂中心,编.毛泽东诗词鉴赏辞典.上海:上海辞书出版社,2011:17.
③ 林同济.中西人风格的比较——爸爸与情哥[J].战国策[昆明1940],1940(5):26.
按:该文登载于《战国策》(昆明1940)1940年6月1日第5期第26-31页;此后又改文题为《爸爸与情哥》,登载于《战国策》(上海1941)1941年3月15日第1卷第3期第148-154页(文前附注"中西人风格的比较")。
④ 佚名[裴复恒、樊仲云].发刊辞[J].文化建设[上海1934],1934,1(1):2[总2].
⑤ 余景陶[余家菊].我们所需要的人生哲学[J].国论[上海1935],1935,1(1):5.

不为,干不干,我究当有以尽己之心"①。事实上,其他民国保守主义者对传统儒家的积极入世思想也都作如是观,所以他们认为人生应该"只管耕耘,不问收获"而不可"为无成而不努力"②。具体到身处抗战这一残酷事实中的国人,民国保守主义者竭力呼吁国人积极地进行抗战、勇敢地投身抗战,不要因为顾忌抗战可能终告失败而怯战、避战。

民国保守主义者曾在其论著中屡次直接或间接地贬斥消极避世之人,但较之于消极避世之人,他们更为痛恨追求肉欲之人。在他们看来,消极避世之人虽不投身抗战以贡献自己的一分心力,却毕竟已飘然出世而与世无争,也与世无关。反观追求肉欲之人,虽然一直都积极入世,却又将其全副精力倾注于谋求私利之上,而这非但无益于抗战,甚至还有害于抗战。民国保守主义者认为,在追求肉欲的人群中,危害最大的是"士",即知识分子阶级,尤其是文人和政客,因为他们是社会发展的中坚力量并往往掌握政治的话语权。林同济指出,秦汉以前的"士"是"大夫士",其官位源自世袭,所以他们天然地具有坚守祖传家业的强烈决心。因为世业的抱负和守职的恒心,"大夫士"秉持"忠""敬""勇""死"四位一体的中心人生观,积极地保家卫国,并极具上进精神。到了秦汉以后,"士"蜕变为士大夫,其官位也不能再世袭。于是,"在那环境下,士乃变为做官的准备,大夫乃成为做士的目标",而这意味着"功名观念代替世业观念,升官念头代替守职念头"③。进一步而言:"'义'流产为'面子','礼'流产为'应酬'。'忠·敬·勇·死'的四位一体观,巧变而为'孝·爱·智·生'的四德中心论。并不是他们不'谈'忠,敬,勇,死;无奈实际应用的,另有所属。并不是'孝,爱,智,生'非美德,只无奈到了那文人官僚的手里,孝,爱,智,生的四德恰恰凑成一种'柔道的人格型'以适应他们在皇权专制下猎取'功名',企图'闻达'的大欲望!"④简而言之,士大夫较之于"大夫士"毫无上进精神可言,因为他们不但无心于保家卫国,反而钻营于猎取功名、闻达诸侯的私欲。不惟如此,古时的"大夫士"本是"一种'专门做事'或'做专门事'的社层"⑤,即"技术阶层",既能挥舞文墨又

---

① 余景陶[余家菊].我们所需要的人生哲学[J].国论[上海1935],1935,1(1):5.
② 余景陶[余家菊].我们所需要的人生哲学[J].国论[上海1935],1935,1(1):5.
③ 林同济.大夫士与士大夫——国史上的两种人格型[N].大公报[重庆版],1942-3-25(4)[副刊《战国》第17期].
④ 林同济.大夫士与士大夫——国史上的两种人格型[N].大公报[重庆版],1942-3-25(4)[副刊《战国》第17期].
⑤ 林同济.士的蜕变——文化再造中的核心问题[N].大公报[重庆版],1941-12-24(4)[副刊《战国》第4期].

能征战沙场,以至于"行政与战争并非两种人的分工,而是一种人的合作"①;反观士大夫,不但堕落为只求做官而不求做事的"宦术阶层",甚至完全地文人化而只会逞口舌之能以诡辩不止,"既无自卫的能力也难有悲壮的精神"②而根本不能也不愿上阵杀敌。由之,林同济不无忧虑地指出:"中国是不可亡的——除非了中国人自亡中国。自亡之道甚多:二千年来所制造出来的'自亡单方',最灵验的,恐怕就是'中饱'。"③从"大夫士"到士大夫,从"技术阶层"到"宦术阶层",从奉公忘私到舍公谋私,中国的"士"逐步蜕变和堕落。民国保守主义者指出,积极上进的"大夫士"一落千丈而沦为追求肉欲的士大夫,不但日渐腐蚀国家、民族,还严重妨害救亡、图存。其实,但凡追求肉欲之人都有害于救亡图存这一迫在眉睫的民族大业,但追求肉欲的"士"较之于其他人会造成更大的危害。总而言之,民国保守主义者对追求肉欲之人的痛恨更甚于消极避世之人。

不能说当时所有的国人都缺乏上进精神而尽是消极处世或追求肉欲之徒,但民国保守主义者对国人之"萎靡卑鄙"的批判,实际上意味着他们急切希望所有国人都能够具备上进精神。应该说,这也是民国保守主义者的爱国情感的自然迸发。因此之故,民国保守主义者制造了上进的异国文学形象浮士德,又诠释了上进的浮士德精神。需要指出的是,"构成艺术形象的不仅是生活,不仅是与生活联系在一起的时代,环境,构成艺术形象的还有作家的自我"④,并且这一作家的自我又往往以其独特的个性而与民族心理之普遍性认同相对立。在艺术创造过程中,创作主体的个性"不单纯是以观念形态表现出来,而且更重要的是以情感的特殊性表现出来",所以任何一个艺术形象(包括异国形象)都不是创作主体"从客观生活选择出来的",而是创作主体"把个性外化创造出来的"⑤。同样的,民国保守主义者对浮士德形象的制造及对浮士德精神的诠释,既与他们生活的特殊时代背景、浸染的特殊文化背景密切相关,又与他们自己的独特个性紧密相关。消极处世致使人们全无生活信念而萎靡不振,追求肉欲则导致人们专注于蝇营狗苟的卑鄙之事而精力衰竭,二者显然都有害于抗日救亡这一迫在眉睫的民族大业。正是在这种特殊时代背景和特殊文化背景下,疗救"消极"和"肉欲"的

---

① 雷海宗.君子与伪君子——一个史的观察[J].今日评论,1939,1(4):4.
按:该文登载于《今日评论》1939 年 1 月 22 日第 1 卷第 4 期第 4-5 页,此后又登载于《时代文选》1939 年 3 月 20 日第 1 期("创刊特大号")第 66-67 页(文后附注"今日评论")。
② 雷海宗.君子与伪君子——一个史的观察[J].今日评论,1939,1(4):5.
③ 林同济.中饱与中国社会[J].战国策[昆明 1940],1940(12):1.
④ 孙绍振.论变异[M].广州:花城出版社,1987:74-75.
⑤ 孙绍振.论变异[M].广州:花城出版社,1987:75.

上进精神为民国保守主义者孜孜以求。所以,他们赋予异国文学形象浮士德以"上进"的特征,并以之为模范而试图借之以鉴照中国、警醒国人。但是,恰恰又是因为民国保守主义者多对德国文化有着深入的研究并极为欣赏德国文化,所以上进的文学模范的蓝本是德国的歌德诗剧中的浮士德,而非美国的赫尔曼·梅尔维尔(Herman Melville,1819—1891)小说中的亚哈,或其他各国文学作品中同样可发掘上进精神的文学形象。这意味着,民国保守主义者对浮士德这一异国文学形象的制造,顺应了他们的学术偏好或文化偏好,亦即顺应了他们的独特个性。

二、尚力模范

民国保守主义者标举上进的异国文学模范浮士德有助于唤起国人不甘为亡国奴的反抗意识,而反抗意识的觉醒对抗战具有重大的意义,因为"意识是精神,武器是物质,只有精神才能够运用物质,推进物质,创造物质"①。由反抗意识推动的反抗运动多种多样,但大体上可分为暴力反抗与非暴力反抗两种。非暴力的行为有时候也可以成为反抗运动的一种表现形式,如印度圣雄莫罕达斯·卡拉姆昌德·甘地(Mohandas Karamchand Gandhi,1869—1948)倡导的"非暴力不合作运动"就是一种非暴力的反抗运动。然而,在抗战这一特殊时期,民国保守主义者不仅认为中华民族对日本侵略者的反抗必须付诸武力,即采取以战止战的暴力反抗形式,还认为中华民族必须战而得胜,因为不战固然意味着亡国灭种,但战而不胜也无异于亡国灭种。由之,民国保守主义者不可避免地进一步主张将反抗意识转化为战争意识。但反观中国,"二千年来,习处于大一统局面之下",其文化大体上"重文轻武",而其国人的"人生观是和平"②。换言之,国人的战争意识特别薄弱,以至于"中国备战的空气实在是异常稀薄"③。在民国保守主义者看来,"我们如果要培养全国国民的战争意识,我们需要一种新文化运动,我们须要创造一种新的人生观"④,而其关键则在于扭转国人的力量观,亦即改变国人尚德斥力的思想倾向。为此,民国保守主义者汲汲于为国人找寻一个尚力的模范人物。但出人意料的是,他们标举的尚力模范竟然是身为天文学家的柯伯尼。不过,柯伯尼成为尚力模范虽出人意料,却又在民国保守主义者的阐发下显得合情合理。

---

① 唐密[陈铨].法与力[N].大公报[重庆版],1942-5-27(4)[副刊《战国》第26期].
② 唐密[陈铨].法与力[N].大公报[重庆版],1942-5-27(4)[副刊《战国》第26期].
③ 左舜生.非常时之青年自处与青年指导[J].国论[上海 1935],1936,1(7):7.
④ 唐密[陈铨].法与力[N].大公报[重庆版],1942-5-27(4)[副刊《战国》第26期].

作为天文学家,柯伯尼对人类作出的最大贡献就是提出了闻名遐迩又影响深远的日心学说。实事求是地说,日心学说的提出主要是基于大量的天文观测数据及数学运算结果,而这实际上与力的学说并无十分紧密的关系。事实上,在柯伯尼生活的时代,真正意义上的力的学说——万有引力定律一类的力学理论还尚未产生。但在民国保守主义者看来,柯伯尼之所以能够提出日心学说,就是因为他的宇宙观充斥着力的意味,而这一充斥着力的意味的宇宙观又充分地彰显出近世西方文化(尤其是近世德国文化)的尚力特质。民国保守主义者的论断意味着柯伯尼也是尚力之人,于是柯伯尼成为尚力的异国科学模范也就在情理之中了。实际上,一切见诸注视者笔端的异国形象,虽在根本上源出于异国现实,却又深受注视者的文字描述所影响,而"这种描述并不遵循写真实的原则,即:并不忠实地描绘出现实中客观存在的那个'他者'",因为异国形象"是一种情感和思想的混合物,它以一个作家、一个集体思想中的在场成分(对异国的理解和想象)置换了一个缺席的原型(异国)"①。民国保守主义者笔下的柯伯尼与异国现实中的柯伯尼之间的差异显而易见,而这种差异的存在就是因为民国保守主义者以其主观情感和主观思想置换了异国形象的原初形象。激发国人的战争意识是民国保守主义者具体且主要的主观情感和主观思想,而尚力思想又恰恰可以激发国人的战争意识。所以,身为注视者的民国保守主义者,很自然地会将这种主观情感和主观思想投射到身为异国形象又与力不无关联的柯伯尼身上。但是,毕竟"形象是生活的主要特征与作家的主要感情特征猝然遇合受孕而成的胚胎"②。民国保守主义者之所以能够将柯伯尼制造成一个尚力的异国科学形象,也是因为柯伯尼的日心学说确实与力存在着某种密不可分的关系——尽管这种关系并不是针对力的学说或力的理论而言。民国保守主义者指出,柯伯尼提出的日心学说"经过了卜略洛,克卜勒的奋斗与发展后",形成了"新天文学",而"这个新天文学的创立,产生了旷古未有的影响:它革变了欧洲人——后来整个人类——的宇宙观"③。在民国保守主义者看来,"'柯伯尼',实在是象征了欧洲近代文化精神最恰当的名词",因为从柯伯尼到伽利略·伽利雷(Galileo Galilei,1564—1642)、艾萨克·牛顿(Isaac Newton,1643—1727)及至阿尔伯特·爱因斯坦(Albert Einstein,1879—1955),西方人对宇宙的认识虽然"有了极重要的改进与扩大",却始终包含

---

① 陈惇,孙景尧,谢天振,主编.比较文学[M].北京:高等教育出版社,1997:168.
② 孙绍振.论变异[M].广州:花城出版社,1987:75.
③ 林同济.柯伯尼宇宙观——欧洲人的精神[N].大公报[重庆版],1942-1-14(4)[副刊《战国》第7期].

着"一种根本一贯的精神",以至于使人"感得就是爱因斯坦也还可说是继承柯伯尼固有的作风——爱因斯坦可说是柯伯尼系统最新的发展"①。具体而言,这种根本一贯的精神就是"柯伯尼宇宙观",即"无穷的空间,充满了无数的力的单位,在力的相对关系下,不断地动,不断地变"②。从中不难看出,民国保守主义者从柯伯尼的日心学说引申出伽利略、牛顿甚至爱因斯坦等人在天文学和物理学上的贡献,从而将日心学说与力学理论相联系,并将二者归为一类且统称为"柯伯尼宇宙观"。显然,这既使"柯伯尼宇宙观"获得了力的含义,又使"柯伯尼宇宙观"的创建者柯伯尼顺理成章地变身为力的代表,进而成为民国保守主义者笔下的尚力异国科学形象和模范。民国保守主义者对"柯伯尼宇宙观"的阐发及在此基础上对柯伯尼这一异国科学形象和模范的制造,无疑意味着他们又一次充分利用了想象之功,尤其是充分发挥了胡塞尔现象学中的期待型想象的优长。

在胡塞尔现象学中,期待与回忆相对应,并密切关联着时间。胡塞尔认为,时间除了存在于客观的物质世界中的客观时间、存在于人的意识活动中的主观时间之外,还有第三种,即"内在时间意识"。内在时间意识由"原初印象"(德语"Urimpression",英语"originary impression")、"滞留"(德语"Retention",英语"retention")和"前摄"(德语"Protention",英语"protention")三个重要因素构成,而这三者连环相成的整体又被称为"活的当下"。原初印象必须被置于时间性的视域里加以考量,并且"必须被滞留(retention)所伴随"以"提供对象刚发生过的阶段的意识",同时"也必须被前摄(protention)伴随,即一个对象将要发生阶段的多少不确定的意向"③。可见,滞留与前摄在时间上恰好相反:前者指向过去而"保持"着某事物,后者则指向未来而"预示"着某事物。但需要指出的是,滞留和前摄对于原初印象而言并非就是指过去或者未来,因为滞留、前摄以及原初印象这三种意识行为或意向行为其实都几乎同时发生而并不具先后之别。也就是说,感知主体在感知实在客体的过程中,其原初印象及滞留、前摄都同时发挥着作用。前摄可以在一定程度上前瞻以"预示"后一个活的当下,而后一个活的当下中的前摄又可以在一定程度上前瞻以"预示"更后一个活的当下,于是相继延绵下去的前摄可以在一定程度上相继前瞻以"预示"着尚未发生的时间性经

---

① 林同济.柯伯尼宇宙观——欧洲人的精神[N].大公报[重庆版],1942-1-14(4)[副刊《战国》第7期].
② 林同济.柯伯尼宇宙观——欧洲人的精神[N].大公报[重庆版],1942-1-14(4)[副刊《战国》第7期].
③ [丹]扎哈维[D. Zahavi].胡塞尔现象学[M].李忠伟,译.上海:上海译文出版社,2007:85.

验。与此相反,滞留可以在一定程度上回溯以"保持"前一个活的当下,而前一个活的当下中的滞留又可以在一定程度上回溯以"保持"更前一个活的当下,于是相继延绵下去的滞留可以在一定程度上相继回溯以"保持"着此前消逝的时间性经验。然而,前摄不能无限延绵以至前瞻到意识的终端,而终究会在某个意识点上逐渐消退。随着前摄的消退甚或消失,与该前摄相对应的活的当下也会渐趋湮没甚或不复存在,而这就意味着意识断点或意识空白的出现。此时,期待便会不由自主地发挥其功用而弥合意识断点、填补意识空白,从而"恢复"了前摄而开启新一轮的前瞻。滞留的情况与此相类,只不过滞留的消退甚或消失会导致回忆的介入,而不是期待的参与。这一方面说明前摄与滞留之间存在着对立的关系,并主要表现为指涉客观事物的时间方向恰好相反;另一方面又说明期待与回忆之间同样存在着对立的关系,并主要表现为想象实在客体的时间方向也恰好相反。

在胡塞尔的意向分析中,"'期待'从属于'当下化行为'或广义上的'想象'行为,并与'想象'行为一同从属于'直观性'的客体化行为",但"'期待'行为是一种'前当下化'(Vorvergegenwärtigung)并因此在本质上有别于另一种当下化行为,即作为'再当下化'(Wiedervergegenwärtigung)的'回忆'"①。也就是说,期待与回忆都是当下化行为,但期待指涉当下化未来之物的行为,而回忆则指涉当下化过去之物的行为。具体而言,回忆不仅是简单的关于过去的实在客体的意识,而且是关于曾经被感知主体所感知过并在感知主体的"过去的此地此时曾经被给予过的对象的意识"②;与回忆相反,期待是一种提前的虚拟经验,即感知主体对自己进行时间上的移置而提前经验处于某种未来境况中的自己,所以期待行为"不是在复活以前的经验,而是在预期未来的经验"③。未来意味着尚未发生,并往往充满不确定性。既然如此,那么人们基于当下或曾经的经历而预期几种可能的未来境况中的自己,并想象自己作出不同的抉择后将会出现怎样不同的未来也就无可厚非了。未来的不确定性为人们"以不同的方式把自己投射到将来完成式"④提供了现实基础,也为人们产生期待以及愿望、理想之类的意识提供了现实可能。

---

① 倪梁康.胡塞尔现象学概念通释[M].北京:生活·读书·新知三联书店,1999:147.
② 倪梁康.胡塞尔现象学概念通释[M].北京:生活·读书·新知三联书店,1999:137.
③ [美]索科拉夫斯基[Robert Sokolowski].现象学导论[M].高秉江,张建华,译.武汉:武汉大学出版社,2009:72.
④ [美]索科拉夫斯基[Robert Sokolowski].现象学导论[M].高秉江,张建华,译.武汉:武汉大学出版社,2009:72.

具体到民国保守主义者对柯伯尼及其日心学说的描绘,须知柯伯尼的日心学说本身并不太关涉力的自然科学理论,更无关力的社会科学界说,直到柯伯尼去世之后,一些天文学家才开始注重从力的角度阐释太阳和地球之间的关系,而这又主要奠基于牛顿和爱因斯坦等后来的物理学家所发现或提出的更为具体或更为科学的力学理论。然而,民国保守主义者有意无意地用后出的力学理论阐述柯伯尼日心学说的提出,并特意以"柯伯尼宇宙观"一说概括西方的新天文学,从而强调柯伯尼在新天文学上的重大贡献。这意味着民国保守主义者在描绘柯伯尼及其日心学说的过程中运用了想象,并具体地依托期待型想象制造着柯伯尼这一异国科学形象。反而论之,民国保守主义者恰恰是为了标举一个尚力的异国科学模范,才竭尽所能地发挥想象,并具体地以期待的方式,将后世科学家的相关科学研究方法和科学研究成果移植到柯伯尼身上。不言而喻,民国保守主义者笔下作为尚力的异国科学模范的柯伯尼,与历史上、现实中的柯伯尼存在着不可否认的差异。造成这种差异的直接原因在于民国保守主义者在描绘柯伯尼及其日心学说的过程中运用了极富再造性或创造性的想象,而其根本原因则在于或然的期待有别于必然的前摄。前摄先于期待,且其"预示"着的事物尚未落入未知之域而缺席。但前摄毕竟不可以无限地向未来方向延伸,所以未知之域也终究会出现。不过,前摄又毕竟打开了通往未来的大门,从而使人们可以依据现有的事物来把握"有关'来临的事物'的最初而原本的感觉","并且因此使得充分发展的预期成为可能"①。从中可知,前摄包含的内容具有必然性而不会背离事实,但期待蕴含的内容则具有或然性而易于失实。也正因如此,民国保守主义者以期待型想象阐述的柯伯尼及其日心学说也就难免与事实有所出入。

经过民国保守主义者的想象性阐释之后,由柯伯尼基于其日心学说而开创又历经后来者之发展的"柯伯尼宇宙观",便额外地获得了力的属性。但是,"柯伯尼宇宙观"毕竟只是一种科学观,其中蕴含的力无非是天文学或物理学意义上的力。换言之,此力只是形下的自然科学方面的力——"物质力",而非形上的社会科学范畴的力——"精神力"。身为注视者的民国保守主义者,此时正深陷抗战之中,所以他们煞费苦心地制造柯伯尼这一异国形象的目的,显然不在于引介西方的现代天文学以促进中国自然科学研究的发展,而主要在于寻求鼓舞国人坚持抗战并促进国人战而得胜的精神动力

---

① [美]索科拉夫斯基[Robert Sokolowski].现象学导论[M].高秉江,张建华,译.武汉:武汉大学出版社,2009:135.

和精神法宝。简而言之,民国保守主义者汲汲渴求的是"精神力"而非"物质力"。正因如此,他们在赋予"柯伯尼宇宙观"以力的属性之后,又再度展开想象而进一步地对"柯伯尼宇宙观"蕴含着的力,加以人文化或精神化的申说。他们指出,"柯伯尼宇宙观""存有几个重要概念",即"力""无穷""相对""动""变",且这些概念"可说是建造整个欧洲物质文明的最根本的基石,而欧洲精神文化的底蕴也就根据在这几块基石上头"①。显然,在经过这种条分缕析式的界说后,"柯伯尼宇宙观"蕴含着的力已兼含"物质力"与"精神力"之双重特质,甚且更加偏于彰显其"精神力"的特质。至此,民国保守主义者成功地将那种纯粹的"物质力"加以深化引申,并顺利地过渡到他们渴求的"精神力"。由此,柯伯尼这一异国科学形象便顺理成章地获得了尚力——崇尚"精神力"的特质,从而成为民国保守主义者标举的尚力的异国科学模范。

"精神力"是民国保守主义者汲汲渴求的力,而他们对"精神力"的具体分析又始于其辨析"力"之一字的字义及与力相关之词组的词义。汉语中的"力"字由一拐一撇构成,笔画极为简单,但意义并不简单。民国保守主义者认为"力"字的内涵非常丰富,而其外延也十分广大,不过"力量"是"力"字最为基本的含义。于是,他们便从"力"字这一最为基本的含义出发,在逐步解构普遍意义上之力的同时,又逐步建构他们所谓的力。民国保守主义者指出,宇宙万物都各有其力,只不过这些力的具体名称有所不同,如"在无机物则叫做'精力'或'能力'Energy,在生物则叫做'活力'Vitality,在人事界叫做'权力'",但力虽有不同的名称,却在"性质上都代表一派的意义——就是'力量'",所以"力是总称,能力,活力,权力是分出的别名"②。在民国保守主义者看来,力"代表宇宙间万有所'皆有而必有'的那个本质——就是力量"③。由此,他们进一步推论宇宙万物都是力或力量的化身:"太阳是力,地球是力,石是力,铁是力,草,木,鸟,兽,鱼,虫,尽是力",即一切物都是力或力量的化身;"尧是力,舜是力,农夫是力,樵妇是力,你是力,我是力",即一切人也都是力或力量的化身④。"宇宙万物各有其力且均为力之化身"的说

---

① 林同济.柯伯尼宇宙观——欧洲人的精神[N].大公报[重庆版],1942-1-14(4)[副刊《战国》第7期].

② 林同济.柯伯尼宇宙观——欧洲人的精神[N].大公报[重庆版],1942-1-14(4)[副刊《战国》第7期].

③ 林同济.柯伯尼宇宙观——欧洲人的精神[N].大公报[重庆版],1942-1-14(4)[副刊《战国》第7期].

④ 林同济.柯伯尼宇宙观——欧洲人的精神[N].大公报[重庆版],1942-1-14(4)[副刊《战国》第7期].

法即民国保守主义者的尚力之说的立论基点,同时也是他们诠释的柯伯尼和"柯伯尼宇宙观"之精神指导意义的核心所在。一方面,这一说法表明力的存在具有普遍性,因其本身就直接而明白地昭示力并不是仅仅存在于个别事物之中,而是广泛地存在于宇宙万物之中。另一方面,这一说法又表明力的存在具有客观性。既然宇宙万物各有其力,甚至宇宙万物还都是力的化身,那么力的存在就极具客观性而不容否认。进一步而言,力的存在具有客观性又意味着力的无善无恶性。作为一种道德评判标准的善恶之说本为人类社会所独有,而除人类社会之外的生物界及非生物界根本不适用于善恶之说。但力不仅见诸人类社会,还见诸除人类社会之外的生物界和非生物界,所以仅仅适用于人类社会的善恶之说便不适用于普遍存在于宇宙万物之中的力,即力不具有善恶的道德性而无所谓善或恶。力的存在具有的普遍性和客观性反映出力的存在又具有必然性,因为"自然界,人事界,一切的一切都是力的表现"[①],并要求力的存在或获得。所以,宇宙万物之存在便意味着它们各有其力,而无力便意味着无存在。对于生物而言,只有具备力才能生,才能存在,否则必将被其他生物或非生物所消灭。

基于力的存在具有的普遍性、客观性以及必然性,民国保守主义者先是从"柯伯尼宇宙观"中导出第一重"精神力"——"我即是力"。"我即是力"意谓每一个主体(主要是指人),都各有其力。显然,"我即是力"基于力的存在具有的普遍性和客观性,即基于"宇宙万物各有其力且均为力之化身"的说法。民国保守主义者指出,力固然有大小之分,但每个人毕竟都有其独特之力,所以"有一分力,做一分事,正不必弯着背,低着头,口口声声,不敢不敢",就像"鲁迅当日所说的,有一分热,发一分光"[②]。民国保守主义者的言外之意已不言而喻,即谓自认无力不能成为畏惧斗争的借口。战争意识的缺乏往往与畏战心理不无关系,而畏战心理的形成又往往是因为人们自认无力,即忽视本己之力,忘记"我即是力"。可见,民国保守主义者从"柯伯尼宇宙观"中导出第一重"精神力"——"我即是力"的根本用意,主要是在揭示人人都有本己之力的基础上鼓励国人克服畏葸不前的怯懦心理。需要指出的是,"我即是力"的提法在事实上很容易导致过分乐观积极和过分悲观消极这两种极端的思想和行为。"我即是力"意谓每个主体都有其力,所以"我即是力"意味着"他也是力"。如果一个人只看到本己之力,并片面夸大本己

---

① 林同济.柯伯尼宇宙观——欧洲人的精神[N].大公报[重庆版],1942-1-14(4)[副刊《战国》第7期].

② 林同济.柯伯尼宇宙观——欧洲人的精神[N].大公报[重庆版],1942-1-14(4)[副刊《战国》第7期].

之力、刻意忽略他者之力,以致夜郎自大,自以为天下无敌而目空一切,那便是走向过分乐观积极的极端而终将遭受客观事实的无情反击。反之,如果一个人只看到他者之力,并片面夸大他者之力、有意忽视本己之力,以致自叹不如,自认为蚍蜉撼树而无能为力,那便是走向过分悲观消极的极端而同样终将遭受客观事实的无情反击。

或许是为了防止"我即是力"的提法导致极端的错误思想和行为,民国保守主义者又从"柯伯尼宇宙观"中导出第二重"精神力"——"变动的力",从而对"我即是力"加以规范。他们指出,虽然"我即是力","他也是力",乃至于宇宙万物都各有其力,但各种力并非恒定不变,而各种力之间的对比、作用也一直处于相对的变动之中。"太阳如果减热光,地球面的一切都要改观。地球如果加重量,月亮必要改轨道。"①一方之力的变动就会打破原来彼此间的力量平衡,从而在客观上导致另一方的力产生相对的变动。因此,对处于被动地位的另一方而言,其力在不变之中也会有所变动。这种力之相对变动的影响关系表现出力具有此消彼长的特性,即一方之力的增强往往就意味着另一方之力的相对减弱。也正因如此,民国保守主义者说"中国年来比李鸿章时代进步得多了,无奈人家比俾斯麦,狄思莱里,伊藤时代进步得多之又多,那么,你虽进步而实退步了"②。"变动的力"的提法意谓力总是处于相对变动之中,且力既可以被削弱也可以被增强,从而揭示出没有永远强大的力,也没有绝对弱小的力。因之,世人既不应目空一切,也不应自叹不如。可见,"变动的力"的提法对"我即是力"的两种错误极端都具有明显的规范作用。其实,当时的部分国人与其说是过分乐观积极,倒不如说是过分悲观消极,他们既过分轻视主体——本人、本国的本己力量,又过分夸大客体——他人、他国的他者力量,以至于战争意识匮乏,畏战心理盈溢。诚然,就当时的综合实力而言,日本确实强于中国,但力总是处于相对变动之中。这不仅意味着日本之力总会有减弱之际,还意味着中国之力总会有增强之时。何况,中国之力即使保持不变,日本之力的绝对减弱也就意味着中国之力的相对增强。当然,中国之力的绝对增强更意味着日本之力的相对减弱。因之,民国保守主义者提出"变动的力"一说其实意在提醒国人没有永远强大的他者,也没有永远弱小的本己,从而借之以鼓舞国人坚持进行抗战的斗志。

---

① 林同济.柯伯尼宇宙观——欧洲人的精神[N].大公报[重庆版],1942-1-14(4)[副刊《战国》第7期].

② 林同济.柯伯尼宇宙观——欧洲人的精神[N].大公报[重庆版],1942-1-14(4)[副刊《战国》第7期].

力之可以减弱和增强——无论是在相对意义上还是在绝对意义上,显现出力具有无限的放缩性。单从"放"的角度而言,任何一种力在理论上都可以被无限地增强。但是,本己之力的增强不能寄希望于相对增强,亦即寄希望于他者之力的主动减弱,而应致力于绝对增强,亦即致力于本己之力的真正提升。也正因如此,民国保守主义者指出,在力与力之间不断变动的相对关系中,维持并增强本己之力的根本途径,"没有别的可靠,全靠自家的努'力'"①。由之,他们又赋予"柯伯尼宇宙观"以第三重"精神力"——"自身努力"。不同力量主体之间的力固然会产生变动,但不能一厢情愿地等待他者之力的主动减弱,而应实事求是地谋求本己之力的绝对增强。所以,增强本己之力的根本途径,舍"自身努力"之外便别无他途。可以说,民国保守主义者界说"自身努力"的意图已不仅仅限于唤起国人的战争意识,而是更进一步地深入到祈盼国人将觉醒的战争意识切实地转化为实际的战争行动,并在抗日救国的民族大业中努"力"、用"力"。

力是"宇宙间一个客观现象,不含有任何主观的伦理价值","精神所及,即力所及,也就是说力者是一种生命的'劲儿',就像生命一般,无所谓善,无所谓恶,只是一种存在,一种必须的存在 It simply is and must be,有之便是生,无之则为死";力又处于不断的变动之中,而"动是力的运用,就好像力是生的本体一样","生,力,动三字可说是三位一体的宇宙神秘连环"②。在民国保守主义者的诠释之下,"柯伯尼宇宙观"充斥着"力"之一字并弥漫着尚力的意味,而力以及尚力的意味又是民国保守主义者对柯伯尼这一异国科学形象的创造性赋予。"当人去观察客观对象时,他觉察到的往往是他最关心的,在它的注意范围以外的东西,往往就视而不见,听而不闻,嗅而不觉。"③在天文学家柯伯尼身上,民国保守主义者便仅仅只看到了"力"之一字或尚力意味而无视其他。但是,他们在制造尚力的异国科学形象并标举尚力的科学模范柯伯尼的过程中,也"显示或表达出了他们自己所向往的一个虚构的空间",而且"他们在这个空间里以形象化的方式,表达各种社会的、文化的、意识形态的范式"④。也就是说,民国保守主义者在审视和想象作为异国他者的柯伯尼的同时,其实也在审视和反思本己。他们指出,中华民族的先民对力从来都"只有赞叹,歆赏",而这种"赞叹,歆赏"则"是一种静肃无

---

① 林同济.柯伯尼宇宙观——欧洲人的精神[N].大公报[重庆版],1942-1-14(4)[副刊《战国》第7期].
② 林同济.力![J].战国策[昆明1940],1940(3):3.
③ 孙绍振.论变异[M].广州:花城出版社,1987:5.
④ 陈惇,孙景尧,谢天振,主编.比较文学[M].北京:高等教育出版社,1997:168.

声的赞叹,深沉的歆赏,知之而不知所言,言之乃反觉'破味'者"①,因为"一切初期的文化民族"都"心机不杂,目光净锐"而对"宇宙间的生机天道,倒反能够做一种忠实的认识,敏捷的领受",从而使其对力的认识也"都有个直截了当,清清楚楚的了解,不会在那里枝枝节节,是是非非"②。在揭举中国先民非但不排斥力,反而极为质朴地肯定力、崇拜力的基础上,民国保守主义者又着力批判了后来的中国人排斥力、贬斥力以致危及国人之本己生存、本己发展的弊病。他们曾经揭示"德感主义"致使后来的国人不是"失丢现实"地认为力不存在,便是"错解真象"地认为凡力必恶,即不能正确理解力的含义而盲目地排斥力。在民国保守主义者看来,这是中华民族的集体悲哀,因为力是"一切生命的表征,一切生物的本体","天地间没有'无力'之生;无力便是死"③,即力对于包括人类在内的宇宙万物而言都非常重要甚或不可或缺。"一个民族不了解,甚至于曲解误解'力'字的意义,终必要走入堕萎自戕的路程;一个文化把'力'字顽固地看做仇物,看做罪恶,必定要凌迟丧亡!"④在民国保守主义者看来,当时的中华民族已完全丧失了先民的尚力精神以致蜕化为无力的民族,而无力的中华民族又形同行尸走肉且无异于虽生若死或死期不远。中华民族之力的增强已刻不容缓,因为中华民族之力的增强不但深刻影响着迫在眉睫的抗战建国大业,还将深刻影响着中华民族未来的生存和发展。所以,民国保守主义者急切渴望"一批达见之士,转移风气,恢复民族的'原始活力'",从而使"全国上下精力弥漫,如火如荼,充满了野心,意志,鼓舞起热烈的感情,决心作一番惊天动地的事业"⑤。由此,民国保守主义者在极度向往充斥着力的虚构空间的同时,有意识地制造着尚力的异国科学形象柯伯尼。因此之故,"我即是力""变动的力"以及"自身努力"之类的说法,从表面上看去似乎是"柯伯尼宇宙观"提供的真实启示,实际上却是民国保守主义者在想象异国他者的过程中制造的想象产物。

民国保守主义者标举柯伯尼即是宣扬力,宣扬力即是贬斥"德感主义",而贬斥"德感主义"的直接目的又在于唤起国人的战争意识。"一切的'生'都要'动',一切的'动'都由于'力'",而"每一个'动'都是一个'战',一个

---

① 林同济.力![J].战国策[昆明 1940],1940(3):3.
② 林同济.力![J].战国策[昆明 1940],1940(3):2.
③ 林同济.力![J].战国策[昆明 1940],1940(3):2.
④ 林同济.力![J].战国策[昆明 1940],1940(3):2.
⑤ 唐密[陈铨].法与力[N].大公报[重庆版],1942-5-27(4)[副刊《战国》第 26 期].

'斗',——与天时斗,与地利斗,与猛兽斗"[1]。"功"和"胜"两字的古体字之所以都从力,或许就意味着中华民族的先民早在数千年前便已深刻地认识到只有施诸力才可求功得胜,而少力为"劣"则或许意味着中华民族的先民鄙视甚或蔑弃少力、无力的思想和行为,进而借之以晓谕后人:少力、无力的思想和行为终将导致民族和国家的衰亡。最早生发"新战国时代说"的"醒狮"派的陈启天曾引《韩非子·显学》中的"力多则人朝,力寡则朝于人,故明君务力"[2]等句而谓:"务力尚战"既是"从前战国时代之所以名为'战国'"的主要原因,又是身处"新战国时代"之中的中国"免为他国所兼攻取侮"的必然要求[3]。尽管其他民国保守主义者并不都像陈启天及其他"醒狮"派成员(也可包括部分"战国策"派成员)那样极端推崇传统法家思想(包括传统兵家思想),但他们也都深切明了并颇为赞成《韩非子·显学》中的"威势之可以禁暴,而德厚之不足以止乱"[4]的论断。正因如此,大凡民国保守主义者在抗战时期都主张务力尚战。客观地说,在那场严峻的时势危机中,中华民族欲求其"生",就必须付诸"动",而"动"之实现则需"力"之推进,因为"力"是"动"之源,且惟有"力"之推进才能有"战"和"斗"之开展,进而才能有"功"和"胜"之获得。事实上,孜孜以求中华民族之生存与发展的民国保守主义者,在制造尚力的异国科学形象柯伯尼的过程中,恰恰就遵循着起于"生"、行于"动"、用于"力"、冀于"胜"而终于"生"的逻辑顺序。由此可以说,民国保守主义者制造的尚力的异国科学形象柯伯尼,便集中体现了民国保守主义者的尚力主战思想及力战求生主张。尚力主战思想和力战求生主张显然是为应对严峻的时势危机而发,并确实有助于解决这一严峻的时势危机。也正因此,民国保守主义者才以尚力的异国科学形象柯伯尼为模范,并特加标举以期国人对之加以学习和模仿。

三、善战模范

从标举上进的异国文学模范浮士德以唤起国人的反抗意识,到标举尚力

---

[1] 林同济.力![J].战国策[昆明1940],1940(3):3.
[2] 佚名[韩非].卷第十九:显学第五十[M]//佚名[韩非].韩非子.石印本.[上海]:隆文书局,1924:4.
[3] 陈启天.新战国时代的世界[J].国论[成都1940],1940(13)["复刊第十三期"]:3.
按:该文在其引用的"敌国之君主……是故力多则人朝,力少则朝于人,故明主务力"等句之后附注"见韩非子五蠹篇",实际上这些语句应该是出自《韩非子·显学》。而且,所引用的这些语句与《韩非子·显学》的原文多有出入。
[4] 佚名[韩非].卷第十九:显学第五十[M]//佚名[韩非].韩非子.石印本.[上海]:隆文书局,1924:4.

的异国科学模象柯伯尼以唤起国人的战争意识,民国保守主义者所书所论的着眼点都在于抗战,并冀望战而得胜。具体到战争实际,民国保守主义者又将其主战及战胜的诉求,倾注于他们对作为异国他者的希特拉的描绘之中。诚然,现实中身为德国国家元首的希特拉,以战争狂人的姿态横行世界而带给世人以无尽的痛苦,但他带领德国摆脱其他各国的压制而重返世界强国之林又是不争的事实。正因如此,民国保守主义者在许多论著中都曾极力赞扬希特拉善战的卓越才能。但是,他们笔下的希特拉并非完全真实的现实中的希特拉的历史再现,而多是"主观与客观、情感与思想混合而成的产物"[①]。换言之,他们描绘的希特拉有别于历史上、现实中的希特拉而在很多时候只是一个想象中的异国形象。具体而言,民国保守主义者将希特拉设定为善战的异国政治形象,并基于希特拉自己提出的"天召"和"使命"的说法来描绘或想象希特拉。

"天召"意谓上天的召唤而意味着"使命"的发布,所以从"天召"的概念中可以自然而然地推导出"使命"也蕴含其中。换言之,"天召"总是伴随着"使命"。民国保守主义者指出,"天召"和"使命"的力量最为典型地表现为西方传教士狂热的传教行为。诚如他们所言,任凭国人"怎样骂外国的'传教士'为顽固,为不通,为'资本帝国主义'的走狗等等",但这些西方传教士"上至大主教下至穷村僻巷的老处女牧师",都认为"自己千山万水来到中国是具有一种特殊的使命",即"应一种'天召'(Call),来招呼中国人皈依基督"[②]。在民国保守主义者看来,西方传教士之所以会突破艰难险阻而不惜远涉重洋来到中国等异域他乡坚持不懈、锲而不舍地传教,主要就是因为他们具有强烈的"天召"和"使命"意识。不过,民国保守主义者并不关注西方传教士所传之教,而是关注潜藏于传教行为之后的思想精神,亦即传教行为的原动力。不可否认,西方传教士之传教行为的原动力就源自他们所传之教,并带有宗教的神秘性和虔诚性。民国保守主义者视这种宗教的神秘性和虔诚性为狂热性,并借之以阐释希特拉的所作所为,认为希特拉同样具有西方传教士的那种狂热的"天召"和"使命"意识。"战国策"派的何永佶就曾明确说:"希特拉之所以能有今日,完全因为他有很坚强的'使命'和'天召'之意识。"[③]在民国保守主义者看来,希特拉正是因为富于"天召"意识,才不

[①] 赵小琪,主编.比较文学教程[M].北京:北京大学出版社,2010:72.
[②] 尹及[何永佶].中西人风格之又一比较——"活着"和"天召"[J].战国策[昆明1940],1940(8):29.
按:该文的文后附注"七月二十五日"。
[③] 尹及[何永佶].中西人风格之又一比较——"活着"和"天召"[J].战国策[昆明1940],1940(8):29.

是纯粹地为活着而活着,同时又因为富于"使命"意识,才坚定地认为自己必须肩负起民族的未来,所以当他面对"一战"战败的德国时,不但毫不气馁,反而还立志要引导德国走出战败的阴影。在民国保守主义者的言说下,希特拉主动地响应"天召"、实践"使命",矢志于将德国改造成世界第一强国。希特拉认为要恢复德国的战前地位非以战争为手段而不可得,所以他时刻保持着战争意识。民国保守主义者曾引用希特拉的话"内政的任务是如何制造国家的武力;外交任务是如何保障这个已制造出来及在制造中的武力,并在战争时找寻作战的盟友"①,指出希特拉的言谈"第一是战争,第二是战争,而第三是战争"②。确实,现实中的希特拉无论在论说内政还是外交的时候,始终都不离"战"之一字,而这些言行又无可置疑地展露现实中的希特拉极具战争头脑,甚且善于作战。极具战争头脑且善于作战固然是现实中的希特拉的形象特征之一,而民国保守主义描绘的希特拉虽也具有这些形象特征,却在根本上与现实中的希特拉有所不同。这是因为,诉诸民国保守主义者笔端的希特拉,以"天召"和"使命"意识为其行为处世的原动力。也就是说,完全是在"天召"和"使命"意识的推动之下才成为极具战争头脑且善于作战的希特拉,已然是民国保守主义者想象出来的异国形象而有别于历史上、现实中作为德国国家元首的希特拉。

民国保守主义者对希特拉的描绘和想象与他们对德国民族之性格、思想的理解密不可分,因为他们理解的德国民族之性格、思想也充满"天召"和"使命"的色彩。他们指出,"国与国之间,没有是非,只有强权;民族的自私,是应当的;战争是不可避免的"之类的认识并非希特拉一人一时的主张,而是"德国民族从有历史以来根深蒂固的思想",而且这种主张直接地造就了"德国民族对外发展坚强的意志",以至于"失败不能教训他们,压迫不能驯伏他们,和平主义,不能感动他们"③。在民国保守主义者看来,德国民族不惜诉诸武力以对外发展的坚强意志,就源出于他们的民族性格和思想。

民国保守主义者认为,德国民族之性格有三大特点,即富于理想、讲究准确以及崇尚战争,而这又决定了德国民族必然注重对外发展。民国保守主义者指出,富于理想的性格使德国民族"常常超出现实人生,走到一种理想

---

① 何永佶.希特拉的外交[J].战国策[昆明1940],1940(12):17.
按:该文的文后附注"九月六日"。
② 丁泽[何永佶].希特拉与朱元璋[J].战国策[昆明1940],1940(11):24.
按:该文的文后附注"八月廿五日"。
③ 陈铨.德国民族的性格和思想[J].战国策[昆明1940],1940(6):26.

梦幻的境界"①。也就是说,德国民族富于理想的性格具有幻想的意味。将理想、幻想与"天召""使命"比较而论,不难发现这两组语词之间多有契合之处,因为"天召"和"使命"颇像理想或幻想,其本身并不客观存在。于是,富于理想或幻想的德国民族便自然而然地富于"天召"和"使命"的意识。德国民族虽富于虚幻的理想,却也讲究务实的准确,"不惮详细,不感疲倦,极力追求事体的究竟,达到精密准确的智识",并以"处处准确,来求得真理"②。正是因为德国民族讲究处处准确以寻求真理,所以他们坚守信念,执着行事,而这又与"天召""使命"意识的狂热性若合符节。准确与理想似乎天然地矛盾,其实二者相反相成。正如"战国策"派的陈铨所言:"真理都是理想的,都是永远追求,永远不能达到的,因为德国人理想,所以他们一定要处处准确,来求得真理。"③可见,德国民族讲究准确的性格恰恰根源于他们富于理想的性格。至于德国民族崇尚战争的性格,陈铨曾论道:"德国民族,在最初的历史,已经就喜欢战争。"④在历史上,德国鲜有统一之期,而邦国林立不仅致使国内战争不断,也诱发外国屡次入侵。正因如此,民国保守主义者认为德国民族崇尚战争也就在所难免又情有可原了。应该说,德国民族崇尚战争的性格本来与"天召""使命"意识并没有太大的关联,但当"天召""使命"意识意味着内求统一、外求自主时,战争就是响应"天召"、践行"使命"的必然选择,而德国民族崇尚战争的性格与"天召""使命"意识之间的联系便立刻突显出来。在民国保守主义者的言说之下,德国民族崇尚战争的性格也同样根源于他们富于理想的性格,"因为德国民族常常都寥想德国民族,凭他们优秀的天才,取得领导全世界的地位,使人类入于光明之域,同时他们又深切认识,国际间没有正义人道可讲,所以征服的意志,非常强烈",甚至不惜诉诸暴力的战争,而"要求战争的胜利"则"不能不力求准确",由之德国民族之性格的三种特征便"成了解不破的连环"⑤。

在民国保守主义者看来,德国民族之思想也具有三大特点,并且与德国民族之性格相辅相成。首先,德国民族秉持国家至上、民族至上之念,强调国家和民族之整体利益的最大化。"德国把国家民族的观念,看得非常具体",这是德国民族"许多年来思想和行动的结晶"而绝非希特拉一人之力使

---

① 陈铨.德国民族的性格和思想[J].战国策[昆明 1940],1940(6):26.
② 陈铨.德国民族的性格和思想[J].战国策[昆明 1940],1940(6):27.
③ 陈铨.德国民族的性格和思想[J].战国策[昆明 1940],1940(6):27.
④ 陈铨.德国民族的性格和思想[J].战国策[昆明 1940],1940(6):27.
⑤ 陈铨.德国民族的性格和思想[J].战国策[昆明 1940],1940(6):29.

然①。国家至上、民族至上的民族思想,再加上后来逐渐被极端化的"德国高于一切"的论调,势必就会导致德国向外扩张的侵略行径。其次,德国民族反对民治主义,讲究政治活动之总体效率的最优化。民国保守主义者指出,德国民族认为"民治主义的目的,根求是在求平,而不在提高",其趋势则是"提高群众的力量,压迫天才领导的行为",但"社会的进展,是要靠少数超群绝类的天才,不是靠千万庸碌的群众",而"人数愈多,意见愈杂,纠纷愈厉害,有本事的人,动辄受牵制,不能展其所长",所以"德国民族,根本的思想,就和民治主义不同"②。民治主义往往与集权主义相对而言,而德国民族反对民治主义就会倾向集权主义。在民国保守主义者看来,集权主义比民治主义更易于迅速、有效地整合国家的总体力量,所以集权主义(尤其是其中的独裁主义)比民治主义更适用于战时的政府。不难看出,德国民族反对民治主义的思想主张其实就是国家至上、民族至上思想的一种具体表现形式。最后,德国民族崇拜英雄,注重指令奉行之忠实程度的最高化。"德国人崇拜英雄,认为英雄是国家民族的灵魂",而"这同他们主张国家至上民族至上,反对民主政治,是一贯的"③。当英雄具体化为政治领袖时,崇拜英雄即崇拜政治领袖,而对政治领袖的极端崇拜则会导致独裁政治的骤然降临。所以,德国民族崇拜英雄的思想又可说是其反对民治主义思想的具体表现形式。不难看出,在民国保守主义者的言说之下,德国民族的三种思想,既会催生德国对内的集权政治(尤其是独裁政治),又会导致德国对外的侵略战争,而这一切又与"天召"和"使命"意识密不可分。

民族性格和思想虽源自民族长久以来的积淀,却又影响着后来的民族成员的性格和思想,并使之趋于近似甚或相同。德国民族独特的性格和思想不但铸就了适于作战和扩张之国——德国,也造就了崇武尚力且能征惯战之人——希特拉。事实上,即使没有希特拉,在这种民族性格和思想的影响之下,德国民族终究会产生希特拉式的人物。需要指出的是,历史上、现实中的希特拉并不是真正的德国人,因其是生于奥地利的德裔。此外,有学者还指出希特拉兼具黑人和犹太人的血统,从而否定了希特拉作为日耳曼人的民族身份。从这个角度而言,德国民族之性格和思想应该不至于对希特拉产生过多、过重的影响。但是,民国保守主义者恰恰从解析德国民族之性格和思想的角度,诠释并非真正德国人的希特拉的"天召"和"使命"意识的获得。这更加说明民国保守主义者描绘的希特拉,虽在一定程度上顺应了希

---

① 陈铨.德国民族的性格和思想[J].战国策[昆明1940],1940(6):30.
② 陈铨.德国民族的性格和思想[J].战国策[昆明1940],1940(6):30.
③ 陈铨.德国民族的性格和思想[J].战国策[昆明1940],1940(6):32.

特拉的原初形象,却也因被身为注视者的民国保守主义者加以创造性的阐发而在事实上成为一个有别于其原初形象的异国形象。

在解析德国民族之性格和思想的过程中,民国保守主义者自始至终都不遗余力地将德国民族之性格和思想与"天召"和"使命"意识相勾连,并借之以阐释希特拉之"天召"和"使命"意识的获得。事实上,他们者对希特拉这一异国形象的制造就一直立足于"天召"和"使命"的说法,但这一说法并非他们的创造,而是源自希特拉在"叛国审判"中的自我辩护辞。因"啤酒馆暴动"("一战"后、"二战"前)失败而被捕入狱的希特拉曾在"叛国审判"中为自己的所作所为辩解道:"一个人如觉得自己有一天召的使命,不可与世浮沉,而必须依照天所召的做去。天生的独裁者不用人家来劝驾,他自己得冲上前面去……一个人如自己觉得天召他统治群众,没有理由说:'你们要我,叫我的时候,我就来',他得一直去干!一切我一个人负责。我不能承认有罪,但我承认事是我作了。"①希特拉的这番辩护辞既意谓上天"召唤"希特拉发动"啤酒馆暴动"之类的运动而表明罪不在希特拉,又意谓上天的"召唤"致使希特拉必须肩负起发动"啤酒馆暴动"之类的不可逃避的"使命"而表明希特拉的所作所为都是不得已之举。可以说,"天召"和"使命"的说法完全是希特拉为脱罪而臆想出来的借口。然而,希特拉的这番臆想之辞或狡辩之辞却引起了民国保守主义者的无限联想。他们据此认为"天召"和"使命"意识恰恰就是希特拉的行动之基、力量之源,不但"啤酒馆暴动"由这种意识推动,就连希特拉在"一战"之后及"二战"期间的所作所为也都由这种意识推动。当然,"叛国审判"已成为逝去的历史,而希特拉是否在"叛国审判"中以"天召"和"使命"的说法为自己脱罪也有待考证。不过,即使希特拉确实在"叛国审判"中借"天召"和"使命"之说为自己辩护,民国保守主义者从"天召"和"使命"意识的角度而描绘的希特拉形象,也绝非就等同于历史上、现实中的希特拉的原初形象。

在胡塞尔现象学中,原初印象是感知主体在现阶段的行为,意指感知主体对当下的实在客体所产生的主观印象。从客观时间的角度而言,民国保守主义者大致上和现实中的希特拉生活于同一时代,因之他们可以通过各种途径感知现实中的希特拉形象而对希特拉形成一个立足于当下之现实的原初印象。在民国保守主义者感知希特拉形象的过程中,不仅包含着一个立足于当下之现实的原初印象,还包含着"一个以'原印象'为中心的、在这个感知中'一同被意指的''时间晕'",即包含着"一个在时间上向前和向后

---

① 丁泽[何永佶].希特拉与朱元璋[J].战国策[昆明1940],1940(11):23.

伸展着的'视域'"①,而其中那个向后伸展的"视域"就是指滞留。然而,民国保守主义者毕竟没有直接地接触过现实中的希特拉,所以他们也难以全面而准确地了解希特拉过往的人生经历。正因如此,在民国保守主义者感知希特拉形象的过程中,滞留并不能"保持"太多的内容,而其作用也显得微乎其微。滞留先于回忆行为,因为滞留"保持"的内容尚未落入遗忘之中而缺席。事实上,"回忆是一种离散的新开端,是再度回到已经失落在意识之外的事物"②。由于民国保守主义者对现实中的希特拉并无太多的了解,即没有足够多的信息供滞留发挥其延绵回溯之功,所以他们便会自然而然地发挥回忆之功以弥补滞留停止所带来的缺憾。滞留往往意味着对实在客体之真实性的"保持",而回忆则不然。"在胡塞尔的意向分析中,'回忆'作为一种意识行为首先被理解为一种类型的当下化行为,即'再当下化'(Wiederverge-genwärtigung);其次,这种当下化行为带有对其对象的存在设定:在'回忆'中出现的回忆对象都会被回忆的自我设定为存在的,因而'回忆'是一种设定性的当下化行为,或者说,'设定性的想象'"③。也就是说,回忆是想象的一种表现形式,并且回忆型想象带有设定性而迥异于单纯想象。

具体到民国保守主义者对希特拉的描绘,他们先是从"叛国审判"的辩护辞出发而将希特拉设定为极具"天召"和"使命"意识的异国政治模范,接着便基于"天召"和"使命"的说法解释希特拉一切的所作所为,同时又以希特拉一切的所作所为反推"天召"和"使命"意识是希特拉的行动之基、力量之源,最终则完成了对作为善战的异国政治形象的希特拉的制造。在这个过程中,"天召"和"使命"的说法虽然可能确实出现在"叛国审判"的辩护辞之中,却也只能是民国保守主义者的回忆内容而非其滞留内容。如果"天召"和"使命"的说法是滞留的内容的话,那么关涉这一说法的滞留必然可以不断地向后回溯,甚至可能抵达希特拉产生这一说法的意识源头。但这在事实上根本不可能,因为这一说法在"叛国审判"之前并未被任何人(包括希特拉)明确地提出,同时也没有充分的历史证据足以证明希特拉在"叛国审判"之前的所作所为都确实是由"天召"和"使命"意识推动。然而,民国保守主义者以一种不可否认之势,断然地将希特拉在"叛国审判"或"啤酒馆暴动"之前的一切所作所为,完全地归结为"天召"和"使命"意识使然。所以,"天

---

① 倪梁康.胡塞尔现象学概念通释[M].北京:生活·读书·新知三联书店,1999:519.
② [美]索科拉夫斯基[Robert Sokolowski].现象学导论[M].高秉江,张建华,译.武汉:武汉大学出版社,2009:137.
③ 倪梁康.胡塞尔现象学概念通释[M].北京:生活·读书·新知三联书店,1999:136.

"召"和"使命"的说法充其量只能是回忆的内容,亦即想象的内容。当然,这种回忆型想象又带有设定性。事实上,民国保守主义者在回忆或想象希特拉之前,便已极富目的性地将希特拉设定为善战的异国政治模范以供国人仿习,而他们对"天召"和"使命"之说的阐释也始终都围绕着这一预设的目的来展开。一言以蔽之,民国保守主义者笔下的希特拉,是他们通过回忆型想象创造出来善战的异国政治形象,绝不等同于历史上、现实中的希特拉。

面对日本的武装侵略以致中华民族濒于灭亡的生存危机,民国保守主义者很自然地会将善战的欲望投射到在事实上崇武尚力又能征惯战的德国国家元首希特拉的身上。由之,他们便进一步地对现实中的希特拉加以浓墨重彩的描绘,并通过回忆型想象将其塑造成善战的异国政治形象。这一善战的异国政治形象还是一种乌托邦化的异国形象,而乌托邦化异国形象的制作往往意味着注视者对异国文化的强烈肯定,因为"与提高异国身价相对应的,就是对本土文化的否定和贬抑"①。在想象异国政治形象希特拉并制造异国政治模范希特拉的过程中,民国保守主义者对希特拉的"天召"和"使命"意识的颂扬,就既意味着他们欣羡德国文化,又意味着他们批判传统文化。

民国保守主义者指出,"一战"结束后,希特拉曾无家可归而只能回到枯燥乏味的兵营,过着孤寂苦闷的生活。但是,希特拉"反觉冥冥中有一种'天召',他的活在世上是有一种'使命'的",尽管"他这个念愿不是普通所谓的'大志''救国'等等,而是多少带有一点宗教神秘性(Mysticism)的"②。于是,一贫如洗的希特拉,甚至不惜以重金执着地向德国人的仇敌——英国人购买其在战争中曾经使用过的一件旧雨衣,并试图借这件旧雨衣时刻提醒自己铭记德国之战败、致力德国之复兴。在民国保守主义者看来,希特拉这种近乎奇异的举动根本就是由其"天召"和"使命"意识所致。但他们也认为,希特拉这种近乎奇异的举动在国人看来显然极具傻气而毫不足道。由此,他们转而开始批判国人的思想行为:"西方人在他们生活里多少带有一点'使命'(Mission)和'天召'(Call)的思想,中国人则似乎缺乏这个",因为"中国人只求活着,西方人则除活着之外,更求做点什么"③。缺乏"天召"意识自然就会丧失"使命"意识,所以国人只一味追求活着,甚且只一味追求自私的为自

---

① [法]达尼埃尔-亨利·巴柔[Daniel-Henri Pageaux].形象[M].孟华,译//孟华,主编.比较文学形象学.北京:北京大学出版社,2001:175.
② 尹及[何永佶].中西人风格之又一比较——"活着"和"天召"[J].战国策[昆明1940],1940(8):30.
③ 尹及[何永佶].中西人风格之又一比较——"活着"和"天召"[J].战国策[昆明1940],1940(8):28.

己而活,即使是"所谓有'大志'的,也不是感着'天召'而是感觉'人召'",以至于"他们所失志①的不是外国人所谓的 Career,而是中国人所谓的'功名'"②。民国保守主义认为,"Career"与"功名"存在着质的分别:"Career 一字原为车子往前走的意思,其含义是动的,其目的一种'作为'",隐含着动词"To do"(意为"去做……事"),"问你'做过甚?'"而"'功名'的含义不是'作为'而是一种'地位'",隐含着动词"To be"(意为"去作……人"),"问你'当过甚么官?'"③在民国保守主义者看来,"天召"和"使命"意识蕴含着个人对社会及国家的责任感和义务感,并可激发这种责任感和义务感。由此,民国保守主义者认为希特拉正是因为富于这种责任感和义务感,才会矢志不渝地致力于提升德国和德国民族的世界地位,甚至为达此目的而不惜付诸武力。不难看出,民国保守主义者对"天召"和"使命"意识及富于"天召"和"使命"意识的希特拉赞赏有加。其实,这主要是因为他们历来都颇为反对个人主义而倡导集体主义,并由之而号召国人努力建立奠基于社会、国家的责任感和义务感,亦即呼吁国人贡献社会、报效国家。力倡国家主义的"醒狮"派尤为强调这一点,如常乃惪就曾直接而直白地说"个人所要问的不是自己应有什么权利,而是自己对于祖国应尽什么职分"④,而余家菊则引陆九渊的"宇宙内事,乃己分内事"⑤一句深刻阐释"人生之伟大"在于"活动"和"作为"⑥,进而呼吁国人"去掉卑陋的权利⑦思想,卑劣的享乐观念","献身于人群,社会,国家"⑧。民国保守主义者认为,当时极度缺乏"天召"和"使命"意识的国人,极度缺乏贡献社会、报效国家的责任感和义务感,不求"作为",但求"地位",不是安于苟活,便是逐慕私利,更遑论保家卫国而时刻备战、积极参战。在日本妄图灭亡中国的武力侵逼之下,国人不思武装相抗不但意味着中国即将亡国灭种,还在很大程度上加速了中国的亡国灭种之日的到来。所以,民国保守主义者为中华民族的生死存亡而忧心忡忡。实际上,他们的这种

---

① 原文如此,"失志"疑为"矢志"之误。
② 尹及[何永佶].中西人风格之又一比较——"活着"和"天召"[J].战国策[昆明 1940],1940(8):31.
③ 尹及[何永佶].中西人风格之又一比较——"活着"和"天召"[J].战国策[昆明 1940],1940(8):31.
④ 常燕生[常乃惪].新战国时代的人生态度[J].国论[成都 1940],1940(18)["复刊第十八期"]:4.
⑤ 佚名[陆九渊].象山先生全集卷之三十六:年谱[M]//佚名[陆九渊].陆象山先生全集.李绂,点次.周毓龄,重校.上海:中原书局,1926:2.
按:《国论》(上海 1935)1935 年 7 月 20 日第 1 卷第 1 期第 1-9 页登载的余景陶(余家菊)所撰《我们所需要的人生哲学》引用的语句为"宇宙内事即吾分内事"。
⑥ 余景陶[余家菊].我们所需要的人生哲学[J].国论[上海 1935],1935,1(1):3.
⑦ 原文如此,"权利"疑为"权力"之误。
⑧ 余景陶[余家菊].我们所需要的人生哲学[J].国论[上海 1935],1935,1(1):9.

忧心忡忡就表现为他们对源自德国文化的"天召""使命"意识的推崇,以及对来自德国的善战的异国政治形象希特拉的标举。

尽管诉诸民国保守主义者笔端的希特拉主要是一个富于文学之想象性的异国政治形象,但历史上、现实中的希特拉是一个带给世人以挥之不去之无尽痛苦梦魇的负面人物。可想而知,民国保守主义者对希特拉的推崇注定将不会为社会舆论所容。他们似乎也深知个中利害,所以多次急切地表明自己并不赞同法西斯主义。在极力颂扬德国文学及德国文化的《狂飙时代的德国文学》的文后,《战国策》(昆明1940)编者特意单列两句话,而其中之一便谓"希特拉的纳粹主义,就是德国人也有反对的"①。极为倾心于德国文化的陈铨更曾明确地说:"希特勒的侵略主义必须打倒,必须指斥。"②应该说,民国保守主义者也痛恨法西斯主义,所以他们对历史上、现实中的希特拉明确否定。但正如陈铨所言,探讨现代德国历史或德国文化需要秉持一种纯客观的态度,而"十八世纪以来,普鲁士政治家如何把德国民族化分为合,化弱为强,化无能为光荣,整个过程之中,大有可资我们借镜之处的"③。在民国保守主义者看来,德国政治家及整个德国民族那种崇武尚力又奋发图强的精神品质,为身处抗战这一特殊时期的中华民族所急需。也正因如此,他们说"德国民族精神和思想的独到处,连尧舜禹汤也要认为有效法的价值"④。只不过,他们将德国民族独到的精神品质,集中到了理想化了的异国形象希特拉身上,从而使人们易于误解他们只是简单地崇拜希特拉并鼓吹法西斯主义。应该说,当时的民国保守主义者一方面殷切希望每一位国人都能成为既主战又善战之人,另一方面又迫切期望"战神"式的政治领袖的诞生。尽管无论是标举善战的异国政治形象希特拉,还是颂扬独到的德国民族之性格和思想,民国保守主义者的所书所论都始终不脱"战"之一字而弥漫着硝烟之味,但在中华民族深陷日本侵华的战争泥淖之际、面临生死存亡的危急境地之时,民国保守主义者主战并主张以战止战的思想也有其历史的合理性。事实上,民国保守主义者显然坚信这种合理性的存在,所以他们才会甘冒天下之大不韪而义无反顾地以希特拉为异国政治模范,并力主国人对之加以仿习。

---

① 佚名[林同济].鬼谷纵横谈[J].战国策[昆明1940],1940(13):22.
按:该文为陈铨所撰《狂飙时代的德国文学》文后的补白。
② 唐密[陈铨].法与力[N].大公报[重庆版],1942-5-27(4)[副刊《战国》第26期].
③ 唐密[陈铨].法与力[N].大公报[重庆版],1942-5-27(4)[副刊《战国》第26期].
④ 佚名[林同济].鬼谷纵横谈[J].战国策[昆明1940],1940(13):22.

第三节 以古鉴今的戏仿文学

重视文学且又积极引介西方文学的民国保守主义者，尤其是"学衡"派和"战国策"派，曾创作过大量的文学作品。但从取西补中、以古鉴今的角度而论，《战国策》（昆明1940）登载的戏仿希腊神话之作最具代表性。较之于民国保守主义者创办的其他报刊，诞生于全民族抗战时期的《战国策》（昆明1940）虽同样以登载批判国民思想、重建民族文化的杂文或论文为主，却多了些以应时需地谏议抗战建国的文章。最为特别的是，多期《战国策》（昆明1940）之后都附有戏仿希腊神话的小品文。这些戏仿作品想象奇特又诙谐幽默，但因其均为故事性的小品文，所以往往叙多于议，甚且只叙不议。也许恰恰是这一原因所致，学术界从未对此类文本有所关注，更遑论研究。其实，从传播学的角度而言，任何报刊登载的文章都会经过主编或编辑的把关。所以，任何有违报刊宗旨的文章都不可能在这一报刊上发表。反而言之，但凡得以在某一报刊上发表的文章，都会因为经过报刊主编或报刊编辑的把关而必然符合这一报刊的宗旨。因之，《战国策》（昆明1940）上那些想象奇特又诙谐幽默的戏仿作品，只不过以相对间接的方式书写富于隐喻性的寓言故事，其思想本质与那些言辞激烈又直抒机杼的杂文或论文并无分别，即这些戏仿作品也都符合《战国策》（昆明1940）的宗旨。从互文性的角度而言，这些戏仿作品还与那些时政论文构成了文本间的互文，从而一道呈现出民国保守主义者极力创造别样现代文化的热切渴望及竭力主张抗日救亡的迫切愿望。

综观17期《战国策》（昆明1940）登载的戏仿希腊神话的作品，大体上可分为尊重式戏仿、颠覆式戏仿以及杜撰式戏仿三种，因为这些戏仿作品表现出民国保守主义者对原希腊神话[①]及隐藏于原希腊神话之后的西方文化，秉持着的三种不同的态度或倾向——尊重、批判以及调侃。其实，无论是秉持哪一种态度或倾向，民国保守主义者戏仿希腊神话的作品，都是他们想象和重构源自异国的希腊神话的产物。至于他们戏仿希腊神话的直接用意，则在于借希腊神话以及戏仿希腊神话的作品裨补本国、本族的文化。因此，无论是在尊重式戏仿、颠覆式戏仿希腊神话之作中，还是在杜撰式戏仿希腊神话之作中，身为注视者的民国保守主义者在根本上对作为异国他者的希腊

[①] 本书涉及的原希腊神话的故事情节、人物名姓等信息，主要依据上海的上海译文出版社于1998年6月出版的俄罗斯学者尼·库恩原著、朱志顺翻译的《希腊神话》。

神话并不具有实质性的偏见,而他们以不同的方式戏仿希腊神话并重构希腊神话的根本目的,则主要在于借之以鼓舞国人积极地进行抗战、勇敢地投身抗战并坚决地推进抗战。

至于民国保守主义者何以情有独钟地以希腊神话为戏仿对象而不以凯尔特神话、北欧神话、印度神话、埃及神话、印第安神话等其他国家或地区的神话为创作蓝本,这或许是因为希腊神话本身就充满了斗争甚或战争而与民国保守主义者身处的中国社会现实较为接近。希腊神话虽起源于公元前8世纪之前,但流传至今的希腊神话往往来自于公元前8世纪之后的古希腊城邦时代的文学作品。在古希腊的城邦时代,城邦之间互相倾轧,一如中国古代史上战国时期的列国混战。所以,希腊神话或多或少地反映出古希腊城邦时代战乱纷飞、动荡不安的社会现实。显然,这与民国保守主义者生活的并被他们比喻为"新战国时代"的中国社会之现实极为接近。最为重要的是,古希腊在经历了战乱纷飞、动荡不安的城邦时代乃至于后来其他国家的入侵之后,依然延续了下来,其文化更成为整个西方文化之母。这是古希腊人之智慧使然,而古希腊人的无尽智慧又集中地反映在希腊神话之中。鉴于诸如此类的种种因由,民国保守主义者独独钟情于戏仿希腊神话也就合情又合理了,而他们对希腊神话的戏仿又在取西补中的意义上多了一层以古鉴今的色彩。若不是《战国策》(昆明1940)"惟因空袭频仍,印刷迟缓,物价高涨,维持为艰"①而只出版17期(其中第15/16期为两期合刊)便宣告终刊,也许民国保守主义者还会陆续创作出更多的戏仿希腊神话之作,从而形成以戏仿的希腊神话隐喻当时中国之时事政治的系列寓言故事。

一、尊重式戏仿

尊重式戏仿意谓民国保守主义者戏仿希腊神话的作品相对地忠实于原希腊神话的故事情节或人物形象,但并不忠实于原希腊神话的故事寓意。事实上,民国保守主义者在戏仿希腊神话的过程中,往往会结合时政特点而对原希腊神话的故事寓意有所引申和发挥。值得一提的是,民国保守主义者善于以中国化的特殊语言转述希腊神话,如别出心裁的音译人名,一如《红楼梦》中的人名般,不但可以预示故事情节和人物命运,还可以隐括故事题旨和人物形象特征,从而收到强烈的戏仿效果。

在民国保守主义者戏仿希腊神话的作品中,《死与爱——希腊对"死"的另一答覆》最为忠实于原希腊神话的故事情节和人物形象。这则戏仿作品

---

① 佚名[林同济、雷海宗、陈铨].战国策半月刊停刊启事[N].中央日报[贵阳版],1942-4-4(1).
按:原文没有使用旧式句读符号或新式标点符号,而引文中的新式标点符号为笔者酌情添加。

关涉的原希腊神话,主要讲述天才歌手俄耳甫斯(Orpheus)与美丽神女欧律狄克(Eurydice)的悲惨爱情故事。俄耳甫斯的妻子欧律狄克在婚后不久便被毒蛇咬死,于是痴情的俄耳甫斯决定不顾生命危险只身前往冥国恳求冥王哈迪斯(Hades)归还其妻子的灵魂。前往冥国之路艰险重重,但俄耳甫斯以饱含深情的琴声打动了冥河艄公卡戎(Charon)、守卫冥国大门的三头恶狗刻耳柏洛斯(Cerberus)以及复仇女神(Nemesis),并最终感动了冥王哈迪斯和冥后珀耳塞福涅(Persephone)而答应其释放欧律狄克的灵魂。哈迪斯提醒俄耳甫斯,在引领欧律狄克的灵魂走出冥国之前,绝不能回头看她,否则将前功尽弃,而欧律狄克的灵魂也将永留冥国。可惜又可悲的是,就在俄耳甫斯引领着欧律狄克之魂马上就要走出冥国的时候,俄耳甫斯实在难抑心中的思妻之情而忍不住回头一望,结果欧律狄克瞬间便消失得无影无踪。这则故事只是希腊神话中众多悲惨爱情故事的一个小插曲,它一方面为寻找金羊毛故事中的俄耳甫斯增添了传奇经历,另一方面又为解释十二星座之天琴座的来历作出了铺垫。至于俄耳甫斯忍不住回头一望的原因,一般认为是"人与鬼神打交道担心有诈这是人之常情,而强烈的思念同样折磨着音乐家,凡此等等,几个因素的共同作用导致了音乐家的回头一望"①。也就是说,俄耳甫斯太爱欧律狄克并热切渴望再度见到欧律狄克,而一路上的漆黑和寂静致使他不能不怀疑欧律狄克的灵魂是否确实在跟着他走,于是俄耳甫斯忍不住回头确证。这则悲惨的希腊神话,在情节结构上与《搜神记》卷十六中的《汉谈生》②篇极为相似,而其寓意也与《汉谈生》篇不谋而合,即一方面热情讴歌了跨越人、鬼(或神)界线的伟大爱情,另一方面又着力批判了夫妻间的不信任。然而,在民国保守主义者的尊重式戏仿之下,这则希腊神话被赋予了更为深刻的人生寓意。

其实在尊重式戏仿中,民国保守主义者的戏仿重点并不在于重构原希腊神话的故事情节或人物形象,而在于推陈出新且发人深省地重释原希腊神话的哲理沉思。民国保守主义者指出,俄耳甫斯"起先以'爱'虽征服了死,但因未能征了'爱'的自身——'爱'之诱惑,'爱'之疑心,'爱'之磨折——究竟未能征服了'死'"③。显然,民国保守主义者肯定了俄耳甫斯为寻回至爱而克服死亡之恐惧的勇敢行为,同时也批判了俄耳甫斯的功亏一篑。至于

---

① 舒伟.希腊罗马神话的文化鉴赏[M].北京:光明日报出版社,2010:140.
② 干宝.卷十六:汉谈生//干宝.搜神记:三[M].上海:商务印书馆,1937:109-110.
③ 尹及[何永佶].死与爱——希腊对"死"的另一答覆[J].战国策[昆明1940],1940(7):38.
按:该文登载于《战国策》(昆明1940)1940年7月10日第7期第36-38页;此后又改文题为《死与爱》,登载于《战国策》(上海1941)1941年3月15日第1卷第3期第155-157页(文前附注"希腊对'死'的另一答覆")。

俄耳甫斯功亏一篑的直接原因,又在于未能征服"'爱'之诱惑,'爱'之疑心,'爱'之磨折"。进而言之,一个人只有真正征服"爱"(包括"'爱'之诱惑、'爱'之疑心、'爱'之磨折"等),才能真正明白"爱",并最终真正征服"死",否则终将功亏一篑而悲惨收场。俄耳甫斯并没有真正征服"爱",所以他的结局不免悲惨,而《汉谈生》篇中的谈生也是如此。其实,《死与爱——希腊对"死"的另一答覆》这则戏仿作品源自民国保守主义者对孔子"未知生,焉知死"[①]一语的批判,其本意并不在于论证"死"与"爱"之间的相互关联,而在于揭示"死"与"生"之间的辩证关系,其中的"爱"主要是作为衡量"死"与"生"的价值标准而存在。在民国保守主义者看来,一个人只有真正克服对于"死"的畏惧和逃避,才能真正明白"生"的价值和意义,而人之坚持不懈地追求或寻求"爱"的行为,既是克服对于"死"的畏惧和逃避的前提条件,又是实现"生"的价值和意义的必然要求。其实,在民国保守主义者的这则戏仿作品中,"爱"之一字已不局限于男女情爱而可扩大到爱国家、爱民族之类的大爱。由之,这则戏仿作品专为中国的抗战现实而设置的深层寓意便呼之欲出:在日本侵华而国家和民族面临生死存亡之抉择的危急时刻,国人只有追求国家、民族之大爱,奋起反抗外侮才能实现生存于世的价值和意义,否则虽生若死甚或生不如死,而国人一旦深切明了国家、民族之大爱,就可以克服对于死亡的恐惧,进而为捍卫国家、民族的独立和尊严而慨然赴死。

与《死与爱——希腊对"死"的另一答覆》这则基本上只叙不议并且极大地忠实于原希腊神话的戏仿作品不同,《"非得已"——希腊对于"死"的又一答覆》在偏重叙的同时也有所议。此外,民国保守主义者在创作这则戏仿作品的过程中,还极大地发挥了与之对应的原希腊神话的故事寓意。《"非得已"——希腊对于"死"的又一答覆》主要关涉希腊神话中命运三女神的故事,其在故事情节和人物形象方面都相当地忠实于原希腊神话。在原希腊神话中,阿特洛波斯(Atropos)、拉切西斯(Lachesis)、克罗托(Clotho)三姐妹是掌管宇宙万物之生命和命运的三位女神。其中,年纪最小的克罗托负责纺织生命之线,而每一根生命之线就代表一个生命。生命之线的长短取决于克罗托的二姐拉切西斯的意志,而大姐阿特洛波斯则负责切断生命之线。于是,由三姐妹组成的共同体摩伊拉(Moirai)便可以决定宇宙万物从出生到死亡的生命时间跨度,而这种主宰生命长短的特权,即使是众神之王宙斯(Zeus)也不能干涉和违抗。命运三女神的故事寓意人类永远无法决定其生

[①] 阮元,审定.论语注疏解经卷第十一:先进第十一[M].卢宣旬,校.何晏,等,集解.邢昺,疏//阮元,审定.重刊宋本十三经注疏附校勘记:重刊宋本论语注疏附校勘记.清刻本.南昌:南昌学堂,1816(清嘉庆二十一年):4.

命的时间长度，同时也永远无法主宰其命运。民国保守主义者显然也看到了这一点，这从他们将命运三女神译为"非得已"（译自英语"fates"，原意为"命运"）三女神中就可窥一斑。然而，这一故事的寓意显然不免消极而容易导致人们产生悲观厌世的情绪，以至于有些人会更为悲观地认为"一个人呱呱堕地的时候他即开始向死亡之路途上迈进（Man begins to die the moment he is born）"①。具体到中国的抗战，这一故事寓意可能产生的消极影响无异于避战求生论的危害而显得颇为不合时宜，甚或严重妨害中华民族的抗日救亡之大业。也许正因如此，民国保守主义者在其戏仿作品中对命运三女神的职责进行了重新的界说和引申，从而使这则希腊神话获得了全新的故事寓意。"纺线竿上的生命线无限，故世界上的生命也无限，一个生命完结了，还有第二第三……第 N 的生命，每个生命都是向'死'的终点迈进而与他连续成线，每个'生'必有一'死'，而每个'死'亦必有一'生'！"②诚然，拉切西斯有权决定每一个生命的时间长度，而阿特洛波斯也可以毫不留情地切断任何一条生命之线以终结一个人的生命，但克罗托一直在无限地纺织生命之线。这其实意味着，命运三女神不仅仅只有终结生命的一面，还有制造生命的另一面。由之，民国保守主义者指出，如果人们能够放弃狭隘的个人生死观而将无数的后来者都视为自己生命之延续，那么每个人的生命都将具有无休无止的永恒性。显然，民国保守主义者意谓个人生命之时间长度虽然有其限度且不可被控制，但个人生命之空间宽度却可以被控制并被无限延伸——不断地为后来者制造生的机会而在另一种意义上实现个人生命的无限延续。也正因如此，民国保守主义者说，每个人固然终有一死，但"一个生命在向死亡迈进之途中还须引起新的生命"③，这既是个人生命的变相延续，也是个人生存的主要价值和主要意义之所在。经过民国保守主义者的重新界说和不断引申，戏仿之作较原希腊神话具有更为丰富而积极的寓意：在某种程度或某种方面上，命运可以被掌控，而每个人的生命也都可以被无限地延续下去。显然，民国保守主义者创制这则戏仿作品的目的在于劝喻国人为后人及民族、国家的生存和发展不计个人生死，从而英勇、顽强地抗击日本的入侵。事实上，在民国保守主义者看来，这不但是在为他人谋解放，其实也是在为自己求永生。

在创制这种尊重式戏仿作品的过程中，民国保守主义者对被戏仿的原希

---

① 仃口[何永佶]."非得已"——希腊对于"死"的又一答覆[J].战国策[昆明1940],1940(10):37.
按：该文的文后附注"八月十日"。
② 仃口[何永佶]."非得已"——希腊对于"死"的又一答覆[J].战国策[昆明1940],1940(10):38.
③ 仃口[何永佶]."非得已"——希腊对于"死"的又一答覆[J].战国策[昆明1940],1940(10):37.

腊神话往往秉持着尊重甚或仰慕的态度,所以这类戏仿作品都比较忠实于原希腊神话的故事情节和人物形象。客观地说,那些被戏仿的原希腊神话可能并没有太深刻的社会寓意,而即使有,也不一定就与20世纪40年代之中国面临的严峻形势相契合。当然,民国保守主义者戏仿希腊神话的目的并非引介希腊神话故事,即并不是为了讲故事才讲故事,而主要是为了借鉴西方文化以重构本国、本族的文化,进而借之以应对抗日救亡的严峻形势。正因如此,民国保守主义者在戏仿希腊神话的过程中往往重构希腊神话,并多通过添加或引申的方式,赋予戏仿希腊神话之作以契合当时之中国形势的社会寓意。不难看出,民国保守主义者在创作这类戏仿作品的过程中,隐现着想象的因子。从现象学的角度而言,"没有无想象的行动",而想象又可以"表现在多方面:在计划方面、动机方面,甚至在行为能力方面"[①]。事实上,民国保守主义者在戏仿希腊神话之前就已预设了一种以应时需的戏仿目的,而为了实现这种预设的戏仿目的,他们又通过想象的方式付诸行动,并最终形成戏仿希腊神话的文学文本。简而言之,戏仿作品中的希腊神话,其实是民国保守主义者对原来的希腊神话进行完善化、理想化之后的想象产物,所以他们的寓意才会如此地契合当时的中国形势。从异国想象的角度而论,戏仿作品中的希腊神话都是身为注视者的民国保守主义者用符合其对相异性之向往的话语所塑造出来的作为异国他者的希腊神话,并被民国保守主义者看成是"优于本土文化的东西"[②]。所以,民国保守主义者在尊重式戏仿希腊神话的过程中所主要运用的想象方式就是一种推崇式想象。希腊神话以外语的能指出现在民国保守主义者面前,所以民国保守主义者对希腊神话的戏仿便伴随着他们对希腊神话的翻译。从翻译学的角度而论,尊重式戏仿希腊神话之作虽蕴含着作为翻译者的民国保守主义者的想象成分——推崇式想象,却颇为类似于直译之作。

二、颠覆式戏仿

颠覆式戏仿意谓民国保守主义者戏仿希腊神话的作品对原希腊神话有所颠覆,如颠覆原希腊神话的故事情节、人物形象乃至于故事寓意等。这意味着民国保守主义者创制的颠覆式戏仿作品,不但颠覆原希腊神话的形式内容,还颠覆其精神实质。进而言之,无论是颠覆原希腊神话的形式内容,

---

① [法]保尔·利科[Paul Ricoeur].在话语和行动中的想象[M].孟华,译//孟华,主编.比较文学形象学.北京:北京大学出版社,2001:51.

② [法]达尼埃尔-亨利·巴柔[Daniel-Henri Pageaux].形象[M].孟华,译//孟华,主编.比较文学形象学.北京:北京大学出版社,2001:175.

还是颠覆其精神实质,民国保守主义者采取的戏仿手段,都不是尊重式戏仿中的那种添加或引申的方式,而是一种更改或另创的方式。颠覆式戏仿作品大体上又可分为互相对立的两种类型,即由非肯定型文本颠覆而来的肯定型文本以及由非否定型文本颠覆而来的否定型文本。具体而言,民国保守主义者创制的颠覆式戏仿作品不是将带有否定性色彩和批判性寓意的原希腊神话颠覆成带有肯定性色彩和颂扬性寓意的新希腊神话,便是将带有肯定性色彩和颂扬性寓意的原希腊神话颠覆成带有否定性色彩和批判性寓意的新希腊神话。其中,前者以《蜚腾之死——希腊神话(一)》为代表,而后者则以《敢问死?——希腊的答覆》为典型。

《蜚腾之死——希腊神话(一)》戏仿的是希腊神话中太阳神赫利俄斯(Helios)之子法厄同(Phaethon)强行驾驭其父的四马金车以致车毁人亡的悲惨故事,而文题中的"蜚腾"即法厄同。在原希腊神话中,赫利俄斯每天都驾驭着除他以外任何人甚或神都不能驾驭的四马金车从海洋中升上天空,最后又降落到海洋里,这就是人类看到的太阳朝升夕落的自然现象。赫利俄斯每天的驾驶路线都必须固定不变,因为一旦改变这一路线就意味着太阳的朝升夕落产生偏差,从而必将给世界带来巨大的灾难。有一天,赫利俄斯答应满足法厄同的一个愿望,而法厄同则趁机提出驾驭四马金车。赫利俄斯苦口婆心地劝导法厄同另换一个愿望,但法厄同始终不改其初衷。在百般劝阻无果的情况下,赫利俄斯只得答应法厄同的要求,因为身为神祇的赫利俄斯不能自食其言。然而,四马金车在不谙驾驭技术和驾驶路线的法厄同的驱使之下,偏离了日常路线,导致了生灵涂炭。最终,众神之王宙斯不得不以霹雳闪电击碎四马金车,而法厄同则坠河溺亡(另一说法是,法厄同直接被霹雳闪电击毙后坠入河中)。在原希腊神话中,法厄同提出驾驭四马金车的要求显得异常的狂妄无知,而他在父亲百般劝阻之下仍固执己见则显得相当的傲慢自大。希腊神话往往偏于描绘"各种傲慢自大和张狂行动的表现,包括过度的骄傲、娇狂、自满,等等,无论是有意的还是无意的,是本人的秉性或本人的所为,还是由父母等血缘亲人造成的,这种傲慢自大在古希腊被认为是最大的罪过,无不招致诸神的报复和惩罚"[①]。显然,对傲慢自大和狂妄无知的批判也恰恰是这则希腊神话的重要主题之一。法厄同之傲慢自大及狂妄无知的代价就是遭到宙斯的雷电惩罚,从而在人神共愤中死于非命。正因如此,这则希腊神话原本具有否定性色彩并带有批判性寓意。然而,民国保守主义者的相关戏仿作品完全颠覆了原希腊神话:法厄同被升

---

① 舒伟.希腊罗马神话的文化鉴赏[M].北京:光明日报出版社,2010:49-50.

华为可歌可泣的英雄人物,而故事寓意也发生了乾坤颠倒式的大逆转。

一直以来,关于赫利俄斯答应满足法厄同一个愿望的起因,往往有两个不同的版本:一说当时恰逢法厄同的生日,所以赫利俄斯决定以满足他一个愿望的形式作为生日礼物;另一说则谓时常有人怀疑甚至嘲讽法厄同并非赫利俄斯之子,所以法厄同希望得到证实。显然,这两种不同的说法造就了截然不同的法厄同形象:前一说中的法厄同大体上以深受父亲溺爱的神之子的形象出现,所以法厄同的愿望显得狂妄和无理,而法厄同自身则显得恃宠生骄、任意妄为;后一说中的法厄同则往往以缺乏父爱的私生子的形象出现,并且主要是作为一个饱受他人欺凌的凡人的形象而存在,因而法厄同的愿望虽看似狂妄和无理,却显现出法厄同追求事实真相的决心和勇气。民国保守主义者颠覆式地戏仿原希腊神话的切入点即采用了后一种说法,从而为全新的法厄同形象及全新的故事寓意奠定了基调:法厄同提出看似狂妄和无理的愿望情有可原,而他的死于非命不但不是罪有应得,反而是为探寻真相英勇献身,所以法厄同的故事彰显了执着探寻真相或追求真理的大无畏精神。此外,在具体的行文叙述过程中,民国保守主义者还增删情节并添加了诸多带有情感倾向的评判性话语,从而加强了对法厄同形象及故事寓意的颠覆。例如在描写法厄同遭受天蝎袭击之时,民国保守主义者写道:"他慌了;但一转念,危险虽大,而'太阳神的儿子'之荣誉,不能不维持,好容易到了天上,获得了父亲的允许,千辛万苦,才取得肉体凡人第一次驾驶太阳车的机缘,焉有'临阵退缩'的道理? 不,还是前进,虽把自己和这世界毁灭了亦所不惜!"①诸如此类带有情感倾向的心理描写,比比皆是,而在文末,民国保守主义者又以最具情感倾向性的话语点明题旨:"这里躺着菙腾,他的狂妄与失败,真是伟大,但他的勇敢更是无伦!"②此时的"狂妄"显然已不是一个贬义词,而此时的法厄同已俨然是民国保守主义者言说的又一个浮士德——"他有无穷渴想,内心的悲哀,永远的追求,热烈的情感,不顾一切的勇气"③。也许,民国保守主义者将法厄同翻译为谐音"沸腾"或"飞腾"的"菙腾",就是为了隐喻法厄同具有"永远的追求,热烈的情感,不顾一切的勇气"。这种为追求真理或理想而不顾一切,乃至于付出生命代价也在所不惜

---

① 尹及[何永佶].菙腾之死——希腊神话(一)[J].战国策[昆明1940],1940(1):34.
按:该文登载于《战国策》(昆明1940)1940年4月1日第1期第32-36页;此后又改文题为《菙腾之死》,登载于《战国策》(上海1941)1941年1月15日1月号("一月号")第35-39页(文前附注"希腊神话(一)")。

② 尹及[何永佶].菙腾之死——希腊神话(一)[J].战国策[昆明1940],1940(1):36.
③ 陈铨.浮士德的精神[J].战国策[昆明1940],1940(1):15.

的执着求索、积极进取的精神,在民国保守主义者看来恰恰是疗救当时"萎靡卑陋"①的国人的对症良药,而这也是民国保守主义者创制这则戏仿作品的直接目的之所在。

在《蜚腾之死——希腊神话(一)》中,源自希腊神话的法厄同的人物形象及整个故事寓意,经过民国保守主义者的颠覆式戏仿之后,都由否定转向肯定、由批判性转向颂扬性。类似这样的作品代表了民国保守主义者颠覆式戏仿希腊神话的一种极端之作,而《敢问死?——希腊的答覆》则代表了民国保守主义者颠覆式戏仿希腊神话的另一种极端之作。在这则戏仿作品中,极为美丽的女神娥露娜(Aurora)深爱人间的美少年铁东利斯(Tithoneus),甚至允诺可以满足铁东利斯的一切要求,而铁东利斯则趁机提出希望自己能够摆脱死亡宿命的要求。于是,"女神便享以一点'神餐',希腊文叫Ambrosia食之即可以长生不死"②。然而,长生不死并不意味着青春永驻。数百年之后,铁东利斯逐渐衰老,并最终蜕变成又聋又瞎又哑而"只能用两翼振鼓作声"的蟋蟀;反观娥露娜,不但依旧年轻貌美,还"天天清晨受着无数人的礼拜",并且"早已把这可怜的蟋蟀忘在九宵云外了"③。娥露娜其实是希腊神话中黎明女神厄俄斯(Eos)的罗马名字,而铁东利斯则通译为提托诺斯(Tithonus)。在原希腊神话中,厄俄斯也深爱着提托诺斯,而提托诺斯也同样得以长生并蜕变为蟋蟀。但在原希腊神话中,提托诺斯的长生是厄俄斯为了永远地与爱人在一起而再三恳求宙斯所得。而且,在提托诺斯变成蟋蟀之后,厄俄斯并没有抛弃他,反而是含着泪水将其安置在笼子里并随身携带。仔细比较原希腊神话和戏仿作品可以发现,虽然二者的主体情节基本一致,但民国保守主义者的戏仿作品已完全颠覆了厄俄斯、提托诺斯的人物形象以及整个神话的故事寓意。

在原希腊神话中,厄俄斯是主角,性格鲜明、形象丰满,一举一动都牵引着故事情节的发展,而提托诺斯则只是个配角,性格模糊、形象单薄,不足以影响故事情节的发展,甚至就连他的永生不死也并非自己的主观意愿使然而是被动获得。应该说,在原希腊神话中,厄俄斯和提托诺斯在很大程度上都是悲剧性命运的牺牲品,因为他们自身并没有真正的过错。退一步讲,即使说他们自身也有过错,那也是厄俄斯一人之过——她一不该奢望提托诺斯

---

① 吴宓.改造民族精神之管见[N].大公报[重庆版],1941-12-10(4)[副刊《战国》第2期].
② 尹及[何永佶].敢问死?——希腊的答覆[J].战国策[昆明1940],1940(5):33.
按:该文登载于《战国策》(昆明1940)1940年6月1日第5期第32-34页;此后又改文题为《敢问死》,登载于《战国策》(上海1941)1941年2月15日第1卷第2期第85-87页(文题之下附注"希腊的答覆")。
③ 尹及[何永佶].敢问死?——希腊的答覆[J].战国策[昆明1940],1940(5):34.

永伴左右,二不该求助于狡诈的宙斯。至于提托诺斯,则完全是无辜的牺牲品,因为他的永生不死是被动地意外获得。其实,原希腊神话描绘的两人的爱情故事,主要是反映了古希腊人一贯的悲剧意识的一个侧面,即人类不可能像神祇那样摆脱生老病死,即使执着追求也终不可得。至于厄俄斯在提托诺斯蜕变成蟋蟀之后依然没有忘记他,则突显了厄俄斯的痴情,并进一步加深了整个爱情故事的悲剧色彩。显然,原希腊神话从厄俄斯、提托诺斯等人物形象到整个故事寓意,都不具有显明的否定色彩或批判意味。

然而,在民国保守主义者的颠覆式戏仿之下,原希腊神话中的主角与配角的身份被互换,爱情的主题被消解,整个故事的寓意也随之产生了反向变化而沾染否定的色彩和批判的意味。在民国保守主义者的戏仿作品中,本为故事配角的提托诺斯一跃成为牵引整个故事情节之发展的主角,因为提托诺斯借厄俄斯垂青于己之机,主动要求自己能够永生不死,而本为故事主角的厄俄斯则沦为故事配角,并成为满足提托诺斯之长生欲望的利用工具。提托诺斯获得长生的代价是从一个年富力强的美少年逐渐蜕变成一只任人摆弄又不能言语的蟋蟀,这显然生不如死,所以此时的他"憎厌生命,他唯一希望是得到地底死人世界(Hades)的一眠永逸"①。不惟如此,厄俄斯还在提托诺斯蜕变成蟋蟀之后旋即将其抛弃。此时,提托诺斯变成蟋蟀不再是无妄之灾,后来遭遇抛弃则更是报应不爽。这一切不但完全消解了爱情的主题,还渲染了提托诺斯生不如死的痛苦。也就是说,民国保守主义者的戏仿作品,彻底地从原希腊神话那种爱情悲剧的框框中跳出,并在批判提托诺斯奢望长生以致生不如死的基础上,广泛而深入地批判了人类不知满足的无尽欲求。在民国保守主义者的戏仿作品中,提托诺斯俨然就是嫦娥的再版,因为他们之间存在着诸多共同点:起初自身都是凡人,但以神(厄俄斯)或半神(后羿)为伴侣,在获得长生之后都异化为动物(提托诺斯化为蟋蟀、嫦娥化为蟾蜍②),并且同爱人生离,最为重要的是二者都在没有尽头的生命之中深感生不如死又求死不能。在中国民间传说和文学作品中,嫦娥的长生往

---

① 尹及[何永佶].敢问死?——希腊的答覆[J].战国策[昆明1940],1940(5):34.
② 张衡.全后汉文卷五十五:灵宪[M]//严可均,校辑.全上古三代秦汉三国六朝文.清刻本.广州:广雅书局,1893(清光绪十九年):5.
按:该文记载嫦娥化为蟾蜍:"羿请不死之药于西王母,姮娥窃之以奔月。将往,枚筮之于有黄。有黄占之曰:'吉。翩翩归妹,独将西行,逢天晦芒,毋惊毋恐,后且大昌。'姮娥遂托身于月,是为蟾蠩。"《全上古三代秦汉三国六朝文》没有使用旧式句读符号或新式标点符号,而引文中的新式标点符号为笔者酌情添加。该书的扉页之后、王毓藻所撰序文(无题,文后题署"黄冈王毓藻序")之前的一页仅印"光绪丁亥刊于广州广雅书局癸巳九月刻竟会稽陶濬题记"(其中的时间依次为1887年、1893年10月10日至11月7日之间)二十五个大字。

往就意味着生不如死又求死不能的痛苦,如唐代李商隐的《常娥》一诗说"常娥应悔偷灵药,碧海青天夜夜心"①,而乞食"神餐"后蜕变成不死之蟋蟀的提托诺斯其实也是如此。这种生不如死又求死不能的痛苦源自于生的了无意义以及生的不能自主,而这恰恰就是民国保守主义者创制的这则戏仿作品的寓意所在。在民国保守主义者看来,人类固然和其他动物一样,本能地追求生存甚至于追求永生,但人类还会进一步地寻求独立自主的生存,因为"生存没有权力,就不是光荣的生存",尤其在国家倾覆、政权消亡之际,民族虽不一定绝灭,而民族之生存却就"只是奴隶牛马的生存","所谓虽生若死,有骨气的民族,不能忍受"②。可见,民国保守主义者在戏仿这则希腊神话时寄托的更为深层的社会寓意,就在于昭示没有自主权力的苟且偷生式的生存其实虽生若死甚或生不如死,进而号召国人不惜一切代价地抵抗妄图剥夺其生存自主权的日本侵略者,亦即号召国人积极、英勇地反抗日本的入侵和奴役。

在这类颠覆式戏仿作品中,民国保守主义者对原希腊神话的人物形象及故事寓意都秉持着强烈的抗拒态度。这从表面上看去是因为民国保守主义者不认同原希腊神话的情节设置、故事寓意等,但实际上是因为身为注视者的他们不但以居高临下的姿态审视原希腊神话,同时还以本国、本族独具特色的文化思想重新诠释原希腊神话。不过,原希腊神话在客观上又确实可以为他们提供传达其文化思想的载体。于是,他们便在批判原希腊神话的过程中重构原希腊神话、创制新希腊神话,并由此形成他们对希腊神话的颠覆式戏仿文本。当然,颠覆式戏仿对原希腊神话的重构同样离不开想象,只不过这种想象充满了民国保守主义者对原希腊神话的批判甚至嘲讽的态度或倾向,因而可称之为批判式想象。应该说,民国保守主义者运用批判式想象在其颠覆式戏仿作品中制造的新希腊神话,虽相较于原希腊神话而言并不是迥然相异,却也已非其所是而成为民国保守主义者传达其文化思想的工具性载体。而且,这些沾染民国保守主义者那种抗日救亡思想的新希腊神话在诞生之后,又俨然如其所是般地以正宗、古老的希腊神话的面目呈现在国人面前。从翻译学的角度而论,富含批判式想象的颠覆式戏仿希腊神

---

① 佚名[李商隐].玉溪生诗意卷七七言绝:常娥[M]//佚名[李商隐].李义山诗笺注.朱鹤龄,注.屈复,意.上海:会文堂书局,1917:41.

按:《李义山诗笺注》没有使用旧式句读符号或新式标点符号,而引文中的新式标点符号为笔者酌情添加。该书的扉页之后、《原序》(文后题署"顺治己亥二月朔朱鹤龄书于猗兰堂",其中的时间即1659年2月21日)之前的一页印有"丁巳春上海会文堂书局精印"(其中的时间即1917年春)十二个大字。

② 陈铨.指环与正义[N].大公报[重庆版],1941-12-17(4)[副刊《战国》第3期].

话之作显然不局限于外文原本的具体内容甚或思想内涵而颇为类似于活译之作。但不管怎么说,这些经过戏仿或活译所得的新希腊神话对于国人而言依然是异国他者,并像一面公正无私的镜子映照着本国、本族,而民国保守主义者煞费苦心又曲折委婉地以颠覆式戏仿的方式创制这些新希腊神话的初衷,则依旧在于期望国人对镜自省,从而消除不利于抗战的消极思想,踊跃投身于抗日救亡的民族大业之中。

三、杜撰式戏仿

在民国保守主义者的尊重性戏仿之作和颠覆性戏仿之作中,都隐现着作为戏仿原型的原希腊神话的身影。也就是说,这两种戏仿之作都或多或少地关涉某些客观存在的原希腊神话。然而在杜撰式戏仿之作中,希腊神话的原型荡然无存,所谓希腊神话只不过是民国保守主义者借用希腊神话中的一些神祇名字而捏造其事迹的更进一步的虚构产物。所以,杜撰式戏仿就是以民国保守主义者虚构希腊神话为特征。杜撰式戏仿作品既属子虚乌有之作而颇具调侃意味,当然也就谈不上对原希腊神话的尊重或颠覆,从而与尊重性戏仿作品和颠覆性戏仿作品明显地区别开来。在这类杜撰式戏仿作品中,最具代表性的莫过于《"这个好"!(仿希腊神话2)——伊登乐园与阿灵比亚》和《智慧女神的智慧——仿希腊神话》两文。

《"这个好"!(仿希腊神话2)——伊登乐园与阿灵比亚》并不纯粹地以希腊神话为创作基础,还融入了《圣经》的典故。文题中的伊登乐园指的是《圣经》中的伊甸园(The Garden of Eden),而阿灵比亚则是指希腊神话中众神居住的奥林匹斯山(The Olympus)。在这则杜撰式戏仿作品中,亚当和夏娃因触犯天条而被耶和华逐离伊甸园,当他们路过奥林匹斯山时又被宙斯请去小住。不久,他们就发现伊甸园和奥林匹斯山是两个截然不同的世界:伊甸园是个"没有瘟疫,没有痛苦,没有战争"的天堂,"一年从头到尾,都是雍雍融融风和日暖的春天",而奥林匹斯山"有风雹雨雪,有火焰雷霆,有魑魅蟒蜽,那里充满着战争的氛围"[①]。民国保守主义者指出,造成这种显著差异的主要原因在于伊甸园里只有耶和华一个无欲无求的神,而且他常常自

---

① 吉人[何永佶]."这个好"!(仿希腊神话2)——伊登乐园与阿灵比亚[J].战国策[昆明1940],1940(2):39.

按:该文登于《战国策》(昆明1940)1940年4月15日第2期第38-40页;此后又改文题为《这个好》,登载于《战国策》(上海1941)1941年3月15日第1卷第3期第190页(文题之下附注"希腊神话",且文前附注"伊登乐园与阿灵比亚")。《战国策》(上海1941)第1卷第3期所载之文仅为《战国策》(昆明1940)第2期所载之文的前四段。

我满足,并为自己喝彩——"这个好",但奥林匹斯山上居住着众多的神祇,并且有男神和女神之别,而其中的男神又多为好色之徒,往往为了让自己心仪的女神说一声"这个好"便不惜互相倾轧。于是,亚当开始陷入沉思:"到了下凡混浊地后,到底采用那种行径呢?显然的,下边的大地不是伊登乐园,这混俗的尘世充满着争斗,无情、危险、患难、苦痛。它与阿灵比亚的世界比较近些:阿灵比亚式的生活方法比较适用。而且,在乐园里,耶和华绝无觊觎夏娃的心;在阿灵比亚诸神们都是好色之徒,看见美丽的夏娃安有不起念头之理?单为保有夏娃计,亚当也不能不采用阿灵比亚式的创造,不能不抛弃犹太而皈依希腊!"①从此以后,每当亚当有所作为,他都会去问夏娃的看法,而只有当夏娃说"这个好"之时,亚当才认为是真正的好。

　　细细品味之后不难发现,这则杜撰式戏仿作品其实具有强烈的现实针对性和积极的社会指导意义。风和日丽、宁静安稳的伊甸园影射着封建大一统社会下雍雍和和的中国,而尔虞我诈、充满争斗乃至于战争的奥林匹斯山和凡间则影射着抗战时期战乱纷飞、动荡不安的中国。在经历奥林匹斯山上的所见所闻之后,亚当清醒地认识到伊甸园与奥林匹斯山、凡间存在着天壤之别,所以当他从奥林匹斯山下到凡间后,他的生活方式也发生了翻天覆地的变化——主动、及时地一改从前的懒散懈怠而奋发图强。亚当的转变显然是明智之举,因为生活方式必须随着生活环境的改变而改变,否则终将自取灭亡、丧失一切。其实,这就是民国保守主义者杜撰这则希腊神话的深意之所在。民国保守主义者一方面殷切期望国人能够像亚当一样,清醒地认识到从前安逸的日子已如流水般一去不返,而如今动乱的时局则像疾风暴雨般骤然降临,另一方面又殷切希望国人同样能够像亚当一样,适时调整自己的生活方式以契合时势的需要。亚当在奥林匹斯山上的见闻、思索、决定以及他离开奥林匹斯山下到凡间后的生活方式,无疑都透露出民国保守主义者主张以战止战进而实现抗日救亡之大业的思想主张。所以在民国保守主义者看来,身处抗战这一特殊年代的国人,最主要的契合时势所需之生活方式便是具备战的意识、作出战的打算并付诸战的行动。尚战的主张往往伴随着尚力的思想,然而民国保守主义者只是"叫大家思其'力',而不是叫大家效其'暴力'"②。也就是说,国人若欲求得个人之真正生存、国家之真正独立以及民族之真正延续,则必须借助力,并以力应战,但除此之外不可滥用其力。可见,离开奥林匹斯山而下到凡间后的亚当,其实就是民国保守主

---

① 吉人[何永佶]."这个好"!(仿希腊神话2)——伊登乐园与阿灵比亚[J].战国策[昆明1940],1940(2):40.

② 公孙震[林同济].知与力[N].大公报[重庆版],1941-12-17(4)[副刊《战国》第3期].

义者理想中的可以适应抗战时期之战乱时局的国人的象征。一直以来,国人都像伊甸园里的亚当一样过着慵懒、悠闲的生活,一团和气而毫无战争意识,以至于就在日本侵略者的屠刀已然架在国人脖子上的时候,当时部分国人还仍然"想度一度'雍穆和平'的蜜月梦"①。也正因如此,民国保守主义者才用心良苦地杜撰这则所谓的希腊神话。

如果说《"这个好"!(仿希腊神话 2)——伊登乐园与阿灵比亚》对民国保守主义者的尚战主张和尚力思想的传达还是比较含蓄、婉转的话,那么《智慧女神的智慧——仿希腊神话》则显得相对直接和明显。这则杜撰式戏仿之作叙述的故事,起于被亲生儿子宙斯推翻而退居阿卡狄亚(Arcadia)②的克罗诺斯(Cronus)为奥林匹斯山上无休止的战争扼腕叹惜,于是他派遣使团前往劝说。然而,以宙斯和雅典娜(Athena)为代表的尚战、尚力的奥林匹斯山神祇与来访使团展开了针锋相对的辩驳。在这场辩驳中,宙斯和雅典娜的观点都极为鲜明,声色俱厉又有理有力地批驳了来访使团的和平论调。民国保守主义者对这场辩驳的叙述态度明显地倾向于奥林匹斯山一方,这使其尚战主张和尚力思想表露无遗。

在克罗诺斯的使团开门见山地描绘了他们和平生活的幸福状态,并指责奥林匹斯山上的混乱不堪和战争阴霾遍布之后,宙斯旋即拂袖而起,一针见血地指出:"我所需要的不是牛奶蜜糖,而是'力'与'势',它们就在我的左右旁……马士是我的前敌总指挥,世人称他为'战争之神';阿玻罗善于射击是我的长弓队长,海斐斯托士是我的军火制造者;合密士是我的情报部长……如我们不备战,泰顿巨人将卷土重来把我们毁灭了!愚蠢的俗人们!莫以为宇宙是一和平机构,莫希冀世界大同,世界大同只有在我们的武力统治下方能实现;那些 Aobacn League, Amphictionic League 等等,欲以'国际合作'方式求,'世界大同',那简直是梦想,故他们旋立旋散。"③不难看出,宙斯的这番辩驳之辞源自民国保守主义者对当时部分国人(尤其是部分上层人士甚或当政者)希图通过国际联盟或国际公约来消弭日本侵华之战这一妄想所作出的批判。同时,这番辩驳又是民国保守主义者对其尚战主张和尚力思想之合理性的阐发:第三方的仲裁与约束并不足以依靠,而一个国家欲求长

---

① 林同济.第三期的中国学术思潮——新阶段的展望[J].战国策[昆明 1940],1940(14):14.
按:该文的文后附注"廿九・十一・四夜写于昆明大普吉"(其中的时间即 1940 年 11 月 4 日)。
② "阿卡狄亚"本为古希腊伯罗奔尼撒半岛中部的一处高原地区,而后世西方文学作品则常用"阿卡狄亚"一词形容田园牧歌式的静谧、幸福生活。
③ 吉人[何永佶].智慧女神的智慧——仿希腊神话[J].战国策[昆明 1940],1940(14):50.
按:该文的文后附注"十月廿四日"。

治久安、一个民族欲求生存发展,必须未雨绸缪以防患于未然,亦即时刻枕戈待旦以防备潜在的敌人来袭,而在敌人已悍然入侵的严峻形势下,则必须重重地予以武装还击,因为只有战才能制止战。在这则戏仿作品中,宙斯还进一步地提出战争可以推动社会进步之说以佐证自己的尚战、尚力之论:"'变'是世界的原动力,万物中的唯一真相。而'战争'乃是变动的轮子,无战争即无推行变动的巨力。战争是一'大毁灭者'(Great Destroyer)但同时是一'大创造者'(Great Creator),毁灭中包含创造,创造中包含毁灭。"①战争推动社会进步一说,往往只是战争发动者粉饰其战争行为的一种说辞,但有的时候,战争在给人类社会带来破坏的同时,也确实带来了创造。正因如此,战争推动社会进步一说才往往成为邪恶的鼓吹战争者的文过饰非之狡辩辞。不过,民国保守主义者借宙斯之口说出这番话并不是为了鼓吹战争,而主要是为了批判当时的一种投降论调(即认为战争只会造成两败俱伤,与其如此,不如投降以消弭战争、避免损失),从而借之以消除国人因惧怕战争的破坏后果而不敢应战的顾虑或借口。当然,这其实也是民国保守主义者对其尚战主张和尚力思想之合理性的阐发:仅就战争可以带来创造这一积极意义而言,无论战败或战胜,国人都应该积极地参加抗战,而战胜的意义则更是非凡——用文中宙斯的话来说即"赢的是席卷天下,奠定民族生命的基础,打开创造新文化之门径"②。

也许,民国保守主义者觉得身为众神之王的宙斯往往代表着权势与欲望,以至于借宙斯之口阐释他们的尚战主张和尚力思想便不免附带着暴力、暴虐的色彩,所以他们又安排身兼智慧女神、和平女神、战争女神等多种身份的雅典娜来现身说法。雅典娜对克罗诺斯的使团说:"你们来此的使命是和平,这点我非常明白,也非常同情,因为我自己也就是战神群中之唯一被认为和平使者";不过,"我虽是和平使者,但是武装的和平使者:你不看我头戴的是钢盔,身披的是甲胄,这手执的是长矛,那手擎的是圆盾";当然,"我虽口说和平,行动和平,然念念不忘武备,世人呼我为'智慧女神'(Goddess of Wisdom),恐怕就因为这点:在和平中不忘武备"③。在希腊神话中,雅典娜曾赠予雅典公民以橄榄树,并成为雅典城的保护神,而雅典城的城名也源于雅典娜,所以雅典娜往往以和平女神的形象见诸世人。然而,这位和平女神又是武装的和平女神,并在事实上是一位不折不扣的战争女神,只不过她代表正义之战而与代表邪恶之战的男战神阿瑞斯(Ares)有所不同。在雅典娜身

---

① 吉人[何永佶].智慧女神的智慧——仿希腊神话[J].战国策[昆明1940],1940(14):51.
② 吉人[何永佶].智慧女神的智慧——仿希腊神话[J].战国策[昆明1940],1940(14):51.
③ 吉人[何永佶].智慧女神的智慧——仿希腊神话[J].战国策[昆明1940],1940(14):52.

上,战争与和平这对矛盾体得到了完美的结合,所以民国保守主义者认为这就是雅典娜作为智慧女神的智慧之所在。通过借身兼智慧女神、和平女神、战争女神等多种身份的雅典娜之口而论战争与和平互相结合、互不偏废的方式,民国保守主义者成功地对其尚战主张和尚力思想进行了显明的正确性阐发或正义性阐发。当然,民国保守主义者的尚战主张和尚力思想主要是针对正义且具体的抗战来说,而他们之尚战、尚力主要也是以应战谋求和平、以备战捍卫和平。这应该说是无可厚非,因为和平的社会环境无疑是实现国家、民族之延续和发展的大前提。

在杜撰式戏仿希腊神话的过程中,民国保守主义者仅仅借用了原希腊神话中的某些元素以进一步虚构新的所谓希腊神话,所以他们对原希腊神话既无肯定之说,也无否定之谓。换言之,此时身为注视者的民国保守主义者并不对身为异国他者的原希腊神话抱有任何的偏见:既不狂热地崇拜原希腊神话,也不轻蔑地贬抑原希腊神话。正因如此,民国保守主义者在创制杜撰式戏仿作品的过程中所运用的想象方式就是一种整合式想象。在这种想象异国他者的方式中,注视者和异国他者站在相互认可、相互尊重的平台上展开平等的对话,即注视者既"从他者文化和文学的语境中反观本土文化和文学,又从本土文化和文学中去鉴照他者文化和文学"①。杜撰式戏仿希腊神话的作品运用了不同于推崇式想象和批判式想象的整合式想象,从而也使其与尊重式戏仿作品和颠覆式戏仿作品有所不同。但是,这三种类型的戏仿方式和想象方式,在揭示作品之题旨方面却有异曲同工之妙,即都借重构作为异国他者的希腊神话而鉴照本国、本族的文化,从而鼓舞抗日救亡及抗战建国的民族大业。从翻译学的角度而论,蕴含整合式想象的杜撰式戏仿希腊神话之作,显然极大地摆脱了外文原本的具体内容、思想内涵等各方面的限制而颇为类似于伪译之作。

本 章 小 结

自鸦片战争以后,西方文化汹涌而来,而其对传统文化的冲击实际上又"以废绝为目标",因其"要求中止中国一切传统价值,甚或中止她的身分"②。尽管西方文化的这种侵略性在19世纪末便被国人所觉察,但晚清之士多基

---

① 赵小琪,主编.比较文学教程[M].北京:北京大学出版社,2010:78.
② 张君劢.前言[M]//张君劢.新儒家思想史.台北:弘文馆出版社,1986:13.
按:该文的文后题署"张君劢一九五七、三、十五于旧金山"。

于自然保守主义或传统主义而抵制甚或排斥西方文化。这种知其然而不知其所以然的自然保守主义或传统主义行为,势所必然地被热衷于仿习西方文化之人斥为顽固守旧之举。随着清王朝的覆灭以及中华民国的成立,旧势力渐消而新势力渐兴,于是西方文化开始大行其道并益发表露其侵略性。正如"学衡"派的胡先骕所言,新文化运动时期,尤其是五四运动以降,"举国上下,鄙夷吾国文化精神之所寄,为求破除旧时礼俗之束缚,遂不惜将吾国数千年社会得以维系,文化得以保存之道德基础,根本颠覆之"①。当然,在颠覆传统文化的同时,部分国人又选择以西方文化取而代之。由之,西方文化在国人的倾心向往和积极仿习之下,以其咄咄逼人的取代传统文化之势直接地表现其侵略性。

在这个时候,民国保守主义者开始登上历史舞台而致力于反拨这一极端化的崇西抑中倾向。与晚清之士有所不同的是,民国保守主义者对传统文化的卫护及其对西方文化的某种抵制不仅知其然,而且知其所以然。所谓知其然,指的是民国保守主义者深知保持民族文化之民族特色的重要性而积极卫护传统文化,并竭力反对西方文化取代传统文化。其实,这也是晚清之士作出自然保守主义或传统主义行为的根本原因之所在。所谓知其所以然,则是指民国保守主义者在观照"一战"、西方社会现实及对比中西社会现状等基础上,既敏锐地捕捉到西方文化尤其是近世西方文化固有的弊端,又客观地发掘出传统文化固有的优长,并意外地发现传统文化固有之优长还恰可裨补西方文化固有之弊端。其实,这就是民国保守主义者既对传统文化有所卫护又对西方文化有所抵制的客观原因之所在。恰恰是在民国保守主义者的努力反拨之下,力主完全抛弃传统文化而全面仿习西方文化的西化论者才不得不有所退让,如他们鼓吹的全盘西化之论由"全盘西化"的提法逐渐演变成"充分西化""充分世界化""充分现代化"之谓就是一个明证。诸如此类的转变意味着西方文化对传统文化的侵略势头被民国保守主义者有效地扼制,而传统文化也就随之获得了延续和发展的生存空间。但是,民国保守主义者并不盲目地卫护传统文化,也并不完全地排斥西方文化。创刊于1929年的《村治月刊》曾在其《发刊辞》中提出一个亟待解决的问题:"物观的讨论中西文化融合,建立民族的新文化,换言之,即继承固有文化之特殊精神,融合世界各民族文化之优点,为复兴中华民族之新文化。"②后来,

---

① 胡先骕.中国今日救亡所需之新文化运动[J].国风半月刊,1932(9)[又称"刘伯明先生纪念号"]:29.
② 佚名[王鸿一].发刊辞[J].村治月刊,1929,1(1):2.
按:该文的文后附注"一八,三,一"(1929年3月1日)。

担任《村治月刊》更名后的《村治》之主编的"现代新儒家"派的梁漱溟,虽然表面上似乎只倾心于乡村建设,但实际上并没有忘怀《村治月刊》的《发刊辞》提出的问题,反而默默地致力于探求一种和合中西文化之优长以复兴中华民族的全新的现代文化——别样现代文化。事实上,大凡民国保守主义者都力主创造一种和合中西文化而不偏取一端的别样现代文化。这就意味着,民国保守主义者虽有卫护传统文化之举,却也不无借鉴西方文化之为。应该说,卫护传统文化及借鉴西方文化都只是一种表面现象,因为二者都只是民国保守主义者主张创造和合中西文化的别样现代文化这一整体的两个相辅相成的侧面。

正是为了创造和合中西文化的别样现代文化,民国保守主义者主张以"博采东西"且"并览今古"的态度和行为对比研究中西文化并进而有机融合西方文化。进而言之,"博采东西"且"并览今古"就是民国保守主义者主张的创造别样现代文化的基本范式。在"博采东西"且"并览今古"的前提下,民国保守主义者曾生发出互参中西论、调和中西论以及会通中西论等诸多论断或主张。这些论断或主张固然有所不同,但又殊途同归,因为他们都反映出民国保守主义者致力于探求更好的和合中西文化之道,以期创造能够帮助国人摆脱当前困境并指导其未来生活的别样现代文化。其实,民国保守主义者试图依据"博采东西"且"并览今古"的基本范式而创造的别样现代文化,亦实亦虚却又是中西文化(尤其是中西文化之精华)的完美结晶或理想结合。进而言之,别样现代文化其实是理想甚或想象的产物,极为完善甚或极为完美,而这种完善甚或完美又映照着现实中的传统文化及西方文化有所不足甚或有所缺失。从福柯的异托邦空间哲学理论的角度而言,民国保守主义者对创造别样现代文化之基本范式——"博采东西"且"并览今古"的阐发立足于构建一个映照现实又裨补现实而富于补益性的补偿异托邦。民国保守主义者构建补偿异托邦的直接目的在于创造别样现代文化,而补偿异托邦又是他们在建构其另类现代性的过程中构建的宏观上的文化异托邦就创造别样现代文化——和合中西文化这一具体层面在微观上的表现。所以,民国保守主义者对补偿异托邦的构建既隐含着他们对另类现代性的建构,又流露出他们建构另类现代性的基本范式在于"博采东西"且"并览今古"以创造别样的现代文化。由于注重别样现代文化的主体性和民族性,所以民国保守主义者理想中的别样现代文化之构成成分其实以传统文化为主、西方文化为辅。也正因如此,民国保守主义者在主张创造别样现代文化的过程中,又偏重于以西方文化裨补传统文化。标举西方模范、戏仿希腊神话等行为就是以西方文化裨补传统文化的具体表现,因其在根本上都采取了以西鉴中、取西补中的方式。从比较文学形象学的角度而言,这些行为和方式即是想象异国他者而制造异国形象。源自西方的模范人物固然是异国形象,而源自西方的希腊神话也是异国形象。这些异国形象虽带有其原初形象的特征,却更多地沾染了身为注视者的民国保守主义者的思想观念而在根本上都是想象的产物。因此,民国保守主义者创作的标举西方模范及戏仿希腊神话的篇章,从表面上看去似乎都是谈论西方文化之作,实际上都因渗透着民国保守主义者不由自主地带去的传统文化的因素而表现为中西文化之和合的凝结体。

结　　语

在中国近代思想史上,各种各样的"主义"俯拾皆是,比如文学上的现实主义(realism)和浪漫主义(romanticism)、政治学上的封建主义(feudalism)和资本主义(capitalism)以及哲学上的唯物主义(materialism)和唯心主义(idealism)等。尽管各种各样的"主义"可能奠基于各种不同的学科领域,但都具有一个显而易见且又不可否认的共同点,即他们都不是源于中国学术界的本土产物,反而都是来自西方学术界的舶来品。从表面上看去,西方学术界是这些"主义"的制作者,而中国学术界则只是这些"主义"的接受者。但事实上,中国学术界既是这些"主义"的接受者,又是这些"主义"的制作者,并在接受、制作这些"主义"的过程中,大致经历了借用、误用和化用三个阶段。

每一种"主义"显然都是西方学术界为了更好地阐释某些特定场域内的特殊现象而提炼、创造出来的特定术语,因而每一种"主义"都有其作为特定术语的特定内涵,且都以外语的能指首次亮相。当一部分精通外语的中国学者首次接触到这些用外语表述的"主义"时,他们便有意识地去找寻汉语中与之相对较吻合的语词去称谓并描述这些"主义",从而将之译介到中国学术界。也就是说,先有了西方学术界的各种"-ism",才有了中国学术界的各种"主义",比如先有了西方学术界的"realism",才有了中国学术界的"现实主义"。显然,此时西方学术界是各种"主义"的制作者,而中国学术界则只是各种"主义"的接受者。不过,"原文在这种外语和本族语转换过程中",不可避免地存在着"信息的失落、变形、增添、扩伸等问题"[①]。诚然,中国学术界的译者们都曾努力本着"信、达、雅"的崇高准则去译介这些从西方学术界舶来的各种"主义",且确实也在很大程度上保留了这些"主义"原始又西式的含义,然而他们在翻译外语的过程中又难免会出现语义偏离和语义再造的歧误,比如将英语"realism"翻译为汉语"现实主义",并不意味着汉语"现实

---

① 曹顺庆,主编.比较文学教程[M].北京:高等教育出版社,2006:112.

主义"的所指,就完全等同于英语"realism"的所指。也许,西方学术界的各种"-ism"在被中国学者翻译为各种"主义"之后,其语义的偏离和再造不是太显著,但这并不意味着这种语义的偏离和再造就不存在。从这个角度而言,中国学术界又是各种"主义"的制作者——只不过其制作意义远小于其接受意义罢了。译介西方学术界各种"主义"的过程,便构成了中国学术界接受、制作各种"主义"的借用阶段。在这个阶段,中国学术界对西方学术界的各种"主义",既存在着自觉的"借"的意识而势所必然地视之为外来之物,又存在着些许不自觉的"用"的意识而不由自主地在以汉语名之、释之的过程中对之有所创造和发挥。

翻译从来只是手段而不是目的。中国学者在译介各种"主义"的时候,并不是抱着围观看热闹的心态仅仅停留于介绍的层面,而是殷切希望能够运用这些新颖的"主义"去更好地研究、解决中国的学术问题。希望固然正确而美好,但现实有时不以正确而美好的希望为转移。事实上,这种正确而美好的希望一开始也并没有转换成正确而美好的现实。紧随世界潮流的中国学者,在引进那些新式"主义"并以之为分析工具来考察中国学术问题的时候,不但没有收获预期中的丰硕成果,反而制造了诸多似是而非的结论,引发了不少旷日持久甚至悬而未决的争讼,比如李白、杜甫是否可以分别被贴上浪漫主义诗人、现实主义诗人的标签,中国历史上是否存在过封建主义社会和资本主义社会,中国传统哲学是否可以划分为唯物主义和唯心主义两大类型等。这种事与愿违的不幸局面,颇能令人联想起《晏子春秋》中那句"橘生淮南则为橘,生于淮北则为枳"[①]的名言。橘本为淮南所生而并不为淮北所存,同样的,源自西方学术界的各种"主义"有其作为术语和理论的特定内涵、特殊场域,其本身并不为中国而设,当然也不可能泛应曲当地完全契合具体的中国场域。因此,环境差异导致的水土不服在很大程度上制约了西方之"橘"在中国也结出"橘"的可能。不过,"橘生淮南则为橘,生于淮北则为枳"的哲理名言在彰显淮南、淮北之类的客观环境因素之强大制约力的同时,又遮蔽了移植者作为主观人为因素的干扰性作用,因为不恰当的培育方式也会影响到未来蒂落之果实的品质。当时,怀揣着迫切希望的学术界先行者们,往往在还没有静下心来全面了解并准确把握刚刚接触到的各种"主义"的情况下,便仅凭概念化的印象和粗略化的感受,急忙忙地将之生搬硬套到中国学术问题的研究分析之中。学术界先行者们对各种"主义"的不恰当理解引起了西方之"橘"在中国的异化,而那种照猫画虎、削足适履般的

---

① 晏婴.卷六:内篇杂下第六[M]//晏婴.晏子春秋.孙星衍,等,校.上海:商务印书馆,1937:56.

应用方式又使其在栽种西方之"橘"的过程中出现了失误。因此,人为干扰导致的培育不当在一定程度上加大了西方之"橘"在中国结出"枳"的可能。基于客观和主观双重制约因素的影响,西方之"橘"在中国结出"枳"虽出乎意料之外,却也在情理之中。从西方之"橘"到中国之"枳"的蜕变意味着中国学术界在接受、制作各种"主义"的过程中,经历了一个不太短暂又比较惨痛的误用阶段。在这个阶段,中国学术界作为接受者的身份正逐渐淡化——对西方各种"主义"疏于全面了解和准确把握,而其作为制作者的身份却在不自觉间逐渐强化——热衷于在主观想象或牵强附会中搬用、套用西方各种"主义"来烛照中国的学术问题。

在历经误用阶段的种种挫折之后,中国学术界的学者们开始反思并逐渐认识到,客观的环境差异固然决定了西方学术界的各种"主义"之"橘"在中国根本不可能结出一模一样的"橘"来,但主观的培育不当又是西方之"橘"异化为中国之"枳"的主要原因之所在。客观的环境条件显然不可改变,而主观的人为因素却可以适当控制。具体而言,身为移植者的中国学者们如果能够恰当地移植西方之"橘",那么西方之"橘"在中国即使注定蒂落不了甘甜的"橘",也不一定只会结出苦涩的"枳"。于是,中国学术界的学者们在更为全面地了解和更为准确地把握西方学术界的各种"主义"的基础上,又不断地丰富其内涵、收缩其外延,从而使之中国化。中国化了的各种"主义"在一定程度上保留了西方各种"主义"的某些内涵,但又与之有所差别,最重要的是他们更为契合具体的中国场域。显然,在这个中国化的过程中,西方之"橘"的品质也发生了变化,但那是改良或进化意义上的变化。与此同时,中国学者们又秉着实事求是的严谨学术态度,恰如其分地将这种改良或进化了的各种"主义"运用到中国学术问题的具体分析之中,从而得以收获前所未有的开拓性研究成果。虽然西方之"橘"在中国注定无法结出一模一样的"橘",但因地制宜的品种改良和恰到好处的栽培方式则使其产出了同样甘甜的"柑"。从西方之"橘"到中国之"柑"的转变意味着中国学术界在接受、制作各种"主义"的过程中,已摆脱了种橘得枳的怪圈,从而进入了一个崭新的化用阶段。如果说,在借用阶段中国学术界的学者们观照西方学术界的各种"主义"的态度和思考趋向于客观和理性一端,而在误用阶段这种客观而理性的态度和思考已在不自觉间走向了主观和感性的另一端的话;那么,在化用阶段中国学术界的学者们对西方学术界的各种"主义"既有客观的认识和理性的思索,又有主观的取舍和感性的改良。恰恰是在化用阶段,中国学术界的主体意识才真正觉醒,从而使其作为接受者的身份在不自觉间更趋淡化,同时又使其作为制作者的身份在自觉中更趋强化。借用阶段的译介为中国的学术研究开启了崭新的研究视野,而从误用阶段到化用阶段的转变则无疑宣告了中国学术界在接受、制作各种"主义"的过程中已然实现从照猫画虎到"由猫化虎"的升华。不过,时代总是马不停蹄地向前发展,而每一种"主义"也都会被学者们不断丰富和深化,所以化用阶段还将长期持续。

源自西方学术界的各种"主义"乃至其他学术理论,大体上都在中国学术界经历了被借用、误用、化用的三个阶段,并将长期处于被化用的过程之中。当然,作为"主义"之一的保守主义也概莫能外。起初,中国学术界的学者们往往以源自西方的那种参照于自由主义又对立于激进主义的"保守主义"一词,简单地指涉中国近代思想史上那股卫护传统的保守思潮。紧接着,中国学术界的学者们在借用源自西方的保守主义概念的基础上,又依据西方保守主义的典型特征来阐释中国保守思潮的发展形态。但是,这种描绘根本不是基于中国保守思潮之客观事实的概括,而是基于中国学者之主观臆想的推导。正因如此,一些学者甚至推导出中国的保守思潮不但竭力维护旧有事物,甚且竭力排斥新生事物的不当结论。殊不知,中国近代思想史不同于西方近代思想史,而简单、机械地搬用或套用源自西方的保守主义概念来阐释中国保守思潮的方式,也必不符合中国的具体场域,并注定会碰壁。事实上,据此展开研究而得出的结论往往似是而非,不仅不能令他人信服,还令学者自己陷入困境。后来,中国学术界的学者们逐渐意识到他们误用了保守主义的概念,并转而使用"文化保守主义""文化守成主义"等更契合中国保守思潮这一具体场域的新概念——尽管这一番醒悟在很大程度上要归功于西方学术界的提醒,而"文化保守主义""文化守成主义"一类的新概念也多为西方学术界所创。但是,化用的阶段难有止境,而化用西方保守主义以探求中国保守思潮的学术研究也尚未结束。

其实,不只是研究中国近代思想史的学者们对源自西方学术界的各种"主义"乃至其他学术理论历经借用、误用和化用的三大阶段,就连创造中国近代思想史的晚清、民国之士也未尝不是如此。源自西方学术界的各种"主义"及其他各种学术理论显然都属于西方文化的范畴,而自 1840 年鸦片战争以后,西方文化才开始大量而迅速地涌入中国。曾国藩、左宗棠、张之洞以及康有为、梁启超、谭嗣同等晚清开明人士较早地借用了西方文化,同时又或多或少地对西方文化有所误用——洋务运动、戊戌变法等改良运动或改革运动最终归于失败的一大原因也就在于此。就如中国学术界的学者们热衷于引介源自西方学术界的各种"主义"乃至其他学术理论是为了更好地研究、解决中国的学术问题却终究未免事与愿违一样,尽管晚清之士借用西方文化的主观目的在于改变中国积贫积弱的社会现状,但在客观上又误用了西方文化——这在一定程度上决定了他们改良或改革社会现状之努力必将走向失败。不过,在"中学为体、西学为用"这种主流社会意识形态的制约之下,同时也在一些顽固守旧分子的掣肘之下,晚清之士对西方文化的借用和误用都不足以伤及国本、撼动国基,即不至于动摇或改变以传统儒家文化为代表的传统文化长久以来的主体性地位。然而,当历史推进到民国以后,一部分思想文化界的人士坚持认为晚清社会改良或社会改革的失败主要在于仿习西方文化的广度和深度都极为不够,于是他们变身为相对彻底的西化论者而力主全面、深入地仿习西方文化,并由此发起新文化运动。正如"本位文化"派的陈高佣所言:"中国近百年来,自从鸦片战争以后,历史上起了一个极大的变化;随着历史的激变,于是国家、社会以及人民的各种生活上都发生了许多新的问题;而这许多新的问题我们总括来看,都可说是文化问题,即都是由中西文化之接触而生的问题。所以我们可说中国近代文化问题就是中国近代各种问题的根本问题,我们要解决中国今日的任何问题,都不能不先从中国今日的文化问题上着手。"① 西化论者显然也深明此理,所以他们发起的新文化运动以创造全新的现代文化相号召。偏重文化创造之新文化运动与以往的偏重器物革新之洋务运动、偏重政治改革之戊戌变法、偏重政治革命之辛亥革命有所不同,并深化了以往的改良运动、改革运动或革命运动。应该说,以往的洋务运动、戊戌变法、辛亥革命等一系列改良运动、改革运动或革命运动都是中国在现代化道路上不断前行的具体表现之一,尽管倡导或发起这些运动的仁人志士还只零散地专注于经济上的工业化、军事上的机械化、政治上的民主化等,而并没有真正形成明确的现代化概念。与早先的仁人志士不同,西化论者已具备明确的现代化概念,因其倡导新文化运动以创造全新的现代文化之举已然有意识地着眼于中国的现代化,而这也正是新文化运动对以往的改良运动、改革运动或革命运动有所深化的主要原因之所在。新文化运动积极的历史意义自不必赘言,但西化论者那种视现代化为西方化的错误观念,在事实上又致使新文化运动逐渐偏离正确的运行轨迹。客观地说,在新文化运动时期,西化论者将中国近代思想史上的借用西方文化之举推演至巅峰,同时也将中国近代思想史上的误用西方文化之举演绎到极致,因为西化论者对西方文化的引介和学习无论是在广度还是深度上都更为进步,而其对西方文化的盲从和滥用则又无论

---

① 陈高佣.序[M]//陈高佣.中国文化问题研究.上海:商务印书馆,1937:1.
按:该文的文后题署"陈高佣二十六年一月十五日上海"(其中的时间即 1937 年 1 月 15 日)。

是在广度还是深度上都更为恶化。但同样客观地说,西化论者在借用西方文化的基础上,虽对西方文化有所误用,却也不乏化用,如他们不以经济上的工业化或政治上的民主化为现代化之全部即是一例——尽管他们将西方化等同于现代化。

就如在学术研究上简单、机械地搬用或套用西方学术理论来研究具体的中国学术问题,不但注定不能得出令人信服的结论,反而会致使研究者自己陷入困境一样,西化论者误用西方文化而推导出的现代化建设方式以及蕴含其中的现代文化创造方案也同样难以令人信服,而他们自己也曾一度陷入进退两难之困境。依据西化论者的构想,中国若欲实现现代化,就应彻底地效仿西方社会的方方面面,亦即西方化。由此即可推知,西化论者主张的现代化建设方式其实就是西方化建设方式——比前人更加深入而全面的西方化建设方式。在西方化建设方式的统摄之下,西化论者自然而然地主张现代文化的创造必须完全地依托西方文化,而传统文化则必须被毫不留情地全部抛弃。据此创造的现代文化,虽然在表面上确实是一种不同于旧有之传统文化的全新的现代文化,却在很大程度上无异于西方文化——至少也是以西方文化为主体,从而在实际上沦为西化的现代文化。所以,西化论者主张的现代文化创造方案其实就是西化现代文化创造方案,并且折射出饱含西化甚或全盘西化主张的极端启蒙现代性。显然,西化论者的西方化构想,必将伤及国本、撼动国基,进而导致中华民族之民族性的丧失。其实,相沿数千年的传统文化也难以说弃就弃,而国人又普遍具有强烈的自然保守主义情结或传统主义情结。更何况,传统文化在当时也并非一无所用,而一度强盛、美好的西方社会在西方文化的引领下,反而日益突显其不美好或不理想的另一面。基于诸如此类的原因,西化论者的西方化建设方式、西化现代文化创造方案之遭遇阻扼也就在所难免了。当然,这种阻扼最为集中地来自于保守主义阵营——民国保守主义者的质疑和批判。

诚然,民国保守主义者对西化论者多有质疑和批判。不过,他们也同样致力于中国的现代化建设和现代文化创造,这是因为他们深知:"由生活的变动"所致,"旧日的一切,虽向曾为我们民族精神之所寄,然而如万里长城一样,在今日立体战争的现状下,到底不足为我们的防御工程了"①。由此可以推知,民国保守主义者对西化论者的质疑和批判,并不是反对西化论者倡导现代化和现代文化,而是反对西化论者主张的西方化建设方式、西化现代文化创造方案。在民国保守主义者看来,一方面现代化绝不应完全等同于

---

① 佚名[裴复恒、樊仲云].发刊辞[J].文化建设[上海1934],1934,1(1):1[总1].

西方化,而现代文化也绝不应完全等同于西方文化;另一方面西方文化利弊共存,而传统文化即使再不济,也在当时具有一定的价值或意义。相较于西化论者,民国保守主义者并不片面地崇拜西方文化、盲目地蔑弃传统文化,而是在承认西方文化有其优势的同时,也看到了传统文化有其优长。正如民国时期的著名教育家汪懋祖指出的那样:"世无绝对文明之国族,有所长必有其所短。惟智者为能善取他人之所长而冶之为我用,然亦必茂明其所本善,斯能卓然有以自竞,非是则谓之奴从。夫至于奴从,则灵魂丧失,不复有我。"[①]借他者之所长而补本己之所短固然是无可厚非,但弃本己之所长而盲从他者之所短则显然是谬妄无稽,因为这种弃长取短之举不但会丧失本己的优势,更会丧失本己的主体性而沦为他者之附庸。由此可知,民国保守主义者主张的现代化建设方式是极富中国本土特色的现代化建设方式,亦即本土化建设方式。在本土化建设方式的统摄之下,民国保守主义者理所当然地主张现代文化的创造不应在中西文化之间偏取其一,而应兼收二者,即和合中西文化之优长。据此创造的现代文化,其实也是一种不同于旧有之传统文化的全新的现代文化——尽管在很大程度上以传统文化为主体并迥异于西化现代文化而成为别样的现代文化。所以,民国保守主义者主张的现代文化创造方案便是别样现代文化创造方案,并且同样也富于现代性。只不过,这是一种另类现代性:既彰显审美现代性又反拨启蒙现代性,与此同时还针对极端启蒙现代性,并且特别强调各种层面的道德意义。

在历经中国思想界的各种文化论争之后,"醒狮"派的陈启天曾于 20 世纪 30 年代末总结道:"一切国家的文化"都应该"随着时代和环境而改进",但"既不能全盘接受外来文化,也不能全部保存固有文化",因为"过于顽固的保守固有文化,便足使文化过于与时代及环境不相应,而有文化僵化的危险","过于杂乱的接受外来文化,便足使民族的故步全失,而新步又不易仓卒即成,显出文化中毒的现象",所以"要使国家文化适应时代和环境的需要,以巩固国家的生存,最要紧的事,是一面有选择的改造固有文化,一面有选择的接受外来文化,而使固有文化与外来文化融合为一种新文化"[②]。应该说,陈启天对中西文化之抉择及现代文化之创造的认识颇为深刻和合理,而包括陈启天在内的所有民国保守主义者其实在一开始就秉持着这种既深刻又合理的中西文化观和现代文化观,力主创造别样现代文化。对于西化论者极端崇拜的西方文化,民国保守主义者虽从不盲目崇拜,也从不完全地

---

① 汪懋祖.送梅君光迪归康桥序[J].学衡,1922(4):1.
按:该文的文题之下附注"宓案此文作于民国七年戊午夏"(其中的时间即 1918 年夏)。
② 陈启天.国家主义者的中国文化观[J].国论[重庆 1938],1938(4):53.

拒之门外。事实上,他们不但从不反对借用西方文化,反而还曾积极引介西方文化以借鉴西方文化。不过,民国保守主义者一直都注重化用西方文化,即创造性地阐释、利用西方文化并使之中国化。当然,诚如"现代新儒家"派的贺麟所言,只有对西方文化"有了深刻彻底的了解后",才能"不唯不致被动的受西化影响,奴隶式模仿,而且可以自觉地吸收,采用、融化、批评、创造","这样既算不得西化,更不能说是全盘西化"[①]。至于传统文化,民国保守主义者一向都极力反对全部抛弃之举并力主择善而从,即力主拣选传统文化中具有当下之价值或意义的精华内容并对之加以承继和利用。在民国保守主义者看来,只有和合中西文化(包括承继传统文化和华化西方文化)而创造的别样现代文化以及由之指导的现代化,才不至于使国人奴从外族及外族文化以致国性丧失、族性荡然而沦为外族及外族文化的奴隶。为此,"东方杂志"派的陈嘉异还曾进一步地提出:"从整理国学发扬文化入手,而其部署则以董理我固有道德学术思想脉络,与夫传统之政治制度,社会组织,等等。排比而条贯之,使成一凝然有物秩然有序之完整文化系统,而形成西方学者所谓支那学系 Sinology。其于范围人心,蜚声世界,所益必无涯量。"[②]其实,其他民国保守主义者也多有类似的论断,并已部分地付诸实践,如"现代新儒家"派之于中国现代民族哲学的建构、"醒狮"派之于中国现代民族政治的建构以及"学衡"派、"战国策"派之于中国现代民族文学的建构等。

大凡民国保守主义者都极为重视传统文化而讲究现代文化及现代化的中国本土特色,甚至还进一步认为"如是则不惟保国,且可进而谋救世"[③]。民国保守主义者主张创造的别样现代文化以及由之指导的现代化是否确实可以"退而保国""进而救世"姑且不论,但他们在事实上便是以这种理念或口号相号召或宣传。其实,"退而保国"一说和"进而救世"一说之间存在着不可否认的对立。"退而保国"一说注重民族性和国族性,因而极富民族主义色彩和国家主义色彩。民族主义、国家主义都有其利弊共生的两面性,因而兼具积极与消极之两种意义。就其积极意义来说,民族主义、国家主义因为注重民族性和国族性而可促进保族、保国之质朴目的实现——这也是民族

---

① 贺麟.文化的体与用[M]//贺麟.近代唯心论简释.重庆:独立出版社,1942:268.
② 陈嘉异,士钊[章士钊].文化[J].甲寅[北京 1925],1927,1(40):17-18.
按:引文出自该文中陈嘉异写给士钊(章士钊)的信件。该文(无署名)为本期"通讯"栏目的第三篇文章,由两部分组成,即前部分的陈嘉异写给士钊的信件(信末题署"陈嘉异/北京西城谙达宫一月一日"),以及后部分的士钊回复陈嘉异的信件(信末署名"士钊")。
③ [美]白璧德[Irving Babbitt].白璧德论欧亚两洲文化[J].吴宓,译.学衡,1925(38):5.
按:引文出自吴宓在该文的文内加注的按语。

主义、国家主义得以发生和发展的根本原因之所在。但是,民族主义、国家主义的积极意义又蕴含其消极意义,因为民族主义、国家主义对民族性和国族性的注重又会在客观上不断加剧民族间、国家间的隔阂甚或对立,进而导致诸多民族纷争和国家纷争,甚或诱发民族间、国家间的大战。"进而救世"一说在大体上恰好与"退而保国"一说相反,具有消解民族性和国族性的意味,因为民国保守主义者的"进而救世"主张若果真得以实现,则无疑意味着世界各国都采用了民国保守主义者主张创造的别样现代文化以及由之指导的现代化而趋于同一。所以,"进而救世"一说其实蕴含着世界主义和大同主义。世界主义、大同主义与民族主义、国家主义一样,同样具有利弊共生的两面性,只不过前者之利即后者之弊,而后者之利即前者之弊,因为世界主义、大同主义意味着民族界线、国家界线的模糊甚或消失,彼此间不再有隔阂甚或对立(混同后的民族内或国家内的纷争另当别论),而彼此之各方也不再各有其特征或特色。正因如此,许多人都认为"退而保国"一说和"进而救世"一说之间存在的矛盾,根本就不可能调和。但是,力主和合中西文化的民国保守主义者,显然试图在"退而保国"与"进而救世"的对立中寻求统一而和合之。《庄子·人世间》有言道:"两喜必多溢美之言,两怒必多溢恶之言。"①当民国保守主义者着力强调民族主义、国家主义的时候,秉持先入之偏见的反对者往往凭借世界主义、大同主义而斥之为狭隘、自私。反之,当民国保守主义者深入阐发世界主义、大同主义的时候,秉持先入之偏见的反对者又往往依据民族主义、国家主义而责之为虚妄、无知。客观地说,民族主义、国家主义和世界主义、大同主义虽有对立却也不乏统一,而其统一之关键就在于将二者都控制在一定的限度之内。不过,就当时的实际情况而言,民族主义、国家主义较之于世界主义、大同主义,更适合当时的中国和中华民族在世界环境中谋求生存和发展。也正因如此,民国保守主义者才有一退一进的"退而保国""进而救世"之说。

"醒狮"派的余家菊曾以极富感情色彩的语调和极具说服力的语句写道:"忘恩负义,是人类崩溃的征兆。我我②们成天受前人的恩赐而不知感谢,已经便难免狂妄了!若是开口便谩骂古人,责难前辈,那便是忤逆之一例。须知没有前人,那有你,纵令前人蠢,前人有一万个不对,但是前人毕竟有一件做对了!那一件呢?便是因为前人的努力,才生出了一个圣人你。你总不能

---

① 佚名[庄周].庄子卷第二:人世间第四[M]//佚名[庄周].庄子.郭象,注.陆德明,音义.石印本.[出版地不详]:扫叶山房,1922:6.
② 原文如此,此处疑衍一"我"字。

不①承认,你是天上掉下来了!你毕竟是生在传统的文化之中:传统的文化一万个不好,然而究竟产生了一个你,可见传统文化依然具有伸缩性,并没有完全变成化石。纵令你说,我是在外国学来的,我当感谢外国人;其实你也应该知道你不是生来便知道从外国人学,还是本国的前辈们教你去学的哟!即令前辈们一切都做错了,但是教你向外国人去学这一件事,应该没有错吧!便是这一点,便值得我们的感谢。"②其实,其他民国保守主义者在很大程度上也都基于类似的兼具感性和理性的认识而注重发扬传统文化。他们对传统文化的注重与发扬,又在很大程度上顺应了国人的自然保守主义情结或传统主义情结,从而也使其思想主张更易于为国人所接受。不过,这并不意味着民国保守主义者比西化论者更具远见卓识。须知,引领中国现代化主潮的西化论者是立论者,而民国保守主义者只是驳论者。立论者在立论的过程中难免有所疏漏而有失全面,驳论者在驳斥立论者的过程中则往往因为抓住了立论者的立论漏洞而显得颇富见地。反而言之,如果换成民国保守主义者引领中国现代化的主潮,他们在立论的过程中也难免会挂一漏万,而西化论者则可能在反驳民国保守主义者之立论的过程中显得更具远见卓识。西化论者最大的失误在于过分强调西方化,而民国保守主义者在反拨西化论者这一偏颇的过程中,又有走向另一个极端的倾向,即过分强调中国化。其实,西化论者及民国保守主义者双方之主张的有机结合,较之于任何一单方的主张,都更适于中国的现代化建设及中国的现代文化创造。所以,在那场关于中国之现代化建设以及中国之现代文化创造的论辩过程中,作为论辩双方的民国保守主义者和西化论者实际上无分高下,也难判对错。但是,历史恰好赋予民国保守主义者以驳论者的身份,从而迫使其走上对抗主流的艰难、曲折之路。

当下,人们在称颂西化论者之类的立论者自觉地引领中国走向现代化的时候,也不能忘记民国保守主义者一类的驳论者对中国的现代化建设作出的补偏趋正的贡献。尽管民国保守主义者的一些言论或行为也有失当之处,但他们和其他所有热爱中国及中华民族的国人一样,热切祈盼祖国的繁荣富强、民族的繁盛延绵。"逝者如斯,而未尝往也。"③尽管"昔人已乘白云

---

① 原文如此,此处疑衍一"不"字。
② 余家菊.中国的统一因素[J].国论[上海1935],1935,1(5):7-8.
按:该文的文后附注"二四,十,十三"(1935 年 10 月 13 日)。
③ 苏轼.卷下宋文:前赤壁赋[M]//佚名.金圣叹批才子古文读本:下册.金圣叹,批评.叶慧晓,校阅.上海:广益书局,1936:143.

去"①,但其鉴天地、昭日月之爱国热情,仍可与世长存、历久弥新。当然,诚如"现代新儒家"派的冯友兰所言:"忆往思,述旧闻,怀古人,望来者。"②在事隔百余年后的当下,我们之所以还回过头来探讨民国保守主义的另类现代性,审视民国保守主义者的别样现代文化创造方案,考量民国爱国志士的现代化建设主张,恰恰是因为时至今日,我们仍然致力于建设现代化尤其是中国式现代化,仍然致力于创造现代文化尤其是社会主义先进文化,仍然致力于丰富现代性尤其是社会主义审美现代性,而抚今难免追昔,鉴往又可知来。值此中国式现代化方兴未艾且如火如荼之际,这一番探讨、审视和考量,或可裨益中华民族的伟大复兴。

---

① 佚名[崔颢].黄鹤楼[M]//佚名[崔颢;崔国辅].崔颢诗注;崔国辅诗注.上海:上海古籍出版社,1982:42.
② 冯友兰.《自序》之自序[M]//冯友兰.冯友兰文集:第一卷三松堂自序.邵汉明,编选.长春:长春出版社,2008:3.
按:该文的文后题署"冯友兰/1981年11月"。

参 考 文 献

一、中文参考文献①

(一) 原始类参考文献

(1) 民国保守主义阵营的论著②
1. "东方杂志"派的论著
1.1 "东方杂志"派的论文

[1] [美]奥尔斯[Samuel P. Orth]. 法国社会党之势力[J]. 钱智修,译. 东方杂志,1912,9(2):1-12.

[2] [国籍不详]巴克尔[J. Ellis Barker]. 世界大势变迁论[J]. 钱智修,译. 东方杂志,1913,10(3):1-13.

[3] 伧父[杜亚泉]. 答新青年杂志记者之质问[J]. 东方杂志,1918,15(12):12-16.

[4] 伧父[杜亚泉]. 大战争之所感[J]. 东方杂志,1914,11(4):5-6.
东方[杜亚泉]. 大战争之所感[N]. 大公报[天津版],1914-12-11(3)[第1张之"六"];1914-12-12(3)[第1张之"五""六"].

[5] 伧父[杜亚泉]. 德国之经营胶州湾[J]. 东方杂志,1912,8(11):11-15.

[6] 伧父[杜亚泉]. 独立命令论[J]. 东方杂志,1912,9(6):1-4.

[7] 伧父[杜亚泉]. 共和政体与国民心理[J]. 东方杂志,1912,9(5):1-4.

[8] 伧父[杜亚泉]. 国家自卫论[J]. 东方杂志,1915,12(4):1-4.
佚名[杜亚泉]. 国家自卫论[J]. 兵事杂志,1915(15):7-15.

[9] 伧父[杜亚泉]. 何谓新思想[J]. 东方杂志,1919,16(11):1-5.

---

① "中文参考文献"按汉语拼音音序排列,且不考虑[ ]中的字词。同一论著的不同版本,按出版先后顺序排列。

② 主要包括民国保守主义者独自撰写或与他人合写的论文、专著,以及民国保守主义者独自翻译或与他人合译的论文、专著。

[10] 伧父[杜亚泉].静的文明与动的文明[J].东方杂志,1916,13(10):1-8.
[11] 伧父[杜亚泉].精神救国论[J].东方杂志,1913,10(1):1-6;1913,10(2):1-8;1913,10(3):1-6.
[12] 伧父[杜亚泉].论俄德协约[J].东方杂志,1911["辛亥年"],8(9):19-20.
[13] 伧父[杜亚泉].论共和折衷制[J].东方杂志,1912,8(11):1-5.
[14] 伧父[杜亚泉].论思想战[J].东方杂志,1915,12(3):1-5.
    东方[杜亚泉].论思想战[N].大公报[天津版],1915-6-5(2-3)[第1张之"四""五"];1915-6-6(2)[第1张之"四"];1915-6-7(2)[第1张之"四"].
[15] 伧父[杜亚泉].论社会变动之趋势与吾人处世之方针[J].东方杂志,1913,9(10):1-6.
[16] 伧父[杜亚泉].论省制及省官制[J].东方杂志,1912,9(3):1-4.
[17] 伧父[杜亚泉].迷乱之现代人心[J].东方杂志,1918,15(4):1-7.
[18] 伧父[杜亚泉].省制仿普鲁士州制之商榷[J].东方杂志,1912,9(5):4-8.
[19] 伧父[杜亚泉].未来之世局[J].东方杂志,1917,14(7):1-6.
[20] 伧父[杜亚泉].新旧思想之折衷[J].东方杂志,1919,16(9):1-8.
[21] 伧父[杜亚泉].再论新旧思想之冲突[J].东方杂志,1916,13(4):1-6.
[22] 伧父[杜亚泉].战后东西文明之调和[J].东方杂志,1917,14(4):1-7.
[23] 伧父[杜亚泉].中华民国之前途[J].东方杂志,1912,8(10):1-6.
[24] 陈嘉异.东方文化与吾人之大任[J].东方杂志,1921,18(1):18-38;1921,18(2):9-25.
[25] 陈嘉异.李宁之乌托邦[J].东方杂志,1920,17(23):66-74.
[26] 陈嘉异.太平洋会议之观察与其先决问题——中国之新使命[J].东方杂志,1921,18(18/19)[又称"太平洋会议号"]:1-30.
[27] 陈嘉异.我之新旧思想调和观[J].东方杂志,1919,16(11):1-14.
[28] [日]大岛高精.战后三强与太平洋威胁论[J].陈嘉异,译.东方杂志,1921,18(18/19)[又称"太平洋会议号"]:1-8.
[29] [日]稻原胜治.军备限制与太平洋会议之提议[J].陈嘉异,译.东方杂志,1921,18(18/19)[又称"太平洋会议号"]:1-5.
[30] 杜亚泉.工艺杂志序[J].工艺,1918,1(1):无页码[目录后第3-4页].
    伧父[杜亚泉].工艺杂志序[J].东方杂志,1918,15(4):8-9.
[31] 杜亚泉.亚泉杂志序[J].亚泉杂志,1900(清光绪二十六年)(1):无页码

[扉页].
[32] 高劳[杜亚泉].大战争续记[J].东方杂志,1914,11(3):11-25.
高劳[杜亚泉].大战争续记二[J].东方杂志,1914,11(4):10-16.
高劳[杜亚泉].大战争续记三[J].东方杂志,1914,11(5):9-16.
高劳[杜亚泉].大战争续记四[J].东方杂志,1915,12(1):11-18.
高劳[杜亚泉].大战争续记五[J].东方杂志,1915,12(3):14-22.
高劳[杜亚泉].大战争续记七[J].东方杂志,1915,12(5):16-22.
高劳[杜亚泉].大战争续记八[J].东方杂志,1915,12(10):9-16.
高劳[杜亚泉].大战争续记九[J].东方杂志,1915,12(12):8-12.
高劳[杜亚泉].大战争续记十[J].东方杂志,1916,13(3):10-18.
高劳[杜亚泉].大战争续记十一[J].东方杂志,1916,13(12):7-22.
高劳[杜亚泉].大战争续记十二[J].东方杂志,1917,14(7):13-24.
[33] 高劳[杜亚泉].德国般哈提将军主战论之概略[J].东方杂志,1915,12(4):7-13;1915,12(5):1-5.
[34] 高劳[杜亚泉].革命后之俄国近情[J].东方杂志,1917,14(12):13-15.
[35] 高劳[杜亚泉].国民今后之道德[J].东方杂志,1913,10(5):1-6.
[36] 高劳[杜亚泉].金权与兵权[J].东方杂志,1918,15(5):1-6.
[37] 高劳[杜亚泉].理性之势力[J].东方杂志,1913,10(6):1-4.
[38] 高劳[杜亚泉].矛盾之调和[J].东方杂志,1918,15(2):1-6.
[39] 高劳[杜亚泉].欧洲大战争开始[J].东方杂志,1914,11(2):5-12.
[40] 高劳[杜亚泉].吾人今后之自觉[J].东方杂志,1915,12(10):1-5.
东方[杜亚泉].吾人今后之自觉[N].大公报[天津版],1915-12-15(2-3)["第一张"之"二""三"];1915-12-16(2-3)["第一张"之"二""三"];1915-12-17(2-3)["第一张"之"二""三"].
[41] 高劳[杜亚泉].现代文明之弱点[J].东方杂志,1913,9(11):1-6.
[42] 高劳[杜亚泉].续记俄国之近状[J].东方杂志,1918,15(1):37-42.
[43] 高劳[杜亚泉].英德海上对抗之大势[J].东方杂志,1916,13(1):55-63.
[44] [日]贺川丰彦.社会主义与进化论之关系[J].陈嘉异,译.东方杂志,1921,18(9):50-63.
[45] [英]加查.加查氏之东西两洋论[J].伧父[杜亚泉],译述.东方杂志,1911,(清宣统三年),8(2):5-7.
[46] 坚瓠[钱智修].本志的第二十年[J].东方杂志,1923,20(1):1-4.
[47] 坚瓠[钱智修].本志的二十周年纪念[J].东方杂志,1924,21(1)[又称

"二十周年纪念号上"]:1-2.

[48] 坚瓠[钱智修].本志之希望[J].东方杂志,1920,17(1):1-3.
[49] 坚瓠[钱智修].编辑室杂话[J].东方杂志,1921,18(2):8.
[50] 坚瓠[钱智修].编辑室杂话[J].东方杂志,1921,18(3):8.
[51] 坚瓠[钱智修].文化发展之径路[J].东方杂志,1921,18(2):1-3.
[52] [美]罗斯福[Franklin D. Roosevelt].罗斯福之政谈[J].钱智修,译.东方杂志,1912,9(1):10-12.
[53] [英]麦凯布.德意志帝国主义之由来[J].高劳[杜亚泉],译.东方杂志,1915,12(9):46-51.
[54] 梦麟[蒋梦麟],伧父[杜亚泉].何谓新思想[J].东方杂志,1920,17(2):119-120.
[55] [日]平野一贯,河村汪,编纂.定性分析[J].下山顺一郎,校阅.亚泉[杜亚泉],译.亚泉杂志,1901(清光绪二十六年)(4):3-10;1901(清光绪二十六年)(5):5-10;1901(清光绪二十七年)(6):4-10;1901(清光绪二十七年)(7):5-9;1901(清光绪二十七年)(8):10-12;1901(清光绪二十七年)(9):5-12;1901(清光绪二十七年)(10):4-7.
[56] 钱智修.功利主义与学术[J].东方杂志,1918,15(6):1-7.
[57] 钱智修.社会主义与社会政策[J].东方杂志,1911(清宣统三年),8(6):1-10.
[58] 钱智修.现今两大哲学家学说概略[J].东方杂志,1913,10(1):1-9.
[59] [日]山木宪.中国文字之将来[J].杜亚泉,译.东方杂志,1911,(清宣统三年),8(1):1-5.
[60] [国籍不详]斯密斯[A. Corbett Smith].论中国革新之现状[J].钱智修,译.东方杂志,1912,9(6):1-7.
[61] [日]幸德秋水.社会主义神髓[J].高劳[杜亚泉],译.东方杂志,1912,8(11):8-13;1912,8(12):5-10;1912,9(1):4-8;1912,9(2):3-7;1912,9(3):1-4.
[62] 佚名[杜亚泉].报价[J].普通学报,1902(清光绪二十八年)(4):1.
[63] 佚名.德意志屈服之原因[J].高劳[杜亚泉],译.东方杂志,1919,16(4):21-24.
[64] [德]佚名.德意志与土耳其[J].钱智修,译.东方杂志,1914,11(6):44-46.
[65] 佚名[杜亚泉].钙之制法及质性[J].亚泉杂志,1900(清光绪二十六年)(1):8-9.

[66] 佚名[杜亚泉].化学理论[J].亚泉杂志,1900(清光绪二十六年)(3):3-7;1901(清光绪二十六年)(4):12-13.

[67] 佚名[杜亚泉].化学奇观[J].亚泉杂志,1900(清光绪二十六年)(3):7-8.

[68] 佚名[杜亚泉].化学原质新表[J].亚泉杂志,1900(清光绪二十六年)(1):1-6.

[69] 佚名.化学周期律[J].虞钦和,翻译.亚泉学馆[杜亚泉],补述.亚泉杂志,1901(清光绪二十七年)(6):1-4.

[70] 佚名[杜亚泉].考察金石表[J].亚泉杂志,1900(清光绪二十六年)(1):11-14;1900(清光绪二十六年)(3):8-11.

[71] 佚名.论美国进步党之现状[J].钱智修,译.东方杂志,1912,9(6):39-44.

[72] 佚名[杜亚泉].论歇儤谟[J].亚泉杂志,1901(清光绪二十七年)(8):4.

[73] 佚名[杜亚泉].论氩[J].亚泉杂志,1901(清光绪二十七年)(8):3-4.

[74] 佚名[杜亚泉].铍即鉿考[J].亚泉杂志,1901(清光绪二十七年)(7):3.

[75] 佚名[杜亚泉].普通学书室广告[J].普通学报,1901(清光绪二十七年)(1):82.

[76] 佚名[杜亚泉].食物标准及食物各质化分表[J].亚泉杂志,1900(清光绪二十六年)(2):7-11.

[77] 佚名[杜亚泉].述铜鈲鉬三原质之性情[J].亚泉杂志,1901(清光绪二十七年)(7):1-3.

[78] 佚名.鼠疫之豫防及看护法[J].杜亚泉,译.东方杂志,1911(清宣统三年),8(2):28-29.

[79] 佚名[杜亚泉].无题["普通学书室"启事][J].普通学报,[出版年不详](2):2.

[80] 佚名[杜亚泉].章程揭要[J].普通学报,1901(清光绪二十七年)(1):81.

1.2 "东方杂志"派的专著

[1] 陈嘉异.大乘密教救国论[M].[出版地不详]:[出版者不详],1934.

[2] 东方杂志社,编纂.处世哲学[M].杜亚泉,陈朴,译述.上海:商务印书馆,1923.

[3] 东方杂志社,编纂.战争哲学[M].高劳[杜亚泉],孟宪承,愈之[胡愈之],等,译述.上海:商务印书馆,1923.

[4] 杜亚泉,编纂.高等植物分类学[M].上海:商务印书馆,1933.

[5] 杜亚泉,编纂.化学工艺宝鉴[M].上海:商务印书馆,1917.
[6] 杜亚泉,编纂.矿物学讲义[M].上海:商务印书馆,1912.
[7] 杜亚泉,编纂.人生哲学[M].上海:商务印书馆,1929.
[8] 杜亚泉,编纂.下等植物分类学[M].上海:商务印书馆,1933.
[9] 杜亚泉.博史——附乐客戏谱[M].上海:开明书店,1933.
[10] 杜亚泉,杜就田,编纂.博物学初步讲义[M].上海:商务印书馆,1912.
[11] 杜亚泉,杜就田.动物学讲义[M].上海:商务印书馆,1912.
[12] 杜亚泉,杜就田,吴德亮,等,编辑.动物学大辞典[M].上海:商务印书馆,1922.
[13] 杜亚泉.杜亚泉文存[M].许纪霖,田建业,编著.上海:上海教育出版社,2003.
[14] 杜亚泉.杜亚泉文选[M].田建业,姚铭尧,任元彪,选编.上海:华东师范大学出版社,1993.
[15] 杜亚泉.杜亚泉著作两种[M].田建业,编校.北京:新星出版社,2007.
[16] 王兆枬,寿孝天,杜亚泉,编纂.高等小学最新笔算教科书教授法[M].上海:商务印书馆,1905(清光绪三十一年).
[17] 杜亚泉.文学初阶[M].上海:商务印书馆,1902(清光绪二十八年).
[18] 杜亚泉.最新笔算教科书[M].上海:商务印书馆,1902(清光绪二十八年).
[19] 杜亚泉.最新格致教科书[M].上海:商务印书馆,1902(清光绪二十八年).
[20] [德]Gauss F G.盖氏对数表(附用法)[M].[日]宫本藤吉,原译.杜亚泉,寿孝天,重译.上海:商务印书馆,1909(清宣统元年).
[21] 高劳[杜亚泉],编.帝制运动始末记[M].上海:商务印书馆,1923.
[22] [日]横山又次郎.初等矿物界教科书[M].杜亚泉,杜就田,译订.上海:商务印书馆,1907(清光绪三十三年).
[23] [日]吉田彦六郎.中学化学新教科书[M].杜亚泉,译.上海:商务印书馆,1905(清光绪三十一年).
[24] 孔庆莱,吴德亮,李祥麟,等,编辑.植物学大辞典[M].上海:商务印书馆,1918.
[25] [日]坪井次郎.中学生理学教科书[M].杜亚泉,杜就田,编译.上海:商务印书馆,1907(清光绪三十三年).
[26] 普通学书室.理化示教[M].上海:普通学书室,1903(清光绪二十九年).

[27] 钱智修,编译.拿破仑[M].3版.上海:商务印书馆,1920.
[28] 钱智修,编纂.达尔文[M].3版.上海:商务印书馆,1920.
[29] 钱智修,编纂.克林威尔[M].3版.上海:商务印书馆,1920.
[30] 钱智修,编纂.林肯[M].上海:商务印书馆,1918.
[31] 钱智修,编纂.苏格拉底[M].5版.上海:商务印书馆,1924.
[32] 钱智修,译述.柏格逊与欧根[M].上海:商务印书馆,1923.
[33] [日]山内繁雄,野原茂六.博物学教授指南[M].严保诚,陈学郢,杜亚泉,译述.上海:商务印书馆,1908(清光绪三十四年).
[34] [美]威尔逊[Thomas Woodrow Wilson].威尔逊和议演说[M].钱智修,译述.上海:商务印书馆,1919.
[35] [日]幸德秋水.社会主义神髓[M].高劳[杜亚泉],译.上海:商务印书馆,1923.
[36] 亚泉学馆[杜亚泉],编译.普通植物学教科书[M].上海:普通学书室,1903(清光绪二十九年).

杜亚泉,编译.新撰植物学教科书[M].上海:商务印书馆,1907(清光绪三十三年).
[37] 亚泉学馆.普通矿物学[M].上海:普通学书室,1903(清光绪二十九年).
[38] [日]中村清二.中学物理学新教科书[M].杜亚泉,译.上海:商务印书馆,1907(清光绪三十三年).
[39] [日]中西牛郎.支那文明史论[M].普通学书室[杜亚泉],编译.[上海]:中华印书馆,1901(清光绪二十七年).

2."现代新儒家"派的论著

2.1 "现代新儒家"派的论文

[1] 本社.再生的新使命[J].再生[汉口1938],1945(100):2.
[2] [美]CREIGHTON J E[J. E. Creighton].欧洲十八及十九世纪思想之比较[J].冯友兰,译意.哲学评论,1927,1(4):81-96.
[3] [古希腊]德谟颉利图[Democritus].重译德谟颉利图 Democritus 残句[J].冯友兰,译.燕大月刊,1928(无出版期号,但标注"周年纪念刊"):93-100.
[4] 冯友兰.别共殊(新事论之一)[J].新动向[昆明1938],1938,1(7):211-217.

冯友兰.辨城乡(新事论之二)[J].新动向[昆明1938],1938,1(8):243-249.

冯友兰.明层次(新事论之三)[J].新动向[昆明1938],1938,1(9):275-281.

冯友兰.明层次(新事论之三)[J].游干特刊,1939(1):1-6.

冯友兰.说国家(新事论之四)[J].新动向[昆明1938],1938,1(10):309-315.

冯友兰.说国家(新事论之四)[J].游干特刊,1939(1):6-12.

冯友兰.原忠孝(新事论之五)[J].新动向[昆明1938],1938,1(11):345-351.

冯友兰.原忠孝(新事论之五)[J].游干特刊,1939(1):12-18.

冯友兰.谈儿女(新事论之六)[J].新动向[昆明1938],1938,1(12):380-387.

冯友兰.阐教化(新事论之七)[J].新动向[昆明1938],1939,2(1):412-418.

冯友兰.评艺文(新事论之八)[J].新动向[昆明1938],1939,2(2):449-456.

冯友兰.判性情(新事论之九)[J].新动向[昆明1938],1939,2(5):543-548.

冯友兰.释继开(新事论之十)[J].新动向[昆明1938],1939,2(6):573-577.

冯友兰.论抗建(新事论之十一)[J].新动向[昆明1938],1939,2(7):609-613.

冯友兰.赞中华(新事论之十二)[J].新动向[昆明1938],1939,2(8):647-653.

[5] 冯友兰.柏格森的哲学方法[J].新潮,1921,3(1):13-24.

[6] 冯友兰.义与利[N].大公报[重庆版],1942-3-18(4)[副刊《战国》第16期].

[7] 冯友兰.与印度泰谷尔谈话(东西文明之比较观)[J].新潮,1921,3(1):138-142.

[8] 贺麟.德国三大伟人处国难时之态度[N].大公报[天津版],1931-10-26(10)[副刊《文学》第198期];1931-11-2(10)[副刊《文学》第199期];1931-11-9(10)[副刊《文学》第200期];1931-12-3(7)[副刊《文学》第203期];1931-12-7(7)[副刊《文学》第204期];1932-2-8(8)[副刊《文学》第213期];1932-5-9(8)[副刊《文学》第227期].

[9] 贺麟.抗战建国与学术建国[J].新动向[昆明1938],1938,1(3):88-91.

贺麟.抗战建国与学术建国[J].蜀风月刊,1938,4(3):2-6.

[10] 贺麟.鲁一士《黑格尔学述》译序[J].国风[南京1932],1933,2(5):17-19;1933,2(6):15-27.

[11] 贺麟.儒家思想的新开展[J].思想与时代,1941(1):13-22.

[12] 贺麟.五伦观念的新检讨[J].战国策[昆明1940],1940(3):27-37.

贺麟.五伦观念的新检讨[J].战国策[上海1941],1941,1(2):88-100.

[13] 贺麟.新道德的动向[J].新动向[昆明1938],1938,1(1):7-9.

[14] 贺麟.严复的翻译[J].东方杂志,1925,22(21):75-87.

[15] 贺麟.英雄崇拜与人格教育[J].战国策[昆明1940],1941(17):1-9.

[16] 君劢[张君劢].常燕生德意志民族自由斗争史序[J].再生[北平1932],1934,2(11/12):1-6.

[17] 君劢[张君劢].德国经济学之特点[J].再生[北平1932],1934,2(11/12):1-6.

[18] 君劢[张君劢].法国哲学家柏格森谈话记[J].改造[上海1919],1921,3(12):7-11.

君劢[张君劢].法国哲学家柏格森谈话记[J].民铎,1921,3(1):10-14.

[19] 君劢[张君劢].十九世纪德意志民族之复兴[J].再生[北平1932],1935,3(1):1-6.

张君劢,讲.杨祖培,记.十九世纪德意志民族之复兴[J].宇宙[香港1934],1935,2(7):5-7.

[20] 君劢[张君劢].再与张真如先生论黑格尔哲学[J].再生[北平1932],1932,1(1)["创刊号"]:1-26.

[21] [英]劳德拔哈.国际人权法案[J].张君劢,译.再生[汉口1938],1946(128):2-3.

[22] 梁漱溟.东西人的教育之不同[J].教育杂志,1922,14(3):1-5.

梁漱溟.东西人的教育之不同[J].昆明教育月刊,1924,6(8):12-18.

[23] 梁漱溟.究元决疑论[J].东方杂志,1916,13(5):6-10;1916,13(6):5-9;1916,13(7):8-12.

[24] 梁漱溟.山东乡村建设研究院设立旨趣及办法概要[J].村治,1930,1(11/12):1-19.

梁漱溟.山东乡村建设研究院设立旨趣及办法概要[J].农村月刊,1931(19):19-31.

[25] 梁漱溟.中国民族自救运动的最后觉悟[J].村治,1930,1(2):1-27;1930,1(3):1-27;1930,1(4):1-21.

[26] 梁漱溟.中国文化问题[J].民族文化,1941(2):42-46.
[27] 梁漱溟.主编本刊之自白[J].村治,1930,1(1):1-26.
梁漱溟.主编村治月刊之自白[N].大公报[天津版],1930-6-18(11);1930-6-25(11);1930-7-2(11);1930-7-9(11);1930-7-23(11);1930-7-30(11);1930-8-13(11);1930-8-20(11).
[28] [英]罗色蒂[Christina Rossetti].罗色蒂女士古决绝辞"Abnegation",by Christina Rossetti:(三)明志[J].贺麟,译.学衡,1928(64):11-12.
[29] [德]迈尔[Heinrich Maier].最近五十年之西洋哲学[J].贺麟,译.新民[广州1935],1935,1(1)["创刊号"]:30-45.
[30] [美]孟特敏[W. P. Montague].孟特敏论共相[J].冯友兰,译.哲学评论,1927,1(5):113-125.
[31] [国籍不详]PETERMAN,讲.德国心理学之最近趋势[J].张君劢,译.姚兆胜,记.光华期刊,1929(5):1-6.
[32] [美]ROYCE.黑格尔的精神现象[J].贺麟,译.哲学评论,1933,5(1):44-60.
[33] 唐君毅.论中西哲学问题之不同[J].重光,1938(3):34-46;1938(4/5):58-68.
[34] 唐君毅.孔子与歌德[J].国风半月刊,1932(3)[又称"圣诞特刊"]:65-80.
[35] 唐君毅.中国文化根本精神之一种尝试解释[J].文艺丛刊,1935,2(1):175-233.
[36] 唐君毅.中国宗教思想之特质[J].中心评论,1936(33):7-15.
[37] 唐君毅.中西文化精神之不同论略[J].东方与西方,1947,1(1):4-12.
[38] 熊十力.科学真理与玄学真理——答唐君毅[J].文哲月刊,1936,1(7):1-13.
[39] 熊十力.论东方哲学与西方科学——答张东逊书[J].人言,1947(3):2-5.
[40] 熊十力.略说中西文化[J].学原,1947,1(4):1-3.
[41] 熊十力.文化与哲学[N].大公报[天津版],1935-4-23(3);1935-4-24(3).
熊十力.文化与哲学[J].中国文化建设协会山西分会月刊,1935,1(5/6):10-15.
[42] [波兰]薛哥司儿[Sikqski].波兰之国际军事地位[J].张君劢,译.再生[汉口1938],1939(26):8-9.

[43] 佚名[梁漱溟].本刊发行简章[J].村治,1930,1(1):无页码[版权页].
[44] 佚名[梁漱溟].本刊特别启事[J].村治,1930,1(1):1.
[45] 佚名[梁漱溟].梁漱溟启事[J].村治,1930,1(1):2.
[46] 张君劢.菲希德《对德意志国民演讲》摘要[J].再生[北平1932],1932,1(3):1-30;1932,1(4):1-26.
[47] 张君劢.黑格尔之哲学系统及其国家哲学历史哲学[J].哲学评论,1933,5(1):1-27.
[48] 张君劢.欧洲文化之危机及中国新文化之趋向[J].东方杂志,1922,19(3):117-123.

张君劢.欧洲文化之危机及中国新文化之趋向兼评梁漱冥先生新著《东西文化及其哲学》[N].学灯,1922-2-12(1-3).

[49] 张君劢.人生观[J].清华周刊,1923(272):3-10.

张君劢.人生观[N].晨报副刊,1923-5-2(3-4).

[50] 张君劢.《五十年来德国学术》序[J].再生[北平1932],1934,2(10):1-14.

张君劢.《五十年来德国学术》序[J].宇宙[香港1934],1935,2(2):10-15.

2.2 "现代新儒家"派的专著

[1] [荷]DE SPINOZA B[Baruch de Spinoza].致知篇[M].贺麟,译述.中国哲学会西洋哲学名家编译委员会,主编.重庆:商务印书馆,1943.

[荷]斯宾诺莎[Baruch de Spinoza].知性改进论[M].贺麟,译.北京:商务印书馆,1960.

[2] [德]杜里舒[Hans Driesch]论理学上之研究:爱因斯坦氏相对论及其批评[M].张君劢,译.上海:商务印书馆,1924.

[3] [德]菲希德[Johann Gottlieb Fichte].菲希德对德意志国民演讲[M].[德]倭伊铿[Rudolf Christoph Eucken],节编.张君劢,译.北平:再生杂志社,1932.

[德]菲希德[Johann Gottlieb Fichte].菲希德对德意志国民演讲[M].[德]倭伊铿[Rudolf Christoph Eucken],节编.张君劢,译.2版.北平:再生杂志社,1933.

[德]菲希德[Johann Gottlieb Fichte].菲希德对德意志国民演讲[M].[德]倭伊铿[Rudolf Christoph Eucken],节编.张君劢,译.3版.北平:再生杂志社,1933.

[德]菲希德[Johann Gottlieb Fichte].菲希德对德意志国民演讲[M].

[德]倭伊铿[Rudolf Christoph Eucken],节编.张君劢,译.4 版.上海：中国国民经济研究所,1937.
[4] 冯友兰.冯友兰文集：全十卷[M].邵汉明,编选.长春：长春出版社,2008.
[5] 冯友兰.人生哲学[M].上海：商务印书馆,1926.
[6] 冯友兰.儒家哲学及其修正[M].重庆：中周出版社,1944.
[7] 冯友兰.新理学[M].长沙：商务印书馆,1939.
[8] 冯友兰.新事论[M].长沙：商务印书馆,1940.
[9] 冯友兰.新世训——一名生活方法新论[M].上海：开明书店,1940.
[10] 冯友兰.新原道——一名中国哲学之精神[M].中国哲学会中国哲学研究委员会,主编.重庆：商务印书馆,1945.
[11] 冯友兰.新原人[M].重庆：商务印书馆,1943.
[12] 冯友兰.新知言[M].中国哲学会中国哲学研究委员会,主编.上海：商务印书馆,1946.
[13] 冯友兰.一种人生观[M].上海：商务印书馆,1924.
[14] 冯友兰.中国哲学史[M].上海：神州国光社,1931.
[15] 冯友兰.中国哲学简史[M].涂又光,译.[出版地不详]：蓝灯文化事业公司,[1948].
[16] 冯友兰.中国哲学史新编：第一册[M].北京：人民出版社,1962.
冯友兰.中国哲学史新编：第二册[M].北京：人民出版社,1964.
冯友兰.中国哲学史新编：第三册[M].北京：人民出版社,1985.
冯友兰.中国哲学史新编：第四册[M].北京：人民出版社,1986.
冯友兰.中国哲学史新编：第五册[M].北京：人民出版社,1988.
冯友兰.中国哲学史新编：第六册[M].北京：人民出版社,1989.
[17] 郭丽,徐娜,编.乡村建设派[M].李帆,主编.长春：长春出版社,2013.
[18] 贺麟.德国三大哲人处国难时之态度[M].北平：大学出版社,1934.
贺麟.德国三大哲人处国难时之态度[M].重庆：独立出版社,1940.
[19] 贺麟,等.儒家思想新论[M].南京：正中书局,1948.
[20] 贺麟.黑格尔哲学讲演集[贺麟全集][M].上海：上海人民出版社,2011.
[21] 贺麟.近代唯心论简释[M].重庆：独立出版社,1942.
贺麟.近代唯心论简释[贺麟全集][M].上海：上海人民出版社,2009.
[22] 贺麟.文化与人生[M].上海：商务印书馆,1947.
贺麟.文化与人生[M].北京：商务印书馆,1988.

贺麟.文化与人生[贺麟全集][M].上海:上海人民出版社,2011.

[23] 贺麟.现代西方哲学讲演集[M].上海:上海人民出版社,1984.
贺麟.现代西方哲学讲演集[贺麟全集][M].上海:上海人民出版社,2012.

[24] [德]黑格尔[Georg Wilhelm Friedrich Hegel].黑格尔的小逻辑[M].贺麟,译述.上海:商务印书馆,1950.
[德]黑格尔[Georg Wilhelm Friedrich Hegel].小逻辑[M].贺麟,译.北京:生活·读书·新知三联书店,1954.
[德]黑格尔[Georg Wilhelm Friedrich Hegel].小逻辑[贺麟全集][M].贺麟,译.上海:上海人民出版社,2009.

[25] [德]黑格尔[Georg Wilhelm Friedrich Hegel].黑格尔早期神学著作[M].贺麟,译.北京:商务印书馆,1988.
[德]黑格尔[Georg Wilhelm Friedrich Hegel].黑格尔早期神学著作[贺麟全集][M].贺麟,译.上海:上海人民出版社,2012.

[26] [德]黑格尔[Georg Wilhelm Friedrich Hegel].精神现象学:上卷[M].贺麟,王玖兴,译.北京:商务印书馆,1962.
[德]黑格尔[Georg Wilhelm Friedrich Hegel].精神现象学:下卷[M].贺麟,王玖兴,译.北京:商务印书馆,1979.
[德]黑格尔[Georg Wilhelm Friedrich Hegel].精神现象学:全二卷[贺麟全集][M].贺麟,王玖兴,译.上海:上海人民出版社,2013.

[27] [德]黑格尔[Georg Wilhelm Friedrich Hegel].哲学史讲演录:第一卷[M].北京大学哲学系外国哲学史教研室[贺麟,王太庆,王维诚,等],译.北京:生活·读书·新知三联书店,1956.
[德]黑格尔[Georg Wilhelm Friedrich Hegel].哲学史讲演录:第二卷[M].北京大学哲学系外国哲学史教研室[贺麟,方书春,王太庆,等],译.北京:生活·读书·新知三联书店,1957.
[德]黑格尔[Georg Wilhelm Friedrich Hegel].哲学史讲演录:第三卷[M].北京大学哲学系外国哲学史教研室[贺麟,方书春,王太庆],译.北京:商务印书馆,1959.
[德]黑格尔[Georg Wilhelm Friedrich Hegel].哲学史讲演录:第四卷[M].贺麟,王太庆,译.北京:商务印书馆,1978.
[德]黑格尔[Georg Wilhelm Friedrich Hegel].哲学史讲演录:全四卷[贺麟全集][M].贺麟,王太庆,等,译.上海:上海人民出版社,2013.

[28] [英]开尔德[Edward Caird].黑格尔[M].贺麟,译.上海:商务印书馆,

[1936].

[29] [英]开尔德[Edward Caird];[美]鲁一士[Josiah Royce].黑格尔;黑格尔学述[贺麟全集][M].贺麟,编译.上海:上海人民出版社,2012.

[30] [波兰]克尔罗斯基[Killosky]爱情之福音[M].唐君毅,译.重庆:正中书局,1945.

[31] 梁漱溟.东西文化及其哲学[M].陈政,罗常培,编录.北京:财政部印刷局,1921.

梁漱溟.东西文化及其哲学[M].陈政,罗常培,编录.上海:商务印书馆,1922.

[32] 梁漱溟.梁漱溟全集:第一卷[M].中国文化书院学术委员会,编.济南:山东人民出版社,1989.

梁漱溟.梁漱溟全集:第二卷;第三卷[M].中国文化书院学术委员会,编.济南:山东人民出版社,1990.

梁漱溟.梁漱溟全集:第四卷[M].中国文化书院学术委员会,编.济南:山东人民出版社,1991.

梁漱溟.梁漱溟全集:第五卷[M].中国文化书院学术委员会,编.济南:山东人民出版社,1992.

梁漱溟.梁漱溟全集:第六卷;第七卷;第八卷[M].中国文化书院学术委员会,编.济南:山东人民出版社,1993.

[33] 梁漱溟.唯识述义[M].北京:财政部印刷局,1920.

[34] 梁漱溟.乡村建设理论:一名中国民族之前途[M].邹平:乡村书店,1937.

[35] 梁漱溟.中国民族自救运动之最后觉悟[M].北平:京城印书局,1932.

[36] [德]鲁屯道夫[Von General Ludendorf].全民族战争论[M].张君劢,译述.上海:中国国民经济研究所,1937.

[37] [美]鲁一士[Josiah Royce].黑格尔学述[M].贺麟,译述.上海:商务印书馆,1936.

[38] [德]马克思[Karl Heinrich Marx].黑格尔辩证法和哲学一般的批判[M].贺麟,译.北京:人民出版社,1955.

[39] [德]马克思[Karl Heinrich Marx].马克思博士论文[M].贺麟,译.北京:人民出版社,1961.

[德]马克思[Karl Heinrich Marx].马克思博士论文;黑格尔辩证法和哲学一般的批判[贺麟全集][M].贺麟,译.上海:上海人民出版社,2012.

[40] 马一浮.尔雅台答问[M].南京:江苏教育出版社,2005.

[41] 马一浮.马一浮集:第一册[M].虞万里,校点.杭州:浙江古籍出版社;浙江教育出版社,1996.

马一浮.马一浮集:第二册[M].丁敬涵,校点.杭州:浙江古籍出版社;浙江教育出版社,1996.

马一浮.马一浮集:第三册[M].马镜泉,楼达人,马仲嗣,等,校点.杭州:浙江古籍出版社;浙江教育出版社,1996.

[42] 马一浮.泰和宜山会语[M].沈阳:辽宁教育出版社,1998.
[43] 马湛翁[马一浮].泰和会语[M].桂林:吴敬生,曹谟,陶端方,等,1928.
[44] [荷]斯宾诺莎[Baruch de Spinoza].伦理学[M].贺麟,译.北京:商务印书馆,1958.

[荷]斯宾诺莎[Baruch de Spinoza].伦理学;知性改进论[贺麟全集][M].贺麟,编译.上海:上海人民出版社,2009.

[45] 唐君毅.道德自我之建立[M].重庆:商务印书馆,1944.
[46] 唐君毅.人生之体验[M].上海:中华书局,1944.
[47] 唐君毅.唐君毅全集:全三十九卷[M].北京:九州出版社,2016.
[48] 唐君毅.哲学概论:全二册[M].北京:中国社会科学出版社,2005.
[49] 熊十力.读经示要[M].中国哲学会中国哲学研究会,主编.重庆:南方印书馆,1945.
[50] 熊十力.唯识学概论[M].北京:北京大学,1923.
[51] 熊十力.熊十力全集:全十册[M].萧萐父,主编.武汉:湖北教育出版社,2001.
[52] 熊十力,讲述.中国历史讲话[M].黄埔出版社,编辑.成都:中央陆军军官学校,1939.
[53] 张君劢.国宪议[M].上海:时事新报馆,1922.
[54] 张君劢.民族复兴之学术基础[M].北平:再生社,1935.

张君劢.民族复兴之学术基础[张君劢儒学著作集][M].北京:中国人民大学出版社,2006.

[55] 张君劢.明日之中国文化[M].上海:商务印书馆,1936.

张君劢.明日之中国文化[张君劢儒学著作集][M].北京:中国人民大学出版社,2006.

[56] 张君劢.儒家哲学之复兴[张君劢儒学著作集][M].北京:中国人民大学出版社,2006.
[57] 张君劢.新儒家思想史[M].台北:弘文馆出版社,1986.

张君劢.新儒家思想史[张君劢儒学著作集][M].北京:中国人民大学

出版社,2006.
[58] 张君劢.义理学十讲纲要[张君劢儒学著作集][M].北京:中国人民大学出版社,2006.
[59] 张君劢.张君劢集[M].黄克剑,吴小龙,编.北京:群言出版社,1993.

3."甲寅"派的论著

3.1 "甲寅"派的论文

[1] 陈嘉异,士钊[章士钊].文化[J].甲寅[北京 1925],1927,1(40):17-19.
[2] 孤桐[章士钊].答适之[J].甲寅[北京 1925],1925,1(8):3-6.
[3] 孤桐[章士钊].答稚晖先生[J].甲寅[北京 1925],1925,1(22):4-10.
[4] 孤桐[章士钊].进化与调和[J].甲寅[北京 1925],1925,1(15):4-7.
[5] 孤桐[章士钊].评新文学运动[J].甲寅[北京 1925],1925,1(14):3-7.
[6] 孤桐[章士钊].疏解轊义[J].甲寅[北京 1925],1925,1(11):5-8.
[7] 孤桐[章士钊].文俚平议[J].甲寅[北京 1925],1925,1(13):4-7.
[8] 孤桐[章士钊].原化[J].甲寅[北京 1925],1925,1(12):3-7.
[9] 孤桐[章士钊].再答稚晖先生[J].甲寅[北京 1925],1926,1(27):6-12.
[10] 民质[章士钊].论翻译名义[J].国风报,1910(清宣统二年),1(29):1-10[总 33-42].
[11] 秋桐[章士钊].时局痛言[J].甲寅[东京 1914],1915,1(5):1-8.
[12] 秋桐[章士钊].调和立国论上[J].甲寅[东京 1914],1914,1(4):1-28.
[13] 行严[章士钊].评新文化运动[N].新闻报,1923-8-21(3)["第一张"之"第三版"];1923-8-22(4)["第一张"之"第四版"].
孤桐[章士钊].评新文化运动[J].甲寅[北京 1925],1925,1(9):4-11.
[14] 佚名[章士钊].本刊启事二[J].甲寅[北京 1925],1925,1(1):无页码[扉页].
[15] 章士钊.文论[J].甲寅[北京 1925],1927,1(39):8-10.
[16] 章行严[章士钊].新思潮与调和[N].新闻报,1919-12-28(18-19)["星期增刊"之"第二版""第三版"].
章行严[章士钊].新思潮与调和[N].神州日报,1920-1-12(9-10)[第三张之"五""六"];1920-1-13(10)[第三张之"六"];1920-1-14(10)[第三张之"六"].
章行严[章士钊].新思潮与调和[J].东方杂志,1920,17(2):110-117.
章行严[章士钊].新思潮与调和[J].尚贤堂纪事,1920,11(1/2):28-34.
[17] 章行严[章士钊].章行严君之演说[N].申报,1919-9-29(10)["第三张"

之"十"];1919-9-30(10)["第三张"之"十"].

章行严[章士钊].章行严之演说[N].神州日报,1919-9-30(11)[第三张之"五"];1919-10-1(11-12)[第三张之"五""六"];1919-10-2(11)[第三张之"五"].

章行严[章士钊].章行严之演说[N].时事新报[上海版],1919-9-30(9)["第三张"之"第一版"];1919-10-1(9)["第三张"之"第一版"];1919-10-1(9)["第三张"之"第一版"].

章行严[章士钊].章行严论新时代之青年[N].新闻报,1919-9-30(9)["第三张"之"第一版"];1919-10-1(9)["第三张"之"第一版"].

章行严[章士钊].章行严君之演说[J].学生,1919,6(11):1-8.

章行严[章士钊].新时代之青年[J].东方杂志,1919,16(11):159-164.

孤桐[章士钊].新旧[J].甲寅[北京 1925],1925,1(8):6-13.

3.2 "甲寅"派的专著

[1] [奥]茀罗乙德[Sigmund Freud].茀罗乙德叙传[M].章士钊,译述.上海:商务印书馆,1930.

[2] [奥]师辟伯[Hans Sperber].情为语变之原论[M].章士钊,译述.上海:商务印书馆,1930.

[3] 章士钊,编纂.甲寅杂志存稿:全二册[M].上海:商务印书馆,1922.

[4] 章士钊,编纂.中等国文典[M].上海:商务印书馆,1909(清宣统元年).

[5] 章士钊.柳文指要:全十四册[M].北京:中华书局,1971.

[6] 章士钊.逻辑指要[M].重庆:时代精神社,1943.

[7] 章士钊.章士钊全集:全十卷[M].章含之,白吉庵,主编.上海:文汇出版社,2000.

4. "学衡"派的论著

4.1 "学衡"派的论文

[1] [美]白璧德[Irving Babbitt].白璧德论今后诗之趋势[J].吴宓,译.学衡,1929(72):1-5.

[2] [美]白璧德[Irving Babbitt].白璧德论民治与领袖[J].吴宓,译.学衡,1924(32):1-23.

[3] [美]白璧德[Irving Babbitt].白璧德论欧亚两洲文化[J].吴宓,译.学衡,1925(38):1-25.

[4] [美]白璧德[Irving Babbitt].白璧德释人文主义 Irving Babbitt"What is Humanism?"[J].徐震堮,译.学衡,1924(34):1-19.

[5] [美]白璧德[Irving Babbitt].白璧德中西人文教育谈[J].胡先骕,译.学

衡,1922(3):1-12.

[6] [美]鲍曼[Isaiah Bowman]. 世界今日之重大问题[J]. 张其昀,译. 史地学报,1922,1(3):1-11[总 5-15].

[7] [法]布伦汗[Jean Brunhes],克米尔[Camille-Vallaux]. 历史地理学(La géographie de l'histoire)[J]. 张其昀,译. 史地学报,1923,2(2):1-5[总 73-77].

[8] [英]杜伯斯[Homer H. Dubs]. 论中国语言之足用及中国无哲学系统之故[N]. 素痴[张荫麟],译. 大公报[天津版],1929-4-1(15)[副刊《文学》第 64 期].

[英]杜伯斯[Homer H. Dubs]. 论中国语言之足用及中国无哲学系统之故[J]. 素痴[张荫麟],译. 辽宁教育月刊,1929,1(4):1-14.

[美]德效骞[Homer H. Dubs]. 论中国语言之足用及中国无哲学系统之故[J]. 张荫麟,译. 学衡,1929(69):1-13.

[9] [美]杜威[John Dewey]. 何谓思想[J]. 刘伯明,译. 新教育,1911,3(1):65-74.

[10] [美]葛达德[E. H. Goddard],吉朋斯[P. A. Gibbons]. 斯宾格勒之文化论[J]. 张荫麟,译. 国闻周报,1927,4(48):1-9;1927,4(49):1-7;1928,5(10):1-7;1928,5(21):1-4;1928,5(22):1-5;1928,5(30):1-6;1928,5(31):1-6;1928,5(32):1-8;1928,5(33):1-7;1928,5(34):1-9.

[美]葛达德[F. H. Goddard],吉朋斯[P. A. Gibbons]. 斯宾格勒之文化论[J]. 张荫麟,译. 学衡,1928(61):1-35;1928(66):1-109.

[11] [德]歌德[Goethe]. 浮士德[N]. 张荫麟[素痴],译. 大公报[天津版],1932-4-4(8)[副刊《文学》第 222 期];1932-4-11(8)[副刊《文学》第 223 期];1932-4-18(8)[副刊《文学》第 224 期];1932-8-29(8)[副刊《文学》第 243 期];1932-9-12(8)[副刊《文学》第 245 期];1933-3-27(11)[副刊《文学》第 273 期];1933-5-15(11)[副刊《文学》第 280 期];1933-5-29(11)[副刊《文学》第 282 期].

[12] [美]葛兰坚[Charles Hall Grandgent]. 但丁神曲通论[J]. 吴宓,译. 学衡,1925(41):1-35.

[13] [美]葛兰坚[Charles Hall Grandgent]. 葛兰坚论新[J]. 吴宓,陈训慈,合译. 学衡,1922(6):1-19.

[14] [美]葛立芬[Griffin]. 美国人之东方史观[J]. 张其昀,译. 史地学报,1921,1(1):1-6.

[15] [法]古拉塞[Bernard Grasset]. 古拉塞作事格言[N]. [吴宓],译. 大公

报[天津版],1928-9-24(10)[副刊《文学》第 38 期].
[法]古拉塞[Bernard Grasset].古拉塞作事格言[J].吴宓,译.学衡,1929(70):1-9.

[16] 谷永[浦江清].近顷逝世之德国戏剧家兼小说家苏德曼评传 Hermann Sudermann(1857—1928)[N].大公报[天津版],1929-1-14(15)[副刊《文学》第 53 期].

[17] 郭斌龢.柏拉图五大语录导言[J].学衡,1933(79):1-6.
郭斌龢.柏拉图五大对话集导言[J].国风[南京 1932],1934,4(9):15-18.

[18] 郭斌龢.孔子与亚里士多德[J].国风半月刊,1932(3)[又称"圣诞特刊"]:33-43.

[19] 郭斌龢.新文学之痼疾[J].学衡,1926(55):1-10.

[20] 胡先骕.论批评家之责任[J].学衡,1922(3):1-14.

[21] 胡先骕.评尝试集[J].学衡,1922(1):1-23;1922(2):1-19.

[22] 胡先骕.文学之标准[J].学衡,1924(31):1-35.

[23] 胡先骕.浙江采集植物游记[J].学衡,1922(1):1-6;1922(2):1-5;1922(3):1-6;1922(4):1-5;1922(7):1-5;1922(10):1-5;1922(12):1-14.

[24] 胡先骕.中国今日救亡所需之新文化运动[J].国风半月刊,1932(9)[又称"刘伯明先生纪念号"]:29-32.

[25] 胡先骕.中国文学改良论上[J].东方杂志,1919,16(3):169-172.

[26] [美]吉罗德夫人[Mrs. Katherine Fullerton Gerould].论循规蹈矩之益与纵性任情之害[J].吴宓,译.学衡,1925(38):1-27.

[27] [英]嘉德纳[Percy Gardner].希腊之留传第十一篇:希腊美术之特色[J].朱复,译.学衡,1924(27):1-46.

[28] 景昌极.广乐利主义[J].学衡,1923(13):1-12.

[29] 景昌极.孔子的真面目[J].国风半月刊,1932(3)[又称"圣诞特刊"]:57-63.

[30] 景昌极.信与疑[真伪善恶美丑之关系][J].学衡,1925(47):1-17.

[31] [美]柯克斯[Kenyon Cox].柯克斯论古学之精神[J].徐震堮,译.学衡,1923(21):1-17.

[32] [美]柯克斯[Kenyon Cox].柯克斯论进步之幻梦[J].徐震堮,译.学衡,1924(27):1-10.

[33] [美]柯克斯[Kenyon Cox].柯克斯论美术家及公众[J].徐震堮,译.学衡,1923(23):1-19.

[34] [英]赖斯德[Hugh Last].罗马之留传第七篇:罗马之家族及社会生活[J].吴宓,译.学衡,1925(37):1-34.

[35] [国籍不详]雷门.圣灵默感论衡[J].刘伯明,译.兴华报,1915,12(32):6-7;1915,12(33):8-9;1915,12(34):8-9.

[36] [美]李查生[William L. Richardson],渥温[Jesse M. Owen].世界文学史[J].吴宓,译.学衡,1924(28):1-16.
[美]李查生[William L. Richardson],渥温[Jesse M. Owen].世界文学史Richardson & Owen"Literatures of the World"[J].吴宓,译补.学衡,1924(29):1-36;1924(30):1-31.

[37] 刘伯明.评梁漱溟著东西文化及其哲学[J].学衡,1922(3):1-8.

[38] 刘伯明.学者之精神[J].学衡,1922(1):1-4.

[39] 刘伯明.再论学者之精神[J].学衡,1922(2):1-3.

[40] 柳诒徵.孔学管见[J].国风半月刊,1932(3)[又称"圣诞特刊"]:11-19.
柳诒徵.孔学管见[J].国光杂志,1935(9):36-43.

[41] 柳诒徵.论中国近世之病源[J].学衡,1922(3):1-11.

[42] 柳诒徵.明伦[J].学衡,1924(26):1-5.
柳诒徵.明伦[J].国风半月刊,1932(3)[又称"圣诞特刊"]:93-97.

[43] 刘永济.论文学中相反相成之义[J].学衡,1923(15):1-13.

[44] 刘永济.天问通笺[J].国立武汉大学文哲季刊,1934,3(2):293-314;1934,3(3):605-624;1934,3(4):753-772.

[45] 刘永济.中国文学通论[J].学衡,1922(9):1-48.

[46] [法]马西尔[Louis J.-A. Mercier].白璧德之人文主义[J].吴宓,译.学衡,1923(19):1-23.

[47] 梅光迪.孔子之风度[J].国风半月刊,1932(3)[又称"圣诞特刊"]:1-9.

[48] 梅光迪.安诺德之文化论[J].学衡,1923(14):1-10.

[49] 梅光迪.论今日吾国学术界之需要[J].学衡,1922(4):1-7.

[50] 梅光迪.评今人提倡学术之方法[J].学衡,1922(2):1-9.

[51] 梅光迪.评提倡新文化者[J].学衡,1922(1):1-8.

[52] 梅光迪.现今西洋人文主义[J].学衡,1922(8):1-7.

[53] [美]孟禄[Paul Monroe],讲演.学生运动之意义[J].刘伯明,口译.张绳祖,周邦道,笔记.学生,1921,8(11):6-10.

[54] 宓[吴宓].余生随笔[J].清华周刊,1915(48):23-25;1916(66):7-10;1916(70):9-11;1916(71):7-12.

[55] 缪凤林.历史之意义与研究[J].学衡,1923(23):1-7.

缪凤林.历史之意义与研究[J].史地学报,1923,2(7):1-5[总23-27].

[56] 缪凤林.如何了解孔子[J].国风半月刊,1932(3)[又称"圣诞特刊"]:81-92.

[57] 缪凤林.谈谈礼教[J].国风半月刊,1932(3)[又称"圣诞特刊"]:21-32.

[58] [美]穆尔[Paul Elmer More].穆尔论自然主义与人文主义之文学[J].吴宓,译.学衡,1929(72):1-6.

[美]穆尔[Paul Elmer More].穆尔论自然主义与人文主义之文学[N].[吴宓],译.大公报[天津版],1929-12-16(13)[副刊《文学》第101期].

[59] [英]穆莱[Gilbert Murray].希腊之留传第一篇:希腊对于世界将来之价值 THE LEGACY OF GREECE(Ⅰ):The Value of Greece to the Future of the World[J].吴宓,译.学衡,1923(23):1-24.

[60] [英]庞乃德[J. Burnet].希腊之留传第三篇:希腊之哲学[J].胡稷咸,译.学衡,1923(24):1-35.

[61] 浦江清.八仙考[J].清华学报,1936,11(1):89-136.

[62] 浦江清.论中学国文[J].国文月刊,1940,1(3):6-14.

[63] [英]沙克雷[W. M. Thackeray].名利场(Vanity Fair)[J].吴宓,译.学衡,1926(55):1-13.

[64] [英]沙克雷[W. M. Thackeray].钮康氏家传(The Newcomes)[J].吴宓,译.[J].学衡,1922(1):1-18;1922(2):1-18;1922(3):1-15;1922(4):1-13;1922(7):1-25;1922(8):1-16.

[65] 邵祖平.论新旧道德与文艺[J].学衡,1922(7):1-11.

[66] 邵祖平.唐诗通论[J].学衡,1922(12):1-32.

祖平[邵祖平].唐诗通论[N].盛京时报,1932-3-3(7);1932-3-4(7);1932-3-5(7);1932-3-6(7);1932-3-8(7);1932-3-9(7);1932-3-10(7);1932-3-11(7);1932-12-4(7);1932-3-13(7).

[67] 邵祖平.无尽藏斋诗话[J].学衡,1922(2):1-21;1922(6):1-10;1922(9):1-8;1922(13):1-9;1922(21):1-12;1922(23):1-6.

[68] [法]圣伯甫[Sainte-Beuve].圣伯甫评卢梭忏悔录 Sainte-Beuve"Les Confessions de Jean-Jacques Rousseau"[J].徐震堮,译.学衡,1923(18):1-24.

[69] [法]圣伯甫[Sainte-Beuve].圣伯甫释正宗 Sainte-Beuve"Qu'est-ce Qu'en' Classique?"[J].徐震堮,译.学衡,1923(18):1-17.

[70] [美]开洛格[Kellog].达尔文天演学说今日之位置[J].胡先骕,达旨.科学,1915,1(10):1158-1163;1916,2(7):770-781.

[71] [国籍不详]SMITH V A[Vincent A. Smith].印度摩揭陀国孔雀王朝略纪[J].浦江清,译.史地学报,1925,3(8):75-78.

[72] 素痴[张荫麟].评郭沫若译《浮士德》上部[N].大公报[天津版],1928-4-2(9)[副刊《文学》第13期].

[73] 汤用彤.评近人之文化研究[J].学衡,1922(12):1-4.

[74] 汤用彤.文化思想之冲突与调和[J].学术季刊·文哲号,1943,1(2):1-4.

[75] [英]童璧[Arnold Toynbee].希腊之留传第九篇:希腊之历史[J].郭斌龢,译.学衡,1924(27):1-25.

[76] [英]WALLACE E[Edwin Wallace].亚里士多德哲学大纲译[J].汤用彤,译.学衡,1923(17):1-26.

[77] 王国维.黑车子室韦考[J].学衡,1926(60):1-4.
王国维.黑车子室韦考[J].国学论丛,1928,1(3)[又称"王静安先生纪念号"]:35-37.

[78] 吴芳吉.三论吾人眼中之新旧文学观[J].学衡,1924(31):1-17.
吴芳吉.三论吾人眼中之新旧文学观[J].湘君,[出版年不详](3):1-25.

[79] 吴芳吉.四论吾人眼中之新旧文学观[J].学衡,1925(42):1-30.

[80] 吴芳吉.提倡诗的自然文学[J].新群,1920,1(4):1-10.

[81] 吴芳吉.吾人眼中之新旧文学观[J].湘君,1922(1):[页码不详].
吴芳吉.吾人眼中之新旧文学观[J].东北大学周刊,1927(42):3-9.

[82] 吴芳吉.再论"诗的自然文学"并解释"春宫的文化运动"[J].新人[上海1920],1920,1(5):7-10.

[83] 吴芳吉.再论吾人眼中之新旧文学观[J].学衡,1923(21):1-29.

[84] 吴宓.改造民族精神之管见[N].大公报[重庆版],1941-12-10(4)[副刊《战国》第2期].

[85] 吴宓.孔子之价值及孔教之精义[N].大公报[天津版],1927-9-22(1,3).

[86] 吴宓.论今日文学创造之正法[J].学衡,1923(15):1-27.

[87] 吴宓.论事之标准[J].学衡,1926(56):1-5.

[88] 吴宓.论诗之创作——答方玮德君[N].大公报[天津版],1932-1-18(8)[副刊《文学》第210期].

[89] 吴宓.论新文化运动[J].学衡,1922(4):1-23.

[90] 吴宓.诗学总论[J].学衡,1922(9):1-20.

[91] 吴宓.诗韵问题之我见[N].大公报[天津版],1932-1-18(8)[副刊《文学》第210期].

[92] 吴宓,述.路易斯论治术[J].学衡,1931(74):1-6.

[93] 吴宓.说明[J].学衡,1922(2):无页码["插画"栏目第4页,即第2幅插图《School of Athens》所在页的背页].

[94] 吴宓.挽徐志摩君[N].大公报[天津版],1931-12-14(7)[副刊《文学》第205期].

吴宓.挽徐志摩君[J].北晨学园哀悼志摩专号,1931(无出版期号):72.

[95] 吴宓.文学入门[J].湘君,[出版年不详](3):41-52.

[96] 吴宓.文学研究法[J].学衡,1922(2):1-9.

[97] 吴宓.我之人生观[J].学衡,1923(16):1-26.

吴宓.我之人生观[J].人物月刊,1936,1(2):161-174.

[98] 吴宓.希腊文学史[J].学衡,1923(13):1-48;1923(14):1-14.

[99] 吴宓.西洋文学精要书目[J].学衡,1922(6):1-10;1922(7):1-13;1922(11):1-14.

[100] 吴宓.西洋文学入门必读书目[J].学衡,1923(22):1-9.

[101] 吴宓.英诗浅释[J].学衡,1922(9):1-8;1922(12):1-9;1923(14):1-13.

[102] [英]沃姆[G. N. Orme].沃姆中国教育谈[J].吴宓,述.学衡,1923(22):1-9.

[103] [美]薛尔曼[Stuart Pratt Sherman].薛尔曼现代文学论序[J].浦江清,译.学衡,1926(57):1-16.

[104] [美]薛尔曼[Stuart Pratt Sherman].薛尔曼现代文学论序[J].浦江清,译.国闻周报,1926,3(42):1-4;1926,3(43):1-4.

[105] 易峻.评文学革命与文学专制[J].学衡,1933(79):1-22.

[106] 佚名[吴宓].奥国戏剧家兼小说家显尼志劳逝世 Arthur Sohnitzler (1862—1931)[N].大公报[天津版],1932-6-13(8)[副刊《文学》第232期].

[107] 佚名[吴宓].本报启事[N].大公报[天津版],1934-1-1(11)[副刊《文学》第313期].

[108] 佚名[吴宓].本副刊之宗旨及体例[N].大公报[天津版],1928-1-2(5)[副刊《文学》第1期].

[109] 佚名[张其昀].本刊启事[J].思想与时代,1944(35):49.

[110] 佚名[《史地学报编者》].本学报启事[J].史地学报,1921,1(1):无页

码[正文前第1页].

[111] 佚名[《史地学报编者》].编辑导言[J].史地学报,1922,2(1):1-3[总1-3].

[112] 佚名[《史地学报编者》].编辑谈[J].史地学报,1922,1(4):1-2[总253-254页].

[113] 佚名[《史地学报编者》].编辑要则[J].史地学报,1922,1(3):史(6)一、史(6)二.

[114] 佚名[吴宓].弁言[J].学衡,1922(1):1.

[115] 佚名.柏拉图语录之一:苏格拉底自辨篇(Apology)[J].景昌极,译.学衡,1922(3):1-25.

佚名.柏拉图语录之二:克利陀篇(Crito)[J].景昌极,译.学衡,1922(5):1-15.

佚名.柏拉图语录之三:斐都篇(Phaedo)[J].景昌极,译.学衡,1922(10):1-42.

佚名.柏拉图语录之四:筵话篇(Symposium)[J].郭斌龢,译.学衡,1925(43):1-20;1925(48):1-22.

佚名.柏拉图语录之五:斐德罗篇(Phaedrus)[J].郭斌龢,译.学衡,1929(69):1-25;1932(76):1-32.

[116] 佚名[吴宓].悼白璧德先生 Irving Babbitt(1865—1933)[N].大公报[天津版],1933-12-25(11)[副刊《文学》第312期].

[117] 佚名[吴宓].德国大批评家兼戏剧家雷兴诞生二百年纪念 Gotthold Ephraim Lessing(1729—1781)[N].大公报[天津版],1929-1-28(15)[副刊《文学》第55期];1929-3-11(15)[副刊《文学》第61期].

佚名[吴宓].德国大批评家兼戏剧家雷兴诞生二百年纪念 Gotthold Ephraim Lessing(1729—1781)[J].学衡,1929(68):1-18.

[118] 佚名[吴宓].德国浪漫派哲学家兼文学批评家弗列得力希雷格尔逝世百年纪念 Friedrich Schlegel(1772—1829)[N].大公报[天津版],1929-4-8(15)[副刊《文学》第65期];1929-4-15(15)[副刊《文学》第66期];1929-4-22(15)[副刊《文学》第67期].

佚名[吴宓].德国浪漫派哲学家兼文学批评家弗列得力希雷格尔逝世百年纪念 Friedrich Schlegel(1772—1829)[J].学衡,1929(67):1-31.

[119] 佚名[吴宓].德国著名汉学家卫礼贤博士逝世 Richard Willem(1873—1930)[N].大公报[天津版],1930-3-17(13)[副刊《文学》第114期].

佚名[吴宓].德国著名汉学家卫礼贤博士逝世[J].国闻周报,1930,7

(16):1-4.

[120] 佚名[《史地学报编者》]. 第八届职员录[J]. 史地学报,1924,3(4):147-148.

[121] 佚名[吴宓]. 福禄特尔逝世百五十年纪念[N]. 大公报[天津版],1928-5-28(9)[副刊《文学》第 21 期].

佚名[吴宓]. 福禄特尔逝世百五十年纪念[J]. 国闻周报,1928,5(23):1-5.

[122] 佚名[《史地学报编者》]. 纪录[J]. 史地学报,1921,1(1):3.

[123] 佚名. 洛克像[J]. 学衡,1929(71):无页码["插画"栏目第 2 页].

[124] 佚名. 梅丝斐尔像[J]. 学衡,1929(71):无页码["插画"栏目第 1 页].

[125] 佚名[吴宓]. 欧洲战后思想变迁之大势与吾国人应有之觉悟[N]. 大公报[天津版],1928-1-16(9)[副刊《文学》第 3 期].

[126] 佚名[吴芳吉]. 上期报告[J]. 湘君,[出版年不详](3):169-171.

[127] 佚名[张其昀]. 圣诞特刊出版豫告[J]. 国风半月刊,1932(2):无页码[扉页].

[128] 佚名[《史地学报编者》]. 史地研究会第五届纪事[J]. 史地学报,1922,1(3):1-2[总 265-266];1922,1(4):1-4[总 241-244];1922,2(1):1-3[总 147-149].

[129] 佚名[吴宓]. 托尔斯泰诞生百年纪念(Count Leo Nicolaevich Tolstoy,1828—1910)[N]. 大公报[天津版],1928-8-27(9)[副刊《文学》第 34 期];1928-9-3(10)[副刊《文学》第 35 期];1928-9-10(10)[副刊《文学》第 36 期].

佚名[吴宓]. 托尔斯泰诞生百年纪念(Count Leo Nicolaevich Tolstoy,1828—1910)[J]. 国闻周报,1928,5(38):1-10.

[130] 佚名. 王静庵先生(国维)遗像[J]. 学衡,1926(60):无页码["插画"栏目第 1 页].

[131] 佚名[吴宓]. 文学与人生[N]. 大公报[天津版],1928-1-9(9)[副刊《文学》第 2 期];1928-1-30(9)[副刊《文学》第 4 期];1928-2-20(9)[副刊《文学》第 7 期];1929-11-25(13)[副刊《文学》第 98 期].

[132] 佚名[吴宓]. 无题[副刊《文学》启事][N]. 大公报[天津版],1928-4-9(9)[副刊《文学》第 14 期].

[133] 佚名[吴宓]. 无题[副刊《文学》启事][N]. 大公报[天津版],1930-9-15(11)[副刊《文学》第 140 期].

[134] 佚名[吴宓]. 学衡杂志简章[J]. 学衡,1922(1):无页码[扉页].

[135] 佚名[吴宓].学衡杂志简章[J].学衡,1922(5):无页码[扉页].
[136] 佚名[吴宓].学衡杂志简章[J].学衡,1924(32):无页码[扉页].
[137] 佚名[吴宓].学衡杂志社启事[J].学衡,1933(79):无页码[扉页].
[138] 佚名[吴宓].学衡杂志社/中华书局启事[J].学衡,1926(60):无页码[扉页].
[139] 佚名.颐和园中之鱼藻轩(王静安先生自沈处)[J].学衡,1926(60):无页码["插画"栏目第1页].
[140] 佚名[吴宓].易卜生诞生百年纪念[N].大公报[天津版],1928-3-26(9)[副刊《文学》第12期].
佚名[吴宓].易卜生诞生百年纪念[J].国闻周报,1928,5(12):1-2.
[141] 佚名[吴宓].英国批评家兼文学史家圣次伯雷逝世 George Saintsbury(1845—1933)[N].大公报[天津版],1933-5-8(11)[副刊《文学》第279期].
[142] 佚名[吴宓].英国小说家兼诗人劳伦斯逝世 David Herbert Lawrence(1885—1930)[N].大公报[天津版],1930-3-24(13)[副刊《文学》第115期].
[143] 佚名[张其昀].征稿启事[J].思想与时代,1941(1):无页码[扉页].
[144] 佚名[《史地学报编者》].职员录[J].史地学报,1922,1(2):1.
[145] 佚名[《史地学报编者》].职员录[J].史地学报,1922,1(3):1[总267].
[146] [英]尹吉[W. R. Inge].希腊之留传第二篇:希腊之宗教[J].汤用彤,译.学衡,1923(24):1-27.
[147] 余生[吴宓].评留美漫记[N].大公报[天津版],1931-10-5(10)[副刊《文学》第195期].
吴宓.评留美漫记[J].学衡,1933(78):55-56.
[148] 张其昀.白璧德——当代一人师[J].思想与时代,1947(46)[又称"梅迪生先生纪念专号"]:24-27.
[149] 张其昀.复刊辞[J].思想与时代,1947(41):1.
[150] 张其昀.刘知几与章实斋之史学[J].学衡,1922(5):1-53.
[151] 张其昀.中国与中道[J].学衡,1925(41):1-24.
张其昀.中国与中道[J].史地学报,1925,3(8):13-32.
[152] 张荫麟.老子生后孔子百余年之说质疑[J].学衡,1923(21):1-5.
[153] 张荫麟.论中西文化的差异[J].思想与时代,1942(11):1-6.
[154] [美]哲勿雷[Edward C. Jeffrey].杂交与天演[J].胡先骕,译.科学,

1923,8(2):145-153.

[155] 周光午,选辑.吴芳吉先生遗著续篇[J].国风[南京1932],1934,5(10/11):15-34.

4.2 "学衡"派的专著

[1] [美]杜威[John Dewey].思维术[M].刘经庶[刘伯明],编译.南京:国立南京高等师范学校,1918.

[2] [美]杜威[John Dewey],演讲.教育哲学[M].刘伯明,口译.沈振声,笔述.上海:泰东图书局,1920.

[3] [美]杜威[John Dewey],演讲.试验论理学[M].刘伯明,口译.沈振声,笔述.上海:泰东图书局,1920.

[4] [美]杜威[John Dewey],演讲.哲学史[M].刘伯明,口译.沈振声,笔述.上海:泰东图书局,1920.

[5] 郭斌龢.郭斌龢学案[M].张凯,朱薛友,编.黄结新,楼含松,主编.杭州:浙江大学出版社,2019.

[6] 胡先骕.胡先骕诗文集:全二册[M].熊盛元,胡启鹏,编校.刘梦芙,审订.合肥:黄山书社,2013.

[7] 胡先骕.胡先骕文存:上卷[M].张大为,胡德熙,胡德焜,合编.南昌:江西高校出版社,1995.

胡先骕.胡先骕文存:下卷[M].张大为,胡德熙,胡德焜,合编.南昌:中正大学校友会,1996.

[8] 胡先骕.细菌[M].上海:商务印书馆,1923.

[9] 胡先骕.政治之改造[M].[南昌]:中国兴业出版公司,1946.

[10] 胡先骕.植物学小史[M].上海:商务印书馆,1930.

[11] [英]哈第[Marcel Hardy].世界植物地理[M].胡先骕,译订.上海:商务印书馆,1933.

[12] [苏]塔赫他间[А. Л. Тахтаджян].高等植物系统的系统发育原理[M].[英]拉考尔[D. L. Lalkow],原译.胡先骕,重译.北京:中国科学院出版,1954.

[13] [英]赫胥黎J[J. Huxley],主编.新系统学[M].胡先骕,等,译.钟补求,校.北京:科学出版社,1964.

[14] 景昌极,编著.道德哲学新论[M].南京:钟山书局,1933.

[15] 景昌极.哲学论文集:全二册[M].上海:中华书局,1930.

[16] 刘伯明,讲演.近代西洋哲学史大纲[M].缪凤林,译述.上海:中华书局,1921.

[17] 刘伯明,演讲.西洋古代中世哲学史大纲[M].缪凤林,笔记.上海:中华书局,1922.

[18] 柳诒徵,编著.历代史略[M].南京:江楚书局,1903(清光绪二十九年).

[19] 柳诒徵,编著.中国文化史:上册[M].南京:正中书局,1947.
柳诒徵,编著.中国文化史:中册;下册[M].南京:正中书局,1948.
柳诒徵,编著.中国文化史:全二册[M].南京:钟山书局,1932.

[20] 柳诒徵.国史要义[M].上海:中华书局,1948.

[21] 刘永济,编纂.国风乐选[M].上海:泰东图书局,1926.

[22] 刘永济,录.古戏曲存[M].武汉:国立武汉大学,1939.

[23] 刘永济,述论.文学论[M].长沙:湘鄂印刷公司,1922.
文学研究社[刘永济].文学论[M].上海:文光书局,1931.
刘永济.文学论[M].王云五,主编.上海:商务印书馆,1934.

[24] 刘永济.十四朝文学要略[M].[出版地不详]:中国文化服务社,1945.

[25] 刘永济.文心雕龙校释[M].武汉:国立武汉大学,1935.

[26] 梅光迪.梅光迪文存[M].中华梅氏文化研究会,编.梅铁山,主编.梅杰,执行主编.武汉:华中师范大学出版社,2011.

[27] 梅光迪.梅光迪文录[M].杭州:国立浙江大学出版社,1948.

[28] 梅光迪.文学演讲集[M].眉睫,编.北京:海豚出版社,2011.

[29] 缪凤林,编著.本国史:上册[M].南京:钟山书局,1932.

[30] 缪凤林,编著.日本论丛:第一册[M].南京:钟山书局,1933.

[31] 缪凤林,编著.中国通史纲要:第一册[M].南京:钟山书局,1932.
缪凤林,编著.中国通史纲要:第二册[M].南京:钟山书局,1933.
缪凤林,编著.中国通史纲要:第三册[M].南京:钟山书局,1935.

[32] 缪凤林.日本史鸟瞰[M].南京:钟山书局,1933.

[33] 缪凤林.中国民族之文化[M].西安:新中国文化出版社,1940.

[34] 缪凤林.中国通史要略:第一册[M].重庆:商务印书馆,1943.
缪凤林.中国通史要略:第二册[M].重庆:商务印书馆,1944.
缪凤林.中国通史要略:第三册[M].上海:商务印书馆,1946.

[35] 浦江清.浦江清文录[M].北京:人民文学出版社,1958.

[36] 邵祖平.国学导读[M].上海:商务印书馆,1947.

[37] 邵祖平.文字学概说[M].上海:商务印书馆,1929.

[38] 邵祖平.中国观人论[M].上海:开明书店,1933.

[39] 孙尚扬,郭兰芳,编.国故新知论:学衡派文化论著辑要[M].汤一价,主编.北京:中国广播电视出版社,1995.

[40] 汤用彤,编.印度哲学史略[M].重庆:独立出版社,1945.
[41] 汤用彤.汉魏两晋南北朝佛教史:全二册[M].上海:商务印书馆,1938.
[42] 汤用彤.汤用彤全集:全七卷[M].汤一介,编.石家庄:河北人民出版社,2000.
[43] [英]温彻斯特[Caleb Thomas Winchester].文学评论之原理[M].景昌极,钱堃新,译.梅光迪,校.上海:商务印书馆,1923.
[44] 吴芳吉.吴芳吉全集:全三册[M].傅宏星,编校.上海:华东师范大学出版社,2014.
[45] 吴宓.文学与人生[M].王岷源,译.北京:清华大学出版社,1993.
[46] 吴宓.吴宓日记:第一册1910—1915;第二册1917—1924;第三册1925—1927;第四册1928—1929;第五册1930—1933;第六册1936—1938;第七册1939—1940;第八册1941—1942[M].吴学昭,整理.北京:生活·读书·新知三联书店,1998.
  吴宓.吴宓日记:第九册1943—1945;第十册1946—1948[M].吴学昭,整理.北京:生活·读书·新知三联书店,1999.
[47] 吴宓.吴宓诗集[M].上海:中华书局,1935.
[48] 吴宓.吴宓自编年谱:1894—1925[M].吴学昭,整理.北京:生活·读书·新知三联书店,1995.
[49] 徐震堮,编.唐诗选[M].上海:华夏图书出版公司,1948.
[50] 徐震堮.世说新语校笺:全二册[M].北京:中华书局,1984.
[51] 徐震堮,选注.汉魏六朝小说选[M].上海:古典文学出版社,1955.
[52] 杨毅丰,康蕙茹,编.学衡派[M].李帆,主编.长春:长春出版社,2013.
[53] 杨荫麟[张荫麟].中国史纲[M].重庆:青年书店,1941.
[54] 张其昀,编纂.浙江省史地纪要[M].上海:商务印书馆,1925.
[55] 张其昀.旅美见闻录[M].上海:商务印书馆,1946.
[56] 张其昀.中国地理大纲[M].上海:商务印书馆,1927.
[57] 张其昀.中国经济地理[M].上海:商务印书馆,1930.
[58] 张其昀,主编.遵义新志[M].杭州:国立浙江大学史地研究所,1948.
[59] 邹秉文,胡先骕,钱崇澍,编著.高等植物学[M].上海:商务印书馆,1923.

5. "醒狮"派的论著
  5.1 "醒狮"派的论文
[1] 本刊同人.我们的主张[N].民声周报[上海1931],1931-10-3(1-2).
[2] 编者[常乃惪].万方多难中的言论态度——代复刊辞[J].国论[成都

1940],1940(1)["复刊第一期"]:2-7.

[3] [法]补克列[Bouglé],演讲.该当要一个宗教为平民么? Faut-il une religion pour le peuple? [J].李璜,译.少年中国,1921,3(1):40-46.

[4] [美]布拉克马[F. W. Blackmar].史前的人[J].常乃德[常乃惪],译.社会季刊,1928,1(1):122-136.

[5] [法]CHAMPENOIS J J[Juhen J. Champenois].法兰西大学的改革运动[J].常乃惪,译.教育杂志,1922,14(1):11-17.

[6] 常乃惪.中国民族与中国新文化之创造[J].东方杂志,1927,24(24):11-16.

[7] 常燕生[常乃惪].除三害[J].国论[上海 1935],1935,1(6):1-18.

[8] 常燕生[常乃惪].从奴隶到主人[J].国论[上海 1935],1936,1(8):1-6.

[9] 常燕生[常乃惪].东西文明问题质胡适之先生——读《我们对于西洋近代文明的态度》[J].现代评论,1926,4(90):16-18[总 236-238];1926,4(91):17-19[总 257-259].

[10] 常燕生[常乃惪].对于现代中国个人主义文学潮流的抗议[J].国论[上海 1935],1936,1(7):1-12.

[11] 常燕生[常乃惪].非常时代下的中国国民和国策[J].国论[上海 1935],1935,1(3):1-7.

[12] 常燕生[常乃惪].民族精力与文化创造[J].长风[上海 1929],1929(2):1-8.

[13] 常燕生[常乃惪].什么是"现代化"[J].月报,1937,1(1):147-149.
常燕生[常乃惪].什么是"现代化"[J].国论[上海 1935],1937,2(7):983-986.
燕生[常乃惪].什么是"现代化"[J].中国文化[上海 1938],1938(1):1-4.

[14] 常燕生[常乃惪].生物史观研究[J].山西民众教育,1936,3(3):12-27.
常燕生[常乃惪].生物史观研究[J].国论[上海 1935],1936,1(12):1-28.

[15] 常燕生[常乃惪].《十九世纪初年德意志的国难与复兴》编后感[J].国论[上海 1935],1937,2(10):1322-1332.

[16] 常燕生[常乃惪].十九世纪初年德意志的国难与复兴[J].国论[上海 1935],1935,1(2):1-27;1935,1(3):1-33;1935,1(4):1-23;1935,1(5):1-22;1935,1(6):1-17;1936,1(8):1-18;1936,1(9):1-8;1936,1(10):1-16;1936,1(11):1-26;1936,1(12):1-29.

[17] 常燕生[常乃惪].文化之有机的发展[J].华文月刊,1942,1(3):2-6;1942,1(4):9-25.

[18] 常燕生[常乃惪].新浪漫主义与中国文学[J].青年生活[上海1946],1946(1):12-13.

[19] 常燕生[常乃惪].新战国时代的人生态度[J].国论[成都1940],1940(18)["复刊第十八期"]:2-4.

[20] 常燕生[常乃惪].血泪献与后方人[J].国论[成都1938],1938(1)["创刊号"]:7-8.

[21] 常燕生[常乃惪].怎样才能创作伟大的文学[J].时代文学,1948,1(1):1.

[22] 陈启天.国防中心论[J].国论[上海1935],1936,1(9):1-12.

[23] 陈启天.国际问题的看法问题[J].东方杂志,1943,39(9):1-3.

[24] 陈启天.国家主义者的中国文化观[J].国论[重庆1938],1938(4):52-59.

[25] 陈启天.国民精神总动员与道德建设问题[J].国论[重庆1938],1939(17):261-268.

[26] 陈启天.夹攻中的奋斗[J].国论[上海1935],1936,1(11):1-9.

[27] 陈启天.三种哲学体系的配合[J].国论[成都1940],1940(1)["复刊第一期"]:12-21.

[28] 陈启天.我国民族性与国际竞争[J].国论[重庆1938],1939(16):246-250.

[29] 陈启天.新战国时代的世界[J].国论[成都1940],1940(13)["复刊第十三期"]:2-12.

[30] 陈启天.战争与国防[J].国论[重庆1938],1938(5):66-72.

[31] 陈启天.中国的大变局与"非常时"[J].国论[上海1935],1935,1(6):1-19.

[32] [法]尔郎[Ernest Renan].何谓国家?[J].李璜,译.醒狮[上海1924],1929(197):5-9;1929(198):4-7;1929(199):8-10.

[33] [法]FRANCE[Anatole France].家贼(Vol Domestique)[J].何鲁之,译.少年中国,1923,4(8):1-5.

[34] [法]哥伯.失路之儿[J].何鲁之,译.少年中国,1920,2(6):24-29.
    [法]哥伯.失路之儿[J].心弦[何鲁之],译.时代文学,1946,1(8):11-18.
    [法]哥伯.失路之儿[J].心弦[何鲁之],译.时代文学,1948,1(3):

13-15.
[35] 国论社同人.我们对于抗战的认识和信念[J].国论[成都 1938],1938(1)["创刊号"]:4-6.
[36] 何鲁之.二希思想之关系[J].志林,1941(2):1-6.
[37] 何鲁之.国家主义概论[J].青年生活[上海 1946],1947(21):36-38,41.
何鲁之.国家主义概论[J].青年之友,1948(1)["创刊号"]:5-10.
[38] 何鲁之.史力[J].华文月刊,1942,1(1):3-5.
[39] 何鲁之.智慧之路——西洋通史绪论讲稿[J].国论[成都 1940],1940(1)["复刊第一期"]:7-12.
[40] [法]季特[Charies Gide].法国经济学史略[J].李璜,译.少年中国,1922,7(4):1-11.
[41] 记者[常乃悳].国论周刊缘起[J].国论[成都 1938],1938(1)["创刊号"]:2-4.
[42] [法]雷鲍[Tb. Ribot].心理学研究法[J].余家菊,译.少年中国,1923,4(8):1-18.
[43] [英]雷波那[Piero Bebora].意大利教育之改革[J].余家菊,述意.中华教育界,1924,14(6):1-6.
[44] 李璜.后方的两件基本工作[J].国光[长沙 1938],1938(7):7-9[总 123-125].
李璜.后方的两件基本工作[J].国论[成都 1938],1938(17):2-4.
[45] 李璜.后方的团结工作[J].国论[成都 1938],1938(25):2-3.
[46] 李璜.全国团结之基本条件[J].国论[上海 1935],1935,1(5):1-5.
[47] 李璜.中国民族失败的原因及其责任[J].国论[上海 1935],1935,1(3):1-12.
[48] [法]莫泊三.林中[J].何鲁之,译.少年中国,1920,2(4):70-74.
[法]莫泊三.林中(选)[N].何鲁之,译.觉悟[《民国日报》副刊],1920-11-1(3-4).
[法]莫泊桑.林中[J].何鲁之,改译.时代文学,1946,1(8):4-10.
[49] [法]莫泊中.战俘(L'A VENTUE DE MALTER SCHNAFFS)[N].章益,译.平民[《民国日报》副刊],1921-5-21(3).
[法]莫泊三.战俘(L'A VENTURE DE WALTER SCHNAFFS)[N].章益,译.平民[《民国日报》副刊],1921-5-28(3).
[法]莫泊三.战俘(L'A VENTURE DE WALTRE SCHNVFFS)[N].章益,译.平民[《民国日报》副刊],1921-6-4(4).

[50] 平子[常乃悳].论集团主义的文学[N].青年中国[上海 1946],1947-2-15(3).

燕生[常乃悳].论集团主义的文学[J].大中国,1947(1)["创刊号"]:21-22.

[51] [法]SIDLEY E I[E. I. Sidley]."道尔顿制"功课指定的一个实例[J].常乃悳,译.教育杂志,1922,14(11):1-6.

[52] 燕生[常乃悳].白话与文言的用法[N].京报副刊,1925-3-15(4-5).

[53] 燕生[常乃悳].论思想[J].莽原,1925(15):4-6[总 132-134].

[54] 燕生[常乃悳].蛮人之出现[J].长风[上海 1929],1929(3):1-9.

[55] 燕生[常乃悳].什么叫做东方文化?[J].莽原,1925(7):1-2[总 57-58].

[56] 燕生[常乃悳].文学的社会理论[J].青年生活[上海 1935],1936,1(17/18):7-10.

[57] 佚名[曾琦].本报出版宣言[N].醒狮[上海 1924],1924-10-10(1-2).

[58] 佚名[陈启天].本刊发行部启事[J].国论[上海 1935],1936,1(11):无页码[版权页后第 1 页的启事页].

[59] 佚名[常乃悳].本刊启事[J].国论[重庆 1938],1938(1):1.

[60] 佚名[常乃悳].本刊启事[J].国论[成都 1940],1941,2(3)["复刊第二卷第三期"]:24.

[61] 佚名[常乃悳].本刊启事[J].国论[成都 1940],1942,3(3)["复刊第三卷第三期"]:17.

[62] 佚名[常乃悳].本刊特别紧要启事[J].国论[成都 1940],1940(3)["复刊第三期"]:40.

[63] 佚名[陈启天].本刊特别启事[J].民声周报[上海 1931],1931(4):1.

[64] 佚名[陈启天].本刊特别启事[J].民声周报[上海 1931],1932(17):1.

[65] 佚名[陈启天].本刊特别启事[J].民声周报[上海 1931],1932(30):1.

[66] 佚名[陈启天].本刊特别征稿启事[J].国论[上海 1935],1936,1(11):无页码[扉页].

[67] 佚名[左舜生].本刊征稿简约[J].国光[长沙 1938],1938(2):20[总 38].

[68] 佚名[王兴国].本报征稿简约[N].青年中国[上海 1946],1946-10-12(3).

[69] 佚名[常乃悳].发刊辞[J].国论[上海 1935],1935,1(1):1-4.

[70] 佚名[李璜、张君劢].发刊辞[J].新路[上海 1928],1928,1(1):1-19.

[71] 佚名[陈启天].特别启事[J].民声周报[上海 1931],1932(34):1.

[72] 余家菊.国力之渊源[J].国论[上海 1935],1935,1(2):1-9.

[73] 余家菊.论国民风度之改革[J].国论[上海 1935],1936,1(8):1-8.

[74] 余家菊.论中国文化[J].国论[重庆 1938],1939(14):229-233;1939(15):235-238.

[75] 余家菊.再论国力之渊源[J].国论[上海 1935],1935,1(4):1-8.

[76] 余家菊.怎样养成团结力[J].国论[上海 1935],1936,1(10):1-6.

[77] 余家菊.中国的统一因素[J].国论[上海 1935],1935,1(5):1-12.

[78] 余景陶[余家菊].我们所需要的人生哲学[J].国论[上海 1935],1935,1(1):1-9.

[79] 曾琦.论中心思想与中心人物[N].新闻报,1924-10-10(19)["新闻报国庆增刊"之"(三)""第三版"].

[80] 曾琦.醒狮歌[N].醒狮[上海 1924],1924-10-10(6).
曾琦.醒狮歌[J].法政学报[北京 1918],1926,5(3/4):8.

[81] 曾琦.中华民族之使命与中国青年之责任——答上海孙文主义学会[N].醒狮[上海 1924],1926-1-9(1-2).

[82] 左舜生.非常时之青年自处与青年指导[J].国论[上海 1935],1936,1(7):1-12.

[83] 左舜生.极度苦闷中的一番反省[J].国论[上海 1935],1935,1(1):1-9.

[84] 左舜生.抗战与国民道德的最高表现[J].国光[长沙 1938],1938(7):1-4[总 117-120].

[85] 左舜生.努力与思索(代发刊词)[J].民宪[重庆 1944],1944,1(1):1-9.

5.2 "醒狮"派的专著

[1] [法]查理季特[Charles Gide].经济学要旨[M].李璜,译.上海:中华书局,1924.

[2] 常乃悳,编.德国发达简史[M].上海:中华书局,1934.

[3] 常乃悳,编.社会科学通论[M].上海:中华书局,1935.

[4] 常乃悳,编.中国史鸟瞰:第一册(中华民族之构成及发展)[M].太原:育英学舍,1926.
常乃悳,编.中国史鸟瞰:第二册(历代政治制度之演进)[M].北京:北京文化学社,1927.

[5] 常乃悳.常燕生先生遗集:全八册[M].黄欣周,编.沈云龙,校.台北:常燕生先生七旬诞辰纪念委员会,1967.

[6] 常乃悳.历史哲学论丛[M].重庆:商务印书馆,1944.

[7] 常乃悳.蛮人之出现[M].上海:中华书局,1937.
[8] 常乃悳.中国思想小史[M].上海:中华书局,1930.
[9] 常乃悳.中国文化小史[M].上海:中华书局,1928.
[10] 常燕生[常乃悳],编译.十九世纪初年德意志的国难与复兴[M].重庆:国论社,1939.
　　　常燕生[常乃悳].国家主义史例[M].何鲁之,主编.上海:中国人文研究所,1948.
[11] 常燕生[常乃悳],等.生物史观研究[M].上海:大光书局,1936.
[12] 常燕生[常乃悳].生物史观与社会[M].上海:大陆书局,1933.
[13] 陈启天,编.韩非子参考书辑要[M].上海:中华书局,1945.
[14] 陈启天,编.韩非子校释[M].上海:中华书局,1940.
[15] 陈启天.抗战与人生观改造问题[M].重庆:国论社,1938.
[16] 陈启天,编著.民族的反省与努力[M].重庆:独立出版社,1938.
[17] 陈启天.孙子兵法校释[M].左舜生,校阅.成都:国魂书店,1941.
　　　陈启天.孙子兵法校释[M].重庆:中华书局,1944.
[18] 陈启天.新社会哲学论[M].重庆:商务印书馆,1944.
　　　陈启天.新社会哲学论[M].增订1版.上海:商务印书馆,1946.
[19] 陈启天.中国法家概论[M].上海:中华书局,1936.
[20] 陈翊林[陈启天],编述.胡曾左平乱要旨[M].上海:大陆书局,1932.
[21] 陈正茂,编.中国青年党史料丛刊第六辑:国光旬刊[M].台北:国史馆,1995.
[22] 陈正茂,编.中国青年党史料丛刊第五辑:国论周刊[M].台北:国史馆,1995.
[23] 陈正茂,编.中国青年党史料丛刊第七辑:民宪半月刊(一)(二)[M].台北:国史馆,1995.
[24] 陈正茂,编.中国青年党史料丛刊第八辑:青年生活半月刊[M].2版.台北:国史馆,1995.
[25] 陈正茂,编.中国青年党史料丛刊第二辑:新路半月刊[M].2版.台北:国史馆,1995.
[26] 陈正茂,编.中国青年党史料丛刊第一辑:醒狮周报(一)(二)(三)(四)[M].2版.台北:国史馆,1993.
[27] 何鲁之,编.国家主义概论[M].上海:中国人文研究所,1948.
[28] 何鲁之,编著.欧洲中古史[M].上海:商务印书馆,1937.
[29] 何鲁之.欧洲近古史[M].上海:商务印书馆,1934.

[30] 何鲁之.希腊史[M].上海:商务印书馆,1934.

[31] 李璜,编.法国文学史[M].上海:中华书局,1922.

[32] 李璜,编.欧洲远古文化史[M].上海:中华书局,1927.

[33] 李璜.国家存在论[M].上海:上海中国书局,1929.

[34] 李璜.历史学与社会科学[M].上海:东南书店,1928.

[35] [英]罗素[Bertrand Russell].社会改造原理[M].余家菊,译.北京:晨报社,1920.

[36] [英]麦克斐[R. M. MacIver].政治学[M].陈启天,译.上海:中华书局,1936.

[37] 沈云龙,辑.曾慕韩(琦)先生遗著(附曾母宋太夫人诗稿)[M].台北:文海出版社有限公司,[1971].

[38] [美]斯密司[Smith].应用教育社会学[M].陈启天,译述.上海:中华书局,1925.

[39] [德]倭铿[Rudolf Christoph Eucken].人生之意义与价值[M].余家菊,译.上海:中华书局,1920.

[40] [英]亚丹士约翰[John Adams].教育哲学史[M].余家菊,译.上海:中华书局,1934.

[41] 佚名.法兰西学术史略[M].李璜,译.上海:亚东图书馆,1921.

[42] 佚名.古中国的跳舞与神秘故事[M].李璜,译述.上海:中华书局,1933.

[43] 余家菊,编.乡村教育通论[M].上海:中华书局,1934.

[44] 余家菊,编著.服务与人生[M].虞剑瓯,校对.重庆:独立出版社,1941.

[45] 余景陶[余家菊].治兵格言[M].沈阳:长城书局,1929.

[46] 余家菊.国家主义概论[M].上海:新国家杂志社,1927.

[47] 余家菊.国家主义教育学[M].上海:中华书局,1925.

[48] 余家菊.伦理学浅说[M].上海:商务印书馆,1927.

[49] 余景陶[余家菊].中国教育史要[M].沈阳:长城书局,1929.

[50] 曾琦.国体与青年[M].北京:少年中国学会,1919.

[51] 曾琦.长期抗战之心理建设[M].成都:国魂书店,1939.

[52] 左舜生,编.近代中日关系史纲要[M].上海:中华书局,1935.

[53] 左舜生,编.辛亥革命史[M].上海:中华书局,1934.

[54] 左舜生,编译.法兰西新史[M].上海:启智书局,1928.

[55] 左舜生,选辑.中国近百年史资料:全二册[M].上海:中华书局,1926.

6. "本位文化"派的论著
6.1 "本位文化"派的论文

[1] [英]保慧鲁[马丁·保慧鲁].英探笔记[J].萨孟武,译.东方杂志,1916,13(12):24-30.

[2] 陈高佣.全民抗战与文化运动[J].前卫,1937,1(1):1-3.

[3] 陈高佣.文化运动的回顾与展望[J].世界与中国[上海 1931],1932,2(3):1-13.

[4] 陈高佣.怎样了解中国本位的文化建设[J].文化建设[上海 1934],1935,1(8):1-4[总 55-58].

[5] [日]长谷川[长谷川如是闲].舆论与新闻[J].樊仲云,译.复旦大学新闻学系纪念刊,1930(无出版期号):25-41.
 [日]长谷川如是闲.舆论与新闻[J].樊仲云,译.新生命,1930,3(4):1-21;1930,3(5):1-16.

[6] 从予[樊仲云].中国本位与世界本位[J].文化建设[上海 1934],1935,1(5):1-3[总 1-3].
 樊仲云.中国本位与世界本位[J].新人[上海 1934],1935,1(23):464-465.

[7] [美]ELIOT C W[Charles W. Eliot].美国大学教授法[J].何炳松,直译.教育丛刊,1920(4)["第四集"]:1-8.

[8] [美]ELIOT C W[Charles W. Eliot].美国大学教员团[J].何炳松,译.新教育,1911,3(3):386-400.

[9] [美]樊大克[Henry Van Dyke].一握陶土[N].樊仲云,译.觉悟[《民国日报》副刊],1922-10-29(4).

[10] 樊仲云.民族解放运动之展开与动向[J].东方杂志,1929,26(20)[又称"民族运动号"]:39-46.

[11] 樊仲云.新战国时代[J].中央导报[南京 1940],1940,1(1):19-20.

[12] 方钟征.创刊词[J].福建文化半月刊,1935,1(1)["创刊号"]:1-2.

[13] 方钟征.中国文化建设协会福建分会工作报告(民国二十三年四月至民国二十四年六月止)[J].福建文化半月刊,1935,1(11):27-32.

[14] [国籍不详]富仁辰马.世界富源与中国富源[J].樊仲云,译.创化,1932(2):282-290.

[15] [美]GARNER[James Wilford Garner].国家的性质[J].孙寒冰,译.国立大学联合会季刊,1930,1(2):1-40.

[16] 何炳松.文化建设方式与路线[J].中国社会,1935,1(4):12-13.

[17] 何炳松.我国教育的墙和我的拆墙主义[J].教育杂志,1923,15(3):1-15.

[18] 何炳松.中国文化西传考[J].中国新论,1935,1(3):59-80.

[19] 黄文山.文化学的建筑线[J].新社会科学,1934,1(2):1-29.

[20] 黄文山.文化学在创建中的理论之归趋及其展望[J].社会学讯,1948,(8):9-21["第九版"至"第二一版"].

[21] 黄文山.中国文化及其改造[J].社会学刊,1936,5(1):1-17[总21-37].
黄文山.中国文化及其改造(上)[J].政问周刊,1936,(6):2-10.
黄文山.中国文化及其改造(下)[J].政问周刊,1936,(7):2-9.

[22] [美]KLEIN P[Philip Klein].黎治孟的社会诊断学之创建[J].黄凌霜[黄文山],译.海滨学术,1933(1)["创刊号"]:1-10.

[23] [国籍不详]MICHAEL[J. Michael].英国能不能渡过难关[J].章益,译.文摘战时旬刊,1941(90):1952-1958.

[24] [国籍不详]Rugg,演讲.新教育与新心理学[J].章益,翻译.庞任公,马静轩,笔记.儿童教育,1932,4(6):1-6[总311-316].
[国籍不详]罗格,讲.新教育与新心理学[J].[章益,译].庞任公,马静轩,记.进修半月刊,1932,1(21):3-9.

[25] 萨孟武.民族解放与文化复兴[J].新政治,1940,3(4):1-5.

[26] 萨孟武.民族主义与中国革命[J].东方杂志,1929,26(20)[又称"民族运动号"]:25-37.

[27] 萨孟武.中国本位的文化[J].每周评论[汉口1932],1935,(165):23-25.

[28] [日]森口繁治.多数决政治之价值[J].萨孟武,译.学艺,1923,5(5):1-8.

[29] 孙寒冰.近代国家的解剖[J].东方杂志,1930,27(16):25-37.

[30] 孙寒冰.论中国农村建设之本质[J].东方杂志,1935,32(7):59-64.g

[31] 孙寒冰."民族"释义[J].国立劳动大学周刊,1929,2(9):8-12.

[32] 陶希圣.对于《中国本位文化建设宣言》的补充说明[J].教育短波,1935(27):4-5.

[33] 陶希圣.民族问题与民族主义[J].新生命,1929,2(7):1-14.

[34] 陶希圣.中国之民族及民族问题[J].东方杂志,1929,26(20)[又称"民族运动号"]:1-14.

[35] 王新命,何炳松,武堉干,等.我们的总答复[J].文化建设[上海1934],1935,1(8):1-4[总1-4].

王新命等.我们的总答复——关于中国本位文化建设[N].大公报[天津版],1935-5-14(4).

王新命,何炳松,武堉干,等.我们的总答复[N].西京日报,1935-5-16(3);1935-5-17(3).

[36] 王新命,何炳松,武堉干,等.中国本位的文化建设宣言[J].文化建设[上海 1934],1935,1(4):1-5[总 1-5].

王新命,何炳松,武堉干,等.王新民何炳松等发表中国本位的文化建设宣言[N].申报,1935-1-10(13)["第四张"之"十三"];1935-1-11(13)["第四张"之"十三"].

王新命,何炳松,武堉干,等.国内十教授发表中国本位的文化建设宣言[N].民报,1935-1-11(6)["第二张"之"第二版"];1935-1-12(6)["第二张"之"第二版"].

王新命,何炳松,武堉干,等.王新命樊仲云等发表中国本位的文化建设宣言[N].新闻报,1935-1-11(15)["第肆张"之"拾五"];1935-1-12(14)["第肆张"之"拾肆"];1935-1-13(16)["第肆张"之"拾陆"].

王新命,武堉干,黄文山,等.中国本位的文化建设宣言[J].中国文化建设协会会报,1935,1(6):1-4.

王新命,何炳松,武堉干,等.中国本位的文化建设宣言[J].新人[上海 1934],1935,1(19):391-392.

王新命,何炳松,武堉干,等.中国本位的文化建设宣言[J].政治周刊,1935,2(3):15-17.

王新命,何炳松,武堉干,等.中国本位的文化建设宣言[N].大美晚报,1935-2-4(4)["对开页"之"第四页"].

王新命,何炳松,武堉干,等.中国本位的文化建设宣言[J].教育杂志,1935,25(2):141-142.

王新命,何炳松,武堉干,等.中国本位的文化建设宣言[J].新中华,1935,3(3):87-88.

王新命,何炳松,武堉干,等.中国本位的文化建设宣言[J].福建文化半月刊,1935,1(1)["创刊号"]:29-31.

王新命等.中国本位的文化建设宣言[J].东方杂志,1935,32(4):81-83.

王新命,何炳松,武堉干,等.中国本位的文化建设宣言(节录)[J].中医新生命,1935(6):1-4.

王新命,何炳松,武堉干,等.中国本位的文化建设宣言[J].新社会科学,1935,1(4):333-336.

王新命,何炳松,武堉干,等.中国本位的文化建设宣言[J].中国文化建设协会山西分会月刊,1935,1(3):61-64.

王新命,何炳松,武堉干,等.中国本位的文化建设宣言[J].华东教育,1935(42):3,25.

王新命,何炳松,武堉干,等.中国本位的文化建设宣言[J].保定新青年,1935,2(10/11):15-19.

王新命,何炳松,武堉干,等.中国本位的文化建设宣言[J].教育短波,1935(27):13-15.

[37] 王新命.精神国防的建设[J].中国文化建设协会会报,1935,1(11):1-3.

[38] 王新命.我的民族主义文学观[J].新人[上海 1934],1935,1(19):384-385.

[39] 王新命.现阶段的东北问题[J].建国青年,1946,1(6):5-6.

[40] [美]WOODBRIDGE F J E[F. J. E. Woodbridge].从历史到哲学[J].何炳松,译.史地丛刊[北京 1920],1921(2):31-41.

[41] 武堉干.国际版权同盟与中国[J].东方杂志,1921,18(5):7-17.

[42] 武堉干.近代博览会事业与中国[J].东方杂志,1929,26(10)[又称"西湖博览会号"]:11-26.

[43] 武堉干.中国商业状况述评[J].太平洋[上海 1917],1925,4(9):1-28.

[44] 佚名[《中国文化建设协会会报》编者].本会报启事[J].中国文化建设协会会报,1934,1(1):无页码[疑为封底或封底前第1页].

[45] 佚名[《中国文化建设协会山西分会月刊》编者].本会启事一[J].中国文化建设协会山西分会月刊,1935,1(1):无页码[正文前第1页].

[46] 佚名[裴复恒、樊仲云].本刊启事(二)[J].文化建设[上海 1934],1934,1(1):无页码[目录前第2页].

[47] 佚名[《福建文化半月刊》编者].本刊征稿条例[J].福建文化半月刊,1935,1(1)["创刊号"]:无页码[版权页].

[48] 佚名[裴复恒、樊仲云].本刊征稿条例[J].文化建设[上海 1934],1934,1(1):无页码[版权页前第1页].

[49] 佚名[裴复恒、樊仲云].发刊辞[J].文化建设[上海 1934],1934,1(1):1-4[总1-4].

[50] 佚名[《中国文化建设协会山西分会旬刊》编者].发刊词[J].中国文化建设协会山西分会旬刊,1934,1(1)["创刊号"]:1.

[51] 佚名[王新命,何炳松,武堉干,等].摘录十教授中国本位文化建设宣言[J].自新,1935,3(2):45.

[52] [日]原经夫.个人主义的自由及社会主义的自由[N].萨孟武,译.晨报副刊,1923-10-26(1);1923-10-27(1-2);1923-10-28(1).

[53] 章益.教育与国家[J].教育杂志,1930,22(11):11-19.

[54] 章益.教育与社会[J].教育学期刊,1933,1(1)["第一卷创刊号"]:1-14.

[55] 章益.教育与文化[J].教育学期刊,1934,2(1):1-18.

6.2 "本位文化"派的专著

[1] [德]阿柏尔.德国系统的社会学[M].黄凌霜[黄文山],译述.上海:华通书局,1932.

[2] [德]奥本海末尔[Franz Oppenheimer].国家论[M].陶希圣,译.上海:新生命书局,1929.

[3] [德]波达诺夫[Von A. Bogdanow].社会主义社会学[M].萨孟武,译.上海:新生命书局,1929.

[4] 陈高佣,编著.战时文化运动[M].重庆:正中书局,1938.

[5] 陈高佣,编纂.论理学[M].长沙:商务印书馆,1938.

[6] 陈高佣.抗战与保甲运动[M].中国文化建设协会,主编.长沙:商务印书馆,1937.

[7] 陈高佣.中国文化问题研究[M].上海:商务印书馆,1937.

[8] [英]ELLIS H[Havalock Ellis].优生问题[M].王新命,译.上海:商务印书馆,1924.

[9] 樊仲云,编.今日之日本[M].上海:文化建设月刊社,1937.

[10] 樊仲云,编译.东西学者之中国革命论[M].上海:新生命书局,1929.

[11] 樊仲云,编著.新兴文艺论[M].上海:新生命书局,1930.

[12] 樊仲云,注释.杰克歼魔[M].上海:中华书局,1936.

[13] 樊仲云.国际政治之基础知识[M].上海:新生命书局,1929.

[14] 樊仲云.抗战与国际形势[M].上海:商务印书馆,1937.

[15] 樊仲云.现代国际问题[M].上海:中华书局,1932.

[16] 高佣[陈高佣].名理通论[M].上海:开明书店,1929.

[17] [美]哈尔[Kyung Durk Har].社会法则[M].黄文山,译述.上海:商务印书馆,1935.

[18] [日]海野幸德.贫民政策[M].王新命,译.上海:华通书局,1933.

[19] 何炳松,编译.近世欧洲史[M].上海:商务印书馆,1925.

[20] 何炳松,编译.中古欧洲史[M].上海:商务印书馆,1924.

[21] 何炳松,编著.外国史[复兴高级中学教科书]:全二册[M].上海:商务印书馆,1934.

[22] 何炳松,编著.外国史[复兴初级中学教科书][M].上海:商务印书馆,1933.

[23] 何炳松,编著.浙东学派溯源[M].上海:商务印书馆,1932.

[24] 何炳松.历史研究法[M].上海:商务印书馆,1927.

[25] 何炳松.通史新义[M].上海:商务印书馆,1930.

[26] [美]亨利[Johnson Henry].历史教学法[M].何炳松,译述.上海:商务印书馆,1926.

[27] [美]亨特[Morton Hunt].人心中的宇宙:探究人心智的一门新科学——认知心理学[M].章益,译.北京:人民教育出版社,1989.

[28] 黄凌霜[黄文山],编.西洋知识发展史纲要[M].上海:华通书局,1932.

[29] 黄文山,编著.唯生论的历史观[M].南京:正中书局,1935.

[30] 黄文山.抗战建国与复兴民族[M].广州:更生评论社,1938.

[31] 黄文山.社会进化[M].上海:世界书局,1929.

[32] 黄文山.文化学的建立[M].[广州]:[国立中山大学法学院],1948.

[33] [英]加本特[Edward Carpenter].加本特恋爱论[M].樊仲云,译.上海:开明书店,1938.

[34] [美]迦纳[James Wilford Garner].政治科学与政府:总论、国家论[M].孙寒冰,译述.上海:商务印书馆,1934.

[35] [美]柯克斯[Harold Cox].人口问题[M].武堉干,译述.上海:商务印书馆,1925.

[36] [俄]克鲁泡特金[P. Kropotkin].近世科学与无政府主义[M].凌霜[黄文山],编译.[出版地不详]:佩刚,1919.

[37] [德]李卜克拉西,卢彬,布哈林[Liebknecht, Rubin, Bukharin].价值学说史[M].孙寒冰,林一新,合译.上海:黎明书局,1933.

[38] [日]平野义太郎.法律与阶级斗争[M].萨孟武,译.上海:新生命书局,1930.

[39] [美]ROBINSON J H[James Harvey Robinson].新史学[M].何炳松,译.上海:商务印书馆,1924.

[40] [奥]萨伐格[Stefan Zweig].一个陌生女子的来信[M].孙寒冰,译述.上海:商务印书馆,1935.

[41] 萨孟武.三民主义政治学[M].上海:新生命书局,1929.

[42] 萨孟武.政治学新论[M].上海:大东书局,1948.
[43] 萨孟武.政治学与比较宪法[M].上海:商务印书馆,1936.
[44] 萨孟武,编.财政学之基础知识[M].上海:新生命书局,1929.
[45] 萨孟武,编辑.新国家论[M].上海:商务印书馆,1928.
[46] 萨孟武,编著.政治学概论[M].上海:世界书局,1932.
[47] [日]森口繁治.近世民主政治论[M].萨孟武,译述.上海:商务印书馆,1925.
[48] [英]司各特[Walter Scott].中洛辛郡的心脏[M].章益,译.北京:人民文学出版社,1981.
[49] [美]素罗坚[Pitirim Sorokin].当代社会学学说[M].黄凌霜[黄文山],译.上海:社会问题研究社,1930.
[50] 孙寒冰,编纂.国际联盟[M].上海:商务印书馆,1934.
[51] 孙寒冰,编著.国家浅说[M].上海:商务印书馆,1935.
[52] 孙寒冰.金威廉的合作思想[M].上海:中国合作学社,1930.
[53] 孙寒冰.市政浅说[M].上海:商务印书馆,1933.
[54] 孙寒冰,主编.社会科学大纲[M].上海:黎明书局,1929.
[55] 陶希圣,编.中国问题之回顾与展望[M].上海:新生命书局,1930.
[56] 陶希圣,编纂.西汉经济史[M].上海:商务印书馆,1931.
[57] 陶希圣.法律学之基础知识[M].上海:新生命书局,1929.
[58] 陶希圣,辑译.拿破仑兵法语录[M].重庆:南方印书馆,1945.
[59] 陶希圣.中国社会与中国革命[M].上海:新生命书局,1929.
[60] 陶希圣.中国政治思想史:第一册;第二册[M].上海:新生命书局,1929.
　　陶希圣.中国政治思想史:第三册[M].上海:新生命书局,1933.
　　陶希圣.中国政治思想史:第四册[M].上海:新生命书局,1935.
[61] 王新命.东北商租权问题[M].陈彬龢,主编.上海:日本研究社,1931.
[62] 王新命.狗史[M].上海:东图书局,1924.
[63] 王新命.蔓罗姑娘[M].上海:东图书局,1924.
[64] 文化建设月刊社,编辑.中国本位文化建设讨论集[M].上海:文化建设月刊社,1936.
[65] 武堉干,编.商业地理[M].上海:中华书局,1933.
[66] 武堉干,编著.中国国际贸易史[M].上海:商务印书馆,1928.
[67] 武堉干,编纂.中国国际贸易概论[M].上海:商务印书馆,1930.
[68] 武堉干.鸦片战争史[M].上海:商务印书馆,1929.

[69] 武堉干.中国关税问题[M].上海:商务印书馆,1930.
[70] [法]薛格弗利特[André Siegfried].欧洲的危机[M].樊仲云,译述.上海:商务印书馆,1936.
[71] [法]伊科维兹[Marc Ickowicz].唯物史观的文学论[M].[日]石川湧,原译.樊仲云,重译.上海:新生命书局,1930.
[72] 佚名.美国教育制度[M].何炳松,译述.上海:商务印书馆,1920.
[73] 章益,辑译.新行为主义学习论[M].济南:山东教育出版社,1983.
[74] 章益,讲.国防建设与中等教育[M].[出版地不详]:中央训练团党政高级训练班,1943.
[75] 章益.心理学讲话:第一分册——什么是人的心理[M].济南:山东人民出版社,1957.

7. "战国策"派的论著

7.1 "战国策"派的论文

[1] 编者[陈铨].民族文学运动[J].民族文学,1943,1(1):1-9.
[2] 陈铨.从叔本华到尼采[J].清华学报,1936,11(2):461-516.
[3] 陈铨.德国民族的性格和思想[J].战国策[昆明1940],1940(6):26-32.
[4] 陈铨.浮士德的精神[J].战国策[昆明1940],1940(1):9-16.
   陈铨.浮士德的精神[J].战国策[上海1941],1941,1(1)["一月号"]:10-17.
[5] 陈铨.歌德浮士德上部的表演问题[J].清华学报,1936,11(4):1115-1172.
[6] 陈铨.葛德抒情诗选译[N].大公报[天津版],1931-12-14(7)[副刊《文学》第205期].
[7] 陈铨.歌德与中国小说[N].大公报[天津版],1932-8-22(8)[副刊《文学》第242期].
[8] 陈铨.花瓶[J].民族文学,1943,1(1):40-50.
[9] 陈铨.狂飙时代的德国文学[J].战国策[昆明1940],1940(13):14-22.
[10] 陈铨.狂飙时代的歌德[N].大公报[重庆版],1942-7-1(4)[副刊《战国》第31期].
[11] 陈铨.狂飙时代的席勒[J].战国策[昆明1940],1940(14):36-48.
[12] 陈铨.狂飙运动与五四运动[J].当代评论,1943,3(18):12-15.
   编者[陈铨].五四运动与狂飙运动[J].民族文学,1943,1(3):1-6.
[13] 陈铨.蓝蝴蝶[J].军事与政治,1943,4(2):88-103;1943,4(3):89-107.
[14] 陈铨.论英雄崇拜[J].战国策[昆明1940],1940(4):1-10.

陈铨.论英雄崇拜[J].战国策[上海1941],1941,1(3):127-136.

[15] 陈铨.民族文学运动[N].大公报[重庆版],1942-5-13(4)[副刊《战国》第24期].

[16] 陈铨.民族文学运动的意义[N].大公报[重庆版],1942-5-20(4)[副刊《战国》第25期].

[17] 陈铨.民族文学运动试论[J].文化先锋,1942,1(9):2-5.

[18] 陈铨.尼采的道德观念[J].战国策[昆明1940],1940(12):31-36.

[19] 陈铨.尼采的思想[J].战国策[昆明1940],1940(7):13-24.

[20] 陈铨.尼采的无神论[J].战国策[昆明1940],1941(15/16):33-39.

[21] 陈铨.尼采的政治思想[J].战国策[昆明1940],1940(9):21-31.

[22] 陈铨.尼采心目中的女性[J].战国策[昆明1940],1940(8):20-27.

[23] 陈铨.欧洲文学的四个阶段[N].大公报[重庆版],1942-1-7(4)[副刊《战国》第6期].

[24] 陈铨.十九世纪德国文学批评家对于哈孟雷特的解释[J].清华学报,1934,9(4):913-940.

唐密[陈铨].哈孟雷特的解释[J].民族文学,1944,1(5):45-64.

[25] 陈铨.叔本华的贡献[J].战国策[昆明1940],1940(3):8-16.

陈铨.叔本华的贡献[J].战国策[上海1941],1941,1(2):75-84.

[26] 陈铨.叔本华与红楼梦[J].今日评论,1940,4(2):26-28.

[27] 陈铨.王铁生[J].新动向[昆明1938],1938,1(1):24-30.

[28] 陈铨.文学批评的新动向[J].战国策[昆明1940],1941(17):33-44.

[29] 陈铨.文学运动与民族运动[J].军事与政治,1941,2(2):46-55.

[30] 陈铨.戏剧的深浅问题[J].军事与政治,1942,3(5):71-75.

陈铨.戏剧深刻化[J].民族文学,1943,1(4):7-13.

[31] 陈铨.戏剧批评与戏剧创作[J].军事与政治,1942,3(6):103-105.

[32] 陈铨.席勒麦森纳歌舞队与欧洲戏剧[J].清华学报,1937,12(2):337-402.

[33] 陈铨.野玫瑰[J].文史杂志,1941,1(6):54-66;1941,1(7):46-70;1941,1(8):51-61.

[34] 陈铨.再论英雄崇拜[N].大公报[重庆版],1942-4-21(4)[副刊《战国》第21期].

[35] 陈铨.长姊[J].新动向[昆明1938],1938,1(3):80-88.

[36] 陈铨.政治理想与理想政治[N].大公报[重庆版],1942-1-28(4)[副刊《战国》第9期].

[37] 陈铨.指环与正义[N].大公报[重庆版],1941-12-17(4)[副刊《战国》第3期].

[38] 陈铨.自卫[J].民族文学,1943,1(2):43-53.

[39] [英]KEYSERLING[Count Hermann Keyserling].新黑暗时代[J].雷海宗,译.当代,1928(3)["第三编"]:1-13.

[40] 林同济,讲.民族主义与二十世纪——一个历史形态的看法[N].程国勋,记.大公报[重庆版],1942-6-17(4)[副刊《战国》第29期];1942-6-24(4)[副刊《战国》第30期].

[41] 岱西[林同济].偶见[N].大公报[重庆版],1942-5-27(4)[副刊《战国》第26期].

[42] 岱西[林同济].隐逸风与山水画[J].战国策[昆明1940],1940(4):15-21.
岱西[林同济].隐逸风与山水画[J].战国策[上海1941],1941,1(2):114-121.

[43] 岱西[林同济].中国人之所以为中国人[J].战国策[昆明1940],1940(1):25-31.
岱西[林同济].中国人之所以为中国人[J].战国策[上海1941],1941,1(1)["一月号"]:28-34.

[44] 伫口[何永佶]."非得已"——希腊对于"死"的又一答覆[J].战国策[昆明1940],1940(10):36-38.

[45] 丁泽[何永佶].希特拉与朱元璋[J].战国策[昆明1940],1940(11):20-26.

[46] [国籍不详]盖乐[E. M. Gale].研究东北亚洲之中国材料——研究东北亚洲资料之三[J].林同济,译.新社会,1932,3(1):19-21.

[47] 公孙震[林同济].知与力[N].大公报[重庆版],1941-12-17(4)[副刊《战国》第3期].

[48] 谷春帆.广"战国"义[N].大公报[重庆版],1942-4-1(4)[副刊《战国》第18期].

[49] 谷春帆.天助自助的中国[N].大公报[重庆版],1945-1-17(3).
谷春帆.天助自助的中国[J].书报精华,1945(2):5-6.

[50] 谷春帆.中国人民族意识的推动[J].今日评论,1939,2(2):22-24.

[51] 何永佶.论大政治[J].战国策[昆明1940],1940(2):2-7.

[52] 何永佶.论国力政治[J].战国策[昆明1940],1940(13):1-8.

[53] 何永佶.希特拉的外交[J].战国策[昆明1940],1940(12):17-24.

[54] 何永佶.政治观:外向与内向[J].战国策[昆明1940],1940(1):37-42.

[55] 洪思齐[洪绂].地略与国策:义大利[J].战国策[昆明1940],1940(4):11-14.

[56] 洪思齐.挪威争夺战:地势与战略[J].战国策[昆明1940],1940(3):23-26.

[57] 洪思齐[洪绂].释大政治[J].战国策[昆明1940],1940(10):1-5.
洪思齐[洪绂].释大政治[J].战国策[上海1941],1940,1(3):185-189.

[58] 吉人[何永佶]."这个好"!(仿希腊神话2)——伊登乐园与阿灵比亚[J].战国策[昆明1940],1940(2):38-40.
吉人[何永佶].这个好——希腊神话[J].战国策[上海1941],1941,1(3):190.

[59] 吉人[何永佶].智慧女神的智慧——仿希腊神话[J].战国策[昆明1940],1940(14):49-52.

[60] [德]克洛那[Richard Kroner].哲学与人生[J].陈铨,译.文哲月刊,1935,1(3):19-31.

[61] [美]克尼尔[R. T. Kerner],报告.研究东北亚洲之俄国资料——研究东北亚洲资料之二[J].林同济,译.新社会,1932,2(9):210-211;1932,2(12):312-316.

[62] 雷海宗.独具二周的中国文化——形态史学的看法[N].大公报[重庆版],1942-3-4(4)[副刊《战国》第14期].

[63] 雷海宗.断代问题与中国历史的分期[J].社会科学[北平1935],1936,2(1):1-33.
雷海宗.断代问题与中国历史的分期[J].史地社会论文摘要月刊,1936,3(2):1-2.

[64] 雷海宗.君子与伪君子——一个史的观察[J].今日评论,1939,1(4):4-5.
雷海宗.君子与伪君子——一个史的观察[J].时代文选,1939(1)["创刊特大号"]:66-67.

[65] 雷海宗.历史的形态——文化历程的讨论[N].大公报[重庆版],1942-2-4(4)[副刊《战国》第10期].

[66] 雷海宗.三个文化体系的形态——埃及·希腊罗马·欧西[N].大公报[重庆版],1942-2-25(4)[副刊《战国》第13期].

[67] 雷海宗.无兵的文化[J].社会科学[北平1935],1936,1(4):1005-1030.

雷海宗.无兵的文化[J].史地社会论文摘要月刊,1936,2(12):2-13.

雷海宗.无兵的文化[J].文摘,1937,1(1):49-50.

[68] 雷海宗.中国的兵[J].社会科学[北平1935],1935,1(1):1-47.

[69] 雷海宗.中国的家族制度[J].社会科学[北平1935],1937,2(4):643-661.

[70] 林同济.从五四到今天——中国思想动向的一转变[N].大公报[重庆版],1941-5-4(2).

林同济.廿年来中国思想的转变[J].战国策[昆明1940],1941(17):45-50.

[71] 林同济.从战国重演到形态历史观[N].大公报[重庆版],1941-12-3(4)[副刊《战国》第1期].

[72] 林同济.大夫士与士大夫——国史上的两种人格型[N].大公报[重庆版],1942-3-25(4)[副刊《战国》第17期].

[73] 林同济.第三期的中国学术思潮——新阶段的展望[J].战国策[昆明1940],1940(14):1-15.

[74] 林同济.嫉恶如仇——战士式的人生观[N].益世报[昆明版],1939-6-25(2-3).

林同济.嫉恶如仇——战士式的人生观[N].大公报[重庆版],1942-4-8(4)[副刊《战国》第19期].

[75] 林同济.柯伯尼宇宙观——欧洲人的精神[J].民族思潮,1941,1(2):2-5.

林同济.柯伯尼宇宙观——欧洲人的精神[N].大公报[重庆版],1942-1-14(4)[副刊《战国》第7期].

[76] 林同济.力![J].战国策[昆明1940],1940(3):1-7.

林同济.力[J].战国策[上海1941],1941,1(2):67-74.

[77] 林同济.论文人[J].新动向[昆明1938],1938,1(2):42-49.

林同济.论文人[N].大公报[重庆版],1942-6-3(4)[副刊《战国》第27期];1942-6-10(4)[副刊《战国》第28期].

[78] 林同济.士的蜕变——文化再造中的核心问题[N].大公报[重庆版],1941-12-24(4)[副刊《战国》第4期].

[79] 林同济.学生运动的末路[J].战国策[昆明1940],1940(4):36-40.

[80] 林同济.战国时代的重演[J].战国策[昆明1940],1940(1):1-8.

林同济.战国时代的重演[J].战国策[上海1941],1941,1(1)["一月号"]:2-9.

林同济.战国时代的重演[N].大公报[重庆版],1941-1-28(3);1941-1-30(3).

[81] 林同济.中饱与中国社会[J].战国策[昆明1940],1940(12):1-10.

[82] 林同济.中西人风格的比较——爸爸与情哥[J].战国策[昆明1940],1940(5):26-31.

林同济.爸爸与情哥[J].战国策[上海1941],1941,1(3):148-154.

[83] [国籍不详]马克遂[H. A. Maxwell].见证周[J].洪绂,译.希望月刊,1949,21(11):27,20.

[84] [德]尼采[Friedrich Wilhelm Nietzsche].萨亚屠师贾的序言[J].陈铨,译.政治评论,1934(120):600-612.

[85] 沈从文.白话文问题——过去当前和未来检视[J].战国策[昆明1940],1940(2):13-21.

沈从文.白话文问题[J].战国策[上海1941],1941,1(2):104-113.

[86] 沈从文.读英雄崇拜[J].战国策[昆明1940],1940(5):16-25.

沈从文.读英雄崇拜[J].战国策[上海1941],1941,1(3):137-147.

[87] 沈从文.谈保守[J].新动向[昆明1938],1938,1(2):52-55.

[88] 沈从文.新的文学运动与新的文学观[J].战国策[昆明1940],1940(9):1-5.

沈从文.新的文学运动与新的文学观[J].战国策[上海1941],1941,1(3):167-172.

沈从文.文学运动的重造[J].文艺先锋,1942,1(2):3-6.

[89] [日]矢野芳三郎,报告.研究东北亚洲之日本资料——研究东北亚洲资料之一[J].林同济,译.新社会,1932,2(8):185-190.

[90] [美]司徒雷登[John Leighton Stuart].耶稣复兴与基督教的辩证法[J].洪绂,译.协进,1948,7(1):2-4.

[91] [美]司徒雷登[John Leighton Stuart].希望的基础[N].洪绂,译.大公报[上海版],1948-1-5(2).

[美]司徒雷登[John Leighton Stuart].希望的基础[N].洪绂,译.大公报[重庆版],1948-1-8(2).

[美]司徒雷登[John Leighton Stuart].希望的基础[J].洪绂,译.天风,1948,5(2)[总(104)]:7[总23].

[美]司徒雷登[John Leighton Stuart].希望的基础[J].洪绂,译.中华基督教会全国总会公报,1948,20(2):5.

[美]司徒雷登[John Leighton Stuart].希望的基础——给中国基督徒的

一篇岁首献辞[J].[洪绂,译].伉俪月刊,1948,2(9)["第二年第九期"]:2-3.

[92] 唐密[陈铨].第三阶段的易卜生[J].民族文学,1943,1(4):36-39.

[93] 唐密[陈铨].法与力[N].大公报[重庆版],1942-5-27(4)[副刊《战国》第26期].

唐密[陈铨].法与力[J].雍言,1942,2(7):48-53.

[94] 唐密[陈铨].寂寞的易卜生[J].战国策[昆明1940],1940(4):27-35.

唐密[陈铨].寂寞的易卜生[J].战国策[上海1941],1941,1(1)["一月号"]:18-27.

[95] 陶云逵.力人——一个人格型的讨论[J].战国策[昆明1940],1940(13):23-32.

[96] 陶云逵.文化的本质[J].自由论坛[昆明1943],1943,1(5/6):23-24.

[97] 陶云逵.文化的属性[J].自由论坛[昆明1943],1944,2(1):17-20.

[98] 同济[林同济].萨拉图斯达如此说!——寄给中国青年[J].战国策[昆明1940],1940(5):44-46.

[99] 望沧[林同济].阿物,超我,与中国文化[N].大公报[重庆版],1942-1-28(4)[副刊《战国》第9期].

[100] 望沧[林同济].演化与进化[N].大公报[重庆版],1942-4-29(4)[副刊《战国》第22期].

[101] 星客[林同济].鬼谷纵横谈[J].战国策[昆明1940],1940(10):30-35.

[102] [英]薛雷[Percy Bysshe Shelley].薛雷云吟[J].陈铨,译.学衡,1925(48):11-12.

[103] 佚名[林同济、雷海宗、陈铨].本刊启事(代发刊词)[J].战国策[昆明1940],1940(2):1.

[104] 佚名[林同济、雷海宗、陈铨].本刊启事[J].战国策[昆明1940],1941(17):无页码[目录首页].

[105] 佚名[林同济、雷海宗、陈铨].本刊启事[J].战国策[昆明1940],1941(15/16):无页码[目录首页].

[106] 佚名[林同济].本刊特约执笔人[J].战国策[上海1941],1941,1(1)["一月号"]:无页码[目录前第1页].

[107] 佚名[陈铨].编辑漫谈[J].民族文学,1943,1(1):118-119.

[108] 佚名[陈铨].编辑漫谈[J].民族文学,1943,1(3):114-115.

[109] 佚名[陈铨].编辑漫谈[J].民族文学,1943,1(4):121-122.

[110] 佚名[林同济].鬼谷纵横谈[J].战国策[昆明1940],1940(13):22.

[111] 佚名[林同济、雷海宗、陈铨].启事[J].战国策[昆明1940],1940(10):38.

[112] 佚名[林同济、雷海宗、陈铨].启事[J].战国策[昆明1940],1940(11):33.

[113] 佚名[林同济、雷海宗、陈铨].启事[J].战国策[昆明1940],1940(13):22.

[114] 佚名[林同济、雷海宗、陈铨].战国策半月刊启事[N].中央日报[贵阳版],1942-4-4(1).

[115] 尹及[何永佶].蜚腾之死——希腊神话(一)[J].战国策[昆明1940],1940(1):32-36.

尹及[何永佶].蜚腾之死[J].战国策[上海1941],1941,1(1)["一月号"]:35-39.

[116] 尹及[何永佶].敢问死?——希腊的答覆[J].战国策[昆明1940],1940(5):32-34.

尹及[何永佶].敢问死[J].战国策[上海1941],1941,1(2):85-87.

[117] 尹及[何永佶].死与爱——希腊对"死"的另一答覆[J].战国策[昆明1940],1940(7):36-38.

尹及[何永佶].死与爱[J].战国策[上海1941],1941,1(3):155-157.

[118] 尹及[何永佶].中西人风格之又一比较——"活着"和"天召"[J].战国策[昆明1940],1940(8):28-32.

7.2 "战国策"派的专著

[1] 曹颖龙,郭娜,编.战国策派[M].李帆,主编.长春:长春出版社,2013.
[2] 陈铨,编译.西洋独幕笑剧改编[M].长沙:商务印书馆,1940.
[3] 陈铨,编著.文学批评的新动向[M].重庆:正中书局,1943.
[4] 陈铨,编著.戏剧概要[M].[出版地不详]:特勤学校,1948.
[5] 陈铨.陈铨文集[M].中国现代文学馆,编.北京:华夏出版社,2000.
[6] 陈铨.从叔本华到尼采[M].重庆:在创出版社,1944.

陈铨.从叔本华到尼采[M].林同济,陈铨,主编.上海:大东书局,1946.
[7] 陈铨.黄鹤楼[M].长沙:商务印书馆,1940.
[8] 陈铨.金指环[M].重庆:天地出版社,1943.
[9] 陈铨.蓝蚨蝶[M].长沙:商务印书馆,1940.
[10] 陈铨.蓝蝴蝶[M].重庆:青年书店,1943.
[11] 陈铨.叔本华生平及其学说[M].重庆:独立出版社,[1940].
[12] 陈铨.天问:全二册[M].上海:新月书店,1939.

[13] 陈铨.无情女[M].重庆:青年书店,1943.
[14] 陈铨.戏剧与人生[M].重庆:在创出版社,1944.
[15] 陈铨.野玫瑰[M].重庆:商务印书馆,1942.
[16] 陈铨.中德文学研究[M].上海:商务印书馆,1936.
[17] 谷春帆.银价变迁与中国[M].上海:商务印书馆,1935.
[18] 谷春帆.银之发炎——动态的研究[M].上海:[大公报馆],1932.
[19] 谷春帆.中国工业化通论[M].上海:商务印书馆,1947.
[20] 何永佶.为中国谋国际和平[M].重庆:商务印书馆,1945.
[21] 何永佶.为中国谋政治改进[M].重庆:商务印书馆,1945.
[22] 何永佶.中国在戡盘上[M].上海:观察社,1948.
[23] 洪绂,朱蕙芗,编著.初级中学地理:第一册[M].重庆:正中书局,1943.
[24] 雷海宗.中国的兵[M].北京:中华书局,2005.
[25] 雷海宗.中国文化与中国的兵[M].长沙:商务印书馆,1940.
[26] 林同济,编.时代之波[M].重庆:再创出版社,1944.
[27] 林同济,雷海宗.文化形态史观[M].林同济,陈铨,主编.上海:大东书局,1946.
[28] 林同济.日本对东三省之铁路侵略[M].上海:华通书局,1930.
[29] 林同济.天地之间:林同济文集[M].许纪霖,李琼,编.上海:复旦大学出版社,2004.
[30] 沈从文.边城[M].上海:生活书店,1934.
[31] 沈从文,编.唐宋铜镜[M].北京:中国古典艺术出版社,1958.
[32] 沈从文,编著.中国古代服饰研究:增订本[M].上海:上海书店出版社,1997.
[33] 沈从文.从文赏玉[M].天津:百花文艺出版社,2008.
[34] 沈从文.龙凤艺术[M].北京:作家出版社,1960.
[35] 沈从文.石子船[M].徐志摩,主编.上海:中华书局,1931.
[36] 沈从文.湘行散记[M].上海:商务印书馆,1936.
[37] 陶云逵.陶云逵民族研究文集[M].文精,主编.北京:民族出版社,2012.
[38] 温儒敏,丁晓萍,编.时代之波:战国策派文化论著辑要[M].汤一介,主编.北京:中国广播电视出版社,1995.
[39] 张昌山,主编.战国策派文存:全二册[M].昆明:云南人民出版社,2012.

(2) 其他相关近代人士的论著①

1. 其他相关近代人士的论文

[1] 大杰.编者的话[J].长风[上海 1929],1929(7):102.

[2] [法]巴比塞[Henri Barbusse].为母的[J].雁冰[沈雁冰],译.东方杂志,1920,17(12):108-113.

[3] 白J.介绍《中国本位的文化建设宣言》[J].新闻通讯,1935(25):3-6.

[4] 编者[谢澄平].创刊的话[J].青年生活[上海 1935],1936,1(1):无页码[第1页前第1页].

[5] 蔡元培.书杜亚泉先生遗事[J].新社会,1934,6(2):42.

[6] 曹慕管.论文学无新旧之异[J].学衡,1924(32):1-15.

[7] 昌群.什么是文化工作[J].中国青年[上海 1923],1926,6(17)[总142]:429-435.

[8] 陈独秀.本志罪案之答辩书[J].新青年[上海 1915],1919,6(1):10-11.

[9] 陈独秀.东西民族根本思想之差异[J].青年杂志[上海 1915],1915,1(4):1-4.

[10] 陈独秀.法兰西人与近世文明[J].青年杂志[上海 1915],1915,1(1):1-4.

[11] 陈独秀.科学与人生观序[J].新青年[[广州 1923]],1923(2):31-36.

[12] 陈独秀.文学革命论[J].新青年[上海 1915],1917,2(6):1-4.

[13] 陈独秀.质问《东方杂志》记者——《东方杂志》与复辟问题[J].新青年[上海 1915],1918,5(3):206-212.

[14] 陈茹玄.旧德意志独裁政治发展之基础[J].学衡,1922(6):1-12.

[15] 杜就田,辑述.空中飞行器之略说[J].东方杂志,1911(清宣统三年),8(1):1-21;1911(清宣统三年),8(2):1-15;1911(清宣统三年),8(3):2-8.

[16] 独秀[陈独秀].精神生活东方文化[J].前锋[广州 1923],1924(3):78-80.

[17] 独秀[陈独秀].调和论与旧道德[J].新青年[上海 1915],1919,7(1):116-118.

[18] 范存忠.孔子与西洋文化[J].国风半月刊,1932(3)[又称"圣诞特刊"]:44-56.

---

① 主要包括其他相关近代人士独自撰写或与他人合写的论文、专著,以及其他相关近代人士独自翻译或与他人合译的论文、专著。

[19] 方玮德.诗人歌德全人生的意义[N].大公报[天津版],1932-2-29(8)[副刊《文学》第 217 期].

[20] 方玮德.志摩怎么了[N].大公报[天津版],1932-11-14(8)[副刊《文学》第 254 期].

[21] 凤文祺.释言志[J].言治[天津 1913],1913,1(1):1-2[总 9-10].

[22] [法]福禄特尔[Voltaire].福禄特尔记阮讷与柯兰事 Voltaire"Jeannot et Colin"[J].陈钧,译.学衡,1923(18):1-18.

[23] [法]福禄特尔[Voltaire].坦白少年 Candide ou l'Optimisme[J].陈钧,译.学衡,1923(22):1-45;1924(25):1-18;1924(28):1-46.

[24] [法]福禄特尔[Voltaire].查德熙传 Zadig ou la Destinée[J].陈钧,译.学衡,1924(34):1-28;1926(60):1-48.

[25] 汉.论新民词输入与民德堕落之关系[N].申报,1906-12-13(清光绪三十二年十月二十八日)(2)["第二版"].

[26] [美]韩米顿[Calyton Hamilton].戏剧原理(The Theory of the Theatre)[J].陆祖鼎,译.学衡,1925(44):1-37.

[27] 胡绳.论反理性主义的逆流[J].读书月报,1941,2(10):467-469.

[28] 胡适.白话诗八首[之二]:赠朱经农[J].新青年[上海 1915],1917,2(6):1.

胡适.白话诗四首[之一]:赠朱经农[J].通俗周报,1917(6):31.

[29] 胡适.建国问题引论[J].独立评论,1933(77):2-7.

[30] 胡适.建设的文学革命论[J].新青年[上海 1915],1918,4(4):289-306.

胡适.建设的文学革命论[J].遂安教育公报,1920,2(6):27-30;1920,2(7):21-28;1920,2(9):21-27.

[31] 胡适.历史的文学观念论[J].新青年[上海 1915],1917,3(3):1-3.

[32] 胡适.上山[J].新潮,1919,2(2):257-258.

胡适.上山[J].南开周刊,1925,1(9):14.

胡适.上山[J].时兆月报,1929,24(7):[正文后第 3 页].

[33] 胡适.狮子[N].大公报[天津版],1931-12-14(7)[副刊《文学》第 205 期].

胡适.狮子[J].诗刊,1932(4):32.

[34] 胡适.文学改良刍议[J].新青年[上海 1915],1917,2(5):1-11.

胡适.文学改良刍议[J].留美学生季报,1917,4(1):1-14.

[35] 胡适.我们对于西洋近代文明的态度[J].现代评论,1926,4(83):3-11[总 83-91].

胡适.我们对于西洋近代文明的态度[N].觉悟[《民国日报》副刊],1926-7-16(1);[N].觉悟[《民国日报》副刊],1926-7-17(1-2);1926-7-18(1-2);1926-7-19(1-2).

　　　胡适.我们对于西洋近代文明的态度[N].盛京时报,1926-7-24(7);1926-7-25(7);1926-7-26(7);1926-7-27(7);1926-7-28(7);1926-7-29(7);1926-7-30(7);1926-7-31(7);1926-8-1(7);1926-8-2(7);1926-8-3(7);1926-8-4(7).

　　　胡适.我们对于西洋近代文明的态度[J].东方杂志,1926,23(17):73-82.

　　　胡适.我们对于西洋近代文明的态度[J].兴华报,1926,23(30):5-16.

　　　胡适.我们对于西洋近代文明的态度[J].生活[上海 1925],1927,3(4):35-38;1927,3(5):47-51;1927,3(6):59-62.

　　　胡适.我们对于西洋近代文明的态度[J].仪陇留省学会会刊,1928(2):44-48.

[36] 胡适.我为什么要做白话诗[J].新青年[上海 1915],1919,6(5):488-499.

　　　胡适.我为什么要做白话诗?[J].解放与改造,1919,1(1):23-39.

[37] 胡适.新婚杂诗[J].新青年[上海 1915],1918,4(4):311-312.

[38] 胡适.无题["通信"栏目中胡适写给独秀(陈独秀)的信件][J].新青年[上海 1915],1917,3(4):7-9.

[39] 胡适.新思潮的意义[J].新青年[上海 1915],1919,7(1):5-12.

　　　胡适.新思潮的意义[J].新陇,1920,1(1):37-44.

　　　胡适.新思潮的意义[J].文化杂志[桂林 1941],1942,2(2):49-52.

　　　胡适.新思潮的意义[J].训练与服务,1943,1(2):35-38.

[40] 蒋梦麟.何谓新思想[N].时事新报增刊[上海版],1920-1-1(10)["第三张"之"第二版"].

[41] 巨缘[瞿秋白].无用的人与东方文化[J].前锋[广州 1923],1923(1):64-65.

[42] 可权.改良风俗论上[J].东方杂志,1904(清光绪三十年)(7):133-137.

[43] 可轩.国耻篇[J].东方杂志,1904(清光绪三十年)(10):221-227.

[44] [英]蓝姆[Charles Lamb].古磁篇 Old China[J].陈钧,译.学衡,1925(43):1-7.

[45] [英]蓝姆[Charles Lamb].梦中儿女 Dream-Children:A Reverie[J].陈钧,译.学衡,1922(9):1-6.

[46] [德]雷赫完[A. Reichwein].孔子老子学说对于德国青年之影响[J].吴宓,译.学衡,1926(54):1-12.

[47] 李大钊.BOLSHEVISM 的胜利[J].新青年[上海 1915],1918,5(5):442-448.

[48] 李大钊.庶民的胜利[J].新青年[上海 1915],1918,5(5):436-438.
李大钊.庶民的胜利[N].北京大学日刊,1918-12-6(4-5).

[49] 李思纯.论文化[J].学衡,1923(22):1-9.

[50] 梁启超.欧游心影录[N].时事新报[上海版],1920-3-2(2)["第一张"之"第一版"];1920-3-3(2-3)["第一张"之"第一版""第二版"];1920-3-4(2)["第一张"之"第一版"];1920-3-5(2-3)["第一张"之"第一版""第二版"];1920-3-6(2-3)["第一张"之"第一版""第二版"];1920-3-7(3)["第一张"之"第二版"];1920-3-8(2)["第一张"之"第一版"];1920-3-9(2-3)["第一张"之"第一版""第二版"];1920-3-10(2)["第一张"之"第一版"];1920-3-11(2)["第一张"之"第一版"];1920-3-12(2)["第一张"之"第一版"];1920-3-13(2-3)["第一张"之"第一版""第二版"];1920-3-14(2)["第一张"之"第一版"];1920-3-15(2)["第一张"之"第一版"];1920-3-16(2)["第一张"之"第一版"];1920-3-17(2)["第一张"之"第一版"];1920-3-18(2)["第一张"之"第一版"];1920-3-19(2)["第一张"之"第一版"];1920-3-20(2)["第一张"之"第一版"];1920-3-21(2)["第一张"之"第一版"];1920-3-22(2)["第一张"之"第一版"];1920-3-23(2)["第一张"之"第一版"];1920-3-24(2)["第一张"之"第一版"];1920-3-25(2)["第一张"之"第一版"];1920-3-30(2)["第一张"之"第一版"];1920-3-31(2)["第一张"之"第一版"];1920-4-1(2)["第一张"之"第一版"];1920-4-2(2)["第一张"之"第一版"];1920-4-3(2-3)["第一张"之"第一版""第二版"];1920-4-4(2)["第一张"之"第一版"];1920-4-8(2)["第一张"之"第一版"];1920-4-9(2)["第一张"之"第一版"];1920-4-10(2)["第一张"之"第一版"];1920-4-11(2)["第一张"之"第一版"];1920-4-12(2)["第一张"之"第一版"];1920-4-114(2)["第一张"之"第一版"];1920-4-15(2)["第一张"之"第一版"];1920-4-16(2)["第一张"之"第一版"];1920-4-17(2)["第一张"之"第一版"];1920-4-18(2)["第一张"之"第一版"];1920-4-19(2)["第一张"之"第一版"];1920-4-20(2)["第一张"之"第一版"];1920-4-21(2)["第一张"之"第一版"];1920-4-22(2)["第一张"之"第一版"];1920-4-23(2)["第一张"之"第一版"];1920-4-24(2)["第一张"之"第一版"];1920-4-25(2)["第一

张"之"第一版"];1920-4-26(2)["第一张"之"第一版"];1920-4-27(2)["第一张"之"第一版"];1920-4-28(2)["第一张"之"第一版"];1920-4-29(2)["第一张"之"第一版"];1920-4-30(2)["第一张"之"第一版"];1920-5-3(2)["第一张"之"第一版"];1920-5-4(2)["第一张"之"第一版"];1920-5-5(2)["第一张"之"第一版"];1920-5-6(2)["第一张"之"第一版"];1920-5-7(2)["第一张"之"第一版"];1920-5-8(2)["第一张"之"第一版"];1920-5-9(2)["第一张"之"第一版"];1920-5-10(2)["第一张"之"第一版"];1920-5-11(2)["第一张"之"第一版"];1920-5-12(2)["第一张"之"第一版"];1920-5-13(2)["第一张"之"第一版"];1920-5-14(2)["第一张"之"第一版"];1920-5-15(2)["第一张"之"第一版"];1920-5-16(2)["第一张"之"第一版"];1920-5-24(2)["第一张"之"第一版"];1920-5-25(2)["第一张"之"第一版"];1920-5-26(2)["第一张"之"第一版"];1920-5-27(2)["第一张"之"第一版"];1920-5-28(2)["第一张"之"第一版"];1920-5-29(2)["第一张"之"第一版"];1920-5-30(2)["第一张"之"第一版"];1920-5-31(2)["第一张"之"第一版"];1920-6-2(2)["第一张"之"第一版"];1920-6-3(2)["第一张"之"第一版"];1920-6-4(2)["第一张"之"第一版"];1920-6-5(2)["第一张"之"第一版"];1920-6-6(2)["第一张"之"第一版"];1920-6-10(2)["第一张"之"第一版"];1920-6-11(2)["第一张"之"第一版"];1920-6-12(2)["第一张"之"第一版"];1920-6-13(2)["第一张"之"第一版"];1920-6-14(2)["第一张"之"第一版"];1920-6-15(2)["第一张"之"第一版"];1920-6-16(2)["第一张"之"第一版"];1920-6-17(2)["第一张"之"第一版"];1920-6-21(2)["第一张"之"第一版"];1920-6-22(2)["第一张"之"第一版"];1920-6-23(2)["第一张"之"第一版"];1920-6-24(2)["第一张"之"第一版"];1920-6-25(2)["第一张"之"第一版"];1920-6-26(2)["第一张"之"第一版"];1920-6-27(2)["第一张"之"第一版"];1920-6-28(3)["第一张"之"第二版"];1920-6-29(2)["第一张"之"第一版"];1920-6-30(2)["第一张"之"第一版"];1920-7-1(3)["第一张"之"第二版"];1920-7-3(2)["第一张"之"第一版"];1920-7-4(2)["第一张"之"第一版"];1920-7-5(2)["第一张"之"第一版"];1920-7-13(2)["第一张"之"第一版"];1920-7-14(2)["第一张"之"第一版"];1920-7-15(2)["第一张"之"第一版"];1920-7-16(2)["第一张"之"第一版"];1920-7-17(2)["第一张"之"第一版"];1920-7-18(2)["第一张"之"第一版"].

梁启超.欧游心影录[N].晨报,1920-3-6(7);1920-3-7(7);1920-3-8

(5);1920-3-9(7);1920-3-10(7);1920-3-11(7);1920-3-12(7);1920-3-13(7);1920-3-14(7);1920-3-15(5);1920-3-16(7);1920-3-17(7);1920-3-18(7);1920-3-19(7);1920-3-20(7);1920-3-21(7);1920-3-22(5);1920-3-23(7);1920-3-24(7);1920-3-25(7);1920-3-26(7);1920-3-27(7);1920-3-28(7);1920-3-29(5);1920-3-30(7);1920-4-3(7);1920-4-4(7);1920-4-6(7);1920-4-7(7);1920-4-8(7);1920-4-10(7);1920-4-11(7);1920-4-12(5);1920-4-13(7);1920-4-14(7);1920-4-15(7);1920-4-17(7);1920-4-18(7);1920-4-19(5);1920-4-20(7);1920-4-21(7);1920-4-22(7);1920-4-23(7);1920-4-24(7);1920-4-25(7);1920-4-26(7);1920-4-27(7);1920-4-28(7);1920-4-29(7);1920-4-30(7);1920-5-2(7);1920-5-3(5);1920-5-5(7);1920-5-6(7);1920-5-7(7);1920-5-8(7);1920-5-9(7);1920-5-10(5);1920-5-11(7);1920-5-12(7);1920-5-13(7);1920-5-14(7);1920-5-15(7);1920-5-16(7);1920-5-17(5);1920-5-18(7);1920-5-19(7);1920-5-27(7);1920-5-28(7);1920-5-29(7);1920-5-30(7);1920-5-31(5);1920-6-1(7);1920-6-2(7);1920-6-3(7);1920-6-5(7);1920-6-6(7);1920-6-7(5);1920-6-8(7);1920-6-9(7);1920-6-13(7);1920-6-14(5);1920-6-15(7);1920-6-16(7);1920-6-17(7);1920-6-18(7);1920-6-19(7);1920-6-20(7);1920-6-24(7);1920-6-25(7);1920-6-26(7);1920-6-27(7);1920-6-28(5);1920-6-29(7);1920-6-30(7);1920-7-1(7);1920-7-2(7);1920-7-3(7);1920-7-5(5);1920-7-6(7);1920-7-7(7);1920-7-9(7);1920-8-9(5);1920-8-13(7);1920-8-14(7);1920-8-15(7);1920-8-16(5);1920-8-17(7).

梁启超.欧游心影录[J].教育公报,1920,7(4):35-51;1920,7(5):35-50;1920,7(6):51-71;1920,7(7):9-26;1920,7(8):9-24;1920,7(9):9-25;1920,7(10):17-38;1920,7(11):41-47.

梁启超.欧游心影录[N].汉口中西报,1920-7-11(3)["第一张"之第3版];1920-8-26(3)["第一张"之第3版].

梁启超.欧游心影录[N].川报,1920-7-12(6);1920-7-13(6);1920-7-14(6);1920-7-15(6);1920-7-17(6);1920-7-18(6);1920-7-19(6);1920-7-20(6);1920-7-21(6);1920-7-22(6);1920-7-24(6).

[51] 梁启超.前清一代中国思想界之蜕变[J].改造[上海1919],1920,3(3):1-19;1920,3(4)1-22;1921,3(5):1-30.

[52] 林良桐.民主政治与战国时代[J].战国策[昆明1940],1941(15/16):

40-42.

[53] 刘复.敲冰[J].新青年[上海 1915],1920,7(5):1-8.

[54] 柳下.十五年来的中国青年党[J].国论[成都 1938],1938(16):6-8;1938(17):5-7;1938(18):5-7;1938(19):5-8;1938(20):6-8;1938(21):7-8.
柳下.十五年来的中国青年党[J].国光[长沙 1938],1938(9):17-20[总 173-176];1938(10):15-18[总 191-194];1938(11):17-19[总 213-215];1938(12):19-20[总 235-236].

[55] [瑞典]罗格洛孚.圣诞节的客人[J].雁冰[沈雁冰],译.东方杂志,1920,17(3):99-107.

[56] 毛泽东.新民主主义论[J].解放,1940(98/99):22-40.
毛泽东.新民主主义论[N].大公报[重庆版],1949-12-2(4);1949-12-3(4);1949-12-4(4).

[57] [美]慕尔登.新发明之单片活动影戏[J].杨锦森,译.东方杂志,1911(清宣统三年),8(5):29-31.

[58] 南溪赘叟[沈寿康].救时策[J].万国公报,1895(清光绪二十一年)(75):8-9.
南溪赘叟[沈寿康].救时策[J].中西教会报,1895(清光绪二十一年)(6):6-8.

[59] [俄]OLGIN M J[Moissaye J. Olgin].安得列夫[J].雁冰[沈雁冰],译.东方杂志,1920,17(10):60-68.

[60] 潘公展.发刊词[J].中国文化建设协会会报,1934,1(1):1-2.

[61] [美]佩克[James M. Beck].和平会议[J].雁冰[沈雁冰],译.东方杂志,1920,17(14):107-118.

[62] 琴慧.留美漫记[N].盛京时报,1931-11-28(3);1931-11-29(3);1931-12-2(3);1931-12-3(3);1931-12-4(3);1931-12-5(5);1931-12-6(3);1931-12-8(3);1931-12-9(3);1931-12-10(3);1931-12-11(3);1931-12-12(3);1931-12-13(3);1931-12-16(3);1931-12-17(3);1931-12-18(3).
琴慧.留美漫记[J].学衡,1933(78):1-54.

[63] 求实[李求实].国家主义派的"实际行动"[J].中国青年[上海 1923],1926(125):692-696.

[64] 求实[李求实].我们的功罪——斥醒狮派诸领袖![J].中国青年[上海 1923],1926(119):503-511.

[65] 裘廷梁.论白话为维新之本[J].中国官音白话报,1898(清光绪二十四

年)(19/20):1-5.

裘廷梁.论白话为维新之本[J].北京新闻汇报,1901(清光绪二十七年)(无出版期号,但版心标注"光绪辛丑八月十四日",即1901年9月26日):1-6.

[66] 瞿秋白.现代文明的问题与社会主义[J].东方杂志,1924,21(1)[又称"二十周年纪念号上"]:F1-F11.

[67] 瞿秋白.猪八戒小说[J].中国青年[上海1923],1923(5):8-10.

[68] 瞿秋白.自由世界与必然世界[J].新青年[广州1923],1923(2):36-47.

[69] 屈维它[瞿秋白].东方文化与世界革命[J].新青年[广州1923],1923(1)[又称"共产国际号"]:67-76.

[70] 任公[梁启超].汗漫录[J].清议报,1900(清光绪二十六年)(35):1-5;1900(清光绪二十六年)(36):1-4;1900(清光绪二十六年)(38):1-4.

[71] 沈来秋.国防经济的新潮[J].战国策[昆明1940],1940(11):5-9.

[72] 施闳诰.法国宗教史家兼文学批评家博勒蒙逝世 Abbé Henri Bremond (1865—1933)[N].大公报[天津版],1933-12-18(11)[副刊《文学》第311期].

[73] 释太虚.东洋文化与西洋文化[J].学衡,1924(32):1-6.

[74] 适之[胡适].编辑后记[J].独立评论,1935(142):24.

[75] 宋春舫.世界名剧谈[J].罗罗[胡愈之],译.东方杂志,1919,16(1):101-106.

[76] [印度]台莪尔[R. Tagore].髑髅[J].雁冰[沈雁冰],译.东方杂志,1920,17(2):93-100.

[77] 唐诚.我对于徐志摩的认识[N].大公报[天津版],1932-2-1(8)[副刊《文学》第212期].

[78] [美]汤麦赛尔周.论各国社会党之势力[J].甘永龙,译.东方杂志,1912,8(12):15-21.

[79] 童寯.中国建筑的特点[J].战国策[昆明1940],1940(8):11-14.
童寯.中国建筑的特点[J].战国策[上海1941],1941,1(3):158-161.

[80] 王赣愚.关于我们的战时行政[N].大公报[重庆版],1942-3-11(4)[副刊《战国》第15期].
王赣愚.关于我们的战时行政[N].前线日报,1942-3-23(6).

[81] 汪懋祖.送梅君光迪归康桥序[J].学衡,1922(4):1-2.

[82] 王云五.复刊辞[J].东方杂志,1943,39(1)[又称"复刊号"]:1.

[83] [英]威连勒格克司.重臣倾国记[J].赵尊岳,译.东方杂志,1918,15

(6):143-146;1918,15(7):125-133;1918,15(8):137-144;1918,15(9):128-138;1918,15(10):128-140;1918,15(11):130-138;1918,15(12):128-138;1919,16(1):143-149;1919,16(2):141-149;1919,16(3):141-149;1919,16(4):144-153;1919,16(5):143-152;1919,16(6):144-151.

[84] 吴敬恒[吴稚晖].欧化枝谭[J].国民,1919,1(1):1-8.
吴敬恒[吴稚晖].欧化枝谭[J].东方杂志,1919,16(5):168-172.

[85] 吴敬恒[吴稚晖].箴洋八股化之理学[N].晨报副刊,1923-7-23(2-3).
吴敬恒[吴稚晖].箴洋八股化之理学[N].共进,1923-8-25(3-4).

[86] [罗马]西塞罗[Marcus Tullius Cicero].西塞罗说老 Cicero "De Senectute"[J].钱堃新,译.学衡,1923(15):1-21.

[87] [爱尔兰]夏脱.沙漏[J].雁冰[沈雁冰],译.东方杂志,1920,17(6):109-118.

[88] 萧纯锦.马克斯学说及其批评[J].学衡,1922(2):1-16.

[89] [法]嚣俄[Victor Hugo].吕伯兰(Ruy Blas)[J].曾朴,译.学衡,1924(36):1-35;1925(37):1-41.

[90] 谢澄平.我们的《青年生活》——代发刊词[J].青年生活[上海1946],1946(1):2.

[91] 新动向半月刊社.新动向暂行停刊启事[J].新动向[昆明1938],1940,3(7-8):无页码[扉页].

[92] 许家庆.法国新内阁[J].东方杂志,1912,8(10):49-51.

[93] [美]亚伦坡[Allen Poe].心声[J].雁冰[沈雁冰],译.东方杂志,1920,17(18):99-105.

[94] 雁冰[沈雁冰].近代文学的反流——爱尔兰的新文学[J].东方杂志,1920,17(6):72-80;1920,17(7):56-66.

[95] 雁冰[沈雁冰].《欧美新文学最近之趋势》书后[J].东方杂志,1920,17(18):76-78.

[96] 雁冰[沈雁冰].意大利现代第一文家邓南遮[J].东方杂志,1920,17(19):62-80.

[97] 杨丙辰.大诗人—天才—徐志摩—和他的朋友们[N].大公报[天津版],1932-1-11(8)[副刊《文学》第209期].

[98] 叶公超.志摩的风趣[N].大公报[天津版],1931-11-30(7)[副刊《文学》第202期].

[99] 佚名[郁嶷、李钊].北洋法政学会第二期职员名册[J].言治[天津

1913],1913,1(1):1-4[总225-228].

[100] 佚名[裘廷梁].本馆告白[J].无锡白话报,1898(清光绪二十四年)(4):[未见页码].

[101] 佚名[《励志周刊》编者].本会小史[J].励志周刊,1915(二周年纪念刊):67-69.

[102] 佚名[王鸿一].本刊发行简章[J].村治月刊,1929,1(2):无页码[版权页后第1页].

[103] 佚名[王鸿一].本刊特别启事[J].村治月刊,1930,2(2):2.

[104] 佚名[周谦冲].本刊特别启事[J].国论[成都1940],1945,4(6/7):46.

[105] 佚名[陈柳浪].本刊特别启事[J].青年生活[上海1946],1946(1):19.

[106] 佚名[葛锡祺].本社社员会议纪事[J].智识[上海1925],1925,1(1):77-82.

[107] 佚名[《工艺》编者].本杂志启事[J].工艺,1918,1(1):无页码[版权页].

[108] 佚名.单线电话之新发明[J].甘永龙,译.东方杂志,1911(清宣统三年),8(3):14-15.

[109] 佚名[《荡寇志》编者].荡寇战论[J].荡寇志,1940(2):30-33.

[110] 佚名.德国社会党之胜利[J].章燮臣,译.东方杂志,1912,8(12):3-15.

[111] 佚名[胡愈之].东方杂志社启事二[J].东方杂志,1932,29(4)[又称"复刊号"]:无页码[目录后第1页].

[112] 佚名.俄罗斯文学之过去及将来[J].君实[章锡琛],译.东方杂志,1919,16(4):89-93.

[113] 佚名[王鸿一].发刊辞[J].村治月刊,1929,1(1):1-4.

[114] 佚名.法兰西之宪法改革论[J].杨锦森,译.东方杂志,1912,8(11):21-22.

[115] 佚名.国民精神总动员的共同目标[J].中央党务公报,1939,1(12):10.

[116] 佚名[《励志》编者].开卷语[J].励志[上海1925],1925(1):1-4.

[117] 佚名.孔子纪年说[J].强学报,1896(清光绪二十一年)(1):3.

[118] 佚名.论今日与战国时之异同[J].外交报,1904(清光绪三十年)(9)["甲辰年第九号"]:2-4.

佚名.论今日与战国时之异同[J].东方杂志,1904(清光绪三十年)(4):69-72.

佚名.论今日与战国时之异同[J].广益丛报,1904(清光绪三十年)(44):1-3.

[119] 佚名.论清国实情[J].清议报,1899(清光绪二十五年)(20):10-13;1899(清光绪二十五年)(21):4-5.

[120] 佚名[梁启超].论小说与群治之关系[J].新小说,1902(清光绪二十八年),1(1):1-8[总1-8].

[121] 佚名.美利坚与加那大之联邦制度比较观[J].甘永龙,译.东方杂志,1912,8(10):14-20.

[122] 佚名[谢澄平].无题[海所撰《赴日途中》文后作为补白的《青年生活》启事][J].青年生活[上海1935],1936,1(1):16.

[123] 佚名[法国众诗人].仙河集[J].李思纯,译.学衡,1925(47):1-64.

[124] 佚名[《东方杂志》编者].新出东方杂志简要章程[J].东方杂志,1904(清光绪三十年)(1):1-2.

[125] 佚名.英国盐业之发达[J].杨锦森,译.东方杂志,1911(清宣统三年),8(4):12-16.

[126] 佚名.政党论[J].[日]古城贞吉,译.时务报,1897(清光绪二十二年)(17):22-23.

[127] 佚名[李圣五].追悼杜亚泉先生[J].东方杂志,1934,31(1)[又称"三十周年纪念号"]:303-304.

[128] 一苇.再论宗教问题[J].学衡,1922(6):1-8.

[129] 远生[黄远庸].新旧思想之冲突[J].东方杂志,1916,13(2):1-5.

[130] 张东荪.西方文明与中国[J].东方杂志,1926,23(24):92-94.

[131] 张尔田.与大公报文学副刊编者书[J].学衡,1928(66):1-9;1929(71):4-11;1931(74):1-3.

[132] 张梓生.悼杜亚泉先生[J].新社会,1934,6(2):43-44.

[133] 仲密[周作人].平民文学[N].每周评论[北京1918],1919-1-19(2-3).

[134] 中夏[邓中夏].中国现在的思想界[J].中国青年[上海1923],1923(6):2-6.

[135] 周作人.人的文学[J].新青年[上海1915],1918,5(6):575-584.

[136] 周作人.小河[J].新青年[上海1915],1919,6(2):91-95.

[137] 朱经[朱经农].无题["通信"栏目中朱经(朱经农)写给胡适的信件].新青年[上海1915],1918,5(2):163-165.

[138] 庄俞.序言[J].工艺,1918,1(1):无页码[目录后第5-6页].
[139] 宗白华.歌德之《人生启示》[N].大公报[天津版],1932-3-21(8)[副刊《文学》第220期];1932-3-28(8)[副刊《文学》第221期];1932-4-4(8)[副刊《文学》第222期].
[140] 邹卓立.社会主义平议[J].学衡,1922(12):1-11.

2. 其他相关近代人士的专著

[1] 白天鹏,金成镐,编.无政府主义派[M].李帆,主编.长春:长春出版社,2013.
[2] 北平中德学会,编译.五十年来的德国学术:第一册;第二册[M].上海,商务印书馆,1937.
北平中德学会,编译.五十年来的德国学术:第三册;第四册[M].长沙,商务印书馆,1938.
[3] 陈序经.中国文化的出路[M].上海:商务印书馆,1934.
[4] 戴季陶.孙文主义之哲学的基础:附民生哲学系统表[M].上海:民智书局,1925.
[5] 董之学.法西主义[M].上海:生活书店,1933.
[6] 费孝通.乡土中国[M].上海:观察社,1948.
[7] 冯桂芬.校邠庐抗议[M].潘霨,校刊.清刻本.[出版地不详]:敏德堂,1892(清光绪十八年).
[8] 郭梦良,编辑.人生观之论战:全三册[M].上海:泰东图书局,1923.
[9] 洪仁玕.洪仁玕选集[M].扬州师范学院中文系,编.北京:中华书局,1978.
[10] 胡适.胡适的尝试集坿去国集[M].上海:亚东图书馆,1920.
[11] 花也怜侬[韩邦庆].海上花列传:全四册[M].汪原放,句读.上海:亚东图书馆,1926.
[12] 黄遵宪.人境庐诗草[M].上海:商务印书馆,1937.
[13] 姜文,姜淑红,编.现代评论派 新月人权派[M].李帆,主编.长春:长春出版社,2013.
[14] 李大钊.李大钊文集:全二册[M].北京:人民出版社,1984.
[15] 梁启超.梁任公近著第一辑:上卷[M].上海:商务印书馆,1922.
梁启超.梁任公近著第一辑:中卷;下卷[M].上海:商务印书馆,1923.
[16] 梁启超.欧游心影录节录[M].上海:中华书局,1936.
[17] 梁启超.清代学术概论[M].上海:商务印书馆,1921.
[18] 梁启超.饮冰室合集:全四十册[M].上海:中华书局,1936.

[19] 柳下,编著.十八年来之中国青年党[M].成都国魂书店,1941.
[20] 孙诒让.墨子闲诂[M].上海:商务印书馆,1935.
[21] 孙中山,讲演.民族主义[M].中国国民党中央执行委员会,编辑.上海:强华印书局,1924.
[22] 魏源.海国图志[M].清刻本.扬州:[出版者不详],1847(清道光二十七年).
[23] 伍启元.中国新文化运动概观[M].上海:现代书局,1934.
[24] 吴岩,李晓涛,编.古史辨派[M].李帆,主编.长春:长春出版社,2013.
[25] 吴虞.吴虞文录[M].上海:亚东图书馆,1921.
[26] 萧楚女.萧楚女文存[M].中央党史研究室《萧楚女文存》编辑组,广东革命历史博物馆,编.北京:中共党史出版社,1998.
[27] 新民社,辑印.清议报全编:全二十六卷[M].横滨:新民社,1902(清光绪二十六年).
[28] 薛福成.筹洋刍议[M].清刻本.[出版地不详]:[出版者不详],1885(清光绪十一年).
[29] 亚东图书馆,编辑.科学与人生观:全二册[M].上海:亚东图书馆,1923.
[30] 严可均,校辑.全上古三代秦汉三国六朝文[M].清刻本.广州:广雅书局,1893(清光绪十九年).
[31] 杨明斋.评中西文化观[M].北京:李振声,1924.
[32] 杨深,编.走出东方:陈序经文化论著辑要[M].汤一介,主编.北京:中国广播电视出版社,1995.
[33] 张耀南,编.知识与文化:张东荪文化论著辑要[M].汤一介,主编.北京:中国广播电视出版社,1995.
[34] 郑观应.盛世危言增订新编[M].李盛铎,署检.清刻本.上海:侍鹤斋,1900(清光绪二十六年).

(二)研究类参考文献

(1)保守主义相关研究的论著

1. 广义保守主义相关研究的论著

1.1 广义保守主义相关研究的论文

[1] 王金玉.保守主义的传统概念解析[J].齐鲁学刊,2007(1)[总(196)]:129-131.
[2] 王皖强.西方保守主义思想的传统观[J].学海,2009(2):21-27.

[3] 熊家学.对立 位移 趋同——西方自由主义与保守主义关系的演变[J].湖南师范大学社会科学学报,1997,26(4):60-65.

[4] 易承志,朱晓鸣.保守主义探源:对象、实质与启示[J].东南学术,2006(4):116-120.

[5] 郁建兴.自由主义:从英国到法国[J].浙江大学学报·人文社会科学版,1999,29(2):146-154.

1.1 广义保守主义相关研究的专著

[1] [美]柯克[Russell Kirk].保守主义的精神:从柏克到艾略特:全二册[M].朱慧玲,译.南昌:江西人民出版社,2020.

[2] 刘军宁.保守主义[M].北京:中国社会科学出版社,1998.

[3] [美]马勒[J. Z. Muller],编著.保守主义:从休谟到当前的社会政治思想文集[M].刘曙辉,张容南,译.南京:译林出版社,2010.

[4] [德]曼海姆[Karl Mannheim].保守主义[M].李朝晖,牟建君,译.南京:译林出版社,2002.

[5] [美]尼斯贝[Robert Nisbet].保守主义[M].邱辛晔,译.顾骏,校阅.台北:桂冠图书股份有限公司,1992.

[6] [英]塞西尔[Hugh Cecil].保守主义[M].杜汝楫,译.马清槐,校.北京:商务印书馆,1986.

[7] [美]希尔斯[Edward Shils].论传统[M].傅铿,吕乐,译.上海:上海人民出版社,1991.

[8] 杨明伟.保守主义:一种审慎的政治哲学[M].北京:中国书籍出版社,2013.

2. 民国保守主义相关研究的论著

2.1 民国保守主义宏观研究的论著

2.1.1 民国保守主义宏观研究的论文

[1] 段建海.评近代中国的文化保守主义[J].陕西师范大学学报·哲学社会科学版,1998,27(S2):68-71.

[2] 何晓明.近代中国文化保守主义述论[J].近代史研究,1996(5):40-66.

[3] 何晓明.近代中国文化民族主义与文化保守主义的关系[J].新视野,2007(4):63-65.

[4] 何晓明.文化保守主义的历史必然性平议[J].天津社会科学,2001(6):101-106.

[5] 胡逢祥.20世纪中国文化保守主义的理论特征与实践[J].华东师范大学学报·哲学社会科学版,2013,45(6)[总(230)]:18-24,148.

[6] 胡逢祥.试论中国近代史上的文化保守主义[J].华东师范大学学报·哲学社会科学版,2000(1):78-86.

[7] 皇甫晓涛.抗战前后文化思潮与"东方文化复兴"的历史主题及其发展[J].吉林大学社会科学学报,1997(6):15-20.

[8] 暨爱民.文化的守望:"东方文化派"的民族主义关怀[J].吉首大学学报·社会科学版,2008,29(1):63-69.

[9] 李立功.革命退潮期的文化保守主义[J].攀枝花大学学报,1997,14(4)[总(46)]:16-20.

[10] 卢毅.世纪回眸——中国近现代文化保守主义的嬗变与传承[J].东南学术,2000(2):88-96.

[11] 马庆钰.对于文化保守主义的检省[J].中国人民大学学报,1997(3):32-37,126.

[12] 欧阳哲生.中国近代化变革之反思[J].广州研究,1987(4):46-51.

[13] 欧阳哲生.中国近代文化流派之比较[J].中州学刊,1991(6):65-71.

[14] 欧阳哲生.中国现代文化保守主义思潮述评[J].求索,1990(1):122-126,11.

[15] 杨春时,宋剑华.关于当前"文化保守主义"倾向的对话[J].海南师院学报,1995(1)[总8(27)]:41-46,86.

[16] 俞祖华.论文化保守主义思潮的两次转向[J].东岳论丛,2004,25(4):170-175.

[17] 俞祖华.五四时期复古与西化的文化偏向——对文化回归现象的再认识[J].中州学刊,1988(1):116-120.

[18] 俞祖华."西方物质——中国精神"比较模式辨析[J].烟台师范学院学报·哲学社会科学版,1989(1):63-69,80.

[19] 张广智.西方文化形态史观的中国回应[J].复旦学报·社会科学版,2004(1):30-39.

[20] 郑大华.重评"五四"前后的"东西文化论战"[J].近代史研究,2003,32(4):71-78.

[21] 郑大华.对保守与激进的辩证思考[J].中州学刊,2004(3):73-75.

[22] 郑大华.论"东方文化派"[J].社会科学战线,1993(4):116-126.

[23] 郑大华.文化保守主义与"五四"新文化运动[J].北京师范大学学报,1989(3):31-40.

[24] 郑大华.现代中国文化保守主义思潮的历史考察[J].社会科学战线,1992(2):52-58.

[25] 郑大华.中国近现代文化保守主义思潮论析[J].天津社会科学,1989(6):41-46.

[26] 郑大华.中国文化保守主义思潮的历史考察[J].求索,2005(1):172-176.

[27] 周德丰.保守主义文化观的典型范式——评陈立夫三四十年代的文化哲学[J].天津师大学报·社会科学版,1995(3):9-16.

2.1.2 民国保守主义宏观研究的专著

[1] [美]艾恺[Guy Salvatore Alitto]:世界范围内的反现代化思潮——论文化守成主义[M].贵阳:贵州人民出版社,1991.

[2] 曹跃明.五四以来的保守主义思潮[M].西安:西北大学出版社,2000.

[3] 陈来.传统与现代:人文主义的视界[M].北京:北京大学出版社,2006.

[4] [美]傅乐诗[Charlotte Furth],等.近代中国思想人物论——保守主义[M].周阳山,杨肃献,编.台北:时报文化出版事业有限公司,1980.

[5] 高力克.求索现代性[M].杭州:浙江大学出版社,1999.

[6] 韩星.孔学述论[M].韩星,主编.西安:陕西师范大学出版社,2008.

[7] 何晓明.返本与开新——近代中国文化保守主义新论[M].北京:商务印书馆,2006.

[8] 胡逢祥.社会变革与文化传统:中国近代文化保守主义思潮研究[M].上海:上海人民出版社,2000.

[9] 李毅.中国马克思主义与当代文化保守主义思潮研究[M].天津:天津社会科学院出版社,1998.

[10] 刘黎红.五四文化保守主义思潮研究[M].北京:中国社会科学出版社,2006.

[11] [美]史华慈[Benjamin I. Schwartz].史华慈论中国[M].许纪霖,宋宏,编.北京:新星出版社,2006.

[12] 王存奎.再造与复古的辩难:二十世纪二十年代"整理国故"论争的历史考察[M].合肥:黄山书社,2010.

[13] 卫金桂.欧战与中国社会文化思潮变动研究[M].九龙:香港拓文出版社,2003.

[14] 武吉庆.五四前后的新文化派与文化保守派:价值观比较[M].北京:中华书局,2011.

[15] 喻大华.晚清文化保守思潮研究[M].北京:人民出版社,2001.

[16] 张利民.文化选择的冲突——"五·四"时期东西文化论战中的思想家[M].北京:中国人民大学出版社,1990.

[17] 朱寿桐.新人文主义的中国影迹[M].北京:中国社会科学出版社,2009.

2.2 民国保守主义微观研究的论著

2.2.1 "东方杂志"派研究的论著

2.2.1.1 "东方杂志"派研究的论文

[1] 董恩强.杜亚泉的文化思想——兼评杜、陈文化论争[J].华中师范大学学报·人文社会科学版,2000,39(2):90-96.

[2] 高力克.重评杜亚泉与陈独秀的东西文化论战[J].近代史研究,1994(4):144-163.

[3] 谢振声.杜亚泉与《亚泉杂志》[J]科学,1988,40(2):150-152.

2.2.1.2 "东方杂志"派研究的专著

[1] 高力克.调适的智慧:杜亚泉思想研究[M].杭州:浙江人民出版社,1998.

[2] 许纪霖,田建业,编.一溪集:杜亚泉的生平与思想[M].北京:生活·读书·新知三联书店,1999.

2.2.2 "现代新儒家"派研究的论著

2.2.2.1 "现代新儒家"派研究的论文

[1] 陈少明.文化保守主义的宣言——评现代新儒家的一个思想纲领[J].广东社会科学,1990(2):115-121.

[2] 何晓明.现代新儒家早期代表论略[J].天津社会科学,1990(5):21-25.

[3] 李毅.对文化保守主义和现代新儒家的再认识[J].教学与研究,1998(10):52-56.

[4] 田文军.冯友兰与文化保守主义[J].中国哲学史,1996(3):100-107.

[5] 熊吕茂.梁漱溟与"五四"新文化运动[J].长沙电力学院学报·社会科学版,2002,17(2):69-73.

[6] 郑大华.梁漱溟与五四时期的文化保守主义[J].求索,1987(4):111-118.

[7] 郑大华.张君劢与西化思潮[J].天津社会科学,2002(6):127-132.

2.2.2.2 "现代新儒家"派研究的专著

[1] 柴文华.现代新儒家文化观研究[M].北京:生活·读书·新知三联书店,2004.

[2] 陈少明.儒学的现代转折[M].方克立,李锦全,主编.沈阳:辽宁大学出版社,1992.

[3] 高迎刚.马一浮诗学思想研究[M].济南:齐鲁书社,2006.

[4] 启良.新儒学批判[M].上海:生活·读书·新知上海三联书店,1995.
[5] 宋仲福,赵吉惠,裴大洋.儒学在现代中国[M].郑州:中州古籍出版社,1991.
[6] 王泽应.现代新儒家伦理思想研究[M].长沙:湖南师范大学出版社,1997.
[7] 熊吕茂.梁漱溟的文化思想与中国现代化[M].长沙:湖南教育出版社,2000.
[8] 张祥浩.复兴民族文化的探索——现代新儒家与传统文化[M].江德兴,朱明亮,主编.南京:江苏人民出版社,2003.
[9] 郑大华.张君劢学术思想评传[M].戴逸,主编.北京:北京图书馆出版社,1999.

2.2.3 "甲寅"派研究的论著
2.2.3.1 "甲寅"派研究的论文
[1] 郭华清.论章士钊的调和史观[J].史学月刊,2007(6):13-18.
[2] 郭双林.前后"甲寅派"考[J].近代史研究,2008(3)[总(165)]:148-155.
[3] 孟庆澍.《甲寅》与《新青年》渊源新论[J].中国现代文学研究丛刊,2010(5)[总(136)]:1-9.
[4] 滕峰丽.章士钊、杜亚泉"新旧调和论"之比较[J].中州学刊.2006(3)[总(153)]:207-209.
[5] 童龙超,黄秀蓉."甲寅派"考辨[J].中国现代文学研究丛刊,2007(6):143-152.
[6] 杨天宏.逻辑家的政制建构逻辑——辛亥前后章士钊的政制思想研究[J].近代史研究,2011(6)[总(186)]:75-92,161.
[7] 岳升阳.《甲寅》月刊与《新青年》的理论准备[J].清华大学学报·哲学社会科学版,1989,4(1):24-39.
[8] 张士伟.论"甲寅派"精英的思想倾向——以《甲寅周刊》为例[J].甘肃高师学报,2013,18(6):119-121.

2.2.3.2 "甲寅"派研究的专著
[1] 郭华清.宽容与妥协:章士钊的调和论研究[M].天津:天津古籍出版社,2004.
[2] 邹小站.章士钊社会政治思想研究(1903—1927)[M].长沙:湖南教育出版社,2001.

2.2.4 "学衡"派研究的论著
2.2.4.1 "学衡"派研究的论文
[1] 董德福.学衡派五四观的哲学审视——兼论学衡派现代性诉求的独特禀

性[J].江苏大学学报·社会科学版,2005,7(6):6-12,30.

[2] 黄兴涛.论现代中国的文化保守主义者梅光迪[J].北京师范大学学报,1991(4):97-104,9.

[3] 蒋书丽.学衡派和新文化派的错位论争[J].人文杂志,2004(6):36-41.

[4] 旷新年.学衡派与新人文主义[J].北京大学学报·哲学社会科学版,1994(6):90-99.

[5] 李怡.论"学衡派"与五四新文学运动[J].中国社会科学,1998(6):150-164.

[6] 李毅.中国现代文化保守主义的理想回应——《学衡》派文化观辑释[J].哲学动态,1997(7):27-29.

[7] 龙文懋.一个现代堂吉诃德的命运——吴宓及其文化保守主义[J].北方论丛,1998(4)[总(150)]:7-13.

[8] 沈卫威.现代中国的人文主义思潮导论——以"学衡派"为中心[J].文艺研究,2004(1):51-58,159.

[9] 乐黛云."昌明国粹,融化新知"——汤用彤与《学衡》杂志[J].社会科学,1993(5):58-62.

[10] 张贺敏.学衡派研究述评[J].中国现代文学研究丛刊,2001(4):271-290.

[11] 张文建.学衡派的文化保守主义及其影响[J].史学理论研究,1995(4):89-102.

[12] 郑大华.重评学衡派对五四新文化运动的批评[J].广州大学学报·社会科学版,2005,4(1)[总(37)]:10-16.

[13] 郑师渠.学衡派史学思想初探[J].北京师范大学学报·社会科学版,1998(4)[总(148)]:31-38.

[14] 朱徽.论吴宓的比较文学观[J].四川大学学报·哲学社会科学版,1999(2):41-46.

[15] 朱寿桐.欧文·白璧德在中国现代文化建构中的宿命角色[J].外国文学评论,2003(2):117-125.

2.2.4.2 "学衡"派研究的专著

[1] 蔡恒,高益荣.会通中西:吴宓的读书生活[M].郑州:中原农民出版社,2001.

[2] 傅宏星.吴宓评传[M].武汉:华中师范大学出版社,2008.

[3] 高恒文.东南大学与"学衡"派[M].桂林:广西师范大学出版社,2002.

[4] 柳曾符,柳佳,编.劬堂学记[M].上海:上海书店出版社,2002.

[5] 沈松侨.学衡派与五四时期的反新文化运动[M].台北:国立台湾大学出版委员会,1984.
[6] 沈卫威.回眸"学衡派":文化保守主义的现代命运[M].北京:人民文学出版社,1999.
[7] 沈卫威.吴宓与《学衡》[M].开封:河南大学出版社,2000.
[8] 沈卫威."学衡派"谱系:历史与叙事[M].南昌:江西教育出版社,2007.
[9] 王峰.吴芳吉年谱[M].北京:中国社会科学出版社,2016.
[10] 张源.从"人文主义"到"保守主义":《学衡》中的白璧德[M].北京:生活·读书·新知三联书店,2009.
[11] 郑师渠.在欧化与国粹之间:学衡派文化思想研究[M].北京:北京师范大学出版社,2001.
[12] 周佩瑶."学衡派"的身份想象[M].福州:福建教育出版社,2013.

2.2.5 "醒狮"派研究的论著

2.2.5.1 "醒狮"派研究的论文

[1] 洪廷彦."醒狮派"的国家主义[J].史林,1986(3):104-109.
[2] [韩]孙承希.醒狮派之集体意识与道德社会的追求[J].史林,2003(2):98-105,124.
[3] 忻平,陆华东."制造国民":1920年代醒狮派的公民教育思想[J].史学月刊,2012(11)[总(385)]:57-67.
[4] 张圻福.论醒狮派[J].苏州大学学报·哲学社会科学版,1982(S1):123-129,131.
[5] 郑大华,曾科.20世纪20年代《醒狮周报》撰稿人的构成、聚焦与分化[J].安徽史学,2014(3):22-36.
[6] 郑大华,曾科.论20年代醒狮派的文化保守主义[J].聊城大学学报·社会科学版,2012(4)[总(150)]:41-49.
[7] 郑大华,曾科.醒狮派"国家至上"思想的西学来源——兼论国家主义中国化的基本特征[J].浙江学刊,2013(1)[总(198)]:102-108.
[8] 朱其永.醒狮派国家主义再评析[J].青海师范大学学报·哲学社会科学版,2009(5)[总(136)]:66-71.

2.2.5.2 "醒狮"派研究的专著

[1] 李义彬,编.中国青年党[M].中国社会科学院近代史研究所中华民国史研究室,主编.北京:中国社会科学出版社,1982.
[2] 田嵩燕.国家主义派政治思想研究(1924—1930)[M].北京:中共中央党校出版社,2008.

2.2.6 "本位文化"派研究的论著
2.2.6.1 "本位文化"派研究的论文
[1] 何少林."综合创新论"与"本位文化论"[J].理论探索,2007(4)[总(166)]:16-18.
[2] 李方祥.重评20世纪30年代"中国本位文化"论[J].中共福建省委党校学报,2007(9)[总(322)]:80-86.
[3] 郑大华.30年代的"本位文化"与"全盘西化"的论战[J].湖南师范大学社会科学学报,2004,33(3):84-90.

2.2.6.2 "本位文化"派研究的专著
[1] 宋小庆,梁丽萍.关于中国本位文化问题的讨论[M].龚书铎,李文海,主编.南昌:百花洲文艺出版社,2004.

2.2.7 "战国策"派研究的论著
2.2.7.1 "战国策"派研究的论文
[1] 鲍劲翔.试论战国策派的文化救亡[J].安徽大学学报·哲学社会科学版,1996(2):86-92.
[2] 郭国灿.近代尚力思潮的演变及其文化意义[J].学习与探索,1990(2)[总(57)]:30-40.
[3] 黄健."抗战前期文艺论争"的再认识[J].徐州师范学院学报·哲学社会科学版,1990(4):47-51.
[4] 暨爱民."文化"对"民族"的叙述——"战国策派"之文化民族主义建构[J].湖南师范大学社会科学学报,2009,38(2)[总(190)]:128-131.
[5] 孔刘辉."战国派"作者群笔名考述[J].新文学史料,2013(4)[总(141)]:102-109.
[6] 李帆."文化形态史观"的东渐——战国策派与汤因比[J].近代史研究,1993(6):51-62.
[7] 李扬.论"战国策派"民族文学运动及其德国文化背景[J].石家庄学院学报,2009,11(2)[总(54)]:76-79,96.
[8] 吕希晨.评战国策派的唯意志主义哲学[J].学习与探索,1986(5)[总(46)]:38-42,88.
[9] 马功成."战国策派"的反动实质[J].四川师院学报·社会科学版,1984(2):49-54.
[10] 秦川.评《重评陈铨抗战时期的文学创作》——兼论《野玫瑰》是宣扬法西斯主义美化汉奸的特务文学[J].中国现代文学研究丛刊,1988(2):303.

[11] 史金豪.对战国策派批判的批判[J].广西右江民族师专学报,2000,13(2):58-61.

[12] 苏春生.文化救亡与民族文学重构——"战国策派"民族主义文学思想论[J].文学评论,2009(6):120-127.

[13] 田亮."战国策派"再认识[J].同济大学学报·社会科学版,2003,14(1):37-43,50.

[14] 王学振.战国策派的改造国民性思想[J].重庆社会科学,2005(1):110-112.

[15] 吴世勇.为文学运动的重造寻找一个阵地——沈从文参与《战国策》编辑经历考辨[J].淮南师范学院学报,2005,7(1)[总(29)]:18-21.

[16] 吴中杰.战国策派与文学上的唯意志论[J].上海大学学报·社会科学版,1995(2):57-63.

[17] 熊朝隽.抗日战争时期昆明的文艺运动[J].昆明师院学报,1981(1):8-14.

[18] 阎润鱼.战国策派政治文化观初探[J].北京社会科学,1988(4):114-121.

[19] 袁英光."战国策派"反动史学观点批判——法西斯史学思想批判[J].历史研究,1959(1):1-16.

[20] 徐旭.论"战国策"派关于危机处理的信仰[J].安徽大学学报·哲学社会科学版,2012,36(5)[总(198)]:90-96.

[21] 徐旭.现象学视野下"战国时代重演论"的爱国主义思想研究[J].海南师范大学学报·社会科学版,2012,25(10)[总(126)]:24-29.

[22] 徐旭."战国策"派内部对"英雄崇拜论"的论争[J].武陵学刊,2014,39(3)[总(166)]:97-101.

[23] 徐旭."战国策"派戏仿希腊神话的西方想象[J].华北电力大学学报·社会科学版,2014(2)[总(88)]:106-112.

[24] 徐旭."战国策"派与儒家思想的三重对话[J].武陵学刊,2012,37(6)[总(157)]:6-11.

[25] 赵小琪,徐旭."战国策"派想象中的西方应对危机模范[J].中国现代文学研究丛刊,2013(2)[总(163)]:78-84.

2.2.7.2 "战国策"派研究的专著

[1] 季进,曾一果.陈铨 异邦的借镜[M].乐黛云,主编.北京:文津出版社,2005.

[2] 江沛.战国策派思潮研究[M].天津:天津人民出版社,2001.

[3] 徐旭."战国策"派主办报刊中的生存危机叙述[M].广州:世办图书出版广东有限公司,2015.

[4] 徐志福.抗日救亡运动中的陈铨[M].成都:巴蜀书社,2009.

2.3　民族主义相关研究的专著

[1] 李国祁,等.近代中国思想人物论——民族主义[M].周阳山,杨肃献,编.台北:时报文化出版事业有限公司,1980.

[2] 张淑娟.民族主义与近代中国民族理论[M].北京:光明日报出版社,2010.

[3] 郑大华,邹小站,主编.中国近代史上的民族主义[M].北京:社会科学文献出版社,2007.

[4] [美]安德森[Benedict Anderson].想象的共同体:民族主义的起源与散布[M].吴叡人,译.上海:上海人民出版社,2003.

[5] 徐迅.民族主义[M].北京:中国社会科学出版社,1998.

2.4　伦理道德相关研究的专著

[1] 柴文华,杨辉,康宇,等.中国现代道德伦理研究[M].北京:社会科学文献出版社,2011.

[2] 蔡尚思.中国礼教思想史[M].九龙:中华书局(香港)有限公司,1991.

[3] 唐凯麟,王泽应.20世纪中国伦理思潮问题[M].长沙:湖南教育出版社,1998.

(2) 现代化相关研究的专著

[1] [美]布莱克[C. E. Black].现代化的动力[M].段小光,译.刘东,校.成都:四川人民出版社,1988.

[2] 陈勤,李刚,齐佩芳.中国现代化史纲:上卷(无法告别的革命);下卷(不可逆转的改革)[M].南宁:广西人民出版社,1998.

[3] 郭世佑,邱巍.突破重围——中国早期现代化研究[M].李振宏,主编.开封:河南大学出版社,2009.

[4] 何晓明.知识分子与中国现代化[M].2版.上海:东方出版中心,2007.

[5] 金耀基.金耀基自选集[M].上海:上海教育出版社,2006.

[6] 李宗桂.传统与现代之间:中国文化现代化的哲学省思[M].北京:北京师范大学出版社,2011.

[7] 钱乘旦,杨豫,陈晓律.世界现代化进程[M].南京:南京大学出版社,1997.

[8] 钱乘旦,主编.世界现代化历程·总论卷[M].钱乘旦,总主编.南京:江苏人民出版社,2010.

董正华,主编.世界现代化历程·东亚卷[M].钱乘旦,总主编.南京:江苏人民出版社,2010.
李剑鸣,策划.世界现代化历程·北美卷[M].钱乘旦,总主编.南京:江苏人民出版社,2010.
韩琦,主编.世界现代化历程·拉美卷[M].钱乘旦,总主编.南京:江苏人民出版社,2010.
王铁铮,主编.世界现代化历程·中东卷[M].钱乘旦,总主编.南京:江苏人民出版社,2010.
陈晓律,主编.世界现代化历程·西欧卷[M].钱乘旦,总主编.南京:江苏人民出版社,2010.
李安山,主编.世界现代化历程·非洲卷[M].钱乘旦,总主编.南京:江苏人民出版社,2013.
陈峰君,主编.世界现代化历程·南亚卷[M].钱乘旦,总主编.南京:江苏人民出版社,2012.
王云龙,刘长江,等.世界现代化历程·俄罗斯东欧卷[M].钱乘旦,总主编.南京:江苏人民出版社,2014.
王宇博,汪诗明,朱建君.世界现代化历程·大洋洲卷[M].钱乘旦,总主编.南京:江苏人民出版社,2015.

[9] 爱泼斯坦[Israel Epstein].中国现代化的先驱[M].孟胜德,译.北京:中国和平出版社,1987.
[10] 周建波.洋务运动与中国早期现代化思想[M].济南:山东人民出版社,2001.

(3) 现代性相关研究的专著

[1] [英]吉登斯[Anthony Giddens].现代性的后果[M].田禾,译.黄平,校.南京:译林出版社,2000.
[2] 包亚明,主编.现代性与都市文化理论[M].上海:上海社会科学院出版社,2008.
[3] [英]DELANTY G[Gerard Delanty].现代性与后现代性:知识、权力与自我[M].骆盈伶,译.台北:韦伯文化国际出版有限公司,2009.
[4] 邓永芳.哲学视阈中的文化现代性[M].南昌:江西人民出版社,2009.
[5] 范昀.追寻真诚:卢梭与审美现代性[M].上海:上海人民出版社,2013.
[6] 胡建.现代性价值的近代追索:中国近代的现代化思想史[M].上海:上海人民出版社,2008.
[7] 黄力之.颠覆与拯救:现代性审美文化批判[M].上海:上海人民出版

社,2014.
[8] 姜义华.现代性:中国重撰[M].北京:北京师范大学出版社,2008.
[9] 李怡.现代性:批判的批判[M].北京:人民文学出版社,2006.
[10] 吕鸣章.现代性及其反思[M].太原:三晋出版社,2016.
[11] 单世联.现代性与文化工业[M].广州:广东人民出版社,2001.
[12] 佘碧平.现代性的意义与局限[M].上海:上海三联书店,2000.
[13] [英]苏文瑜[Susan Daruvala].周作人:中国现代性的另类选择[M].康凌,译.上海:复旦大学出版社,2013.
[14] 隋丽.现代性与生态审美[M].上海:学林出版社,2009.
[15] 田冠浩,袁立国.重建现代性的三次浪潮[M].北京:中央编译出版社,2015.
[16] 汪晖,陈燕谷,主编.文化与公共性[M].北京:生活·读书·新知三联书店,1998.
[17] 王淼.现代性悖论研究[M].长春:吉林人民出版社,2017.
[18] 汪民安.现代性[M].南京:南京大学出版社,2012.
[19] 尤西林.人文精神与现代性[M].西安:陕西人民出版社,2006.
[20] 张法.文艺与中国现代性[M].武汉:湖北教育出版社,2001.
[21] 张兰英.现代性、乌托邦与中国特色社会主义[M].北京:中央编译出版社,2015.

(4)异托邦相关研究的论著

1.异托邦相关研究的论文

[1] [法]布洛萨[Alain Brossat].福柯的异托邦哲学及其问题[J].汤明洁,译.清华大学学报·哲学社会科学版,2016,31(5)[总(147)]:155-162,197.
[2] 何晓丹.异托邦:巴拉德构筑中国形象的思维模式[J].临沂师范学院学报,2007,29(2):112-115.
[3] [法]M.福柯[Michel Foucault].另类空间[J].王喆,译.世界哲学,2006(6):52-57.
[4] 毛卫强.异托邦与文化他者——解读朗费罗《新港犹太墓地》的叙事空间[J].名作欣赏,2011(10 中旬)[总(373)]:29-31.
[5] 倪志娟.哲学语境中的镜子[J].广西大学学报·哲学社会科学版,2010,32(2)[总(149)]:25-33.
[6] 尚杰.空间的哲学:福柯的"异托邦"概念[J].同济大学学报·社会科学版,2005,16(3):18-24.

[7] 孙祥飞.从"洞穴隐喻"到"异托邦"——论异域形象的空间化想象[J].常州大学学报·社会科学版,2013,14(3)[总(53)]:1-5.

[8] 王凯元.试论福柯的空间观[J].长春工业大学学报·社会科学版,2010,22(1)[总(76)]:19-22.

[9] 王素.异质空间与文化想象——福柯"异托邦"视域下的天津都市空间阐释[J].南阳师范学院学报,2013,12(2)[总(128)]:50-53.

[10] 汪行福.空间哲学与空间政治——福柯异托邦理论的阐释与批判[J].天津社会科学,2009(3)[总(166)]:11-16.

[11] 鄢冬.寻找诗歌中的"异托邦"——诗歌空间的美学映像[J].兰州学刊,2013(4)[总(235)]:98-102.

[12] 杨尚鸿.试论当代重庆"电影城市"的"异托邦"呈现[J].当代电影,2013(1)[总(202)]:191-194.

2. 异托邦相关研究的专著

[1] [古希腊]柏拉图[Plato].理想国[M].郭斌和,张竹明,译.北京:商务印书馆,1986.

[2] [法]福柯[Michel Foucault].词与物:人文科学考古学[M].莫伟民,译.上海:上海三联书店,2001.

[3] [法]福柯[Michel Foucault].疯癫与文明:理性时代的疯癫史[M].刘北成,杨远婴,译.北京:生活·读书·新知三联书店,1999.

[4] [法]福柯[Michel Foucault].规训与惩罚:监狱的诞生[M].刘北成,杨远婴,译.北京:生活·读书·新知三联书店,1999.

[5] [法]福柯[Michel Foucault].性经验史[M].佘碧平,译.上海:上海人民出版社,2005.

[6] [法]福柯[Michel Foucault].知识考古学[M].谢强,马月,译.北京:生活·读书·新知三联书店,1998.

[7] 侯斌英.空间问题与文化批评:当代西方马克思主义空间理论[M].侯勇林,总主编.成都:四川文艺出版社,2010.

[8] 林慧.詹姆逊乌托邦思想研究[M].北京:中国人民大学出版社,2007.

[9] 吕超.海上异托邦:西方文化视野中的上海形象[M].哈尔滨:黑龙江大学出版社,2010.

[10] [英]莫尔[St. Thomas More].乌托邦[M].戴镏龄,译.北京:生活·读书·新知三联书店,1956.

[11] 尚杰.法国当代哲学论纲[M].上海:同济大学出版社,2008.

[12] 石艳.我们的"异托邦"——学校空间社会学研究[M].吴康宁,主编.南

京：南京师范大学出版社,2009.
- [13] 宋伟.后理论时代的来临[M].北京：文化艺术出版社,2011.
- [14] 吴冶平.空间理论与文学的再现[M].兰州：甘肃人民出版社,2008.
- [15] 赵勇.整合与颠覆：大众文化的辩证法：法兰克福学派的大众文化理论[M].北京：北京大学出版社,2005.
- [16] 周宁,编注.孔教乌托邦[M].北京：学苑出版社,2004.
- [17] 周宁.天朝遥远：西方的中国形象研究：全二册[M].北京：北京大学出版社,2006.

（5）副文本相关研究的论著

1. 副文本相关研究的论文

- [1] 陈昕炜.序跋之文本定位、内容配置与功能类型分析——以《葵园四种》为例[J].毕节学院学报,2012,30(10)[总(147)]:13-18.
- [2] 龚奎林,刘晓鑫."十七年"小说的副文本研究[J].井冈山大学学报·社会科学版,2011,32(2)[总(137)]:76-83.
- [3] 胡莉莉.鲁迅文学译作的副文本探析[J].北京科技大学学报·社会科学版,2011,27(3)[总(89)]:64-69.
- [4] 黄海翔.《孙子兵法》复译中的文化误读与译者身份之辨——基于副文本描述的 Minford 译本个案研究[J].中州大学学报,2009,26(2)[总(85)]:67-71.
- [5] 金宏宇.中国现代文学的副文本[J].中国社会科学,2012(6)[总(198)]:170-183.
- [6] 梁伟,张菁,周泉根.序跋：透析京派的一个副文本视角[J].海南大学学报·人文社会科学版,2012,30(4)[总(127)]:42-46.
- [7] 骆海辉.《三国演义》罗慕士译本副文本解读[J].绵阳师范学院学报,2010,29(12)[总(142)]:65-71.
- [8] 陶春军.《小说月报》(1910—1920)中妇女与婚姻问题——以封面与插图之副文本为中心[J].宝鸡文理学院学报·社会科学版,2011,31(4)[总(142)]:61-63,73.
- [9] 肖丽.副文本之于翻译研究的意义[J].上海翻译,2011(4)[总(109)]:17-21.
- [10] 张玉勤.鲁迅作品封面的图像表达与叙事功能[J].中国现代文学研究丛刊,2012(8)[总(157)]:142-149.
- [11] 郑玮.副文本研究——翻译研究中不可忽视的一环[J].杭州电子科技大学学报·社会科学版,2011,7(2)[总(29)]:50-53.

[12] 朱晓莉.由副文本看沈从文的创作观与读者观[J].文学界·理论版,2011(5)[总(107)]:6-7.

2. 副文本相关研究的专著

[1] [法]热奈特[Gerard Genette].热奈特论文集[M].史忠义,译.天津:百花文艺出版社,2001.

(6) 想象相关研究的专著

[1] 伏爱华.想象·自由——萨特存在主义美学思想研究[M].合肥:安徽大学出版社,2009.

[2] 雷德鹏.走出知识论困境之途——休谟、康德和胡塞尔的想象论探析[M].北京:人民出版社,2007.

[3] 李先国.批评想象的理论与实践[M].合肥:安徽大学出版社,2009.

[4] 潘卫红.康德的先验想象力研究[M].北京:中国社会科学出版社,2007.

[5] [法]萨特[Jean-Paul Sartre].想象心理学[M].褚朔维,译.北京:光明日报出版社,1988.

[6] [法]萨特[Jean-Paul Sartre].影象论[M].魏金声,译.北京:中国人民大学出版社,1986.

[法]萨特[Jean-Paul Sartre].想象[M].杜小真,译.上海:上海译文出版社,2008.

[7] 孙绍振.论变异[M].广州:花城出版社,1987.

[8] [德]伊瑟尔[Wolfgang Iser].虚构与想象:文学人类学疆界[M].陈定家,汪正龙,等,译.长春:吉林人民出版社,2003.

(7) 报刊相关研究的专著

[1] 丁守和,主编.辛亥革命时期期刊介绍:第一集;第二集[M].北京:人民出版社,1982.

丁守和,主编.辛亥革命时期期刊介绍:第三集[M].北京:人民出版社,1983.

丁守和,主编.辛亥革命时期期刊介绍:第四集[M].北京:人民出版社,1986.

丁守和,主编.辛亥革命时期期刊介绍:第五集[M].北京:人民出版社,1987.

[2] 方汉奇.中国近代报刊史[M].太原:山西教育出版社,1981.

[3] 杨联芬,等.二十世纪中国文学期刊与思潮(一八九七——一九四九)[M].郭志刚,主编.南昌:百花洲文艺出版社,2006.

(8) 文学相关研究的专著
1. 比较文学相关研究的专著

[1] 曹顺庆,主编. 比较文学教程[M]. 北京:高等教育出版社,2006.
[2] 曹顺庆,主编. 比较文学学[M]. 成都:四川大学出版社,2005.
[3] 曹顺庆. 中西比较诗学[M]. 北京:中国人民大学出版社,2010.
[4] 陈惇,刘象愚. 比较文学概论[M]. 北京:北京师范大学出版社,2000.
[5] 陈惇,孙景尧,谢天振,主编. 比较文学[M]. 北京:高等教育出版社,1997.
[6] 黄药眠,童庆炳,主编. 中西比较诗学体系:全二册[M]. 北京:人民文学出版社,1991.
[7] [法]提格亨[P. vanTieghem]. 比较文学论[M]. 戴望舒,译述. 上海:商务印书馆,1937.
[8] 孟华,主编. 比较文学形象学[M]. 北京:北京大学出版社,2001.
[9] 吴家荣,主编. 比较文学新编[M]. 合肥:安徽教育出版社,2004.
[10] 杨乃乔,主编. 比较文学概论[M. 北京:北京大学出版社,2002.
[11] 乐黛云,王向远. 比较文学研究[M]. 傅璇琮,主编. 福州:福建人民出版社,2006.
[12] 赵小琪,主编. 比较文学教程[M]. 北京:北京大学出版社,2010.

2. 其他文学相关研究的专著

[1] [俄]巴赫金[MikhailMikhailovich Bakhtin]. 文本 对话与人文[M]. 白春仁,晓河,周启超,等,译. 石家庄:河北教育出版社,1998.
[2] 白春超. 再生与流变:中国现代文学中的古典主义[M]. 开封:河南大学出版社,2006.
[3] 陈安湖,主编. 中国现代文学社团流派史[M]. 武汉:华中师范大学出版社,1997.
[4] 陈希. 中国现代诗学范畴[M]. 广州:中山大学出版社,2009.
[5] 陈旭光. 中西诗学的会通——20世纪中国现代主义诗学研究[M]. 北京:北京大学出版社,2002.
[6] 高玉. 现代汉语与中国现代文学[M]. 北京:中国社会科学出版社,2003.
[7] 龚自珍. 评校足本龚定盦全集:全二册[M]. 王文儒,编校. 上海:世界书局,1935.
[8] 韩书堂. 中国现当代文学理论民族性研究[M]. 济南:明天出版社,2008.
[9] 旷新年. 现代文学与现代性[M]. 包亚明,主编. 上海:上海远东出版社,1998.

[10] 李春雨,杨志,编著.中国现代文学资料与研究:全二册[M].北京:北京师范大学出版社,2008.

[11] 李明.中国现代文学版图[M].上海:中西书局,2010.

[12] 李怡,编.现代:繁复的中国旋律:现代的诗、现代的文学和现代的文化[M].北京:中央编译出版社,2001.

[13] 廖超慧.中国现代文学思潮论争史[M].武汉:武汉出版社,1997.

[14] 刘耘华.诠释学与先秦儒家之意义生成:《论语》、《孟子》、《荀子》对古代传统的解释[M].上海:上海译文出版社,2002.

[15] 龙泉明.中国新诗流变论(1917—1949)[M].北京:人民文学出版社,1999.

[16] [俄]佩列韦尔泽夫.形象诗学原理[M].宁琦,何和,王嘎,译.北京:中国青年出版社,2004.

[17] 上海辞书出版社文学鉴赏辞典编纂中心,编.毛泽东诗词鉴赏辞典[M].上海:上海辞书出版社,2011.

[18] 邵伯周.中国现代文学思潮研究[M].上海:学林出版社,1993.

[19] 舒伟.希腊罗马神话的文化鉴赏[M].北京:光明日报出版社,2010.

[20] 司空图;袁枚.诗品集解;续诗品注[M].郭绍虞,集解;郭绍虞,辑注.北京:人民文学出版社,1963.

[21] [瑞士]索绪尔[Ferdinand de Saussure].普通语言学手稿[M].[法]布凯[S. Bouquet],[瑞士]恩格勒[R. Engler],整理.于秀英,译.南京:南京大学出版社,2011.

[22] 谭好哲,凌晨光,主编.文学之维:文艺学的历史、现状与未来[M].济南:山东大学出版社,2003.

[23] 谭好哲,任传霞,韩书堂.现代性与民族性:中国文学理论建设的双重追求[M].展涛,总主编.北京:社会科学文献出版社,2005.

[24] 王富仁.中国现代文化指掌图[M].北京:人民文学出版社,2004.

[25] 王柯平.《理想国》的诗学研究[M].北京:北京大学出版社,2005.

[26] 吴承笃.巴赫金诗学理论概观——从社会诗学到文化诗学[M].济南:齐鲁书社,2009.

[27] 武新军.现代性与古典传统:论中国现代文学中的"古典倾向"[M].开封:河南大学出版社,2005.

[28] [古希腊]亚里士多德[Aristotle].诗学[M].陈中梅,译注.北京:商务印书馆,1996.

[29] 佚名[崔颢;崔国辅].崔颢诗注;崔国辅诗注.万竞君,注.上海:上海古

籍出版社,1982.

[30] 佚名[李商隐].李义山诗笺注[M].朱鹤龄,注.屈复,意.上海:会文堂书局,1917.

[31] 俞兆平.中国现代三大文学思潮新论[M].北京:人民文学出版社,2006.

[32] 张崇玖,编著.诗学[M].上海:新民图书馆兄弟公司,1928.

[33] 赵小琪.西方话语与中国新诗现代化[M].北京:中国社会科学出版社,2012.

[34] 赵小琪,张慧佳,徐旭,等.中国现代诗学导论[M].刘耘华,主编.上海:上海古籍出版社,2018.

[35] 赵小琪,主编.20世纪中国现代主义诗学[M].武汉:长江文艺出版社,2009.

[36] 子张.新诗与新诗学[M].北京:中央编译出版社,2010.

(9) 哲学相关研究的专著

1. 现象学相关研究的专著

[1] [瑞士]贝尔奈特[Rudolf Bernet],肯恩[Iso Kern],马尔巴赫[Eduard Marbach].胡塞尔思想概论[M].李幼蒸,译.北京:中国人民大学出版社,2011.

[2] 陈志远.胡塞尔直观概念的起源——以意向性为线索的早期文本研究[M].南京:江苏人民出版社,2009.

[3] 方向红.幽灵之舞——德里达与现象学[M].南京:江苏人民出版社,2010.

[4] 耿涛.图像与本质:胡塞尔图像意识现象学辨证[M].长沙:湖南教育出版社,2009.

[5] [德]海德格尔[Martin Heidegger].林中路[M].孙周兴,译.上海:上海译文出版社,2004.

[6] [德]海德格尔[Martin Heidegger].现象学之基本问题[M].丁耘,译.上海:上海译文出版社,2008.

[7] [德]胡塞尔[Edmund Gustav Albrecht Husserl].内时间意识现象学[M].倪梁康,译.北京:商务印书馆,2009.

[8] 刘景钊.意向性:心智关指世界的能力[M].北京:中国社会科学出版社,2005.

[9] [法]马里翁[Jean-Luc Marion].还原与给予:胡塞尔、海德格尔与现象学研究[M].方向红,译.上海:上海译文出版社,2009.

[10] [法]梅洛-庞蒂[Maurice Merleau-Ponty].知觉现象学[M].姜志辉,译.北京:商务印书馆,2001.
[11] 倪梁康.胡塞尔现象学概念通释[M].北京:生活·读书·新知三联书店,1999.
[12] 倪梁康.现象学的始基——对胡塞尔《逻辑研究》的理解与思考[M].广州:广东人民出版社,2004.
[13] 倪梁康.心的秩序——一种现象学心学研究的可能性[M].南京:江苏人民出版社,2010.
[14] [法]萨特[Jean Paul Sartre].自我的超越性:一种现象学描述初探[M].杜小真,译.北京:商务印书馆,2001.
[15] [美]塞尔[John R. Searle].意向性:论心灵哲学[M].刘叶涛,译.上海:上海人民出版社,2007.
[16] 尚杰.从胡塞尔到德里达[M].南京:江苏人民出版社,2008.
[17] [英]史密斯[A. D. Smith].胡塞尔与《笛卡尔式的沉思》[M].赵玉兰,译.桂林:广西师范大学出版社,2007.
[18] [美]索科拉夫斯基[Robert Sokolowski].现象学导论[M].高秉江,张建华,译.武汉:武汉大学出版社,2009.
[19] 王恒.时间性:自身与他者——从胡塞尔、海德格尔到列维纳斯[M].叶秀山,主编.南京:江苏人民出版社,2006.
[20] [美]韦斯特法尔[Merold Westphal].解释学、现象学与宗教哲学:世俗哲学与宗教信仰的对话[M].郝长墀,选编.北京:中国社会科学出版社,2005.
[21] 尤娜,杨广学.象征与叙事:现象学心理治疗[M].杨广学,主编.济南:山东人民出版社,2006.
[22] [丹]扎哈维[D. Zahavi].胡塞尔现象学[M].李忠伟,译.上海:上海译文出版社,2007.

 2. 其他哲学相关研究的专著
[1] [意]阿奎那[Thomas Aquinas].神学大全[M].周克勤,高旭东,陈家华,等,翻译.周克勤,李震,刘俊余,等,审阅.台南:碧岳学社;高雄:中华道明会,2008.
[2] 成海鹰,成芳.唯意志论哲学在中国[M].北京:首都师范大学出版社,2002.
[3] 冯契.中国近代哲学的革命进程[M].上海:上海人民出版社,1989.
[4] [德]康德[Immanuel Kant].判断力批判:上卷(审美判断力的批判)[M].

宗白华,译.北京:商务印书馆,1964.

[德]康德[Immanuel Kant].判断力批判:下卷(目的论判断力的批判)[M].韦卓民,译.北京:商务印书馆,1964.

[5] 李钧,孙洁,编.超人哲学浅说:尼采在中国[M].陈思和,主编.南昌:江西高校出版社,2009.

[6] 李军,曹跃明.中国现代哲学新论[M].涂可国,主编.济南:齐鲁书社,2007.

[7] 刘静芳.综合创造的哲学与哲学的综合创造:张岱年哲学思想研究[M].上海:上海人民出版社,2009.

[8] 吕希晨,王育民.中国现代哲学史新编[M].长春:吉林人民出版社,1987.

[9] 吕希晨.中国现代资产阶级哲学思想述评[M].长春:吉林人民出版社,1982.

[10] 吕希晨,主编.中国现代文化哲学[M].天津:天津人民出版社,1993.

[11] [英]维特根斯坦[Ludwig Josef Johann Wittgenstein].哲学研究[M].陈嘉映,译.上海:上海人民出版社,2005.

[12] 佚名[韩非].韩非子[M].石印本.[上海]:隆文书局,1924.

[13] 佚名[庄周].庄子[M].郭象,注.陆德明,音义.石印本.[出版地不详]:扫叶山房,1922.

[14] 张儒义,编著.中国现代资产阶级哲学(1919—1949)[M].成都:四川大学出版社,1990.

(10) 历史学相关研究的专著

1. 思想史相关研究的专著

[1] 丁伟志,陈崧.中国近代文化思潮(上卷):中西体用之间——晚清文化思潮述论[M].北京:社会科学文献出版社,2011.

丁伟志.中国近代文化思潮(下卷):裂变与新生——民国文化思潮述论[M].北京:社会科学文献出版社,2011.

[2] 高瑞泉,主编.中国近代社会思潮[M].上海:华东师范大学出版社,1996.

[3] 耿云志.近代中国文化转型研究导论[M].耿云志,主编.成都:四川人民出版社,2008.

[4] 郭国灿.中国人文精神的重建(约戊戌—五四)[M].长沙:湖南教育出版社,1992.

[5] [美]霍夫斯达德[Richard Hofstadter].美国思想中的社会达尔文主义

[M].郭正昭,译.台北:联经出版事业公司,1981.

[6] 李强.自由主义[M].北京:中国社会科学出版社,1998.

[7] [美]林毓生[Yusheng Lin].中国意识的危机:"五四"时期激烈的反传统主义[M].穆善培,译.贵州:贵州人民出版社,1986.

[8] 刘登阁,周云芳.西学东渐与东学西渐[M].徐衍,主编.北京:中国社会科学出版社,2000.

[9] 马克锋.文化思潮与近代中国[M].北京:光明日报出版社,2004.

[10] 任天石,主编.20世纪中国社会思潮史论[M].南京:南京大学出版社,1993.

[11] 桑兵,关晓红,主编.先因后创与不破不立:近代中国学术流派研究[M].北京:生活·读书·新知三联书店,2007.

[12] [美]史华慈[Benjamin I. Schwartz],等.近代中国思想人物论——自由主义[M].周阳山,杨肃献,编.台北:时报文化出版事业有限公司,1980.

[13] 王锟.孔子与二十世纪中国思想[M].济南:齐鲁书社,2006.

[14] 武才娃.中国传统思想文化论衡[M].北京:社会科学文献出版社,2011.

[15] 吴雁南,冯祖贻,苏中立,等,主编.中国近代社会思潮(1840—1949):全四卷[M].长沙:湖南教育出版社,1998.

[16] 萧公权,等.近代中国思想人物论——社会主义[M].周阳山,杨肃献,编.台北:时报文化出版事业有限公司,1980.

[17] 许纪霖,编.二十世纪中国思想史论:全二册[M].上海:东方出版中心,2000.

[18] 俞可平.社群主义.北京:中国社会科学出版社,1998.

[19] 俞祖华,王国洪,主编.中国现代政治思想史[M].济南:山东大学出版社,1999.

[20] [美]张灏[Hao Zhang],等.近代中国思想人物论——晚清思想[M].周阳山,杨肃献,编.台北:时报文化出版事业有限公司,1980.

[21] 张静.法团主义.北京:中国社会科学出版社,1998.

[22] 郑大华.民国思想史论[M].北京:社会科学文献出版社,2006.

[23] 郑大华.民国思想史论(续集)[M].北京:社会科学文献出版社,2010.

[24] 郑大华,黄兴涛,邹小站,主编.戊戌变法与晚清思想文化转型[M].北京:社会科学文献出版社,2010.

[25] 郑大华,邹小站,主编.传统思想的近代转换[M].北京:社会科学文献

出版社,2007.

[26] 郑大华,邹小站,主编.思想家与近代中国思想[M].北京:社会科学文献出版社,2005.

[27] 郑大华,邹小站,主编.西方思想在近代中国[M].北京:社会科学文献出版社,2005.

[28] 郑大华,邹小站,主编.辛亥革命与清末民初思想[M].北京:社会科学文献出版社,2012.

[29] 郑大华,邹小站,主编.中国近代史上的激进与保守[M].北京:社会科学文献出版社,2011.

[30] 郑大华,邹小站,主编.中国近代史上的社会主义[M].北京:社会科学文献出版社,2011.

[31] 郑大华,邹小站,主编.中国近代史上的自由主义[M].北京:社会科学文献出版社,2008.

[32] 郑师渠.社会的转型与文化的变动:中国近代史论[M].北京:商务印书馆,2006.

[33] 郑师渠,史革新.近代中西文化论争的反思[M].北京:高等教育出版社,1991.

2. 其他历史学相关研究的专著

[1] 陈寿.三国志:全五册[M].裴松之,注.北京:中华书局,1959.

[2] [美]费正清[John King Fairbank],编.剑桥中华民国史(1912—1949):上卷[M].杨品泉,张言,孙开远,等,译.谢亮生,校.北京:中国社会科学出版社,1994.

[3] [美]费正清[John King Fairbank],费维恺[Albert Feuerwerker],编.剑桥中华民国史(1912—1949):下卷[M].刘敬坤,叶宗敭,曾景忠,等,译.谢亮生,校.北京:中国社会科学出版社,1994.

[4] [德]斯宾格勒[Oswald Spengler].西方的没落:世界历史的透视[M].齐世荣,田农,林传鼎,等,译.北京:商务印书馆,1963.
[德]史宾格勒[Oswald Spengler].西方的没落[M].陈晓林,译.台北:桂冠图书有限公司,1975.

[5] 司马迁.史记:全十册[M].裴骃,集解.司马贞,索引.张守节,正义.北京:中华书局,1959.

[6] 脱脱,等.宋史:全四十册[M].北京:中华书局,1977.

[7] 魏徵,等.隋书:全六册[M].北京:中华书局,1973.

[8] 晏婴.晏子春秋[M].孙星衍,等,校.上海:商务印书馆,1937.

［9］佚名.国语附校刊札记：全三册［M］.韦昭,注.上海：商务印书馆,1937.

［10］佚名.战国策附重刻札记：全四册［M］.高诱,注.上海：商务印书馆,1937.

［11］赵尔巽,等.清史稿：全四十八册［M］.北京：中华书局,1976；1977.

［12］章学诚.文史通义［M］.［出版地不详］：东陆书局,1924.

（11）逻辑学相关研究的专著

［1］金岳霖,主编.形式逻辑［M］.北京：人民出版社,1979.

［2］中国人民大学哲学系逻辑教研室,编.逻辑学［M］.北京：中国人民大学出版社,2002.

（12）传播学相关研究的专著

［1］宫承波.传播学纲要［M］.宫承波,主编.北京：中国广播电视出版社,2007.

［2］文言,主编.文学传播学引论［M］.沈阳：辽宁人民出版社,2006.

（三）其他类参考文献

（1）其他参考的论文

［1］佚名.在学校里确立并巩固无产阶级思想领导——庆祝五一劳动节［J］.人民教育,1952(5):5-6.

［2］张仃.关于国画创作继承优良传统问题［J］.美术,1955(5):17-19.

［3］周恩来.为巩固和发展人民的胜利而奋斗［N］.人民日报,1950-10-1(1-2).

［4］朱乔森,黄真.关于《庶民的胜利》的发表和《Bolshevism的胜利》的写作［J］.历史研究,1980(4):144.

（2）其他参考的专著

［1］［美］萨义德［Edward W. Said］.知识分子论［M］.单德兴,陆建德,译.北京：生活·读书·新知三联书店,2002.

［2］杜工部［杜甫］.杜甫诗选［M］.曾国藩,精选.高剑华,点注.上海：群学书社,1930.

［3］干宝.搜神记：全三册［M］.上海：商务印书馆,1937.

［4］［德］歌德［Johann Wolfgang von Goethe］.浮士德［M］.董问樵,译.上海：复旦大学出版社,1983.

［5］［英］赫胥黎［Thomas Henry Huxley］.天演论［M］.严复,译述.上海：商务印书馆,1930.

［6］黄河清,编著.近现代辞源［M］.姚德怀,审订.上海：上海辞书出版

社,2010.

[7] 廖盖隆,张品兴,刘佑生,主编.现代中国政界要人传略大全[M].北京:中国广播电视出版社,1993.

[8] 刘绍唐,主编.民国人物小传:第一册至第四册[M].上海:上海三联书店,2014.

刘绍唐,主编.民国人物小传:第五册至第十册[M].上海:上海三联书店,2015.

刘绍唐,主编.民国人物小传:第十一册至第十五册;第十七册;第十八册[M].上海:上海三联书店,2016.

刘绍唐,主编.民国人物小传:第十六册;第十九册;第二十册[M].上海:上海三联书店,2017.

[9] [意]马基雅维里[Niccolo Machiavelli].君主论[M].潘汉典,译.北京:商务印书馆,1985.

[10] [俄]库恩.希腊神话[M].朱志顺,译.上海:上海译文出版社,1998.

[11] 阮元,审定.重刊宋本十三经注疏附校勘记[M].卢宣旬,校.清刻本.南昌:南昌学堂,1816(清嘉庆二十一年).

[12] 宋春,朱建华,主编.中国政党要人传[M].长春:吉林文史出版社,1990.

[13] 杨克,陈亮,编选.朦胧诗选[M].北京:中国青年出版社,2009.

[14] 佚名[程颢,程颐].二程全书[M].吴廷栋,校刻.清刻本.六安:求我斋,1871(清同治十年).

[15] 佚名[韩愈].韩愈文[M].庄适,臧励龢,选注.上海:商务印书馆,1930.

[16] 佚名.金圣叹批才子古文读本:全二册[M].金圣叹,批评.叶慧晓,校阅.上海:广益书局,1936.

[17] 佚名[刘义庆].世说新语[M].崔朝庆,选注.上海:商务印书馆,1931.

[18] 佚名[陆九渊].陆象山先生全集[M].李绂,点次.周毓龄,重校.上海:中原书局,1926.

[19] 佚名[欧阳修].欧阳永叔文[M].黄公渚,选注.上海:商务印书馆,1933.

[20] 佚名.增广贤文[M].郭俊峰,张菲洲,译评.长春:吉林文史出版社,1999.

[21] 周敦颐.周子全书:全三册[M].上海:商务印书馆,1937.

二、外文参考文献

[1] SCHRIFT A D. Twentieth-Century French Philosophy:Key Themes and

Thinkers[M]. Oxford:Blackwell Publishing Ltd. ,2006.
[2] FURTH C, et al. The Limits of Change: Essays on Conservative Alternatives in Republican China [M]. New York: Harvard University Press,1976.
[3] MEYER FS. What Is Conservatism? [M]. New York: Holt, Rinehard and Winston,1964.
[4] PRIEST G. An Introduction to Non-Classical Logic [M]. New York: Cambrige University Press,2008.
[5] KEKES J. A Case for Conservatism[M]. New York: Cornell University Press,1998.
[6] FOUCAULT M. Dits etÉcrits: IV, 1980—1988 [M]. Paris: Éditions Gallimard,1994.
[7] FOUCAULT M. Le Corps Utopique, Les Hétérotopies[M]. Paris: Nouvelle Editions Lignes,2009.
[8] FOUCAULT M. Les Mots et les Choses: uneArcheologie des Sciences Humaines[M]. Paris:Éditions Gallimard,1966.
[9] RABINOW P. The Foucault Reader [M]. New York: Pantheon Books,1984.
[10] WILLIAMS R. Culture and Society[M]. New York:Columbia University Press,1959.
[11] HOFSTADTER R. Social Darwinism in American Thought,1860—1915 [M]. Philadelphia:University of Pennsylvania Press,1992.
[12] SCRUTON R. The Meaning of Conservatism [M]. London: Palgrave Macmillan,1984.
[13] MILLS S. Michel Foucault[M]. London:Routledge,2003.
[14] DENTITH S. Bakhtinian Thought:An Introductory Reader[M]. London: Routledge,1995.
[15] SIEBERS T, ed. Heterotopia:Postmodern Utopia and the Politic[M]. Ann Arbor:University of Michigan Press,1994.
[16] 滝浦静雄. 想像の現象学[M].東京都:紀伊国屋書店,1972.

附录一

民国保守主义阵营[1]

（一）"东方杂志"派

（1）杜亚泉（1873—1933）

杜亚泉是浙江绍兴府会稽县（今属绍兴市上虞区）人，原名炜孙，字秋帆，号亚泉，笔名伧父、高劳、东方等。杜亚泉是科普出版家、翻译家。

杜亚泉于1889年考中秀才，后入读崇文书院，至1894年肄业。1900年，创办中国近代首家私立科技大学亚泉学馆（翌年更名为普通学书室），同时创办中国最早的自然科学类期刊《亚泉杂志》，并编写中国最早的国文教科书《文学初阶》。曾发表数百篇科学论文（尤以化学论文为多），创制延用至今的众多化学元素的中译名。1902年，出任浔溪公学校长，后于翌年回绍兴创办越郡公学。1904年，受聘为商务印书馆理化部主任，后因该馆图书馆和编译所毁于一·二八事变才离沪返乡。在商务印书馆出版的《东方杂志》1905年5月28日（"光绪三十一年四月二十五日"）第2年第4期（"第二年第四期"）第73-78页，以"亚泉"为笔名发表《物质进化论》，并由此开始在《东方杂志》上发表文章的生涯。后来，主编《东方杂志》1911年3月25日（"宣统三年二月二十五日"）第8卷第1号至1919年12月15日（"民国八年十二月十五日"）第16卷第12号，并以《东方杂志》为阵地而与《新青年》（上海1915）作者群展开"东西文化论战"。1924年，在上海创设中华中学，后于1932年返乡，任教于稽山中学。杜亚泉翻译或主持编译了众多西方书籍，尤其是编译了众多西方科学书籍，从而极大地推动了西方科学在中国的传播。

---

[1] 本附录主要体现民国保守主义阵营的流派构成、成员组成，并对各流派的成员进行简介。在流派构成方面，本附录罗列出本书定义的民国保守主义七大流派，并依照各流派诞生时间先后的顺序排定各流派在本附录中的位置。在成员组成方面，本附录只罗列出各流派具有代表性或密切关联本书的成员（并未罗列出各流派的所有成员），并依据先考量影响大小、再考虑诞辰先后的原则排定各成员在各自流派中的位置。在简介成员方面，本附录只罗列出各成员与本书密切相关的生平和论著（并未罗列出各成员的详尽生平和所有论著）。

杜亚泉的论著有论文《静的文明与动的文明》《战后东西文明之调和》《迷乱之现代人心》,译文《中国文字之将来》《加查氏之东西两洋论》《定性分析》,独著《博史——附乐客戏谱》,编著《帝制运动始末记》《人生哲学》《矿物学讲义》,编译《支那文明史论》《普通植物学教科书》(重译本更名为《新撰植物学教科书》)、《中学生理学教科书》(合译),译著《社会主义神髓》《处世哲学》《盖氏对数表(附用法)》(合译)等。

(2) 钱智修(1883—1947)

钱智修是浙江绍兴府嵊县(今属绍兴市嵊州市)人,字经宇,笔名坚瓠。钱智修是国学家、翻译家。

钱智修于1899年考中秀才,后于1903年入读新式学堂。1904年,加入爱国学社,随后就读于震旦学院(1928年更名为震旦大学,1932年12月更名为私立震旦大学)。后来,因学生风潮转入复旦公学(1917年9月更名为私立复旦大学)。1911年,获得文学学士学位,随后受聘为商务印书馆编译所编辑。自1920年至1931年间,继杜亚泉之后担任《东方杂志》主编,并成为该刊有史以来任期最长的主编。1931年,出任监察院秘书长,此后一直在监察院任职。

钱智修的论著有论文《社会主义与社会政策》《现今两大哲学家学说概略》《功利主义与学术》,译文《论中国革新之现状》《世界大势变迁论》《德意志与土耳其》,编著《林肯》《苏格拉底》《达尔文》,编译《拿坡仑》,译著《威尔逊和议演说》《柏格逊与欧根》等。

(3) 陈嘉异(生卒年不详)

关于陈嘉异的具体信息,如今已很难考证。

从《东方杂志》上登载的署名陈嘉异的文章中,大概可推知陈嘉异学兼中外,造诣颇深,尤擅文化研究。而且,他与章士钊、钱智修等人交往甚密。

陈嘉异的论著有论文《我之新旧思想调和观》《李宁之乌托邦》《东方文化与吾人之大任》,译文《社会主义与进化论之关系》《军备限制与太平洋会议之提议》《战后三强与太平洋威胁论》,独著《大乘密教救国论》等。

(二)"现代新儒家"派

(1) 梁漱溟(1893—1988)

梁漱溟是直隶顺天府(今属北京市)人,祖籍广西桂林府临桂县(今属桂林市临桂区),原名焕鼎,字寿铭、漱冥,笔名寿名、瘦民、漱溟。梁漱溟是蒙古族人,系出元世祖忽必烈第五子梁王忽哥赤。梁漱溟是哲学家、思想家、教育家,最富盛名的乡村建设家。

梁漱溟于 1898 年入读中西小学堂,后于 1900 年转入公立小学堂,又于 1901 年转入蒙养学堂。1905 年,考入北京地安门外的顺天中学堂。1911 年,加入中国同盟会京津分会,并担任该会主办的《民国报》的编辑兼记者。翌年,开始使用笔名"漱溟"。1917 年,正式任教于国立北京大学,后于 1923 年辞职,出任山东菏泽省立第六中学高中部主任。1927 年,出任广东省立第一中学校长。1928 年,在河南辉县筹办村治学院,翌年任该学院教务长。1930 年,在山东邹平筹办山东乡村建设研究院,后任研究部主任、院长。1940 年,在四川璧山来凤驿创办勉仁中学,后于 1947 年创办勉仁文学院。梁漱溟既被称为"中国最后一位儒家",又被称为"现代新儒家第一人"。他深受泰州学派影响,曾经发起并实践过乡村建设运动。

梁漱溟的论著有论文《究元决疑论》《中国民族自救运动的最后觉悟》《中国文化问题》,独著《唯识述义》《东西文化及其哲学》《乡村建设理论:一名中国民族之前途》等。

(2) 张君劢(1887—1969)

张君劢是江苏太仓州宝山县(今属上海市宝山区)人,原名嘉森,字士林,号立斋,笔名君房。张君劢是哲学家、政治家,并曾为中国国家社会党(前身为再生党)、中国民主社会党(由中国国家社会党、民主宪政党合并而成)领袖。

张君劢于 1893 年接受私塾教育,后于 1897 年考入上海江南制造局广方言馆。1902 年,考中秀才。1904 年,考入南京高等学堂,但在校学习不及一年就因曾参加拒俄运动(其爆发时间为 1903 年 4 月 29 日)中的拒俄义勇队而被学校勒令退学。1906 年,前往日本,入读早稻田大学经济科,后改读法律和政治学,至四年后获得政治学学士学位并回国。随后参加专为留学生准备的科举考试,并取得殿试资格。1911 年,通过殿试,被授予翰林院庶吉士。1913 年,前往德国,进入柏林大学攻读政治学博士学位。1918 年,跟随梁启超考察"一战"后的欧洲,拜访诸多欧洲学者,继而再度留学德国,直至 1922 年才回国。1924 年,出任上海自治学院院长,后于 1928 年与李璜创办期刊《新路》(上海 1928)。1929 年,任教于德国耶那大学,至翌年返国。1932 年,筹建中国国家社会党,并创办机关刊物《再生》(北平 1932)。1934 年,正式建党并担任党中央总务委员会委员兼总秘书长。1940 年,与陈忠布雷等人在云南大理创办民族文化书院,并出任院长。张君劢曾在北洋政府时期起草了民国第一部宪法《国是会议宪法草案》,并因此被誉为"中华民国宪法之父"。

张君劢的论著有论文《法国哲学家柏格森谈话记》《人生观》《十九世纪

德意志民族之复兴》,译文《德国心理学之最近趋势》《波兰之国际军事地位》《国际人权法案》,独著《国宪议》《明日之中国文化》《新儒家思想史》,译著《论理学上之研究:爱因斯坦氏相对论及其批评》《菲希德对德意志国民演讲》《全民族战争论》等。

(3) 马一浮(1883—1967)

马一浮是浙江绍兴府会稽县(今属绍兴市上虞区)人,幼名福田,字耕余,后改名浮,字一佛,后改字一浮,号湛翁、蠲叟、蠲戏老人。马一浮是哲学家、思想家。

马一浮于1899年赴上海学习英语、法语、拉丁语。1903年,前往美国,随后赴德国和西班牙学习外语,翌年东渡日本学习日语,至1911年回国。1912年,出任民国教育部秘书长,但不久即辞官离去。1938年,在国立浙江大学讲学。翌年,在四川筹办复性书院,并任院长兼主讲。

马一浮的论著有语录汇编《泰和会语》《宜山会语》《尔雅台答问》,杂著《濠上杂著》《蠲戏斋杂著》《法数钩玄》等。

(4) 熊十力(1885—1968)

熊十力是湖北黄州府黄冈县(今属黄冈市团风县)人,原名继智、升恒,字子真,化名周定中,晚年号漆园老人、逸翁。熊十力是哲学家、思想家。

熊十力幼年跟随父亲读书,后辍学。1903年进入武昌凯字营投军,又于1904年参与创建并加入湖北的反清革命团体科学实习所。1905年,参与创建并加入湖北的反清革命团体日知会,同年考入湖北陆军特别小学堂。后来,参加武昌起义、二次革命(又称讨袁之役,其起止时间为1913年7月12日至9月1日)、护国运动(又称护国战争,其起止时间为1915年12月25日至1916年7月14日)、护法运动(其起止时间为1917年7月3日至1918年5月21日)等,失败后决意专心研究哲学。1917年,任教于江苏的一所中学。1922年,任教于国立北京大学,之后随梁漱溟前往山东办学。1925年,任教于国立武昌大学,后返回国立北京大学。1928年,任教于国立中央大学,后返回国立北京大学。1931年,任教于马一浮所创复性书院。1941年,任教于梁漱溟所创勉仁书院。1948年任教于国立浙江大学哲学系,并获得国立北京大学教授名义。

熊十力的论著有论文《文化与哲学》《科学真理与玄学真理——答唐君毅》《略说中西文化》,独著《唯识学概论》《中国历史讲话》《读经示要》等。

(5) 冯友兰(1895—1990)

冯友兰是河南南阳府唐县(今属南阳市唐河县)人,字芝生。冯友兰是哲学家、思想家、教育家。

冯友兰于1902年接受私塾教育,后于1910年考入唐河县立高等小学预科。翌年,考入开封中州公学中学班。1912年,转入武昌私立中华学校,半年后考入上海第二中学高中预科班。1915年,考入国立北京大学,至1918年毕业,并任教于开封一个中等专科学校。翌年,前往美国,入读哥伦比亚大学研究院哲学系。1923年,获得博士学位并回国,随后受聘为中州大学哲学教授,并出任文学院院长。1925年,受聘为国立广东大学教授,翌年又受聘为私立燕京大学教授。抗战时期,受聘为国立西南联合大学哲学系教授,兼任文学院院长。1946年,受聘为美国宾夕法尼亚大学客座教授。1948年,回国后出任国立清华大学文学院院长。

冯友兰的论著有论文《柏格森的哲学方法》《与印度泰谷尔谈话(东西文明之比较观)》《义与利》,译文《欧洲十八及十九世纪思想之比较》《孟特敏论共相》《重译德谟颉利图 Democritus 残句》,独著"三史"(《中国哲学史》《中国哲学简史》《中国哲学史新编》)、"六书"(《新理学》《新事论》《新世训——一名生活方法新论》《新原人》《新原道——一名中国哲学之精神》《新知言》)、《人生哲学》等。

(6) 贺麟(1902—1992)

贺麟是四川成都府金堂县(今属成都市金堂县)人,字自昭。贺麟是哲学家、教育家、翻译家。

贺麟于1910年接受私塾教育,后于1917年考入省立成属联中。1919年,考入清华学校(1928年9月更名为国立清华大学),入读中等科二年级,至1926年由高等科毕业。随后前往美国,入读奥柏林大学,至1928年获得学士学位。之后,进入芝加哥大学专攻哲学,不久即转入哈佛大学攻读西方古典哲学,至1929年获得哲学硕士学位。1930年,前往德国,进入柏林大学攻读哲学博士学位。翌年,因九一八事变爆发而提前回国,此后任教于国立北京大学哲学系。1938年,受聘为国立西南联合大学哲学系、心理系教授,后于1946年受聘为国立北京大学哲学系教授。贺麟是"学衡"派吴宓的得意门生"吴门三杰"之一。

贺麟的论著有论文《严复的翻译》《五伦观念的新检讨》《儒家思想的新开展》,译文《罗色蒂女士古决绝辞 "Abnegation", by Christina Rossetti:(三)明志》《黑格尔的精神现象》《最近五十年之西洋哲学》,独著《德国三大哲人处国难时之态度》《近代唯心论简释》《文化与人生》,译著《黑格尔》《黑格尔早期神学著作》《致知篇》(重译本更名为《知性改进论》)等。

(7) 唐君毅(1909—1978)

唐君毅是四川叙州府宜宾县(今属宜宾市叙州区)人,学名毅伯。唐君毅是哲学家、思想家、教育家。

唐君毅于1920年入读省立第一师范学校附小,后于1922年入读重庆联合中学。1926年,考入国立北京大学哲学系预科,但于一年半后转入国立东南大学(1928年5月更名为国立中央大学)哲学系,辅修文学。1932年,毕业后任教于成都的中学。翌年,受聘为国立中央大学哲学系助教,至全民族抗战爆发后返回成都,再度任教于中学。1940年,任教于国立中央大学。

唐君毅的论著有论文《孔子与歌德》《论中西哲学问题之不同》《中西文化精神之不同论略》,独著《人生之体验》《道德自我之建立》《哲学概论》,译著《爱情之福音》等。

(三)"甲寅"派

(1) 章士钊(1881—1973)

章士钊是湖南长沙府善化县(今属长沙市长沙县)人,字行严,笔名青桐、秋桐、孤桐、民质、无卯、黄中黄等。章士钊是教育家、政治家。

章士钊早年接受私塾教育,后于1901年入读武昌两湖书院,并结识黄兴。翌年,进入南京江南陆师学堂学习军事。1903年,因参与拒俄运动而罢课,随后来到上海,加入爱国学社。同年,担任上海《苏报》主编,刊发大量反清文章,以致该报于当年被清政府查封。不久,与陈独秀等人创办《国民日日报》,创建大陆图书译印局,并与黄兴等人组织华兴会继续反清。1904年初,与杨守仁等人在上海建立华兴会外围组织爱国协会,并担任副会长。当年年底,因与黄兴等人密谋起义失败而被捕,后经蔡锷托人营救得以保释。1905年,流亡日本,后进入东京正则学校学习英语。1908年,前往英国,入读苏格兰阿伯丁大学,主修政治学和逻辑学,至武昌起义后回国。1913年,参加二次革命,失败后流亡日本,并于翌年在日本与陈独秀等人创办期刊《甲寅》(东京1914)。1915年,参加护国运动。1917年,在北京复刊《甲寅》(北京1917),并受聘为国立北京大学文科研究院教授兼图书馆主任。1921年,前往欧洲考察。翌年回国,出任北京农业专门学校校长。1924年,担任司法总长,翌年兼任教育总长。1925年,再次在北京复刊《甲寅》(北京1925)。1930年,受聘为东北大学文学教授,翌年担任文学院院长。1934年,出任私立上海法政学院院长。

章士钊的论著有论文《论翻译名义》《调和立国论上》《评新文化运动》,独著《逻辑指要》《柳文指要》,编著《中等国文典》,译著《情为语变之原论》《茀罗乙德叙传》等。

（四）"学衡"派

（1）梅光迪（1890—1945）

梅光迪是安徽宁国府宣城县（今属芜湖市南陵县）人，原名昌运，谱名为运，字子开，后改字迪生，号觐庄。梅光迪是中国首位留美文学博士。

梅光迪曾于1902年应童子试，后入读安徽高等学堂预科。1908年，毕业后考入复旦公学。翌年，舍友胡绍庭介绍其族人胡适与之相识。此后，梅光迪和胡适在很长一段时期内都相互引为知己。1910年，梅光迪毕业，并与胡适同往游美肄业馆（1911年4月更名为清华学堂，1912年10月更名为清华学校）参加第二届庚子赔款留美生考试。胡适通过考试，随后出国留学，而梅光迪虽未通过考试，但成为"备取生"。翌年，梅光迪入读清华学堂高等科。三个月后，通过第三届庚子赔款留美生考试而前往美国，入读威斯康星大学，后转入西北大学，再转入哈佛大学比较文学系，师从美国文学批评家、新人文主义者欧文·白璧德，成为白璧德的第一个中国学生。1920年，获得博士学位，随后回国担任私立南开大学英文系主任。1921年，应美国西北大学同学刘伯明之邀，受聘为国立东南大学英文系教授，后任西洋文学系主任。1924年至1936年间，除1927年短暂担任国立中央大学文学院院长外，长期任教于哈佛大学。1936年，回国担任国立浙江大学文理学院副院长，兼外国文学系主任，后于1939年转任文学院院长。早在留学美国期间，梅光迪就曾多次与胡适论辩新旧文学问题。为充分表达、宣扬自己的新旧文学观，他开始筹办期刊《学衡》，后于1922年1月在南京创刊。

梅光迪的论著有论文《评提倡新文化者》《论今日吾国学术界之需要》《现今西洋人文主义》等。

（2）吴宓（1894—1978）

吴宓是陕西西安府泾阳县（今属咸阳市泾阳县）人，原名玉衡，又名陀曼，字雨僧，又字雨生，笔名余生。吴宓是西洋文学家、国学家、诗人，并因首开中外文学比较研究之先河而被誉为"中国比较文学之父"。

吴宓于1903年接受私塾教育，后于1907年考入三原宏道大学堂预科。1911年，考入游美肄业馆。1916年，从清华学校留美预备部高等科毕业，但因患有结膜炎而错过出国留学。于是，一边治疗眼疾，一边留校供职于文案处（秘书处）。翌年，前往美国，入读弗吉尼亚大学英国文学系，后转入哈佛大学比较文学系，并在梅光迪的引介下师从欧文·白璧德。1920年，获得学士学位，后于翌年获得硕士学位并回国。随即应梅光迪之邀，受聘为国立东南大学英文系、西洋文学系教授。1922年，参与创办《学衡》，并担任主编。

1924 年受聘为东北大学文学院教授,翌年转任清华学校国学研究院主任。1928 年,创办《大公报》(天津版)副刊《文学》,并担任主编。1930 年,游学欧洲多国,至翌年回国,受聘为国立清华大学外文系教授兼系主任。1943 年,代理国立西南联合大学外文系主任,翌年任教于私立燕京大学。1945 年,受聘为国立四川大学外文系教授,翌年出任国立武汉大学外文系主任。1949 年,受聘为重庆私立相辉学院外语教授。

吴宓的论著有论文《论新文化运动》《论今日文学创造之正法》《孔子之价值及孔教之精义》,译文《白璧德论欧亚两洲文化》《论循规蹈矩之益与纵性任情之害》《穆尔论自然主义与人文主义之文学》,独著《吴宓诗集》《吴宓日记》《文学与人生》等。

(3) 胡先骕(1894—1968)

胡先骕是江西南昌府新建县(今属南昌市新建区)人,字步曾,号忏盦。胡先骕是植物学家、诗人,中国近代植物分类学的奠基人。

胡先骕于 1898 年接受私塾教育,后于 1906 年入读洪都中学堂。1909 年,考入京师大学堂预科。1912 年,参加江西省留学生考试,并被录取为西洋留学生。翌年,前往美国,进入加利福尼亚大学伯克利分校农学院森林系攻读森林植物学。1916 年,获得学士学位并回国,至翌年出任庐山森林局副局长。1918 年,受聘为南京高等师范学校(1923 年 7 月并入国立东南大学)农林专修科教授。1922 年,参与创办《学衡》,翌年再度前往美国,进入哈佛大学阿诺德树木园攻读植物分类学。1925 年,获得博士学位并回国,仍任教于国立东南大学。1928 年,与秉志等人在北京创建静生生物调查所,担任植物部主任,并在国立北京大学、国立北平大学第一师范学院讲授植物学。1934 年,在庐山创办森林植物园。1940 年,出任刚成立的国立中正大学校长。1946 年,受聘为国立中正大学农学院生物系教授,后于年末辞职,移居北平,主持静生生物调查所的研究工作。

胡先骕的论著有论文《中国文学改良论上》《评尝试集》《浙江采集植物游记》,译文《白璧德中西人文教育谈》《达尔文天演学说今日之位置》《杂交与天演》,独著《政治之改造》《细菌》《植物学小史》,编著《高等植物学》(合编),译著《世界植物地理》《高等植物系统的系统发育原理》《新系统学》(合译)等。

(4) 刘伯明(1887—1923)

刘伯明是江苏江宁府江宁县(今属南京市江宁区)人,祖籍山东济南府章丘县(今属济南市章丘区),名经庶,字伯明。刘伯明是哲学家、教育家,还是中国首位留美哲学博士。

刘伯明早年受业于章太炎门下，就读于汇文书院。后来，留学日本，并参加同盟会。1911年，在辛亥革命成功后前往美国，进入西北大学研究院攻读哲学和教育学。1913年，获得硕士学位。1915年，获得博士学位并回国，随后出任私立金陵大学国文部主任，同时任教于南京高等师范学校。1919年，转任南京高等师范学校训育主任兼文史地主任。此后曾任国立东南大学校长办公处主任、文理科主任。

刘伯明的论著有论文《学者之精神》《再论学者之精神》《评梁漱溟著东西文化及其哲学》，译文《何谓思想》《圣灵默感论衡》《学生运动之意义》，独著《西洋古代中世哲学史大纲》《近代西洋哲学史大纲》，编译《思维术》，译著《教育哲学》《哲学史》《试验论理学》等。

（5）柳诒徵（1880—1956）

柳诒徵是江苏镇江府丹徒县（今属镇江市丹徒区）人，字翼谋，又字希兆，号知非，晚年又号劬堂、蟫迂叟。柳诒徵是历史学家、古典文学家、图书馆学家、教育家、书法家。

柳诒徵于1897年考中秀才，后入读江阴南菁书院、南京钟山书院、三江师范学堂。1901年，入职南京江楚编译局。1903年，前往日本考察，回国后创办南京思益小学、江南中等商业学堂、镇江大港小学。1905年，任教于江南高等学堂，后于1908年任教于两优级江师范学堂。1912年，出任镇江中学校长，不久即受聘为北京私立明德大学教授。1914年，受聘为南京高等师范学校国文历史部教授，后于1920年受聘为国立东南大学历史系教授。1925年，任教于清华学校、北京女子师范大学，又于翌年任教于东北大学。1927年，担任江苏省立第一图书馆（后改名国学图书馆）馆长，并于1929年任教于国立中央大学。抗战期间，先后任教于国立浙江大学、国立贵州大学、国立中央大学。1947年，在刚成立的国史馆担任纂修。

柳诒徵的论著有论文《论中国近世之病源》《孔学管见》《明伦》，独著《国史要义》，编著《历代史略》《中国文化史》等。

（6）汤用彤（1893—1964）

汤用彤是湖北黄州府黄梅县（今属黄冈市黄梅县）人，字锡予。汤用彤是哲学家、教育家、国学大师。

汤用彤启蒙于父亲任教的学馆，后于1911年入读顺天高等学堂。1912年，考入清华学校留美预备部高等科。1916年，毕业，但因患有沙眼而错过出国留学。于是，一边治疗眼疾，一边留校任教，并兼任《清华周刊》总编辑。1918年，前往美国，入读汉姆林大学哲学系，翌年转入哈佛大学研究院攻读哲学，并学习梵文、巴利文。1922年，获得哲学硕士学位并回国，随后受聘为国立东南大学哲学系教授。1926年,任教于私立南开大学,翌年又任教于国立中央大学。1930年,任教于国立北京大学,后于1938年任教于国立西南联合大学。1947年,在美国加利弗尼亚大学讲学一年,至翌年回国。

汤用彤的论著有论文《理学谵言》《评近人之文化研究》《文化思想之冲突与调和》,译文《亚里士多德哲学大纲译》《希腊之留传第二篇:希腊之宗教》,独著《汉魏两晋南北朝佛教史》,编著《印度哲学史略》等。

(7) 邵祖平(1898—1969)

邵祖平是江西南昌府南昌县(今属南昌市)人,字潭秋,号钟陵老隐、培风老人。邵祖平是学者。

邵祖平自幼家境贫寒而未能入读正式学校,但自学成才。后来,师从章太炎,并肄业于江西高等学堂。

邵祖平的论著有论文《无尽藏斋诗话》《论新旧道德与文艺》《唐诗通论》,独著《文字学概说》《中国观人论》《国学导读》等。

(8) 刘永济(1887—1966)

刘永济是湖南宝庆府新宁县(今属邵阳市新宁县)人,字弘度、宏度,号诵帚、知秋翁。刘永济是古典文学家。

刘永济幼承家学,后于1906年离乡,先后入读长沙明德学校、复旦公学。1910年,考入天津高等工业学校。1911年,考入游美肄业馆,与吴宓同窗。1912年,因声援被美籍教师辱骂的同学而被迫退学。之后,寓居上海,师从况周颐、朱祖谋研习词学。1917年,受聘为明德学校国文教员。1928年,受聘为东北大学国文系教授。1932年,受聘为国立武汉大学文学院教授,后于1942年兼任院长。

刘永济的论著有论文《中国文学通论》《论文学中相反相成之义》《天问通笺》,独著《文学论》《文心雕龙校释》《十四朝文学要略》,编著《国风乐选》《古戏曲存》等。

(9) 吴芳吉(1896—1932)

吴芳吉是四川重庆府江津县(今属重庆市江津区)人,字碧柳,号白屋吴生。吴芳吉是诗人、学者,被称为"白屋诗人"。

吴芳吉于1903年入读重庆大梁子左营衙门小学,后于1906年入读江津白沙聚奎小学。1911年,考入游美肄业馆,与吴宓、刘永济同窗。1912年,因与吴宓、刘永济等人声援被美籍教师辱骂的同学而被迫退学,随后返乡。1914年,受聘为嘉州中学英语教师,后于1916年受聘为永宁中学国文教员。1919,受聘为私立中国公学大学部国文教授,稍后兼任期刊《新群》的诗歌编辑。1921年,任教于明德学校,翌年创办期刊《湘君》。1925年,任教于西北大学。1927年,受聘为国立成都大学中文系教授,兼任系主任,后受聘为公立四川大学教授。1929年,筹办重庆大学,并担任文科预科主任。1931年,出任江津中学校长。

吴芳吉的论著有论文《吾人眼中之新旧文学观》《再论吾人眼中之新旧文学观》《提倡诗的自然文学》,诗作《婉容词》《护国岩词》《两父女》等。

(10) 缪凤林(1899—1959)

缪凤林是浙江杭州府富阳县(今属杭州市富阳区)人,字赞虞。缪凤林是历史学家、教育家。

缪凤林于1919年考入南京高等师范学校史学部,至1923年毕业后任教于东北大学。1928年,受聘为国立中央大学文学院史学系教授,同时任教于私立金陵女子大学。抗战时期,在重庆多所院校任教。抗战胜利后,返回国立中央大学工作,后于1948年担任国立中央大学文学院史学系主任。缪凤林是柳诒徵的高足之一,曾参编期刊《学衡》《国风半月刊》《国风》(南京1932)等。

缪凤林的论著有论文《历史之意义与研究》《如何了解孔子》《谈谈礼教》,独著《日本史鸟瞰》《中国民族之文化》《中国通史要略》,编著《本国史：上》《中国通史纲要》《日本论丛：第一册》等。

(11) 张其昀(1901—1985)

张其昀是浙江宁波府鄞县(今属宁波市鄞州区)人,字晓峰。张其昀是地理学家、历史学家。

张其昀早年接受私塾教育,后于1913年入读县城第四高小。1915年,考入浙江省立第四中学,后于1919年考入南京高等师范学校。1923年,毕业后入职商务印书馆,编写中学地理教科书。1927年,任教于国立中央大学地理系。1936年,任教于国立浙江大学地学系,兼任系主任,后于1945年出任文学院院长。张其昀师从哲学大师刘伯明、史学大师柳诒徵、地学大师竺可桢等人,曾创办并主编期刊《国风半月刊》《国风》(南京1932)、《思想与时代》等。

张其昀的论著有论文《刘知几与章实斋之史学》《中国与中道》《白璧德——当代一人师》,译文《美国人之东方史观》《世界今日之重大问题》《历史地理学(La géographie de l'histoire)》,独著《中国地理大纲》《中国经济地理》《旅美见闻录》,编著《浙江省史地纪要》《遵义新志》等。

(12) 郭斌龢(1900—1987)

郭斌龢是江苏常州府江阴县(今属张家港市)人,字洽周。郭斌龢是语言文学家。

郭斌龢于 1917 年考入南京高等师范学校英语系，两年后转入香港大学，专攻中西文学。1922 年，获文学学士学位，随后任教于香港育才中学。1923 年任教于南京第一中学，两年后任教于东北大学。1927 年，前往美国，入读哈佛大学研究院，师从欧文·白璧德。1930 年，前往英国牛津大学研究院进修，后于年底回国并在东北大学继续任教。1931 年九一八事变后，任教于国立山东大学，翌年任教于国立清华大学。1933 年，受聘为国立中央大学外文系教授，后于 1937 年受聘为国立浙江大学教授。1946 年，返回国立中央大学任教。

郭斌龢的论著有论文《新文学之痼疾》《孔子与亚里士多德》《柏拉图五大语录导言》，译文《希腊之留传第九篇：希腊之历史》《柏拉图语录之四：筵话篇（Symposium）》《柏拉图语录之五：斐德罗篇（Phaedrus）》等。

（13）徐震堮（1901—1986）

徐震堮是浙江嘉兴府嘉善县（今属嘉兴市嘉善县）人，字声越。徐震堮是诗人、翻译家。

徐震堮于 1915 年入读浙江省立第二中学，后于 1919 年考入南京高等师范学校文史部，师从柳诒徵。1923 年，毕业后任教于中学。1939 年，任教于国立浙江大学。

徐震堮的论著有译文《圣伯甫释正宗 Sainte-Beuve "Qu'est-ce Qu'en' Classique?"》《柯克斯论进步之幻梦》《白璧德释人文主义 Irving Babbitt "What is Humanism?"》，独著《世说新语校笺》，编著《唐诗选》《汉魏六朝小说选》等。

（14）景昌极（1903—1982）

景昌极是江苏扬州府泰州（今属泰州市）人，初名炎昭，后改名昌极，字幼南。景昌极是哲学家、教育家。

景昌极于 1912 年接受私塾教育，翌年入读自北小学。1914 年，入读泰州私立伍成高等小学，至两年后毕业入读南京第一中学。1919 年，考入南京高等师范学校。1923 年，毕业后任教于东北大学哲学系。1929 年，受聘为国立成都大学哲学教授。1931 年，任教于国立中央大学，后于 1936 年前往国立浙江大学任教。景昌极是柳诒徵的高足之一。

景昌极的论著有论文《广乐利主义》《信与疑［真伪善恶美丑之关系］》《孔子的真面目》，译文《柏拉图语录之一：苏格拉底自辨篇（Apology）》《柏拉图语录之二：克利陀篇（Crito）》《柏拉图语录之三：斐都篇（Phaedo）》，独著《哲学论文集》，编著《道德哲学新论》，译著《文学评论之原理》（合译）等。

（15）浦江清（1904—1957）

浦江清是江苏松江府华亭县（今属上海市松江区）人，又名浦谷，字君练,笔名谷、谷永、练、微言等。浦江清是古典文学研究专家。

浦江清早年就读于江苏省立延续三中学,后于1922年考入国立东南大学西洋文学系。1926年,毕业后经吴宓推荐入职清华学校国学研究院,担任陈寅恪的助教。1929年,转任国立清华大学文学院中国文学系助教,同时参编《大公报》(天津版)副刊《文学》,后于翌年升为讲师。1933年,与冯友兰等人游学欧洲,至翌年仍回国立清华大学任教。1937年,受聘为国立长沙临时大学中国文学系教授,后于翌年受聘为国立西南联合大学中文系教授。1946年,返回国立清华大学任教。

浦江清的论著有论文《近顷逝世之德国戏剧家兼小说家苏德曼评传Hermann Sudermann(1857—1928)》《八仙考》《论中学国文》,译文《印度摩揭陀国孔雀王朝略纪》《薛尔曼现代文学论序》等。

(16) 张荫麟(1905—1942)

张荫麟是广东广州府东莞县(今属东莞市)人,号素痴。张荫麟是历史学家。

张荫麟于1921年从广东省立第二中学毕业,随即考入清华学校中等科。1929年,从国立清华大学毕业后前往美国,进入斯坦福大学攻读西洋哲学史和社会学。1933年,获得哲学博士学位并回国。翌年,任教于国立清华大学历史系、哲学系,同时又在国立北京大学兼授历史课与哲学课。1940年,受聘为国立浙江大学教授。张荫麟是吴宓的得意门生"吴门三杰"之一。

张荫麟的论著有论文《老子生后孔子百余年之说质疑》《评郭沫若译＜浮士德＞上部》《论中西文化的差异》,译文《斯宾格勒之文化论》《论中国语言之足用及中国无哲学系统之故》《浮士德》,独著《中国史纲》等。

(五)"醒狮"派

(1) 曾琦(1892—1951)

曾琦是四川叙州府隆昌县(今属内江市隆昌市)人,原名昭琮,字锡瑆,后改名琦,字慕韩,号愚公,党号移山。曾琦是政治家,同时也是中国青年党的创始人和领导人。

曾琦于1899年接受私塾教育,后于1906年入读广西宁明州高等小学。1908年,考入桂林中学堂,翌年转入成都高等学堂分设中学,肄业后入读四川法政学堂。1911年,考入官班法政学堂。翌年,入读共和大学,并在重庆参加二次革命,至失败后前往上海。1914年,进入震旦学院学习法语。1916年,前往日本,先入东亚高等预备学校补习日语,后入国立中央大学攻读宪法和行政法。期间,创立"华瀛通讯社"以抵制日本通讯社对东亚舆论的操纵。1918年,因反对《中日共同防敌军事协定》而罢学归国。随后,与李大钊等人在北京筹建少年中国学会(翌年7月1日正式成立,后来成为五四运动时期人数最多、分布最广、影响最大、时间最长的全国性青年社团,且李大钊、毛泽东、恽代英、张国焘、张闻天、邓中夏、田汉等早期中国共产党员都曾加入)。1919年,前往法国,进入蒙达尔尼的中学补习法语,后于翌年移居巴黎,入读法兰西语学校。1923年,在巴黎创建中国国家主义青年团(后于1929年改组为中国青年党)。1924年,回国,并在上海创办中国国家主义青年团机关报《醒狮》(上海1924)。

曾琦的论著有论文《醒狮歌》《论中心思想与中心人物》《中华民族之使命与中国青年之责任——答上海孙文主义学会》,独著《国体与青年》《长期抗战之心理建设》等。

(2) 李璜(1895—1991)

李璜是四川成都府成都县(今属成都市)人,字幼椿,号学纯,党号八千,曾化名伯谦。李璜是历史学家、政治活动家。

李璜于1903年接受私塾教育,后于1908年入读成都洋务局英法文官学堂。1914年,进入震旦学院学习法语,与曾琦同学。1918年,筹建并加入少年中国学会。翌年,前往法国,先后入读巴黎大学、蒙他里尼大学,后获文科硕士学位。1923年,参与创建中国国家主义青年团,后于翌年回国,参与创办《醒狮》(上海1924)。1928年,与张君劢创办期刊《新路》(上海1928)。历任国立武昌大学、国立北京大学、国立成都大学历史学教授。

李璜的论著有论文《中国民族失败的原因及其责任》《后方的两件基本工作》《全国团结之基本条件》,译文《该当要一个宗教为平民么?Faut-il une religion pour le peuple?》《法国经济学史略》《何谓国家?》,独著《历史学与社会科学》《国家存在论》,编著《法国文学史》《欧洲远古文化史》,译著《法兰西学术史略》《经济学要旨》《古中国的跳舞与神秘故事》等。

(3) 左舜生(1893—1969)

左舜生是湖南长沙府长沙县(今属长沙市)人,谱名学训,字舜山,号仲平,党号谔公,笔名黑头、阿斗等。左舜生是政治家。

左舜生于1901年接受私塾教育,后于1905年入读长沙官立第十八初等小学。1908年,入读长沙长邑高等小学。1912年,考入长沙县立师范学校,后转入长沙外国语专门学校,学习英语和日语。1914年,进入震旦学院学习法语,与曾琦、李璜同学。1917年,因家贫辍学,到南京当家庭教师。1919年,加入少年中国学会,并负责编辑该学会创办的期刊《少年中国》。1920年,担任中华书局编译所新书部主任,主编中华书局创办的期刊《中华教育界》。1924年,参与创办《醒狮》(上海 1924),担任总经理,负责发行工作。1925年,加入中国国家主义青年团。1926年,受中华书局资助前往法国留学,翌年回国后仍任职于中华书局。1932年,任教于私立复旦大学(1942年1月更名为国立复旦大学)、私立大夏大学。1935年,任教于中央政治学校。

左舜生的论著有论文《极度苦闷中的一番反省》《非常时之青年自处与青年指导》《抗战与国民道德的最高表现》,编著《中国近百年史资料》《辛亥革命史》《近代中日关系史纲要》,编译《法兰西新史》等。

(4) 陈启天(1893—1984)

陈启天是湖北汉阳府黄陂县(今属武汉市黄陂区)人,谱名声翊,学名国权,后改名春森、启天,字修平,号寄园、止韬,党号无生,笔名翊林、明志。陈启天是教育家、政治活动家。

陈启天于1900年接受私塾教育,后于1905年入读武昌高等农务学堂附小。1906年,转入黄陂县道明小学,至1910年考入高等农务学堂附中农科。1912年,考入私立武昌中华大学政治经济别科。1915年,毕业,此后曾任教于私立武昌中华大学中学部、文化大学、湖南省立第一师范学校。1919年,加入少年中国学会。翌年,考入南京高等师范学校教育专修科。后来,与李璜、余家菊等人大力提倡国家主义教育。1924年,毕业后任中华书局新书部编辑,主编《中华教育界》,并参与创办《醒狮》(上海 1924)。1925年,加入中国国家主义青年团。1927年,任教于金陵军官学校,后于翌年受聘为国立成都大学教授。1929年,出任上海知行学院院长。1944年,任教于私立武昌中华大学文学系。

陈启天的论著有论文《国防中心论》《国家主义者的中国文化观》《新战国时代的世界》,独著《中国法家概论》《孙子兵法校释》《新社会哲学论》,编著《胡曾左平乱要旨》《民族的反省与努力》《韩非子校释》,译著《政治学》《应用教育社会学》等。

(5) 余家菊(1898—1976)

余家菊是湖北汉阳府黄陂县(今属武汉市黄陂区)人,字景陶、子渊,党号赉星。余家菊是教育家、思想家、社会活动家。

余家菊于1905年接受私塾教育,后于1909年入读道明高等小学。1912年,入读武昌文华书院,不久后考入私立武昌中华大学预科。1916年,升入私立武昌中华大学中国哲学门,后于1918年毕业。期间,曾参加恽代英创办的互助社。1919年,加入少年中国学会。1920年,考入北京高等师范学校教育研究科,并在湖南省立第一师范学校任教。1921年,前往英国,进入伦敦大学研读心理学,后于1923年进入爱丁堡大学攻读哲学。1924年,回国,并出任国立武昌师范大学教育哲学系主任。翌年，担任中华书局编辑，加入中国国家主义青年团，并参编《醒狮》（上海 1924）。1926 年，任教于国立东南大学，后于 1928 年任教于沈阳私立冯庸大学。1930 年，任教于国立北京大学、国立北平师范大学、中国大学。1935 年，出任中国大学哲学系主任。

余家菊的论著有论文《我们所需要的人生哲学》《怎样养成团结力》《论中国文化》，译文《心理学研究法》《意大利教育之改革》，独著《国家主义教育学》《伦理学浅说》《中国教育史要》，编著《治兵格言》《乡村教育通论》《服务与人生》，译著《人生之意义与价值》《社会改造原理》《教育哲学史》等。

（6）常乃惪（1898—1947）

常乃惪是山西太原府榆次县（今属晋中市榆次区）人，初名乃英，后改名乃瑛、乃惪，字燕生，号士忱，党号仲安，笔名惠之、平子、凡民。常乃惪是思想家、政治活动家。

常乃惪于 1906 年接受私塾教育，后于 1912 年入读本乡笃初小学。1916 年，自阳兴中学毕业，考入北京高等师范学校史地部预科。1920 年，毕业后留校任教于附中，后于翌年任教于私立中国公学中学部。1924 年，任教于私立燕京大学，翌年加入中国国家主义青年团。1926 年，创建爱国中学，担任校长。1927 年，主办《醒狮》（上海 1924）。1934 年，受聘为山西大学教授，后于翌年创办并主编期刊《国论》。1938 年，受聘为国立四川大学教授，后于 1941 年任教于私立川康农工学院、私立华西协和大学。1944 年，任教于私立齐鲁大学。

常乃惪的论著有论文《文学的社会理论》《什么是"现代化"》《新战国时代的人生态度》，译文《法兰西大学的改革运动》《"道尔顿制"功课指定的一个实例》《史前的人》，独著《中国文化小史》《中国思想小史》《生物史观与社会》《蛮人之出现》《历史哲学论丛》，编著《中国史鸟瞰》《德国发达简史》《社会科学通论》，编译《十九世纪初年德意志的国难与复兴》（又名《国家主义史例》）等。

（7）何鲁之（1891—1968）

何鲁之是四川成都府华阳县（今属成都市双流县）人，党号心弦。何鲁之是西洋史学家。

何鲁之早年先后入读四川英法文官学堂、方言学堂、外国语专门学校，研修法文。1919 年，加入少年中国学会，随后前往法国，入读巴黎大学，专攻西洋史。在法国期间，担任巴黎华法教育会秘书兼总干事、巴黎通讯社记者，参与创建中国国家主义青年团。1926 年，回国，此后任教于国立成都大学、国立成都师范大学、公立四川大学。1946 年，在上海创办中国人文研究所，并担任所长。1948年,在成都筹办人类文化研究所。

何鲁之的论著有论文《智慧之路——西洋通史绪论讲稿》《二希思想之关系》《史力》,译文《林中》《失路之儿》《家贼》,独著《欧洲近古史》《希腊史》,编著《欧洲中古史》《国家主义概论》等。

(六)"本位文化"派

(1) 王新命(1892—1961)

王新命是福建福州府闽县(今属福州市闽侯县)人,本名曦,又名几道,曾易名王无为。王新命是新闻媒体人。

王新命自中学毕业后便赴东北谋生,曾任职于沈阳的工程局。自1911年起,为沈阳等地的报刊撰写新闻通讯稿。1913年,因参加二次革命而被捕入狱,后于翌年出狱,并加入中华革命党(中国国民党的前身)。随后,易名王无为,并继续在东北从事新闻工作。1915年,担任沈阳《健报》总编辑。翌年,因反对袁世凯帝制而与报馆意见不合,辞职前往上海,并仍然主要在新闻界工作。1918年,任教于上海竞雄女子学校。1920年,进入泰东书局担任编辑,并创办期刊《新人》。1922年,担任任哈尔滨《国际协报》总编辑。1927年冬,主持《民国日报》。抗战胜利后,担任《中央日报》总主笔。1948年,出任新中国学院院长。

王新命的论著有论文《我的民族主义文学观》《精神国防的建设》《现阶段的东北问题》,编著《东北商租权问题》,译著《优生问题》《贫民政策》,文学作品《蔓罗姑娘》《狗史》等。

(2) 何炳松(1890—1946)

何炳松是浙江金华府金华县(今属金华市婺城区)人,字柏丞。何炳松是著名历史学家、历史教育家。

何炳松早年接受私塾教育,后于1905年考中秀才。1906年,入读浙江高等学堂预备科,后又升入正科,至1912年毕业。同年,前往美国,入读加利福尼亚大学,次年又考入威斯康星大学研究历史学和政治学。1915年,毕业并获得学士学位,同年转入普林斯敦大学研究院,专治现代史和国际政治、史学。1916年,获得硕士学位并回国,随后担任浙江省府秘书兼省视学。翌年,任教于国立北京大学预科,后受聘为历史系教授,兼北京高等师范学校英语科教授、史地系主任。1922年,担任浙江省立第一师范校长。自1924年起,长期供职于商务印书馆,先后任史地部主任、国文部主任、编译所所长、大学丛书委员会委员等职。期间,兼任光华、大夏、国民等上海新建的私立大学的教授。1935年,担任国立暨南大学校长。1946年,调任国立英士大学校长。

何炳松的论著有论文《我国教育的墙和我的拆墙主义》《文化建设方式与路线》《中国文化西传考》，译文《美国大学教员团》《美国大学教授法》《从历史到哲学》，独著《历史研究法》《通史新义》，编著《浙东学派溯源》《外国史》（复兴初级中学教科书、复兴高级中学教科书），编译《中古欧洲史》《近世欧洲史》，译著《美国教育制度》《新史学》《历史教学法》等。

（3）陶希圣（1899—1988）

陶希圣是湖北黄州府黄冈县（今属武汉市新洲区）人，名汇曾，字希圣，笔名方峻峰。陶希圣是历史学家、中国国民党理论家。

陶希圣幼读诗书，后于1908年入读开封旅卞中学。1915年，考入国立北京大学预科一年级，后于1918年，升入国立北京大学法科。1922年，毕业，随即任教于安徽省立法政专门学校。1924年，入职商务印书馆编译所，担任法制经济部编辑。期间，曾在公立上海大学、私立上海法政大学教授法律课程。1927年，担任中央军事政治学校武汉分校政治教官。翌年，担任中央陆军军官学校政治总教官，但年底即辞职，前往上海，参加中国国民党改组同志会，并在私立复旦大学、国立暨南大学、私立中国公学、私立上海法学院等校授课。1929年，受聘为商务印书馆总经理王云五的中文秘书。翌年，任教于国立中央大学法学院政治系、法律系。1938年，随汪精卫逃离重庆。1940年，与高宗武逃至香港，披露"日汪密约"。1942年，辗转回到重庆，任蒋介石侍从室第五组组长，为蒋介石撰写《中国之命运》，同时兼任《中央日报》主编。抗战胜利后，转任国防最高委员会参事，兼国民党中央宣传部副部长等职。

陶希圣的论著有论文《民族问题与民族主义》《中国之民族及民族问题》《对于＜中国本位文化建设宣言＞的补充说明》，独著《法律学之基础知识》《中国社会与中国革命》《中国政治思想史》，编著《中国问题之回顾与展望》《西汉经济史》，译著《国家论》《拿破仑兵法语录》等。

（4）武堉干（1898—1990）

武堉干是湖南辰州府溆浦县（今属怀化市溆浦县）人，字佛航。武堉干是国际贸易学家。

武堉干于1902年接受私塾教育，后于1906年入读本县南通书院。1908年，入读县立高等小学堂，后于1912年转入常德的省立第二师范学校附小。1913年，入读湖南高等师范学校附中。1917年，考入国立武昌商业专门学校。1921年，毕业，随即进入商务印书馆担任会计员，后于1924年转任《东方杂志》编辑。期间，曾在私立上海法学院、国立中央大学商学院（1932年8

月更名为国立上海商学院)讲授国际贸易课。1928 年,受聘为国立中央大学商学院副教授。1933 年,受聘为国立中央大学法学院经济系教授。抗战期间,拒绝日伪政府的威逼利诱,后于 1941 年离开上海,返回湖南溆浦老家。在湖南期间,曾受聘为吉首的省立商业专门学校教授,兼任工商管理系主任、教务主任,后又转任南岳的省立商业专门学校教授。抗战胜利后,受聘为国立复旦大学经济研究所导师,不久后又出任湖南大学工商管理系主任、商学院院长。

武堉干的论著有论文《国际版权同盟与中国》《中国商业状况述评》《近代博览会事业与中国》,独著《鸦片战争史》《中国关税问题》,编著《中国国际贸易史》《中国国际贸易概论》《商业地理》,译著《人口问题》等。

(5) 陈高佣(1902—1976)

陈高佣是山西汾州府平遥县(今属晋中市平遥县)人。陈高佣是为历史学者。

陈高佣于 1927 年从国立北京师范大学校毕业,后于 1928 年前往日本留学。1930 年,回国,并任教于国立劳动大学。1933 年,受聘为国立暨南大学文学院史地系教授,并兼任私立复旦大学、私立大夏大学、私立上海法政学院、私立沪江大学等校教授。1945 年秋,在上海创办私立中国新闻专科学校。

陈高佣的论著有论文《文化运动的回顾与展望》《怎样了解中国本位的文化建设》《全民抗战与文化运动》,独著《名理通论》《中国文化问题研究》《抗战与保甲运动》,编著《战时文化运动》《论理学》等。

(6) 孙寒冰(1903—1940)

孙寒冰是江苏松江府南汇县(今属上海市浦东新区)人,原名锡琪、锡麒,一名锡麟,字寒冰。孙寒冰是学者。

孙寒冰肄业于私立中国公学,后于 1920 年转读私立复旦大学商科。1922 年,毕业,任职编辑。翌年,前往美国,进入华盛顿大学,至 1925 年获得经济学硕士学位。随后,进入哈佛大学研究院攻读经济学,并选修文学。1927 年,回国后受聘为私立复旦大学政治学教授。1929 年,转任私立复旦大学法学院政治系教授,兼任国立劳动大学经济系教授、主任,后又兼任国立暨南大学政治经济系教授、主任。同年秋,与章益等人创办黎明书局,并担任总编辑。1931 年,担任私立复旦大学法学院院长。翌年,担任私立复旦大学法学院政治系主任,至 1935 年辞职,后于 1937 年再度担任。1939 年,任私立复旦大学教务长兼法学院院长。翌年,担任国立中山大学文学院院长。

孙寒冰的论著有论文《"民族"释义》《近代国家的解剖》《论中国农村建设之本质》，译文《国家的性质》，独著《金威廉的合作思想》《市政浅说》，编著《社会科学大纲》《国际联盟》《国家浅说》，译著《政治科学与政府：总论、国家论》《一个陌生女子的来信》《价值学说史》（合译）等。

（7）黄文山（1901—1988）

黄文山是广东广州府新宁县（今属江门市台山市）人，原名天俊，字凌霜，笔名兼山。黄文山是文化学学者。

黄文山毕业于香江皇仁书院，后升入清华学校高等科。1918 年，考入国立北京大学，至 1921 年获得文学学士学位。翌年，前往美国，进入哥伦比亚大学，后获得文学硕士学位。1927 年，回国并受聘为国立劳动大学教授。1929 年，受聘为国立暨南大学社会历史系教授。翌年，受聘为国立中央大学社会学系教授。1940 年，受聘为中山大学社会学系教授。1945 年，担任广东省立法商学院院长。

黄文山的论著有论文《文化学的建筑线》《中国文化及其改造》《文化学在创建中的理论之归趋及其展望》，译文《黎治孟的社会诊断学之创建》，独著《社会进化》《抗战建国与复兴民族》《文化学的建立》，编著《西洋知识发展史纲要》《唯生论的历史观》，编译《近世科学与无政府主义》，译著《当代社会学学说》《德国系统的社会学》《社会法则》等。

（8）章益（1901—1986）

章益是安徽滁州直隶州滁县（今属滁州市琅琊区）人，字友三，号雯文。章益是心理学家、教育学家、翻译家。

章益早年接受私塾教育，后于 1916 年入读上海的私立圣约翰大学附中。1919 年，在毕业前夕因参加爱国反帝运动而被学校开除，但不久后考入私立复旦大学。1922 年，毕业后任教于私立复旦大学附中。1924 年，前往美国，进入华盛顿大学攻读教育学和心理学。1927 年，获得硕士学位后回国，供职于私立复旦大学，不久后即任预科主任。1929 年，担任安徽大学文学院院长。下半年，返回上海，创设私立复旦大学文学院教育系，并担任主任。1937 年，担任私立复旦大学教务长。翌年，担任教育部总务司司长。1943 年至 1949 年，担任国立复旦大学校长。

章益的论著有论文《教育与国家》《教育与社会》《教育与文化》，译文《战俘（L'A VENTUE DE MALTER SCHNAFFS）》《新教育与新心理学》《英国能不能渡过难关》，独著《国防建设与中等教育》《心理学讲话：第一分册——什么是人的心理》，译著《中洛辛郡的心脏》《新行为主义学习论》《人心中的宇宙：探究人心智的一门新科学——认知心理学》等。

（9）樊仲云（1901—1989）

樊仲云是浙江绍兴府嵊县（今属绍兴市嵊州市）人，又名琛，字德懿、德一，化名潘德一、陈叔平，笔名从予。樊仲云是学者。

樊仲云于1917年从嵊县中学毕业，后于1922年入职商务印书馆编译所，继而调任《东方杂志》编辑。1932年，前往日本，考察文化教育。1934年回国，曾受聘为中央政治学校、国立暨南大学、私立复旦大学、私立光华大学、私立中国公学等校教授。抗战时期，加入汪伪国民政府。抗战胜利后，隐居香港。

樊仲云的论著有论文《民族解放运动之展开与动向》《中国本位与世界本位》《新战国时代》，译文《一握陶土》《舆论与新闻》《世界富源与中国富源》，独著《国际政治之基础知识》《现代国际问题》《抗战与国际形势》，编著《新兴文艺论》《杰克歼魔》《今日之日本》，编译《东西学者之中国革命论》，译著《加本特恋爱论》《唯物史观的文学论》《欧洲的危机》等。

（10）萨孟武（1897—1984）

萨孟武是福建福州府侯官县（今属福州市鼓楼区）人，名本炎，字孟武，斋名狂狷斋。萨孟武是政治学家。

萨孟武于1903年接受私塾教育，后于1905年入读福州第二公立小学。此后曾改读宫巷小学、明伦小学，至1911年毕业。1912年，入读私立法政学校附中。翌年，前往日本，入读成城中学，至1916年毕业。1917年，入读第一高等学校预科，翌年改入第三高等学校预科，至1920年毕业。随后，考入京都帝国大学法学部政治系，至1924年获得法学学士学位后回国。起初，以译书、撰文为生，并在私立大夏大学兼课。1928年，担任南京陆军军官学校政治部附属的编辑部上校主任。不久后辞职，并在私立复旦大学兼课。1930年，受聘为中央政治学校大学部行政系教授，兼国立中央大学政治学教授，并在陆军大学、警官学校兼课。全民族抗战爆发后，随中央政治学校迁往芷江，后又迁往重庆。1946年，受聘为国立中山大学法学院院长兼政治系教授。1948年，受聘为台湾大学法学院院长兼政治系教授。

萨孟武的论著有论文《民族主义与中国革命》《中国本位的文化》《民族解放与文化复兴》，译文《英探笔记》《多数决政治之价值》《个人主义的自由及社会主义的自由》，独著《三民主义政治学》《政治学与比较宪法》《政治学新论》，编著《新国家论》《财政学之基础知识》《政治学概论》，译著《近世民主政治论》《社会主义社会学》《法律与阶级斗争》等。

(七)"战国策"派

(1) 林同济(1906—1980)

林同济是福建福州府闽县(今属福州市闽侯县)人,笔名耕青、独及、望沧、岱西、郭岱西、潜初、郑潜初、疾风、星客、公孙震等。林同济是思想家。

林同济幼承家学,后于1920年入读北京崇德中学。1922年,考入清华学校高等科。1926年,前往美国,进入密歇根大学,专修国际关系与西方文学史,至1928年获得学士学位。随后进入加利福尼亚大学伯克利分校研究院攻读政治学,至1929年获得政治学硕士学位。继而攻读博士学位,同时担任加利福尼亚州奥克兰市米尔斯学院中国历史与文明讲师。1934年,以论文《日本在东北的扩张》通过答辩,获得比较政治学博士学位。同年,与美国人黛南·格雷(Adeline Gray)结婚,随后回国,受聘为私立南开大学政治系兼经济研究所教授。全民族抗战爆发后,到昆明受聘为云南大学政经系教授。1942年,到四川北碚受聘为国立复旦大学比较政治学教授。1944年,在重庆主办"在创书林"书社,编辑"在创丛书"。1948年,在上海受聘为国立复旦大学政治系教授,并创办海光西方思想图书馆(其藏书在上海解放后归入上海图书馆)。在身居昆明时期,林同济于1940年参与创办期刊《战国策》,后又于翌年参与创办报纸《大公报》(重庆版)副刊《战国》。林同济在这两种报刊上分别发表文章22篇——包含1940年第2期里无署名的《本刊启事(代发刊词)》、16篇,位列两刊撰稿人发文总数的第一名。林同济是"战国策"派的核心成员,被称为"战国策"派的"三驾马车"和"五大主将"之一。仅就"战国策"派成员的身份而言,其个性化观点、代表性论断是"战国时代重演论"。

林同济的论著有论文《战国时代的重演》《力!》《从战国重演到形态历史观》,译文《研究东北亚洲之日本资料——研究东北亚洲资料之一》《研究东北亚洲之俄国资料——研究东北亚洲资料之二》《研究东北亚洲之中国材料——研究东北亚洲资料之三》,独著《日本对东三省之铁路侵略》,编著《时代之波》等。

(2) 雷海宗(1902—1962)

雷海宗是直隶顺天府永清县(今属河北省廊坊市永清县)人,字伯伦。雷海宗是历史学家。

雷海宗于1917年入读北京崇德中学,后于1919年考入清华学校高等科。1922年,毕业后前往美国,进入芝加哥大学,主修历史学,并学习哲学。1924年,进入芝加哥大学研究院历史学研究所攻读博士学位。1927年,以论文《杜尔阁的政治思想》通过答辩,获得哲学博士学位。随后回国,曾受聘为国立中央大学史学系教授、私立金陵女子大学历史系教授。1927年,担任中国文化研究所研究员,后于1931年受聘为武汉大学史学系、哲学教育系教授,又于1933年受聘为国立清华大学历史系教授。1938年,担任国立西南联合大学历史系兼国立西南联合大学师范学院史地系教授、主任,后于1946年担任国立清华大学历史系教授、系主任和文学院代理院长。在身居昆明时期,雷海宗参与创办报刊《战国策》和《大公报》(重庆版)副刊《战国》。他在这两种报刊上分别发表文章3篇、4篇,位列两刊撰稿人发文总数的第五名。雷海宗是"战国策"派的核心成员,被称为"战国策"派的"三驾马车"和"五大主将"之一。仅就"战国策"派成员的身份而言,其个性化观点、代表性论断是"文化形态史观"。

雷海宗的论著有论文《断代问题与中国历史的分期》《君子与伪君子——一个史的观察》《历史的形态——文化历程的讨论》,译文《新黑暗时代》,独著《中国文化与中国的兵》等。

(3) 陈铨(1903—1969)

陈铨是四川叙州府富顺县(今属自贡市富顺县)人,原名大铨,别名正心,号选卿,笔名T、涛西、唐密等。陈铨是文学家。

陈铨早年接受私塾教育,后于1916年入读富顺县立高等小学堂。1919年,入读四川省立第一中学。1921年,考入清华学校留美预备部,后于翌年转入西方语言系。1928年,毕业后前往美国,入读奥柏林学院,后相继获得文学学士、哲学硕士学位。1930年,前往德国,入读基尔大学。1933年,以论文《德国文学中的中国纯文学》通过答辩,获得哲学博士学位。1934年,回国并受聘为武汉大学中文系教授,后于翌年受聘为国立清华大学中文系教授。1938年,受聘为国立西南联合大学外文系教授,后于1942年受聘为中央政治学校教授,兼任中国青年剧团编导,并担任重庆的正中书局的总编辑。1945年受聘为国立同济大学德文教授,后于1949年受聘为国立同济大学外文系教授兼国立复旦大学外文系德文教授。陈铨的博士学位论文(出版时更名为《中德文学研究》)是中德文学比较研究的开山之作,奠定了中国比较文学的基础。此外,陈铨是"学衡"派吴宓的得意门生"吴门三杰"之一。在身居昆明时期,陈铨参与创办报刊《战国策》和《大公报》(重庆版)副刊《战国》。他在这两种报刊上分别发表文章13篇、8篇,位列两刊撰稿人发文总数的第三名。陈铨是"战国策"派的核心成员,被称为"战国策"派的"三驾马车"和"五大主将"之一。仅就"战国策"派成员的身份而言,其个性化观点、代表性论断是"英雄崇拜论"。

陈铨的论著有论文《浮士德的精神》《论英雄崇拜》《民族文学运动》,译文《薛雷云吟》《萨亚屠师贾的序言》《哲学与人生》,独著《中德文学研究》《从叔本华到尼采》《戏剧与人生》,编著《文学批评的新动向》《戏剧概要》,编译《西洋独幕笑剧改编》,文学作品《天问》《黄鹤楼》《野玫瑰》等。

(4) 何永佶(1902—1967)

何永佶是广东广州府番禺县(今属广州市番禺区)人,笔名尹及、仃口、吉人、丁泽、二水等。何永佶是政治评论家。

何永佶毕业于清华学校,后前往美国,进入哈佛大学攻读政治学,并获得政治学博士学位。回国后,曾担任国立北京大学教授、北平政治学会秘书长、太平洋国际会议中国代表等。1937年前后,受聘为国立中山大学社会学系教授兼广东省立勷勤大学工学院教授,后于1946年受聘为中央政治学校教授。在身居昆明时期,何永佶参与创办期刊《战国策》。他在《战国策》上发表文章31篇,没有在《大公报》(重庆版)副刊《战国》上发表文章,但位列两刊撰稿人发文总数的第二名。何永佶是"战国策"派的重要成员,被称为"战国策"派的"五大主将"之一。仅就"战国策"派成员的身份而言,其个性化观点、代表性论断是"大政治说"。

何永佶的论著有论文《政治观:外向与内向》《论大政治》《论国力政治》,独著《为中国谋政治改进》《为中国谋国际和平》《中国在戥盘上》等。

(5) 贺麟(1902—1992)

贺麟的生平和论著请参见本附录"现代新儒家"派之"贺麟"条目。

在身居昆明时期,贺麟参与创办期刊《战国策》。贺麟是"战国策"派的重要成员,被称为"战国策"派的"五大主将"之一。然而,他仅在《战国策》上发表《五伦观念的新检讨》和《英雄崇拜与人格教育》两篇文章,且没有在《大公报》(重庆版)副刊《战国》上发表文章。最为重要的是,这两篇文章既没有体现显著的个性化观点或代表性论断,也没有引起广泛的讨论或重大的争议。因此,仅就"战国策"派成员的身份而言,称贺麟为"战国策"派的"五大主将"之一,有言过其实之嫌。

(6) 沈从文(1902—1988)

沈从文是湖南凤凰直隶厅凤凰县(今属湘西土家族苗族自治州凤凰县)人,原名岳焕,字崇文,乳名茂林,笔名休芸芸、小兵、甲辰、上官碧、璇若等。沈从文是作家、历史文物研究者。

沈从文于1908年接受私塾教育,后于1915年入读文昌阁小学。1917年,入读高小,考入补充兵技术班,后于1918年入伍。1922年,离开军队,在国立北京大学旁听学习。1924年,陆续在《晨报》《语丝》《现代评论》等报刊上发表文学作品,1928年,任教于私立中国公学,后于翌年同胡也频、丁玲等人创办期刊《红黑》。1930年,任教于国立武汉大学,后于1931年任教于国立青岛大学。1933年,任教于国立北京大学,并创办《大公报》(天津版)副刊《文艺》。1938年,任教于国立西南联合大学师范学院中文系,后于1946年受聘为国立北京大学中文系教授。1948年,开始遭受左翼文化界的猛烈批判,而其工作重心则逐渐转移到文物研究。在身居昆明时期,沈从文参与创办期刊《战国策》,但其"战国策"派成员身份存有争议。沈从文曾深度参与创办、编辑《战国策》(主要负责编辑文学类稿件),并分别在《战国策》和《大公报》(重庆版)副刊《战国》上发表文章(以文学类文章为主)8篇、1篇,位列两刊撰稿人发文总数的第四名。仅就此而言,沈从文也应属于"战国策"派成员。其实,沈从文遭受左翼文化界猛烈批判的一大原因,就在于他被视为"战国策"派的重要成员之一。

沈从文的论著有论文《谈保守》《白话文问题——过去当前和未来检视》《读英雄崇拜》,独著《龙凤艺术》《从文赏玉》,编著《唐宋铜镜》《中国古代服饰研究》,文学作品《边城》《石子船》《湘行散记》等。

(7) 谷春帆(1900—1979)

谷春帆是江苏苏州府吴县(今属苏州市吴中区)人,原名德全,又名春藩。谷春帆是经济学家。

谷春帆先后毕业于苏州桃坞小学、江苏省立第二中学,且曾在上海圣芳济书院进修经济学。1918年,通过自修考入上海邮局当练习生,此后便主要在邮政部门工作。1946年,担任上海市财政局局长。翌年,担任邮政总局副局长兼邮政储金汇业局局长。谷春帆没有接受过专业的经济学教育,也没有在专业的经济学教育机构或学术机构任职,但终究通过业余自修成为权威的经济学家。

谷春帆的论著有论文《中国人民族意识的推动》《广"战国"义》《天助自助的中国》,独著《银之发炎——动态的研究》《银价变迁与中国》《中国工业化通论》等。

(8) 洪绂(1906—1988)

洪绂是福建侯官县(今属福州市闽侯县)人,又名思齐。洪绂是地理学家。

洪绂早年接受私塾教育,后就读于福州英华书院。1921年,考入私立福建协和大学物理系,后于1926年毕业。1928年,前往法国,进入里昂大学专攻经济地理。1933年,获得地理学博士学位。随后回国,任教于国立中山大学地理系,数月后转而任教于国立清华大学地理系。翌年,与地理界同行发起组织中国地理学学会。1938年,受聘为国立西南联合大学地理气象系教授。1945年,出任国民政府善后救济总署的厅长。1947年,与地理界同行创建上海地理教育研究会(后更名为中华地理教育研究会)。

洪绂的论著有论文《挪威争夺战:地势与战略》《地略与国策:义大利》《释大政治》,译文《希望的基础》《耶稣复兴与基督教的辩证法》《见证周》,编著《初级中学地理:第一册》(合编)等。

(9) 陶云逵(1904—1944)

陶云逵是江苏常州府武进县(今属常州市武进区)人,原名陶祖逵,字似龙。陶云逵是民族学家和人类学家。

陶云逵早年就读于南开中学,后于1924年入读私立南开大学。1927年,前往德国,先后进入汉堡大学、柏林大学,攻读人类学、遗传学、民族学。1933年,获得人类学博士学位。随后回国,任职于中央研究院历史语言研究所。抗战时期,任教于国立云南大学社会学系。1940年,出任私立南开大学文科研究所边疆人文研究室。1942年,受聘为国立西南联合大学社会学系教授。

陶云逵的论著有论文《力人——一个人格型的讨论》《文化的本质》《文化的属性》等。

附录二

民国保守主义报刊[①]

(一)"东方杂志"派

(1)《东方杂志》

《东方杂志》由上海商务印书馆的"东方杂志社"在上海创刊,其创刊号为1904年3月11日("光绪三十年正月二十五日")第1期("第壹期"),终刊号为1948年12月("民国三十七年十二月")第44卷第12号("第四十四卷第十二号")。

起初,《东方杂志》主要在上海出版,因而只有上海初版。八一三事变[②]后不久,仍然主要在上海出版,但又在重庆重印,从而有上海初版和重庆再版之分。后来,改为主要在重庆出版,因而只有重庆初版。抗战胜利后一两年内,仍然主要在重庆出版,但又在上海重印,从而有重庆初版和上海再版、上海三版之分。最后,又改为主要在上海出版,因而又只有上海初版。关于重庆再版,笔者仅见1941年5月15日("民国三十年五月十五日")第38卷第9号("第三十八卷第九号")至1941年11月30日("民国三十年十一月三十日")第38卷第22号("第三十八卷第二十二号")。关于上海再版,笔者仅见1945年12月("民国三十四年十二月")第41卷第11号("第四十一卷第十一号")至1946年7月("民国三十五年七月")第41卷第24号("第四十一卷第二十四号")、1946年7月("民国三十五年七月")第41卷第13号("第

[①] 本附录主要介绍民国保守主义各流派创办或(曾经)编辑的报刊28种,但与民国保守主义各流派密切相关的报刊并不仅限于这28种。在报刊排序方面,本附录依据先考量影响大小、再考虑创刊先后的原则排定各报刊在各自流派中的位置。在报刊介绍方面,本附录依次简介各报刊的创刊与终刊、出版期号标注形式与出版时间表述形式、版权处信息与具体创办者、出版数量与出版周期、栏目设置与主要内容、性质与影响等。其中,"版权处信息"指版权页、版权栏以及其他处登载的除刊名、出版期号、出版时间、出版周期外的其他重要版权信息,如编辑者、发行者、印刷者、销售者、通讯处等。

[②] 八一三事变(August13th Incident),爆发于1937年8月13日。当日,日军对上海八字桥的中国守军国民革命军第九集团军所部发起进攻,而第九集团军所部则在总司令张治中的指挥下奋勇反抗。由此,持续至当年11月12日的淞沪会战(又称第二次淞沪抗战)爆发。

四十二卷第一号")至1947年2月("民国三十六年二月")第42卷第14号("第四十二卷第十四号")。关于上海三版,笔者仅见1945年10月("民国三十四年十月")第41卷第13号("第四十一卷第十三号")、1945年10月("民国三十四年十月")第41卷第14号("第四十一卷第十四号")。以下所述,都仅就上海初版或重庆初版而言。其中,1913年12月1日("民国二年十二月一日")第10卷第6号("第十卷第六号")、1916年1月10日("一月十日")第13卷第1号("第十三卷第一号")、1928年9月25日("民国十七年九月二十五日")第25卷第18号("第二十五卷第十八号")的版权页,未见①。

《东方杂志》创刊号至1905年1月30日("光绪三十年十二月二十五日")第12期("第拾贰期")的出版期号标注形式,主要为封面、目录首页、目录页天头、正文页天头的"第某期",且封面标注的出版期数使用大写汉语数字。1905年2月28日("光绪三十一年正月二十五日")第2年第1期("第二年第一期")至1911年1月25日("宣统二年十二月二十五日")第7年第12期("第七年第十二期")的出版期号标注形式,主要为封面的"第某年第某期",目录首页、正文页天头的"第某期"。其中,1908年8月21日("光绪三十四年七月二十五日")第5年第7期("第五年第七期")至第7年第12期无目录页,但封面登载目录栏。1907年1月14日至2月12日之间("光绪三十二年十二月")出版的《临时增刊宪政初纲》("临时增刊宪政初纲")的出版期号标注形式较特殊,主要为封面的"临时增刊宪政初纲",目录首页的"宪政初纲",奇数目录页天头、奇数正文页天头的"临时增刊",偶数目录页天头、偶数正文页天头的"宪政初纲"。

1911年3月25日("宣统三年二月二十五日")第8卷第1号("第八卷第一号")至1932年2月1日("民国二十一年二月一日")第29卷第3号("第二十九卷第三号")、第39卷至第44卷的出版期号标注形式,主要为封面、目录首页、正文页侧口、版权页的"第某卷第某号"。其中,第8卷第1号至1911年11月15日("辛亥年九月二十五日")第8卷第9号("第八卷第九号")、1912年4月1日("中华民国元年四月初一日")第8卷第10号("第八卷第十号")至1912年6月1日("中华民国元年六月初一日")第8卷第12号("第八卷第十二号")的封面,还标注英语形式的出版期号,分别即"EIGHTH YEAR No.(使用阿拉伯数字)""NINTH YEAR No.(使用阿拉伯数字)"。第10卷、第11卷、第13卷、第14卷的封面,还标注"某月号"(其中

---

① 在没有特别说明的情况下,本书使用的"第某卷""(第某卷)第某期号至(第某卷)第某期号""(第某卷)第某期号第某页至(第某卷)第某期号第某页""第某页至第某页"的表述,均不包含未见的期号或页面。

的月份即出版月)。1920年8月10日("民国九年八月十日")第17卷第15号("第十七卷第十五号")至1921年9月10日("民国十年九月十日")第18卷第17号("第十八卷第十七号")、1921年10月25日("民国十年十月廿五日")第18卷第20号("第十八卷第二十号")至1922年10月25日("民国十一年十月二十五日")第19卷第20号("第十九卷第二十号")、1922年12月10日("民国十一年十二月十日")第19卷第23号("第十九卷第廿三号")、1922年12月25日("民国十一年十二月二十五日")第19卷第24号("第十九卷第廿四号",又称"爱因斯坦号")、1924年1月10日("十三年一月十日")第21卷第1号("第二十一卷第一号",又称"二十周年纪念号上")至1930年1月25日("民国十九年一月二十五日")第27卷第2号("第二十七卷第二号",又称"中国美术号")的封面,以及1931年1月10日("民国二十年一月十日")第28卷第1号("第二十八卷第一号")至第29卷第3号的封底,还标注"Vol.(使用罗马数字)No.(使用阿拉伯数字)"。

但是,1921年10月20日("民国十年十月二十日")第18卷第18/19号合刊("第十八卷第十八/九号",又称"太平洋会议号")的正文页侧口、版权页,标注"太平洋会议号"。1922年11月10日("民国十一年十一月十日")第19卷第21号("第十九卷第二十一号",又称"宪法研究号上册")、1922年11月25日("民国十一年十一月二十五日")第19卷第22号("第十九卷第二十二号",又称"宪法研究号下册")的正文页侧口,标注"第十九卷宪法研究号"。第21卷第1号、1924年1月25日("十三年一月二十五日")第21卷第2号("第二十一卷第二号",又称"二十周年纪念号下")的正文页侧口,标注"第二十一卷纪念号"。1914年10月1日("民国三年十月一日")第11卷第4号("第十一卷第四号")至第18卷第17号、第18卷第20号至第29卷第3号的版权页,不标注出版期号。1925年7月("民国十四年七月")《五卅事件临时增刊》("五卅事件临时增刊")的出版期号标注形式较特殊,主要为封面的"五卅事件临时增刊",正文页侧口的"第二十二卷五卅事件临时增刊"。1931年10月10日("民国二十年十月十日")第28卷第19号临时附刊("第二十八卷第十九号临时附刊")、1931年10月25日("民国二十年十月二十五日")第28卷第20号临时附刊("第二十八卷第二十号临时附刊")的出版期号标注形式也较特殊,主要为刊头(登载目录栏)、正文页侧口的"第二十八卷第十九号临时附刊"和"第二十八卷第二十号临时附刊"。1911年10月16日("宣统三年八月二十五日")第8卷第8号("第八卷第八号")的版权页,标注出版期号"第八卷第七号",疑有误。因为该号的封面、目录首页、正文页侧口,标注出版期号"第八卷第八号",封面还标注英语形式的出版期号"EIGHTH YEAR No.8",且该号的前两册、后两册的版权页,分别标注出版期号"第八卷第六号""第八卷第七号""第八卷第九号""第八卷第十号"。1925年11月10日("民国十四年十一月十日")第22卷第21号("第二十二卷第二十一号")的封面,标注英语形式的出版期号"Vol. XⅫ, No.20",疑有误。因为该号的封面、目录首页、正文页侧口,标注汉语形式的出版期号"第二十二卷第二十一号",且该号的前两册、后两册的封面,分别标注英语形式的出版期号"Vol. XⅫ, No.19""Vol. XⅫ, No.20""Vol. XⅫ, No.22""Vol. XⅫ, No.23"。

1932年10月16日("民国二十一年十月十六日")第29卷第4号("第二十九卷第四号",又称"复刊号")至1941年11月16日("中华民国三十年十一月十六日")第38卷第22号("第三十八卷第二十二号")的出版期号标注形式,主要为封面、目录首页、正文页侧口的"第某卷第某号",版权页的"第某卷第某号/总第某号(新第某号)"。1933年2月16日("民国二十二年二月十六日")第30卷第4号("第三十卷第四号",又称"经济的困难"号)的版权页,标注出版期号"第三十卷第四号/总第四八六号(新第九号)",其中的总出版期号疑有误。因为该号的前两册、后两册的版权页,分别标注总出版期号"总第四八五号""总第四八六号""总第四八七号""总第四八八号"。类似之误,还有1933年8月16日("民国二十二年八月十六日")第30卷第16号("第三十卷第十六号")、1939年8月16日("民国二十八年八月十六日")第36卷第16号("第三十六卷第十六号")、1939年9月16日("民国二十八年九月十六日")第36卷第18号("第三十六卷第十八号")、1941年5月16日("民国三十年五月十六日")第38卷第10号("第三十八卷第十号")的版权页,分别标注总出版期号"总第四九七号""总第六三六号""总第六四四号""总第六八四号"。1935年9月16日("民国二十四年九月十六日")第32卷第18号("第三十二卷第十八号")的版权页,标注出版期号"第三十二卷第十八号/总第五四九号(新第十一号)",其中的新出版期号疑有误。因为该号的前两册、后两册的版权页,分别标注新出版期号"(新第六九号)""(新第七十号)""(新第七十二号)""(新第七十三号)"。类似之误,还有1940年7月16日("民国二十九年七月十六日")第37卷第14号("第三十七卷第十四号")的版权页,标注新出版期号"(新第一八三号)"。

《东方杂志》创刊号至1911年9月17日("宣统三年七月二十五日")第8卷第7号("第八卷第七号")出版于武昌起义之前,而第8卷第8号则出版于武昌起义当月。其出版时间表述形式,主要为封面、目录末页、版权页的年号纪年辅以农历纪月、纪日。但是,《临时增刊宪政初纲》的封面,标注的出版时间无出版日;仅第 8 卷第 1 号至第 8 卷第 8 号的目录末页,标注出版时间;创刊号至 1908 年 7 月 23 日("光绪三十四年六月二十五日")第 5 年第 6 期("第五年第六期")、《临时增刊宪政初纲》,无版权页。第 8 卷第 9 号出版于武昌起义之后、民国成立之前,其出版时间表述形式较特殊,主要为封面、目录末页、版权页的干支纪年辅以农历纪月、纪日。

《东方杂志》第 8 卷第 10 号至终刊号出版于民国成立之后,其出版时间表述形式,主要为封面、目录页(目录末页或目录首页)、版权页的民国纪年辅以公历纪月、纪日。标注出版时间的目录页,在创刊号至 1921 年 6 月 25 日("民国十年六月廿五日")第 18 卷第 12 号("第十八卷第十二号")、1932 年 1 月 1 日("民国二十一年一月一日")第 29 卷第 1 号("第二十九卷第一号")至第 29 卷第 3 号、1933 年 1 月 16 日("民国二十二年一月十六日")第 30 卷第 2 号("第三十卷第二号"),为目录末页;在其余各号,为目录首页。此外,第 8 卷、第 13 卷、第 14 卷、第 16 卷的封面,还标注英语形式的出版时间,即公元纪年(使用阿拉伯数字)辅以公历纪月(使用英语)。1920 年 1 月 10 日("民国九年一月十日")第 17 卷第 1 号("第十七卷第一号")至第 18 卷第 17 号、第 18 卷第 20 号至第 19 卷第 20 号、第 19 卷第 23 号、第 19 卷第 24 号、第 21 卷第 1 号至第 27 卷第 2 号的封面,以及第 28 卷第 1 号至第 29 卷第 3 号的封底,也标注英语形式的出版时间,即公元纪年(使用阿拉伯数字)辅以公历纪月(使用英语)、纪日(使用阿拉伯数字)。

但是,第 13 卷、第 14 卷、第 16 卷、1922 年 4 月 10 日("民国十一年四月十日")第 19 卷第 7 号("第十九卷第七号")至第 19 卷第 24 号的封面,不标注汉语形式的出版时间。第 15 卷、1923 年 4 月 25 日("民国十二年四月二十五日")第 20 卷第 8 号("第二十卷第八号",又称"杜里舒号")、1938 年 4 月 16 日("民国二十七年四月十六日")第 35 卷第 8 号("第三十五卷第八号")至第 37 卷第 14 号、第 38 卷至第 42 卷的封面,第 21 卷第 1 号、第 21 卷第 2 号、1924 年 2 月 25 日("十三年二月二十五日")第 21 卷第 4 号("第二十一卷第四号")至 1924 年 12 月 25 日("十三年十二月二十五日")第 21 卷第 24 号("第二十一卷第二十四号")、1927 年 1 月 10 日("民国十六年一月十日")第 24 卷第 1 号("第二十四卷第一号")、1927 年 1 月 25 日("民国十六年一月二十五日")第 24 卷第 2 号("第二十四卷第二号")、1928 年 10 月 25 日("民国十七年十月二十五日")第 25 卷第 20 号("第二十五卷第二十号",又称"英国研究号")、1929 年 5 月 25 日("民国十八年五月二十五日")第 26 卷第 10 号("第二十六卷第十号",又称"西湖博览会号")、1929 年 10 月 25 日("民国十八年十月二十五日")第 26 卷第 20 号("第二十六卷第二十号",又称"民族运动号")的目录页,1916 年 2 月 10 日("二月十日")第 13 卷第 2 号("第十三卷第二号")、1916 年 3 月 10 日("三月十日")第 13 卷第 3 号("第十三卷第三号")的版权页,不标注出版时间。第 11 卷、第 12 卷的封面,第 15 卷、第 16 卷的目录末页,第 18 卷第 18/19 号合刊的版权页,1947年 7 月 15 日("民国三十六年七月十五日")第 43 卷第 13 号("第四十三卷第十三号")的封面、版权页,1947 年 8 月("三十六年八月")第 43 卷第 14 号("第四十三卷第十四号")至终刊号的封面、目录首页、版权页,标注的出版时间无出版日。《五卅事件临时增刊》的出版时间,仅标注在目录首页、版权页,且不标注出版日。第 28 卷第 19 号临时附刊、第 28 卷第 20 号临时附刊的出版时间,仅标注在刊头。

1911 年 4 月 23 日("宣统三年三月二十五日")第 8 卷第 2 号("第八卷第二号")的封面,标注英语形式的出版时间"MARCH 1911"(意为"1911 年 3 月"),其中的出版月疑有误。因为该号的封面、目录末页、版权页,标注汉语形式的出版时间"宣统三年三月二十五日",且该号的前一册、后两册的封面,分别标注英语形式的出版时间"MARCH 1911""MAY 1911"(意为"1911 年 5 月")、"JUNE 1911"(意为"1911 年 6 月")。类似之误,还有 1916 年 12 月 10 日("民国五年十二月十日")第 13 卷第 12 号("第十三卷第十二号")的封面,标注英语形式的出版时间"November 1916"(意为"1916 年 11 月")。第 22 卷第 21 号的封面,标注英语形式的出版时间"November 25,1925"(意为"1925 年 11 月 25 日"),其中的出版日疑有误。因为该号的封面、目录首页标注汉语形式的出版时间"民国十四年十一月十日"(1925 年 11 月 10 日),版权页标注汉语形式的出版时间"中华民国十四年十一月十日",且该号的前两册、后两册的封面,分别标注英语形式的出版时间"October 10,1925"(意为"1925 年 10 月 10 日")、"October 25,1925"(意为"1925 年 10 月 25 日")、"November 25,1925""December 10,1925"(意为"1925 年 12 月 10 日")。

1926 年 9 月 10 日("民国十五年九月十日")第 23 卷第 17 号("第二十三卷第十七号")的目录首页,标注出版时间"民国十五年八月十日"(1926 年 8 月 10 日),其中的出版月疑有误。因为该号的封面、版权页,分别标注汉语形式的出版时间"民国十五年九月十日""中华民国十五年九月十日",封面还标注英语形式的出版时间"September 10,1926"(意为"1926 年 9 月 10 日"),且该号的前两册、后两册的目录首页,分别标注出版时间"民国十五年八月十日""民国十五年八月二十五日"(1926 年 8 月 25 日)、"民国十五年九月二十五日"(1926 年 9 月 25 日)、"民国十五年十月十日"(1926 年 10 月 10

日")。1943年4月15日("民国三十二年四月十五日")第39卷第3号("第三十九卷第三号")的目录首页,标注出版时间"民国三十二年三月三十日"(1943年3月30日),其中的出版月、日疑有误。因为该号的版权页,标注出版时间"民国三十二年四月十五日",且该号的前两册、后两册的目录首页,分别标注出版时间"民国三十二年三月十五日"(1943年3月15日)、"民国三十二年三月三十日""民国三十二年四月三十日"(1943年4月30日)、"民国三十二年五月十五日"(1943年5月15日)。

1920年3月10日("民国九年三月十日")第17卷第5号("第十七卷第五号")的版权页,标注出版时间"中华民国九年二月十日"(1920年2月10日),其中的出版月疑有误。因为该号的封面、目录末页,分别标注汉语形式的出版时间"民国九年三月十日""中华民国九年三月十日",封面还标注英语形式的出版时间"March 10,1920"(意为"1920年3月10日"),且该号的前两册、后两册的版权页,分别标注出版时间"中华民国九年二月十日"、"中华民国九年二月二十五日"(1920年2月25日)、"中华民国九年三月二十五日"(1920年3月25日)、"中华民国九年四月十日"(1920年4月10日)。类似之误,还有1920年6月10日("民国九年六月十日")第17卷第11号("第十七卷第十一号")、1923年1月10日("民国十二年一月十日")第20卷第1号("第二十卷第一号")、1924年4月25日("十三年四月二十五日")第21卷第8号("第二十一卷第八号")、1929年4月10日("民国十八年四月十日")第26卷第7号("第二十六卷第七号")的版权页,分别标注出版时间"中华民国九年五月十日"(1920年5月10日)、"中华民国十二年十月十日"(1923年10月10日)、"中华民国九年二月十日"(1924年4月25日)、"中华民国十八年三月十日"(1929年3月10日)。

1931年1月25日("民国二十年一月二十五日")第28卷第2号("第二十八卷第二号")的版权页,标注出版时间"中华民国二十年二月二十五日"(1931年2月25日),其中的出版月疑有误。因为该号的封面、目录首页,标注汉语形式的出版时间"民国二十年一月二十五日",封底还标注英语形式的出版时间"January 25,1931"(意为"1931年1月25日"),且该号的前两册、后两册的版权页,分别标注出版时间"中华民国十九年十二月廿五日"(1930年12月25日)、"中华民国二十年一月十日"(1931年1月10日)、"中华民国二十年二月十日"(1931年2月10日)、"中华民国二十年二月二十五日"。1929年7月10日("民国十八年七月十日")第26卷第13号("第二十六卷第十三号")的版权页,标注出版时间"中华民国十八年七月十五日"(1929年7月15日),其中的出版日疑有误。因为该号的封面、目录首页,标注汉语形式的出版时间"民国十八年七月十日",封面还标注英语形式的出版时间"July 10,1929"(意为"1929 年 7 月 10 日"),且该号的前两册、后两册的版权页,分别标注出版时间"中华民国十八年六月十日"(1929 年 6 月 10 日)、"中华民国十八年六月廿五日"(1929 年 6 月 25 日)、"中华民国十八年七月廿五日"(1929 年 7 月 25 日)、"中华民国十八年八月十日"(1929 年 8 月 10 日)。1940 年 2 月 1 日("民国二十九年二月一日")第 37 卷第 3 号("第三十七卷第三号")的版权页,标注出版时间"民国二十九年二月十一日"(1940 年 2 月 11 日),其中的出版日疑有误。因为该号的封面,标注出版时间"民国二十九年二月一日",且该号的前两册、后两册的版权页,分别标注出版时间"民国二十九年一月一日"(1940 年 1 月 1 日)、"民国二十九年一月十六日"(1940 年 1 月 16 日)、"民国二十九年二月十六日"(1940 年 2 月 16 日)、"民国二十九年三月一日"(1940 年 3 月 1 日)。

1915 年 5 月 10 日("民国四年五月十日")第 12 卷第 5 号("第十二卷第五号")的版权页标注的出版时间"中华民国四年五月一日"(1915 年 5 月 1 日),与其目录末页标注的出版时间"民国四年五月十日",不一致。类似之误,还有 1917 年 1 月 15 日("民国六年一月十五日")第 14 卷第 1 号("第十四卷第一号")、1941 年 8 月 15 日("中华民国三十年八月十五日")第 38 卷第 16 号("第三十七卷第十六号")、1941 年 8 月 30 日("中华民国三十年八月三十日")第 38 卷第 17 号("第三十七卷第十七号")、1941 年 9 月 15 日("中华民国三十年九月十五日")第 38 卷第 18 号("第三十七卷第十八号")、1941 年 10 月 15 日("中华民国三十年十月十五日")第 38 卷第 20 号("第三十七卷第二十号")、1941 年 10 月 30 日("中华民国三十年十月三十日")第 38 卷第 21 号("第三十七卷第二十一号")、1944 年 3 月 31 日("民国三十三年三月三十一日")第 40 卷第 6 号("第四十卷第六号")、1944 年 5 月 31 日("民国三十三年五月三十一日")第 40 卷第 10 号("第四十卷第十号")、1944 年 7 月 31 日("民国三十三年七月三十一日")第 40 卷第 14 号("第四十卷第十四号")、1944 年 8 月 31 日("民国三十三年八月三十一日")第 40 卷第 16 号("第四十卷第十六号")、1944 年 10 月 31 日("民国三十三年十月三十一日")第 40 卷第 20 号("第四十卷第二十号")、1945 年 3 月 31 日("民国三十四年三月三十一日")第 41 卷第 6 号("第四十一卷第六号")、1945 年 7 月 31 日("民国三十四年七月三十一日")第 41 卷第 14 号("第四十一卷第十四号")、1945 年 8 月 31 日("民国三十四年八月三十一日")第 41 卷第 16 号("第四十一卷第十六号")、1945 年 12 月 30 日("民国三十四年十二月三十日")第 41 卷第 24 号("第四十一卷第二十四号")的版权页,分别标注出版时间"中华民国六年一月十日"(1917年1月10日)、"民国三十年八月十六日"(1941年8月16日)、"民国三十年九月一日"(1941年9月1日)、"民国三十年九月十六日"(1941年9月16日)、"民国三十年十月十六日"(1941年10月16日)、"民国三十年十一月一日"(1941年11月1日)、"民国三十三年三月三十日"(1944年3月30日)、"民国三十三年五月三十日"(1944年5月30日)、"民国三十三年七月三十日"(1944年7月30日)、"民国三十三年八月三十日"(1944年8月30日)、"民国三十三年十月三十日"(1944年10月30日)、"民国三十四年三月三十日"(1945年3月30日)、"民国三十四年七月三十日"(1945年7月30日)、"民国三十四年八月三十日"(1945年8月30日)、"民国三十四年十二月三十一日"(1945年12月31日)。

1945年1月30日("民国三十四年一月三十日")第41卷第2号("第四十一卷第二号")的目录首页标注的出版时间"民国三十三年一月三十一日"(1944年1月31日),与其版权页标注的出版时间"民国三十四年一月三十日",不一致。类似之误,还有1945年2月28日("民国三十四年二月廿八日")第41卷第4号("第四十一卷第四号")、1945年9月30日("民国三十四年九月三十日")第41卷第18号("第四十一卷第十八号")的目录首页,分别标注出版时间"民国三十四年二月三十一日"(1945年2月31日)、"民国三十四年九月三十一日"(1945年9月31日)。

起初,《东方杂志》无版权页或版权栏,但其启事页登载若干版权信息。据创刊号的启事页登载的《新出东方杂志简要章程》所示,该刊"托上海棋盘街中市商务印书馆为总发行所及各书坊",而"外埠代售处"则为"北京公慎书局、有正书局,保定府官书局,长沙集益书社,常德启智书局,武昌文明书室、中东书社、新政书局,汉口商务印书分馆、江左汉记,广东开新书报公司、圣教书楼、英文书庄,南昌广智书庄,南京明逢书庄、中西书局,杭州崇实斋、采办书报处,苏州开智书室,日本东京金港堂书店"①。《临时增刊宪政初纲》首次出现版权栏,即封面版权栏。不过,封面版权栏仅登载一条关涉发行者的版权信息,即"上海商务印书馆发行"。直至第5年第7期,该刊才首次出现版权页。据此版权页所示,"编辑者"为"阳湖孟森","发行者"为"东方杂志社","印刷所"为"上海北河南路北首宝山路/商务印书馆","总发行所"为"上海棋盘街中市/商务印书馆","分售处"为"北京琉璃厂/天津金华桥/奉天钟楼北/开封西大街/汉口黄陂街/济南布政使街/太原东羊市街/长沙黄道

---

① 佚名[《东方杂志》编者]. 新出东方杂志简要章程[J]. 东方杂志,1904(清光绪三十年)(1):2.
按:原文没有使用旧式句读符号或新式标点符号,而引文中的新式标点符号为笔者酌情添加。

街/广州双门底/重庆白象街/成都青石桥/福州南大街/商务印书馆分馆","寄售处各省大书坊"。后来,除第28卷第19号临时附刊、第28卷第20号临时附刊无版权页外,该刊的版权页登载的版权信息有所变更。

"编辑者"在1909年4月15日("宣统元年闰二月二十五日")第6年第3期至第8卷第9号、第13卷第3号至第17卷第15号,为"华阳陈仲逸";在第8卷第10号至1914年12月1日第11卷第6号,为"绍兴杜亚泉";在1920年8月25日17卷第16号至1925年10月10日第22卷第19号,为"嵊县钱智修";在1925年10月25日第22卷第20号,为"上海闸北宝山路华字四十五号/钱智修";在《五卅事件临时增刊》、第22卷第21号至1930年11月25日第27卷第22号,为"钱智修";在1930年12月10日第27卷第23号至第29卷第3号,为"上海闸北宝山路五三八号/钱智修";在第29卷第4号至1933年3月16日第30卷第6号(又称"太平洋现势之分析"号),为"上海辣斐德路/胡愈之/五五三弄二号";在1933年4月1日第30卷第7号(又称"宪法问题专号")至1934年2月1日第31卷第3号,为"上海辣斐德路/李圣五/五五三弄二号";在1934年2月16日第31卷第4号至1936年7月1日第33卷第13号(又称"夏季特大号"),为"李圣五"。"编辑者"在1915年1月1日第12卷第1号至第13卷第2号,变更为"编辑人"。"编辑人"在第12卷第1号至1915年9月10日第12卷第9号,为"绍兴杜亚泉";在1915年10月10日第12卷第10号,为"绍兴陈仲逸";在1915年11月10日第12卷第11号至第13卷第2号,为"华阳陈仲逸"。

"发行者"在第13卷第3号至第22卷第19号、《五卅事件临时增刊》,为"商务印书馆";在第22卷第20号至1928年11月10日第25卷第21号,为"上海闸北宝山路华字四十五号/东方杂志";在1928年11月20日第25卷第22号至第27卷第22号,为"上海闸北宝山路五百三十八号/东方杂志社"。"发行者"在第12卷第1号至第13卷第2号、第27卷第23号至第33卷第13号,变更为"发行人"。"发行人"在第12卷第1号至第12卷第11号,为"上海棋盘街中市/印有模";在1915年12月10日第12卷第12号至第13卷第2号,为"上海棋盘街中市/高凤池";在第27卷第23号,为"上海闸北宝山路五三八号/东方杂志社";在1930年12月25日第27卷第24号至第29卷第3号,为"上海闸北首宝山路五百〇一号/王云五";在第29卷第4号至第33卷第13号,为"上海河南路/王云五"。在1936年7月16日第33卷第14号至1937年10月1日第34卷第18/19号合刊,"编辑者"和"发行人"合并为"编辑者兼发行人"。"编辑者兼发行人"在第33卷第14号至1936年8月16日第33卷第16号,为"上海河南路/李圣五";在1936年9月

1日第33卷第17号(又称"秋季特大号")至第34卷第18/19号合刊,为"上海河南路二一一号/李圣五"。

"印刷所"在1925年6月10日第22卷第11号至第22卷第19号,为"上海宝山路/商务印书馆";在第22卷第20号至1928年1月25日第25卷第2号,为"上海闸北宝山路华字四十五号/商务印书馆印刷所";在1928年2月10日第25卷第3号至第25卷第21号,为"上海闸北宝山路华字四十五号/东方杂志社";在第25卷第22号至第27卷第22号,为"上海闸北宝山路五百三十八号/东方杂志社";在第27卷第23号至第29卷第3号,为"上海闸北首宝山路五百〇一号/商务印书馆";在第29卷第4号至1933年12月16日第30卷第24号、第33卷、第34卷,为"上海河南路/商务印书馆"。"印刷所"在第31卷、第32卷,变更为"印刷者",且"印刷者"为"上海河南路/商务印书馆"。在第12卷第1号至第13卷第2号,"发行人"之左、"印刷所"之右增加登载"印刷人"为"上海北河南路北首宝山路/鲍咸昌"。

"总发行所"在1910年3月6日("宣统二年正月二十五日")第7年第1期至第13卷第2号、第27卷第23号至第34卷第18/19号合刊,变更为"发行所"。"发行所"在第7年第1期至1910年9月28日("宣统二年八月二十五日")第7年第8期、1913年7月1日第10卷第1号至第13卷第2号,为"上海棋盘街中市/商务印书馆";在1910年10月27日("宣统二年九月二十五日")第7年第9期至第8卷第12号,为"上海四马路画锦里口/商务印书馆";在第9卷,为"上海四马路棋盘街/商务印书馆";在第27卷第23号至第34卷第18/19号合刊,为"上海及各埠/商务印书馆"。第22卷第20号至第27卷第22号,不再登载"总发行所"或"发行所"。

"分售处"都在前一期(号)的"分售处"的基础上有所变更(尤指增删)。第6年第3期、1909年5月14日("宣统元年三月二十五日")第6年第4期,增加登载"杭州清河坊""南昌洗马池""安庆""泸州""叙州""潮州"。1909年6月12日("宣统元年四月二十五日")第6年第5期、1909年7月12日("宣统元年五月二十五日")第6年第6期,增加登载"常德常清街""南昌磨子巷""泸州钮子街""叙州学院街""潮州军厅巷"。1909年8月10日("宣统元年六月二十五日")第6年第7期,增加登载"黑龙江南大街""西安马坊门"。1909年9月9日("宣统元年七月二十五日")第6年第8期至1909年11月7日("宣统元年九月二十五日")第6年第10期,增加登载"芜湖西大街"。1909年12月7日("宣统元年十月二十五日")第6年第11期至1910年2月4日("宣统元年十二月二十五日")第6年第13期,不再登载"叙州学院街"。第7年第1期,变更为"北京　奉天　龙江　天津　芜湖/济南　太原　开封

西安　福州/商务印书馆/杭州　南昌　汉口　长沙　常德/成都　重庆　泸州　广州　潮州"。1910年4月4日("宣统二年二月二十五日")第7年第2期至1913年6月1日第9卷第12号,变更"商务印书馆"为"商务印书分馆"。第10卷第1号至1913年11月1日第10卷第5号,增加登载"保定""吉林""安庆""桂林",且不再登载"常德""泸州"。1914年1月1日第10卷第7号至1914年9月1日第11卷第3号,增加登载"长春""南京""兰溪""香港""云南""贵阳"。第11卷第4号至第13卷第2号,不再登载"长春""南京""兰溪""贵阳"。第13卷第3号至1916年8月10日第13卷第8号,增加登载"长春""东昌""南京""兰溪""吴兴""蚌埠""袁州""九江""武昌""宝庆""常德""衡州""厦门""韶州""汕头""澳门""桂林""梧州""贵阳""哈尔滨""新嘉坡"。1916年9月10日第13卷第9号至1917年9月15日第14卷第9号,增加登载"石家庄",且不再登载"蚌埠"。1917年10月15日第14卷第10号至1918年6月15日第15卷第6号,增加登载"泸县""达县",且不再登载"袁州""韶州""澳门"。1918年7月15日第15卷第7号至1918年12月15日第15卷第12号,增加登载"张家口",且不再登载"长春""九江""泸县""汕头""石家庄"。1919年1月15日第16卷第1号至1919年10月15日第16卷第10号,增加登载"泸县",且不再登载"吴兴""武昌""宝庆""衡州""厦门""哈尔滨"。1919年11月15日第16卷第11号至1920年9月25日第17卷第18号,不再登载"东昌""达县"。1920年10月10日第17卷第19号,增加登载"衡州"。1920年10月25日第17卷第20号,不再登载"衡州"。1920年11月10日第17卷第21号,增加登载"衡州"。1920年11月25日第17卷第22号,且不再登载"衡州"。1920年12月10日第17卷第23号,增加登载"衡州"。1920年12月25日第17卷第24号,不再登载"衡州"。第18卷、第19卷,增加登载"衡州"。第20卷第1号,不再登载"桂林"。1923年1月25日第20卷第2号,增加登载"桂林"。1923年2月10日第20卷第3号至1925年2月10日第22卷第3号,不再登载"桂林"。1925年2月25日第22卷第4号至1925年5月25日第22卷第10号、《五卅事件临时增刊》,增加登载"厦门",且不再登载"郑州""泸县"。"分售处"在第22卷第11号至第22卷第19号,为"各埠商务印书分馆";在第22卷第20号至1925年12月25日第22卷第24号,变更为"寄售处",且"寄售处"为"各埠商务印书馆/及大书坊"。"寄售处"在1926年1月10日第23卷第1号至第27卷第22号,变更为"分售处",且"分售处"为"商务印书馆/及大书坊"。第27卷第23号至第34卷第18/19号合刊,不再登载"分售处"或"寄售处"。

自第 34 卷第 18/19 号合刊之后,该刊的版权页登载的版权信息发生较大变化,尤其是出版地因全民族抗战爆发而由上海变更为长沙、香港、重庆,后又于抗战胜利后变更回上海。据 1937 年 11 月 1 日第 34 卷第 20/21 号合刊的版权页所示,"编辑者兼发行人"为"长沙南正街/李圣五","印刷所""发行所"均为"长沙南正街/商务印书馆","分发行所"为"汉口　重庆　南昌　安庆/成都　西安　开封　金华/商务印书馆分馆/广州　梧州　昆明　福州/香港　汕头　贵阳　厦门"。后来,该刊的版权页登载的版权信息有所变更。在 1937 年 12 月 16 日第 34 卷第 22/23/24 号合刊至 1938 年 10 月 16 日第 35 卷第 20 号,"编辑者兼发行人"为"长沙南正路/李圣五","印刷所""发行所"均为为"长沙南正路/商务印书馆"。在 1938 年 5 月 1 日第 35 卷第 9 号至第 35 卷第 20 号,"分发行所"不再登载"安庆""开封""厦门"。

据 1938 年 11 月 1 日第 35 卷第 21 号的版权页所示,"编辑者兼发行人"为"李圣五","印刷所"为"香港英皇道/商务印书馆香港分厂","发行所"为"香港皇后大道中/商务印书馆香港分馆","分发行所"为"长沙　重庆　成都　西安　南昌　金华/商务印书馆分馆/梧州　昆明　贵阳　汕头　福州"。后来,该刊的版权页登载的版权信息有所变更。"编辑者兼发行人"在 1939 年 2 月 1 日第 36 卷第 3 号至第 38 卷第 22 号,为"郑允恭"。"分发行所"都在前一号的"分发行所"的基础上有所变更(尤指增删)。1939 年 7 月 1 日第 36 卷第 13 号,不再登载"汕头"。1939 年 7 月 16 日第 36 卷第 14 号(又称"抗战两周年纪念号"),增加登载"汕头"。1939 年 8 月 1 日第 36 卷第 15 号至 1940 年 10 月 1 日第 37 卷第 19 号,不再登载"汕头"。1940 年 10 月 16 日第 37 卷第 20 号至 1941 年 1 月 1 日第 38 卷第 1 号(又称"建国卅年纪念号"),增加登载"康定""衡阳""邵阳""常德""桂林""柳州""开平""梅县""韶关""恩施""万县""赣县""兰州""南阳""庐江""新加坡""澳门""广州湾",且不再登载"梧州"。1941 年 1 月 16 日第 38 卷第 2 号至第 38 卷第 16 号,增加登载"梧州""肇庆""郧县""南郑"。第 38 卷第 17 号、1941 年 10 月 1 日("中华民国三十年十月一日")第 38 卷第 19 号、第 38 卷第 20 号,增加登载"南平",且不再登载"福州"。第 38 卷第 18 号、第 38 卷第 21 号、第 38 卷第 22 号,增加登载"福州",且不再登载"南平"。

据 1943 年 3 月 15 日第 39 卷第 1 号(又称"复刊号")的版权页所示,"社长"为"王云五","编辑者"为"苏继顷","发行者"为"重庆白象街/东方杂志社","印刷所"为"商务印书馆/印刷厂","发行所"为"各地/商务印书馆"。后来,该刊的版权页登载的版权信息有所变更。"社长"在第 41 卷第 16 号至终刊号,不再登载。"编辑者"在第 41 卷第 16 号至终刊号,变更为"主编者",

且"主编者"为"苏继顾"。"发行者"在1947年1月15日第43卷第1号至终刊号,为"上海河南中路/东方杂志社"。

除《临时增刊宪政初纲》外,第8卷至第22卷、第39卷至第44卷,也有封面版权栏,且封面版权栏仅登载一条关涉发行者或印行者的版权信息。在第8卷、第9卷、1925年1月10日第22卷第1号至第22卷第20号、第43卷、第44卷,为"上海商务印书馆发行";在第10卷第1号至第10卷第6号,为"上海四马路棋盘街/商务印书馆发行""Commercial Press,Ld.,Shanghai";在第10卷第7号至1914年6月1日第10卷第12号,为"上海棋盘街中市/商务印书馆发行""Commercial Press,Ld.,Shanghai";在第11卷,为"上海商务印书馆发行""Commercial Press,Ltd.,Shanghai,China";在第12卷,为"上海商务印书馆印行""Commercial Press,Limited,SHANGHAI,CHINA";在第13卷、第14卷、第16卷第1号至第18卷第17号、第18卷第20号至1921年12月25日第18卷第24号,为"上海商务印书馆印行""Commercial Press,Limited,Shanghai,China";在第15卷,为"商务印书馆发行""The Commercial Press,Limited,Shanghai,China.";在第18卷第18/19号合刊、第19卷第7号至第21卷第24号,为"上海商务印书馆印行";在1922年1月10日第19卷第1号至1922年3月25日第19卷第6号,为"上海商务印书馆印行""Commercial Press,Shanghai";在第22卷第21号至第22卷第24号,为"上海东方杂志社发行";在第39卷至第42卷,为"商务印书馆印行"。第27卷第23号至第29卷第3号有封底版权栏,且封底版权栏仅登载一条关涉销售者的版权信息,即"General Sales Agents:The Commercial Press,Ltd."。

据1934年1月1日第31卷第1号(又称"三十周年纪念号")正文前"东方画报"栏目登载的《东方编者》的图文信息所示,该刊自创刊至1934年的30年间,其主编先后有徐珂、杜亚泉、钱智修、胡愈之、李圣五等人。据查,该刊起初由身为上海商务印书馆创始人之一的夏瑞芳提议创办,后来便由上海商务印书馆主办、印刷以及出版。

《东方杂志》将第8卷之前的各期按其出版时所在的七个农历年依次视为第1卷至第7卷,所以该刊总共出版44卷816期(号)。其中,第1卷(创刊后第一个农历年内出版的各期)至第2卷(封面标注"第二年"的各期)、第4卷(封面标注"第四年"的各期)至第5卷(封面标注"第五年"的各期)、第7卷(封面标注"第七年"的各期)至第10卷、第12卷至第16卷、第44卷各计12期(号),第3卷(封面标注"第三年"的各期)、第6卷(封面标注"第六年"的各期)各计13期,第11卷共计6号,第17卷至第28卷、第30卷至第37卷、第40卷、第41卷各计24号,第29卷共计8号,第38卷共计22号,第39

卷、第 42 卷各计 20 号,第 43 卷共计 18 号。第 18 卷第 18/19 号合刊("第十八卷第十八/九号")、1937 年 9 月 1 日第 34 卷第 16/17 号合刊("第三十四卷第十六/七号")、第 34 卷第 18/19 号合刊("第三十四卷第十八/九号")、第 34 卷第 20/21 号合刊("第三十四卷二十/二十一号"),均为两号合刊;第 34 卷第 22/23/24 号合刊("第三十四卷第二十二/三/四号"),为三号合刊。此外,还有《临时增刊宪政初纲》《五卅事件临时增刊》和第 28 卷第 19 号临时附刊、第 28 卷第 20 号临时附刊。因此,该刊实际上总共出版 810 册正刊、2 册临时增刊、2 册临时附刊。

《新出东方杂志简要章程》道:"每月二十五日发行"①。第 5 年第 7 期至 1908 年 12 月 18 日("光绪三十四年十一月二十五日")第 5 年第 11 期、第 7 年的版权页登载的《报资邮费广告价目表》,1909 年 1 月 16 日("光绪三十四年十二月二十五")第 5 年第 12 期至第 6 年第 13 期登载的《己酉年报资邮费广告价目表》,分别标注"半年六册""全年十二册",及"上半年七册""下半年六册""全年十三册"(因己酉年农历闰月所致);第 8 卷第 1 号、第 8 卷第 2 号至第 16 卷第 12 号的版权页登载的价目表,分别标注"每月一册""月出一册"。据此,该刊自我定位为月刊,且起初拟逢农历每月二十五日出版。事实上,第 1 卷至第 16 卷,就主要表现为月刊。其中,创刊号至第 8 卷第 9 号,一般逢农历每月(包括闰月)二十五日出版;第 8 卷第 10 号至 1915 年 4 月 1 日第 12 卷第 4 号、第 12 卷第 5 号至第 13 卷第 12 号、第 14 卷至第 16 卷,表现为标准的月刊,分别逢每月 1 日、10 日、15 日出版。不过,第 7 年第 12 期、第 8 卷第 9 号出版后的宣统三年正月(1911 年 1 月 30 日至 2 月 28 日)、辛亥年十月(1911 年 11 月 21 日至 12 月 19 日)至翌年正月(1912 年 2 月 18 日至 3 月 18 日),没有出版且无合刊补足,从而导致两次停刊②。第二次停刊的原因,可能在于武昌起义导致的纷乱时局的影响。

第 17 卷、第 20 卷、第 21 卷,第 18 卷除第 18/19 号合刊外、第 19 卷除第 21 号、第 22 号外,第 22 卷至第 25 卷,第 26 卷,1930 年 1 月 10 日第 27 卷第 1 号、第 27 卷第 2 号的封面,分别标注"每月二回","每月二回十日及二十五日发行","每月二回十日二十五日发行","每月二回十日二十五日出版"。

---

① 佚名[《东方杂志》编者]. 新出东方杂志简要章程[J]. 东方杂志,1904(清光绪三十年)(1):2.
② 在没有特别说明的情况下,本书使用的"停刊"一词,意谓该刊只是暂时中断出版,后续仍有出版,因此区别于表示该刊后续不再出版的"终刊"一词。此外,两期或多期合刊若能补足此前暂时中断出版期间理应出版的期数,则视该刊此前未停刊。比如每月出版一期的月刊,若 1 月份未出版,但 2 月份出版两期合刊,补足 1 月份未出版的一期,则视该刊在 1 月份未停刊,即视该刊在 1 月份已出版一期。多期合刊,依此类推。

第17卷、第18卷除第18/19号合刊外、第19卷至第22卷,第23卷第1号至1932年1月16日第29卷第2号,第29卷第3号至第38卷第22号的版权页登载的价目表,分别标注"月出二册""半月一册全年二十四册""每半月一册全年二十四册/每月一日十六日发行"。据此,该刊自第17卷第1号起自我定位为半月刊,且起初拟逢每月10日、25日出版,后来改为拟逢每月1日、16日出版。但是,事实并非如此。第17卷第1号至第43卷第13号,主要表现为半月刊(两号、三号合刊分别按占据一月、一月半时间计算)。其中,第17卷至第28卷,一般逢每月10日、25日出版;第29卷第1号至1941年8月1日第38卷第15号(又称"日本内幕专号"),一般逢每月1日、16日出版;第38卷第16号至第38卷第22号,虽每间隔半个月左右出版一号,却有1日、15日、30日3种出版日;第39卷至第41卷,第42卷,第43卷第1号至第43卷第13号,表现为标准的半月刊,分别逢每月15日、30日(或月末日)、1日、15日、15日、30日(2月为28日)出版。不过,第18卷第18/19号合刊的出版日为20。此外,第18卷第17号,1937年8月1日第34卷第15号出版后的1921年9月25日、1937年8月至11月的16日及12月1日,没有出版。但这六日理应出版的六号,可分别由第18卷第18/19号合刊、第34卷第16/17号合刊、第34卷第18/19号合刊、第34卷第20/21号合刊、第34卷第22/23/24号合刊补足。第29卷第3号、第38卷第22号、1946年10月15日第42卷第20号、第43卷第13号出版后的1932年2月16日至10月1日、1941年12月至1943年2月、1946年11月和12月、1947年7月30日,没有出版且无合刊补足,从而导致第三次至第六次停刊。第29卷第4号登载的《东方杂志社启事二》,对第三次停刊有所解释:"本志自第二十九卷第三号发行以后,即因一二八事件停刊。"①第39卷第1号登载的《复刊辞》,对第四次停刊有所解释:"因太平洋战事②爆发,本馆香港工厂全部为敌人掠夺,重庆工厂又有待整理与扩充。"③其实,在第三次、第四停刊之间,即在第34卷第15号出版后、1938年1月1日第35卷第1号出版前的五个月内,还存在一次停刊,只是被这段时间内连续出版的共计9号4册的合刊所掩盖。对此,《复刊辞》解释道:"因八一三事变暂停,改在长沙复刊,

---

① 佚名[胡愈之].东方杂志社启事二[J].东方杂志,1932,29(4)[又称"复刊号"]:无页码[目录后第1页].

② "太平洋战事"即太平洋战争(The Pacific War),其起止时间为1941年12月7日至1945年8月15日。

③ 王云五.复刊辞[J].东方杂志,1943,39(1)[又称"复刊号"]:1.

嗣以长沙大火,工厂被毁,移香港续刊,旋兼印重庆版。"①第 43 卷第 14 号至终刊号,表现为标准的月刊,逢月出版。

早期的《东方杂志》设有"社说""谕旨""内务""军事""外交""教育""财政""实业""交通""商务""宗教""杂俎""小说""丛谈""新书介绍"等多个栏目。这一时期的该刊虽然栏目众多,涉猎广泛,而其登载的文章也往往多达数十甚至上百篇,但俨然是文摘类期刊。个中原因主要在于这一时期的该刊偏于选刊权威性的文献资料、时政材料以及转载各大报刊的名论要件,但鲜少登载首次见诸报刊的文章(一般只有两三篇)。1911 年,杜亚泉继任《东方杂志》主编并对该刊进行大刀阔斧的改革。自第 8 卷第 1 号起,该刊从期号标注形式到封面设计款式、从栏目设置样式到所载内容取向等方方面面都发生了巨大的变化。在杜亚泉主编时期,该刊同样设有多个栏目,其中比较常设的栏目有"内外时务报""中国大事记""外国大事记""科学杂俎""法令""文苑"等。但是,在原先位居文字性栏目之首的"社说"或"谕旨"等栏目所在的显著位置,该刊不再设栏目,改为登载其重点推介的各篇署名长文。这些文章不但聚焦时政以及中西文化,还往往表现出独到的观点。此外,这些文章基本上都是首次见诸报刊之作,而且数量一般都有十余篇之多。继杜亚泉之后,有的主编曾为这类文章设置栏目,如"时事述评""内外时评""东方论坛"等,而有的主编则沿袭杜亚泉不为这类文章设栏目的风格。较之于早期的该刊,杜亚泉主编时期的该刊的另一大特色是不再局限于社会科学领域,而是兼涉自然科学领域。其中,最典型的事例就是"科学杂俎"栏目的成功设置以及一系列自然科学文章的登载。自杜亚泉之后,继任的钱智修等主编,大体上都沿袭了杜亚泉对该刊的定位。总而言之,经杜亚泉改革之后的该刊已不再俨然是文摘类期刊,而其登载的内容也不再仅限于社会科学领域。进而言之,该刊由此成为极富原创性的广涉社会科学、自然科学乃至思维科学的综合类期刊,其登载的内容几乎无所不包。

《东方杂志》是"东方杂志"派最为重要的理论阵地,因为杜亚泉、钱智修、陈嘉异等"东方杂志"派主要成员最初论究中西文化乃至东西文化的重要文章大多都发表在该刊上。此外,杜亚泉主编时期的该刊还曾多次刊发章士钊、梁漱溟、张君劢、胡先骕等其他民国保守主义者论究中西文化乃至东西文化的重要文章。

(2)《亚泉杂志》

《亚泉杂志》由"亚泉学馆"在上海创刊,其创刊号为 1900 年 11 月 29 日

---

① 王云五.复刊辞[J].东方杂志,1943,39(1)[又称"复刊号"]:1.

("光绪二十六年十月初八日")第1册("第一册"),终刊号为1901年6月9日("光绪二十七年四月廿三日")第10册("第十册")。

《亚泉杂志》的出版期号标注形式,主要为封面、目录首页版权栏、版心的"第某册"。其中,创刊号无目录页。不过,封面标注"光绪二十七年七月合本发行"(其中的时间即1901年8月14日至9月12日之间)的合订本中的创刊号,有目录页及目录首页版权栏,且该目录首页版权栏标注"第一册"和"光绪二十七年六月　日补印"(其中的时间即1901年7月16日至8月13日之间)。该刊的出版时间表述形式,主要为封面、目录首页版权栏的年号纪年辅以农历纪月、纪日。

《亚泉杂志》无版权页,但有封面版权栏,且1900年12月13日("光绪二十六年十月廿三日")第2册至终刊号还有目录首页版权栏。创刊号的封面版权栏仅登载一条关涉编辑者的版权信息,即"亚泉学馆编辑"。较之于创刊号的封面版权栏,第2册至1901年1月27日("光绪二十六年十二月初八日")第5册、1901年3月13日("光绪二十七年正月廿三日")第6册至终刊号的封面版权栏,分别增加登载"上海北京路商务书馆代印""上海北京路商务印书馆代印"。第2册至第5册、第6册至终刊号的目录首页版权栏,仅登载一条关涉编辑者的版权信息,分别即"上海英大马/路鸿仁里内亚泉学馆编辑""虹口西华德/路隆庆里后亚泉学馆编辑"。据查,该刊的具体创办者、具体主编为"东方杂志"派的杜亚泉。

《亚泉杂志》总共出版10册,且没有合刊。因此,该刊实际上总共出版10册。该刊主要表现为半月刊,一般逢农历每月初八日、二十三日(大致对应每月上弦、下弦)出版。不过,第5册、第7册出版后的光绪二十六年十二月二十三日(1901年2月11日)和翌年正月初八日(1901年2月26日)、光绪二十七年二月二十三日(1901年4月11日)和翌月初八日(4月26日),没有出版且无合刊补足,从而导致两次停刊。

《亚泉杂志》不设栏目。该刊旨在宣传、普及自然科学知识,但偏于化学领域。该刊是最早的中国人自办的自然科学类期刊,同时也是最早的中国人自办的化学期刊。其对中国近代化学作出了重大的贡献,如首创化学元素中译名、最先介绍元素周期律、率先介绍化学分析方法、及时传播化学领域新成就等。该刊登载的文章大多不署名,但其中绝大多数都由杜亚泉撰写或编译。

《亚泉杂志》是与"东方杂志"派密切相关的重要报刊之一,因为该刊集中体现了"东方杂志"派的重要成员杜亚泉对自然科学的研究。

(3)《普通学报》

《普通学报》由"普通学书室"在上海创刊,其创刊号为1901年10月12日至11月10日之间("辛丑九月")出版的第1期("第弍期"),终刊号为1902年5月8日至6月5日之间("壬寅四月")出版的第5期("第五期")。

《普通学报》的出版期号标注形式,主要为封面、各页侧口的"第某期",且创刊号至第3期("第弍期")的封面标注的出版期数使用大写汉语数字。除第2期、第3期未见标注出版时间外,该刊的出版时间表述形式,主要为封面的干支纪年辅以农历纪月。

《普通学报》仅第3期有版权页,但创刊号的启事页、广告页登载若干版权信息,且第2期有启事页版权栏。据创刊号的启事页登载的《章程揭要》所示,该刊的"售报地方"为"苏州元妙观开智书室/苏州女冠子桥东来书庄/扬州东内门军处周公馆/宁波日升街文明学社/杭州德记书庄/绍兴会文堂/南浔读我书屋/无锡梁溪务实学堂"①。据创刊号的广告页登载的《普通学书室广告》所示,该刊的发行者为"上海五马路同芳居后背"的"普通学书室"②。据第2期第2页的启事页版权栏所示,"代售处"为"绍兴墨渊堂/会文堂""南浔读我书室""宁波柯泰丰/文明学社/奎元堂""苏州白话报馆/开智书室/东来书庄""扬州皖南周公馆/东闻街方氏读书室""南京陆师学堂/格致书院/明达别墅""广东萃庐""江西广智书庄""嘉兴新盛书庄""上海高昌庙制造局工艺学堂/七宝镇南街口李宅/城内王氏育材书室/徐家汇南洋公学帐房""本埠广学会/纬文阁/正记庄"。除"开智书室"变更为"开智书庄"外,第3期第2页的版权页登载的版权信息,同第2期第2页的启事页版权栏登载的版权信息。1902年3月10日至4月7日之间("壬寅二月")出版的第4期("第四期")、终刊号没有登载版权信息。据查,该刊的具体创办者、具体主编为"东方杂志"派的杜亚泉。

《普通学报》总共出版5期,且没有合刊。因此,该刊实际上总共出版5册。第4期的封面登载的《报价》谓该刊"每月一册",但"正月及七月停刊",故"半年五册"③。据此,该刊自我定位为月刊,拟除农历正月、七月外逢月出版。但是,事实并非如此,如第4期和第5期的出版时间间隔两个月。

《普通学报》设有"经学科""史学科""文学科""算学科""格物学科""博物学科""外国语学""学务杂志"等栏目。第2期登载的启事道:"创办是报之

---

① 佚名[杜亚泉].章程揭要[J].普通学报,1901(清光绪二十七年)(1):81.
② 佚名[杜亚泉].普通学书室广告[J].普通学报,1901(清光绪二十七年)(1):81.
③ 佚名[杜亚泉].报价[J].普通学报,1902(清光绪二十八年)(4):1.

意,欲使我国学士大夫咸吐露其思想,传播其知能。"①《普通学报》是综合类期刊,虽然广涉社会科学,却又极为偏重自然科学。该刊登载的文章大多不署名,但其中绝大多数都由杜亚泉撰写或编译。

《普通学报》是与"东方杂志"派密切相关的重要报刊之一,因为该刊集中体现了"东方杂志"派的重要成员杜亚泉比较、研究中西文化乃至东西文化的早期思想。

(二)"现代新儒家"派

(1)《村治月刊》和《村治》

《村治月刊》由"村治月刊社"在北平创刊,其创刊号为1929年3月15日("中华民国十八年三月十五日")第1卷第1期("第一卷第一期"),终止号②为1930年4月15日("中华民国十九年四月十五日")第2卷第2期("第二卷第二期")。后来,《村治月刊》由"村治月刊社"在北平复刊,但更名为《村治》,并开启新一轮出版期号的编排。其起始号③为1930年6月1日("中华民国十九年六月一日")第1卷第1期("第一卷第一期"),终刊号为1933年8月1日("中华民国二十二年八月一日")第3卷第5期("第三卷第五期")。

1.《村治月刊》

《村治月刊》的出版期号标注形式,主要为封面(登载目录栏)、偶数正文页侧口、版权页的"第某卷第某期"。创刊号的出版期号标注形式较特殊,主要为封面、版权页的"创刊号",偶数正文页侧口的"第一卷第一期"。该刊的出版时间表述形式,主要为封面、版权页的民国纪年辅以公历纪月、纪日。

据《村治月刊》创刊号的版权页所示,"编辑者"为"北平和平门外/村治月刊社/大安澜营十二号","发行者"为"村治月刊社/电话南局三六七〇","印刷者"为"北平北新华街/京城印书局/电话南局四五七〇","分售处"为"各埠各大书坊"。后来,该刊的版权页登载的版权信息没有变更。据查,该刊的具体创办者、具体主编为王鸿一,且后来"现代新儒家"派的梁漱溟曾参与编辑。

---

① 佚名[杜亚泉].无题["普通学书室"启事][J].普通学报,[出版年不详](2):2.
按:原文没有使用旧式句读符号或新式标点符号,而引文中的新式标点符号为笔者酌情添加。

② 在没有特别说明的情况下,本书使用的"终止号"一词,都是指出版期号被编排为最末或变更刊名前被排序为最末的该期(号)报刊。其中,后者的出版期号可能没有被编排为最末。因此,终止号包括但不限于终刊号。

③ 在没有特别说明的情况下,本书使用的"起始号"一词,都是指出版期号被编排为第一或变更刊名后被排序为第一的该期(号)报刊。其中,后者的出版期号可能没有被编排为第一。因此,起始号包括但不限于创刊号。

《村治月刊》总共出版 2 卷 14 期,其中第 1 卷共计 12 期,第 2 卷共计 2 期,且没有合刊。因此,该刊实际上总共出版 14 册。该刊的刊名为《村治月刊》,各期的版权页标注"村治月刊",且版权页登载的《价目表》标注"半年六期""全年十二期"。另外,多期登载的《本刊发行简章》谓"本刊每月出版一次"①。据此,该刊自我定位为月刊,拟逢月出版。事实上,该刊就表现为标准的月刊,逢每月 15 日出版。

《村治月刊》的个别几期设有"通讯"栏目,但该刊重点推介的署名长文都登载于"通讯"栏目之前的位置。《村治月刊》创刊号的版权页后第 1 页(疑为封底),标注"村治月刊是研究——村治——文化——党务——建设——边防——国际——社会——政治——经济——劳动……等问题的刊物"。事实上,该刊就是社会科学类期刊,但因其聚焦农村和农民问题而主要登载关涉乡村建设运动的文章。不过,该刊也旁涉其他社会科学,并论究中西文化乃至东西文化。

2.《村治》

《村治月刊》终止一个半月后,《村治》出版。

《村治》的出版期号标注形式,主要为封面(登载目录栏)、偶数正文页侧口、版权页的"第某卷第某期"。该刊的出版时间表述形式,主要为封面、版权页的民国纪年辅以公历纪月、纪日。

据《村治》起始号的版权页所示,"编辑者"为"北平西单牌楼/村治月刊社/旧刑部街四十号","发行者"为"村治月刊社/电话西局一四七〇","印刷者"为"北平北新华街/京城印书局/电话南局四五七〇","分售处"为"各埠各大书坊"。后来,仅终刊号的版权页登载的版权信息有所变更。在终刊号,"编辑者"为"北平西城/村治月刊社/兴盛胡同三号","发行者"为"村治月刊社"。据 1932 年 9 月 15 日第 2 卷第 11/12 期合刊的版权页后第 1 页(疑为封底)登载的版权栏所示,"本刊外埠代售处"为"四川"的"成都:华阳书报流通处——昌福馆中间""现代文化书社——少城祠堂街","重庆:重庆书店""北新书局——天主堂街""南泉乡村师范学校——巴县南泉","涪陵:县立乡村师范学校";"山东"的"济南:山东书局——院西大街""东方书社——西门大街","青岛:集成南纸店——住河北路","邹平:山东乡村建设研究院出版股";"广州"的"共和书局""神州国光社""图书消费合作社""民智书局——永汉北路";"南京"的"天一书店——成贤街";"上海"的"民智书局——河南路";"天津"

---

① 佚名[王鸿一].本刊发行简章[J].村治月刊,1929,1(2):无页码[版权页后第 1 页].
按:该文登载于 1929 年 4 月 15 日第 1 卷第 2 期、1929 年 5 月 15 日第 1 卷第 3 期的版权页后第 1 页,以及 1929 年 6 月 15 日第 1 卷第 4 期至终刊号的版权页。

的"大公报代办部—法租界卅号路";"太原"的"青年图书社—新南门街北首松花坡";"开封"的"合记纸店""秋水书店—开封财政厅";"武昌"的"民智书局—察院坡";"兰州"的"乐善书局—贡院巷";"杭州"的"文艺书店—新民路枝头巷口"。此后的"本刊外埠代售处",都在前一期的"本刊外埠代售处"的基础上有所变更(尤指增删)。1932年11月30日第3卷第1期,变更"青岛"的"住河北路"为"河北路",且增加登载"广州"的"中华书局","南京"的"正中书店—太平路","太原"的"觉民书报社—楼儿底"。1933年1月20日第3卷第2/3期合刊,增加登载"南京"的"钟山书局—四牌楼",且不再登载"开封"的"秋水书店—开封财政厅"。1933年3月25日第3卷第4期、终刊号,不再登载"太原"的"青年图书社—新南门街北首松花坡"。

《村治》起始号至1930年12月1日第2卷第1期的封面在刊名之下标注"梁漱冥主编"五个大字,而起始号的启事页登载的《梁漱溟启事》道:"漱溟承村治月刊社聘请担任主编本刊事宜,自十九年六月一日新编第一卷第一号起负责。"①(其中的时间即1930年6月1日)。据此,该刊的具体主编就是"现代新儒家"派的梁漱溟。

《村治》总共出版3卷29期,其中第1卷、第2卷各计12期,第3卷共计5期。1930年11月16日第1卷第11/12期合刊("第一卷第十一/二期合刊")、1932年5月15日第2卷第9/10期合刊("第二卷第九/十期合刊")、第2卷第11/12期合刊("第二卷第十一/二期合刊")、第3卷第2/3期合刊("第三卷第二/三期"),均为两期合刊。因此,该刊实际上总共出版25册。

《村治》的版权页登载的《价目表》,标注"半年十二期""全年廿四期"。其实,《村治月刊》终止号的启事页登载的《本刊特别启事》就已预告:"月刊至本期止,从下期起改出半月刊,定每月一号十五号为出版期,半月刊第一期定六月一号出版。"②后来,《村治》起始号的启事页登载的《本刊特别启事》又道:"月刊至二卷二期止;从本期起改出半月刊,定每月一号十五号出版;仍以十二期为一卷,全年出两卷。"③而其版权页登载的《本刊发行简章》则道:"本刊每年出版二卷,每卷十二期,每月一日十六日出版。"④据此,该刊自我定位为半月刊,拟逢每月1日、15日或16日出版。但是,事实并非如此。起始号至第2卷第1期,主要表现为半月刊(两期合刊按占据一月时间计

---

① 佚名[梁漱溟].梁漱溟启事[J].村治,1930,1(1):2.
② 佚名[王鸿一].本刊特别启事[J].村治月刊,1930,2(2):2.
按:原文没有使用旧式句读符号或新式标点符号,而引文中的新式标点符号为笔者酌情添加。
③ 佚名[梁漱溟].本刊特别启事[J].村治,1930,1(1):1.
④ 佚名[梁漱溟].本刊发行简章[J].村治,1930,1(1):无页码[版权页].

算),一般逢每月 1 日、16 日出版。不过,1930 年 7 月 15 日第 1 卷第 4 期的出版日为 15 日。此外,1930 年 8 月 1 日第 1 卷第 5 期出版后的 1930 年 8 月 16 日,没有出版。但该日理应出版的一期,可由第 1 卷第 11/12 期合刊补足。第 2 卷第 1 期出版后的 1930 年 12 月 16 日至 1931 年 6 月 16 日,没有出版且无合刊补足,从而导致首次停刊。第 2 卷第 2 期至 1931 年 11 月 30 日第 2 卷第 7 期,主要表现为月刊,一般逢月出版。但是,出版日各异,分别为 18 日、15 日、12 日、8 日、31 日、30 日。第 2 卷第 7 期出版后的 1931 年 12 月,没有出版且无合刊补足,从而导致再次停刊。1932 年 1 月 15 日第 2 卷第 8 期至终刊号,主要表现为不定期刊(两期合刊按占据两月时间计算),其出版时间间隔一个多月至四个多月不等。

《村治》看上去是经过重新拟定刊名并重新编排出版期号的新期刊,但实际上完全是《村治月刊》的延续而与之没有本质的区别。至于重新拟定刊名并重新编排出版期号的原因,可能主要在于出版形式由月刊改为半月刊,且主编变更为梁漱溟。该刊除依旧设有"通讯"栏目外,还增设"乡村运动消息""乡村状况""讨论""附录""转载""读者论坛""特约通讯"等栏目。不过,该刊重点推介的署名长文都登载于栏目之前的位置。该刊登载的内容偏于响应乡村建设运动,但也不乏论究中西文化乃至东西文化之作。

《村治月刊》和《村治》是与"现代新儒家"派密切相关的重要报刊之一,因为这两刊集中体现了"现代新儒家"的重要成员梁漱溟对乡村建设的理论讨论,同时折射其对中西文化乃至东西文化的比较、研究。

(2)《再生》

《再生》历经两次编排出版期号,但刊名始终不变。为区分起见,本书在《再生》的刊名之后,缀以该刊历次编排出版期号时起始号的出版地和出版年,分别使用"《再生》(北平 1932)""《再生》(汉口 1938)"两词。

《再生》由"再生杂志社"于 1932 年在北平创刊,于是《再生》(北平 1932)诞生。其创刊号为 1932 年 5 月 20 日("二十一年五月二十日")第 1 卷第 1 期("创刊号"),终止号为 1937 年 7 月 15 日("民国二十六年七月十五号")第 4 卷第 9 期("第四卷第九期")。后来,《再生》由"再生杂志社"于 1938 年在汉口复刊,并开启新一轮出版期号的编排,从而成为《再生》(汉口 1938)。其起始号为 1938 年 7 月 7 日("廿七年七月七日")第 1 号("第一号"),终刊号为 1949 年 4 月 1 日("卅八年四月一日")第 251 期("第二五一期")。

1.《再生》(北平 1932)

《再生》(北平 1932)的出版期号标注形式,主要为封面、目录首页、正文页侧口、版权页的"第某卷第某期"。但是,第 1 卷的封面的出版期号标注形式为"第某期",1933年11月1日("中华民国廿二年十一月一日")第2卷第2期("第二卷第二期")至1936年2月15日("民国二十五年二月十五日")第3卷第12期("第三卷第十二期")的正文页侧口不标注出版期号。此外,第1卷、第2卷的封面、英语目录首页,第3卷的版权页,还标注英语形式的出版期号,即"Vol.(使用罗马数字),No.(使用阿拉伯数字)"。创刊号的出版期号标注形式较特殊,主要为封面、目录首页、正文页侧口、版权页的"创刊号",封面、英语目录首页的"Vol.Ⅰ,No.1"。

《再生》(北平1932)的出版时间表述形式,主要为封面、版权页的民国纪年辅以公历纪月、纪日。但是,1935年10月15日("民国二十四年十月十五日")第3卷第8期("第三卷第八期")至终止号的封面,不标注出版时间。此外,第1卷、第2卷的封面及第3卷的版权页还标注英语形式的出版时间,即公元纪年(使用阿拉伯数字)辅以公历纪月(使用英语)、纪日(使用阿拉伯数字)。

据《再生》(北平1932)创刊号的版权页所示,"编辑者"为"北平宣内大街甲九十二号转交/再生杂志社","发行者"为"再生杂志社","总代售处"为"北平宣内大街甲九十二号/北平神州国光社","代售处"为"各省神州国光社及各大书局"。后来,该刊的版权页登载的版权信息有所变更。"编辑者"在1933年10月1日第2卷第1期,为"再生杂志社";在第2卷第2期至1934年1月1日第2卷第4期,为"北平西城石板房廿三号/再生杂志社";在1934年2月1日第2卷第5期至1937年5月1日第4卷4期,为"北平西城石板房/再生杂志社";在1937年5月15日第4卷第5期至1937年7月1日第4卷第8期,为"北平西城府右街石板房甲二十一号/再生杂志社";在终止号,为"北平西城府右街图样山甲廿一号 电西三三八号/再生杂志社"。"总代售处"在1932年8月20日第1卷第4期至第2卷第1期,增加登载"上海四马路/上海新月书店";在第2卷第5期至终止号,不再登载。"代售处"在第2卷第5期至1937年6月1日第4卷第6期,不再登载;在1937年6月15日第4卷第7期至终止号,为"北平西单成文厚及各大书局天津各书局"。其中,1932年10月20日第1卷第6期至1933年4月20日第1卷第12期的"新月书店"错印成"新月售店"。据查,该刊的具体创办者之一为"现代新儒家"派的张君劢。

《再生》(北平1932)总共出版4卷45期,其中第1卷至第3卷各计12期,第4卷共计9期。1934年4月1日第2卷第6/7期合刊("第二卷第六/七期")、1934年8月1日第2卷第11/12期合刊("第二卷第十一/十二期")、1935年7月15日第3卷第4/5期合刊("第三卷第四/五期")、1936年

1月15日第3卷第10/11期合刊("第三卷第十/十一期"),均为两期合刊。因此,该刊实际上总共出版41册。

《再生》(北平1932)第1卷至第3卷的版权页登载的《本刊价目表》,标注"半年六册/全年十二册"。据此,该刊自我定位为月刊,拟逢月出版。事实上,第1卷就表现为标准的月刊,逢每月20日出版;第2卷、第3卷主要表现为月刊(两期合刊按占据两月时间计算),一般分别逢每月1日、15日出版。不过,第2卷第5期、第2卷第11/12期合刊、1935年5月15日第3卷第3期、1935年11月15日第3卷第9期出版后的1934年3月和9月的1日、1935年6月和12月的15日,没有出版。但这四日理应出版的四期,可分别由第2卷第6/7期合刊、第2卷第11/12期合刊、第3卷第4/5期合刊、第3卷第10/11期合刊补足。此外,第1卷第12期、第2卷第11/12期合刊、第3卷第12期出版后的1933年5月至9月、1934年10月至1935年2月、1936年3月至1937年2月,没有出版且无合刊补足,从而导致三次停刊。第4卷的版权页登载的《本刊价目表》,标注"半年十二册/全年二十四册"。据此,该刊第4卷自我定位为半月刊,拟逢每半月出版。事实上,第4卷就主要表现为半月刊,一般逢每月1日、15日出版。不过,1937年3月1日第4卷第1期出版后的1937年3月15日,没有出版且无合刊补足,从而导致第四次停刊。自终止号出版后,该刊第五次停刊。

《再生》(北平1932)设有"论著""思潮""文艺""书评""通讯""中外大事记""小评论"等栏目。该刊是内容丰富的社会科学类期刊,其登载的内容涉及政治、经济、法律、文学、历史、哲学和时事等诸多方面,并且不乏文学作品。不过,该刊更偏于评议时政而俨然是时政评论类期刊。

2.《再生》(汉口1938)

《再生》(北平1932)停刊一年后,《再生》(汉口1938)出版。1941年10月5日("中华民国三十年十月五日")第73期("第七十三期")、1942年1月31日("中华民国三十一年一月三十一日")第78/79期合刊("第七十八/九期合期")至1944年4月30日("中华民国三十三年四月三十日")第94期("第九十四期",又称"宪政专号")的版权页,以及第95期至第99期的全刊,未见。

《再生》(汉口1938)起始号的出版期号标注形式,主要为刊头要目栏的"第一号",内页天头的"第一期"。1938年7月14日("二十七年七月十四日")第2期("第二期")的出版期号标注形式,主要为刊头要目栏、内页天头的"第二期"。1938年10月15日("二十七年十月十五日")第3期("第三期")至1939年9月5日("二十八年九月五日")第29期("第二十九期")的出版期号标注形式，主要为刊头、首页目录栏（或次页目录栏）、内页天头的"第某期"。1939年10月10日（"民国二十八年十月十日"）第30期（"第三十期"）至第94期的出版期号标注形式，主要为封面（登载目录栏）、正文页天头、版权页（或内页版权栏）的"第某期"。其中，仅1943年11月15日第92期第11页有内页版权栏。1945年5月30日（"民国卅四年五月卅日"）第100期（"第一〇〇期"）的出版期号标注形式，主要为刊头、内页天头的"第某期"。1945年7月10日（"民国三十四年七月十日"）革新版第2期（总第101期）（"革新版第二期""总一〇一期"）至1945年12月5日（"民国三十四年十二月五日"）革新版第5期（总第104期）（"革新版第五期""总一〇四期"，又称"党派专号"）的出版期号标注形式，主要为封面、版权页的"革新版第某期""总某期"。1946年3月25日（"三十五年三月廿五日"）第105期（"第一〇五期"）至终刊号的出版期号标注形式，主要为封面（登载目录栏或要目栏）、奇数正文页天头的"第某期"。其中，仅1946年4月27日（"三十五年四月二十七日"）第110期（"第一一零期"）、1946年5月4日（"三十五年五月四日"）第111期（"第一一一期"）的封面登载要目栏，且第110期的版权页、第111期的第15页登载目录栏，而其余各期的封面则登载目录栏。1939年11月10日（"民国二十八年十一月十日"）第31期（"第三十一期"）第4页的天头，标注出版期号"第三十期"，疑有误。因为该期其余正文页的天头以及封面、版权页，标注出版期号"第三十一期"，且该期的前两册、后两册的正文页天头，分别标注出版期号"第二十九期""第三十期""第三十二期""第三十三期"。类似之误，还有1940年1月20日（"民国二十九年一月二十日"）第37期（"第三十七期"）第4页的天头，标注出版期号"第三十六期"。1941年1月11日（"中华民国三十年一月十一日"）第59期（"第五十九期"）的版权页，标注出版期号"第五十八期"，疑有误。因为该期的封面、正文页天头，标注出版期号"第五十九期"，且该期的前两册、后两册的版权页，分别标注出版期号"第五十七期""第五十八期""第六十期""第六十一期"。类似之误，还有1941年7月10日（"中华民国三十年七月十日"）第69期（"第六十九期"）的版权页，标注出版期号"第六十八期"。

《再生》（汉口1938）的出版时间表述形式，主要为民国纪年辅以公历纪月、纪日。其中，起始号、第2期的出版时间，标注在首页要目栏；第3期至第29期、第100期的出版时间，标注在刊头；第30期至第94期的出版时间，标注在封面、版权页（或内页版权栏）；革新版第2期（总第101期）至革新版第5期（总第104期）的出版时间，标注在版权页；第105期至终刊号的出版时间，标注在封面。1939年11月20日（"民国二十八年十一月廿日"）第32期

("第三十二期")的版权页,标注出版时间"中华民国二十八年十一月十日"(1939年11月10日),其中的出版日疑有误。因为该期的封面标注出版时间"民国二十八年十一月廿日",且该期的前两册、后两册的版权页,分别标注出版时间"中华民国二十八年十月十日"(1939年10月10日)、"中华民国二十八年十一月十日""中华民国二十八年十一月卅日"(1939年11月30日)、"中华民国二十八年十二月十日"(1939年12月10日)。1940年3月10日("民国二十九年三月十日")第42期("第四十二期")、1940年3月10日("民国二十九年三月十日")第43期("第四十三期")的封面、版权页,都标注出版时间"民国二十九年三月十日",这其中疑有误。1940年12月30日("中华民国二十九年十二月三十日")第58期("第五十八期",又称"新年特大号")的版权页标注的出版时间"中华民国三十年一月一日"(1941年1月1日),与其封面标注的出版时间"中华民国二十九年十二月三十日",不一致。类似之误,还有1941年5月30日("中华民国三十年五月三十日")第67期("第六十七期")的版权页,标注出版时间"中华民国三十年五月十日"(1941年5月10日)。

《再生》(汉口1938)起始号至第29期无版权页,但有刊头版权栏。据起始号的刊头版权栏所示,"主编者"为"孙斯鸣","发行者"为"再生周刊社","社址"为"汉口黄陂街德仁里六号","代售"为"各大书店均有代售"。后来,该刊的刊头版权栏登载的版权信息有所变更。"发行者"在第3期至1939年1月25日第12期,为"张启明"。"社址"在第3期至1938年11月25日第8期,为"重庆中四路十五号转";在1938年12月4日第9期至第29期,为"重庆黉学街十号"。在第3期至第29期,"代售"变更为"总经售",且"总经售"为"中国图书杂志公司";"总经售"之左增加登载"地址"为"重庆黉学街十号"。

在第30期至第94期中,第30期至1941年12月20日第76/77期合刊有版权页,且1941年8月15日第71期至第76/77期合刊还有封面版权栏;第78/79期合刊至1943年8月15日第91期无版权页,但有封面版权栏;第92期无版权页,但有内页版权栏;1944年2月5日第93期、第94期无版权页或版权栏。据第30期的版权页所示,"主编兼发行"为"再生旬刊社","社地"为"重庆曾家岩四十五号","总经售"为"中国图书杂志公司","分销处"为"各大书店"。后来,该刊的版权页登载的版权信息有所变更。"社地"在第31期至第76/77期合刊,变更为"社址"。"总经售"在1940年10月1日第51期(又称"复刊特大号"),为"再生旬刊社";在1941年9月25日第72期至第76/77期合刊,为"华中图书公司"。在1941年3月10日第62期至第72期,"分销处"之左增加登载"印刷者"。"印刷者"在第62期至1941年4月20日第65期,为"重庆厂厂址:两路口太田湾/南林印刷工业公司/驻城办事处:中一路嘉庐口";在1941年4月30日第66期至第72期,为"重庆印制厂:两路口太田湾新屋特一号/南林印刷工业公司/重庆营业所:中一路(嘉庐口)一一四号"。在1941年11月10日第74/75期合刊、第76/77期合刊,"印刷者"变更为"承印者"。"承印者"在第74/75期合刊,为"青年印书馆/地址:陕西街火厂巷二四五号";在第76/77期合刊,为"陕西街火厂/青年印书馆/巷二四五号"。第71期至1942年11月10日第85期、1943年1月15日第86期至第91期的封面版权栏,仅登载一条关涉出版者的版权信息,分别即"再生旬刊社出版/重庆曾家岩四十五号""再生旬刊社出版/地址:重庆汪山丁家坡二十号"。据第92期第11页的内页版权栏所示,"主编兼发行"为"再生杂志社","社址"为"重庆汪山丁家坡","经售处"为"各大书店"。

在第100期至革新版第5期(总第104期)中,第100期无版权页,但有刊头版权栏;革新版第2期(总第101期)至革新版第5期(总第104期)有版权页。据第100期的刊头版权栏所示,"编辑兼发行"为"再生杂志社","社址"为"重庆神仙洞街二四八号"。据革新版第2期(总第101期)的版权页所示,"编辑兼发行者"为"再生社/重庆下罗家湾红球坝六十三号","总经售"为"新知书店/重庆民生路一八三号","分销处"为"联营书店/重庆林森路/成都祠堂街/西安南院门/(大东书局代办)"。后来,该刊的版权页登载的版权信息有所变更。"总经售"在革新版第5期(总第104期),为"新知书店/重庆民生路七三号"。

在第105期至终刊号中,第105期至第109期、第111期至1946年7月6日第120期、1946年7月20日第122期至1946年8月10日第125期、1946年9月14日第130期至1946年11月16日第139期、1946年11月30日第141期、1946年12月14日第143期、1946年12月21日第144期、1947年1月11日第146/147期合刊、1947年2月8日第150期、1947年3月1日第153期、1947年3月22日第156期、1948年8月8日第226期,无版权页,但有内页版权栏。据第105期第3页的内页版权栏所示,"主编者""发行者"均为"再生社","发行所"为"上海福州路/再生社/三八四弄九号三楼"。后来,该刊的内页版权栏登载的版权信息有所变更。"发行所"在第156期,为"上海福州路三八四弄九号三楼再生社"。自1946年5月11日第112期起,"发行所"之左增加登载"印刷者"。"印刷者"在第112期至第120期、第122期至第125期、第130期至第139期、第141期、第143期、第144期,为"上海牯岭路六四号/均益联合印刷公司/电话 九三四五七";在第

146/147期合刊、第150期、第153期,为"上海牯岭路六四号/均益利国联合印刷公司/电话　九三四五七";在第156期,为"均益利国联合印刷公司/上海牯岭路六四号/电话　九三四五七"。第226期第10页的内页版权栏,仅登载"本刊经销处"为"上海福州路三七九弄十二号/上海书报杂志联合发行所/上海山东路中保坊二一五号/上海联合书报社/上海福州路三八四号/中国图书杂志公司"。个别几期有版权页:第110期的版权页的内容,同第105期的内页版权栏的内容。1947年11月2日第188期至1947年12月7日第193期的版权页,仅登载一条关涉出版者的版权信息,即"再生出版社/上海愚园路七四九弄卅一号";1948年9月6日第230期至1948年12月20日第244期、1949年1月10日第246期的版权页的内容,同第226期的内页版权栏的内容。第146/147期合刊至1947年10月25日第187期、1947年12月14日第194期至终刊号,有封面版权栏,且封面版权栏仅登载一条关涉出版者或发行者、印行者的版权信息。在第146/147期合刊至1947年4月19日第160期,为"上海福州路三八四弄九号三楼";在1947年4月26日第161期,为"上海愚园路七四九弄三十一号";在1947年5月3日第162期至第187期、第194期至1947年12月28日第196期,为"再生出版社/上海愚园路七四九弄三十一号";在1948年1月4日第197期至1948年10月4日第234期,为"再生出版社发行/上海愚园路七四九弄三十一号";在1948年10月11日第235期至终刊号,为"再生出版社印行/上海愚园路七四九弄三十一号"。

《再生》(汉口1938)第100期登载的《再生的新使命》谓"本刊原是中国国家社会党的机关什杂"[①],且第146/147期合刊至第161期的封面标注"中国民主社会党机关刊物之一"。据此,该刊为中国国家社会党(后来与民主宪政党合并为中国民主社会党)、中国民主社会党的机关刊物。据查,该刊的具体创办者之一为"现代新儒家"派的张君劢,且张君劢是中国国家社会党的领袖。

《再生》(汉口1938)总共出版251期,其中1938年11月18日第6/7期合刊("第六/七期合刊")、1939年3月30日第19/20期合刊("第十九·二十期合刊")、1939年4月25日第22/23期合刊("第二十二·三期合刊")、第74/75期合刊("第七十四/五期合刊")、第76/77期合刊("第七十六/七合期")、第78/79期合刊("第七十八/九合期")、第146/147期合刊("第一四六/七期合刊")、1947年11月16日第189/190期合刊("第一八九/一九〇

---

① 本社.再生的新使命[J].再生[汉口1938],1945(100):2.

合期")、1948年4月18日第210/211期合刊("第二一〇/二一一期合刊")、1948年12月13日第242/243期合刊("第二四二/三合期")、1949年2月28日第249/250期合刊("第二四九/二五〇期合刊"),均为两期合刊。因此,该刊实际上总共出版不超过240册。

《再生》(汉口1938)起初主要表现为周刊,但后来相继改成旬刊、半月刊,最终又改回周刊。起始号至第29期自我定位为周刊,拟逢周出版,因为起始号至第12期的刊头版权栏标注"再生周刊社"。但是,事实上每月都没有出足四期或五期(两期合刊按占据两周时间计算),且出版日从周一至周日不定。第30期至第94期自我定位为旬刊,拟逢旬出版,因其版权页或封面版权栏往往标注"再生旬刊"或"再生旬刊社出版"。但是,事实上许多月份都没有出版或没有出足三期(两期合刊按占据两旬时间计算),且出版日除10日、20日、月末日外,还有1日、5日、9日、11日、14日、15日、24日、25日。据第94期和第100期的出版时间推测,第95期和第99期之间存在较长的停刊时间。第100期至革新版第5期(总第104期)自我定位为半月刊,拟逢每半月出版,因为革新版第2期(总第101期)至革新版第5期(总第104期)的版权页在刊名之下标注"(半月刊)",且革新版第2期(总第101期)至1945年7月10日革新版第4期(总第103期)的版权页登载的价目说明,标注"半年十二册""全年二十四册"。但是,事实上相邻两期的出版时间都间隔一月甚或数月,且出版日有5日、10日、30日3种。自革新版第5期(总第104期)出版后,该刊停刊三个月有余。第105期至终刊号自我定位为周刊,拟逢周出版,因其版权页或封面版权栏、内页版权栏往往标注逢星期几出版。其中,第105期至1946年4月15日第108期,表现为标准的周刊,逢周一出版。1946年4月20日第109期至终刊号,主要表现为周刊(两期合刊按占据两周时间计算)。而且,第109期至第187期,一般逢周六出版;第188期至1948年8月15日第227期,一般逢周日出版;1948年8月23日第228期至终刊号,一般逢周一出版。不过,1948年8月2日第225期、终刊号的出版日,分别为周一、周五。此外,1946年12月28日第145期、第188期、1948年4月4日第209期、1948年11月29日第241期出版后的1947年1月4日周六、1947年11月9日周日、1948年4月11日周日、1948年12月6日周一,没有出版。但这四日理应出版的四期,可分别由第146/147期合刊、第189/190期合刊、第210/211期合刊、第242/243期合刊补足。1947年1月18日第148期出版后的1947年1月25日周六,1948年2月8日第202期、1948年7月11日第223期、1948年7月25日第224期、第235期、1948年12月27日第245期出版后的1948年2月15日、7月18

日、8月1日这三个周日及1948年10月18日、1949年1月3日这两个周一,1949年1月24日第248期、第249/250期合刊出版后的1949年1月31日至2月14日、3月7日至28日的周一,没有出版且无合刊补足,从而导致八次停刊。

《再生》(汉口1938)设有"时评""社论""短评""时事周评""通讯导报""社言"等栏目。《再生》(汉口1938)虽然重新编排出版期号,但实际上完全是《再生》(北平1932)的延续而与之没有本质的区别。

《再生》是与"现代新儒家"派密切相关的重要报刊之一,因为该刊在一定程度上体现了"现代新儒家"派的重要成员张君劢对中西文化乃至东西文化的比较、研究。

(三)"甲寅"派

(1)《甲寅》

《甲寅》历经三次编排出版期号,但刊名始终不变。为区分起见,本书在《甲寅》的刊名之后,辍以该刊历次编排出版期号时起始号的出版地和出版年,分别使用"《甲寅》(东京1914)""《甲寅》(北京1917)""《甲寅》(北京1925)"三词。

《甲寅》由"甲寅杂志社"于1914年在日本东京创刊,于是《甲寅》(东京1914)诞生。其创刊号为1914年5月10日("大正三年五月十日")第1卷第1号("第壹卷第壹号"),终止号为1915年10月10日("大正四年十月十日")第1卷第10号("第壹卷第十号")。之后,《甲寅》于1917年在北京复刊,从而成为《甲寅》(北京1917)。其起始号为1917年1月28日第1号,终止号为1917年6月18日第150号。再后,《甲寅》由"甲寅周刊社"于1925年在北京再次复刊,从而成为《甲寅》(北京1925)。其起始号为1925年7月18日("民国十四年七月十八日")第1卷第1号("第壹卷第壹号"),终刊号为1927年4月2日("民国十六年四月二日")第1卷第45号("第壹卷第肆拾伍号")。

1.《甲寅》(东京1914)

《甲寅》(东京1914)1914年6月10日("民国三年六月十日")第1卷第2号("第壹卷第贰号")、1915年8月10日("中华民国四年八月十日")第1卷第8号("第壹卷第八号")、终止号的版权页,未见。

《甲寅》(东京1914)的出版期号标注形式,主要为封面、目录首页、偶数正文页侧口的"第某卷第某号",且封面标注的出版卷数,以及创刊号至1914年11月10日("民国三年十一月十日")第1卷第4号("第壹卷第肆号")的封面标注的出版号数，均使用大写汉语数字。该刊的出版时间表述形式，主要为封面、版权页的民国纪年辅以公历纪月、纪日。但是，创刊号和终止号的封面的出版时间表述形式为日本天皇年号（当时为"大正"）纪年辅以公历纪月、纪日，而1914年7月10日（"民国三年七月十日"）第1卷第3号（"第壹卷第参号"）、第1卷第4号的封面则兼用这两种。此外，创刊号、第1卷第3号、第1卷第4号的版权页，不标注出版时间。

据《甲寅》（东京1914）创刊号的版权页所示，"发行人"为"渐生"，"编辑人"为"秋桐"，"发行所"为"日本东京小石川区林町七十番地/甲寅杂志社"，"印刷所"为"日本东京小石川区久坚町百○八番地/博文馆印刷所"，"上海代派处"为"来青阁书庄/中华图书馆/扫叶山房/著易堂/国华书局/海左书局/千顷堂/药光社/时中书局/会文堂/江左书林/艺林书局/科学书局/时新书局/中国图书公司/新学会社/群学社/神州图书馆/科学编译部"，"各埠代派处"为"北京直隶书局/北京鸿文书局/南京江南图书公司/广东著易堂/武昌著易堂/天津直隶书局/保定直隶书局/奉天会文堂/常州晋升山房/钱江电灯公司/无锡乐群公司/常熟福学堂/宁波新学会社/宁波汲绠斋/长沙群益图书公司/长沙集成图书公司/成都萃记书庄/重庆萃记书庄"。后来，该刊版权页登载的版权信息有所变更。在第1卷第3号、第1卷第4号，"发行所"为"日本东京木乡区驹込神明町三二七番地/甲寅杂志社"；"印刷所"之左依次增加登载"东京代派处"为"东京神田区神保町停留场/岩松堂"，"北京代发行所"为"北京琉璃厂/作新社"；"上海代派处"增加登载"亚东图书馆""时务书局"；"各埠代派处"增加登载"镇江大成书局""镇江吴春记""嘉善全昌洋货号""苏州图书总汇处""山西文元堂""南京共和书局""宝庆阅报社""南宁石渠书局""云南维新书局"，且不再登载"钱江电灯公司"。在第1卷第3号，"东京代派处"之左、"北京代发行所"之右还增加登载"上海代发行所"为"上海四马路五百五十三号/甲寅杂志代发行所"。

自第1卷第4号之后，《甲寅》（东京1914）的版权页登载的版权信息发生较大变化，尤其是出版地由日本东京变更为中国上海。据1915年5月10日第1卷第5号的版权页所示，"编辑者"为"秋桐"，"出版者"为"甲寅杂志社"，"印刷兼发行者""总发行所"均为"上海四马路福华里/亚东图书馆"，"本埠分售处"为"艺林书局/群益书社/商务印书馆/中华书局/中国图书公司/文明书局/科学会/鸿文书局/锦章图书局/泰东图书局"，"外埠分售处"为"北京直隶书局/北京龙文阁/天津新华书局/太原晋新书社/济南日新书局/奉天奉天图书馆/龙江维新书报社/西安公益书局/兰州正本书社/开封百城书馆/开封文会山房/武昌昌明公司/汉口昌明公司/长沙集成书社/云南维新书局/贵阳群明书社/成都萃记书庄/成都二酉山房/重庆萃记书庄/重庆二酉山房/南昌慎修堂/南昌点石斋/芜湖科学图书社/屯溪科学图书社/南京共和书局/常州晋升山房/无锡乐群公司/苏州振新书社/苏州图书总汇处/常熟平民图书馆/扬州竞存书馆/南通导文社/杭州问经堂/宁波文明学社/绍兴教育馆/温州日新书社/桂林石渠书局/广州蒙学书局/嘉应启新书局/香港萃文书坊/汕头鼎新书局/福州宏文阁/福州陈寿记/厦门新民书社/各省中华书局/各省商务印书馆"。后来，该刊的版权页登载的版权信息有所变更。在1915年7月10日第1卷第7号、1915年9月10日第1卷第9号，"外埠分售处"增加登载"北京浣花书局""济南教育图书社""奉天图书发行所""奉天章福记书庄""吉林图书发行所"，且不再登载"北京直隶书局""奉天奉天图书馆""嘉应启新书局""各省商务印书馆"。据查，该刊的具体创办者、具体主编为"甲寅"派的章士钊。

《甲寅》（东京1914）总共出版1卷10号，且没有合刊。因此，该刊实际上总共出版10册。创刊号、第1卷第3号的封面，第1卷第4号的封面，分别标注"每月十日一回发行""每月一回十日发行"；创刊号、第1卷第3号、第1卷第4号的版权页登载的《定报价目》，第1卷第5号至第1卷第7号、第1卷第9号的版权页登载的《定价》，分别标注"全年十二册""半年六册"，"半年六册""全年十二册"。据此，该刊自我定位为月刊，拟逢每月10日出版。事实上，该刊就主要表现为月刊，一般逢每月10日出版。不过，第1卷第3号、第1卷第4号出版后的1914年8月至10月、1914年12月至翌年4月，没有出版且无合刊补足，从而导致两次停刊。自终止号出版后，该刊因袁世凯政府的查禁而第三次停刊。

《甲寅》（东京1914）设有"时评""评论之评论""通讯""论坛""文苑""诗录"等栏目。不过，该刊重点推介的署名长文都登载于栏目之前的位置。该刊是内容丰富的社会科学类期刊，其登载的内容涉及政治、经济、法律、教育、文学、历史、哲学、逻辑学和时事等诸多方面，并且不乏文学作品。不过，该刊更偏于评议时政而俨然是时政评论类期刊。

2.《甲寅》（北京1917）

《甲寅》（北京1917）的原刊，未见。因此，该刊的出版期号标注形式、出版时间表述形式以及版权信息均不详。据查，该刊的具体创办者、具体主编为"甲寅"派的章士钊。

据查，《甲寅》（北京1917）总共出版150号，但因编排出版期号有误而实际上总共出版142号。据此推断，该刊可能实际上总共出版142册。另据查，该刊自我定位为日刊，每日出版一号，且周六、周日一般也出版。自终止号出版后,该刊因张勋率"辫子军"逼近北京、章士钊避居天津而停刊。

据上海的商务印书馆于1922年1月出版的章士钊所编《甲寅杂志存稿》(全二册)上卷收录的原载于《甲寅》(北京1917)的文章推断,《甲寅》(北京1917)与《甲寅》(东京1914)在内容上颇为类似,而二者最大的区别可能仅在于出版形式一为日刊、一为月刊。

一般认为,《甲寅》(北京1917)在很大程度上是《甲寅》(东京1914)的延续,因为二者的思想倾向基本一致,即都偏于宣扬缓和的自由主义政治主张。

3.《甲寅》(北京1925)

《甲寅》(北京1925)有多个版次,而笔者曾见初版、再版和第3版。因版次变化尤其是订正前版错漏之故,不同版次的文字略有不同。笔者所见该刊起始号有二,即再版(有版权页)和第3版(有版权页)。以下所述,都仅就初版而言。

《甲寅》(北京1925)的出版期号标注形式,主要为封面、首页目录栏、偶数正文页侧口的"第某卷第某号",且封面标注的出版卷数和出版号数均使用大写汉语数字。该刊的出版时间表述形式,主要为封面的民国纪年辅以公历纪月、纪日。

据《甲寅》(北京1925)1925年7月25日("民国十四年七月廿五日")第1卷第2号("第壹卷第贰号")的版权页(与再版的起始号的版权页相同)所示,"编辑者"为"钟介民","总发行所"为"北京宣外大街二百号/甲寅周刊社/电话南局四四六号","分发行所"为"北京西河沿二一七号/甲寅周刊发行所/电话南局三六九号","印刷所"为"北京西河沿二一七号/京津印书局/电话南局三六九号","寄售处"为"本京及外埠各大书局"。后来,该刊的版权页登载的版权信息有所变更。在1925年12月5日第1卷第21号至1926年3月27日第1卷第35号,"编辑者"为"甲寅周刊编辑部","分发行所"为"天津日本租界伏/甲寅周刊通讯处/见街居仁里九号","印刷所"变更为"代印者"。"总发行所"在1925年8月15日第1卷第5号至1925年11月28日第1卷第20号、1925年12月12日第1卷第22号至第1卷第35号,为"北京宣外大街二百号/甲寅周刊社/电话南局六十九号";在第1卷第21号,为"甲寅周刊社"。"寄售处"在1925年10月10日第1卷第13号至第1卷第35号,不再登载。

在1925年8月1日第1卷第3号至1925年10月3日第1卷12号,"寄售处"之左增加登载"代售处",而在第1卷第13号至第1卷第35号,"代售处"位于"印刷所"之左。"代售处"在第1卷第3号,为"北京"的"锦章书局/

直隶书局/淳青阁/佩文斋/文明斋/四友书社/会友书社/三元斋/东亚书局/文美书庄/华鑫书社/新华书社/佩文书庄/饷华书局/聚文斋/文美斋/宝仁堂书局/文智书局/大东书局/各大学号房""上海"的"亚东图书馆/群益书社/文明书局/有美堂/上海书店/及各书坊""汉口"的"中华书局/东壁图书社""武昌"的"共进书社/时中合作书社""长沙"的"群益书社/及各书坊""南京"的"乐天书馆/天一书局""苏州"的"振新书社""杨州"的"志成书馆""成都"的"华阳书报流通处"。此后的"代售处",都在前一号的"代售处"的基础上有所变更(尤指增删)。1925年8月8日第1卷第4号,分别变更"北京"的"佩文书庄""宝仁堂书局"为"文佩书庄""宝文堂书局",且增加登载"北京"的"文古斋""天津"的"德聚书局/文化书局/集成书局/广益书局/务本斋/直隶书局/华西书庄/新华书局""开封"的"文化书社""太原"的"晋华书社"。第1卷第5号、1925年8月22日第1卷第6号,增加登载"南京"的"启明书社""常州"的"华新书社"。1925年8月29日第1卷第7号、1925年9月5日第1卷第8号,变更"北京"的"文佩书庄"为"佩文书庄",且增加登载"北京"的"会文书局/图书公司/鸿宝阁/彬珊氏药房""上海"的"胡暇律师事务所""南京"的"共和书局""南昌"的"中华书局"。1925年9月12日第1卷第9号至1925年10月3日第1卷第12号,增加登载"上海"的"半闲雅集""长沙"的"泰东图书局""南京"的"南京书店""奉天"的"中华书局""常熟"的"振华公司""广州"的"时敏书局",且不再登载"天津"的"文华书局""上海"的"胡暇律师事务所""南京"的"启明书社"。第1卷第13号至1925年11月7日第1卷第17号,增加登载"北京"的"清华学校售品处""上海"的"泰东图书局""南京"的"泰东图书局""奉天"的"会文堂""保定"的"博文堂""杭州"的"一中书报贩卖处",且不再登载"北京"的"大东书局""上海"的"及各书坊"。1925年11月14日第1卷第18号、1925年11月21日第1卷第19号,增加登载"天津"的"务本斋""南京"的"宏化印刷所""开封"的"国民书社""杭州"的"古今图书店""重庆"的"重庆书店""汕头"的"民声日报社",且不再登载"北京"的"锦章书局""三元斋""华鑫书社""饷华书局"。第1卷第20号至1926年1月2日第1卷第25号,增加登载"上海"的"宝山书店""光华书局""南宁"的"南宁书局""衡州"的"衡州派报社"。1926年1月9日第1卷第26号至1926年3月13日第1卷第33号,增加登载"九江"的"中华书局""厦门"的"集美学校消费社"。1926年3月20日第1卷第34号、第1卷第35号,不再登载"北京"的"文美斋""天津"的"新华书局""汉口""奉天""九江""南昌"的中华书局,且增加登载"奉天/汉口/九江/南昌/兰州"的"各中华书局""涪州"的"涪陵合作书社","温州"的"商务印书分馆"。

自第 1 卷第 35 号后,《甲寅》(北京 1925) 的版权页登载的版权信息发生较大变化,尤其是出版地由北京变更为天津。据 1926 年 12 月 18 日第 1 卷第 36 号的版权页所示,"编辑者"为"章清吾","总发行所"为"天津日界须磨街春生里四号/甲寅周刊社","印刷所"为"天津特别一区大沽路/光华印刷公司/电话南局一三二九号"。后来,该刊的版权页登载的版权信息有所变更。"总发行所"在 1926 年 12 月 25 日第 1 卷第 37 号至终刊号,为"天津日界吉野街八号/甲寅周刊社"。"印刷所"在终刊号,为"南马路南善堂胡同/天成印字馆/电话总局四四六〇"。据查,该刊的具体创办者、具体主编为"甲寅"派的章士钊。

《甲寅》(北京 1925)总共出版 1 卷 45 号,且没有合刊。因此,该刊实际上总共出版 45 册。该刊各号的封面标注"每星期六日发行",版权页标注"甲寅周刊社",且版权页登载的价目表标注"每月四期""半年二十六期""全年五十二期"。据此,该刊自我定位为周刊,拟逢周六出版。事实上,该刊就主要表现为周刊,一般逢周六出版。不过,1926 年 2 月 6 日第 1 卷第 30 号、第 1 卷第 35 号、1927 年 1 月 22 日第 1 卷第 41 号、1927 年 2 月 26 日第 1 卷第 44 号出版后的 1926 年 2 月 13 日至 20 日、4 月 3 日至 12 月 11 日、1927 年 1 月 29 日至 2 月 5 日、3 月 5 日至 26 日的周六,没有出版且无合刊补足,从而导致四次停刊。其中,第二次停刊的原因在于段祺瑞执政府倒台、时任教育总长的章士钊避居天津。至于终刊原因,包括办刊经费紧缺、章士钊被中国国民党通缉等。

《甲寅》(北京 1925)设有"时评""通讯""特载""说林""征文""书林丛讯""章氏墨学"等栏目。不过,该刊重点推介的署名长文都登载于"时评"栏目之后的位置。该刊也是内容丰富的社会科学类期刊,其登载的内容涉及政治、经济、法律、教育、文学、历史、哲学、逻辑学和时事等诸多方面,并介绍新书。此外,该刊也极为注重评议时政而俨然是时政评论类期刊。该刊的一大特征是激烈反对"新文化"派等民国激进主义者倡导的"新文化",并坚决拒载白话体作品。也正因如此,在思想倾向上,该刊较之于《甲寅》(东京 1914)和《甲寅》(北京 1917),转为保守主义。

《甲寅》是"甲寅"派最为重要的理论阵地,因为章士钊等"甲寅"派成员最初论究中西文化乃至东西文化的重要文章大多都发表在该刊上。

(四)"学衡"派

(1)《学衡》

《学衡》由"学衡杂志社"在江苏南京创刊,其创刊号为 1922 年 1 月("民国十一年一月")第 1 期("第一期"),终刊号为 1933 年 7 月("民国二十二年七月")第 79 期("第七十九期")。该刊有多个版次,而笔者曾见初版和第 3 版。因版次变化尤其是订正前版错漏之故,不同版次的文字略有不同。笔者所见该刊创刊号有二,即疑似初版(未见版权页或版权栏)和第 3 版(有版权页)。以下所述,都仅就初版而言。

《学衡》的出版期号标注形式,主要为封面、目录首页、偶数正文页侧口的"第某期",且封面、英语目录首页还标注英语形式的出版期号,分别即"No.(使用阿拉伯数字)""(使用英语形式的阿拉伯数字序数)Issue"。其中,创刊号至 1923 年 1 月("民国十二年一月")第 13 期("第十三期")无英语目录页。该刊的出版时间表述形式,主要为封面、目录首页、版权页的民国纪年辅以公历纪月,且封面、英语目录首页还标注英语形式的出版时间,即公元纪年(使用阿拉伯数字)辅以公历纪月(使用英语)。但是,1929 年 7 月("民国十八年七月")第 70 期("第七十期")、1931 年 1 月("民国二十年一月")第 73 期("第七十三期")至第 1931 年 3 月("民国二十年三月")第 75 期("第七十五期")的封面,不标注出版时间;1929 年 9 月("民国十八年九月")第 71 期("第七十五期")、1929 年 11 月("民国十八年十一月")第 72 期("第七十二期")的封面,仅标注英语形式的出版时间;仅 1929 年 3 月("民国十八年三月")第 68 期("第六十八期")、第 70 期至第 73 期的目录首页,标注出版时间。第 72 期的封面标注英语形式的出版时间"OCOTOBER 1929"(意为"1929 年 10 月"),其中的出版月疑有误。因为该期的英语目录首页标注出版时间"November 1929"(意为"1929 年 11 月"),目录首页、版权页标注汉语形式的出版时间"民国十八年十一月"(1929 年 11 月),且 1929 年其余各期都是逢单数月出版。1931 年 3 月("民国二十年三月")第 74 期("第七十四期")的英语目录首页,标注英语形式的出版时间"March 1930"(意为"1930 年 3 月"),其中的出版年疑有误。因为该期的版权页标注出版年"民国二十年"(1931 年),且该期的前一册(第 73 期)的出版年"民国二十年"年已晚于 1930 年。第 74 期、第 75 期的版权页,都标注出版时间"民国二十年三月"(1931 年 3 月),这其中疑有误。

由于时局动乱、经费紧张以及吴宓欧游等原因,多期《学衡》标注的出版时间与其实际的出版时间不符。比如标注出版时间为 1926 年 11 月("民国十五年十一月""November 1926")的第 59 期,据《吴宓日记:第三册 1925—1927》中 1927 年 11 月 27 日星期日的日记记载的"是日下午中华寄到《学衡》

59期样本"①,以及翌日的日记记载的"《学衡》59期,望之已久","乃寄到后,翻阅一过,排版错误之处甚多"②所示,其实际出版时间应为1927年11月。也正因如此,多期《学衡》标注的出版时间往往与其登载的具体内容的发生时间相矛盾。比如标注出版时间为1926年12月("民国十五年十二月""December 1926")的第60期,在目录中,"插画"栏目罗列的插图题名,有《王静庵先生(国维)遗像》《颐和园鱼藻轩王静安先生自沈处》,"述学"栏目罗列的文题《黑车子室韦考》之下,有标注"王国维遗著";而在内页中,"插画"栏目登载的插图,就有《王静庵先生(国维)遗像》③《颐和园中之鱼藻轩(王静安先生自沈处)》④,"述学"栏目登载的王国维所撰《黑车子室韦考》,就于署名之下附注"遗著"⑤。但是,王国维实际上逝世于1927年6月。据《吴宓日记:第四册1928—1929》中1928年1月16日星期一的日记记载的"《学衡》60期出版"⑥所示,第60期的实际出版时间应为1928年1月。再如标注出版时间为1929年1月("民国十八年一月""January 1929")的第67期,在目录中,"述学"栏目罗列的文题《弗列得力希雷格尔逝世百年纪念》之下,有标注"录大公报文学副刊";而在内页中,"述学"栏目登载的《德国浪漫派哲学家兼文学批评家弗列得力希雷格尔逝世百年纪念Friedrich Schlegel(1772—1829)》,就于文题之下附注"录天津大公报文学副刊"⑦。但是,《大公报》(天津版)副刊《文学》实际上于1929年4月8日、15日、22日连载该文。又如标注出版时间为1929年9月("民国十八年九月""SEPTEMBER 1929")的第71期,在目录中,"插画"栏目罗列的插图题名,有《英国新任桂冠诗人梅丝斐尔像(John Masefield)》《近顷逝世之英国小说家洛克像(William John Locke)》;而在内页中,"插画"栏目登载的插图,就有《梅丝斐尔像》《洛克像》,且其左分别标注"氏于一九三〇年五月十日被命为英国桂冠诗人,以继

---

① 吴宓.吴宓日记:第三册1925—1927[M].吴学昭,整理.北京:生活·读书·新知三联书店,1998:444.
② 吴宓.吴宓日记:第三册1925—1927[M].吴学昭,整理.北京:生活·读书·新知三联书店,1998:444-445.
③ 佚名.王静庵先生(国维)遗像[J].学衡,1926(60):无页码["插画"栏目第1页].
④ 佚名.颐和园中之鱼藻轩(王静安先生自沈处)[J].学衡,1926(60):无页码["插画"栏目第1页].
⑤ 王国维.黑车子室韦考[J].学衡,1926(60):1.
按:该文登载于《学衡》1926年12月第60期第1-4页(署名之下附注"遗著");此后又登载于《国学论丛》1928年4月第1卷第3号(又称"王静安先生纪念号")第35-37页。
⑥ 吴宓.吴宓日记:第四册1928—1929[M].吴学昭,整理.北京:生活·读书·新知三联书店,1998:10.
⑦ 佚名[吴宓].德国浪漫派哲学家兼文学批评家弗列得力希雷格尔逝世百年纪念Friedrich Schlegel(1772—1829)[J].学衡,1929(67):1-31.
按:该文的文题之下附注"录天津大公报文学副刊"。

卜里吉斯 Robert Bridges(1844—1930)之后"[1],"氏为英国著名小说家,一九三〇年五月十五日在巴黎逝世"[2]。确实,梅丝斐尔(现通译为"约翰·梅斯菲尔德")获称"桂冠诗人"、洛克(现通译为"威廉·约翰·洛克")逝世的时间均为1930年5月。此外,标注出版时间为1933年7月("民国二十二年七月""July 1933")的终刊号登载的《学衡杂志社启事》,出现"民国二十二年八月一日,学衡杂志社敬启"[3](其中的时间即1933年8月1日)一句。总而言之,该刊各期的实际出版时间还有待考证。

据《学衡》1922年2月第2期的版权页(与第3版的创刊号的版权页不同)所示,"编辑兼发行者"为"南京鼓楼北二条巷廿四号/学衡杂志社","印刷者"为"上海静安寺路一九二号/中华书局","总发行所"为"上海棋盘街/中华书局","分发行所"为"各省中华书局"。后来,该刊的版权页登载的版权信息有所变更。"编辑兼发行者"在1923年10月第22期至1924年7月第31期,为"南京鼓楼东保泰街十号/学衡杂志社";在1924年8月第32期至1925年10月第46期,为"南京四牌楼南仓巷二号/学衡杂志社";在1925年11月第47期至第72期,为"北平清华园邮局转交/学衡杂志社";在第73期至终刊号,被拆分为"编辑者"和"发行者",且"编辑者"在第73期、1932年5月第76期至终刊号为"吴宓",在第74期、第75期为"胡稷咸",而"发行者"均为"北平清华园邮局转交/学衡杂志社"。"印刷者"在1926年3月第51期至1926年7月第55期、1926年9月第57期至第68期,为"上海静安寺路二七七号/中华书局";在1929年5月第69期至第73期,为"上海静安寺路/中华书局";在第74期至终刊号,为"上海静安寺路一四八六号/中华书局"。据查,该刊的具体创办者为"学衡"派的梅光迪、吴宓、胡先骕等人。该刊遵从梅光迪提出的不设社长、总编、撰述员等名目以免名位之争的建议,不设主编一职。但是,1922年5月第5期登载的《学衡杂志简章》文后的《附本杂志职员表》,标注"总编辑兼干事吴宓"[4],而第32期登载的《学衡杂志简章》文后的《附职员表》,则标注"总编辑吴宓"[5]。《学衡杂志简章》连续登载于疑似初版的创刊号至1922年3月第3期,其后个别几期也有登载,但《附本杂志职员表》以及后来的《附职员表》都是时有时无。据查,"学衡"派的吴宓就是该刊事实上的具体主编。

---

[1] 佚名.梅丝斐尔像[J].学衡,1929(71):无页码["插画"栏目第1页].
[2] 佚名.洛克像[J].学衡,1929(71):无页码["插画"栏目第2页].
[3] 佚名[吴宓].学衡杂志社启事[J].学衡,1933(79):无页码[扉页].
[4] 佚名[吴宓].学衡杂志简章[J].学衡,1922(5):无页码[扉页].
[5] 佚名[吴宓].学衡杂志简章[J].学衡,1924(32):无页码[扉页].

《学衡》第 13 期在正文之后、版权页之前登载了用英语介绍该刊的《A STATEMENT BY THE CRITICAL REVIEW（学衡杂志）》，但该文既没有署名，也不在目录中。该文虽不起眼，却反映了该刊乃至于"学衡"派的一些重大变化。比如，自 1923 年 2 月第 14 期开始，该刊一般都会在目录之后，附加英语目录，且英语目录的上半页用英语简介该刊并标注"编者吴宓"（"Mi Wu, Editor"），而下半页则用英语标注该期的出版期号、出版时间，并登载重点推荐篇章的目录。再如，作为该刊主要创始人之一的梅光迪，自从在第 14 期发表《安诺德之文化论》后，不但不再为该刊供稿，还明言与该刊分道扬镳。

《学衡》总共出版 79 号，且没有合刊。因此，该刊实际上总共出版 79 册。《学衡杂志简章》谓"每月一册，阳历朔日出版"①；各期英语目录首页在英语刊名之下标注"A Monthly Journal in Chinese"（意为"中文月刊"）；第 2 期至第 60 期的版权页登载的《定价表》标注"半年六册""全年十二册"。据此，该刊自我定位为月刊，拟逢每月 1 日出版。事实上，创刊号（疑似初版）至 1926 年 12 月第 60 期，就表现为标准的月刊，逢月出版。第 60 期出版后的 1927 年，没有出版且无合刊补足，从而导致首次停刊。第 60 期至 1928 年 5 月第 63 期、1928 年 9 月第 65 期、1929 年 7 月第 70 期至第 76 期的版权页登载的《学衡杂志社/中华书局启事》道："兹因时局及种种关系，不得已由第六十一期起，暂改为两月一期，年出六期。"②1928 年 1 月第 61 期至第 72 期、第 73 期至终刊的版权页分别登载的《定价表》、价目表，标注"全年六册"。据此，该刊自第 61 期起自我定位为双月刊，拟逢双月出版。但是，事实并非如此。第 61 期至第 72 期，表现为标准的双月刊，逢单数月出版。第 72 期出版后的 1930 年，没有出版且无合刊补足，从而导致再次停刊。第 73 期至终刊号，主要表现为不定期刊。除第 73 期和第 74 期、1933 年 5 月第 78 期和终刊号的出版时间间隔两个月外，其余各期的出版时间间隔五个月至十四个月不等。

《学衡》设有"插画""通论""述学""文苑""杂缀""书评"等栏目。该刊各期的英语目录首页，在英语刊名之下标注"Devoted to Literature, Philosophy, Art, and Social Science"（意为"专注于文学、哲学、艺术和社会科学"）。事实上，该刊就是内容丰富的社会科学类期刊，其登载的内容涉及文学、历史、哲学、政治以及教育学等诸多方面，并且不乏文学作品。不过，该刊更偏于学术研究而俨然是学术类期刊。该刊的一大特征是激烈反对"新文化"派等民

---

① 佚名［吴宓］.学衡杂志简章［J］.学衡，1922（1）：无页码［扉页］.
② 佚名［吴宓］.学衡杂志社/中华书局启事［J］.学衡，1926（60）：无页码［扉页］.

国激进主义者倡导的"新文化",并坚决拒载白话体作品。

《学衡》是"学衡"派最为重要的理论阵地,因为梅光迪、吴宓、胡先骕、刘伯明、柳诒徵等"学衡"派成员最初论究中西文化乃至东西文化的重要文章大多都发表在该刊上。

(2)《湘君》

《湘君》由湖南长沙明德学校的"湘君社"在校内创刊,其创刊号、终刊号不详。据查,该刊创刊于1922年6月,后于1925年6月至9月间终刊。笔者仅见第3期("第三期"),且其出版时间不详。

据《湘君》第3期("第三期")推断,该刊的出版期号标注形式主要为封面的"第某期"。该刊的出版时间表述形式不详。

据《湘君》第3期的版权页所示,"编辑兼发行者"为"长沙太安里明德学校内/湘君社","印刷者"为"长沙织机巷电话六二六/湘鄂印刷公司","代派处"为"汉口福忠里明德大学向复庵君/法界伟英里周光午君""南京鼓楼东保泰街十号吴雨僧君/东南大学李水若君/门帘桥乐天书局""上海江湾文治大学刘树梅君/江湾复旦大学李伟超君""北京西直门外清华学校罗正晫君/中国大学谢羕安君""奉天东北大学缪幼虞君/景赞南君""广东广州国立师范大学屈凤梧君"。其中,"缪幼虞君、景赞南君"疑为"缪赞虞君、景幼南君"之误,分别指缪凤林、景昌极。据查,该刊的具体创办者为"学衡"派的吴芳吉、刘永济等人。其中,吴芳吉是具体主编,而刘永济则为"湘君社"社长。

《湘君》第3期设有"插画""社论""专著""散文""诗歌""词曲""戏剧""小说""附录"等栏目。据此推断,该刊是社会科学类期刊,其登载的内容涉及文学、历史、哲学等诸多方面,并且包含大量文学作品。不过,该刊更偏于文学研究而俨然是文学期刊。

《湘君》与《学衡》存在着很大的关联。据《国风》(南京1932)1934年12月1日第5卷第10/11号合刊登载的吴芳吉于1922年3月31日写给吴宓的信件所示,当时吴芳吉正在筹备创办的该刊是"踵学衡而起",并且"主张以道德与文艺合一为宗旨",只不过"学衡为大学师生所组织",而该刊"则为中学师生所组织"①。关于该刊与《学衡》的关系,第3期登载的《上期报告》的文末有进一步的说明:"湘君之稿有互见于学衡者,以学衡湘君同声气也。所微有不同之处,湘君旨趣但言文章,学衡范围更及他事。湘君之气象活泼,学衡之态度谨严。湘君之性近于浪漫,学衡之人恪守典则。湘君意在自

---

① 周光午,选辑.吴芳吉先生遗著续篇[J].国风[南京1932],1934,5(10/11):22.
按:引文出自该文的《二、与吴雨僧书札(凡二十札)》之《二》,即吴芳吉写给吴雨僧(吴宓)的第二个信件(文后附注"十一年三月三十一日",即1922年3月31日)。下同。

愉,学衡存心救世。"①可以说,该刊是《学衡》的盟友,其宗旨也与《学衡》的宗旨大体相同。事实上,该刊在很大程度上就是为支持《学衡》而创办,且其不少文章都被《学衡》转载甚或预载。吴芳吉写给吴宓的信件还提到:该刊"既属中学程度,故白话作品,只要明净无时流习气,亦兼收入。因中学一年级内,本授白话故也。"②据此,该刊较之于《学衡》的一大显著差异就是不拒载白话体作品。此外,较之于《学衡》,"以道德与文艺合一为宗旨"的该刊更偏于阐发传统的"文以载道""文以明道"的文艺创作思想。

《湘君》是与"学衡"派密切相关的重要报刊之一,因为该刊集中体现了"学衡"的重要成员吴芳吉对中西文化乃至东西文化的比较、研究。

(3)《大公报》(天津版)副刊《文学》

《文学》是《大公报》(天津版)的副刊。

《文学》在直隶天津创刊,其创刊号为1928年1月2日("中华民国十七年一月二日")第1期("第一期"),终刊号为1934年1月1日("中华民国二十三年一月一日")第313期("第三百十三期")。

《文学》的出版期号标注形式,主要为刊头的"第某期",且刊头还标注法语形式的出版期号,即"No(或'No,''No.''No')(使用阿拉伯数字)"。1929年5月27日("中华民国十八年五月二十七日")第72期("第七十二期")的刊头,标注法语形式的出版期号"No71",疑有误。因为该期的刊头,标注汉语形式的出版期号"第七十二期",且该期的前两份、后两份的刊头,分别标注法语形式的出版期号"No70""No71""No73""No74"。类似之误,还有1929年10月7日("中华民国十八年十月七日")第91期("第九十一期")、1933年4月3日("中华民国二十二年四月三日")第274期("第二百七十四期")的刊头,分别标注法语形式的出版期号"No90""No273"。

《文学》的出版时间表述形式,主要为天头(即天津版《大公报》的天头)的民国纪年辅以公历纪月、纪日,且刊头还标注法语形式的出版时间,即公元纪年(使用阿拉伯数字)辅以公历纪月(使用法语)、纪日(使用法语形式的阿拉伯数字序数或纯粹的阿拉伯数字)。1929年9月30日("中华民国十八年九月三十日")第90期("第九十期")标注法语形式的出版时间"30 Septembre"(意为"9月30日"),漏标出版年"1929"。

1930年12月1日("中华民国十九年十二月一日")第151期("第百五十一期")的刊头,标注法语形式的出版时间"1 Novembre1930"(意为"1930

---

① 佚名[吴芳吉].上期报告[J].湘君,[出版年不详](3):171.
② 周光午,选辑.吴芳吉先生遗著续篇[J].国风[南京1932],1934,5(10/11):22.

年11月1日"),其中的出版月疑有误。因为该期的刊头,标注汉语形式的出版时间"中华民国十九年十二月一日",且该期的前两份、后两份的刊头,分别标注法语形式的出版时间"17 Novembre 1930"(意为"1930年11月17日")、"24 Novembre 1930"(意为"1930年11月24日")、"8 DÉcember 1930"(意为"1930年12月8日")、"15 DÉcember"(意为"1930年12月15日")。类似之误,还有1931年12月3日("中华民国二十年十二月三日")第203期("第二百零三期")、1932年1月4日("中华民国二十一年一月四日")第208期("第二百零八期")的刊头,分别标注法语形式的出版时间"3 NOVEMBRE1931"(意为"1931年11月3日")、"4 DÉCEMBRE 1932"(意为"1932年12月4日")。1926年6月10日("中华民国十八年六月十日")第74期("第七十四期")的刊头,标注法语形式的出版时间"3 Juin1929"(意为"1929年6月3日"),其中的出版日疑有误。因为该期的刊头,标注汉语形式的出版时间"中华民国十八年六月十日",且该期的前两份、后两份的刊头,分别标注法语形式的出版时间"27 Mai1929"(意为"1929年5月27日")、"3 Juin1929""17 Juin1929"(意为"1929年6月17日")、"24 Juin1929"(意为"1929年6月24日")。类似之误,还有1929年10月14日("中华民国十八年十月十四日")第92期("第九十二期")、1930年6月9日("中华民国十九年六月九日")第126期("第百二十六期")、1931年11月30日("中华民国二十年十一月三十日")第202期("第二百零二期")、1932年8月15日("中华民国二十一年八月十五日")第241期("第二百四十一期")的刊头,分别标注法语形式的出版时间"13 Octobre1929"(意为"1929年10月13日")、"6 Juin 1930"(意为"1930年6月6日")、"29 NOVEMBRE 1931"(意为"1931年11月29日")、"16 Août 1932"(意为"1932年8月16日")。

《文学》所在的《大公报》(天津版)的版面疑有多个版次,且不同版次标注的出版时间偶有不一致。比如,1928年2月20日("中华民国十七年二月二十日")第7期("第七期")所在的《大公报》(天津版)1928年2月20日(第8826号)第9版。据北京的人民文学出版社于1983年影印的《大公报(天津版)第82分册》第447页所示,第7期所在的第9版的天头标注的出版时间为1928年2月18日、星期六("中华民国十七年二月十八日""阴历戊辰年正月二十七日""星期六"),但剩余的第1版至第8版、第10版的天头标注的出版时间均为1928年2月20日、星期一("中华民国十七年二月二十日""阴历戊辰年正月二十九日""星期一"),且第7期刊头标注的法语形式的出版时间同样为1928年2月20日("Le20,Février 1928")。据笔者查阅的其他三种来源的1928年2月20日出版的《大公报》(天津版)所示,第7期所在的第9

版与其余九个版面标注的出版时间一致。因此,人民文学出版社影印的1928年2月20日的《大公报》(天津版)所据底本应是错版。

《文学》无版权页或版权栏,但其刊头启事栏登载若干版权信息。据1930年9月15日第140期至1932年4月25日第225期、1932年5月30日第230期至终刊号的刊头启事栏所示,"本副刊编辑部通讯处设北平清华大学内"。据1932年5月2日第226期至1932年5月23日第229期的刊头启事栏所示,"本副刊编辑通讯处设北平清华大学内部"。据查,该刊的具体创办者、具体主编为"学衡"派的吴宓。

《文学》总共出版313期,且没有合刊。因此,该刊实际上总共出版313份。该刊每期都占据《大公报》(天津版)的一整个版面。其中,创刊号在第5版,1928年1月9日第2期至1928年8月27日第34期在第9版,1928年9月3日第35期至1928年12月31日第52期、1931年1月5日第156期至1931年11月23日第201期在第10版,1929年1月14日第53期至1929年5月6日第69期在第15版,1929年5月13日第70期至1930年5月26日第124期在第13版,1930年6月2日第125期至1930年12月29日第155期、1933年2月27日第269期至终刊号在第11版,第202期至1931年12月28日第207期、第226期在第7版,第208期至第225期、1932年5月9日第227期至1933年2月6日第266期在第8版,1933年2月13日第267期、1933年2月20日第268期在第12版。

《文学》主要表现为周刊,一般逢周一出版。不过,1931年2月10日第161期的出版日为周二,第203期、1932年2月25日第216期、1932年11月3日第252期的出版日为周四,1933年1月4日第261期的出版日为周三。此外,1928年1月16日第3期、第52期、1931年11月9日第200期出版后的1928年1月23日、1929年1月7日、1931年11月16日这三个周一,没有出版且无合刊补足,从而导致三次停刊。其中,第一次停刊的原因在于《大公报》(天津版)停刊。终刊号的刊头之左登载的《本报启事》明确写道:"本副刊至本期止停办。"①

《文学》的个别几期设有"诗录""词录"或"文录"栏目,其中"诗录"栏目最常见。创刊号至1928年4月9日第14期至1928年5月7日第18期、1928年5月21日第20期、1928年6月4日第22期、1928年7月2日第26期至1928年8月13日第32期、1928年9月10日第36期至1930年9月8日第139期,在刊头启事栏登载的启事,都有言道:"本副刊以介绍批评为职

---

① 佚名[吴宓].本报启事[N].大公报[天津版],1934-1-1(11)[副刊《文学》第313期].

志,敬望国内外各书局、各出版社、各报馆、各个人,以新出版之书籍、杂志多寄赠。"①第 140 期至终刊号在刊头启事栏登载的启事,又都有言道:"本副刊以介绍批评为职志,范围不限纯文学。"②事实上,该刊就是社会科学类报刊中的文学报纸,主要研究文学并登载文学作品。不过,该刊偶尔也登载历史学、哲学、政治学等其他社会科学方面的文章,且其中不乏论究中西文化乃至东西文化之作。

《文学》是"学衡"派在《学衡》首次复刊(此前停刊长达一年)之际,开辟的又一重要理论阵地,因为该刊的大部分撰稿人都曾是《学衡》的撰稿人,且该刊与《学衡》的思想倾向基本一致。只不过,该刊更为集中、详细地阐发了《学衡》的文学主张。

(4)《国风半月刊》和《国风》(南京 1932)

近代,多地创办名为《国风》的报刊,如 1932 年 5 月的北平(创办自我定位为月刊的期刊)、1939 年 8 月 15 日的上海(创办自我定位为半月刊的期刊)、1942 年的重庆(创办自我定位为半月刊的期刊)、1945 年 4 月 1 日的江西吉安(创办自我定位为月刊的期刊)、1945 年 5 月 1 日的上海(创办自我定位为三日刊的报纸)、1949 年 8 月 1 日的上海(所创期刊的出版周期不详)等。为区分起见,本书在各种《国风》的刊名之后,都辍以该刊创刊号的出版地和出版年。其中,"《国风》(南京 1932)"一词,特指"醒狮"派创办的由《国风半月刊》更名而来的期刊《国风》。

《国风半月刊》由"国风社"在南京创刊,其创刊号为 1932 年 9 月 1 日("民国廿一年九月一日")第 1 号("创刊号"),终止号为 1932 年 12 月 16 日("民国廿一年十二月十六日")第 10 号("第十号")。后来,《国风半月刊》由"国风社"更名为《国风》,从而成为《国风》(南京 1932)。其起始号为 1933 年 1 月 1 日("民国廿二年一月一日")第 2 卷第 1 号("第二卷第一号"),终刊号为 1936 年 12 月("二十五年十二月")第 8 卷第 12 期("第八卷第十二期")。《国风》(南京 1932)的封面改题"国风",但其正文页侧口等其他关涉刊名处,起初仍题"国风半月刊",后来改题"国风月刊"。

《国风半月刊》的出版期号标注形式,主要为封面(登载目录栏、版权栏)的"第某号",正文页侧口的"第某期"。创刊号的出版期号标注形式较特殊,

---

① 佚名[吴宓]. 无题[副刊《文学》启事][N]. 大公报[天津版],1928-4-9(9)[副刊《文学》第 14 期].
按:原文没有使用旧式句读符号或新式标点符号,而引文中的新式标点符号为笔者酌情添加。

② 佚名[吴宓]. 无题[副刊《文学》启事][N]. 大公报[天津版],1930-9-15(11)[副刊《文学》第 140 期].
按:原文没有使用旧式句读符号或新式标点符号,而引文中的新式标点符号为笔者酌情添加。

主要为封面、正文页侧口的"创刊号"。《国风》(南京1932)第2卷至第7卷的出版期号标注形式,主要为封面(登载目录栏、版权栏)的"第某卷第某号",正文页侧口的"第某卷第某期"。其中,1933年7月1日("民国二十二年七月一日")第3卷第1号("第三卷第一号")至1934年9月1日("民国二十三年九月一日")第5卷第5号("第五卷第五号")、1934年12月16日("民国二十三年十二月十六日")第5卷第12号("第五卷第十二号")、1935年9月("民国二十四年九月")第7卷第2号("第七卷第二号",又称"南京高等师范学校二十周年纪念刊上册")、1935年10月("民国二十四年十月")第7卷第3号("第七卷第三号")、1935年12月("民国二十四年十二月")第7卷第5号("第七卷第五号")的封面不登载目录栏,且第3卷第1号至1934年7月16日("民国二十三年七月十六日")第5卷第2号("第五卷第二号")、第5卷第5号、第7卷第2号有目录页。第8卷的出版期号标注形式,主要为封面(登载目录栏或要目栏)、正文页侧口、版权页的"第某卷第某期"。其中,仅1936年1月1日("二十五年一月一日")第8卷第1期("第八卷第一期")至1936年3月("二十五年三月")第8卷第3期("第八卷第三期")的封面登载目录栏,而其余各期的封面则登载要目栏。1933年5月15日("民国廿二年五月十五日")第2卷第10号("第二卷第十号")第8-16页的侧口、第29页的侧口,分别标注出版期号"第十期""第九期",疑有误。因为该号其余正文页的侧口,标注出版期号"第二卷第十期",且该期的前两册、后两册的正文页侧口,分别标注出版期号"第二卷第八期""第二卷第九期""第二卷第十一期""第二卷第十二期"。类似之误,还有1933年6月15日("民国廿二年六月十五日")第2卷第12号("第二卷第十号")第1-7页的侧口、第13页的侧口,分别标注出版期号"第一卷第十二期""第十二期";1933年10月1日("民国二十二年十月一日")第3卷第7号("第三卷第七号")第1-6页的侧口,标注出版期号"第三卷第六期"。1936年11月("民国二十五年十一月")第8卷第11期("第八卷第十一期")的版权页,标注出版期号"第八卷第八期",疑有误。因为该期的封面,标注出版期号"第八卷第十一期",且该期的前两册、后一册(即终刊号)的版权页,分别标注出版期号"第八卷第八期""第八卷第九/十期""第八卷第十二期"

《国风半月刊》和《国风》(南京1932)第2卷至第7卷的出版时间表述形式,主要为封面的民国纪年辅以公历纪月、纪日。但是,第7卷第2号、第7卷第3号、第7卷第5号的封面,标注的出版时间无出版日。《国风》(南京1932)第8卷的出版时间表述形式,主要为封面、版权页的民国纪年辅以公历纪月。但是,第8卷第1期的封面、版权页标注的出版时间有出版日。

1936年6月("二十五年六月")第8卷第6期("第八卷第六期")的版权页，标注出版时间"民国二十五年五月"(1936年5月)，其中的出版月疑有误。因为该期的封面，标注出版时间(民国)"二十五年六月"，且该期的前两册、后两册的版权页，分别标注出版时间"民国二十五年四月"(1936年4月)、"民国二十五年五月""民国二十五年七月"(1936年7月)、"民国二十五年八月"(1936年8月)。

《国风半月刊》和《国风》(南京1932)第2卷至第7卷无版权页，但有封面版权栏。据创刊号的封面版权栏所示，"国风社社长"为"柳诒徵先生"，"编辑委员"为"张其昀/缪凤林/倪尚达"，由"钟山书局出版"，"通讯及定报处"为"南京城北双井巷文安里五号"，"发行所"为"南京太平路三二二号"。后来，该刊的封面版权栏登载的版权信息有所变更。"国风社社长""编辑委员"在第5卷至第7卷，不再登载。"通讯及定报处"在1932年9月16日第2号至1934年6月16日第4卷第12号，为"城北总局中央大学门前蓁巷巷口/城南支局太平路三二二号"；在1934年7月1日第5卷第1号至1935年1月1日第6卷第1/2号合刊，为"南京四牌楼蓁巷口本局"；在1935年2月1日第6卷第3/4号合刊至1935年8月1日第7卷第1号、1935年11月1日("民国二十四年十一月一日")第7卷第4号，为"南京成贤街一一一号"；在第7卷第2号、第7卷第3号、第7卷第5号，不再登载。"发行所"在第2号至第7卷第号，不在登载。在1932年9月28日第3号(又称"圣诞特刊")至第4卷第12号，"通讯及定报处"之左增加登载"电话三一三九五"。第8卷有版权页，且其登载的版权信息一致。据第8卷第1期的版权页所示，"编辑者"为"国风社"，"定报处"为"南京钟山书局/(成贤街一一一号)"，"分售处"为"钟山书局各特约经售处/广州永汉北路共和书局/厦门中山路开明书店/南昌中山路大东书局/武昌察院坡中国书局/成都少城祠堂街普益文化部/济南西门大街东方书社/开封中间中西豫文书局/兰州南大街未名书社"。据查，该刊的具体创办者为"学衡"派的柳诒徵、张其昀、缪凤林等人。其中，张其昀是具体主编。

《国风》(南京1932)将《国风半月刊》各号视为第1卷，所以《国风半月刊》和《国风》(南京1932)总共出版8卷85号(期)。其中，第1卷、第6卷各计10号，第2卷至第5卷、第8卷各计12号(期)，第7卷共计5号。1934年8月1日第5卷第3/4号合刊("第五卷第三/四号")、1934年10月1日("民国二十三年十月一日")第5卷第6/7号合刊("第五卷第六/七号")、1934年11月1日第5卷第8/9号合刊("第五卷第八/九号")、1934年12月1日("民国二十三年十二月一日")第5卷第10/11号合刊("第五卷第十/十一号")、第 6 卷第 1/2 号合刊("第六卷第一/二号")、第 6 卷第 3/4 号合刊("第六卷第三/四号")、1935 年 3 月 1 日第 6 卷第 5/6 号合刊("第六卷第五/六号")、1935 年 4 月 1 日第 6 卷第 7/8 号合刊("第六卷第七/八号")、1935 年 5 月 1 日第 6 卷第 9/10 号合刊("第六卷第九/十号"),1936 年 10 月第 8 卷第 9/10 期合刊("第八卷第九/十期"),均为两号(期)合刊。因此,该刊实际上总共出版 75 册。

《国风半月刊》各号的封面、正文页侧口,标注"国风半月刊"。据此,该刊自我定位为半月刊,拟逢每半月出版。事实上,该刊被特刊专号第 3 号(又称"圣诞特刊")、1932 年 10 月 10 日第 5 号(又称"国防特刊")、1932 年 11 月 24 日第 9 号(又称"刘伯明先生纪念号")打乱了出版周期。如果不计特刊专号的话,那么该刊就主要表现为半月刊,一般逢每月 1 日、16 日出版。不过,第 9 号出版后的 1932 年 12 月 1 日,没有出版且无合刊补足,从而导致首次停刊。《国风》(南京 1932)第 2 卷至第 6 卷的正文页侧口,标注"国风半月刊"。据此,第 2 卷至第 6 卷自我定位为半月刊,拟逢每半月出版。事实上,第 2 卷至第 6 卷就主要表现为半月刊(两号合刊按占据一月时间计算)。其中,第 2 卷第 1 号至 1933 年 7 月 15 日第 3 卷第 2 号,一般逢每月 1 日、15 日出版;1933 年 8 月 1 日第 3 卷第 3 号至第 6 卷第 9/10 号合刊,一般逢每月 1 日、16 日出版。不过,1933 年 3 月 16 日第 2 卷第 6 号的出版日为 16 日。此外,第 5 卷第 3/4 号、第 6 卷第 1/2 号出版后的 1934 年 8 月至 11 月、1935 年 1 月至 5 月的 16 日,没有出版。但这九日理应出版的九号,可分别由第 5 卷第 3/4 号合刊、第 5 卷第 6/7 号合刊、第 5 卷第 8/9 号合刊、第 5 卷第 10/11 号合刊、第 6 卷第 1/2 号合刊、第 6 卷第 3/4 号合刊、第 6 卷第 5/6 号合刊、第 6 卷第 7/8 号合刊、第 6 卷第 9/10 号合刊补足。第 6 卷第 9/10 号出版后的 1936 年 6 月、7 月,没有出版且无合刊补足,从而导致再次停刊。第 7 卷第 1 号的封面,标注"自本期起每月一期";第 7 卷、第 8 卷的正文页侧口,标注"国风月刊";第 8 卷的版权页登载的《本刊价目表》,标注"每月一册""全年十二册"。据此,第 7 卷、第 8 卷自我定位为月刊,拟逢月出版。事实上,第 7 卷、第 8 卷就主要表现为月刊(两号或两期合刊按占据两月时间计算),一般逢月出版。不过,1936 年 8 月第 8 卷第 8 期出版后的 1936 年 9 月,没有出版。但该月理应出版的一期,可由第 8 卷第 9/10 期合刊补足。

《国风半月刊》和《国风》(南京 1932)均不设栏目。《国风半月刊》和《国风》(南京 1932)是内容丰富的社会科学类期刊,其登载的内容涉及文学、历史、哲学、政治以及教育学等诸多方面,并且不乏文学作品。仅就登载的内容而言,《国风半月刊》和《国风》(南京 1932)与《学衡》颇为类似。《国风》(南京1932)第 2 卷至第 4 卷的封面,标注"本刊宗旨/一、发扬中国固有之文化/二、昌明世界最新之学术"。事实上,《国风半月刊》和《国风》(南京1932)就重在论究中西文化乃至东西文化,且偏于卫护传统文化并力倡民族精神。

《国风半月刊》和《国风》(南京1932)是与"学衡"派密切相关的重要报刊之一,因为该刊的大部分撰稿人都曾是《学衡》的撰稿人,且该刊与《学衡》的思想倾向基本一致。可以说,该刊在很大程度上是《学衡》的延续。只不过,该刊较之于《学衡》具有更为明显而浓厚的尊孔拥儒色彩。

(5)《思想与时代》

《思想与时代》由抗战时期迁徙至贵州遵义的浙江大学文学院的"思想与时代社"在校内创刊,其创刊号为 1941 年 8 月 1 日("中华民国三十年八月一日")第 1 期("第一期"),终刊号为 1948 年 11 月("中华民国三十七年十一月")第 53 期("第五十三期")。

《思想与时代》的出版期号标注形式,主要为封面(登载目录栏)、正文页侧口、版权页的"第某期"。1943 年 9 月 1 日("民国三十二年九月一日")第 26 期("第二十六期")第 4 页的侧口,标注出版期号"第二十五期",疑有误。因为该期其余正文页的侧口以及封面、版权页,标注出版期号"第二十六期",且该期的前两册、后两册的正文页侧口,分别标注出版期号"第二十四期""第二十五期""第二十七期""第二十八期"。1944 年 1 月 1 日("民国卅三年一月一日")第 30 期("第三十期")的版权页,标注出版期号"第三十一期",疑有误。因为该期的封面、正文页侧口,标注出版期号"第三十期",且该期的前两册、后两册的版权页,分别标注出版期号"第二十八期""第二十九期""第三十一期""第三十二期"。

《思想与时代》的出版时间表述形式,主要为封面、版权页的民国纪年辅以公历纪月、纪日。但是,创刊号至 1941 年 11 月 1 日("中华民国三十年十一月一日")第 4 期("第四期")、1942 年 1 月 1 日("中华民国三十一年一月一日")第 6 期("第六期",又称"新年号")、1942 年 2 月 1 日("中华民国三十一年二月一日")第 7 期("第七期")、1947 年 6 月 1 日("中华民国三十六年六月一日")第 46 期("第四十六期",又称"梅迪生先生纪念专号")至终刊号的封面,不标注出版时间;1947 年 9 月("中华民国三十六年九月")第 47 期("第四十七期")至终刊号的版权页,标注的出版时间无出版日。

据《思想与时代》创刊号的版权页所示,"编辑兼出版者"为"思想与时代社/贵州遵义水硐街三号","印刷者"为"贵阳文通书局/贵阳西郊董家山七号","总代售处"为"重庆桂林大公报馆"。后来,该刊的版权页登载的版权信息有所变更。"编辑兼出版者"在 1944 年 9 月 1 日第 36 期至 1945 年 2 月

1日第40期,为"思想与时代社/贵州遵义经历司街十号"。"印刷者"在1941年9月1日第2期至1941年12月1日第5期,为"贵阳文通书局/地址:贵阳中华北路五七号";在第6期至1944年12月1日第38期,为"贵阳中央日报/六广门外高家园";在1945年1月1日第39期、第40期,为"文通书局印刷所/贵阳松山路七一号"。"总代售处"在1942年9月1日第14期至第40期,不再登载。在第14期,"印刷者"之左增加登载"总订售处"为"贵州遵义水硐街三号/思想与时代社"。在1941年10月1日第3期至第14期,"总代售处"或"总订售处"之左增加登载"分售处"。"分售处"在第3期至第5期,为"贵阳中央日报社/重庆中国文化服务社正中书局";在第6期至1942年8月1日第13期,为"重庆正中书局/中国文化服务社""贵阳中央日报社";在第14期,为"重庆钟山书店/贵阳中央日报社"。

自第40期之后,《思想与时代》的版权页登载的版权信息发生较大变化,尤其是出版地由贵阳变更为杭州。据1947年1月1日第41期的版权页所示,"编辑兼出版者"为"思想与时代社/杭州大学路国立浙江大学文学院转","印刷者"为"正报印刷厂/杭州佑圣观路一九五号/电话:一八六四"。后来,该刊的版权页登载的版权信息又有所变更。"编辑兼出版者"在终刊号,变更为"编辑者"。"印刷者"在1947年5月1日第45期至1948年4月第52期,为"当代出版社/杭州中正街谢麻子巷六号";在终刊号,为"华夏图书出版公司印刷厂/上海(19)丹阳路一四〇号"。在第45期至1947年12月第50期,"印刷者"之左增加登载"总经售处"为"中国文化服务社总社/上海福州路六七九号"。在终刊号,"编辑者"之左、"印刷者"之右增加登载"发行者"为"华夏图书出版公司上海(0)九江路二一九号一〇三—四室"。据查,该刊的具体创办者为"学衡"派的张其昀、张荫麟、梅光迪、郭斌龢等人。其中,张其昀是具体主编。

《思想与时代》总共出版53期,且没有合刊。因此,该刊实际上总共出版53册。该刊各期的正文页侧口、版权页,标注"思想与时代月刊";创刊号至第46期的版权页登载的《定价表》,标注"每月一册全年十二册""每月一日发行"。据此,该刊自我定位为月刊,拟逢每月1日出版。事实上,该刊就主要表现为月刊。其中,创刊号至第46期,一般逢每月1日出版;第47期至终刊号,一般逢月出版。不过,1944年6月1日第35期、1944年9月1日第36期、第40期、第46期、1948年1月第51期、第52期出版后的1944年7月和8月,10月,1945年3月至1946年12月,1947年7月和8月,1948年2月和3月,5月至10月,没有出版且无合刊补足,从而导致六次停刊。第35期登载的《本刊启事》,曾预告首次停刊和复刊:"本刊七、八月两月停刊,九月一日起照常印行,此启。"①后来,第 47 期至第 50 期的版权页登载的《定价表》,标注"全年十册(七八两月休刊)";第 51 期、第 52 期的版权页登载《定阅及购买办法》,标注"(七八两月休刊)"。第 41 期登载的《复刊辞》,对第三次停刊和复刊有所解释:"迨黔南之役以后,贵阳所受影响最大,物价又激增不已,使本刊感维持之不易。接着抗战胜利,而复员所需时间之长亦非初料所及,以致停顿年余之久。本刊同人现均在大学服务,分布于国立北京大学中央大学浙江大学与云南大学,编辑重心仍在杭州浙大,现决定于三十六年一月复刊,是为四十一期。"②(其中的时间即 1937 年 1 月)。至于第四次停刊和复刊的原因,即"七八两月休刊"。

《思想与时代》的个别几期设有"学术通讯"栏目,但重点推介的署名长文都登载于"学术通讯"栏目之前的位置。该刊主要是社会科学类期刊,但也旁涉自然科学。仅就登载的社会科学类内容而言,该刊与《国风半月刊》《国风》(南京 1932)颇为类似。创刊号登载的《征稿启事》道:"一、本刊内容包涵哲学、科学、政治、文学、教育、史地诸项,而特重时代思潮与民族复兴之关系。二、本刊欢迎下列文字。1.建国时期主义与国策之理论研究,2.我国固有文化与民族理想根本精神之探讨,3.西洋学术思想源流变迁之探讨,4.与青年修养有关各种问题之讨论,5.历史上伟大人物传记之新撰述,6.我国与欧美最近重要著作之介绍与批评。"③事实上,该刊就重在论究中西文化乃至东西文化,且偏于卫护传统文化并力倡民族精神。

《思想与时代》是与"学衡"派密切相关的重要报刊之一,因为该刊的不少撰稿人,尤其是"思想与时代社"的主要社员张荫麟、郭斌龢等"学衡"派后学晚辈,都曾是《国风半月刊》《国风》(南京 1932)的撰稿人,而且该刊与《国风半月刊》《国风》(南京 1932)的思想倾向基本一致。可以说,该刊在很大程度上是《国风半月刊》《国风》(南京 1932)的延续。只不过,该刊较之于《国风半月刊》《国风》(南京 1932),因提倡"建国时期主义与国策之理论研究"而具有更为明显、浓厚的政治色彩。此外,该刊还登载熊十力、冯友兰、贺麟等"现代新儒家"派成员的诸多重要文章。

(6)《史地学报》

《史地学报》由"南京高等师范史地研究会"在江苏南京创刊,其创刊号为 1921 年 11 月("民国十年十一月")第 1 卷第 1 期("第一卷第一期"),终刊号为 1926 年 10 月第 4 卷第 1 期("第四卷第一期")。终刊号的版权页,

---

① 佚名[张其昀].本刊启事[J].思想与时代,1944(35):49.
② 张其昀.复刊辞[J].思想与时代,1947(41):1.
③ 佚名[张其昀].征稿启事[J].思想与时代,1941(1):无页码[扉页].

未见。

《史地学报》第 1 卷的出版期号标注形式,主要为封面的"第一卷第某期",目录首页的"第某期",奇数目录页天头、奇数正文页天头的"第某号",偶数目录页天头、偶数正文页天头的"第一卷"。但是,创刊号的目录页天头,不标注出版期号。第 2 卷的出版期号标注形式,主要为封面的"第二卷第某期",目录首页的"第二卷第某号",奇数目录页天头、奇数正文页天头的"第某号",偶数目录页天头、偶数正文页天头的"第二卷"。第 3 卷、第 4 卷的出版期号标注形式,主要为封面、目录首页、偶数目录页侧口、偶数正文页侧口的"第三卷第某期"。此外,第 2 卷的封面、第 3 卷的英语目录首页,还标注英语形式的出版期号,即"Vol.(使用罗马数字),No.(使用阿拉伯数字)"。1924 年 4 月 1 日("中华民国十三年四月一日")第 3 卷第 1/2 期合刊("第三卷第一/二合期")的偶数目录页侧口、偶数正文页侧口,分别标注出版期号"第三卷第一期""第三卷第三期",疑有误。因为该期的封面,分别标注汉语形式、英语形式的出版期号"第三卷第一/二合期""Vol. ⅲ , Nos. 1&2",版权页登载的价目表之后还标注"第三卷第一二期合刊",且该期后两册(前两册属于第 2 卷)的偶数目录页侧口、偶数正文页侧口,分别都标注出版期号"第三卷第三期""第三卷第四期"。

《史地学报》的出版时间表述形式,主要为封面、版权页的民国纪年辅以公历纪月、纪日。但是,仅创刊号、1922 年 5 月("民国十一年五月")第 1 卷第 3 期("第一卷第三期")至 1924 年 2 月("民国十三年二月")第 2 卷第 8 期("第二卷第八期")的封面,标注出版时间,且该出版时间无出版日;创刊号至 1922 年 11 月("民国十一年十一月")第 2 卷第 1 期("第二卷第一期")、1925 年 10 月("中华民国十四年十月")第 3 卷第 8 期("第三卷第八期")的版权页,标注的出版时间无出版日。1925 年 5 月 1 日("中华民国十四年五月一日")第 3 卷第 6 期("第三卷第六期")的英语目录首页标注的英语形式的出版时间"April,1925"(意为"1925 年 4 月"),与其版权页标注的出版时间"中华民国十四年五月一日",不一致。类似之误,还有 1925 年 6 月 1 日("中华民国十四年六月一日")第 3 卷第 7 期("第三卷第六期")的英语目录首页,标注英语形式的出版时间"May,1925"(意为"1925 年 5 月")

据《史地学报》创刊号的版权页所示,"编辑者"为"南京高/等师范史地研究会","发行者"为"商务印书馆","印刷所"为"上海北河南路北首宝山路/商务印书馆","总发行所"为"上海棋盘街中市/商务印书馆","分售处"为"北京天津保定奉天吉林龙江/济南太原开封郑州西安南京/杭州兰溪安庆芜湖南昌汉口/商务印书分馆/长沙常德衡州成都重庆泸县/福州广州潮州香港梧州云南/贵阳张家口新嘉坡"。后来,该刊的版权页登载的版权信息有所变更。"印刷所"在1923年11月1日第2卷第7期至第3卷第8期,为"上海宝山路/商务印书馆";"分售处"在1925年3月1日第3卷第5期至第3卷第8期,增加登载"厦门",且不再登载"郑州""泸县"。创刊号的封面版权栏登载关涉编辑者、发行者的版权信息,分别即"南京高等师范史地研究会编辑""上海商务印书馆发行"。后来,该刊的封面版权栏登载的版权信息有所变更。编辑者信息在1922年4月第1卷第2期,为"南京高等师范学校史地研究会编辑";在第3卷、第4卷,为"东南大学史地研究会编辑"。发行者信息在第4卷变更为代售者信息,且代售者信息为"上海商务印书馆代售"。

《史地学报》创刊号登载的《纪录》,谓"[总编辑]张其昀"①;1922年4月第1卷2期登载的《职员录》,谓"总编辑缪凤林"②;第1卷第3期登载的《职员录》,谓"[编辑主任]陈训慈"③;第2卷第1期登载的《史地研究会第五届纪事》,谓"(总编辑)张其昀"④;1924年12月1日第3卷第4期登载的《第八届职员录》,谓"张其昀(特种编辑)"⑤。据查,该刊的具体创办者为南京高等师范学校史地部学生组织的"史地研究会",包括时任导师的柳诒徵、竺可桢和时为学生的张其昀、缪凤林、陈训慈等人,而其具体主编则由张其昀等学生轮流担任。后来,这些师生大都成为"学衡"派成员或"学衡"派同道。

《史地学报》总共出版4卷21期,其中第1卷共计4期,第2卷、第3卷各计8期,第4卷共计1期。第3卷第1/2期合刊("第三卷第一/二合期"),为两期合刊。因此,该刊实际上总共出版20册。创刊号登载的《本学报启事》道:"本学报为南京高等师范学校史地研究会刊物,预定年出四期。"⑥第1卷第4期登载的《编辑谈》谓"本学报现定为季刊"⑦,而第1卷的版权页登载的价目表则标注"四期"。据此,该刊自我定位为季刊,拟年出四期且不一定逢季出版。第2卷第1期登载的《编辑导言》道:"兹定自本期起,酌减篇幅,改为月刊,除假期休业外,年出八册,合为二卷。"⑧而且,第2卷、第3卷的版

---

① 佚名[《史地学报编者》].纪录[J].史地学报,1921,1(1):3.
② 佚名[《史地学报编者》].职员录[J].史地学报,1922,1(2):1.
③ 佚名[《史地学报编者》].职员录[J].史地学报,1922,1(3):1[总267].
④ 佚名[《史地学报编者》].史地研究会第五届纪事[J].史地学报,1922,1(3):3[总149].
按:该文的全文连载于《史地学报》1922年5月第1卷第3期第1-2页(总第265-266页)、8月第1卷第4期第1-4页(总第241-244页)、11月第2卷第1期第1-3页(总第147-149页)。
⑤ 佚名[《史地学报编者》].第八届职员录[J].史地学报,1924,3(4):147.
按:该文的文题之下附注"(十二年九月至十三年七月)"(1923年9月至1924年7月)。
⑥ 佚名[《史地学报编者》].本学报启事[J].史地学报,1921,1(1):无页码[正文前第1页].
⑦ 佚名[《史地学报编者》].编辑谈[J].史地学报,1922,1(4):1[总253].
⑧ 佚名[《史地学报编者》].编辑导言[J].史地学报,1922,2(1):1[总1].

权页登载的价目表,标注"全年八期"。据此,该刊自第 2 卷第 1 期起自我定位为月刊,拟年出八期且不逢月出版。但是,该刊从来没有年出四期或八期。事实上,该刊主要表现为不定期刊(两期合刊按占据两月时间计算),其出版时间间隔一个月至一年不等。

《史地学报》创刊号不设栏目,但其余各期均开设栏目。第 1 卷第 3 期登载的《编辑要则》道:"分门区类,都为二十,次列于下:1.评论/2.通论/3.史地教学/4.研究/5.古书新评/6.读书录/7.杂缀/8.世界新闻:/(A)时事纪述/(B)地理新材料(C)中外大事记/9.气象报告/10.书报绍介/11.史地界消息/12.调查/13.史地家传记/14.谭屑/15.专件/16.选录(仿东方最录之意,酌量转载关于史地之文字)/17. 书报目录【(A)书籍(B)杂志(C)论文】/18.会务/19.通讯/合卷首插图,共为二十。"①除"史地家传记"栏目未见开设外,其他各栏目均有有开设。事实上,该刊开设的栏目并不仅限于这十九种,还包括"译述""游记""特载""史传""地志""表解""专著"等。该刊是社会科学类期刊中的史地期刊,主要研究历史学、地理学,但也涉及教育学、政治学等其他社会科学,且其中不乏论究中西文化乃至东西文化之作。

《史地学报》是与"学衡"派密切相关的重要报刊之一,因为该刊的具体主编和不少撰稿人,尤其是"学衡"派重要成员柳诒徵和"学衡"派后学晚辈张其昀、缪凤林、景昌极等人,后来成为"学衡"派创办的其他报刊的撰稿人甚至具体主编。而且,仅就论究中西文化乃至东西文化,该刊与《学衡》的思想倾向基本一致。

(五)"醒狮"派

(1)《醒狮》(上海 1924)

近代,多地创办名为《醒狮》的报刊,如 1905 年 9 月的日本东京(创办自我定位为月刊的期刊)、1924 年 10 月 10 日的上海(创办自我定位为周报的报纸)等。为区分起见,本书在各种《醒狮》的刊名之后,都辍以该刊创刊号的出版地和出版年。其中,"《醒狮》(上海 1924)"一词,特指"醒狮"派创办的报刊《醒狮》。

《醒狮》(上海 1924)由"醒狮周报社"在上海创刊,其创刊号为 1924 年 10 月 10 日("中华民国十三年十月十日")第 1 号("第一号"),终刊号不详。陈正茂所编《中国青年党史料丛刊第一辑:醒狮周报(一)》中的《中国青年党史

---

① 佚名[《史地学报编者》].编辑要则[J].史地学报,1922,1(3):史(6)一、史(6)二.

料丛刊序言》,谓该刊"共发行二六六期"①。但是,笔者所见最晚一册为 1931 年 4 月 20 日("民国二十年四月二十日")第 7 年第 226/227/228/229/230/231/232/233 期合刊("第七年第二二六至二三三期")。此外,第 187 期、第 196 期、第 200 期、第 203 期、第 204 期、第 208 期、第 209 期、第 211 期至第 225 期的全刊,以及第 192 期("第一九二期")的封面,未见。

《醒狮》(上海 1924)创刊号至 1926 年 10 月 2 日("中华民国十五年十月二日")第 103/104 号合刊("第百〇三/四号")的出版期号标注形式,主要为天头的"第某号"。1926 年 10 月 10 日("中华民国十五年拾月十日")第 105 期("一〇五期",又称"本报第二周年纪念号")至 1928 年 10 月 10 日("中华民国十七年十月十日")第 191 期("第一九一期",又称"第五年开始纪念号")的出版期号标注形式,主要为封面信息栏、封面目录栏、正文页天头的"第某期"。但是,第 105 期、1927 年 3 月 12 日("中华民国十六年三月十二日")第 124/125 号合刊("第一二四一二五号合刊",又称"抗英驱俄灭赤救国专号")的封面信息栏的出版期号标注形式,分别为"一〇五期""第一二四一二五号合刊";封面目录栏仅在 1927 年 1 月 15 日("中华民国十六年一月十五日")第 119 期("第一一九期")、1927 年 2 月 12 日("中华民国十六年二月十二日")第 121/122/123 期合刊("第一二一期至一二三合刊")标注出版期号。1928 年 11 月 1 日("十七年十一月一日")第 5 年第 193 期("第五年第一九三期")至第 7 年第 226/227/228/229/230/231/232/233 期合刊的出版期号标注形式,主要为封面的"第某年第某期",封面信息栏、封面目录栏(或封面要目栏)、正文页天头的"第某期"。但是,1929 年 8 月 30 日("十八年八月三十日")第 5 年第 205 期("第二〇五期",又称"中国青年党公开党名专号")的封面的出版期号标注形式为"第五年";封面目录栏、封面要目栏分别仅在 1930 年 1 月 1 日("十九年一月一日")第 6 年第 210 期("第六年第二一〇期")、第 7 年第 226/227/228/229/230/231/232/233 期合刊标注出版期号。1929 年 10 月 20 日("十八年十月二十日")第 5 年第 206 期("第五年第二百〇六期")、1929 年 11 月 20 日("十八年十一月二十日")第 5 年第 207 期("第五年第二百〇七期")、第 7 年第 226/227/228/229/230/231/232/233 期合刊,无正文页天头。此外,在第 105 期至第 7 年第 226/227/228/229/230/231/232/233 期合刊中,各期都有封面信息栏,且第 105 期至 1927 年 1 月 8 日("中华民国十六年一月八日")第 118 期("第一一八期")、1927 年 22

---

① 陈正茂.中国青年党史料丛刊序言[M]//陈正茂,编.中国青年党史料丛刊第一辑:醒狮周报(一)[M].2 版.台北:国史馆,1993:4.

日("中华民国十六年二十二日")第 120 期("第一二〇期")、第 124/125 号合刊至 1927 年 7 月 23 日("中华民国十六年七月廿三日")第 141 期("第一四一期")、第 7 年第 226/227/228/229/230/231/232/233 期合刊无封面目录栏、有封面要目栏,1927 年 10 月 10 日("中华民国十六年十月十日")第 152/153/154/155/156/157 期合刊("第一五二至一五七期合刊",又称"第三周年纪念号附文艺增刊")无封面目录栏、封面要目栏,而其余各期则有封面目录栏、无封面要目栏。

1925 年 10 月 10 日("中华民国十四年十月十日")第 53 号("第五三号",又称"本报周年纪念号")第 9 版的天头标注出版期号"第一号",疑有误。因为该号其余各版的天头,标注出版期号"第五三号",且该号的前两份、后两份的天头,分别标注出版期号"第五一号""第五二号""第五四号""第五五号"。类似之误,还有 1926 年 6 月 20 日("中华民国十五年六月二十日")第 88 号("第八八号")第 4 版,1926 年 7 月 18 日("中华民国十五年七月十八日")第 92 号("第九二号")第 5 版,1926 年 8 月 14 日("中华民国十五年八月十四日")第 96 号("第九六号")第 4 版,1926 年 9 月 25 日("中华民国十五年九月廿五日")第 102 号("第百〇二号")第 2 版、第 3 版的天头,分别标注出版期号"第八七号""第九一号""第九五号""第百〇一号"。

1926 年 10 月 23 日("中华民国十五年拾月廿三日")第 107 期("第一〇七期")第 12 页、第 13 页的天头,标注出版期号"第一〇六期",疑有误。因为该期其余正文页的天头以及封面信息栏,标注出版期号"第一〇七期",且该期的前两册、后两册的正文页天头,分别标注出版期号"第一〇五期""第一〇六期""第一〇八期""第一〇九期"。类似之误,还有 1926 年 12 月 11 日("中华民国十五年十二月十一日")第 114 期("第一一四期")第 2 页,1926 年 12 月 17 日("中华民国十五年十二月十七日")第 115 期("第一一五期")第 3 页、第 5 页,1926 年 12 月 31 日("中华民国十五年十二月三十一日")第 117 期("第一一七期")第 3 页,1927 年 5 月 28 日("中华民国十六年五月二十八日")第 135 期("第一三五期")第 13 页,1927 年 12 月 24 日("中华民国十六年十二月二十四日")第 168 期("第一六八期")第 9 页、第 12 页、第 13 页,1928 年 1 月 7 日("中华民国十七年一月七日")第 170 期("第一七〇期")第 1 页,1928 年 2 月 4 日("中华民国十七年二月四日")第 172/173 期合刊("第一七二/三期")第 7 页、第 21 页,1928 年 2 月 18 日("中华民国十七年二月十八日")第 175 期("第一七五期")第 1 页,1928 年 3 月 17 日("中华民国十七年三月十七日")第 179 期("第一七九期")第 1 页,1928 年 3 月 31 日("中华民国十七年三月三十一日")第 181 期("第一八一期")第 4 页,

1928年9月8日("中华民国十七年九月八日")第189期("第一八九期")第12页、第13页,第5年第193期第9页,第6年第210期第2页的天头,分别标注出版期号"第一四期""第一一四期""第一六七期""第一百三十四期""第一六七期""第一六九期""第一七一期""第一七四期""第一七八期""第一八〇期""第一八八期""第一九二期""第二〇九期"。第119期的封面目录栏标注出版期号"第一九期",疑有误。因为该期的封面信息栏、正文页天头,标注出版期号"第一一九期"。第152/153/154/155/156/157期合刊第9页、第73页的天头,第46页、第62页的天头,第54页、第66页的天头,分别标注出版期号"第152157期""第1至15257期""第122至157期",疑有误。因为该期其余各页的天头,标注出版期号"第152至157期",且该号的前两份、后两份的天头,分别标注出版期号"第一四九/五〇期""第一五一期""第一五八期""第一五九期"。

《醒狮》(上海1924)的出版时间表述形式,主要为民国纪年辅以公历纪月、纪日。其中,创刊号至第103/104号合刊的出版时间,标注在天头;第105期至第191期的出版时间,标注在封面信息栏,且第105期至1926年10月30日("中华民国十五年拾月三十日")第108期("第一〇八期")标注的出版月使用大写汉语数字,第120期未标注出版月;第5年第193期至第7年第226/227/228/229/230/231/232/233期合刊的出版时间,标注在封面。

1925年4月25日("中华民国十四年四月二十五日")第29号("第二九号")第4版的天头,标注出版时间"中华民国十四年四月十八日"(1925年4月18日),其中的出版日疑有误。因为该号其余各版的天头,标注出版时间"中华民国十四年四月二十五日",且该号的前两份、后两份的天头,分别标注出版时间"中华民国十四年四月十一日"(1925年4月11日)、"中华民国十四年四月十八日""中华民国十四年五月二日"(1925年5月2日)"中华民国十四年五月九日"(1925年5月9日)。类似之误,还有第53号第2版,第53号第5版、第6版,1925年11月7日("中华民国十四年十一月七日")第57号("第五七号")第1版,1926年5月22日("中华民国十五年五月廿二日")第84号("第八四号")第5版、第6版,第88号第4版,1926年6月27日("中华民国十五年六月二十七日")第89号("第八九号")第5版,第92号第5版、第96号第6版,第102号第2版、第3版的天头,分别标注出版时间"中华民国十四年十月三日"(1925年10月3日)、"中华民国十四年九月十日"(1925年9月10日)、"中华民国十四年十一月六日"(1925年11月6日)、"中华民国十五年五月廿三日"(1926年5月23日)、"中华民国十五年六月十三日"(1926年6月13日)、"中华民国十五年六月二十日"(1926年6

月20日）、"中华民国十五年七月十一日"（1926年7月11日）、"中华民国十五年八月十六日"（1926年8月16日）、"中华民国十五年九月十八日"（1926年9月18日）。1925年10月17日（"中华民国十四年十月十七日"）第54号（"第五四号"）第5版的天头，标注出版时间"中华民国十四年九月十七日"（1925年9月17日），其中的出版月疑有误。因为该号其余各版的天头，标注出版时间"中华民国十四年十月十七日"，且该号的前两份、后两份的天头，分别标注出版时间"中华民国十四年十月三日"（1925年10月3日）、"中华民国十四年十月十日"（1925年10月10日）、"中华民国十四年十月二十四日"（1925年10月24日）"中华民国十四年十月三十一日"（1925年10月31日）。类似之误，还有1926年5月2日（"中华民国十五年五月二日"）第81号（"第八一号"）第5版的天头，标注出版时间"中华民国十五年四月二日"（1926年4月2日）。

1937年6月18日（"中华民国二十六年六月十八日"）第136期（"第一三六期"）的封面信息栏，标注出版时间"中华民国二十六年六月十八日"，其中的出版年疑有误。因为该期的前两册、后两册的封面信息栏，分别标注出版时间"中华民国十六年五月二十一日"（1927年5月21日）、"中华民国十六年五月二十八日"（1927年5月28日）、"中华民国十六年六月二十六日"（1927年6月26日）、"中华民国十六年七月二日"（1927年7月2日）。类似之误，还有1921年11月8日（"十年十一月八日"）第5年第194期（"第五年第一九四期"）的封面，标注出版时间"十年十一月八日"。1927年8月9日（"中华民国十六年八月九日"）第140期（"第一四〇期"）的封面信息栏，标注出版时间"中华民国十六年八月九日"，其中的出版月、日疑有误。因为该期的前两册、后两册的封面信息栏，分别标注出版时间"中华民国十六年七月二日"（1927年7月2日）、"中华民国十六年七月九日"（1927年7月9日）、"中华民国十六年七月廿三日"（1927年7月23日）、"中华民国十六年八月六日"（1927年8月6日）。1927年11月19日（"中华民国十六年十一月十九日"）第162期（"第一六二期"）、1927年11月19日（"中华民国十六年十一月十九日"）第163期（"第一六三期"）的封面信息栏，都标注出版时间"中华民国十六年十一月十九日"，这其中疑有误。

《醒狮》（上海1924）创刊号至第103/104号合刊无版权页，但有刊头版权栏，且创刊号至1924年10月25日第3号、1924年11月15日第6号至1925年1月24日第16号、1925年2月7日第18号、1925年2月14日第19号、第53号还有第1版侧口版权栏。刊头版权栏仅登载一条关涉"总发行所"或"通信处""通讯处"的版权信息。在创刊号至1925年5月13日第

34号,为"总发行所上海静安寺路民厚/北里一七一九号醒狮周报社";在1925年6月6日第35号(又称"外抗强权方法号")至1925年6月20日第37号,为"通信处上海闸北天通庵路/三丰里二十四号张西先生转";在1925年6月27日第38号,为"通信处上海法租界白来尼濛/马浪路四四六号徐乃钊先生转";在1925年7月4日第39号至1925年10月24日第55号,为"通信处上海法租界太平桥西/门路六十五号徐乃钊先生转";在1925年10月31日第56号(又称"收回关税权问题号")至1926年1月16日第67号,为"通讯处哈同路民厚北里一七一九号";在1926年1月23日第68号、1926年1月30日第69号,为"通讯处哈同路民厚南里一七一九号";在1926年2月6日第70号至1926年4月10日第78号,为"通讯处上海哈同路民厚北里一七一九号";在1926年4月17日第79号至第103/104号合刊,为"上海通讯处哈同路民厚北里一七一九号"。第1版侧口版权栏,仅登载一条关涉"印刷者"的版权信息。在创刊号至第3号、第6号至1924年12月6日第9号,为"上海法租界贝勒/路润安里十九号/启智印务公司";在1924年12月13日第10号、1924年12月20日第11号,为"上海法租界贝勒路润安里十九号/电话四四千五百九十五号/启智印务公司";在1924年12月27日第12号至第16号、第18号、第19号,为"上海法租界贝勒路润安里十九号/电话四四千五百九十五/启智印务公司";在第53号,为"启智印务公司(上海法租界贝勒路)"。

《醒狮》(上海1924)第105期至第7年第226/227/228/229/230/231/232/233期合刊无版权页,但第105期至1929年7月20日第5年第202期、第7年第226/227/228/229/230/231/232/233期合刊有封面版权栏。第105期至第5年第202期的封面版权栏,仅登载一条关涉"通信处"的版权信息。在第105期至1926年11月20日第111期,为"上海哈同路民厚北里一七一九号";在1926年11月27日第112期、1926年12月4日第113期,为"上海哈同路民厚北里口一七一九号";在第114期至第120期,为"上海静安寺路一七一九号";在第121/122/123期合刊、第136期至1927年11月5日第161期,为"上海邮局第一三六〇信箱";在第124/125号合刊至1927年4月16日第128期、1927年5月21日第134期、第135期,为"上海邮局一三六〇信箱";在1927年4月23日第129期至1927年5月14日第130/131/132/133期合刊(又称"共产党策略批评号"),为"上海邮局一三〇六信箱"。第161期出版后不久,该刊遭到上海市政府查封,直到出版地变更为日本长崎后才得以正常出版。因此,"通信处"在第162期、第163期,为"俟另定后再为通告";在1927年11月26日第164期至第191期,为"日本长崎市博多邮便局私书函七番转朱国翰"；在第 5 年第 193 期至第 5 年第 202 期，为"日本长崎市博多邮便局私书函七番朱国翰先生转"。第 7 年第 226/227/228/229/230/231/232/233 期合刊的封面版权栏，仅登载一条关涉"通讯处"的版权信息，即"日本东京市牛达区若松町早稻田邮便局私书函二号朱定远转醒狮社"。据查，该刊的具体创办者为"醒狮"派的曾琦、左舜生等人。其中，曾琦是具体主编。

《醒狮》（上海 1924）创刊号至第 7 年第 226/227/228/229/230/231/232/233 期合刊，存在多号（期）合刊。其中，第 103/104 号合刊（"第百〇三/四号"）、第 124/125 号合刊（"第一二四一二五号合刊"）、1927 年 8 月 6 日第 142/143 期合刊（"第一四二/三期合刊"，又称"对外问题专号"）、1927 年 8 月 20 日第 144/145 期合刊（"第一四四/五期合刊"）、1927 年 9 月 3 日第 146/147 期合刊（"第一四六/七期合刊"）、1927 年 9 月 24 日第 149/150 期合刊（"第一四九／一五〇期合刊"）、第 172/173 期合刊（"第一七二/三期"），均为两号（期）合刊；第 121/122/123 期合刊（"第一二一期至一二三合刊"），为三期合刊；第 130/131/132/133 期合刊，为四期合刊；第 152/153/154/155/156/157 期合刊（"第一五二至一五七期合刊"），为六期合刊；第 7 年第 226/227/228/229/230/231/232/233 期合刊（"第七年第二二六至二三三期"），为八期合刊。因此，仅就这 233 号（期）而言，该刊实际上总共出版不超过 209 份（册）。

《醒狮》（上海 1924）创刊号至第 34 号的刊头版权栏，标注"醒狮周报社"；创刊号至第 3 号、第 6 号至第 9 号，第 10 号至第 16 号、第 18 号、第 19 号的第 1 版侧口，分别标注"本报每逢星期六日出版""本报每逢星期六出版"。据此，该刊自我定位为周报，拟逢周六出版。事实上，创刊号至第 103/104 号合刊，就主要表现为周报（两号合刊按占据两周时间计算），一般每号 4 版或 6 版，且一般逢周六出版。不过，第 103/104 号合刊有 8 版，且创刊号的出版日为周五，第 81 号至 1926 年 5 月 16 日第 83 号、1926 年 5 月 30 日第 85 号（又称"五卅周年纪念号"）至第 92 号、1926 年 8 月 22 日第 97 号、1926 年 8 月 29 日第 98 号的出版日均为周日。此外，第 70 号出版后的 1926 年 2 月 13 日周六，没有出版。但该日理应出版的一号，可由第 103/104 号合刊补足。

《醒狮》（上海 1924）每逢创刊纪念日 10 月 10 日（不管其是否为周六）都会出版，而第 103/104 号合刊出版后的第八天，恰为创刊纪念日。于是，该刊在该日出版第 105 期，并在该期封面标注"本报第二周年纪念号"。由此开始，该刊改版。第 105 期至 1927 年 10 月 1 日第 151 期，1927 年 10 月 15 日第 158 期至第 191 期,第 5 年第 193 期至 1929 年 3 月 10 日第 5 年第 197 期,1929 年 3 月 25 日第 5 年第 198 期、1929 年 5 月 10 日第 5 年第 199 期、第 5 年第 206 期、第 5 年第 207 期的封面,分别标注"每星期六日出版""每星期六出版""每星期六发行""每星期发行一次"。第 105 期至第 118 期、第 136 期至第 6 年第 210 期,第 119 期、第 124/125 号合刊,第 126 期,1927 年 4 月 9 日第 127 期至第 135 期,第 7 年第 226/227/228/229/230/231/232/233 期合刊的封面版权栏登载的价目说明,分别标注"全年五十二期""全年期五二""全年期五二期""全年五二期""全年五十二册"。第 105 期至第 5 年第 205 期、第 6 年第 210 期的正文页天头,标注"醒狮周报"。据此,该刊仍自我定位为周报,拟逢周六出版。事实上,第 105 期至第 7 年第 226/227/228/229/230/231/232/233 期合刊,主要表现为周刊(两期合刊、多期合刊分别按占据两周、多周时间计算),一般逢周六出版(第 120 期的出版月推测为 1 月,第 140 期的出版月、日推测为 7 月 16 日)。不过,第 105 期、1927 年 6 月 26 日第 137 期、1928 年 11 月 25 日第 5 年第 195 期、第 5 年第 197 期、第 5 年第 206 期的出版日为周日,第 115 期、第 117 期、第 5 年第 199 期、第 5 年第 205 期的出版日为周五,第 152/153/156/157 期合刊、第 5 年第 198 期、1929 年 7 月 15 日第 5 年第 201 期、第 7 年第 226/227/228/229/230/231/232/233 期合刊的出版日为周一,第 191 期、第 5 年第 207 期、第 6 年第 210 期的出版日为周三,第 5 年第 193 期、第 5 年第 194 期(出版年推测为 1928 年)的出版日为周四。此外,自第 120 期出版后,该刊的出版情况可谓断断续续。只不过,在 1928 年 1 月 14 日第 171 期之前,该刊虽历经第 120 期、1927 年 3 月 19 日第 126 期、第 129 期、第 135 期出版后的暂时中断出版二周,第 121/122/123 期合刊出版后的暂时中断出版三周,第 141 期、第 142/143 期合刊、第 144/145 期合刊,1927 年 9 月 10 日第 148 期出版后的暂时中断出版一周,但都有合刊补足。自第 171 期出版后,该刊历经十余次暂时中断出版一周至十五周不等,且都没有合刊补足,从而导致多次停刊。

《醒狮》(上海 1924)在周报时期设有"时评""论说""讲演""纪事""文艺"等栏目,而在周刊时期则不设栏目。该刊是内容丰富的社会科学类报刊,其登载的内容涉及政治、经济、法律、文学、历史、哲学、教育和时事等诸多方面,并且不乏文学作品。此外,该刊因极为注重评议时政而俨然是时政评论类报刊。

《醒狮》(上海 1924)是"醒狮"派最为重要的理论阵地,因为曾琦、李璜、左舜生、陈启天、余家菊、常乃惪等"醒狮"派成员最初论究中西文化乃至东西文化的重要文章大多都发表在该刊上。

(2)《新路》(上海 1928)

近代,多地创办名为《新路》的报刊,如 1928 年 2 月 1 日的上海(创办自我定位为半月刊的期刊)、1932 年 6 月 20 日的北平(创办自我定位为旬刊的期刊)、1933 年 8 月 1 日的上海(创办自我定位为月刊的期刊)、1934 年 11 月 20 日的上海(创办自我定位为十日刊的期刊)、1936 年 1 月 28 日的上海(所创期刊的出版周期不详)、1937 年 1 月 20 日的浙江温州(所创期刊的出版周期不详)、1946 年 3 月 25 日的北平(创办自我定位为周刊的期刊)、1948 年 5 月 15 日的北平(创办自我定位为周刊的期刊)等。为区分起见,本书在各种《新路》的刊名之后,都辍以该刊创刊号的出版地和出版年。其中,"《新路》(上海 1928)"一词,特指"醒狮"派创办的期刊《新路》。

《新路》(上海 1928)由"新路杂志社"在上海创刊,其创刊号为 1928 年 2 月 1 日("中华民国十七年二月一日")第 1 卷第 1 号("第一卷第一号"),终刊号为 1928 年 12 月 1 日("中华民国十七年十二月一日")第 1 卷第 10 号("第一卷第十号")。

《新路》(上海 1928)的出版期号标注形式,主要为封面的"第一卷第某号",目录首页、奇数正文页侧口、版权页的"第某期",且封面还标注英语形式的出版期号,即"No.(使用罗马数字)Vol.Ⅰ"。但是,仅 1928 年 4 月 15 日("中华民国十七年四月十五日")第 1 卷第 6 号("第一卷第六号")、1928 年 6 月 15 日("中华民国十七年六月十五日")第 1 卷第 9 号("第一卷第九号")的目录首页标注出版期号,且创刊号的版权页不标注出版期号。该刊的出版时间表述形式,主要为封面、版权页的民国纪年辅以公历纪月、纪日,且封面还标注英语形式的出版时间,即公元纪年(使用阿拉伯数字)辅以公历纪月(使用英语)、纪日(使用阿拉伯数字或英语形式的阿拉伯数字序数)。但是,创刊号的版权页,不标注出版时间。

据《新路》(上海 1928)创刊号的版权页所示,"发行处"为"上海英界安南路泰威坊一〇一号","代售处"为"各大书局"。自创刊号之后,该刊的版权页登载的版权信息发生较大变化。据 1928 年 2 月 15 日第 1 卷第 2 号的版权页所示,"编辑者""发行者"均为"新路杂志社","总发行所"为"上海安南路泰威坊/新路杂志社/一〇一号","分售处"为"全国各大书坊"。后来,该刊的版权页登载的版权信息有所变更。"总发行所"在 1928 年 3 月 1 日第 1 卷第 3 号、1928 年 3 月 15 日第 1 卷第 4 号,为"上海安南路/新路杂志社/泰威坊一〇一号";在 1928 年 4 月 1 日第 1 卷第 5 号至终刊号,为"新路杂志社"。"分售处"在第 1 卷第 6 号至 1928 年 5 月 15 日第 1 卷第 8 号,为"各大书坊"。据查,该刊的具体创办者、具体主编为"醒狮"派的李璜和"现代新儒家"派的张君劢。

《新路》(上海 1928)总共出版 1 卷 10 号,且没有合刊。因此,该刊实际上总共出版 10 册。第 1 卷第 2 号至终刊号的版权页,标注"新路半月刊";第 1 卷第 2 号至第 1 卷第 5 号、第 1 卷第 8 号至终刊号,第 1 卷第 6 号、1928 年 5 月 1 日第 1 卷第 7 号的版权页登载的《定价表》,分别标注"半月一册全年二十四册","半月一册全二十四册"。据此,该刊自我定位为半月刊,拟逢每半月出版。事实上,该刊就主要表现为半月刊,一般逢每月 1 日、15 日出版。不过,第 1 卷第 8 号、第 1 卷第 9 号出版后的 1928 年 6 月 1 日,7 月至 11 月,没有出版且无合刊补足,从而导致两次停刊。

《新路》(上海 1928)不设栏目。该刊是社会科学类期刊中的政论期刊,主要研究政治,并且以批判中国国民党专政之非、中国共产党路线之误为立刊宗旨,但其中也不乏论究中西文化乃至东西文化之作。

《新路》(上海 1928)是与"醒狮"派密切相关的重要报刊之一,虽极为偏重政治研究,却也具有一定的文化研究色彩。

(3)《民声周报》(上海 1931)

近代,多地创办名为《民声周报》的报刊,如 1931 年 10 月 3 日的上海(创办自我定位为周报的报纸)、1933 年的北平(创办自我定位为周刊的期刊)等。为区分起见,本书在各种《民声周报》的刊名之后,都缀以该刊创刊号的出版地和出版年。其中,"《民声周报》(上海 1931)"一词,特指"醒狮"派创办的期刊《民声周报》。

《民声周报》(上海 1931)由"上海民声周报社"在上海创刊,其创刊号为 1931 年 10 月 3 日("中华民国二十年十月三日")第 1 期("第一期"),终刊号为 1932 年 10 月 30 日("廿一年十月三十日")第 38 期("第三十八期")。

《民声周报》(上海 1931)的出版期号标注形式,主要为刊头、目录栏的"第某期"。目录栏在创刊号至 1946 年 10 月 17 日("中华民国二十年十月十七日")第 3 期("第三期"),为首版目录栏;在 1931 年 10 月 24 日("二十年十月廿四日")第 4 期("第四期")至终刊号,为首页目录栏。但是,1932 年 2 月 13 日("二十一年二月十三日")第 17 期("第十七期",又称"上海血战抗日专号")、1932 年 9 月 11 日("廿一年九月十一日")第 34 期("第三十四期")至 1932 年 10 月 1 日("廿一年十月一日")第 36 期("第三十六期")的首页目录栏,不标注出版期号。创刊号的出版期号标注形式较特殊,主要为刊头的"第一期",首版目录栏的"第一期创刊号"。该刊的出版时间表述形式,主要为天头或刊头版权栏的民国纪年辅以公历纪月、纪日。其中,仅创刊号至第 3 期的出版时间,标注在天头。

《民声周报》(上海1931)无版权页,但有刊头版权栏。据创刊号的刊头版权栏所示,出版者为"上海民声周刊社出版","社址"为"上海赫德路福德坊一五九六号"。后来,该刊的刊头版权栏登载的版权信息有所变更。出版者在第4期至终刊号,不再登载。"社址"在1931年12月19日第12期至1932年2月13日第17期,变更为"地址"。据查,该刊的具体创办者为"醒狮"派的陈启天、左舜生等人。其中,陈启天是具体主编。

《民声周报》(上海1931)总共出版38期,且没有合刊。因此,该刊实际上总共出版38份(册)。该刊的刊名为《民声周报》,且创刊号至第3期的天头标注"民声周报"。据此,该刊自我定位为周报,拟逢周出版。事实上,创刊号至第3期,就表现为标准的周报,逢周六出版。其中,创刊号有10版;1931年10月10日第2期、第3期,各有12版。第4期至终刊号的刊名,仍为《醒狮周报》。据此,该刊仍自我定位为周报,拟逢周出版。但是,事实并非如此。第4期登载的《本刊特别启事》道:"本刊自本期起改订小册,以便读者。"①自此,该刊由周报改为周刊。其中,第4期至1932年1月16日第16期,表现为标准的周刊,逢周六出版。第16期出版后的1932年1月23日、30日、2月6日,没有出版且无合刊补足,从而导致首次停刊。连续登载于第17期至1932年4月30日第23期的《本刊特别启事》,对此次停刊有所解释:"自去年九一八暴日占领沈阳以来,本刊即坚决主张对日作战以救危亡,奈执政者久持无抵抗主义,致东北全失,上海亦危,亡国灭种,祸到眼前,本刊因之延期。"②也就是说,此次停刊因一·二八事变所致。第17期至终刊号,主要表现为周刊,一般逢周六或周日出版。不过,1932年2月23日第18期、1932年4月1日第21期的出版日,分别为周二、周五;1932年7月20日第32期、1932年10月12日第37期的出版日,为周三。1932年7月2日第30期登载的《本刊特别启事》谓"本刊最近因印刷所机器损坏,致延迟出版一星期"③,而第34期登载的《特别启事》则谓"本刊以种种关系,致未能如期出版","今后当照常按期出版"④。事实上,自第17期出版后,该刊历经十余次暂时中断出版一周至五周不等,且都没有合刊补足,从而导致多次停刊。

《民声周报》(上海1931)设有"短评""近事杂评"两个栏目。创刊号登载的类似创刊宣言的《我们的主张》提出:"第一,我们主张中国对日本应断绝国交,立即宣战","第二,我们主张,为应付国难起见,中国今日应废除一党

---

① 佚名[陈启天].本刊特别启事[J].民声周报[上海1931],1931(4):1.
② 佚名[陈启天].本刊特别启事[J].民声周报[上海1931],1932(17):1.
③ 佚名[陈启天].本刊特别启事[J].民声周报[上海1931],1932(30):1.
④ 佚名[陈启天].特别启事[J].民声周报[上海1931],1932(34):1.

专制,组织国防政府","我们进一步主张:民众自由集会,实行救国运动"①。事实上,创刊于九一八事变爆发后不久的该刊,其登载的内容偏于力主抗日御侮、拯救国难,以及批判中国国民党一党专制、对日妥协。此外,该刊登载的内容也不乏论究中西文化乃至东西文化之作。

《民声周报》(上海 1931)是与"醒狮"派密切相关的重要报刊之一,虽极为偏重政治研究,却也具有一定的文化研究色彩。

(4)《国论》

《国论》历经四次编排出版期号,但刊名始终不变。为区分起见,本书在《国论》的刊名之后,辍以该刊历次编排出版期号时起始号的出版地和出版年,分别使用"《国论》(上海 1935)""《国论》(成都 1938)""《国论》(重庆 1938)""《国论》(成都 1940)"四词。

《国论》由"国论月刊社"于 1935 年在上海创刊,于是《国论》(上海 1935)诞生。其创刊号为 1935 年 7 月 20 日("中华民国廿四年七月二十日")第 1 卷第 1 期("第一卷第一期"),终止号为第 2 卷第 11 期。之后,《国论》由"国论周刊社"于 1938 年在四川成都复刊,并开启新一轮出版期号的编排,从而成为《国论》(成都 1938)。其起始号为 1938 年 2 月 19 日("中华民国二十七年二月十九日")第 1 期("创刊号"),终止号为 1938 年 10 月 8 日("中华民国二十七年十月八日")第 34 期("第三十四期")。随后,《国论》由"国论周刊社"于 1938 年在重庆复刊,并开启新一轮出版期号的编排,从而成为《国论》(重庆 1938)。其起始号为 1938 年 10 月 10 日("中华民国二十七年十月十日")第 1 号("重庆版第一号"),终止号为 1939 年 4 月 17 日("中华民国廿八年四月十七日")第 19 号("重庆版第十九号")。再后,《国论》由"国论社"于 1940 年在成都复刊,并开启新一轮出版期号的编排,从而成为《国论》(成都 1940)。其起始号为 1940 年 1 月 5 日("中华民国二十九年一月五日")第 1 期("复刊第一期"),终刊号为 1945 年 7 月 25 日("民国三十四年七月二十五日")第 4 卷第 9 期("四卷九期",又称"抗战八周年纪念特刊")。

1.《国论》(上海 1935)

《国论》(成都 1938)创刊号登载的《国论周刊缘起》道:"国论月刊从民国二十四年七月创刊号起,到二十六年七月止,共出二卷十一期。"②(其中的时间依次为 1935 年 7 月、1937 年 7 月)。但是,笔者未见第 2 卷第 11 期,即终止号。

---

① 本刊同人.我们的主张[N].民声周报[上海 1931],1931-10-3(1).
② 记者[常乃惪].国论周刊缘起[J].国论[成都 1938],1938(1)["创刊号"]:2.

《国论》(上海 1935)第 1 卷的出版期号标注形式,主要为封面(登载要目栏)的"某月号"(其中的月份即出版月),目录首页的"第一卷第某期",版权页的"第某期"。创刊号的出版期号标注形式较特殊,主要为封面的"创刊号",目录首页的"第一卷第一期",版权页的"第一期"。第 2 卷的出版期号标注形式,主要为封面(登载要目栏或目录栏)、目录首页、偶数正文页侧口、版权页的"第二卷第某期"。其中,仅 1936 年 8 月 15 日("中华民国二十五年八月十五日")第 2 卷第 1 期("第二卷第一期",又称"国防问题专号")、1936 年 9 月 15 日("中华民国二十五年九月十五日")第 2 卷第 2 期("第二卷第二期")的封面登载要录栏,而其余各期的封面则登载目录栏。此外,在第 2 卷第 1 期第 6-12 页中,仅奇数正文页侧口标注出版期号。1935 年 10 月 20 日("中华民国二十四年十月二十日")第 1 卷第 4 期("第一卷第四期")的版权页,标注出版期号"第三期",疑有误。因为该期的目录首页标注出版期号"第一卷第四期",且该期的前两册、后两册的版权页,分别标注出版期号"第二期""第三期""第五期""第六期"。该刊的出版时间表述形式,主要为封面、版权页的民国纪年辅以公历纪月、纪日。

据《国论》(上海 1935)创刊号的版权页所示,"编辑者"为"常燕生","发行者"为"国论月刊社","社址"为"上海赫德路赵家/桥合泰坊十一号/电话三六九二〇号","印刷者"为"上海牯岭路六十四号/均益利国联合印刷公司","代售处"为"各省县各大书局"。后来,该刊的版权页登载的版权信息有所变更。"编辑者"在 1936 年 1 月 20 日第 1 卷第 7 期至第 2 卷第 2 期,为"陈启天";在 1936 年 10 月 15 日第 2 卷第 3 期至 1937 年 6 月 15 日第 2 卷第 10 期,为"国论月刊社"。"社址"在第 2 卷,为"上海赫德路赵家桥合泰坊十一号/电话三六九二〇号"。在 1936 年 4 月 20 日第 1 卷第 10 期至第 2 卷第 10 期,"印刷者"为"上海浙江路五三六号/华丰印刷铸字所/电话九〇三五八";"代售处"变更为"总代售处",且"总代售处"为"上海牯岭路六四号/上海大光书局"。据查,该刊的具体创办者为"醒狮"派的常乃惪。第 1 卷第 7 期的目录末页登载的《常燕生启事》道:"燕生因事离沪,所有《国论月刊》编辑事务业经辞却,特此声明。"据查,该刊的具体主编起初为常乃惪,后来改为"醒狮"派的陈启天。

《国论》(上海 1935)总共出版 2 卷 23 期,其中第 1 卷共计 12 期,第 2 卷共计 11 期,且没有合刊。因此,该刊实际上总共出版 23 册。该刊各期的版权页标注"国论月刊""国论月刊社",且版权页登载的价目表标注"全年十二期""半年六期";1936 年 5 月 20 日第 1 卷第 11 期的启事页登载的《本刊发行部启事》谓"本刊每月按期出版"①。据此,该刊自我定位为月刊,拟逢月出版。事实上,该刊就主要表现为月刊。其中,第 1 卷逢每月 20 日出版,第 2 卷一般逢每月 15 日出版。不过,1936 年 6 月 20 日第 1 卷第 12 期、1936 年 11 月 15 日第 2 卷第 4 期出版后的 1936 年 7 月、12 月,没有出版且无合刊补足,从而导致两次停刊。《国论》(成都 1940)第 1 期登载的《万方多难中的言论态度——代复刊辞》道:"国论月刊于二十四年七月在上海出版,出至二卷第十一期,至八一三敌军侵沪,战争发生,本刊印刷所适在火线以内,最后已印就之一期,几费周折,始抢救出险,但已无法由邮局寄出,故各省读者,多未见到。"②(其中的时间即 1935 年 7 月)。据此,第 2 卷第 11 期已印刷完成,但因八一三事变爆发而未能发行。至此,该刊第三次停刊。

《国论》(上海 1935)设有"学术""历史""教育""政治""边疆"等众多栏目,其中一向排在首位的"论坛"和一向排在末位的"文艺"为固定栏目,而"国际""经济""国防"则为常设栏目。该刊是内容丰富的社会科学类期刊,其登载的内容涉及政治、经济、国防、历史、教育和时事等诸多方面,并且不乏文学作品。不过,该刊最为偏重政治研究。

2.《国论》(成都 1938)

《国论》(上海 1935)停刊七个月后,《国论》(成都 1938)出版。

《国论》(成都 1938)的出版期号标注形式,主要为刊头、首页目录栏的"第某期"。但是,1938 年 8 月 20 日("中华民国二十七年八月二十日")第 27 期("第二十七期")至终止号的首页目录栏的出版期号标注形式,为"某期"。起始号的出版期号标注形式较特殊,主要为刊头、首页目录栏的"创刊号"。该刊的出版时间表述形式,主要为刊头的民国纪年辅以公历纪月、纪日。

《国论》(成都 1938)无版权页,但有版权栏。版权栏在起始号至 1938 年 7 月 9 日第 21 期,为末页版权栏;在 1938 年 7 月 16 日第 22 期至终止号,为刊头版权栏。据起始号的末页版权栏所示,"社址"为"成都东御街 号"(其中留空四个汉字的位置),"编辑人"为"常燕生","发行人"为"蒋炳","总发行所"为"成都东御街一百四十六号","代售处"为"外埠各地各大书局"。后来,该刊的末页版权栏或刊头版权栏登载的版权信息有所变更。"社址"在 1938 年 3 月 5 日第 3 期至 1938 年 5 月 21 日第 14 期,为"成都东御街一百四十六号";在 1938 年 5 月 28 日第 15 期至第 21 期,变更为"新迁社址",且"新

---

① 佚名[陈启天].本刊发行部启事[J].国论[上海 1935],1936,1(11):无页码[版权页后第 1 页的启事页].

② 编者[常乃惪].万方多难中的言论态度——代复刊辞[J].国论[成都 1940],1940(1)["复刊第一期"]:2.

迁社址"为"成都东御街一百四十七号"。"发行人"在 1938 年 9 月 24 日第 32 期,为"炳蒋"。"总发行所"在第 15 期至第 21 期,为"成都东御街一百四十七号"。在 1938 年 2 月 26 日第 2 期至第 21 期,"总发行所"之左、"代售处"之右增加登载"代订处"。"代订处"在第 2 期,为"成都华阳书报/流通处/北新书局/开明书店";在第 3 期至第 21 期,为"成都华阳书报流通处"。"新迁社址""代订处""代售处"在第 22 期至终止号,不再登载。据查,该刊的具体创办者、具体主编为"醒狮"派的常乃惪。

《国论》(成都 1938)总共出版 34 期,且没有合刊。因此,该刊实际上总共出版 34 册。该刊各期的首页目录栏,标注"国论周刊";起始号至第 21 期的首页的刊名之左,标注"每逢星期六日出版"。据此,该刊自我定位为周刊,拟逢周六出版。事实上,该刊就表现为标准的周刊,逢周六出版。自终止号出版后,该刊第停刊。

《国论》(成都 1938)设有"战况""国际""通信"等栏目,其中"一周大事记""短评"为常设栏目。《国论周刊缘起》道:"我们决意将国论移在成都出版,并因时势的需要,先发行周刊一种,以后就能力所及,再谋恢复月刊。"①据此,该刊自我定位为《国论》(上海 1935)的复刊。事实上,二者在登载内容的倾向性方面基本一致:"国论周刊除继续国论月刊的原来精神,对于建造国族集团文化思想特别努力,以期从实证科学的立场,恢复国族的自信力,锻炼国族的斗争精神,促进国族社会的有机组织化,以完成中华国族在今后世界上所应负的伟大使命而外,因为周刊与月刊性质稍有不同,所以对于现实政治社会的问题不能不有时涉及,尤其是对于实际抗战的问题及计划不能不有所主张。"②该刊较之于《国论》(上海 1935)的主要区别有二,一是受周刊的篇幅所限而仅有个别几期登载文学作品,二是着眼抗战时局而大量登载关涉抗战的文章。

3.《国论》(重庆 1938)

《国论》(成都 1938)停刊两日后,《国论》(重庆 1938)出版。

《国论》(重庆 1938)的出版期号标注形式,主要为刊头的"重庆版第某号"。该刊的出版时间表述形式,主要为首页目录栏的民国纪年辅以公历纪月、纪日。

《国论》(重庆 1938)无版权页,但有刊头版权栏。据起始号的刊头版权栏所示,"编辑兼发行人"为"国论周刊社","社址"为"重庆来龙巷七号","代

---

① 记者[常乃惪].国论周刊缘起[J].国论[成都 1938],1938(1)["创刊号"]:2.
② 记者[常乃惪].国论周刊缘起[J].国论[成都 1938],1938(1)["创刊号"]:2.

售处"为"本阜及国内外各书局"。后来,该刊的刊头版权栏登载的版权信息有所变更。"社址"在 1939 年 3 月 3 日第 15 号至 1939 年 3 月 27 日第 17 号,为"重庆下石板街 42 号";在 1939 年 4 月 6 日第 18 号、终止号,为"重庆下石板街 42 号副一号"。据查,该刊的具体创办者、具体主编为"醒狮"派的常乃惪。

《国论》(重庆 1938)总共出版 19 号,且没有合刊。因此,该刊实际上总共出版 19 册。该刊各号的刊头版权栏标注"国论周刊社",且各号首页的刊名之左标注"每逢星期一出版"。据此,该刊自我定位为周刊,拟逢周一出版。事实上,该刊就主要表现为周刊,一般逢周一出版。不过,1938 年 12 月 25 日第 10 号、第 15 号、第 18 号的出版日,分别为周日、周五、周四。此外,1938 年 10 月 31 日第 4 号、1938 年 12 月 12 日第 9 号、第 10 号、1939 年 1 月 30 日第 14 号、第 15 号、1939 年 3 月 13 日第 16 号、第 18 号出版后的 1938 年 11 月 7 日、12 月 19 日、1939 年 1 月 2 日这三个周一,1939 年 2 月,1939 年 3 月 6 日、3 月 20 日、4 月 10 日这三个周一,没有出版且无合刊补足,从而导致七次停刊。《万方多难中的言论态度——代复刊辞》对第七次停刊有所解释:"不意二十八年五四,敌机大举袭渝,本刊印刷所又遭焚毁,以致停刊数月。"①(其中的时间即 1939 年 5 月 4 日)。自终止号出版后,该刊第八次停刊。

《国论》(重庆 1938)不设栏目。该刊起始号登载的《本刊启事》道:"本周刊原在成都出版,已出三十余期,现为便利读者起见,自本期起,发行重庆版。"②《万方多难中的言论态度——代复刊辞》更详细交待道:"本刊一部分同人,间关西来,谋为复刊之举,遂于二十七年春季在成都复刊,因便于报告并批评战局情形起见,改为周刊。嗣以重庆为后方政治经济中心,地位较成都尤要,复于同年秋季迁渝出版。"③(其中的时间即依次为 1938 年春、1938 年秋)。据此,该刊只是《国论》(成都 1938)变更出版地所致。也正因如此,二者在登载内容的倾向性方面如出一辙。

4.《国论》(成都 1940)

《国论》(重庆 1938)停刊八个月后后,《国论》(成都 1940)出版。第 19 期的全刊,未见。

---

① 编者[常乃惪].万方多难中的言论态度——代复刊辞[J].国论[成都 1940],1940(1)["复刊第一期"]:2.
② 佚名[常乃惪].本刊启事[J].国论[重庆 1938],1938(1):1.
③ 编者[常乃惪].万方多难中的言论态度——代复刊辞[J].国论[成都 1940],1940(1)["复刊第一期"]:2.

《国论》(成都1938)起始号至1940年12月20日("中华民国二十九年十二月二十日")第20期("复刊第二十期")的出版期号标注形式,主要为封面(登载目录栏)的"复刊第某期",奇数正文页天头的"第某期",偶数正文页天头的"复刊"。但是,起始号的偶数正文页天头的出版期号标注形式,为"第一卷"。第2卷、第3卷的出版期号标注形式,主要为封面目录栏(或首页目录栏、封面)的"复刊第某卷第某期",奇数正文页天头的"第某期",偶数正文页天头的"复刊第某卷"。其中,1942年5月1日("中华民国三十一年五月一日")第3卷9("复刊第三卷第九期")至1942年7月16日("民国三十一年七月十六日")第3卷第12/13/14期合刊("复刊第三卷第十二、三、四、期合刊")、1942年10月1日("中华民国三十一年十月一日")第3卷第18/19期合刊("复刊第三卷第十八,九期合期")、1942年11月1日("中华民国三十一年十一月一日")第3卷第20/21期合刊("复刊第三卷第二十,二十一期合期"),无封面目录栏,但有首页目录栏;1942年9月1日("民国三十一年九月一日")第3卷第15/16/17期合刊("复刊第三卷第十五·六·七期合刊"),无封面目录栏,但有封面。第4卷的出版期号标注形式,主要为首页目录栏的"四卷某期",奇数正文页天头的"第某期",偶数正文页天头的"第四卷"。但是,起始号的首页目录栏的出版期号标注形式,为"第四卷第一期"。

《国论》(成都1940)的出版时间表述形式,主要为民国纪年辅以公历纪月、纪日。其中,起始号至第20期、第3卷第15/16/17期合刊的出版时间,标注在封面;1941年1月1日("三十年一月一日")第2卷第1期("复刊第二卷第一期")至1942年4月16日("民国卅一年四月十六日")第3卷第7/8期合刊("复刊三卷七·八期",又称"印度问题专号")的出版时间,标注在封面版权栏;第3卷第9期至第3卷第12/13/14期合刊、第3卷第18/19期合刊至终刊号的出版时间,标注在刊头。1940年8月5日("中华民国二十九年八月五日")第14期("复刊第十四期")、1940年8月5日("中华民国二十九年八月五日")第15期("复刊第十五期")的封面,都标注出版时间"中华民国二十九年八月五日",这其中疑有误。1940年10月5日第18期("复刊第十八期")的封面,标注出版时间"中华民国二十年九十月五日"(1931年9月5日),其中的出版年、月疑有误。因为该期的前两册、后第二册(后第一册即第19期,未见)的封面,分别标注出版时间"中华民国二十九年八月五日"(1940年8月5日)、"中华民国二十九年九月廿日"(1940年9月20日)、"中华民国二十九年十二月二十日"(1940年12月20日)。

《国论》(成都1940)无版权页,但有版权栏。版权栏在起始号至1940年

2月20日第3期、第2卷第1期至1941年12月1日第2卷第22/23期合刊、1942年1月1日第3卷第1期、1942年3月1日第3卷第4/5期合刊至第3卷第7/8期合刊,为封面版权栏、末页版权栏;在1940年3月5日第4期至第20期、1941年12月16日第2卷第24期、1942年1月16日第3卷第2期、1942年2月1日第3卷第3期、第3卷第15/16/17期合刊,为封面版权栏;在第3卷第9期至第3卷第12/13/14期、第3卷第18/19期合刊至终刊号,为刊头版权栏。封面版权栏在起始号至第3期,仅登载一条关涉"社址"的版权信息,即"成都祠堂街国魂书店";在第4期至第20期,"地址"之上依次增加登载"编辑人"为"常燕生","发行人"为"左舜生";在第2卷第1期至1941年8月1日第2卷第14期、1941年9月1日第2卷第15期至第3卷第7/8期,仅登载一条关涉发行者的版权信息,分别即"国魂书店发行""国论社发行";在第3卷第15/16/17期合刊,登载"发行人"为"左舜生","发行所"为"成都春熙东路三十一号"。据起始号的末页版权栏所示,"编辑人"为"常燕生","发行人"为"左舜生","社址"为"成都祠堂街国魂书店"。后来,该刊的末页版权栏登载的版权信息有所变更。在1940年1月20日第2期(又称"宪政运动专号"),"社址"之左增加登载"印刷者"为"地址:书院南街三四号/西部印务公司/电话:九一九"。在第3期,"社址"之左、"印刷者"之右增加登载"分社"为"重庆来龙巷七号"。自第3期之后,该刊的末页版权栏登载的版权信息发生较大变化。据第2卷第1期的末页版权栏所示,"编辑者"为"常燕生","发行者"为"左舜生","发行所"为"国魂书店成都祠堂街一二一号","分销处"为"国内外各大书店"。后来,该刊的末页版权栏登载的版权信息又有所变更。"发行所"在第2卷第15期至第2卷第22/23期合刊,为"成都春熙路东段卅一号";在第3卷第1期,为"成都春熙东段三十一号";在第3卷第4/5期合刊,变更为"总发行所",且"总发行所"为"成都春熙路东段三十一号"。"分销处"在1941年11月1日第2卷第19期、第3卷第1期,不再登载;在第3卷第4/5期合刊至第3卷第7/8期合刊,为"国内外各大书局"。据第3卷第9期的刊头版权栏所示,"发行人"为"左舜生","发行所"为"成都春熙东路三十一号","分销处"为"国内外各大书局"。自第3卷第20/21期合刊之后,该刊的刊头版权栏登载的版权信息发生较大变化。据1944年10月10日第4卷第1期(又称"双十节特刊")的刊头版权栏所示,"发行人"为"何鲁之","主编人"为"周谦冲","总发行所"为"岷峨书店/成都小天竺街"。后来,该刊的刊头版权栏登载的版权信息有所变更。"总发行所"在1944年11月1日第4卷第3期(又称"双十一节特刊")至终刊号,为"成都春熙东路三十一号"。第2卷第1期至第3卷第7/8期合刊的封面,第 3 卷第 9 期至第 3 卷第 12/13/14 期合刊、第 3 卷第 18/19 期合刊、第 3 卷第 20/21 期合刊的刊头,在刊名之下标注"常燕生主编"五个大字。据此,"醒狮"派的常乃惪曾担任该刊的主编。据查,该刊的具体创办者及前 3 卷的具体主编即为常乃惪,但第 4 卷的具体主编为周谦冲。

《国论》(成都 1940)将第 2 卷之前的各期视为第 1 卷,所以该刊总共出版 4 卷 74 期。其中,第 1 卷共计 20 期,第 2 卷共计 24 期,第 3 卷共计 21 期,第 4 卷共计 9 期。1940 年 9 月 20 日第 16/17 期合刊("复刊第十六・十七期")、1941 年 4 月 1 日第 2 卷第 5/6 期合刊("复刊第二卷第五・六期")、1941 年 10 月 10 日第 2 卷第 17/18 期合刊("复刊第二卷第十七・八期",又称"纪念国庆合刊")、1941 年 11 月 16 日第 2 卷第 20/21 期合刊("复刊第二卷第二十・廿一期")、第 2 卷第 22/23 期合刊("复刊第二卷第廿二・廿三期")、第 3 卷第 4/5 期合刊("复刊第三卷第四・五期")、第 3 卷第 7/8 期合刊("复刊三卷七・八期")、第 3 卷 18/19 期合刊("复刊第三卷第十八,九期合期")、第 3 卷第 20/21 期合刊("复刊第三卷第二十,二十一期合刊")、1945 年 3 月 1 日第 4 卷第 6/7 期合刊("四卷六・七期"),均为两期合刊;第 3 卷第 12/13/14 期合刊("复刊第三卷第十二、三、四、期合刊")、第 3 卷第 15/16/17 期合刊("复刊第三卷第十五・六・七期合刊"),均为三期合刊。因此,该刊实际上总共出版 60 册。

《国论》(成都 1940)第 1 卷的封面,标注"每月五日二十日出版";第 2 卷第 1 期至第 2 卷第 17/18 期合刊、第 2 卷第 20/21 期合刊至第 2 卷第 22/23 期合刊、第 3 卷第 4/5 期合刊至第 3 卷第 7/8 期合刊的末页版权栏,标注"出版期:每月一日十六日";第 3 卷第 9 期至第 3 卷第 12/13/14 期合刊、第 3 卷第 18/19 期合刊、第 3 卷第 20/21 期合刊的刊头,标注"出版期 每月一日十六日";第 4 卷的刊头,标注"出版期:每月十/二十五日"。另外,起始号至第 3 期的末页版权栏、第 4 期至第 20 期的封面版权栏登载的价目说明,分别标注"半年十二期""全年廿四期","半年十二期""全年二十四期"。据此,该刊自我定位为半月刊,拟逢每半月出版。其中,第 1 卷拟逢每月 5 日、20 日出版,第 2 卷、第 3 卷拟逢每月 1 日、16 日出版,第 4 卷拟逢每月 10 日、25 日出版。但是,事实并非如此。第 1 卷主要表现为半月刊(两期合刊按占据一月时间计算),一般逢每月 5 日、20 日出版(第 15 期的出版日推测为 20 日)。不过,第 15 期出版后的 1940 年 9 月 5 日,没有出版。但该日理应出版的一期,可由第 16/17 期合刊补足。第 2 期出版后的 1940 年 2 月 5 日,没有出版且无合刊补足,从而导致首次停刊。第 3 期登载的《本刊特别紧要启事》,对此次停刊有所解释:"本期付印 因正值旧历年关,印刷局工友循例休假,故不得已延期至二月二十日出版,特此声明,并向读者致万分的歉意。"①此外,第 18 期出版于 1940 年 10 月 5 日,而第 20 期则出版于 1940 年 12 月 20 日。因此在第 18 期至第 20 期出版期间,至少存在一次停刊。第 2 卷至第 3 卷,主要表现为半月刊(两期、三期合刊分别按占据一月、一月半时间计算),一般逢每月 1 日、16 日出版。不过,第 2 卷第 17/18 期合刊的出版日为 10 日。此外,1941 年 1 月 16 日第 2 卷第 2 期、1941 年 3 月 1 日第 2 卷第 4 期、第 2 卷第 14 期、第 3 卷第 3 期、1942 年 3 月 16 日第 3 卷第 6 期、1942 年 6 月 1 日第 3 卷第 11 期、第 3 卷第 12/13/14 期合刊、第 3 卷第 15/16/17 期合刊、第 3 卷第 18/19 期合刊出版后的 1941 年 2 月 1 日、3 月 16 日、8 月 16 日,1942 年 2 月 16 日、4 月 1 日、6 月 16 日、7 月 1 日、8 月 1 日、8 月 16 日、9 月 16 日、10 月 16 日,没有出版。但这十一日理应出版的十一期,可分别由第 2 卷第 5/6 期合刊、第 2 卷第 17/18 期合刊、第 2 卷第 20/21 期合刊、第 2 卷第 22/23 期合刊、第 3 卷第 4/5 期合刊、第 3 卷第 7/8 期合刊、第 3 卷第 12/13/14 期合刊、第 3 卷第 15/16/17 期合刊、第 3 卷第 18/19 期合刊、第 3 卷第 20/21 期合刊补足。其中,1941 年 2 月 16 日第 2 卷第 3 期登载的《本刊启事》,对 1941 年 2 月 1 日没有出版的原因有所解释:"本刊本期,适居阴历年节,印刷工人循例休假,致延一期出版,特此声明"②第 3 卷第 3 期登载的《本刊启事》,对 1942 年 2 月 16 日没有出版有所预告:"本刊复刊第三卷第四期,原定二月十六日出版,以适值废历年节,印刷所工友循例休假,特移至三月一日与第五期同时改出合刊,特此预告。"③第 3 卷第 20/21 期合刊出版后的 1942 年 11 月 16 日至 1944 年 9 月 30 日,没有出版且无合刊补足,从而导致又一次停刊。第 4 卷主要表现为不定期刊(两期合刊按占据一月时间计算),除第 4 卷第 1 期和 1944 年 10 月 25 日第 4 卷第 2 期、1945 年 7 月 10 日第 4 卷第 8 期和终刊号的出版时间间隔半个月外,其余各期的出版时间间隔七天至四个多月不等。第 4 卷第 6/7 期合刊登载的《本刊特别启事》道:"本刊四卷六、七期合刊,原定二月一日出版,因受旧年关及印刷工厂整理内部影响,一再迁延,于四月一日始行出版,久劳读者盼望,谨此表示歉意。"④

《国论》(成都 1940)设有"艺文录""社评""论著""时论选粹""时代文献""学术""文艺""速写""专论""杂俎""书评"等栏目。《万方多难中的言论态度——代复刊辞》道:《国论》(重庆 1938)终刊后,"同人为再接再厉,不因敌

---

① 佚名[常乃惪].本刊特别紧要启事[J].国论[成都 1940],1940(3)["复刊第三期"]:40.
② 佚名[常乃惪].本刊启事[J].国论[成都 1940],1941,2(3)["复刊第二卷第三期"]:24.
③ 佚名[常乃惪].本刊启事[J].国论[成都 1940],1942,3(3)["复刊第三卷第三期"]:17.
④ 佚名[周谦冲].本刊特别启事[J].国论[成都 1940],1945,4(6/7):46.

寇之屡次摧残而停止奋斗起见,决于二十九年元旦在成都复刊,同时希望多容纳较有系统的长篇文字,以便对抗战建国大业有所贡献,复由周刊改为半月刊"(其中的时间即 1940 年 1 月 1 日)①。据此,该刊实际上是《国论》(重庆 1938)的复刊。也正因如此,二者在登载内容的倾向性方面基本一致。

《国论》是与"醒狮"派密切相关的重要报刊之一,虽极为偏重政治研究,却也具有一定的文化研究色彩。

(5)《国光》(长沙 1938)

近代,多地创办名为《国光》的报刊,如 1929 年 1 月的江苏无锡(所创期刊的出版周期不详)、1933 年 1 月的浙江杭州(创办自我定位为周刊的期刊)、1936 年 10 月 20 日的上海(创办自我定位为半月刊的期刊)、1938 年 3 月 29 日的湖南长沙(创办自我定位为旬刊的期刊)、1946 年 12 月的上海(创办自我定位为月刊的期刊)等。为区分起见,本书在各种《国光》的刊名之后,都辍以该刊创刊号的出版地和出版年。其中,"《国光》(长沙 1938)"一词,特指"醒狮"派创办的报刊《国光》。

《国光》(长沙 1938)在湖南长沙创刊,其创刊号为 1938 年 3 月 29 日("中华民国二十七年三月二十九日")第 1 期("第一期"),终刊号为 1938 年 7 月 29 日("中华民国二十七年七月二十九日")第 12 期("第十二期")。

《国光》(长沙 1938)的出版期号标注形式,主要为刊头、内页天头的"第某期"。该刊的出版时间表述形式,主要为刊头的民国纪年辅以公历纪月、纪日。

《国光》(长沙 1938)无版权页,但创刊号至 1938 年 4 月 29 日第 4 期、1938 年 5 月 19 日第 6 期至终刊号有内页版权栏。据创刊号第 10 页的内页版权栏所示,"社址"为"长沙西园九仪里八号","编辑人"为"左舜生","发行人"为"刘俊","代售处"为"本埠及国内外各书店"。后来,该刊的内页版权栏登载的版权信息有所变更。在第 6 期至终刊号,"社址"为"武昌大朝街萧家巷二十二号";"代售处"为"本埠及国内外各书局";"发行人"之左、"代售处"之右增加登载"印刷者"。"印刷者"在第 6 期、1938 年 5 月 29 日第 7 期,为"武昌鸿昌印书馆";在 1938 年 6 月 9 日第 8 期至终刊号,为"武昌青龙巷鸿昌印书馆"。据查,该刊的具体创办者、具体主编为"醒狮"派的左舜生。

《国光》(长沙 1938)总共出版 12 期,且没有合刊。因此,该刊实际上总共出版 12 册。该刊各期的内页版权栏标注"国光旬刊",且各期首页的刊名

---

① 编者[常乃惠].万方多难中的言论态度——代复刊辞[J].国论[成都 1940],1940(1)["复刊第一期"]:2.

之左标注"每逢九、十九、廿九日出版"。据此,该刊自我定位为周刊,拟逢每月 9 日、19 日、29 日出版。事实上,该刊就主要表现为旬刊,一般逢每月 9 日、19 日、29 日出版。不过,1938 年 7 月 9 日第 11 期出版后的 1938 年 7 月 19 日,没有出版且无合刊补足,从而导致一次停刊。

《国光》(长沙 1938)不设栏目,但连续登载于 1938 年 4 月 9 日是第 2 期、1938 年 4 月 19 日第 3 期的《本刊征稿简约》,谓"本刊内容分时评,论文,专载,通信,随感录等栏"[1]。该刊是社会科学类期刊中的政论期刊,主要研究政治,并且偏于报道抗战消息、激励民心士气。不过,该刊登载的内容也不乏论究中西文化乃至东西文化之作。

《国光》(长沙 1938)是与"醒狮"派密切相关的重要报刊之一,虽极为偏重政治研究,却也具有一定的文化研究色彩。

(6)《民宪》(重庆 1944)

近代,多地创办名为《民宪》的报刊,如 1940 年 9 月的南京(创办自我定位为旬刊的期刊)、1944 年 5 月 16 日的重庆(创办自我定位为半月刊的期刊)、1945 年 5 月的重庆(创办自我定位为月刊的期刊)等。为区分起见,本书在各种《民宪》的刊名之后,都缀以该刊创刊号的出版地和出版年。其中,"《民宪》(重庆 1944)"一词,特指"醒狮"派创办的报刊《民宪》。

《民宪》(重庆 1944)由"民宪半月刊社"在重庆创刊,其创刊号为 1944 年 5 月 16 日("中华民国三十三年五月十六日")第 1 卷第 1 期("第一卷第一期"),终刊号不详。陈正茂所编《中国青年党史料丛刊第七辑:醒狮周报(一)》中的《中国青年党史料丛刊序言》和《编者说明》,均谓《民宪》总共发行至第二卷第六期"[2]。但是,笔者所见最晚一册为 1945 年 8 月 25 日("中华民国三十四年八月二十五日")第 2 卷第 3 期("第二卷第三期")。

《民宪》(重庆 1944)的出版期号标注形式,主要为封面、版权页的"第某卷第某期"。但是,第 1 卷的版权页的出版期号标注形式为"第某期"。创刊号的出版期号标注形式较特殊,主要为封面的"第一卷第一期",版权页的"创刊号"。该刊的出版时间表述形式,主要为封面、版权页的民国纪年辅以公历纪月、纪日。1944 年 7 月 31 日("中华民国三十三年八月十五日")第 1 卷第 6 期("第一卷第六期")的版权页标注的出版时间"民国三十三年七月卅

---

[1] 佚名[左舜生].本刊征稿简约[J].国光[长沙 1938],1938(2):20[总 38].
[2] 陈正茂.中国青年党史料丛刊序言[M]//陈正茂,编.中国青年党史料丛刊第七辑:民宪半月刊(一).台北:国史馆,1995:5.
陈正茂.编者说明[M]//陈正茂,编.中国青年党史料丛刊第七辑:民宪半月刊(一).台北:国史馆,1995:无页码[序言后第 1 页].

一日"（1944年7月31日），与其封面标注的出版时间"中华民国三十三年八月十五日"，不一致。类似之误，还有1944年12月20日（"中华民国三十三年十二月二十日"）第1卷第10期（"第一卷第六期"）的版权页，标注出版时间"民国三十三年十一月三十日"（1944年11月30日）。

据《民宪》（重庆1944）创刊号的版权页所示，"编辑人"为"左舜生"，"发行人"为"左舜生"，"发行所"为"民宪半月刊社"，"社址"为"重庆信义街卅九号"，"定阅处"为"本社"，"代售处"为"重庆成都桂林昆明贵/阳长沙衡阳各新书店"。后来，该刊的版权页登载的版权信息有所变更。"发行人"在1944年5月31日第1卷第2期至第2卷第3期，为"郑振文"。"代售处"在1944年10月20日第1卷第8期至第2卷第3期，为"重庆桂林昆明贵阳等地/各大书店 成都祠堂街/华西书局及其他各书局"。在1944年6月15日第1卷第3期至第2卷第3期，"定阅处"之左、"代售处"之右增加登载"印刷者"。"印刷者"在第1卷第3期至第1卷第10期，为"南方印书馆"；在1945年1月15日第1卷第11期至第2卷第3期为"民生公司印刷社"。在1944年11月12日第1卷第9期，"代售处"之左增加登载"本刊编辑委员会委员"为"张澜张君劢沈钧儒/李璜罗隆基章伯钧/张申府梁漱溟左舜生"。据查，该刊的具体创办者、具体主编为"醒狮"派的左舜生。

《民宪》（重庆1944）创刊号至第2卷第3期，总共出版2卷15期，其中第1卷共计12期，第2卷共计3期，且没有合刊。因此，仅就这2卷15期而言，该刊实际上总共出版15册。该刊各期的版权页，标注"民宪半月刊""民宪半月刊社"；创刊号至第1卷第8期的版权页、第1卷第10期至第2卷第3期的启事栏登载的价目表，标注"全年二四册""半年十二册""三个月六册"。据此，该刊自我定位为半月刊，拟逢每半月出版。但是，事实并非如此。创刊号至1944年7月16日第1卷第5期，主要表现为半月刊，一般逢每月16日、月末日出版。不过，第1卷第3期的出版日为15日。第1卷第6期至第2卷第3期，主要表现为月刊，一般逢月出版。但是，出版日不定，计有10日、12日、15日、20日、25日、31日这5种）。此外，第1卷第5期、第1卷第11期、1945年5月31日第2卷第2期出版后的1944年7月，1945年2月，6月和7月，没有出版且无合刊补足，从而导致三次停刊。

《民宪》（重庆1944）不设栏目，但创刊号至第1卷第3期的"新书评介"、1944年9月10日第1卷第7期的"半月短评"、第1卷第8期至1945年5月31日第2卷第2期的"短评"，具有栏目性质。该刊是社会科学类期刊中的政论期刊，主要研究政治，尤其是鼓吹"民主宪政"，并对中国国民党在抗战结束后的行宪有所期待和建言。不过，该刊登载的内容也涉及经济、教育、历史、哲学、文学和时事等诸多方面,且其中不乏论究中西文化乃至东西文化之作。

《民宪》(重庆1944)是与"醒狮"派密切相关的重要报刊之一,虽极为偏重政治研究,却也具有一定的文化研究色彩。

(7)《青年生活》

近代,多地创办名为《青年生活》的报刊,如1930年代的河南开封(创办自我定位为季刊的期刊)、1931年10月10日的上海(创办自我定位为周刊的期刊)、1932年9月1日的南京(创办自我定位为十日刊的期刊)、1935年10月10日的上海(创办自我定位为半月刊的期刊)、1936年6月江苏无锡(创办自我定位为月刊的期刊)、1938年9月的重庆(创办自我定位为半月刊的期刊)、1939年5月25日的上海(创办自我定位为半月刊的期刊)、1940年10月的广西桂林(创办自我定位为半月刊的期刊)、1943年9月15日的上海(创办自我定位为月刊的期刊)、1945年的北平(创办自我定位为半月刊的期刊)、1949年的陕西西安(所创期刊的出版周期不详)等。为区分起见,本书在各种《青年生活》的刊名之后,都辍以该刊创刊号的出版地和出版年。其中,"《青年生活》(上海1935)""《青年生活》(上海1946)"两词,特指"醒狮"派参与创办的报刊《青年生活》。

《青年生活》由"青年生活半月刊社"于1935年在上海创刊,于是《青年生活》(上海1935)诞生。其创刊号为1935年10月10日("中华民国二十四年双十节")第1卷第1期("第一卷第一期"),终止号为《青年生活》(上海1935)1936年10月1日("中华民国二十五年十月一日")第1卷第24期("第一卷第二十四期")。后来,《青年生活》由"青年生活半月刊社"于1946年在上海复刊,并开启新一轮出版期号的编排,从而成为《青年生活》(上海1946)。其起始号为1946年7月7日("中华民国三十五年七月七日")第1期("1"),终刊号不详。陈正茂所编《中国青年党史料丛刊第八辑:青年生活半月刊》中的《中国青年党史料丛刊序言》,谓《青年生活》(上海1946)"共发行至第二卷第十二期"[①]。但是,笔者所见最晚一册为1948年11月1日("大中华民国三十七年十一月一日")第2卷第5期("第二卷第五期",总第24期)。

1.《青年生活》(上海1935)

《青年生活》(上海1935)创刊号至1935年12月10日("中华民国二十

---

① 陈正茂.中国青年党史料丛刊序言[M]//陈正茂,编.中国青年党史料丛刊第八辑:青年生活半月刊.2版.台北:国史馆,1995:5.

四年十二月十日")第 1 卷第 5 期("第一卷第五期")、1936 年 3 月 16 日("中华民国二十五年三月十六日")第 1 卷第 11 期("第一卷第十一期")至终止号的出版期号标注形式,主要为封面(登载要目栏或版权栏)、正文页目录栏的"第一卷第某期"。但是,第 1 卷第 11 期至终止号的正文页目录栏,不标注出版期号。创刊号的出版期号标注形式较特殊,主要为封面的"第一卷第一期",正文页目录栏的"创刊号"。1935 年 12 月 25 日("中华民国二十四年十二月二十五日")第 1 卷第 6 期("第一卷第六期",又称"新年特大号")至 1936 年 2 月 25 日("中华民国二十五年二月二十五日")第 1 卷第 10 期("第一卷第十期")的出版期刊号标注形式,主要为刊头、首页目录栏的"第一卷第某期"。但是,第 1 卷第 10 期的首页目录栏,不标注出版期号。

《青年生活》(上海 1935)的出版时间表述形式,主要为封面或刊头的民国纪年辅以公历纪月、纪日。其中,仅第 1 卷第 6 期至第 1 卷第 10 期的出版时间,标注在刊头。此外,创刊号的封面不标注出版时间,但创刊号正文页首页登载的编者所撰《创刊的话》的文后,标注"中华民国二十四年双十节"(1935 年 10 月 10 日)。

《青年生活》(上海 1935)无版权页,但有版权栏。版权栏在创刊号至第 1 卷第 5 期、第 1 卷第 11 期、1936 年 4 月 1 日第 1 卷第 12 期、1936 年 5 月 1 日第 1 卷第 14 期(又称"五月纪念专号")、1936 年 9 月 16 日第 1 卷第 23 期、终止号,为正文页版权栏;在第 1 卷第 6 期至第 1 卷第 10 期,为首页版权栏;在 1936 年 4 月 16 日第 1 卷第 13 期、1936 年 5 月 16 日第 1 卷第 15 期至 1936 年 9 月 1 日第 1 卷第 22 期,为封面版权栏。据创刊号第 1 页前第 1 页的正文页版权栏所示,"编辑兼发行者"为"谢澄平","发行处"为"上海极司非而路中振坊二十号/青年生活半月刊社"。后来,该刊的正文页版权栏或首页版权栏、封面版权栏登载的版权信息没有变更。据查,该刊具体的创办者为"醒狮"派的常乃惪、中国青年党重要成员谢澄平等人。其中,谢澄平是具体主编。

《青年生活》(上海 1935)总共出版 1 卷 24 期,其中 1936 年 6 月 16 日第 1 卷第 17/18 期合刊("第一卷第十七/十八两期合刊",又称"文艺特刊")为两期合刊。因此,该刊实际上总共出版 23 册。创刊号至第 1 卷第 5 期、第 1 卷第 11 期、第 1 卷第 12 期的正文页版权栏,第 1 卷第 6 期、1936 年 1 月 25 日第 1 卷第 8 期至第 1 卷第 10 期的首页版权栏登载的《定价》,标注"全年廿四期";第 1 卷第 7 期的首页版权栏登载的《定价》,标注"全年二十四期"。创刊号第 16 页的补白,谓"本刊于每月十日二十五日发行两次"①;第 1 卷第 13 期、第 1 卷第 15 期至第 1 卷第 22 期的封面版权栏,第 1 卷第 14 期、第 1 卷第 23 期、终止号的正文页版权栏,标注"出版期"为"每月一日十六日出版/全年发行二十四期"。据此,该刊自我定位为半月刊,且起初拟逢每月 10 日、25 日出版,后来改为拟逢每月 1 日、16 日出版。事实上,该刊就主要表现为半月刊(两期合刊按占据一月时间计算)。其中,创刊号至第 1 卷第 10 期,表现为标准的半月刊,逢每月 10 日、25 日出版;第 1 卷第 11 期至终止号,一般逢每月 1 日、16 日出版。不过,第 1 卷第 10 期出版后的 1936 年 3 月 10 日,没有出版且无合刊补足,从而导致一次停刊。第 1 卷第 17/18 期合刊出版后的 1936 年 7 月 1 日,没有出版。但该日理应出版的一期,可由第 1 卷第 17/18 期合刊补足。

《青年生活》(上海 1935)设有"读者园地""服务与谋生""青年之路""世界伟人""科学文明""职业与出路""文艺"等栏目。其中,一向排在首位的"小言论"(后更名为"我们的话")为固定栏目。《创刊的话》道:"我们本教育者的态度,抱着与青年同情的心境,不作漫骂愤世之谈,只求积极探究青年向上之路;为青年生活谋再造的前程,为中华民国谋复兴的基础。对于国内外大势略加解剖,对于青年切身的问题详加讨论;并期望各地青年朋友多通音讯,互相报告有意义的生活实况,使大家得着生趣的安慰;此外还发表一些文艺作品,插图,漫画,提起青年奋进的生趣,诊治颓废,淫靡,堕落的流行症;介绍世界成功人物的言行,与夫目前国内有为青年的生活,以及启发科学思想而增加远大理想的书报,使大家有所观摩,并且破除盲从乱动的危机。"②事实上,该刊就是内容丰富的社会科学类报刊,其登载的内容涉及政治、经济、法律、文学、历史、哲学、教育和时事等诸多方面,并且不乏文学作品。不过,该刊偏重青年的培养。

2.《青年生活》(上海 1946)

《青年生活》(上海 1935)停刊将近十年后,《青年生活》(上海 1946)出版。

《青年生活》(上海 1946)起始号至 1947 年 9 月 1 日("中华民国三十六年九月一日")第 19 期("第十九期",又称"追悼常燕生先生专号")的出版期号标注形式,主要为封面、目录栏(或目录页、要目栏)、奇数正文页天头、目录首页版权栏的"第某期",以及封面的阿拉伯数字序数。目录栏或目录页、要目栏,在起始号至 1946 年 8 月 1 日("中华民国三十五年八月一日")第 3

---

① 佚名[谢澄平].无题[海所撰《赴日途中》文后作为补白的《青年生活》启事][J].青年生活[上海 1935],1936,1(1):16.

② 编者[谢澄平].创刊的话[J].青年生活[上海 1935],1936,1(1):无页码[第 1 页前第 1 页].

期("第三期")、1946年12月1日("中华民国三十五年十二月一日")第11期("第十一期"),为正文页目录栏;在1946年12月16日("中华民国三十五年十二月十六日")第12期("第十二期"),为正文页要目栏;在1946年10月1日("中华民国三十五年十月一日")第6/7期合刊("第六/七期")、1946年11月1日("中华民国三十五年十一月一日")第8/9期合刊("第八/九期")、1947年3月1日("中华民国三十六年三月一日")第13/14期合刊("第十三/四期")、1947年4月1日("中华民国三十六年四月一日")第15期("第十五期"),为正文后第1页目录栏;在1947年5月1日("中华民国三十六年五月一日")第16期("第十六期")、1947年7月1日("中华民国三十六年七月一日")第18期("第十八期")、第19期,为目录首页;在1947年6月1日("中华民国三十六年六月一日")第17期("第十七期"),为版权页目录栏。但是,1946年8月16日("中华民国三十五年八月十六日")第4期("第四期")、1946年9月1日("中华民国三十五年九月一日")第5期("第五期")、1946年11月16日("中华民国三十五年十一月十六日")第10期("第十期"),无目录栏或目录页、要目栏。此外,第11期的正文页目录栏、第205页的天头,第12期的正文页要目栏,不标注出版期号。仅第16期的目录首页版权栏,标注出版期号。起始号的出版期号标注形式较特殊,主要为封面、正文页目录栏、奇数正文页天头的"创刊号",以及封面的"1"。1947年10月1日("卅六年十月一日")第2卷第1期("二卷一期",总第20期)的出版期号标注形式,主要为封面的"二卷一期",目录首页的"总二十期"、奇数正文页天头的"第二十期"。1947年12月1日("三十六年十二月一日")第2卷第2期("第二卷第二期",总第21期)至1948年5月1日("大中华民国三十七年五月一日")第2卷第4期("第二卷第四期",总第23期)出版期号标注形式,主要为封面的"第某期"(其中的数字"某"为总期数),奇数正文页天头的"第二卷第某期"(其中的数字"某"为第2卷的期数)。但是,第2卷第2期(总第21期)第35页的天头,不标注出版期号。第2卷第5期(总第24期)的出版期号标注形式,主要为封面的"第二卷第五期",奇数正文页天头的"总二十四期"。

第18期的目录首页,标注出版期号"第十七期",疑有误。因为该期的封面、奇数正文页天头,标注出版期号"第十八期",封面还标注阿拉伯数字序数形式的出版期号"18",且该期的前两册、后两册的目录首页或版权页目录栏,分别标注出版期号"第十六期""第十七期""第十九期""总二十期"。第19期第423页的天头,标注出版期号"第十期九",疑有误。因为该期其余各奇数正文页的天头,标注出版期号"第十九期",且该期的前两册、后两册的奇数正文页天头,分别标注出版期号"第十七期""第十八期""第二十期""第二卷第二期"。第 2 卷第 1 期(总第 20 期)第 7 页、第 9 页、第 21 页、第 25 页的天头,标注出版期号"第十九期",疑有误。因为该期其余各奇数正文页的天头,标注出版期号"第二十期",且该期的前两册、后两册的奇数正文页天头,分别标注出版期号"第十八期""第十九期""第二卷第二期""第二卷第三期"。

《青年生活》(上海 1946)的出版时间表述形式,主要为封面、正文页版权栏(或目录首页版权栏)的民国纪年辅以公历纪月、纪日。其中,仅第 16 期的目录首页版权栏,标注出版时间;第 17 期至第 2 卷第 5 期(总第 24 期)的出版时间,仅标注在封面。

《青年生活》(上海 1946)仅第 17 期有版权页;其余各期虽无版权页,却有版权栏。版权栏在起始号至第 15 期、第 2 卷第 2 期(总第 21 期)、第 2 卷第 4 期(总第 23 期),为正文页版权栏;在第 16 期、第 18 期至第 2 卷第 1 期(总第 20 期),为目录首页版权栏;在 1948 年 2 月 1 日第 2 卷第 3 期(总第 22 期)、第 2 卷第 5 期(总第 24 期),为封面版权栏。据起始号第 2 页的正文页版权栏所示,"发行人"为"常燕生","主编人"为"陈柳浪","社址"为"上海虹口山阴路千爱里二十八号"。后来,该刊的正文页版权栏或目录首页版权栏、封面版权栏登载的版权信息没有变更。"发行人"在第 19 期至第 2 卷第 4 期(总第 23 期),不再登载;在第 2 卷第 5 期(总第 24 期),为"周谦冲"。"社址"在第 5 期至第 17 期、第 2 卷第 3 期(总第 22 期),为"上海虹口山阴路千爱里二十七号";在第 18 期,为"上海虹口山阴路千爱里第二十七号";在第 19 期至第 2 卷第 2 期(总第 21 期)、第 2 卷第 4 期(总第 23 期),为"上海虹口山阴路千爱里第廿八号";在第 2 卷第 5 期(总第 24 期),为"上海五虹口山阴路千爱里二十八号"。在 1946 年 7 月 16 日第 2 期至第 2 卷第 5 期(总第 24 期),"社址"之左增加登载"总经售"。"总经售"在第 2 期,为"上海五洲书报社";在第 3 期至第 2 卷第 2 期、第 2 卷第 4 期、第 2 卷第 5 期(总第 24 期),为"上海山东路五洲书报社";在第 2 卷第 3 期,为"上海山东路五洲书报"在第 5 期至第 16 期、第 18 期至第 2 卷第 5 期(总第 24 期),"社址"之左、"总经售"之右增加登载"电报挂号"为"三九六三"。在第 15 期至第 2 卷第 5 期(总第 24 期),"总经售"之左增加登载"南京办事处""成都办事处"。其中,"南京办事处"为"中山路凤颐村二○四号"。"成都办事处"在第 15 期、第 16 期,为"春熙路东段三十一号";在第 17 期至第 2 卷第 5 期(总第 24 期),为"春熙路东段第三十一号"。在第 16 期至第 2 卷第 5 期(总第 24 期),"电报挂号"之左、"总经售"之右增加登载"电话"。"电话"在第 16 期,为

"(二〇)六〇八三五";在第 17 期至第 2 卷第 5 期(总第 24 期),为"(〇二)六〇八三五"。在第 2 卷第 5 期(总第 24 期),"主编人"之左、"社址"之右增加登载"经理人"为"居白易"。此外,第 2 卷第 3 期至第 2 卷第 5 期(总第 24 期)的封面,在刊名之右标注"常燕生创办"五个大字。据此,该刊的具体创办者为"醒狮"派的常乃惪,具体主编为陈柳浪。

《青年生活》(上海 1946)将第 2 卷之前的各期视为第 1 卷,所以该刊起始号至第 2 卷第 5 期(总第 24 期),总共出版 2 卷 24 期。其中,第 1 卷共计 19 期,第 2 卷共计 5 期。第 6/7 期合刊("第六/七期")、第 8/9 期合刊("第八/九期")、第 13/14 期合刊("第十三/四期"),均为两期合刊。因此,仅就这 2 卷 24 期而言,该刊实际上总共出版 21 册。起始号、第 2 期的正文页版权栏,标注"出版期"为"每月一日十六日"。据此,该刊自我定位为半月刊,拟逢每月 1 日、16 日出版。但是,事实并非如此。起始号至第 12 期,主要表现为半月刊(两期合刊按占据一月时间计算),一般逢每月 1 日、16 日出版。不过,起始号的出版日为 7 日。对此,起始号第 19 页登载的《本刊特别启事》解释道:"本刊原定七月一日出版,以遵前编辑及发行人谢澄平先生之意,以《青年生活》停刊于七七,亦应复刊于七七,以示纪念国难之意,故特改期七七出版,致以后各期仍照旧定按月一日及十六日出版,特此敬告读者。"①此外,第 5 期、第 6/7 期合刊出版后的 1946 年 9 月 16 日、10 月 16 日,没有出版。但这两日理应出版的两期,可分别由第 6/7 期合刊、第 8/9 期合刊补足。第 12 期出版后的 1947 年 1 月、2 月,没有出版且无合刊补足,从而导致一次停刊。第 13/14 期合刊至第 2 卷第 5 期(总第 24 期),主要表现为月刊,一般逢每月 1 日出版。但是,第 18 期、第 2 卷第 1 期(总第 20 期)、第 2 卷第 2 期(总第 21 期)、第 2 卷第 3 期(总第 22 期)、第 2 卷第 4 期(总第 23 期)、第 2 卷第 5 期(总第 24 期)出版后的 1947 年 8 月、11 月,1948 年 1 月、3 月、4 月、6 月至 10 月,没有出版且无合刊补足,从而导致五次停刊。

《青年生活》(上海 1946)设有"时人语摘""文化公园""青年通讯""半月闲话""青年苗圃""时论文摘""上海滩上"等有栏目。起始号登载的《我们的〈青年生活〉——代发刊词》道:"《青年生活》的再生是在卅五年七七纪念的前夜,而《青年生活》的初生是在廿四年的双十节。"②(其中的时间依次为 1946 年 7 月 7 日、1935 年 10 月 10 日)。据此,该刊自我定位为《青年生活》(上海 1935)的复刊。也正因如此,二者在登载内容的倾向性方面基本一致。

---

① 佚名[陈柳浪].本刊特别启事[J].青年生活[上海 1946],1946(1):19.
② 谢澄平.我们的《青年生活》——代发刊词[J].青年生活[上海 1946],1946(1):2.

《青年生活》是与"醒狮"派密切相关的重要报刊之一,虽极为偏重青年的培养,却也具有一定的文化研究色彩。

(8)《青年中国》

《青年中国》历经两次编排出版期号,但刊名始终不变。为区分起见,本书在《青年中国》的刊名之后,辍以该刊历次编排出版期号时起始号的出版地和出版年,分别使用"《青年中国》(上海1936)""《青年中国》(上海1946)"两词。

《青年中国》由"青年中国半月刊社"于1936年在上海创刊,于是《青年中国》(上海1936)诞生。其创刊号为1936年11月5日("中华民国二十五年十一月五日")第1卷第1期("第一卷第一期"),终止号为1937年7月20日("中华民国二十六年七月二十日")第1卷第18期("第一卷第十八期")。后来,《青年中国》于1946年在上海复刊,并开启新一轮出版期号的编排,从而成为《青年中国》(上海1946)。其起始号为1946年10月12日("中华民国三十五年十月十二日")第1期("第一期"),终刊号不详。陈正茂所编《中国青年党史料丛刊第八辑:青年生活半月刊》中的《中国青年党史料丛刊序言》,谓《青年中国》(上海1946)"总共发行五十期"[①]。但是,笔者所见最晚一册为1948年5月16日("中华民国三十七年五月十六日")第65期("第六十五期")。

1.《青年中国》(上海1936)

《青年中国》(上海1936)的出版期号标注形式,主要为封面、目录首页(或正文首页目录栏)的"第一卷第某期"。其中,1937年7月5日("中华民国二十六年七月五日")第1卷第17期("第一卷第十七期")、终止号无目录页,但有正文首页目录栏。创刊号的出版期号标注形式较特殊,主要为封面的"第一卷第一期",正文首页目录栏的"创刊号"。该刊的出版时间表述形式,主要为封面的民国纪年辅以公历纪月、纪日。

《青年中国》(上海1936)无版权页,但有版权栏。版权栏在创刊号至1937年6月20日第1卷第16期,为目录首页版权栏;在第1卷第17期、终止号,为正文首页版权栏。据创刊号的目录首页版权栏所示,"编辑兼发行者"为"盛超","发行处"为"上海极司非而路(地丰路)三十七弄/青年中国半月刊社"。后来,该刊的目录首页版权栏或正文首页版权栏登载的版权信息有所变更。"发行处"在1936年11月20日第1卷第2期至1937年1月5

---

① 陈正茂.中国青年党史料丛刊序言[M]//陈正茂,编.中国青年党史料丛刊第八辑:青年生活半月刊.2版.台北:国史馆,1995:5.

日第 1 卷第 5 期,为"上海极司非而路(地丰路口)三十七弄/青年中国半月刊社";在 1937 年 1 月 20 日第 1 卷第 6 期至终止号,不再登载。在第 1 卷第 6 期至终止号,"编辑兼发行者"之左依次增加登载"出版者""总发行所"。"出版者"在第 1 卷第 6 期至 1937 年 4 月 5 日第 1 卷第 11 期,为"青年中国半月刊社";在 1937 年 4 月 20 日第 1 卷第 12 期,为"上海极司非而路(地丰里口)卅七弄/青年中国半月刊社";在 1937 年 5 月 20 日第 1 卷第 13/14 期合刊、1937 年 6 月 20 日第 1 卷第 16 期至终止号,为"上海极司非而路(地丰路口)卅七弄/青年中国半月刊社";在 1937 年 6 月 5 日第 1 卷第 15 期,为"上海极司非而路(地丰路口)三七弄/青年中国半月刊社"。"总发行所"在第 1 卷第 6 期至第 1 卷第 16 期,为"上海牯岭路六十四号/大光书局/电话九三四五七";在第 1 卷第 17 期、终止号,为"上海牯岭路六十四号/大光书局/电话九三四五七号"。在第 1 卷第 16 期至终止号,"出版者"之左、"总发行所"之右增加登载"印刷者"为"上海龙江路二二五号/工读印制社/电话五○○一五号"。《青年生活》(上海 1946)第 1 期登载的《我们的<青年生活>——代发刊词》道:"我们的通讯来自欧美日本,访问我们的朋友真的不远千里而来。因而更受了当时环境的嫉视,终于《青年生活》换个名称,以《青年中国》的姿态出现于世人之前。"[1]据此,该刊是《青年生活》(上海 1935)变更刊名后的产物。所以,该刊的具体创办者就是《青年生活》(上海 1935)的具体创办者,即"醒狮"派的常乃悳、中国青年党重要成员谢澄平等人。只不过,具体主编变更为盛超。

《青年中国》(上海 1936)总共出版 1 卷 18 期,其中第 1 卷第 13/14 期合刊("第一卷第十三/四期合刊")为两期合刊。因此,该刊实际上总共出版 17 册。创刊号的目录首页版权栏,标注"出版期"为"每月一日十六日出版/全年发行二十四期";第 1 卷第 2 期至第 1 卷第 16 期的目录首页版权栏,标注"出版期"为"每月五日二十日出版/全年发行二十四期";第 1 卷第 17 期、终刊号的正文首页版权栏,标注"每月五日二十日出版全年发行二十四期"。据此,该刊自我定位为半月刊,且起初拟逢每月 1 日、16 日出版,后来改为拟逢每月 5 日、20 日出版。事实上,该刊就主要表现为半月刊(两期合刊按占据一月时间计算),一般逢每月 5 日、20 日出版。第 1 卷第 12 期出版后的 1937 年 5 月 5 日,没有出版。但该日理应出版的一期,可由第 1 卷第 13/14 期合刊补足。

《青年中国》(上海 1936)设有"青年向导""国民健康讲座""世界名人速

---

[1] 谢澄平.我们的《青年生活》——代发刊词[J].青年生活[上海 1946],1946(1):2.

写""天涯海角""读物评介""也是史料""文艺"等栏目。其中,一向排在首位的"我们的话"为固定栏目。和《青年生活》(上海1935)一样,该刊也是内容丰富的社会科学类报刊,其登载的内容涉及政治、经济、法律、文学、历史、哲学、教育和时事等诸多方面,并且不乏文学作品。当然,该刊也偏重青年的培养。只不过,诚如《我们的〈青年生活〉——代发刊词》所言,较之于《青年生活》(上海1935),"《青年中国》的内容更见充实,自封面以至时事解剖,自印刷以至发行,无不大为进步"①。

2.《青年中国》(上海1946)

《青年中国》(上海1936)停刊十年后,《青年中国》(上海1946)出版。第3期、第4期、第6期至第11期、第13期、第14期、第16期、第17期、第21期至第23期、第32期、第33期、第36期至第38期、第40期、第42期、第43期、第49期、第50期、第56期、第58期、第62期、第63期的全刊,未见。

《青年中国》(上海1946)的出版期号标注形式,主要为刊头、正文页目录栏的"第某期"。但是,仅起始号第3版的目录栏标注出版期号。该刊的出版时间表述形式,主要为天头的民国纪年辅以公历纪月、纪日。1946年11月9日("中华民国三十五年十一月九日")第5期("第五期")第1版的天头,标注出版时间"中华民国三十五年一月九日"(1946年1月9日),其中的出版月疑有误。因为该号其余各版的天头,标注出版时间"中华民国三十五年十一月九日"(该号的前两份、后两份的全刊,未见)。

《青年中国》(上海1946)无版权页,但有刊头版权栏。据起始号的刊头版权栏所示,"发行人"为"刘东岩","总经理"为"费明扬","主编"为"王兴国","社址"为"南京东路二四一号","电话"为"一二二〇九","电报挂号"为"三八七八","上海总经销处"为"五洲书局/山东中路","成都总经销处"为"晨钟书局/西御街二十九号"。后来,该刊的刊头版权栏登载的版权信息有所变更。"总经理"在1947年9月6日第45期,不再登载;在1947年9月13日第46期至第65期,为"张懋昭"。在1946年12月28日第12期至第65期,"上海总经销处"为"中华时报发行部/南京东路";"成都总经销处"为"新中国日报发行部/春熙东段"。在1946年10月19日第2期至第65期,"社址"之左、"电话"之右增加登载"编辑部"为"山阴路千爱里廿七号"。

《青年中国》(上海1946)创刊号至第65期所见部分期号,共计36期,且没有合刊。因此,仅就这36期而言,该刊实际上总共出版36册。该刊主要表现为周报,一般每期4版,且起初一般逢周六出版,后来改为一般逢周日出

---

① 谢澄平.我们的《青年生活》——代发刊词[J].青年生活[上海1946],1946(1):2.

版。其中，创刊号至1947年10月4日第48期，逢周六出版；1947年10月26日第51期至第65期，逢周日出版。不过，1947年1月18日第15期与1947年2月15日第18期相隔两期，但出版时间相距三周。因此在第15期至第18期出版期间，至少存在一次停刊。类似情况，还有1947年7月12日第39期与1947年8月3日第41期、1947年11月23日第55期与1947年12月14日第57期相隔一期，但出版时间相距两周；第41期与1947年8月30日第44期相隔两期，但出版时间相距三周；第57期与1948年1月25日第59期相隔一期，但出版时间相距五周；1948年2月29日第61期与1948年4月18日第64期相隔两期，但出版时间相距六周。第46期出版后的1947年9月20日周六，第59期出版后的1948年2月1日、2月8日周日，1948年2月15日第60期出版后的1948年2月22日周日，第64期出版后的1948年4月25日、5月2日、5月9日周日，没有出版且很可能无合刊补足，从而导致四次停刊。此外，第41期各版的天头，标注出版时间"中华民国三十六年八月三日"（1947年8月3日）和"（星期六）"，这其中疑有误。因为1947年8月3日并非周六，而是周日。

《青年中国》（上海1946）创刊号第3版登载的《本报征稿简约》谓"本报内容，暂分为左列二十栏"，"1.时事评论 2.时代思潮 3.自由论坛 4.理想世界 5.社会写真 6.学生园地 7.世界语林 8.□①学业谭 9.史事猎奇 10 青年修养 11 生活艺术 19② 回忆实录 13□③事一得 14 时人语录 15 古今杂记 16 民众呼声 17 文艺天地 18 读者来鸿 19□④西南北 20 书报评述"⑤。但是，笔者仅见其中的"自由论坛""青年修养""生活艺术""时人语录""读者来鸿""东西南北"这六个栏目。事实上，该刊还设有"时事述评""读报随笔""特载""东北近事""短评""读者之声""青年世界"等栏目。《我们的＜青年生活＞——代发刊词》道："不幸'八一三'的炮火，日寇的杀害，又使《青年中国》仅勉强完成了一卷。"⑥由此，《青年中国》（上海1936）停刊，而十年后出版的《青年中国》（上海1946）其实就是《青年中国》（上海1936）的复刊。也正因此，二者在登载内容的倾向性方面基本一致。

《青年中国》是与"醒狮"派密切相关的重要报刊之一，虽极为偏重青年

---

① 原文空格，此处疑脱一字。
② 原文如此，"19"疑为"12"之误。
③ 原文不可辨识。
④ 原文空格，此外疑脱一"东"字。
⑤ 佚名［王兴国］.本报征稿简约［N］.青年中国［上海1946］,1946-10-12(3).
⑥ 谢澄平.我们的《青年生活》——代发刊词［J］.青年生活［上海1946］,1946(1):2.

的培养,却也具有一定的文化研究色彩。

(六)"本位文化"派

(1)《文化建设》(上海1934)

近代,多地创办名为《文化建设》的报刊,如1934年10月10日的上海(创办自我定位为月刊的期刊)、1946年10月16日的江苏徐州(创办自我定位为月刊的期刊)等。为区分起见,本书在各种《文化建设》的刊名之后,都辍以该刊创刊号的出版地和出版年。其中,"《文化建设》(上海1934)"一词,特指"本位文化"派创办的期刊《文化建设》。

《文化建设》(上海1934)由"文化建设月刊社"在上海创刊,其创刊号为1934年10月10日("民国廿三年十月十日")第1卷第1期("第一卷第一期",又称"中国文化检讨专号"),终刊号为1937年7月10日("民国二十六年七月十日")第3卷第10期("第三卷第十期")。

《文化建设》(上海1934)的出版期号标注形式,主要为封面、目录首页、偶数(总页码)正文页天头、版权页的"第某卷第某期"。其中,第2卷、第3卷的封面,还标注"某月号"(其中的月份即出版月)。创刊号的出版期号标注形式较特殊,主要为封面的"创刊号",目录首页、偶数(总页码)正文页天头、版权页的"第一卷第一期"。该刊的出版时间表述形式,主要为封面(或封底)、目录首页、版权页的民国纪年辅以公历纪月、纪日。标注出版时间的封面或封底,在创刊号至1935年3月10日("民国廿四年三月十日")第1卷第6期("第一卷第六期")、1935年7月10日("民国廿四年七月十日")第1卷第10期("第一卷第十期")至1935年9月10日("民国廿四年九月十日")第1卷第12期("第一卷第十二期"),为封面;在其余各期,为封底。1937年6月10日("民国二十六年六月十日")第3卷第9期("第三卷第九期")的封底,标注出版时间"民国二十六年五月十日"(1937年5月10日),其中的出版月疑有误。因为该期的封面、版权页,分别标注出版时间"民国二十六年六月十日""中华民国二十六年六月十日",且该期的前两册、后一册(即终刊号)的封底,分别标注出版时间"民国二十六年四月十日"(1937年4月10日)、"民国二十六年五月十日""民国二十六年七月十日"(1937年7月10日)。

据《文化建设》(上海1934)创刊号的版权页所示,"编辑者"为"文化建设月刊社","发行者"为"上海爱麦虞限路二三四号/文化建设月刊社/电话七五四五六","代售者"为"各地大书局","印刷者"为"上海山海关路南兴坊/新民印刷所/电话三三一三八"。后来,该刊的版权页登载的版权信息有所变更。"发行者"在 1935 年 10 月 10 日第 2 卷第 1 期至 1937 年 4 月 10 日第 3 卷第 7 期,为"上海辣斐德路五百号/文化建设月刊社/电话八五三七二"。"印刷者"在第 2 卷第 1 期至 1936 年 11 月 10 日第 3 卷第 2 期,为"上海山海关路宝兴村/新民印刷所/电话三三一三八";在 1936 年 12 月 10 日第 3 卷第 3 期至第 3 卷第 7 期,不再登载。自第 3 卷第 7 期后,该刊的版权页登载的版权信息发生较大变化,尤其是出版地由上海变更为南京。据 1937 年 5 月 10 日第 3 卷第 8 期的版权页所示,"编辑者"为"上海辣斐德路五百号/文化建设月刊社/电话八五三七二","发行者"为"南京太平路·上海四马路/正中书局","批发定阅处"为"南京河北路/正中书局杂志推广所/电话二一五五七","印刷者"为"正中书局"。后来,该刊的版权页登载的版权信息没有变更。据查,该刊是中国国民党"CC"("中央俱乐部")派创建的"中国文化建设协会"的机关刊物,其具体创办者为"本位文化"派的陶希圣、樊仲云,而具体主编则为裴复恒、樊仲云。

《文化建设》(上海 1934)总共出版 3 卷 34 期,其中第 1 卷、第 2 卷各计 12 期,第 3 卷共计 10 期,且没有合刊。因此,该刊实际上总共出版 34 册。创刊号至第 1 卷第 6 期、第 1 卷第 10 期至第 1 卷第 12 期的封面,以及其余各期的封底,标注"一月一回";各期偶数(总页码)正文页天头、版权页,标注"文化建设月刊";创刊号至第 3 卷第 2 期、第 3 卷第 3 期至终刊号的版权页登载的价目表,分别标注"每月一册 全年十二册/每月十日发行","每月出版一册 全年十二册/每月十日发行"。据此,该刊自我定位为月刊,拟逢月出版。事实上,该刊就表现为标准的月刊,逢每月 10 日出版。

《文化建设》(上海 1934)设有"插图""画报""文化月旦""科学知识""文化界""集锦录""内外大事记"等栏目。连续登载于创刊号、第 1 卷第 2 期的《本刊启事(二)》,谓"本刊为发扬中国固有文化,宣传现代中国的建设事业"①。登载于多期的《本刊征稿条例》道:"本刊旨趣在以科学方法,检讨过去,认取昔日的民族建国精神,而以严正态度,正视目前,根据三民主义,建设中国的新文化。"②事实上,该刊就是内容丰富的社会科学类期刊,其登载的内容涉及政治、经济、哲学、法律、外交、建筑、风俗、文学和时事等诸多方面,并且不乏文学作品。不过,该刊更偏于阐发传统文化之价值和意义,主张弘扬传统文化之精华并吸收世界文化之精萃,同时肃清传统文化之糟粕,

---

① 佚名[裴复恒、樊仲云].本刊启事(二)[J].文化建设[上海 1934],1934,1(1):无页码[目录前第 2 页].

② 佚名[裴复恒、樊仲云].本刊征稿条例[J].文化建设[上海 1934],1934,1(1):无页码[版权页前第 1 页].

最终创造不失传统文化精神的新文化。

《文化建设》(上海1934)是"本位文化"派主办的最为重要的报刊,因为"本位文化"派最初论究中西文化乃至东西文化的重要文章大多都发表在该刊上,而标志着"本位文化"派之诞生的《中国本位的文化建设宣言》,恰恰就登载于该刊。此外,中国国民党"CC"派发起的中国本位文化建设运动,也肇始于该刊。

(2)《中国文化建设协会会报》

《中国文化建设协会会报》由"中国文化建设协会"在上海创刊,其创刊号为1934年8月15日("中华民国二十三年八月十五日")第1卷第1期("第一卷第一期"),终刊号不详。笔者所见最晚一册,为1936年1月5日("中华民国二十五年一月五日")第2卷第4/5期合刊("第二卷第四/五期合刊")。

《中国文化建设协会会报》的出版期号标注形式,主要为刊头、偶数正文页天头的"第某卷第某期"。但是,创刊号的出版期号标注在封面(登载目录栏)、奇数正文页天头。1935年7月15日("中华民国二十四年七月十五日")第1卷第12期("第一卷第十二期")第4页的天头,标注出版期号"第一卷第十一期",疑有误。因为该期其余偶数正文页的天头以及刊头,标注出版期号"第一卷第十二期",且该期的前两册(后两册属于第2卷)的偶数正文页侧口,分别标注出版期号"第一卷第十期""第一卷第十一期"。类似之误,还有1935年10月15日("中华民国二十四年十月十五日")第2卷第3期("第二卷第三期")第16页的天头,标注出版期号"第二卷第一/二期合刊"。该刊的出版时间表述形式,主要为首页目录栏的民国纪年辅以公历纪月、纪日。但是,创刊号的出版时间标注在封面目录栏。

《中国文化建设协会会报》无版权页或版权栏。创刊号登载的《本会报启事》道:"本会报为本会会员之读物,对非会员概不发售或流传。"[①]据此,该刊为内部读物,不公开出版。该刊的具体创办者、具体主编均不详。

《中国文化建设协会会报》创刊号至第2卷第4/5期合刊,总共出版2卷17期,其中第1卷共计12期,第2卷共计5期。1935年9月15日("中华民国二十四年九月十五日")第2卷第1/2期合刊("第二卷第一/二期合刊")、第2卷第4/5期合刊("第二卷第四/五期合刊"),均为两期合刊。因此,仅就这2卷17期而言,该刊实际上总共出版15册。

---

① 佚名[《中国文化建设协会会报》编者].本会报启事[J].中国文化建设协会会报,1934,1(1):无页码[疑为封底或封底前第1页].

《中国文化建设协会会报》创刊号登载的《发刊词》,谓"此月出一期之会报"。据此,该刊自我定位为月刊,拟逢月出版。事实上,该刊就主要表现为月刊(两期合刊按占据两月时间计算),一般逢每月 15 日出版。不过,第 2 卷第 4/5 期合刊的出版日为 5 日。此外,第 1 卷第 12 期出版后的 1935 年 8 月 15 日,没有出版。但该日理应出版的一期,可由第 2 卷第 1/2 期合刊补足。第 2 卷第 3 期出版后的 1935 年 11 月、12 月的 15 日,没有出版且无合刊补足,从而导致一次停刊。

《中国文化建设协会会报》创刊号不设栏目,但 1934 年 9 月 15 日第 1 卷第 2 期至第 2 卷第 4/5 期合刊设有"文化消息""特载""讲坛"等有栏目。其中,一向依次排在前三位的"小评""总会消息""分会消息"为固定栏目,而"会员论坛"则为常设栏目。此外,"小评"曾更名为"小言""言论",而"文化消息"则曾更名为"文化情报"。《本会报启事》道:"本会报系刊载总会及各地分会消息,各地文化消息,亦酌量登载,故各地分会应将筹备或工作情况,以及各该地文化状况,随时函告,俾便刊入。"①事实上,该刊的一大主要内容就是报道"中国文化建设协会"及其各地分会的创建、运作等会务信息,并集中登载于"总会消息""分会消息"这两个栏目。但是,"中国文化建设协会"及其各地分会的创建、运作的根本目的,在于《发刊词》所说的"致力于科学化运动,以检讨中国过去之文化,然后汰劣留良,择其善者而发扬光大之","以创造中国将来之文化"②。所以,该刊的另一大主要内容,也即最为重要的内容,其实是弘扬传统文化之精华、吸收世界文化之精粹,以创造新文化,并遍及"小评""会员论坛""文化消息"等一众栏目。此外,该刊早在《文化建设》创刊前一个月,就于第 1 卷第 2 期预告《文化建设》即将创刊:预登《文化建设》创刊号的目录,并用大字标注"裴复恒·樊仲云·主编";预登《文化建设》的版权信息和预定信息。后来,除第 2 卷第 1/2 期合刊、第 2 卷第 4/5 期合刊外,该刊每期都登载已出版的《文化建设》最新一期的目录、主编以及版权信息、预定信息。

《中国文化建设协会会报》是与"本位文化"派密切相关的重要报刊之一,因为该刊对"本位文化"派以及《文化建设》、"中国文化建设协会"各地分会主办的各种报刊,具有指导性作用,即《发刊词》所谓的"勉欲集合全国之同志,于此艰巨之工作过程中,聊负呼号前驱之责任"③。

---

① 佚名[《中国文化建设协会会报》编者].本会报启事[J].中国文化建设协会会报,1934,1(1):无页码[疑为封底或封底前第 1 页].
② 潘公展.发刊词[J].中国文化建设协会会报,1934,1(1):2.
③ 潘公展.发刊词[J].中国文化建设协会会报,1934,1(1):2.

（3）《中国文化建设协会山西分会旬刊》和《中国文化建设协会山西分会月刊》

《中国文化建设协会山西分会旬刊》由"中国文化建设协会山西分会"在山西太原创刊，其创刊号为1934年9月10日（"中华民国二十三年九月十日"）第1卷第1期（"创刊号"），终止号为1934年12月16日（"中华民国二十三年十二月十六日"）第1卷第10期（"第一卷第十期"）。后来，《中国文化建设协会山西分会旬刊》由"中国文化建设协会山西分会"在山西太原复刊，但更名为《中国文化建设协会山西分会月刊》，并开启新一轮出版期号的编排。其起始号为1935年1月16日（"中华民国二十四年一月十六日"）第1卷第1期（"第一卷第一期"），终刊号为1936年4月16日（"民国二十五年四月十六日"）第2卷第4期（"第二卷第四期"）。

1.《中国文化建设协会山西分会旬刊》

《中国文化建设协会山西分会旬刊》的出版期号标注形式，主要为封面、正文页侧口的"第某卷第某期"。其中，侧口标注出版期号的正文页，在1934年9月20日（"中华民国二十三年九月二十日"）第1卷第2期（"第一卷第二期"）至1934年11月1日（"中华民国二十三年十一月一日"）第1卷第6期（"第一卷第六期"），为偶数正文页；在1934年11月10日、20日（"中华民国二十三年十一月十/廿日"）第1卷第7/8期合刊（"第一卷第七/八期"），为第1-26页的偶数正文页、第27-32页（最末正文页）的奇数正文页；在1934年12月1日（"中华民国二十三年十二月一日"）第1卷第9期（"第一卷第九期"）、终止号，为奇数正文页。创刊号的出版期号标注形式较特殊，主要为封面、第1页侧口、偶数正文页侧口的"创刊号"。第1卷第7/8期合刊第2-8页的偶数正文页侧口，标注出版期号"第一卷第七期"，疑有误。因为该期其余偶数正文页的侧口以及封面，标注出版期号"第一卷第七八期"，且该期的前两册、后两册的偶数正文页侧口，分别标注出版期号"第一卷第五期""第一卷第五期""第一卷第九期""第一卷第十期"。该刊的出版时间表述形式，主要为封面、版权页的民国纪年辅以公历纪月、纪日。

据《中国文化建设协会山西分会旬刊》创刊号的版权页所示，"编辑者""发行者"均为"中国文化建设协会山西分会"，"印刷者"为"太原西省墙德和信印刷厂"，"代售处"为"全国各大书局"。后来，该刊的版权页登载的版权信息有所变更。"印刷者"在第1卷第2期至1934年10月20日第1卷第5期，为"山西太原开化市中山图书社"；在第1卷第6期、第1卷第7/8期合刊，为"山西太原府西街蔚华印刷厂"；在第1卷第9期、终止号，为"山西太原新道街华闻晚报社"。"代售处"在第1卷第6期至终止号，为"全国各大书店"。该刊有封面版权栏,且封面版权栏仅登载一条关涉印行者的版权信息,即"中国文化建设协会山西分会印行"。但是,该刊的具体创办者、具体主编均不详。

《中国文化建设协会山西分会旬刊》总共出版1卷10期,且第1卷第7/8期合刊("第一卷第七/八期"),为两期合刊。因此,该刊实际上总共出版9册。该刊各期的版权页登载的《定价表》,标注"半年十五期""全年三十期"。据此,该刊自我定位为旬刊,拟逢旬出版。事实上,该刊就主要表现为旬刊(两期合刊按占据两旬时间计算),一般逢每月1日、10日、20日出版。不过,终止号的出版日为16日。

《中国文化建设协会山西分会旬刊》创刊号登载的《发刊词》谓"定例为时评,论著,转载,文艺,附录诸栏"①,但实际上该刊仅设有"时评""论著""转载""附录"这四个栏目。该刊本是"中国文化建设协会山西分会"的会刊,且《发刊词》谓"揭橥'发扬中国固有文化;吸收海外新文化'之两义,以为主旨"②。正因如此,"时评""论著""转载"三个栏目登载的内容都偏于发扬传统文化、融合中西文化以建设新文化,而"附录"栏目则专为"中国文化建设协会山西分会"报道会务、发布规章制度等。

2.《中国文化建设协会山西分会月刊》

《中国文化建设协会山西分会旬刊》停刊一月后,《中国文化建设协会山西分会月刊》出版。

《中国文化建设协会山西分会月刊》的出版期号标注形式,主要为封面、目录首页、奇数目录页侧口、奇数正文页侧口的"第某卷第某期"。但是,起始号、1935年2月16日("中华民国二十四年二月十六日")第1卷第2期("第一卷第二期")无目录页(封面登载目录栏),且第1卷第2期的奇数正文页侧口,不标注出版期号;1935年4月16日("民国二十四年四月十六日")第1卷第4期("第一卷第四期",又称"本会周年纪念专号")、1935年7月16日("民国二十四年七月十六日")第1卷第7期("第一卷第七期")的封面,分别仅标注"1""4"和"1""7";1936年3月16日("民国二十五年三月十六日")第2卷第3期("第2卷第3期")、终刊号仅在封面标注出版期号,且第2卷第3期的封面的出版期号标注形式为"第2卷第3期"。1935年3月16日("中华民国二十四年三月十六日")第1卷第3期("第一卷第三期")第1-31

---

① 佚名[《中国文化建设协会山西分会旬刊》编者].发刊词[J].中国文化建设协会山西分会旬刊,1934,1(1)["创刊号"]:1.

② 佚名[《中国文化建设协会山西分会旬刊》编者].发刊词[J].中国文化建设协会山西分会旬刊,1934,1(1)["创刊号"]:1.

页的奇数正文页侧口,标注出版期号"第一卷第二期",疑有误。因为该期其余奇数正文页的侧口以及封面、目录首页、奇数目录页侧口,标注出版期号"第一卷第三期",且该期的前第二册(起始号)、后两册的奇数正文页侧口,分别标注出版期号"第一卷第一期""第一卷第五/六期合刊""第一卷第七期"。

《中国文化建设协会山西分会月刊》的出版时间表述形式,主要为封面、版权页的民国纪年辅以公历纪月、纪日。但是,第 1 卷第 4 期至 1935 年 12 月 16 日("民国二十四年十二月十六日")第 1 卷第 11/12 期合刊("第一卷第十一/十二期合刊")、1936 年 3 月 16 日("民国二十五年三月十六日")第 2 卷第 2 期("第二卷第二期")至终刊号的封面,不标注出版时间。

据《中国文化建设协会山西分会月刊》起始号的版权页所示,"编辑者""发行者"均为"中国文化建设协会山西分会","印刷者"为"山西太原新道街华闻晚报社","代售处"为"全国各大书店"。后来,该刊的版权页登载的版权信息有所变更。"印刷者"在第 1 卷第 3 期,为"山西太原范华制版印刷厂"。"代售处"在 1935 年 10 月 16 日第 1 卷第 10 期至终刊号,为"全国各大书局"。该刊起始号至第 1 卷第 3 期、1936 年 1 月 16 日第 2 卷第 1 期、第 2 卷第 2 期有封面版权栏,且封面版权栏仅登载一条关涉"会址"或发行者、出版者的版权信息,分别即"会址:太原东华门十号""中国文化建设协会山西分会发行","中国文化建设协会山西分会出版"。但是,该刊的具体创办者、具体主编均不详。

《中国文化建设协会山西分会月刊》总共出版 2 卷 16 期,其中第 1 卷共计 12 期,第 2 卷共计 4 期。1935 年 6 月 16 日第 1 卷第 5/6 期合刊("第一卷第五/六期合刊")、第 1 卷第 11/12 期合刊("第一卷第十一/十二期合刊"),均为两期合刊。因此,该刊实际上总共出版 14 册。该刊起始号、第 1 卷第 2 期的正文前第 1 页登载的《本会启事一》,谓"本会出版之旬刊,自本期起改为月刊,每月出版一册"[①];各期的版权页登载的《定价表》,标注"半年六期""全年十二期"。据此,该刊自我定位为月刊,拟逢月出版。事实上,该刊就主要表现为月刊(两期合刊按占据两月时间计算),一般逢每月 16 日出版。第 1 卷第 4 期、1935 年 11 月 16 日第 1 卷第 10 期出版后的 1935 年 5 月 16 日、11 月 16 日,没有出版。但这两日理应出版的两号,可分别由第 1 卷第 5/6 期合刊、第 1 卷第 11/12 期合刊补足。

---

① 佚名[《中国文化建设协会山西分会月刊》编者].本会启事一[J].中国文化建设协会山西分会月刊,1935,1(1):无页码[正文前第 1 页].

《中国文化建设协会山西分会月刊》看上去是经过重新拟定刊名并重新编排出版期号的新期刊,但实际上完全是《中国文化建设协会山西分会旬刊》的延续而与之没有本质的区别。至于重新拟定刊名并重新编排出版期号的原因,可能主要在于出版形式由旬刊改为月刊。不过,《中国文化建设协会山西分会月刊》除依旧设有"时评""论著""转载""附录"四个栏目外,还确有开设"文艺"栏目以登载文学作品。

作为"中国文化建设协会山西分会"的会刊,《中国文化建设协会山西分会旬刊》和《中国文化建设协会山西分会月刊》是"本位文化"派主办的重要报刊之一,反映了中国本位文化建设运动在山西地区的开展情况。

(4)《福建文化半月刊》和《福建文化月刊》

《福建文化半月刊》由"福建文化半月刊社"在福建福州创刊,其创刊号为 1935 年 2 月 15 日("中华民国廿四年二月十五日")第 1 卷第 1 期("创刊号"),终止号为 1935 年 7 月 30 日("中华民国廿四年七月三十日")第 1 卷第 12 期("第一卷第十二期")。后来,《福建文化半月刊》由"福建文化月刊社"更名为《福建文化月刊》。其起始号为 1935 年 9 月 1 日("二十四年九月一日")第 2 卷第 1 期("第二卷第一期",又称"福建教育专号"),终刊号为 1936 年 2 月 1 日("中华民国二十五年二月一日")第 2 卷第 6 期("第二卷第六期")。《福建文化月刊》的封面、正文页侧口等关涉刊名处,都改题"福建文化月刊"。

《福建文化半月刊》的出版期号标注形式,主要为封面(登载要目栏或目录栏)、版权页的"第某卷第某期",正文页侧口的"第某期"。其中,创刊号的封面不登载要目栏或目录栏;仅 1935 年 2 月 28 日("中华民国廿四年二月廿八日")第 1 卷第 2 期("第一卷第二期")的封面登载要目栏。此外,第 1 卷第 2 期的正文页侧口、版权页的出版期号标注形式,为"第一卷第二期"。创刊号的出版期号标注形式较特殊,主要为封面、目录首页、正文页侧口、版权页的"创刊号"。《福建文化月刊》的出版期号标注形式,主要为封面(登载目录栏)的"第二卷第某期",正文页侧口的"第某期"。但是,1936 年 1 月 1 日("中华民国二十五年一月一日")第 2 卷第 5 期("第二卷第五期",又称"新年特大号")第 31-106 页、终刊号的正文页侧口的出版期号标注形式,为"第二卷第某期"。《福建文化半月刊》和《福建文化月刊》的出版时间表述形式,分别为版权页、封面的民国纪年辅以公历纪月、纪日。

《福建文化半月刊》的出版期号标注形式,主要为封面(登载要目栏或目录栏)、版权页的"第某卷第某期",正文页侧口的"第某期"。其中,创刊号的封面不登载要目栏或目录栏;仅 1935 年 2 月 28 日("中华民国廿四年二月廿八日")第 1 卷第 2 期("第一卷第二期")的封面登载要目栏;1935 年 3 月 15 日("中华民国廿四年三月十五日")第 1 卷第 3 期("第一卷第三期")至终刊号的封面登载目录栏。此外,第 1 卷第 2 期的正文页侧口、版权页的出版期号标注形式,为"第一卷第二期"。创刊号的出版期号标注形式较特殊,主要为封面、目录首页、正文页侧口、版权页的"创刊号"。《福建文化月刊》的出版期号标注形式,主要为封面(登载目录栏)的"第二卷第某期",正文页侧口的"第某期"。但是,第 2 卷第 5 期第 31-106 页、终刊号的正文页侧口的出版期号标注形式,为"第二卷第某期"。《福建文化半月刊》和《福建文化月刊》的出版时间表述形式,分别为版权页、封面的民国纪年辅以公历纪月、纪日。

据《福建文化半月刊》创刊号的版权页所示,"编辑者"为"福州中山路中国文化协会福建分会/福建文化半月刊社","发行者"为"福建文化半月刊社","代售者"为"各地大书局","印刷者"为"福州市杨桥巷二十号/民友印书馆"。后来,该刊的版权页登载的版权信息有所变更。"编辑者"在第 2 卷第 1 期,为"福州中山路中国文化协/会福建分会福建文化月刊社";在 1935 年 10 月 1 日第 2 卷第 2 期至终刊号,为"福州中山路福建文化建/设协会福建文化月刊社"。"发行者"在第 2 卷,为"福建文化月刊社"。"印刷者"在第 1 卷第 2 期,为"福州市虎节路二十二号/福建民报社";在第 1 卷第 3 期,为"福州市杨桥巷二十号/福州民友印书馆";在 1935 年 3 月 31 日第 1 卷第 4 期,为"福州市下南路军门前口/福州环球印书馆";在 1935 年 4 月 15 日第 1 卷第 5 期(又称"中国文化建设讨论专号")至第 2 卷第 1 期,为"福州下南路十五号/福州环球印书馆";在第 2 卷第 2 期,为"福州城内石井巷/福州宝华印书局";在第 2 卷第 3 期至终刊号,为"福州城内石井巷/宝华印书局"。该刊第 1 卷第 2 期至 1935 年 7 月 15 日第 1 卷第 11 期、第 1 卷第 12 期、第 2 卷有封面版权栏,且封面版权栏分别仅登载一条关涉发行者或编印者的版权信息,分别即"福建文化半月刊社发行""文化半月刊社发行""福建文化月刊社编印"。第 1 卷第 11 期登载的《中国文化建设协会福建分会工作报告(民国二十三年四月至民国二十四年六月止)》(其中的时间即 1934 年 4 月至 1935 年 6 月)道:"总会选派方钟征等十一人为干事,并指定方钟征为干事长,刘正华,郑坦为副干事长,筹备会即行办理结束,而分会遂告正式成立"①;"编辑方面的工作,经编审股于二十三年十二月二十九日拟具出版《福建文化半月刊》计划,提经第六次干事会议通过后决定每期出版十六页"(其中的时间即

---

① 方钟征.中国文化建设协会福建分会工作报告(民国二十三年四月至民国二十四年六月止)[J].福建文化半月刊,1935,1(11):27.

1934年12月29日)①。据此,该刊的具体创办者为"中国文化建设协会福建分会"的方钟征、刘正华、郑坦等干事,而具体主编则为干事长方钟征。

《福建文化半月刊》和《福建文化月刊》总共出版 2 卷 18 期,其中第 1 卷共计 12 期,第 2 卷共计 6 期,且没有合刊。因此,该刊实际上总共出版 18 册。《福建文化半月刊》各期的封面、正文页侧口、版权页,标注"福建文化半月刊";版权页还标注"福建文化半月刊社"以及"每月两册全年二十四册/每月十五卅日发行"。据此,该刊自我定位为半月刊,拟逢每月 15 日、30 日出版。事实上,该刊就主要表现为半月刊,一般逢每月 15 日、月末日。不过,第 1 卷第 12 期的出版日为 5 月的 30 日而非 31 日。此外,第 1 卷第 12 期出版后的 1935 年 8 月 15 日、31 日,没有出版且无合刊补足,从而导致一次停刊。《福建文化月刊》各期的封面、正文页侧口、版权页,标注"福建文化月刊";版权页还标注"福建文化月刊社"以及"预定半年""预定全年"的"册数"分别为"六""十二"。据此,该刊自我定位为月刊,拟逢每月出版。事实上,该刊就表现为标准的月刊,逢每月 1 日出版。

登载于各期版权页的《本刊征稿条例》道:"本刊内容分简评论著小品文艺会员消息等各栏。"②实际上,《福建文化半月刊》仅开设过"简评""论著""杂俎""特载"这四个栏目,而《福建文化月刊》则只在第 2 卷第 1 期开设过"论著""研究"这两个栏目。不过,《福建文化半月刊》和《福建文化月刊》都曾登载小品文或其他文学作品。《本刊征稿条例》还道:"本刊宗旨在以科学方法检讨中国固有文化尽量吸收西洋文化精华,根据三民主义建设适合于中国目前所需要的新文化。"③事实上,《福建文化半月刊》和《福建文化月刊》登载的内容就偏于发扬传统文化、融合中西文化以建设新文化。

作为"中国文化建设协会福建分会"的会刊,《福建文化半月刊》和《福建文化月刊》是"本位文化"派主办的重要报刊之一,反映了中国本位文化建设运动在福建地区的开展情况。

(5)《中国文化建设协会河北分会会刊》

《中国文化建设协会河北分会会刊》由"中国文化建设协会河北分会"在北平创刊,其创刊号为 1935 年 1 月("民国二十四年一月")第 1 期("第一

---

① 方钟征.中国文化建设协会福建分会工作报告(民国二十三年四月至民国二十四年六月止)[J].福建文化半月刊,1935,1(11):28.

② 佚名[《福建文化半月刊》编者].本刊征稿条例[J].福建文化半月刊,1935,1(1)["创刊号"]:无页码[版权页].

③ 佚名[《福建文化半月刊》编者].本刊征稿条例[J].福建文化半月刊,1935,1(1)["创刊号"]:无页码[版权页].

期"),终刊号不详。笔者仅见创刊号。

据《中国文化建设协会河北分会会刊》创刊号推断,该刊的出版期号标注形式主要为封面的"第某期",而出版时间表述形式,则主要为封面的民国纪年辅以公历纪月。

《中国文化建设协会河北分会会刊》创刊号无版权页或版权栏。据创刊号推断,该刊类似《中国文化建设协会会报》,是一种内部读物,不公开出版。创刊号登载的两则《通告》的文后,均题署"干事长张厉生/副干事长陈访生/胡梦华/中华民国二十四年二月"(其中的时间即 1935 年 2 月)。据此推断,该刊的具体创办者为"中国文化建设协会河北分会"的张厉生、陈访生、胡梦华等干事,而具体主编则为干事长张厉生。

《中国文化建设协会河北分会会刊》创刊号设有"重要公文""附载""通告"等栏目。创刊号登载的内容,详细记录"中国文化建设协会河北分会"的筹备经过、规章制度、会员名录、会议记录、重要公文等,明确表达该会及该刊致力于发扬传统文化、融合中西文化以建设新文化。

作为"中国文化建设协会河北分会"的会刊,《中国文化建设协会河北分会会刊》是"本位文化"派主办的重要报刊之一,反映了中国本位文化建设运动在河北地区的开展情况。

(七)"战国策"派

(1)《战国策》

《战国策》历经两次编排出版期号,但刊名始终不变。为区分起见,本书在《战国策》的刊名之后,辍以该刊历次编排出版期号时起始号的出版地和出版年,分别使用"《战国策》(昆明 1940)""《战国策》(上海 1941)"两词。

《战国策》由"战国策社"于 1940 年在云南昆明创刊,于是《战国策》(昆明 1940)诞生。其创刊号为 1940 年 4 月 1 日("民国二十九年四月一号")第 1 期("一期"),终刊号为 1941 年 7 月 20 日("三十年七月二十日")第 17 期("十七期")。后来,《战国策》于 1941 年在上海重新出版,从而成为《战国策》(上海 1941)。其起始号为 1941 年 1 月 15 日("民国三十年一月十五日")1 月号("一月号"),终止号为 1941 年 3 月 15 日("三十年三月十五日")第 1 卷第 3 期("第一卷三期")。

1.《战国策》(昆明 1940)

《战国策》(昆明 1940)的出版期号标注形式,主要为封面的"某期",目录首页、目录页侧口、正文页侧口的"第某期"。但是,创刊号、1940 年 4 月 15 日("民国二十九年四月十五号")第 2 期("二期")的目录首页,1940 年 12 月

1日("十二月一日")第14期("第十四期")、终刊号的正文页侧口,不标注出版期号;仅创刊号的目录页侧口,标注出版期号。该刊的出版时间表述形式,主要为目录首页或版权页的民国纪年辅以公历纪月、纪日。但是,仅创刊号、第2期的版权页标注出版时间,且1940年5月15日("五月十五日")第4期("四期")、1940年8月5日("八月五日")第9期("九期")至第14期的目录首页,标注的出版时间无出版年。

《战国策》(昆明1940)创刊号至1940年6月1日第5期有版权页;1940年6月25日第6期至1940年7月25日第8期、1940年9月15日第12期、第14期至终刊号,虽无版权页,却有目录首页版权栏。据创刊号的版权页所示,"编辑"为"战国策编辑社","发行"为"战国策发行部","印刷"为"朝报馆印刷厂","通讯"为"云南昆明青云街一六七号本社"。后来,该刊的版权页或目录首页版权栏登载的版权信息有所变更。在1940年5月1日第3期至第8期,"编辑"和"发行"合并为"编辑兼发行",且"编辑兼发行"为"战国策社";"印刷"后移至最末,且"印刷"为"昆明朝报馆印刷厂";"通讯"前移至"编辑兼发行"之左,且"通讯"为"昆明青云街一六七号本社";"通讯"之左增加登载"总经售"为"重庆中一路正中书局服务部";"总经售"之左、印刷之右增加登载"分售"为"全国各书局"。后来,该刊目录首页版权栏登载的版权信息又有所变更。第12期的目录首页版权栏仅登载两条关涉通讯的版权信息,分别即"关于编辑事项请通讯:昆明青云街167号战国策社","关于发行,订阅,及交换事项,请向:昆明华山西路188号现实书局接洽"。据第14期的目录首页版权栏所示,"编辑处"为"昆明青云街一六七号","经售处"为"各大书店","印刷者"为"昆明大中印刷厂"。据1941年1月1日第15/16期合刊的目录首页版权栏所示,"编辑兼发行"为"战国策社/昆明北门街九十八号","印刷"为"中央日报社/昆明华山南路","经售"为"全国各书局"。终刊号的目录首页版权栏仅登载两条关涉通讯的版权信息,分别即"关于订阅、交换、经售及其他发行事件请通讯:昆明晓东路,金马书店转战国策发行部","关于投稿事件,请通讯:昆明云南大学收发处转战国策编辑部"。此外,1940年9月1日第11期的启事栏登载若干版权信息:"本刊从本期起,一切发行、订阅、交换、赠送、询问、经售,等等事宜,均已委托昆明华山西路一八八号现实书店办理,读者如有赐教,请迳往该店接洽可也。"[①]据查,该刊的具体创办者、具体主编为"战国策"派的林同济、雷海宗、陈铨。

《战国策》(昆明1940)总共出版17期,其中第15/16期合刊("十五/六

---

① 佚名[林同济、雷海宗、陈铨].启事[J].战国策[昆明1940],1940(11):33.

期合刊")为两期合刊。因此,该刊实际上总共出版 16 册。该刊创刊号、第 2 期的版权页,标注"每月一号十五号出版";第 3 期至第 5 期的版权页,第 6 期至第 8 期、第 12 期、第 15/16 期合刊的目录首页版权栏,标注"每月两期"。据此,该刊自我定位为半月刊,拟逢每月 1 日、15 日出版。事实上,该刊就主要表现为月刊,一般逢每月 1 日、15 日出版。不过,第 6 期至第 9 期、第 17 期的出版日,各异,分别为 25 日、10 日、25 日、5 日、20 日。对此,1940 年 8 月 15 日第 10 期登载的《启事》解释道,该刊受困于"纸价飞涨,入不敷出",但仍决定"从本期起,恢复每月一日十五日出版"①。然而,第 13 期登载的《启事》即谓"本期因昆明连日警报不能如期出版"②。此外,第 14 期出版后的 1940 年 12 月 15 日,没有出版。但该日理应出版的一期,可由第 15/16 期合刊补足。1940 年 10 月 1 日第 13 期、第 15/16 期合刊出版后的 1940 年 10 月 15 日至 11 月 30 日、1941 年 1 月 15 日至 6 月 30 日,没有出版且无合刊补足,从而导致两次停刊。第 15/16 期合刊目录首页登载的《本刊启事》,对第二次停刊有所预告:"近因空袭警报频仍,印刷辄受影响,致本刊未能按期出版,不胜抱歉。此后当力避迟延,以副读者之望。谨启。"③终刊号目录首页登载的《本刊启事》道:"本刊第十六期及曾经暂停发行。兹特复刊。在警报频仍,印刷困难情形未能改善以前,暂定月出一期。读者原谅。"④但八个月有余后,《中央日报》(贵阳版)登载的《战国策半月刊启事》道:"本刊自发行以来,承各方读者热诚欢迎爱护,不胜感奋。惟因空袭频仍,印刷迟缓,物价高涨,维持为艰,爰于十七期后,决暂停刊。除已分函订户清账外,特此布知。再者本刊作家于三十年十二月三日起,每星期三,在陪都《大公报》上刊行《战国》副刊。谨此附闻。"⑤至此,该刊宣告终刊。

《战国策》(昆明 1940)不设栏目。该刊是内容丰富的社会科学类期刊,其登载的内容涉及政治、经济、法律、文学、历史、哲学、逻辑学和时事等诸多方面,并且不乏文学作品。第 2 期登载的《本刊启事(代发刊词)》道:"本社同人,鉴于国势危殆,非提倡及研讨战国时代之'大政治'(Hight Politics)无以自存自强。而'大政治'例循'唯实政治'(Realpolitik)及'尚力政治'(Power

---

① 佚名[林同济、雷海宗、陈铨].启事[J].战国策[昆明 1940],1940(10):38.
② 佚名[林同济、雷海宗、陈铨].启事[J].战国策[昆明 1940],1940(13):22.
③ 佚名[林同济、雷海宗、陈铨].本刊启事[J].战国策[昆明 1940],1941(15/16):无页码[目录首页].
④ 佚名[林同济、雷海宗、陈铨].本刊启事[J].战国策[昆明 1940],1941(17):无页码[目首页].
⑤ 佚名[林同济、雷海宗、陈铨].战国策半月刊停刊启事[N].中央日报[贵阳版],1942-4-4(1).
按:原文没有使用旧式句读符号或新式标点符号,而引文中的新式标点符号为笔者酌情添加。

Politics)。"① 也正因如此，该刊登载的内容以评议时政和研究政治见长。

2.《战国策》（上海 1941）

《战国策》（上海 1941）终止号的版权页，未见。

《战国策》（上海 1941）起始号的出版期号标注形式，主要为封面（登载要目栏）、奇数正文页天头、版权页的"一月号"；1941 年 2 月 15 日（"三十年二月十五日"）第 1 卷第 2 期（"第一卷第二期"）的出版期号标注形式，主要为封面的"第一卷第二期"、目录前第 1 页、版权页的"第二期"；终止号的出版期号标注形式，主要为封面的"第一卷三期"、目录前第 1 页的"第三期"。该刊的出版时间表述形式，主要为封面、目录前第 1 页、版权页的民国纪年辅以公历纪月、纪日，且奇数正文页天头还标注纪月、纪日，偶数正文页天头还标注纪年。但是，起始号的封面、奇数正文页天头，不标注出版时间。

据《战国策》（上海 1941）起始号的版权页所示，"编辑者"为"战国策编辑部"，"上海版发行者"为"Miss Adeline Gray"（当时为林同济的夫人，后与林同济离婚），"业务负责者"为"王彦存"，"通讯处"为"南京路女子银行大楼四〇一号"。后来，该刊的版权页登载的版权信息有所变更。在第 1 卷第 2 期，"业务负责者"之左增加登载"经售处"为"五洲书报社/青年图书杂志公司"；"通讯处"变更为"本社通讯处"，且"本社通讯处"为"邮箱二〇三四号"。起始号、第 1 卷第 2 期的版权页，标注"二十九年四月创刊"（其中的时间即 1940 年 4 月），从而指向《战国策》（昆明 1940）及其创刊时间；同时又标注"本刊已向公共租界及法租界警务处声请登记中"，从而意味着该刊在发行时尚未取得有关部门的许可。此外，连续登载于起始号至终止号的《本刊特约执笔人》，明列 26 人，即"林同济陈铨沈从文/岱西尹及何永佶/吉人王迅中曹卣/二水洪思齐贺麟/丁泽唐密星客/雷海宗洪绂朱光潜/陈碧生童巂上官碧/费孝通疾、飣口/沈来秋曾昭抡"②。其中，岱西、星客、疾风即林同济，尹及、吉人、二水、丁泽、飣口即何永佶，洪思齐即洪绂，唐密即陈铨，陈碧生即陈碧笙，上官碧即沈从文。据查，该刊的具体创办者、具体主编为"战国策"派的林同济。

《战国策》（上海 1941）总共出版 3 期，且没有合刊。因此，该刊实际上总共出版 3 册。起始号的版权页登载的《本刊欢迎长期订户》，标注"全年十二期""半年六期"。据此，该刊自我定位为月刊，拟逢月出版。事实上，该刊就表现为标准的月刊，逢每月 15 日出版。

---

① 佚名[林同济、雷海宗、陈铨]. 本刊启事（代发刊词）[J]. 战国策[昆明 1940]，1940(2)：1.
② 佚名[林同济]. 本刊特约执笔人[J]. 战国策[上海 1941]，1941，1(1)["一月号"]：无页码[目录前第 1 页].

《战国策》(上海1941)和《战国策》(昆明1940)一样,也不设栏目。事实上,该刊根本就是《战国策》(昆明1940)创刊号至第10期经重新组合排版、重新编排出版期号后再出版的转载期刊,因为该刊登载的文章都源自《战国策》(昆明1940)创刊号至第10期,就连这10期登载的作为补白的名言警句或短文等副文本,也一一随其主文本被转载于该刊。不过,该刊各期登载的文章,不但总数都略多于《战国策》(昆明1940)各期登载文章的总数,而且都源自多期《战国策》(昆明1940)。

《战国策》是"战国策"派最为重要的理论阵地,因为林同济、雷海宗、陈铨等"战国策"派成员论究中西文化乃至东西文化的重要文章大多都发表在《战国策》(昆明1940)上,并被《战国策》(上海1941)重新出版。

(2)《大公报》(重庆版)副刊《战国》

《战国》是《大公报》(重庆版)的副刊。

《战国》在重庆创刊,其创刊号为1941年12月3日("民国三十年十二月三日")第1期("第一期"),终刊号为1942年7月1日("民国三十一年七月一日")第31期("第三十一期")。

《战国》的出版期号标注形式,主要为刊头的"第某期"。该刊的出版时间表述形式,主要为天头(即重庆版《大公报》的天头)的民国纪年辅以公历纪月、纪日。

《战国》无版权页或版权栏,但其刊头启事栏登载若干版权信息。据创刊号的刊头启事栏所示,"编辑通讯处"为"昆明国立云南大学政治系转战国编辑部"。后来,该刊的刊头启事栏登载的版权信息没有变更。据查,该刊的具体创办者、具体主编为"战国策"派的林同济、雷海宗、陈铨。

《战国》总共出版31期,且没有合刊。因此,该刊实际上总共出版31份。该刊每期都在《大公报》(重庆版)第4版,但除1942年6月10日第28期、1942年6月17日第29期占据半个版面外,其余各期都不足以占据半个版面(剩余版面被广告占据)。该刊每期登载一篇或两篇文章,其中仅1941年12月10日第2期、1941年12月17日第3期、1942年1月14日第7期、1942年1月28日第9期、1942年4月1日第18期、1942年5月20日第25期、1942年5月27日第26期登载两篇文章。该刊各期的刊头启事栏,标注"每星期三出版"。据此,该刊自我定位为周刊,拟逢周三出版。事实上,该刊就主要表现为周刊,一般逢周三出版。不过,1942年4月21日第21期的出版日为周二。

《战国》不设栏目。该刊是内容丰富的社会科学类期刊,其登载的内容涉及政治、经济、法律、文学、历史、哲学、逻辑学和时事等诸多方面,并且不乏文学作品。仅就登载的内容而言,该刊与《战国策》(昆明 1940)极为类似。

《战国》是"战国策"派在《战国策》(昆明 1940)终刊后,开辟的又一重要理论阵地,因为该刊的大部分撰稿人都曾是《战国策》(昆明 1940)的撰稿人,且该刊与《战国策》(昆明 1940)的思想倾向基本一致。事实上,该刊根本就是《战国策》(昆明 1940)的延续。

(3)《民族文学》

《民族文学》由"民族文学月刊社"在重庆创刊,其创刊号为《民族文学》1943 年 7 月 7 日("中华民国三十二年七月七日")第 1 卷第 1 期("第一卷第一期"),终刊号为《民族文学》1944 年 1 月("中华民国三十三年一月")第 1 卷第 5 期("第一卷第五期")。

《民族文学》的出版期号标注形式,主要为封面(登载要目栏)、目录首页、版权页的"第一卷第某期"。该刊的出版时间表述形式,主要为封面、目录首页、版权页的民国纪年辅以公历纪月、纪日。但是,1943 年 9 月 7 日("三十二年九月七日")第 1 卷第 3 期("第一卷第三期")的封面、目录首页,1943 年 12 月("中华民国三十二年十二月")第 1 卷第 4 期("第一卷第四期")、终刊号的封面、目录首页、版权页,标注的出版时间无出版日。第 1 卷第 4 期的目录首页,标注出版时间"民国三十二年十月"(1943 年 10 月),其中的出版月疑有误。因为该期的封面、版权页,分别标注出版时间"中华民国三十二年十二月""三十二年十二月"(1943 年 12 月)。

据《民族文学》创刊号的版权页所示,"编辑者"为"民族文学月刊社","发行者"为"青年书店","印刷者"为"军事委员会政治部印刷所/重庆磁器口李家湾"。后来,该刊的版权页登载的版权信息有所变更。"编辑者"在第 1 卷第 3 期至终刊号,为"民族文学月刊社/重庆民生路一三三号";"发行者"在第 1 卷第 3 期,为"青年书店/重庆民生路一三三号";"印刷者"在第 1 卷第 4 期、终刊号,为"中央青年印刷所/重庆上清寺桂花园"。各期的封面版权栏仅登载一条关涉发行者的版权信息,即"青年书店印行"。此外,各期的封面都在刊名之上标注"陈铨主编"。据查,该刊的具体创办者、具体主编为"战国策"派的陈铨。

《民族文学》总共出版 1 卷 5 期,且没有合刊。因此,该刊实际上总共出版 5 册。该刊各期的版权页标注"民族文学月刊社",且版权页登载的《本刊预定价目》标注"半年六册""全年十二册"。据此,该刊自我定位为月刊,拟逢月出版。事实上,该刊就主要表现为月刊,一般逢月出版。不过,第 1 卷第 3 期出版后的 1943 年 10 月、11 月,没有出版且无合刊补足,从而导致一次停刊。

《民族文学》仅设"论坛"栏目，但一向排在末位的"编辑漫谈"具有栏目性质。除创刊号登载的类似创刊宣言的《民族文学运动》（署名"编者"）被置于"论坛"栏目之前的位置外，该刊重点推介的署名长文都登载于"论坛"栏目之后、"编辑漫谈"之前的位置。该刊是社会科学类期刊中的文学期刊，主要研究文学并登载文学作品，但偶尔也登载历史学、哲学、政治学等其他社会科学方面的文章，且其中不乏论究中西文化乃至东西文化之作。不过，该刊更偏于阐发中华民族之文学的建构。

　　《民族文学》是与"战国策"派密切相关的重要报刊之一，因为该刊集中体现了"战国策"派的重要成员陈铨的文学思想，同时折射其对中西文化乃至东西文化的比较、研究。

附录三

其他相关近代报刊[①]

(1)《强学报》

《强学报》由"强学会"在上海创刊,其创刊号为1896年1月12日("孔子卒后二千三百七十三年""光绪二十一年十一月二十八日")第1号("第一号"),终刊号为1896年1月17日("孔子卒后二千三百七十三年""光绪二十一年十二月初三日")第2号("第二号")。

《强学报》创刊号、终刊号无版权页,但有刊头版权栏,且仅登载一条关涉出版者的版权信息,即"上海强学会书局现住跑马场西首王家沙第一号"。据查,该刊的具体创办者、具体主编为"强学会"的发起者康有为的学生徐勤、何树龄。该刊总共出版2号,且没有合刊。因此,该刊实际上总共出版2册。该刊自我定位为五日刊。该刊创刊号、终刊号,不设栏目。该刊旨在宣传维新改良思想,其登载的内容偏重政治。该刊登载的部分文章不署名,但其中绝大多数都由康有为撰写。

《强学报》是"维新"派继《中外纪闻》(原名《万国公报》)后创办的另一份机关报。该刊尽管存世时间极短,却具有重要的历史地位。

(2)《时务报》

《时务报》在上海创刊,其创刊号为1896年8月9日("光绪二十二年七月初一日")第1册("第一册"),终刊号为1898年8月8日("光绪二十四年六月二十一日")第69册("第六十九册")。

《时务报》创刊号、终刊号无版权页,但终刊号有首页版权栏,且仅登载一条关涉发售处的版权信息,即"各地派报处所"。据查,该刊的具体创办者为黄遵宪、吴德潇、邹凌瀚、汪康年、梁启超等。其中,汪康年、梁启超分别为经理、主笔。该刊总共出版69册,且没有合刊。因此,该刊实际上总共出版

[①] 本附录主要介绍本书征引的非民国保守主义流派创办或编辑的170余种报刊中的23种,因为这些报刊具有重要的历史意义或容易与其他报刊混淆。在报刊排序方面,本附录依据创刊时间先后的顺序排定各报刊在本附录中的位置。在报刊介绍方面,本附录主要介绍各报刊的创刊号(或笔者所见最早一册)与终刊号(或笔者所见最晚一册)的相关信息。

69 册。该刊自我定位为旬刊。该刊创刊号、终刊号设有"谕旨""奏折录要""京外近事""英文译编""法文译编"等栏目。该刊旨在宣传维新改良思想,其登载的内容偏重政治。

《时务报》是"维新"派继《强学报》被封禁后创办的又一份机关报。该刊是维新改良运动时期流传最广、影响最大的期刊。

(3)《无锡白话报》和《中国官音白话报》

《无锡白话报》由"无锡白话报馆"在江苏无锡创刊,其创刊号为1898年5月11日("光绪二十四年闰三月廿一日")第1期("第一期"),终止号为1898年5月25日("光绪二十四年四月初六日")第4期("第四期")。后来,《无锡白话报》更名为《中国官音白话报》。其起始号为1898年6月19日("光绪二十四年五月初一日")第5/6期合刊("第五/六期"),终刊号不详。据查,终刊号为1898年9月26日(清光绪二十四年八月十一日)第25/26期合刊。但是,笔者所见最晚一册,为1898年9月16日("光绪二十四年八月初一日")第23/24期合刊("第廿三/四期")。

《无锡白话报》创刊号和《中国官音白话报》第23/24期合刊无版权页,但有封面版权栏,且仅登载一条关涉出版者的版权信息,分别即"本馆设在城内沙巷""本馆设在无锡城内沙巷"。据查,该刊的具体创办者、具体主编为裘廷梁。《无锡白话报》和《中国官音白话报》第5/6期合刊至第23/24期合刊,总共出版24期。其中,《中国官音白话报》各期均为两期合刊。因此,仅就这24期而言,《无锡白话报》和《中国官音白话报》实际上总共出版14册。《无锡白话报》自我定位为五日刊。该刊第4期(未见页码)登载的第一则《本馆告白》道:"本馆业已出报四期,颇蒙远近诸君同声许可。惟嫌页数不多,一览易尽。又以报首标明'无锡'二字,恐阅者或疑专为无锡而设,尚虑不足以号召宇内。兹谨遵良友箴言,拟自第五期起改名《中国官音白话报》,每月三期,并两本为一本,每本照原定章程加倍计二十八页。告白在外,以副诸君雅意。"①据此,《中国官音白话报》自我定位为旬刊。事实上,该刊就表现为标准的旬刊,逢农历每月初一日、十一日、二十一日出版。《无锡白话报》创刊号和《中国官音白话报》第23/24期合刊设有"中外纪闻""无锡新闻""海外奇闻""海国妙喻""上谕恭注"等栏目。该刊旨在宣扬维新改良思想,其登载的内容偏于引介西方的思想文化和科学知识。

《无锡白话报》和《中国官音白话报》是较早出现的白话报刊之一,在白话文运动史上具有重要的地位。

---

① 佚名[裘廷梁].本馆告白[J].无锡白话报,1898(清光绪二十四年)(4):[未见页码].

(4)《清议报》

《清议报》由"清议报馆"在日本横滨创刊，其创刊号为 1898 年 12 月 23 日("孔子二千四百四十九年/光绪二十四年岁次戊戌/十一月十一日")第 1 册("第一册")，终刊号为 1901 年 12 月 21 日("光绪二十七年十一月十一日")第 100 册("第壹百册")。

据《清议报》创刊号、终刊号的版权页所示，"发行兼编辑人"为"横滨居留地五十三番馆/英国人冯镜如"，"印刷人"为"横滨市伊势町三丁目六十五番地/铃木鹤太郎"，"发行所"为"横滨居留地百三十九番馆/清议报馆"，"印刷所"为"横滨居留地百三十九番馆/清议报馆活版部"。后来，该刊的版权页登载的版权信息有所变更。在终刊号，"发行兼编辑人"为"英人冯镜如"，"印刷人"为"西胁末吉"，"发行所"为"横滨元居留地百五十二番馆/清议报馆"，"印刷所"为"横滨元居留地百五十二番馆/清议报馆活版部"。据查，该刊的具体创办者、具体主编为梁启超。该刊总共出版 100 册，且没有合刊。因此，该刊实际上总共出版 100 册。该刊自我定位为旬刊。事实上，该刊就主要表现为旬刊，一般逢农历每月初一日、十一日、二十一日出版。不过，光绪二十五年正月初一日(1899 年 2 月 10 日)、十月初一日(11 月 3 日)、十月十一日(11 月 13 日)、十月二十一日(11 月 23 日)、十一月初一日(12 月 3 日)、十二月初一日(1900 年 1 月 1 日)、十二月十一日(1 月 11 日)、十二月二十一日(1 月 21 日)，光绪二十六年十二月初一日(1901 年 1 月 20 日)、十二月十一日(1 月 30 日)、十二月二十一日(2 月 9 日)，光绪二十七年十一月初一日(12 月 11 日)，没有出版。该刊创刊号设有"本馆论说""支那近事""寄书""外国近事及外议""诗文辞随录"这五个栏目，而终刊号则设有"论说""政治""历史""地理""宗教""国闻短评""时论译录"等栏目。该刊登载的内容偏于"尊皇斥后"(颂扬光绪皇帝、抨击慈禧太后)和宣扬君主立宪制。

《清议报》是"保皇"派在海外创办的第一份机关报，流传较广，影响深远，并且下启"保皇"派在海外创办的另一份影响更为深远的机关报《新民丛报》。

(5)《北京新闻汇报》

《北京新闻汇报》的创办者、创办地以及创刊号、终刊号，均不详。该刊自我定位为日刊，且不标注出版期号。笔者仅见 1901 年 2 月 19 日至 1901 年 2 月 28 日("光绪辛丑正月初一日"至"光绪辛丑正月初十日")、1901 年 5 月 18 日至 1902 年 1 月 9 日("光绪辛丑四月初一日"至"光绪辛丑十一月二十九日")出版的该刊。

《北京新闻汇报》设有"上谕恭谕""谕旨恭录""懿旨恭录""朱谕恭录"

"朱笔谕旨"等栏目。该刊主要是一种文摘报,汇集内政、外交等各方面的材料,包括大臣的奏章以及一般消息报道等。

(6)《兴华报》和《兴华》《兴华周刊》

《兴华报》《兴华》和《兴华周刊》的创办者、创办地以及创刊号、终刊号,均不详。笔者仅见1913年至1937年间出版的该刊的部分期刊,包括1924年1月2日("一九二四年一月二日")二十周年纪念刊("兴华报特刊二十周年纪念刊")。其中,最早者为《兴华报》1913年9月3日("中华民国二年九月三日")第10年第34册("癸丑第十年第三十四册"),最晚者为《兴华》1937年11月17日("中华民国二十六年十一月十七日")第34卷第44期("第三十四卷第四十四期")。该刊的刊名较混乱,其封面(或刊头)、内页侧口均交替使用过《兴华报》《兴华》《兴华周刊》三种刊名,尤其是在同一期中,封面标注的刊名与内页侧口标注的刊名往往不一致。该刊的出版期号标注形式也较混乱,交替使用过"某干支第某年第某册""第某年第某册""第某卷第某册""第某卷第某期"等数种。不过,每年或每卷都重新从第1册("第一册")或第1期("第一期")开始编排出版期号。

《兴华报》第10年第34册、《兴华》第34卷第44期无版权页,但前者有目录首页版权栏,后者有刊头版权栏。据第10年第34册的目录首页版权栏所示,"主撰"为"美国潘慎文","编辑"为"东吴/袁恕庵/曹㐉卿","印刷兼发行所"为"上海吴淞路十号/华美书局"。第34卷第44期的刊头版权栏仅登载一条关涉发行地址的版权信息,即"上海圆明园路一六九号发行"。综观各期推断,该刊可能由华美书局于1904年在上海创刊,后于1937年终刊。该刊自我定位为周刊,但实际上并没有总是按时出版。

《兴华报》第10年第34册设有"论说""教乘""经筵""小说""杂俎""文苑""主日学课"等栏目,而《兴华》第34卷第44期则不设栏目。该刊是基督教期刊,其登载的内容偏于传播基督教,如宣扬基督教教义、介绍教会学校、报道教会消息等,但也不乏国内外大事记、时事评论、文学作品等。

(7)《言治》

《言治》历经两次编排出版期号,但刊名始终不变。为区分起见,本书在《智识》的刊名之后,辍以该刊历次编排出版期号时起始号的出版地和出版年,分别使用"《言治》(天津1913)""《言治》(北京1917)"两词。

《言治》由天津的北洋法政专门学校的"北洋法政学会"于1913年在校内创刊,于是《言治》(天津1913)诞生。其创刊号为1913年4月1日("四月一日")第1年第1期("第一年第一期"),终止号不详。后来,《言治》于1917年在北京复刊,并开启新一轮出版期号的编排,从而成为《智识》(北京1917)。

其起始号、终刊号均不详。

1.《言治》（天津 1913）

笔者仅见《言治》（天津 1913）创刊号、1913 年 7 月 1 日（"四月一日"）第 1 年第 3 期（"第一年第三期"）。

据《言治》（天津 1913）创刊号、第 1 年第 3 期的版权页信息所示，"编辑所""发行所"均为"天津新开河北洋/北洋法政学会/法政专门学校内"，"印刷所"为"天津东马路/华新印刷局/六吉里胡同"，以及"电话一千六百零一号"。创刊号、第 1 年第 3 期有封面版权栏，且仅登载一条关涉出版者或发行者的版权信息，即"北洋法政学会"。创刊号还有广告页版权栏，且仅登载一条关涉"代售处"的版权信息，即"北京琉璃厂/上海棋盘街/商务印书馆　各铁路局均有售"。第 1 年第 3 期还有两页分别登载"本埠代派处""外埠代派处"。据创刊号登载的《北洋法政学会第二期职员名册》所示，当时"北洋法政学会"编辑部的部长为郁嶷、李钊（李大钊），而其部员则有于树祺、王宣、王惕等 50 人①。据查，该刊的具体创办者不详，但其具体主编为郁嶷、李大钊。据查，该刊自我定位为月刊。

《言治》（天津 1913）创刊号、第 1 年第 3 期设有"通论""专论""杂论""译述""纪事""文苑""法令"等栏目。据创刊号登载的凤文祺所撰《释言志》所示，"言治"即论说"治"，而"治"则有四个层面的意思，即"理""校""简习"以及"监督"②。该刊是社会科学类期刊，但其登载的内容偏重政治和法律。

2.《言治》（北京 1917）

《言治》（天津 1913）停刊后，《言治》（北京 1917）出版。该刊的原刊，未见。据查，该刊于 1917 年仍以"北洋法政学会"主办期刊的身份，在北京复刊，并自我定位为季刊。此外，李大钊仍是具体主编之一。

（8）《励志周刊》和《励志》《工艺》

《励志周刊》历经三次编排出版期号，且第一次、第三次编排出版期号期间均使用过《励志》的刊名。为区分起见，本书在《励志》的刊名之后，辍以该刊历次编排出版期号时起始号的出版地和出版年，分别使用"《励志》（上海 1913）""《励志》（上海 1925）"两词。

《励志周刊》由"上海工界青年励志会"在上海创刊，其创刊号为 1913 年 10 月 10 日第 1 期，终止号为第 20 期。期间，创刊于 1913 年的《励志周刊》曾更名为《励志》，从而为成为《励志》（上海 1913）。后来，《励志》（上海

---

① 佚名[郁嶷、李钊].北洋法政学会第二期职员名册[J].言治[天津 1913],1913,1(1):2-3[总 226-227].

② 凤文祺.释言志[J].言治[天津 1913],1913,1(1):1[总 9].

1913)由"上海工界青年励志会"在上海复刊,但更名为《工艺》,并开启新一轮出版期号的编排。其起始号为1918年2月("中华民国七年二月")第1卷第1号("第一卷第一号"),终止号不详。再后,《工艺》由"商务印书馆俱乐部"于1925年在上海复刊,但更名为《励志》,并开启新一轮出版期号的编排,从而成为《励志》(上海1925)。其起始号为1925年4月("民国十四年四月")1925年第1期("乙丑第一期"),终刊号不详。

1.《励志周刊》和《励志》(上海1913)

笔者仅见《励志周刊》1915年4月10日("中华民国四年四月十日")二周年纪念刊("二周纪念励志周刊"),以及《励志》(上海1913)1917年6月("中华民国六年六月")第17期("第十七期")、1924年6月("十三年六月")十周年纪念刊("励志十周纪念刊")。

据《励志周刊》二周年纪念刊的版权页所示,"编辑人"为"张荻南、钱瑾瑜","印刷所"为"商务印书馆印刷所","发行所"为"上海闸北宝山路宝兴/商务/书馆/工界青年励志会/西里内收字第十八号"。据《励志》(上海1913)第17期的版权页所示,"编辑者"为"上海工界青年励志会","印刷者"为"上海闸北宝山路/商务印书馆印刷所","发行者"为"上海宝山路宝兴西里内/上海工界青年励志会"。该期还有封面版权栏,且仅登载一条关涉出版者或发行者的版权信息,即"会所上海华界宝山路宝兴西里收字十七号门牌"。《励志》(上海1913)十周年纪念刊无版权页,但有封面版权栏,且仅登载一条关涉编印者的版权信息,即"青年励志会编印"。《励志周刊》二周年纪念刊登载的《本会小史》道:"上海工界青年励志会""成立于民国二年四月六日"(其中的时间即1913年4月6日),"当时推定鲍咸昌先生为监督,沈冶生先生为正会长,副会长陈莼馥任之"[①]。据此,该刊的具体创办者为鲍咸昌、沈冶生、陈莼馥等人。《本会小史》又道:"八月初九日开职员会议,刊行杂志。请本会赞助员樊仲煦先生担任笔政。樊先生慨然自任。迄十月十日《励志》杂志始出。"[②]至"民国三年"(1914年)"七月二十五日","时《励志》杂志已出五期,樊仲煦先生坚欲辞职";翌月,"本会议决请张荻南先生主任杂志事,于是第六期杂志乃于九月十日发行"[③]。据此,该刊的具体主编起初为樊仲煦,后来改为张荻南。《工艺》起始号登载的《序言》道:"青年励志会诸君有鉴于此,以编印杂志为会务之一。初名《励志》,注重工艺美术。自第二十

---

① 佚名[《励志周刊》编者].本会小史[J].励志周刊,1915(二周年纪念刊):67.
② 佚名[《励志周刊》编者].本会小史[J].励志周刊,1915(二周年纪念刊):68.
③ 佚名[《励志周刊》编者].本会小史[J].励志周刊,1915(二周年纪念刊):68.

一期起,益加扩充,改称《工艺》。"①据此,该刊总共出版 20 期(具体册数不详)。该刊的出版周期不详。

《励志周刊》二周年纪念刊设有"图画""序文""祝词""论说""丛录""译丛""小说"等栏目,《励志》(上海 1913)第 17 期设有"社说""会务""益智""杂俎"等栏目,而《励志》(上海 1913)十周年纪念刊则设有"插画""言论""研究""文苑""会务报告"等栏目。该刊是"上海工界青年励志会"的会刊,其登载的内容的除会务报道外,偏于工业经济和青年修养,但也不乏文学作品。

2.《工艺》

《励志》(上海 1913)停刊后,《工艺》出版。笔者仅见起始号。

据《工艺》起始号的版权页所示,"编辑者"为"上海工界青年励志会","印刷者"为"上海闸北宝山路/商务印书馆印刷所","发行者"为"上海街盘棋②/商务印书馆发行所"。但是,该刊的具体主编不详。该刊自我定位为双月刊。

《工艺》起始号设有"社著""外论""艺术""会务""瀛谈""小说""杂俎""谐铎""新闻"等栏目。该号目录之后,依次登载《工艺杂志招登广告》兼《本会附设实业半夜学校招生》(共 1 页)、"上海工界青年励志会"副会长郁仲华所撰《本杂志宣言》(共 1 页)、杜亚泉所撰《工艺杂志序》(共 2 页)、庄俞所撰《序言》(共 2 页),但都不标注页码。该刊登载的内容,其实就如其版权页登载的《本杂志启事》所示,即偏重"有益于工艺种种资料,以及工界新闻等"③,但也不乏文学作品。

3.《励志》(上海 1925)

《工艺》停刊后,《励志》(上海 1925)出版。笔者仅见起始号至 1926 年 9 月("民国十五年九月")1926 年第 3 期("丙寅第三期",又称"本馆创业三十年纪念号")。

据《励志》(上海 1925)起始号、1926 年第 3 期的版权页所示,"编辑者"为"励志杂志社","发行者"为"商务印书馆俱乐部","印刷者"为"商务印书馆"。但是,该刊的具体主编不详。该刊自我定位为季刊。事实上,该刊就主要表现为季刊,一般逢 3 月、6 月、9 月、12 月出版。不过,起始号的出版月为 4 月。

《励志》(上海 1925)起始号、1926 年第 3 期设有"插图""社谈""言论""研

---

① 庄俞.序言[J].工艺,1918,1(1):无页码[目录后第 5-6 页].
按:该文的文后题署"民国七年三月六日庄俞志"(其中的时间即 1918 年 3 月 6 日)。
② 原文如此,"街盘棋"疑为"棋盘街"之误。
③ 佚名[《工艺》编者].本杂志启事[J].工艺,1918,1(1):无页码[版权页].

究""丛录""文艺""译述"等栏目。起始号登载的《开卷语》谓"(一)本志今后要为学识尽力","(二)本志今后要为印刷艺术尽力","(三)本志今后要为同人尽力","(四)本志今后要为本公司各种消息的总汇"①。事实上,该刊在很大程度上就是商务印书馆的宣传刊物,其登载的内容偏重印刷界,包括工人生活、青年修养、技术介绍等,但也不乏文学作品。

(9)《青年杂志》(上海 1915)和《新青年》(上海 1915)、《新青年》(广州 1923)、《新青年》(广州 1925)

近代,多地创办名为《青年杂志》的报刊,如 1915 年 2 月底至 3 月初(农历正月中旬)的江苏松江(创办自我定位为月刊的期刊)、1915 年 9 月 15 日的上海(创办自我定位为月刊的期刊)、1920 年 1 月的上海(所创期刊的出版周期不详)、1943 年 5 月 16 日的重庆(创办自我定位为月刊的期刊)、1945 年 9 月 18 日的北平(创办自我定位为半月刊的期刊)、1948 年 8 月的南京(创办自我定位为月刊的期刊)等。为区分起见,本书在各种《青年杂志》的刊名之后,都辍以该刊创刊号的出版地和出版年。其中,"《青年杂志》(上海 1915)"一词,特指后来更名为《新青年》的期刊《青年杂志》。

近代,多地创办名为《新青年》的报刊,如 1929 年 11 月 20 日的上海(创办自我定位为半月刊的期刊)、1935 年的辽宁沈阳(创办自我定位为旬刊的期刊)、1938 年 5 月 1 日的浙江丽水(创办自我定位为旬刊的期刊)、1938 年 11 月 1 日的天津(创办自我定位为月刊的期刊)、1938 年 12 月 1 日的浙江(创办自我定位为半月刊的期刊)、1939 年 11 月 20 日的上海(创办自我定位为半月刊的期刊)等。为区分起见,本书在各种《新青年》的刊名之后,都辍以该刊创刊号的出版地和出版年。其中,"《新青年》(上海 1915)"一词,特指由《青年杂志》(上海 1915)更名而来的期刊《新青年》。

《青年杂志》(上海 1915)更名而来的期刊《新青年》历经三次编排出版期号,但刊名始终不变。为区分起见,本书在《新青年》的刊名之后,辍以该刊历次编排出版期号时起始号的出版地和出版年,分别使用"《新青年》(上海 1915)""《新青年》(广州 1923)""《新青年》(广州 1925)"三词。

《青年杂志》(上海 1915)由"青年杂志社"在上海创刊,其创刊号为 1915 年 9 月 15 日("中华民国四年九月十五日")第 1 卷第 1 号("第一卷第一号"),终止号为 1916 年 2 月 15 日("中华民国五年二月十五日")第 1 卷第 6 号("第一卷第六号")。随后,《青年杂志》(上海 1915)由"新青年杂志社"更

---

① 佚名[《励志》编者].开卷语[J].励志[上海 1925],1925(1):1-3.
按:该文的文后附注"十四,二,十五"(1925 年 2 月 15 日)。

名为《新青年》,从而成为《新青年》(上海 1915)。其起始号为 1916 年 9 月 1 日("民国五年九月一日")第 2 卷第 1 号("第二卷第一号"),终止号为 1922 年 7 月 1 日("一九二二/民国十一年/七月一日")第 9 卷第 6 号("第九卷第六号")。之后,《新青年》(上海 1915)由"广州平民书社"于 1923 年在广东广州复刊,并开启新一轮出版期号的编排,从而成为《新青年》(广州 1923)。其起始号为 1923 年 6 月 15 日("一九二三/民国一二/年六月十五日")第 1 期("第壹期",又称"共产国际号"),终止号为 1924 年 12 月 20 日("一九二四/民国十三/年十二月二十日")第 4 期("第肆期",又称"国民革命号")。再后,《新青年》(广州 1923)由"广州新青年社"于 1925 年在广东广州复刊,并开启新一轮出版期号的编排,从而成为《新青年》(广州 1925)。其起始号为 1925 年 4 月 22 日("一九二五年四月二十二日")第 1 号("第一号",又称"列宁号"),终刊号为 1926 年 7 月 25 日("一九二六年七月二十五日")第 5 号("第五号",又称"世界革命号")。

1.《青年杂志》(上海 1915)和《新青年》(上海 1915)

据《青年杂志》(上海 1915)创刊号的版权页所示,"编辑者"为"青年杂志社","发行者""印刷者"均为"群益书社","总发行所"为"上海中/棋盘街/群益书社","分发行所"为"各埠大书坊"。后来,《青年杂志》(上海 1915)的版权页登载的版权信息有所变更。在终止号,"分发行所"不再登载,但版权页后一页整页登载"各埠代派处"的具体地点。创刊号、终止号还有封面版权栏,且仅登载一条关涉印行者的版权信息,即"上海群益书社印行"。《新青年》(上海 1915)起始号的版权页、封面版权栏登载的版权信息,分别与《青年杂志》(上海 1915)终止号的版权页、封面版权栏登载的版权信息一致。《新青年》(上海 1915)终止号未见版权页,但有封面版权栏,且仅登载一条关涉印行者的版权信息,即"广州新青年社印行"。据查,《青年杂志》(上海 1915)的具体创办者、具体主编为陈独秀。可能是因为受到护国运动导致的纷乱时局的影响,《青年杂志》(上海 1915)仅出至 1916 年 2 月 15 日第 1 卷第 6 号便停刊。后来,《青年杂志》(上海 1915)复刊,但更名为《新青年》(上海 1915)。至于更名原因,在于上海基督教青年会指责《青年杂志》(上海 1915)与自己创办的《青年》《上海青年》等期刊有同名之嫌,造成侵权。据查,《新青年》(上海 1915)的具体主编起初为陈独秀,后来改为多人轮流编辑,但陈独秀一直负总责。《青年杂志》(上海 1915)和《新青年》(上海 1915)登载的第一篇文章,分别题为《敬告青年》《新青年》。这两篇文章都由陈独秀撰写,且都类似创刊宣言。

《青年杂志》(上海 1915)和《新青年》(上海 1915)总共出版 9 卷 54 号,每卷各计6号，且没有合刊。因此，该刊实际上总共出版54册。《青年杂志》（上海1915）自我定位为月刊。事实上，《青年杂志》（上海1915）就表现为标准的半月刊，逢每月15日出版。《新青年》（上海1915）自我定位为月刊。事实上，《新青年》（上海1915）就主要表现为月刊，起初逢1日出版，后来改为逢15日出版，最后又改为一般逢1日出版。不过，1919年5月第6卷第5号，不标注出版日；1917年9月至12月的1日，1919年6月至10月的15日，1920年6月至8月、1921年2月和3月、1921年10月至1922年6月的1日，没有出版且无合刊补足，从而导致五次停刊。此外，同时登载李大钊的两篇著名文章《庶民的胜利》和《BOLSHEVISM的胜利》的1918年10月15日第5卷第5号的目录首页，标注出版时间"一九一八/民国七/年十月十五日"，其中的出版月疑有误。因为该号的前两册、后两册的目录首页，分别标注出版时间"一九一八/民国七/年九月十五日""一九一八/民国七/年十月十五日""一九一八/民国七/年十二月十五日""一九一八/民国八/年一月十五日"。朱乔森、黄真所撰《关于〈庶民的胜利〉的发表和〈Bolshevism的胜利〉的写作》指出："至于《新青年》五卷五号实际出版的时间，则为一九一九年一月。"[①]1918年1月15日第6卷第1号的目录首页，标注出版时间"一九一八/民国八/年十月十五日"，其中的出版年疑有误。因为1918年为民国七年，民国八年为1919年，且该号的前两册、后两册的目录首页，分别标注出版时间"一九一八/民国七/年十月十五日""一九一八/民国七/年十二月十五日""一九一九/民国八/年二月十五日""一九一九/民国八/年三月十五日"。

《新青年》（上海1915）的五次停刊和多次变更版权信息，与陈独秀的个人经历密切相关。1917年1月，陈独秀出任北京大学文科学长，而《新青年》（上海1915）编辑部则随之由上海迁至北京。不过，在很长一段时期内，《新青年》（上海1915）的印刷地点仍为上海。自1917年8月1日第3卷第6号出版后，《新青年》（上海1915）因故首次停刊。1918年1月，陈独秀召开编辑部改组会议。由此，在1918年1月15日第4卷第1号出版而《新青年》（上海1915）首次复刊时，编辑部已改组为陈独秀负总责，李大钊、鲁迅、钱玄同、刘半农、胡适、沈尹默、高一涵、周作人等人轮流担任具体编辑。1919年6月，陈独秀因在北京街头散发《北京市民宣言》而被捕入狱，以致自第6卷第5号出版后，《新青年》（上海1915）再次停刊。同年9月，陈独秀获释。随后，1919年11月1日第6卷第6号出版而《新青年》（上海1915）再次复刊。此

---

① 朱乔森，黄真.关于《庶民的胜利》的发表和《Bolshevism的胜利》的写作[J].历史研究，1980(4)：144.

时,编辑部已迁回上海,但北京的编辑部也保留。不过,从 1919 年 12 月 1 日第 7 卷第 1 号起,编辑部设立主编,且主编为陈独秀。1920 年 2 月,陈独秀秘密离京赴沪,从事创建中国共产党的活动。而《新青年》(上海 1915)则在 1920 年 5 月 1 日第 7 卷第 6 号出版后,因故第三次停刊。至 1920 年 9 月 1 日第 8 卷第 1 号出版而《新青年》(上海 1915)第三次复刊时,北京的编辑部已取消,且《新青年》(上海 1915)成为上海共产党早期组织的机关刊物。1921 年 2 月 11 日,上海法租界巡捕房因故强行封闭常驻上海的编辑部,以致自 1921 年 1 月 1 日第 8 卷第 5 号出版后,《新青年》(上海 1915)第四次停刊。至 1921 年 4 月 1 日第 8 卷第 6 号出版而《新青年》(上海 1915)第四次复刊时,编辑部已迁到广州,并且《新青年》(上海 1915)改由上海商务印书馆、上海伊文思图书公司在上海发行。1921 年 9 月,陈独秀由广州回到上海,主持中共中央工作,而编辑部则随之迁回上海。但在不久后的 10 月 4 日,上海法租界巡捕房又因故查抄编辑部,并拘押陈独秀等人,以致自 1921 年 9 月 1 日第 9 卷第 5 号出版后,《新青年》(上海 1915)第五次停刊。至 1922 年 7 月 1 日第 9 卷第 6 号出版后,《新青年》(上海 1915)第五次复刊,同时也宣告终止。

《青年杂志》(上海 1915)创刊号、终止号设有"国外大事记""国内大事记""通信"这三个栏目,而《新青年》(上海 1915)则在此基础上增设"读者论坛""诗""随感录"等栏目。《青年杂志》(上海 1915)和《新青年》(月刊版)都是内容丰富的社会科学类期刊,其登载的内容涉及政治、经济、法律、文学、历史和时事等诸多方面,并且不乏文学作品。只不过,《新青年》(上海 1915)后来因成为上海共产党早期组织的机关刊物而偏于研究、宣传马克思主义。

2. 《新青年》(广州 1923)

《新青年》(广州 1923)的封面仍题"新青年",但其目录页、版权页改题"新青年季刊",偶数正文页侧口改题"新青年(季刊)"。

据《新青年》(广州 1923)起始号的版权页所示,"编辑者""印刷者"均为"广州平民书社","总发行所"为"广州昌兴马路/二十八号二楼/平民书社"。后来,该刊的版权页登载的版权信息有所变更。在终止号,"编辑者"为"广州新青年社","印刷者""总发行所"不再登载,增加登载"发行者"为"广州新青年社"。据查,该刊的具体主编为瞿秋白。该刊登载的第一篇文章,是没有署名的具有宣言性质的《新青年之新宣言》。该刊总共出版 4 期,且没有合刊。因此,该刊实际上总共出版 4 册。该刊自我定位为季刊,但实际上并没有每隔三个月出版一期。其中,第 2 期出版于 1923 年 12 月 20 日,而第 3 期则出版于 1924 年 8 月 1 日。

《新青年》（广州 1923）起始号、终止号，不设栏目。该刊是中国共产党的机关刊物，其登载的内容偏于研究、宣传马克思主义，但也不乏文学作品。

3.《新青年》（广州 1925）

《新青年》（广州 1925）的封面、目录页、偶数正文页侧口、版权页等关涉刊名处，都仍题"新青年"。

据《新青年》（广州 1925）起始号的版权页所示，"编辑者""发行者"均为"广州新青年社"。后来，该刊的版权页登载的版权信息有所变更。在终刊号，"编辑者""发行者"均为"新青年社""编辑者"，增加登载"总代派处"为"广州国光书店"，"分售处"为"全国各大书局"。据查，该刊的具体主编为瞿秋白。该刊总共出版 5 号，且没有合刊。因此，该刊实际上总共出版 5 册。该刊主要表现为不定期刊，其出版时间间隔一个多月至九个多月不等。

《新青年》（广州 1925）起始号、终刊号，不设栏目。该刊虽然重新编排出版期号，但实际上完全是《新青年》（广州 1923）的延续而与之没有本质的区别。只不过，该刊没有登载文学作品。

（10）《解放与改造》和《改造》（上海 1919）

近代，多地创办名为《改造》的报刊，如 1935 年 4 月 1 日的上海（创办自我定位为月刊的期刊）、1936 年 1 月 1 日的上海（创办自我定位为月刊的期刊）、1939 年 10 月 20 日的北平（创办自我定位为半月刊的期刊）、1945 年 10 月 10 日的重庆（创办自我定位为半月刊的期刊）、1949 年初的河南开封（创办自我定位为半月刊的期刊）等。为区分起见，本书在各种《改造》的刊名之后，都缀以该刊创刊号的出版地和出版年。其中，"《改造》（上海 1919）"一词，特指由《解放与改造》更名而来的期刊《改造》。

《解放与改造》由"新学会"在上海创刊，其创刊号为《解放与改造》1919 年 9 月 1 日（"中华民国八年九月一日"）第 1 卷第 1 号（"第一卷第一号"），终止号为 1920 年 8 月 15 日（"中华民国九年八月十五日"）第 2 卷第 16 号（"第二卷第十六号"）。后来，《解放与改造》由"北京新学会"更名为《改造》（上海 1919）。其起始号为 1920 年 9 月 15 日（"民国九年九月十五日"）第 3 卷第 1 号（"第三卷第一号"），终刊号为 1922 年 9 月 15 日（"民国十一年九月十五日"）第 4 卷第 10 号（"第四卷第十号"）。

据《解放与改造》创刊号的版权页所示，"发行兼编辑者"为"新学会"，"代印者"为"上海棋盘街/文明书局"，"代派所"为"上海四马路望平街/时事新报馆"，"北京宣武门外丞相胡同/晨报馆"，以及"北京宣武门大街中间路/国民公报馆"。后来，《解放与改造》的版权页登载的版权信息有所变更。据终止号的版权页所示，"编辑者"为"北京新学会"，"经售者"为"中华书局"，

"经售处"为"上海福州路棋盘街转角/中华书局","分售处"为"北京天津奉天广州长沙开封温州长春/汉口南昌南京杭州济南保定武昌太原/常德福州成都重庆云南徐州西安汕头/中华书局/沙市兰州衡州贵阳吉林潮州安庆桂林/东昌厦门邢台绥化烟台郑州福州/石家庄黑龙江张家口新加坡"。据《改造》(上海 1919)起始号、终刊号的版权页所示,"编辑者"为"北京新学会","发行者"为"中华书局","印刷者"为"上海静安寺路一九二号/中华书局","总发行所"为"上海棋盘街/中华书局","分发行所"为"各省中华书局"。据查,《解放与改造》的具体创办者不详,但其具体主编为张东荪、俞颂华。因张东荪等人后来忙于筹备私立中国公学,《解放与改造》停刊。随后,《解放与改造》复刊并更名为《改造》(上海 1919),而具体主编则改为梁启超。

《解放与改造》和《改造》(上海 1919)总共出版 4 卷 46 号,其中第 1 卷共计 8 号,第 2 卷共计 16 号,第 3 卷共计 12 号,第 4 卷共计 10 号,且没有合刊。因此,该刊实际上总共出版 46 册。《解放与改造》自我定位为半月刊。事实上,《解放与改造》就表现为标准的半月刊,逢每月 1 日、15 日出版。《改造》(上海 1919)自我定位为月刊。事实上,《改造》(上海 1919)就主要表现为月刊,一般逢每月 15 日出版。不过,1922 年 6 月至 8 月没有出版。此外,第 4 卷第 7 号的版权页,标注出版时间"民国十一年四月十五日"(1922 年 4 月 15 日),其中的出版月疑有误。因为该号的前两册、后两册的版权页,分别标注出版时间"民国十一年一月十五日"(1922 年 1 月 15 日)、"民国十一年二月十五日"(1922 年 2 月 15 日)、"民国十一年四月十五日"(1922 年 4 月 15 日)、"民国十一年五月十五日"(1922 年 5 月 15 日)。

《解放与改造》创刊号、终止号设有"社论""论说""读书录""思潮""译述""文艺""附录"等栏目,而《改造》(上海 1919)则不设栏目。《解放与改造》和《改造》(上海 1919)都是内容丰富的社会科学类期刊,其登载的内容涉及政治、经济、法律、文学、历史和时事等诸多方面,并且不乏文学作品。

(11)《前锋》(广州 1923)

近代,多地创办名为《前锋》的报刊,如 1923 年 7 月 1 日的广东广州(创办自我定位为月刊的期刊)、1929 年 5 月 26 日的江苏镇江(创办自我定位为周刊的期刊)、1929 年的山东潍县(创办自我定位为不定期刊的期刊)、1933 年 9 月的北平(创办自我定位为月刊的期刊)、1934 年 7 月 1 日的广东广州(创办自我定位为月刊的期刊)、1938 年 2 月 1 日的广东广州(创办自我定位为周刊的期刊)、1938 年 5 月 2 日的浙江桐庐(创办自我定位为半月刊的期刊)、1938 年 9 月 10 日的上海(所创期刊的出版周期不详)、1940 年 12 月 15 日的广西桂林(创办自我定位为半月刊的期刊)、1941 年 1 月 1 日的广西桂林(创办自我定位为月刊的期刊)、1942年的福建长汀(创办自我定位为旬刊的期刊)、1945年10月1日的上海(创办自我定位为半月刊的期刊)、1946年10月12日的台湾台北(创办自我定位为周刊的期刊)、1947年4月20日的台湾台北(所创期刊的出版周期不详)、1947年6月30日的上海(创办自我定位为月刊的期刊)等。为区分起见,本书在各种《前锋》的刊名之后,都辍以该刊创刊号的出版地和出版年。

《前锋》(广州1923)由"广州平民书社"在广东广州创刊,其创刊号为1923年7月1日("一九二三年七月一日")第1期("创刊号"),终刊号为1924年2月1日("一九二四年二月一日")第3期("第三期")。

据《前锋》(广州1923)创刊号的版权页所示,"编辑者""印刷者"均为"广州平民书社","总发行所"为"广州昌兴马路/二十八号二楼/平民书社"。后来,该刊的版权页登载的版权信息有所变更。在终刊号,"总发行所"为"广州司后街/四十五号/平民书社"。据查,该刊的具体创办者不详,但其具体主编为瞿秋白。该刊自称在广州办刊,实际却在上海秘密编印、发行。该刊总共出版3期,且没有合刊。因此,该刊实际上总共出版3册。该刊自我定位为月刊,但实际上并没有总是按时出版。其中,创刊号与1923年12月1日第2号这二者的出版时间相距五个月,而第2号与终刊号这二者的出版时间则相距两个月。

《前锋》(广州1923)创刊号、终刊号,不设栏目。该刊是大革命时期中国共产党的政治性机关刊物,其登载的内容偏于评议时政和研究革命。

(12)《中国青年》(上海1923)和《无产青年》《列宁青年》《青年实话》《中国青年》(延安1939)、《中国青年》(石家庄1948)

近代,多地创办名为《中国青年》的报刊,如1923年10月20日的上海(创办自我定位为周刊的期刊)、1937年6月1日的汉口(创办自我定位为半月刊的期刊)、1938年11月1日的上海(创办自我定位为旬刊的期刊)、1939年7月20日的重庆(创办自我定位为月刊的期刊)、1942年9月20的上海(创办自我定位为月刊的期刊)、1943年5月1日的山东济南(创办自我定位为月刊的期刊)、1943年10月20日的南京(创办自我定位为旬刊的期刊)等。为区分起见,本书在各种《中国青年》的刊名之后,都辍以该刊创刊号的出版地和出版年。

《中国青年》(上海1923)由"中国青年社"在上海创刊,其创刊号为1923年10月20日("中华民国十二年十月二十日")第1期("第一期"),终止号为1927年10月10日("一九二七年十月十日")第8卷第3号("第八卷第三号")。随后,《中国青年》(上海1923)在上海复刊,但更名为《无产青年》,并开启新一轮出版期号的编排。其起始号为1927年11月7日（"一九二七年十一月七日"）第1期（"第一期"），终止号为1928年初第8期。之后，《无产青年》在上海复刊，但更名为《列宁青年》，并开启新一轮出版期号的编排。其起始号为1928年10月22日（"一九二八年十月二十二日"）第1卷第1期（"第一卷第一期"），终止号不详。再后，《列宁青年》在江西永丰复刊，但更名为《青年实话》，并开启新一轮出版期号的编排。其起始号为1931年7月1日第1期，终止号为1934年9月30日第141期。然后，《青年实话》由"中国青年社"于1939年在陕北延安复刊，但恢复最初的刊名《中国青年》，并开启新一轮出版期号的编排，从而为成为《中国青年》（延安1939）。其起始号为1939年4月16日（"中华民国二十八年四月十六日"）第1期（"创刊号"），终止号为1941年3月第3卷第5期。后来，《中国青年》（延安1939）由"中国青年社"于1948年在河北石家庄复刊，并开启新一轮出版期号的编排，从而为成为《中国青年》（石家庄1948）。其起始号为1948年12月20日（"民国三十七年十二月二十日"）第1期（"第一期"），且存续至今。在出版于民国的《中国青年》（石家庄1948）中，笔者所见最晚一册，为1949年9月24日（"一九四九年九月二十四日"）第20期（"20"）。

1.《中国青年》（上海1923）

《中国青年》（上海1923）第6卷第16号（总第141期）、第6卷第22号（总第147期）、第7卷第6号（总第156期）、第7卷第7号（总第157期）、第8卷第1号、第8卷第2号，未见。

《中国青年》（上海1923）创刊号、终止号无版权页，但创刊号有封面版权栏。据创刊号的封面版权栏所示，"编辑者"为"中国青年社"，"通讯处"为"上海辣斐路一八六号但一君转"。据查，该刊的具体创办者为恽代英、林育南、邓中夏、卜道明、萧楚女、任弼时、张太雷、李求实等。其中，恽代英、萧楚女是具体主编。

《中国青年》（上海1923）创刊号至1926年7月3日第125期的出版期号标注形式，主要为"第某期"。但是，1925年10月10日第100号（又称"国庆纪念/本刊百期/特刊号"）的出版期号标注形式，为"第某号"。1926年6月10日第6卷第1号（总第126期）至1926年12月20日第6卷第20/21号（总第145/146期）合刊、1927年1月1日第6卷第23号（总第143期）至1927年6月30日第7卷第17号（总第167期）、终刊号的出版期号标注形式，分别为"第某卷第某号（某期或第某期）""第某卷第某号（阿拉伯数字或汉语数字）""第某卷第某号"。该刊将第6卷之前的各期视为第1卷至第5卷，所以该刊总共出版8卷170期（号），其中第1卷至第5卷共计125期

（号），第 6 卷共计 25 号，第 7 卷共计 17 号，第 8 卷共计 3 号。1925 年 1 月 31 日第 63/64 期合刊（"第六十三/四期"）、1925 年 5 月 2 日第 77/78 期合刊（"第七十七/八期"）、1925 年 9 月 1 日第 91/92 期合刊（"第九十一/二期"）、1925 年 9 月 7 日第 93/94 期合刊（"第九十三/四期"）、1926 年 8 月 31 日第 6 卷第 6/7 号（总第 131/132 期）合刊（"第六卷第六/七号合刊""第一三一，一三二期"）、第 6 卷第 20/21 号（总第 145/146 期）合刊（"第六卷第二十/二十一号合刊""一四五/六期"）、1927 年 2 月 12 日第 7 卷第 3/4 号（总第 153/154 号）合刊（"第七卷第三，四号""一五三，四"）、1927 年 5 月 30 日第 7 卷第 11/12 号（总第 161/162 号）合刊（"第七卷十一/十二号""161-2"）、1927 年 6 月 13 日第 7 卷第 13/14 号（总第 163/164 号）合刊（"第七卷第十三/十四号""163-4"），均为两期合刊。因此，该刊实际上总共出版不超过 170 册。该刊自我定位为周刊，但实际上并没有总是按时出版。此外，第 6 卷第 1 号（总第 126 期）的封面，标注出版时间"一九二六年六月十日"，其中的出版月疑有误。因为该号的前两册、后两册的封面，分别标注出版时间"民国十五年六月二十日"（1926 年 6 月 20 日）、"民国十五年七月三日"（1926 年 7 月 3 日）、"一九二六年七月十七日""一九二六年七月廿四日"。

《中国青年》（上海 1923）创刊号、第 8 卷第 3 号，不设栏目。该刊本是中国社会主义青年团[①]、中国共产主义青年团的机关刊物，其登载的内容注重思想政治教育，并偏于指导全国社会主义青年团或共产主义青年团的工作，交流青年工作经验，探讨青年工作理论等。不过，该刊也登载时事评论、文学作品，并介绍各种科学知识。

2.《无产青年》

《中国青年》（上海 1923）停刊后，《无产青年》出版。笔者仅见起始号至 1928 年 1 月 13 日（"一九二八年一月十三日"）第 3 期（"第三期"，又称"扩大会议特刊"）。

《无产青年》起始号、第 3 期无版权页，但起始号有封面版权栏，且仅登载一条关涉"总发行所"的版权信息，即"无产青年"。但是，该刊的具体主编不详。据查，该刊总共出版 8 期。该刊自我定位为不定期刊。起始号仅设"短讯"栏目，而第 3 期则不设栏目。该刊登载的内容，偏于报道中国共产党在各地领导的武装暴动或革命。

3.《列宁青年》

《无产青年》停刊后，《列宁青年》出版。笔者仅见起始号的封面。

[①] 中国社会主义青年团成立于 1922 年 5 月，后分别于 1925 年 1 月、1949 年 4 月、1957 年 5 月相继更名为中国共产主义青年团（简称"共青团"）、中国新民主主义青年团、中国共产主义青年团（简称"共青团"）。

《列宁青年》起始号的封面不登载版权信息。据查,该刊的具体主编为华岗,后来改为陆定一。据查,该刊自我定位为半月刊,但后来相继改成旬刊、周刊、报纸。据查,该刊曾用《青年杂志》《青年旬刊》《青年半月刊》《光明之路》的封面伪装出版,以规避中国国民党当局的查禁。

4.《青年实话》

《列宁青年》停刊后,《青年实话》出版。该刊的原刊,未见。

据查,《青年实话》的具体主编为陆定一,后来改为魏廷群。据查,该刊总共出版141期。据查,该刊自我定位为半月刊,但后来相继改成旬刊、月刊、周刊。

5.《中国青年》(延安1939)

《青年实话》停刊后,《中国青年》(延安1939)出版。笔者仅见起始号至1939年10月1日("一九三九/十月一日")第10期("10",又称"第一卷卷终特大号")。

《中国青年》(延安1939)起始号、第10期无版权页,但分别有封面版权栏、末页版权栏。起始号的封面版权栏仅登载一条关涉"出版者"的版权信息,即"陕西·安吴/延安北门外/中国青年社"。后来,该刊的版权栏登载的版权信息有所变更。据第10期的末页版权栏所示,"编辑"为"延安北门外中国青年社","发行"为"延安新华书店"。但是,该刊的具体主编不详。据查,该刊总共出版29期。该刊起始号至第10期,总共出版10期,其中1939年7月1日第4/5期合刊("4·5")为两期合刊。因此,仅就这10期而言,该刊实际上总共出版9册。该刊自我定位为半月刊,但实际上并没有总是按时出版(两期合刊按占据一月时间计算)。

《中国青年》(延安1939)起始号、第10期,不设栏目。该刊登载的内容偏于青年修养、青年运动,并着眼抗战时局。

6.《中国青年》(石家庄1948)

《中国青年》(延安1939)停刊后,《中国青年》(石家庄1948)出版。第8期至第11期,未见。

据《中国青年》(石家庄1948)起始号的版权页所示,"编辑者""出版者"均为"中国青年社","发行者"为"新华书店","通讯处"为"(一)陕北中国解放区青年联合会转/(二)石家庄邮局转/(三)济南市邮局转/(四)东北新民主主义青年筹团委会[①]转"。起始号还有封面版权栏,且仅登载一条关涉出版者的版权信息,即"中国青年出版社"。后来,该刊的版权页登载的版权信

---

① 原文如此,"青年筹团委会"疑为"青年团筹委会"之误。

息有所变更。据第 20 期的版权页所示,"编辑者"为"中国青年社/社址　北平市东长安街十七号/电话　(五)三九二五","发行者"为"中国青年社/发行部地址　北平王府井大街二号/电话　(五)一二七八","印刷者"为"中青印刷厂/地址　北平东单二条三十五号/电话　(五)三八五〇","经售"为"各地新华书店"。但是,该刊的具体主编不详。据查,该刊的出版地起初为河北石家庄的西柏坡,后于 1949 年 2 月变更为北平。两个月后,刚成立的中国新民主主义青年团任命韦君宜为总编辑。该刊起始号至 1949 年 5 月 4 日第 7 期、1949 年 7 月 27 日第 12 期至第 20 期,总共出版 16 期,且没有合刊。因此,仅就这 16 期而言,该刊实际上总共出版 16 册。该刊自我定位为半月刊,但后来改成周刊,且实际上并没有总是按时出版。

《中国青年》(石家庄 1948)起始号不设栏目,但第 20 期设有"社论""青年活动园""大家写""读者信箱"等栏目。该刊登载的内容偏于青年修养、青年运动,但也不乏时事评论、文学作品。

(13)《智识》

《智识》历经两次编排出版期号,但刊名始终不变。为区分起见,本书在《智识》的刊名之后,缀以该刊历次编排出版期号时起始号的出版地和出版年,分别使用"《智识》(上海 1923)""《智识》(上海 1925)"两词。

《智识》由上海的澄衷学校的"智识社"于 1923 年在校内创刊,于是《智识》(上海 1923)诞生。其创刊号、终刊号均不详。后来,《智识》于 1925 年在上海复刊,并开启新一轮出版期号的编排,从而成为《智识》(上海 1925)。其起始号为 1925 年 6 月 16 日("民国十四年六月十六日")第 1 卷第 1 号("第一卷第一号"),终刊号不详。

1.《智识》(上海 1923)

《智识》(上海 1923)的原刊,未见。

据《智识》(上海 1925)创刊号登载的《本社社员会议纪事》所示,《智识》(上海 1923)的具体创办者为曹微吾(曹慕管)、葛祖兰(葛锡祺)等人,且该刊自我定位为旬报,总共出版 40 期,其中前 20 期、后 20 期的主编分别为曹慕管、葛锡祺[①]。另据《本社社员会议纪事》所示,"智识社"于 1925 年 5 月 1 日下午 3 时 30 分在学校图书馆讨论《智识》相关事宜。会上,葛锡祺认为每月出版 3 期的旬报多有不便而建议改为每月出版 1 期的月刊,并提出卸任主编一职。最后,会议通过改旬报为月刊的建议,但主张葛锡祺先担任前 5 期主编,之后由曹慕管担任主编。此次会议共议决九条内容:"(一)月刊定名

---

① 佚名[葛锡祺].本社社员会议纪事[J].智识[上海 1925],1925,1(1):78,82.

智识/(二)年出册数　十二册/(三)出版期　每月十六日/(四)开评论栏　曹先生担任/(五)六月十六日发行月刊弟①一期/(六)旬刊印至四十期止/(七)编辑　葛锡祺先生任五期(六月至十月)/(八)发行兼印刷　许雪樵先生担任接洽/(九)社务　社长曹先生统辖"②。

2.《智识》(上海 1925)

《智识》(上海 1923)停刊后,《智识》(上海 1925)出版。笔者仅见创刊号至 1926 年 5 月 16 日("中华民国十五年五月十六日")第 1 卷第 12 号("第一卷第十二号"),且该号末页登载《第十三号要目预告》。

据《智识》(上海 1925)创刊号的版权页所示,"社长"为"曹慕管","编辑者"为"葛锡祺","发行者"为"许雪樵","校对者"为"项远村","代售者"为"上海虹口塘山路五号/澄衷学校普益贸易所/上海四马路/艺学社"。后来,该刊的版权页登载的版权信息有所变更。在第 1 卷第 12 号,"代售者"为"上海虹口塘山路五号/澄衷学校公平贸易所/上海南京路/联益贸易公司/有美堂/上海四马路/商务书馆/中华书局/世界书局/梁溪图书馆/艺学社";"校对者"之左、"代售者"之右增加登载"印刷者"为"新大沽路六七一号/国光书局/电话四三七四三号"。创刊号、第 1 卷第 12 号还有封面版权栏,且仅登载一条关涉出版者的版权信息,即"澄衷中学校智识社出版"。据查,该刊的具体主编是葛锡祺。该刊创刊号至第 1 卷第 12 号,总共出版 1 卷 12 号,且没有合刊。因此,仅就这 12 号而言,该刊实际上总共出版 12 册。该刊自我定位为月刊。事实上,创刊号至第 1 卷第 12 号,就表现为标准的月刊,逢每月 16 日出版。

《智识》(上海 1925)创刊号、第 1 卷第 12 号设有"时事评论""考证""论述""译著""学生成绩""教育新闻""诗文"等栏目。作为学校主要为本校师生创办的期刊,其登载的内容偏于教育和服务本校师生。该刊是《智识》(上海 1923)的延续,据此可推断《智识》(上海 1923)登载的内容也是如此。

(14)《新建设》(上海 1923)

近代,多地创办名为《新建设》的报刊,如 1923 年的上海(创办自我定位为月刊的期刊)、1928 年 10 月的上海(创办自我定位为月刊的期刊)、1929 年 9 月 15 日的广东广州(创办自我定位为半月刊的期刊)、1933 年 10 月的山西太原(创办自我定位为半月刊的期刊)、1939 年 11 月的广东曲江(创办自我定位为月刊的期刊)等。为区分起见,本书在各种《新动向》的刊名之

---

① 原文如此,"弟"疑为"第"之误。
② 佚名[葛锡祺].本社社员会议纪事[J].智识[上海 1925],1925,1(1):81-82.
按:引文中的"曹先生"即曹慕管。

后,都辍以该刊创刊号的出版地和出版年。

《新建设》(上海 1923)由"新建设杂志社"在上海创刊,其创刊号、终刊号均不详。笔者仅见 1924 年 4 月 20 日("十三年四月二十号")第 1 卷第 5 期("第一卷第五期")、1924 年 5 月 20 日("十三年五月二十号")第 1 卷第 6 期("第一卷第六期")。

据《新建设》(上海 1923)第 1 卷第 5 期的版权页所示,"编辑及发行者"为"上海法租界辣斐德路一八六号/新建设杂志社","印刷者"为"新建设杂志社","总代售处"为"上海民国路上海书店","代售处"为"本埠同孚合作社/本埠伊文思公司/本埠民智书局/本埠亚东图书馆/北京中华书局/天津中华书局/保定第二师范贩卖部/济南齐鲁书社/青岛启新书社/太原晋华书局/太原晋新书社/开封文化书社/云南新亚书社/成都华阳书报流通处/长沙中华书报社/长沙文化书社/武昌时中书社/武昌共进社/安庆中华书局/芜湖科学图书社/南京启明书社/南京教育馆/苏州小说林书社/杭州古今图书社/广州丁卜图书店/香港粹文书坊/巴黎中国书报社"。后来,该刊的版权页登载的版权信息有所变更。在第 1 卷第 6 期,"代售处"不再登载"本埠同孚合作社"。但是,该刊的具体创办者、具体主编均不详。该刊自我定位为月刊。事实上,第 1 卷第 5 期、第 1 卷第 6 期,就表现为标准的月刊,逢每月 20 日出版。

《新建设》第 1 卷第 5 期、第 1 卷第 6 期仅设"时事述评"栏目。该刊是社会科学类期刊,其登载的内容偏于评议时政和研究革命,但也不乏文学作品。

(15)《现代评论》

《现代评论》由"现代评论社"在北京创刊,其创刊号为 1924 年 12 月 13 日("民国十三年十二月十三日")第 1 卷第 1 期("第一卷第一期"),终刊号为 1928 年 12 月 29 日("民国十七年十二月二十九日")第 9 卷第 209 期("第九卷第二〇九期")。

《现代评论》创刊号无版权页,但有封面版权栏。据创刊号的封面版权栏所示,"发行所"为"北京后门内慈慧殿慈慧寺内","总代售处"为"北京国立北京大学出版部","通信处"为"由总代售处转交"。后来,该刊的封面版权栏登载的版权信息有所变更。据终刊号的封面版权栏所示,"编辑通信处""发行所"均为"上海白克路北河路八号","代售处"为"上海及各处商务印书馆及各大书坊","印刷所"为"上海牯岭路余庆里太平洋印刷公司"。据查,该刊的具体创办者不详,但其具体主编为王世杰。该刊总共出版 9 卷 209 期,其中第 1 卷、第 2 卷、第 5 卷至第 8 卷各计 26 期,第 3 卷共计 27 期,第 4

卷共计 25 期，第 9 卷仅 1 期。1928 年 12 月 22 日第 8 卷第 206/207/208 期合刊（"第八卷第二〇六/七/八期合本"），为三期合刊。此外，还有 1925 年 10 月 28 日《特别增刊第一号》（正文页侧口标注出版期号"关税会议特别增刊"）、1926 年 1 月 1 日《现代评论增刊》（正文页侧口标注出版期号"第一年周年纪念增刊"）、1927 年 1 月《现代评论二周年增刊》（正文页侧口标注出版期号"第二周年纪念增刊"）、1928 年 6 月《第三周年纪念增刊》（正文页侧口标注出版期号"第三周纪念增刊"）。因此，该刊实际上总共出版 207 册正刊、4 册增刊。该刊自我定位为周刊。事实上，该刊就主要表现为周刊，一般逢周六出版。不过，1928 年 11 月 4 日第 8 卷第 204 期、1928 年 11 月 11 日第 8 卷第 205 期的出版日，为周日。

《现代评论》创刊号、终刊号设有"实事短评""小说""戏剧""诗""特载"等栏目。该刊登载的内容涉及政治、经济、法律、文学、历史和时事等诸多方面，并且不乏文学作品。该刊的主要撰稿人多是深受西方资产阶级民主思想影响的学者（其中不乏大学教授），如王世杰、胡适、吴稚晖、高一涵、丁文江等。因此，该刊具有浓厚的自由主义色彩。

(16)《莽原》

《莽原》历经两次编排出版期号，但刊名始终不变。为区分起见，本书在《莽原》的刊名之后，辍以该刊历次编排出版期号时起始号的出版地和出版年，分别使用"《莽原》（北京 1925）""《莽原》（北京 1926）"两词。

《莽原》于 1925 年在北京创刊，于是《莽原》（北京 1925）诞生。其创刊号为 1925 年 4 月 24 日（"中华民国十四年四月二十四日"）第 1 期（"第一期"），终止号为 1925 年 11 月 27 日（"中华民国十四年十一月二十七日"）第 32 期（"第三二期"）。后来，《莽原》于 1926 年在北京复刊，并开启新一轮出版期号的编排，从而成为《莽原》（北京 1926）。其起始号为 1926 年 1 月 10 日（"中华民国十五年一月十日"）第 1 期（"第一期"），终刊号为 1927 年 12 月 25 日（"中华民国十六年十二月二十五日"）第 2 卷第 23/24 期合刊（"第二卷第二十三/四期"）。

1.《莽原》（北京 1925）

《莽原》（北京 1925）创刊号、终止号无版权页，但有末页版权栏，且仅登载一条关涉通讯处的版权信息，即"通讯处"为"北京锦什坊街九十六号"。据查，该刊的具体创办者、具体主编为鲁迅（自 1925 年 8 月未名社成立后，该刊成为未名社主办的期刊）。该刊实际上是《京报》的副刊，附于《京报》发行。该刊总共出版 32 期，且没有合刊。因此，该刊实际上总共出版 32 册。该刊自我定位为周刊。事实上，该刊就主要表现为周刊，一般逢周五出版。

不过,1925年6月26日周五没有出版。

《莽原》(北京1925)创刊号、终止号,不设栏目。该刊是文艺期刊,其登载的内容主要关涉文学、艺术、思想等方面,并且不乏文学作品。不过,这其中也不乏针砭时弊之作。

2.《莽原》(北京1926)

《莽原》(北京1925)停刊一月有余后,《莽原》(北京1926)出版。

《莽原》(北京1926)起始号、终刊号无版权页,但有目录首页版权栏。据起始号的目录首页版权栏所示,"地址"为"北京东城沙滩新开路五号",且"地址"之下登载"未名社刊物经售处"。后来,该刊的目录首页版权栏登载的版权信息有所变更。在终刊号,"地址"变更为"北京马神庙西老胡同一号";"未名社刊物经售处"不再登载。"地址"之上增加登载"北京未名社出版";"地址"之下增加登载"电话东局一三六四"。据查,该刊的具体主编起初为鲁迅,后来改为韦素园。该刊起始号至至1926年12月25日第24期的出版期号不标注出版卷数,但被视为第1卷。所以,该刊总共出版2卷48期。其中,第1卷、第2卷各计24期。1926年4月25日第7/8期合刊("第七/八期")、1927年10月10日第2卷第18/19期合刊("第二卷第十八/九期")、1927年11月25日第2卷第21/22期合刊("第二卷第二十一/二期")、终刊号("第二卷第二十三/四期"),均为两期合刊。因此,该刊实际上总共出版44册。该刊自我定位为半月刊。事实上,该刊就主要表现为半月刊(两期合刊按占据一月时间计算),一般逢每月10日、25日出版。

《莽原》(北京1926)起始号、终刊号,不设栏目。该刊虽然重新编排出版期号,但实际上完全是《莽原》(北京1925)的延续而与之没有本质的区别。只不过,《莽原》(北京1925)每期仅8版,而该刊则每期都有数十页,可登载更多的内容。

(17)《生活》(上海1925)

近代,多地创办名为《生活》的报刊,如1912年8月1日的上海(创办自我定位为半月刊的期刊)、1925年10月11日的上海(创办自我定位为周刊的期刊)、1943年11月的湖北汉口(创办自我定位为月刊的期刊)、1945年9月20日的北平(创办自我定位为十日刊的期刊)、1947年6月1日的上海(创办自我定位为月刊的期刊)等。为区分起见,本书在各种《生活》的刊名之后,都辍以该刊创刊号的出版地和出版年。

《生活》(上海1925)由"生活周刊社"在上海创刊,其创刊号为1925年10月11日("中华民国十四年十月十一日")第1卷第1期("第一卷第一期"),终刊号为1933年12月16日("中华民国二十二年十二月十六日")第8卷第

50期("第八卷第五十期")。

《生活》(上海1925)创刊号、终刊号无版权页,但有刊头版权栏。据创刊号、终刊号的刊头版权栏所示,"编行者"为"生活周刊社/上海环龙路环龙别业/电话七一五三二"。据查,该刊的具体创办者不详,但其具体主编起初为黄炎培,后自1926年10月3日第1卷第50期起改为邹韬奋。该刊总共出版8卷412期,其中第1卷至第6卷各计52期,第7卷、第8卷各计50期,且没有合刊。此外,还有1931年12月26日《二十年年假临时增刊》,1932年1月30日、1932年2月2日、1932年2月8日《紧急临时增刊》,1932年2月20日出版的《临时特刊》。因此,该刊实际上总共出版412册正刊以及4册增刊、1册特刊。该刊自我定位为周刊。事实上,该刊就主要表现为周刊,一般逢周六出版,但并没有总是按时出版。

《生活》(上海1925)创刊号不设栏目,但终刊号设有"小言论""信箱""一周要闻"等栏目。该刊本是"中华职业教育社"的社刊,其登载的内容偏于推行职业教育、传播职业消息。但自九一八事变后,该刊转为时事政治期刊,积极宣传抗日,并抨击中国国民党政府的不抵抗政策,以至于最终被查封。

(18)《仪陇留省学会会刊》

《仪陇留省学会会刊》由"仪陇县留省学会"在四川仪陇创刊,其创刊号、终刊号均不详。笔者仅见1928年5月2日("中华民国十七年五月二日")第2期("第二期")。

《仪陇留省学会会刊》第2期无版权页或版权栏。该期除封面题"仪陇留省学会会刊"外,目录页、内页侧口等其他关涉刊名处都题"仪陇县留省学会会刊"。据查,该刊的具体创办者、具体主编均不详。该刊的出版周期不详。

《仪陇留省学会会刊》第2期设有"论述""文艺""谈丛""转载""通讯""附录"六个栏目,其中"附录"栏目专门报道会务以及发布学会规章制度。据该期推断,该刊主要是社会科学类期刊,并且以促进当地文化、推动当地事业为宗旨。

(19)《长风》(上海1929)

近代,多地创办名为《长风》的报刊,如1929年1月15日的上海(创办自我定位为月刊的期刊)、1930年8月15日的南京(创办自我定位为半月刊的期刊)、1933年9月11日的上海(创办自我定位为半月刊的期刊)、1940年1月1日的上海(创办自我定位为月刊的期刊)、1945年7月7日的贵州安顺(创办自我定位为半月刊的期刊)、1947年的南京(创办自我定位为月刊的期刊)等。为区分起见,本书在各种《新动向》的刊名之后,都缀以该刊创刊号的出版地和出版年。

《长风》(上海1929)由"长风月刊社"在上海创刊,其创刊号为1929年1月15日("民国十八年一月十五日")第1期("第一期"),终刊号不详。笔者所见最晚一册,为1929年10月30日("民国十八年十月三十日")第7期("第七期")。

据《长风》(上海1929)创刊号的版权页所示,"编辑者""发行者"均为"长风月刊社","总代售处"为"上海四马路中/启智书局","分售处"为"全国各大书坊"。后来,该刊的版权页登载的版权信息有所变更。在终刊号,"总代售处"为"上海四马路/启智书局"。据查,该刊的具体创办者不详。据第7期登载的《编者的话》①的文后署名推断,该刊的具体主编为刘大杰。该刊创刊号至第7期,总共出版7期,且没有合刊。因此,仅就这7期而言,该刊实际上总共出版7册。该刊自我定位为月刊。事实上,创刊号至第7期就主要表现为月刊,一般逢每月15日出版。不过,1929年6月15日、7月15日、9月15日没有出版,且第7期的出版日为30日。《编者的话》道:"本刊从第七期起,决计按期出版。"②

《长风》(上海1929)创刊号、第7期,不设栏目。该刊是文学期刊,主要登载小说、诗歌、戏剧等文学作品,但偶尔也登载关涉文学或文化的议论性散文。

(20)《月报》

《月报》在上海创刊,其创刊号为1937年1月15日("民国二十六年一月十五日")第1卷第1期("第一卷第一期"),终刊号不详。笔者所见最晚一册,为1937年7月15日("民国二十六年七月十五日")第1卷第7期("第一卷第七期",又称"华北事变临时增刊")。

据《月报》创刊号的版权页所示,"社长"为"夏丏尊","编辑者"为"胡愈之/孙怀仁 胡仲持/邵宗汉 叶圣陶","发行者"为"章锡琛","印刷者"为"上海梧州路三九〇号/开明书店","发行所"为"上海福州路二七八号/开明书店/南京广州北平汉口长沙"。后来,该刊的版权页登载的版权信息有所变更。在终刊号,"发行所"为"上海福州路二七八号/开明书店/南京广州北平汉口长沙武昌"。但是,该刊的具体创办者、具体主编均不详。该刊创刊号至第1卷第7期,总共出版1卷7期,且没有合刊。因此,仅就这7期而言,该刊实际上总共出版7册。该刊自我定位为月刊。创刊号至第1卷第7

---

① 大杰.编者的话[J].长风[上海1929],1929(7):102.
按:该文的文后题署"(大杰)九月十号"。
② 大杰.编者的话[J].长风[上海1929],1929(7):102.
按:该文的文后题署"(大杰)九月十号"。

期,就表现为标准的月刊,逢每月 15 日出版。

《月报》常设"政治栏""经济栏""社会栏""学术栏""文艺栏"这五个栏目,而创刊号还设有"参考资料"栏目。该刊往往将国内外各种主张、思想、报道、图画、照片、地图、统计表甚至于歌曲等,加以筛选、剪裁,最后汇集成册。除译文外,该刊一般不接受社会投稿。因此,该刊既是社会科学类期刊,又俨然是文摘类期刊。

(21)《新动向》(昆明 1938)

近代,多地创办名为《新动向》的报刊,如 1936 年 9 月的广西南宁(创办自我定位为半月刊的期刊)、1938 年 6 月 15 日的云南昆明(创办自我定位为半月刊的期刊)、1941 年 4 月 15 日的南京(创办自我定位为旬刊的期刊)等。为区分起见,本书在各种《新动向》的刊名之后,都辍以该刊创刊号的出版地和出版年。

《新动向》(昆明 1938)由"新动向编辑委员会"在昆明创刊,其创刊号为 1938 年 6 月 15 日("民国二十七年六月十五日")第 1 卷第 1 期("一卷一期"),终刊号为 1940 年 1 月 15 日("二十九年一月十五日")第 3 卷第 7/8 期合刊("第三卷第七/八期合刊")。

据《新动向》(昆明 1938)创刊号的版权页所示,"编辑人"为"新动向编辑委员会(昆明市文庙街云南日报社内)","出版人/发行人"为"云南日报社","印刷者"为"朝报印刷厂(昆明青云街二百四十六号)"。后来,该刊的版权页登载的版权信息有所变更。在终刊号,"编辑人"和"出版人"合并为"编辑人/出版人",且"编辑人/出版人"为"新动向社";"出版人/发行人"拆分出"发行人",且"发行人"为"云南日报社";"印刷者"为"昆明武成路崇文印书馆";增加登载"通讯处"为"昆明市文庙横街新动向社","本市代售"为"正中书局、世界书局、生活书店、大东书局、及其他各书店","重庆"为"武库街一〇〇号读书生活出版社"。但是,该刊的具体创办者、具体主编均不详。该刊总共出版 3 卷 32 期,其中第 1 卷共计 12 期,第 2 卷共计 12 期,第 3 卷共计 8 期。1939 年 3 月 1 日第 2 卷第 3/4 期合刊("第二卷第三/四期",又称"国际现势专号")、1939 年 8 月 1 日第 2 卷第 11/12 期合刊("第二卷第十一/二期")、终刊号("第三卷第七/八期合刊"),均为两期合刊。因此,该刊实际上总共出版 29 册。该刊自我定位为半月刊,但实际上并没有总是按时出版。创刊号至 1938 年 9 月 15 日第 1 卷第 7 期,表现为标准的半月刊,逢每月 1 日、15 日出版。1938 年 9 月 30 日第 1 卷第 8 期至终刊号,出版时间不固定,但除 1939 年 7 月不出版外,每月都出版 1 期或 2 期。终刊号登载的《新动向暂行停刊启事》道:"本刊为云南日报社出版事业之一","创刊宗旨,在抗建总目标之下,培养学术,发扬文化,自国内学术文化机关迁滇以来,力谋国内文化之交流,使本刊成滇省及国内学术界发达思想之公开园地",但"近以纸料来源异常缺乏,无法再为继续出版"①。

《新动向》(昆明1938)创刊号设有"论著""通讯""文艺"等栏目,而终刊号仅开辟"宪政问题特辑"专栏。该刊是社会科学类期刊,其登载的内容注重表现思想界、文化界的新动向,同时又偏于时事政治。

(22)《中国文化》(上海1938)

近代,多地创办名为《中国文化》的报刊,如1930年春季的南京(创办自我定位为季刊的期刊)、1938年10月20日的上海(所创期刊的出版周期不详)、1940年2月15日的陕西延安(创办自我定位为月刊的期刊)、1945年9月15日的重庆(创办自我定位为不定期刊的期刊)等。为区分起见,本书在各种《中国文化》的刊名之后,都缀以该刊创刊号的出版地和出版年。

《中国文化》(上海1938)在上海创刊,其创刊号为1938年10月20日("中华民国二十七年十月二十日")第1期("创刊号"),终刊号不详。笔者仅见创刊号(缺正文后诸页)。但是,该刊的具体创办者、具体主编均不详。该刊的出版周期不详。创刊号不设栏目,但其登载的内容涉及政治、经济、法律、文学、历史和时事等诸多方面,并且不乏文学作品。

(23)《中央党务公报》

《中央党务公报》由"中国国民党中央执行委员会秘书处"在重庆创刊,其创刊号为1939年7月15日("民国二十八年七月十五日")第1卷第1期("第一卷第一期"),终刊号不详。笔者所见最晚一册,为1947年12月31日("中华民国三十六年十二月三十一日")第9卷第11/12期合刊("第九卷第十一、二期")。

《中央党务公报》创刊号无版权页或版权栏,但第9卷第11/12期合刊有首页版权栏,且仅登载一条关涉编印者的版权信息,即"党内刊物/对外秘密/中国国民党中央执行委员会秘书处编印"。据查,该刊起初在重庆出版,及至抗战胜利后迁往南京出版。但是,该刊的具体创办者、具体主编均不详。该刊创刊号至第9卷第11/12期合刊,总共出版9卷206期。其中,第1卷共计22期,第2卷共计51期,第3卷共计26期,第4卷至第6卷各计24期,第7卷共计11期,第8卷、第9卷各计12期。1946年4月15日第8卷第3/4期合刊("八卷三/四合刊")、1947年9月30日第9卷第8/9期合刊

---

① 新动向半月刊社.新动向暂行停刊启事[J].新动向[昆明1938],1940,3(7-8):无页码[扉页].
按:该文的文后题署"新动向半月刊社启"和"一、十五"(1月15日)。

("第九卷第八、九期")、第9卷第11/12期合刊("第九卷第十一、二期"),均为两期合刊。因此,该刊实际上总共出版203册。该刊起初主要表现为周刊,但后来相继改成不定期刊、半月刊、月刊。第1卷、第2卷主要表现为周刊,一般逢周六出版。不过,1939年11月25日、12月9日、12月16日、1940年7月13日这四个周六没有出版。1941年1月10日第3卷第1期至1941年5月25日第3卷第12期,主要表现为不定期刊,其出版时间间隔9日至16日不等。1941年6月1日第3卷第13期至1944年12月16日第6卷第24期,主要表现为半月刊,一般逢每月1日、16日出版。不过,1942年7月15日第4卷第14期的出版日为15日。第7卷至第9卷,主要表现为月刊(两期合刊按占据两月时间计算)。其中,1945年1月15日第7卷第1期至1946年4月15日第8卷第3/4期合刊,一般逢每月15日出版;1946年5月31日第8卷第5期至第9卷第11/12期合刊,一般逢每月末日出版。不过,1946年7月30日第8卷第7期、1947年5月30日第9卷第5期、1947年7月30日第9卷第7期、1947年10月30日第9卷第10期的出版日,为30日。

《中央党务公报》创刊号、第9卷第11/12期合刊,设有"特载""公文""通令通告""会议录""工作报道""法规""统计调查"等栏目。该刊登载的内容,主要反映中国国民党的执政活动和党务活动。

后　　记①

经过两年多的准备以及一年多的写作,我的这篇博士学位论文总算宣告完成了。此时此刻,我颇为惊诧自己怎么写得这么多、写了这么久。不过,尽管这一切都出乎我的意料之外,却又都是那么地合情合理,因为我在写作这篇博士学位论文之前,严重地低估了这一研究课题的复杂性和艰难性。

关于本论文的研究课题,还需从我的硕士学位论文说起。在攻读硕士学位期间,我曾以"战国策"派为研究对象而撰写硕士学位论文《"战国策"派主办报刊中的生存危机叙述》②。尽管硕士学位论文的选题是我的导师赵小琪先生所定,但当我第一次看到这个选题时,我便被其深深吸引。须知,"战国策"派不是不为人所熟知便是被人视为法西斯主义流派,而这个选题大有为"战国策"派鸣冤正名之意。正是因为这一选题颇具挑战性甚或开拓性,我才对之产生了浓厚的兴趣。在撰写硕士学位论文的过程中,我不仅查阅了大量"战国策"派成员的论著,还被这些论著牵引而接触到不少关涉"学衡"派、"甲寅"派等诸多其他民国保守主义流派的论著。当时,我虽曾纳闷为什么"战国策"派会与"学衡"派、"甲寅"派等文化流派有所关联,却始终没有深究这一问题,更没有从民国保守主义思潮的角度对这一问题加以考量。不过,这一问题毕竟引起了我的疑惑和思索,进而勾起了我的研究兴趣。所以,我在为考博复试所作的科研报告中便提出将来试图研究这一问题。当时,我虽仍旧没有从民国保守主义思潮的角度对这一问题加以考量,但自那时候开始,我便有意识地收集"学衡"派、"甲寅"派等其他民国文化流派的相关资料并对之加以阅读和研究。

在攻读博士学位的第二年,亦即2012年,我试图申请教育部发起的"博

---

① 该文原为本书的基础——笔者的博士学位论文《民国保守主义的新文化异托邦研究》的《后记》。现除订正个别错讹外,一仍其旧,以兹纪念。

② 该文已修改、完善成书,而书名即《"战国策"派主办报刊中的生存危机叙述》(广州:世界图书出版广东有限公司,2015)。

士研究生学术新人奖"。"博士研究生学术新人奖"名为奖,实为资助博士研究生围绕其博士学位论文进行科学研究的项目。为了申报这一奖项,我必须提交《博士研究生学位论文开题报告》,而这又意味着我当时就必须确定博士学位论文的选题。须知,当时攻博仅一年的我,虽在入学之前便已有比较明确的攻读博士学位的研究方向和研究计划,但并未确定博士学位论文的选题。由于申报时间极短,而我一时间又无法确定选题,于是我向赵老师求助。曾是我的硕导而今又为我之博导的赵老师,对我的各方面都极为了解。他鉴于我攻读硕士学位期间的研究内容及近期的研究方向,建议我继续研究"战国策"派、"学衡"派、"甲寅"派等民国时期的文化流派,并在此基础上确定博士学位论文的选题。尽管赵老师对我循循善诱、谆谆教导,愚钝如我始终没有拟出一个称心如意的选题。眼看申报截止期将过,心急如焚的我只有再次叨扰赵老师。于是,赵老师便将其思虑多年的选题"民国时期保守主义流派副文本的异托邦空间研究"慷慨地赠与我,并指导我写作"开题报告"。至今仍令我感动不已而必将永生难忘的是,就在申报截止日的前一夜,包括申报截止日当天的凌晨,赵老师还不辞辛苦、不厌其烦地同我电邮往来,一遍一遍地指点、修改我的"开题报告"及"武汉大学博士研究生'学术新人奖'评选申报表(2012)"。那一夜,赵老师因为我而通宵达旦、彻夜无眠。也许是皇天不负有心人,我终以赵老师所拟之题及其指导的"开题报告"和"申报表",成功摘取"2012 年教育部博士研究生学术新人奖"。这一奖项可谓来之不易也颇具意义,因为在大凡所有学科都参与的奖项评选中,人文学科往往处于绝对的劣势,而在这次评选中,武汉大学"人文科学学部"和"社会科学学部"15 个院系只有文学院的我和两位法学院的同学获得这一奖项(其余 17 个名额都为理、工、医科的同学所得)。

  自从获得这一奖项后,我便着手开始相关的研究——主要是收集、整理、阅读、归纳"战国策"派、"学衡"派、"甲寅"派等文化流派的相关研究资料。在此之前,我曾基于攻读硕士学位期间对"战国策"派的研究而申报并获批自主科研项目"跨学科视野下'战国策'派爱国主义思想研究"(受"中央高校基本科研业务费专项资金"资助),并发表了《论"战国策"派关于危机处理的信仰》(《安徽大学学报·社会科学版》2012 年第 5 期)、《"战国策"派与儒家思想的三重对话》(《武陵学刊》2012 年第 6 期)等阶段性研究成果。因为撰写硕士学位论文及主持自主科研项目之故,我不但对"战国策"派多有了解(尤其是几乎遍览"战国策"派成员的各种论著),还对民国时期的其他文化流派(主要是民国保守主义流派)的论著多有涉猎,所以我对"博士研究生学术新人奖"项目的开展和博士学位论文的撰写信心满满,并因之颇有把握地预估了博士学位论文的写作字数和时间。但事实证明，我严重低估了这一研究课题的复杂性和艰难性。随着这一研究的逐渐展开，越来越多的意外开始出现。比如，民国保守主义流派并不仅限于"战国策"派、"学衡"派、"甲寅"派三者——即使是我此前掌握的关涉这三派的研究资料，也开始显得相对不足，而民国时期的各种原始资料又都极为难得，以至于我费时费力地多次收集，也仍深感原始资料之不足，更不用说关涉"异托邦""副文本"等关键词的理论、论著原本都非我所熟知，势必需要我消耗大量的时间和精力去收集、研读相关资料。再者，赵老师学风严谨，学术要求严格，而在他那严格、耐心的指导之下，光是博士学位论文的提纲便几经修改而历半年有余才得以基本确定。当然，除学术研究上的原因外，还有各种生活上的意外羁绊存在。诸如此类，不一而足。于是，我的博士学位论文的内容被不断拓展，篇幅被不断加长，以至于写作时间不得不一延再延。及至2014年6月，亦即我本可以毕业的时候，博士学位论文撰写还未及一半。因此之故，我不得不放弃这次的毕业机会，主动申请延长学习期限，以期继续且更好地研究课题并撰写博士学位论文。

现在，我的博士学位论文终于撰写完成，而"博士研究生学术新人奖"项目也即将结题。回顾这几年来在武汉大学的学习、生活经历，不禁感慨万千。背井离乡而异地求学的我，所能接触到的人群，不是同学，便是老师。而在诸多老师之中，我的导师赵小琪先生曾给予我莫大的关心和帮助。从攻硕到攻博，我的研究兴趣是在赵老师的循循善诱下产生，我的研究方向是在赵老师的谆谆教导下确定，即使是我那点微薄的学术研究成果，也是在赵老师耐心且精心的指导下取得。犹记当年赵老师逐字逐句地修改我的第一篇学术论文，而每当忆及此事，我的脑海里都情不自禁地浮现出赵老师双眼紧盯屏幕、双手敲击键盘的身影，于是我便不由自主地想象着赵老师当时对我这新入门的弟子会作何感想？在那篇学术论文完成之后，赵老师又四处推荐该文而终使该文得以刊发。正是那篇学术论文开启了我的学术研究生涯，但那篇学术论文最大的意义在于赵老师引领我正式步入学术研究的殿堂。赵老师不但指导我的学业，也关心我的生活。尽管起初赵老师并不主动询问我的个人生活，但每当我就个人生活问题向他请教时，他总是不厌其烦又极富见地地予以解答。每当我心理抑郁之时，赵老师又总是第一个发现，也总是耐心地帮我排遣。对我而言，赵老师亦师亦如父，而我也会永远铭记这位亦师亦如父的赵老师。在校学习、生活期间，我有老师和同学的关心及帮助，但关心、帮助我之人又何尝仅限于老师和同学？远在家乡的父母双亲，对我不仅是关心和帮助，还有牵挂和忧虑。在外求学多年的我，虽不无孝心却实为不孝之人。多年以来,我与父母双亲聚少离多,而每次返乡实际上都是对父母双亲有所求取。鸟雀尚知反哺,而我这饱受古今中外贤哲之训诫的人,不但没有为养我育我又渐趋年迈的父母双亲排忧解难,更遑论反哺父母双亲,反而还一次次地为他们带来深深的忧虑和沉重的负担。我那多年来的求学、生活之资已压弯了父亲的脊背,增添了母亲的皱纹。现在,我期待着毕业之后能有所弥补,但又实不知能否如愿。不过,纵使有再多的羁绊,我也必将勉力为之。

博士学位论文的完成意味着我即将毕业并作别武汉大学,而武汉大学带给我最深之印象在其樱花节。武汉大学的樱花闻名遐迩,以至于每当樱花盛开的时节,慕名而来的赏樱者难计其数。但是,我在武汉大学学习、生活的五六年间从未真正地欣赏过武汉大学的樱花。每当樱花盛开的时候,四方游客蜂拥而来,以至于校园内人头攒动、水泄不通,我甚至因之而颇为反感樱花的盛开。不过,产生这种反感的根本原因可能更多地在于我是武汉大学的学生而不是前来赏樱的游客——既没有游客那种赏樱的闲情逸致,又为学校之静谧氛围被打破而不免愠怒。也正因如此,每当樱花盛开时节,我往往都闭门不出。但是,武汉大学的樱花毕竟久负盛名又清新可人,以至于我的同学、亲戚、朋友常在樱花盛开时节邀我共同赏樱。对此,我总是婉言相拒,并总是不由自主地对自己说,武汉大学的樱花年年开放而年年可以观赏,何必单单急于这一次。但是,明年复明年,明年何其多?五六年过去了,我终究没有真正地欣赏过武汉大学的樱花。于是,我不禁自问:我那观赏武汉大学之樱花的"明年"到底在何年?不过,我坚信这一"明年"终究会到来,而我也将以游客的身份,带着闲情逸致,细细品味武汉大学樱花盛开时节的那番别样的诗情画意。

徐旭
2014 年 9 月 25 日于武汉

跋

本书在我的博士学位论文《民国保守主义的新文化异托邦研究》的基础上修改、完善而成。博士学位论文的撰写，始于2013年初，距今已逾十年。博士毕业后，我又于2015年1月进入华中科技大学中国语言文学博士后流动站工作，继续从事民国保守主义的相关研究，并着手将博士学位论文修改成书稿。当年年底，我以此书稿申获"2015年度湖北省社科基金一般项目"。随后，又对之进行修改、充实，逐渐形成本书的初稿。2017年8月，初稿甫一完成就提交华中科技大学出版社。

本书原拟于2018年12月出版，但计划赶不上变化。一方面，本书字数及引证文献较多，以至校对、修改费时费力。另一方面，我于2018年1月入职华中科技大学马克思主义学院后，教学、科研任务繁重，以至校对、修改时断时续。后来，恰逢新冠肺炎疫情发生。疫情缓和之后，我又应父母双亲的要求，辞职返乡，另觅他途。直到2022年下半年，我才得以集中时间和精力校对、修改本书。然而，此时距离博士学位论文撰写之初，已历十年。这期间，随着近代报刊、专著电子化的加速，我查阅到许多以前不曾谋面甚至从不知晓的相关文献，而学术界的相关研究也在不断推进。为此，我不得不花费大量的时间和精力研读新见的相关文献、参考新近的相关研究，并进一步地校对、修改本书。于是，将近两年的时间又一晃而过。基于以上种种原因，本书的出版迁延至今。

值此出版之际，我要感谢我的博士导师赵小琪老师、博士后导师刘久明老师，感谢我的父母双亲，感谢我的妻子尹菁华。没有老师们的指点和亲人们的支持，就没有本书的产出。同时，我还要感谢华中科技大学出版社的杨玲、吴柯静等相关编辑。为本书的出版，他们或是劳心劳力地多番协调，或是逐字逐句地多次审校，殊为不易。

本书的出版，获得"华中科技大学文科学术著作出版基金""华中科技大学马克思主义学院学术著作出版基金"和"温州理工学院马克思主义学院学术著作出版基金"的资助。特此鸣谢。

诚然,我已经竭尽所能地多方考证资料、多次推敲论述、多遍修改书稿,但仍难免错讹之处。所以,我衷心地希望读者能够给予批评和指正。

徐旭

2024 年 8 月 3 日于瑞安